Jungbauer/Jungbauer

Das besondere elektronische Anwaltspostfach (beA) und der ERV

Kanzleimanagement

Das besondere elektronische Anwaltspostfach (beA) und der ERV

Pflichten – Vorteile – Haftungsfallen

4. Auflage 2023

Von
Rechtsfachwirtin
Sabine Jungbauer, München
und
Dipl.-Ing. (Univ.)
Werner Jungbauer, München

Zitiervorschlag:
Jungbauer/Jungbauer, Das beA und der ERV, § 1 Rn 1

Hinweis
Da die sehr komplexen Themen elektronischer Rechtsverkehr und beA noch in der Entwicklung begriffen sind sowie Änderungen und künftige Rechtsprechung nicht abgesehen werden können, kann für die Inhalte – die nach bestem Wissen und Gewissen erstellt wurden – naturgemäß keine Haftung übernommen werden. Unsere Leser werden gebeten, eigenverantwortlich sämtliche Inhalte zu prüfen und sich auf dem Laufenden zu halten.
Das Werk enthält Verweise auf Webseiten, auf deren Inhalt Verlag und Autoren keinen Einfluss haben. Aus diesem Grund können Verlag und Autoren für diese Inhalte auch keine Gewähr übernehmen. Für die Inhalte und Richtigkeit der bereitgestellten Informationen ist der jeweilige Anbieter der genannten Webseite verantwortlich. Zum Zeitpunkt der Verlinkung waren keine Rechtsverstöße erkennbar.

Anregungen und Kritik zu diesem Werk senden Sie bitte an
kontakt@anwaltverlag.de
Autoren und Verlag freuen sich auf Ihre Rückmeldung.

Copyright 2023 by Deutscher Anwaltverlag, Bonn
Satz: Reemers Publishing Services, Krefeld
Druck: Hans Soldan Druck GmbH, Essen
Umschlaggestaltung: gentura, Holger Neumann, Bochum
ISBN 978-3-8240-1655-6

Sämtliche Screenshots in dieser eBroschüre zeigen wir mit freundlicher Genehmigung der Bundesrechtsanwaltskammer (BRAK). Die Screenshots zum beA unterliegen den Bedingungen der Creative Commons Namensnennung 3.0 Deutschland Lizenz (http://creativecommons.org/licenses/by/3.0/de/). Lizenzgeber ist die Bundesrechtsanwaltskammer. Zur lesbaren Darstellung eines Teilbereichs wurden z.T. nicht relevante Elemente der Screenshots „ausgeschnitten". Zudem wurden erkennbare Ergänzungen zum leichteren Verständnis beigefügt.
Das Werk einschließlich aller seiner Teile ist urheberrechtlich geschützt. Jede Verwertung außerhalb der engen Grenzen des Urheberrechtsgesetzes ist ohne Zustimmung des Verlages unzulässig und strafbar. Das gilt insbesondere für Vervielfältigungen, Übersetzungen, Mikroverfilmungen und die Einspeicherung und Verarbeitung in elektronische Systeme.

Bibliografische Information der Deutschen Nationalbibliothek
Die Deutsche Nationalbibliothek verzeichnet diese Publikation in der Deutschen Nationalbibliografie; detaillierte bibliografische Daten sind im Internet über http://dnb.d-nb.de abrufbar.

Vorwort

Liebe Lesende,

die gesetzlichen und technischen Entwicklungen seit der dritten Auflage dieses Werks machten eine gründliche Überarbeitung erforderlich.

Natürlich sind die Dinge im Bereich des elektronischen Rechtsverkehrs und beA nach wie vor im Fluss. Da das beA seit Anfang 2022 einige Updates erhalten hat und zahlreiche Gesetzesänderungen mit Bezug auf den ERV sowie Auswirkungen auf das beA zum 1.8. u. 1.9.2022 erfolgten, war eine mehrfache Überarbeitung der Manuskripte erforderlich. Diese Änderungen haben wir eingepflegt, insbesondere die Änderungen in BRAO, RAVPV und ZPO sowie zum Kartentausch, der Fernsignatur und den neuen Rollen im beA „Zustellungsbevollmächtigter", „Vertretung" und VHN-Berechtigter. Dabei haben wir natürlich nicht nur das Gesellschafts-beA, beSt u. eBO behandelt, sondern auch wichtige Rechtsprechung, teilweise bis in den September 2022 hinein, noch mit aufgenommen. Die BRAK hat Mitte Oktober 2022 darüber informiert, dass das beA in 2022 noch zwei neue UpDates erhalten wird und auch das BRAV (Bundesweite Amtliche Anwaltsverzeichnis) eine neue Version erhält. Eines der Updates konnten wir noch am 17.10.2022, da hier bereits die Umstellung für die Schulungsumgebung erfolgte, in diesem Werk berücksichtigen (Version 3.15). Doch irgendwann kommt bei jedem Werk der Zeitpunkt der Abgabe und Drucklegung. Sollte das beA also hier oder da in den nächsten Wochen oder Monaten ein weiteres Update erhalten, kann sich bildlich an der einen oder anderen Stelle eine andere Optik ergeben als in den hier aufgenommenen Screenshots. Etwaige Änderungen dürften dann aus der Anwenderhilfe zum beA bzw. dem beA-Newsletter der BRAK ersichtlich sein. Die dargestellten Screenshots erfolgen auf der Grundlage der von der BRAK zur Verfügung gestellten Schulungsumgebung (Stand: 17.10. 2022).

Der Schwerpunkt des Werks liegt auf der Darstellung der ZPO. Die Verfahrensordnungen der besonderen Gerichtsbarkeiten wie z.B. das ArbGG, die VwGO, das SGG u. die FGO sind jedoch nahezu wortidentisch. Die hier geltenden gesetzlichen Bestimmungen haben wir in einem gesonderten Kapitel dargestellt. Auch die Themen Straf- und Owi-Sachen sowie Mahnverfahren und ZV sind mit ihren Besonderheiten in eigenen Kapiteln dargestellt.

Soweit zu Internetseiten das Datum des Abrufs in Klammern angegeben ist, handelt es sich um das jeweils letzte Abrufdatum.

Sprache ist wichtig. Sie erzeugt Bilder und transportiert Inhalte. Gewollt oder nicht gewollt. Aus diesem Grund empfinden wir als Autoren auch die Frage „gendern oder nicht?" weder als lästig noch als trivial oder gar unnötig. Gleichwohl haben wir uns in diesem Werk bewusst dafür entschieden, (noch) nicht durchgängig zu gendern. Wir sind uns nicht sicher, ob eine Veränderung der Sprache in diesem Bereich neben Vorteilen nicht auch Nachteile mit sich bringt und zu einer Diskriminierung auf der anderen Seite führt. Aus Gründen der leichteren Lesbarkeit haben wir daher überwiegend die männliche Schreibweise verwendet. Selbstverständlich sind auch weibliche Personen sowie Menschen diversen Geschlechts gemeint. Bitte sehen Sie uns diese Vorgehensweise nach. Sie ist auf keinen Fall mit einer Miss- oder Nichtachtung verbunden.

Wir wünschen Ihnen einen großen Nutzen aus unserem Werk, das wir mit Akribie und Freude für Sie erstellt haben.

München, Oktober 2022 Werner und Sabine Jungbauer

Haftungsausschluss

Da die sehr komplexen Themen elektronischer Rechtsverkehr und beA in der Entwicklung begriffen sind, sowie Änderungen und künftige Rechtsprechung nicht abgesehen werden können, kann für die Inhalte – die nach bestem Wissen und Gewissen erstellt wurden – naturgemäß keine Haftung übernommen werden. Unsere Leser werden gebeten, eigenverantwortlich sämtliche Inhalte zu prüfen und sich auf dem Laufenden zu halten.

Inhaltsverzeichnis

Vorwort	5
Haftungsausschluss	7
Literaturhinweise	21
§ 1 Einführung zum beA und ERV	**25**
A. Elektronischer Rechtsverkehr ERV	25
B. Möglichkeiten und Vorteile des ERV	29
C. Zeitplan ERV	31
D. Streit zur Einführung des beA/Verfassungsmäßigkeit	31
E. Zustellungsbevollmächtigte	35
F. beA für Syndizi und RAe mit weiterer Kanzlei	37
G. „Kanzlei-beAs"?	38
H. Auftragsdatenverarbeitungsvereinbarung	39
I. beA i.V.m. dem BRAV	39
J. Kein Mitleid mit „beA-Verweigerern"	42
K. Wo finde ich Hilfe?	42
I. Aktuelle Informationen	42
II. Anwenderdokumentation u. beA-Newsletter	43
III. Support	44
L. BRAK-Serverstandorte und Serverauslastung	44
M. Änderung der Kanzleianschrift/persönlichen Daten	44
N. Sperrung der Karte/Kündigung eines Softwaretokens	45
O. Schicksal des beA nach Widerruf der Zulassung oder Tod	46
P. Kostenübersicht beA	47
I. Neue Systeme	47
II. beA-Produkte	47
III. Erhöhte Kammerbeiträge verfassungsgemäß	48
IV. Soft- und Hardware	49
V. IT-Dienstleister	49
VI. Personal	49
VII. Schulungskosten	49
§ 2 Überblick über beA, Gesellschafts-beA, beN, beBPo, beSt & eBO	**51**
A. OSCI-Standard	51
B. Postfächer im ERV	52
I. EGVP	52
II. beA	52
III. Gesellschafts-beA	53
1. Zur Historie bis 31.7.2022	53
2. Gesellschafts-beA (GePo) seit 1.8.2022	56
3. Virtuelles „Kanzlei-beA" durch Sichten	64
IV. beN	64
V. beBPo	65
VI. eBO	65
VII. beSt	72

		VIII. De-Mail	75
	C.	Im ERV zulässige Drittanwendungen	77
	D.	Sichere Übermittlungswege im Sinne des Verfahrensrechts	78
		I. § 130a Abs. 4 ZPO	78
		II. Sichere Übermittlungswege in anderen Verfahrensordnungen	82
	E.	Nicht geeignete Übermittlungswege für den ERV	83
	F.	Kommunikationspartner im beA – Zusammenfassung	83

§ 3 Nutzungspflichten und Einsatzeinreichung 85

    A. Passive Nutzungspflicht 85
        I. Aufgaben der BRAK 85
        II. Erstanmeldepflicht der Anwälte 87
        III. Kenntnisnahmepflicht – Zustellungen und formlose Posteingänge 87
        IV. Nutzungspflicht trotz Zweifel an der technischen Sicherheit 90
        V. Missachtung der passiven Nutzungspflicht 90
            1. Verletzung einer Kernpflicht 90
            2. Folgen der Missachtung der passiven Nutzungspflicht 90
                a) Berufsrechtliche Konsequenzen 90
                b) Versicherungsrechtliche Folgen 91
                c) Prozessuale Folgen und Schadenersatz 91
    B. Aktive Nutzungspflicht/elektronische Einreichpflicht 92
        I. Schutzschriftenregister 92
        II. Elektronische Empfangsbekenntnisse 92
        III. Sonderfall – Verfassungsgerichtsbarkeit 93
        IV. Schriftsätze, Erklärungen, Anträge u.a. 93
            1. Gesetzliche Grundlage und Rechtsprechung – § 130d ZPO 93
            3. Dokumente gem. § 130d ZPO 99
            4. Ausnahmen von der elektronischen Einreichpflicht im Zivilprozess 100
                a) Vorübergehende technische Störung, § 130d S. 2 ZPO 100
                b) Überschreitung des Höchstvolumens, § 3 ERVV 100
                c) Materiell-rechtliche Erklärungen 100
                d) Mündlicher Vortrag 101
                e) Übergabe von Schriftsätzen im Gerichtstermin? 101
                f) Terminverlegungs- u. Aufhebungsanträge? 102
            5. Ersatzeinreichung gem. § 130d S. 2 u. 3 ZPO 103
                a) Vorübergehende, nicht dauerhafte technische Störung 103
                b) Sphäre der technischen Störung 106
                c) Technische Störung oder subjektives (menschliches) Versagen? 107
                d) Frühzeitige Information über technische Störungen/ad-hoc Störungen 109
                e) Vorkehrungen – Möglichkeiten – Pflichten 109
                f) Anwaltssoftware 109
                g) Art der Glaubhaftmachung 110
                    aa) Eidesstattliche Versicherung und alle Beweismittel der ZPO 110
                    bb) Anwaltliche Versicherung ausreichend? 111
                    cc) Screenshots, Aktenvermerke, Newsletter & Co. 113
                h) Glaubhaftmachung auch bei gerichtsbekannter Störung? 115
                i) Zeitpunkt der Glaubhaftmachung bei Ersatzeinreichung 115

		j) „Modellhafte" Glaubhaftmachungen	118

                j) „Modellhafte" Glaubhaftmachungen 118
                k) Nachreichung auf Anforderung – Doppeleinreichungen vermeiden. . 118
        6. Pflicht zur Ersatzeinreichung? 119
        7. Gescheiterte Ersatzeinreichung und jetzt? 119

§ 4 Verschlüsselung im beA und Verschwiegenheitspflicht 121
    A. Verschlüsselung im Allgemeinen. 121
    B. Methoden der Verschlüsselung von Nachrichten 121
    C. Verschlüsselung im beA 123
        I. Ende-zu-Ende-Verschlüsselung. 123
        II. Sicherheitsprobleme im beA 123
        III. BGH „segnet" beA ab. 123
    D. Verschwiegenheitspflicht und beA. 124
        I. Allgemeine Verschwiegenheitspflicht 124
        II. Ausscheider und Neuzugänge – oder: von Joinern und Leavern 125

§ 5 Zugang zum beA 129
    A. Bestellung von beA-Karten/beA-Signaturpaket. 129
    B. beA-Karte Basis. 130
    C. beA-Signaturpaket mit beA-Karte Basis und Fernsignatur. 130
    D. Namensänderung/Fernsignatur 132
    E. beA-Karte Mitarbeiter. 132
    F. beA-Softwarezertifikat 135
    G. Kartenlesegeräte 136
        I. Allgemeines. 136
        II. Kartenlesegerät cyberJack® RFID comfort 136
        III. Kartenlesegerät cyberJack® one 137
        IV. Tipps zu Kartenlesern. 137
    H. Ablauf des Zertifikats/Generationswechsel beA-Karte Basis 137
    I. Kündigung der beA-Karten und Softwarezertifikate. 138
    J. Sperrung von beA-Karten und Zertifikaten 139
    K. beA-Apps. 140
        I. Allgemeines. 140
        II. Installation und Nutzungsvoraussetzungen 140
        III. Funktionsumfang. 140
        IV. Produktbeispiele 140
        V. Fazit. 141
    L. Vom Umgang mit beA-Karten und Zertifikaten 141

§ 6 So legen Postfachinhaber los 149
    A. Zugangsvoraussetzungen. 149
    B. Zugangsmittel bestellen. 149
    C. beA Client-Security installieren/Autostart 149
    D. PIN-Änderungen. 152
    E. Erstregistrierung des Postfachinhabers 155
    F. Benachrichtigungsmail einrichten 156

§ 7 So legen Mitarbeiter, Vertretungen, Zustellungsbevollmächtigte u. VHN-Berechtigte los ... 159

- A. Anlegen von Benutzern im beA ... 159
- B. Im beA-System existierende Benutzer einem Postfach zuordnen ... 163
- C. Vertretungsregelung nach § 53 BRAO und Rechtevergabe für Vertretungen im beA ... 165
  - I. Neuregelung der Vertretungsbestellung seit 1.8.2021 ... 165
  - II. Vertretung durch die Berufsausübungsgesellschaft ... 166
  - III. Vertretung im Sinne des Vergütungsrechts ... 167
  - IV. Vertretung innerhalb der Berufsausübungsgesellschaft ... 167
  - V. Unterzeichnung bei Vertretung innerhalb des Mandats ... 168
  - VI. Anlegen eines Vertreters im beA ... 170
- D. Befugnis- und Rechtemanagement ... 170
  - I. Rechtevergabe und Rechtekatalog ... 170
  - II. Rollen für Benutzer im beA ... 175
  - III. Rechte- und Rollenvergabe im beA ... 178
    1. Rollen- und Rechtevergabe an Kanzleimitarbeiter ... 178
    2. Rollen- und Rechtevergabe – anwaltliche Vertretung ... 182
  - IV. Nutzer-Profil vom Zugangsmittel entkoppeln ... 185
  - V. Gruppenbildung ... 186
  - VI. Sonderrechte Postfachverwaltung ... 187

§ 8 Vorstellung des beA ... 189

- A. Register (Nachrichten/Einstellungen/Berichte) ... 189
- B. Virtuelles „Kanzleipostfach" ... 189
- C. Sichten als Nachrichtenfilter einsetzen ... 190
- D. Abmelde-Button ... 193
- E. Zeitrechnung zurückstellen (automatisches Abschalten) ... 193
- F. Wichtige Funktionen im Nachrichtenbereich ... 194
  - I. Feldanzeige (blau/weiß – Zahl enthalten) ... 194
  - II. Ordnerstrukturen im beA ... 194
  - III. Automatisches Löschen von Nachrichten ... 196
  - IV. Spaltenansicht der einzelnen Ordner ... 197
  - V. Nachrichten markieren mit dringend – oder als gelesen/ungelesen – persönlich/vertraulich ... 199
  - VI. Filter im Bereich der Nachrichtenübersicht ... 201
  - VII. Kommentare ... 201
- G. Ausgewählte Funktionen im Register Einstellungen ... 202
  - I. Profilverwaltung ... 202
  - II. Postfachverwaltung ... 202
  - III. Hervorhebungen ... 203
- H. Register „Berichte" ... 206
- I. Journale ... 208

§ 9 E-Akte – Papierakte oder Hybridakte? ... 213

§ 10 Nachrichteneingänge bearbeiten ... 219

- A. Ansicht ... 219
- B. Kontrolle des Posteingangs ... 219

C. Antworten	220
D. Weiterleiten	220
E. Verschieben	221
F. Nachrichten exportieren	221
G. Etikettenvergabe versus gelesen/ungelesen	223
H. Repräsentationsdateien erstellen	229
I. Irrläufer	229
§ 11 Elektronische Signaturen- und zulässige Postfächer	**231**
A. Unterzeichnung im elektronischen Zeitalter	231
B. Elektronische Signaturen nach eIDAS-VO	231
I. Grundlegendes zur eIDAS-VO	231
II. Liste der elektronische Signaturen nach der eIDAS-VO	234
III. (Einfache) elektronische Signatur	234
1. Verordnungsgrundlage	234
2. § 130a Abs. 3 S. 1 Alt. 2 ZPO – Eigenversand	235
3. Beispiele für einfache elektronische Signaturen	235
IV. Fortgeschrittene elektronische Signatur	237
V. Qualifizierte elektronische Signatur	238
VI. Formen der qualifizierten elektronischen Signatur	239
1. Einzelsignatur	239
2. Stapelsignatur	240
3. Containersignatur	240
4. Externe Signatur	246
5. Fernsignatur	251
VII. Signaturprüfung	252
VIII. Ungültigkeit einer qualifizierten elektronischen Signatur	254
IX. Anspruch auf Herausgabe der Signatur	255
X. Fremde Signaturkarten und Notarsignaturkarten	255
C. Weitere elektronische Vertrauensdienste	256
I. Behördensiegel	256
II. Zeitstempel	256
III. Zeitzonen	258
1. GMT	258
2. UTC	258
3. CEST	258
4. CET	258
5. Atomzeit	259
D. Rechtlich wirksame Einreichung elektronischer Dokumente	259
I. Gesetzliche Grundlage – § 130a ZPO	259
II. VHN – vertrauenswürdiger Herkunftsnachweis	261
III. Rechtsprechung zu den elektronischen Signaturen	266
1. Umfangreiche Rechtsprechung aufgrund vorgezogener Einreichpflichten	266
2. Einfache elektronische Signatur	266
a) Maschinenschriftliche Namenswiedergabe	266
b) Eingescannte Unterschrift	269
c) Vor- und Familienname	270

	d)	Angabe „Rechtsanwalt" ist nicht ausreichend	270
	e)	Einfache elektronische Signatur und fremdes beA	272
	f)	Versand aus beBPo	272
	g)	Signaturprüfung vor Versand	273
3.	Zur qualifizierten elektronischen Signatur		273
	a)	„Entweder oder"	273
	b)	Notwendiger Zusatz unter Schriftsatz?	273
	c)	Qualifizierte elektronische Signatur nicht identisch mit Namenszug.	273
	d)	Signaturprüfung vor Versand	275
	e)	Zulässige elektronische Postfächer	275

§ 12 Elektronische Dokumente 277

A. Anforderungen an elektronische Dokumente und Dateiformate 277
    I. Elektronischer-Rechtsverkehr-Verordnung 277
    II. Anforderungen an elektronische Dokumente nach ZPO und ERVV 278
    III. ERVB (Rechtslage bis 31.12.2021) 278
    IV. ERVV und ERVB (Rechtslage seit dem 1.1.2022) 281
        1. ERVV – Verordnungsbestimmungen 281
        2. Von der ERVV umfasste Rechtsgebiete und Dokumente 282
        3. PDF und TIFF 285
        4. Verordnungsermächtigung zu ERVB 285
        5. 2. ERVB 2022 286
B. Druckbarkeit 288
C. Überschreiten der zulässigen Höchstgrenzen 288
D. Logische Nummerierung und Dateinamen 291
E. Strukturierter Datensatz 292
F. Umlaute/Sonderzeichen 293
G. Heilung bei Dateimängeln 294
H. Mehrere Fehler 296
I. PDF – Umwandlung leicht gemacht 297
J. Erstellung von Screenshots 301
    I. Einsatz von Screenshots 301
    II. Erstellen eines Screenshots 301
    III. Screenshot via Tastenkürzel 301
    IV. Screenshot mit vom Betriebssystem zur Verfügung gestellter Software. . . . 303
        1. App Snipping Tool (Windows) 303
        2. App Ausschneiden und skizzieren (Windows) 303
        3. Screenshots mit einem Mac von Apple 304
        4. Zusatzsoftware (z.B. Snagit von TechSmith) 305
K. Vom Umgang mit Anlagen 305
    I. Müssen Anlagen signiert werden? 305
    II. Eidesstattliche Versicherungen 305
    III. Vollmachten 306
        1. Prozessvollmacht 306
        2. Vollmacht nach § 174 BGB 308
    IV. PKH-Erklärungen 309
    V. Beratungshilfe 310

VI. Materiell-rechtliche Erklärungen 312

§ 13 Nachrichten erstellen und versenden 313
    A. Vorbereitung eines Schriftsatzes 313
          I. Erstellung von Schriftsätzen als Word-Datei 313
          II. Umwandlung des Schriftsatzes von einem Word-Dokument in ein PDF-Dokument 313
          III. Pflichtangabe der beA-Daten auf Schriftsätzen 313
          IV. Einfache und beglaubigte Abschriften von Schriftsätzen 316
          V. Zusammenfassung 316
    B. Nachricht erstellen 317
          I. Empfänger einfügen 317
          II. Empfängeradresse – suchen und finden 319
          III. (Eigenes) Adressbuch 320
          IV. Gesamtes Verzeichnis (der im beA-System erreichbaren Adressen) 320
          V. Sendungspriorität auswählen 321
    C. Betreffzeile/Aktenzeichen 322
    D. Persönlich/Vertraulich 323
    E. Anhänge zu einer Nachricht anfügen und richtig deklarieren 325
    F. Überschreiten der Höchstgrenzen – und nun? 327
    G. Qualifiziert elektronisch Signieren im beA sowie extern 327
          I. Auswahl treffen 327
          II. Signieren beim Hochladen einer Datei 328
          III. Stapelsignatur beim Hochladen in die Nachricht 329
          IV. Nach dem Hochladen der Datei in der Nachricht – Einzelsignatur . . . 330
          V. Stapelsignatur im Entwurfsbereich 330
          VI. Extern signiert – Datei und Signatur gemeinsam hochladen 331
    H. Signaturprüfung im beA 331
    I. Mögliche Arbeitsteilung im beA 332
          I. Einzelne Aktionen 332
          II. RA übernimmt alle Arbeiten selbst und sendet aus dem eigenen Postfach . . 333
          III. RA übernimmt alle Arbeiten selbst und sendet aus dem Postfach eines Kollegen . . . 334
          IV. Mitarbeiter bereitet vor, RA sendet selbst aus dem eigenen Postfach 336
          V. Mitarbeiter bereitet vor, RA signiert qualifiziert elektronisch, Mitarbeiter versendet aus dem Postfach des Anwalts, der signiert hat, oder beliebigem beA-Postfach 337
          VI. RA signiert extern, Mitarbeiter bereitet vor und versendet aus beliebigem Postfach 339
    J. Neue Eingabehilfen im beA 341

§ 14 Prüfroutinen und Postausgangskontrolle 343
    A. Dokumentenprüfung vor Signatur 343
    B. Signaturprüfungen 349
    C. Eingangsbestätigung im beA 350
          I. Gesetzliche Regelungen 350
          II. Prüfung der Eingangsbestätigung – praktisch 351
    D. Rechtsprechung zur Postausgangskontrolle 352

　　　　　I. Stets erforderliche Kontrolle der Eingangsbestätigung
　　　　　　　(Datum/Uhrzeit/Dokument/Status) 352
　　　　　II. Eingangsbestätigungen für leere Dateien oder Nachrichten ohne Anhang?. . 357
　　　　　III. Kontrolle (zumindest) anhand des Dateinamens. 360
　　　　　IV. Zusammenfassung. 361
　　　E. Einsatz einer Anwaltssoftware 362
　　　F. Sicherung der Nachricht durch Export 363

§ 15 Zustellungen via beA 365

　　　A. Allgemeine Einführung. 365
　　　B. Zustellungen von Gerichten. 366
　　　　　I. Gesetzliche Bestimmungen 366
　　　　　II. Elektronische Zustellung von Gerichten – § 173 ZPO 367
　　　　　　1. Elektronische Zustellung als Regelzustellungsart – § 173 Abs. 1 ZPO . . 367
　　　　　　2. Pflicht zur Eröffnung sicherer Übermittlungswege für bestimmte Kreise –
　　　　　　　§ 173 Abs. 2 ZPO 368
　　　　　　3. Nachweis der Zustellung durch eEB – § 173 Abs. 3 ZPO 372
　　　　　　4. Zeichnungsberechtigung 374
　　　　　　5. Nachweis der Zustellung durch Zustellungsfiktion – § 173 Abs. 4 ZPO . 375
　　　　　III. Zustellung von Schriftstücken gegen EB von Gerichten – § 175 ZPO 376
　　　C. Zustellung im Parteibetrieb 377
　　　　　I. Einführung 377
　　　　　II. Zustellung von Anwalt zu Anwalt. 378
　　　　　III. Zustellung im Parteibetrieb durch den Gerichtsvollzieher 379
　　　D. Berufsrechtliche und prozessuale Pflichten bei Zustellungen. 379
　　　　　I. Passive Nutzungspflicht, § 31a Abs. 6 BRAO 379
　　　　　II. Abgabepflicht – ordnungsgemäße Zustellungen. 379
　　　　　III. Ablehnungspflicht – nicht ordnungsgemäße Zustellungen 380
　　　　　　1. Verweigerung der Mitwirkung 380
　　　　　　2. Ganz oder gar nicht! 381
　　　　　　3. Bezeichnung der Dokumente im eEB – wann vollständig? 382
　　　　　IV. Prozessuale Pflichten 382
　　　E. Beispiele und Problemfelder 383
　　　　　I. Grundsatz: Kenntnisnahme nicht Eingang 383
　　　　　II. Grundsatz: Kenntnisnahme nicht Rücksendedatum. 384
　　　　　III. Heilung bei nicht formgerechter Rücksendung – eEB 385
　　　　　IV. Formgerechte Abgabe bei Zustellung von Schriftstücken. 386
　　　　　V. Rücksendung EB/eEB an gegnerischen Anwalt 387
　　　　　VI. Reihenfolge bei Abgabe eines EB/eEB 387
　　　　　VII. Willkürliche Vor- oder Rückdatierung des EB/eEB 388
　　　　　VIII. Entkräftung eines falschen Datums 389
　　　　　　1. Versehentlich vom Erklärenden falsch angegebenes Datum 389
　　　　　　2. Gegner oder Gericht haben Zweifel am angegebenen Datum. 392
　　　　　IX. Zustellung einer einfachen statt einer beglaubigten Abschrift 394
　　　　　X. Zustellungen in ein Gesellschafts-beA 399
　　　　　XI. Doppelzustellung gegen EB/eEB 401
　　　　　XII. Zustellung ins „falsche Postfach"? 402

XIII.	Fehlende oder verspätete Abgabe eines Empfangsbekenntnisses	404
	1. Verspätete Abgabe eines Empfangsbekenntnisses	404
	2. Fehlende Abgabe eines Empfangsbekenntnisses	406
	3. Nachrichtenjournal als Nachweis der Kenntnisnahme?	410
XIV.	Zustellung von einstweiligen Verfügungen	412
F. Zustellungen durch den Gerichtsvollzieher		416
I.	Allgemeine Ausführungen...............................	416
II.	Zustellung von Schriftstücken durch den Gerichtsvollzieher	417
III.	Zustellung elektronischer Dokumente durch den Gerichtsvollzieher	419
G. Fazit		422
H. eEB im beA anfordern – abgeben – anzeigen – ablehnen		423
I.	eEB anfordern......................................	423
II.	eEB anzeigen – Reaktionsmöglichkeiten......................	424
III.	eEB abgeben..	426
IV.	eEB ablehnen	428
V.	Abgelehnte oder abgegebene eEB anzeigen....................	429
VI.	Erforderliche Rechtezuweisung für eEB-Versand	432

§ 16 Art u. Weise der Ersatzeinreichung 435

A. Ersatzeinreichung..		435
B. Herkömmliche Unterschrift bei Ersatzeinreichung......................		435
I.	Gesetzliche Anforderung bei schriftlicher Einreichung.............	435
II.	BGH-Rechtsprechung zur eigenhändigen Unterschrift..............	436
III.	Fehlende Unterschrift – Unterschriftenkontrolle	441
IV.	Einreichung per Mail als PDF-Dokument mit eingescannter Unterschrift? ..	442
V.	Faksimile-Stempel als Unterschrift ausreichend?	444
VI.	Computerfax.......................................	445
VII.	E-Mail-to-Fax-Verfahren mit eingescannter Unterschrift – Ersatzeinreichung	447
VIII.	Die „blasse" Unterschrift...............................	448
IX.	Eingetippter Name nicht identisch mit Unterschrift	449
X.	Distanzierende Zusätze oder: „Nach Diktat verreist"	450
	1. Unterschrift „für Rechtsanwalt (...), nach Diktat verreist"	450
	2. Unterschrift „für RA'in XY, nach Diktat ortsabwesend"	450
	3. Unterschrift „i.A."	451
	4. „Nach Diktat verreist" – BVerfG gibt vor!	453
C. Abschriften bei Ersatzeinreichung erforderlich		455
D. Ersatzeinreichung per Fax		459
E. Ersatzeinreichung per Post		465
F. Ersatzeinreichung per Nachtbriefkasten		467

§ 17 Mahnverfahren und Zwangsvollstreckung nach ZPO im ERV 469

A. Mahnverfahren		469
I.	Grundsätzliches zum automatisierten Mahnverfahren	469
II.	Das arbeitsgerichtliche Mahnverfahren.......................	469
III.	Zentrale Mahngerichte	470
IV.	Vieleinreicher	472
V.	Ersatzeinreichung	472
	1. Vorübergehende technische Unmöglichkeit	472

	2. Art und Weise der Ersatzeinreichung		472
B.	Zwangsvollstreckung		473
	I. Voraussetzungen zur Zwangsvollstreckung nach heutigem Recht		473
		1. Vollstreckbare Ausfertigungen in Papierform	473
		2. Farbdruck- oder Prägesiegel	474
	II. Zustellungen durch den Gerichtsvollzieher		476
	III. Pflicht zur elektronischen Antragstellung		478
		1. Gesetzliche Vorgaben – Gerichtsvollziehervollstreckung	478
		2. Gesetzliche Vorgaben – Vollstreckungsgericht u.a.	480
		3. Was sind „schriftlich einzureichende Anträge"?	480
		a) Einführung	480
		b) Strittige Rechtsprechung zum Unterschriftserfordernis	480
		4. Übermittlungskanal	483
		5. Einreichpflicht ist zu bejahen!	483
	IV. Ausnahmen vom Papiertitel – Titel-Scan ausreichend		484
		1. Beantragung eines Pfändungs- und Überweisungsbeschlusses	484
		2. Beauftragung eines Gerichtsvollziehers	485
		a) Gesetzliche Bestimmung – § 754a ZPO	485
		b) Keine Anwendung des § 754a ZPO bei Rechtsnachfolgeklausel	486
		c) Keine Anwendung des § 754a ZPO bei Haftbefehlsantrag	486
		d) Keine Anwendung des § 754a ZPO auf den Haftbefehl selbst	487
		e) BGH zur Vollmachtsvorlage – Inkassodienstleister	488
		f) § 754a ZPO und Teilvollstreckungsaufträge	488
		g) Keine Anwendung des § 754a ZPO bei Vollstreckung aus behördlichen Titeln	489
	V. Papiertitel noch zeitgemäß?		489
	VI. Zusammenfassung – Fazit – elektronische Zwangsvollstreckung		490
	VII. Praxisprobleme – praktisch gelöst		490
		1. Wie finden Titel und elektronischer Auftrag zueinander?	490
		2. Ersatzeinreichung bei vorübergehender technischer Störung?	491
		3. ZV-Belege einzeln oder als Konvolut scannen?	492
		4. Sonderfall Grundbuchamt	493
		5. Rechtsprechung zur Einreichpflicht in ZV-Angelegenheiten – eine Auswahl	497

§ 18 Nutzungspflicht für das Schutzschriftenregister (ZSSR) 501

A.	Allgemeines zu Schutzschriften	501
B.	Das Zentrale Schutzschriftenregister der Justiz – ZSSR	501
C.	Nutzungspflicht des ZSSR für Anwälte und fragliche Abrufpflicht für Gerichte	502
D.	Die Schutzschriftenregisterverordnung – SRV	504
E.	Einreichung von Schutzschriften beim ZSSR	504
F.	Geeignete Dokumentenformate	507
G.	Zurückweisung einer Schutzschrift	508
H.	Kosten	508
I.	Einstellung eingereichter Schutzschriften in das ZSSR	509
J.	Protokollierungs- und Mitteilungspflichten – Information des Absenders	509
K.	Löschung einer beim ZSSR eingereichten Schutzschrift	510

§ 19 Fachgerichtsbarkeiten und andere ... 511
A. Korrespondierende Vorschriften ... 511
B. Regelungen im Einzelnen ... 512
    I. ArbGG – Arbeitsgerichtsbarkeit ... 512
    II. VwGO – Verwaltungsgerichtsbarkeit ... 513
    III. SGG – Sozialgerichtsbarkeit ... 516
    IV. FGO – Finanzgerichtsbarkeit ... 517
    V. FamFG – Familiensachen und andere Angelegenheiten der freiwilligen Gerichtsbarkeit ... 519
    VI. Insolvenzverfahren ... 521
    VII. Patentgerichtsverfahren ... 522

§ 20 Strafsachen und OWi-Sachen ... 523
A. Rechtsgrundlagen ... 523
B. Elektronische Aktenführung ... 523
C. Einreichung elektronischer Dokumente ... 524
D. Pflicht zur elektronischen Einreichung ... 528
E. Akteneinsicht ... 531
F. Ordnungswidrigkeiten-Verfahren ... 535

§ 21 Der Wiedereinsetzungsantrag ... 539
A. Einführung ... 539
B. Folgen versäumter Prozesshandlungen ... 539
C. Wiedereinsetzungsfähige Fristen ... 539
D. Frage des Verschuldens ... 540
E. Antragsfrist ... 542
F. Inhalt des Wiedereinsetzungsantrags ... 543
G. Verfahrensablauf ... 545

§ 22 Mitarbeitereinsatz/EDV-Kalender ... 547
A. Übertragbare Aufgaben und Anforderungen an Mitarbeiter ... 547
    I. Sorgfältig ausgewählt, geschult und überwacht ... 547
    II. Wiedereinstellung ... 548
    III. Erkennbare Überlastung ... 548
    IV. „Allgemeine" Kenntnis über Zuverlässigkeit reicht nicht aus ... 549
    V. Persönliche Zuständigkeiten ... 549
    VI. Auszubildende ... 549
    VII. Adressierung und Wahl der Empfängernummer (Adresse) ... 551
    VIII. Einzelanweisung ... 551
    IX. Nicht übertragbare Aufgaben ... 552
    X. Büropersonal ohne ReFa-Ausbildung ... 553
B. EDV-Kalender versus Papierkalender ... 555
    I. EDV-Kalender allein ist zulässig ... 555
    II. Anforderung bei EDV-Kalender-Führung ... 556
    III. Maßnahmen bei Störung des Zugriffs auf den EDV-Kalender ... 557
    IV. Pflicht zum Einzelausdruck der eingegebenen Fristen ... 558
    V. Sorgfaltspflichten bei Umstellung auf reine E-Akte ... 561

§ 23 Rechtssicheres ersetzendes Scannen ... 563
- A. Grundlagen ... 563
  - I. Allgemeines ... 563
  - II. Übersicht ... 563
- B. Organisation ... 564
- C. Beweiswert eines elektronischen Dokuments ... 566
- D. Umsetzung des Scanprozesses in der Kanzlei ... 567
  - I. Einführung ... 567
  - II. Wann wird gescannt? ... 567
  - III. Wo wird gescannt? ... 568
- E. Personal ... 568
- F. Technik ... 568
  - I. Grundlagen ... 568
  - II. Anschaffungspreis ... 568
  - III. Schnittstellen ... 568
  - IV. Stromverbrauch ... 569
  - V. Geschwindigkeit ... 569
  - VI. Auflösung ... 569
  - VII. Dokumentenausgabe ... 569
  - VIII. Empfohlenes Tagesvolumen ... 570
  - IX. Papierstärke ... 570
  - X. Zufuhrkapazität Einzugsschacht ... 570
- G. Verarbeitung ... 570
- H. Vorbereitung ... 570
  - I. Einführung ... 570
  - II. Prüfschritte zur Durchführung eines ersetzenden Scans ... 572
  - III. Wann ist ein ersetzendes Scannen zulässig? ... 572
  - IV. Wie hat der Scanprozess beim ersetzenden Scannen zu erfolgen? ... 573
- I. Nachbearbeitung ... 574
- J. Integritätssicherung ... 574
  - I. Einführung ... 574
  - II. Vernichtung oder Archivierung ... 575
  - III. Langzeitrisiken ... 578
- K. Zusammenfassung der Grundsätze der elektronischen Archivierung ... 578
- L. Checkliste: Ersetzendes Scannen ... 579

§ 24 Probleme und Lösungsansätze ... 581

§ 25 Übersicht: Internetseiten ... 587

§ 26 Wörterbuch ... 593

Stichwortverzeichnis ... 605

Literaturhinweise

Achatz, Schriftform, Zustellung und Beglaubigung im Wandel der gerichtlichen Digitalisierung, RDi 2022, 31

Bacher, Der elektronische Rechtsverkehr im Zivilprozess, NJW 2015, 2753

Bacher, Elektronisch eingereichte Schriftsätze im Zivilprozess, NJW 2009, 1548

Bacher, Das elektronische Schutzschriftenregister, MDR 2015, 1329

Baumbach/Lauterbach, ZPO, 80. Aufl. 2022

Bernhardt, Anwaltskommunikation und E-Government, NJW-Beil. 2016, 103

Besgen/Prinz, Arbeiten 4.0 – Arbeitsrecht und Datenschutz in der digitalisierten Arbeitswelt, 5. Aufl. 2021

Bernhardt, Die deutsche Justiz im digitalen Zeitalter, NJW 2015, 2775

Biallaß, Der Umgang mit dem elektronischen Empfangsbekenntnis, NJW 2019, 3495

Bleich, Verschlüsseln und signieren mit PGP, in: Sichere E-Mail; NSA aussperren – Privates Schützen, c't Wissen, 2014

Borgmann, Die Rechtsprechung des BGH zum Anwaltshaftungsrecht von Mitte 2014 bis Mitte 2015, NJW 2015, 3349

Brosch, Technische Rahmenbedingungen für den elektronischen Rechtsverkehr, BRAK-Mitt 06/2017, 11

Brosch/Sandkühler, Das besondere elektronische Anwaltspostfach – Nutzungsobliegenheiten, Funktionen und Sicherheit, NJW 2015, 2761

DAV (Hrsg.), Eine Zukunftsstudie für die deutsche Anwaltschaft „Der Rechtsdienstleistungsmarkt 2030", Executive Summary, 2016

Brückner, Original oder Fälschung? Rechtmäßigkeit und Sinnhaftigkeit von Originalunterschriften auf Vollstreckungsaufträgen aus der Perspektive eines Gläubigervertreters, DGVZ 2017, 49

Büttner, Die Problematik des § 130d ZPO insbesondere für den anwaltlichen Insolvenzverwalter, ZInsO 2022, 277

Dahmen/Kallenbach, Die Mythen beim elektronischen Rechtsverkehr mit dem beA, AnwBl 2021, 675

Dahns, Nutzungspflicht des elektronischen Rechtsverkehrs im Zivilprozess, NJW-Spezial 2022, 190

Dahns, Rechtssicherheit bezüglich der Verschlüsselungstechnik beim beA, NJW-Spezial 2021, 318

Deckenbrock, Die „kleine BRAO-Novelle" im Überblick, NJW 2017, 1425

Degen, Mahnen und Klagen per E-Mail – Rechtlicher Rahmen und digitale Kluft bei Justiz und Anwaltschaft?, NJW 2008, 1473

Degen/Emmert, Sicherheit der Kommunikation über das beA, NJW 2021, 2206

Delhey, Verfassungsrechtliche Grenzen einer Pflicht für Rechtsanwälte zur Nutzung elektronischer Kommunikationsmittel, NJW 2016, 1274

Diller/Heiß, Haftungsbeschränkung im Mandat per beA?, AnwBl 672–673

El-Auwad, Outsourcing in Kanzleien: Die richtige Belehrung zur Verschwiegenheit, AnwBl 2018 Online, S. 26

Elking, Aktive Nutzungspflicht des ERV für Syndikusrechtsanwälte der Verbände – eine kritische Betrachtung, NZA 2022, 1009

Literaturhinweise

(ohne Autorenangabe), Die Bundesnotarkammer im Jahre 2017, DNotZ 2018, 562

Gassner/Seith, Ordnungswidrigkeitengesetz, 2. Aufl. 2020

Goebel, Formerfordernisse beim Vollstreckungsauftrag, FoVo 2016, 38

Gottschalk/Schneider, Prozess- und Verfahrenskostenhilfe, Beratungshilfe, 10. Aufl. 2022

Graetz, Der elektronische Der elektronische Rechtsverkehr (ERV) seit dem 1.1.2022 – die Reform vor der Reform – Ein Rückblick auf gelungenes und ein Ausblick auf weiterhin notwendige Reformschritte – Ein Plädoyer für mehr Mut und Verantwortung, DGVZ 2022, 49

Graf Lambsdorff, Hdb. des Wettbewerbsverfahrensrechts, 2000

Günther, Haftungsfallen rund ums beA, NJW 2020, 1785

Hartmann, Neue Schutzschriftregeln: Auch nach VO dazu Fragen, GRUR-Prax 2015, 163

Hartung, Mandatsvertrag – Das Einzelmandat in der Anwaltssozietät, MDR 2002, 1224

Heinemann, Der Rechtsanwalt und die neuen Medien, NZFam 2015, 438

Hettenbach/Müller, Die Übergabe von Papierschriftsätzen im Termin n Zeiten der „beA-Nutzungspflicht, NJW 2022, 815

Hoffmann/Borchers, Der Anwalt und sein Recht auf Papier, JA 2015, 197

Horn, Das beA und die (Befreiung von der) Kanzleipflicht, AnwBl 2017, 839

Jungbauer, Einreichung elektronischer Dokumente via beA im Zivilprozess, DAR 2022, 52

Jungbauer, Einreichung elektronischer Dokumente via beA in straßenverkehrsrechtlichen Straf- und Bußgeldsachen, DAR 2022, 168

Jungk, Fristen in Zeiten der zunehmenden Digitalisierung", AnwBl 2016, 592

Karlsruher Kommentar zur Strafprozessordnung: StPO, 8. Aufl. 2019

Kazemi, in: schweizerthema, Der elektronische Rechtsverkehr: Heute und in Zukunft!, Praxiswissen für Ihre Kanzlei I Datenschutz, Sept. 2015

Kazemi, Die EU-Datenschutz-Grundverordnung in der anwaltlichen Beratungspraxis, 2018

Kazemi/Lenhard, Datenschutz und Datensicherheit in der Rechtsanwaltskanzlei, 2014

Kilian, Das reformierte Berufsrecht der Anwaltschaft, NJW 2021, 2385.

Kleine-Cosack, BRAO, 9. Aufl. 2022

Knauer/Wolf, Zivilprozessuale und strafprozessuale Änderungen durch das Erste Justizmodernisierungsgesetz – Teil 1: Änderungen der ZPO, NJW 2004, 2863

Krenberger, „Aus der Rechtsprechung zum Ordnungswidrigkeitenrecht" – 1. Teil. 1. Akteneinsicht, NStZ-RR 2021, 233

Krenberger/Krumm, OWiG, 6. Aufl. 2020

Lamminger/Ulrich/Schmiede, Überschießende Signaturerfordernisse bei elektronischem Rechtsverkehr und elektronischer Aktenführung, NJW 2016, 3274

Lenhard/Kazemi, Cyberkriminalität und Cyberschutz für Rechtsanwälte und Mandanten, eBroschüre Spezial, Deutscher Anwaltverlag GmbH, Bonn 2016

Leuering, Das beA und bestimmende Schriftsätze, NJW 2019, 2739

Löschhorn, Pflicht zur Nutzung des besonderen elektronischen Anwaltspostfachs (beA) und zur anwaltlichen Verschwiegenheit, MMR 2018, 204

Lummel, Die Zukunft des elektronischen Rechtsverkehrs, NJW-Spezial 2013, 510

Mardorf, Totgesagte leben länger – oder: Bleibt die Containersignatur bei elektronischen Einreichungen zulässig?, jM 2018, 228

May, Verbesserungsbedürftigkeit der Gerichtsvollzieherformular-Verordnung-GVFV, DGVZ 2017, 45

Meyer, It's the End of the World as We Know It…, NZS 2014, 294

Meyer-Goßner/Schmitt, StPO, 65. Aufl. 2022

Möllenkamp, Wiedereinsetzung in den vorigen Stand bei „Spontanversagen" des beA, NZA-RR 2021, 398

Müller, eJustice – Praxishandbuch, 6. Aufl. 2022

Müller, Neue Rechtsbegriffe im Zustellungsrecht – Sichere Übermittlungswege und das elektronische Empfangsbekenntnis, NJW 2017, 2713

Müller, Noch unvollendet: Das beA der Rechtsanwaltsgesellschaft, NZA 2019, 825

Müller, Signaturerfordernisse bei der elektronischen Einreichung, RDi 2022, 288

Müller, Die neuen Formvorschriften im elektronischen Rechtsverkehr ab dem 1.1.2018, NZS 2018, 208

Müller, eJustice – Die Justiz wird digital, JuS 2015, 609

Müller, Die Übermittlung und Prüfung der elektronischen Signatur des gegnerischen Schriftsatzes, NJW 2015, 822

Müller, Der elektronische Rechtsverkehr in der Rechtsanwendung – heute und morgen, NZS 2015, 896

Müller, Die Container-Signatur zur Wahrung der Schriftform, NJW 2013, 3758

Müller, Checklisten zum elektronischen Rechtsverkehr für die Justiz, BoD, epub

Müller, Checklisten zum elektronischen Rechtsverkehr für Verfahrensbeteiligte und ihre Prozessvertreter, BoD, epub

Müller, Anm. zu OVG Saarlouis v. 10.3.2022 – 1 A 267/20, NVwZ 2022, 658

Müller/Hettenbach, Die Übergabe von Papierschriftsätzen im Termin in Zeiten der „beA-Nutzungspflicht, NJW 2022, 815

Müller-Teckhof, Gesetz zur Förderung des elektronischen Rechtsverkehrs mit den Gerichten – Harmonisierung der Formerfordernisse mit Möglichkeiten moderner Kommunikation", MMR 2014, 95

Münchener Kommentar zur Strafprozessordnung, StPO, 8. Aufl. 2019

Münchener Kommentar zur Zivilprozessordnung, ZPO, 6. Aufl. 2022

Musielak/Voit, Zivilprozessordnung: ZPO, 19. Aufl. 2022

Nitschke, beA-Beiträge – zwischen Haushaltsrecht und Ärgernis, BRAK-Mitt 2/2018, S. 10

Nitschke, Was tun vor dem Wieder-Start des beA?, RAK-Mitt 2/2018, S. 11 f.

Ory/Weth, Schriftstücke und elektronische Dokumente im Zivilprozess – Von der Papierform zur elektronischen Form, NJW-Beil 2016, 96

Poguntke/von Villiez, Digitale Dokumente und elektronischer Rechtsverkehr im Arbeitsrecht, NZA 2019, 1097

Prütting/Gehrlein, ZPO, 8. Aufl. 2016

Radke, „Schriftlich" oder auch „durch Schriftsatz" Vergleichsvorschlag per beA nur mit qualifizierter Signatur?, jM 2022, 197

Radke, Zwischen Wagemut und Angststarre – Elektronischer Rechtsverkehr und elektronische Aktenführung in der Justiz, ZRP 2012, 113

Literaturhinweise

Ritter, De-Mail: Meilenstein in der Entwicklung der elektronischen Kommunikation?, VuR 2014, 334

Roßmann, Das beA ist aktiv zu nutzen – „Stolperfallen", FuR 2022, 290

Roßnagel, Der Anwendungsvorrang der eIDAS-Verordnung – Welche Regelungen des deutschen Rechts sind weiterhin für elektronische Signaturen anwendbar?, MMR 2015, 359

Satzger/Schluckebier/Widmaier, StPO, 4. Aufl. 2020

Schäfer, Warum das beA später kommt, ZAP 2016, 47

Schmieder/Liedy, Der Versand durch Dritte aus dem beA ohne qualifizierte Signatur, NJW 2018, 1640

Schmitt-Gaedke, Der Referentenentwurf zur Schutzschriftenregisterverordnung (SRV), GRUR-Prax 2015, 161

Schroetter, Anything goes? – Die elektronische Einreichung von Anträgen und behördlichen Ersuchen auf Eintragung von Zwangssicherungshypotheken, RPfleger 2022, 425

Schultzky, „Elektronische Kommunikation im Zivilprozess", Aktive Nutzungspflicht und Ausbau des elektronischen Rechtsverkehrs, MDR 2022, 201

Siegmund, Das beA von A bis Z, NJW 2017, 3134

Schmieder/Liedy, Der Versand durch Dritte aus dem beA ohne qualifizierte Signatur, NJW 2018, 1640

Schneider, Über gekrümmte Linien, Bogen, Striche, Haken und Unterschriften, NJW 1998, 1844

Sorge/Krüger, E-Akte, elektronischer Rechtsverkehr und Barrierefreiheit, NJW 2015, 2764

Sorge, Sicherheit der Kommunikation zwischen Rechtsanwalt und Mandant, NJW-Beil. 2016, 100

Spindler/Schuster, Recht der elektronischen Medien, 2. Aufl. 2011

Stein/Jonas, ZPO, 22. Aufl. 2013

Taeger, Die Entwicklung des IT-Rechts im Jahr 2015, NJW 2015, 3759

Therstappen, Die wissentliche Pflichtverletzung im Versicherungsverhältnis, AnwBl. 2014, 182

Toussaint, Erfordernis der einfachen Signatur bei Versendung aus beA, ArbAktuell 2020, 619

Treber, Virtuelle Justizkommunikation ante portas, NZA 2014, 450

Viefhues, Die Chancen der E-Akte, DRiZ 2015, 312

Viefhues, Rechtliche Grundlagen des beA und des elektronischen Rechtsverkehrs, NJW-Beil. 2016, 86

Viefhues/Bührer, Elektronischer Rechtsverkehr im Versorgungsausgleich, FPR 2011, 521

Wagner, Das elektronische Dokument im Zivilprozess, JuS 2016, 29

Wagner/Ernst, „Falsche oder verzögert abgegebene Empfangsbekenntnisse im elektronischen Rechtsverkehr" – rechtliche Einordnung und Reaktionsmöglichkeiten in der Praxis, NJW 2021, 1564 ff.

Wehlau/Kalbfus, Die Schutzschrift im elektronischen Rechtsverkehr, ZRP 2013, 101

Werner/Wollweber, Der digitale Zivilprozess: 15 Forderungen der Anwaltschaft, AnwBl. 2018, 387

Wieczorek/Schütze, ZPO, 4. Aufl. 2018

Windau, Pflicht zur aktiven beA-Nutzung „durch die Hintertür"?, NZFam 2020, 71

Wilke/Hornung/Knopp/Laue, Grunddienste für die Rechtssicherheit elektronischer Kommunikation – Rechtlicher Bedarf für eine gewährleistete Sicherheit, MMR 2008, 723

Zöller, ZPO, 34. Aufl. 2022

§ 1 Einführung zum beA und ERV

A. Elektronischer Rechtsverkehr ERV

Der elektronische Rechtsverkehr betrifft einerseits die sichere, rechtsverbindliche, gegenseitige **elektronische Kommunikation** zwischen Verfahrensbeteiligten und den Gerichten. Er umfasst andererseits aber auch die gerichtsinterne **elektronische Sachbearbeitung** und die **elektronische Aktenführung** bis hin zur **elektronischen Archivierung**. Zahlreiche Gesetze machen die Bestrebungen des Gesetzgebers zur flächendeckenden Einführung des elektronischen Rechtsverkehrs in Deutschland deutlich.

Durch das Zustellungsrechts-Reformgesetz[1] und das Formvorschriftenanpassungsgesetz[2] wurden schon seit 2001 erste Schritte zu einer Öffnung der Justiz für den elektronischen Rechtsverkehr unternommen. Mit dem Justizkommunikationsgesetz[3] wurden die Bestrebungen fortgesetzt. Zudem wurde hierdurch auch die gesetzliche Grundlage zur Führung elektronischer Verfahrensakten in der Justiz geschaffen.

Nach Art. 91c GG können Bund und Länder bei der Planung, der Errichtung und dem Betrieb der für ihre Aufgabenerfüllung benötigten informationstechnischen Systeme zusammenwirken. In Ausgestaltung des Art. 91c GG haben Bund und Länder mit Staatsvertrag die Regeln der Zusammenarbeit näher festgelegt und den **IT-Planungsrat** mit der wesentlichen Koordination beauftragt.[4] Der **E-Justice-Rat**[5] tritt für die Justiz in Bund und Ländern neben den IT-Planungsrat. Er koordiniert die übergreifenden Aufgaben bei der Planung, der Errichtung und dem Betrieb der für ihre Aufgabenerfüllung notwendigen informationstechnischen Systeme, um die Unabhängigkeit im Bereich der justiziellen IT zu gewährleisten. Die **Bund-Länder-Kommission** für Informationstechnik in der Justiz (BLK) ist seit 2012 eine ständige Arbeitsgruppe des E-Justice-Rats.[6]

Ein sehr wichtiges Ziel bei der Entwicklung des elektronischen Rechtsverkehrs ist die Vermeidung einer Hersteller- oder Produktabhängigkeit. Nach der Leitlinie der BLK (Bund-Länder-Kommission für Informationstechnik in der Justiz) werden die IT-Standards (z.B. für interoperable Produkte zur elektronischen Signatur, Standards für sichere Übertragungen) in einem ständigen Prozess in den zuständigen Gremien fortentwickelt. Dabei wird darauf hingewiesen, dass es endgültige Festlegungen in absehbarer Zeit am Markt nicht geben wird. Eine wesentliche Rationalisierungschance durch den elektronischen Rechtsverkehr wird dabei „*in der möglichen Datenübernahme aus den Schriftsätzen der Parteien in das gerichtliche Schreibwerk sowie in der vereinfachten Auswertung und Aufbereitung strukturierter Eingaben*" gesehen.[7]

Unter **https://justiz.de** findet man das gemeinsame Registerportal der Länder. Hier kann man unter dem Button „Online-Dienste" zahlreiche Online-Plattformen aufsuchen, um dort kostenfreie und ggf. auch kostenpflichtige Informationen zu erhalten.

---

1 Gesetz zur Reform des Verfahrens bei Zustellungen im gerichtlichen Verfahren (ZustRG) v.25.6.2001 (BGBl I, 1206), das am 1.1.2002 in Kraft getreten ist.
2 Gesetz zur Anpassung der Formvorschriften des Privatrechts und anderer Vorschriften an den modernen Geschäftsverkehr (FormVorAnpG) vom 13.7.2001 (BGBl I, 1542), das am 1.8.2001 in Kraft getreten ist.
3 Gesetz über die Verwendung elektronischer Kommunikationsformen in der Justiz (Justizkommunikationsgesetz – JKomG) vom 22.3.2005 (BGBl I, 837), in Kraft getreten am 1.4.2005.
4 www.it-planungsrat.de (Abruf: 4.9.2022).
5 https://justiz.de/laender-bund-europa/e_justice_rat/index.php (Abruf: 4.9.2022).
6 https://justiz.de/laender-bund-europa/BLK/index.php (Abruf: 4.9.2022).
7 OT-Leit-ERV-Anlage 1 (Fortschreibung zur 93. Sitzung der BLK am 15./16.5.2013), BLK-AG IT-Standards in der Justiz, S. 2, Stand: 15.1.2014.

Aber auch weitere Portale bieten diverse Online-Dienste an, nur beispielhaft seien (nicht abschließend) aufgezählt:

- Über **https://www.unternehmensregister.de/ureg/** findet man alle wichtigen veröffentlichungspflichtigen Daten über Unternehmen und hat Zugriff auf das elektronische Handels-, Genossenschafts- und Partnerschaftsregister.
- **Zentrales Handelsregister (https://www.handelsregister.de/rp_web/welcome.do)**; auf dieser Seite findet man Handels-, Genossenschafts- oder Partnerschaftsregister sowie zum Teil die Vereinsregister aller Bundesländer nebst Registerbekanntmachungen (Veröffentlichungen).
- **Zentrales Vorsorgeregister** (https://www.vorsorgeregister.de), das Registrierungsstelle für private sowie notarielle Vorsorgevollmachten, Betreuungsverfügungen und Patientenverfügungen aus dem gesamten Bundesgebiet ist.
- **Zentrales Testamentsregister** (https://www.testamentsregister.de), das von der Bundesnotarkammer geführt wird (seit 1.1.2012) und Verwahrangaben zu sämtlichen erbfolgerelevanten Urkunden, die vom Notar errichtet werden oder in gerichtliche Verwahrung gelangen, enthält.
- **Einwohnermeldeamt-Anfragen** über https://www.zemaonline.de (Power-User wie z.B. Anwaltskanzleien) (ZEMA = zentrale einfache Melderegisterauskunft); für die Nutzung als Power-User ist ein Vertrag mit der AKDB (Anstalt für Kommunale Datenverarbeitung in Bayern) erforderlich; abgerufen werden können z.B. die Datenbestände aus Bayern, Baden-Württemberg, Hessen, Niedersachsen, NRW und Schleswig-Holstein.
- **Schuldnerverzeichnisabfragen** über https://www.vollstreckungsportal.de.

Daneben gibt es heute schon viele weitere Möglichkeiten zur elektronischen Kommunikation mit Justizbehörden.

6 Die **elektronische Archivierung** sollte u.a. dadurch gefördert werden, dass eine neue Beweisvorschrift geschaffen wurde, die dem Scan-Produkt einer öffentlichen Urkunde einen höheren Beweiswert als bisher verleiht, vgl. nur beispielhaft § 371a ZPO. Zum rechtssicheren ersetzenden Scannen siehe auch § 23 Rdn 1 ff. dieses Werks.

7 Da sich nicht nur die Justizbehörden, sondern auch die Anwaltschaft mit der Umsetzung des elektronischen Rechtsverkehrs (ERV) in der Praxis schwertaten, verabschiedete der Gesetzgeber im Oktober 2013 das umfangreiche Gesetz zur Förderung des elektronischen Rechtsverkehrs mit den Gerichten, welches nicht nur die Zivilgerichtsbarkeit, sondern auch die Fachgerichtsbarkeiten umfasst (e-Justice-Gesetz I).[8] Mit diesem Gesetz sollte die bereits vor Jahren begonnene Einführung des elektronischen Rechtsverkehrs gefördert werden.[9] Das Inkrafttreten erfolgte gem. Art. 26 zu unterschiedlichen Zeitpunkten; zahlreiche neue Vorschriften sind zum 1.1.2018 bzw. 1.1.2022 in Kraft getreten.

8 Neben einer Vielzahl von kleineren Gesetzesänderungen erfolgte der weitere Ausbau des elektronischen Rechtsverkehrs auch für Straf- und OWi-Sachen mit dem weiteren Gesetz v. 5.7.2017 (**e-Justice-Gesetz II**).[10]

9 Zum 1.1.2022 trat zudem das Gesetz zum Ausbau des elektronischen Rechtsverkehrs in Kraft.[11] Mit diesem Gesetz wurden nicht nur vereinzelte Anpassungen an Bestimmungen zum elektronischen Rechtsverkehr noch vor deren Inkrafttreten (Beispiel: § 14b FamFG), sondern darüber hinaus auch gravierende Änderungen im Zustellungsrecht vorgenommen und Regelungen zum eBO und den OZG-Nutzerkonten in der ERVV sowie das beSt eingeführt. Zu den einzelnen Konten siehe auch § 2 in diesem Werk.

---

8 e-Justice-Gesetz I vom 10.10.2013, BGBl I, 3786 – mit Geltung ab dem 1.1.2018; abweichend s. Art. 26.
9 BT-Drucks 17/12634 v. 6.3.2013, Entwurf eines Gesetzes zur Förderung des elektronischen Rechtsverkehrs mit den Gerichten – Gesetzentwurf der Bundesregierung.
10 Gesetz zur Einführung der elektronischen Akte in der Justiz und zur weiteren Förderung des elektronischen Rechtsverkehrs, G. v. 5.7.2017 – BGBl I, 2208.
11 Gesetz zum Ausbau des elektronischen Rechtsverkehrs mit den Gerichten und zur Änderung weiterer Vorschriften v. 5.10.2021, BGBl I, 4607.

A. Elektronischer Rechtsverkehr ERV § 1

Auch vor der **Verwaltung** macht die Digitalisierung nicht halt. Umfassende Gesetzesänderungen sind u.a. durch das Gesetz zur Förderung der **elektronischen Verwaltung** (E-Government-Gesetz I – EGovG) 2013[12] sowie das erste Gesetz zur Änderung dieses Gesetzes aus dem Jahr 2017 auf den Weg gebracht worden.[13] Unter dem Stichwort „Digitale Verwaltung 2020" hat die Bundesregierung am 30.10.2014 über ihre Vorhaben im Bereich der Digitalisierung informiert.[14] Dass die Digitalisierung zunehmend fortschreitet, zeigen viele neue Gesetze, wie z.B. auch (nur beispielhaft) das Gesetz zur Umsetzung der Richtlinie 2014/55/EU über die elektronische Rechnungsstellung im öffentlichen Auftragswesen[15] oder auch das Gesetz zum Abbau verzichtbarer Anordnungen der Schriftform im Verwaltungsrecht des Bundes.[16] Einige Bundesländer treiben die Digitalisierung mit eigenen Projekten an, wie z.B. Baden-Württemberg und Bayern, die gemeinsam eine Digital-Offensive im Justizwesen im Bereich der E-Akten, Videoverhandlungen oder der Umsetzung des elektronischen Rechtsverkehrs gestartet haben.[17]

10

Für folgende Rechtswege ist der elektronische Rechtsverkehr durch das **e-Justice-Gesetz I, das besondere Bedeutung für RA-Kanzleien hat**, vorgesehen:[18]

11

- Zivilgerichtsbarkeit (hierzu gehören auch Familiensachen und andere Angelegenheiten der freiwilligen Gerichtsbarkeit, § 13 GVG),
- Arbeitsgerichtsbarkeit,
- Finanzgerichtsbarkeit,
- Sozialgerichtsbarkeit und
- Verwaltungsgerichtsbarkeit.

Dabei wird in einigen Gesetzen auf die Anwendung der ZPO verwiesen, wie z.B. in § 4 InsO bzw. § 125a PatG, siehe dazu auch § 19 dieses Werks.

Nicht vorgesehen ist der elektronische Rechtsverkehr bisher für

12

- die Verfassungsgerichtsbarkeit.

Eine entsprechende Regelung im BVerfGG fehlt, siehe dazu auch § 3 Rdn 38 dieses Werks. Für die Landesverfassungsgerichte gelten eigene Vorschriften. Hier ist der elektronische Rechtsverkehr teilweise verpflichtend eröffnet, siehe § 3 Rdn 40 dieses Werks.

Für die **Strafgerichtsbarkeit** und **OWi-Sachen** ist das „Gesetz zur Einführung der elektronischen Akte in der Justiz und zur weiteren Förderungen des elektronischen Rechtsverkehrs" am 12.7.2017 verkündet worden (= **e-Justice-Gesetz II**).[19] Mit diesem Gesetz wird nicht nur – wie zunächst noch geplant – die **elektronische Gerichtsakte** in Strafsachen, sondern auch in der **Zivil- und den Fachgerichtsbarkeiten** zum 1.1.2026 verpflichtend eingeführt.[20] Mit diesem Gesetz wird auch ein bundesweites **Akteneinsichtsportal** der Justiz für alle Länder und den Bund aufgebaut, das die digitale Akteneinsicht ermöglichen soll. Einige Bundesländer wollen das Pflichtdatum 1.1.2026 für die E-Akten-Führung nicht

13

---

[12] G. v. 25.7.2013, BGBl I, 2749, 2015.
[13] G. v. 5.7.2017, BGBl I, 2206.
[14] BT-Drucks 18/3074 v. 30.10.2014 – Regierungsprogramm der 18. Legislaturperiode; siehe auch: https://www.bmi.bund.de/SharedDocs/downloads/DE/publikationen/themen/moderne-verwaltung/regierungsprogramm-digitale-verwaltung-2020.pdf?__blob=publicationFile&v=4.
[15] G. v. 4.4.2017, BGBl I, 770.
[16] G. v. 29.3.2017, BGBl I, 626.
[17] Der Erfahrungsaustausch erfolgte z.B. auf dem Fachgipfel „Auf dem Weg in die digitale Justiz des 21. Jahrhunderts".
[18] G. v. 10.10.2013, BGBl I, 3786 (Nr. 62); Geltung ab 1.1.2018, abweichend siehe Art. 26.
[19] Gesetz zur Einführung der elektronischen Akte in der Justiz und zur weiteren Förderung des elektronischen Rechtsverkehrs, G. v. 5.7.2017, BGBl I, 2208.
[20] Vgl. dazu §§ 298a ZPO, 46a ArbGG, 65b SGG, 55b VwGO, 52b FGO in der ab 1.1.2026 gültigen Fassung; eingeführt durch G. v. 5.7.2017, BGBl I, 2208.

14 Auch Aufträge und Anträge im Bereich der **Zwangsvollstreckung** sind verpflichtend seit dem 1.1.2022 **elektronisch** durchzuführen. Bereits mit dem Gesetz zur Durchführung der Verordnung (EU) Nr. 655/2014 sowie zur Änderung sonstiger zivilprozessualer, grundbuchrechtlicher und vermögensrechtlicher Vorschriften und zur Änderung der Justizbeitreibungsordnung (EuKoPfVODG) hat der Gesetzgeber die Möglichkeit zur „elektronischen Zwangsvollstreckung" beim Gerichtsvollzieher erstmals geregelt.[22] In diesem Gesetz wurde u.a. aber auch die Durchführung der europäischen vorläufigen Kontenpfändung nach der Verordnung EU Nr. 655/2014 v. 15.5.2014, die seit dem 18.1.2017 in allen EU-Mitgliedsstaaten außer dem Vereinigten Königreich und Dänemark Anwendung findet,[23] geregelt. Näheres zu elektronischen Auf- und Anträgen ist § 17 Rdn 38 ff. dieses Werks zu entnehmen.

Vor dem Text steht: abwarten, sondern früher starten. Im Hinblick auf die Einreichpflicht seit dem 1.1.2022 hatten einige Bundesländer bekundet, möglichst zeitnah auf E-Akten umzustellen.[21]

15 Dem Fortschritt der Digitalisierung trägt auch das Gesetz zur Neuregelung des Schutzes von Geheimnissen bei der Mitwirkung Dritter an der Berufsausübung schweigepflichtiger Personen, wie u.a. auch von Rechtsanwälten, Rechnung.[24] Das Gesetz sieht eine Einschränkung der Strafbarkeit nach § 203 StGB vor, wenn der Anwalt notwendigerweise (z.B. bedingt durch den digitalen Wandel) externe Dienstleister zu Hilfe nehmen muss. Gleichzeitig wurden Hinweispflichten sowie Vertragspflichten mit externen Dienstleistern in § 43a Abs. 2 BRAO ergänzend und in § 43f BRAO neu eingefügt (korrespondierende Änderungen auch in der BNotO sowie der PAO).

16 Die obigen Darstellungen sind lediglich beispielhaft. Im digitalen Bereich ist viel Bewegung und Fortentwicklung. So plant der Gesetzgeber u.a. ein Strafrechtsänderungsgesetz zur Bekämpfung des **digitalen Hausfriedensbruchs**.[25]

17 Es ist das Ende von „Wir haben Zeit ohne Ende", schrieb *Meyer* bereits in seinem Aufsatz „It's the End of the World as We Know It…".[26] Mit der Frage, welche wichtigen Etappen auf dem Weg zur Digitalisierung der Justiz bereits zurückgelegt und welche Fehlentwicklungen bzw. Defizite zu beklagen sind, befasst sich im Übrigen auch *Bernhardt* in einem ausführlichen Beitrag.[27] Interessant ist in diesem Zusammenhang, dass bereits zum Jahre 2010 die flächendeckende Einführung des ERV vorgesehen war.[28]

18 Nachdem der elektronische Rechtsverkehr in Deutschland viele Jahre einen Dornröschenschlaf hielt, erwacht er nun in kurzer Zeit zur vollen Blüte. Das besondere elektronische Anwaltspostfach (beA) ist inzwischen zu einem zentralen Bestandteil des elektronischen Rechtsverkehrs geworden. Es entwickelt sich immer mehr zu einem der wichtigsten Transportmittel für elektronische Nachrichten aus und an Anwaltskanzleien.

19 Damit aber auch weitere Kommunikationspartner wie Behörden, Notare, Steuerberater, professionelle Teilnehmer wie Sachverständige, Dolmetscher, Übersetzer aber auch Unternehmen, Gewerkschaften

---

21 Zur Einreichpflicht siehe § 130d ZPO in der seit 1.1.2022 geltenden Fassung.
22 G. v. 21.11.2016, BGBl I, 2591, Nr. 55.
23 Verordnung (EU) Nr. 655/2014 zur Einführung eines Verfahrens für einen Europäischen Beschluss zur vorläufigen Kontenpfändung im Hinblick auf die Erleichterung der grenzüberschreitenden Eintreibung von Forderungen in Zivil- und Handelssachen v. 15.5.2014 (EuKoPfVO, ABl Nr. L 189, 59 v. 27.6.2014; im Folgenden: Europäische Kontenpfändungsverordnung).
24 Gesetz zur Neuregelung des Schutzes von Geheimnissen bei der Mitwirkung Dritter an der Berufsausübung schweigepflichtiger Personen, G. v. 30.10.2017, BGBl I, 3618 (Nr. 71); Geltung ab 9.11.2017, abweichend siehe Art. 11.
25 Entwurf des Strafrechtsänderungsgesetzes – Strafbarkeit der unbefugten Benutzung informationstechnischer Systeme – Digitaler Hausfriedensbruch, BT-Drucks 20/1530 v. 27.4.2022.
26 *Meyer*, NZS 2014, 294.
27 *Bernhardt*, „Die deutsche Justiz im digitalen Zeitalter – Entwicklung und Entwicklungsperspektiven von E-Justice", NJW 2015, 2775.
28 Presseerklärung des BMJ v. 15.3.2007, abrufbar unter www.davit.de/fileadmin/pdf/BMJ_CeBIT_Presse_10-Punkte-Plan.pdf.

und Privatpersonen am elektronischen Rechtsverkehr teilnehmen können, hat der Gesetzgeber das besondere elektronische Behördenpostfach (**beBPo**)[29] sowie das besondere elektronische Notarpostfach (**beN**)[30] eingeführt. Zum 1.1.2022 wurden die rechtlichen Regelungen zum elektronischen Bürger- und Organisationenpostfach (**eBO**)[31] auf den Weg gebracht, am 1.1.2023 wird das besondere elektronische Steuerberaterpostfach (**beSt**)[32] für Steuerberater verpflichtend zu nutzen sein. Näheres hierzu siehe auch in § 2 Rdn 70 ff.

B. Möglichkeiten und Vorteile des ERV

Der **elektronische Rechtsverkehr ermöglicht die**:   **20**
- **elektronische Einreichung** von elektronischen Dokumenten bei Gerichten und Staatsanwaltschaften durch Verfahrensbeteiligte,
- **elektronische Weiterverarbeitung** der eingereichten elektronischen Dokumente durch Gerichte und Staatsanwaltschaften sowie die
- **elektronische Übermittlung** von elektronischen Dokumenten an die Verfahrensbeteiligten.

Die **Vorteile des elektronischen Rechtsverkehrs** sind u.a.:   **21**
- Beschleunigung und
- Vereinfachung von Arbeitsprozessen, dadurch
- Effizienzsteigerung, aber auch
- Einsparung von Porto-, Papier- und Tonerkosten,
- Schutz der Wälder durch deutlich geringeren Papierverbrauch,
- Einsparung von Raumkosten bei ausschließlich elektronischer Archivierung und
- Eingangsbestätigungen anstelle von z.B. Absendebestätigungen bei Fax.

Teilweise wird angenommen, dass Personal durch die Digitalisierung der Arbeitsprozesse bei den Gerichten und Kanzleien praktisch nicht eingespart werden kann, sondern vielmehr im Gegenteil teilweise sogar ein qualifizierter Personalbedarf erkennbar ist.[33] Der Ansicht von *Müller* ist sicherlich Recht zu geben, soweit die Anfangsjahre des elektronischen Rechtsverkehrs betroffen sind. Hier bleiben die weiteren Entwicklungen abzuwarten. Ob man wirklich davon ausgehen kann, dass sich **Personalkosten** einsparen lassen, muss abgewartet werden. Etliche Arbeiten werden zwar überflüssig oder nicht mehr gehäuft in der Kanzlei vorkommen, wie z.B.:   **22**
- Gang zum Fax-Gerät zur Versendung von Post,
- Kuvertieren von Post,
- Beschaffen von Briefmarken; Aufladen von Frankiermaschinen,
- Gang zum Drucker,
- Kauf von Papier (Bestellvorgang), Archivierung von Papier,
- Kauf von Toner (Bestellvorgang), Auswechseln von Toner,
- Gang zur Post/zum Briefkasten,
- Vorlage ausgedruckter Post im Anwaltszimmer,

---

29 Elektronischer-Rechtsverkehr-Verordnung (ERVV) V. v. 24.11.2017, BGBl I, 3803; zuletzt geändert durch Art. 1 VO v. 9.2.2018, BGBl I, 200; siehe auch https://egvp.justiz.de/behoerdenpostfach/Einrichtung_beBPos/index.php.
30 Gesetz zur Neuordnung der Aufbewahrung von Notariatsunterlagen und Einrichtung des Elektronischen Urkundenarchivs bei der Bundesnotarkammer vom 12.10.2016, BGBl I 2017, 1396 ff.
31 Durch Art. 6 Gesetz zum Ausbau des elektronischen Rechtsverkehrs mit den Gerichten und zur Änderung weiterer Vorschriften v. 5.10.2021, BGBl I, 4607.
32 Durch Art. 4 Gesetz zur Neuregelung des Berufsrechts der anwaltlichen und steuerberatenden Berufsausübungsgesellschaften sowie zur Änderung weiterer Vorschriften im Bereich der rechtsberatenden Berufe v. 7.7.2021, BGBl I, 2363.
33 *Müller*, eJustice-Praxishandbuch, 3. Aufl. 2018, S. 51.

- Suche nach Akten (Vorteil hier: Zugriff von überall möglich!),
- Fertigung von beglaubigten und/oder einfachen Abschriften von Schriftsätzen und Anlagen.

23 Jedoch werden neue – andere – Arbeiten hinzukommen, so z.B. das Aufbereiten von Dokumenten, um eine komfortable Bearbeitung zu gewährleisten, wie z.B. Einbettung von Schriften, Ausstattung mit Texterkennung oder die Benennung elektronischer Dokumente. Diese Vorgänge werden ihrerseits Arbeitskräfte benötigten, vgl. hierzu § 13 Rdn 33 ff. sowie die umfassenden Ausführungen in § 12 in diesem Werk. Einige dieser Arbeiten werden aufgrund der ERVV u. ERVB erforderlich sein (z.B. Druckbarkeit, PDF-Erzeugung, Nummerierung); andere wiederum der eigenen komfortablen Bearbeitung dienen (z.B. Einbettung von Schriften; Durchsuchbarkeit).

24 Sicher ist jedoch: Viele „Wege" werden überflüssig. Was dies für die im Büro Arbeitenden bedeutet, lässt sich jetzt nur schwer abschätzen. Etwas düster betrachtet könnte man sagen: „Dann bewegt man sich gar nicht mehr." Welche gesundheitlichen Auswirkungen die immer weiter steigende PC-Arbeit haben wird, lässt sich bereits absehen. „Maus-Arm", Schulter-Arm-Syndrom, Kopfschmerzen und Haltungsschäden sind nur einige der auf dem Vormarsch befindlichen Erkrankungen. Teilweise wird auch eine Begünstigung der Entwicklung von Diabetes bei überwiegend sitzender Tätigkeit angenommen.[34] Die gesundheitlichen Auswirkungen durch die sich verändernde Arbeitsweise wird man zu den Nachteilen zählen müssen. Es ist eine Herausforderung, diese Nachteile aktiv zu vermeiden! Arbeitnehmer und Arbeitgeber sollten sich hierüber frühzeitig Gedanken machen, denn mit Fitness-Kursen, höhenverstellbaren Schreibtischen, die ein Arbeiten auch im Stehen ermöglichen, kann wunderbar Prävention vor gesundheitlichen Schäden betrieben werden.

25 Bei der Diskussion über steigende oder fallende Kosten in dem einen oder anderen Bereich dürfen u.E. zudem die Kosten für EDV-Anlagen, Datenschutz, Datensicherheit und Fachkräfte aus dem IT-Bereich nicht außer Acht gelassen werden. Viele Kanzleien kommen ohne IT-Spezialisten nicht mehr aus. Dabei liegt es nicht allein am elektronischen Rechtsverkehr, sondern natürlich auch am digitalen Zeitalter allgemein und den Gefahren des Internets, dass eine ordnungsgemäße Datensicherung, IT-Richtlinien, Beachtung des Datenschutzes sowie ein vernünftiger Schutz vor Schadsoftware eine feste Kostenposition im Kanzleibetrieb einnehmen. § 2 Abs. 2 BORA fordert auch aus berufsrechtlicher Sicht eine Ausstattung nach dem „Stand der Technik", die für den Anwaltsberuf zumutbar und risikoadäquat ist. § 43e BRAO verlangt darüber hinaus, externe Dienstleister sorgfältig auszuwählen und Verträge mit ihnen in Textform abzuschließen, die entsprechende Inhalte (vgl. dazu § 43e Abs. 3 BRAO) haben. Gerade für kleinere Kanzleien tun sich hier ungeahnte neue Kostenfaktoren auf.

26 Die **Sicherheit der Informationstechnologie** (IT-Sicherheit) ist in Kanzleien ein immer größeres Thema. Durch die IT-Sicherheit sollen insbesondere die nachstehenden Schutzziele erreicht werden:

- Vertraulichkeit (= Schutz gegen unbefugte Kenntnisnahme),
- Integrität (= unbefugte Veränderung von Inhalten),
- Authentizität (= Sicherheit, dass Nachricht vom behaupteten Absender stammt),
- Verbindlichkeit der Urheberschaft (= Nichtabstreitbarkeit der Urheberschaft),
- Verfügbarkeit (= unterbrechungsfreie Zurverfügungstellung des IT-Systems an berechtigte Nutzer).

27 Kanzleien müssen sich daher in der heutigen Zeit, um am Markt dauerhaft bestehen zu können und Haftungsfälle zu vermeiden, um IT-Sicherheit, Datensicherheit und Datenschutz kümmern. DSGVO und BDSG (neu) haben die Situation seit Mai 2018 noch verschärft. Doch diese Themen füllen andere Bücher.[35]

---

34 Vgl. dazu auch den Artikel „Sitzen – die unterschätzte Gefahr", in: STERN Nr. 16 v. 20.4.2015.
35 Siehe dazu z.B. *Kazemi*, „Die EU-Datenschutz-Grundverordnung in der anwaltlichen Beratungspraxis", 2018; *Kazemi/Lenhard*, Datenschutz und Datensicherheit in der Rechtsanwaltskanzlei – eBroschüre (PDF), 3. Aufl. 2017; ISBN 978-3-8240-5777-1; *Besgen/Prinz* „Arbeiten 4.0 – Arbeitsrecht und Datenschutz in der digitalisierten Arbeitswelt," Deutscher Anwaltverlag, 5. Aufl. 2022.

Im Rahmen des elektronischen Rechtsverkehrs sind wichtige zentrale Fragen zu klären, z.B.
- ob und ggf. wie eigenhändig geleistete Unterschriften im elektronischen Zeitalter ersetzt werden,
- welche elektronischen Postfächer zulässig sind,
- was man unter einem elektronischen Dokument im Sinne des Verfahrensrechts versteht und
- wie Zustellungen via beA wirksam erfolgen können.

Die Fülle an Vorschriften und Verordnungen kann den Einstieg in das Thema elektronischer Rechtsverkehr erschweren. Mit unserem Werk wollen wir Ihnen helfen, sich hier leichter zurechtzufinden und zu wissen, worauf es am Ende ankommt. Die oben genannten Themen finden Sie daher in den §§ 11, 12 u. 15 dieses Werks. Sie werden dort sehr ausführlich behandelt.

Seit der Freischaltung des beA am 3.9.2018 sind alle im Gesamtverzeichnis der Bundesrechtsanwaltskammer eingetragenen Mitglieder durch das von der BRAK zur Verfügung zu stellende besondere elektronische Anwaltspostfach (beA) für den **Empfang** elektronischer Post von Gerichten, Anwaltskollegen und -kolleginnen sowie den Rechtsanwaltskammern bereit. Dies gilt auch für Anwälte, die die Erstregistrierung nicht vorgenommen haben (vgl. dazu die Ausführungen in § 6 Rdn 17 ff.). Zum 1.8.2022 wurden auch die sog. Gesellschafts-beA (beA für Berufsausübungsgesellschaften) eingeführt; die Freischaltung erfolgte am 1.9.2022, siehe hierzu § 2 Rdn 15 ff sowie zu den technischen Problemen unter § 2 Rdn 36 in diesem Werk.

C. Zeitplan ERV

In der letzten Auflage unseres Werks haben wir noch ausführlich zum Zeitplan bezogen auf die Umsetzung des elektronischen Rechtsverkehrs ausgeführt. Aufgrund des zwischenzeitlich eingetretenen Zeitablaufs ist eine nähere Befassung mit diesem Thema nicht mehr erforderlich. Wir haben uns daher entschieden, diese historischen Ausführungen an dieser Stelle nicht zu wiederholen, da sie keinen „Mehrwert" für unsere Leser haben.

D. Streit zur Einführung des beA/Verfassungsmäßigkeit

Zum **1.1.2016** wurde § 31a BRAO eingefügt, der zum 1.1.2018 eine weitere Anpassung erfuhr.[36] § 31a Abs. 1 S. 1 BRAO regelt(e) die Verpflichtung der BRAK zur Einrichtung eines empfangsbereiten beA für jedes im Gesamtverzeichnis eingetragene Mitglied einer Rechtsanwaltskammer.

> *§ 31a BRAO Besonderes elektronisches Anwaltspostfach*
>
> *„(1) Die Bundesrechtsanwaltskammer richtet für jedes im Gesamtverzeichnis eingetragene Mitglied einer Rechtsanwaltskammer ein besonderes elektronisches Anwaltspostfach **empfangsbereit** ein.*[37]
> *(...)"*

Die zum 1.1.2016 geplante Öffnung der beAs wurde am 27.11.2015 zunächst aus technischen Gründen verschoben; im weiteren Verlauf kam es dann zu einer rechtlichen Auseinandersetzung, die es der BRAK erst zum 28.11.2016 ermöglichte, die beAs freizuschalten. Denn über die Frage, was unter „einzurichten" zu verstehen ist, entbrannte ein Streit zwischen mehreren Anwälten und der BRAK, der

---

36 Gesetz zur Umsetzung der Berufsanerkennungsrichtlinie und zur Änderung weiterer Vorschriften im Bereich der rechtsberatenden Berufe v. 12.5.2017 (BGBl I, 1121).
37 Eingeführt durch Art. 1 Gesetz zur Neuordnung des Rechts der Syndikusanwälte und zur Änderung der Finanzgerichtsordnung, G. v. 21.12.2015, BGBl I, 2517 m.W.v. 1.1.2016; das Wort „empfangsbereit" wurde ergänzt durch das Gesetz zur Umsetzung der Berufsanerkennungsrichtlinie und zur Änderung weiterer Vorschriften im Bereich der rechtsberatenden Berufe vom 12.5.2017 (BGBl I, 1121), in Kraft getreten am 18.5.2017.

schließlich im Dezember 2015 in gerichtlichen Verfahren vor dem Anwaltsgerichtshof in Berlin gipfelte. Die Antragsteller vertraten in diesen Verfahren des einstweiligen Rechtsschutzes vor dem Anwaltsgerichtshof in Berlin die Auffassung, dass ihr besonderes elektronisches Anwaltspostfach nicht ohne ihre Zustimmung empfangsbereit freigeschaltet werden darf. Die empfangsbereite Öffnung vor dem 1.1.2018 wurde als Eingriff in die in Art. 12 GG geregelten Grundrechte angesehen. Denn sofern die BRAK das beA der Antragsteller – wie für alle zugelassenen Anwälte in Deutschland – zwangsweise öffnen würde, könnten hier Zustellungen durch Gerichte und Anwaltskollegen erfolgen. Schlechte Reputation und Haftung des Anwalts, der mangels Erstregistrierung diese elektronische Post nicht zur Kenntnis nähme, so die Befürchtung der Antragsteller, drohten. Da aber erst zum 1.1.2018 in § 174 Abs. 3 S. 4 ZPO[38] die Verpflichtung geschaffen würde, dass Anwälte einen sicheren Übermittlungsweg für die Zustellung elektronischer Dokumente zu eröffnen haben, sei die vor dem 1.1.2018 geplante Empfangsbereitschaltung nicht vom gesetzlichen Auftrag in § 31a BRAO gedeckt.

34 Die BRAK vertrat demgegenüber die Auffassung, dass mit dem Begriff des „Einrichtens" die Empfangsbereitschaft des beA ausnahmslos für alle zugelassenen Anwälte gemeint sei, und zwar unabhängig von einer etwaigen Erstregistrierung oder willentlichen Aktivierung des Accounts durch den Anwalt. Argument: Der Gesetzgeber wollte keine „toten Briefkästen". § 31a BRAO wurde schließlich vom Gesetzgeber noch um das Wort „empfangsbereit" ergänzt.

35 *„Ohne eine passive Nutzungspflicht sind die mit der Einführung des besonderen elektronischen Anwaltspostfachs verfolgten Ziele aber nicht zu erreichen",*

so der Gesetzgeber in der Begründung zur Änderung des § 31a BRAO zum 1.1.2018.[39] Auf die sich ergebenden Haftungsfragen bei fehlender Erstregistrierung wurde in der Literatur bereits früh hingewiesen. Sofern ein Anwalt aufgrund mangelnder beA-Karten-Bestellung und Erstregistrierung keine Kontrolle seines Posteingangs im beA vornehmen könnte, wurde hierin eine Obliegenheitspflichtverletzung des Anwalts gesehen.[40] Als denkbares haftungsträchtiges Szenario wurde die fehlende Kenntnisnahme einer Ladung zur Hauptverhandlung via beA angeführt.[41]

36 Der Anwaltsgerichtshof gab, nachdem ein zunächst geschlossener Vergleich widerrufen worden war, am 6.6.2016 dem Antrag der Antragsteller statt. Diese einstweiligen Anordnungen hinderten somit die BRAK an der Öffnung des beA. Der Anwaltsgerichtshof forderte eine klare gesetzliche Regelung; er sah nicht, dass die BRAK berechtigt oder gar verpflichtet wäre, die beAs aller Anwälte in Deutschland ungefragt empfangsbereit freizuschalten.[42]

37 Am 28.9.2016 ist zudem die Verordnung über die Rechtsanwaltsverzeichnisse und die besonderen elektronischen Anwaltspostfächer (Rechtsanwaltsverzeichnis- und -postfachverordnung – **RAVPV**[43]) weitgehend in Kraft getreten, in der in § 21 RAVPV die **empfangsbereite** unverzügliche Freischaltung des

---

38 G. v. 10.10.2013, BGBl I, 3786 (Nr. 62), Art. 1 Nr. 7b; der in dieser Fassung bis 31.12.2021 galt.
39 Siehe Regierungsentwurf vom 3.8.2016 des Gesetzes zur Umsetzung der Berufsanerkennungsrichtlinie und zur Änderung weiterer Vorschriften im Bereich der rechtsberatenden Berufe, Art. 1 Nr. 8c, S. 6.
40 *Brosch/Sandkühler*, „Das besondere elektronische Anwaltspostfach – Nutzungsobliegenheiten, Funktionen und Sicherheit", NJW 2015, 2761 re. Sp.; vgl. dazu auch *Sandkühler*, BRAK-Magazin 4/2015, 3.
41 *Brosch/Sandkühler*, „Das besondere elektronische Anwaltspostfach – Nutzungsobliegenheiten, Funktionen und Sicherheit", NJW 2015, 2761, re. Sp.
42 AGH Berlin. Beschl. v. 6.6.2016 – II AGH 16/15, NJW 2016, 2195 = MMR 2016, 706 = BeckRS 2016, 69460 = LSK 2016, 69460 (Ls.) = BeckRS 2016, 10778 sowie AGH Berlin, Beschl. v. 6.6.2016 – II AGH 15/15, LSK 2016, 10778 (Ls.) = AnwBl 2016, 601.
43 Verordnung über die Rechtsanwaltsverzeichnisse und die besonderen elektronischen Anwaltspostfächer (Rechtsanwaltsverzeichnis- und -postfachverordnung – RAVPV).
VO v. 23.9.2016, BGBl I, 2167 (Nr. 45); zuletzt geändert durch Art. 7 G. v. 20.11.2019, BGBl I, 1724; Geltung ab 28.9.2016, abweichend siehe § 32 RAVPV; die RAVPV ist eine Unterverordnung zur BRAO; die entsprechende Ermächtigungsgrundlage ist in § 31c BRAO geregelt.

beAs für neu zugelassene Rechtsanwälte geregelt ist. Die RAVPV ist eine Unterverordnung zur BRAO; die entsprechende Ermächtigungsgrundlage ist in § 31c BRAO geregelt.

§ 21 RAVPV wurde wie folgt vom Gesetzgeber begründet (lesenswert): **38**

„Die Einrichtung besonderer elektronischer Anwaltspostfächer erfolgt nach § 31a Absatz 1 Satz 1 BRAO durch die Bundesrechtsanwaltskammer auf der Grundlage des von ihr geführten Gesamtverzeichnisses. Um die zügige Einrichtung eines besonderen elektronischen Anwaltspostfachs zu ermöglichen, unterrichten die Rechtsanwaltskammern die Bundesrechtsanwaltskammer nach Satz 1 über die bevorstehende Eintragung von Personen in ihre Verzeichnisse, die dann aufgrund der im automatisierten Verfahren erfolgenden Übernahme der dortigen Inhalte auch in das Gesamtverzeichnis erfolgt.

Die Nutzung der besonderen elektronischen Anwaltspostfächer muss zeitnah mit dem Beginn der beruflichen Tätigkeit nach Aufnahme in die Rechtsanwaltskammer eröffnet sein. Daher muss die Bundesrechtsanwaltskammer gemäß Satz 2 sicherstellen, dass das besondere elektronische Anwaltspostfach unverzüglich nach Eintragung der Postfachinhaberin oder des Postfachinhabers in das Gesamtverzeichnis eingerichtet wird. Satz 2 bestimmt zudem, dass die Bundesrechtsanwaltskammer die besonderen elektronischen Anwaltspostfächer empfangsbereit einzurichten hat. Die Frage, ob die Bundesrechtsanwaltskammer die von ihr nach § 31a Absatz 1 Satz 1 BRAO einzurichtenden besonderen elektronischen Anwaltspostfächer – wie dies von ihr technisch konzipiert wurde – auch „empfangsbereit" einrichten darf, wird derzeit kontrovers diskutiert und ist auch Gegenstand gerichtlicher Auseinandersetzungen. Dabei wird von einigen Rechtsanwältinnen und Rechtsanwälten die Auffassung vertreten, dass es bisher an einer gesetzlichen Grundlage fehle, die die Bundesrechtsanwaltskammer berechtige, es Dritten zu ermöglichen, Rechtsanwältinnen und Rechtsanwälten auch gegen deren Willen Dokumente über das besondere elektronische Anwaltspostfach zu übersenden. Eine solche gesetzliche Grundlage sei jedoch erforderlich, da in der Schaffung der Möglichkeit einer solchen Übermittlung ein Eingriff in die von Artikel 12 GG geschützte anwaltliche Berufsfreiheit liege. Mit der Neuregelung soll die vorbezeichnete rechtliche Grundlage auf der Basis der Ermächtigung des Bundesministeriums der Justiz und für Verbraucherschutz nach § 31c Nummer 3 Buchstabe a BRAO, durch Rechtsverordnung die näheren Einzelheiten der Einrichtung eines besonderen elektronischen Anwaltspostfachs zu regeln, nunmehr geschaffen werden. Diese Regelung ist jedoch im Zusammenhang mit der Regelung des § 31 RAVPV zu sehen werden, wonach die Postfachinhaberin oder der Postfachinhaber bis zum 31.12.2017 Zustellungen und Mitteilungen über das besondere elektronische Anwaltspostfach nur dann zur Kenntnis nehmen und gegen sich gelten lassen muss, wenn er zuvor seine Bereitschaft zu deren Empfang über dieses Anwaltspostfach erklärt hat."

Zwar trat die RAVPV am 28.9.2016 in Kraft, über die von der BRAK auf der Grundlage dieser Verordnung gestellten Aufhebungsanträge entschied der Anwaltsgerichtshof Berlin aber erst nach mehrfacher Verlängerung der Stellungnahmefrist für die Antragsteller zugunsten der BRAK am 25.11.2016 und hob die einstweiligen Anordnungen antragsgemäß auf.[44] Der AGH sah nach Inkrafttreten der RAVPV keinen Anordnungsgrund mehr, weil der rechtswidrige Eingriff in die Berufsausübungsfreiheit gem. Art. 12 Abs. 1 GG wegen des Inkrafttretens von § 31 RAVPV nicht mehr vorliege. Die antragstellenden Anwälte akzeptierten die Entscheidung des AGH.[45] **39**

---

44 AGH v. 25.11.2016 – II AGH 16/15, BeckRS 2016, 74525.
45 Näheres siehe auch unter https://www.werner-ri.de/rechtsnews/– hier bitte bis zum Thema nach unten scrollen (Stand 13.10.2018).

40 Die BRAK hatte, nachdem der AGH die einstweiligen Anordnungen zum 25.11.2016 aufgehoben hat, **am 28.11.2016** das beA für alle zugelassenen Rechtsanwälte und Rechtsanwältinnen (zunächst mit Ausnahme der Syndikusanwälte) **freigeschaltet**.[46]

41 Mit der Freischaltung der beAs zum 28.11.2016 war es daher der Justiz bis zur (vorübergehenden aus technischen Gründen erfolgten) Abschaltung am 22.12.2017 möglich, elektronische Post an die beAs aller im Gesamtverzeichnis eingetragenen Mitglieder einer Rechtsanwaltskammer zu übermitteln, und zwar unabhängig davon, ob sie die Erstregistrierung vorgenommen hatten oder nicht. Da jedoch § 31 RAVPV den Anwälten erlaubt(e), eingehende Post bis zum 31.12.2017 unter bestimmten Umständen zu ignorieren, kehrte im rechtlichen Bereich Ruhe ein. § 31 RAVPV wurde zum 1.1.2018 wieder aufgehoben. Zur passiven Nutzungspflicht seit dem 1.1.2018/3.9.2018 siehe auch § 3 Rdn 9.

42 Am 20.12.2017 scheiterte eine **Verfassungsbeschwerde** gegen das beA. Ein Anwalt wandte sich mit einer Verfassungsbeschwerde und einem damit verbundenen Antrag auf Erlass einer einstweiligen Anordnung gegen die ab 1.1.2018 bestehende passive Nutzungspflicht sowie die Pflicht zur Vorhaltung der für den Betrieb des beA erforderlichen technischen Einrichtungen. Die Verfassungsbeschwerde scheiterte bereits an den Begründungsanforderungen.[47] Nach Ansicht des BVerfG hatte der Beschwerdeführer eine mögliche Verletzung von Art. 12 Abs. 1 GG nicht ausreichend dargelegt, da es sich u.a. bei den angegriffenen Regelungen auch lediglich um Berufsausübungsregelungen handele und nicht um Berufszugangsregelungen. Das BVerfG führte dabei aus, dass Regelungen, die die Berufsausübung betreffen, mit Art. 12 Abs. 1 GG vereinbar seien, soweit vernünftige Erwägungen des Gemeinwohls sie als zweckmäßig erscheinen lassen und das Grundrecht nicht unverhältnismäßig eingeschränkt wird. Insoweit war vom Beschwerdeführer eine Einschränkung der Berufsfreiheit nicht dargelegt. Zudem handele es sich nach Auffassung der BVerfG bei den Regelungen über das besondere elektronische Anwaltspostfach (beA) um **bloße Berufsausübungsregelungen**.[48]

43 Der BGH hält ebenfalls die Bestimmung des § 31a BRAO, die die BRAK verpflichtet, für jede im Gesamtverzeichnis eingetragene Person ein beA empfangsbereit einzurichten, für verfassungsrechtlich unbedenklich.[49] Dabei führte der BGH aus, dass

„die Vorschrift des § 31a BRAO zwar in das Grundrecht der Rechtsanwälte auf Berufsfreiheit (Art. 12 GG) eingreift, dass sie jedoch Berufsausübungsregelungen enthält, welche durch vernünftige Gründe des Gemeinwohls – die Funktionsfähigkeit der Rechtspflege – gerechtfertigt sind."[50]

44 Darüber hinaus vertrat der BGH die Auffassung, dass die Einschätzung des Gesetzgebers, dass eine sichere Übermittlung der Daten bei einem elektronischen Postfach möglich ist, nicht durch eine gerichtliche Bewertung ersetzt werden kann.[51] Zudem griff der BGH die Idee von *Horn* auf, indem er auf die vorinstanzliche Entscheidung verwies, der auf die Befreiung von der Kanzleipflicht und Bestellung eines Zustellungsbevollmächtigten für bestimmte Fälle verweist.[52]

---

46 Presseerklärung BRAK – Nr. 17 v. 28.11.2016 „Besonderes elektronisches Anwaltspostfach: Endlich geht's los!"
47 BVerfG, Beschl. v. 20.12.2017 – 1 BvR 2233/17, AnwBl 2018, 103 = BayVBl 2018, 378 = MDR 2018, 179 = BRAK-Mitt 2018, 31 (Ls.) = NWB 2018, 89 (Ls.).
48 BVerfG v. 20.12.2017 – 1 BvR 2233/17, AnwBl 2018, 103 = BayVBl 2018, 378 = MDR 2018, 179 = BRAK-Mitt 2018, 31 (Ls.) = NWB 2018, 89 (Ls.), a.a.O.
49 BGH (Senat für Anwaltssachen), Beschl. v. 28.6.2018 – AnwZ (Brfg) 5/18 (Vorinstanz: AGH Berlin v. 31.8.2017 – AGH I 4/17), BeckRS 2018, 15976; Fortsetzung von BGH, Beschl. v. 21.12.2016 – AnwZ (Brfg) 43/16, BeckRS 2016, 113379, Vorinstanz: AGH Celle, Entsch. v. 4.8.2016 – AGH 12/15 (II 8/39).
50 BGH, Beschl. v. 11.1.2016 – AnwZ (BrfG) 33/15; NJW 2016, 1025.
51 BGH (Senat für Anwaltssachen), Beschl. v. 28.6.2018 – AnwZ (Brfg) 5/18, Fortsetzung BGH BeckRS 2016, 02437.
52 BGH (Senat für Anwaltssachen), Beschl. v. 28.6.2018 – AnwZ (Brfg) 5/18 (Vorinstanz: AGH Berlin, Entsch. v. 31.8.2017 – AGH I 4/17), BeckRS 2018, 15976 unter Verweis auf *Horn*, AnwBl 2017, 839.

2021 entschied der BGH, dass das beA rechtlich sicher sei und ein Anspruch auf Unterlassung, das beA ohne Ende-zu-Ende-Verschlüsselung zu betreiben; gegenüber der BRAK nicht besteht.[53] Die gegen diese Entscheidung eingelegte Anhörungsrüge wurde zurückgewiesen, da nach Auffassung des BGH keine Verletzung des rechtlichen Gehörs in entscheidungserheblicher Weise vorlag.[54] So hielt der BGH fest:

„1. Der Bundesrechtsanwaltskammer steht ein Spielraum bei der technischen Ausgestaltung der Nachrichtenübermittlung mittels des besonderen elektronischen Anwaltspostfachs zu, sofern das gewählte System eine im Rechtssinne sichere Kommunikation gewährleistet.

2. Ein Anspruch von Rechtsanwälten gegen die Bundesrechtsanwaltskammer darauf, dass diese das besondere elektronische Anwaltspostfach mit einer Ende-zu-Ende-Verschlüsselung im Sinne der Europäischen Patentschrift EP 0 877 507 B1 versieht und betreibt, besteht nicht. Weder die gesetzlichen Vorgaben für die Errichtung und den Betrieb des besonderen elektronischen Anwaltspostfachs noch die Verfassung gebieten eine derartige Verschlüsselung.

3. Zur Sicherheit der Verschlüsselungstechnik des besonderen elektronischen Anwaltspostfachs."

Der BGH setzte sich mit dieser Entscheidung intensiv mit den rechtlichen Grundlagen zum beA und der Frage, ob das beA dem Anspruch auf Geheimhaltung der beruflichen Kommunikation von Anwälten genügt, auseinander. Die Entscheidung des BGH wurde allerdings nachvollziehbar kritisiert, da das beA nicht dem aktuellen technischen Sicherheitsstandard entsprach.[55] Zu den historischen Sicherheitsmängeln im beA siehe auch § 4 Rdn 16 ff.

E. Zustellungsbevollmächtigte

Von der empfangsbereiten Freischaltung eines beA sind grundsätzlich keine Ausnahmen vorgesehen. Auch die nachstehenden Gründe berechtigen nicht zum Antrag auf Nichteinrichtung oder zu einer zeitweisen „Aussetzung":

- Altersgründe,
- Tätigkeit als reiner Vertragsanwalt (keine Litigation),
- Tätigkeit als Rechtsanwalt im Öffentlichen Dienst gem. § 47 BRAO,
- Krankheitsgründe,
- Mutterschutz,
- Eltern- oder Pflegezeiten.
- Denn das beA eines jeden Anwalts ist mit seinem Eintrag im elektronischen Anwaltsverzeichnis verknüpft. Erst bei Sperrung (§ 28 RAVPV),[56] Tod oder Rückgabe/Entzug der Zulassung wird auch das beA mit der Löschung im Anwaltsverzeichnis nicht mehr adressierbar sein.

Möglich ist jedoch, in Härtefällen einen Antrag auf Befreiung von der in § 27 Abs. 1 BRAO normierten Kanzleipflicht zu stellen.[57] Ein solcher Antrag kann gem. § 29 Abs. 1 S. 1 BRAO (z.B. auf das Erreichen der Altersgrenze [ab 65 J.], Arbeitslosigkeit, schwerer Krankheit, Elternzeit oder Auslandsfortbildung) oder auf § 29a Abs. 2 BRAO (Kanzlei ist ausschließlich in einem anderen Staat eingerichtet oder wird dort unterhalten bzw. Tätigkeit ausschließlich für eine ausländische Kanzlei) gestützt werden. Es ist dann ein Zustellungs-

---

53 BGH, Urt. v. 22.3.2021 – AnwZ (Brfg) 2/20; BGHZ 229, 172 = BRAK-Mitt 2021, 190 = AnwBl 2021, 423 = NJW 2021, 2206 (m. Anm. *Degen/Emmert*).
54 BGH (Senat für Anwaltssachen), Beschl. v. 16.6.2021 – AnwZ (Brfg) 2/20, BeckRS 2021, 21184.
55 *Degen/Emmert*, Anm. zu BGH, a.a.O., „Sicherheit der Kommunikation über das beA", NJW 2021, 2206.
56 Verordnung über die Rechtsanwaltsverzeichnisse und die besonderen elektronischen Anwaltspostfächer (Rechtsanwaltsverzeichnis- und -postfachverordnung – RAVPV), VO v. 23.9.2016, BGBl I, 2167 (Nr. 45).
57 Vgl. dazu *Horn*, AnwBl 2017, 839.

bevollmächtigter gem. § 30 Abs. 1 BRAO zu benennen, der selbst nicht Anwalt, aber geschäftsfähig sein, im Inland wohnen und einen Geschäftsraum haben muss. Der Antrag auf Bestellung eines Zustellungsbevollmächtigten kann im Internet heruntergeladen werden.[58] An den Zustellungsbevollmächtigten kann auch gem. §§ 173 Abs. 1 u. 2, 175, 195 ZPO von Anwalt zu Anwalt, wie an den Anwalt selbst, zugestellt werden, § 30 Abs. 2 BRAO.[59] § 30 Abs. 1 S. 2 BRAO[60] verpflichtet Rechtsanwälte, ihrem Zustellungsbevollmächtigten Zugang zu ihrem beA zu geben. Der Zustellungsbevollmächtigte muss gem. § 30 Abs. 1 S. 3 BRAO zumindest befugt sein, Posteingänge zur Kenntnis zu nehmen und elektronische Empfangsbekenntnisse abzugeben. Bis zum 31.7.2021 sorgte die BRAK dafür, dass Zustellungsbevollmächtigten automatisiert ein Leserecht eingeräumt wurde. Im Hinblick auf die Neuregelungen u.a. auch zum Vertretungsrecht hat der Gesetzgeber entschieden, dass die Rechteeinräumung, die seit 1.8.2021 auch die Abgabe von elektronischen Empfangsbekenntnissen umfasst, vollständig auf die Anwälte zu übertragen, die sich vertreten lassen möchten oder einen Zustellungsbevollmächtigten benennen. Hier können im beA seit Anfang August 2022 die neuen Rollen „Vertretung" und/oder „Zustellungsbevollmächtigter" vergeben werden. Der Zustellungsbevollmächtigte (ebenso die Rolle „Vertretung") hat in seiner Rolle, sobald ihm diese zugewiesen wurde, folgende Rechte automatisch:

01 – Nachrichtenübersicht öffnen
03 – Nachricht erstellen
06 – Nachricht öffnen
14 – EBs versenden
15 – EBs zurückweisen
30 – EBs mit VHN versenden

50 Im Zuge dieser Rollenvergabe kann ein Postfachinhaber auch entscheiden, ob er weitere Rechte auf seine Vertretung oder seine/n Zustellungsbevollmächtigten übertragen möchte, siehe dazu auch § 25 RAVPV. Dabei kann auf Zustellungsbevollmächtigte seit dem 1.8.2021 auch das Recht übertragen werden, nicht qualifiziert elektronisch signierte Empfangsbekenntnisse abzugeben, § 23 Abs. 3 S. 5 u. 6 RAVPV. Das Recht 30 „Empfangsbekenntnisse mit VHN versenden" wurde hierzu eigens Anfang August 2022 neu eingerichtet, es hat somit ein Jahr gedauert, bis die gesetzliche Vorgabe auch technisch umgesetzt wurde. Hat ein Rechtsanwalt in den Fällen des § 30 BRAO, § 46c Abs. 6 BRAO (Syndikusrechtsanwalt) oder des § 54 Abs. 2 BRAO (Vertretung) unterlassen, einem von ihm benannten Zustellungsbevollmächtigten oder einer von ihm bestellten Vertretung einen Zugang zu seinem beA einzuräumen (via Rollenvergabe), so kann die **BRAK** dieser Person für die Dauer ihrer Benennung oder Bestellung einen auf die Übersicht der eingegangenen Nachrichten beschränkten Zugang zum beA des Rechtsanwalts einräumen, für den sie benannt oder bestellt wurde, § 25 Abs. 4 S. 1 RAVPV. § 25 Abs. 3 S. 2–4 RAVPV gelten entsprechend; der Antrag auf Einräumung eines derartigen Zugangs nach § 25 Abs. 4 S. 1 RAVPV ist bei der **RAK** zu stellen. Gleiches gilt für eine Berufsausübungsgesellschaft in den Fällen des § 59m Abs. 4 i.V.m. § 30 BRAO oder des § 59e Abs. 1 i.V.m. § 54 Abs. 2 BRAO, § 25 Abs. 4 i.V.m. dem seit 1.8.2022 geltenden § 25 Abs. 5 RAVPV. Die Versendung mit VHN ermöglicht eine wirksame Einreichung ohne qualifizierte elektronische Signatur, siehe dazu auch § 2 Rdn 97 ff. in diesem Werk. Zu den technischen Problemen mit dem VHN bei Berufsausübungsgesellschaften siehe § 2 Rdn 36.

51 Ist der Zustellungsbevollmächtigte ein Anwalt, können die Zustellungen in sein beA erfolgen oder aber er lässt sich ein weiteres beA einrichten.[61] Die Entscheidung zur Einrichtung und Nutzung eines weiteren beA wird dann erforderlich sein, wenn sich die Verschwiegenheitspflicht sonst nicht wahren lässt, z.B. weil der von

---

58 Für die RAK München: https://www.rak-muenchen.de/fileadmin/RAK-Redaktion/Downloads/Downloads_Startseite/Antragsformular_Befreiung_Kanzleipflicht_201804.pdf (Abruf: 20.3.2022); auch andere Kammern haben entsprechende Anträge im Internet veröffentlicht.
59 Konsolidiert durch Art. 22 G. v. 5.10.2021, BGBl I, 4607.
60 Geändert durch Art. 8 Gesetz zur Modernisierung des notariellen Berufsrechts und zur Änderung weiterer Vorschriften v. 25.6.2021, BGBl I, 2154.
61 So Hinweisblatt RAK Düsseldorf: https://www.rak-dus.de/wp-content/uploads/bsk-pdf-manager/2018/03/MB-Befreiung-Kanzleipflicht.pdf (Abruf: 16.10.2022).

der Kanzleipflicht Befreite und der Zustellungsbevollmächtigte rechtlich nicht zusammengeschlossen sind und der Zustellungsbevollmächtigte weiteren Personen Berechtigungen für sein beA erteilt hat. Ist der Zustellungsbevollmächtigte nicht selbst Anwalt, ist für ihn ein beA durch die BRAK freizuschalten, § 25 Abs. 1 RAVPV. Eine Abschaltung des beA des von der Kanzleipflicht Befreiten erfolgt auch hier nicht, es bleibt im Verzeichnis weiter sichtbar.[62] Der Zustellungsberechtigte sollte daher weitergehende Rechte vom Befreiten eingeräumt erhalten, wenn er nicht nur die Nachrichtenübersicht sehen können, sondern auch Aktionen im beA des von der Kanzleipflicht Befreiten vornehmen können soll.[63] Kanzleipflichtbefreiung und Zustellungsbevollmächtigter werden im BRAV unter www.rechtsanwaltsregister.org veröffentlicht. Die Kammern erheben – soweit ersichtlich – für die Bearbeitung derartiger Anträge meist eine (geringe) Gebühr.

F. beA für Syndizi und RAe mit weiterer Kanzlei

Da Syndikusanwälte ebenfalls nach § 1 S. 2 Nr. 1, 2 u. 3 RAVPV in das elektronische Gesamtverzeichnis aufzunehmen sind, ist auch für diese ein beA einzurichten. Die beA der **Syndikusrechtsanwälte** wurden zum 27.11.2017 freigeschaltet,[64] nachdem Ende November 2017 eine Aufnahme der Syndikusrechtsanwälte in das bundesweite amtliche Anwaltsverzeichnis erfolgt ist. Syndikusrechtsanwälte, die zusätzlich auch als niedergelassene Rechtsanwälte oder für mehrere Arbeitgeber tätig sind, werden jeweils gesondert eingetragen und erhalten demzufolge auch mehrere beA (vgl. dazu auch § 46c Abs. 5 BRAO).[65]

Seit 1.1.2018 hat die BRAK „*für jede im Gesamtverzeichnis eingetragene weitere Kanzlei eines Mitglieds einer Rechtsanwaltskammer ein weiteres besonderes elektronisches Anwaltspostfach einzurichten*", vgl. Näheres auch in § 31a Abs. 7 BRAO. Seit dem 18.5.2017[66] ist in § 27 Abs. 2 BRAO die Möglichkeit zur Errichtung einer **weiteren Kanzlei** vorgesehen. Dabei ist eine weitere Kanzlei nicht mit einer Sozietät an einem anderen Standort zu verwechseln. Im Gegensatz zu einer Zweigstelle ist die weitere Kanzlei selbstständig und nicht an eine Hauptstelle angegliedert. So muss bereits aus Verschwiegenheitsgründen gewährleistet sein, dass ein Anwalt Posteingänge, die er z.B. als angestellter Anwalt in einer Kanzlei erhält, nicht mit Post vermischt wird, die er für seine eigene Kanzlei empfängt; vor allem, wenn er anderen Personen (Mitarbeitern, Kollegen) Zugangsberechtigungen zu seinem beA erteilt.

> *Beispiel*
>
> RAin Frisch arbeitet an drei Tagen in der Woche in der Kanzlei Schmitz u. Huber GbR (keine zugelassene Berufsausübungsgesellschaft gem. § 59f BRAO) als angestellte Anwältin. Hier hat sie die Mitarbeiterin Anna Sorglos berechtigt, die Eingangspost in ihrem beA zu bearbeiten. Daneben unterhält sie ihre eigene Kanzlei, die sie parallel aufbauen möchte. Aus Gründen der Verschwiegenheit ist es erforderlich, dass RAin Frisch die für sie zuständige Rechtsanwaltskammer darüber unterrichtet, dass sie eine weitere Kanzlei unterhält. Die entsprechende Eintragung wird im Gesamtverzeichnis vorgenommen, somit kann RAin Frisch zwei beA erhalten und die entsprechenden Posteingänge strikt trennen. RAin Frisch erhält für jedes beA eine gesonderte beA-Karte Basis,[67] die sie bestellen muss, da die beiden beAs über eigene SAFE-IDs verfügen und die Erstregistrierung an dem jeweiligen beA nur mit der diesem beA zugehörigen beA-Karte Basis erfolgen kann. RAin Frisch selbst kann sich (aus

---

62 So die BRAK: https://www.brak.de/zur-rechtspolitik/newsletter/bea-newsletter/2017/ausgabe-36–2017-v-07092017/ (Abruf: 16.10.2022).
63 https://www.brak.de/zur-rechtspolitik/newsletter/bea-newsletter/2019/ausgabe-32–2019-v-31102019/ (Abruf: 16.10.3.2022).
64 beA-Newsletter der BRAK Nr. 45/2017 v. 9.11.2017 „Obacht: beA für Syndikusrechtsanwälte kommt!"
65 Vgl. dazu auch die beA-Newsletter der BRAK Nr. 44/2017 u. 38/2017.
66 Gesetz zur Umsetzung der Berufsanerkennungsrichtlinie und zur Änderung weiterer Vorschriften im Bereich der rechtsberatenden Berufe v. 12.5.2017, BGBl I, 1121.
67 **Hinweis:** Die beA-Karte Signatur wurde Mitte 2022 ersetzt durch das beA-Signaturpaket, welches aus einer beA-Karte Basis (2. Generation) sowie der Fernsignatur (beA) besteht – siehe auch: https://zertifizierungsstelle.bnotk.de/signaturkartenbestellung/wizard/beA/info (Abruf: 16.10.2022).

praktischen Gründen) nach erfolgter Erstregistrierung an beiden beAs auf eine Karte auch für das zweite beA berechtigen. Dadurch benötigt sie dann im Kanzleialltag nur eine beA-Karte Basis, um beide Postfächer einsehen/bedienen zu können. Allerdings funktioniert der Versand mit der beA-Karte nur aus demjenigen Postfach ohne qualifizierte elektronische Signatur, das dieser beA-Karte Basis ursprünglich zugeordnet ist, versenden (beispielhaft: beA 1 zu beA-Karte Basis 1). Mit dieser Karte ist sie in ihrem weiteren beA (z.B. beA 2) „fremd". D. h. bei Versendung aus dem weiteren beA (beA 2) unter Verwendung der beA-Karte Basis 1 muss sie qualifiziert elektronisch signieren. Denn es wird in beA 2 mit beA-Karte Basis 1 kein VHN erzeugt (vertrauenswürdiger Herkunftsnachweis), siehe zu dieser Thematik auch § 2 Rdn 97 ff. Anders wäre die Lage, wenn RAin Frisch in einem Gesellschaftspostfach die Rolle einer „VHN-Berechtigten" hätte. Dann könnte sie aus einem solchen Gesellschaftspostfach auch mit VHN ohne qualifizierte elektronische Signatur wirksam Schriftsätze einreiche, siehe dazu auch § 2 Rdn 15, zu den technischen Problemen im Gesellschafts-beA jedoch § 2 Rdn 36 in diesem Werk.

55 Die Errichtung oder Aufgabe einer weiteren Kanzlei oder einer Zweigstelle im Bezirk einer anderen Rechtsanwaltskammer ist auch dieser Rechtsanwaltskammer anzuzeigen, § 27 Abs. 2 S. 2 BRAO. Die weiteren Pflichten, die gem. § 5 BORA für eine Zweigstelle gelten, gelten auch für eine weitere Kanzlei.[68] Danach ist der Rechtsanwalt verpflichtet, die für seine Berufsausübung erforderlichen sachlichen, personellen und organisatorischen Voraussetzungen in Kanzlei und Zweigstelle vorzuhalten. Hinzu kommt, dass die weitere Kanzlei namentlich so deutlich unterscheidbar sein muss, dass insbesondere Mandanten diese nicht verwechseln.

56 Die Eintragung eines weiteren beAs bei weiterer Kanzlei führt natürlich auch dazu, dass die Kosten steigen. Da jedes beA über eine eigene SAFE-ID verfügt, wird auch eine gesonderte Anwaltskarte zum weiteren beA benötigt (beA-Karte Basis oder beA-Signaturpaket, vgl. § 5 Rdn 10 und 13).

G. „Kanzlei-beAs"?

57 Das beA ist grundsätzlich als ein persönliches Postfach für jeden zugelassenen Rechtsanwalt und jede zugelassene Rechtsanwältin ausgestaltet, d.h. für natürliche Personen. Diese sind Postfachinhaber. „Kanzleipostfächer" gab es zum Start mit dem beA zunächst nicht. Mangels gesetzlicher Grundlage durfte die BRAK nach Ansicht des AnwGH Berlin auch ein solches Kanzlei-beA nicht einrichten.[69] Auch der BGH, der schließlich im Berufungsverfahren über die Klage auf Einrichtung eines Kanzlei-beAs einer RA-GmbH entscheiden sollte, sah keine verfassungsrechtlichen Bedenken gegen die Nicht-Einrichtung und hält den Eingriff in die Berufsausübungsfreiheit durch vernünftige Erwägungen des Gemeinwohls für gerechtfertigt.[70] Auch der behauptete Verstoß einer Ungleichbehandlung (Art. 3 GG) wurde verneint, da natürliche Personen und eine Aktiengesellschaft ohnehin nicht vergleichbar wären, was auch die Anwendung unterschiedlicher Normen im Berufsrecht zeige; im Übrigen könnten die von der Klägerin vorgebrachten Einschränkungen durch organisatorische Maßnahmen ausgeglichen werden.[71]

58 Mit dem Gesetz zur Neuregelung des Berufsrechts u.a. wurde zum 1.8.2022 auch inzwischen jedoch ein beA als Gesellschaftspostfach (teilweise auch GePo genannt) ins Leben gerufen.[72] Es trägt den Namen

---

[68] https://www.rakcelle.de/pdf/anwaelte/Merkblatt_Zweigstelle_weitere_Kanzlei.pdf (Abruf: 16.10.2022).
[69] AnwGH Berlin, Urt. v. 9.8.2018 – I AGH 10/17, NJW-Spezial 2018, 575 = BRAK-Mitt 2018, 269 = BeckRS 2018, 19153.
[70] BGH, Urt. v. 6.5.2019 – AnwZ (Brfg) 69/18, NJW 2019, 2031 = NZA 2019, 858 = NJW-Spezial 2019, 414 = AnwBl 2019, 420 = BRAK-Mitt 2019, 205 = MDR 2019, 963.
[71] AnwGH Berlin v. 9.8.2018 – I AGH 10/17, NJW-Spezial 2018, 575 = BRAK-Mitt 2018, 269 = BeckRS 2018, 19153, und BGH v. 6.5.2019 – AnwZ (Brfg) 69/18, NJW 2019, 2031 = NZA 2019, 858 = NJW-Spezial 2019, 414 = AnwBl 2019, 420 = BRAK-Mitt 2019, 205 = MDR 2019, 963.
[72] Art. 1 Gesetz zur Neuregelung des Berufsrechts der anwaltlichen und steuerberatenden Berufsausübungsgesellschaften sowie zur Änderung weiterer Vorschriften im Bereich der rechtsberatenden Berufe v. 7.7.2021, BGBl I, 2363.

"Gesellschafts-beA", weil "Kanzlei-beA" irreführend sein könnte, schließlich stellt eine "Kanzlei" keine Rechtsform dar. Ausführungen zum Gesellschafts-beA finden Sie in § 2 Rdn 15 ff. sowie weiter unten ab Rdn 62 ff, zu den technischen Problemen im Gesellschafts-beA siehe § 2 Rdn 36 in diesem Werk.

Zudem können z.B. für einen Mitarbeiter oder Kollegen mit entsprechenden Berechtigungen mehrere Postfächer in einer einheitlichen Oberflächenansicht einsehbar sein (Darstellung eines „virtuellen Kanzleipostfachs"), siehe dazu auch § 8 Rdn 2 dieses Werks. 59

> *Bitte beachten Sie* 60
> Posteingänge in ein beA können grundsätzlich mit der Freischaltung (z.B. nach Erhalt der Zulassung) erfolgen, und zwar unabhängig davon, ob beA-Karten bestellt oder die Erstregistrierung durchgeführt wurde, da ein beA grundsätzlich empfangsbereit eingerichtet ist. Um die Post „lesen und abholen" zu können, d.h. zur Kenntnis zu nehmen und exportieren zu können, wird ein „Briefkastenschlüssel" benötigt. Dieser „Briefkastenschlüssel" ist die beA-Karte Basis des Anwalts, sobald der Anwalt die beA-Client-Security auf seinem Computer gespeichert und die Erstregistrierung vorgenommen hat (hierzu siehe § 6 Rdn 3 u. 17 in diesem Werk).

H. Auftragsdatenverarbeitungsvereinbarung

Zur Frage, ob eine Auftragsdatenverarbeitungsvereinbarung bzgl. des beA mit der BRAK abgeschlossen werden muss, äußert sich die BRAK selbst wie folgt: 61

> *„Es ist nicht erforderlich, Verträge zur Auftragsdatenverarbeitung zwischen der BRAK und den das beA nutzenden Rechtsanwälten abzuschließen.*
>
> *Da die bereichsspezifischen Vorschriften der §§ 31a, 31c BRAO, 22 Abs. 2 Satz 1 RAVPV das Verhältnis zwischen den an der Datenverarbeitung beteiligten Stellen vorrangig regeln, liegt ein gesetzlicher Erlaubnistatbestand für die Datenübermittlung an das beA und die Datenverarbeitung durch das beA vor. Es müssen daher keine Verträge zur Auftragsdatenverarbeitung zwischen BRAK und den das beA nutzenden Rechtsanwälten abgeschlossen werden, um (u.a.) die Speicherung personenbezogener Daten im beA datenschutzrechtlich zu erlauben.*
>
> *Auch die ab dem 25.5.2018 geltende EU-Datenschutz-Grundverordnung (DSGVO) führt zu keiner anderen Bewertung. Die Datenverarbeitung ist auf der Grundlage von Art. 6 Abs. 1e), Abs. 3 DSGVO in Verbindung mit §§ 31a, 31c BRAO, 22 Abs. 2 Satz 1 RAVPV zulässig. Der Abschluss von Vereinbarungen über die Auftragsverarbeitung im Sinne von Art. 28 DSGVO ist nicht erforderlich."*[73]

I. beA i.V.m. dem BRAV

Die Bundesrechtsanwaltskammer hat sicherzustellen, dass der Zugang zum beA nur durch ein sicheres Verfahren mit zwei voneinander unabhängigen Sicherungsmitteln möglich ist, § 31a Abs. 2 S. 1 BRAO, was durch den notwendigen Einsatz einer sog. beA-Karte Basis und PIN umgesetzt wurde. 62

Gem. § 1 RAVPV führt jede Rechtsanwaltskammer ein **elektronisches Verzeichnis** der in ihrem Bezirk **zugelassenen Rechtsanwälte** einschließlich der **Syndikusrechtsanwälte**. Nach § 1 S. 2 RAVPV sind von der jeweiligen Rechtsanwaltskammer **zudem folgende Personen** einzutragen:

---

[73] https://bea.brak.de/faq-zur-nutzung-des-bea/grundlegende-fragen/ – hier Frage 14 (Stand: 29.10.2018); die Seite war zum Zeitpunkt der Drucklegung nicht mehr aufrufbar.

1. von ihr aufgenommene niedergelassene europäische Rechtsanwälte einschließlich der niedergelassenen europäischen Syndikusrechtsanwälte nach § 2 Abs. 1 EuRAG;
2. von ihr aufgenommene Rechtsanwälte aus anderen Staaten einschließlich der Syndikusrechtsanwälte aus anderen Staaten nach § 206 Abs. 1 BRAO;
3. von ihr aufgenommene Inhaber einer Erlaubnis zur geschäftsmäßigen Rechtsbesorgung nach § 209 Abs. 1 S. 1 BRAO;
4. dienstleistende europäische Rechtsanwälte einschließlich dienstleistender europäischer Syndikusrechtsanwälte, sofern für diese ein besonderes elektronisches Anwaltspostfach einzurichten und dies nach § 27a Abs. 1 S. 1 i.V.m. § 32 Abs. 4 EuRAG bei ihr zu beantragen ist.

Zudem sind gem. § 1 Abs. 2 RAVPV von der RAK in das Verzeichnis die **Berufsausübungsgesellschaften** einzutragen, die in ihrem Bezirk
1. nach § 59f der Bundesrechtsanwaltsordnung zugelassen sind oder
2. als niedergelassene ausländische Berufsausübungsgesellschaften nach § 207a der Bundesrechtsanwaltsordnung zugelassen sind.

63 Die Pflicht zur Führung elektronischer Anwaltsverzeichnisse ergibt sich zudem einschließlich der Regelungen zum Eintragungsverfahren aus § 31 BRAO. Zu den Inhalten der Verzeichnisse siehe § 31 Abs. 3 BRAO sowie § 2 RAVPV. Das BRAV soll nach Ankündigung der BRAK[74] in einer neuen Version erscheinen (diese war zum Zeitpunkt der Drucklegung noch nicht bekannt), die auf Grundlage des Gesetzes zur Neuregelung des Rechts der notwendigen Verteidigung[75] jederzeit die vollständige Anzeige aller Suchergebnisse unabhängig von der Anzahl der Treffer ermöglichen soll.

64 Nach § 9 RAVPV führt die Bundesrechtsanwaltskammer ein **elektronisches *Gesamt*verzeichnis** aller in den Verzeichnissen der Rechtsanwaltskammern eingetragenen Personen und Berufsausübungsgesellschaften, das die Bezeichnung „Bundesweites Amtliches Anwaltsverzeichnis" trägt. Nach § 10 RAVPV enthält dieses Gesamtverzeichnis zu den einzutragenden Personen und Berufsausübungsgesellschaften
1. die in den Verzeichnissen der Rechtsanwaltskammern enthaltenen Angaben,
2. die Angabe der Kammer, der sie angehören oder die sonst für sie zuständig ist,
3. die von der Bundesrechtsanwaltskammer zusätzlich eingetragenen Angaben und
4. die Sprachkenntnisse und die Tätigkeitsschwerpunkte, die die eingetragenen Personen selbst eingetragen haben. Sprachkenntnisse und Tätigkeitsschwerpunkte sind aber gem. § 13 Abs. 2 RAVPV nur über das Europäische Verzeichnis einsehbar.

65 Zusätzlich wird nach § 11 Abs. 2 S. 1 RAVPV im Gesamtverzeichnis die Bezeichnung des besonderen elektronischen Anwaltspostfachs der eingetragenen Personen und Berufsausübungsgesellschaften (= SAFE-ID) eingetragen. Sofern Abwickler, Vertreter oder Zustellungsbevollmächtigte ebenfalls im Verzeichnis registriert sind und diese über ein beA verfügen, ist an dieser Stelle auch deren bzw. die beA-SAFE-ID der Berufsausübungsgesellschaft einzutragen. Zu den Möglichkeiten der Eintragung von Sprachkenntnissen und Tätigkeitsschwerpunkten vgl. § 11 Abs. 3 S. 1 u. 2 Nr. 1–20 RAVPV. Eine Berichtigung der Eingaben im Gesamtverzeichnis erfolgt gem. § 12 RAVPV. Sofern die BRAK Kenntnis von einer von ihr zu verantwortenden Unrichtigkeit der Bezeichnung des beA hat, berichtigt sie diese selbst unverzüglich von Amts wegen (§ 12 Abs. 2 S. 1 RAVPV) und unterrichtet den Postfachinhaber hierüber; stellt eine örtliche Kammer entsprechende Unrichtigkeiten fest, unterrichtet sie ihrerseits die BRAK, vgl. dazu § 12 Abs. 2 S. 1 RAVPV. Gem. § 12 Abs. 3 RAVPV ermöglicht die BRAK eingetragenen Personen die Berichtigung und Löschung von eingetragenen Sprachkenntnissen und Tätigkeitsschwerpunkten. Dies kann aber nur durch die eingetragene Person selbst vorgenommen werden, § 15 Abs. 1 S. 3 RAVPV, nicht z.B. durch einen Mitarbeiter.

---

[74] beA-Newsletter der BRAK 9/2022 v. 13.10.2022, https://newsletter.brak.de/mailing/186/5892357/0/c85836ec3e/index.html (Abruf: 16.10.2022).
[75] G. v. 12.12.2019, BGBl I, 2128.

I. beA i.V.m. dem BRAV § 1

Für die in diesem Bundesweiten Amtlichen Anwaltsverzeichnis (= BRAV) eingetragenen Personen hat die BRAK gem. § 31a Abs. 1 BRAO ein beA empfangsbereit einzurichten; für eine weitere Kanzlei gilt dies nach § 31a Abs. 7 BRAO, für Berufsausübungsgesellschaften gem. § 31b Abs. 1 BRAO jeweils i.V.m. § 21 Abs. 1 S. 2 RAVPV. Das Bundesweite Amtliche Anwaltsverzeichnis ist z.B. unter https://www.bea-brak.de/bravsearch/search.brak oder https://www.rechtsanwaltsregister.org abrufbar. **66**

> *Praxistipp* **67**
> Es empfiehlt sich, regelmäßig die im BRAV vorgenommenen Eintragungen regelmäßig zu kontrollieren und bei Bedarf entsprechende Änderungen an die Rechtsanwaltskammer mitzuteilen. Insbesondere nach Änderung und Übermittlung neuer Kontaktdaten/Namen infolge Verheiratung etc. sollte nach einem gewissen zeitlichen Abstand zur Mitteilung eine Kontrolle der Eingaben der RAK/BRAK durch Postfachinhaber erfolgen.

Das beA eines jeden Anwalts ist mit seinem Eintrag im elektronischen Anwaltsverzeichnis verknüpft. Erst bei Sperrung (§ 28 Abs. 3 RAVPV[76]), Tod oder Rückgabe/Entzug der Zulassung wird auch das beA mit der Löschung im Anwaltsverzeichnis nicht mehr adressierbar sein. Fraglich ist, ob die Befreiung von der Kanzleipflicht nach § 27 BRAO gerade für ältere Anwälte ein „Ausweg" wäre (Härtefallregelung).[77] Zumindest wäre für diesen Fall dann aber ein Zustellungsbevollmächtigter zu benennen, der im Inland wohnt oder dort einen Geschäftsraum hat, § 30 Abs. 1 BRAO. **68**

Zum 1.8.2022[78] erfolgten erhebliche Änderungen in der RAVPV, die insbesondere aufgrund der Änderungen im anwaltlichen Gesellschaftsrecht und mit der Schaffung eines Gesellschaftspostfachs zu diesem Datum erforderlich waren, siehe hierzu auch § 2 Rdn 15 sowie Rdn 36 dort in diesem Werk. **69**

In § 1 RAVPV wurde u.a. ein neuer Absatz 2 eingefügt, der regelt, dass die **zugelassenen** Berufsausübungsgesellschaften gem. §§ 59f, 207a BRAO in die Verzeichnisse der Kammern und schließlich auch in das Gesamtverzeichnis BRAV aufzunehmen sind. Entsprechend waren einzelne Vorschriften der RAVPV anzupassen, wie z.B. § 2 RAVPV in Abs. 4–6, was die Aufnahme des Namens der Kanzlei, Zweigstelle oder Berufsausübungsgesellschaft, ggf. deren Kurzbezeichnung mit Standort betrifft. Redaktionelle Anpassungen, da die Berufsausübungsgesellschaften künftig umfasst werden müssen, erfolgten zudem in den §§ 3–7, 9–11, 16 und 19 RAVPV. **70**

Insbesondere § 20 Abs. 3 RAVPV regelt, wer Nachrichten aus dem beA mit VHN (siehe dazu § 2 Rdn 97 sowie zu technischen Problemen § 2 Rdn 36 in diesem Werk) versenden kann, und wurde zum 1.8.2022 neu gefasst wie folgt: **71**

> *„(3) Die Bundesrechtsanwaltskammer hat zu gewährleisten, dass*
> *1. bei der Übermittlung eines Dokuments mit einer nicht-qualifizierten elektronischen Signatur auf einem sicheren Übermittlungsweg durch einen Rechtsanwalt für den Empfänger feststellbar ist, dass die Nachricht von dem Rechtsanwalt selbst versandt wurde,*
> *2. bei der Übermittlung eines Dokuments mit einer nicht-qualifizierten elektronischen Signatur auf einem sicheren Übermittlungsweg durch eine zugelassene Berufsausübungsgesellschaft für den Empfänger feststellbar ist, dass die Nachricht durch einen Rechtsanwalt versandt wurde, der zur Vertretung der Berufsausübungsgesellschaft berechtigt ist."*

---

[76] Verordnung über die Rechtsanwaltsverzeichnisse und die besonderen elektronischen Anwaltspostfächer (Rechtsanwaltsverzeichnis- und -postfachverordnung – RAVPV), VO v. 23.9.2016, BGBl I, 2167 (Nr. 45).
[77] Vgl. dazu *Horn*, AnwBl 2017, 839.
[78] Art. 2 Gesetz zur Neuregelung des Berufsrechts der anwaltlichen und steuerberatenden Berufsausübungsgesellschaften sowie zur Änderung weiterer Vorschriften im Bereich der rechtsberatenden Berufe v. 7.7.2021, BGBl I, 2363.

72 § 21 Abs. 3 RAVPV wurde zum 1.8.2022 neu eingefügt und verweist für weitere besondere elektronische Anwaltspostfächer auf die §§ 19, 20 und 22 bis 30 RAVPV entsprechend.[79]

73 § 23 Abs. 3 RAVPV erhielt zum 1.8.2022 einen neuen Satz 7.[80] Dieser verbietet die Erteilung der Rolle des „VHN-Berechtigten" an andere als zur Berufungsausübungsgesellschaft gehörige Anwälte, vgl. dazu aber auch die Ausführungen in § 2 Rdn 34 sowie zu technischen Problemen § 2 Rdn 36 in diesem Werk:

> *„⁷Handelt es sich bei dem Postfachinhaber um eine Berufsausübungsgesellschaft, so darf diese das Recht, nicht-qualifiziert elektronisch signierte Dokumente für die Berufsausübungsgesellschaft auf einem sicheren Übermittlungsweg zu versenden, nur solchen vertretungsberechtigten Rechtsanwälten einräumen, die ihren Beruf in der Berufsausübungsgesellschaft ausüben."*

J. Kein Mitleid mit „beA-Verweigerern"

74 Schon früh stellte die Rechtsprechung klar, dass es nicht Aufgabe der Gerichte sei, Anwälten die Funktionsweise ihres beA näher zu bringen. Anwälte müssen ihr beA kennen, entschied daher auch das LAG Schleswig-Holstein schon 2019:

> *„Ein RA ist als Inhaber eines besonderen elektronischen Anwaltspostfachs (beA) nicht nur verpflichtet, die technischen Einrichtungen zum Empfang von Zustellungen und Mitteilungen über das beA lediglich vorzuhalten, vielmehr ist der RA zugleich verpflichtet, sich die Kenntnisse zur Nutzung dieser technischen Einrichtungen anzueignen, damit er die über beA zugestellten Dokumente auch gem. § 31 a VI BRAO zur Kenntnis nehmen kann. Die Gerichte sind nicht verpflichtet, den RAen Handlungsanweisungen zum Öffnen der über beA zugesandten Dokumente zu erteilen."*[81]

75 Keine beA-Nutzung? KEINE Beiordnung, so das LAG Kiel:

> *„1. Ein Rechtsanwalt ist seit Inkrafttreten des § 46g ArbGG zum 1.1.2020 in Schleswig-Holstein nicht zur Vertretung bereit im Sinne des § 121 Abs. 2 ZPO, wenn seine Beiordnung im Rahmen der Prozesskostenhilfe sich auf die Fertigung von Schriftsätzen und die Vertretung der Partei in der mündlichen Verhandlung beschränken soll, er aber insbesondere nicht bereit ist, Schriftsätze auf elektronischem Weg einzureichen und in Empfang zu nehmen und ein elektronisches Empfangsbekenntnis abzugeben.*
>
> *2. Gelegentliche Störungen bei der Nutzung des beA sind vom Gesetzgeber gesehen worden. Ihnen ist durch die Regelung in § 46 S. 3 ArbGG ausreichend Rechnung getragen worden."*[82]

K. Wo finde ich Hilfe?

I. Aktuelle Informationen

76 Die in den Rdn 77 – 84 aufgeführten Links waren alle abrufbar am 4.9.2022. Informationen über das beA werden ständig auf der Internetseite der BRAK aktualisiert:

https://portal.beasupport.de
https://portal.beasupport.de/fragen-antworten

---

79 Geändert durch Art. 9 Gesetz zur Ergänzung der Regelungen zur Umsetzung der Digitalisierungsrichtlinie und zur Änderung weiterer Vorschriften v. 15.7.2022, BGBl I, 1146.
80 Geändert durch Art. 9 Gesetz zur Ergänzung der Regelungen zur Umsetzung der Digitalisierungsrichtlinie und zur Änderung weiterer Vorschriften v. 15.7.2022, BGBl I, 1146.
81 LAG Schleswig-Holstein, Beschl. v. 19.9.2019 – 5 Ta 94/19 (ArbG Kiel. Beschl. v. 15.7.2019 – 1 Ca 588 d/19), NZA-RR 2019, 659.
82 LAG Kiel, Beschl. v. 24.6.2020 – Az.: 1 Ta 51/20, BeckRS 2020, 17628.

K. Wo finde ich Hilfe?

Aufgerufen wird das beA unter: **77**

    https://bea-brak.de (Schreibweise beachten! „bea-minus-brak.de"

Störungen werden sowohl unter **78**

    https://portal.beasupport.de/verfuegbarkeit

als auch

    https://egvp.justiz.de (dort rechts oben „aktuelle Meldungen")

angezeigt.

Die Historie der Störungen im beA findet man unter:

    https://www.brak.de/fileadmin/02_fuer_anwaelte/bea/beA-Störungsdokumentation.pdf

Auf der Seite der Bundesnotarkammer finden Sie zudem weitere Informationen u.a. auch zur Bestellung der beA-Produkte (die Informationen beziehen sich ausschließlich auf beA-Karten der ersten Generation sowie der Softwarezertifikate. **Informationen** zu **beA-Karten** der **zweiten Generation** sind unter **https://zertifizierungsstelle.bnotk.de/hilfe** einsehbar.[83] **79**

Zur Bestellung der beA-Produkte:
https://bea.bnotk.de/bestellung/#/products

PIN-Änderung u. Auf- oder Nachladen des qualifizierten Zertifikats:
https://bea.bnotk.de/documents/Schluesselverwaltung_beA.pdf

Allgemeine Fragen zum beA:
https://bea.bnotk.de/documents/FAQ_beA_180704.pdf

Fragen zur Nachladesignatur: https://bea.bnotk.de/documents/FAQ_beA_Nachladeverfahren.pdf

Anleitung zum Download der Software-Zertifikate:
https://bea.bnotk.de/documents/Anleitung_Erstellung-Softwarezertifikate.pdf

Hinweise zum Kammerident-Verfahren:
https://bea.bnotk.de/kammerident/

Informationen zum EGVP erhalten Sie hier: **80**

    https://egvp.de

Informationen des EDV-Gerichtstages zur Entwicklung der IT in Rechtspflege und Verwaltung: **81**

    https://edvgt.de

Informationen zu zertifizierten Signaturerstellungskomponenten erhalten Sie hier: **82**

    https://bundesnetzagentur.de

II. Anwenderdokumentation u. beA-Newsletter

Die Anwenderdokumentation zum beA findet man hier: **83**

    https://www.bea-brak.de/xwiki/bin/view/BRAK/[84]

Den Newsletter zum beA erhalten Sie hier:

    https://www.brak.de/anwaltschaft/bea-erv/#c9495

---

83 Quelle: https://bea.bnotk.de/faq.html (Abruf: 16.10.2022).
84 Abruf: 16.10.2022.

Die aktuellen Ausgaben kann man hier unmittelbar aufrufen:
https://www.brak.de/newsroom/newsletter/bea-newsletter/

III. Support

84 Den beA-Anwendersupport erreicht man hier:

beA Anwendersupport

servicedesk@beasupport.de

030–21787017 Mo. – Fr.: 08:00 – 20:00 Uhr (bundeseinheitliche Feiertage ausgenommen)
Hier erhalten Nutzer nach eigener Aussage Hilfe bei den folgenden Punkten:

„Unterstützung bei Erstregistrierung; Fehler bei der Anlage/Bearbeitung von Mitarbeitern; Fehler bei Rechtevergabe für Postfächer; Fehler beim Einloggen; Sicherheitstoken wird nicht erkannt; Fehler bei der Nutzung des Postfachs; Fragen zur Client Security; Postfach zurücksetzen"

Eine Übersicht zum Support ist auch hier zu finden:
https://www.brak.de/fileadmin/02_fuer_anwaelte/bea/bea-supportwegweiser_neu.pdf (Abruf: 16.10.2022)

L. BRAK-Serverstandorte und Serverauslastung

85 Alle erforderlichen Server zum Betrieb der beAs durch die BRAK werden aus datenschutzrechtlichen Gründen in Deutschland stehen (u.a. NSA-Problematik).

86 Zusätzlich werden die beAs über mehrere Hochleistungsrechner (Server) an verschiedenen Standorten in Deutschland betrieben, um so auch im Falle eines Server-Ausfalls den Weiterbetrieb zu ermöglichen. Bei Netzzusammenbrüchen sind im beA-System nicht veränderbare Nachrichten und Postfachjournale vorgesehen, um die rechtssichere Dokumentation aller Vorgänge im beA sicherzustellen und entsprechende Ein- oder Ausgänge nachvollziehen zu können.

87 Eine mit ausgewählten Kanzleien durchgeführte Umfrage zur zu erwartenden Datenmenge im elektronischen Rechtsverkehr wie auch beA ergab einen bundesweiten Bedarf von ca. acht Sendungen pro Sekunde. Dies ergäbe ein Sendungsvolumen von ca. 28.000 Sendungen pro Stunde bzw. ca. 700.000 Sendungen pro Tag. Zum Ausbaugrad der leistungsfähigen Breitbandanschlüsse und des Aufbaus von Hochleistungsnetzen siehe auch die Internetseite www.zukunft-breitband.de des Bundesministeriums für Verkehr und digitale Infrastruktur.

88 Angesichts von rund 161.000 zugelassenen Anwälten in Deutschland, die zwar nicht alle mit den Gerichten korrespondieren, erscheinen diese Zahlen jedoch gleichwohl zu kurz gegriffen. Sicher wird sich natürlich auch die Auslastung mit den Jahren erst noch entwickeln.

89 Zur Kapazitätsbegrenzung für Nachrichten bzw. deren Anhänge im beA selbst vgl. auch die Ausführungen in § 12 Rdn 43 ff dieses Werks.

M. Änderung der Kanzleianschrift/persönlichen Daten

90 § 24 Abs. 1 BORA verpflichtet Rechtsanwälte, dem Vorstand seiner Heimatkammer unaufgefordert und unverzüglich Folgendes anzuzeigen:

1. Änderung des Namens,
2. Begründung und Wechsel der Anschrift von Kanzlei, Zweistelle und Wohnsitz,
3. die jeweiligen Telekommunikationsmittel der Kanzlei und Zweigstelle nebst Nummern,

4. die Eingehung oder Auflösung einer Sozietät, Partnerschaftsgesellschaft oder sonstigen Verbindung zur gemeinschaftlichen Berufsausübung,
5. die Eingehung und Beendigung von Beschäftigungsverhältnissen mit Rechtsanwälten.

Die örtliche Rechtsanwaltskammer wird dann intern die BRAK informieren, die die entsprechenden Anpassungen im Bundesweiten Elektronischen Anwaltsverzeichnis (BRAV) vornimmt.

Dass auf der beA-Karte Basis der aufgedruckte Name eines Anwalts enthalten ist und dieser sich auch aus dem Zertifikat ergibt, ist nach Ansicht verschiedener Kammern, z.B. der RAK Hamm,[85] unschädlich, da der Zugriff auf das beA über die beA-SAFE-ID erfolgt. Wenn man mit dem aufgedruckten „alten" Namen nicht „leben kann", ist es möglich, diesen z.B. zu überkleben, oder aber die alte Karte sperren und eine Ersatzkarte zu beantragen. Als Sperrgrund wird dann die Namensänderung angegeben.[86] Bitte beachten Sie jedoch: Den Namen eines Mitarbeiters, dessen Profil z.B. eine beA Karte Mitarbeiter zugewiesen wurde, kann man im beA selbst ändern (Reiter Einstellungen klicken, dann auf Postfachverwaltung, danach Benutzerverwaltung anklicken, einen Benutzer auswählen und dessen Namen ändern); dies funktioniert aber **nicht** für den Postfachinhaber. Da jedoch eine wirksame Einreichung, z.B. von Schriftsätzen gem. § 130a Abs. 3 S. 1 Alt. 2 ZPO, verlangt, dass der im Prüfprotokoll ausgewiesene Name des Postfachinhabers identisch ist mit dem Namen des das Dokument signierenden eingetippten Namens, könnten hier Probleme auftauchen, wenn der Name des Absenderpostfachs anders lautet als der Name der einfachen elektronischen Signatur. Wir empfehlen daher immer die unverzügliche Mitteilung des neuen Namens an die RAK, damit im BRAV durch die BRAK die Änderung eingetragen werden kann und die Beantragung einer Ersatzkarte. Dabei sollte die Bestellung der Ersatzkarte erst nach Änderung des Namens im BRAV beantragt werden. Zur einfachen elektronischen Signatur und § 130a Abs. 3 S. 1 ZPO siehe ausführlich § 11 Rdn 17, zum VHN siehe § 2 Rdn 97 u. § 2 Rdn 36 in diesem Werk. Nicht möglich ist es aber, die auf einen falschen Namen lautende qualifizierte elektronische Signatur (Fernsignatur) wirksam weiter zu nutzen. Hier ist ein Zertifikatswechsel zwingend erforderlich.

N. Sperrung der Karte/Kündigung eines Softwaretokens

Ist eine beA-Karte Basis unbrauchbar geworden oder verlorengegangen oder hat man die PIN zur beA-Karte Basis dauerhaft vergessen, kann wegen der Ersatzkarte (Kosten: einmalig 30 EUR netto) der Support der BNotK (unter bea@bnotk.de) kontaktiert werden. Da die Ersatzkarte ein neues Zertifikat enthält, muss das beA von der BRAK zurückgesetzt und die Ersatzkarte freigeschaltet werden. Hierfür sind folgende Schritte erforderlich:
- Sperrung der bisherigen Karte
- Antrag auf Erteilung einer Ersatzkarte
- Bestätigung des Erhalts der Ersatzkarte / PIN-Brief abwarten
- beA durch Support zurücksetzen lassen
- Durchführung der erneuten Erstregistrierung mit Ersatzkarte und PIN
- bei Rechtevergabe an den Ersatzkarten-Inhaber: Freischaltung des neuen Sicherheitstokens durch andere Postfachinhaber

Hinweis

Bei dreifacher Falscheingabe der PIN kann der Fehlbedienungszähler mittels Eingabe der PUK wieder zurückgesetzt werden, sodass wieder drei neue Versuche möglich sind. Hat man die PIN dauerhaft vergessen, bleibt nur die Sperrung und Beantragung einer Ersatzkarte.

---

[85] https://www.rechtsanwaltskammer-hamm.de/aktuell/neuigkeiten-zum-bea/5656-wie-geht-das-mit-terminalserverumbungen-2.html (Abruf 4.9.2022).
[86] beA-Newsletter Ausgabe 23/2018 v. 25.10.2018.

94 Eine Sperrung kann nicht rückgängig gemacht werden. Die Sperrhotline der BNotK erreicht man unter: 0800 3550 100. Bei der Sperrung der beA-Karte Basis muss das bei der Bestellung festgelegte Sperrkennwort angegeben werden. Sollte das Sperrkennwort nicht mehr bekannt sein, kann eine Sperrung nur schriftlich erfolgen an: Zertifizierungsstelle der Bundesnotarkammer, Burgmauer 53, 50667 Köln.

95 Da Software-Zertifikate (Zugangsmittel zum beA anstelle des Einsatzes einer Karte) kopiert werden können, empfiehlt es sich z.B. bei Ausscheiden eines Mitarbeiters, der ein solches Softwarezertifikat als Zugangsmittel zum beA verwendet hat, dieses Zertifikat zu kündigen. Eine Änderung der PIN würde als Schutz vor Missbrauch allein nicht ausreichen, da die Änderung der PIN nur für das entsprechende Software-Zertifikat gelten würde, nicht aber für eine Kopie hiervon. Die Kopie könnte mit der PIN, mit welcher das Zertifikat auf der Seite der BNotK beim Herunterladen erzeugt wurde, weiter genutzt werden. Aus Sicherheitsgründen gebietet es sich daher, „alte" Software-Zertifikate zu kündigen; der Preis mit 4,90 EUR jährlich brutto steht in keinem Verhältnis zu den Sicherheitsproblemen, die sich bei Nicht-Kündigung und unbefugter Weiter-(Nutzung) ergeben könnten. Bei der Kündigung des Software-Zertifikats ist es hilfreich, neben der ursprünglichen Bestellnummer auch die Seriennummer des Software-Zertifikats anzugeben, damit eine eindeutige Zuordnung möglich ist. Die Seriennummer kann man erfahren, wenn man bei der Auswahl des Sicherheitstokens im Anmeldevorgang auf „Details" klickt und dann die Seriennummer, die in dem sich öffnenden Fenster unterhalb des Gültigkeitszeitraums angezeigt wird, entnimmt.

O. Schicksal des beA nach Widerruf der Zulassung oder Tod

96 Wird die Zulassung des Rechtsanwalts widerrufen oder verstirbt ein Anwalt, wird sein beA zunächst deaktiviert und nach Ablauf einer angemessenen Zeit gem. § 31a Abs. 4 BRAO gelöscht. Ein deaktiviertes beA kann nicht mehr adressiert werden. Es ist somit für eingehende Nachrichten nicht mehr erreichbar. Sobald der entsprechende Eintrag aufgrund des Widerrufs der Zulassung oder des Todes eines Anwalts im Gesamtverzeichnis gelöscht ist, wird dadurch das Postfach deaktiviert. Die BRAK muss bei Widerruf der Zulassung oder Tod eines Anwalts nicht informiert werden, auch hier gilt, dass die entsprechende Information an die örtliche Rechtsanwaltskammer gegeben wird bzw. dort bekannt ist, wenn ein Widerruf der Zulassung erfolgt. Diese Information wird von der zuständigen RAK an die BRAK weitergeleitet.

97 Gerade bei Versterben eines Anwalts kann es daher einige Tage dauern, bis die Information die örtliche Rechtsanwaltskammer erreicht und es zu einer Löschung kommt.

98 Aufhebung der Zugangsberechtigung und Sperrung sind in § 28 RAVPV; die Löschung in § 29 RAVPV geregelt:

§ 28 RAVPV

„(1) [1]Die Bundesrechtsanwaltskammer sperrt ein besonderes elektronisches Anwaltspostfach, wenn die Eintragungen zum Postfachinhaber im Gesamtverzeichnis gesperrt wurden. [2]Der Zugang zu einem gesperrten besonderen elektronischen Anwaltspostfach ist nicht möglich. [3]Dies gilt für den Postfachinhaber und alle anderen Personen, denen eine Zugangsberechtigung zu dem Postfach erteilt wurde. [4]Die Sätze 1 bis 3 gelten nicht, wenn der Postfachinhaber von einer Rechtsanwaltskammer in eine andere wechselt.

(2) [1]Das besondere elektronische Anwaltspostfach wird zudem gesperrt, wenn für dessen Inhaber ein Abwickler bestellt ist. [2]Der Zugang des Abwicklers nach § 25 Absatz 3 Satz 1 und 2 bleibt hiervon unberührt.

(3) Gesperrte besondere elektronische Anwaltspostfächer sind nicht adressierbar.

(4) Wird eine Sperrung der Eintragung des Postfachinhabers im Gesamtverzeichnis aufgehoben, ist auch die Sperrung des besonderen elektronischen Anwaltspostfachs unverzüglich rückgängig zu machen."

Am 1.8.2022 wurde in Abs. 1 nach S. 1 folgender neuer Satz 2 eingefügt (die bisherigen Sätze 2–4 werden zu 3–5):[87]

„²*Ein für die Zweigstelle einer Berufsausübungsgesellschaft eingerichtetes weiteres besonderes elektronisches Anwaltspostfach wird zudem gesperrt, wenn die Berufsausübungsgesellschaft dieses nicht mehr wünscht.*"

§ 29 RAVPV

„¹*Gesperrte besondere elektronische Anwaltspostfächer werden einschließlich der darin gespeicherten Nachrichten sechs Monate nach der Sperrung gelöscht.* ²*Wird ein Abwickler bestellt, erfolgt die Löschung nicht vor Beendigung der Abwicklung.*"

P. Kostenübersicht beA

I. Neue Systeme

Die Einführung des elektronischen Rechtsverkehrs ist natürlich mit Kosten verbunden. Ob sich die zu Beginn des elektronischen Rechtsverkehrs aufzuwendenden Kosten tatsächlich mit der Einsparung von Toner-, Papier-, Personal- und Portokosten wieder „reinholen" lassen, bleibt abzuwarten. Nachstehende Kostenübersicht kann daher nur grob wiedergeben, mit welchen Kosten zu rechnen ist. Letztendlich hängen die tatsächlichen Kosten auch von dem ab, was an Soft- und Hardware in der Kanzlei schon vorhanden ist; ob (ggf. ohnehin veraltete) Systeme aufgerüstet werden müssen und wieviel Komfort man selbst bei der Arbeit wünscht.

99

II. beA-Produkte

Die Kosten für die beA-Produkte sind nachstehend nochmals übersichtlich zusammengefasst. Um die Bestellung mindestens einer beA-Karte Basis kommen Anwälte nicht herum. Wie viele Kartenleser man allerdings bestellt, ist auch eine Frage des Komforts.

100

beA-Karte Basis

Die Kosten inkl. Verpackung und Versand für die beA-Karte Basis werden mit 29,90 EUR/Jahr zzgl. USt. im Jahresabonnement.

beA-Signaturpaket

Das beA-Signaturpaket ersetzt die frühere Kombi beA-Karte Basis und eine auf die beA-Karte Basis übertragene qualifizierte elektronische Signatur (als sog. beA-Karte Signatur) durch eine Kombi aus beA-Karte Basis (2. Generation seit Mitte 2022) und eine (neue) qualifizierte elektronische Fernsignatur. Die Kosten für das beA-Signaturpaket betragen inkl. Verpackung und Versand 54,90 EUR/Jahr (zzgl. USt.) bei 12-monatiger Mindestvertragslaufzeit. Hinzu kommen ggf. noch Kosten für die signaturrechtliche Identifizierung.

Fernsignatur (beA)

Das Fernsignaturzertifikat (qeS zum qualifizierten Signieren) ist einzeln bestellbar zum Preis von 25,00 EUR (zzgl. USt.) als jährliches Abonnement. Diese Funktion steht nur mit der beA-Karte Basis ab der 2. Generation zur Verfügung.

---

[87] Durch: Art. 2 Gesetz zur Neuregelung des Berufsrechts der anwaltlichen und steuerberatenden Berufsausübungsgesellschaften sowie zur Änderung weiterer Vorschriften im Bereich der rechtsberatenden Berufe v. 7.7.2021, BGBl I, 2363.

Berufsname

Es besteht die Möglichkeit, den Berufsnamen zur Aufnahme in das qualifizierte Zertifikat zu buchen zum Preis von einmalig 50,00 EUR (zzgl. USt.). Diese Funktion steht nur mit der beA-Karte Basis ab der 2. Generation zur Verfügung.

Ersatzkarte

Die Kosten für die Ersatzkarte beA-Karte Basis beträgt inkl. Verpackung und Versand einmalig 30,00 EUR (zzgl. USt.). Wurde die beA-Karte Basis nachweislich nicht funktionstüchtig ausgeliefert, erhält man auf Anforderung eine kostenlose Ersatzkarte.

beA-Karte Mitarbeiter

Die Kosten für die beA-Karte Mitarbeiter betragen inkl. Verpackung und Versand 12,00 EUR/Jahr (zzgl. USt.). Es handelt sich um ein Jahresabonnement.

beA-Softwarezertifikat[88]

Die Kosten für das Zertifikat betragen 4,90 EUR/Jahr (zzgl. USt.). Es handelt sich um ein Jahresabonnement.

Kartenlesegerät

Kartenlesegerät cyberJack® RFID comfort: Kosten inkl. Verpackung und Versand einmalig 134,90 EUR (zzgl. USt.).

Kartenlesegerät cyberJack® one: Kosten inkl. Verpackung und Versand einmalig 74,90 EUR (zzgl. USt.).

III. Erhöhte Kammerbeiträge verfassungsgemäß

101 Die regionalen Kammern haben ihre Kammerbeiträge erhöht, da die Bundesrechtsanwaltskammer über die regionalen Rechtsanwaltskammern für den **Betrieb** des beA erforderliche Kosten weiterberechnet. Mit diesem Beitrag sollen **folgende Kosten gedeckt** sein:

- Entwicklung der Software für das beA,
- Betrieb des beA,
- Support durch Service Desk.

102 Bereits am 11.1.2016 hat der Bundesgerichtshof entschieden,[89] dass die Erhöhung der Kammerbeiträge zur Finanzierung der Errichtung und Pflege der beAs nicht verfassungswidrig ist und die Kammern berechtigt sind, entsprechende Umlagebescheide zu erlassen.

103 **Am 25.6.2018 hat der BGH bestätigt:**

„Die Rechtsanwaltskammern können für die Kosten des besonderen elektronischen Anwaltspostfachs bei ihren Mitgliedern Beiträge erheben."[90]

104 Sieht man sich im europäischen Ausland um und stellt fest, was dort von Anwälten für die Teilnahme am elektronischen Rechtsverkehr ausgegeben werden muss, erscheint die Kammerbeitragserhöhung in Deutschland als eher geringe finanzielle Beteiligung. Die technischen Geräte müssen hier wie dort angeschafft und betrieben werden.

---

[88] Zum Zeitpunkt der Drucklegung nur bestellbar über die „alte" Seite: https://bea.bnotk.de/bestellung/#/products/18393998 (Abruf: 4.9.2022).

[89] BGH, Beschl. v. 11.1.2016 – AnwZ (BrfG) 33/15, NJW 2016, 1025; vgl. dazu auch: BGH, Beschl. v. 20.12.2016 – AnwZ (Brfg) 52/16: Anfechtungsklage gegen Beitragsbescheid, 1. Instanz unterlegen, Antrag auf Zulassung der Berufung wurde abgelehnt; ebenso: AGH Baden-Württemberg, Urt. v. 24.3.2017 – AGH 1/16 II, BeckRS 2017, 134456 (zum Anwalt, der nach eigenem Bekunden kein „IT-Fuzzi" sei).

[90] BGH – Senat für Anwaltssachen, Beschl. v. 25.6.2018 – AnwZ (Brfg) 23/18, BeckRS 2018, 15515; Vorinstanz: AGH Nordrhein-Westfalen, Urt. v. 8.12.2017 – 1 AGH 34/17.

IV. Soft- und Hardware

Neben erforderlichen Datenleitungen werden manche Kanzleien sich zunächst auch mit entsprechender Hard- und Software ausstatten müssen. **105**

V. IT-Dienstleister

Obwohl die Erstregistrierung am beA anhand der Schritt-für-Schritt-Anleitung der BRAK sich in den meisten Fällen gut bewerkstelligen lässt, sind bei auftretenden technischen Schwierigkeiten viele rasch überfordert. IT-Dienstleister sind selten günstig zu haben; hier wird man mehr oder weniger tief in die Tasche greifen müssen, je nachdem wie Komplex die IT der Kanzlei ist. Darüber hinaus sind Anwälte verpflichtet, bei der Auswahl der sie bei ihrer Dienstleistung unterstützenden Dritten sorgfältig zu sein; vgl. Rdn 25 in diesem Kapitel. Im Ergebnis bedeutet dies auch, dass nicht einfach „irgendein ITler" beauftragt werden kann; es muss sich um einen zuverlässigen Anbieter handeln. Auch sollte im Hinblick auf § 2 Abs. 2 BORA die regelmäßige Pflege und Wartung der Systeme durch eine Fachfirma erfolgen. **106**

VI. Personal

Nach unserer Beobachtung wird es bei Einführung des beA und ERV zunächst zu einem erhöhten Personalbedarf kommen, bis sich die Büroabläufe wieder neu eingespielt haben. Viel Zeit wird damit verbracht werden müssen, Dateien/Dokumente für das Gericht richtig aufzubereiten, vgl. dazu auch § 12 insbesonders Rdn 41 ff. Die Zeit, die das Personal am Kopierer spart, wird hier sicherlich einfach nur an anderer Stelle aufgewendet werden müssen. **107**

VII. Schulungskosten

Ob man sein Personal extern oder intern schult, um eine Schulung wird man – gerade auch bezogen auf die doch komplexen Zusammenhänge bei der Einreichung von Schriftsätzen via beA – kaum verzichten können. Bei interner Schulung muss zumindest Zeit durch den Kanzleiinhaber oder Kollegen aufgewendet werden; auch dies kostet. **108**

§ 2 Überblick über beA, Gesellschafts-beA, beN, beBPo, beSt & eBO

A. OSCI-Standard

OSCI[1] ist eine Sammlung von Netzwerkprotokollen und wird als technischer Standard sowohl von den Justizbehörden als auch Teilen der Verwaltung sowie beim Transport von beA-, beN-, eBO- oder beBPo-Nachrichten verwendet. Der Transport von elektronischen Daten im Bereich des e-justice und e-Government bedarf eines besonderen Schutzes, insbesondere wenn unsichere Netze wie das Internet zur Übertragung genutzt werden. Der Protokollstandard bei der Übertragung von OSCI-Nachrichten steht für eine „sichere, vertrauliche und rechtsverbindliche Übertragung".[2] Dabei zielt der Schutz auf Integrität (Unversehrtheit der Daten), Authentizität (Überprüfbarkeit des Datenursprungs) sowie Vertraulichkeit und die Nachvollziehbarkeit bei übermittelten Daten ab. Das Übertragungsprotokoll wurde vom Bundesministerium des Innern als Standard für die Übertragung von elektronischen Daten festgesetzt. Bei der Entwicklung des Standards wurde auf eine Herstellerunabhängigkeit Wert gelegt. In diesem Standard ist auch der Einsatz von Zeitstempeln vorgesehen, um den Nachweis führen zu können, wen eine Nachricht wann erreicht hat. Dies ist im Zusammenhang u.a. mit dem beA wichtig, um den Nachweis einer fristwahrenden Schriftsatzeinreichung führen zu können. Mit dem OSCI-Standard werden auch u.a. die fortgeschrittene elektronische Signatur und qualifizierte elektronische Signatur unterstützt.

Um sicher rechtsverbindlich elektronisch miteinander kommunizieren zu können, ist darüber hinaus eine Kompatibilität verschiedener elektronischer Postfächer untereinander erforderlich, weshalb die im ERV verwandten Postfächer mindestens auf dem OSCI-Standard beruhen bzw. mit einem sog. Gateway entsprechend umgewandelt werden können müssen. Dabei geht der Gesetzgeber davon aus, dass sich die Technik weiterentwickelt. So verpflichtet er beispielsweise die BRAK in § 20 Abs. 1 RAVPV, das beA mit dem OSCI-Standard bzw. einem künftig an dessen Stelle tretenden Standard zu betreiben.

Das OSCI-Transport-Protokoll eignet sich für eine sichere, vertrauliche und rechtsverbindliche Übertragung digitaler Daten über das Internet. Mit diesem Protokoll werden die klassischen Schutzziele Integrität, Authentizität, Vertraulichkeit und Nachvollziehbarkeit bei der Übermittlung von Nachrichten gewährleistet. Es verfügt über eine Reihe verschiedener Protokolle (OSCI-XÖV-Standards) für den Austausch fachlicher Inhaltsdaten auf XML-Basis und SOAP-Basis zwischen Kunden und Behörden bzw. Behörden untereinander. OSCI unterstützt nicht nur alle Qualitätsniveaus von elektronischen Signaturen; es werden auch für die Verschlüsselungsverfahren konkrete Vorgaben gemacht, um eine Interoperabilität und Herstellerunabhängigkeit sicherzustellen.

Das Protokoll bildet die technische Basis von E-Government in Deutschland und wurde vom Bundesministerium des Innern im Rahmen von SAGA als obligatorischer Standard für elektronische Transaktionen mit der Bundesverwaltung festgesetzt. Außerdem definiert der OSCI-Transport die notwendigen Datenstrukturen für Quittungsmechanismen mit Zeitstempeln, die ermöglichen, dass dem Absender eine automatisierte Eingangsbestätigung übermittelt wird. Ähnlich dem „Einschreiben mit Rückschein" ist beweisbar, **dass** eine Nachricht einen **bestimmten** Empfänger erreicht hat und **wann** dies geschehen ist.

Verantwortlich für die Entwicklung, den Betrieb und die Koordinierung von IT-Standards für den Datenaustausch in der öffentlichen Verwaltung einschl. dieser technischen Standards ist die Koordinierungsstelle für IT-Standards (KoSIT). Bei entsprechendem Interesse kann man sich z.B. auf der Internetseite https://www1.osci.de (Abruf: 22.9.2022) informieren. Hier findet man umfangreiche Daten und Informationen einschließlich entsprechender Downloadmöglichkeiten. Diese Informationen dürften aber eher für IT-Spezialisten interessant sein.

---

1 Online Services Computer Interface.
2 https://www.xoev.de/die_standards/osci_transport-3355 (Abruf: 22.9.2022).

B. Postfächer im ERV

I. EGVP

6 EGVP ist die Abkürzung für „Elektronisches Gerichts- und Verwaltungspostfach". Das EGVP dient der sicheren Kommunikation mit Gerichten und Behörden und ermöglicht seit 2004, sicher und doppelt verschlüsselt elektronische Dokumente bei Gericht einzureichen. Man kann sich unter https://egvp.justiz.de (Abruf: 22.9.2022) über den Button „Allgemeine Informationen" u.a. ein Video zum EGVP anschauen, aber auch weitere Informationen erhalten. Über diese Internetseite können aktuelle Meldungen zu Störungen eingesehen werden, aber auch ein Newsletter abonniert werden, der je nach Auswahl bundesweit oder länderbezogen über Störungen unterrichtet. Im Fall der Einreichung von Schriftsätzen zur Fristwahrung können diese Informationen sehr hilfreich sein. Denn Wartungsarbeiten werden hier schon oft Wochen vorher angekündigt.

7 Der Datenaustausch findet im OSCI-Transportprotokoll über sog. Intermediäre (Server) statt. Anwälte können via beA (besonderes elektronisches Anwaltspostfach) mit dem EGVP des Gerichts kommunizieren. Dies trifft auch auf das beN (besondere elektronische Notarpostfach), das beBPo (besondere elektronische Behördenpostfach), ab 1.1.2023 das beSt (besondere elektronische Steuerberaterpostfach) sowie das eBO (elektronisches Bürger- und Organisationenpostfach) zu. Man muss somit nicht die Software des Kommunikationspartners beschaffen. Vielmehr ist innerhalb dieses Kommunikationspartnerkreises aufgrund des technischen Standards die Kommunikation untereinander möglich.

8 Der EGVP-Classic-**Client** (nicht zu verwechseln mit dem EGVP als solchem) ist eine mittels Java Runtime Environment (JRE) unterstützte Applikation, die aus dem Internet auf den Rechner geladen werden konnte und jahrelang Bürgern und Anwälten als EGVP-kompatibler elektronischer Briefkasten zum Senden und Empfangen von Nachrichten zur Verfügung stand (sog. „Bürgerpostfach"). Nach dem Download der Software des EGVP-Clients musste der Nutzer sich über einen Verzeichnisdienst anmelden; hier wurde er in einem zentralen Adressbuch registriert und konnte so auch später als Empfänger von Nachrichten ausgewählt werden. Der EGVP-Client wurde am 4.10.2018 eingestellt und vom Governikus Communicator abgelöst. Dieser wurde bis zur Betriebsaufnahme des eBO (elektronischen Bürger- und Organisationenpostfachs) weiter kostenlos zur Verfügung gestellt. Informationen zu dem von der Fa. Governikus betriebenen „COM Vibilia eBO Edition" erhalten Sie auf der Internetseite der Fa. Governikus.[3] Bis zur technischen Bereitstellung des eBO (elektronischen Bürger- und Organisationenpostfachs) arbeiteten auch Gerichtsvollzieher noch mit dem EGVP-Client.

II. beA

9 Um eine Kommunikation zwischen den Justizbehörden und Anwälten auf elektronischer Basis durchführen zu können, wird ebenfalls ein elektronisches Postfach benötigt. Ein solches Postfach muss weitgehend sicher und einfach zu bedienen sein. Es muss vor Missbrauch geschützt werden und eine diskrete Kommunikation ermöglichen. Den Gerichten steht das unter Rdn 6 erwähnte EGVP (elektronisches Gerichts- und Verwaltungspostfach) bereits seit vielen Jahren zur Verfügung. Die Bundesrechtsanwaltskammer (BRAK) erhielt 2013 die Aufgabe übertragen, allen im elektronischen Anwaltsverzeichnis eingetragenen Mitgliedern, und somit allen zugelassenen Anwälten, ein mit dem EGVP kompatibles, ebenfalls sicheres elektronisches Postfach zur Verfügung zu stellen; das besondere elektronische Anwaltspostfach „beA". Das beA dient gem. § 19 Abs. 1 S. 1 RAVPV der elektronischen Kommunikation der in das Gesamtverzeichnis eingetragenen Mitglieder der Rechtsanwaltskammern (= natürlichen Personen und Berufsausübungsgesellschaften), der Rechtsanwaltskammern und der Bundesrechtsanwaltskammer mit den Gerichten auf einem sicheren Übermittlungsweg. Ebenso dient es gem. § 19 Abs. 1 S. 2 RAVPV der elek-

---

3 https://www.governikus.de/loesungen/produkte/com-vibilia-ebo-edition/ (Abruf: 4.9.2022).

tronischen Kommunikation der Mitglieder der Rechtsanwaltskammern, der Rechtsanwaltskammern und der Bundesrechtsanwaltskammer untereinander.

Das beA arbeitet als besonderes elektronisches Anwaltspostfach für Anwälte ebenfalls auf der Basis des OSCI-Protokolls. Das beA ist grundsätzlich ein persönliches Postfach für jeden zugelassenen Anwalt. Neben der BRAO finden sich in der seit 28.9.2016 geltenden RAVPV (Rechtsanwaltsverzeichnis- und Postfachverordnung) in den §§ 19–29 RAVPV wichtige Regelungen rund um das beA.[4] Das beA steht aber auch den Rechtsanwaltskammern selbst sowie der Bundesrechtsanwaltskammer zur Verfügung, § 19 Abs. 1 S. 2 RAVPV, § 31a Abs. 5 BRAO. Vertretungen, Abwickler und Zustellungsbevollmächtigte, die nicht Anwälte sind, europäische Rechtsanwälte und europäische Syndikusrechtsanwälte stehen den Mitgliedern der Rechtsanwaltskammern nach § 19 Abs. 1 bis 3 RAVPV gleich, § 19 Abs. 4 RAVPV. Ebenso steht seit 1.9.2022 zugelassenen Berufsausübungsgesellschaften ein Gesellschafts-beA zur Nutzung zur Verfügung, siehe Rdn 15 ff. in diesem Kapitel.

Die BRAK richtet für jedes im Gesamtverzeichnis eingetragene Mitglied einer Rechtsanwaltskammer ein besonderes elektronisches Anwaltspostfach empfangsbereit ein; § 31a BRAO, § 21 RAVPV. Hierzu gehören auch die Syndikusrechtsanwälte, § 31a Abs. 2 S. 2 BRAO. Für Berufsausübungsgesellschaften erfolgt die empfangsbereite Freischaltung gem. § 31b Abs. 1 BRAO für jede im Gesamtverzeichnis eingetragene Berufsausübungsgesellschaft. Eine Pflicht zur Einrichtung eines empfangsbereiten beA hat die BRAK zudem für jede im Gesamtverzeichnis eingetragene **weitere Kanzlei** eines Mitglieds einer Rechtsanwaltskammer, § 31a Abs. 7 BRAO.

Nach Eintragung einer Person oder Berufsausübungsgesellschaft in das BRAV erfolgt die unverzügliche empfangsbereite Einreichung eines beA, § 21 Abs. 1 RAVPV.

Mit dem 1.8.2022 wurde § 31a Abs. 1 S. 1 BRAO dahingehend geändert, dass hier anstelle der Mitglieder einer Rechtsanwaltskammer auf „natürliche Personen" abgestellt wird. Zudem besteht seit dem 1.8.2022 die Pflicht, auch für im Gesamtverzeichnis eingetragene Berufsausübungsgesellschaften ein beA einzurichten, § 31b BRAO in der ab 1.8.2022 geltenden Fassung.[5] Ausführungen zum Gesellschafts-beA siehe Rdn 15 ff., zu den technischen Problemen im Gesellschafts-beA siehe Rdn 36 jeweils in diesem Kapitel.

Da das Kernstück unseres Werks die rechtlichen Vorgaben und die praktische Umsetzung rund um das beA behandelt und seine technischen Funktionen ausführlich beschreibt, wird an dieser Stelle nicht weiter auf das beA eingegangen.

III. Gesellschafts-beA

1. Zur Historie bis 31.7.2022

Viele Kanzleien monierten in der Vergangenheit fehlende „Kanzlei-beAs". Solche waren zunächst nicht vorgesehen, da Kanzleien als solche (bis zum 31.7.2022) nicht im Bundesweiten Amtlichen RA-Verzeichnis – BRAV – eingetragen werden. Dies galt auch für eine Anwalts-GmbH. In der Stellungnahme der BRAK zum Referentenentwurf des BMJV Nr. 16/2016 zum Gesetz zur Umsetzung der Berufsanerkennungsrichtlinie und zur Änderung weiterer Vorschriften im Bereich der rechtsberatenden Berufe hatte die BRAK aber schon seinerzeit angeregt, dass Rechtsanwaltskapitalgesellschaften ebenfalls ein beA-Postfach erhalten sollen:[6]

---

[4] VO v. 23.9.2016, BGBl I, 2167 (Nr. 45); zuletzt geändert durch Art. 6 VO v. 17.12.2021, BGBl I, 5219.
[5] Art. 1 Gesetz zur Neuregelung des Berufsrechts der anwaltlichen und steuerberatenden Berufsausübungsgesellschaften sowie zur Änderung weiterer Vorschriften im Bereich der rechtsberatenden Berufe v. 7.7.2021 (BGBl I, 2363); BGBl 2022 I, 666.
[6] Vgl. dazu § 31a Abs. 1 S. 1 BRAO, Postfächer sind: „für jedes im Gesamtverzeichnis eingetragene Mitglied einer Rechtsanwaltskammer" einzurichten.

> „Unabhängig von den vorstehenden Bedenken gegenüber der Einrichtung weiterer beA-Postfächer im Zusammenhang mit weiteren Kanzleien regt die Bundesrechtsanwaltskammer dringend an, vorzusehen, die nach § 59c Abs. 1 BRAO i.V.m. 59l Abs. 1 BRAO postulationsfähigen Rechtsanwaltskapitalgesellschaften ins Rechtsanwaltsverzeichnis aufzunehmen und für sie ein beA einzurichten. Rechtsanwaltsgesellschaften sind bereits Mitglieder der Rechtsanwaltskammern, sodass es ein leichtes wäre, über das bestehende System für sie die Postfächer einzurichten. Wegen der Postulationsfähigkeit der Rechtsanwaltsgesellschaft muss sie auch am elektronischen Rechtsverkehr teilnehmen. Ihr muss deshalb automatisch ein beA eingerichtet werden."

16 Aus der geplanten großen BRAO-Reform wurde jedoch im Mai 2017 nur die „kleine BRAO-Reform"; wichtige gesellschaftsrechtliche Themen wurden nicht aufgegriffen.[7] Mangels Eintragung im Gesamtverzeichnis war daher die Einrichtung eines Kanzlei-beAs, in welches elektronische Postein- und -ausgänge für die ganze Kanzlei hätten abgewickelt werden können, nicht möglich.[8] Eine Reform des anwaltlichen Gesellschaftsrechts wurde mit der kleinen BRAO-Reform im Mai 2017 nicht vorgenommen. Der DAV hat sich daher der Sache angenommen und einen entsprechenden Diskussionsvorschlag eingebracht.[9] Wind kam in dieser Sache nochmals auf, nachdem das BVerfG die interprofessionelle Zusammenarbeit von Anwälten mit Ärzten und Apothekern für zulässig erachtet hatte. So schrieb denn auch *Martin Henssler*:

> „Das Bundesverfassungsgericht hat die Mehrheitserfordernisse für Anwälte in der Anwalts-GmbH gekippt (BVerfG AnwBl 2014, 270[10]) und die Zusammenarbeit von Anwälten mit Arzt und Apotheker erlaubt (BVerfG AnwBl 2016, 261[11])."

17 Der Anwaltsgerichtshof in Berlin entschied im August 2018, dass die BRAK mangels gesetzlicher Grundlage Rechtsanwaltsgesellschaften auch kein eigenständiges beA einrichten dürfe.[12] Klägerin war in dem der Entscheidung zugrunde liegenden Fall eine Anwalts-AG, die mit der Klage geltend machte, durch die fehlende Einrichtung eines Kanzlei-beAs weder ihre Verschwiegenheitspflicht einhalten noch Zustellungen für die AG entgegennehmen zu können, da Rechtsträger des Mandats die AG sei, ein beA aber für eine AG nicht eingerichtet würde. Der AGH lehnte eine entsprechende Verpflichtung der BRAK aufgrund des klaren Wortlauts in § 31a Abs. 1 BRAO ab, da in das Anwaltsverzeichnis lediglich natürliche Personen eingetragen werden könnten. Er führte für seine Entscheidung u.a. folgende Gründe an:

- Die Einrichtung des beA führe zwar zu Änderungen der Rahmenbedingungen der Berufsausübung und damit zu einem Eingriff in die Ausübung des Berufs;[13] diese Einschränkung sei jedoch durch spezifische berufsbezogene Gemeinwohlgründe gerechtfertigt. Dass mit dem beA ein sicherer und einfacher Kommunikationsweg zwischen Anwälten und Justizbehörden zur Verfügung gestellt und der elektronische Rechtsverkehr gefördert werden solle,[14] würde das Interesse einer unreglementierten Berufsausübung überwiegen.[15]

---

7 Art. 1 – Gesetz zur Umsetzung der Berufsanerkennungsrichtlinie und zur Änderung weiterer Vorschriften im Bereich der rechtsberatenden Berufe – G. v. 12.5.2017, BGBl I, 1121 (Nr. 27); Geltung ab 18.5.2017, abweichend siehe Art. 20.
8 Vgl. dazu auch: https://www.brak.de/zur-rechtspolitik/newsletter/bea-newsletter/2017/ausgabe-5-2017-v-01022017.news.html.
9 DAV-Diskussionsvorschlag zum anwaltlichen Gesellschaftsrecht – Gesetzentwurf zur Reform des Berufsrechts der anwaltlichen Berufsausübungsgesellschaften, Prof. *Dr. Martin Henssler*, Köln; AnwBl. Online 2018, 564 ff. (41 Druckseiten), ergänzend siehe auch: *Henssler*, AnwBl 2017, 378.
10 Zu § 59e Abs. 2 S. 1 BRAO.
11 Zu § 59a BRAO.
12 AGH Berlin, Urt. v. 9.8.2018 – I AGH 10/17, BeckRS 2018, 19153 = NJW-Spezial 2018, 575 (m. Anm.).
13 Verweis auf BVerfG, Beschl. v. 20.12.2017 – 1 BvR 2233/17.
14 Verweis auf: Begründung zur RAVPV in BR-Drucks 417/16 v. 10.8.2016, 1, 31.
15 Verweis auf: BVerfG, Beschl. v. 20.12.2017 – 1 BvR 2233/17.

- § 14 BORA richte sich ausschließlich an handlungsfähige, natürliche Personen als Rechtsanwälte, die bei einer beruflichen Zusammenarbeit (wie bei der Klägerin) gewährleisten müssten, dass die Berufsordnung in der Organisation eingehalten wird, § 33 Abs. 2 BORA; was auch mit Einführung der der elektronischen Kommunikation fortgelte.
- Mit der elektronischen Signatur bei Absendung gebe der Absender zu erkennen, die inhaltliche Verantwortung für den Schriftsatz zu übernehmen;[16] eine solche Unterzeichnung sei – auch im beA – nur einer natürlichen Person möglich.
- Mit der Zuteilung eines beA ausschließlich an Rechtsanwälte, die im Gesamtverzeichnis aufgeführt sind, sei gewährleistet, dass ungeachtet der Rechtsform stets ein zugelassener Rechtsanwalt die Verfahrenshandlungen verantwortet.
- Die Klägerin habe eingeräumt, die Einbindung des beA sei ihr mit Aufwand möglich; dies sei jedoch ein ähnlicher Aufwand wie bei Zuteilung der Post an den Sachbearbeiter, die auf dem Papierweg eingeht.
- Für die Einbindung der bei der RA-AG tätigen Anwälte könne der Vorstand gem. § 23 Abs. 1 RAVPV weiteren Personen Zugang zum Postfach gewähren; sodass die AG über ihren Vorstand in der Lage sei, bei ihr tätigen Rechtsanwälten Kenntnis vom Inhalt des Postfachs zu gewähren, wobei die Rechte erforderlichenfalls auch jederzeit widerrufen werden könnten. Zudem seien Weiterleitungen untereinander möglich.
- Die Einhaltung ihrer berufsrechtlichen Pflichten, insbesondere jene der Verschwiegenheit, § 43a BRAO, sei nicht unmöglich gemacht oder erschwert; da auch diese Pflicht bei der Klägerin durch die für sie handelnden Personen wahrgenommen wird. Zum einen kann sie Berechtigungen für in der Kanzlei verbliebene Anwälte erteilen, zum anderen bei Ausscheiden Rechte entziehen.
- Ein Anwalt, der nach Ausscheiden Informationen über Mandate der Klägerin an Dritte weitergeben würde, würde seine Berufspflichten verletzen und zwar unabhängig von einem eingerichteten beA.
- Ein Verstoß gegen den Gleichheitssatz des Art. 3 Abs. 1 GG (AG anders behandelt als Einzelanwälte) sei nicht erkennbar, da RA-Gesellschaften mit Rechtsanwälten nicht identisch seien und auch die Vorschriften der BRAO nicht vollständig auf RA-Gesellschaften anwendbar seien, sondern nur, soweit auf sie verwiesen werde, § 59m Abs. 2 BRAO. Die Rechtsanwaltsgesellschaft leite ihre Zulassung von ihren Organen und Gesellschaftern lediglich ab, § 59e BRAO, sie trete nicht an die Stelle der ihr angehörenden Rechtsanwälte. Auch habe die RA-Gesellschaft keine Befähigung zum Richteramt, § 4 BRAO, könne keinen Fachanwaltstitel erlangen und sei dem Widerruf der Zulassung unter anderen Voraussetzungen ausgesetzt als Rechtsanwälte, die natürliche Personen sind.
- Es sei darüber hinaus entgegen den Ausführungen der Klägerin nicht allein der Außenauftritt entscheidend, da die Klägerin ihre Zulassung von jener ihrer Organe und Gesellschafter ableitet. Es handele sich bei Rechtsanwälten als natürlichen Personen und Organisationen von beruflichen Zusammenschlüssen (wie der Klägerin) um unterschiedliche Berufsträger, deren unterschiedliche Behandlung durch sachliche Gründe gerechtfertigt sei.

Hinweis 18

Das beA selbst ist und war nur ein Übertragungsweg für Nachrichten. Aus den übermittelten Nachrichten selbst bzw. den angehängten Dateien sowie dem verwendeten Briefkopf wird jedoch ersichtlich sein, ob ein Handeln für die Kanzlei/Berufsausübungsgesellschaft oder aber für einen einzelnen Anwalt erfolgt.

---

16 Verweis auf: BR-Drucks 818/12 vom 20.10.2012, 40.

2. Gesellschafts-beA (GePo) seit 1.8.2022

19 Mit dem Gesetz zur Neuregelung des Berufsrechts der anwaltlichen und steuerberatenden Berufsausübungsgesellschaften sowie zur Änderung weiterer Vorschriften im Bereich der rechtberatenden Berufe führte der Gesetzgeber **zum 1.8.2022** das beA für Berufsausübungsgesellschaften – Gesellschafts-beA ein.[17] Da auch die Steuerberatungsgesellschaft ein Gesellschaftspostfach erhalten kann, wird zur leichteren Unterscheidung hier vom Gesellschafts-beA oder beA-GePo gesprochen.

20 Nachstehende gesetzliche Bestimmungen beinhalten **ab 1.8.2022** Regelungen zum **Gesellschafts-beA**. Bitte beachten Sie: Es wurden noch vor Inkrafttreten der Neuregelungen in BRAO und RAVPV zum 1.8.2022 vom Gesetzgeber weitere Änderungen verabschiedet, die hier bereits eingepflegt worden sind. Zum Gesellschafts-beA als sicheren Übermittlungsweg und die zum Zeitpunkt der Drucklegung noch bestehenden technischen Probleme siehe ausführlich unter Rdn 36 in diesem Kapitel.

21 Gesetzliche Regelungen zum Gesellschafts-beA s. d. 1.8.2022 (Fettdruck durch die Verfasser):

§ 31b Besonderes elektronisches Anwaltspostfach für Berufsausübungsgesellschaften

*„(1) Die Bundesrechtsanwaltskammer richtet **für jede im Gesamtverzeichnis** eingetragene **Berufsausübungsgesellschaft** ein besonderes elektronisches Anwaltspostfach empfangsbereit ein.*

(2) Die Rechtsanwaltskammer übermittelt der Bundesrechtsanwaltskammer zum Zweck der Einrichtung des besonderen elektronischen Anwaltspostfachs den Namen oder die Firma, die Rechtsform und eine zustellfähige Anschrift der Berufsausübungsgesellschaft.[18]

(3) Die Bundesrechtsanwaltskammer hebt die Zugangsberechtigung zu einem nach Absatz 1 eingerichteten besonderen elektronischen Anwaltspostfach auf, wenn die Zulassung als Berufsausübungsgesellschaft aus einem anderen Grund als dem Wechsel der Rechtsanwaltskammer erlischt.

(4) Die Bundesrechtsanwaltskammer richtet für eine im Gesamtverzeichnis eingetragene Zweigstelle einer Berufsausübungsgesellschaft auf deren Antrag ein weiteres besonderes Anwaltspostfach empfangsbereit ein. Der Antrag nach Satz 1 ist bei der Rechtsanwaltskammer zu stellen, bei der die Berufsausübungsgesellschaft zugelassen ist oder zugelassen werden soll. Die Rechtsanwaltskammer übermittelt der Bundesrechtsanwaltskammer den Namen und die Anschrift der Zweigstelle, für die ein weiteres elektronisches Anwaltspostfach eingerichtet werden soll. Die Bundesrechtsanwaltskammer hebt die Zugangsberechtigung zu einem nach Satz 1 eingerichteten weiteren besonderen elektronischen Anwaltspostfach auf, wenn die Berufsausübungsgesellschaft gegenüber der für sie zuständigen Rechtsanwaltskammer erklärt, kein weiteres besonders Anwaltspostfach für die Zweigstelle mehr zu wünschen, oder wenn die Zweigstelle aufgegeben wird; im Übrigen gilt Absatz 3 entsprechend.

(5) Im Übrigen gelten für die nach den Absätzen 1 und 4 eingerichteten besonderen elektronischen Anwaltspostfächer § 31a Absatz 1 Satz 2, Absatz 2 Satz 3, Absatz 3 und 4 Satz 2 sowie Absatz 6 und 7 entsprechend."

---

[17] Art. 1 Gesetz zur Neuregelung des Berufsrechts der anwaltlichen und steuerberatenden Berufsausübungsgesellschaften sowie zur Änderung weiterer Vorschriften im Bereich der rechtsberatenden Berufe, G. v. 7.7.2021, BGBl I 2021, 2363.

[18] Anm. d. Red www.buzer.de.: *„Die nicht durchführbare Änderung in Artikel 8 G. v. 15. Juli 2022 (BGBl. I S. 1146) wurde sinngemäß konsolidiert."* Art. 8 lautet wie folgt: *„In § 31b Absatz 2 der Bundesrechtsanwaltsordnung in der im Bundesgesetzblatt Teil III, Gliederungsnummer 303–8, veröffentlichten bereinigten Fassung, die zuletzt durch Artikel 22 des Gesetzes vom 5. Oktober 2021 (BGBl. I S. 4607) geändert worden ist, werden die Wörter „sowie die Familiennamen und den oder die Vornamen der vertretungsberechtigen Rechtsanwälte, die befugt sind, für die Berufsausübungsgesellschaft Dokumente mit einer nicht-qualifizierten elektronischen Signatur auf einem sicheren Übermittlungsweg zu versenden" gestrichen."*

Berufsausübungsgesellschaften sind seit 1.8.2022 u.a. sowohl in § 59b als auch § 59c BRAO geregelt (Fettdruck durch die Verfasser): **22**

§ 59b Berufsausübungsgesellschaften

„(1) Rechtsanwälte dürfen sich zur gemeinschaftlichen Ausübung ihres Berufs zu Berufsausübungsgesellschaften verbinden. Sie dürfen sich zur Ausübung ihres Berufs auch in Berufsausübungsgesellschaften organisieren, deren einziger Gesellschafter sie sind.

(2) Berufsausübungsgesellschaften zur gemeinschaftlichen Berufsausübung in der Bundesrepublik Deutschland können die **folgenden Rechtsformen** haben:

1. Gesellschaften nach **deutschem Recht** einschließlich der **Handelsgesellschaften**,

2. **Europäische Gesellschaften** und

3. **Gesellschaften, die zulässig sind nach dem Recht**

a) *eines Mitgliedstaats der Europäischen Union* oder

b) eines Vertragsstaats des Abkommens über den Europäischen Wirtschaftsraum.

Für Berufsausübungsgesellschaften nach dem Gesellschaftsrecht eines Staates, der nicht Mitgliedstaat der Europäischen Union oder Vertragsstaat des Abkommens über den Europäischen Wirtschaftsraum ist, gilt § 207a."

§ 59c Berufsausübungsgesellschaften mit Angehörigen anderer Berufe

„(1) Die Verbindung zur gemeinschaftlichen Berufsausübung in einer Berufsausübungsgesellschaft nach § 59b ist Rechtsanwälten auch gestattet

1. mit Mitgliedern einer Rechtsanwaltskammer, Mitgliedern der Patentanwaltskammer, Steuerberatern, Steuerbevollmächtigten, Wirtschaftsprüfern und vereidigten Buchprüfern,

2. mit Angehörigen von Rechtsanwaltsberufen aus anderen Staaten, die nach dem Gesetz über die Tätigkeit europäischer Rechtsanwälte in Deutschland oder nach § 206 berechtigt wären, sich im Geltungsbereich dieses Gesetzes niederzulassen,

3. mit Patentanwälten, Steuerberatern, Steuerbevollmächtigten, Wirtschaftsprüfern und vereidigten Buchprüfern anderer Staaten, die nach der Patentanwaltsordnung, dem Steuerberatungsgesetz oder der Wirtschaftsprüferordnung ihren Beruf mit Patentanwälten, Steuerberatern, Steuerbevollmächtigten, Wirtschaftsprüfern oder vereidigten Buchprüfern im Geltungsbereich dieses Gesetzes gemeinschaftlich ausüben dürfen,

4. mit Personen, die in der Berufsausübungsgesellschaft einen **freien Beruf** nach § 1 Absatz 2 des Partnerschaftsgesellschaftsgesetzes ausüben, es sei denn, dass die Verbindung mit dem Beruf des Rechtsanwalts, insbesondere seiner Stellung als unabhängigem Organ der Rechtspflege, nicht vereinbar ist oder das Vertrauen in seine Unabhängigkeit gefährden kann.

Eine Verbindung nach Satz 1 Nummer 4 kann insbesondere dann ausgeschlossen sein, wenn in der anderen Person ein Grund vorliegt, der bei einem Rechtsanwalt nach § 7 zur Versagung der Zulassung führen würde.

(2) Unternehmensgegenstand der Berufsausübungsgesellschaft nach Absatz 1 ist die Beratung und Vertretung in Rechtsangelegenheiten. Daneben kann die Ausübung des jeweiligen nichtanwaltlichen Berufs treten. Die §§ 59d bis 59q gelten nur für Berufsausübungsgesellschaften, die der Ausübung des Rechtsanwaltsberufs dienen."

Berufspflichten bei beruflicher Zusammenarbeit ergeben sich seit 1.8.2022 aus § 59d BRAO, Berufspflichten der Berufsausübungsgesellschaft aus § 59e BRAO. **23**

24 Berufsausübungsgesellschaften bedürfen seit 1.8.2022 gem. § 59f Abs. 1 BRAO der Zulassung durch die Rechtsanwaltskammer. Ausgenommen von dieser Zulassungspflicht sind Personengesellschaften, bei denen keine Beschränkung der Haftung der natürlichen Personen vorliegt **und** denen als Gesellschafter und als Mitglieder der Geschäftsführungs- und Aufsichtsorgane ausschließlich Rechtsanwälte oder Angehörige eines in § 59c Abs. 1 S. 1 Nr. 1 BRAO genannten Berufs angehören,[19] § 59f Abs. 1 S. 2 BRAO, wobei für die hier ausgenommenen Gesellschaften das Recht, einen freiwilligen Antrag auf eine Zulassung zu stellen, unberührt bleibt, § 59f Abs. 1 S. 3 BRAO.

25 Mit der Zulassung wird die Berufsausübungsgesellschaft Mitglied der zulassenden Rechtsanwaltskammer, § 59f Abs. 3 BRAO. Gem. § 59k S. 1 BRAO sind Berufsausübungsgesellschaften befugt, Rechtsdienstleistungen i.S.d. § 2 RDG zu erbringen. Sie handeln durch ihre Gesellschafter und Vertreter, in deren Person die für die Erbringung von Rechtsdienstleistungen gesetzlich vorgeschriebenen Voraussetzungen im Einzelfall vorliegen müssen, § 59k S. 2 BRAO.

26 Besonders interessant ist die Regelung in § 59l BRAO, der die Möglichkeit der Mandatierung und damit verbundenen Trägerschaft von Rechten und Pflichten der Berufsausübungsgesellschaft (außerhalb von Strafsachen) wie bei einem Rechtsanwalt regelt (Fettdruck durch die Verfasser):

> *§ 59l BRAO – Vertretung vor Gerichten und Behörden*
>
> *„(1)* ***Berufsausübungsgesellschaften können als Prozess- oder Verfahrensbevollmächtigte beauftragt werden.*** *Sie haben in diesem Fall die* ***Rechte und Pflichten eines Rechtsanwalts****.*
>
> *(2) Berufsausübungsgesellschaften handeln durch ihre* ***Gesellschafter und Vertreter****, in deren Person die für die Erbringung von Rechtsdienstleistungen gesetzlich vorgeschriebenen Voraussetzungen im Einzelfall vorliegen müssen.*
>
> *(3) Eine* ***Berufsausübungsgesellschaft*** *kann* ***nicht*** *als* ***Verteidiger*** *im Sinne der §§ 137 bis 149 der Strafprozessordnung gewählt oder bestellt werden."*

27 **Beachte**: Sonderregelung: Nur natürliche Personen können somit weiterhin zum Strafverteidiger bestellt werden, nicht aber Berufsausübungsgesellschaften. An der maximalen Anzahl der Verteidiger (drei) hat sich nichts geändert, § 137 Abs. 1 S. 2 StPO. Berufsausübungsgesellschaften handeln durch ihre Gesellschafter und Vertreter, in deren Person die für die Erbringung von Rechtsdienstleistungen gesetzlich vorgeschriebenen Voraussetzungen im Einzelfall vorliegen müssen, § 59l Abs. 2 BRAO. Daher ist die Postulationsfähigkeit der Berufsausübungsgesellschaft abhängig von der ihres jeweiligen Vertreters vor Gericht,[20] was insbesondere auch bei BGH-Anwälten im Zivilprozess weiter zu beachten gilt.

28 **Zusammenfassend lässt sich festhalten:**
Das Recht der Berufsausübungsgesellschaften wurde zum 1.8.2022 in den §§ 59b – 59l BRAO **neu geregelt**. Die neuen BRAO-Regelungen stellen nicht mehr auf eine bestimmte Rechtsform (wie bisher GmbH) ab. Zulässig wurden zum 1.8.2022 über § 59b Abs. 2 Nr. 1 BRAO auch die Personengesellschaften (oHG, KG); § 107 Abs. 1 S. 2 HGB n.F. tritt zwar erst am 1.1.2024 in Kraft;[21] die BRAO-Regelung dürfte als lex specialis dem MoPeG jedoch vorgehen.[22] § 59c BRAO verweist auf zahlreiche anwendbare Vorschriften der BRAO für die Berufsausübungsgesellschaft. Seit 1.8.2022 sind als Berufsausübungsgesellschaft für Rechtsanwälte alle Gesellschaftsformen EU/EWR – z.B. auch die französische SE, aber auch interprofessionelle Berufsausübungsgesellschaften nach der BRAO möglich. Während § 59k BRAO die Rechtsdienstleistungsbefugnis der Berufsausübungsgesellschaft regelt, bestimmt § 59l BRAO die **Postulationsfähigkeit** der Berufsausübungsgesellschaft. Für die Berufsausübungsgesellschaft

---

19 Mitglieder einer Rechtsanwaltskammer, Mitgliedern der Patentanwaltskammer, Steuerberatern, Steuerbevollmächtigten, Wirtschaftsprüfern und vereidigten Buchprüfern.
20 *Kleine-Cosack*, BRAO, 9. Aufl. 2022, § 59l Rn 3.
21 Personengesellschaftsrechts-Modernisierungsgesetz – MoPeG – G. v. 10.8.2021, BGBl I, 3436.
22 Siehe dazu auch *Kilian*, NJW 2021, 2386.

regelt die BRAO seit 1.8.2022 eine obligatorische und eine fakultative Zulassung. Gem. § 59f Abs. 1 S. 1 BRAO müssen Berufsausübungsgesellschaften **grundsätzlich zugelassen** werden; hierzu finden sich jedoch in § 59f Abs. 1 S. 2 BRAO einige Ausnahmen.

Keiner Zulassung bedürfen gem. § 59f Abs. 1 S. 2 BRAO **Personengesellschaften**, bei denen **29**
- **keine** Beschränkung der Haftung der natürlichen Personen vorliegt (= GbR, PartGs, oHGs) **und**
- bei denen als Gesellschafter und als Mitglieder der Geschäftsführungs- und Aufsichtsorgane ausschließlich Rechtsanwälte oder Angehörige eines in § 59c Abs. 1 S. 1 Nr. 1 BRAO genannten Berufs angehören (RAe, PAe, StB, StBV, WP, vereid. BP).

Jedoch könnten diese einen **Zulassungsantrag** gem. § 59f Abs. 1 S. 3 BRAO stellen. Ob sie dies aufgrund der mit der Zulassung verbundenen umfassenden Pflichten, siehe dazu auch § 59f Abs. 2 BRAO, wünschen, darf bezweifelt werden. Damit sind Einzelunternehmen außen vor. Sie sind nicht zugelassen und können auch eine Zulassung nicht beantragen. In der Folge erhalten Sie auch kein Gesellschafts-beA, wobei sich aber auch die Frage stellen dürfte: Wofür? Selbst Einzel-Anwälte, die mehrere Angestellte haben, würden durch das Gesellschafts-beA u.E. keinen Vorteil haben.

Zulassungspflichtige Berufsausübungsgesellschaften nach § 59f Abs. 1 S. 1 BRAO sind z.B.: **30**
- Kapitalgesellschaften (z.B. GmbH, SE, AG),
- Personengesellschaften mit beschränkter Haftung (z.B. PartGmbB, KG, LLP),
- sowie interprofessionelle Berufsausübungsgesellschaften (z.B. mit Ärzten, Apothekern, Architekten, siehe dazu § 59c Abs. 1 S. 1 Nr. 2–4 BRAO).

Ist eine Berufsausübungsgesellschaft heute schon zugelassen, wie die GmbH und auch die AG, ist ein erneuter Zulassungsantrag nicht erforderlich, § 209a Abs. 1 BRAO. Ist die Berufsausübungsgesellschaft noch nicht zugelassen, aber zulassungsbedürftig bzw. -pflichtig? Dann ist/war ein Antrag verpflichtend bis zum 1.11.2022 zu stellen, § 209a Abs. 2 BRAO. **31**

Folge der Zulassung: **32**
- Eintragung in das BRAV, §§ 31b BRAO, 21 Abs. 4 RAVPV
- Erhalt eines verpflichtenden Gesellschafts-beAs

Fazit: Es wird ein obligatorisches empfangsbereites beA mit passiver Nutzungspflicht für alle im BRAV eingetragen (**zugelassenen**) Gesellschaften, § 31b Abs. 1 S. 1 u. Abs. 5 BRAO eingerichtet. Die „technische Architektur" stand pünktlich zum 1.8.2022 zur Verfügung, wobei eine Freischaltung erst zum 1.9.2022 erfolgte. Bis zum Zeitpunkt der Drucklegung bestanden jedoch **technische Probleme**, siehe Rdn 36 in diesem Kapitel. Das Gesellschafts-beA wird unverzüglich nach Eintragung der Berufsausübungsgesellschaft empfangsbereit eingerichtet, § 21 Abs. 1 S. 2 RAVPV. Auf Antrag (und zwar **nur** auf Antrag) kann die Berufsausübungsgesellschaft ein zusätzliches Gesellschafts-beA für eingetragene Zweigstellen erhalten, § 31b Abs. 4 S. 1 BRAO. **33**

Das Gesellschafts-beA soll als „**sicherer Übermittlungsweg**" i.S.d. § 130a Abs. 4 ZPO ausgestaltet sein; zu den großen **technischen Problemen** siehe jedoch Rdn 36 unten. Bei einer Versendung aus einem sicheren Übermittlungsweg ist es erforderlich, dass bei einer Versendung ohne qeS erkennbar ist, dass ein vertretungsberechtigter Rechtsanwalt aus dem Gesellschafts-beA sendet, § 31b Abs. 2 BRAO, § 20 Abs. 3 RAVPV, § 21 Abs. 3 RAVPV. Das Recht, ohne qualifizierte elektronische Signatur zu senden, ist bei Berufsausübungsgesellschaften auf andere Personen (und damit z.B. nicht vertretungsberechtigte Anwälte sowie Mitarbeiter ohne Anwaltseigenschaft) grundsätzlich **nicht** übertragbar, § 23 Abs. 3 S. 5 RAVPV; dies gilt jedoch nicht für die Abgabe von elektronischen Empfangsbekenntnissen, siehe dazu § 23 Abs. 3 S. 6 RAVPV in der seit 1.8.2021 geltenden Fassung. Pünktlich zum 1.8.2022 hat die BRAK zudem die Maßgabe des § 23 Abs. 3 S. 7 RAVPV, siehe dazu § 1 Rdn 73, zwar umgesetzt. Hiernach darf eine Berufsausübungsgesellschaft als Postfachinhaber das Recht, nicht-qualifiziert elektronisch signierte **Dokumente** für die Berufsausübungsgesellschaft auf einem sicheren Übermittlungsweg zu versenden, nur solchen vertretungsberechtigten Rechtsanwälten einräumen, die ihren Beruf **in** der Berufsausübungsgesellschaft ausüben. Es **34** wurde Anfang August 2022 eigens das neue Recht 31 im beA-System eingeführt, welches ausschließlich im Gesellschafts-beA, nicht aber in den persönlichen beAs zur Verfügung steht und mit der Zuordnung der **Rolle „VHN-Berechtigter"** automatisiert vergeben wird. Die BRAK hält dazu in ihrem Newsletter[23] fest, dass die Rolle „VHN-Berechtigter" die Rechte von vertretungsberechtigten anwaltlichen Mitgliedern einer Berufsausübungsgesellschaft beschreibt, die für die Berufsausübungsgesellschaft ohne qualifizierte elektronische Signatur elektronische Dokumente versenden können. Die Rolle „VHN-Berechtigter" besitzt automatisch die folgenden Rechte:

- 01 – Nachrichtenübersicht öffnen
- 03 – Nachricht erstellen
- 05 – Nachricht versenden
- 06 – Nachricht öffnen
- 13 – EBs signieren
- 14 – EBs versenden
- 15 – EBs zurückweisen
- 30 – EBs mit VHN versenden
- 31 – Nachricht mit VHN versenden

35 Die Rechte 30 und 31 sind dabei deutlich zu unterscheiden. Während das Recht 30 automatisiert für die Rollen „Vertretung" und „Zustellungsbevollmächtigter", siehe dazu § 1 Rdn 49 ff. in diesem Werk, zur Verfügung steht, bedeutet das Recht 31, dass – im Gegensatz zu Recht 30 – nicht nur Empfangsbekenntnisse mit VHN versendet werden können, sondern auch **Nachrichten**, d.h. somit auch Schriftsätze mit VHN. Ein vertretungsberechtigter Anwalt einer Berufsausübungsgesellschaft benötigt somit rechtlich gesehen kein Zertifikat zur Anbringung einer qualifizierten elektronischen Signatur, um aus dem Gesellschafts-beA heraus wirksam einreichen zu können, siehe dazu auch § 130a Abs. 3 S.1 Alt. 2 ZPO sowie § 11 Rdn 17 ff., jedoch auch wegen der Mitte Oktober 2022 noch bestehenden **technischen Probleme** Rdn 36 unten. Wird einem Anwalt nicht die Rolle „VHN-Berechtigter" übertragen und soll aus einem Gesellschafts-beA gesendet werden, **muss** der Schriftsatz bzw. das eEB qualifiziert elektronisch signiert werden. Denn mit der Rolle „Mitarbeiter mit Anwaltseigenschaft", die zur Mitarbeit im beA berechtigt, stehen die Rechte 30 u. 31 **nicht** automatisch zur Verfügung. Es muss somit zunächst die Rolle „VHN-Berechtigter" zugewiesen werden. Das Recht 31 kann einem „VHN-Berechtigten" nach Zuweisung der Rolle auch nicht entzogen werden – nicht einmal versehentlich. Es darf somit nur solchen Anwälten die Rolle des „VHN-Berechtigten" übertragen werden, die auch vertretungsberechtigte Anwälte **in der Berufsausübungsgesellschaft** sind, § 23 Abs. 3 S. 7 RAVPV. Zunächst war noch in § 21 Abs. 3 RAVPV vorgesehen gewesen, dass die Berufsausübungsgesellschaft die vertretungsberechtigten Anwälte namentlich zu bezeichnen hat. Aus Gründen des Mandatsgeheimnisses hat man davon jedoch Abstand genommen und durch die Einführung einer Rolle des „VHN-Berechtigten", die von der Berufsausübungsgesellschaft vergeben wird, eine praktikable Lösung gefunden.[24] § 21 Abs. 3 RAVPV wurde somit schon vor dem Inkrafttreten der 2021 verabschiedeten Neufassung, die zum 1.8.2022 in Kraft treten sollte, nochmals geändert. Dabei begründet der Verordnungsgeber die Änderung wie folgt:

Zu Artikel 8 (Änderung der Bundesrechtsanwaltsordnung)
„*Das Gesellschaftspostfach wurde durch das Gesetz zur Neuregelung des Berufsrechts der anwaltlichen und steuerberatenden Berufsausübungsgesellschaften sowie zur Änderung weiterer Vorschriften im Bereich der rechtsberatenden Berufe, das am 1. August 2022 in Kraft treten wird, als sicherer Übermittlungsweg ausgestaltet. Die erforderliche Rechteverwaltung des Postfachs muss vor Inkrafttreten aus technischen Gründen angepasst werden. Durch die Rechteverwaltung muss sichergestellt*

---

23 Sondernewsletter der BRAK 9/2022 v. 26.7.2022.
24 Synopse von ursprünglicher und in Kraft getretener Fassung des § 21 Abs. 3 RAVPV siehe hier: https://www.buzer.de/gesetz/12187/al166815–0.htm (Abruf: 22.9.2022).

werden, dass die Versendung nur durch vertretungsberechtigte Rechtsanwältinnen und -anwälte erfolgt, da die Berufsausübungsgesellschaft bei der Vertretung vor Gerichten und Behörden durch Gesellschafterinnen oder Gesellschafter beziehungsweise Vertreterinnen oder Vertreter handeln muss, in deren Person die für die Erbringung von Rechtsdienstleistungen vorgeschriebenen Voraussetzungen im Einzelfall vorliegen (§ 59l Absatz 2 der Bundesrechtsanwaltsordnung in der Fassung des Gesetzes zur Neuregelung des Berufsrechts der anwaltlichen und steuerberatenden Berufsausübungsgesellschaften sowie zur Änderung weiterer Vorschriften im Bereich der rechtsberatenden Berufe – BRAO n.F.). Diese Anforderung muss auch in der Rechteverwaltung des Gesellschaftspostfachs abgebildet werden. Nach dem Konzept des Gesetzes zur Neuregelung des Berufsrechts der anwaltlichen und steuerberatenden Berufsausübungsgesellschaften sowie zur Änderung weiterer Vorschriften im Bereich der rechtsberatenden Berufe sollte zunächst die Einräumung des Rechts zum Versenden von Dokumenten mit einer nicht-qualifizierten elektronischen Signatur durch die Bundesrechtsanwaltskammer erfolgen. Daher sollten der Bundesrechtsanwaltskammer über die Rechtsanwaltskammern die Namen der vertretungsberechtigten Personen mitgeteilt werden. Hierzu sollten nach § 31b Absatz 2 BRAO n.F. die Namen der vertretungsberechtigten Personen, die versendungsbefugt sind, den Rechtsanwaltskammern mitgeteilt werden. Im Rahmen der technischen Umsetzung dieser Vorgabe wurde jedoch von der Bundesrechtsanwaltskammer festgestellt, dass eine Rechteverwaltung auf ihrer Ebene systembedingt nur durch eine Ausstattung der Bundesrechtsanwaltskammer mit unmittelbaren Rechten an dem Postfach möglich wäre. Eine solche Ausgestaltung wäre jedoch mit dem Mandatsgeheimnis nicht zu vereinbaren. Daher ist es vorzuziehen, dass die Rechteverwaltung durch die Berufsausübungsgesellschaft selbst erfolgt. Zukünftig soll daher die Berufsausübungsgesellschaft und nicht die Bundesrechtsanwaltskammer vertretungsberechtigten Rechtsanwältinnen und Rechtsanwälten, die bei ihr tätig sind, Recht zum Versenden von Dokumenten mit einer nicht-qualifizierten elektronischen Signatur einräumen. Hierbei kann technisch sichergestellt werden, dass das Recht zum Versenden von Dokumenten mit einer nicht-qualifizierten elektronischen Signatur nur durch eine Rechtsanwältin oder einen Rechtsanwalt erfolgt (vergleiche dazu Artikel 9). Eine Mitteilung der Namen der vertretungsberechtigten Personen an die Rechtsanwaltskammern ist daher nicht mehr erforderlich und soll gestrichen werden."

Mit dem Newsletter[25] vom 1.9.2022 informierte die BRAK über die Aktivierung der beAs für Berufsausübungsgesellschaften am 1.9.2022 für solche Gesellschaften, die bereits vor dem 1.8.2022 zugelassen waren. Seit dem 1.9.2022 werden auch alle zugelassenen Berufsausübungsgesellschaften im Bundesweiten Amtlichen Anwaltsverzeichnis (BRAV) angezeigt. Mit einem weiteren beA-Newsletter vom 29.9.2022[26] informierte die BRAK jedoch darüber, dass DAV und BRAK den Berufsausübungsgesellschaften empfehlen, aus dem Gesellschafts-beA heraus zurzeit ausschließlich mit qualifizierter elektronischer Signatur zu versenden. Zwar können berechtigte Rechtsanwältinnen und Rechtsanwälte grundsätzlich elektronische Dokumente aus dem Gesellschafts-beA gem. § 59l Abs. 2 BRAO i.V.m. § 23 Abs. 3 RAVPV (sofern sie die Rolle „VHN-Berechtigter" zugewiesen erhalten haben) auch ohne qualifizierte elektronische Signatur wirksam einreichen. Aufgrund von technischen Gegebenheiten auf der Justizseite wird jedoch zurzeit im Prüfprotokoll (für die Gerichte: Transferprotokoll/Übertragungsprotokoll) lediglich der Name der Berufsausübungsgesellschaft als Postfachinhaber ausgewiesen, nicht jedoch auch der Name des sendenden Rechtsanwalts. Da die wirksame Einreichung gem. § 130a Abs. 3 S. 1 Alt. 2 ZPO jedoch zwingend

36

---

25 Sondernewsletter 10/2022, beA-Sondernewsletter der BRAK v. 1.9.2022, https://newsletter.brak.de/mailing/186/5726329/0/832e67357c/index.html (Abruf: 16.10.2022).
26 beA-Newsletter der BRAK 8/2022 v. 29.9.2022, https://newsletter.brak.de/mailing/186/5841073/0/948bf420de/index.html (Abruf: 16.10.2022).

erfordert, dass zum einen das einzureichende Dokument mit einer einfachen elektronischen Signatur versehen ist und zusätzlich ein sicherer Übermittlungsweg genutzt wird, der die Feststellung der Identität der sendenden Person ermöglicht, der Name der sendenden Person aus einem Gesellschafts-beA jedoch nicht mitübermittelt wird, scheidet diese Versandart zum Zeitpunkt der Drucklegung dieses Werks rein **technisch** aus. Es ist also zwingend zu unterscheiden zwischen den **rechtlichen** Möglichkeiten und **technischen** Gegebenheiten. Wir schließen uns daher der Empfehlung der BRAK und des DAV an, aus dem Gesellschafts-beA heraus ausschließlich mit qualifizierter elektronischer Signatur versehene Dokumente einzureichen, bis die technischen Anpassungen vorgenommen worden sind. Naturgemäß können die Verfasser jedoch keine Aussage dazu treffen, wann dies erstmalig der Fall sein wird. Die Anpassung mag möglicherweise bei Erscheinen dieses Werks vielleicht schon vorgenommen sein. Die Verfasser empfehlen jedoch grundsätzlich, Schriftsätze qualifiziert elektronisch zu signieren, da die Einreichvariante gem. § 130a Abs. 3 S. 1 Alt. 2 ZPO anfälliger für Anwenderfehler ist (siehe umfassend zu möglichen Fehlern § 11 in diesem Werk).

BRAK und DAV empfehlen im Newsletter vom 29.9.2022 konkret Folgendes:

> *„Zur Vermeidung möglicher Nachteile empfehlen Bundesrechtsanwaltskammer und Deutscher Anwaltverein daher allen Rechtsanwältinnen und Rechtsanwälten, die in Berufsausübungsgesellschaften tätig sind und Schriftsätze aus dem beA der Berufsausübungsgesellschaften einreichen möchten, ihre Schriftsätze qualifiziert elektronisch zu signieren.*
>
> *Für den Fall, dass trotz der bestehenden Unsicherheiten das Kanzlei-beA als sicherer Übermittlungsweg ohne qualifizierte elektronische Signatur genutzt werden soll, sollte darauf geachtet werden, dass die Rechtsanwältin oder der Rechtsanwalt, die oder der das elektronische Dokument zeichnet, sich auch selbst am Kanzlei-beA angemeldet hat und das Dokument persönlich versendet. Zur Sicherheit sollte sodann ein Auszug aus dem Nachrichtenjournal, welches erkennen lässt, welche Nutzerin oder welcher Nutzer am Kanzlei-beA angemeldet war, zur Akte genommen werden. Damit lässt sich auch später nachweisen, welche Rechtsanwältin oder welcher Rechtsanwalt die Nachricht versandt hat.“*[27]

Rechtsprechung des BGH zum Versand aus einem Gesellschafts-beA war zum Zeitpunkt der Drucklegung noch nicht bekannt. Die Verfasser geben hierzu Folgendes zu bedenken: Fehler, die der Justiz zuzurechnen sind, können zwar nicht zulasten des Anwalts gewertet werden, siehe dazu auch § 12 Rdn 66.[28] Sollte z.B. ein empfangendes Gericht die Übereinstimmung der Identität der sendenden Person (aus einem Gesellschafts-beA) mit der Identität der einfach signierenden Person anzweifeln, könnte ggf. im Rahmen einer Stellungnahme oder bei wiedereinsetzungsfähigen Fristen ggf. im Rahmen einer Wiedereinsetzung der Nachweis der Identität durch Vorlage des Nutzerjournals erbracht werden. Dies ist allerdings aufwendig und mangels entsprechender Rechtsprechung auch waghalsig, zumal es bei etlichen Fristen keine Wiedereinsetzungsmöglichkeit gibt, wie z.B. einer Vergleichswiderrufsfrist.

37 § 25 Abs. 5 RAVPV regelt für den Fall, dass die Berufsausübungsgesellschaft es unterlassen hat, einem von ihr bestellten Zustellungsbevollmächtigten oder einer von ihr bestellten Vertretung einen Zugang zu ihrem Gesellschafts-beA einzuräumen, dass die BRAK dieser Person für die Dauer ihrer Benennung oder Bestellung einen auf die Übersicht der eingegangenen Nachrichten beschränkten Zugang im beA einräumt; der Antrag an die BRAK wird durch die Heimat-RAK gestellt.

---

[27] beA-Newsletter der BRAK 8/2022 v. 29.9.2022, https://newsletter.brak.de/mailing/186/5841073/0/948bf420de/index.html (Abruf: 16.10.2022).

[28] BGH, Urt. v. 14.5.2020 – X ZR 119/18, NZA 2020, 1199 sowie BGH, Beschl. v. 8.3.2022 – VI ZB 25/20, NJW 2022, 1820.

Das für die Zweigstelle einer Berufsausübungsgesellschaft eingerichtete weitere besondere beA wird zudem gesperrt, wenn die Berufsausübungsgesellschaft dieses weitere beA nicht mehr wünscht, § 28 Abs. 1 S. 2 RAVPV (in der ab 1.8.2022 geltenden Fassung).

> *Hinweis* **38**
> Die Einführung des Gesellschafts-beA führte **nicht** zur Abschaffung der personenbezogenen Einzel-beA. Diese bestehen daneben unverändert fort.

Interessante Aspekte zum Gesellschafts-beA in Bezug auf die Büroorganisation: **39**
- Mandatsträger ist i.d.R. die Berufsausübungsgesellschaft, nicht der einzelne Anwalt (Ausnahme z.B. Strafverteidiger).
- Die Postulationsfähigkeit der Berufsausübungsgesellschaft ergibt sich aus § 59l Abs. 1 BRAO; Ausnahme: Strafverteidigung.
- Zustellungen können an jeden vertretungsberechtigten Anwalt der Berufsausübungsgesellschaft unmittelbar an sein persönliches beA oder aber an das Gesellschafts-beA erfolgen.[29]
- An die Berufsausübungsgesellschaft wird auch via beA mittels eEB zugestellt werden können.
- Erfolgt eine Doppelzustellung und werden mehrere Empfangsbekenntnisse abgegeben, gilt das Empfangsbekenntnis mit dem frühesten Datum;[30] hierauf ist bei der Fristbearbeitung zwingend zu achten.
- Das Gesellschafts-beA wird als sicherer Übermittlungsweg ausgestaltet, sodass vertretungsberechtigte Anwälte, denen die Rolle „VHN-Berechtigter" eingeräumt wurde, auch ohne qualifizierte elektronische Signatur **Nachrichten** und nicht nur Empfangsbekenntnisse aus dem Gesellschafts-beA versenden können. Zum Zeitpunkt der Drucklegung dieses Werks war diese Funktion jedoch noch nicht technisch verlässlich umgesetzt, siehe Rdn 36 oben, weshalb bis zur korrekten Umsetzung der Versand mit qualifizierter elektronischer Signatur empfohlen werden muss.
- Die Rolle der VHN-Berechtigung darf ausschließlich an vertretungsberechtigte Anwälte übertragen werden, die ihre Tätigkeit **in** der Berufsausübungsgesellschaft ausüben, somit nicht an „fremde" Rechtsanwälte, die durchaus eine berufsrechtliche Vertretung übernehmen könnten. An diese ist lediglich die Einräumung der Vertretungs-Rolle möglich. Dabei hat die Berufsausübungsgesellschaft eigenständig dafür Sorge zu tragen, dass die Vorgaben der RAVPV eingehalten werden.
- Es ist die Beiordnung auch der Berufsausübungsgesellschaft,[31] nicht nur des einzelnen Anwalts möglich (siehe Vorteil: Mandat bleibt grundsätzlich erst einmal „in der Kanzlei", auch bei Ausscheiden des sachbearbeitenden Anwalts, Zustellung an beigeordnete Gesellschaft = sinnvoll und m.E. erforderlich). Diese Rechtsprechung wird jedoch nach neuem Recht nach unserer Auffassung nicht mehr benötigt, die Möglichkeit zur Beiordnung einer Berufsausübungsgesellschaft „als solcher" ergibt sich unmittelbar aus § 59l BRAO.

Zu Fragen rund um die Zustellung beim Gesellschafts-beA siehe auch § 15 Rdn 166 ff. **40**

Das Gesellschafts-beA bringt einige **Vorteile**: **41**
- Es ist eine zentrale Postein- und -ausgangsbearbeitung aus dem Gesellschafts-beA heraus möglich.
- Auf Antrag kann für jeden Standort ein weiteres Gesellschafts-beA eingerichtet werden.
- Hilfreich und vom Gesetzgeber gefordert: Angabe der Daten für die elektronische Übermittlung von Dokumenten auf Schriftsätzen, vgl. § 130 Nr. 1a ZPO (Stichwort: Langrubrum/Kurzrubrum). Dies ermöglicht die Kanalisierung von Postein- und -ausgängen.

---

29 Zur Problematik der Zustellung bei einer GmbH an deren Geschäftsführer entsprechend § 170 ZPO siehe auch seinerzeit: BGH, Urt. v. 6.5.2019 – AnwZ (Brfg) 69/18, NZA 2019, 858.
30 OLG Frankfurt a.M., Beschl. v. 29.6.2022 – 3 U 102/22, BeckRS 2022, 19106.
31 So schon der BGH zur Sozietät: BGH, Beschl. v. 17.9.2008 – IV ZR 343/07, NJW 2009, 95.

- Elektronische Empfangsbekenntnisse (eEBs) können von allen vertretungsberechtigten Rechtsanwälten aus dem Gesellschafts-beA heraus formgerecht i.S.d. § 173 Abs. 3 ZPO als strukturierter Datensatz abgegeben werden.
- Bei Ausscheiden eines Gesellschafters/Partners treten seltener Probleme mit nicht (mehr) ordnungsgemäßen Zustellungen auf (unterscheide: körperliches Ausscheiden/rechtliches Ausscheiden).
- Das Gesellschafts-beA ist als sicherer Übermittlungsweg ausgestaltet, sodass VHN-Berechtigte hierüber auch die Versendung gem. § 130a Abs. 3 S. 1 Alt. 2 ZPO ohne qualifizierte elektronische Signatur vornehmen können, siehe § 11 Rdn 17 ff., sobald die technischen Voraussetzungen dafür geschaffen wurden, siehe Rdn 36 oben.
- Eine Mitarbeit durch Mitarbeiter ohne Anwaltseigenschaft ist durch entsprechende Rechtevergabe wie auch im beA für natürliche Personen möglich.

42 Folgende **Aspekte des Gesellschafts-beA** sind sicherlich darüber hinaus zu beachten:
- Es ist die Überwachung eines weiteren beA erforderlich. Die passive Nutzungspflicht gilt auch hier, § 31b Abs. 5 i.V.m. § 31a Abs. 6 BRAO.
- Zum Start des Gesellschafts-beA ist mit „Doppelzustellungen" zu rechnen.
- Berufsausübungsgesellschaften (BAG) sollten prüfen, ob sie für weitere Standorte weitere Gesellschafts-beAs einsetzen möchten und diese ggf. rechtzeitig beantragen. Stichwort ist hier u.a. auch: Wer ist Mandatsträger, die BAG am jeweiligen Standort, die BAG deutschlandweit oder eine eigens gegründete Gesellschaft für kritische/hochwertige Mandate (Stichwort: Gesellschafts-Pyramide)?

3. Virtuelles „Kanzlei-beA" durch Sichten

43 Ein „Kanzlei-beA" kann mit entsprechender Rechtevergabe virtuell optisch dargestellt werden. Das bedeutet zwar nach wie vor, dass die Post in einem persönlichen Postfach eines Postfachinhabers „landet"; für einen Mitarbeiter oder Kollegen mit entsprechenden Berechtigungen können jedoch mehrere Postfächer in einer einheitlichen Oberflächenansicht einsehbar sein (Darstellung eines „virtuellen Kanzleipostfachs"), siehe dazu auch „Vorstellung des beA", § 8 Rdn 2.

IV. beN

44 Das besondere elektronische Notarpostfach (**beN**) wurde durch das Gesetz zur Neuordnung der Aufbewahrung von Notariatsunterlagen und Einrichtung des Elektronischen Urkundenarchivs bei der Bundesnotarkammer sowie zur Änderung weiterer Gesetze gem. § 78n Bundesnotarordnung **zum 1.1.2018** eingeführt.[32] Es wurde seit Februar 2018 zunächst im Pilotprojekt von Notaren genutzt. Nach Bekanntwerden der Sicherheitsmängel im beA hat die Bundesnotarkammer sicherheitshalber das beN eingehenden technischen Tests (auch sog. „penetration tests") unterzogen und das beN erst am 23.2.2018 freigegeben, nachdem sicherheitsrelevante Mängel nicht festgestellt wurden.

45 Auch das besondere elektronische Notarpostfach (beN) ist ein sicherer Übermittlungsweg, vgl. dazu § 78n Abs. 1 BNotO i.V.m. § 130a Abs. 4 Nr. 6 ZPO. Zum beN existiert die Verordnung über das Notarverzeichnis und die besonderen elektronischen Notarpostfächer (Notarverzeichnis- und -postfachverordnung – NotVPV).[33] Während Teil 1 in den §§ 1–10 NotVPV der NotVPV nähere Einzelheiten zum Notarverzeichnis, Regelungen zu den dort einzutragenden Daten sowie zur Einsichtnahme in das Verzeichnis enthält, findet man in Teil 2 in den §§ 12–20 der NotVPV Regelungen zum besonderen elektronischen Notar-

---

32 Gesetz zur Neuordnung der Aufbewahrung von Notariatsunterlagen und zur Einrichtung des Elektronischen Urkundenarchivs bei der Bundesnotarkammer; BGBl I,1396.
33 Verordnung über das Notarverzeichnis und die besonderen elektronischen Notarpostfächer (Notarverzeichnis- und -postfachverordnung – NotVPV) – VO v. 4.3.2019, BGBl I, 187 (Nr. 6); u.a. geändert durch Art. 5 V. v. 17.12.2021, BGBl I, 5219.

postfach, dessen Zweck sowie Einrichtung, Aktivierung, Verwaltung und Löschung der einzelnen Postfächer. Die Stammdaten aller Notare sind im elektronischen Notarverzeichnis, rund um Bundesnotarkammer seit 2010 geführt wird, einzutragen. Unter dem Link www.notar.de (Abruf: 22.9.2022) kann dieses Verzeichnis zur Suche von Notaren genutzt werden. Hier erscheint dann auch die govello-ID des aufgerufenen Notars. Die govello-ID des beN beginnt wie folgt: DE.BEN_PROD. …, dann folgen Nummern und Buchstaben, wie auch schon bei der SAFE-ID im beA bekannt. Seit 2007 haben Notare flächendeckend mit dem Elektronischen Gerichts- und Verwaltungspostfach (EGVP) mit den Gerichten kommuniziert; das wird nun über beN abgelöst. Darüber hinaus werden die notariellen Urkunden seit dem 1.1.2022 immer auch elektronisch verwahrt.[34]

V. beBPo

Mit der Elektronischer-Rechtsverkehr-Verordnung (ERVV)[35] wurden zum 1.1.2018 in § 6 ERVV die Anforderungen an das von juristischen Personen des öffentlichen Rechts und Behörden zu führende besondere elektronische Behördenpostfach (**beBPo**[36]) geregelt. Auch das beBPo beruht auf dem technischen Protokollstandard **OSCI** oder ggf. künftig einem diesen ersetzenden, dem jeweiligen Stand der Technik entsprechenden Protokollstandard; die Identität des Postfachinhabers muss in einem Identifizierungsverfahren geprüft und bestätigt worden und der Postfachinhaber muss in ein sicheres elektronisches Verzeichnis eingetragen sein. Darüber hinaus muss das beBPo über eine Suchfunktion verfügen, die es ermöglicht, andere Inhaber von besonderen elektronischen Postfächern aufzufinden (so z.B. EGVP, beA, beN), für andere Inhaber von besonderen elektronischen Postfächern adressierbar und barrierefrei sein.

46

In §§ 7, 8 und 9 ERVV werden sowohl das Identifizierungsverfahren als auch der Zugang und die Zugangsberechtigung sowie Änderung und Löschung im beBPo geregelt. Die ERVV ist am 1.1.2018 in Kraft getreten und wurde bereits mehrfach geändert und vor allem zum 1.1.2022 erweitert.[37]

47

Nur beispielhaft: Im beA-Gesamtverzeichnis waren zum Zeitpunkt der Drucklegung dieses Werks allein über 80 Bußgeldbehörden, die über ein beBPo verfügen, auffindbar. Auf der Internetseite www.egvp.de finden sich unter dem Stichwort „Für Behörden" weitere Links mit hilfreichen Dokumenten (so z.B. zum Austausch elektronischer Akten zwischen Behörden und Justiz), die ständig aktualisiert werden, weshalb an dieser Stelle auf konkrete Verlinkungen verzichtet wird.

48

VI. eBO

Aus § 19 Abs. 2 RAVPV ergibt sich die Möglichkeit, das beA auch zur elektronischen Kommunikation mit anderen Personen oder Stellen zu nutzen.

49

Am 11.10.2021 hat der Gesetzgeber das ERVV-Ausbaugesetz[38] verkündet. Mit diesem Gesetz sollte aber nicht nur der elektronische Rechtsverkehr ausgebaut werden, sondern darüber hinaus wollte der Gesetzgeber auch die Anforderungen an die technischen Eigenschaften von Dokumenten absenken.[39] Kernstück

50

---

34 https://www.elektronisches-urkundenarchiv.de – Abruf: 22.9.2022.
35 Verordnung über die technischen Rahmenbedingungen des elektronischen Rechtsverkehrs und über das besondere elektronische Behördenpostfach (Elektronischer-Rechtsverkehr-Verordnung – ERVV) – VO v. 24.11.2017, BGBl I, 3803 (Nr. 75); zuletzt geändert durch Art. 6 G. v. 5.10.2021, BGBl I, 4607.
36 Weitergehende Informationen zum beBPO finden Sie auf Wunsch hier: https://egvp.justiz.de/behoerdenpostfach/index.php (Abruf: 22.9.2022).
37 Art. 6 Gesetz zum Ausbau des elektronischen Rechtsverkehrs mit den Gerichten und zur Änderung weiterer Vorschriften v. 5.10.2021, BGBl I, 4607.
38 Gesetz zum Ausbau des elektronischen Rechtsverkehrs mit den Gerichten und zur Änderung weiterer Vorschriften v. 5.10.2021, BGBl I 2021, 4607.
39 BR-Drucks 145/21 v. 12.2.2021 „Entwurf eines Gesetzes zum Ausbau des elektronischen Rechtsverkehrs mit den Gerichten und zur Änderung weiterer prozessrechtlicher Vorschriften", 2, B. Lösung.

dieses Gesetzes ist allerdings die Schaffung zusätzlicher elektronischer Kommunikationswege, um weitere Kommunikationspartner im elektronischen Rechtsverkehr einzubinden. Aus diesem Grunde wurden auch in die ERVV[40] in den §§ 10–12 ERVV Regelungen zum besonderen elektronischen Bürger- und Organisationenpostfach (eBO) sowie zu den sog. OZG-Nutzerkonten nach dem Online-Zugangsgesetz in § 13 ERVV aufgenommen.

51 **Die Vorschriften im Einzelnen:**

§ 10 ERVV – Besonderes elektronisches Bürger- und Organisationenpostfach

(1) Natürliche Personen, juristische Personen sowie sonstige Vereinigungen können zur Übermittlung elektronischer Dokumente auf einem sicheren Übermittlungsweg ein besonderes elektronisches Bürger- und Organisationenpostfach verwenden,

1. *das auf dem Protokollstandard OSCI oder einem diesen ersetzenden, dem jeweiligen Stand der Technik entsprechenden Protokollstandard beruht,*
2. *bei dem die Identität des Postfachinhabers festgestellt worden ist,*
3. *bei dem der Postfachinhaber in ein sicheres elektronisches Verzeichnis eingetragen ist,*
4. *bei dem sich der Postfachinhaber beim Versand eines elektronischen Dokuments authentisiert und*
5. *bei dem feststellbar ist, dass das elektronische Dokument vom Postfachinhaber versandt wurde.*

(2) Das besondere elektronische Bürger- und Organisationenpostfach muss

1. *über eine Suchfunktion verfügen, die es ermöglicht, Inhaber eines besonderen elektronischen Anwaltspostfachs, eines besonderen elektronischen Notarpostfachs oder eines besonderen elektronischen Behördenpostfachs aufzufinden,*
2. *für Inhaber besonderer elektronischer Anwaltspostfächer, besonderer elektronischer Notarpostfächer oder besonderer elektronischer Behördenpostfächer adressierbar sein und*
3. *barrierefrei sein im Sinne der Barrierefreie-Informationstechnik-Verordnung.*

(3) Wird für eine rechtlich unselbstständige Untergliederung einer juristischen Person oder sonstigen Vereinigung ein besonderes elektronisches Bürger- und Organisationenpostfach eingerichtet, so muss der Postfachinhaber so bezeichnet sein, dass eine Verwechslung mit der übergeordneten Organisationseinheit ausgeschlossen ist.

§ 11 ERVV – Identifizierung und Authentisierung des Postfachinhabers

(1) Die Länder oder mehrere Länder gemeinsam bestimmen jeweils für ihren Bereich eine öffentlich-rechtliche Stelle, die die Freischaltung eines besonderen elektronischen Bürger- und Organisationenpostfachs veranlasst.

(2) ¹Der Postfachinhaber hat im Rahmen der Identitätsfeststellung seinen Namen und seine Anschrift nachzuweisen. ²Der Nachweis kann nur durch eines der folgenden Identifizierungsmittel erfolgen:

1. *den elektronischen Identitätsnachweis nach § 18 des Personalausweisgesetzes, nach § 12 des eID-Karte-Gesetzes oder nach § 78 Absatz 5 des Aufenthaltsgesetzes,*
2. *ein qualifiziertes elektronisches Siegel nach Artikel 38 der Verordnung (EU) Nr. 910/2014 des Europäischen Parlaments und des Rates vom 23.7.2014 über elektronische Identifizierung und Vertrauensdienste für elektronische Transaktionen im Binnenmarkt und zur Aufhebung der Richtlinie 1999/93/EG (ABl L 257 vom 28.8.2014, S. 73; L 23 vom 29.1.2015, S. 19; L 155 vom 14.6.2016, S. 44),*

---

40 Verordnung über die technischen Rahmenbedingungen des elektronischen Rechtsverkehrs und über das besondere elektronische Behördenpostfach (Elektronischer-Rechtsverkehr-Verordnung – ERVV), VO v. 24.11.2017, BGBl I, 3803; zuletzt geändert durch Art. 6 G.v. 5.10.2021, BGBl I, 4607.

3. bei öffentlich bestellten oder beeidigten Personen, die Dolmetscher- oder Übersetzungsleistungen erbringen, eine Bestätigung der nach dem Gerichtsdolmetschergesetz oder dem jeweiligen Landesrecht für die öffentliche Bestellung und Beeidigung dieser Personen zuständigen Stelle, auch hinsichtlich der Angaben zu Berufsbezeichnung sowie zur Sprache, für die die Bestellung erfolgt,
4. bei Gerichtsvollziehern eine Bestätigung der für ihre Ernennung zuständigen Stelle, auch hinsichtlich der Dienstbezeichnung, oder
5. eine in öffentlich beglaubigter Form abgegebene Erklärung über den Namen und die Anschrift des Postfachinhabers sowie die eindeutige Bezeichnung des Postfachs.

³Eine nach Satz 2 Nummer 5 angegebene geschäftliche Anschrift ist durch eine Bescheinigung nach § 21 Absatz 1 der Bundesnotarordnung, einen amtlichen Registerausdruck oder eine beglaubigte Registerabschrift nachzuweisen. ⁴Geht eine angegebene geschäftliche Anschrift nicht aus einem öffentlichen Register hervor, so stellt die Stelle nach Absatz 1 diese durch geeignete Maßnahmen fest. ⁵Die Übermittlung von Daten nach Satz 2 Nummer 3 bis 5 an die in Absatz 1 genannte öffentlich-rechtliche Stelle erfolgt in strukturierter maschinenlesbarer Form. 6Im Fall des Satzes 2 Nummer 5 ist der öffentlich-rechtlichen Stelle zusätzlich eine öffentlich beglaubigte elektronische Abschrift der Erklärung zu übermitteln.

(3) Der Postfachinhaber hat sich beim Versand eines elektronischen Dokuments zu authentisieren durch

1. den elektronischen Identitätsnachweis nach § 18 des Personalausweisgesetzes, nach § 12 des eID-Karte-Gesetzes oder nach § 78 Absatz 5 des Aufenthaltsgesetzes,
2. ein Authentisierungszertifikat, das auf einer qualifizierten elektronischen Signaturerstellungseinheit nach dem Anhang II der Verordnung (EU) Nr. 910/2014 gespeichert ist, oder
3. ein nichtqualifiziertes Authentisierungszertifikat, das über Dienste validierbar ist, die über das Internet erreichbar sind.

§ 12 ERVV – Änderung von Angaben und Löschung des Postfachs

(1) ¹Bei Änderung seiner Daten hat der Postfachinhaber unverzüglich die Anpassung seines Postfachs bei der nach § 11 Absatz 1 bestimmten Stelle zu veranlassen. ²Das betrifft insbesondere die Änderung seines Namens oder seiner Anschrift, bei juristischen Personen oder sonstigen Vereinigungen auch bei der Änderung des Sitzes.

(2) Der Postfachinhaber kann jederzeit die Löschung seines besonderen elektronischen Bürger- und Organisationenpostfachs veranlassen.

Das Gesetz zum Ausbau des elektronischen Rechtsverkehrs[41] wurde notifiziert gem. der Richtlinie (EU) 2015–1535 des Europäischen Parlaments und des Rates vom 9.9.2015 über ein Informationsverfahren auf dem Gebiet der technischen Vorschriften und der Vorschriften für die Dienste der Informationsgesellschaft.[42] **52**

Bei der Verabschiedung des ERVV-Ausbaugesetzes[43] hat der Gesetzgeber sich auch von Nachhaltigkeitsaspekten leiten lassen. Nach seiner Auffassung trägt der Entwurf **53**

„zur Gewährleistung einer funktionierenden Rechtspflege bei, die Voraussetzung für eine friedliche Gesellschaft im Sinne des Nachhaltigkeitsziels 16 der Agenda 2030 ist. Die Wirkungen des Entwurfs zielen auf eine nachhaltige Entwicklung ab. Der elektronische Rechtsverkehr wird gestärkt und dabei

---

41 A.a.O.
42 ABl Nr. L 241, 1 v. 17.9.2015.
43 A.a.O.

insbesondere die Kommunikation zwischen den Gerichten und den Verfahrensbeteiligten sowie innerhalb der Gerichte verbessert und beschleunigt."[44]

Der Gesetzgeber führt zudem aus, dass nach seiner Auffassung mit einmaligen Sachkosten für die Erstidentifizierung durch einen Notar i.H.v. 50 bis 75 EUR (Durchschnitt: 62,50 EUR) pro Organisation/Unternehmen zu rechnen ist bzw. alternativ zu Erstidentifizierungskosten durch einen Notar Kosten für ein qualifiziertes elektronisches Siegel jährlich zwischen 357 und 714 EUR (Durchschnitt: 135,50 EUR) betragen werden. Durch das Ersparen von Portokosten würde aber de facto, so der Gesetzgeber, Entlastungen i.H.v. 1,2 Mio. EUR jährlich zu erwarten sein.[45] Die Nutzung des eBO bzw. OZG-Nutzerkontos ist für Bürgerinnen und Bürger im Übrigen nicht verpflichtend, zur Aufnahme im SAFE-Verzeichnis ist jedoch eine Erstidentifizierung über den elektronischen Identitätsnachweis nach § 18 Personalausweisgesetz, § 12 des eID-Karte-Gesetzes oder nach § 78 Abs. 5 des Aufenthaltsgesetzes kostenfrei möglich. Sofern ein elektronischer Identitätsnachweis nicht vorhanden ist, erfolgt die Erstidentifizierung vor einem Notar, wodurch Kosten i.H.v. 50 EUR anfallen. Es gibt bisher eine Reihe von sog. OSCI-Clients, d.h. Softwarelösungen mit EGVP-Empfangs- und Sendekomponente, die von unterschiedlichen Herstellern, wie z.B. den Firmen Governikus oder Procilon, angeboten werden. Diese Drittprodukte sind bisher nicht als sicherer Übermittlungsweg ausgestaltet und stehen als nicht authentifiziertes Nutzerkonto zum Teil kostenlos Bürgerinnen und Bürgern zur Verfügung. Die Hersteller haben ihre Produkte inzwischen angepasst. Bei Interesse können Sie sich hier informieren: www.egvp.de, dort der Button „Für Bürger und Organisationen", siehe dazu auch der Link: https://egvp.justiz.de/buerger_organisationen/2022_08_04_Sicherer_Uebermittlungsweg_Buerger_Organisationen_V1–4.pdf (Abruf 22.9.2022). Das Dokument wird regelmäßig aktualisiert; sollte der Link nicht mehr funktionieren, können entsprechende Informationen unter dem zuvor genannten Hauptlink abgerufen werden.

54 Folgende Firmen stellen ein kostenpflichtiges eBO zur Verfügung:
- Governikus COM Vibilia eBO Edition (https://www.governikus.de/com-vibilia/)
- Mentana Gateway (https://www.mentana-claimsoft.de/egvp-bebpo)
- Procilon eBO mit proDESK Framework 3 (https://www.procilon.de/ebo)
- Die Produkte von Procilon und Governikus stehen seit dem 1.6.2022 bereit

55 Die kostenfreien OZG-Nutzerkonten werden in ihrem Funktionsumfang zurzeit erweitert und sollten voraussichtlich im zweiten Quartal 2022 zur Verfügung stehen.[46]

56 Interessant könnte in diesem Zusammenhang auch die vom Gesetzgeber erwähnte Statistik des Statistischen Bundesamts für das Jahr 2018 sein. Danach gab es insgesamt 3.111.909 Neuzugänge an Verfahren (Eingangsinstanz in der ordentlichen Gerichtsbarkeit ohne Zivilverfahren vor Landgerichten, bei denen aufgrund des Anwaltszwangs der Informationsaustausch ausschließlich durch Rechtanwältinnen und Rechtsanwälte erfolgt, und in den Fachgerichtsbarkeiten). Etwa 5 % (156.000) dieser Verfahren wurden von Unternehmen/Organisationen und 30 % (934.000) von Bürgerinnen und Bürgern jeweils ohne Anwaltsbeteiligung geführt.[47]

57 Pro Verfahren durch nichtprofessionelle Prozessbeteiligte wird mit ca. fünf Sendungen an das Gericht und umgekehrt fünf Sendungen vom Gericht an die Prozessbeteiligten gerechnet.[48] Der Gesetzgeber rechnet

---

44 BR-Drucks 145/21 v. 12.2.2021 „Entwurf eines Gesetzes zum Ausbau des elektronischen Rechtsverkehrs mit den Gerichten und zur Änderung weiterer prozessrechtlicher Vorschriften", 23 Nr. VI.2.
45 BR-Drucks 145/21 v. 12.2.2021, 27 „Entwurf eines Gesetzes zum Ausbau des elektronischen Rechtsverkehrs mit den Gerichten und zur Änderung weiterer prozessrechtlicher Vorschriften".
46 https://egvp.justiz.de/buerger_organisationen/index.php sowie https://www.onlinezugangsgesetz.de/Webs/OZG/DE/themen/ozg-infrastruktur/nutzerkonten/nutzerkonten-node.html (beide Abruf: 22.9.2022).
47 BR-Drucks 145/21 v. 12.2.2021, 25 vorletzter Abs. „Entwurf eines Gesetzes zum Ausbau des elektronischen Rechtsverkehrs mit den Gerichten und zur Änderung weiterer prozessrechtlicher Vorschriften".
48 BR-Drucks, a.a.O.

aufgrund der hohen IT-Affinität der Bevölkerung damit, dass nach erfolgreicher Umsetzung des OZG und der Implementierung der OZG-Nutzerkonten und des Portalverbunds etwa 80 % der Bürger am elektronischen Rechtsverkehr teilnehmen werden. Unter Berücksichtigung dieser Zahlen wird mit ca. 3,7 Mio. Sendungen in den Parteiprozessen an die Gerichte pro Jahr gerechnet.

Der Gesetzgeber führt aus, dass für Verfahrensbeteiligte aus der Wirtschaft die Möglichkeiten der elektronischen Kommunikation lediglich erweitert werden sollen, ohne eine Pflicht zur elektronischen Kommunikation mit Gerichten und Strafverfolgungsbehörden zu statuieren. Der Gesetzgeber beabsichtigt, eine Evaluierung hinsichtlich der Nutzung des elektronischen Rechtsverkehrs über diese Wege nach fünf Jahren durchzuführen.[49]

58

Beim eBO muss u.E. zwingend unterschieden werden zwischen den sog. Profinutzern und den freiwilligen Nutzern eines eBO (wie z.B. Unternehmen, natürliche Personen).

59

Profinutzer haben gem. § 173 Abs. 2 S. 2 ZPO einen sicheren Übermittlungsweg zu eröffnen. Der Gesetzgeber listet **(nicht abschließend!)** die unter § 173 Abs. 2 S. 2 ZPO Genannten wie folgt auf (Fettdruck durch die Verfasser):[50]

60

- *Rentenberater* im Umfang ihrer Befugnisse nach § 10 Abs. 1 S. 1 Nr. 2 auch i.V.m. S. 2, des RDG,
- *Steuerberater, Steuerbevollmächtigte, Wirtschaftsprüfer und vereidigte Buchprüfer, Personen und Vereinigungen* im Sinn des § 3a des StBerG sowie *Gesellschaften* im Sinn des § 3 Nr. 2 und 3 des StBerG, die durch Personen im Sinn des § 3 Nr. 1 des StBerG handeln, in Angelegenheiten nach den § 28h und § 28p des SGB IV, *Lohnsteuerhilfevereine* im Rahmen ihrer Befugnisse nach § 4 Nr. 11 des StBerG,[51]
- *selbstständige Vereinigungen von Arbeitnehmern* mit sozial- oder berufspolitischer Zwecksetzung für ihre Mitglieder,
- *berufsständische Vereinigungen der Landwirtschaft* für ihre Mitglieder,
- *Gewerkschaften und Vereinigungen* von Arbeitgebern sowie Zusammenschlüsse solcher Verbände für ihre Mitglieder oder für andere Verbände oder Zusammenschlüsse mit vergleichbarer Ausrichtung und deren Mitglieder
- *juristische Personen, deren Anteile sämtlich im wirtschaftlichen Eigentum einer Gewerkschaft oder sonstigen selbstständigen Vereinigung von Arbeitnehmern oder Arbeitgebern stehen, wenn die juristische Person ausschließlich die Rechtsberatung und Prozessvertretung dieser Organisation und ihrer Mitglieder oder anderer Verbände oder Zusammenschlüsse mit vergleichbarer Ausrichtung und deren Mitglieder entsprechend deren Satzung durchführt, und wenn die Organisation für die Tätigkeit der Bevollmächtigten haftet,*
- *Vereinigungen, deren satzungsgemäße Aufgaben die gemeinschaftliche **Interessenvertretung**, die Beratung und Vertretung der Leistungsempfänger nach dem sozialen Entschädigungsrecht oder der behinderten Menschen wesentlich umfassen und die unter Berücksichtigung von Art und Umfang ihrer Tätigkeit sowie ihres Mitgliederkreises die Gewähr für eine sachkundige Prozessvertretung bieten, für ihre Mitglieder,*
- *Verbraucherzentralen* und andere mit öffentlichen Mitteln geförderte *Verbraucherverbände* bei der Einziehung von Forderungen von Verbrauchern im Rahmen ihres Aufgabenbereichs,
- *Personen, die **Inkassodienstleistungen** erbringen (registrierte Personen nach § 10 Abs. 1 S. 1 Nr. 1 des RDG).*

---

[49] BR-Drucks 145/21 v. 12.2.2021, 37 „Entwurf eines Gesetzes zum Ausbau des elektronischen Rechtsverkehrs mit den Gerichten und zur Änderung weiterer prozessrechtlicher Vorschriften".

[50] BR-Drucks 145/21 v. 12.2.2021 „Entwurf eines Gesetzes zum Ausbau des elektronischen Rechtsverkehrs mit den Gerichten und zur Änderung weiterer prozessrechtlicher Vorschriften", zu Nr. 4 (§ 173 ZPO-E-Zustellung elektronischer Dokumente), S. 34; Abkürzungen der gesetzlichen Vorschriften durch die Verfasser.

[51] Diese werden von der Bundessteuerberaterkammer ab 1.1.2023 mit einem beSt ausgestattet.

61 Gerichtsvollzieherinnen und Gerichtsvollzieher nutzen das eBO, das in ihre Fachsoftware eingebunden wird. Sie gehören bereits gem. § 173 Abs. 2 S. 1 ZPO zu den Personenkreisen (neben Anwälten u. Notaren), die verpflichtend einen sicheren Übermittlungsweg für Zustellungen zu eröffnen haben. Durch die Nutzung des eBO, dessen Möglichkeit der Nutzung durch die Gerichtsvollzieher in § 11 Abs. 2 Nr. 4 ERVV klargestellt wurde, sollte die Kommunikation mit den Parteien und mit den Gerichten erleichtert werden. Bei dem eBO handelt es sich um einen sicheren Übermittlungsweg, der die Anbringung einer qualifizierten elektronischen Signatur entbehrlich sein lässt, wenn der Postfachinhaber mit einfacher elektronischer Signatur den Eigenversand anstößt. *Graetz* moniert jedoch,[52] dass sich die Landesjustizverwaltungen mit der selbstständigen Büroorganisation der Gerichtsvollzieher schwertun und die ihnen (den Landesjustizverwaltungen) obliegenden Verantwortungen nicht ausreichend übernehmen. Man stelle sich nur vor: Während das beA im Oktober 2012 verabschiedet und im Jahr 2016 zum ersten Mal online ging (dazwischen lagen drei bis vier Jahre Entwicklungszeit), wurde das eBO erst im Frühjahr 2021 in das Gesetzgebungsverfahren eingebracht. Verabschiedet wurde das Gesetz zum Ausbau des elektronischen Rechtsverkehrs mit den Gerichten am 5.10.2021, verkündet am 12.10.2021.[53] Nicht nur war also innerhalb weniger Monate, um nicht zu sagen weniger Wochen, das eBO „architektonisch" zu errichten, zudem mussten die Landesjustizverwaltungen auch die Nutzung des eBO und dessen Einbindung in die Gerichtsvollziehersoftware genehmigen. Laut *Graetz* fühlten sich hier nicht nur die Gerichtsvollzieher, sondern auch ihre Softwareanbieter mit der Umsetzung von den Landesjustizverwaltungen allein gelassen. Erst im Dezember 2021 erfolgte eine Einigung dahingehend, dass die Software für das eBO den Gerichtsvollziehern zukünftig von den Anbietern für deren Fachanwendung mit zur Verfügung gestellt und auch deren Support übernommen werden soll. Rechtlich sind damit zwar die Bedingungen zur Nutzung des eBO seit 1.1.2022 geschaffen, die Nutzung war jedoch nach Ansicht von *Graetz* zu dieser Zeit praktisch ausgeschlossen, obwohl es bereits einige Gerichtsvollzieher gab, die im Gesamtverzeichnis des beA anhand ihres eBOs zu finden sind. Bis zum 30.6.2022 wurden daher von den Gerichtsvollziehern weiterhin i.d.R. die EGVP-Postfächer genutzt, sodass auch die Anwendung der Zustellungsvorschriften des § 193a ZPO (Zustellung von elektronischen Dokumenten über einen sicheren Übermittlungsweg) bis dahin ausgeschlossen waren.

62 Eine entsprechende Anpassung der GVGAs der Bundesländer, insbesondere im Bereich der Regelungen der örtlichen Zuständigkeit für Zustellungen, fehlt bis heute.

63 Interessant wird das eBO in der Praxis aber sicher auch sein für:
- Bürgerinnen und Bürger
- Unternehmen
- Sachverständige
- Dolmetscherinnen und Dolmetscher
- Übersetzer
- Banken/Kreditinstitute
- Versicherungen
- Patentanwälte
- Betreuer

64 § 173 ZPO erfährt zum 1.1.2024 hinsichtlich der Profinutzer eine Änderung; diese werden ab dann verpflichtet („haben" statt „sollen"), ein sicheren Übermittlungsweg zu eröffnen:

Zustellung von elektronischen Dokumenten **ab 1.1.2024**:[54] (Fettdruck durch Verfasser)

---

[52] *Graetz, Martin*, GV beim AG Lichtenberg, Stellv. Bundesvorsitzender des DGVB mit Schwerpunkt ERV, in „Der elektronische Rechtsverkehr (ERV) seit dem 1.1.2022 – die Reform vor der Reform – Ein Rückblick auf gelungenes und ein Ausblick auf weiterhin notwendige Reformschritte – Ein Plädoyer für mehr Mut und Verantwortung, DGVZ 2022, 49.

[53] Gesetz zum Ausbau des elektronischen Rechtsverkehrs mit den Gerichten und zur Änderung weiterer Vorschriften, BGBl I, 4607.

[54] Art. 3 Gesetz zum Ausbau des elektronischen Rechtsverkehrs mit den Gerichten und zur Änderung weiterer Vorschriften v. 5.10.2021, BGBl I, 4607.

„(1) ...

(2) Einen sicheren Übermittlungsweg für die elektronische Zustellung eines elektronischen Dokuments haben zu eröffnen:

1. Rechtsanwälte, Notare, Gerichtsvollzieher, Steuerberater **sowie sonstige in professioneller Eigenschaft am Prozess beteiligte Personen, Vereinigungen und Organisationen, bei denen von einer erhöhten Zuverlässigkeit ausgegangen werden kann,**

2. Behörden, Körperschaften oder Anstalten des öffentlichen Rechts."

Der bisherige Satz 2 wird gestrichen. Abs. 3 und 4 bleiben unverändert.

Der Gesetzgeber betont, dass die Verpflichtung zur Vorhaltung eines sicheren Übermittlungswegs und die damit verbundene sog. passive Nutzungspflicht des elektronischen Rechtsverkehrs ausschließlich die in professioneller Eigenschaft am Verfahren Beteiligten einbeziehen soll.[55] Der Gesetzgeber, der in § 174 Abs. 1 ZPO noch formuliert hatte, dass nur an einen bestimmten Personenkreis „gegen Empfangsbekenntnis" zugestellt werden kann, wollte nun ausdrücklich auch die in professioneller Hinsicht am Zivilprozess beteiligten Personen, Vereinigungen oder Organisationen einbeziehen. Mit dieser etwas geänderten Formulierung in § 173 Abs. 2 ZPO im Gegensatz zu der bis zum 31.12.2021 geltenden Fassung in § 174 Abs. 1 ZPO verbindet der Gesetzgeber das Ziel, dass Richterinnen oder Richter oder auch Beamtinnen und Beamte sowie Bedienstete der Polizeibehörden, die nach der alten Fassung teilweise als „zuverlässige Person" in diesem Sinne angesehen wurden, hier nicht mehr umfasst sein sollen. Denn Richterinnen und Richter oder auch Beamtinnen und Beamte sowie Bedienstete der Polizeibehörden, die als Privatperson oder in dienstlicher Eigenschaft als Zeugin oder Zeuge mit einem Gericht kommunizieren, sollen eben gerade nicht durch diese Regelung verpflichtet werden, einen sicheren Übermittlungsweg zu eröffnen. Ziel war es mit dieser „Umformulierung" damit also nicht, die Zustellung „gegen Empfangsbekenntnis" als solche abzuschaffen, sondern Rechtssicherheit und Klarheit hinsichtlich des Personenkreises zu schaffen, der verpflichtet ist, einen sicheren Übermittlungsweg vorzuhalten.[56]

65

Dabei wird nach diesseitiger Ansicht davon auszugehen sein, dass z.B. vom Gericht bestellte Sachverständige, Sprachmittler (Übersetzer/Dolmetscher), Berufsbetreuer aber auch Patentanwälte zu diesen Profi-Nutzern zählen werden, sodass für diese dann auch § 173 Abs. 3 ZPO (Zustellungsnachweis durch elektronisches Empfangsbekenntnis) und nicht § 173 Abs. 4 ZPO (Zustellungsnachweis durch Zustellungsfiktion – drei Tage nach Eingang) zum Tragen kommen wird. Denn diese gehören dann auch zu den „in Absatz 2 Genannten". Es wäre sehr wünschenswert gewesen, wenn der Gesetzgeber eine abschließende Aufzählung vorgenommen hätte, um Rechtssicherheit sowohl für die Gerichte als auch die Profinutzer zu schaffen. Es ist sicherlich nicht vertrauenerweckend für künftige Nutzer des elektronischen Rechtsverkehrs, wenn keine absolute Klarheit darüber besteht, wer neben den in der Gesetzesbegründung nicht abschließend aufgeführten Profinutzern, siehe Rdn 60 in diesem Kapitel, auch zu diesen „Profinutzern" gehört.

66

Das eBO wird als sicherer Übermittlungsweg in den jeweiligen Verfahrensordnungen seit 1.1.2022 geführt, vgl. dazu § 130a Abs. 4 Nr. 4 ZPO, § 55a Abs. 4 Nr. 4 VwGO, § 46c Abs. 4 Nr. 4 ArbGG, § 65a Abs. 4 Nr. 4 SGG, § 32a Abs. 4 Nr. 4 FGO, § 32a Abs. 4 Nr. 4 StPO, jeweils i.V.m. den §§ 11–12 ERVV (in der jeweils seit dem 1.1.2022 gültigen Fassung). Das eBO soll nicht nur die Kommunikation zwischen Anwaltschaft und Mandanten, sondern auch die Zustellung von elektronischen Dokumenten an die jeweiligen Postfachinhaber ermöglichen. Wenn die Profi-Nutzer i.S.d. bisherigen § 173 Abs. 2 S. 2

67

---

[55] BR-Drucks 145/21 v. 12.2.2021 „Entwurf eines Gesetzes zum Ausbau des elektronischen Rechtsverkehrs mit den Gerichten und zur Änderung weiterer prozessrechtlicher Vorschriften", zu Nr. 4 (§ 173 ZPO-E-Zustellung elektronischer Dokumente), 34 unter Verweis auf die ausdrückliche Aussage in BT-Drucks 17/12634, 28.

[56] BR-Drucks 145/21 v. 12.2.2021 „Entwurf eines Gesetzes zum Ausbau des elektronischen Rechtsverkehrs mit den Gerichten und zur Änderung weiterer prozessrechtlicher Vorschriften", zu Nr. 4 (§ 173 ZPO-E-Zustellung elektronischer Dokumente), 34.

ZPO **ab 1.1.2024 verpflichtet** werden, einen sicheren Übermittlungsweg vorzuhalten; kann dies dann z.B. ein eBO sein; aber auch De-Mail wäre ein sicherer Übermittlungsweg gem. § 130a Abs. 4 Nr. 1 ZPO.

68 Gerade im Hinblick auf die Zustellungen, die nachgewiesen werden können müssen, muss der Postfachinhaber eindeutig identifiziert werden können. Im Rahmen der Identitätsfeststellung hat der Postfachinhaber sowohl seinen Namen als auch seine Anschrift nachzuweisen, wobei der Nachweis nur durch die in § 11 Abs. 2 Nr. 1–5 ERVV aufgelisteten Identifizierungsmittel erfolgen kann, wie z.B. durch elektronischen Identitätsnachweis nach § 18 Personalausweisgesetz, § 12 des eID-Karte-Gesetz, § 78 Abs. 5 Aufenthaltsgesetz oder ein qualifiziertes elektronisches Siegel (z.B. für Unternehmen oder Organisationen).[57] Bei öffentlich bestellten oder beeidigten Personen, die Dolmetscher- oder Übersetzungsleistungen erbringen, ist zur Identitätsfeststellung eine Bestätigung der nach dem Gerichtsdolmetschergesetz oder dem jeweiligen Landesrecht für die öffentliche Bestellung und Vereidigung dieser Personen zuständigen Stelle, auch hinsichtlich der Angaben zur Berufsbezeichnung sowie zur Sprache, für die die Bestellung erfolgt, vorgesehen, siehe dazu § 11 Abs. 2 S. 2 Nr. 3 ERVV. Die Identitätsfeststellung bei Gerichtsvollziehern erfolgt durch eine Bestätigung der für ihre Ernennung zuständigen Stelle, auch hinsichtlich der Dienstbezeichnung, § 11 Abs. 2 S. 2 Nr. 4 ERVV. Zusätzlich ist es möglich, ein manuelles Identifizierungsverfahren gem. § 11 Abs. 2 S. 2 Nr. 5 ERVV durchzuführen durch eine öffentlich beglaubigte Erklärung über Namen, Anschrift des Postfachinhabers sowie die eindeutige Bezeichnung des Postfachs.

69 Die Kommunikation via DE-Mail, das gem. § 130a Abs. 4 Nr. 1 ZPO einen sicheren Übermittlungsweg darstellt, ist nach unserer Auffassung aus folgenden Gründen nicht praktikabel:

- DE-Mail als sicherer Übermittlungsweg ist nur gegeben, wenn mit Absenderauthentifizierung der Versand erfolgt; die Gefahr zu vergessen, diesen Haken zu setzen, ist relativ groß.
- Es können nach meiner Kenntnis keine Tätigkeiten auf Mitarbeiter übertragen werden, wie es das beA eingeschränkt erlaubt. Hier muss vielmehr regelmäßig der Postfachinhaber selbst das DE-Mail-System bedienen.
- Es bestehen Nutzungspflichten (passive Nutzungspflicht siehe § 31a Abs. 6 BRAO; aktive Nutzungspflicht siehe § 130d ZPO), sodass es wenig sinnvoll erscheint, in der Praxis mit zwei unterschiedlichen Systemen zu arbeiten.

VII. beSt

70 Die Bundeskammerversammlung der Bundessteuerberaterkammer (BStBK) hat im September 2020 beschlossen, eine Steuerberaterplattform[58] ins Leben zu rufen und, wie sie selbst schreibt, als erste Anwendungsform dieser Plattform ein besonderes elektronisches Steuerberaterpostfach (beSt) empfangsbereit einzurichten und zur Verfügung zu stellen. Die Errichtung eines solchen besonderen elektronischen Steuerberaterpostfachs war in der Vergangenheit bereits mehrfach in der Diskussion, nachdem die Bundesrechtsanwaltskammer für ihre Anwälte ein beA zur Verfügung gestellt hatte. Künftig wird die Einrichtung eines sicheren Übermittlungswegs i.S.d. Verfahrensrechts auch für Steuerberater gesetzlich erforderlich, da gem. § 173 Abs. 2 ZPO zum 1.1.2023 die Steuerberater in den verpflichteten Kreis, einen sicheren Übermittlungsweg für elektronische Zustellungen vorhalten zu müssen, aufgenommen werden.[59] Zum 17.8.2022 ist ein Referentenentwurf für eine Verordnung über die Steuerberaterplattform und die besonderen elektronischen Steuerberaterpostfächer (Steuerberaterplattform- und -postfachverordnung –

---

57 Das qualifizierte elektronische Siegel muss den Anforderungen des Art. 38 der Verordnung (EU) Nr. 910/2014 des Europäischen Parlaments und des Rates vom 23.7.2014 über elektronische Identifizierung und Vertrauensdienste für elektronische Transaktionen im Binnenmarkt und zur Aufhebung der Richtlinie 1999/93/EG (ABl Nr. L 257, 73 v. 28.8.2014, ABl Nr. L 23, 19 v. 29.1.2015, ABl Nr. L 155, 44 v. 14.6.2016) entsprechen.
58 https://www.bstbk.de/de/themen/steuerberaterplattform (Abruf: 22.9.2022).
59 Art. 2 Gesetz zum Ausbau des elektronischen Rechtsverkehrs mit den Gerichten und zur Änderung weiterer Vorschriften v. 5.10.2021, BGBl I, 4607.

StBPPV in das Gesetzgebungsverfahren eingebracht worden, über den zum Zeitpunkt der Drucklegung dieses Werks noch nicht entschieden war.

Würde die BStBK ein solches beSt für ihre Steuerberater nicht errichten, hätten diese auf andere sichere Übermittlungswege, wie z.B. DE-Mail oder aber das eBO (elektronisches Bürger- und Organisationenpostfach), ausweichen müssen. Der Vorteil des beSt gegenüber einem eBO ist, dass über das beSt auch die Berufsträger-Eigenschaft nachgewiesen werden kann, wohingegen das eBO zwar auch einen sicheren Übermittlungsweg darstellt, hier aber ein Berufsträger, wie z.B. ein Steuerberater, nicht gesondert ausgewiesen wird. Bei DE-Mail besteht das gleiche Problem, ein Nachweis der Berufsträger-Eigenschaft ist hierüber nicht möglich. Zudem können Steuerberater DE-Mail nicht mit anderen Kommunikationspartnern, wie anderen Steuerberatern, Anwälten und Notaren, nutzen. Über die in einer Steuerberaterkanzlei eingesetzte Fachsoftware soll ebenfalls auf diese Steuerberaterplattform und das beSt zugegriffen werden können. Dabei ist geplant, dass die Identifizierung über den Personalausweis erfolgen kann, die Authentifizierung aber durch einen Abgleich der Berufsträgereigenschaft mit dem von den Steuerberaterkammern geführtem Berufsregister erfolgt. Die entsprechenden gesetzlichen Vorgaben sind mit dem Gesetz zur Neuregelung des Berufsrechts der anwaltlichen und steuerberatenden Berufsausübungsgesellschaften mit Wirkung zum 1.8.2022 im Steuerberatergesetz (StBerG) aufgenommen worden, vgl. dazu § 86d Abs. 6 StBerG.[60]

71

Allerdings entfaltet § 86d StBerG neben anderen Vorschriften rund um das beSt **erst zum 1.1.2023** seine Wirkung. Denn **§ 157e StBerG** regelt als Anwendungsvorschrift zur Steuerberaterplattform und zu den besonderen elektronischen Steuerberaterpostfächern, dass § 86 Abs. 2 Nr. 10 und 11, § 86b Abs. 3 und die §§ 86c-86g StBerG in der am 1.8.2022 geltenden Fassung erstmals nach Ablauf des 31.12.2022 anzuwenden sind.

72

§ 86d StBerG trat zwar zum 1.8.2022 in Kraft, kommt damit aber in der nachstehenden Fassung aufgrund von § 157e StBerG erst ab 1.1.2023 zur Anwendung (Fettdruck durch die Verfasser):

73

> „(1) ¹Die Bundessteuerberaterkammer richtet über die Steuerberaterplattform für jeden **Steuerberater und Steuerbevollmächtigten** ein besonderes elektronisches Steuerberaterpostfach empfangsbereit ein. ²Nach Einrichtung eines besonderen elektronischen Steuerberaterpostfachs übermittelt die Bundessteuerberaterkammer dessen Bezeichnung an die zuständige Steuerberaterkammer zur Speicherung im **Berufsregister**.
>
> (2) ¹Zum Zweck der Einrichtung des besonderen elektronischen Steuerberaterpostfachs übermittelt die Steuerberaterkammer den Familiennamen und den oder die Vornamen sowie eine zustellfähige Anschrift der Personen, die einen Antrag auf Aufnahme in die Steuerberaterkammer gestellt haben, an die Bundessteuerberaterkammer. ²Die übermittelten Angaben sind zu löschen, wenn der Antrag zurückgenommen oder die Aufnahme in die Steuerberaterkammer unanfechtbar versagt wurde.
>
> (3) ¹Die Bundessteuerberaterkammer hat sicherzustellen, dass der Zugang zu dem besonderen elektronischen Steuerberaterpostfach nur durch ein sicheres Verfahren mit zwei voneinander unabhängigen Sicherungsmitteln möglich ist. ²Sie hat auch Vertretern, Praxisabwicklern, Praxistreuhändern und Zustellungsbevollmächtigten die Nutzung des besonderen elektronischen Steuerberaterpostfachs zu ermöglichen; Absatz 2 gilt insoweit sinngemäß. ³Die Bundessteuerberaterkammer kann unterschiedlich ausgestaltete Zugangsberechtigungen für Kammermitglieder und andere Personen vorsehen. ⁴Sie ist berechtigt, die in dem besonderen elektronischen Steuerberaterpostfach gespeicherten Nachrichten nach angemessener Zeit zu löschen. ⁵Das besondere elektronische Steuerberaterpostfach soll barrierefrei ausgestaltet sein.

---

60 Art. 4 Gesetz zur Neuregelung des Berufsrechts der anwaltlichen und steuerberatenden Berufsausübungsgesellschaften sowie zur Änderung weiterer Vorschriften im Bereich der rechtsberatenden Berufe v. 7.7.2021, BGBl I, 2363.

(4) ¹Sobald die Mitgliedschaft in der Steuerberaterkammer aus anderen Gründen als dem Wechsel der Steuerberaterkammer erlischt, hebt die Bundessteuerberaterkammer die Zugangsberechtigung zu dem besonderen elektronischen Steuerberaterpostfach auf. ²Die Bundessteuerberaterkammer löscht das besondere elektronische Steuerberaterpostfach, sobald es nicht mehr benötigt wird.

(5) ¹Die Bundessteuerberaterkammer kann auch für sich und für die Steuerberaterkammern besondere elektronische Steuerberaterpostfächer einrichten. ²Absatz 3 Satz 1 und 5 ist anzuwenden.

***(6) Der Inhaber des besonderen elektronischen Steuerberaterpostfachs ist verpflichtet, die für dessen Nutzung erforderlichen technischen Einrichtungen vorzuhalten sowie Zustellungen und den Zugang von Mitteilungen über das besondere elektronische Steuerberaterpostfach zur Kenntnis zu nehmen.*"**

74 Das beSt stellt ebenfalls einen **sicheren Übermittlungsweg** dar, da es über seine Verknüpfung mit dem Berufsregister und der Steuerberaterplattform einen Nachweis der Berufsträgereigenschaft (sog. Berufsträger-Identität) rechtssicher ermöglicht. Im Ergebnis einer Ausschreibung wurde die DATEV eG als technischer Dienstleister von der BStBK entsprechend mit der Errichtung eines solchen Postfachs beauftragt. Über das beSt können die Steuerberater daher ab 1.1.2023 ihre Mandanten medienbruchfrei und rechtssicher vertreten. Die Steuerberaterplattform liefert jedoch nicht nur einen sicheren, einfachen und schnellen Datenaustausch, sondern ermöglicht auch via Chatfunktion der Finanzsoftware eine direkte Kommunikation mit der Finanzverwaltung, um z.B. Steuererklärungen rasch ergänzen zu können. Sofern ein Mandant bereits über ein OZG-Nutzerkonto verfügt, kann mithilfe einer Vollmachtsdatenbank direkt auf dieses OZG-Mandanten-Nutzerkonto zugegriffen werden, um z.B. Gewerbesteuerbescheide direkt in die Fachsoftware der Steuerberaterkanzlei zu importieren und dort digital weiter zu verarbeiten. Die BStBK hat eine FAQ-Liste zusammengestellt und die wichtigsten Fragen und Antworten rund um das beSt unter https://www.bstbk.de/downloads/bstbk/steuerrecht-und-rechnungslegung/fachinfos/BStBK_FAQ_StB-Plattform.pdf (Abruf: 22.9.2022; Stand 5.9.2022) veröffentlicht. Über das beSt können Steuerberater sowohl mit Notaren als auch Anwälten und den Kammern, Gerichten, Behörden sowie der Finanzverwaltung kommunizieren.

75 Vorschriften, die sich mit dem beSt befassen, finden sich hier:
- § 86 Abs. 2 Nr. 10 StBerG: Hier ist geregelt, dass die Errichtung der StB-Plattform eine neue Aufgabe der BStBK darstellt.
- § 86c StBerG: Hier sind die Registrierungspflicht, der Identitätsnachweis sowie weitere Ermächtigungen geregelt.
- §§ 86 Abs. 2 Nr. 11, 86d und 86e StBerG: Verpflichtung der empfangsbereiten Einrichtung eines beSt für Steuerberater*innen, Steuerbevollmächtigte sowie für Berufsausübungsgesellschaften (beSt-GePo).
- § 86b Abs. 3 StBerG regelt die Eintragungspflicht ins Steuerberaterverzeichnis.
- § 86f StBerG enthält eine Verordnungsermächtigung für die StB-Plattform sowie das beSt.
- § 157e StBerG regelt die Anwendung der Vorschriften zur StB-Plattform und zum beSt ab 1.1.2023.

76 Die StB-Plattform wird dazu führen, dass die Kammerbeiträge für jedes eingetragene Kammermitglied sowie für jede eingetragene Steuerberatungs- und Berufsausübungsgesellschaft angehoben werden. Zusätzliche Kosten, wie z.B. „Portokosten", fallen nicht an.

77 Es ist davon auszugehen, dass Rechtsanwälte, die gleichzeitig auch Steuerberater sind, neben ihrem beA auch ein beSt nutzen müssen. Ab 1.1.2023 besteht eine **passive** Nutzungspflicht für alle Steuerberater gem. § 86d Abs. 6 StBerG. Darüber hinaus besteht eine Pflicht für jeden Steuerberater, das beSt als **sicheren Übermittlungsweg einzurichten** (Einrichtungspflicht). Steuerberater haben zudem die erforderlichen technischen Einrichtungen bereitzustellen, damit das beSt bedient werden kann. Grundsätzlich wird jedes beSt durch die BStBK empfangsbereit eingerichtet, die Steuerberater müssen aber eine entsprechende Registrierung an ihrem beSt vornehmen, wie beim beA, damit die entsprechenden Posteingänge und Zustellungen auch zur Kenntnis genommen werden können. Die BStBK weist in ihrem Papier zum beSt darauf hin, dass mit der zunehmenden Digitalisierung der Fachverfahren in Behörden auch für **Verwaltungsverfahren** eine entsprechende **aktive Nutzungspflicht** künftig wohl eingeführt werden wird. Für die Einreichung vorbereitender Schriftsätze und deren Anlagen sowie schriftlich einzureichende Anträge und Erklärungen bei **Gericht** gilt die aktive Nutzungspflicht bereits seit 1.1.2022, § 52d S. 2 FGO. Danach sind die nach der FGO vertretungsberechtigten Personen, für die ein sicherer Übermittlungsweg gem. § 52a Abs. 4 S. 1 Nr. 2 FGO zur Verfügung steht, ebenfalls zur elektronischen Einreichung verpflichtet. Da das beSt ab 1.1.2023 zur Verfügung steht und dieses einen sicheren Übermittlungsweg darstellen wird, gilt diese Pflicht für Steuerberater dann also ab 1.1.2023, siehe zur Vertretungsbefugnis auch § 62 Abs. 2 FGO. Bis zum 31.12.2022 **sollen** Steuerberater einen sicheren Übermittlungsweg einrichten, mangels beSt kann das dann aber nur das De-Mail-System sein, welches viele Steuerberater schon zum 1.1.2018 eingerichtet hatten. Da es bis 31.12.2022 aber in § 173 Abs. 2 ZPO nur „sollen" und nicht „müssen" oder „haben einzurichten" heißt, ist es m.E. folgenlos, wenn Steuerberater ein solches De-Mail-System nicht nutzen, sondern bis zur empfangsbereiten Einrichtung ihres beSt warten. Ob das Gesellschafts-beSt ähnliche technische Probleme bereiten wird, wie zum Zeitpunkt der Drucklegung das Gesellschafts-beA, bleibt abzuwarten, siehe dazu auch Rdn 36 in diesem Kapitel.

Zeitliche Übersicht: 78

- 1.1.2022 – 31.12.2022 – § 173 Abs. 2 S. 2 ZPO – Pflicht zur Einrichtung eines sicheren Übermittlungswegs als „**Sollpflicht**"; mangels beSt nur De-Mail oder eBO möglich; elektronische Einreichung hierüber auch möglich, § 55a FGO.
- Ab 1.1.2023 – § 173 Abs. 2 S. 1 ZPO (Steuerberater werden aus dem bisherigen § 173 Abs. 2 S. 2 in S. 1 verschoben) – Pflicht zur Einrichtung eines sicheren Übermittlungswegs; beSt wird zur Verfügung stehen – „absolute" **Vorhalte- und Einrichtungspflicht sowie passive Nutzungspflicht;** §§ 86d i.V.m. 157e StBerG.
- (Spätestens) ab 1.1.2023 – Pflicht für Steuerberater zur **elektronischen Einreichung** bei Gerichten über § 52d S. 2 FGO, der heute schon die Pflicht zur elektronischen Einreichung normiert, wenn den nach der FGO vertretungsberechtigten Personen ein sicherer Übermittlungsweg nach § 52a Abs. 4 S. 1 Nr. 2 FGO zur Verfügung steht. Da viele Steuerberater zum 1.1.2018 De-Mail-Postfächer eingerichtet haben, trifft diese die Pflicht unseres Erachtens bereits schon jetzt, spätestens mit der Einführung des beSt steht ein solches Postfach jedoch **jedem** Steuerberater zur Verfügung.

Nach unserer persönlichen Auffassung ist der zeitliche Zusammenprall von Einrichtung des beSt und Nutzungspflicht zum 1.1.2023 spannend. Wenn man bedenkt, wie lange die Anwaltschaft gebraucht hat, sich mit dem beA anzufreunden, gilt die Nutzungspflicht dann wohl – wenn keine „Übungspostfächer" zur Verfügung gestellt werden – ab Tag „null". Die Pflicht – und damit die Möglichkeit des Erhalts von elektronischen Zustellungen via beSt – zum 1.1.2023 gleichlaufend mit der Einführung des beSt zu planen, halten die Verfasser – gelinde gesagt – „für sportlich". Steuerberatern wird daher dringend empfohlen, sich mit den gesetzlichen Gegebenheiten auseinanderzusetzen, bevor sie zum 1.1.2023 von den Pflichten z.B. aus § 173 Abs. 2 ZPO sowie § 52d FGO konfrontiert werden.[61] 79

VIII. De-Mail

De-Mail-Dienste stehen neben anderen elektronischen Kommunikationsinfrastrukturen, wie z.B. das EGVP oder das besondere elektronische Anwaltspostfach (beA), zur Verfügung. De-Mail-Konten können bei akkreditierten Anbietern angemeldet werden. Der akkreditierte Diensteanbieter hat durch technische Mittel sicherzustellen, dass nur der diesem De-Mail-Konto zugeordnete Nutzer Zugang zu dem ihm zugeordneten De-Mail-Konto erlangen kann. De-Mail-Dienste werden von einem nach dem De-Mail-Gesetz akkreditierten Diensteanbieter betrieben. 80

---

61 https://www.bstbk.de/downloads/bstbk/steuerrecht-und-rechnungslegung/fachinfos/BStBK_FAQ_StB-Plattform.pdf, S. 7 (Abruf: 22.9.2022).

81 Ein De-Mail-Dienst **muss** eine sichere Anmeldung, die Nutzung eines Postfach- und Versanddienstes für sichere elektronische Post sowie die Nutzung eines Verzeichnisdienstes ermöglichen, § 1 Abs. 2 S. 1 De-Mail-Gesetz. Ein De-Mail-Dienst **kann** zusätzlich auch Identitätsbestätigungs- und Dokumentenablagedienste ermöglichen, § 1 Abs. 2 S. 1 De-Mail-Gesetz.[62] Der akkreditierte Diensteanbieter hat sicherzustellen, dass die Kommunikationsverbindung zwischen dem Nutzer und seinem De-Mail-Konto verschlüsselt erfolgt, § 4 Abs. 3 De-Mail-Gesetz. De-Mail-Anbieter sind die Deutsche Telekom (hier jedoch nur noch mit Lese-Modus; das Programm läuft in diesem Jahr aus), United Internet (mit 1 & 1, gmx, web.de), Francotyp-Postalia. Die Deutsche Post hat bis heute keine De-Mail-Zertifizierung, sie hat den sog. „E-POST-Brief" eingeführt. Das De-Mail-System ist in der Praxis vielfach gar nicht bekannt; die Telekom – einer von wenigen Anbietern der De-Mail – stellt diesen Dienst im Übrigen ein; neue Verträge werden seit dem 15.3.2022 nicht mehr geschlossen, es können seit dem 1.9.2022 keine Nachrichten mehr gesendet und nicht mehr empfangen werden; für die Dauer eines dreimonatigen „Vorhalte-Modus" können vorhandene Nachrichten noch im Lesemodus aufgerufen werden.[63]

82 Die Preise für De-Mail variieren je nach Anbieter stark. Während zum Teil eine monatliche Gebühr verlangt wird, verlangen andere pro gesendeter Nachricht eine Art Porto, zum Teil ähnlich hoch wie bei Briefversand. Auch die angebotenen Speicherkapazitäten unterscheiden sich stark. Im Hinblick auf die Entwicklung bitten wir unsere Leser, bei Interesse aktuelle Preisinformationen einzuholen. Im Business-Bereich gelten in der Regel andere Kosten. Im Hinblick auf die Vielfalt der möglichen Preise und Anwendungsmodelle wird auf die entsprechenden Anbieter verwiesen.

83 Der Vorteil von De-Mail liegt in der sicheren Authentifizierung aller Teilnehmer, was Spam und Phishing vorbeugen soll. Zur Überprüfung der Identität des Nutzers wird vom De-Mail-Diensteanbieter entweder ein Mitarbeiter des Dienstleisters Sign-today ausgesendet, der vor Ort den Ausweis prüft, oder der Kunde wird gebeten, sich in einem Telekom- bzw. Hermes-Paket-Shop auszuweisen. Sowohl bei der Telekom als auch bei Mentana Claim Soft kann man sich bequem mit einer eID-Funktion des Personalausweises anmelden, der auch den Zugang zum Webinterface sichert.

84 Fachleute stellten lange Zeit die Sicherheit von De-Mail infrage. Die De-Mail-Verschlüsselung allein reiche nicht aus, so das Argument, da es sich zunächst nicht um eine Ende-zu-Ende-Verschlüsselung handelte.

> „Es war ein Offenbarungseid der Bundesregierung auf dem Höhepunkt des NSA-Spähskandals. Der damalige Innenminister Hans-Peter Friedrich erklärte für selbstverständlich, dass alle Daten der Bürger von Dritten mitgelesen werden. Seine Konsequenz daraus: Jeder müsse mit technischen Maßnahmen selbst dafür sorgen, dass seine Daten vor fremden Zugriff geschützt seien, sagte er Mitte Juli 2013. CSU-Innenpolitiker Hans-Peter Uhl assistierte: ‚Wem Daten wichtig sind, der muss sie verschlüsseln und darf nicht auf den eigenen Nationalstaat hoffen.' Lächerlich mache sich dagegen, wer glaube, dass die Kanzlerin da zuständig sei. Da war es also raus: Datenschutz ist Privatsache. Uns ist es selbst überlassen, ob und wie wir für die Sicherheit unserer Kommunikation sorgen. Der Staat fördert lediglich Scheinsicherheit, etwa im Fall von De-Mail, wo wirksame Verschlüsselung nur suggeriert wird. In Wirklichkeit zwingt das zugehörige Gesetz Provider dazu, die Mail auf ihren Servern zu entschlüsseln, um einen Virenscan durchzuführen."[64]

85 Seit **April 2015** bietet auch De-Mail eine Ende-zu-Ende-Verschlüsselung (mittels PGP) an. Weitere Informationen erhalten Sie u.a. auf der Internetseite: https://www.heise.de/security/meldung/De-Mail-Ende-zu-Ende-Verschluessleung-mit-PGP-gestartet-2616388.html (Abruf: 22.9.2022). Die Verschlüsselung soll anwenderfreundlich gestaltet sein. Bei Nutzung von De-Mail wird empfohlen, die Version, die eine Ende-zu-Ende-Verschlüsselung bietet, anzuwenden.

---

62 G. v. 28.4.2011, BGBl. I, 666; zuletzt geändert d. Art. 7 G. v. 10.8.2021, BGBl. I, 3436.
63 Siehe dazu auch https://www.telekom.de/e-mail/de-mail (Abruf: 22.9.2022).
64 *Bleich*, Verschlüsseln und signieren mit PGP, in: Sichere E-Mail; NSA aussperren – Privates Schützen, c't Wissen, 2014.

Bei der De-Mail ist die Authentizität des Teilnehmers nur sichergestellt (und auch nur dann ist De-Mail ein sicherer Übermittlungsweg i.S.d. § 130a Abs. 4 ZPO), wenn dieser eine absenderauthentifizierte De-Mail versendet; das gilt nicht bei der gewöhnlichen De-Mail! Die sichere Anmeldung gem. § 4 Abs. 1 S. 2 De-Mail-Gesetz setzt voraus, dass der Nutzer zwei geeignete und voneinander unabhängige Sicherungsmittel (Besitz und Wissen) einsetzt. **86**

Die De-Mail-Adresse der Gerichte lautet: **87**

safeID des Gerichts@EGVP.De-Mail.de

(beachten Sie bitte die Schreibweise: safe-(bzw. govello-)ID)

Die De-Mail-Adressen der Gerichte sind auch im öffentlichen De-Mail-Verzeichnis auffindbar, siehe dazu https://de-mail.info/verzeichnis.html?search=Telekom&line=Alle&district=Alle&order=A-Z# (Abruf: 22.9.2022).

Nachteil bei Verwendung von De-Mail ist, dass hier, anders als im beA, kein elektronisches Empfangsbekenntnis als strukturierter Datensatz generiert wird bzw. zurückgesendet werden kann. Für die Erzeugung eines elektronischen Empfangsbekenntnisses (eEB) müsste eine externe Software eingesetzt werden. **88**

C. Im ERV zulässige Drittanwendungen

Dokumente können mit und ohne qualifizierte elektronische Signatur an das Gericht übermittelt werden. Zur Übermittlung eines elektronischen Dokuments, an dem keine qualifizierte elektronische Signatur angebracht ist, siehe ausführlich § 11 Rdn 17 ff. **89**

Nach § 4 Abs. 1 Nr. 1 und 2 ERVV sind bei Anbringung einer qualifizierten elektronischen Signatur folgende Übermittlungswege im elektronischen Rechtsverkehr zulässig: **90**

- Sichere Übermittlungswege i.S.v. § 130a Abs. 4 ZPO (z.B. beA oder absenderauthentifizierte De-Mail).
- Übermittlung an das für den Empfang elektronischer Dokumente eingerichtete EGVP des Gerichts über eine Anwendung, die auf OSCI oder einem diesen ersetzenden, dem jeweiligen Stand der Technik entsprechenden Protokoll-Standard beruht.

Aus § 4 Abs. 1 Nr. 2 ERVV ergibt sich somit, dass bei Anbringung einer qualifizierten elektronischen Signatur neben den sicheren Übermittlungswegen auch Drittprodukte zulässig sind, die mit einem entsprechenden technischen Standard ausgerüstet (also EGVP-kompatibel) sind. **91**

Nach www.egvp.de sind zurzeit folgende zulässigen Drittprodukte gelistet (Button „Informationen zu Drittanwendungen" – Abruf: 22.9.2022): **92**

- „Mentana EGVP/beBPo Gateway" externer Link, öffnet neues Browserfenster der Firma Mentana-Claimsoft GmbH;
- „ProDESK Framework Version 3.0" externer Link, öffnet neues Browserfenster der Firma procilon IT-Logistics GmbH;
- „Governikus COM Vibilia" externer Link, öffnet neues Browserfenster der Firma Governikus GmbH & Co. KG;
- „Governikus Multimessenger" externer Link, öffnet neues Browserfenster der Firma Governikus GmbH & Co. KG;
- „beA-Webanwendung".

Bei Interesse an einem dieser zulässigen Drittprodukte können weitergehende Informationen über entsprechende Download-Dokumente eingeholt werden. **93**

D. Sichere Übermittlungswege im Sinne des Verfahrensrechts

I. § 130a Abs. 4 ZPO

94 Die sicheren Übermittlungswege definiert § 130a Abs. 4 ZPO:[65]

> *„(4) Sichere Übermittlungswege sind*
> 1. *der Postfach- und Versanddienst eines De-Mail-Kontos, wenn der Absender bei Versand der Nachricht sicher im Sinne des § 4 Absatz 1 Satz 2 des De-Mail-Gesetzes angemeldet ist und er sich die sichere Anmeldung gemäß § 5 Absatz 5 des De-Mail-Gesetzes bestätigen lässt,*
> 2. *der Übermittlungsweg zwischen dem besonderen elektronischen Anwaltspostfach nach § 31a der Bundesrechtsanwaltsordnung oder einem entsprechenden, auf gesetzlicher Grundlage errichteten elektronischen Postfach und der elektronischen Poststelle des Gerichts,*
> 3. *der Übermittlungsweg zwischen einem nach Durchführung eines Identifizierungsverfahrens eingerichteten Postfach einer Behörde oder einer juristischen Person des öffentlichen Rechts und der elektronischen Poststelle des Gerichts,*
> 4. *der Übermittlungsweg zwischen einem nach Durchführung eines Identifizierungsverfahrens eingerichteten elektronischen Postfach einer natürlichen oder juristischen Person oder einer sonstigen Vereinigung und der elektronischen Poststelle des Gerichts,*
> 5. *der Übermittlungsweg zwischen einem nach Durchführung eines Identifizierungsverfahrens genutzten Postfach- und Versanddienst eines Nutzerkontos im Sinne des § 2 Absatz 5 des Onlinezugangsgesetzes und der elektronischen Poststelle des Gerichts,*
> 6. *sonstige bundeseinheitliche Übermittlungswege, die durch Rechtsverordnung der Bundesregierung mit Zustimmung des Bundesrates festgelegt werden, bei denen die Authentizität und Integrität der Daten sowie die Barrierefreiheit gewährleistet sind."*

95 Als sichere Übermittlungswege gelten zurzeit:
- De-Mail mit Absenderauthentifizierung (entsprechender Haken ist zu setzen),
- beA (wenn der angemeldete Postfachinhaber selbst sendet, § 23 Abs. 3 RAVPV),
- beBPo,
- beN,
- eBO,
- beSt (sobald es zur Verfügung steht, siehe Rdn 70 ff. in diesem Kapitel).

96 Diese oben genannten sicheren Übermittlungswege sind allesamt OSCI-fähig, ggf. können die Nachrichten auch über ein Gateway (bei De-Mail) umgewandelt werden.

97 Die Besonderheit ist, dass sichere Übermittlungswege einen sog. VHN (Vertrauenswürdigen Herkunftsnachweis) im Prüfprotokoll bzw. Übertragungs-/Transferprotokoll ausweisen. Ein Empfänger einer beA-Nachricht kann auf diese Weise sicher erkennen und darauf vertrauen, dass die Nachricht aus dem beA so versendet wurde, dass der Urheber dieser Nachricht sicher identifizierbar ist. Zum VHN sowie zur Prüfpflicht bei Eingängen durch das Gericht siehe auch § 5 Rdn 66 ff. sowie § 11 Rdn 123 u. 128 ff. sowie unter Rdn 104 in diesem Kapitel.

98 Aufgrund dieses VHN kann auch bei Nutzung eines sicheren Übermittlungswegs durch den Postfachinhaber selbst bei Anbringung einer einfachen elektronischen Signatur auf die bisher erforderliche „Unterschrift" im herkömmlichen Sinn, d.h. eine qualifizierte elektronische Signatur, verzichtet werden. Sendet ein im beA mit eigenem Zugangsmittel angemeldeter Anwalt z.B. über sein beA eine Nachricht selbst an das Gericht, so kann das Gericht aus dem Transferprotokoll entnehmen, dass der Postfachinhaber sicher an seinem Verzeichnisdienst angemeldet war und dass dieser Verzeichnisdienst ihn als Inhaber eines der in § 130a Abs. 4 ZPO genannten sicheren Übermittlungswege ausweist (für Anwälte z.B.: beA).

---

[65] Zum 1.1.2022 erweitert und angepasst durch Art. 1 Gesetz zum Ausbau des elektronischen Rechtsverkehrs mit den Gerichten und zur Änderung weiterer Vorschriften v. 5.10.2021, BGBl I, 4607.

D. Sichere Übermittlungswege im Sinne des Verfahrensrechts § 2

Von *Müller* wird kritisiert, dass mit dieser „gesetzgeberischen Konstruktion" des sicheren Übermittlungswegs nur die Authentifizierungsfunktion der qualifizierten elektronische Signatur ersetzt wird, die übrigen Vorteile einer qualifizierten elektronischen Signatur, wie z.B. der Nachweis, dass am eingereichten elektronischen Dokument nach Anbringung der qeS keine Manipulationen mehr vorgenommen worden sind, jedoch fehlen.[66] *Müller* empfiehlt daher – wie auch wir –, nicht auf einen wirksamen Schutz des Dokuments durch die qualifizierte elektronische Signatur zu verzichten.[67] Auch die Möglichkeit, das Versenden an den Mitarbeiter zu delegieren, wenn das elektronische Dokument über eine qualifizierte elektronische Signatur verfügt, und damit die sicherlich bessere Möglichkeit, Wiedereinsetzung zu erhalten, wenn beim Versand etwas schiefgeht, ist ein sehr wichtiges Argument, als Anwalt über die Anbringung einer qualifizierten elektronischen Signatur nachzudenken.

99

Im beA kann im Prüfprotokoll im Bereich „Informationen zum Übermittlungsweg" überprüft werden, ob es sich um einen sicheren Übermittlungsweg handelt oder nicht. Wurde eine Nachricht mit vertrauenswürdigem Herkunftsnachweis (VHN) versendet und die Signaturprüfung des VHN war **erfolgreich**, können folgende Meldungen angezeigt werden:[68]

100

- Sicherer Übermittlungsweg aus einem besonderen elektronischen Anwaltspostfach.
- Sicherer Übermittlungsweg aus einem besonderen elektronischen Behördenpostfach.
- Sicherer Übermittlungsweg aus einem besonderen elektronischen Notarpostfach.
- Diese Nachricht wurde von der Justiz versandt.

Wurde eine Nachricht mit vertrauenswürdigem Herkunftsnachweis (VHN) versendet, die Signaturprüfung des VHN war jedoch **nicht möglich** (Gelb-Prüfung), können folgende Meldungen angezeigt werden:
Sicherer Übermittlungsweg aus einem besonderen elektronischen Anwaltspostfach. Das Zertifikat des Herkunftsnachweises konnte nicht geprüft werden.

101

- Sicherer Übermittlungsweg aus einem besonderen elektronischen Behördenpostfach. Das Zertifikat des Herkunftsnachweises konnte nicht geprüft werden.
- Sicherer Übermittlungsweg aus einem besonderen elektronischen Notarpostfach. Das Zertifikat des Herkunftsnachweises konnte nicht geprüft werden.
- Diese Nachricht wurde von der Justiz versandt. Das Zertifikat des Herkunftsnachweises konnte nicht geprüft werden.

Der Gesamtstatus der Nachricht wird als unbestimmt angezeigt.

Wurde eine Nachricht mit vertrauenswürdigem Herkunftsnachweis (VHN) versendet und die Signaturprüfung des VHN war **nicht erfolgreich**, können folgende Meldungen angezeigt werden:
Sicherer Übermittlungsweg aus einem besonderen elektronischen Anwaltspostfach. Das Zertifikat des Herkunftsnachweises ist gesperrt.

102

- Sicherer Übermittlungsweg aus einem besonderen elektronischen Behördenpostfach. Das Zertifikat des Herkunftsnachweises ist gesperrt.
- Sicherer Übermittlungsweg aus einem besonderen elektronischen Notarpostfach. Das Zertifikat des Herkunftsnachweises ist gesperrt.
- Diese Nachricht wurde von der Justiz versandt. Das Zertifikat des Herkunftsnachweises ist gesperrt.

Der Gesamtstatus der Nachricht wird als ungültig angezeigt.[69]

§ 23 Abs. 3 S. 5 RAVPV regelt, dass der Postfachinhaber eines beA das Recht, nicht-qualifiziert elektronisch signierte Dokumente auf einem sicheren Übermittlungsweg zu versenden, nicht auf andere Personen übertragen kann. Aus dieser Regelung ergibt sich nach unserer Auffassung, dass § 130a Abs. 3 S. 1 Alt. 2 ZPO dahin-

103

---

66 *Müller*, eJustice-Praxishandbuch, 6. Aufl. 2022, S. 30.
67 *Müller*, eJustice-Praxishandbuch, 6. Aufl. 2022, S. 30.
68 Zu einer bildlichen Darstellung siehe auch § 5 Rdn 66 ff. in diesem Werk.
69 Siehe hierzu auch bildlich mit Erläuterung: https://www.bea-brak.de/xwiki/bin/view/BRAK/%2300124 (Abruf: 22.9.2022).

§ 2 Überblick über beA, Gesellschafts-beA, beN, beBPo, beSt & eBO

gehend zu verstehen ist, dass der Postfachinhaber selbst aus seinem Postfach senden muss, wenn er nur einfach elektronisch signierte elektronische Dokumente einreichen möchte; zur äußerst umfangreichen Rechtsprechung zur Notwendigkeit der Identität/Übereinstimmung von VHN mit einfacher elektronischer Signatur siehe auch § 11 Rdn 126 ff. u. 136 ff. § 23 Abs. 3 S. 5 RAVPV gilt jedoch nicht für die Befugnis von Vertretungen und Zustellungsbevollmächtigten, elektronische Empfangsbekenntnisse abzugeben, § 23 Abs. 3 S. 6 RAVPV. Handelt es sich bei dem Postfachinhaber um eine Berufsausübungsgesellschaft, so darf diese das Recht, nicht-qualifiziert elektronisch signierte Dokumente für die Berufsausübungsgesellschaft auf einem sicheren Übermittlungsweg zu versenden, nur solchen vertretungsberechtigten Rechtsanwälten einräumen, die ihren Beruf in der Berufsausübungsgesellschaft ausüben, § 23 Abs. 3 S. 7 RAVPV. Zu den technischen Problemen im Gesellschafts-beA und der Empfehlung, die zur Zeit der Drucklegung dieses Werks besteht, aus dem Gesellschafts-beA nur mit qualifizierter elektronischer Signatur zu versenden, siehe auch Rdn 36 oben.

104 Sendet der Anwalt, der selbst am beA-System angemeldet ist, aus seinem Postfach eine Nachricht z.B. an einen Anwaltskollegen (oder ein Gericht), wird der vertrauenswürdige Herkunftsnachweis (VHN) (1) in der Nachricht dokumentiert. Der Empfänger der Nachricht (z.B. ein Anwaltskollege) kann nach dem Exportieren der Nachricht aus der Exportdatei sich die XXXXXXX_VerifikationRepoert.html-Datei anzeigen lassen und kann im Prüfprotokoll die Erstellung des VHN erkennen.

105

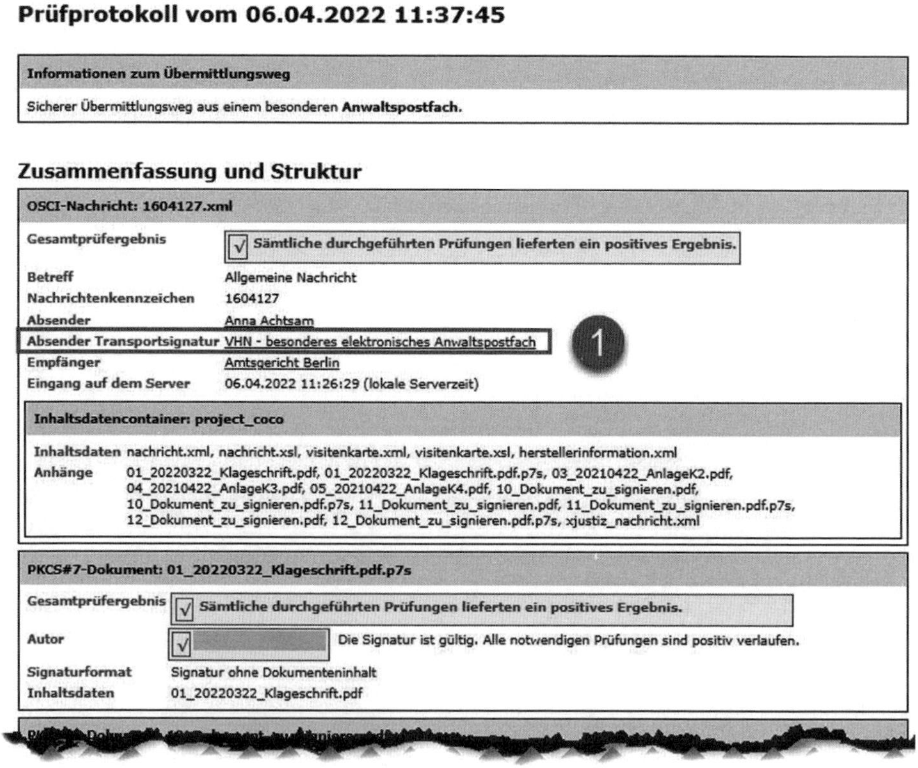

Prüfprotokoll vom 06.04.2022 11:37:45

Informationen zum Übermittlungsweg	
Sicherer Übermittlungsweg aus einem besonderen **Anwaltspostfach**.	

Zusammenfassung und Struktur

OSCI-Nachricht: 1604127.xml	
Gesamtprüfergebnis	☑ Sämtliche durchgeführten Prüfungen lieferten ein positives Ergebnis.
Betreff	Allgemeine Nachricht
Nachrichtenkennzeichen	1604127
Absender	Anna Achtsam
Absender Transportsignatur	VHN - besonderes elektronisches Anwaltspostfach (1)
Empfänger	Amtsgericht Berlin
Eingang auf dem Server	06.04.2022 11:26:29 (lokale Serverzeit)

Inhaltsdatencontainer: project_coco	
Inhaltsdaten	nachricht.xml, nachricht.xsl, visitenkarte.xml, visitenkarte.xsl, herstellerinformation.xml
Anhänge	01_20220322_Klageschrift.pdf, 01_20220322_Klageschrift.pdf.p7s, 03_20210422_AnlageK2.pdf, 04_20210422_AnlageK3.pdf, 05_20210422_AnlageK4.pdf, 10_Dokument_zu_signieren.pdf, 10_Dokument_zu_signieren.pdf.p7s, 11_Dokument_zu_signieren.pdf, 11_Dokument_zu_signieren.pdf.p7s, 12_Dokument_zu_signieren.pdf, 12_Dokument_zu_signieren.pdf.p7s, xjustiz_nachricht.xml

PKCS#7-Dokument: 01_20220322_Klageschrift.pdf.p7s		
Gesamtprüfergebnis	☑ Sämtliche durchgeführten Prüfungen lieferten ein positives Ergebnis.	
Autor	☑	Die Signatur ist gültig. Alle notwendigen Prüfungen sind positiv verlaufen.
Signaturformat	Signatur ohne Dokumenteninhalt	
Inhaltsdaten	01_20220322_Klageschrift.pdf	

Abb. 1: Empfangene Nachricht auf VHN überprüfen

106 Gerichte erhalten eine andere Ansicht angezeigt als der Absender bei der Sendung einer Nachricht zwischen zwei beA-Postfächern. Während im beA-Postfach im Prüfprotokoll unter Absender Transportsignatur u.a. der Vermerk „vertrauenswürdiger Herkunftsnachweis" erfolgt, wird bei den Gerichten unter dem Stichwort „Informationen zum Übermittlungsweg" im Transfervermerk angezeigt: „Sicherer Übermittlungsweg aus einem besonderen Anwaltspostfach." Diese Ansicht ist von der BRAK zwingend gem. § 20 Abs. 3 RAVPV zu gewährleisten. Allein anhand der angezeigten Safe-ID des beA eines Anwalts, aus dem die Nachricht gesendet wird, lässt sich für den Empfänger nicht entnehmen, ob ein Mitarbeiter (ggf. auch vertretender Anwaltskollege) oder der Postfachinhaber selbst gesendet hat. Zwar verfügt der Mitarbeiter aufgrund seiner Registrierung im beA-System über eine eigene Safe-ID, nicht aber über ein eigenes Postfach. Allerdings wird bei der Sendung aus dem Anwaltspostfach immer der Name des Postfachinhabers, aus dessen Postfach gesendet wird, angezeigt, auch wenn andere Personen als der Postfachinhaber (Mitarbeiter oder vertretender Anwaltskollege) versenden.

Das sich öffnende Prüfprotokoll weist diverse Informationen aus.

107

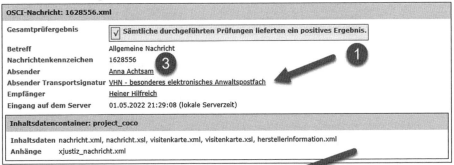

Abb. 2: Prüfprotokoll für eine empfangene Nachricht. Der mit eigenem Zugangsmittel im beA angemeldete RA hat selbst aus seinem Postfach versendet.

Es wird angezeigt, dass der Absender mit einem vertrauenswürdigen Herkunftsnachweis gesendet hat (1). Das Zertifikat für die Transportsignatur wird dabei von der BNotK bereitgestellt (2). **Wichtig:** Erkennbar ist auch (3), dass das beA der Postfachinhaberin (RAin) Anna Achtsam genutzt wurde. Damit eine wirksame Einreichung gem. § 130a Abs. 3 S. 1 Alt. 2 ZPO gegeben ist, muss auch der Name dieser Anwältin Anna Achtsam als einfache elektronische Signatur am Dokument angebracht sein, siehe auch umfassend § 11 Rdn. 136 ff. in diesem Werk.

108 Sendet dagegen ein Benutzer, der mit der Rolle Mitarbeiter am beA-System angemeldet ist, aus dem Postfach eines Anwalts die Nachricht, fehlt der vertrauenswürdige Herkunftsnachweis im Prüfprotokoll. Dabei spielt es keine Rolle, ob man als Anwalt aus einem „fremden" Postfach sendet[70] oder als nicht juristischer Mitarbeiter angemeldet ist. RAe, die in einem Gesellschaftspostfach die Rolle „VHN-Berechtigter" erhalten haben, können ebenfalls mit VHN versenden, siehe hierzu Rdn. 35 ff., zu den technischen Problemen beim Auslesen des VHN siehe jedoch Rdn 36 jeweils in diesem Kapitel, sodass zum Zeitpunkt der Drucklegung dieses Werks die Empfehlung besteht, aus dem Gesellschafts-beA ausschließlich mit qualifizierter elektronischer Signatur zu versenden.

109

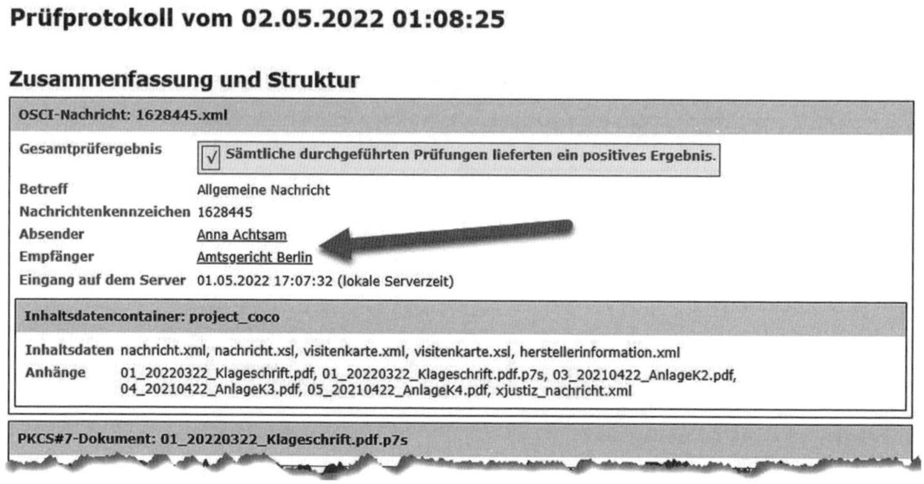

Prüfprotokoll vom 02.05.2022 01:08:25

Zusammenfassung und Struktur

OSCI-Nachricht: 1628445.xml	
Gesamtprüfergebnis	✓ Sämtliche durchgeführten Prüfungen lieferten ein positives Ergebnis.
Betreff	Allgemeine Nachricht
Nachrichtenkennzeichen	1628445
Absender	Anna Achtsam
Empfänger	Amtsgericht Berlin
Eingang auf dem Server	01.05.2022 17:07:32 (lokale Serverzeit)

Inhaltsdatencontainer: project_coco	
Inhaltsdaten	nachricht.xml, nachricht.xsl, visitenkarte.xml, visitenkarte.xsl, herstellerinformation.xml
Anhänge	01_20220322_Klageschrift.pdf, 01_20220322_Klageschrift.pdf.p7s, 03_20210422_AnlageK2.pdf, 04_20210422_AnlageK3.pdf, 05_20210422_AnlageK4.pdf, xjustiz_nachricht.xml

PKCS#7-Dokument: 01_20220322_Klageschrift.pdf.p7s

Abb. 3: Prüfprotokoll weist keinen VHN aus. Der Sender hat in dem beA, aus dem er sendet, z.B. die Rolle Mitarbeiter. Es sendet nicht der Postfachinhaber selbst.

Es werden zwar wieder Empfänger(-Postfach) und Absender(-Postfach) im Prüfprotokoll ausgewiesen (1). Der Hinweis auf den vertrauenswürdigen Herkunftsnachweis wie in Abb. 2 (oben) fehlt genauso wie der Hinweis auf das Zertifikat der Transportsignatur des vertrauenswürdigen Herkunftsnachweises, siehe (1 und 2) in Abb. 2 (oben). Empfänger- und Absenderzertifikat werden selbstredend angezeigt.

110 *Hinweis*

Nicht jedes OSCI-fähige elektronische Postfach ist auch ein sicherer Übermittlungsweg; sodass bei OSCI-fähigen Postfächern, die nicht sicherer Übermittlungsweg sind, nach wie vor eine qualifizierte elektronische Signatur angebracht werden muss, wenn z.B. ein Schriftsatz bei Gericht eingereicht werden soll, siehe § 11 Rdn 28 u. 121 ff.

II. Sichere Übermittlungswege in anderen Verfahrensordnungen

111 Sichere Übermittlungswege sind natürlich nicht nur in § 130a Abs. 4 ZPO geregelt. Sie finden diese gleichermaßen z.B. auch in den §§ 52a Abs. 4 FGO, 55a Abs. 4 VwGO, 65a Abs. 4 SGG, § 46c Abs. 4 ArbGG, § 125a Abs. 2 S. 2 PatG i. v. m. § 130a Abs. 4 ZPO, 32a StPO, § 110c OWiG i.V.m. § 32a StPO, § 4 S. 1 InsO i. v. m. § 130a Abs. 4 ZPO.

---

[70] Stand 22.9.2022.

E. Nicht geeignete Übermittlungswege für den ERV

112 Eine Übermittlung elektronischer Dokumente im Rahmen des elektronischen Rechtsverkehrs über andere als sichere Übermittlungswege oder sonstige zulässige Drittprodukte wie z.B. die Versendung via Outlook, web.de, gmail, hotmail, googlemail etc. ist gem. § 4 Abs. 1 ERVV sowie nach den Verfahrensordnungen gem. §§ 130a Abs. 4 ZPO, 52a Abs. 4 FGO, 55a Abs. 4 VwGO, 65a Abs. 4 SGG, § 46c Abs. 4 ArbGG, § 125a Abs. 2 S. 2 PatG i.V.m. § 130a Abs. 4 ZPO, § 32a StPO, § 110c OWiG i.V.m. § 32a StPO, § 4 S. 1 InsO i.V.m. § 130a Abs. 4 ZPO **nicht zulässig**. Eine Übermittlung eines fristwahrenden Schriftsatzes z.B. per „klassischer E-Mail" kommt allenfalls unter den strengen Voraussetzungen der **Ersatzeinreichung** gem. § 130d S. 2 ZPO in Betracht, wobei das Dokument dann noch vor Fristablauf ausgedruckt dem Gericht vorliegen muss, siehe dazu § 16 Rdn 2 u. Rdn 37 ff. in diesem Werk.

F. Kommunikationspartner im beA – Zusammenfassung

113 Anwälte können via ihrem beA
- mit den Gerichten **(EGVP)** und
- Gerichtsvollziehern **(eBO/EGVP)** sowie
- Anwaltskollegen **(beA)** und
- den Rechtsanwaltskammern einschl. der BRAK **(beA)** sowie
- dem Zentralen Schutzschriftenregister **(EGVP)** und
- Notaren **(beN**[71]**)** sowie
- Behörden **(beBPo)** und
- Steuerberatern **(beSt** – voraussichtlich ab 1.1.2023; ggf. etwas früher) und
- Nutzern eines **eBO** (Sachverständige, Sprachmittler etc., siehe Rdn 49 in diesem Kapitel)

korrespondieren. All diese elektronischen Briefkästen sind „OSCI-fähig",[72] d.h. sie arbeiten mit dem gleichen technischen Standard und sind daher miteinander kompatibel.

114 beA, beN, beSt, eBO und beBPo sind Teil der EGVP-Infrastruktur, die aus den nachstehenden Komponenten besteht:
- einer Sende- und Empfangssoftware,
- Intermediären für die Zwischenspeicherung,
- sicheren Verzeichnisdiensten nach dem Standard S.A.F.E.,[73]
- einem fortgeschrittenen Signaturzertifikat für den Herkunftsnachweis.

---

71 Gesetz zur Neuordnung der Aufbewahrung von Notariatsunterlagen und zur Einrichtung des Elektronischen Urkundenarchivs bei der Bundesnotarkammer; BGBl I, 1396.
72 „Online Services Computer Interface – OSCI".
73 SAFE – Secure Access to Federated e-Justice.

§ 3 Nutzungspflichten und Einsatzeinreichung

A. Passive Nutzungspflicht

I. Aufgaben der BRAK

Die Justiz stellt seit 2013 verstärkt auf den elektronischen Rechtsverkehr um und hat weite Teile der Umsetzung bereits abgeschlossen. Anwälte müssen als unabhängige Organe der Rechtspflege und Freiberufler diesen Weg mitgehen. Die BRAK hat ihre in § 31a Abs. 1 S. 1 BRAO und § 21 RAVPV normierte Pflicht zur Einrichtung eines empfangsbereiten besonderen elektronischen Anwaltspostfachs (beA) für jedes im Gesamtverzeichnis eingetragene Mitglied einer Rechtsanwaltskammer (BRAV) bereits 2016 umgesetzt. Zum 1.8.2022 werden auch zugelassene Berufsausübungsgesellschaften im BRAV zu finden sein und ein verpflichtendes Gesellschafts-beA erhalten, siehe hier den ab 1.8.2022 geltenden § 31b BRAO[1] sowie die Ausführungen zum Gesellschafts-beA in § 2 Rdn 19 ff.; zu den technischen Problemen in § 2 Rdn 36 dieses Werks. Mit dem elektronischen Rechtsverkehr sind für Anwälte und Berufsausübungsgesellschaften neue berufsrechtliche Pflichten verknüpft, insbesondere die passive und aktive Nutzungspflicht.

Gem. § 31a Abs. 3 S. 1 BRAO hat die BRAK sicherzustellen, dass der Zugang zum beA nur durch ein sicheres Verfahren mit zwei voneinander unabhängigen Sicherungsmitteln möglich ist (Besitz [Karte oder Softwarezertifikat] und Wissen [PIN]). Sie kann auch Vertretungen, Abwicklern und Zustellungsbevollmächtigten die Nutzung des besonderen elektronischen Anwaltspostfachs ermöglichen; § 31a Abs. 2 BRAO gilt sinngemäß; § 31a Abs. 3 S. 2 BRAO.

Die BRAK hat im Zusammenhang mit dem beA unterschiedliche Rechte und Pflichten (nur beispielhaft):

- Betreibung der beAs auf der Grundlage des Protokollstandards „Online Services Computer Interface – OSCI" oder einem künftig nach dem Stand der Technik an dessen Stelle tretenden Standard, § 20 Abs. 1 S. 1 RAVPV.
- Gewährleistung, dass fortlaufend eine sichere elektronische Kommunikation über das beA möglich ist, § 20 Abs. 1 S. 2 RAVPV.
- Recht, unterschiedlich ausgestaltete Zugangsberechtigungen für Kammermitglieder und andere Personen einzurichten, § 31a Abs. 3 S. 3 BRAO.
- Pflicht zur Einrichtung eines beA bei weiterer Kanzlei, § 31a Abs. 7 BRAO.
- Pflicht zur Einrichtung eines beA bei Syndikusrechtsanwälten, § 31a Abs. 2 S. 2 BRAO.
- Pflicht zur automatisierten Abmeldung im beA-System bei Überschreitung einer bestimmten Zeitdauer, § 24 Abs. 1 S. 3 u. 4 RAVPV.
- Schaffung der Möglichkeit zur Anmeldung anderer Personen als der Postfachinhaber selbst nur über Zertifikate und dazugehöriger PIN, § 24 Abs. 2 RAVPV.
- Berechtigung, die in dem besonderen elektronischen Anwaltspostfach gespeicherten Nachrichten nach angemessener Zeit zu löschen, § 31a Abs. 3 S. 4 BRAO, § 27 RAVPV.
- Pflicht zur barrierefreien Ausgestaltung des beA, § 31a Abs. 3 S. 5 BRAO, § 20 Abs. 2 RAVPV.
- Ermöglichung der Suche nach allen Personen oder Stellen, die über das beA erreichbar sind, § 19 Abs. 3 S. 1 RAVPV.
- Zugänglichmachen der entsprechenden Daten auch für die Gerichte, § 19 Abs. 3 S. 2 RAVPV.

---

1 Art. 2 Gesetz zur Neuregelung des Berufsrechts der anwaltlichen und steuerberatenden Berufsausübungsgesellschaften sowie zur Änderung weiterer Vorschriften im Bereich der rechtsberatenden Berufe – G. v. 7.7.2021, BGBl I, 2363; 2022 I, 666; zudem wird in § 31a Abs. 1 BRAO ab 1.8.2022 „jedes im Gesamtverzeichnis eingetragene Mitglied einer RAK" zur „jede im Gesamtverzeichnis eingetragene natürliche Person"; in § 21 RAVPV wird zusätzlich zur Person auf die Berufsausübungsgesellschaft abgestellt.

§ 3   Nutzungspflichten und Einsatzeinreichung

- Pflicht zur Löschung des beA bzw. Beendigung der Zugangsberechtigung in den Fällen der Beendigung einer Mitgliedschaft in einer RAK (Ausnahme: RAK-Wechsel), § 31a Abs. 4 BRAO; siehe dazu auch §§ 28, 29 RAVPV.
- Gewährleistung, dass bei einem Versand nicht-qualifiziert signierter elektronischer Dokumente durch einen Rechtsanwalt auf einem sicheren Übermittlungsweg für den Empfänger feststellbar ist, dass die Nachricht von dem Rechtsanwalt selbst versandt wurde, § 20 Abs. 3 RAVPV.
- Pflicht zur Regelung, dass das Recht, nicht-qualifiziert elektronisch signierte Dokumente auf einem sicheren Übermittlungsweg zu versenden, vom Postfachinhaber nicht auf andere Personen übertragen werden kann, mit Ausnahme von elektronischen Empfangsbekenntnissen, die Vertretungen oder Zustellungsbevollmächtigte abgeben, § 23 Abs. 3 S. 5 u. 6 RAVPV.
- Weitere Aufgaben der BRAK ergeben sich u.a. im Hinblick auf die Führung des Gesamtverzeichnisses der BRAK sowie des europäischen Anwaltsverzeichnisses aus den §§ 9–18 RAVPV sowie aus § 31 BRAO.

4   Die RAVPV wird zum 1.8.2022 aufgrund der BRAO-Reform und Regelung zur Berufsausübungsgesellschaft erheblich erweitert und geändert.[2] Wichtige Änderungen sind nachstehend abgedruckt:

§ 20 Abs. 3 RAVPV n.F.:

„Die Bundesrechtsanwaltskammer hat zu gewährleisten, dass

1. bei der Übermittlung eines Dokuments mit einer nicht-qualifizierten elektronischen Signatur auf einem sicheren Übermittlungsweg durch einen Rechtsanwalt für den Empfänger feststellbar ist, dass die Nachricht von dem Rechtsanwalt selbst versandt wurde,

2. bei der Übermittlung eines Dokuments mit einer nicht-qualifizierten elektronischen Signatur auf einem sicheren Übermittlungsweg durch eine zugelassene Berufsausübungsgesellschaft für den Empfänger feststellbar ist, dass die Nachricht durch einen Rechtsanwalt versandt wurde, der zur Vertretung der Berufsausübungsgesellschaft berechtigt ist."

§ 21 Abs. 3 RAVPV n.F.:

„Wird ein besonderes elektronisches Anwaltspostfach für eine Berufsausübungsgesellschaft eingerichtet, hat die Berufsausübungsgesellschaft der Rechtsanwaltskammer die Familiennamen und Vornamen der vertretungsberechtigten Rechtsanwälte mitzuteilen, die befugt sein sollen, für die Berufsausübungsgesellschaft Dokumente mit einer nicht-qualifizierten elektronischen Signatur auf einem sicheren Übermittlungsweg zu versenden. Die Berufsausübungsgesellschaft hat der Rechtsanwaltskammer unverzüglich jede Änderung der Vertretungsberechtigung sowie der Namen mitzuteilen."

§ 23 Abs. 3 S. 7 RAVPV n.F.:

„Handelt es sich bei dem Postfachinhaber um eine Berufsausübungsgesellschaft, so darf diese das Recht, nicht-qualifiziert elektronisch signierte Dokumente für die Berufsausübungsgesellschaft auf einem sicheren Übermittlungsweg zu versenden, nur solchen vertretungsberechtigten Rechtsanwälten einräumen, die ihren Beruf in der Berufsausübungsgesellschaft ausüben."[3]

§ 25 Abs. 5 RAVPV n.F.:

„Hat es eine Berufsausübungsgesellschaft in den Fällen des § 59m Absatz 4 in Verbindung mit § 30 der Bundesrechtsanwaltsordnung oder des § 59e Absatz 1 in Verbindung mit § 54 Absatz 2 der Bun-

---

2 Artikel 2 – Gesetz zur Neuregelung des Berufsrechts der anwaltlichen und steuerberatenden Berufsausübungsgesellschaften sowie zur Änderung weiterer Vorschriften im Bereich der rechtsberatenden Berufe – G. v. 7.7.2021 BGBl I S. 2363, 2022 I S. 666 (Nr. 14).
3 Diese Vorschrift wurde bereits vor ihrem Inkrafttreten d. Art. 9 Gesetz zur Ergänzung der Regelungen zur Umsetzung der Digitalisierungsrichtlinie und zur Änderung weiterer Vorschriften v. 15.7.2022, BGBl. I, 1146 zum 1.8.2022 noch geändert.

desrechtsanwaltsordnung unterlassen, einem von ihr benannten Zustellungsbevollmächtigten oder einer von ihr bestellten Vertretung einen Zugang zu ihrem besonderen elektronischen Anwaltspostfach einzuräumen, so gilt Absatz 4 entsprechend."

II. Erstanmeldepflicht der Anwälte

Um das beA nutzen und damit auch Eingangspost zur Kenntnis nehmen zu können, ist zwingend eine Erstregistrierung/Erstanmeldung am Postfach durch den Postfachinhaber selbst erforderlich. Gem. § 22 Abs. 1 S. 1 RAVPV erfolgt die Erstanmeldung des Postfachinhabers an seinem besonderen elektronischen Anwaltspostfach unter Verwendung eines für ihn zu diesem Zweck erzeugten und auf einer Hardwarekomponente gespeicherten Zertifikats, das die eindeutige Bezeichnung des Postfachs enthält, sowie unter Verwendung der zugehörigen Zertifikats-PIN. Der Verordnungsgeber verlangt in § 22 Abs. 1 S. 2 RAVPV, dass die verwendete Hardwarekomponente vergleichbaren Anforderungen i.S.d. Satzes 1 und des § 23 RAVPV genügen muss, wie sie nach dem Anhang II der Verordnung (EU) Nr. 910/2014 des Europäischen Parlaments und des Rates vom 23.7.2014 über elektronische Identifizierung und Vertrauensdienste für elektronische Transaktionen im Binnenmarkt und zur Aufhebung der Richtlinie 1999/93/EG (ABl Nr. L 257, 73 v. 28.8.2014) für qualifizierte elektronische Signaturerstellungseinheiten gelten.

Erforderliche Zertifikate sind über die BNotK erhältlich, siehe hierzu auch § 5 Rdn 1 ff in diesem Werk, die Bestellung mehrerer Zertifikate ist gem. § 22 Abs. 2 S. 2 RAVPV zulässig.

Gem. § 22 Abs. 3 RAVPV hat die Ausgabe des zur Erstanmeldung erforderlichen Zertifikats und die Zuteilung der zugehörigen Zertifikats-PIN in einem Verfahren zu erfolgen, das gewährleistet, dass

1. der Postfachinhaber das Zertifikat und die Zertifikats-PIN unverzüglich, jedoch getrennt voneinander erlangt,
2. das besondere elektronische Anwaltspostfach dem Zertifikat zweifelsfrei zugeordnet ist,
3. keine unbefugte Inbesitznahme des Zertifikats durch Dritte erfolgt und
4. keine unbefugte Kenntnisnahme Dritter von der Zertifikats-PIN erfolgt.

Die Erstregistrierung ist in einem Dokument umfangreich beschrieben, welches die BNotK zum Download bereitstellt.[4] Zur **Erstregistrierung** siehe auch § 6 Rdn 17 ff. in diesem Werk.

III. Kenntnisnahmepflicht – Zustellungen und formlose Posteingänge

Mit „passiver Nutzungspflicht" ist die Pflicht gemeint, das beA auf Zustellungen und den Zugang von Mitteilungen zu überwachen, diese zur Kenntnis zu nehmen und gegen sich gelten zu lassen. Die passive Nutzungspflicht umfasst damit die regelmäßige Kontrolle der Posteingänge im Gegensatz zur aktiven Nutzung, die sich auf Postausgänge erstreckt.

Die **passive Nutzungspflicht** ist seit dem **1.1.2018** in § 31a Abs. 6 BRAO geregelt.

> *„(6) Der Inhaber des besonderen elektronischen Anwaltspostfachs ist verpflichtet, die für dessen Nutzung erforderlichen technischen Einrichtungen vorzuhalten sowie Zustellungen und den Zugang von Mitteilungen über das besondere elektronische Anwaltspostfach zur Kenntnis zu nehmen."*

Der Gesetzgeber regelt in § 31a Abs. 6 BRAO zwei wichtige Aspekte:

- die Pflicht, technisch entsprechend ausgestattet zu sein und
- die passive Nutzungspflicht des Postfachinhabers.

---

4 https://bea.bnotk.de/faq.html (Abruf 16.10.2022); Fragen zu den Karten der 2. Generation finden Sie unter: https://zertifizierungsstelle.bnotk.de/hilfe/faq (Abruf: 16.10.2022).

§ 3   Nutzungspflichten und Einsatzeinreichung

12 Die passive Nutzungspflicht betrifft
- den Zugang formloser Mitteilungen,
- Zustellungen, z.B. i.S.d. §§ 166 ff. ZPO sowie entsprechender anderer Verfahrensordnungen (nur beispielhaft: § 56 Abs. 2 VwGO, § 63 Abs. 2 SGG, § 50 Abs. 2 ArbGG, § 127 Abs. 1 PatG [DPMA] u. § 127 Abs. 2 PatG [BPatG], § 53 Abs. 2 FGO, § 4 InsO).

13 Die Erforderlichkeit der grundsätzlich erforderlichen technischen Ausstattung wird zudem von § 2 Abs. 2 BORA ergänzt, der verlangt, dass die Verschwiegenheitspflicht es dem Rechtsanwalt gebietet, die zum Schutze des Mandatsgeheimnisses erforderlichen organisatorischen und technischen Maßnahmen zu ergreifen, die risikoadäquat und für den Anwaltsberuf zumutbar sind. Ausreichend ist damit nicht allein eine entsprechende technische Ausstattung, um überhaupt Zugang zum beA zu erhalten; ein gewisser technischer Stand und die Ergreifung von Sicherheitsmaßnahmen sind zudem notwendig. Eine veraltete Betriebssoftware, die keinen technischen Support mehr erfährt, und die Nutzung kostenfreier Virensoftware verbieten sich daher nach unserer Auffassung schon von selbst. Auch sollte darauf geachtet werden, regelmäßige UpDates auch tatsächlich zu installieren und Aufforderungen hierzu nicht einfach „wegzuklicken" (nach dem Motto: „Nicht jetzt."). Ebenso sollten regelmäßig Wartungsarbeiten erfolgen, um den reibungslosen Betrieb der eingesetzten Hard- und Software, soweit es geht, zu gewährleisten.

14 Bezogen auf die Posteingänge unterscheidet der Gesetzgeber ausdrücklich zwischen Zustellungen als förmlichen Akt und dem formlosen Zugang von Mitteilungen. Seit dem 1.1.2022 existieren zwei Zustellungsarten, die via beA möglich sind, zum einen die Zustellung elektronischer Dokumente durch das Gericht gem. § 173 Abs. 3 ZPO bzw. von Anwalt zu Anwalt, § 195 Abs. 2 S. 3 ZPO, jeweils mit Nachweis durch **elektronisches Empfangsbekenntnis**, oder die Zustellung elektronischer Dokumente durch den Gerichtsvollzieher gem. § 193a ZPO mit **Zustellungsfiktion**. Zu diesen Zustellungsarten und den berufsrechtlichen sowie prozessualen Pflichten im Zusammenhang mit Empfangsbekenntnissen wird detailliert in § 15 ausgeführt.

15 Die passive Nutzungspflicht trifft grundsätzlich jeden Postfachinhaber und jede Postfachinhaberin, gleich ob natürliche Person oder Berufsausübungsgesellschaft, vgl. für letztere ab 1.8.2022 auch § 31b Abs. 5 i.V.m. § 31a Abs. 6 BRAO. Ausnahmen von der generellen passiven Nutzungspflicht bestehen nicht. Damit gilt:
- Es wird zum Abruf von Nachrichten ein Internetzugang benötigt.
- Die Zugangssoftware beA Client-Security ist zu installieren.
- Etwaige weitere zum Betrieb des beA erforderliche Software, wie z.B. ein aktuelles Java-Script, müssen installiert sein.
- Firewall oder Systemeinstellungen dürfen einen Zugang zum beA nicht verhindern.
- Technische Probleme, die auf Seiten des Anwalts zum Betrieb des beA zu vertreten sind, müssen behoben werden.
- Anwälte und Berufsausübungsgesellschaften müssen ein Kartenlesegerät zur Verfügung haben, damit er Zugang zu seinem beA nehmen kann Für die Erstregistrierung ist dabei ein Gerät der Sicherheitsklasse 3 erforderlich.[5]
- Anwälte und Berufsausübungsgesellschaften müssen mindestens die beA-Karte Basis (vgl. § 5 Rdn 2 ff. in diesem Werk) in ihrem Besitz haben und die jeweils dazugehörige PIN kennen, damit sie sich Zugang zu ihrem beA verschaffen können.
- Die Erstregistrierung (Erstanmeldung) am beA muss durchgeführt und abgeschlossen sein.
- Postfachinhaber müssen, wenn sie länger als eine Woche abwesend oder verhindert sind, für eine Vertretung sorgen, vgl. dazu § 53 Abs. 1 Nr. 1 BRAO – siehe hierzu aber auch § 7 Rdn 61, 105 i.V.m. 87 dieses Werks.

---

5 Siehe dazu auch Bundesnetzagentur – https://www.bundesnetzagentur.de/ (Abruf: 16.10.2022).

- Für vorhersehbare und nicht vorhersehbare Verhinderungen, z.B. aufgrund plötzlicher Erkrankung etc., sind rechtzeitig Vorkehrungen zu treffen.[6]

Zur Möglichkeit, sich von der Kanzleipflicht befreien zu lassen und einen Zustellungsbevollmächtigten zu benennen, siehe auch § 7 Rdn 59, 105 i.V.m. 87 in diesem Werk. **16**

Grundsätzlich sind damit **alle Posteingänge** zur Kenntnis zu nehmen, u.a. insbesondere: **17**
- Mitteilungen und Zustellungen von Gerichten,
- Mitteilungen und Zustellungen von Anwälten (zu § 14 BORA siehe auch § 15 Rdn 59, 63, 95, 190 u. 261 in diesem Werk),
- Mitteilungen und Zustellungen der **RAK** und **BRAK**,
- Mitteilungen und Zustellungen von **Behörden** (über deren beBPo – siehe § 2 Rdn 46),
- Mitteilungen und Zustellungen von **Notaren** (über deren beN – siehe § 2 Rdn 44);
- ab 1.1.2023 Mitteilungen und Zustellungen von **Steuerberatern** (über deren beSt – siehe § 2 Rdn 70),
- seit 1.1.2022/ab 1.1.2024 Mitteilungen und Zustellungen von **professionellen anderen Nutzern** und z.B. aber auch Mandanten (über deren eBO – siehe § 2 Rdn 49).

Auf die Frage, **wann** ein elektronisches Dokument im beA als **eingegangen** und wann als **zugestellt** gilt, wird u.a. im Kapitel Zustellungen im beA vertiefend eingegangen, vgl. dazu § 15 in diesem Werk. **18**

Anwälte dürfen nach unserer Auffassung die Kontrolle der Posteingänge auf sorgfältig ausgewähltes, geschultes, zuverlässiges und regelmäßig stichprobenartig kontrolliertes Personal übertragen. Dies ergibt sich bereits aus § 23 Abs. 2 RAVPV, der einem Postfachinhaber erlaubt, unter den dort genannten Voraussetzungen Mitarbeitern Rechte an seinem Postfach einzuräumen.[7] **19**

Das bedeutet nach unserer Auffassung aber **nicht**, dass Anwälte nach Erstregistrierung ihre Mitarbeiter unbeaufsichtigt „schalten und walten lassen" können im beA. Bei der Auswahl der Mitarbeiter ist dabei auf die von der Rechtsprechung des BGH anerkannten Kriterien zurückzugreifen, siehe hierzu ausführlich auch in § 22 Rdn 1 ff. in diesem Werk. **20**

Im Übrigen kann man als Rechtsanwalt der passiven Nutzungspflicht auch nicht dadurch entgehen, von Technik „keine Ahnung" zu haben. Warum im nachfolgenden Fall der Anwalt seine beA-Nachrichten nicht abrufen konnte, ist hier nicht bekannt. Seine mehrfache Bitte an das Gericht, das Schriftstück doch bitte zu faxen oder „richtig" zu senden, blieb jedenfalls beim LAG Schleswig-Holstein ungehört; es versagte schließlich wegen Fristablaufs (angeforderte Dokumente wurden nicht fristgerecht übermittelt) die begehrte Prozesskostenhilfe; auch das sofortige Beschwerdeverfahren blieb ohne Erfolg; eine Rechtsbeschwerde wurde nicht zugelassen:[8] **21**

> *„Ein Rechtsanwalt ist als Inhaber eines besonderen Anwaltspostfachs (beA) nicht nur verpflichtet, die technischen Einrichtungen zum Empfang von Zustellungen und Mitteilungen über das beA lediglich vorzuhalten, vielmehr ist der Rechtsanwalt zugleich verpflichtet, sich die Kenntnisse zur Nutzung dieser technischen Einrichtungen anzueignen, damit er die über beA zugestellten Dokumente auch gemäß § 31a Abs. 6 BRAO zur Kenntnis nehmen kann. Die Gerichte sind nicht verpflichtet, den Rechtsanwälten Handlungsanweisungen zum Öffnen der über beA zugesandten Dokumente zu erteilen."*

---

6 Nur beispielhaft für viele: BGH, Beschl. v. 5.3.2014 – XII ZB 736/12, BeckRS 2014, 06956 = FamRZ 2014, 829 = MDR 2014, 558; BGH, Beschl. v. 1.7.2013 – VI ZB 18/12; NJW 2013, 3181; BGH NJW 2011, 1601; BGH NJW 2009, 3037; BGH NJW 2008, 3571 = FamRZ 2008, 2271; BGH, Beschl. v. 16.4.2019 – VI ZB 44/18, NJW-RR 2019, 1209 = FamRZ 2019, 1440 = MDR 2019, 955.
7 Siehe dazu auch: „Ihre Mitarbeiter brauchen Rechte", BRAK-Newsletter 18/2018 vom 20.9.2019: https://www.brak.de/zur-rechtspolitik/newsletter/bea-newsletter/2018/ausgabe-18-2018-v-20092018.news.html (Abruf: 7.10.2022).
8 LAG Schleswig-Holstein, Beschl. v. 19.9.2019 – 5 Ta 94/19, BeckRS 2019, 23819.

IV. Nutzungspflicht trotz Zweifel an der technischen Sicherheit

22 Ein Recht zur Weigerung der Nutzung des beA kann sich auch nicht aus einer „architektonisch" (technischen) Unsicherheit des beA heraus ergeben,[9] siehe hierzu ergänzend auch § 1 Rdn 45 in diesem Werk. Eine Verfassungsbeschwerde gegen die Pflichteinführung des beA scheiterte ebenfalls.[10] Zur bestehenden beA-Erstregistrierungs- und Abrufpflicht und der damit verbundenen Berechtigung zur Kammerumlage hat auch der BGH in der Vergangenheit bereits entschieden.[11]

V. Missachtung der passiven Nutzungspflicht

1. Verletzung einer Kernpflicht

23 Nachdem sowohl die Mitteilungen der BRAK als auch der örtlichen Rechtsanwaltskammern sowie die gesamte Fachpresse einschließlich der zur Lektüre vom BGH ausdrücklich empfohlenen NJW „voll" von Hinweisen, Beiträgen und Aufsätzen auf das beA sind, und ein Anwalt sich darüber hinaus regelmäßig auch über Entwicklungen von berufsrechtlichen Themen zu informieren hat, stellt unseres Erachtens die dauerhafte (auch „versehentliche") Missachtung der passiven Nutzungspflicht eine **Verletzung der Kernpflichten** eines Anwalts dar. Denn letztendlich ist es der Mandant, der bei Missachtung der Eingangspost in seiner Sache erhebliche Nachteile bis hin zum Rechteverlust erleiden kann.

2. Folgen der Missachtung der passiven Nutzungspflicht

a) Berufsrechtliche Konsequenzen

24 Wird die passive Nutzungspflicht missachtet, kann es geschehen, dass

- Beitragsbescheide der RAK,
- Stellungnahmeaufforderungen der RAK zu Beschwerden von Kollegen oder Mandanten und
- Mitteilungen der RAK/BRAK

nicht zur Kenntnis genommen werden und entsprechende berufsrechtliche Folgen nach sich ziehen. Fehlende Reaktionen auf weitere Schreiben der RAK können zu verschärften Sanktionen führen.

25 Aber auch wenn sich Mandanten, Anwaltskollegen, Notare, Justizbehörden oder andere Kommunikationspartner bei der RAK darüber beschweren, dass ein Anwalt auf seine beA-Posteingänge nicht reagiert, ist davon auszugehen, dass die örtlichen Kammern entsprechend empfindlich reagieren (müssen). Die möglichen anwaltsgerichtlichen Konsequenzen ergeben sich aus § 114 BRAO; sie reichen von der Warnung bis hin zur Ausschließung aus der Anwaltschaft.

26 Nach Ansicht des AnwG Nürnberg rechtfertigt die Verletzung der anwaltlichen Pflicht, Zustellungen und den Zugang von Mitteilungen über das besondere elektronische Anwaltspostfach zur Kenntnis zu nehmen, einen Verweis und eine nach den wirtschaftlichen Verhältnissen des Betroffenen zu bemessende Geldbuße; hier 3.000 EUR.[12] Hervorzuheben ist, dass die hier betroffene Anwältin bis zur Verhängung der Geldbuße weder berufs- noch strafrechtlich in Erscheinung getreten war.

---

9 BGH, Urt. v. 22.3.2021 – AnwZ (Brfg) 2/20, NJW 2021, 2206; die eingelegte Anhörungsrüge wurde zurückgewiesen, da keine Verletzung des rechtlichen Gehörs in entscheidungserheblicher Weise vorlag: BGH (Senat für Anwaltssachen), Beschl. v. 16.6.2021 – AnwZ (Brfg) 2/20, BeckRS 2021, 21184.
10 BVerfG (1. Kammer des Ersten Senats), Beschl. v. 20.12.2017 – 1 BvR 2233/17, NJW 2018; 288.
11 BGH, Urt. v. 11.1.2016 – AnwZ (Brfg) 335/15, NJW 2016, 1025; BGH, Beschl. v. 23.5.2019 – AnwZ (Brfg) 15/19, NJW-RR 2019, 1391.
12 AnwG Nürnberg, Urt. v. 6.3.2020 – AnwG I-13/19, Rn 9–14.

b) Versicherungsrechtliche Folgen

Eine Missachtung der berufsrechtlichen Pflichten kann im Haftungsfall zur Leistungsfreiheit des Haftpflichtversicherers führen, denn i.d.R. ist eine Haftungsübernahme bei Verletzung von anwaltlichen Kernpflichten vertraglich ausgeschlossen; vgl. dazu auch §§ 6 Abs. 3, 62 Abs. 2, 58 VVG, 6 AVB. Zumindest kann in der Missachtung auch eine grobe Obliegenheitsverletzung des versicherten Anwalts bzw. der versicherten Berufsausübungsgesellschaft gesehen werden. **27**

Ausgeschlossen ist ein Eintritt der Haftpflichtversicherung auch bei einer vorsätzlichen und widerrechtlichen Herbeiführung eines Versicherungsfalls gem. § 103 VVG, die im Gegensatz zur wissentlichen Pflichtverletzung erschwerend noch den Vorsatz der Schädigung des Mandanten beinhaltet.[13] **28**

> *Hinweis am Rande* **29**
> Zu beachten sind zudem die neuen Versicherungspflichten auch konkret für Berufsausübungsgesellschaften, siehe dazu § 59n BRAO n.F. zum 1.8.2022. Viele Kanzleien mussten ihren Versicherungsschutz bzw. die Versicherungssumme anpassen.

Berufsausübungsgesellschaften sind seit dem 1.8.2022 verpflichtet, die Einhaltung der Berufspflichten ihrer Gesellschafter zu überwachen. § 59d Abs. 5 BRAO bestimmt zu diesem Datum, dass vertraglich geregelt werden muss, dass Gesellschafter, die in schwerwiegender Weise oder wiederholt gegen Pflichten der BRAO oder BORA verstoßen, aus der Berufsausübungsgesellschaft auszuschließen sind, vgl. dazu aber auch die Ausführungen unter § 5 Rdn 83 ff. in diesem Werk. **30**

c) Prozessuale Folgen und Schadenersatz

Wird die passive Nutzungspflicht missachtet, kann dies zu unterschiedlichen prozessualen Konsequenzen führen (nur beispielhaft und nicht abschließend): **31**

- Übersehen einer Zustellungsfiktion (§§ 189 ZPO, 193a ZPO) mit den sich aus der Zustellung ergebenen Folgen (Fristenlauf etc.)
- Zustimmungsfiktion bei Klagerücknahme oder Hauptsacheerledigung bei fehlendem Widerspruch (§§ 269 Abs. 3, 91a Abs. 1 ZPO)
- Versäumung von richterlichen und gesetzlichen prozessualen Fristen mit der Folge der Präklusion
- Versäumung von anberaumten Terminen mit der Folge z.B. eines Versäumnisurteils
- Übersehen eines befristeten Vergleichsangebots der Gegenseite
- Übersehen einer Ladung und Verpassen des Termins (Säumnis)
- Übersehen einer Mandatskündigung (z.B. durch neuen Anwalt der Partei) und Ergreifung weiterer Maßnahmen in Unkenntnis der Mandatskündigung
- Übersehen von richterlichen Verfügungen zur Substantiierung des Sachvortrags (Präklusion)
- Übersehen einer Fristsetzung zur Abgabe von strafbewehrten Unterlassungserklärungen durch den Mandanten und daraufhin anschließender einstweiliger Verfügungsantrag (so auch bei Aufforderung zur Abgabe der Abschlusserklärung mit der Folge einer Hauptsacheklage)

Daneben ist eine Fülle an weiteren Posteingängen und Zustellungen denkbar, deren Nichtbeachtung gravierende Folgen für den Auftraggeber haben kann. Dadurch können sowohl materiell-rechtliche Folgen als auch Kostenfolgen ausgelöst werden. **32**

Nutzt ein Anwalt sein beA nicht und missachtet damit die passive Nutzungspflicht, kann er aber auch nach Ansicht des LAG Kiel nicht im Wege der PKH/VKH beigeordnet werden, da er als „nicht zur Vertretung bereiter" Anwalt i.S.d. § 121 Abs. 2 ZPO i.V.m. § 48 Abs. 1 S. 1 BRAO anzusehen ist.[14] Denn sobald ein **33**

---

13 Siehe hierzu auch: *Riechert*, „Die Grenzen der Berufshaftpflichtversicherung", 1.10.2017, https://anwaltsblatt.anwaltverein.dc/de/anwaeltinnen-anwaelte/rechtsprechung/haftpflicht-pflichtverletzung (Abruf: 15.5.2022); zur wissentlichen Pflichtverletzung siehe auch *Therstappen*, AnwBl. 2014, 182 ff.
14 LAG Kiel, Beschl. v. 24.6.2020 – 1 Ta 51/20, BeckRS 2020, 17628.

§ 3 Nutzungspflichten und Einsatzeinreichung

34 Anwalt beigeordnet ist, sind Zustellungen gem. § 172 Abs. 1 ZPO i.V.m. § 173 Abs. 3 ZPO u. § 175 ZPO zwingend an diesen auszuführen.[15] Auch gelegentliche Störungen bei der Nutzung des beA rechtfertigen die Verweigerung der Nutzung nicht, denn solchen Störungen ist vom Gesetzgeber durch entsprechende Regelungen. z.B. in § 46 S. 3 ArbGG, aufgrund der Möglichkeit einer Ersatzeinreichung ausreichend Rechnung getragen worden.[16]

Anwältinnen und Anwälte sowie seit 1.8.2022 auch die Berufsausübungsgesellschaften[17] selbst haften für Pflichtverletzungen im Mandat, wenn diese kausal zu einem zurechenbaren Schaden des Auftraggebers führen, vgl. auch §§ 611 ff., 635 ff. i.V.m. 280 BGB. Die Missachtung der passiven Nutzungspflicht führt zu einer erheblichen Gefährdung des Mandanten und seiner Rechte.

B. Aktive Nutzungspflicht/elektronische Einreichpflicht

I. Schutzschriftenregister

35 Die erste aktive Nutzungspflicht des elektronischen Rechtsverkehrs kam zum 1.1.2017 mit der Einführung eines bundesweiten zentralen Schutzschriftenregisters, das unter https://www.zssr.justiz.de/ aufgerufen werden kann. Schutzschriften als vorbeugende Schriftsätze in erwartenden einstweiligen Verfügungsverfahren können über die oben genannte Webseite durch Ausfüllen eines Formulars, aber auch via beA, eingereicht werden. Eine solche Schutzschrift gilt dann als bei allen ordentlichen Gerichten der Länder (§ 945a Abs. 2 S. 1 ZPO) und allen Arbeitsgerichten der Länder (§§ 62 Abs. 2 S. 3, 85 Abs. 2 S. 3 ArbGG) als eingereicht.[18] Detailliertere Ausführungen sind in diesem Werk in Kapitel 18 aufgenommen.

36 *Hinweis*

*Mit der Einreichung einer Schutzschrift zum ZSSR entsteht eine Gerichtsgebühr i.H.v. 83 EUR nach § 1 Nr. 5a Justizverwaltungskostengesetz (JVKostG), Nr. 1160 KV. Hier sollten daher nicht **testweise** Schutzschriften eingereicht werden, um das Verfahren auszuprobieren. Wird der Testeinreicher ermittelt, so muss er mit einer Gerichtskostenrechnung rechnen. Teilt man eine einheitliche Schutzschrift in mehrere Einzeldokumente, fällt die Gerichtsgebühr mehrfach an, wenn diese Einzeldokumente jeweils gesondert in einem abgeschlossenen Datenverarbeitungsvorgang zur Einstellung übermittelt wurden.*[19]

II. Elektronische Empfangsbekenntnisse

37 § 173 Abs. 3 sowie § 195 Abs. 2 S. 3 ZPO bestimmen, dass die Rücksendung von Empfangsbekenntnissen, die als strukturierter Datensatz bzw. als elektronisches Dokument übermittelt wurden (sog. eEBs), zwingend elektronisch in der hier bestimmten Form zurückzusenden **sind**. Zur „Zustellung gegen Empfangsbekenntnis" und diese zwingende Rücksendeform siehe ausführlich im Gesamtkapitel zu Zustellungen in § 15 ab Rdn 33 u. 204 ff. in diesem Werk.

---

15 LAG Kiel, Beschl. v. 24.6.2020 – 1 Ta 51/20, BeckRS 2020, 17628 Rn 14- bezieht sich unter Verweis auf BAG v. 19.7.2006 – 3 AZB 18/07, BeckRS 2006, 43400 Rn 14 = NZA 2006, 1128 Ls.; BGH v. 8.12.2010 – XII ZB 38/09, NJOZ 2011, 1638 Rn 18.
16 LAG Kiel, a.a.O.
17 Siehe §§ 59k u. 59l BRAO.
18 Nähere Informationen erhält man auch unter https://schutzschriftenregister.hessen.de (Abruf: 16.10.2022).
19 OLG Frankfurt a.M., Beschl. v. 25.11.2021 – 18 W 197/21, BeckRS 2021, 39328.

III. Sonderfall – Verfassungsgerichtsbarkeit

Das Bundesverfassungsgericht war bis zum Zeitpunkt der Drucklegung dieses Werks am elektronischen Rechtsverkehr noch nicht angeschlossen.[20] Ob und wann die elektronische Kommunikation in das BVerfGG aufgenommen wird, kann zurzeit nicht gesagt werden. Wie sich der Fachpresse entnehmen lässt, soll sich hier aber alsbald etwas tun (https://www.lto.de/recht/justiz/j/bverfg-elektronischer-rechts verkehr-bea-fax-email-bmj-dav-till-steffen-digitalisierung-justiz/ – Abruf: 31.10.2022).

Besondere Beachtung verdienen auch die Landesverfassungsgerichte. Hier ist besondere Vorsicht geboten, da die Landesverfassungsgerichte nicht über eine einheitliche Informationsseite verfügen, sondern länderabhängig geprüft werden muss, ob es ein LVerfGG/VerfGHG oder eine entsprechende Landesverordnung gibt. Manche Bundesländer haben erst spät Landesverfassungsgerichte errichtet, so z.B. Baden-Württemberg zum 1.4.2013.[21] Bis zu diesem Zeitpunkt wurden Verfassungsbeschwerden an das Bundesverfassungsgericht in Karlsruhe gerichtet, wenn ein Bürger sich durch Landesrecht oder eine Verordnung der Landesregierung in seinen Rechten verletzt sah. Zum Zeitpunkt der Drucklegung waren z.B. Bayern, Baden-Württemberg, Hamburg u. Sachsen-Anhalt beispielsweise noch nicht am elektronischen Rechtsverkehr angeschlossen.

Vorsicht: Der **Verfassungsgerichtshof NRW** hat jedoch bereits eine **elektronische Einreichpflicht** gem. § 18a VerfGHG i.V.m. § 55d VwGO geregelt![22]

Praxistipp
Vor Einreichung eines Schriftsatzes beim BVerfG oder einem LVerfG/VGH sollte in jedem Fall geprüft werden, ob dort der elektronische Rechtsverkehr überhaupt und ggf. sogar schon verpflichtend eingeführt ist.

IV. Schriftsätze, Erklärungen, Anträge u.a.

1. Gesetzliche Grundlage und Rechtsprechung – § 130d ZPO

Zum 1.1.2022 ist § 130d ZPO in Kraft treten (Hervorhebungen durch die Verfasser):

§ 130d ZPO Nutzungspflicht für Rechtsanwälte und Behörden

„Vorbereitende Schriftsätze und deren Anlagen sowie schriftlich einzureichende Anträge und Erklärungen, die durch einen Rechtsanwalt, durch eine Behörde oder durch eine juristische Person des öffentlichen Rechts einschließlich der von ihr zur Erfüllung ihrer öffentlichen Aufgaben gebildeten Zusammenschlüsse eingereicht werden, **sind als elektronisches Dokument zu übermitteln**. *Ist dies aus* **technischen Gründen vorübergehend nicht möglich**, *bleibt die Übermittlung nach den allgemeinen Vorschriften* **zulässig**. *Die vorübergehende Unmöglichkeit ist* **bei der Ersatzeinreichung oder unverzüglich danach glaubhaft zu machen**; *auf Anforderung ist ein elektronisches Dokument nachzureichen."*

Korrespondierende Vorschriften zu § 130d ZPO sind z.B. in § 14b FamFG, § 46g ArbGG, § 65d SGG, § 55d VwGO u. § 52d FGO enthalten. Zu den elektronischen Einreichpflichten siehe auch die Kapitel § 17 (Mahnverfahren und ZV), § 19 (Fachgerichtsbarkeiten) und § 20 (Straf- und OWi-Verfahren) mit weitergehenden Ausführungen.

---

20 BVerfG (4. Kammer des Ersten Senats), Beschl. v. 19.11.2018 – 1 BvR 2391/18, Rn 1–7; BVerfG, Nichtannahmebeschl. v. 27.5.2020 – 1 BvR 338/20, BeckRS 2020, 15374 (Antrag auf Wiedereinsetzung wurde abgelehnt).
21 Gesetz über den Verfassungsgerichtshof (Verfassungsgerichtshofsgesetz – VerfGHG) v. 13.12.1954, GBl 1954, 171 – mehrfach geändert durch Art. 2 des Gesetzes vom 1.12.2015, GBl 2015, 1030, 1031.
22 https://www.vgh.nrw.de/kontakt/elektronischer_rechtsverkehr/index.php (Abruf 16.10.2022).

43 Die Frage, ob das Tatbestandsmerkmal „durch einen Rechtsanwalt", das sich nicht nur in § 130d ZPO, sondern auch in § 46g S. 1 ArbGG findet, rollen- oder statusbezogen zu verstehen ist, war bereits Gegenstand der Rechtsprechung. Für den Fall eines Verbandsmitarbeiters (hier: Rechtsschutzsekretär), der zur Ausübung eines Nebenberufs über eine Zulassung als Rechtsanwalt verfügt, sei, so das ArbG Stuttgart, dieses Tatbestandsmerkmal rollen- und nicht statusbezogen zu verstehen, weshalb dieser Verbandsmitarbeiter, der im Rahmen seiner Verbandstätigkeit nicht als Rechtsanwalt auftritt, bis zum Beginn der elektronischen Einreichpflicht der Verbände (1.1.2026) Schriftsätze wirksam nach den allgemeinen Vorschriften in Papierform einreichen kann.[23] Diese Auffassung ist jedoch mit Vorsicht zu genießen. Andere Gerichte, wie das FG Berlin-Brandenburg, sehen eine Einreichpflicht (hier gem. § 52d S. 1 FGO), wenn ein Rechtsanwalt, der zusätzlich Steuerberater und Wirtschaftsprüfer ist, einen Antrag auf finanzgerichtliche Aussetzung der Vollziehung einreicht, und halten die herkömmliche Einreichung nicht mehr für zulässig.[24] Die BRAK rät zu „äußerster Vorsicht" und dazu, als **Rechtsanwalt** „immer die elektronische Form der Einreichung" zu wählen, gleich, ob man als *„Rechtsanwalt, Syndikusrechtsanwalt, Berufsbetreuer, Steuerberater, Wirtschaftsprüfer oder außerhalb seiner beruflichen Tätigkeit für sich selbst auftritt."*[25] Das FG Hessen[26] vertritt – zu Recht – die Auffassung, dass **keine** elektronische Einreichpflicht einer prozessbevollmächtigten Personengesellschaft aus Steuerberatern und Rechtsanwälten bei Klageerhebung durch einen nur als Steuerberater, aber nicht als Rechtsanwalt zugelassenen Gesellschafter besteht. Diese Entscheidung korrespondiert mit dem Beschluss des BGH, dass ein Patentanwalt nicht verpflichtet ist, sich einen Anwalt mit „beA" zu suchen, da er eigenständig vor Gericht auftreten kann.[27] In dieser Entscheidung ging es zwar um eine notwendige Fristwahrung, die Argumente greifen unseres Erachtens aber auch hier. Jedoch Vorsicht: Sofern diese Gesellschaft aufgrund notwendiger oder beantragter Zulassung über ein Gesellschafts-beA verfügt, ist dies sicherlich anders zu sehen, da die Berufsausübungsgesellschaft rechtsdienstleistungsbefugt und zur Vertretung in Prozessen berechtigt ist, siehe §§ 59k u. l BRAO sowie die Ausführungen zum Gesellschafts-beA in § 2 Rdn 19. Insofern ist dann auch die Entscheidung des FG Rheinland-Pfalz unter dem Licht zu sehen, dass die hier betroffene PartmbB zum damaligen Zeitpunkt noch nicht über ein Gesellschafts-beA verfügen (konnte); inzwischen aber aufgrund ihrer Verpflichtung einen Zulassungsantrag gem. § 209a i.V.m. § 59f Abs. 1 BRAO bis spätestens zum 1.11.2022 stellen zu müssen, zu sehen. Das FG Rheinland-Pfalz sah eine elektronische Einreichpflicht des Partners dieser Berufsausübungsgesellschaft, der Steuerberater und Rechtsanwalt war, deshalb als gegeben an, weil es allein auf die Zulassung der einzureichenden Person als Rechtsanwalt ankäme, unabhängig von der Bevollmächtigung einer Sozietät (hier somit Statusverständnis).[28] Auch das AG Ludwigshafen wendet die „Statusfunktion" für anwaltliche Insolvenzverwalter und damit auch § 130d ZPO i.V.m. § 4 InsO an.[29] Nach unserer Auffassung kann es aber nur auf das Rollen- nicht auf das Statusverständnis ankommen. Auch wenn es für Gerichte komfortabel ist, wenn sie sich auf den Standpunkt stellen „Einmal Anwalt – immer Anwalt" und auf die jeweilige Rolle im Prozess keine Rücksicht nehmen müssen, bleibt doch festzuhalten, dass schon Datenschutz- und Verschwiegenheitsgründe es gebieten, Tätigkeiten innerhalb der jeweiligen Rollen auch über diese Rolle und damit konsequenterweise auch über das der Rolle zugeordnete besondere elektronische Postfach, falls vorhanden, abzuwickeln.[30]

---

23 ArbG Stuttgart, Beschl. v. 18.7.2022 – 4 Ca 1688/22, BeckRS 2022, 18879.
24 FG Berlin-Brandenburg, Beschl. v. 8.3.2022 – 8 V 8020/22, rkr.; BeckRS 2022, 6601; auf diese Entscheidung verweist auch der beA-Newsletter Ausgabe 6/2022 v. 2.6.2022 – https://newsletter.brak.de/mailing/186/5403239/0/5531c3563c/index.html (Abruf: 7.10.2022).
25 BRAK-Newsletter, a.a.O.
26 FG Hessen, Gerichtsbescheid v. 10.5.2022 – 4 K 214/22, BeckRS 2022, 16518.
27 BGH, Beschl. v. 28.4.2020 – X ZR 60/19, NJW 2020, 2194.
28 FG Rheinland-Pfalz, Urt. v. 12.7.2022 – 4 V 1340/22, BeckRS 2022, 19881.
29 AG Ludwigshafen, Beschl. v. 26.4.2022 – 3 c IK 115/22; vgl. dazu auch: *Büttner*, „Die Problematik des § 130d ZPO insbesondere für den anwaltlichen Insolvenzverwalter", ZInsO 2022, 277.
30 So wird z.B. für Steuerberater zum 1.1.2023 das beSt eingeführt, siehe § 2 Rdn 70; Notare verfügen über ein beN, siehe § 2 Rdn 44, und Patentanwälte können mit dem eBO arbeiten, siehe § 2 Rdn 49 in diesem Werk.

Elking behandelt die Frage, ob Syndikusrechtsanwälte seit dem 1.1.2022 eine elektronische Einreichpflicht via beA trifft, in einem umfassenden und kritischen und sehr lesenswerten Beitrag.[31] Gleichwohl kann natürlich, um Haftungsfälle zu vermeiden, bis zu einer Entscheidung eines der obersten Gerichtshöfe des Bundes zu dieser konkreten Frage nur dem obigen Rat der BRAK gefolgt werden, als Rechtsanwalt in „Doppelfunktion" im jeweiligen Mandat auf eine notwendige Trennung nicht zu bestehen und die elektronische Einreichpflicht zu beachten.

Art. 24 Abs. 2 des Gesetzes zur Förderung des elektronischen Rechtsverkehrs mit den Gerichten regelte eine sog. Opt-In-Klausel und erlaubte den Bundesländern, diese zum 1.1.2022 bundesweit eintretende elektronische Einreichpflicht vorzuziehen.[32] Von dieser Opt-In-Klausel hat das Land Schleswig-Holstein für die Arbeitsgerichtsbarkeit Gebrauch gemacht. Hier ist am 1.1.2020 § 46g ArbGG und damit die elektronische Einreichpflicht in Kraft getreten. Die Verordnung ist am 23.12.2019 verkündet worden.[33] Bremen hat ebenfalls von dieser Klausel zum 1.1.2021 für die Arbeits-, Finanz- und Sozialgerichtsbarkeit Gebrauch gemacht mit Ausnahme des Landessozialgerichts, das sich Bremen mit Niedersachsen teilt und das organisatorisch zu Niedersachsen gehört.[34] Aufgrund des Zeitablaufs und Eintritts der bundesweiten Einreichpflicht wird auf die ausführliche Darstellung der Historie zur Opt-In-Klausel verzichtet. Der Gesetzgeber hält die elektronische Einreichpflicht für Rechtsanwälte und Behörden gem. § 130d S. 1 ZPO für geboten, um den elektronischen Rechtsverkehr zu etablieren.[35] Der Gesetzgeber selbst weist ausdrücklich darauf hin, dass es sich bei der elektronischen Einreichpflicht um eine **zwingende Prozessvoraussetzung** handelt, auf die man sich weder rügelos einlassen noch auf die verzichtet werden kann:[36]

44

> *„Die Einreichung ist eine Frage der Zulässigkeit und daher von Amts wegen zu beachten. Bei Nichteinhaltung ist die Prozesserklärung nicht wirksam. Im Falle der Klage erfolgt eine Abweisung durch Prozessurteil. Auf die Einhaltung kann auch der Gegner weder verzichten noch sich rügelos einlassen (§ 295 Absatz 2)."*

Nach diesseitiger Auffassung ist es auch ausgeschlossen, dass Gerichte – aufgrund der Tatsache vielleicht, dass dort noch eine Papierakte geführt wird und man mit dem Ausdrucken der beA-Eingänge personell überfordert ist – Anwälten „erlauben", schriftliche Einreichungen vorzunehmen. Von solchen Vorgängen ist immer wieder zu hören; verifiziert werden konnten solche Angaben von Seminarteilnehmern bisher jedoch nicht, da in der eigenen Kanzleipraxis solches noch nicht vorgekommen ist. Die Vielzahl der Äußerungen hierzu hat dann aber doch dazu bewogen, dieses Thema aufzugreifen. Gerichte haben die wirksame elektronische Einreichung umgehend nach Eingang von Amts wegen zu prüfen. Via Akteneinsicht könnte auch ein Gegner Kenntnis davon erhalten, wenn eine Einreichung nicht elektronisch erfolgt ist und dies als schweren Verfahrensmangel mit den entsprechenden Folgen (Fristversäumnis/Abweisung/Verwerfung) geltend machen. Bittet daher ein Gericht darum, möglichst noch schriftlich einzureichen, sollte allenfalls – unter Hinweis auf die gesetzliche Pflicht – freundlicherweise eine Doppeleinreichung (mit entsprechenden Hinweisen auf der ersten Seite) erfolgen, wie z.B. *(„Auf Wunsch des Gerichts* **zusätzlich** *per Fax/Briefpost. Der Antrag gilt gleichwohl als* **nur 1 x** *eingereicht.")*. Doppeleinreichungen zu Verfahren ohne Aktenzeichen (z.B. Rechtsmitteleinlegung) sollten grundsätzlich **nicht ohne** einen entsprechenden Hinweis erfolgen, auch nicht im Fall der vorübergehenden technischen Störung, siehe auch Rdn 143 ff in diesem Kapitel.

45

---

31 *Elking*, „Aktive Nutzungspflicht des ERV für Syndikusrechtsanwälte der Verbände – eine kritische Betrachtung", NZA 2022, 1009.
32 G. v. 10.10.2013, BGBl I, 3786.
33 SH: GVOBl. 2019, 782.
34 Verordnung über die Pflicht zur Nutzung des elektronischen Rechtsverkehrs für die Fachgerichtsbarkeiten mit Ausnahme des Landessozialgerichts Niedersachsen-Bremen und der Verwaltungsgerichtsbarkeit zum 1.1.2021 v. 8.12.2020, Gesetzblatt der Freien Hansestadt Bremen 2020, 500.
35 BT-Drucks 17/12634, 27 (rechte Spalte, 3. Abs.) v. 6.3.2013.
36 A.a.O.; so auch neben vielen: AG Hamburg, Beschl. v. 21.2.2022 – 67h IN 29/22, NZI 2022, 382; *Büttner*, ZInsO 2022, 277, 281.

46 Zur elektronischen Einreichpflicht ist bereits einige Rechtsprechung ergangen; regelmäßig kommt neue Rechtsprechung hinzu. So scheiterte ein Eilantrag mangels elektronischer Übermittlung beim Verwaltungsgericht.[37] Ein Antrag auf Zulassung einer Berufung scheiterte ebenfalls mangels elektronischer Antragstellung beim VGH München;[38] eine Klage wurde als unzulässig verworfen, da sie per Fax und nicht elektronisch eingereicht wurde.[39] Besonders tragisch im letzten Fall war, dass die Versäumung einer Klagefrist im Asylverfahren erfolgte.

47 Wird ein Rechtsanwalt in einer eigenen Angelegenheit gerichtlich tätig, besteht für ihn die Pflicht zur elektronischen Einreichung von Schriftsätzen nach § 55d VwGO jedenfalls dann, wenn er explizit als Rechtsanwalt auftritt; die Einreichpflicht gilt somit auch, wenn ein Anwalt sich selbst vertritt.[40] Zudem besteht die Einreichpflicht auch in Verfahren ohne Anwaltszwang, wenn dort ein Anwalt einreicht.[41]

48 In einem Zwangsgeldverfahren hatte der beauftragte Rechtsanwalt gegen den gem. § 888 Abs. 1 ZPO ergangenen Zwangsgeldbeschluss sofortige Beschwerde am Tag vor Fristablauf per Fax und zwei Tage später im Original beim zuständigen LG eingereicht. Das OLG hat die sofortige Beschwerde des Schuldners als unzulässig verworfen, da die per Fax und einfachem Brief eingelegte sofortige Beschwerde den Anforderungen des § 130d S. 1 ZPO nicht entsprochen hat.[42] Begründet hatte das OLG Frankfurt a.M. seinen Beschluss damit, dass auch in solchen Verfahren, die dem Anwaltszwang nicht unterliegen, die elektronische Einreichpflicht gelten würde, sobald ein Rechtsanwalt einen entsprechendes Dokument einreicht. Die Entscheidung wird von *Toussaint* kritisiert,[43] da § 130d ZPO lediglich auf *„schriftlich einzureichende"* Anträge und Erklärungen abstellt. Da aber eine Beschwerde gem. § 569 Abs. 3 ZPO auch durch Erklärung zu Protokoll der Geschäftsstelle erklärt werden könne, so *Toussaint*, seien diese eben nicht zwingend *„schriftlich einzureichen"*. Nach unserer Auffassung bedeutet jedoch die Möglichkeit der Erklärung eines Schriftsatzes zu Protokoll der Geschäftsstelle nicht, dass dann, wenn diese Erklärung durch einen Anwalt im Rahmen eines Schriftsatzes eingereicht wird, § 130d ZPO nicht mehr zur Anwendung käme. Richtig ist vielmehr nach unserer Auffassung, dass in diesem Fall eine Wahl besteht, die Erklärung zu Protokoll der Geschäftsstelle abzugeben (dann ohne Anwaltszwang, siehe § 78 Abs. 3 ZPO) oder aber durch einen Schriftsatz gegenüber dem Gericht zu erklären. Wird der Schriftsatz gewählt, ist dieser zwingend gem. § 130d ZPO einzureichen. Zu weiterer, bereits ergangener Rechtsprechung im Bereich der Zwangsvollstreckung s. § 17 Rdn 109; zum Sonderfall Grundbuchamt siehe § 17 Rdn 93 in diesem Werk.

49 Auch in Familiensachen, so z.B. eine Beschwerde gem. § 63 FamFG, gilt die elektronische Einreichpflicht.[44]

50 Eine Übergangsvorschrift in der EGZPO findet sich für § 130d ZPO nicht, sodass dieser seit dem 1.1.2022 ausnahmslos **auch für laufende, d.h. sog. Altverfahren**, gilt, siehe auch die nachstehende Rdn.

51 Eine der ersten Entscheidungen zu § 130d ZPO erging bereits am 19.1.2022 und betraf einen Fall, bei dem die Frist zur Anzeige der Verteidigungsabsicht einer am 21.12.2021 mit Belehrung zugestellten Klage mangels Formwahrung nicht wirksam eingereicht war. Der Richter hatte das schriftliche Vorverfahren gem. § 276 ZPO angeordnet und die Notfrist für die Anzeige der Verteidigungsabsicht von zwei Wochen ab Zustellung der Klage begann daher ordnungsgemäß zu laufen. Die Verteidigungsabsicht wurde jedoch vom Verteidiger trotz der seit 1.1.2022 gem. § 130d ZPO geltenden elektronischen Einreichpflicht per Fax übermittelt. Da mit der Klage bereits der Antrag auf Erlass eines Versäumnisurteils für den Fall der Ver-

---

37 VG Frankfurt (Oder), Beschl. v. 19.1.2022 – 10 L 10/22.A, BeckRS 2022, 1091.
38 VGH München, Beschl. v. 24.2.2022 – 15 ZB 22.30186, BeckRS 2022, 3136.
39 VG Frankfurt (Oder), Gerichtsbescheid v. 18.2.2022 – 10 K 21/22.A, BeckRS 2022, 3993.
40 VG Berlin, Beschl. v. 5.5.2022 – VG 12 L 25/22, BeckRS 2022, 9921.
41 OLG Frankfurt/M., Beschl. v. 27.7.2022 – 26 W 4/22, BeckRS 2022, 20279.
42 OLG Köln, Beschl. v. 27.7.2022 – 26 W 4/22, BeckRS 2022, 20279.
43 *Toussaint*, zu OLG Köln, a.a.O., FD-ZVR 2022, 451337.
44 BGH, Beschl. v. 30.3.2022 – XII 311/21, Rn 6, NJW 2022, 2415.

B. Aktive Nutzungspflicht/elektronische Einreichpflicht § 3

säumung der Notfrist gem. § 331 Abs. 3 ZPO beantragt war, stellte die per Fax eingereichte Verteidigungsabsichtsanzeige keine wirksame Prozesshandlung dar und antragsgemäß erging ein Versäumnisurteil.[45] Natürlich kann gegen ein solches Versäumnisurteil binnen zwei Wochen Einspruch eingelegt werden; dieser ist dann auch an das erstinstanzliche Gericht zu richten, sodass man auf diese Weise auch wieder „ins Verfahren kommt und keine Instanz verliert". Besonders ärgerlich ist aber natürlich, dass das Versäumnisurteil zwei große Nachteile mit sich bringt: Zum einen handelt es sich dabei um ein Urteil, dass für vorläufig vollstreckbar ohne Sicherheitsleistung erklärt wird, § 708 Nr. 2 ZPO. Zum anderen hindert ein solches Versäumnisurteil für den Fall eines späteren Vergleichsabschlusses die sonst mögliche Reduzierung der Gerichtskosten von 3,0 auf 1,0 Gebühren, vgl. dazu Nr. 1210 KV GKG i.V.m. Nr. 1211 KV GKG. Das Versäumnisurteil steht eben gerade aufgrund der notwendigen Schlüssigkeitsprüfung einem Anerkenntnisurteil, bei dem die Gerichtskostenreduzierung nach Nr. 1211 Nr. 2 KV GKG greift, nicht gleich.[46] Dass das Verfahren hier bereits 2021 begonnen hatte, war für die Entscheidung mangels Übergangsvorschrift irrelevant. Wird ein Einspruch, ohne dass § 130d S. 2 ZPO zur Anwendung käme, per Fax eingelegt, ist dieser gem. § 341 ZPO zu verwerfen.[47]

52 Dass die Vergleichswiderrufsfrist mangels Möglichkeit der Wiedereinsetzung zu einer der „schärfsten" Fristen der ZPO gehört, referiert die Verfasserin in zahlreichen Seminaren zu den Themen Büroorganisation und Wiedereinsetzung seit Jahren. Eine aktuelle Entscheidung des OLG Köln[48] zeigt die Haftungsträchtigkeit dieser Frist gerade im Bereich des elektronischen Rechtsverkehrs deutlich auf.

In einem Verfahren mit einem höheren fünfstelligen Wert schlossen die Parteien im Termin zur mündlichen Verhandlung am 9.3.2022 einen Widerrufs-Vergleich, mit dem sich die Beklagten als Gesamtschuldner verpflichtet hatten, zum Ausgleich aller wechselseitigen Ansprüche aus einem Bauvorhaben an die Klägerin einen Betrag i.H.v. 40.000 EUR als Schadensersatz zu bezahlen. Der Vergleich enthielt zudem eine Ausgleichsabrede im Innenverhältnis der Beklagten zueinander sowie eine Kostenregelung. Zusätzlich war der Vorbehalt aufgenommen, zugunsten beider Beklagten den Vergleich durch Einreichung eines Schriftsatzes bei Gericht bis zum 30.3.2022 zu widerrufen. Dieser Widerruf erfolgte am 30.3.2022 per Telefax. Sowohl die Klägerin als auch die Beklagte zu 2) hielten die Widerrufserklärung der Beklagten zu 1) für unwirksam und begehrten eine entsprechende Entscheidung des Gerichts. Mit Schriftsatz vom 6.4.2022 trug die Beklagte zu 1) durch ihren Prozessbevollmächtigten vor, dass eine vorübergehende technische Unmöglichkeit die elektronische Einreichung verhindert habe, weil an diesem Tag ein Update des Geräts habe vorgenommen werden müssen und nach Durchführung des Updates durch den Prozessbevollmächtigten im Beisein seiner Mitarbeiterin das beA-System nicht mehr habe aufgerufen werden können. Eine Anmeldung sei sowohl am 30.3. als auch 31.3. gescheitert. Erst am 1.4.2022 habe sich das Gerät wieder starten lassen. Auf Nachfrage des Senats vom 11.4.2022 teilte der Prozessbevollmächtigte der Klägerin für diese am 20.4.2022 mit, dass ein Hinweis auf die vorübergehende technische Unmöglichkeit der Einreichung auf elektronischem Weg ihm, dem Prozessbevollmächtigten, nicht erforderlich erschienen sei, da die Schriftsätze vom 7.2. und 2.3.2022 ebenfalls in Original und per Fax eingereicht worden waren, weil zu dieser Zeit ebenfalls Schwierigkeiten mit der Übersendung auf elektronischem Wege bestanden hätten und die Formulierung *„musste ein Update des Geräts vorgenommen werden"* inkorrekt bzw. irreführend sei, das Gerät habe am 2.3.2022 nicht funktioniert, woraufhin er versucht habe, Kontakt mit dem Hersteller aufzunehmen, die Firma habe ihm Anweisungen zur Fehlerbehebung übersandt, mit deren Hilfe der Kartenleser wieder habe in Betrieb genommen werden können, in der Folgezeit sei der Fehler aber immer wieder aufgetreten und eine erneute Behebung der Ursache sei erfor-

---

45 LG Frankfurt a.M., Versäumnisurt. v. 19.1.2022 – 2–13 O 60/21, BeckRS 2022, 434.
46 Siehe dazu auch BVerfG, Beschl. v. 27.8.1999 – BvL 7/96, NJW 1999, 3550.
47 LG Köln, Urt. v. 22.2.2022 – 14 O 395/21, BeckRS 2022, 3549.
48 OLG Köln, Urt. v. 27.7.2022 – 16 U 117/20 IBR 2022, 3104.

derlich geworden, so auch am 30.3.2022, und seit dem 1.4.2022 laufe das Kartenlesegerät störungsfrei.[49] Das OLG Köln entschied,[50] dass der Rechtsstreit durch den Widerrufs-Vergleich vom 9.3.2022 beendet worden und dessen Wirksamkeit auf die Anträge der Zweitbeklagten und der Klägerin festzustellen ist, da deren Anträge gem. § 256 Abs. 1 ZPO zulässig sind. Für die erstrebte Feststellung besteht ein Rechtschutzinteresse, da der geschlossene Vergleich rechtlich und wirtschaftlich von Bedeutung ist und die Beklagte zu 1) dessen Verbindlichkeit in Abrede stellt. So verweist das OLG Köln in seiner Entscheidung[51] auf eine schon im Jahr 2000 ergangene Entscheidung des OLG Hamm, dass, sofern Streit über die Wirksamkeit eines Prozessvergleichs besteht, der die rechtlichen Beziehungen der daran beteiligten Parteien verbindlich regelt, jede Partei auf Klärung der Frage antragen kann, ob der Rechtsstreit durch den Vergleich vollständig erledigt worden ist.[52]

Eine Vergleichswiderrufserklärung gehört nach Ansicht des OLG Köln[53] zu solchen durch einen Rechtsanwalt *„schriftlich einzureichenden Anträgen und Erklärungen"* i.S.d. § 130d S. 1 ZPO. Da die unter dem 30.3.2022 abgegebene Widerrufserklärung nicht in der gesetzlich vorgeschriebenen Form erfolgt ist, ist sie nichtig. Eine Übermittlung anwaltlicher Erklärungen nach den allgemeinen Vorschriften ist gem. § 130d S. 2 ZPO nur dann ausnahmsweise zulässig, wenn eben die Übermittlung aus technischen Gründen vorübergehend nicht möglich ist, wobei die vorübergehende Unmöglichkeit bei der Ersatzeinreichung oder unverzüglich danach glaubhaft zu machen ist. Eine solche vorübergehende technische Störung ist jedoch nicht ausreichend dargetan und auch nicht bei Ersatzeinreichung oder unverzüglich danach in diesem Fall glaubhaft gemacht worden.

Problematisch im vorliegenden Fall war zudem, dass hier widersprüchlich vorgetragen worden ist. Nachdem zunächst am 6.4.2022 von einem notwendigen Update am 30.3.2022 gesprochen wurde, wurde diese Angabe mit Schriftsatz vom 20.4.2022 dahingehend korrigiert und ausgeführt, das beA-Gerät habe bereits am 2.3.2022 nicht funktioniert. Man habe sodann Hinweise der Support-Firma erhalten, mit deren Hilfe das Gerät wieder habe genutzt werden können. In der Zeit bis zum 30.3. sei der Fehler wiederholt aufgetreten, zuletzt am 30.3.2022. Das OLG Köln[54] wertete den neuen Vortrag zu den Fehlfunktionen des Kartenlesegeräts angesichts der Widersprüche zum bisherigen Ausfallgrund als unzureichend und damit nicht glaubhaft. Zudem monierte das OLG Köln,[55] dass zu einer bloß vorübergehenden technischen Störung mit Folge der Unmöglichkeit der Einreichung am 30.3.2022 nicht ausreichend vorgetragen war, denn für den 2.3.2022 ließ sich der vorgelegten Korrespondenz mit dem Support entnehmen, dass dieser binnen acht Minuten geantwortet hatte. Ob eine Kommunikation mit dem Support am 30.3.2022 stattgefunden hatte oder nicht, wurde nicht mitgeteilt. Zudem erfolgte der Vergleichswiderruf am 30.3.2022 um 13:18 Uhr, was nach Ansicht des Gerichts darauf schließen lässt, dass noch ausreichend Zeit bestanden hätte, den Support zu kontaktieren. Auch eine unverzügliche Glaubhaftmachung der Unmöglichkeit der behaupteten technischen Störung erfolgte nicht, da die per Fax ersatzweise eingereichte Widerrufserklärung keinerlei Hinweis auf einen angeblich technischen Ausfall des beA-Geräts enthielt. Auch nach dem 30.3.2022 erfolgte keine unverzügliche Glaubhaftmachung der Störung. Erstmals ging auf die Verfügung des Gerichts vom 1.4.2022 ein Schriftsatz am 6.4.2022 ein. Das OLG Köln monierte,[56] dass bereits am Tag des Ablaufs der Widerrufsfrist die Glaubhaftmachung hätte erfolgen können und müssen und dafür, dass die anwaltliche Versicherung der Übermittlungsprobleme am 6.4.2022 (eine Woche nach Einreichung des Widerrufs-Schriftsatzes am

---

[49] Zu der Notwendigkeit, die Firmware auf Kartenlesegeräten regelmäßig zu aktualisieren, siehe auch die Ausführungen in § 5 Rdn 48 in diesem Werk.
[50] OLG Köln, a.a.O.
[51] A.a.O.
[52] OLG Köln, a.a.O., unter Verweis auf: OLG Hamm, Urt. v. 15.6.2000 – 4 UF 253/98, juris Rn 24 m.w.N., Zöller/*Geimer*, ZPO, 34. Aufl. 2022, § 794 Rn 15a; *Sprau*, in: Grünberg, BGB, 31. Aufl., § 779 Rn 31.
[53] OLG Köln, a.a.O.
[54] OLG Köln, a.a.O.
[55] OLG Köln, a.a.O.
[56] OLG Köln, a.a.O.

30.3.2022) noch ohne schuldhaftes Zögern erfolgt sei, war nichts vorgetragen und auch nichts sonst ersichtlich. Der Hinweis der Beklagten zu 1) im Schriftsatz vom 20.4.2022, in der Vergangenheit seien per Fax eingereichte Schriftsätze nach dem 1.1.2022 unbeanstandet geblieben, ließ das Gericht nicht gelten. Es setzt vielmehr die Kenntnis eines Prozessbevollmächtigten voraus, seit dem 1.1.2022 Schriftsätze nur noch elektronisch bei Gericht einzureichen, zumal das dazu betreffende Gesetz bereits am 10.10.2013 verabschiedet worden war und Fachzeitschriften sowie Rechtsprechung in der Anwaltschaft ausgiebig diskutiert worden waren. Nach der Entscheidung des OLG Köln[57] wäre auch für eine Wiedereinsetzung in den vorigen Stand unter diesen Umständen kein Raum. Nach diesseitiger Ansicht scheitert aber die Wiedereinsetzung in den vorigen Stand bereits daran, dass die Vergleichs-Widerrufsfrist keine wiedereinsetzungsfähige Frist ist. Gerade das macht sie in der Praxis so gefährlich. Weitere, in einem nicht nachgelassenen Schriftsatz vom 25.7.2022 erfolgte Anträge zur Wirksamkeit des Vergleichs durch die Beklagte zu 1) fanden aufgrund des Schlusses der mündlichen Verhandlung keine Berücksichtigung mehr. Besonders misslich: Der Streitwert wurde hier offenbar auf den Wert des Ausgangsverfahrens, nicht auf den Vergleichswert festgesetzt. Insofern folgte das OLG Köln der Rechtsprechung des BGH aus 2014.[58]

Die Frage, ob ein Vergleichsabschluss als materiell-rechtliche Erklärung, die ein Angebot gem. § 145 BGB enthält, überhaupt per beA mit einfacher elektronischer Signatur und Eigenversand (§ 130a Abs. 3 S. 1 Alt. 2 ZPO) wirksam geschlossen werden kann, hatte das ArbG Stuttgart zu klären. Im Ergebnis lässt es die prozessuale Schriftsatzform, d.h. die Anwendung des § 130a Abs. 3 S. 1 Alt. 2 ZPO gelten: **53**

„1. Der Versand auf einem sicheren Übermittlungsweg mit einfacher Signatur gemäß § 46c Abs. 3 Satz 1 Var. 2 ArbGG (bzw. § 130a Abs. 3 Satz 1 Var. 2 ZPO) wahrt – anders als die qualifizierte elektronische Signatur – die elektro-nische Form gemäß § 126a BGB als Ersatz der Schriftform gemäß § 126 BGB nicht.

2. § 278 Abs. 6 Satz 1 Var. 1 ZPO enthält kein materielles Schriftformerfordernis im Sinne von §§ 126, 126a BGB. Vielmehr ist die prozessuale Schriftsatzform ausreichend.

3. Auch ohne qualifizierte elektronische Signatur können Vergleichsvorschläge deshalb gemäß § 278 Abs. 6 Satz 1 Var. 1 ZPO durch die Parteien bzw. ihre Vertreter als elektronisches Dokument auf dem Wege des § 46c Abs. 3 Satz 1 Var. 2 ArbGG (bzw. § 130a Abs. 3 Satz 1 Var. 2 ZPO) – d.h. mit einfacher Signatur auf einem sicheren Übermittlungsweg – unterbreitet werden."[59]

Die Entscheidung ist zu begrüßen; umgekehrt würde auch niemand von einem Richter verlangen, der einen Vergleichsvorschlag nach § 278 Abs. 6 ZPO unterbreitet, diesen mit qualifizierter elektronischer Signatur zu versehen. Will man sich jedoch solchen Diskussionen nicht aussetzen, sollte sowohl für den Vergleichsvorschlag als auch die Vergleichsannahme zur Unterzeichnung die qualifizierte elektronische Form gewählt werden.

3. Dokumente gem. § 130d ZPO

§ 130d ZPO listet die Dokumente auf, die zwingend elektronisch einzureichen sind. Hierzu gehören: **54**

- **vorbereitende Schriftsätze** (§ 129 Abs. 1 ZPO für den Anwaltsprozess),
- deren **Anlagen,**
- **schriftlich einzureichende Anträge,**
- **schriftlich einzureichende Erklärungen**.

---

57 OLG Köln, a.a.O.
58 OLG Köln, a.a.O., unter Verweis auf: BGH, Beschl. v. 16.4.2014 – XI ZR 38/13, juris Rn 4.
59 ArbG Stuttgart, Beschl. v. 25.2.2022 – 4 Ca 688/22, BeckRS 2022, 3815.

§ 3 Nutzungspflichten und Einsatzeinreichung

55 Für **bestimmende Schriftsätze**, d.h. solche Schriftsätze, die Parteierklärungen enthalten, die mit Einreichung/Zustellung wirksam werden und eine neue Prozesslage eröffnen (z.B. Klage, Widerklage, Rechtsmittel, Einspruch, Streitverkündigung, etc.) gilt ebenfalls die zwingende elektronische Einreichpflicht, da sie oft schriftlich einzureichende Anträge oder schriftlich einzureichende Erklärungen (Erledigungserklärung, § 91a Abs. 1 ZPO; Klagerücknahme, § 269 ZPO) enthalten oder aber auch, weil auf die Vorschriften für die vorbereitenden Schriftsätze verwiesen wird, siehe nur beispielhaft für

- Klageschriften, § 254 Abs. 4 ZPO
- Berufungsschriften, § 519 Abs. 4 ZPO
- Berufungsbegründungsschrift, § 520 Abs. 5 ZPO
- Anschlussberufung, § 524 Abs. 3 ZPO
- Revision, § 549 Abs. 2 ZPO
- Revisionsbegründung, § 551 Abs. 4 ZPO
- Rechtsbeschwerde, § 575 Abs. 4 ZPO

4. Ausnahmen von der elektronischen Einreichpflicht im Zivilprozess

a) Vorübergehende technische Störung, § 130d S. 2 ZPO

56 Eine Ausnahme von der elektronischen Einreichpflicht besteht bei vorübergehender technischer Störung. Detailliert hierzu ist nachfolgend in Ziff. 5 ab Rdn 76 unten ausgeführt.

b) Überschreitung des Höchstvolumens, § 3 ERVV

57 § 3 ERVV regelt die Zulässigkeit der Ersatzeinreichung nach den allgemeinen Vorschriften, wenn die Höchstvolumen, die bei Übermittlung einer beA-Nachricht zulässig sind, überschritten werden:

"Wird glaubhaft gemacht, dass die nach § 5 Absatz 1 Nummer 3 bekanntgemachten Höchstgrenzen für die Anzahl oder das Volumen elektronischer Dokumente nicht eingehalten werden können, kann die Übermittlung als Schriftsatz nach den allgemeinen Vorschriften erfolgen, möglichst unter Beifügung des Schriftsatzes und der Anlagen als elektronische Dokumente auf einem nach § 5 Absatz 1 Nummer 4 bekanntgemachten zulässigen physischen Datenträger."

58 Dies bedeutet: Werden die entsprechenden Höchstvolumina überschritten, kann die Übermittlung des Schriftsatzes nach den allgemeinen Vorschriften erfolgen. Die allgemeinen Vorschriften meint bezogen auf die ZPO die Einreichung gem. § 130 Nr. 6 ZPO, auch „schriftliche Einreichung" genannt. Die zur Zeit der Drucklegung zulässige Maximalanzahl an elektronischen Dokumenten, die pro beA-Nachricht übermittelt werden können, sind 200; die maximale MB-Zahl pro Nachricht beträgt zurzeit 100. Eine Anhebung ist bereits in der 2. ERVB 2022 für den Zeitraum ab 1.1.2023 vorgesehen (max. 1.000 Dokumente; max. 200 MB), siehe dazu auch ausführlich § 12 Rdn 43 ff. in diesem Werk.

59 Schriftsatz und Anlagen sollen im Fall der Einreichung nach den allgemeinen Vorschriften aufgrund der Überschreitung der Höchstgrenzen möglichst auf einem nach § 5 Abs. 1 Nr. 4 bekannt gemachten **zulässigen physischen Datenträger** (Anm. zzt. **CD/DVD**) übermittelt werden, siehe hierzu auch § 12 Rdn 46 in diesem Werk. Diese Form der zusätzlichen Einreichung der elektronischen Dokumente auf CD oder DVD stellt jedoch **nicht** die Ersatzeinreichung dar, sondern dient lediglich dem verständlicherweise gewünschten Bearbeitungskomfort bei den Gerichten; aus diesem Grund heißt es in § 3 ERVV auch „möglichst". Die Ersatzeinreichung ist nach diesseitiger Ansicht vielmehr die Einreichung gem. § 130 Nr. 6 ZPO.

c) Materiell-rechtliche Erklärungen

60 Der Gesetzgeber wollte ausdrücklich, dass Vorgaben des materiellen Rechts, wie etwa § 2356 Abs. 1 S. 1 BGB, der die Vorlage von öffentlichen Urkunden oder Ausfertigungen in gerichtlichen Verfahren vorschreibt, als leges speciales von der allgemeinen Nutzungspflicht elektronischer Kommunikationswege unberührt bleiben.[60] Hierzu der Gesetzgeber konkret:[61]

„Dasselbe gilt erst recht für die Vorlage von Urkunden, die vom Gericht zu informatorischen Zwecken (§§ 122, 273 Absatz 2 Nummer 5 ZPO) oder zu Beweiszwecken angeordnet worden ist. Satz 1 schließt überdies nicht die Einreichung von Papierunterlagen aus, die im grenzüberschreitenden Rechtsverkehr zur Weiterleitung an eine ausländische Stelle bestimmt sind. Soweit in allen diesen Fällen zusätzlich eine Abschrift der vorzulegenden oder weiterzuleitenden Dokumente in Papierform für die Akten eingereicht werden soll, ist die Pflicht zur Einreichung in elektronischer Form allerdings zu beachten."

Zu Erklärungen, Anlagen u. Vollmachten vgl. auch das eigenständige Kapitel § 12 ab Rdn 114 ff. in diesem Werk. **61**

d) Mündlicher Vortrag

Sofern ein Anwalt sich entscheidet, im amtsgerichtlichen Verfahren vom Recht des mündlichen Vortrags anstelle der schriftlichen Einreichung der Klage, Klageerwiderung, sonstiger Anträge und Erklärungen einer Partei gem. § 496 ZPO Gebrauch zu machen, besteht keine Verpflichtung zur Einreichung elektronischer Dokumente,[62] auch nicht im Nachgang. Die Pflicht besteht jedoch dann, wenn sich ein Anwalt entscheidet, schriftlich einzureichen; dann darf dies grundsätzlich nur noch elektronisch geschehen, auch beim Amtsgericht. Der Richter kann das Wahlrecht einer Partei allerdings gem. § 129 Abs. 2 ZPO beschränken; darauf muss geachtet werden! **62**

In der Praxis dürfte § 496 ZPO im Anwaltsprozess eher eine untergeordnete Rolle z.B. bei Klagen spielen, da hier alle Anforderungen an deren Inhalt nach § 253 ZPO erfüllt sein müssen. **63**

Vorsicht: In Ehe- und Familienstreitsachen gilt § 496 ZPO ausdrücklich nicht, § 113 Abs. 1 FamFG. **64**

e) Übergabe von Schriftsätzen im Gerichtstermin?

Zu Recht sprechen sich *Hettenbach* und *Müller* dafür aus, dass die Überreichung eines Schriftsatzes im Termin nicht „per se" eine Missachtung von Gericht und Gegner darstellt, sondern vielmehr zulässiges prozesstaktisches Mittel für Klageerweiterungen und Widerklagen sind, sowie zudem materiell-rechtlich auch zur Ausübung von Gestaltungsrechten dient.[63] **65**

Fraglich ist allerdings, inwieweit diese Übergabe eines schriftlichen Dokuments mit § 130d ZPO korrespondiert oder kollidiert. So wird denn auch die parallele elektronische Einreichung aus dem Gerichtssaal heraus durch Anruf im Anwaltsoffice als wenig praktikabel konstatiert.[64] Ob aber die Überreichung eines Papierdokuments mit der „vorübergehenden technischen Störung" nach § 130d S. 2 ZPO gerechtfertigt werden kann, daran zweifeln auch die Autoren selbst, zumal die Glaubhaftmachung ja zeitgleich erfolgen müsste/sollte. So kommen die Autoren auch zum Ergebnis, dass die Überreichung eines Papier-Schriftsatzes im Termin, gestützt auf § 130d S. 2 ZPO, „in aller Regel" unzulässig sein wird.[65] Dieser Auffassung ist auch nach unserer Meinung zu folgen. **66**

Die Autoren des gut ausgearbeiteten Aufsatzes kommen zum Ergebnis, dass sich eine Lösung aus § 130d S. 1 ZPO unmittelbar ergeben müsste, da umstritten sei, ob im Termin überreichte Schriftsätze als „vorbereitende" Schriftsätze im Sinne der Vorschrift zu verstehen seien, und umstritten sei, ob die §§ 129 ff. ZPO zur Anwendung kommen (Bezugnahme auf den Schriftsatz nach § 137 Abs. 3 ZPO auch in solchen **67**

---

60 BT-Drucks 17/12634, 27 (rechte Spalte, 4. Abs.) v. 6.3.2013.
61 A.a.O., 4. Abs., ab S. 2.
62 So auch *Schultzky*, „Elektronische Kommunikation im Zivilprozess", Aktive Nutzungspflicht und Ausbau des elektronischen Rechtsverkehrs, MDR 2022, 201 unter Nr. I. 1 Rn 2.
63 *Hettenbach/Müller*, Die Übergabe von Papierschriftsätzen im Termin in Zeiten der „beA-Nutzungspflicht", NJW 2022, 815.
64 A.a.O., Rn 3.
65 A.a.O. Rn 11.

§ 3 Nutzungspflichten und Einsatzeinreichung

Fällen möglich, oder nicht?); wobei die Praxis diese Vorgehensweise in der Regel in der Vergangenheit zugelassen hat und die Rechte des Gegners durch Einräumung einer Schriftsatzfrist gem. § 283 ZPO oder Vertagung des Termins gem. § 227 ZPO gewahrt wurden.[66]

68 Problematisch ist unseres Erachtens diese Sichtweise allerdings, wenn es sich um bestimmende Schriftsätze wie eine Klageerweiterung handelt, für die die Vorschriften über vorbereitende Schriftsätze angewendet werden.

69 Schließlich kommen die Autoren zum Schluss, dass der Wille des Gesetzgebers und damit nach dem Sinn des Gesetzes die Überreichung schriftlicher Papierdokumente im Termin zulässig sein müsste.[67] Ob dies auch Gerichte so sehen, bleibt abzuwarten. Es steht zu befürchten, dass diese für Gerichte häufig „unliebsame Praxis" durch den Wortlaut des Gesetzes ausgehebelt wird und eine teleologische Auslegung von § 130d S. 1 ZPO nicht erfolgen wird, auch wenn *Hettenbach/Müller* ihre Auffassung sehr dezidiert mit der Entstehungsgeschichte und dem Gesetzgebungsverlauf begründen.

70 Und leider muss man hier auch mit Anwälten rechnen, die im Interesse ihres Mandanten darum kämpfen werden, notfalls über ein Berufungsverfahren, dass diese Auslegung einen angreifbaren Verfahrensfehler darstellt.

71 Insofern möchten wir aber der Auffassung von *Hettenbach/Müller* ausdrücklich folgen, dass die „*Digitalisierung von Gerichtsverfahren nicht Selbstzweck*" ist, sondern „*stets mit den Verfahrensrechten der Parteien und sonstigen Prozessbeteiligten in Einklang zu bringen*" ist.[68]

72 Die Frage bleibt am Ende, wie denn – zur Vermeidung von Problemen für die Partei (wer will schon Präzedenzfall sein?) in solchen Fällen in Zukunft verfahren werden kann. Im Zweifel ist dem Gericht anzubieten, den Inhalt des Schriftsatzes vorzulesen und sich für die Mündlichkeit (nicht Schriftlichkeit, die dann elektronische Einreichung bedeutet) zu entscheiden, § 160 Abs. 2, 3 u. 4 ZPO. Lehnt das Gericht den Antrag, diese wesentlichen Vorgänge und Anträge in das Protokoll aufzunehmen, ab, hat es die Ablehnung in das Protokoll aufzunehmen, § 160 Abs. 4 S. 4 ZPO. In der Praxis dürfte ein solcher Antrag („Haben Sie alle etwas Zeit mitgebracht, ich würde gerne meinen Schriftsatz verlesen; dies kann jedoch 20 Minuten dauern.") wohl dazu führen, dass Gerichte Schriftsatzfristen nachlassen, § 283 ZPO. Zumindest wäre es im Fall der Verlesung vorteilhaft, wenn der Schriftsatz nach dem Motto abgefasst ist: „In der Kürze liegt die Würze.". Auch eine Flucht in die Säumnis (wegen der Nachteile siehe Rdn 52) oder eine Flucht in die Widerklage könnten probate Mittel sein, eine Präklusion zu umgehen. Ein Vertagungs- oder Verlegungsantrag dürfte dann erfolgversprechend sein, wenn die Partei ohne ihr Verschulden gehindert war, rechtzeitig vorzutragen. Im Hinblick auf die geplante Modernisierung des Zivilprozesses und die Überlegungen dahingehend, schriftsätzlichen Vortrag im Hinblick auf den Tatbestand durch ein Basisdokument (Relationstabelle) zu ersetzen, bleibt das Thema weiter spannend.[69]

73 Wünschenswert wäre es, wenn der Gesetzgeber Ausnahmen vom Erfordernis der elektronischen Einreichung gesetzlich normiert und die Auslegung des § 130d ZPO nicht den Prozessparteien und Gerichten überlässt.

f) Terminverlegungs- u. Aufhebungsanträge?

74 Ist es notwendig, einen Terminverlegungsantrag zu stellen oder das Gericht zu bitten, z.B. aufgrund eines zwischenzeitlich geschlossenen Vergleichs, einen anberaumten Termin aufzuheben, sind auch solche Anträge grundsätzlich elektronisch einzureichen. § 130d ZPO gilt auch hier.

---

66 A.a.O., Rn 13.
67 A.a.O., Rn 14.
68 *Hettenbach/Müller*, NJW 2022, 815 Rn 19.
69 https://www.justiz.bayern.de/media/images/behoerden-und-gerichte/oberlandesgerichte/nuernberg/diskussionspapier_ag_modernisierung.pdf (Abruf: 7.10.2022) – zum Basisdokument siehe ab S. 33.

Aus praktischen Erwägungen heraus kann es aber sinnvoll sein, diesen Antrag zum einen im Betreff, z.B. als „Eilantrag zum Gerichtstermin" oder „Eilsache Termin", (nur beispielhaft), zu kennzeichnen, zum anderen aber ggf. auch, den entsprechenden Antrag doppelt, d.h. z.B. zusätzlich per Fax, einzureichen. Hier sollte dann aber unbedingt ein entsprechender Hinweis auf dem elektronischen sowie schriftlichen Dokument erfolgen: „Eilt sehr! Bitte sofort vorlegen! Doppeleinreichung aufgrund Eilbedürftigkeit". Denn häufig muss bei Gerichten damit gerechnet werden, dass beA-Eingänge erst teilweise Tage oder Wochen später bearbeitet werden und somit nicht rechtzeitig dem Gericht vorliegen. Solange ein Termin jedoch vom Gericht nicht „offiziell" aufgehoben ist, muss die Wahrnehmung des Termins durch den Anwalt erfolgen. Zu Doppeleinreichungen siehe auch Rdn 143 ff. in diesem Kapitel.

5. Ersatzeinreichung gem. § 130d S. 2 u. 3 ZPO

a) Vorübergehende, nicht dauerhafte technische Störung

§ 130d S. 2 und 3 ZPO regeln die Zulässigkeit der Ersatzeinreichung bei vorübergehender technischer Störung:

> „²Ist dies aus technischen Gründen vorübergehend nicht möglich, bleibt die Übermittlung nach den allgemeinen Vorschriften zulässig. ³Die vorübergehende Unmöglichkeit ist bei der Ersatzeinreichung oder unverzüglich danach glaubhaft zu machen; auf Anforderung ist ein elektronisches Dokument nachzureichen."

Nach Ansicht des Gesetzgebers gilt § 130d ZPO nicht nur für das Erkenntnisverfahren im 1. Rechtszug, sondern grundsätzlich für alle anwaltlichen schriftlichen Anträge und Erklärungen nach der ZPO. Die Möglichkeit der Ersatzeinreichung sollte nach dem Willen des Gesetzgebers darüber hinaus vor allem auch zur Wahrung materiell-rechtlicher Verjährungs- oder Ausschlussfristen möglich sein, da in solche Fristen keine Wiedereinsetzung gewährt werden kann bzw. bei denen gem. § 167 ZPO eine Rückwirkung der verjährungshemmenden Wirkung auf den Zeitpunkt des Eingangs bei Gericht vorgesehen ist.[70] Der Gesetzgeber wollte aber ausdrücklich keinesfalls mit dieser Möglichkeit der Ersatzeinreichung professionelle Nutzer, wie z.B. Rechtsanwälte, von der Verpflichtung entbinden, die „notwendigen technischen Einrichtungen für die Einreichung elektronischer Dokumente vorzuhalten und bei technischen Ausfällen unverzüglich für Abhilfe zu sorgen."[71] Mit der Glaubhaftmachung bei Ersatzeinreichung ist daher auch vorzutragen,

- dass die notwendigen technischen Einrichtungen für die Einreichung elektronischer Dokumente vom Nutzungspflichtigen vorgehalten werden und bei technischen Ausfällen unverzüglich für Abhilfe gesorgt wird,[72]
- sowie zur Tatsache, dass die Störung nur vorübergehender Natur ist.[73]

Fordert das Gericht ein elektronisches Dokument an, ist dieses nachzureichen. Eine solche Anforderung sollte keinesfalls ignoriert werden, da sie in einem Atemzug mit der heilenden (fristgerechten) Ersatzeinreichung genannt ist.

§ 130d S. 2 u. 3 ZPO enthält somit einen „Rettungsanker", wenn die Technik im entscheidenden Moment versagt.

Dabei gibt es in § 130d S. 2 ZPO vier Anknüpfungspunkte für die Ersatzeinreichung:

- Es besteht eine Störung.
- Die Störung ist vorübergehender Art.

---

70 BT-Drucks 17/12634, 27(rechte Spalte, 6. Abs.), 28 (linke Spalte oben).
71 BT-Drucks, a.a.O.
72 BT-Drucks 17/12634, 28; BeckOK ZPO/*von Selle*, § 130d Rn 4.
73 Zöller/*Greger,* ZPO, 34. Aufl. 2022, § 130d Rn 2.

§ 3 Nutzungspflichten und Einsatzeinreichung

- Die Störung ist technischer Art.
- Die Störung führt zur Unmöglichkeit der elektronischen Einreichung.

Was mit „vorübergehend" gemeint ist, füllt die Rechtsprechung bereits mit Leben und stellt eine entsprechende Anforderung an Anwälte. Sicherlich nicht gemeint ist der Fall einer angesagten kurzfristigen Stromunterbrechung am frühen Nachmittag, wenn es dem Anwalt noch zuzumuten ist, die Einreichung zu einem späteren Zeitpunkt nochmals zu versuchen. Das beA bietet zudem hier den Vorteil, dass die Versendung „von überall" her erfolgen kann, da das beA über jeden gängigen Web-Browser aufgerufen werden kann, sofern auf dem entsprechenden PC/Notebook die Zugangssoftware beA Client-Security installiert ist und ein entsprechender Zugangsschlüssel wie ein Softwarezertifikat oder eine beA-Karte Basis mit Kartenleser vorhanden sind, vgl. § 5 Rdn 1 ff. in diesem Werk. Sofern eine Internetstörung andauert (hier: fünf Wochen), handelt es sich nach Ansicht des OVG Münster nicht mehr um eine vorübergehende Störung;[74] ein Anwalt muss sich dann um einen anderen Internetzugang bemühen, ggf. auch via Handy einen Hotspot einrichten. Professionelle Nutzer sind gehalten, bei technischen Ausfällen unverzüglich für Abhilfe zu sorgen.[75]

80 Fraglich ist bis heute, ob und wie lange eine elektronische Einreichung versucht werden muss, bevor zur Ersatzeinreichung gegriffen werden darf. Stichwort: vorschnelles Aufgeben der elektronischen Übermittlung – wann?

81 *Beispiel*

Für das beA-System sind für den heutigen Tag Wartungsarbeiten angekündigt, die voraussichtlich bis 22.00 Uhr andauern. Die Fristsache läuft heute ab. Die Fertigstellung des Schriftsatzes gelingt erst gegen 21.00 Uhr.

- Darf nun die Ersatzeinreichung erfolgen oder muss abgewartet werden, ob um 22.00 Uhr die Wartungsarbeiten ordnungsgemäß beendet wurden und muss sodann eine elektronische Einreichung erfolgen?
  - Was getan werden **muss**, ist gesetzlich nicht geregelt. Wir empfehlen, den Schriftsatz tunlichst elektronisch einzureichen und den Abschluss der Wartungsarbeiten abzuwarten, bis Rechtsprechung des BGH existiert, die über derartige Fragen entschieden hat. Vor allem dann, wenn die Kanzlei häufig „nachts" Schriftsätze eingereicht hat, wird sie damit rechnen müssen, dass im Einzelfall auch in dem hier beschriebenen Fall erwartet wird, die Einreichung nach 22.00 Uhr elektronisch vorzunehmen.
- Wie ist der Fall zu beurteilen, wenn zwar abgewartet wird, die Wartungsarbeiten jedoch **nicht** planmäßig um 22.00 Uhr enden? Darf dann die Ersatzeinreichung erfolgen oder muss bis 23.59 Uhr weiter versucht werden, elektronisch einzureichen?
  - Rechtsprechung wie zum Fax (siehe hierzu § 16 Rdn 127 ff. in diesem Werk); was als Sende- und Pufferzeiten berücksichtigt werden muss, gibt es bisher zu diesem beA-Thema zum Zeitpunkt der Drucklegung nach unserer Kenntnis nicht. Es ist daher nach diesseitiger Auffassung sicherheitshalber – bis eine solche Rechtsprechung, an der man sich orientieren kann, existiert – zu empfehlen, die elektronische Einreichung noch bis Mitternacht zu versuchen; allerdings sollte die Ersatzeinreichung nicht zu spät gestartet werden.
- Wie ist der Fall zu beurteilen, wenn die Ersatzeinreichung, z.B. via Fax (die ja auch so rechtzeitig erfolgen muss, dass mit einer Übermittlung in den späten Abendstunden auch noch gerechnet werden kann, siehe dazu § 22 Rdn 127 ff. in diesem Werk und nachstehende Rdn 82 in diesem Kapitel), gegen 23.10 Uhr gestartet und gegen 23.30 Uhr ordnungsgemäß beendet wird, ein letzter Blick in

---

74 OVG Münster, Beschl. v. 6.7.2022 – 16 B 413/22 BeckRS 2022, 23282.
75 OVG Münster, a.a.O., Rn 10 unter Verweis auf OVG NRW, Beschl. v. 31.3.2022 – 19 A 448/22.A, juris Rn 4 unter Bezugnahme auf den Gesetzentwurf der Bundesregierung, BT-Drs. 17/12634 v. 6.3.2013, 28 (zur Parallelvorschrift d. § 130d ZPO) sowie OVG NRW, Beschl. v. 9.5.2022 – 16 B 69/22, juris Rn. 4.

das beA aber zeigt, dass es nun „endlich" funktioniert? Muss dann zusätzlich elektronisch eingereicht werden? (Vorsicht bei Doppeleinreichung, siehe Rdn 143 ff. in diesem Kapitel)
– Da Einreichende bei einer Ersatzeinreichung zunächst immer auch auf den „Goodwill" des jeweiligen Gerichts angewiesen sind, diese zu akzeptieren, empfiehlt sich die Einreichung in elektronischer Form zusätzlich zum Fax, jedoch unbedingt mit den entsprechenden Hinweisen, um eine doppelte Rechtshängigkeit zu vermeiden (siehe zuvor).
■ Darf/muss ein Anwalt bei der Einreichung seiner Schriftsätze von allgemein üblichen Bürozeiten, seinen subjektiv üblichen Bürozeiten oder z.B. den zumutbaren Reisezeiten (zwischen 06.00 Uhr morgens und 21.00 Uhr abends) ausgehen?
– Nach diesseitiger Ansicht spricht einiges dafür, dass Anwälte bei technischen Problemen nicht gezwungen sein sollten, bis nachts im Büro zu bleiben und eine erfolgreiche Einreichung zu versuchen, wenn sie auch sonst nicht zu diesen Zeiten arbeiten. Da es mit wenigen technischen Geräten aber möglich wäre, einen Schriftsatz auch von zu Hause aus einzureichen, bleibt die hierzu ergehende Rechtsprechung abzuwarten. Womöglich werden die Umstände des Einzelfalls eine Rolle spielen wie z.B. Alter, Krankheit, sonst übliche Arbeitszeiten, u.a.
■ Besteht eine Verpflichtung für Anwälte, sich rechtzeitig über Wartungsarbeiten zu informieren, um ihre Fristeinreichungen hieran zu orientieren?
– Nach unserer Auffassung besteht eine solche Verpflichtung nicht, zumal sich ad hoc-Störungen jederzeit ergeben können. Fristen dürfen zudem „ausgereizt" werden; auch wenn Anwälte, die eine Fristsache erst am Tag des Fristablaufs herstellen und einreichen nach der ständigen Rechtsprechung des BGH erhöhte Sorgfaltsanforderungen treffen. Das bedeutet aber nicht, dass wir nicht empfehlen würden, bis es belastbare Rechtsprechung zu dieser Frage gibt, für sich selbst die Antwort eher streng auszurichten. Mit rechtzeitiger Information lässt sich mancher Kummer schon im Vorfeld vermeiden, denn viele Wartungsarbeiten werden Wochen vorher angekündigt.

Ein vorschnelles Aufgeben ist sicherlich aber auch im beA-Zeitalter keine anzuratende Option, betrachtet man die Rechtsprechung des BGH zum Fax: **82**
■ Aufgabe um 19.02 Uhr = vorschnell.[76]
■ Es ist so **rechtzeitig** mit dem Versenden zu beginnen, dass unter normalen Umständen mit einem Abschluss der Übermittlung vor Fristablauf zu rechnen ist.[77]
■ *„Nutzt ein Rechtsanwalt zur Übermittlung eines fristgebundenen Schriftsatzes ein Telefaxgerät, hat er eine ausreichende Zeitreserve einzuplanen, um einen vollständigen Zugang des zu übermittelnden Schriftsatzes bis zum Fristablauf zu gewährleisten."*[78]
■ *„Schöpft ein Rechtsanwalt – wie im vorliegenden Fall – eine Rechtsmittelbegründungsfrist bis zum letzten Tag aus, hat er wegen des damit erfahrungsgemäß verbundenen Risikos zudem erhöhte Sorgfalt aufzuwenden, um die Einhaltung der Frist sicherzustellen (vgl. BGH Beschl. v. 9.5.2006 – XI ZB 45/04 – FamRZ 2006, 1191 m.w.N.)."*[79]
■ Der BGH sieht ein Verschulden des Anwalts, wenn er um 15.05 Uhr seine Übermittlungsversuche (per Fax) aufgibt und vorschnell von einer Störung in der Sphäre des Gerichts ausgeht; vielmehr sei der Anwalt gehalten, bis zum Fristablauf weitere Übermittlungsversuche zu unternehmen.[80]

---

[76] BGH, Beschl. v. 4.11.2014 – II ZB 25/13, NJW 2015, 1027.
[77] BVerfG (2. Kammer des 1. Senats) NJW 1996, 2857; NJW 2001, 3473; vgl. BGH NJW-RR 2001, 916; BGH, Beschl. v. 20.12.2007 – III ZB 73/07, BeckRS 2008, Rn 4 = NJOZ 2012, 935 Rn 8 = NJW 2011, 1972 = VersR 2011, 1417 Rn 9; wobei 24.00 Uhr zu spät ist; der Eingang muss bis 23:59:59 Uhr erfolgen: BGH, Beschl. v. 8.5.2007 – VI ZB 74/06, NJW 2007, 2045 (24:00 = 00.00 Uhr; 00:00 Uhr ist zu spät; es gibt keine „logische Sekunde" – auch keine „juristische").
[78] BGH, Beschl. v. 6.12.2017 – XII ZB 335/17, BeckRS 2017, 138745 = IBRRS 2018, 0250.
[79] BGH, Beschl. v. 6.12.2017 – XII ZB 335/17 Rn 13, BeckRS 2017, 138745 = IBRRS 2018, 0250.
[80] BGH, Beschl. v. 26.8.2021 – III ZB 9/21, NJW-RR 2022, 204.

§ 3 Nutzungspflichten und Einsatzeinreichung

So hielt der BGH hier fest: (Fettdruck d. Verfasser)

*"Wohl aber ist er gehalten, bis zum Fristablauf **weitere** Übermittlungsversuche zu unternehmen, um auszuschließen, dass die Übermittlungsschwierigkeiten in seinem Bereich liegen (BGH NJOZ 2012, 935 Rn 9). Das gilt jedenfalls dann, wenn er auch eine lediglich **zeitlich beschränkte** – das heißt bis zum Fristablauf wieder behobene – **technische Störung** in Betracht ziehen muss (vgl. BGH NJW 2019, 3310 Rn 23). Es gereicht ihm deshalb zum **Verschulden**, wenn er unter diesen Voraussetzungen seine Übermittlungsversuche **vorschnell weit vor Fristablauf aufgibt** und die für ihn letztlich nicht aufklärbare Ursache der aufgetretenen Übermittlungsschwierigkeiten dem Empfangsgericht zuschreibt (BGH NJOZ 2012, 935, m.w.N.). ...**Dabei** lässt der Senat offen, ob ein Rechtsanwalt in einer derartigen Situation gehalten ist, die Übermittlungsversuche gegebenenfalls bis 24:00 Uhr fortzusetzen. Jedenfalls die Beendigung der Versuche bereits um 15:05 Uhr ist den Prozessbevollmächtigten des Kl. als vorschnelles Aufgeben im Sinne der Rechtsprechung anzulasten (vgl. BGH NJW 2015, 1027 Rn 22)."*

- Aufgabe um 17.30 Uhr ist vorschnell.[81]
- Scheitern einer Übermittlung per Fax um 23.15 Uhr erfordert weitere Übermittlungsversuche.[82]
- Scheitern der Übermittlung eines 160-seitigen Schriftsatzes um 18.15 Uhr erfordert weitere Versuche.[83]

83 Das BVerfG forderte in einem Fall Übermittlungsversuche (hier: per Fax) bis Mitternacht:

"Unterlässt ein Rechtsanwalt, der am letzten Tag der Begründungsfrist für eine Verfassungsbeschwerde bei der Übermittlung eines fristwahrenden Schriftsatzes per Telefax um 20.30 Uhr die Fehlermeldung „Sendefunktion nicht vollständig eingegeben" erhält, bis zum Fristablauf um Mitternacht weitere Übermittlungsversuche und sucht er auch kein anderes Faxgerät auf, weil er die Übermittlungsschwierigkeiten dem Empfangsgerät des BVerfG zugeschrieben hat, so ist der Beschwerdeführer nicht ohne sein Verschulden daran gehindert, die Frist des § 93 I BVerfGG einzuhalten (Leitsatz der Redaktion)."[84]

84 Die nachstehende Entscheidung des BGH zum Fax dürfte sicherlich auch für die Einreichung via beA gelten:

"Entschließt sich ein Rechtsanwalt, einen fristgebundenen Schriftsatz selbst bei Gericht einzureichen, übernimmt er damit die alleinige Verantwortung für die Einhaltung der Frist."[85]

b) Sphäre der technischen Störung

85 Dabei kann, so der Gesetzgeber, „solange – etwa wegen eines Serverausfalls – die elektronische Übermittlung vorübergehend aus technischen Gründen nicht möglich ist", die Ersatzeinreichung vorgenommen werden. Keine Rolle spielt es dabei, ob die Ursache für die vorübergehende technische Unmöglichkeit in der Sphäre des Gerichts oder in der Sphäre des Einreichenden zu suchen ist.

86 Dies bedeutet, dass sowohl

- Störungen im EGVP-System auf Justizseite[86] als auch
- Störungen im beA-System der BRAK-Seite aber auch
- Störungen, die in der Sphäre des Einreichenden[87] selbst (z.B. Computerabsturz) liegen, eine Ersatzeinreichung zulassen.

---

81 BGH, Beschl. v. 6.4.2011 – XII ZB 701/10, NJW 2011, 1972 Rn 14.
82 BGH, Beschl. v. 14.9.2017 – IX ZB 81/16, NJOZ 2018, 824 = BeckRS 2017, 126766.
83 BVerfG, Beschl. v. 16.4.2007 – 2 BvR 359/07, NJW 2007, 2838.
84 BVerfG, Beschl. v. 11.5.2005 – 2 BvR 526/05, NJW 2006, 829.
85 BGH, Beschl. v. 23.10.2018 – III ZB 54/18, Rn 9.
86 BT-Drucks 17/12634, 27 (rechte Spalte) v. 6.3.2013 zu Nr. 4 (§ 130d – neu).
87 BeckOK ZPO/*v. Selle*, § 130d Rn 4.

B. Aktive Nutzungspflicht/elektronische Einreichpflicht § 3

Denn die Regelung in § 130d S. 2 ZPO besteht verschuldensunabhängig. Der Gesetzgeber wollte ausdrücklich, dass auch ein vorübergehender Ausfall der technischen Einrichtungen des Rechtsanwalts dem Rechtssuchenden nicht zum Nachteil gereichen sollte. Gleichwohl treffen Anwälte Pflichten, dass es gar nicht erst zu einem Ausfall kommt, siehe dazu Rdn 100 ff. in diesem Kapitel. 87

Nach Ansicht des Gesetzgebers spielt es keine Rolle, ob die Ursache für die vorübergehende technische Unmöglichkeit in der Sphäre des Gerichts oder in der Sphäre des Einreichenden zu suchen ist, da ein vorübergehender Ausfall der technischen Einrichtungen des Rechtsanwalts dem Rechtssuchenden nicht zum Nachteil gereichen soll, zumal vor allem zur Wahrung von materiell-rechtlichen Verjährungs- oder Ausschlussfristen, bei denen keine Wiedereinsetzung, aber eine Rückwirkung der Verjährungshemmung auf den Zeitpunkt der Einreichung gem. § 167 ZPO möglich ist, die Ersatzeinreichung notwendig sein kann.[88] 88

Für die wirksame Einreichung spielt es dabei aber auch keine Rolle, ob gerichtsintern eine Weiterverarbeitung des eingegangenen Dokuments erfolgen kann. Ist das Dokument auf dem Gerichtsserver (nicht zu verwechseln mit dem BRAK-Server!) gem. § 130a Abs. 5 ZPO eingegangen, hat eine vielleicht aus technischen Gründen aufgrund von Wartungsarbeiten zurzeit nicht durchführbare Weiterverarbeitung auf Seiten des Gerichts keinen Einfluss auf die Wirksamkeit des Eingangs.[89] 89

Wird eine technische Störung durch einen Anwender **bewusst provoziert**, ist es rechtsmissbräuchlich, wenn er sich dann auf eine solche und die Anwendbarkeit des § 130d S. 2 u. 3 ZPO beruft. 90

c) Technische Störung oder subjektives (menschliches) Versagen?

§ 130d S. 2 ZPO spricht von einer vorübergehenden „technischen" Unmöglichkeit, nicht aber von einer subjektiven Unmöglichkeit. Nicht anwendbar ist § 130d ZPO z.B. dann, wenn der Anwalt aus persönlichen Gründen die Einreichung nicht vornehmen kann, z.B. weil er auf dem Weg zum Nachtbriefkasten einen Verkehrsunfall erleidet (hier bleibt ggf. die Möglichkeit der Wiedereinsetzung), er überhaupt nicht technisch auf die elektronische Einreichung eingestellt ist oder ein vermeidbarer Anwenderfehler vorliegt. 91

> *Beispiel* 92
>
> Rechtsanwalt K versucht am Tag des Fristablaufs eine Rechtsmittelschrift bei einem Gericht einzureichen. Obwohl er in der Vergangenheit bereits mehrfach zahlreiche Schriftsätze über sein beA bei diversen Gerichten elektronisch eingereicht hat, gelingt es ihm nicht, das jetzt zu adressierende Gericht im Gesamtverzeichnis zu finden. Dabei hat er verschiedene Bezeichnungen des Gerichts versucht. Nicht gesucht hat er mit Sternchenangabe, z.B. „*verwaltungsgerichtshof".

Dieser Fall aus der Praxis wirft mehrere Fragen auf: 93

Handelt es sich in diesem Fall um eine vorübergehende „technische" Unmöglichkeit oder ist hier vielmehr von einem subjektiven Versagen auszugehen?

Der VGH München hatte einen solchen Fall zu entscheiden und kam zum Ergebnis, dass menschliches Versagen nicht den Ausnahmetatbestand (erlaubte Ersatzeinreichung) gem. § 130d ZPO erfüllt (Fettdruck d.d. Verfasser).

> „Eine vorübergehende Unmöglichkeit der elektronischen Übermittlung eines Schriftsatzes aus **technischen** Gründen liegt nicht vor, wenn die fristgemäße Übermittlung aufgrund eines Anwendungs- bzw. Bedienungsfehlers scheiterte, dh wenn der handelnde Rechtsanwalt zum Zeitpunkt des Fristablaufs zwar das notwendige technische Equipment einschließlich der Bedienungssoftware vorgehalten hatte, er aber aufgrund nicht ausreichender Schulung bzw. nicht hinreichender vorheriger autodidaktischer Befassung subjektiv nicht in der Lage war, die Übermittlung rechtzeitig vor Fristablauf

---

88 BT-Drucks 17/12634, 27 (rechte Spalte) v. 6.3.2013 zu Nr. 4 (§ 130d – neu).
89 BGH, Beschl. v. 25.8.2020 – VI ZB 79/19, NJW-RR 2020, 1519 Rn 7.

umzusetzen. *In diesem Fall liegt ein **menschlicher** und kein technischer Grund für das Scheitern der fristgemäßen elektronischen Übermittlung vor.*"[90]

94 So hielt der VGH fest, dass ein Bedienungsfehler aufgrund nicht ausreichender Schulung bzw. nicht hinreichender vorheriger autodidaktischer Befassung, der zu einer subjektiven Unmöglichkeit der elektronischen Einreichung führt, nicht unter § 130d S. 2 ZPO fällt.[91]

95 In dem vom VGH München entschiedenen Fall war der Prozessbevollmächtigte des Klägers nicht in der Lage, den VGH im Adressatenfeld des beAs zu finden. Der VGH München ließ das Vorbringen des Prozessbevollmächtigten, aus dem sich allenfalls die Glaubhaftmachung eines Bedienungsfehlers bzw. eines subjektiven Unvermögens der beA-Software ableiten ließ, als Ersatzeinreichungsgrund i.S.d. § 55d S. 3 VwGO nicht genügen. Dabei strengte der VGH offenbar auch eigene Bemühungen an und fragte beim Landesamt für Digitalisierung, Breitband und Vermessung nach, ob sich im genannten Zeitraum vom 14.2.2022 zwischen 22:00 Uhr und 24:00 Uhr Fehler auf den Intermediären feststellen ließen. Dies war nicht der Fall.[92] Der Versandversuch erfolgte über die beA-Webanwendung, nicht über eine besondere Kanzleisoftware. Auch die BRAK wurde vom Senat um Auskunft gebeten und teilte mit, dass Adressaten im gesamten Verzeichnis gesucht werden können.[93] Die BRAK hatte offenbar auch darauf hingewiesen, dass sich die Suche nach Justizbehörden in einigen Fällen schwierig gestalte, weil der korrekte Name des Postfachinhabers einzugeben sei. Es hätte hier nach „Bayerischer Verwaltungsgerichtshof" gesucht werden müssen; die Suche über den Einzelbegriff „Verwaltungsgerichtshof" mit der zusätzlichen Ortsangabe „München" führe zu keinem Suchergebnis, was dem Prozessbevollmächtigten als Besonderheit bei der Adressierung möglicherweise nicht bekannt gewesen sei.[94] Da auch unter den Internetportalen https://portal.beasupport.de/verfuegbarkeit sowie unter https://www.brak.de/fileadmin/02_fuer_anwaelte/bea/bea-stoerungsdokumentation.pdf ebenfalls eine Störung nicht ersichtlich war, blieb als Grund für die gescheiterte Adresssuche nur der von § 55d Abs. 1 S. 3 VwGO nicht erfasste Bedienungsfehler.

96 Zusammenfassend hielt der VGH fest, dass nicht glaubhaft gemacht wurde, dass der VGH München am Abend des 14.2.2022

- aufgrund eines technischen Fehlers im Bereich der Kanzlei des Klägerbevollmächtigten,
- aufgrund eines nicht vollständig zur Verfügung gestandenen beA-Systems,
- aufgrund eines Fehlers auf den Intermediären,
- aufgrund einer Störung der VAS-Suche oder
- aufgrund einer fehlenden Erreichbarkeit der Intermediäre von außen vom Prozessbevollmächtigten des Klägers nicht auf herkömmlichen Weg als Empfänger/Adressat über die beA-Webanwendung gesucht bzw. ausgewählt werden konnte,

und es handelt sich daher eben gerade um einen menschlichen Fehler, der die Heilung durch Ersatzeinreichung ausschließt.[95]

97 Der VGH München entschied zudem, dass eine Wiedereinsetzung auch nicht von Amts wegen zu gewähren war (ein entsprechender Antrag wurde nicht gestellt, hätte hier aber auch nicht mehr geholfen), da sich der Prozessbevollmächtigte nicht auf die Unkenntnis des beim Versendungsversuch anwesenden Kanzleimitarbeiters hätte berufen können.[96] Denn in dem vorliegenden Fall hatte sich der Rechtsanwalt offenbar für die Versendungsvariante des § 55a Abs. 3 S. 1 Alt. 2 VwGO (inhaltlich entsprechend § 130a Abs. 3

---

[90] VGH München, Beschl. v. 1.7.2022 – 15 ZB 22.286, NVwZ-RR 2022, 789.
[91] VGH München, Beschl. v. 1.7.2022 – 15 ZB 22.286, NVwZ-RR 2022, 789.
[92] VGH München, a.a.O., Rn 17.
[93] VGH München, a.a.O., Rn 19.
[94] VGH München, a.a.O., Rn 19.
[95] VGH München, a.a.O., Rn 24 bis 30.
[96] VGH München, a.a.O., Rn 31.

S. 1 Alt. 2 ZPO), d.h. Anwendung der einfachen elektronischen Signatur plus Eigenversand über den sicheren Übermittlungsweg, entschieden, sodass er damit auch hinsichtlich des Übersendungsvorgangs selbstverantwortlich war.[97]

d) Frühzeitige Information über technische Störungen/ad-hoc Störungen

Frühzeitige Informationen über technischen Störungen kann man auf unterschiedliche Weise erhalten: **98**

- Störungsmelder und/oder Newsletter der Seite: www.egvp.de
- https://www.brak.de/fileadmin/02_fuer_anwaelte/bea/beA-Störungsdokumentation_01.pdf (Abruf: 7.10.2022)
- https://portal.beasupport.de/verfuegbarkeit (Abruf: 7.10.2022)

e) Vorkehrungen – Möglichkeiten – Pflichten

Anwälte haben nach unserer Auffassung nicht nur aus dem Anwaltsvertrag heraus die Pflicht, durch Einsatz adäquater Technik Schaden von ihren Mandanten fernzuhalten, sondern darüber hinaus bereits berufsrechtliche Pflichten, entsprechende technische Vorsorge zu treffen. **99**

§ 31a Abs. 6 BRAO: **100**

> „Der Inhaber des besonderen elektronischen Anwaltspostfachs ist verpflichtet, die für dessen Nutzung erforderlichen technischen Einrichtungen vorzuhalten ...."

§ 2 Abs. 2 BORA regelt hierzu: **101**

> „(2) ¹Die Verschwiegenheitspflicht gebietet es dem Rechtsanwalt, die zum Schutze des Mandatsgeheimnisses erforderlichen organisatorischen und technischen Maßnahmen zu ergreifen, die risikoadäquat und für den Anwaltsberuf zumutbar sind. ²Technische Maßnahmen sind hierzu ausreichend, soweit sie im Falle der Anwendbarkeit der Vorschriften zum Schutz personenbezogener Daten deren Anforderungen entsprechen. ³Sonstige technische Maßnahmen müssen ebenfalls dem Stand der Technik entsprechen. ⁴Abs. 4 lit. c) bleibt hiervon unberührt."

Erforderlich ist somit: **102**

- Einsatz einer EDV-Technik auf dem Stand der Zeit; wenn auch nicht „das Neueste"
- Aufspielen regelmäßiger Updates
- Einsatz nur vertrauenswürdiger externer Dienstleister, § 43e BRAO, sowie am Markt etablierter Software; regelmäßige Aktualisierung der Software
- Ausreichend Serverkapazitäten
- Adäquate Virenschutzsoftware/Firewall –also aber keine kostenfreie Software aus dem Internet
- Schulung der Mitarbeiter und sich selbst, bezogen auf die Anwendung der eingesetzten Hard- und Software
- Vorhandensein aller notwendigen Mittel, um eine Ersatzeinreichung vornehmen zu können, falls die elektronische Einreichung gem. § 130d S. 1 ZPO nicht möglich ist, d.h. Vorhandensein von Papier, ausreichend Toner, funktionsfähigem Drucker, Briefbögen etc.

f) Anwaltssoftware

Die Antwort auf die Frage, ob die Anwaltssoftware ausreichend „vertrauenswürdig" ist, um sich auf deren Angaben verlassen zu können, wird sicher vom Einzelfall abhängen. **103**

Das BVerfG sieht zumindest beim Heraussuchen einer gerichtlichen Fax-Nummer Bedenken, ohne dies aber näher zu begründen. Das BVerfG in seiner Entscheidung wortwörtlich:[98] **104**

---

[97] VGH München, a.a.O., Rn 31 unter Verweis auf: BVerwG, Beschl. v. 12.10.2021 – 8 C 4/21, NVwZ 2022, 649.
[98] BVerfG, Beschl. v. 27.5.2020 – 1 BvR 338/20, openJur 2021, 41972 Rn 5.

> „Die Verfahrensbevollmächtigte der Beschwerdeführerin durfte sich weder darauf verlassen, dass die Verfassungsbeschwerde am Verfahren mittels des besonderen elektronischen Anwaltspostfachs teilnimmt, noch darauf, dass die in ihrer Kanzleisoftware eingespeicherten Telefaxnummern zutreffend sind."

105 Der BGH jedoch zum Thema:

> „Zur Ermittlung der Faxnummer eines Gerichts darf sich ein Anwalt auf ein bewährtes Softwareprogramm in der jeweils neuesten Fassung verlassen."[99]

106 Voraussetzung war hier aber:
- Verwendung eines seit Jahren bewährtes Softwareprogramms
- in der jeweils neuesten Fassung

107 So auch schon der BGH 2004:[100]

> „Zur Ermittlung der Faxnummer eines Gerichts darf sich der Rechtsanwalt auf ein seit Jahren bewährtes EDV-Programm in der jeweils neuesten Fassung in der Regel verlassen. Eine organisatorische Anweisung des Anwalts an seine Bürokraft, eine Abgleichung der Faxnummer mit den Angaben in Anschreiben des Gerichts oder im Telefonbuch vorzunehmen, ist grundsätzlich nicht erforderlich."

108 **Kein** Vertrauensschutz besteht somit, wenn die UpDates „nicht gefahren" werden. Voraussetzung dürfte u.E. aber auch sein, dass eine regelmäßige Kontrolle der automatisierten Vorgänge via Software **keine** Fehler gezeigt haben und dies auch entsprechend vorgetragen und eidesstattlich versichert werden kann.

109 **Was die Überprüfung der automatisierten Eingangsbestätigung mittels Anwaltssoftware** betrifft, so ist hier bisher Rechtsprechung nicht bekannt, die es für ausreichend hält, dass **allein** anhand der Anwaltssoftware die Überprüfung des rechtzeitigen und wirksamen Eingangs der Rechtsmittelschrift erfolgt. Im Gegenteil. Das VG Aachen[101] vertritt die Auffassung, dass es schuldhaft nicht der gebotenen anwaltlichen Sorgfalt entspricht, wenn der Versand eines fristgebundenen Schriftsatzes über die beA-Schnittstelle einer Software vorgenommen wird, ohne eine weitere Ausgangskontrolle durchzuführen. Daher empfehlen wir dringend, stets die automatisierte Eingangsbestätigung über die beA-Weboberfläche via Browser abzufragen und sich nicht auf eine Eingangsbestätigung via Schnittstelle der Anwaltssoftware oder einer selbst errichteten Software zu verlassen, und zwar so lange, bis es zu dieser Frage belastbare Rechtsprechung des BGH gibt.

g) Art der Glaubhaftmachung
aa) Eidesstattliche Versicherung und alle Beweismittel der ZPO

110 Die Glaubhaftmachung der vorübergehenden technischen Störung hat gem. § 130d S. 2 ZPO zwingend zu erfolgen. Nicht ausreichend ist ein bloßer Schriftsatz, mit dem eine solche lediglich behauptet wird; die Gründe müssen vielmehr erläutert werden.[102] Wer glaubhaft machen muss, fragt sich oft: wie? Die ZPO beantwortet diese Frage in § 294 Abs. 1 ZPO:

> „Wer eine tatsächliche Behauptung glaubhaft zu machen hat, kann sich aller Beweismittel bedienen, auch zur Versicherung an Eides statt zugelassen werden."

Zur **Glaubhaftmachung** geeignet sind damit:
- Augenschein, §§ 371 ff. ZPO
- Zeugenbeweis, §§ 373 ff. ZPO

---

99 BGH, Beschl. v. 30.3.2021 – VIII ZB 37/19, BeckRS 2021, 10630 = NJW-Spezial 2021, 414.
100 BGH, Beschl. v. 24.6.2004 – VII ZB 35/03, NJW 2004, 2830.
101 VG Aachen, Urt. v. 7.3.2022 – 10 K 2469/21.A, BeckRS 2022, 4828.
102 OVG Schleswig, Beschl. v. 13.6.2022 – 1 LA 1/22, BeckRS 2022, 15028.

- Sachverständigenbeweis, §§ 402 ff. ZPO
- Urkundenbeweis, §§ 415 ff. ZPO
- Parteieinvernahme, §§ 445 ff. ZPO
- eidesstattliche Versicherung, §§ 294 Abs. 1 ZPO.

§ 286 ZPO regelt darüber hinaus die Möglichkeit der freien richterlichen Beweiswürdigung:

„(1) ¹Das Gericht hat unter Berücksichtigung des gesamten Inhalts der Verhandlungen und des Ergebnisses einer etwaigen Beweisaufnahme nach freier Überzeugung zu entscheiden, ob eine tatsächliche Behauptung für wahr oder für nicht wahr zu erachten sei. ²In dem Urteil sind die Gründe anzugeben, die für die richterliche Überzeugung leitend gewesen sind.

(2) An gesetzliche Beweisregeln ist das Gericht nur in den durch dieses Gesetz bezeichneten Fällen gebunden."

bb) Anwaltliche Versicherung ausreichend?

Immer wieder wird die Frage gestellt, ob denn nicht eine anwaltliche Versicherung anstelle einer eidesstattlichen Versicherung ausreichend sei. Nun: Vom Grundsatz her muss man sagen, dass die ZPO die anwaltliche Versicherung nicht kennt, sondern nur die eidesstattliche Versicherung. Zwar gibt es – wie nachstehend beispielhaft dargestellt – immer wieder Gerichte, die auch eine anwaltliche Versicherung für ausreichend erachten. Aber will man sich darauf wirklich verlassen? Letztendlich handelt es sich doch auch um Einzelfallentscheidungen. So ist denn auch hin und wieder einer BGH-Entscheidung zu entnehmen, dass eine anwaltliche Versicherung **neben** weiteren Glaubhaftmachungsmitteln, wie z.B. der eidesstattlichen Versicherung einer Mitarbeiterin, ausreichend war.

„Zur im Rahmen eines Wiedereinsetzungsgesuchs mittels anwaltlicher Versicherung erfolgten Glaubhaftmachung des rechtzeitigen Einwurfs einer Rechtsmittelbegründungsschrift durch den Verfahrensbevollmächtigten in einen Postkasten (im Anschluss an Senatsbeschlüsse vom 13.1.2021 – XII ZB 329/20 – FamRZ 2021, 619 und vom 18.12.2019 – XII ZB 379/19 – FamRZ 2020, 618)."[103]

Im Rahmen ihres Antrags auf Wiedereinsetzung in den vorigen Stand muss eine Partei gem. § 236 Abs. 2 ZPO vortragen und glaubhaft machen, warum das Versäumnis unverschuldet war und die Wiedereinsetzung zu gewähren ist.[104] Nach Ansicht des BGH ist eine Behauptung i.S.d. §§ 236 Abs. 2 S. 1 Hs. 2, 294 ZPO dann glaubhaft gemacht, *„wenn eine überwiegende Wahrscheinlichkeit dafür besteht, dass sie zutrifft, also letztlich mehr für das Vorliegen der in Rede stehenden Behauptung spricht als dagegen."*[105]

Die von einem Antragsteller im Wiedereinsetzungsverfahren angebotenen Glaubhaftmachungsmittel sind vom Richter gem. § 286 ZPO frei zu würdigen.[106] Die vom Tatrichter vorgenommene Beweiswürdigung kann vom Rechtsbeschwerdegericht (BGH) nur dahingehend einer Überprüfung unterzogen werden, ob sich der Tatrichter entsprechend dem Gebot der freien Beweiswürdigung nach § 286 ZPO mit dem Verfahrensstoff und den Beweisergebnissen umfassend und widerspruchsfrei auseinandergesetzt hat, sodass die Beweiswürdigung vollständig erfolgt und rechtlich möglich ist, nicht aber gegen Denkgesetze und Erfahrungssätze verstößt.[107]

---

103 BGH, Beschl. v. 26.1.2022 – XII ZB 227/21, BeckRS 2022, 2221.
104 BGH a.a.O., Rn 9.
105 BGH, a.a.O., Rn 11.
106 BGH, a.a.O.
107 BGH, a.a.O.

116 Einige weitere Entscheidungen des BGH haben sich jedoch in der Vergangenheit bereits mit der Frage befasst, ob eine Glaubhaftmachung im Wiedereinsetzungsverfahren auch durch anwaltliche Versicherung erfolgen kann.

117 Der BGH im Jahre 2019 zu dieser Frage (Hervorhebungen durch Verfasser):

*„1. Von der Richtigkeit einer **anwaltlichen Versicherung** ist grundsätzlich auszugehen. Dies gilt allerdings dann nicht, wenn konkrete Anhaltspunkte es ausschließen, den geschilderten Sachverhalt mit überwiegender Wahrscheinlichkeit als zutreffend zu erachten (im Anschluss an Senat, NJW 2015, 349 und BGH NJW-RR 2018, 958).*

*2. Schenkt das Rechtsmittelgericht einer anwaltlichen Versicherung im Verfahren der Wiedereinsetzung keinen Glauben, **muss** es den die Wiedereinsetzung Begehrenden darauf hinweisen und **ihm Gelegenheit** geben, entsprechenden **Zeugenbeweis anzutreten**. Zudem ist dann die Prüfung veranlasst, ob nicht bereits in der Vorlage der anwaltlichen Versicherung zugleich ein Beweisangebot auf Vernehmung des Verfahrensbevollmächtigten als Zeugen zu den darin genannten Tatsachen liegt (im Anschluss an BGH WM 2016, 895 = BeckRS 2015, 20205)."*[108]

118 Die Entscheidung des BGH war auch in vielerlei Hinsicht interessant. So hatte die Mitarbeiterin auf der ersten Seite der Rechtsmittelschrift das falsche Gericht adressiert, der Anwalt hat dies handschriftlich auf dem Schriftsatz korrigiert, die zweite Seite unterschrieben und die Mitarbeiterin angewiesen, die erste Seite auszutauschen. Diese Anweisung ließ der BGH als ausreichend erscheinen.[109] Nachdem das OLG München zunächst in diesem Fall die Wiedereinsetzung versagte, da der Wiedereinsetzungsgrund nicht hinreichend glaubhaft gemacht worden sei, vertrat der BGH eine andere Auffassung. Hiernach unterliegt die Feststellung der überwiegenden Wahrscheinlichkeit des Vorgetragenen dem Grundsatz der freien Würdigung des gesamten Vorbringens durch den Tatrichter.[110] Nach Ansicht des BGH ist es erforderlich, dass wenn ein Rechtsmittelgericht einer **anwaltlichen** Versicherung im Verfahren der Wiedereinsetzung keinen Glauben schenkt, es den die Wiedereinsetzung Begehrenden darauf hinzuweisen und ihm Gelegenheit zu geben habe, sodann einen entsprechenden Zeugenbeweis anzutreten.[111] Im Übrigen hätte hier zudem das Rechtsmittelgericht die Prüfung veranlassen müssen, ob nicht bereits in der Vorlage der anwaltlichen Versicherung zugleich ein **„Beweisangebot auf Vernehmung des Verfahrensbevollmächtigten als Zeugen zu den darin genannten Tatsachen liegt."**[112] Wird die begehrte Wiedereinsetzung verwehrt, ohne eine entsprechende Zeugeneinvernahme durchzuführen, sieht der BGH hierin eine unzulässige vorweggenommene Beweiswürdigung.[113]

119
- Interessant an dem hier entschiedenen Fall war, dass einerseits eine anwaltliche Versicherung über die Vorgänge erfolgte, gleichzeitig aber auch eine eidesstattliche Versicherung der Kanzleiangestellten, die in sich nach Ansicht des OLG widersprüchlich war. Hier sah der BGH eine Verpflichtung des Tatrichters, gem. § 139 Abs. 1 ZPO einen richterlichen Hinweis auf die erkennbar unklaren Angaben zu machen, sodass ein klarstellender, ggf. durch weitere eidesstattliche Versicherung der Kanzleiangestellten glaubhaft gemachter Vortrag hätte erfolgen können. Die Diskrepanz im Vortrag bestand hier vorliegend darin, dass nach der eidesstattlichen Versicherung der Mitarbeiterin es so klang, als sei die erste Seite im Original, nicht aber die in der EDV gespeicherte erste Fassung gemeint gewesen. Tatsächlich hatte wohl die Kanzleiangestellte am PC die Adressänderung im Schriftsatz vorgenommen,

---

108 BGH, Beschl. v. 18.12.2019 – XII ZB 379/19, NJW-RR 2020, 501.
109 BGH, a.a.O., Rn 9; unter Verweis auf BGH NJW-RR 2016, 126 Rn 11 m.w.N. = NJW 2016, 719 Ls. und Senat NJW-RR 2013, 1393 Rn 12 m.w.N.
110 BGH, Beschl. v. 18.12.2019 – XII ZB 379/19, NJW-RR 2020, 501 Rn 12.
111 BGH, a.a.O., Rn 13.
112 BGH, a.a.O., Rn 13.
113 BGH, Beschl. v. 18.12.2019 – XII ZB 379/19, NJW-RR 2020, 501 m.w.N.

die Änderung jedoch nicht gespeichert und versehentlich die falsche Ursprungsfassung der ersten Seite ausgedruckt und dann schließlich versandt. Der BGH wiederholte in dieser Entscheidung[114] die Anforderungen an die Prüfung eines Sendeprotokolls zu einem übermittelten Telefax:
- Prüfung des Schriftsatzes auf Vollständigkeit
- Prüfung der korrekten Adressierung des Gerichts; die Kontrolle des Sendeberichts darf sich jedoch nicht darauf beschränken, die auf dem Sendeprotokoll ausgedruckte Telefaxnummer mit der zuvor aufgeschriebenen, z.B. bereits in den Schriftsatz eingefügten Nummer zu vergleichen. Der Abgleich muss vielmehr anhand einer zuverlässigen Quelle, etwa anhand eines geeigneten Verzeichnisses, vorgenommen werden, um auch Fehler bei der Übermittlung aufdecken zu können. Kanzleimitarbeiter, so der BGH, müssen jedoch nicht prüfen, ob das adressierte Gericht auch das zuständige (sachlich und örtlich zuständige) Gericht ist.[115]
- Inzwischen hat der BGH[116] in einer weiteren Entscheidung zum Thema festgehalten, dass das Gericht, wenn es einer anwaltlichen Versicherung im Verfahren über die Wiedereinsetzung keinen Glauben schenkt, die Partei darauf hinweisen und ihr Gelegenheit geben muss, weitere Beweise, insbesondere entsprechenden Zeugenbeweis anzutreten und dass *„ein solcher Hinweis nur dann entbehrlich wäre, wenn bereits in der Vorlage der anwaltlichen Versicherung zugleich ein Beweisangebot auf Vernehmung des Prozessbevollmächtigten zu den darin genannten Tatsachen läge."*
- Eine ausreichende Glaubhaftmachung erfordert eine aus sich heraus verständliche, geschlossene Schilderung der tatsächlichen Abläufe oder Umstände; fehlt es an einer solchen, ist die Ersatzeinreichung nicht wirksam vorgenommen; wobei nach Ansicht des BGH „eine Schilderung von Vorgängen durch einen Rechtsanwalt die mitgeteilten Tatsachen nur dann glaubhaft" gemacht werden kann, „wenn der Anwalt die Richtigkeit seiner Angaben unter Bezugnahme auf seine Standespflichten anwaltlich versichert" (BGH, Beschl. v. 21.9.2022 – XII ZB 264/22 Rn 15, BeckRS 2022, 29161).

cc) Screenshots, Aktenvermerke, Newsletter & Co.

Screenshots sind geeignet, die Glaubhaftmachung einer vorübergehenden technischen Störung, z.B. beim Versuch des Versands einer Nachricht aus dem beA, zu unterstützen. Einige Gerichte verlangen auch die Vorlage entsprechender Screenshots.

120

Nach Ansicht des OLG Jena stellt der Ausdruck eines Screenshots auf Papier, anders als ein als Bildschirmdatei übergebener Screenshot, kein elektronisches Dokument i.S.d. § 371 Abs. 1 S. 2 ZPO dar.[117] Ein Screenshot ist auch keine Urkunde, sondern vielmehr ein Augenscheinsobjekt i.S.d. § 371 Abs. 1 S. 1 ZPO in Form eines Augenscheinsurrogats.[118] Aus diesem Grund bemisst sich seine Beweiskraft (auch als Glaubhaftmachungsmittel) allein nach § 286 ZPO (freie Beweiswürdigung), wenn ein erhöhter Beweiswert aufgrund der Anbringung von qualifizierten Signaturen[119] oder elektronischen qualifizierten Zeitstempeln gem. Art. 41 Abs. 2 eIDAS-VO vorliegt. Sobald ein Screenshot in ein Word-Dokument eingefügt und dieses sodann in ein PDF-Dokument umgewandelt wird, können entsprechende Detailinformationen zu diesem Screenshot nicht mehr abgerufen werden. Es besteht jedoch die Möglichkeit, den Screenshot gesondert abzuspeichern. Unter dem Button „Ansicht" und sodann die Auswahl des Buttons „Details" können jedoch, je nach verwendetem Programm, Datum und Uhrzeit der Erstellung eines Screenshots dargestellt werden, was ihren Beweiswert deutlich erhöhen dürfte, auch wenn diese Datumsangabe nicht auf einem qualifizierten elektronischen Zeitstempel gem. Art. 41 Abs. 2 eIDAS-VO beruht.

121

---

114 BGH, a.a.O., Rn 17.
115 BGH, a.a.O., Rn 18.
116 BGH, Beschl. v. 2.8.2022 – VIII ZB 3/21, BeckRS 2022, 22736.
117 OLG Jena, Urt. v. 28.11.2018 – 2 U 524/17, Rn 15, GRUR-RR 2019, 238 unter Verweis auf: OLG Koblenz, Urt. v. 2.10.2014 – 6 U 1127/13, BeckRS 2014, 123626.
118 OLG Jena, a.a.O., Rn 15.
119 Vgl. §§ 371a, 371b ZPO.

122 So bietet es sich gerade in Fristsachen an, dem Gericht auch einen Nachweis über Datum und Uhrzeit der Erstellung der Screenshots mitzuliefern. Selbstverständlich kann aber natürlich der die Screenshots erzeugende Mitarbeiter eine entsprechende Aussage als Zeuge hierüber treffen (ggf. im Rahmen einer eidesstattlichen Versicherung). Dabei sollte jedoch beachtet werden, dass möglicherweise das Gericht die in einen Schriftsatz eingefügten Screenshots als eigene gesonderte Dateien anfordert, um die eidesstattlich versicherten Angaben durch Ansicht/Details überprüfen zu können. Es wäre daher wichtig, dass Mitarbeiter darauf achten, zu der Herstellung einzelner Screenshots nur solche Angaben eidesstattlich zu versichern, die sie auch tatsächlich versichern können.

123 In dem vom OLG Jena entschiedenen Fall ging man zur Prüfung der Beweiswürdigkeit des Screenshots sogar so weit, aufgrund enthaltener Bemerkungen auf dem Screenshot Rückschlüsse auf den Cache (Puffer-Speicher, d.h. geleert oder nicht geleert) zu ziehen.[120] Der hier vernommene sachverständige Zeuge trug vor, dass der auf dem Screenshot enthaltene Hinweis bei geleertem Cache und Verwendung des aktuellsten Browsersystem nicht erschienen wäre, sodass das Gericht zu der Überzeugung kam, dass im Cache (veraltete) Daten hinterlegt waren, die den Beweiswert des vorgelegten Screenshots ganz erheblich schwächten. Im Rahmen der Gesamtwürdigung durch den Senat war für diesen der allein zum Beweis vorgelegte Screenshot nicht ausreichend, den Inhalt der beanstandeten Internetseite/des Angebots der Beklagten zuverlässig zu zeigen, sodass die erheblichen verbleibenden Zweifel zulasten des beweisbelasteten Klägers gingen, da der Beweisführer, in diesem Fall der Kläger, auch die Beweislast für Hilfstatsachen für die Echtheit und Unverfälschtheit des Augenscheinobjekts, hier also des Screenshots, als Augenscheinsurrogat trägt.[121]

124 Der BGH hat die Vorlage eines Screenshots der vom EGVP automatisch erstellten Eingangsbestätigung im Ergebnis als Nachweis für den rechtzeitigen Zugang eines elektronischen Dokuments gelten lassen.[122] In einem Fall versagte das LAG Schleswig-Holstein[123] die Wiedereinsetzung in die Berufungsbegründungsfrist, da es den Vortrag des Anwalts nicht für ausreichend erachtete. So hielt das LAG Schleswig-Holstein insbesondere zum Thema „Screenshot" Folgendes fest:

> „Objektive Angaben zu den Eingaben in das Programm fehlen. Ein Screenshot ist nicht vorgelegt, der durch Anzeigen der Bildschirmoberfläche die Eingaben des Prozessbevollmächtigten und die Reaktion der Software belegt. Die Erstellung eines Screenshots hätte jedenfalls, wenn der Prozessbevollmächtigte den Vorgang sieben- bis achtmal wiederholt hat, auch nahegelegen, um die Fehlerhaftigkeit der Software zu dokumentieren. Auch eine sonstige Auswertung der Metadaten des Programms in der fraglichen Zeit liegt nicht vor. Hierüber könnte unter Umständen ebenfalls festgestellt werden, warum die Adresse des LAG Schleswig-Holstein nicht ermittelt werden konnte. So kann letztlich nicht festgestellt werden, warum die Versendung der Berufungsbegründungsfrist gescheitert ist."

125 Zur Erzeugung von Screenshots siehe auch § 12 Rdn 95 ff in diesem Werk.

126 **Prüfprotokolle** (hier: Fehlversand) wurden vom OVG Münster in dem dort entschiedenen Fall als Glaubhaftmachungsmittel für ausreichend erachtet.[124] **Newsletter** bezogen über www.egvp.de sowie Nachweise (Mailverkehr) mit dem **beA-Support** können ebenfalls zur Glaubhaftmachung vorgelegt werden. Hier ist jedoch immer darauf zu achten, dass nur solche Dokumente zur Glaubhaftmachung geeignet sind, die eine Verhinderung des elektronischen Versands bestätigen. Sofern hier ausgewiesen ist, dass lediglich zeitweise ein Versand nicht möglich war, wird im Einzelfall zu prüfen sein, ob alles Zumutbare unternommen wurde, den rechtzeitigen Versand doch noch durchzuführen.

---

120 OLG Jena, a.a.O., Rn 22.
121 OLG Jena, a.a.O., Rn 27.
122 BGH, Beschl. v. 25.8.2020 – VI ZB 79/19, Rn 2, NJW-RR 2020, 1519 = RDi 2021, 210 m. Anm. *Müller* = DGVZ 2020, 259.
123 LAG Schleswig-Holstein, Beschl. v. 8.4.2021 – 1 Sa 358/20, Rn 18, BeckRS 2021, 11859.
124 OVG Münster, Beschl. v. 23.9.2022 – 19 B 970/22, BeckRS 2022, 25554.

h) Glaubhaftmachung auch bei gerichtsbekannter Störung?

Die Anforderung an die Glaubhaftmachung ist ausnahmslos geregelt, d.h., sie hat auch dann zu erfolgen, wenn dem Gericht die Störung (möglicherweise) selbst bekannt ist, weil diese z.B. in der Sphäre des Gerichts lag.[125]

127

i) Zeitpunkt der Glaubhaftmachung bei Ersatzeinreichung

Nach § 130d S. 3 ZPO soll die Glaubhaftmachung möglichst gleichzeitig mit der Ersatzeinreichung oder unverzüglich danach erfolgen. Der Gesetzgeber äußert sich zum „Zeitfenster" wie folgt:[126]

128

> „Jedoch sind Situationen denkbar, bei denen der Rechtsanwalt erst kurz vor Fristablauf feststellt, dass eine elektronische Einreichung nicht möglich ist und bis zum Fristablauf keine Zeit mehr verbleibt, die Unmöglichkeit darzutun und glaubhaft zu machen. In diesem Fall ist die Glaubhaftmachung unverzüglich (ohne schuldhaftes Zögern) nachzuholen."

Das ArbG Lübeck[127] hielt die Glaubhaftmachung erst zwei Wochen später für nicht mehr ausreichend. Dieser Auffassung stimmen wir zu.

129

Was noch als unverzüglich gelten kann, wird von Gerichten teilweise jedoch sehr streng ausgelegt. Dies zeigen erste Entscheidungen. In einem Fall wurde einem Rechtsanwalt die rückwirkende Heilung versagt, weil nach Ansicht des Gerichts die Glaubhaftmachung am Tag nach Fristablauf nicht mehr als unverzüglich angesehen werden konnte, nachdem die Ersatzeinreichung am Tag des Fristablaufs bereits gegen 10.00 Uhr morgens erfolgte. Das Gericht sah dabei die möglichst gleichzeitige Glaubhaftmachung als Regelfall an und nur für den Fall, dass eine solche z.B. wegen drohenden Fristablaufs kurz vor Mitternacht nicht mehr möglich ist, diese z.B. am nächsten Morgen nachgeholt werden könnte.

130

Das Schleswig-Holsteinische OVG wendet § 55d S. 3 VwGO (entsprechend § 130d S. 3 ZPO) recht restriktiv an, wie die nachfolgende Entscheidung zeigt:

131

> „1. Die aktive Nutzungspflicht der elektronischen Form (§ 55d Satz 1 VwGO) ist nicht von einem weiteren Umsetzungsakt abhängig und gilt ab dem 1.1.2022 für sämtliche Verfahren einschließlich solcher, die bereits zuvor anhängig gemacht wurden.
>
> 2. Die (rechtzeitige) Einhaltung der in § 55d Satz 1 VwGO vorgeschriebenen Form ist eine Frage der Zulässigkeit und daher von Amts wegen zu beachten; sie steht nicht zur Disposition der Beteiligten.
>
> 3. § 55d Satz 3 VwGO enthält eine einheitliche Heilungsregelung. Unerheblich ist, ob die Ursache für die vorübergehende technische Unmöglichkeit der elektronischen Einreichung in der Sphäre des Gerichts oder in der Sphäre des Einreichenden zu suchen ist. Die Möglichkeit der Ersatzeinreichung ist verschuldensunabhängig ausgestaltet.
>
> 4. Die vorübergehende technische Unmöglichkeit ist vorrangig zugleich mit der Ersatzeinreichung glaubhaft zu machen. Lediglich dann, wenn der Rechtsanwalt erst kurz vor Fristablauf feststellt, dass eine elektronische Einreichung nicht möglich ist und bis zum Fristablauf keine Zeit mehr verbleibt, die Unmöglichkeit darzutun und glaubhaft zu machen, genügt eine unverzügliche Glaubhaftmachung (§ 55d Satz 4 VwGO)."[128]

---

125 AG Hamburg, Beschl. v. 21.2.2022 – 67h IN 29/22, NZI 2022, 382; ArbG Lübeck, Urt. v. 1.10.2020 – 1 Ca 572/20, NZA-RR 2021, 89.
126 BT-Drs. 17/12634, 28, linke Spalte, 1. Abs.
127 ArbG Lübeck, Urt. v. 1.10.2020 – 1 Ca 572/20, NZA-RR 2021, 89.
128 Schleswig-Holsteinisches OVG, Beschl. v. 25.1.2022 – 4 MB 78/21, openJur 2022, 2011.

§ 3 Nutzungspflichten und Einsatzeinreichung

132 **Der Fall:**
Gegen einen Beschluss des Verwaltungsgerichts vom 15.12.2021 wurde fristgerecht am 29.12.2021 gem. § 147 Abs. 1 VwGO Beschwerde eingelegt. Die Beschwerdebegründung hätte gem. §§ 55d, 146 Abs. 4 S. 1 VwGO innerhalb eines Monats, somit bis zum Montag, 17.1.2022, beim OVG eingehen müssen. Aufgrund § 55d VwGO, der zum 1.1.2022 in Kraft getreten ist, hätte die Einreichung in elektronischer Form erfolgen müssen. Eingelegt wurde jedoch per Fax. Nach der richtigen Ansicht des OVG gilt die Einreichpflicht auch für solche Verfahren, die vor dem 1.1.2022 anhängig gemacht worden sind.[129]

133 **Die Entscheidung:**
Wie der Gesetzgeber selbst[130] hält auch das Schleswig-Holsteinische OVG fest, dass es sich bei der elektronischen Einreichung um eine zwingende Prozessvoraussetzung handelt, die von Amts wegen zu beachten ist und nicht zur Disposition der Beteiligten steht.

Der Prozessbevollmächtigte trug am 19.1.2022 zu seiner Entschuldigung vor, dass es Probleme bei der „Nutzung des Internets" mit dem einzigen PC gegeben hatte. Richtig wendet das Schleswig-Holsteinische OVG ein, dass der Ursprung der technischen Störung nicht zu eruieren ist, da die Möglichkeit der Ersatzeinreichung verschuldensunabhängig ausgestaltet ist und lediglich die unverzügliche Glaubhaftmachung der technischen Störung als solche verlangt wird. Nach Ansicht des Schleswig-Holsteinischen OVG wurde jedoch im vorliegenden Fall die vorgetragene vorübergehende technische Unmöglichkeit nicht rechtzeitig glaubhaft gemacht. Nach dem Gesetzeswortlaut muss diese *„bei der Ersatzeinreichung oder unverzüglich danach"* erfolgen. Vorrangig ist daher die Glaubhaftmachung **mit** der Ersatzeinreichung vorzunehmen. Lediglich für die Fälle, wenn der Rechtsanwalt erst kurz vor Fristablauf feststellt, dass eine elektronische Einreichung nicht möglich ist und bis zum Fristablauf keine Zeit mehr verbleibt, die Unmöglichkeit darzutun und glaubhaft zu machen, kann er die Glaubhaftmachung unverzüglich, d.h. ohne schuldhaftes Zögern, nachholen.[131]

134 Da sich die technischen Probleme bereits am Freitag, den 14.1.2022, gezeigt hatten und die Einreichung per Fax am 17.1.2022 um 09:59 Uhr übermittelt wurde, hätte hier die Glaubhaftmachung am selben Tag erfolgen können. Dass die den Anwalt betreuende EDV-Firma am Montag, den 17.1.2022, vormittags aus Zeitgründen nicht unmittelbar habe helfen können, sondern erst am 18.1.2022 (der Leistungszeitraum entsprach wohl auch der Rechnung, die mit vorgelegt wurde), führte auch nicht dazu, dass das Schleswig-Holsteinische OVG die Glaubhaftmachung als zeitlich ausreichend angesehen hätte. Vielmehr vertritt das Schleswig-Holsteinische OVG die Auffassung, dass mit der Einreichung am 17.1.2022 um 09:59 Uhr zugleich oder aber spätestens bis 24:00 Uhr (23:59:59 Uhr) eine Erläuterung und Glaubhaftmachung der technischen Unmöglichkeit hätte erfolgen können.

135 Weder hat der Prozessbevollmächtigte vorgetragen, dass er die Rechtslage verkannt und hierauf erst durch den gerichtlichen Hinweis aufmerksam geworden ist, noch hätte ein solcher Vortrag ihm aber auch genutzt. Rechtsanwälte müssen als unabhängige Organe der Rechtspflege die Rechtslage auch ohne einen gerichtlichen Hinweis kennen.[132]

136 Die Glaubhaftmachung muss ohne weitere Aufforderung, d.h. auch ohne gerichtliche „Hilfestellung" erfolgen; selbst dann, wenn eine Störung bereits gerichtsbekannt ist.[133]

---

129 Schleswig-Holsteinisches OVG, a.a.O., unter Verweis auf *Müller*, NJW 2021, 3281 Rn 1; LAG Kiel, Beschl. v. 25.3.2020 – 6 Sa 102/20 zur Parallelvorschrift des § 46g ArbGG.
130 BT-Drucks 17/12634, 27.
131 Schleswig-Holsteinisches OVG, Beschl. v. 25.1.2022 – 4 MB 78/21, openJur 2022, 2011 unter Verweis auf den Gesetzgeber: BT-Drucks 17/12634, 28 zu § 130d ZPO sowie LAG Kiel, Urt. v. 13.10.2021 – 6 Sa 337/20.
132 Schleswig-Holsteinisches OVG v. 25.1.2022 – 4 MB 78/21, openJur 2022, 2011; LAG Kiel, Urt. v. 13.10.2021 – 6 Sa 337/20, juris Rn 134.
133 AG Hamburg, Beschl. v. 21.2.2022 – 67h IN 29/22, NZI 2022, 382.

B. Aktive Nutzungspflicht/elektronische Einreichpflicht § 3

Praxistipp **137**

Aufgrund des Gesetzeswortlauts, der Gesetzesbegründung, aber auch der ersten Rechtsprechung zum Thema „Ersatzeinreichung und deren Glaubhaftmachung" bleibt festzuhalten:

- Die Ersatzeinreichung ist **stets** eine fristgerechte Einreichung.
- Die Glaubhaftmachung hat **stets** mit der Ersatzeinreichung zu erfolgen; ist dies aus zeitlichen Gründen nicht mehr möglich, hat die Glaubhaftmachung **unverzüglich danach** zu erfolgen.

Nach diesseitiger Ansicht sind aber auch Fälle denkbar, in denen die Glaubhaftmachung auch am Folgetag noch nicht erfolgen kann, weil z.B. die Person, die die vorübergehende technische Unmöglichkeit auch eidesstattlich versichern kann (z.B. ein EDVler/ITler), an diesem Tag nicht erreichbar ist. Es stellt sich die Frage, ob hier nicht möglichst mit der Ersatzeinreichung schon soweit möglich glaubhaft gemacht wird auf die weitere Glaubhaftmachung verwiesen wird, sobald der EDVler/ITler erreichbar ist/war. Denn hat das Gericht erst einmal den Entschluss gefasst, die Einreichung nach den allgemeinen Vorschriften als nicht zulässig anzusehen und z.B. ein Rechtsmittel zu verwerfen, wird es sich hiervon nur schwer wieder abbringen lassen. Im eigenen Interesse tun Anwälte daher gut daran, hier nicht unnötig Zeit verstreichen zu lassen. Nach Überzeugung der Verfasser wäre ein Verlangen der „häppchenweisen Glaubhaftmachung" zwar nicht im Interesse einer ökonomischen Prozessführung; auch stehen diesseits verfassungsrechtliche Bedenken dagegen, wenn die Vorschrift auf diese Weise eng ausgelegt würde. Bis zu einer höchstrichterlichen Rechtsprechung sollte man jedoch in der Kanzlei immer den sichersten Weg beschreiten. Zu bedenken ist sicherlich auch, dass ein Richter, der zügig einen Fax-Eingang vorgelegt erhält, auch sicherlich nicht abwarten möchte, „ob da noch was kommt" oder ob hier schlicht und ergreifend ein Anwalt die elektronische Einreichpflicht – ohne technische Störung – nicht eingehalten hat. Würde man die Vorschrift des § 130d S. 2 ZPO und die „Unverzüglichkeit" zu weit auslegen, bliebe die Weiterverarbeitung des Posteingangs zunächst einmal „liegen". **138**

Eine Glaubhaftmachung erst drei Wochen nach Ersatzeinreichung genügt nicht den Anforderungen (hier: § 14b Abs. 1 S. 3 FamFG). Nach Ansicht des BGH ist – anders als bei § 121 BGB „keine gesonderte Prüfungs- und Überlegungszeit zu gewähren, sondern der Rechtsanwalt hat die Glaubhaftmachung gegenüber dem Gericht abzugeben, sobald er zu einer geschlossenen Schilderung der tatsächlichen Abläufe oder Umstände in der Lage ist" (Rn 17). In seinen weiteren Gründen verweist der BGH – ohne sich selbst festzulegen – darauf, dass in Rechtsprechung und Literatur schon die Überschreitung von einer Woche nicht mehr unverzüglich ist (BGH, Beschl. v. 21.9.2022 – XII ZB 264/22 Rn 17, BeckRS 2022, 29161).

Dabei sollte eine Verfahrensanweisung für die Mitarbeiter erstellt werden, aus der sich zweifelsfrei ergibt, was ein Mitarbeiter zu tun hat, wenn er am Abend „allein" in der Kanzlei ist. Hier sind verschiedene Szenarien vorstellbar. Aufgrund der unterschiedlichen Strukturen von Kanzleien („Einzelkämpfer", Kanzleien mit Kollegen, Mitarbeiter vorhanden oder auch nicht) ist daher zu empfehlen, dass jede Kanzlei entsprechend ihrer Struktur die Szenarien durchgeht und Lösungen für die denkbaren vorübergehenden technischen Probleme findet. Welche Reaktionsweise angemessen und richtig ist und am Ende zu einer Gültigkeit der Ersatzeinreichung führen wird, wird von verschiedenen Faktoren abhängig sein. **139**

Bei der Erstellung einer entsprechenden Verfahrensanweisung für die eigene Kanzlei können daher die nachstehenden Stichpunkte hilfreich sein: **140**

- Handelt es sich um einen Einzelanwalt oder eine Berufsausübungsgesellschaft?
- Sind Mitarbeiter vorhanden?
- Gibt es einen „hauseigenen" ITler/EDVler oder aber eine externe EDV-Firma? Wann, wie und wie lange sind diese erreichbar?
- Ist in dem betreffenden beA eine Vertretung eingerichtet?
- Gibt es einen Mitarbeiter, der z.B. die Rolle des Postfachverwalters hat und im Störfall auch ad hoc Vertretungsrechte (nach festgelegter Vorgabe des Postfachinhabers) vergeben könnte?

§ 3 Nutzungspflichten und Einsatzeinreichung

- Sind alle Kontaktdaten vorhanden und stets aktuell?
- Sind die Voraussetzungen für eine Ersatzeinreichung, d.h. die sog. Einreichung nach den allgemeinen Vorschriften (auch „schriftliche Einreichung" genannt) allen Beteiligten bekannt?
- Wissen alle Beteiligten, auf welche Weise auch die Postausgangskontrolle nicht nur im beA, sondern auch bei Ersatzeinreichung wiedereinsetzungssicher vorzunehmen ist?
- Sind Mitarbeiter ausreichend instruiert, um zu wissen, wie sie zu reagieren haben, wenn es zu einer vorübergehenden technischen Störung kommt?
- Wer verfolgt die aktuelle Rechtsprechung zum Thema Ersatzeinreichung?
- Finden regelmäßige Anpassungen der Verfahrensanweisung statt?
- Erfolgt ein regelmäßiges Briefing der mit der Einreichung von Schriftsätzen betroffenen Mitarbeiter/Personen?

141 Anwälte sollten sich aufgrund dieser umfassenden elektronischen Einreichpflicht in der Kanzlei mit Kollegen und Mitarbeitern ggf. auch einmal „hinzusetzen" und in Ruhe denkbare Szenarien durchzugehen und bereits einen Rettungsplan entwerfen, sollte es zu technischen Problemen kommen. Hier darauf zu vertrauen, dass immer alles gut gehen wird, kann sich dann unter dem Stress eines drohenden oder eingetretenen Fristablaufs als fatal erweisen. Unter Nervosität und der Aufregung lässt es sich in der Regel nicht mehr so klar und strukturiert denken wie in ruhigen Zeiten. Der alte Spruch *„Spare in der Zeit, dann hast Du in der Not"* lässt sich hier frei übersetzen mit: „Entwerfe Pläne zur Rettung einer Fristsache zu verschiedenen Szenarien in ruhigen Zeiten, dann stehen Dir diese Rettungspläne im Fall der Not zur Verfügung."

j) „Modellhafte" Glaubhaftmachungen

142 Gerichten ist es aufgrund des Verbotes der Rechtsberatung nicht erlaubt, modellhafte Glaubhaftmachungen zu erarbeiten und Anwälten zur Verfügung zu stellen.[134]

k) Nachreichung auf Anforderung – Doppeleinreichungen vermeiden

143 Wurde aufgrund einer vorübergehenden technischen Störung eine Ersatzeinreichung fristgerecht vorgenommen, kann das Gericht bei Bedarf die elektronische Nachreichung noch anfordern, siehe dazu § 130d S. 3 ZPO.

144 Eine Nachreichung des elektronischen Dokuments muss tatsächlich jedoch nur nach Anforderung des Gerichts erfolgen, § 130d S. 3 ZPO, wobei das ursprüngliche elektronische Dokument nachzureichen ist.

145 > *Hinweis*
> „Doppeleinreichungen", damit Gerichte (und GV im Bereich der ZV) nicht unnötigerweise von zwei Aufträgen ausgehen und damit zwei Akten anlegen und doppelte Kosten verlangen, sollten unbedingt vermieden werden. Bei paralleler Einreichung eines Schriftsatzes per Fax (wegen Sorge vor nicht rechtzeitiger Behebung einer Störung) und dann vor Fristablauf auch noch elektronisch (nach Behebung der Störung) bietet es sich an, auf das schon eingereichte Fax zu verweisen! Vor allem dann, wenn ein Rechtsmittel eingelegt wird und noch **kein Aktenzeichen** besteht, kann eine nicht gekennzeichnete Doppeleinreichung dazu führen, dass plötzlich zwei Berufungsverfahren mit entsprechender Gerichtskostenbelastung laufen, die dann verbunden werden müssen bzw. wo eine Berufung wieder zurückgenommen werden muss. Eine Niederschlagung von Gerichtskosten gem. § 21 Abs. 1 GKG kommt nicht bei Fehlern der Kanzlei in Betracht. D. h., wenn z.B. die aus Sicherheitsgründen erfolgte Doppeleinreichung hätte kenntlich gemacht werden können, aber nicht kenntlich gemacht worden ist und aus diesem Grund der Anspruch doppelt rechtshängig geworden ist, ist der zweite Antrag unzulässig.[135]

---

134 AG Hamburg, Beschl. v. 21.2.2022 – 67h IN 29/22, NZI 2022, 382 unter Verweis auf §§ 2, 3 RDG sowie LG Hamburg NJW-RR 2016, 61.
135 AG Hamburg, Beschl. v. 21.2.2022 – 67h IN 29/22, NZI 2022, 382.

6. Pflicht zur Ersatzeinreichung?

§ 130d S. 2 ZPO regelt, dass bei vorübergehender technischer Störung die Ersatzeinreichung (d.h. Einreichung nach den allgemeinen Vorschriften) **zulässig** bleibt. In seiner Gesetzesbegründung lässt sich der Gesetzgeber nicht weiter darüber aus, was er konkret unter „kann" versteht. Da die vorübergehende technische Störung natürlich so gravierend sein kann, dass auch eine Übermittlung nach den allgemeinen Vorschriften nicht mehr möglich ist, weil z.B. ein Schriftsatz nicht einmal mehr ausgedruckt werden kann, bleibt natürlich am Ende in solchen Fällen auch nur noch ein Wiedereinsetzungsantrag, wenn es sich um eine wiedereinsetzungsfähige Frist handelt.

146

Es ist davon auszugehen, dass die künftige Rechtsprechung auch diese Frage noch mit Leben füllen wird. Sicherlich wird es sich hier auch um Einzelfallentscheidungen handeln.

147

Dabei sind verschiedene Szenarien denkbar (nur beispielhaft):

- Die elektronische Einreichung scheitert am Tag des Fristablaufs aufgrund einer ad hoc Störung, deren Ende absehbar (Mitteilung lt. BRAK) erst am nächsten Tag behoben sein wird. Hiervon erfährt ein Anwalt am Tag des Fristablaufs morgens um 10.00 Uhr. Muss er die Ersatzeinreichung versuchen? Unseres Erachtens ja, da ihm diese als einfache Möglichkeit geboten wird, die Fristsache zu retten. Schon aufgrund der Pflichten aus dem Anwaltsvertrag gegenüber seinem Mandanten kann nicht empfohlen werden, die elektronische Einreichung ohne Versuch einer Ersatzeinreichung am nächsten Tag, verbunden mit einem Wiedereinsetzungsantrag, vorzunehmen.
- Die elektronische Einreichung scheitert am Tag des Fristablaufs aufgrund einer ad hoc Störung, deren Ende absehbar (Mitteilung lt. BRAK) erst am nächsten Tag behoben sein wird. Hiervon erfährt ein Anwalt am Tag des Fristablaufs abends um 20.00 Uhr. Muss er die Ersatzeinreichung versuchen? Unseres Erachtens auch hier.
- Die elektronische Einreichung scheitert am Tag des Fristablaufs aufgrund einer ad hoc Störung, deren Ende absehbar (Mitteilung lt. BRAK) erst am nächsten Tag behoben sein wird. Hiervon erfährt ein Anwalt am Tag des Fristablaufs. Eine Ersatzeinreichung ist ihm nicht möglich, da vergessen wurde, in der Kanzlei, die ausschließlich mit eAkten arbeitet, neuen Toner zu bestellen. Der Drucker hat den Tonermangel erstmalig an diesem Abend angezeigt; der Schriftsatz ist jedoch so umfangreich, dass er nicht mehr vollständig ausgedruckt werden kann. Wird der Anwalt hier mit einem Wiedereinsetzungsantrag weiterkommen? Fraglich, siehe Rdn 91 ff in diesem Kapitel.

7. Gescheiterte Ersatzeinreichung und jetzt?

Die Ersatzeinreichung ist immer eine fristgerechte Einreichung. Das Gericht entscheidet auf der Basis der mit der Glaubhaftung vorgetragenen Gründe für die Ersatzeinreichung und die Glaubhaftmachungsmittel, ob es die Ersatzeinreichung gelten lässt.

148

Ein Scheitern einer vorgenommenen Ersatzeinreichung kann sich u. A. aus folgenden Gründen ergeben (keine abschließende Aufzählung):

149

- Die erfolgte Ersatzeinreichung war nicht zulässig bzw. sie war unbegründet.
- Die Einsatzeinreichung selbst ist nicht **fristgerecht**.
- Die Ersatzeinreichung ist nicht formgerecht erfolgt, siehe dazu § 130 Nr. 6 ZPO sowie die Ausführungen in § 16 in diesem Werk.
- Die vorübergehende technische Störung wurde in zeitlicher Hinsicht (vorübergehend) und technischer Hinsicht nicht glaubhaft gemacht.
- Die vorübergehende Störung wurde nicht fristgerecht glaubhaft gemacht, siehe Rdn 128.
- Die verwendeten Glaubhaftmachungsmittel sind nicht zulässig/geeignet.

Teilt das Gericht mit, dass die Ersatzeinreichung gescheitert ist, läuft ab Beginn der Kenntnis die Frist für einen Antrag auf Wiedereinsetzung. Zum Thema Wiedereinsetzung siehe ausführlich § 21 in diesem

150

§ 3 Nutzungspflichten und Einsatzeinreichung

Werk. Bestehen schon bei Ersatzeinreichung selbst Zweifel an deren Berechtigung oder müssen sich solche geradezu aufdrängen, läuft die Frist für die Wiedereinsetzung mit der Ersatzeinreichung. Höchst vorsorglich sollte daher grundsätzlich mit der Ersatzeinreichung auch die zum Vorgang passende Wiedereinsetzungsfrist (zwei Wochen bei Notfristen und der Wiedereinsetzungsfrist selbst; ein Monat bei Rechtsmittelbegründungsfristen gem. § 234 Abs. 1 ZPO) mit entsprechender Vorfrist notiert werden. Hierauf sind auch Mitarbeiter, die möglicherweise in den Abendstunden allein im Büro sind, hinzuweisen.

151 Mitarbeiter sollten ohnehin nicht ohne Anweisung bleiben, wie im Fall eines fehlgeschlagenen Versands vorzugehen ist, wenn der Anwalt z.B. nach Anbringung einer qualifizierten elektronischen Signatur die Kanzlei verlässt und der Versand auf den Mitarbeiter delegiert wurde, siehe ergänzend auch Rdn 140 oben. Dem Anwalt/der Berufsausübungsgesellschaft kann dann ein Organisationsverschulden vorgeworfen werden, welches eine Wiedereinsetzung gem. § 85 Abs. 2 ZPO verhindert.

§ 4 Verschlüsselung im beA und Verschwiegenheitspflicht

A. Verschlüsselung im Allgemeinen

Per elektronischer Nachricht kann die Datenübermittlung mit codierten oder nicht-codierten Anhängen verschlüsselt/unverschlüsselt und/oder signiert erfolgen. Durch Verschlüsselung (Chiffrierung; Kryptographie) mithilfe von Software wird aus einem sog. Klartext ein Geheimtext, also Text mit Zeichenfolgen, die beim Lesen keinen erkennbaren Sinn ergeben. Die Verschlüsselung dient der Geheimhaltung von Nachrichten, um auf diese Weise Daten gegenüber unbefugtem Zugriff zu schützen bzw. um Nachrichten vertraulich übermitteln zu können. Der Verschlüsselung in der anwaltlichen Kommunikation kommt gerade im Hinblick auf die Verschwiegenheitspflicht des Anwalts eine besondere Rolle zu. 1

Die Verschlüsselung kann mittels Passwortvergabe erfolgen; in der modernen Kommunikation wird der Schlüssel automatisch generiert, damit eben keine zu unsicheren Passwörter (zu kurz, zu durchschaubar etc.) gewählt werden. Die Verschlüsselung erfolgt z.B. mit einem sog. öffentlichen Schlüssel. Ein geheimer oder privater Schlüssel kann dann zur Entschlüsselung dienen. Er ist z.B. zu diesem Zweck auf einer Chipkarte aufgebracht. 2

Bei der symmetrischen Verschlüsselung wird die Nachricht mit einem Schlüssel verschlüsselt und beide Teilnehmer an dem Verfahren, Absender und Empfänger, nutzen den gleichen Schlüssel. Dieses Verfahren ist relativ unsicher und/oder umständlich, da der Schlüssel vom Absender zum Empfänger transportiert werden muss. Dies kann auf elektronischem Weg oder durch Transport auf einem Datenträger erfolgen. 3

Bei der asymmetrischen Verschlüsselung wird ein Schlüsselpaar benötigt (privater und öffentlicher Schlüssel). Dieses Schlüsselpaar ist mathematisch so miteinander verknüpft, dass sie nur wechselseitig zum Einsatz kommen können. Dabei ist der private Schlüssel nur dem Schlüsselinhaber bekannt. Der öffentliche Schlüssel wird entweder dem Absender für die Verschlüsselung geliefert (z.B. per Mail) oder derjenige, der verschlüsseln möchte, holt sich den öffentlichen Schlüssel des Empfängers aus einem öffentlich zugänglichen Schlüsselserver. Das Prinzip ist: Verschlüsselung einer Nachricht durch den Absender mit dem öffentlichen Schlüssel des Empfängers. Entschlüsselung der Nachricht beim Empfänger mit dem privaten Schlüssel des Empfängers. Das asymmetrische Verfahren ist wesentlich sicherer. Im elektronischen Rechtsverkehr wird mit dem System der asymmetrischen Verschlüsselung gearbeitet. 4

Da asymmetrische Verschlüsselungsverfahren sehr langsam sind, werden sie i.d.R. nur für kleine Datenmengen eingesetzt. Abhilfe kann mit einer hybriden Verschlüsselung geschaffen werden. Hier werden die eigentlichen Daten mit einem symmetrischen Session-Key und der Session-Key asymmetrisch mit dem öffentlichen Schlüssel des Empfängers der Daten verschlüsselt. Beim digitalen Signieren kann statt der Daten auch nur deren digitaler Fingerabdruck (Hashwert) asymmetrisch signiert werden (Zeitvorteil). 5

B. Methoden der Verschlüsselung von Nachrichten

■ Verschlüsselung von E-Mails 6

Werden E-Mails vom Absender zum Empfänger versendet, geschieht dies im Internet ohne besondere Vorkehrung, sofern also keine eigene Verschlüsselung erfolgt, grundsätzlich unverschlüsselt. Dabei werden die E-Mails von Server zu Server weitergeleitet und können auf diesen Servern durchsucht, evtl. verändert und nach beliebigen Stichworten ausgewertet werden.

Um dies zu verhindern, muss die E-Mail verschlüsselt werden, indem eine Verschlüsselungs-Software eingebunden wird. Dies kann z.B. mit PGP (Pretty Good Privacy) oder mit dem freien Programm easyGPG erfolgen. Diese Programme können als Add-Ons oder Plug-Ins in den E-Mail-Programmen installiert werden. Bei dieser Verschlüsselungsmethode kommt ein Schlüsselpaar, die sog. „asymmetrische Verschlüsselung" zum Einsatz. Dieses Schlüsselpaar besteht aus einem öffentlichen und einem privaten 7

§ 4 Verschlüsselung im beA und Verschwiegenheitspflicht

Schlüssel. Der private Schlüssel wird geheim gehalten und ist nur dem Schlüsselinhaber bekannt. Dieser wird in der Regel durch ein Passwort oder eine PIN geschützt.

8   An den öffentlichen Schlüssel des Empfängers gelangt der Absender dadurch, dass ihm der Empfänger diesen öffentlichen Schlüssel zur Verfügung gestellt hat, oder der Absender den öffentlichen Schlüssel des Empfängers von einem öffentlichen Schlüsselserver herunterlädt. Um die Echtheit des öffentlichen Schlüssels zu prüfen, um Manipulationen möglichst ausschließen zu können, sollten der Absender und der Empfänger den Fingerabdruck des öffentlichen Schlüssels über ein sicheres Medium, z.B. das Telefon, überprüfen. Nur wenn die Werte des Fingerabdrucks (sog. Hash-Wert) bei Empfänger und Absender übereinstimmen, kann davon ausgegangen werden, dass keine Manipulation am öffentlichen Schlüssel durchgeführt worden ist.

9   Die zu sendende E-Mail wird vom Absender mit dem öffentlichen Schlüssel des Empfängers verschlüsselt. Das kann man sich bildlich so vorstellen, dass ein Vorhängeschloss an die vom Absender zu sendende E-Mail gehängt wird und somit niemand mehr Zugang zu dieser E-Mail bekommen kann. Nur der Besitzer des privaten Schlüssels ist in der Lage, dieses Vorhängeschloss mit diesem privaten Schlüssel zu öffnen.

10 Alternativ könnte auch die S/MIME-Verschlüsselung angewendet werden. Diese hat den Vorteil, dass bei der Nutzung dieser Verschlüsselungsart Zertifikate verschiedener Klassen vorausgesetzt werden, was eine erhöhte Sicherheit in der Verwendung darstellt.

11 Zur Problematik des Versendens via E-Mail, selbst wenn hier eine Verschlüsselung genutzt wird, führt *Sorge* aus.[1] Selbst der Zusammenschluss einiger deutscher Provider unter der Initiative „E-Mail made in Germany" wird von *Sorge* problematisch betrachtet.[2]

12 Zur E-Mail-Verschlüsselung kann man sich über die Webseite des Bundesamts für Sicherheit in der Informationstechnik (BSI) informieren.[3]

13 Der Versand von E-Mails ohne Ende-zu-Ende-Verschlüsselung ist in Anwaltskanzleien auch heute noch sehr gebräuchlich. § 2 Abs. 2 S. 5 u. 6 BORA[4] regelt inzwischen, dass die Nutzung eines elektronischen oder sonstigen Kommunikationswegs, der mit Risiken für die Vertraulichkeit dieser Kommunikation verbunden ist, jedenfalls dann zwischen Rechtsanwalt und Mandant erlaubt ist, wenn der Mandant ihr zustimmt; die Zustimmung ist anzunehmen, wenn der Mandant diesen Kommunikationsweg vorschlägt oder beginnt und ihn, nachdem Rechtsanwalt zumindest pauschal und ohne technische Details auf die Risiken hingewiesen hat, fortsetzt. Die Empfehlung von *Sorge*, zumindest besonders vertrauliche Dokumente, die per E-Mail verschickt werden müssen, als Zip-Archiv zu versenden und dem Mandanten telefonisch ein ausreichend langes und komplexes Password zur Entschlüsselung des Zip-Archivs mitzuteilen,[5] kann unseres Erachtens auch heute noch gegeben werden. Vor allem entbindet die vorgenannte Regelung gem. § 2 Abs. 5 BORA nicht davon, die Vorschriften zum Schutz personengebundener Daten gleichwohl zu beachten. Man stelle sich nur einmal vor, ein in einem Umgangsverfahren erstelltes psychiatrisches Gutachten über ein minderjähriges Kind fällt dem mangelnden Datenschutz zum Opfer. Vielen Kanzleien ist hier oft nicht bewusst, dass so hoch sensible Daten im Interesse des Kindes und späteren Erwachsenen selbstverständlich entsprechend vor der Kenntnisnahme und dem Zugriff Dritter geschützt gehören. Insofern ist zu begrüßen, dass Gutachter künftig die Möglichkeit haben werden, via eBO als sicheren Übermittlungsweg derartige Gutachten an die beteiligten Anwälte per beA übermitteln zu können, zum eBO siehe auch § 2 Rdn 46 ff.

---

1 *Sorge*, „Sicherheit der Kommunikation zwischen Rechtsanwalt und Mandant", NJW-Beil. 2016, 101.
2 *Sorge*, „Sicherheit der Kommunikation zwischen Rechtsanwalt und Mandant", NJW-Beil. 2016, 101.
3 https://www.bsi.bund.de/DE/Themen/Verbraucherinnen-und-Verbraucher/Informationen-und-Empfehlungen/Onlinekommunikation/Verschluesselt-kommunizieren/E-Mail-Verschluesselung/e-mail-verschluesselung.html (Abruf: 22.9.2022).
4 Fassung aufgrund des Beschlusses der Satzungsversammlung vom 6.5.2019 (BRAKMitt. 2019, 245), in Kraft getreten am 1.1.2020.
5 So jedenfalls *Sorge*, „Sicherheit der Kommunikation zwischen Rechtsanwalt und Mandant", NJW-Beil. 2016, 101 unter Verweis auf Feuerich/Weyland/*Träger*, BRAO, 9. Aufl. 2016, § 43a Rn 25b.

C. Verschlüsselung im beA

I. Ende-zu-Ende-Verschlüsselung

Eine sog. Ende-zu-Ende-Verschlüsselung wird als hoher Sicherheitsstandard angesehen. Bei einer Ende-zu-Ende-Verschlüsselung wird die Nachricht vom Absender verschlüsselt und in dieser Form unverändert über mehrere Server hinweg zum Empfänger übertragen. Keiner der übertragenden Server, sog. Intermediäre, hat Einsicht in den Klartext der Nachricht – im Gegensatz zur Punkt-zu-Punkt-Verschlüsselung (auch Leitungsverschlüsselung genannt), bei der die Nachricht auf den Zwischenservern immer wieder ent- und neu verschlüsselt wird. Wirkliche Geheimhaltung bietet daher nur die Ende-zu-Ende-Verschlüsselung. An der Architektur des beA wurde kritisiert, dass dieses nicht mit einer „echten" Ende-zu-Ende-Verschlüsselung arbeitet, vgl. auch Rdn 16 f. Der Vorteil bei Nutzung des beA ist für Anwender im Gegensatz z.B. zur Nutzung des auch als sicherer Übermittlungsweg[6] geltende De-Mail-Systems, dass ohne weiteres Zutun die Verschlüsselung und Entschlüsselung erfolgt. D.h. allein durch die Nutzung des „Speichern" oder „Senden"-Buttons erfolgt die Verschlüsselung automatisch; bei Öffnen einer Nachricht wird automatisch „entschlüsselt", wenn die rechtlichen Voraussetzungen des Nutzers gegeben sind.[7]

14

Die Verwendung einer Ende-zu-Ende-Verschlüsselung (sowohl der echten E2EE als auch der im beA verwendeten Form der Verschlüsselung) weist allerdings auch Gefahren auf, da beim Empfänger das ankommt, was „verpackt verschickt" wurde. Wird also ein Dokument, das Virus befallen ist, verschlüsselt versendet, wird beim Öffnen des Dokuments auch die Schadsoftware zum Vorschein kommen. Dies kann natürlich auch ungewollt geschehen; viele Kanzleien haben keinen guten Schutz vor Schadsoftware und verpacken möglicherweise auch versehentlich und unwissentlich ihre Schadsoftware in Schreiben an Kollegen. Hier können lokal installierte, aktuell gehaltene Virenscanner helfen, die Gefahr zu minimieren. Grundsätzlich schützt sich das beA-System und deren Anwender vor dieser Gefahr, da keine ausführbaren Dateien (z.B. *.exe, *.bat, *.com, *.cmd, ...) in eine Nachricht übertragen werden können.

15

II. Sicherheitsprobleme im beA

Die BRAK entschied am 22.12.2017, nachdem durch *Marcus Drenger* vom Chaos Computer Club (CCC) in Darmstadt erhebliche Sicherheitsmängel am beA aufgedeckt worden waren, das beA vorübergehend offline zu schalten und die erkannten Sicherheitsmängel zu beseitigen. Diese erkannten Sicherheitsmängel wurden inzwischen beseitigt. Informationen zu den damals festgestellten Sicherheitsmängeln können auf der Seite der BRAK abgerufen werden.[8] Das entsprechende Gutachten wurde von der Firma secunet am 18.6.2018 erstellt. Nach Behebung eines Großteils dieser Mängel wurde das beA-System zum 3.9.2018 wieder empfangsbereit freigeschaltet. Es wird seit diesem Zeitpunkt permanent Sicherheitschecks unterzogen und technisch weiterentwickelt.

16

III. BGH „segnet" beA ab

Mit Urt. v. 22.3.2021 hat der Bundesgerichtshof über die Verschlüsselungstechnik des besonderen elektronischen Anwaltspostfachs entschieden.[9] Nach Ansicht des Bundesgerichtshofs stellt das in beA verwendete Hardware-Security-Module (HSM) eine ausreichend sichere Verschlüsselungstechnik dar. Ein Anspruch auf eine „echte" Ende-zu-Ende-Verschlüsselung besteht nach Ansicht des BGH nicht. Bereits beim Anwaltsgerichtshof in Berlin[10] waren die klagenden Anwälte unterlegen; beim BGH führte auch ihre Berufung

17

---

6 § 130a Abs. 1 ZPO
7 Z.B. in der Rolle des Mitarbeiters mit dem Recht 06 (Nachricht öffnen) und der Freischaltung des Sicherheits-Tokens.
8 https://www.brak.de/anwaltschaft/bea-erv/sicherheitsgutachten/ (Abrufstand 22.9.2022).
9 BGH, Urt. v. 22.3.2021 – ANwZ (Brfg) 2/20, NJW 2021, 2206.
10 AGH Berlin, Beschl. v. 6.6.2016 – II AGH 16/15.

nicht zum Erfolg. Der Bundesgerichtshof wies in seiner Entscheidung darauf hin, dass die einfachgesetzlichen Vorgaben, insbesondere die §§ 19 Abs. 1 und 20 Abs. 1 RAVPV, eine solche Ende-zu-Ende-Verschlüsselung auch nicht verlangen würden. Die amtlichen Leitsätze der umfangreichen Entscheidung des BGH:[11]

„1. Der Bundesrechtsanwaltskammer steht ein Spielraum bei der technischen Ausgestaltung der Nachrichtenübermittlung mittels des besonderen elektronischen Anwaltspostfachs zu, sofern das gewählte System eine im Rechtssinne sichere Kommunikation gewährleistet.

2. Ein Anspruch von Rechtsanwälten gegen die Bundesrechtsanwaltskammer darauf, dass diese das besondere elektronische Anwaltspostfach mit einer Ende-zu-Ende-Verschlüsselung im Sinne der Europäischen Patentschrift EP 0 877 507 B1 versieht und betreibt, besteht nicht. Weder die gesetzlichen Vorgaben für die Errichtung und den Betrieb des besonderen elektronischen Anwaltspostfachs noch die Verfassung gebieten eine derartige Verschlüsselung.

3. Zur Sicherheit der Verschlüsselungstechnik des besonderen elektronischen Anwaltspostfachs."

18 Wer sich für die gesamte Entscheidung des BGH interessiert, hat die Möglichkeit, die Urteilsverkündung z.B. auf YouTube unter folgendem Link anzusehen:

https://www.youtube.com/watch?v=evRStUggFpk (Abruf: 22.9.2022).

Die gegen diese Entscheidung eingereichte Anhörungsrüge scheiterte.[12] Nach Ansicht des BGH stellte u.a. der nicht gewährte Schriftsatznachlass (der weder entscheidungserheblichen neuen Vortrag enthielt noch zur Grundlage der Entscheidung gemacht worden war) keine Verletzung des rechtlichen Gehörs i.S.d. Art. 103 Abs. 1 GG dar; auch, so der BGH, habe sich der Senat entgegen der Auffassung der Kläger mit dem klägerischen Vorbringen, wonach eine *„Ende-zu-Ende-Verschlüsselung in dem von den Klägern geforderten Sinne aus verfassungsrechtlichen Gründen erforderlich ist"* hinreichend auseinandergesetzt und dabei auch deren Vortrag zur geforderten Verschlüsselung als sicherste technische Lösung berücksichtigt. Der Anspruch auf rechtliches Gehör, so der BGH, verpflichte Gerichte nicht dazu, *„der von einer Partei vertretenen Rechtsauffassung zu folgen"*.

D. Verschwiegenheitspflicht und beA

I. Allgemeine Verschwiegenheitspflicht

19 Spezielle Verschwiegenheitsregeln zum beA gibt es nicht. Allerdings sind auch in Bezug auf beA die Verschwiegenheitspflicht des Anwalts nach § 43a Abs. 2 BRAO, § 2 BORA sowie Nr. 2.3 CCBE und die strafrechtliche Sanktionierung gem. § 203 StGB bei Verstoß hiergegen von großer Bedeutung. Anwälte sind verpflichtet, ihre Mitarbeiter zur Verschwiegenheit anzuhalten.[13] Um den Rahmen dieses Werks nicht zu sprengen, wird an dieser Stelle die genaue Lektüre dieser Bestimmungen empfohlen. § 203 StGB sowie § 42a Abs. 2 BRAO wurden zum 9.11.2017 geändert; zudem wurde § 43e BRAO neu eingeführt.[14] § 43a Abs. 2 BRAO wurde erst zum 1.8.2021 dahingehend geändert, dass die bei einem Anwalt beschäftigten Personen nicht mehr in Schriftform, sondern lediglich noch in Textform zu Verschwiegenheit zu verpflichten und belehren sind.[15] Seit dem 9.11.2017 besteht gem. § 43e BRAO u.a. die Pflicht, Verträge mit externen

---

11 LS 1 siehe Rn 103; LS 2 siehe Rn 39 und LS 3 siehe Rn 70–84.
12 BGH (Senat für Anwaltssachen), Beschl. v. 16.6.2021 – AnwZ (Brfg) 2/20, BeckRS 2021, 21184.
13 Ein entsprechendes Muster für eine Verschwiegenheitsverpflichtungserklärung stellt u.a. die BRAK zum Download zur Verfügung unter https://www.brak.de/fileadmin/02_fuer_anwaelte/reno/verschwiegenheitsverpflichtung_2021.pdf (Abruf: 22.9.2022).
14 Gesetz zur Neuregelung des Schutzes von Geheimnissen bei der Mitwirkung Dritter an der Berufsausübung schweigepflichtiger Personen, BGBl I, 3618, mit Wirkung zum 9.11.2017.
15 Gesetz zur Modernisierung des notariellen Berufsrechts und zur Änderung weiterer Vorschriften; G. v. 25.6.2021, BGBl I, 2154.

Dienstleistern in Textform zu schließen sowie diese zur Verschwiegenheit zu verpflichten. Externe Dienstleister kommen in Kanzleien insbesondere in den Bereichen Aktenarchivierung, Aktenvernichtung, Schreib- und Telefondiensten, Übersetzungen oder auch beim Einsatz externer EDV/IT-Dienstleister (Fernwartung) häufig vor. § 2 Abs. 2 BORA verdient ebenfalls entsprechende Beachtung.[16]

> (2) [1]*Die Verschwiegenheitspflicht gebietet es dem Rechtsanwalt, die zum Schutze des Mandatsgeheimnisses erforderlichen organisatorischen und technischen Maßnahmen zu ergreifen, die risikoadäquat und für den Anwaltsberuf zumutbar sind.* [2]*Technische Maßnahmen sind hierzu ausreichend, soweit sie im Falle der Anwendbarkeit der Vorschriften zum Schutz personenbezogener Daten deren Anforderungen entsprechen.* [3]*Sonstige technische Maßnahmen müssen ebenfalls dem Stand der Technik entsprechen.* [4]*Abs. 3 lit. c) bleibt hiervon unberührt.* [5]*Zwischen Rechtsanwalt und Mandant ist die Nutzung eines elektronischen oder sonstigen Kommunikationsweges, der mit Risiken für die Vertraulichkeit dieser Kommunikation verbunden ist, jedenfalls dann erlaubt, wenn der Mandant ihr zustimmt.* [6]*Von einer Zustimmung ist auszugehen, wenn der Mandant diesen Kommunikationsweg vorschlägt oder beginnt und ihn, nachdem der Rechtsanwalt zumindest pauschal und ohne technische Details auf die Risiken hingewiesen hat, fortsetzt.*

Nach Ansicht der Verfasser haben Postfachinhaber daher alles ihnen Zumutbare zu unternehmen, damit es im Rahmen der beA-Nutzung nicht zu einem Verschwiegenheitspflichtverstoß kommt. Postfachinhaber können gem. § 23 Abs. 2 S. 1 RAVPV auch anderen Personen Zugang zu ihrem beA gewähren; wobei für Personen, die nicht über ein eigenes beA verfügen, ein sog. Zugangskonto anzulegen ist, siehe dazu auch § 7 Rdn 1 ff. in diesem Werk. Zugangsberechtigungen sollten jedoch nur an solche Kollegen und Mitarbeiter vergeben werden, bei denen von einer entsprechenden Kenntnis der beA-Funktionen sowie einer entsprechenden Zuverlässigkeit im Umgang mit dem beA ausgegangen werden kann.

Erfährt ein Anwalt, dass Kollegen oder Mitarbeiter der Kanzlei sich nicht an die gesetzlichen Vorschriften halten und z.B. anderen Personen, wie z.B. Mitarbeitern, ihre Zugangsmittel zur Verfügung stellen, ist eine adäquate und sofortige Reaktion erforderlich, denn schließlich können bei umfassender Rechtevergabe die Postein- und -ausgänge der Berufsausübungsgesellschaft als Mandatsträgerin in Gefahr sein. Es sollte innerhalb der Berufsausübungsgesellschaft ebenfalls geklärt sein, dass Personen, die der Kanzlei nicht angehören (z.B. Ehegatten, Lebenspartnern), kein Zugang zum Postfach gewährt werden darf. Mitarbeiter sind entsprechend ausnahmslos zur Verschwiegenheit zu verpflichten. Zum Umgang mit beA Karten siehe auch § 5 Rdn 64 ff.

II. Ausscheider und Neuzugänge – oder: von Joinern und Leavern

Ein zentrales Thema im beA in Bezug auf die Verschwiegenheitspflicht ist sicherlich der Umgang mit ausscheidenden Mitarbeitern und Anwälten sowie mit Neuzugängen (sog. Joiner und Leaver).

Wenn ein Mitarbeiter die Kanzlei verlässt, sollte er die ihm zugewiesene Mitarbeiter-Karte in der Kanzlei belassen. Diese kann vom Profil des ausscheidenden Mitarbeiters entkoppelt und einem neuen Mitarbeiter zugewiesen werden. Würde ein Mitarbeiter seine Mitarbeiterkarte mitnehmen, so empfiehlt sich aus ökonomischen Gründen, diese Karte einfach sperren zu lassen, siehe auch unter § 5 Rdn 55 ff. Herausgabe-Anforderungen dürften unwirtschaftlich sein, da die Karte im Jahr lediglich 12,90 EUR netto kostet. Wurde dem Mitarbeiter ein Software-Zertifikat überlassen, sollte man dieses bei Ausscheiden grundsätzlich sicherheitshalber über die Sperr-Hotline der BNotK (Tel. 0800/3550–100) sperren lassen, wenn es nicht so auf dem Rechner hinterlegt ist, dass eine Kopie unmöglich ist, siehe dazu auch § 5 Rdn 38. Denn wenn das neue Mitarbeiter-Profil mit dem alten Softwarezertifikat verknüpft wird, kann der ausgeschiedene Mitarbeiter mit der Kopie des Zertifikats und seiner PIN weiter auf das Postfach zugreifen.[17]

---

16 § 2 wurde neu gefasst mit Wirkung zum 1.1.2020 durch Beschl. v. 6.5.2019, BRAK-Mitt. 5/2019, 245.
17 https://brak.de/zur-rechtspolitik/newsletter/bea-newsletter/2017/ausgabe-5–2017-v-01022017/ unter Verweis auf Newsletter 4/2017 (Abruf: 22.9.2022).

§ 4 Verschlüsselung im beA und Verschwiegenheitspflicht

24 Der Zugang zum persönlichen beA kann einem Anwalt nicht verwehrt werden, wenn er die Kanzlei, in der er als Partner/Mitgesellschafter oder angestellter Anwalt tätig war, verlässt. Das gilt auch dann, wenn die beA-Karte (das Abo) des Anwalts von der verlassenen Kanzlei finanziert wurde. Dies bedeutet, dass ein Anwalt grundsätzlich seine Karte mitnimmt, wenn er eine Kanzlei verlässt.

25 Natürlich muss die **verlassene Kanzlei** darauf achten und alles ihr Zumutbare unternehmen, zu verhindern, dass weiterhin Posteingänge im beA des ausscheidenden Anwalts, die Mandate der verlassenen Kanzlei betreffen, vom ausscheidenden Anwalt oder Mitarbeitern der neuen Kanzlei gelesen werden können. Eine Ausnahme wäre dann gegeben, wenn ein Anwalt die „Mandate mitnimmt". Verbleiben Mandate jedoch in der Kanzlei, gilt es zur Wahrung der Verschwiegenheitspflicht, entsprechende Vorkehrungen zu treffen. Folgende Maßnahmen bei **Ausscheiden eines Anwalts** aus der Kanzlei sind daher nach unserer Auffassung zu treffen (keine abschließende Aufzählung):

- Festhalten des **Ausscheidetermins** und Abstimmung der erforderlichen Maßnahmen. Zu prüfen ist insbesondere: Wann erfolgt das „körperliche" Ausscheiden, wann das „rechtliche"?

  Beispiel
  RA Mustermann (Sozius) scheidet zum Monatswechsel rechtlich aus der Kanzlei aus; dies ist ein Montag. Körperlich verlässt er die Kanzlei bereits einige Tage vorher aufgrund von Resturlaub, wegen des bevorstehenden Wochenendes oder aus anderen Gründen. Solange er rechtlich noch zur Kanzlei gehört, können an ihn in Mandaten der zu verlassenden Kanzlei auch wirksam Zustellungsversuche erfolgen. Es ist also zu klären, durch wen und wie angeforderte eEBs abgegeben werden. Auf die Ausführungen in § 15 Rd 66 u. 179 in diesem Werk zum Empfangsbekenntnis wird verwiesen.

- **Rechtzeitige** Aufnahme der Daten auf den **Briefbögen** der Kanzlei, die erforderlich sind, den neuen Sachbearbeiter elektronisch im beA zu adressieren. Die grundsätzliche Pflicht zur Angabe solcher Daten ergibt sich aus § 130 Nr. 1a ZPO, siehe dazu auch § 13 Rdn 6 ff. in diesem Werk. Es sollte jedoch nach Möglichkeit nicht erst am Tag des Ausscheidens mit dieser Maßnahme begonnen werden. Empfehlenswert ist eine ausreichend lange Vorlaufzeit, die sich am körperlichen Ausscheiden sowie der Bearbeitungsdauer in den Verfahren orientieren kann.

- **Unverzügliche Information** des Gerichts und der weiteren per beA adressierten Verfahrensbeteiligten (Rechtsanwälte, Notare, Behörden, Gerichtsvollzieher, etc.) in allen betroffenen Mandaten über das Ausscheiden und Information über den neuen Sachbearbeiter aus dem Postfach des neuen Sachbearbeiters, um so zugleich den neuen „Rückkanal" zu eröffnen. Durch geeignete Maßnahmen ist sicherzustellen, dass die Kanzlei Kenntnis über alle vom ausscheidenden Anwalt bearbeiteten Mandate hat. Das kann insbesondere bei Massenmandaten aufwendig und anspruchsvoll sein. Zu bedenken ist jedoch, dass dazu bisher **keine** Rechtsprechung existiert, welche Maßnahmen im Einzelnen einem Anwalt zumutbar sind, um sowohl ein mandatsgerechtes Agieren als auch der Verschwiegenheitspflicht Genüge zu leisten.

- **Postfachleerung:** Sämtliche sich in den Ordnern im beA des ausscheidenden Anwalts befindliche Post ist nicht nur zu exportieren, um diese Post tatsächlich in den „Kanzleibesitz" zu bringen, sondern danach endgültig, und damit auch aus dem Papierkorb, zu löschen. Erfolgt dies nicht, wäre es so als würde man dem ausscheidenden Anwalt erlauben, die Akten mitzunehmen. Dies wäre aber auch nur bei Mandatsmitnahme zulässig. Zudem wäre nach der notwendig erfolgten Rechteentziehung von Seiten der verlassenen Kanzlei kein Zugriff auf diese Post mehr möglich.

- **Vornahme von Vertragsergänzungen** (Arbeitsvertrag bei angestellten Anwälten bzw. ggf. Gesellschafts-/Partnerschaftsvertrag) dahingehend, dass der ausscheidende Anwalt bei nicht ihn, jedoch die verlassene Kanzlei noch betreffenden Posteingängen unverzüglich verpflichtet ist:
  – den Absender über sein Ausscheiden und, sofern bekannt, über den neuen Sachbearbeiter in der verlassenen Kanzlei zu informieren;

- eingegangene Post, die nicht mehr für ihn bestimmt ist, sofern technisch möglich, an die verlassene Kanzlei weiterzuleiten bzw. zumindest die Kanzlei über Absender und Aktenzeichen zu informieren, sodass von dort die Post nochmals angefordert werden kann;
- angeforderte Empfangsbekenntnisse, die den Zeitraum nach Ausscheiden betreffen, unverzüglich gem. § 14 S. 2 BORA zurückzuweisen unter Hinweis (sofern ihm möglich) auf den sachbearbeitenden Anwalt in der verlassenen Kanzlei;
- eine Kenntnisnahme von Eingangspost nur soweit zulässig ist, wie dies erforderlich ist, den Irrläufer zu erkennen;
- eingegangene Post, die nicht mehr für ihn bestimmt ist, umgehend nach Durchführung der vorgenannten Schritte dauerhaft, d.h. auch aus dem Papierkorb, zu löschen; gleichzeitig das Verbot des für die vorgenannten Schritte nicht erforderlichen Ausdruckens/Aufbewahrens und Nutzens von Irrläufern bzw. deren Inhalten.

Zwar ist davon auszugehen, dass sich sowohl aus dem Arbeitsvertrag als auch aus dem Gesellschaftsrecht entsprechende nachvertragliche Pflichten ableiten lassen, doch wer möchte hierüber am Ende einer beruflichen Zusammenarbeit schon streiten. Aus diesem Grund sehen wir entsprechende Vertragsergänzungen in Zeiten, in denen zwischen den betroffenen Anwälten und/oder der Kanzlei noch Übereinstimmung herrscht, als sehr vorteilhaft an.

Einsatz von Fantasie: Die obigen Stichpunkte bieten nur Anhaltspunkte, was in diesen Fällen zu tun/zu regeln ist. Sie erheben keinen Anspruch auf Vollständigkeit. Zu unterschiedlich sind die Rechtsgebiete, Arbeitsweisen von Anwälten und Strukturen in Kanzleien.

Der **ausscheidende Anwalt** hat darüber hinaus in seinem eigenen Interesse und zur Einhaltung seiner persönlichen Verschwiegenheitspflicht Zugangsberechtigungen für Mitarbeiter/Vertreter der verlassenen Kanzlei zum Tag des rechtlichen Ausscheidens zu entziehen, da diese ansonsten Posteingänge bezogen auf seine Tätigkeit für die neue Kanzlei einsehen/verarbeiten/löschen könnten. Die Vergabe von Rechten an Mitarbeiter und Kollegen für die neue Kanzlei darf **nicht überlappend** erfolgen. Hier ist ein sauberer Schnitt zwingend erforderlich.

26

> *Beispiel*
> RA Mustermann scheidet an einem Freitag körperlich, an einem Sonntag rechtlich, aus der Kanzlei X aus. Am Montag beginnt er mit seiner Arbeit in der neuen Kanzlei Y. Damit Posteingänge, die bis Mitternacht am Sonntag noch in seinem beA für die Kanzlei X erfolgt sind, von diesen Mitarbeitern exportiert und von berechtigten Kollegen eEB mit qualifizierter elektronischer Signatur aus seinem Postfach heraus abgegeben werden können, sollte die Rechteentziehung erst nach diesem Zeitpunkt erfolgen. RA Mustermann darf dabei aber noch keine Rechte an Mitarbeiter oder Kollegen der neuen Kanzlei Y vergeben, da diese sonst nicht für sie bestimmte Posteingänge für die Kanzlei X zur Kenntnis nehmen könnten. Es ist also zu prüfen, wie und wann der „Übergang" erfolgt.

Tritt ein **neuer Anwalt** in die Kanzlei ein, sollte umgekehrt die Rückversicherung erfolgen, dass **frühere Berechtigungen** für Kollegen und Mitarbeiter der alten Kanzlei entzogen sind. Eine entsprechende vertragliche Regelung sollte schon vor dem Einstieg in die neue Kanzlei aufgenommen werden. Stellen Sie in Ihrer Kanzlei z.B. als Postfachverwalter nach erfolgter Rechtevergabe durch den neuen Anwalt fest, dass sein beA noch Post der „alten" Kanzlei enthält, dürfen Sie diese auf keinen Fall löschen. Denn im Zweifel kann man nicht wissen, ob die verlassene Kanzlei diese Post bereits aufgrund eines Exports vorhält oder aber noch gar nicht kennt. Würde der in eine neue Kanzlei einsteigende Anwalt durch Rechtevergabe ermöglichen und zulassen, dass derart mit Post der verlassenen Kanzlei umgegangen wird, macht er sich nach unserer Auffassung nicht nur eines Verstoßes gegen seine Verschwiegenheitspflicht sowie Verstößen gegen DSGVO und BDSG schuldig, sondern würde darüber hinaus auch gegen seine anwaltlichen Grundpflichten verstoßen. Zudem kann ein solches Vorgehen Schadensersatzansprüche von früheren Mandanten oder der verlassenen Kanzlei nach sich ziehen. Sicherlich möchte man einen neuen Kollegen/

27

eine neue Kollegin nicht in eine solche Situation bringen. Entdeckt man daher z.B. als neuer Postfachverwalter derart „alte Post", sollte unter Fristsetzung **vor** einer Rechtevergabe an Mitarbeiter oder Kollegen der neuen Kanzlei, der neu einsteigende Anwalt aufgefordert werden, sein Postfach selbst „aufzuräumen".

28 Bei allen Vorkehrungen, die man treffen kann, gehen wir jedoch davon aus, dass sich gewisse Überschneidungen und damit Irrläufer nicht ganz werden vermieden lassen. Alle Mitarbeiter sollten daher, um die Zahl von Irrläufern möglichst gering zu halten, darauf hingewiesen werden, dass besondere Sorgfalt bei der deutlich sichtbaren Angabe des Sachbearbeiters auf Schriftsätzen, vgl. § 130 Nr. 1a ZPO (Ausführungen hierzu erfolgen in § 13 Rdn 6 ff. in diesem Werk), geboten ist. Anwälte wiederum sollten sich um ihr höchstpersönliches Postfach auch zumindest insoweit kümmern, als sie die Einhaltung gemachter Vorgaben an Postfachverwalter auch kontrollieren. Ein allzu sorgloser Umgang mit diesem Thema kann empfindliche Folgen sowohl straf-, bußgeld-, zivil-, berufs- als auch materiell-rechtlicher Art nach sich ziehen. Da wird der ruinierte Ruf bei Mandanten noch das kleinste Übel sein.

§ 5 Zugang zum beA

A. Bestellung von beA-Karten/beA-Signaturpaket

Hinweis: Bitte beachten Sie 1
Die beA-Karte Signatur wird im Laufe des Jahres 2022 sukzessive durch das beA-Signaturpaket ersetzt. Hintergrund ist, dass die Zertifizierungsstelle der BNotK im Sommer 2021 damit begonnen hat, die Technologie ihres Vertrauensdienstes zu ändern. Folge ist die Einführung einer neuen Generation Chipkarten sowie der qualifizierten elektronischen Signatur (qeS) als Fernsignatur.
In diesem Buch liegt die Konzentration auf der neuen, zukunftsweisenden Technologie (beA-Signaturpaket anstelle beA-Karte Signatur), da die bisherigen Signaturkarten zum Jahresende auslaufen.

Der Zugang zum beA für Postfachhaber erfolgt nach der **Installation der beA Client-Security** (siehe 2
§ 6 Rdn 3 ff.) und **durchgeführter Erstregistrierung** (siehe § 6 Rdn 17 ff.) grundsätzlich über eine Anwaltskarte, der beA-Karte Basis oder durch ein für den Postfachhaber freigeschaltetes Softwarezertifikat. Für die Vornahme der Erstregistrierung ist die beA-Karte Basis erforderlich; zu deren Bedienung auch ein Kartenleser benötigt wird. Herstellung und Ausgabe der beA-Karte-Basis oder des beA-Signaturpakets erfolgen über die Bundesnotarkammer (BNotK). Infos erhalten Sie unter:

https://zertifizierungsstelle.bnotk.de/produkte/bea-produkte[1]

Die Bestellung der beA-Produkte wird seit März 2022 zentral über eine neue Bestellseite der Zertifizierungsstelle der BNotK unter 3

https://zertifizierungsstelle.bnotk.de/signaturkartenbestellung/wizard/beA/info[2] durchgeführt.

Sofern sich nach der Bestellung der beA-Produkte die Adresse oder die E-Mail-Adresse des Bestellers 4
ändert, sollte dieser der Zertifizierungsstelle der BNotK die neue Adresse und den neuen E-Mail-Kontakt mitteilen. Informationen rund um die beA-Produkte und auch die Zusendung eines Bestätigungslinks im Fall einer Nachbestellung erfolgen immer auf die aktuell hinterlegte E-Mail-Adresse.

Anwälten werden verschiedene Produkte zur Verfügung gestellt, die teilweise für die Nutzung des beAs 5
zwingend erforderlich sind, aber auch solche Produkte, die wahlweise zusätzlich genutzt werden können. § 23 RAVPV regelt die Möglichkeit, weitere Zugangsberechtigungen zum beA des Anwalts zu bestimmen. Damit ist gemeint, dass weitere Nutzer, Mitarbeiter oder Anwaltskollegen (Vertretungen) berechtigt werden können, auf das Postfach des Postfachhabers zuzugreifen. Den Umfang der Mitarbeit bestimmt der Postfachhaber mittels Rechtevergabe im beA, siehe hierzu auch § 7 „So legen Mitarbeiter und Vertretungen los".

In manchen Kanzleien werden angestellte Anwälte oft vertraglich dazu verpflichtet, einem der Partner/ 6
Gesellschafter der Kanzlei ein Zugangsrecht einzuräumen. Ob ein solches Direktionsrecht des Arbeitgebers besteht, ist bisher nicht geklärt. Wir gehen jedoch davon aus, dass im Rahmen des Mandatsvertrags, den die Kanzlei innehat, eine solche Weisung rechtlich zulässig ist, zumal ein angestellter Anwalt, sollte er für eine weitere Kanzlei arbeiten, hierfür ein gesondertes beA benötigt, siehe dazu auch § 31a Abs. 7 BRAO. Sicherheitshalber kann ein solches Direktionsrecht auch in den Arbeitsvertrag mit aufgenommen werden. Bei bestehenden Gesellschaftsverträgen stellt sich die Frage, inwieweit die Gesellschaft verlangen kann, dass umfassende Rechte auch an vertretende Kollegen erteilt werden müssen. Hier kann ebenfalls über eine Ergänzung des Gesellschaftsvertrags nachgedacht werden. Bei strikter Weigerung muss man sich dann überlegen, ob eine künftige Zusammenarbeit gedeihlich möglich ist und ggf. seine Konsequenzen ziehen.

---

1 Abruf: 2.10.2022.
2 Abruf: 2.10.2022

§ 5 Zugang zum beA

7 Um die beA-Karte Basis bestellen zu können, müssen, nach Auswahl und Ablage der beA-Produkte im Warenkorb, die Anwälte ihre **persönliche SAFE-ID** verwenden. Die SAFE-ID ist eine Identifikationsnummer aus einem sicheren Verzeichnisdienst (hier das Bundesweite Amtliche Rechtsanwaltsverzeichnis = BRAV) und sozusagen die „technische beA-Adresse". Die SAFE-ID kann u. A. aus dem Anwaltsverzeichnis entnommen werden: https://www.bea-brak.de/bravsearch/search.brak (Abruf: 2.10.2022). Hier kann man jedes eingetragene Mitglied einer RAK suchen und damit auch sich selbst. Unter dem Button „Info" lässt sich die SAFE-ID finden.

8 Ausreichend ist in der Regel die Eingabe des Namens und Kanzleiorts des gesuchten Anwalts. Bei Namensgleichheit können weitere Eingaben, wie z.B. der Vorname, hilfreich sein. Sobald man den gesuchten Anwalt im Verzeichnis gefunden hat, kann durch Anklicken des Buttons „Info" aus dem sich dann öffnenden neuen Fenster die SAFE-ID entnommen werden. Diese beginnt bei beA-Adressen mit DE.BRAK. […] (es folgt eine ca. 40stellige Buchstaben-Ziffern- und Zeichenfolge).

> *Hinweis am Rande*
> Möchte man einen Anwalt im beA adressieren, wird dieser über Suchmasken ausgewählt. Alternativ kann die SAFE-ID in das Empfängerfeld eingegeben werden. Weitere Ausführungen zur Adressierung siehe auch in § 13 ab Rdn 17 ff. in diesem Werk.

9 Mit der Zusendung der Karte erhält man eine sog. Initial-PIN. Wird diese dreimal falsch eingegeben, benötigt man die mitübermittelte PUK, mit der der Eingabezähler wieder zurückgesetzt werden kann. Ist die PIN verlorengegangen, kann diese neu angefordert werden. Nach derzeitigem Stand beträgt die Auslieferung einer neuen PIN etwa zwei Wochen. Die Initial-PIN sollte umgehend in eine eigene, mindestens sechsstellige, maximal 12-stelligen PIN geändert werden. Eine entsprechende Anleitung für die beA-Karte Basis finden Sie hier: https://bea.bnotk.de/documents/Schritt_fuer_Schritt_PIN_beA_160512.pdf (Abruf 2.10.2022). Eine Anleitung für die beA-Karte Basis **2. Generation** finden Sie hier: https://zertifizierungsstelle.bnotk.de/hilfe/signaturanwendungskomponente (Abruf 2.10.2022).

B. beA-Karte Basis

10 Die beA-Karte Basis ist für die Erstregistrierung zwingend erforderlich. Darüber hinaus dient sie zur täglichen Anmeldung im beA. Sie ist mit einem fortgeschrittenen Zertifikat für die Anmeldung am beA-System ausgestattet.

11 Die beA-Karte Basis kann nachträglich durch Bestellung der **Fernsignatur (beA)** zur einer beA-Karte mit der Möglichkeit, eine qualifizierte elektronische Signatur als Fernsignatur erstellen zu können, **aufgewertet** werden. Weitere Infos siehe nachfolgend unter „beA-Signaturpaket" Rdn 13.

12 Die Kosten für die beA-Karte Basis betragen inkl. Verpackung und Versand EUR 29,90/Jahr (zzgl. USt.) bei 24-monatiger Mindestvertragslaufzeit, im Anschluss hieran ist eine jährliche Kündigung möglich.

C. beA-Signaturpaket mit beA-Karte Basis und Fernsignatur

13 Das beA-Signaturpaket beinhaltet die beA-Karte Basis und **zusätzlich** eine Fernsignatur (beA), die die Erstellung einer qualifizierten elektronischen Signatur ermöglicht.

14 Auch wenn unmittelbar das beA-Signaturpaket bestellt wird, erhält man die beA-Karte Basis. Besteller des beA-Signaturpakets können nach Erhalt des PIN-Briefs sofort auf ihre Fernsignatur (beA) zugreifen. Für das Signieren ist keine zusätzliche eigene PIN mehr nötig. Signiert wird nach Klicken des Signierbuttons mit der Zugangs-PIN.

Nach der Authentisierung mit der beA-Karte Basis kann entweder eine einzelne Signatur-Datei für ein Dokument direkt im Nachrichtenentwurf selbst erzeugt werden (Einzelsignatur). Es ist aber auch möglich, beim Übertragen von mehreren zu signierenden Dokumenten in den Nachrichtenentwurf viele Signatur-Dateien, der Anzahl der zu signierenden Dokumente entsprechend, durch eine einmalige Eingabe der (Zugangs-)PIN zu erzeugen (Stapelsignatur), siehe dazu auch § 11 Rdn 44 ff. in diesem Werk.

> *Bitte beachten Sie* 15
>
> Sofern Sie die Signierfunktion nutzen möchten, sind weitere Schritte zur Aktivierung dieser nötig. Nach Art. 8 Abs. 3a eIDAS-VO[3] hat der Vertrauensdiensteanbieter Personen, die ein qualifiziertes Zertifikat beantragen, **zuverlässig zu identifizieren**. Einige Kammern führen das sog. **Kammer-Ident-Verfahren** für ihre Mitglieder durch. Einige Kammern verweisen auf das Ident-Verfahren beim Notar. Welche Kammern ein solches Verfahren für alle Anwälte durchführen, kann man auf der Webseite www.bea.bnotk.de/kammerident (Abruf: 2.10.2022; alle Kammern bieten das KammerIdent-Verfahren inzwischen an; drei Kammern [Bamberg, Hamburg und Nürnberg] jedoch nur für zu vereidigende Rechtsanwälte) nachlesen. Wenn für viele Anwälte einer Kanzlei ein solches Ident-Verfahren durchgeführt werden muss, bietet es sich an, einen Notar in die Kanzlei kommen zu lassen, bevor jeder Anwalt gesondert einen Notar oder die Kammer aufsucht. Das Ident-Verfahren kann jedoch nicht durch einen Notar aus der eigenen Kanzlei durchgeführt werden.

Die Kosten für das beA-Signaturpaket betragen inkl. Verpackung und Versand EUR 54,90/Jahr (zzgl. USt.) bei 24-monatiger Mindestvertragslaufzeit, im Anschluss hieran ist eine jährliche Kündigung möglich. Hinzu kommen ggf. noch Kosten für die signaturrechtliche Identifizierung. Die Laufzeit der Signatur gleicht sich der Laufzeit des beA-Karten-Abos an. 16

Arbeitgeber können nach einer Entscheidung des Bundesarbeitsgerichts von ihren Arbeitnehmern verlangen, dass sie eine qualifizierte elektronische Signaturkarte beantragen (aktuell die Fernsignatur [beA]).[4] 17

Dies könnte insbesondere für **angestellte Rechtsanwälte** auch im Hinblick auf die beA-Karte relevant werden. 18

Die Fernsignatur (beA) löst das auf die beA-Karte Basis der 1. Generation mögliche Übertragen eines qualifizierten elektronischen Signaturzertifikats ab. Auf die beA-Karte Basis der 2. Generation wird **kein** qualifiziertes elektronisches Zertifikat übertragen. Das Erzeugen einer qualifizierten elektronischen Signatur erfolgt mit der beA-Karte Basis über die Fernsignatur (beA). Möglichkeit ist bisher aber auch die Nutzung einer Signaturkarte eines Drittanbieters; ob diese Möglichkeit dauerhaft erhalten bleibt, bleibt abzuwarten. Die Fernsignatur (beA) wird zusammen mit der beA-Karte Basis im beA-Signaturpaket oder nachträglich zu einer vorhandenen beA-Karte Basis erworben. Die Kosten für die getrennt bestellte Fernsignatur (beA) betragen EUR 24,90/Jahr (zzgl. USt.) bei 24-monatiger Mindestvertragslaufzeit, im Anschluss hieran ist eine jährliche Kündigung möglich. 19

Im Zuge des Kartentauschs der beA-Karten 1. Generation zur beA-Karte Basis 2. Generation kann ein vorhandenes qualifiziertes elektronisches Signatur-Zertifikat zu einem Fernsignatur-Zertifikat umgewandelt werden. Dies kann kostenfrei[5] bei der BNotK beantragt werden. 20

Sofern eine beA-Karte Signatur in eine beA-Karte Basis 2. Generation getauscht wird, wird dem Zertifikatsinhaber ein Link zur Beantragung der Fernsignatur per E-Mail zur Verfügung gestellt. Im Betreff dieser E-Mail steht „*Link zum Tausch Ihres qualifizierten Zertifikates*". Sollte der Link nicht mehr gültig (äl- 21

---

3 Abrufbar nach Auswahl der Sprache: https://eur-lex.europa.eu/legal-content/DE/TXT/?uri=CELEX:32014R0910 (Abruf 2.10.2022).
4 BAG, Urt. v. 25.9.2013 – 10 AZR 270/12, NJW 2014, 569 = NZA 2014, 41.
5 https://portal.beasupport.de/fileadmin/user_upload/images/Aktuelle_Hinweise/Information_der_Bundesnotarkammer/220425_Infoblatt_Kartentausch_Rechtsanwaelte.pdf Seite 2 (Abruf: 2.10.2022).

ter als 90 Tage) oder nicht eingegangen sein, kann über das Kontaktformular ein neuer Link angefordert werden.[6] Im Feld „Grund der Anfrage" wird „Link zum Tausch des qualifizierten Zertifikates nicht erhalten" ausgewählt.

Eine Schritt-für Schritt-Anleitung zur Beantragung der Fernsignatur stellt die BNotK unter folgendem Link zur Verfügung: https://portal.beasupport.de/fileadmin/user_upload/pdfs/3_Fernsignatur_beantragen.pdf (Abruf 2.10.2022).

22 Die Fernsignatur (beA) wird nicht mehr auf die beA-Karte Basis übertragen, sondern bleibt in der hochsicheren Umgebung der Zertifizierungsstelle (BNotK) siehe § 11 Rdn 43 in diesem Werk.

D. Namensänderung/Fernsignatur

23 Bei einer Namensänderung z.B. infolge Heirat oder Scheidung ist der geänderte Name der örtlichen Kammer gem. § 24 Abs. 1 BORA mitzuteilen, die dies i.d.R. innerhalb weniger Tage im elektronischen Anwaltsverzeichnis einträgt. SAFE-ID und beA bleiben unangetastet, d.h. der Anwalt behält „sein" beA und ist nun im Verzeichnisdienst unter dem neuen Namen zu finden.[7] Eine Information an die BRAK ist nicht erforderlich. Sofern man mit dem aufgedruckten „falschen" Namen auf seiner beA-Karte nicht leben möchte, kann man diese Karte auch sperren lassen und eine Ersatzkarte (einmalig 30,00 EUR zzgl. USt.) mit dem neuen Namen beantragen. Als Sperrgrund wird „Namensänderung" angegeben. Die Ersatzkarte sollte aber erst beantragt werden, wenn der neue Name im elektronischen Anwaltsverzeichnis bereits vermerkt ist, da bei Antragstellung ein Abgleich der Daten erfolgt. Bei Einsatz einer Fernsignatur (beA) ist eine einfache Namensänderung nicht möglich. Hier ist das alte Zertifikat zu kündigen und eine neue Fernsignatur (beA) zu bestellen. Dabei ist das signaturrechtliche IdentVerfahren erneut zu durchlaufen. Das alles sollte aber ebenfalls erst geschehen, wenn die Namensänderung im Verzeichnisdienst im beA (i.d.R. innerhalb von drei Tagen) geschehen ist. Der Vorteil der Fernsignatur (beA) ist, dass beim Zertifikatstausch die beA-Karte Basis nicht ersetzt werden muss.

E. beA-Karte Mitarbeiter

24 Für das beA können auch sog. beA-Karten Mitarbeiter bestellt werden, die mit einem fortgeschrittenen Zertifikat für die Anmeldung am beA-System ausgestattet sind. Bitte beachten Sie, dass ein fortgeschrittenes Zertifikat nicht zur Erstellung einer qualifizierten elektronischen Signatur berechtigt.

25 Die beA-Karten Mitarbeiter sind bei Auslieferung nicht personalisiert. Eine beA-Karte Mitarbeiter kann daher nach z.B. dem Ausscheiden des bisherigen Mitarbeiters und Nutzers der beA-Karte Mitarbeiter an einen neuen Mitarbeiter weitergegeben werden (die beA-Karte Mitarbeiter wird, während sie zugewiesen ist, immer **nur von einem** bestimmten Mitarbeiter genutzt). Die beA-Karte Mitarbeiter verbleibt in der Kanzlei, wenn ein Mitarbeiter ausscheidet, und kann dann an einen anderen oder neuen Mitarbeiter weitergegeben werden. Im Hinblick auf die Rechtsprechung des BGH wird dringend empfohlen, auf die erforderliche namentliche Bestimmung der Mitarbeiter zu achten, die Fristen notieren und streichen dürfen. Eine Personalisierung erfolgt auch dadurch, dass die PIN für eine bestimmte beA-Karte Mitarbeiter lediglich dem Nutzer dieser beA-Karte Mitarbeiter bekannt ist.

26 Die beA-Karte Mitarbeiter ermöglicht u.a. folgende Funktionen/Tätigkeiten:
- Anmeldung am beA,
- Öffnen von eingegangenen Nachrichten,

---

6 https://zertifizierungsstelle.bnotk.de/bea-kartentausch (Abruf: 2.10.2022).
7 beA-Newsletter der BRAK Nr. 30/2019 v. 2.10.2019 – https://www.brak.de/zur-rechtspolitik/newsletter/bea-newsletter/2019/ausgabe-30–2019-v-2102019/ (Abruf: 2.10.2020).

E. beA-Karte Mitarbeiter § 5

- Vorbereitung von Nachrichten (signier- oder versandfertig machen),
- Versand von Nachrichten nach erfolgter Signatur,
- Übertragung von Berechtigungen als „**Postfachverwalter**", sofern für eine beA-Karte Mitarbeiter vom Postfachinhaber eine entsprechende Berechtigung vergeben wurde = Verwaltung weiterer Mitarbeiterzugänge (Recht 18 in der Rechtevergabe) und die Vergabe oder den Entzug von Berechtigungen (Recht 19 in der Rechtevergabe) für Mitarbeiter oder berechtigte Vertreter (Anwaltskollegen) im Postfach des Anwalts, die Berechtigung(en) vergeben hat.

Die Kosten inkl. Verpackung und Versand belaufen sich als Abo auf 12,00 EUR/Jahr (zzgl. USt.) mit jährlicher Kündigungsfrist. **27**

Die beA-Karte Mitarbeiter hat ein höheres Sicherheitsniveau als das beA-Softwarezertifikat, da für die Nutzung der beA-Karte Mitarbeiter ein Kartenlesegerät zur PIN-Eingabe erforderlich ist, während die PIN für das beA-Softwarezertifikat mittels Computertastatur eingegeben wird und sich somit in einem Angriffsfall leichter auslesen lässt. Grundsätzlich kann mit beiden Zugangsmitteln gearbeitet werden. Wird eine spezifische Kanzlei-Software eingesetzt, sollte beim Hersteller in Erfahrung gebracht werden, welche Zugangsmittel zum beA im Zusammenhang mit der Kanzlei-Software eingesetzt werden können. Die Entscheidung, ob ein Hardware-Token (beA-Karte Basis oder beA-Karte Mitarbeiter) oder einem Software-Token (beA-Softwarezertifikat, siehe § 7 Rdn 1 ff. in diesem Werk) für den Zugang zu beA genutzt werden soll, muss in der Kanzlei nach Abwägung des Für (Einsatz in mobilen Geräten auch außerhalb der Kanzlei z.B. bei Gericht oder einem Auswärtstermin usw.) und Wider (Sicherheitsbedenken bzgl. unautorisierter Erstellung von Kopien des beA-Softwarezertifikats, Auslesen der PIN-Eingabe via Tastatur mittels Keylogger usw.) entschieden werden. **28**

Solange für die Mitarbeiter weder beA-Karten Mitarbeiter noch beA-Softwarezertifikate erworben werden, kann ausschließlich der Postfachinhaber mit seiner persönlichen beA-Karte Basis das beA bedienen! **29**

> *Hinweis* **30**
> Scheidet ein Mitarbeiter aus, sollte die Mitarbeiterkarte in der Kanzlei verbleiben. Es ist nicht erforderlich, die beA-Karte Mitarbeiter sperren zu lassen, wenn sie sich noch im Besitz der Kanzlei befindet. Der mit dem Profil des Mitarbeiters verbundene Sicherheits-Token kann vom ausscheidenden Mitarbeiter selbst oder über die Hotline der BRAK mit der vom ausgeschiedenen Mitarbeiter angelegten Sicherheitsfrage entkoppelt werden. Sollte die Sicherheitsfrage nicht bekannt sein, kann das Entkoppeln des Profils des ausscheidenden Mitarbeiters vom Zugangsmittel auch schriftlich über den Service-Desk der BRAK erfolgen.
>
> Der dann wieder freie Sicherheits-Token kann im Anschluss an das Profil eines neuen Mitarbeiters gebunden werden. Die Protokollierung der Tätigkeiten im beA beginnt für den neuen Mitarbeiter mit dessen neuem Profil. Die alte PIN des vormaligen Mitarbeiters für die beA-Karte Mitarbeiter der 1. Generation (die PIN zum Zugangsmittel des vormaligen Mitarbeiters muss dieser vor dem Ausscheiden aus dem Arbeitsverhältnis der zuständigen Person übergeben haben) kann durch das Starten der Signaturanwendungskomponente über den Link https://bea.bnotk.de/sak (Abruf: 2.10.2022) und dem entsprechenden Anmeldeprozess in der Signaturkartenanwendung über das Symbol „PIN ändern" (gegen gerichteter Doppelpfeil) neu vergeben werden, siehe § 6 Rdn 10 f. in diesem Werk.
>
> Für beA-Karten Mitarbeiter der 2. Generation ist folgender Link zu nutzen: https://zertifizierungsstelle.bnotk.de/hilfe/signaturanwendungskomponente (Abruf: 2.10.2022).

> *Tipp* **31**
> Erhält der Mitarbeiter einen Schlüssel zu den Kanzleiräumen, so wird dies häufig quittiert und zur Personalakte abgeheftet. Ebenso sollte mit dem „elektronischen Briefkastenschlüssel", d.h. der beA-Karte Mitarbeiter, umgegangen werden. Die Pflicht, bei Ausscheiden aus der Kanzlei die beA-

Karte Mitarbeiter in der Kanzlei zu belassen, kann darüber hinaus arbeitsvertraglich vereinbart werden, ggf. mit Ergänzungsvereinbarung.

Der Mitarbeiter ist anzuhalten,

- die PIN vertraulich zu behandeln,
- die PIN nicht auf die Karte zu schreiben,
- PIN und Karte nicht am selben Ort aufzubewahren,
- die Karte nicht achtlos auf dem Schreibtisch, sondern unzugänglich für andere aufzubewahren,
- sich vom Postfach nach der Nutzung abzumelden, § 24 Abs. 2 i.V.m. § 24 Abs. 1 S. 2 RAVPV und
- die Karte in der Kanzlei zu belassen.

32 Ist die beA-Karte Mitarbeiter verlorengegangen oder vom Mitarbeiter der Kanzlei nicht ausgehändigt worden, sollte eine Sperrung des Sicherheits-Tokens erfolgen bzw. ggf. das Abo für diese Karte gekündigt werden. Bedenken Sie bitte, dass der wirtschaftliche Verlust bei einem Jahrespreis von 12,00 EUR netto überschaubar ist, zumal die Karte möglicherweise nur noch eine geringe Restlaufzeit hat.

33 Gem. § 26 Abs. 1 RAVPV sind die einem Zertifikat zugehörigen PINs geheim zu halten und dürfen auch anderen Personen nicht zur Verfügung gestellt werden. § 26 Abs. 1 RAVPV spricht insoweit allgemein von „*Inhaber(n) eines für sie erzeugten Zertifikats*" und stellt nicht allein auf Postfachinhaber ab. Nach unserer Auffassung ergibt sich hieraus eine Pflicht auch für Mitarbeiter, wobei die Einhaltung dieser Pflicht dem Postfachinhaber obliegt, vgl. § 26 Abs. 2 RAVPV. Daher sollte der Mitarbeiter verpflichtet werden, die von ihm für die Karte vergebene PIN aufzuschreiben, in einen geschlossenen Briefumschlag zu geben, der dann im Tresor gelagert wird, damit im Fall eines Ausscheidens oder plötzlichen Ablebens des Mitarbeiters die Karte umgewidmet werden kann. Dies klingt möglicherweise ein wenig übertrieben, im Hinblick auf die Regelung in § 26 RAVPV und den geforderten Datenschutz kann eine besondere Vorsicht nicht schaden, insbesondere wenn für eine beA-Karte Mitarbeiter die Rechte 18 und 19 für die Funktion des Postfachverwalters vergeben wurden. Mit der Zeit werden diese Regelungen möglicherweise noch konkretisiert oder durch die Rechtsprechung mit Leben gefüllt. In diesem Zusammenhang würde sich dann auch anbieten, den Mitarbeiter anzuhalten, bei einer neuen PIN-Vergabe diese wiederum, wie oben geschildert, zu notieren und zu verwahren. Ob § 26 RAVPV so gemeint war, können wir naturgemäß nicht sagen. Tatsächlich kann aber ein Mitarbeiter eine PIN für die ihm zugewiesene Karte ohne Kenntnis des Anwalts ändern. Im schlimmsten Fall kann die beA-Karte Mitarbeiter mit dem Sperrkennwort, welches bei der Bestellung der beA-Karte Mitarbeiter angegeben werden musste, gesperrt und eine neue beantragt werden. Zu sorglos sollte man auf keinen Fall mit den beA-Karten Mitarbeiter, gerade auch im Hinblick auf eine etwaige weitreichende Rechtevergabe wie dem Löschen von Nachrichten, sein.

34 *Hinweis*

Während der Bestellung der beA-Karten Mitarbeiter wird nach einer Bezeichnung für jede einzelne der bestellten Mitarbeiterkarten gefragt. Standardmäßig werden die Bezeichnung Mitarbeiter 1, Mitarbeiter 2, Mitarbeiter 3 usw. voreingetragen. Diese Einträge können während des Bestellvorgangs abgeändert werden.

Wir empfehlen, bei den beA-Karten Mitarbeiter nicht die Namen bestimmter Mitarbeiter, sondern eher eine Bezeichnung für die Funktion, für die die Karte in Zukunft eingesetzt werden soll, anzugeben. Die an dieser Stelle eingetragenen Bezeichnungen werden auf die beA-Karte Mitarbeiter bei der Erstellung der Karten aufgedruckt und verbleiben somit bis zur Vernichtung der Karte auf dieser. Wenn ein Mitarbeiter seine beA-Karte Mitarbeiter -mit seinen Namen- abgibt, weil er z.B. aus der Kanzlei ausscheidet, würde der neue Mitarbeiter, der dieselbe beA-Karte Mitarbeiter übernimmt, weiter den Namen seines Vorgängers auf der Karte aufgedruckt vorfinden. Dies kann mindestens zu Verwirrung bzgl. der Zuordnungen der Karten führen.

Besser wäre es unserer Meinung nach, wenn funktionelle Bezeichnungen für den Kartennamen, wie z.B. Fristenabteilung 1 oder Sekretariat Dr. Anton Mustermann 2 usw., verwendet würden. Ist eine entsprechende Bestellung schon erfolgt, kann notfalls der aufgedruckte, nicht mehr gültige Name überklebt werden. Dabei ist darauf zu achten, den Chip der Karte frei zu lassen, da er sonst vom Kartenleser nicht mehr ausgelesen werden kann. Der „alte" Name wird aber weiterhin in der Spalte „Bezeichnung im beA" erkennbar sein.

F. beA-Softwarezertifikat

Bei diesem „Briefkastenschlüssel" handelt es sich um ein fortgeschrittenes Softwarezertifikat, das auf einem Speichermedium, wie einem USB-Stick, gespeichert oder auf dem Rechner direkt hinterlegt wird und in den Zertifikationsspeicher eines PCs oder Notebooks hinterlegt werden kann. 35

Zertifikate sind elektronische Bescheinigungen, mit denen die Signaturprüfschlüssel einer Person zugeordnet werden und die Identität dieser Person bestätigt wird. Qualifizierte Zertifikate unterliegen darüber hinaus zusätzlichen Sicherheitsanforderungen, da nur Vertrauensdiensteanbieter sie ausstellen dürfen, die die gesetzlichen Anforderungen nach der eIDAS-VO erfüllen, also insbesondere die erforderliche Zuverlässigkeit und Fachkunde sowie eine Deckungsvorsorge nachweisen. Daneben müssen die Vertrauensdiensteanbieter die Maßnahmen zur Erfüllung der Sicherheitsanforderungen nach eIDAS-VO in einem geeigneten Sicherheitskonzept aufzeigen und praktisch umsetzen. Die Bundesnotarkammer ist eine solche zertifizierte Stelle. 36

Funktionen des fortgeschrittenen Softwarezertifikats sind u.a.: 37

- Anmeldung am beA,
- Öffnen von eingegangenen Nachrichten,
- Vorbereitung abzusendender Nachrichten zum Versand,
- Versand vom Anwalt qualifiziert elektronisch signierter Schriftsätze.
- **Nicht** möglich: Übertragung des Rechts 19 „Berechtigungen verwalten".

Die BNotK schreibt auf ihrer Homepage: 38

> *„Das Recht, selbst Befugnisse zu vergeben, kann einem Mitarbeiter, der ein beA-Softwarezertifikat zur Anmeldung nutzt, aus Sicherheitsgründen nicht verliehen werden. Da beA-Softwarezertifikate kopierbar sind, ist besondere organisatorische Sorgfalt geboten. Bei einem Mitarbeiterwechsel sollte das diesem zugeordnete beA-Softwarezertifikat besser gesperrt und erneuert werden."*[8]

Die Kosten eines solchen Softwarezertifikats belaufen sich auf 4,90 EUR pro Jahr (zzgl. USt.), jährliche Kündigung. 39

> *Hinweis* 40
> Die PIN, die beim Erzeugen des beA-Softwarezertifikats auf der Seite der BNotK erstellt wurde, „hängt" an der jeweiligen Kopie dieses Zertifikats. Ein Mitarbeiter könnte z.B. durch Ziehen einer Kopie des beA-Softwarezertifikats dieses bei Ausscheiden mitnehmen. Mit Kenntnis der Ursprungs-PIN und einer Kopie des beA-Softwarezertifikats kann sich auch ein unberechtigter Nutzer Zugang zu allen für dieses beA-Softwarezertifikat freigegebenen Postfächern verschaffen und die entsprechend übertragenen Rechte nutzen.
> Um sich vor unberechtigten Zugriffen in solchen Fällen zu schützen, vgl. dazu auch § 26 Abs. 2 Nr. 3 RAVPV, ist eine Sperrung des Softwarezertifikats erforderlich. Eine Möglichkeit der Änderung der Ursprungs-PIN ist lt. Mailantwort bei der zuständigen BNotK grundsätzlich im beA-System nicht vorgesehen.

---

8 https://bea.bnotk.de/documents/FAQ_beA_180704.pdf S. 8, Stand: Juli 2018 (Abruf 2.10.2022), „Was ist der Unterschied zwischen einer beA-Mitarbeiterkarte und einem beA-Softwarezertifikat? Wozu dienen beA-Mitarbeiterkarte und beA-Softwarezertifikat?"

41 *Tipp 1*
Das Kopieren von Softwarezertifikaten sollte Mitarbeitern grundsätzlich verboten werden. Eine sichere Verwahrung des „originalen"[9] beA-Softwarezertifikats nach Hinterlegung im Zertifikatsspeicher auf dem Arbeitsrechner des nutzenden Mitarbeiters erscheint sinnvoll. Die „originale" Zertifikats-Datei sollte an einem sicheren, nicht für jedermann zugänglichen Ort verwahrt werden.

42 *Tipp 2*
Softwarezertifikate sind nicht nur beliebt im Einsatz bei Mitarbeitern. Auch Anwälte können mit einem für sie als Postfachinhaber freigeschalteten Softwarezertifikat ihr beA bedienen und so z.B. mit dem Notebook von unterwegs aus ohne Kartenlesegerät und beA-Karte Basis beA-Post empfangen aber auch versenden.[10]

G. Kartenlesegeräte

I. Allgemeines

43 Die BNotK empfiehlt auf ihrer Internetseite https://bea.bnotk.de oder https://zertifizierungsstelle.bnotk.de/produkte/bea-produkte (Abruf jeweils 2.10.2022) die Verwendung von zwei Kartenlesegeräten der Firma REINER Kartenlesegeräte GmbH & Co. KG, die nachstehend kurz vorgestellt werden. Natürlich müssen nicht zwingend genau diese Geräte verwendet werden, obwohl sie bereits im großen Umfang deutschlandweit eingesetzt werden. Es kann jedes Kartenlesegerät verwendet werden, das mit einem sog. PIN-Pad, d.h. mit einem Tastaturblock und einem Display (Klasse-3-Geräte), ausgestattet und in Deutschland für die Erstellung einer qualifizierten elektronischen Signatur (qeS) zugelassen ist. Die unten dargestellten Lesegeräte kann man auch anderweitig erwerben. Sie sind nicht nur bei der BNotK erhältlich.

II. Kartenlesegerät cyberJack® RFID comfort

44 Das Kartenlesegerät cyberJack® RFID comfort der Firma REINER SCT unterstützt nach Angabe der BNotK nahezu alle Anwendungsmöglichkeiten von Chipkarten. Dieser Chipkartenleser kann auch für die Erstellung einer qeS, beim Online-Banking und für den neuen Personalausweis (eID) verwendet werden. Bei diesem Kartenleser soll eine maximale Sicherheit gewährleistet sein, da nur die Daten ausgelesen werden, die mittels Eingabe der PIN freigegeben sind. Hersteller ist die Firma REINER Kartengeräte GmbH & Co. KG. Bei diesem Gerät handelt es sich um ein sowohl kontakthaft wie kontaktlos arbeitendes Gerät. Die beA-Karte Basis und die beA-Karte Mitarbeiter werden zum Auslesen in das obere Schubfach eingeschoben und nicht nur aufgelegt. Dabei wird der auf den unterschiedlichen beA-Karten aufgeprägte Chip mit Metallkontakten im Kartenlesegerät verbunden. Den neuen Personalausweis (hier ist kein sichtbarer Chip auf der Karte aufgebracht) kann man dagegen neben das Kartenlesegerät legen oder in das untere Schubfach einschieben. Die Auslesung des neuen Personalausweises erfolgt kontaktlos mittels Aussendung magnetischer Wechselfelder durch das Kartenlesegerät und dem RFID-Transponder im Inneren des neuen Personalausweises. Die Eingabe der PIN erfolgt mittels eines sog. PIN-Pad, d.h. die PIN wird direkt am Kartenlesegerät eingegeben und nicht mittels z.B. des Nummernblocks der Tastatur am PC. Hierdurch ist eine hohe Sicherheit gewährleistet. Kartenlesegeräte, bei denen die PIN beispielsweise mittels der Tastatur eingegeben wird, gelten als besonders angreifbar.

---

9 Alle Kopien eines beA-Softwarezertifikats sind „Originale", da sie alle identisch sind.
10 Nach den Vorgaben des § 130a Abs. 3 ZPO

Die Kosten betragen bei Bestellung über die BNotK inkl. Verpackung und Versand 134,90 EUR einmalig (zzgl. USt.). 45

III. Kartenlesegerät cyberJack® one

Auch dieser Chipkartenleser wird von der Firma REINER Kartengeräte GmbH & Co. KG hergestellt und vertrieben. Es handelt sich um ein kontakthaftes Kartenlesegerät der Klasse 3 mit Display. Es ist für die Anmeldung am beA und die Erstellung einer qeS einsetzbar. Daneben kann dieses Kartelesegerät auch als TAN-Generator eingesetzt werden. Durch die SECODER-Funktion genügt er höchsten Sicherheitsansprüchen und kann auch für das Online-Banking eingesetzt werden. Auch hier wird eine maximale Sicherheit gewährleistet, da nur die Daten ausgelesen werden, die mittels Eingabe der PIN freigeben sind. Für die Verwendung im beA-System ist dieses günstigere Kartenlesegerät ausreichend. 46

Die Kosten betragen bei Bestellung über die BNotK inkl. Verpackung und Versand 74,90 EUR einmalig (zzgl. USt.). 47

IV. Tipps zu Kartenlesern

- Die von der BRAK unter https://bea.bnotk.de bzw. https://zertifizierungsstelle.bnotk.de/produkte/bea-produkte (Abruf jeweils 2.10.2022) angebotenen Kartenleser sind für den elektronischen Rechtsverkehr geeignet, da sie zertifiziert sind. 48
- Diese Kartenleser gibt es aber möglicherweise bei anderen Anbietern ggf. auch günstiger zu erwerben.
- Anwälte sollten grundsätzlich nur mit von der Bundesnetzagentur zertifizierten Kartenlesern arbeiten!
- Mitarbeiter können auch einfachere, nicht zertifizierte Kartenleser nutzen, die günstiger sind. Wir empfehlen dies aus Gründen des Komforts und der Sicherheit jedoch ausdrücklich nicht.
- Die Treiber-Software und die Firmware der Kartenleser müssen regelmäßig auf vorzunehmende Updates überprüft werden. Ob Updates vorhanden sind, können Sie auf den Internetseiten des Kartenlesegeräte-Anbieters (z.B. für die von der BRAK angebotenen Kartenleser https://www.reiner-sct.com/ (Abruf: 2.10.2022) bzw. in den Übersichtslisten unter www.bundesnetzagentur.de feststellen.
- Die Kartenleser sollten pfleglich behandelt werden. Bei unsachgemäßem oder ruppigem Gebrauch können die Kabel beschädigt werden. Kartenlesegeräte sollten daher z.B. nicht einfach in eine Aktentasche gegeben, sondern vielmehr in einer Aufbewahrungsbox transportiert werden. Auch das „Umstöpseln", d.h. das Entfernen vom PC und Anschließen an den PC, sollte behutsam vorgenommen werden.
- Es sollten mindestens zwei Kartenleser pro Kanzlei zur Verfügung stehen. Ein Kartenleser für den Einsatz und ein Ersatz-Kartenleser. Je komfortabler der Nutzer es wünscht, desto mehr Kartenleser sollten angeschafft werden. Wir empfehlen: Kartenlesegeräte an jedem RA- und Mitarbeiter-PC, von dem aus auf das beA zugegriffen wird, sodass ein zeitaufwendiges Suchen und ein „Umstöpseln" vermieden werden kann. Auch kann zeitgleich von verschiedenen PCs auf ein oder mehrere beAs zugegriffen werden.

H. Ablauf des Zertifikats/Generationswechsel beA-Karte Basis

Die BNotK äußert sich am 25.11.2021 per Mail auf die Anfrage, wie im Normalfall vorzugehen ist, wenn die Zertifikate der beA-Zugangsmittel auslaufen, folgendermaßen: 49

> „Rechtzeitig vor Ablauf der Zertifikate auf den aktuellen beA Karten werden die Vertragsinhaber über die weiteren Schritte auf dem Weg zu einem Folgezertifikat informiert."[11]

50 Ist die Sicherheitsbestätigung einer beA-Karte Basis abgelaufen, kann der Karteninhaber nicht mehr auf sein Postfach bzw. auf das Postfach, für das er Zugriffsrechte besitzt, zugreifen. Die Voraussetzung für den Zugriff auf ein Postfach ist eine gültige Sicherheitsbestätigung, welche die Berechtigung enthalten muss, die in dem zu öffnenden Postfach befindlichen verschlüsselten Nachrichten zu entschlüsseln. Ist eine neue Sicherheitsbestätigung vorhanden, kann der Karteninhaber wieder problemlos auf das Postfach zugreifen. Die BNotK informiert die Karteninhaber rechtzeitig vor Ablauf der Sicherheitsbestätigung mit Hinweisen zum weiteren Vorgehen des Austauschs. Der Inhalt im Postfach wird bei Ablauf von Sicherheitsbestätigungen nicht gelöscht.

51 Im Zuge des Ablaufs der Gültigkeit der ersten beA-Karten und dem anstehenden Generationswechsel der beA-Karten Basis versendet die BNotK die neuen beA-Karten Basis der 2. Generation. Zeitnah zum Versand wird eine E-Mail mit der Versandinformation der neuen beA-Karten an den Karteninhaber gesendet. In dieser E-Mail befindet sich ein Link, der für Bestätigung des Erhalts der neuen beA-Karte Basis dient. Nach Klick auf den Bestätigungslink müssen in den sich öffnenden Fenstern die Kartennummer eingegeben und die AGB bestätigt werden. Erst nach erfolgter Bestätigung des Kartenerhalts wird der PIN-Brief mit PIN und PUK erzeugt und versendet.[12] Vor Ablauf der Gültigkeit der bisherigen beA-Karte Basis muss die neue beA-Karte der 2. Generation im Postfach hinterlegt werden.[13]

52 *Hinweis*

Bei Namensänderung aufgrund von Heirat, Scheidung oder aus anderen Gründen, muss das Abo für die bisherige Fernsignatur (beA) gekündigt und eine neue Fernsignatur (beA) bestellt und ein neues Ident-Verfahren durchgeführt werden. Eine Umschreibung der alten Fernsignatur (beA) auf den neuen Namen ist nicht möglich.

53 Aus Sicherheitsgründen und technischen Änderungen am Betriebssystem der Chipkarten wurde zum März 2022 begonnen, die beA-Karten je nach Typ und Zertifikatsablauf stufenweise auszutauschen. Betroffen sind beA-Karte Basis, beA-Karte Signatur (= beA-Karte Basis, die mit einer Nachladesignatur zu einer beA-Karte Signatur aufgewertet wurde) und in einem folgenden Schritt auch die beA-Karte Mitarbeiter.

54 Die beA-Produkte werden dann zentral über die Homepage der Zertifizierungsstelle[14] bestellt. Die Zertifizierungsstelle informiert über Beginn und Ablauf des beA-Karten-Tauschs. Die Kartenbesitzer müssen zunächst nichts veranlassen. Die Zertifizierungsstelle setzt sich mit den Kartenbesitzern von sich aus in Verbindung.[15] Die Zertifizierungsstelle der BNotK bittet insbesondere, die hinterlegten E-Mail-Adressen der letzten Bestellung zu berichten, sollten sich diese geändert haben.

I. Kündigung der beA-Karten und Softwarezertifikate

55 Die BNotK führt hierzu in ihren FAQ aus:

> „Sie können Ihre beA-Karte, beA-Karte Mitarbeiter und beA-Softwarezertifikate zum Ende der Mindestvertragslaufzeit bzw. zum Ende des darauf folgenden Vertragsjahres kündigen. Das Kündigungs-

---

11 E-Mail-Eingang vom beA Service der BNotK am 25.11.2021.
12 https://portal.beasupport.de/fileadmin/user_upload/pdfs/1_Erhalt_der_neuen_beA-Karte_und_des_Pin-Briefs.pdf (Abruf: 2.10.2022).
13 https://portal.beasupport.de/fileadmin/user_upload/pdfs/2_Aktivierung_der_neuen_beA-Karte_im_beA.pdf (Abruf: 2.10.2022).
14 https://zertifizierungsstelle.bnotk.de/produkte/bea-produkte (Abruf 2.10.2022).
15 Sondernewsletter 2/2022 v. 18.2.2022; https://newsletter.brak.de/mailing/186/5006637/9991413/16527/2953ce5dba/index.html (Abruf 2.10.2022).

schreiben können Sie per Post an die Zertifizierungsstelle der Bundesnotarkammer, Burgmauer 53, 50667 Köln, per Telefax an die 0221/27 79 35–20 oder per E-Mail (ein Scan der unterschriebenen Kündigung) an bea@bnotk.de senden. Ein entsprechendes Kündigungsformular erhalten Sie auf unserer FAQ-Seite unter https://bea.bnotk.de/faq.html."[16]

Gibt ein Anwalt seine Zulassung zurück, kann er die Widerrufsbestätigung seiner örtlich zuständigen Rechtsanwaltskammer an die Bundesnotarkammer übermittelt. Diese wird nach eigenen Angaben die beA-Karte sperren und den Vertrag zum Ende des laufenden Vertragsjahres außerordentlich kündigen.

Ein isoliertes Kündigungsrecht für die Signierfunktion (Zertifikats für die Anbringung einer qualifizierten elektronischen Signatur) besteht nicht. Postfachinhaber werden gebeten, die entsprechenden Vertragsbedingungen der BNotK zu lesen. Will ein Anwalt die Fernsignatur (beA) nicht weiter nutzen (die Karte selbst aber schon), kündigt er das Abo für die Fernsignatur (beA) und nutzt seine beA-Karte Basis weiter.

J. Sperrung von beA-Karten und Zertifikaten

Gem. § 26 Abs. 2 RAVPV hat der Postfachinhaber unverzüglich alle erforderlichen Maßnahmen zu ergreifen, um einen unbefugten Zugriff auf sein Postfach zu verhindern, sofern Anhaltspunkte dafür bestehen, dass

1. ein Zertifikat in den Besitz einer unbefugten Person gelangt ist,
2. die einem Zertifikat zugehörige Zertifikats-PIN einer unbefugten Person bekannt geworden ist,
3. ein Zertifikat unbefugt kopiert wurde oder
4. sonst von einer Person mittels eines Zertifikats auf das besondere elektronische Anwaltspostfach unbefugt zugegriffen werden könnte.

Zu diesen Vorsorgemaßnahmen nach § 26 Abs. 2 RAVPV ist auch die Sperrung eines Zertifikats auf der beA-Karte bzw. des Softwarezertifikats zu zählen.

Scheidet ein Mitarbeiter aus der Kanzlei aus, sollte geprüft werden, ob dieser die Mitarbeiterkarte auch in der Kanzlei zurückgelassen hat. Ist dies nicht der Fall, sollte die Karte gesperrt werden. Im Hinblick auf den geringen Preis von 12,00 EUR netto pro Jahr sollte man hier keinerlei Risiko eingehen. Zumal der Preis sich ja ggf. bereits durch zeitweise Nutzung der Karte amortisiert hat und nur noch eine Restlaufzeit verbleibt.

Scheidet der Nutzer eines Softwarezertifikats aus, sollte dieses vorsichtshalber immer gesperrt werden, da nicht ausgeschlossen werden kann, dass dieses kopiert wurde. Im Hinblick auf den geringen Preis von 4,90 EUR netto pro Jahr sollte man hier erst recht kein Risiko eingehen.

Auf der Internetseite https://bea.bnotk.de/faq.html[17] gibt es die Möglichkeit, ein Sperrformular[18] für beA-Karten auszudrucken. Das Formular kann nach dem Ausfüllen per Fax an die BNotK gerichtet werden. Schriftliche Sperrungen per FAX sind möglich an: 0221 277935 – 20.

---

[16] https://bea.bnotk.de/documents/FAQ_beA_180704.pdf unter C. Vertragliches Nr. 3.; das Kündigungsformular gibt es direkt hier: https://bea.bnotk.de/documents/Kündigungsformular.pdf (Abruf jeweils: 2.10.2022).
[17] Abruf 2.10.2022.
[18] https://bea.bnotk.de/documents/Sperrformular_beA.pdf (Abruf 2.10.2022).

K. beA-Apps

I. Allgemeines

62 Seit geraumer Zeit werden in den App-Stores für Apple- und Android-Geräten Apps zur Nutzung der beAs angeboten. Die Nutzung der Apps ist kostenpflichtig. Der Nutzungsumfang erstreckt sich auf den Umgang mit beA-Nachrichten.

II. Installation und Nutzungsvoraussetzungen

63 Für die Nutzung der Apps wird ein beA Softwarezertifikat benötigt, welches über die Seite der Bundesnotarkammer im Abo bestellt werden muss.[19] Das Softwarezertifikat muss einem Postfach/Postfächern zugeordnet werden. Dabei kann es als Mitarbeiterzugang oder als Anwaltszugang eingerichtet werden. Der Import des beA-Softwarezertifikats erfolgt im beA im Register Einstellungen im Bereich Profilverwaltung über die Verwaltung der Sicherheits-Token, hierzu mehr unter § 7 Rdn 11 in diesem Werk.

III. Funktionsumfang

64 In den Apps können i.d.R. folgende Tätigkeiten ausgeführt werden:
- Anzeige der berechtigten Postfächer
- Antwort auf eingegangene Nachrichten
- Nachrichtenentwurf erstellen
- Nachrichtenentwurf speichern
- Nachrichtenentwurf bearbeiten
- Nachricht versenden
- Nachrichten Export
- Verschiebung in den Papierkorb
- Anhänge in die Nachricht übertragen
- Adresssuche im gesamten Verzeichnis
- eEB Rücksendung (Abgabe oder Ablehnung)

Die einzelnen Aktionen sind teilweise nur in eingeschränkter Form einsetzbar. Zum Beispiel werden in den Exportdateien aus einer beA-App nicht dieselben Dateien wie über die Exportfunktion in der beA-Webanwendung bereitgestellt.

IV. Produktbeispiele

65 Beispielhaft werden an dieser Stelle zwei beA-App Produkte aufgeführt. Bitte beachten Sie, dass mit diesem Anbieterhinweis keine Empfehlung für ein bestimmtes Produkt verbunden ist und selbstverständlich für deren Funktionsfähigkeit auch keine Haftung übernommen wird. Prüfen Sie daher bitte eigenständig, ob und ggf. in welchem Umfang Sie diese oder andere Produkte einsetzen wollen.
- Anwaltspostfach (https://anwaltspostfach.app/) geeignet für iPhone, iPad und Mac
- beA Expert (https://bea.expert/) geeignet für iPhone, iPad, Android und Windows

---

19 https://bea.bnotk.de/bestellung/#/products (Abruf 2.10.2022).

V. Fazit

Die beA-Apps eigenen sich unserer Meinung nach für einen schnellen, mobilen Überblick und eine spontane Reaktion auf eingehende Nachrichten. Umfängliche Bearbeitungen der beA-Nachrichten sind bisher z.B. in der beA-Webanwendung der BRAK komfortabler zu erledigen. Entwicklungsstände der beA-Webanwendung der BRAK müssen in den Apps nachgepflegt werden.

L. Vom Umgang mit beA-Karten und Zertifikaten

Genauso wie ein Anwalt seiner Mitarbeiterin oder seinem Mitarbeiter sicherlich niemals die Unterschriftenmappe mit dem Hinweis zurückgeben würde „Bitte unterschreiben Sie doch heute für mich", bedarf es wohl keiner näheren Darlegung, dass die Verwendung der beA-Karte Basis und dazugehöriger PIN zum Erzeugen einer Fernsignatur dem Inhaber der beA-Karte Basis vorbehalten ist.

> *Hinweis*
> Anwälte dürfen ihre Zugangsmittel zum beA (beA-Karte Basis oder für den Postfachinhaber freigeschaltetes Softwarezertifikat) Mitarbeitern oder Kollegen nicht überlassen und haben die entsprechenden PINs geheim zu halten. Die Zugangsmittel des Anwalts haben im beA eine Ausweisfunktion und weisen den Nutzer als Postfachinhaber und damit als Anwalt aus. Gibt ein Anwalt seine beA-Karte Basis einem Mitarbeiter mit PIN zur Hand, ermöglicht er diesem, sich im beA gegenüber anderen Anwälten, Notaren, Gerichten und Behörden als Anwalt auszugeben. Ein Mitarbeiter wiederum, der mit beA-Karte Basis im beA unterwegs ist, gibt sich seinerseits als Anwalt aus. Beides ist vom Gesetzgeber weder gewollt noch erlaubt! Denn das beA gilt als sicherer Übermittlungsweg gem. § 130a Abs. 4 Nr. 2 ZPO. Der Begriff „sicherer Übermittlungsweg" resultiert dabei aus der Tatsache, dass der Empfänger einer beA-Nachricht anhand des **Prüfprotokolls/Transferprotokolls** sicher erkennen kann, ob der Postfachinhaber selbst sendet oder jemand anderes. Denn der sog. VHN (vertrauenswürdiger Herkunftsnachweis) wird nur ausgewiesen, wenn der Postfachinhaber selbst sendet.

Nachstehend sehen Sie ein Beispiel für den ausgewiesenen VHN, der **NICHT** erscheint, wenn z.B. ein Mitarbeiter mit der beA-Karte Mitarbeiter sendet. Dieser VHN wird bei Posteingang durch den Richter auch geprüft, sofern keine qualifizierte elektronische Signatur vorhanden ist, siehe dazu auch § 11 Rdn 123 ff. sowie Rdn. 128 in diesem Werk. Bei Gerichten wird dieser VHN im **Transferprotokoll** ebenfalls ausgewiesen.[20]

---

[20] BAG, Beschl. v. 5.6.2020 – 10 AZN 53/20, BeckRS 2020, 13297 mit entsprechendem Screenshot des gerichtlichen Transferprotokolls des dort entschiedenen Falls in Rn 28.

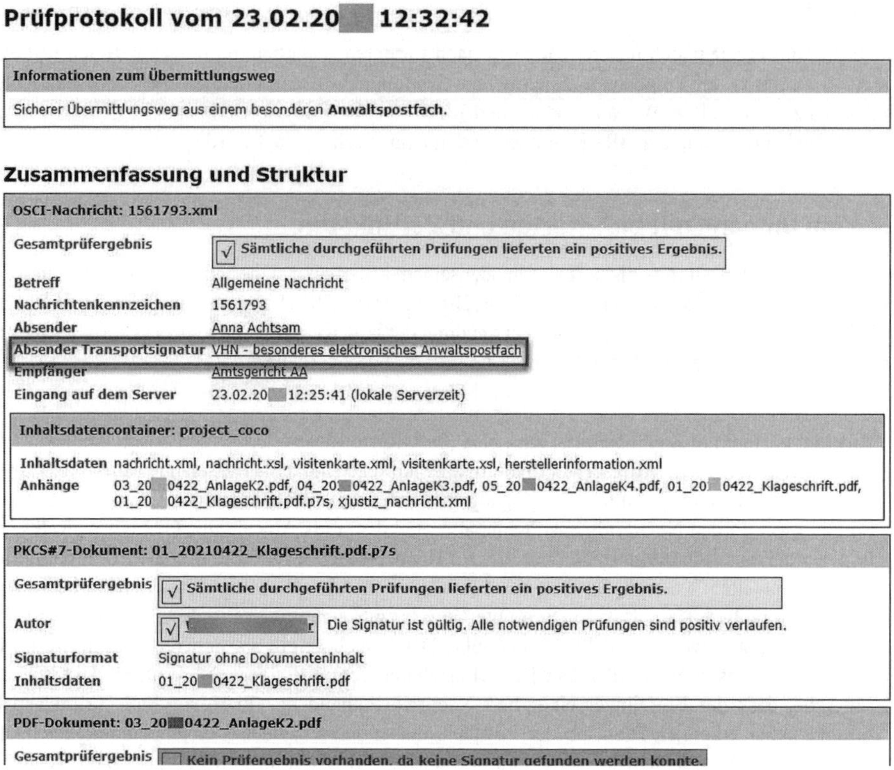

§ 5 Zugang zum beA

Prüfprotokoll vom 23.02.20■■ 12:32:42

Informationen zum Übermittlungsweg
Sicherer Übermittlungsweg aus einem besonderen **Anwaltspostfach**.

Zusammenfassung und Struktur

OSCI-Nachricht: 1561793.xml	
Gesamtprüfergebnis	☑ Sämtliche durchgeführten Prüfungen lieferten ein positives Ergebnis.
Betreff	Allgemeine Nachricht
Nachrichtenkennzeichen	1561793
Absender	Anna Achtsam
Absender Transportsignatur	**VHN - besonderes elektronisches Anwaltspostfach**
Empfänger	Amtsgericht AA
Eingang auf dem Server	23.02.20■■ 12:25:41 (lokale Serverzeit)

Inhaltsdatencontainer: project_coco	
Inhaltsdaten	nachricht.xml, nachricht.xsl, visitenkarte.xml, visitenkarte.xsl, herstellerinformation.xml
Anhänge	03_20■■0422_AnlageK2.pdf, 04_20■■0422_AnlageK3.pdf, 05_20■■0422_AnlageK4.pdf, 01_20■■0422_Klageschrift.pdf, 01_20■■0422_Klageschrift.pdf.p7s, xjustiz_nachricht.xml

PKCS#7-Dokument: 01_20210422_Klageschrift.pdf.p7s	
Gesamtprüfergebnis	☑ Sämtliche durchgeführten Prüfungen lieferten ein positives Ergebnis.
Autor	☑ ■■■■■■■■ r Die Signatur ist gültig. Alle notwendigen Prüfungen sind positiv verlaufen.
Signaturformat	Signatur ohne Dokumenteninhalt
Inhaltsdaten	01_20■■0422_Klageschrift.pdf

PDF-Dokument: 03_20■■0422_AnlageK2.pdf	
Gesamtprüfergebnis	☐ Kein Prüfergebnis vorhanden, da keine Signatur gefunden werden konnte.

Abb. 1: Erzeugter VHN ist im Prüfprotokoll der Export-Datei sichtbar (sowohl unter „Information zum Übermittlungsweg": Sicherer Übermittlungsweg aus einem besonderen Anwaltspostfach als auch unter Absender Transportsignatur. Der über dem gerahmten Vermerk eingetragene Name ist der Name der Postfachinhaberin (Rechtsanwältin); hier: Anna Achtsam.

70 Darüber hinaus:

Gibt der Karteninhaber Karte und PIN weiter und gibt z.B. der Mitarbeiter eine Erklärung ab oder nimmt eine Aktion im beA (z.B. Löschen von Nachrichten) vor, wäre der Anwalt bei einem etwaigen Missbrauch dafür beweispflichtig, dass er die Erklärung nicht abgegeben bzw. die Aktion nicht vorgenommen hat (Beweislastumkehr). Das dürfte ihn dann in erhebliche Erklärungsnot bringen, wenn er seine Karte freiwillig verbotswidrig aus der Hand gegeben hat.

71 Insbesondere in Verfahren, in denen Anwaltszwang herrscht, kann daher auch der Missbrauch der Fernsignatur (beA) (d.h. Nutzung durch andere als den Signaturberechtigten) zur **Unwirksamkeit von Rechtshandlungen** führen. Der **BGH** hat hierzu **schon 2010** entschieden:[21]

> „Bei einer elektronisch übermittelten Berufungsbegründung muss die qualifizierte elektronische Signatur grundsätzlich durch einen zur Vertretung bei dem Berufungsgericht berechtigten Rechtsanwalt erfolgen. Dieses Formerfordernis ist jedenfalls dann nicht gewahrt, wenn die Signatur von einem

---

[21] BGH, Beschl. v. 21.12.2010 – VI ZB 28/10 (LG Potsdam, Beschl. v. 10.5.2010 – 2 S 1/10), NJW 2011, 1294 = AnwBl 2011, 295 = BGHZ 188, 38 = BRAK-Mitt 2011, 77 L = BeckRS 2011, 02642 = FamRZ 2011, 558 = MDR 2011, 251.

L. Vom Umgang mit beA-Karten und Zertifikaten § 5

Dritten unter Verwendung der Signaturkarte[22] des Rechtsanwalts vorgenommen wird, ohne dass dieser den Inhalt des betreffenden Schriftsatzes geprüft und sich zu eigen gemacht hat."

Auch bei Einreichung nach den allgemeinen Vorschriften (= sog. schriftliche Einreichung) gem. § 130 Nr. 6 ZPO im Original oder per Fax (seit 1.1.2022 nur noch als Ersatzeinreichung gem. § 130d S. 2 ZPO zulässig) **muss** eine eigenhändige Unterschrift des Anwalts angebracht werden.[23] Nach Ansicht des BGH muss daher auch bei elektronischer Einreichung die qeS, um gleichwertig zur eigenhändigen Unterschrift des Anwalts zu sein, vom Anwalt selbst angebracht werden.[24] Die Ausführung des BGH, **72**

> *„Dieses Formerfordernis ist jedenfalls dann nicht gewahrt, wenn die Signatur von einem Dritten unter Verwendung der Signaturkarte des Rechtsanwalts vorgenommen wird, ohne dass dieser den Inhalt des betreffenden Schriftsatzes geprüft und sich zu eigen gemacht hat",*

bedeutet unseres Erachtens nicht, dass die Anbringung der qeS durch eine Mitarbeiterin/einen Mitarbeiter dann erlaubt ist, wenn der Anwalt vor Anbringung der qeS den Schriftsatz nochmals geprüft hat.[25] Diese Rechtsprechung ist unseres Erachtens auf die beA-Karte basis anwendbar, weil durch diese nach § 130a Abs. 3 S. 1 Alt. 2 ZPO ebenfalls ein Schriftsatz verantwortet werden kann (Erzeugung des VHN bei Eigenversand, siehe § 11 Rdn 122 f. in diesem Werk).

Zum Thema **Blankounterschrift (Schriftform)**: Die Verwendung einer Blankounterschrift ist nur dann zulässig, wenn der Anwalt *„den Inhalt des Schriftsatzes so genau festgelegt hat, dass er dessen eigenverantwortliche Prüfung bestätigen kann."*[26] Nach Ansicht des BGH ist das im Einzelfall bei einem „weitgehend formalisierten Text" der Fall, scheidet jedoch bei Rechtsmittelbegründungen *„regelmäßig aus, weil der Anwalt die ihm obliegende eigenverantwortliche Prüfung hier nur bestätigen kann, wenn er den Text im Einzelnen kennt."*[27] Es reicht auch nicht ein Diktat aus, um die Vorgaben zu erfüllen,[28] da gerade bei längeren Schriftsätzen auch Übertragungsfehler nicht ausgeschlossen werden können. Es ist vielmehr bei der Schriftform der Ausdruck nochmals zu prüfen, Entsprechendes gilt für die elektronische Signatur.[29] Angeführt hatte der BGH auch, dass nicht vorgetragen worden war, dass die Mitarbeiterin die qualifizierte elektronische Signatur des Anwalts weisungswidrig genutzt hatte. Dies hätte dem Anwalt nach unserer Auffassung jedoch auch wegen § 26 Abs. 1 RAVPV nichts genutzt, vgl. auch Rdn 75 unten. **73**

Nach Ansicht des LG Potsdam kann ein postulationsfähiger Anwalt zwar einen Schriftsatz für den Kollegen qualifiziert elektronisch signieren (mit qeS signieren), wenn er den Schriftsatz durchgelesen und sich dessen Inhalt zu eigen gemacht hat; er hat hierbei aber seine eigene Signaturkarte/Fernsignatur und nicht die des vertretenen Kollegen zu verwenden.[30] Übergibt der vertretene Rechtsanwalt seinem Vertreter für die Vertretungszeit seine beA-Karte und seine PIN (Geheimzahl), spricht viel dafür, dass die Einreichung eines Schriftsatzes durch den Vertreter über beA mittels beA-Karte und PIN des Vertretenen unwirksam ist, so das ArbG Lübeck in einer Verfügung im Juni 2019.[31] Die Weitergabe der Karte an einen Kollegen kann im Übrigen nach Ansicht des ArbG Lübeck dazu führen, dass das beA des Vertretenen „kompromittiert" ist. Als Konsequenz aus dem Fehlverhalten der Anwältin leitete das ArbG Lübeck zu- **74**

---

22 Seite Mitte 2022 wird die qualifizierte elektronische Signatur im beA als Fernsignatur (beA) mithilfe der beA-Karte Basis der 2. Generation erzeugt.
23 BGH, Beschl. v. 23.6.2005 – V ZB 45/04, NJW 2005, 2709; BGH, VU v. 20.7.2010 – KZR 9/09, NJW 2010, 3661 Rn 11 m.w.N.
24 BGH, Beschl. v. 21.12.2010 – VI ZB 28/10; vgl. auch BVerwG, Beschl. v. 14.9.2010 – 7 B 15/10; *Bacher*, „Der elektronische Rechtsverkehr im Zivilprozess", NJW 2015, 2754 li. Sp.
25 BGH, Beschl. v. 21.12.2010 – VI ZB 28/10.
26 BGH, a.a.O.
27 BGH, a.a.O., unter Verweis auf BAG NJW 1983, 1447.
28 BGH, a.a.O.
29 BGH, a.a.O.
30 LG Potsdam, Urt. v. 29.4.2010 – 11 S 104/09, BeckRS 2011, 01426.
31 ArbG Lübeck, V. v. 19.6.2019 – 6 Ca 679/19, BeckRS 2019, 16942.

dem ab, dass der vertretene Anwalt wegen Kompromittierung seiner beA-Karte Basis nicht in der Lage sei, über sein beA auf sicherem Übermittlungsweg wirksam Schriftsätze einzureichen; zumindest, so das ArbG Lübeck, bis die PIN vom Anwalt wieder geändert wurde.[32]

75 Der Anwalt hat darüber hinaus die Signatureinheiten vor Missbrauch zu schützen,[33] darf das für ihn erzeugte Zertifikat, und weil dieses im goldenen Chip auf der Karte implementiert ist (bei Signaturkarten der alten Generation), eo ipso auch die Karte selbst, keiner anderen Person überlassen und hat die PIN geheim zu halten, § 26 Abs. 1 RAVPV. Es wäre darüber hinaus auch geradezu absurd, wenn der Anwalt seine beA-Karte Basis und PIN erst weitergibt, um dann wegen unbefugtem Zugriff eine Sperrung vornehmen zu müssen, § 26 Abs. 2 RAVPV. Auch die Vertragsbedingungen zwischen Anwalt und BNotK regeln ein entsprechendes Verbot der Weitergabe:[34]

> § 5 Abs. 1 Nr. 6 AGB BNotK:
> § 5 Pflichten und Obliegenheiten des Kunden
> (1) Der Kunde ist insbesondere verpflichtet, [...]
> 6. die Chip- bzw. Signaturkarte sicher im unmittelbaren Besitz zu halten und die PIN und die Antragsnummer weder Mitarbeitern noch Dritten zugänglich zu machen, (…)

76 § 26 Abs. 1 RAVPV gilt jedoch nicht nur für Signaturzertifikate, sondern vielmehr auch ebenso für das Authentifizierungs- sowie die Ver- und Entschlüsselungszertifikate auf der beA Karte Basis sowie der Softwarezertifikate, die ebenfalls als Zugangsmittel zum beA eingesetzt werden können. Die Überlassung von beA-Karten bzw. Softwarezertifikaten und dazugehörigen PINs an Mitarbeiter zieht somit nicht nur ggf. **verfahrensrechtliche, versicherungsrechtliche** und evtl. **materiell-rechtliche Konsequenzen** nach sich, sondern stellt zudem einen gravierenden berufsrechtlichen Verstoß dar, der entsprechend geahndet werden kann. Nach unserer Auffassung muss ein Anwalt, der gegen seine berufsrechtlichen Pflichten aus § 26 RAVPV verstößt, nicht nur mit **berufsrechtlichen Konsequenzen** rechnen, sondern macht sich gegenüber seinem Mandanten auch schadensersatzpflichtig, wenn aufgrund dieser Berufsrechtsverstöße für den Mandanten ein Schaden verursacht wird.

77 Sofern ein Mitarbeiter mit der beA-Karte und PIN des Anwalts in dessen Namen ein Empfangsbekenntnis abgibt, muss dies der Anwalt dann auch gegen sich gelten lassen.[35] Im vom BSG entschiedenen Fall hatte die Auszubildende des Anwalts offenbar in Unkenntnis des Anwalts zu einem Posteingang im beA ein Empfangsbekenntnis abgegeben. Erst zu einem späteren Zeitpunkt, als die Berufungsfrist bereits abgelaufen war, fiel dies in der Kanzlei auf. Das BSG verweigerte eine Wiedereinsetzung in den vorigen Stand und hielt fest, dass

> „das besondere Vertrauen in die Authentizität der von Rechtsanwälten über ihr besonderes elektronisches Anwaltspostfach an die Gerichte übermittelten elektronischen Dokumente – also derer, die nicht mit einer (zusätzlichen Aufwand erfordernden) qualifizierten elektronischen Signatur versehen sind –„ sich „nach der gesetzlichen Konzeption maßgeblich auf die Erwartung stützt, dass dieser Übermittlungsweg von den Inhabern des besonderen elektronischen Anwaltspostfach ausschließlich selbst genutzt wird und demzufolge die das Dokument (nur einfach) signierende und damit verantwortende Person mit der des tatsächlichen Versenders übereinstimmt."[36]

---

32 ArbG, a.a.O.
33 Zu den Grundsätzen des Anscheinsbeweises bei Missbrauch von Identifizierungs-Mitteln siehe auch: BGH, Urt. v. 26.1.2016 – XI ZR 91/14, becklink 2002260.
34 Allgemeine Geschäftsbedingungen des Zertifizierungsdienstes der Bundesnotarkammer für das besondere elektronische Anwaltspostfach – https://bea.bnotk.de/shop_agb.html (Abruf 2.10.2022); mit einer sprachlichen Anpassung an die Fernsignatur ist alsbald zu rechnen; bitte prüfen Sie daher zu gegebenem Zeitpunkt die angepassten AGB.
35 BSG, Urt. v. 14.7.2022 – B 3 KR 2/21 R, BeckRS 2022, 25564 = MMR-Aktuell 2022, 450422.
36 BSG, a.a.O., Rn. 12 m.w.N.

L. Vom Umgang mit beA-Karten und Zertifikaten § 5

78 Zudem hält das BSG fest, dass zur Absicherung dieser Vorgänge ausdrücklich bestimmt ist, dass Postfachinhaber das für den Zugang zu ihrem beA erzeugte Zertifikat gem. § 26 Abs. 1 RAVPV **keiner weiteren Person überlassen** dürfen und die dem Zertifikat zugehörige Zertifikats-PIN **geheim** zu halten haben. Anderen Personen darf Zugang zu einem beA eines Postfachinhabers **nur** über ein gesondert anzulegendes Zugangskonto (§ 23 Abs. 2 S. 2 RAVPV) mit der Verwendung des diesem anderen Nutzer zugeordneten eigenen Zertifikats inklusive der Zertifikats-PIN gewährt werden.[37]

79 Das beA ist aus diesem Grund technisch auch so ausgestaltet, dass nur der angemeldete Postfachinhaber selbst ohne qualifizierte elektronische Signatur versenden kann; wobei für Zustellungsbevollmächtigte und Vertretungen, die die Rolle „Zustellungsbevollmächtigter", „Vertretung" bzw. „VHN-Berechtigter" (wobei die letztgenannte Rolle ausschließlich im Gesellschafts-beA vergeben werden kann) innehaben, die Sendung von elektronischen Empfangsbekenntnissen aus dem beA heraus auch ohne qualifizierte elektronische Signatur möglich ist. Dies wurde zum 1.8.2021 in § 23 Abs. 3 S. 6 RAVPV sowie seit 1.8.2022 in § 23 Abs. 3 S. 7 RAVPV rechtlich zulässig geregelt und ist seit Anfang August 2022 auch technisch durch die BRAK umgesetzt.[38]

80 Zur Zurechnung einer nicht gewollten Erklärung hält denn das BSG auch fest:[39]

„Setzt sich ein Inhaber eines besonderen elektronischen Anwaltspostfachs über die Verpflichtung zur ausschließlichen eigenen – höchst persönlichen – Nutzung durch Überlassung des nur für seinen Zugang erzeugten Zertifikats und der dazugehörigen Zertifikats-PIN an Dritte oder auf andere Weise bewusst hinweg, muss er sich in diesem Regelungszusammenhang das von einem Dritten abgegebene elektronische Empfangsbekenntnis auch dann wie ein eigenes zurechnen lassen, wenn die Abgabe ohne seine Kenntnis erfolgt ist."

81 Letztendlich ließ das BSG offen, ob sich die Mitarbeiterin die beA-Karte des Anwalts und dessen PIN widerrechtlich angeeignet hatte, da hierzu nichts vorgetragen war. Vielmehr, so das BSG, bedurfte dieser Sachverhalt mangels Vortrags keiner weiteren Aufklärung. Insofern erfüllt das anwaltliche Empfangsbekenntnis als Privaturkunde gem. § 416 ZPO Beweis für die Entgegennahme des darin bezeichneten Schriftstücks als zugestellt und für den Zeitpunkt der Entgegennahme. Ein Wegfall der Beweiswirkung ist nur möglich, wenn der Inhalt des Empfangsbekenntnisses vollständig entkräftet und jede Möglichkeit ausgeschlossen ist, dass die Angaben darin richtig sein können, siehe dazu auch § 15 Rdn. 119 ff. in diesem Werk.

82 Dass die beA-Karte des Anwalts ausschließlich vom Postfachinhaber selbst genutzt werden darf, hat zudem auch der BGH 2022 nochmals bestätigt.[40]

„In seiner eigenen Verantwortung liegt es, das Dokument gemäß den gesetzlichen Anforderungen entweder mit einer qualifizierten elektronischen Signatur zu versehen oder die Einreichung auf einem sicheren Übermittlungsweg persönlich vorzunehmen, damit die Echtheit und die Integrität des Dokuments wie bei einer persönlichen Unterschrift gewährleistet sind."[41]

83 Zu beachten sind im Zusammenhang mit dem beA aber auch neue berufsrechtliche Pflichten seit dem 1.8.2022. Mit dem Gesetz zur Neuregelung des Berufsrechts der anwaltlichen und steuerberatenden Be-

---

37 BSG, a.a.O., Rn. 13.
38 Zu den technischen Problemen im Gesellschafts-beA siehe jedoch § 2 Rdn 36 in diesem Werk.
39 BSG, a.a.O., Rn. 15.
40 BGH, Beschl. v. 30.3.2022 – XII ZB 311/21, Rn. 15, NJW 2022, 2415; ebenso: OLG Hamburg, Beschl. v. 6.5.2022 – 12 UF 208/21, BeckRS 2022, 11565.
41 BGH, a.a.O.

rufsausübungsgesellschaften sowie zur Änderung weiterer Vorschriften im Bereich der rechtsberatenden Berufe[42] hat der Gesetzgeber insbesondere im Bereich des anwaltlichen Gesellschaftsrechts/Berufsrechts erhebliche Änderungen vorgenommen. § 59d BRAO regelt die Berufspflichten bei beruflicher Zusammenarbeit. In Bezug auf die Nutzung des beAs sind Anwälte, die sich zur gemeinschaftlichen Berufsausübung zusammengeschlossen haben, auch untereinander verpflichtet. § 59d Abs. 4 BRAO regelt so u.a., dass Rechtsanwälte ihren Beruf nicht mit anderen Personen ausüben dürfen, wenn diese in schwerwiegender Weise oder wiederholt gegen Pflichten, die in diesem Gesetz oder in der Berufsordnung nach § 59a bestimmt sind, verstoßen. Dabei **ist** im Gesellschaftsvertrag der **Ausschluss von Gesellschaftern** vorzusehen, die in schwerwiegender Weise oder wiederholt gegen Pflichten, die in diesem Gesetz oder in der Berufsordnung nach § 59a bestimmt sind, verstoßen, § 59d Abs. 5 BRAO. Da die RAVPV eine Unterverordnung zur BRAO darstellt,[43] fallen unseres Erachtens auch Verstöße gegen die RAVPV, somit ein Verstoß gegen § 26 Abs. 1 RAVPV, der die Weitergabe von Zertifikaten an andere Personen verbietet sowie die Geheimhaltung der Zertifikats-PIN verlangt, ebenfalls unter diese Vorschriften. Gem. § 59e Abs. 2 S. 1 BRAO hat eine Berufsausübungsgesellschaft durch geeignete Maßnahmen sicherzustellen, dass berufsrechtliche Verstöße frühzeitig erkannt und abgestellt werden, wobei die persönliche, berufsrechtliche Verantwortlichkeit der Gesellschafter, Organmitglieder und sonstiger Mitglieder der Berufsausübungsgesellschaft unberührt bleibt, § 59e Abs. 4 BRAO.

84 Darüber hinaus hat eine Berufsausübungsgesellschaft, an der Personen beteiligt sind, die Angehörige eines in § 59c Abs. 1 S. 1 BRAO genannten Berufs sind, durch geeignete **gesellschaftsvertragliche Vereinbarungen** sicherzustellen, dass die Berufsausübungsgesellschaft für die Erfüllung der Berufspflichten sorgen kann. Zu den einzuhaltenden Pflichten gehören zum einen § 26 Abs. 1 RAVPV (Verbot der Weitergabe von Zertifikaten sowie Geheimhaltung der Zertifikats-PIN) als auch § 23 Abs. 2 S. 2 und 3 RAVPV, wonach der gewährte Zugang zu einem beA durch den Postfachinhaber ausschließlich über ein für diese anderen Personen angelegtes Zugangskonto (Nutzerprofil) erfolgen darf und der Zugang der anderen Personen über dieses Zugangskonto unter Verwendung eines ihnen zugeordneten Zertifikats und einer zugehörigen Zertifikats-PIN zu erfolgen hat. Es ist davon auszugehen, dass Berufsausübungsgesellschaften ein erhebliches Eigen-Interesse daran haben, dass die entsprechenden Regelungen eingehalten werden, da die Berufsausübungsgesellschaft als solche letztendlich auch ihre Zulassung verlieren kann, was nicht zwangsläufig auch zum Verlust der Zulassung der einzelnen Gesellschafter/Partner bzw. in der Berufsausübungsgesellschaft tätigen Rechtsanwälte nach sich zieht. Verliert allerdings die Berufsausübungsgesellschaft ihre Zulassung, § 59f Abs. 1 BRAO i.V.m. §§ 13 u. 59h Abs. 1 S. 1 BRAO, verliert sie damit auch ihre Rechtsdienstleistungsbefugnis gem. § 59k BRAO sowie ihre Postulationsfähigkeit gem. § 59l Abs. 1 BRAO. Denn die Rechtsdienstleistungsbefugnis einer Berufsausübungsgesellschaft ist zu widerrufen,[44] wenn die Berufsausübungsgesellschaft gem. § 59h Abs. 3 S. 1 Nr. 1 BRAO z.B. die Voraussetzungen des § 59d BRAO nicht mehr erfüllt, es sei denn, dass sie innerhalb einer von der Rechtsanwaltskammer zu bestimmenden angemessenen Frist einen den genannten Vorschriften entsprechenden Zustand herbeiführt. Inwieweit die Rechtsanwaltskammern bei Verstoß z.B. gegen § 26 Abs. 1 RAVPV eine gravierende Pflichtverletzung sehen und wie streng solche Verstöße geahndet werden, bleibt abzuwarten. Um das Vertrauen in die Integrität der Anwaltschaft aufrechtzuerhalten, wird jedoch davon ausgegangen, dass derartige Verstöße nicht als „Kavaliersdelikt" angesehen werden können.

85 Es ist davon auszugehen, dass in den meisten Haftpflichtversicherungsverträgen ein **unmittelbarer vertraglicher Ausschluss** aufgenommen ist, sollte es aufgrund von Verstößen gegen das anwaltliche Berufsrecht zu einem Haftungsfall kommen. Auch ist zu erwarten, dass die Missachtung von BGH-Rechtsprechung möglicherweise eine **grobe Obliegenheitsverletzung** darstellt. Es sollte daher schon im

---

42 G. v. 7.7.2021, BGBl. I, 2363.
43 Vgl. dazu § 31d BRAO, Verordnungsermächtigung.
44 Zur Aberkennung der Rechtsdienstleistungsbefugnis sowie weiteren anwaltsgerichtlichen Maßnahmen bei Verfahren gegen Berufsausübungsgesellschaften siehe § 114 Abs. 2 BRAO.

L. Vom Umgang mit beA-Karten und Zertifikaten § 5

Eigeninteresse jeder Anwalt und jede Anwältin dafür sorgen, dass sich in der Kanzlei ausnahmslos alle, auch die Kanzleimitarbeiter, an die Regeln halten. Hier kann z.B. auch mit entsprechenden Dienstanweisungen ein Mitarbeiter geschützt werden, der für einen beratungsresistenten und beA-verweigernden Kollegen oder eine solche Kollegin arbeitet. Arbeitgeber des Mitarbeiters ist bei Zusammenschlüssen/Berufsausübungsgesellschaften in der Regel die Gesellschaft, nicht der einzelne Anwalt, und Mitarbeiter haben gegenüber ihrem Arbeitgeber u.a. im Rahmen der Treuepflicht alles zu unterlassen, was zu einem Schaden des Arbeitgebers führen kann. Es ist nicht so, dass man als Mitarbeiter einem Anwalt nicht helfen darf, sich im beA zurechtzufinden. Die Nutzung der „Anwaltskarte" durch Mitarbeiter ist jedoch streng verboten, § 26 Abs. 1 RAVPV.

Für Notare ergibt sich die Pflicht zur Eigenverwendung der Signaturkarte aus § 39a Abs. 1 S. 4 BeurkG sowie § 33 Abs. 4 BNotO.[45] So zieht beispielsweise ein Verstoß gegen die Eigen-Nutzung der Signaturkarte die Unwirksamkeit von Urkunden nach sich; die Bundesnotarkammer verweist dabei auch auf eine **mögliche Strafbarkeit** des Verhaltens des Notars (§ 269 StGB – Verdacht der Fälschung beweiserheblicher Daten) und seiner Mitarbeiter sowie auf berufsrechtliche Konsequenzen bis hin zur Amtsenthebung.[46]

86

Möglicherweise wird aber auch die rechtswidrige Nutzung einer Fernsignatur (beA) durch eine andere Person als Fälschung technischer Aufzeichnungen nach § 268 StGB oder Missbrauch von Ausweispapieren i.S.d. § 281 StGB zu behandeln sein.

87

Bitte beachten Sie

88

Sofern der Anwalt seiner Mitarbeiterin/seinem Mitarbeiter erlaubt, mit der Anwalts-beA-Karte Basis im Postfach aktiv zu werden, wird die Aktivität im Benutzer- und Nachrichtenjournal des beA **dem Anwalt zugeordnet**. Eine Wiedereinsetzung in den vorigen Stand bei schuldhaften Fristversäumnissen, verursacht durch Mitarbeiter, dürfte nach unserer Auffassung wohl nur schwer zu erreichen sein, selbst wenn es sich um einen Fehler im Rahmen einer erlaubt delegierbaren Aufgabe handelt, der zum Fristversäumnis geführt hat. Denn es ist damit zu rechnen, dass Gerichte sich die entsprechenden Nutzerjournale, aus denen bestimmte Aktivitäten erkennbar sind, siehe § 8 Rdn 103 u. 107 in diesem Werk, vorlegen lassen. Man würde dann eidesstattlich versichern müssen, dass trotz Dokumentation der Anwaltsaktivität der Mitarbeiter „am Werk" war und den Fehler produziert hat. Dass dies weitere Fragen, z.B. auch nach der Nutzung durch den Mitarbeiter beim „Signieren", nach sich ziehen dürfte, liegt auf der Hand. Auf die oben stehende eindeutige Entscheidung des BSG bei Anbringung eines Empfangsbekenntnisses mit der beA-Karte des Anwalts durch eine Auszubildende siehe auch Rdn 77 in diesem Kapitel.

Tipps

89

- Anwälte sollten sich vor Haftungsfällen durch Fehlverhalten von Kollegen schützen, indem das Thema in der Kanzlei offen angesprochen und geklärt wird.
- Es sollten schriftliche Dienstanweisungen an Mitarbeiter erfolgen, dass keinem Mitarbeiter gestattet ist, mit den beA-Karten eines Anwalts zu agieren und ein solches Ansinnen eines Anwalts, gleich ob angestellter Anwalt oder Partneranwalt/Gesellschafter, vom Mitarbeiter zurückzuweisen ist.
- Mitarbeiter sollten bedenken, dass sie in der Regel von der „Kanzlei" – und nicht von einem einzelnen Anwalt innerhalb der Berufsausübungsgesellschaft – angestellt worden sind. Mitarbeiter (ob angestellte Anwälte oder Mitarbeiter ohne Anwaltseigenschaft) sollten nie etwas unternehmen, von dem sie wissen, dass es ihren Arbeitgeber empfindlich schädigen kann. Dies stellt möglicherweise auch arbeits- und haftungsrechtlich für den Mitarbeiter ein Problem dar.

---

45 https://zertifizierungsstelle.bnotk.de/signaturkarte/signaturkarte—hoechstpersoenliche-verwendung (Abruf: 6.10.2022).
46 BT-Drucks 5/3282, 24; BayObLGZ 1983, 101, 106.

- Anwälte sollten bedenken, dass Mitarbeiter heutzutage öfter als früher vielleicht die Kanzlei wechseln. Nicht auszudenken, wenn sich ein Mitarbeiter in der neuen Kanzlei „verplappert" und derartige Informationen von der falschen Person gehört werden. Wird dann noch einen Prozess auf der Gegenseite mit dieser Wechsel-Kanzlei geführt, kann dies zu einem konkreten Haftungsfall führen. Kaum ein Kollege wird sich scheuen, eine solche Information dem Gericht weiterzugeben, wenn er auf diese Weise den Prozess gewinnen kann. Und der Richter wird sich möglicherweise denken: „Verworfen ist schneller als zurückgewiesen." Ein Prozess kann hierdurch also schnell verloren werden.
- Geben Anwälte ihre beA-Karte Basis mit oder ohne Fernsignaturmöglichkeit an andere Personen (Mitarbeiter/Kollegen), erlauben sie diesen damit, sich gegenüber Behörden, Notaren, Anwälten und Gerichten als Postfachinhaber dieses beAs auszugeben. Dieses, ggf. auch strafrechtlich relevante Verhalten muss innerhalb der Kanzlei allen Beteiligten kommuniziert werden.

§ 6 So legen Postfachinhaber los

A. Zugangsvoraussetzungen

Der Zugang zum beA erfolgt über einen gängigen Internet-Browser wie z.B. Safari, Chrome, Firefox, Microsoft Egde oder Safari in der jeweils aktuellen Version. unter https://bea-brak.de (Abruf: 16.10.2022).[1] Für diese Browser werden regelmäßige Tests durchgeführt. beA unterstützt die Betriebssysteme Windows, Mac OS X und Linux mit den Versionen Windows 10 und 11 (64 Bit), macOS Monterey und Big Sur und Linux – Ubuntu 20.04 LTS (64 Bit) sowie die Terminalserverumgebung Windows Server 2016. Es sollte darauf geachtet werden, dass die Betriebssysteme immer in den aktuellen Versionen eingesetzt werden, da die Hersteller mit den neuesten Versionen bekannt gewordene Sicherheitslücken schließen. Pop-Up-Blocker sollten deaktiviert sein, um das Öffnen neuer Tabs z.B. bei einer Erstellung eines neuen Nachrichtenentwurfs nicht zu blockieren. Ab der beA-Version 3.10 werden keine eigenen Tabs im Browser geöffnet, da sich alle Aktionen in einer neuen Nachricht oder in einer geöffneten, eingegangenen oder ausgegangenen Nachricht im mittleren Bereich der beA-Webanwendung durchführen lassen. Somit können auch keine Pop-Up-Blocker den Arbeitsfluss hindern.

B. Zugangsmittel bestellen

Wenn der Anwalt seine beA-Karte Basis bestellt und erhalten hat (siehe § 5 Rdn 1 ff. in diesem Werk), kann er die folgenden Schritte veranlassen.

C. beA Client-Security installieren/Autostart

Der Zugang zum beA ist über die gängigen Internet-Browser[2] oder alternativ über eine Kanzleisoftware möglich. Für diese wurden den jeweiligen Software-Herstellern Schnittstellen-Informationen zur Einbindung des beA in die Kanzleisoftwareumgebung zur Verfügung gestellt. Die beA Client-Security steht auf der beA-Startseite https://www.bea-brak.de im unteren Bereich zum Download zur Verfügung. Hier ist der Name des jeweils verwendeten Betriebssystems anzuklicken. Die bekannten Hersteller von Anwaltssoftware haben die entsprechende Aufbereitung zur Einbindung des beA in die Anwaltssoftware durchgeführt. Allerdings stehen hier i.d.R. nicht sämtliche Funktionen des „nackten" beA-Systems zur Verfügung. So lässt sich i.d.R. weder die Rechtevergabe noch das endgültige Löschen der Post im beA, teilweise auch nicht der vollständige Export von beA-Nachrichten als ZIP-Datei über die Schnittstelle vornehmen. Da es eine Vielzahl von Softwareherstellern gibt und die Dinge sich im ständigen Fluss befinden, erkundigen Sie sich bitte bei Ihrem Softwarehersteller nach den Möglichkeiten, die seine Schnittstelle bietet. In diesem Werk zeigen wir die Funktionen im beA **nicht** an einer speziellen Software auf, sondern vielmehr an der beA-Webanwendung der BRAK selbst.

Vor der Erstregistrierung und vor der ersten Anmeldung im beA muss zuerst die Zugangssoftware beA Client-Security auf jedem PC oder Notebook, von dem aus auf das beA zugegriffen werden soll, installiert werden. Die Installation der beA Client-Security wird in der Regel durch den Administrator vorgenommen. Zum einen ist dies aus Sicherheitsgründen anzuraten, zum anderen werden zur Installation Administratorenrechte benötigt. Evtl. kann man sich in Großkanzleien auch via msi-Datei helfen. Dies rechnet sich zeitlich aber voraussichtlich erst, wenn mehrere 100 Installationsplätze vorhanden sind. Die Terminal-Server-Fähigkeit ist seit dem Update 2.2 im August 2019 vorhanden.

---

1 https://www.bea-brak.de/xwiki/bin/view/BRAK/%2300002 (Aufruf: 16.10.2022).
2 Diese Browser werden regelmäßig auf Funktionalität getestet.

5 Die BRAK hierzu:

„Die beA Client-Security unterstützt die folgende Kombination aus Terminalserver, Serverbetriebssystem und Clientbetriebssystem:[3]

Client-Betriebssystem: Windows 10

Server-Betriebssystem: Windows Server 2016

Terminalserver: Citrix Virtual Apps 1.8.11

Zu beachten sind folgende Grundvoraussetzungen:

Die für die Nutzung eines Chipkartenlesers erforderlichen Treiber müssen auf dem Anwenderrechner installiert sein, nicht auf dem Terminalserver.

Das notwendige Java JDK bringt das Installationsprogramm der beA Client-Security mit. Dieses muss nicht auf dem Server installiert sein.

Wenn Sie Firefox auf einem Terminalserver als Standardbrowser nutzen, müssen Sie per „about:config" den Wert der Variable „security.enterprise_roots.enabled" auf „true" setzen, damit die parallele Anmeldung mehrerer Benutzer in beA funktioniert. Durch diese Anpassung nutzt Firefox den Windows-Zertifikatsspeicher."

Zur Bereitstellung der Software weist die BRAK auf Folgendes hin:

„Die Bereitstellung der Software erfolgt übrigens einheitlich für die lokale Nutzung sowie für die Nutzung in einer Terminalserverumgebung. Also laden Sie die beA Client-Security wie üblich über die beA-Startseite herunter. Anschließend führen Sie die Installation als Administrator des Terminalservers einmalig auf dem Server aus. Damit steht sie allen im System angeschlossenen Benutzern zur Verfügung. Aber Obacht: Als Administrator dürfen Sie nur die Installation ausführen, aber nicht die beA Client-Security starten! Der Start der Anwendung darf ausschließlich durch die lokalen Benutzer erfolgen."[4]

„Nach der Freigabe der Anwendung für die Benutzer kann jeder am Terminalserver angemeldete Benutzer innerhalb seiner Session die beA Client-Security unabhängig von anderen Benutzern starten und schließen. Es wird jeweils eine eigene (beA Client-Security)-Instanz innerhalb der Umgebung des jeweils angemeldeten Benutzers gestartet. Jede Instanz der beA Client-Security verwendet einen eigenen Port auf Localhost für die Kommunikation mit dem Browser. Die Aktualisierung einer bereits installierten beA Client-Security geschieht wie gewohnt automatisch."[5]

In der Praxis werden für den Einsatz eines Terminalservers erhebliche IT-Kenntnisse vorausgesetzt. Dieser sollte von einem professionellen Fachmann/Fachfrau installiert werden.

6 Die beA Client-Security ist eine Software, die von der BRAK zum Download kostenlos zur Verfügung gestellt wird. Die Zugangsadresse zum Startbildschirm des beA und zum Downloadbereich der beA Client-Security lautet: https://bea-brak.de **(Bitte beachten Sie die richtige Schreibweise.)**.[6] Beim Aufruf zeigt sich folgender Startbildschirm:

---

[3] https://www.bea-brak.de/xwiki/bin/view/BRAK/%2300130 (Abruf 2.10.2022).

[4] beA-Newsletter der BRAK Nr. 30/2019 v. 2.10.2019 – https://www.brak.de/zur-rechtspolitik/newsletter/bea-newsletter/2019/ausgabe-30–2019-v-2102019/ (Abruf: 2.102022).

[5] beA-Newsletter der BRAK Nr. 30/2019 v. 2.10.2019 – https://www.brak.de/zur-rechtspolitik/newsletter/bea-newsletter/2019/ausgabe-30–2019-v-2102019/ (Abruf: 16.10.2022).

[6] Sämtliche Screenshots in diesem Werk zeigen wir mit freundlicher Genehmigung der Bundesrechtsanwaltskammer (BRAK). Die Screenshots zum beA unterliegen den Bedingungen der Creative Commons Namensnennung 3.0 Deutschland Lizenz (https://creativecommons.org/licenses/by/3.0/de (Abruf 16.10.2022)). Lizenzgeber ist die Bundesrechtsanwaltskammer. An den Screenshots wurden keine Veränderungen vorgenommen. Es wurden lediglich erkennbare Ergänzungen zum leichteren Verständnis beigefügt.

Abb. 1: Startbild der beA-Webanwendung in einem Browser

Der Link für die Installation der beA Client-Security befindet sich am unteren Rand des Startbildschirms, getrennt nach den Betriebssystemen Windows (1), Linux und Mac OS X. Mac-Nutzer müssen evtl. noch zusätzliche Programme auf ihren Rechner laden, um die beA Client-Security ausführen zu können.

Die beA Client-Security wird i.d.R. beim Starten des Rechners automatisch im Hintergrund geladen und steht dann immer zur Verfügung, wenn das beA geöffnet werden soll. Wenn dies nicht gewünscht ist, kann der Eintrag zur beA Client-Security z.B. in Windows über den Task-Manager im Register Autostart deaktiviert werden. Dann ist es aber erforderlich, dass die beA Client-Security nach dem Starten des Rechners manuell gestartet wird, bevor das beA-System starten kann.[7]

Der manuelle Start ist dann sinnvoll, wenn auf dem Rechner, mit dem auf die beA-Webanwendung Zugriff genommen werden soll, auch Online-Banking durchgeführt wird. Sowohl beA als auch Online-Banking nutzen u.U. denselben Port für ihre Verbindung. Wenn der Port von dem einen System belegt ist, kann das zweite System nicht mehr darauf zugreifen. Wenn die beA Client-Security mit dem Hochfahren des Rechners automatisch gestartet wird, kann sie auch nachträglich beendet und bei Bedarf wieder gestartet werden.[8]

---

7 https://www.bea-brak.de/xwiki/bin/view/BRAK/%2300009 (Abruf: 16.10.2022).
8 https://www.bea-brak.de/xwiki/bin/view/BRAK/%2300009 (Abruf: 16.10.2022).

§ 6 So legen Postfachinhaber los

Hier kann ggf. durch die IT der Kanzlei eine Anpassung der Portbelegung für das Online-Banking vorgenommen werden.

D. PIN-Änderungen

10 *Hinweis*

Aktuell scheint eine Beendigung der beA Client-Security vor dem Einsatz der Signaturanwendungskomponente (SAK) zur Änderung der PIN nicht mehr nötig zu sein. Sollte sich die SAK nicht starten lassen, gehen Sie bitte wie folgt vor:

Bitte beenden Sie vor dem Einsatz der Signaturanwendungskomponente die beA Client-Security. Dies kann durch Einblendung der ausgeblendeten Symbole der im Hintergrund laufenden Programme erfolgen (kleiner Pfeil in der Taskleiste [Windows] rechts unten) anklicken und auf das Symbol der beA Client-Security mit der rechten Maustaste klicken. Die erscheinende Funktion „Beenden" mit der linken Maustaste anklicken. Bei laufender beA Client-Security kann die Signaturanwendungskomponente nicht ausgeführt werden. Nach Beendigung der Signaturanwendungskomponente muss die beA Client-Security neu gestartet werden. Dies kann über das Suchfenster der Taskleiste links unten (Windows) erfolgen. Bitte beA als Suchbegriff eingeben und auf den erscheinenden Programmlink „beA Client Security" mit der linken Maustaste klicken. Die beA Client-Security wird wieder im Hintergrund gestartet. Eine Anmeldung am beA-System ist jetzt wieder möglich.

11 Nachdem die beA-Karte Basis und ein separat versandter PIN-Brief übermittelt wurden, sollte die ursprüngliche PIN der beA-Karte Basis in eine neue, nur dem Karteninhaber bekannte PIN geändert werden. Wenn die PIN für die beA-Karte Basis (1. Generation), die beA-Karte Mitarbeiter (1. Generation) oder das Signaturzertifikat geändert werden sollen, kann über die Adresse https://bea.bnotk.de/sak (Abruf 16.10.2022) der Download der „SecureFramework Anwendung" gestartet werden.

12

Abb. 2: Download der SecureFramework Anwendung

Die SecureFramework Anwendung kann für die Betriebssysteme Windows (1)[9] und Mac (2)[10] heruntergeladen (3; hier Chrome) und ausgeführt werden. Nach dem Ausführen der SecureFramework Anwendung kann das Cardtool gestartet werden (4). Eine genaue Schritt-für-Schritt-Anleitung steht zur Verfügung (5).[11]

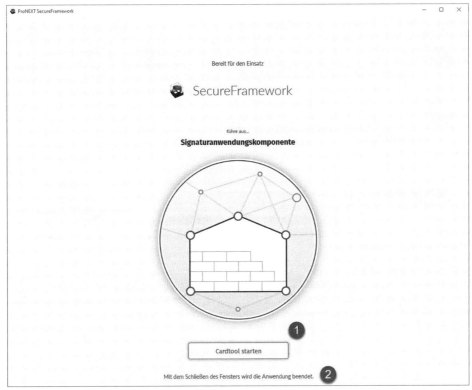

Abb. 3: Aktives SecureFramework mit Button „Cartentool starten"

Durch Klick auf den Button „Cardtool starten" (1) wird die Siganturkartenanwendung/Schlüsselverwaltung gestartet. Bitte lassen Sie das Fenster geöffnet, solange Sie die Signaturanwendungskomponente einsetzen, ansonsten wird die Anwendung beendet (2).

---

9 https://sso.bnotk.de/sak/SecureFramework_Setup.exe (Abruf 16.10.2022).
10 https://sso.bnotk.de/sak/SecureFramework_Setup.dmg (Abruf 16.10.2022).
11 https://bea.bnotk.de/documents/Schluesselverwaltung_beA.pdf (Abruf: 16.10.2022).

| § 6 | So legen Postfachinhaber los |

14

Abb. 4: Signaturkartenanwendung

In der Schlüsselverwaltung der Signaturkartenverwaltung können, bei angeschlossenem Kartenlesegerät, verschiedene Aktionen durchgeführt werde. Zu erkennen ist in obigem Screenshot das Zertifikat der Basiskarte (1) und das qualifizierte elektronische Zertifikat (2). Über die jeweils nebenstehenden Symbole können folgende Aktionen durchgeführt werden: PIN ändern (3), Schlüssel aktivieren (einmalig mit der Transport-PIN) (4), Fehlbedienungszähler zurücksetzen (mit der PUK) (5), (Achtung: Der Fehlbedienungszähler kann max. drei Mal zurückgesetzt werden, im Anschluss wird die PUK gesperrt und es muss eine Ersatzkarte für einmal 30 EUR netto erworben werden. Hinweis der BNotK: *„Es wird nicht die ursprüngliche PIN aus dem PIN-Brief wiederhergestellt, sondern lediglich der Fehlbedienungszähler für die PIN-Eingabe zurückgesetzt. Haben Sie Ihre PIN bereits erfolgreich geändert, bleibt diese bis zu einer weiteren Änderung aktiv, unabhängig vom Zurücksetzen des Fehlbedienungszählers mithilfe der PUK."*),[12] Zertifikat auf Gültigkeit prüfen (6) und Zertifikat abspeichern (7). Bei der Vergabe der eigenen PIN muss eine Zahlenkombination von mindestens sechs bis maximal 12 Ziffern eingegeben werden. Nach der Durchführung der gewünschten Aktionen kann die Signaturkartenanwendung wieder beendet werden (8).

15 *Tipp*

Halten Sie das pergamentartige Fenster mit PIN oder PUK vor eine helle Fläche, z.B. ein nicht bedrucktes weißes Papier, dann lassen sich die dargestellten Zahlen leichter ablesen.

16 Für die beA-Karten der 2. Generation kann die PIN-Änderung durch die Signaturanwendungskomponente BNotK SAK lite durchgeführt werden. Diese kann über die Adresse https://zertifizierungsstelle.bnotk.de/hilfe/signaturanwendungskomponente (Abruf: 16.10.2022) heruntergeladen werden. Die Durchführung der PIN-Änderung wird unter https://onlinehilfe.bnotk.de/einrichtungen/zertifizierungsstelle/pin-aenderung.html (Abruf: 16.10.2022) beschrieben. Wie der Fehlbedienungszähler (PUK; kann nur zehn Mal ein-

---

[12] https://bea.bnotk.de/documents/Schluesselverwaltung_beA.pdf, S. 8, Stand des Dokuments Juni 2020.

gesetzt werden, danach muss eine Ersatzkarte beantragt werden) zurückgesetzt werden kann, wird unter https://onlinehilfe.bnotk.de/einrichtungen/zertifizierungsstelle/fehlbedienungszaehler-zuruecksetzen.html (Abruf: 16.10.2022) dargestellt.

E. Erstregistrierung des Postfachinhabers

Für die Erstregistrierung wird die beA-Karte Basis benötigt. Eine solche beA-Karte erhalten ausschließlich Mitglieder einer Rechtsanwaltskammer, die im bundesweiten amtlichen Anwaltsverzeichnis (www.rechtsanwaltsregister.org) eingetragen sind. Die beA-Karte Basis enthält einen Chip, der u.a. den Namen des jeweiligen Rechtsanwalts und die beA-SAFE-ID enthält.

> *Hinweis*
> Für die Nutzung des beA ist eine Erstregistrierung erforderlich!
> Die Erstregistrierung kann **nicht** mit einer sonstigen Signaturkarte erfolgen. Man benötigt hierzu eine beA-Karte Basis.

Mit der von der BRAK im September 2015 übermittelten persönlichen Antragsnummer bzw. mit der ihnen mitgeteilten beA-SAFE-ID können Anwälte die gewünschten beA-Produkte bestellen. Mit der beA-Karte kann in Kombination mit der in separater Post übermittelten PIN die Erstregistrierung durchgeführt werden. Ist die Antragsnummer/SAFE-ID verlorengegangen oder hat man diese nicht erhalten, kann sie über das bundesweite anwaltliche Anwaltsverzeichnis nochmals abgerufen werden.[13]

Der Anwalt als Postfachinhaber nutzt für die Erstregistrierung auf dem Startbildschirm des beA den ersten Link unter dem Anmelde-Button: „Registrierung für Benutzer mit eigenem Postfach" (Abb. 1 Punkt 2). Bei angeschlossenem Kartenlesegerät und eingesteckter beA-Karte wird zuerst die mit Namen des Karteninhabers erscheinende Bezeichnung des Sicherheit-Tokens mit dem Mauszeiger durch Anklicken ausgewählt und die Auswahl mit OK bestätigt. Jetzt erfolgt eine zweimalige Eingabe der PIN. Damit wird der Sicherheits-Token der beA-Karte ins beA-System importiert.

Durch Klick auf den Button „Weiterblättern" gelangt man zum Bereich der Sicherheitsfragen. Hier muss mindestens eine Sicherheitsfrage hinterlegt werden. Diese ist später im beA unter „Einstellungen/Profilverwaltung/Sicherheitsfragen" wieder änderbar. Die Sicherheitsfrage wird bei Supportanfragen benötigt und abgefragt.

Im Anschluss wird durch erneutes Klicken auf den Button „Weiterblättern" der Bereich „E-Mail-Adresse" aufgerufen. Hier kann eine beliebige E-Mail-Adresse optional hinterlegt werden. Diese kann auch später im beA eingetragen und/oder geändert werden. An diese E-Mail-Adresse werden Benachrichtigungen über eingehende Nachrichten im eigenen beA, über Vergabe oder Entzug von Berechtigungen, z.B. als Vertreter für ein anderes beA, oder das eigene Postfach betreffende Ereignisse, z.B. die Bestellung eines Vertreters, gesendet. Nach Durchführung dieser Schritte und Klick auf den Button „Speichern und Registrierung abschließen" ist die Erstregistrierung abgeschlossen und man gelangt durch Klick auf den dann erscheinenden Button „Zurück zur Anmeldung" zum Start-Bildschirm des beA-Systems.

Zur Überprüfung, ob die Erstregistrierung erfolgreich durchgeführt wurde, wählen Sie den Link „Registrierung für Benutzer mit eigenem Postfach" bei angeschlossenem Kartenlesegerät und eingesteckter beA-Karte Basis. Geben Sie nach der Aufforderung die nur Ihnen als Karteninhaber bekannte PIN ein.

---

[13] Über das amtliche Anwaltsverzeichnis (www.rechtsanwaltsregister.org) kann jeder Anwalt oder Syndikusanwalt seine eigene Safe-ID ermitteln. Den eigenen Namen sowie den Sicherheitscode eingeben, auf „Suche starten!" klicken und beim richtigen Eintrag auf Info klicken, dann wird ganz unten am Bildschirm die individuelle Safe-ID angezeigt.

§ 6 So legen Postfachinhaber los

Im Anschluss erscheint die Meldung „Das Postfach ist bereits registriert [Fehler: 00–007]". Eine Möglichkeit zur Überprüfung, ob die Erstregistrierung erfolgreich war, wird ebenfalls auf einem gesonderten Papier beschrieben.[14]

24   *Hinweis*

Sie haben die Möglichkeit, sich eine Schritt-für-Schritt-Anleitung für die Erstregistrierung eines Benutzers mit eigenem Postfach – der Anwalt/die Anwältin – aus der Anwenderhilfe aufzurufen.[15]

Der Vorgang der Erstregistrierung wird in einem Kurz-Flyer beschrieben und kann im Internet heruntergeladen werden.[16]

F. Benachrichtigungsmail einrichten

25   Wenn Sie sich als Postfachinhaber in Ihrem Postfach angemeldet haben, können Sie durch Klicken auf das Register „Einstellungen" (1) und Öffnen der „Postfachverwaltung" (2) (wenn sie nicht bereits geöffnet ist) und einem weiteren Klick auf den Link „Eingangsbenachrichtigungen" (3) Einstellungen für eine automatische Benachrichtigung bei Nachrichteneingang und anderen Aktivitäten vornehmen.

26

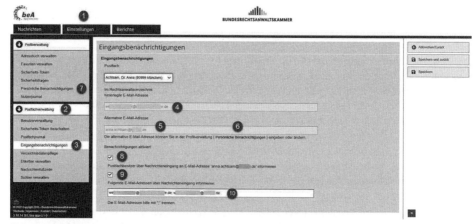

Abb. 5: Benachrichtigungen

27   Im Postfach des Anwalts können verschiedene Einstellungen für Benachrichtigungen via E-Mail-Versendungen vorgenommen werden. Informatorisch wird die im Rechtsanwaltsverzeichnis hinterlegte E-Mail-Adresse angezeigt (4), diese kann an dieser Stelle nicht geändert werden. Eine Änderung wird direkt der Heimat-RA-Kammer mitgeteilt. Diese übermittelt die zu ändernde E-Mail-Adresse an die BRAK, welche die neue E-Mail-Adresse in das bundesweite amtliche Anwaltsverzeichnis einträgt. Zusätzlich wird eine alternative E-Mail-Adresse (5) angezeigt. Dies ist die E-Mail-Adresse, die bei der Erstregistrierung im Postfach angegeben wurde. Sie lässt sich nachträglich ändern, indem man entweder auf den Link „Persönliche Benachrichtigungen" in dieser Übersicht (6) oder alternativ auf den gleichlautenden Eintrag im Bereich „Profilverwaltung" (7) klickt. Die Benachrichtigung an den Postfachinhaber kann aktiviert oder de-

---

14 https://www.brak.de/fileadmin/newsletter_archiv/bea/2018/05_anleitung_erstregistrierung_bereits_durchgefuehrt.pdf (Abruf:16.10.2022).
15 https://wiki.bea-brak.de/xwiki/bin/view/BRAK/%2300001 (Abruf: 16.10.2022).
16 https://www.brak.de/fileadmin/service/publikationen/Handlungshinweise/2021_06_30_flyer_bea_erstregistrierung.pdf (Abruf: 16.10.2022).

F. Benachrichtigungsmail einrichten §6

aktiviert werden (8). Die hinterlegte E-Mail-Adresse ist identisch mit der alternativen E-Mai-Adresse (5). Zusätzlich kann der Postfachinhaber auch noch weitere E-Mail-Adressen freigeben, an die ebenfalls eine Benachrichtigung über einen neuen Posteingang gesendet wird (9). Hier können mehrere E-Mail-Adressen eingefügt werden (z.B. die eines oder mehrerer Mitarbeiter oder Kollegen), die lediglich mit einem Semikolon zu trennen sind (10), vergleichbar mit dem Einfügen von Empfänger-E-Mail-Adressen z.B. in Outlook. Diese E-Mail-Adressen können alle zusammen „abgeschaltet" werden, wenn der zugehörige Haken entfernt wird (9). Bitte beachten Sie, dass die E-Mail-Benachrichtigung nicht immer zwingend funktionieren müssen. Sie sollten – unabhängig von dieser Benachrichtigungsfunktion – Ihr beA regelmäßig „unaufgefordert" auf Posteingänge kontrollieren.

28 Die Verwendung dieser Benachrichtigungsfunktion ist als zusätzliche Erinnerung hilfreich, vor allem, wenn nur wenige Nachrichteneingänge erwartet werden. So muss nicht „ununterbrochen" eine Prüfung des Posteingangs im beA erfolgen und man bleibt trotzdem über die Posteingänge auf dem Laufenden. Wenn viele Nachrichten im beA eingehen, kann diese Funktion auch lästig werden. Man wird dann ohnehin das beA regelmäßig auf Posteingänge überprüfen und ist auf die zusätzlichen Benachrichtigungen, die das beA sendet, nicht mehr angewiesen. Die dann vermutlich häufig eingehenden Benachrichtigungen würden eher störend wirken. Durch Abhaken bzw. Deaktivieren dieser Benachrichtigungsfunktion (8 und 9) kann diese abgestellt werden.

Die Benachrichtigungsmail nach Eingang einer beA-Nachricht im Postfach, wenn die Benachrichtigungsfunktion aktiviert ist, beispielhaft im Posteingang des genutzten Mailingsystems (hier Outlook 365):

29

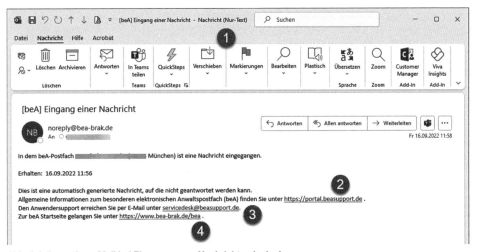

Abb. 6: Informations-Mail bei Eingang neuer Nachrichten im beA

Wichtiger Hinweis 30

Bei der einfachen E-Mail-Benachrichtigung (1) werden von der BRAK weder **Links** noch **Anhänge** mit verschickt, die auf den Inhalt der Nachricht oder einen direkten Zugang zur Nachricht hinweisen oder hinleiten! Lediglich die Supportseite der BRAK zum beA (2) und die E-Mail-Adresse des Anwendersupports (3) sowie die Startseite der beA-Webanwendung (4) werden ausgewiesen. Leider muss man damit rechnen, dass Hacker sich die Unerfahrenheit mancher Anwälte und/oder ihrer Mitarbeiter zunutze machen werden und die E-Mail-Benachrichtigung fälschen und mit Links versehen, die das Eindringen von Schadsoftware ermöglichen. Es sollte **jede Person** in der Kanzlei, die mit diesen E-Mail-Benachrichtigungen in Berührung kommen kann, darüber informiert werden, dass **niemals** Anhänge oder Links zu einer solchen Nachricht angeklickt werden sollten. Es ist, wenn doch Anhänge oder Links enthalten sind, davon auszugehen, dass diese tatsächlich einen Angriff auf den benutzten Rechner enthalten. Selbst die beiden oben unter (2), (3) und (4) genannten Links sollten nicht angeklickt werden, da man nicht weiß, ob bei einer „Fake-Mail" hier nicht eine völlig andere Adresse hinterlegt ist. Auch hier sollte man daher den sicheren Weg wählen und die angezeigten Links vorsichtshalber, wie dies auch allgemein geraten wird, in die Adresszeile des Browsers manuell eintippen. Wegen der angewendeten Verschlüsselung der Nachrichten ist es auch technisch gar nicht möglich, dass dieser Benachrichtigung Posteingänge angehängt werden; auch ein direktes oder indirektes Betreten eines Postfachs über einen in der E-Mail-Nachricht angezeigten Link ist an dieser Stelle weder vorgesehen noch möglich!

§ 7 So legen Mitarbeiter, Vertretungen, Zustellungsbevollmächtigte u. VHN-Berechtigte los

A. Anlegen von Benutzern im beA

Bei der Anlage von Benutzern (z.B. einen Mitarbeiter im Sekretariat) im beA muss unterschieden werden zwischen einem noch **nicht** im beA-System mit einem beA-Zugangsmittel (beA-Karte Mitarbeiter oder Software-Zertifikat) registrierten Benutzer und einem bereits registrierten Benutzer.

Abb. 1: Benutzer anlegen

Durch Auswahl des Registers „Einstellungen" (1) und durch Klick mit der linken Maustaste auf das im Anschluss erscheinende Register „Postfachverwaltung" (2) kann der Bereich „Benutzerverwaltung" (3) angewählt werden. Hier wird für die Anlage eines neuen Mitarbeiters auf den Button „Benutzer anlegen" (4) geklickt.

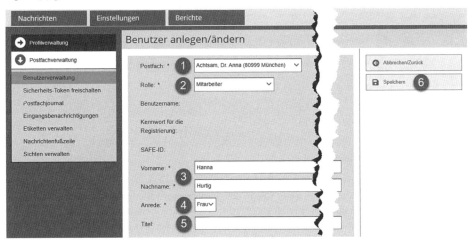

Abb. 2: Benutzer-Daten eingeben

Nach der Auswahl des Postfachs (1) und der zu vergebenden Rolle (hier Mitarbeiter) (2), für den das neue Benutzer-Profil erzeugt werden soll, können jetzt die Felder „Vorname" und „Nachname" (3) sowie „Anrede" (4) als Pflichtfelder und ein evtl. vorhandener „Titel" (5) (wird im beA bzw. den Journalen nicht dargestellt) ausgefüllt werden. Im Anschluss werden die Einstellungen mit „Speichern" (6) bestätigt.

| § 7 | So legen Mitarbeiter, Vertretungen, Zustellungsbevollmächtigte u. VHN-Berechtigte los |

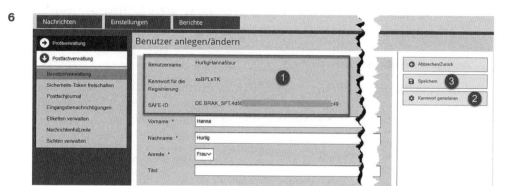

Abb. 3: Neue Profildaten sichern

Es empfiehlt sich, die nach dem Klick auf den Button „Speichern" erzeugten Eintragungen zu den Punkten „Benutzername", „Kennwort für die Registrierung" sowie die „SAFE-ID" mit der Maus zu markieren (1), in den Zwischenspeicher zu kopieren (Strg+C), in ein Textprogramm (z.B. den Editor unter Windows) einzufügen (Strg+V) und an geeigneter Stelle abzuspeichern. So kann auf den vom System erstellten Benutzernamen, das Registrierungskennwort und die SAFE-ID jederzeit für die Erstregistrierung oder für eine weitere Anmeldung an einem anderen beA zurückgegriffen werden. Ein Klick auf den Button „Speichern" (3) ist nicht notwendig, da die Daten nach dem Erzeugen in der Datenbank zur Verfügung stehen. Die Folge ist, dass das „Kennwort für die Registrierung" nicht mehr angezeigt wird, aber unverändert gültig ist. Sollte nach dem Klick auf den Button „Speichern" (3) das „Kennwort für die Registrierung" nicht gemerkt oder notiert worden sein, kann im noch geöffneten Dialog „Benutzer anlegen/ändern" durch Klick auf „Kennwort generieren" (2) ein neues „Kennwort für die Registrierung" erzeugt werden, dass das ursprüngliche „Kennwort für die Registrierung" ersetzt.

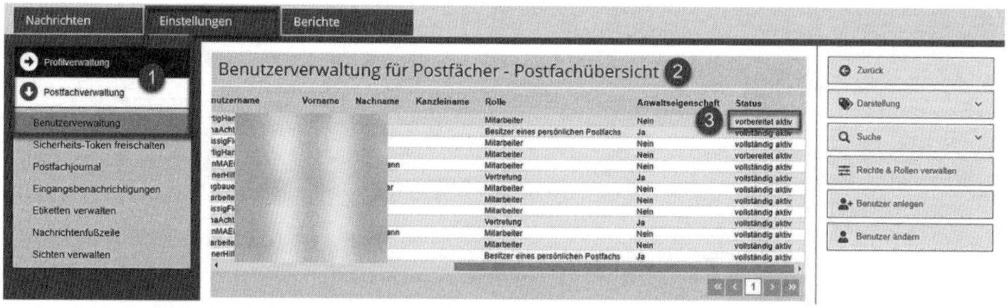

Abb. 4: Status des neuen Mitarbeiter-Profils

Beim erstmaligen Anlegen eines Benutzer-Profils muss dieser Benutzer sich im beA-System registrieren. Der Status neu angelegter Benutzer-Profile in der „Benutzerverwaltung für Postfächer – Postfachübersicht" (2), erreichbar über „Einstellungen/Postfachverwaltung/Benutzerverwaltung" (1), ist bis zum Zeitpunkt des Erstregistrierens eines Benutzers im beA „vorbereitet aktiv" (3) dargestellt. Nach der Erstregistrierung (dem Zuweisen eines Sicherheits-Tokens zum Benutzer-Profil) wechselt der Status für einen „Benutzer ohne eigenes Postfach" auf „vollständig aktiv".

A. Anlegen von Benutzern im beA § 7

Beim erstmaligen **Anlegen** eines Benutzer-Profils im beA werden während der Erzeugung des Benutzer-Profils Eintragungen für Anrede (Titel optional) sowie den Vor- und Nachnamen erforderlich. Die Einträge in die Felder Vor- und Nachname erscheinen später im beA als Anmeldename des Verwenders der beA-Karte Mitarbeiter in der Reihenfolge Name, Vorname oben rechts in der beA-Anwendung. Der Button mit den Angaben zu „Nachname, Vorname" dient ab der beA-Version 3.10 als Abmeldebutton aus dem beA-System.

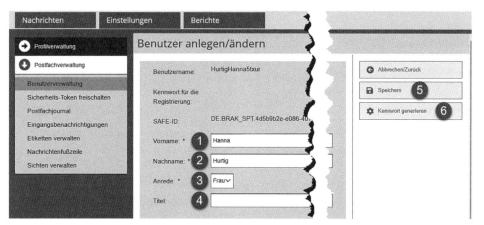

Abb. 5: Angaben zum Mitarbeiter ändern

Die Angaben zum Vor- und Nachnamen können, falls nötig (z.B. bei einem Namenswechsel des Mitarbeiters durch Heirat oder Scheidung), an den aktuellen Namen angepasst werden. Dazu geht der Postfachinhaber oder der Postfachverwalter auf das Register „Einstellungen", öffnet den Bereich „Postfachverwaltung", klickt auf „Benutzerverwaltung", wählt den zu bearbeitenden Mitarbeiter aus (linke Maustaste) und klickt anschließend auf den Button „Benutzer ändern". Im sich öffnenden Dialogfeld können jetzt der bestehende Vorname (1), Name (2), Anrede (3) und evtl. eingetragene Titel (4) überschrieben und gespeichert (5) werden. Im Anschluss erscheint nach der nächsten Anmeldung am beA-System der neue Vor- und Nachname als Anmeldename im beA. Bei Bedarf kann ein neues „Kennwort für die Erstregistrierung" erstellt werden. Dazu muss mit der linken Maustaste auf den Button „Kennwort generieren" (6) geklickt werden. Dies kann allerdings nur durchgeführt werden, solange der neue Benutzer sich nicht am beA-System mit seinen Zugangsdaten registriert hat.

| § 7 | So legen Mitarbeiter, Vertretungen, Zustellungsbevollmächtigte u. VHN-Berechtigte los |

10

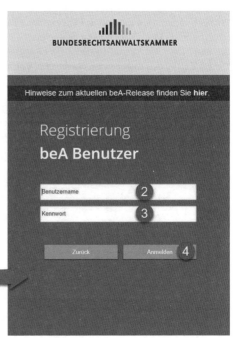

Abb. 6: Erstmalige Registrierung eines Benutzers (Mitarbeiter) im beA-System

Für die **erstmalige Registrierung** eines Benutzers (Mitarbeiter) mit z.B. seiner beA-Karte Mitarbeiter muss folgender Vorgang einmalig durchgeführt werden. Der Mitarbeiter klickt auf dem Startbildschirm des beA-Systems den Link „Registrierung für Benutzer ohne eigenes Postfach" (1) an. In dem sich darauf öffnenden Fenster wird der beim Anlegen des Benutzer-Profils vom beA-System automatisch vergebene (und in einer Textdatei hinterlegte) „Benutzername" (2) und das automatisch erzeugte „Kennwort für die Registrierung", hier „Kennwort" (3), eingetragen. Daraufhin wird auf den Button „Anmelden" (4) geklickt.

11

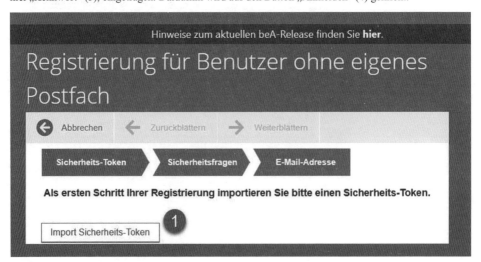

Abb. 7: Import Sicherheits-Token

Wenn am Rechner ein angeschlossenes Kartenlesegerät mit eingesteckter beA-Karte Mitarbeiter eines zu registrierenden Benutzers vorhanden ist, wird im folgenden Fenster auf den Button „Import Sicherheits-Token" (1) geklickt, und es kann dann im neu erscheinenden Fenster ein Name für den zu verwendenden Sicherheits-Token eingetragen werden.

Im Anschluss wird auf „Weiterblättern" geklickt. Durch Klick auf den Button „Neue Sicherheitsfrage anlegen" wird aus dem erscheinenden Drop-Down-Feld eine vorgeschlagene Sicherheitsfrage ausgewählt und mit einer gewünschten Antwort ausgestattet. Ein Klick auf „OK" ermöglicht ein erneutes „Weiterblättern" und eröffnet die Möglichkeit, eine E-Mail-Adresse für den neuen Mitarbeiter einzutragen. Der Eintrag ist optional und dient dazu, Benachrichtigungen für z.B. die Vergabe oder den Entzug von Rechten und Rollen an die eingegebene E-Mail-Adresse vom System versenden lassen zu können. Die Registrierung wird durch Klick auf den Button „Speichern und Registrierung abschließen" abgeschlossen.

Der hier vorgenommene Pflichteintrag wird in der Übersicht der Sicherheits-Token beim täglichen Anmeldeprozess im beA in der Spalte „Bezeichnung im beA" angezeigt. Es empfiehlt sich, hier die gleiche Bezeichnung wie die aufgedruckte Bezeichnung auf der beA-Karte Mitarbeiter zu wählen, da dadurch eine leichte Zuordnung von Zugangskarte und Journaleinträgen (Spalte Benutzer [angesprochen]) möglich ist. Dieser Eintrag lässt sich im Bereich „Einstellungen/Profilverwaltung" mit dem dortigen Link zum „Sicherheits-Token" durch Klick auf den Button „Umbenennen" anpassen. Abgeschlossen wird der Vorgang durch Klick auf „Speichern" oder „Speichern und zurück".

B. Im beA-System existierende Benutzer einem Postfach zuordnen

Hat sich der Mitarbeiter bereits mit seiner beA-Karte Mitarbeiter im beA-System registriert, muss die Zuordnung des Mitarbeiters zu einem weiteren beA auf andere Weise erfolgen.

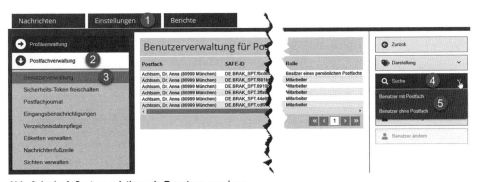

Abb. 8: Im beA-System existierende Benutzer zuweisen

Durch Auswahl des Registers „Einstellungen" (1) und durch Klick auf das im Anschluss erscheinende Register „Postfachverwaltung" (2) kann der Bereich „Benutzerverwaltung" (3) angewählt werden. Hier wird zur Zuweisung eines neuen Mitarbeiters/eines Vertreters der Button „Suche" (4) angeklickt. Es wird nun entschieden, welche Art von Benutzer in einem bestehenden Postfach angelegt werden soll.

Es kann zwischen der Anlage eines neuen Benutzers **mit** Postfach (z.B. Vertretung) oder **ohne** Postfach (z.B. Mitarbeiter) (5) gewählt werden. Mit eigenem Postfach bedeutet, dass ein Anwaltskollege z.B. als Vertreter mit der Rolle „Vertretung" angelegt werden könnte. Ohne eigenes Postfach bezieht sich auf anwaltliche Mitarbeiter, die keine Anwaltszulassung haben. Bei der Suche nach **Benutzern mit Postfach**, also Rechtsanwälten oder Rechtsanwältinnen, sind relativ umfangreiche Suchkriterien auswählbar.

§ 7 So legen Mitarbeiter, Vertretungen, Zustellungsbevollmächtigte u. VHN-Berechtigte los

17

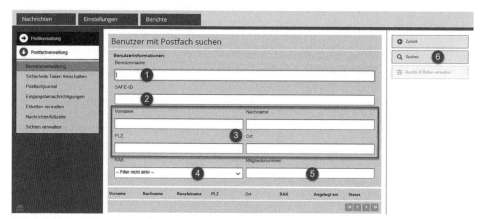

Abb. 9: Suche nach Benutzern mit eigenem Postfach

18   Diese sind:
- Benutzername (automatisch im beA-System vergebene Benutzernamen, vollständige Eingabe nötig, keine Teilsuche möglich) (1),
- SAFE-ID (vollständige Eingabe nötig, keine Teilsuche möglich) (2),
- Vorname (Teilsuche möglich) (3),
- Nachname (Teilsuche möglich) (3),
- Postleitzahl (Teilsuche möglich) (3),
- Ort (Teilsuche möglich) (3),
- zuständige RAK (Auswahl durch Check-Box) (4),
- Mitgliedsnummer (Teilsuche möglich) (5).

Nach Eingabe der Suchkriterien werden durch Klick mit der linken Maustaste auf den Button „Suchen" (6) die vom System gefundenen Treffer tabellarisch unterhalb der Benutzerinformationen angezeigt.

19

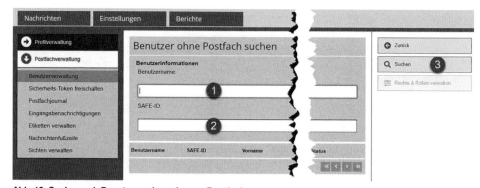

Abb. 10: Suche nach Benutzern ohne eigenes Postfach

Für die Suche nach **Benutzern ohne eigenes Postfach**, also z.B. Mitarbeitern aus Anwaltskanzleien, stehen nur der **vollständige**, automatisch durch das beA-System vergebene „Benutzername" (1) oder die **vollständige** „SAFE-ID" (1) zur Verfügung. Auch hier ist eine Suche mit nur einem Teil des Benutzernamens bzw. nur einem Teil der SAFE-ID nicht möglich. Nach Eingabe des Suchkriteriums wird durch Klick mit der linken Maustaste auf den Button „Suchen" (3) der vom System gefundene Treffer unterhalb der Benutzerinformationen angezeigt.

C. Vertretungsregelung nach § 53 BRAO und Rechtevergabe für Vertretungen im beA

I. Neuregelung der Vertretungsbestellung seit 1.8.2021

Die BRAO hat gerade auch im Bereich der Vertretung erhebliche Änderungen zum 1.8.2022 erfahren.[1] Das Recht der Vertretungsbestellung wurde entbürokratisiert; die Selbst-Bestellung wurde vereinfacht und die Notwendigkeit der Vertretungsbestellung bei Ortsabwesenheit ausgedehnt. Sofern ein Anwalt länger als eine Woche gehindert ist, seinen Beruf auszuüben, muss gem. § 53 Abs. 1 Nr. 1 BRAO eine Vertretung bestellt werden. Die Verhinderung der Berufsausübung bedeutet auch, dass ein Anwalt gehindert ist, seiner passiven Nutzungspflicht gem. § 31a Abs. 6 BRAO nachzukommen und z.B. Empfangsbekenntnisse abzugeben oder abzulehnen, § 14 BORA.

Bei Ortsabwesenheit ist eine Vertretungsbestellung erst nach zwei Wochen erforderlich, § 53 Abs. 1 Nr. 2 BRAO. Ortsabwesenheit ist jedoch nicht gleichzusetzen mit Verhinderung der Berufsausübung; d.h. seine Eingangspost im beA zur Kenntnis nehmen, muss ein Anwalt ohne Vertretungsbestellung immer; ist er hieran länger als eine Woche gehindert (= Verhinderung der Berufsausübung), ist die Vertretungsbestellung bereits ab dann zwingend erforderlich. Der DAV hatte darauf gedrängt, auf die Notwendigkeit der Vertretungsregelung bei längerer Ortsabwesenheit als zwei Wochen zu verzichten, da im Zeitalter der Digitalisierung und moderner Kommunikationsmittel eine solche Regelung nicht erforderlich sei.[2] Der Gesetzgeber wollte hierauf aber im Hinblick auf die Kanzleipflicht (§ 27 BRAO) einen solchen Verzicht nicht, sondern vielmehr, dass Anwälte spätestens nach zwei Wochen in der Kanzlei „nach dem Rechten sehen".[3]

§ 53 Abs. 1 Nr. 1 BRAO regelt die berufsrechtliche Pflicht zur Vertretungsbestellung bei Verhinderung der Berufsausübung und stellt damit nach unserer Auffassung eine „Maximal-Frist" dar. Aus dem Anwaltsvertrag heraus kann sich jedoch selbstverständlich die Pflicht ergeben, bereits vor Ablauf dieser „berufsrechtlichen" Woche eine Vertretung zu bestellen, z.B. wenn eine Tätigkeit in bestimmten Rechtsgebieten erfolgt, wie z.B. dem Vergaberecht oder in Eilverfahren. Die Entscheidung, ab wann eine Vertretung bestellt wird, obliegt daher – innerhalb des Rahmens der Maximalfrist des § 53 Abs. 1 Nr. 1 BRAO – dem sachbearbeitenden Anwalt, der sich ggf. schadenersatzpflichtig macht, wenn er nicht schon früher für eine Vertretung sorgt und so z.B. seinen Mandanten ein befristetes Vergleichsangebot nicht erreicht. Eine Verschärfung hat sich dabei nach diesseitiger Auffassung auch durch Einführung des § 193a ZPO (siehe hierzu auch § 15 Rdn 252 ff. in diesem Werk) und insbesondere dessen Abs. 2 zum 1.1.2022 ergeben, da Gerichtsvollzieher elektronische Dokumente elektronisch mit Zustellungsfiktion zustellen können. Anwälte, die mit derartigen Zustellungen rechnen (müssen), sollten den Zeitpunkt, ab wann sie eine Vertretung bestellen, auch im Hinblick auf diese neue Zustellungsform im beA bedenken und festlegen.

Die Vertretung soll grundsätzlich einem anderen Rechtsanwalt übertragen werden, § 53 Abs. 2 S. 1 BRAO, wobei sie aber auch durch Personen erfolgen kann, die die Befähigung zum Richteramt erworben oder mindestens 12 Monate des Vorbereitungsdienstes nach § 5b des Deutschen Richtergesetzes absolviert haben, § 53 Abs. 2 S. 2 BRAO i.V.m. § 7 BRAO.

Erfolgt die Vertretung durch einen anderen Anwalt, soll der Vertretene seine Vertretung selbst bestellen; nur in den Fällen der Vertretung durch eine andere Person als einen Anwalt oder wenn der Vertretene keinen zur Vertretung bereiten Anwalt findet, erfolgt auf Antrag eine RAK-Bestellung, § 53 Abs. 3 BRAO.

---

[1] Durch Art. 8 Gesetz zur Modernisierung des notariellen Berufsrechts und zur Änderung weiterer Vorschriften v. 25.6.2021, BGBl I, 2154.
[2] Vgl. DAV-Stellungnahme Nr. 53/2020 – https://anwaltverein.de/de/newsroom/sn-53–20-modernisierung-des-notariellen-berufsrechts (Abruf: 21.4.2022).
[3] BT-Drucks 19/26828, 201.

§ 7 So legen Mitarbeiter, Vertretungen, Zustellungsbevollmächtigte u. VHN-Berechtigte los

Eine RAK-Bestellung von Amts wegen erfolgt bei Unterlassen einer erforderlichen Vertretungsbestellung durch den Vertretenen, § 53 Abs. 4 BRAO, sofern auch nach Aufforderung durch die RAK keine eigene Bestellung bzw. Antragstellung erfolgt. Wird ein Rechtsanwalt von Amts wegen als Vertretung bestellt, kann die Vertretung nur aus wichtigem Grund abgelehnt werden, § 53 Abs. 4 S. 3 BRAO. Bis 31.7.2021 musste die Bestellung auch dann durch die RAK erfolgen, wenn die Vertretung einem anderen Kammer-Bezirk angehörte. Das wurde zum 1.8.2021 gestrichen.

25 Eine Bestellung kann jederzeit widerrufen werden, § 53 Abs. 5 BRAO.

26 Gem. § 54 Abs. 1 BRAO stehen der Vertretung die anwaltlichen Befugnisse des Rechtsanwalts zu, den sie vertritt, wobei sie in eigener Verantwortung, jedoch im Interesse, für Rechnung und auf Kosten des Vertretenen tätig wird. Die §§ 666, 667 und 670 BGB gelten gem. § 54 Abs. 1 S. 3 BRAO entsprechend.

27   *Hinweis*
Für Syndikusrechtsanwälte gelten die §§ 51–55 BRAO zwar nicht, siehe § 46c Abs. 3 BRAO. § 46c Abs. 6 BRAO sieht aber die Erforderlichkeit der Benennung eines Zustellungsbevollmächtigten gegenüber der RAK gem. § 30 BRAO vor, wenn länger als eine Woche eine Verhinderung der Berufsausübung besteht. Auch Zustellungsbevollmächtigten muss das Recht zur Einsichtnahme in das beA sowie das Recht zur Abgabe von Empfangsbekenntnissen eingeräumt werden. An den Zustellungsbevollmächtigten kann, auch von Anwalt zu Anwalt, wie an den Rechtsanwalt selbst zugestellt werden (§ 173 Abs. 1 und 2, §§ 175, 195 Zivilprozessordnung), § 30 Abs. 2 BRAO. Zu der im beA seit August 2022 vergebbaren Rolle „Zustellungsbevollmächtigter" siehe auch Rdn 59 in diesem Kapitel.

28 Die Anzeigepflicht bei Bestellung einer Vertretung entsprechend dem bis 31.7.2021 geltenden § 53 Abs. 2 S. 1 u. 2 i.V.m. § 53 Abs. 6 BRAO a.F. wurde zum 1.8.2021 abgeschafft. Ebenso wurde zum 1.8.2021 abgeschafft, dass die BRAK nach entsprechender Anzeige der Vertretung automatisiert im beA des Vertretenen das Recht „Nachrichtenübersicht öffnen" für die Vertretung einräumt. § 54 Abs. 2 BRAO regelt hier vielmehr seit dem 1.8.2021, dass der Vertretene der von ihm selbst bestellten Vertretung nicht nur einen Zugang zu seinem besonderen elektronischen Anwaltspostfach einzuräumen hat, sondern auch die Befugnis, Posteingänge zur Kenntnis zu nehmen und elektronische Empfangsbekenntnisse abgeben zu können. Die weitergehenden Befugnisse der Vertretung sowie ihren Vergütungsanspruch regeln § 53 Abs. 3 u. 4 BRAO.

29   *Hinweis*
Im beA lassen sich verschiedene Rollen vergeben, an die jeweils automatisiert Rechte geknüpft sind, sodass im Übrigen die obigen Anforderungen mit der Rollenvergabe im beA erfüllt werden. Zu den entsprechenden Rollen finden Sie Ausführungen in diesem Kapitel wie folgt:
- Rolle Postfachbesitzer, Rdn 56 f.
- Rolle Mitarbeiter (einschl. der Rolle „Postfachverwalter", Rdn 57 f. u. 67)
- Rolle Zustellungsbevollmächtigter, Rdn 59 f., 105 i.V.m. 87
- Rolle Vertretung, Rdn 61 f., 105 i.V.m. 87
- Rolle VHN-Berechtigter (ausschließlich im Gesellschafts-beA verfügbar): Rdn 64 f., 105 i.V.m. 87 sowie § 2 Rdn 35 in diesem Werk. Zu den technischen Problemen im Gesellschafts-beA und die Empfehlung von BRAK und DAV v. 29.9.2022, aus dem Gesellschafts-beA mit qualifizierter elektronischer Signatur zu versenden, siehe auch § 2 Rdn 36 in diesem Werk

II. Vertretung durch die Berufsausübungsgesellschaft

30 Zum 1.8.2022 treten einige sehr wichtige Neuregelungen in der BRAO in Kraft, so u.a. § 59k BRAO, der die Rechtsdienstleistungsbefugnis der Berufsausübungsgesellschaft als solcher regelt. Berufsausübungsgesellschaften handeln durch ihre Gesellschafter und Vertreter, in deren Person die für die Erbringung von

Rechtsdienstleistungen gesetzlich vorgeschriebenen Voraussetzungen im Einzelfall vorliegen müssen, § 59k BRAO. Und damit können Berufsausübungsgesellschaften als Prozess- oder Verfahrensbevollmächtigte beauftragt werden. Sie haben in diesem Fall die Rechte und Pflichten eines Rechtsanwalts, § 59l Abs. 1 BRAO. Darüber hinaus handeln Berufsausübungsgesellschaften durch ihre Gesellschafter und Vertreter, in deren Person die für die Erbringung von Rechtsdienstleistungen gesetzlich vorgeschriebenen Voraussetzungen im Einzelfall vorliegen müssen, § 59l Abs. 2 BRAO. Die Postulationsfähigkeit der Berufsausübungsgesellschaft findet ihre Grenze in § 59l Abs. 3 BRAO; sie kann nicht als Verteidiger i.S.d. §§ 137 bis 149 StPO gewählt oder bestellt werden. Im Gesellschafts-beA kann die Rolle des „VHN-Berechtigten" (und nur dort, nicht in den Einzel-beAs) vergeben werden; Ausführungen hierzu siehe unter Rdn 64 in diesem Kapitel sowie in § 2 Rdn 35 sowie Rdn 36 zu den im Gesellschafts-beA bestehenden technischen Problemen.

III. Vertretung im Sinne des Vergütungsrechts

Nach § 5 RVG kann sich ein Anwalt auch gebührenauslösend durch die dort genannten Personen (einen anderen Rechtsanwalt, den allgemeinen Vertreter, einen Assessor bei einem Rechtsanwalt oder einen zur Ausbildung zugewiesenen Referendar) vertreten lassen, sodass diese Person Erfüllungsgehilfe i.S.d. § 278 BGB sein kann, auch wenn man grundsätzlich davon ausgeht, dass ein Anwalt den erteilten Auftrag selbst bearbeitet. Eine solche Vertretung – außerhalb der eigenen Kanzlei – kommt häufig bei „Ein-Mann"-Kanzleien vor.

31

IV. Vertretung innerhalb der Berufsausübungsgesellschaft

Da das Mandat aber in der Regel heutzutage häufig nicht einem einzelnen Anwalt einer Berufsausübungsgesellschaft erteilt wird, sondern der gesamten, aus mehreren Anwälten bestehenden Berufsausübungsgesellschaft (Ausnahme: Strafverteidigung), stellt sich die Frage der Notwendigkeit einer berufsrechtlichen Vertreterbestellung in vielen Fällen nicht. Da im Rahmen des erteilten Mandats jeder vertretungsberechtigte Rechtsanwalt originär berechtigt und ggf. sogar verpflichtet ist, entsprechende Handlungen/Prozesshandlungen auszuüben und Empfangsbekenntnisse bei ordnungsgemäßer Zustellung gem. § 14 BORA i.V.m. §§ 173 Abs. 3, 175, 172, 195 ZPO abzugeben, ist die Bestellung einer Vertretung nicht erforderlich. Gleichwohl wird häufig auch für Kollegen innerhalb der Kanzlei mit „i.V." signiert,[4] auch um z.B. einem Mandanten zu verdeutlichen, dass „sein Anwalt" nicht gewechselt hat. Denn eigentlich wäre es bei Mandatserteilung an die Berufsausübungsgesellschaft rechtlich unerheblich, welcher der zur Berufsausübungsgesellschaft gehörenden, ohnehin vertretungsberechtigten Rechtsanwälte als Mandatsträger nun den Schriftsatz verantwortet. So ist es auch völlig üblich, dass jeder Anwalt „seine Mandate" betreut und bearbeitet und z.B. bei drohendem Fristablauf um Verlängerung gebeten wird, weil der „alleinige Sachbearbeiter unter erheblicher Arbeitsüberlastung" leidet. Bisher wird dies in der Rechtsprechung auch nicht thematisiert, da auch der BGH in ständiger Rechtsprechung einen bloßen Hinweis auf die Arbeitsüberlastung des Sachbearbeiters für ausreichend erachtet[5] und eine weitere Substantiierung, z.B. warum ein anderer Anwalt der Kanzlei nicht den Schriftsatz abfassen könnte, bisher vom BGH nicht verlangt wird. Allerdings muss der Schriftsatz erkennen lassen, dass der „Unterzeichner für den Inhalt des Vortrags die volle Verantwortung übernimmt und sich diesen zu eigen gemacht hat.[6] Insofern tragen auch Praxis und Rechtsprechung wohl dem Umstand Rechnung, dass zwar das Mandat der

32

---

4 Siehe hierzu auch die umfassenden Ausführungen in § 16 Rdn 77–109 dieses Werks.
5 BGH, Beschl. v. 26.1.2017 – IX ZB 34/16, NJW-RR 2017, 564 = AnwBl 2017, 446 = DB 2017, 606 = FamRZ 2017, 726 = MDR 2017, 353; BGH, Beschl. v. 10.3.2009 – VIII ZB 55/06, NJW-RR 2009, 933 Rn 12; BGH, Beschl. v. 13.12.2005 – VI ZB 52/05, VersR 2006, 568; BGH, Beschl. v. 7.5.1991 – XII ZB 48/91, NJW 1991, 2080, 2081.
6 BGH, Beschl. v. 15.2.2022 – XI ZB 12/21, BeckRS 2022, 3211 sowie umfassend § 16 Rdn 6 u. 13 ff. dieses Werks.

§ 7 So legen Mitarbeiter, Vertretungen, Zustellungsbevollmächtigte u. VHN-Berechtigte los

Berufsausübungsgesellschaft erteilt wird (auch wichtig für Abrechnungs- und Gewinnverteilungsfragen), gleichwohl aber in der Regel einer oder wenige Anwälte der Berufsausübungsgesellschaft das Mandat bearbeiten. Dies ist auch bei den Gerichten nicht anders. Jeder Richter, zugehörig neben vielen anderen Richtern zu einem Gericht, bearbeitet „seine Fälle". Auch hier wird nicht verlangt, dass sich bei längerer Urlaubsabwesenheit des Vorsitzenden ein Kollege in den Fall „hineindenkt" und entscheidet. Insofern kann man nur hoffen, dass diese Praxis weiter erhalten bleibt.

33 Im Bereich der Zustellung gegen elektronisches Empfangsbekenntnis können sich allerdings Fragen ergeben, sofern ein Gesellschafts-beA existiert, siehe dazu auch § 2 Rdn 34 ff. und § 15 Rdn 167 ff.

34 Ein Anwalt einer Berufsausübungsgesellschaft kann bei längerer Abwesenheit einen Mitarbeiter beauftragen, seine im beA eingehende Post an einen Kollegen der Kanzlei weiterzuleiten (durch Weiterleitungsfunktion im beA) oder z.B. durch Vorlage nach Ausdruck der weiteren Bearbeitung zuführen. Dieser Anwalt übernimmt dann erforderliche weitere Schritte bezogen auf das Mandat. Die Abgabe von formgerechten elektronischen Empfangsbekenntnissen bei Anforderung mittels Strukturdatensatz ist allerdings ausschließlich aus dem beA heraus möglich, in welchem es angefordert worden ist, siehe hierzu auch § 15 Rdn 96 ff in diesem Werk. Bei Weiterleitung einer Nachricht steht der Strukturdatensatz nicht mehr zur Verfügung. Bei Nutzung eines Gesellschafts-beA erübrigt sich jedoch eine Weiterleitung, da jeder Anwalt, der in der Berufsausübungsgesellschaft seinen Beruf ausübt und dem die Rolle des „VHN-Berechtigten" bzw. die Rolle der „Vertretung" oder Rolle des „Zustellungsbevollmächtigten" vergeben worden ist, ohne qualifizierte elektronische Signatur aus dem Gesellschafts-beA direkt heraus formgerecht Empfangsbekenntnisse abgeben kann, da er das Recht 30 mit der entsprechenden Rolle automatisch vergeben erhalten hat, siehe dazu auch Rdn 64 in diesem Kapitel.

35 Ist ein Gesellschafts-beA **nicht** vorhanden (z.B. bei einer GbR, die keinen Zulassungsantrag gestellt hat, weil sie es nicht muss, § 59f Abs. 1 S. 2 BRAO, und auch nicht möchte, § 59f Abs. 1 S. 3 BRAO) und wird ausschließlich mit beAs von natürlichen Personen (sog. Einzel-beAs) gearbeitet, ist es daher empfehlenswert, im eigenen Postfach die entsprechenden Kollegen zu berechtigen (Rolle Vertretung), sodass von diesen unmittelbar Einsicht in eingehende Post genommen werden kann und eine formgerechte Abgabe von Empfangsbekenntnissen via Strukturdatensatz durch den eigentlichen Sachbearbeiter möglich ist. Ob dabei die Rollen-/Rechtevergabe an alle oder nur einzelne Kollegen der Kanzlei erfolgt, muss jeder Postfachinhaber eines Einzel-beAs für sich selbst entscheiden. Die Berechtigungsvergabe an Kollegen ist auch sinnvoll, um so das Versenden von Post in Mandaten des vertretenen Kollegen aus dessen Postfach heraus vornehmen zu können, damit die Justiz den „richtigen Rückkanal" für weitere Post in diesem Verfahren behält. Zum Versand aus einem fremden beA ist aber bisher erforderlich, dass vom Kollegen mit qualifizierter elektronischer Signatur signiert wird; ansonsten ist ein Versenden von Dokumenten, die eine qeS erfordern, aus dem Kollegenpostfach heraus nicht möglich, siehe dazu § 23 Abs. 3 S. 5 RAVPV; eine Ausnahme bilden elektronische Empfangsbekenntnisse gem. § 23 Abs. 3 S. 6 (und seit 1.8.2022 auch S. 7 [für elektronische Nachrichten, jedoch nur aus dem Gesellschafts-beA heraus]). Zu den technischen Problemen in Bezug auf das Gesellschafts-beA, die Probleme der Justiz, den Namen des sendenden Anwalts aus dem Transferprotokoll entnehmen zu können, und die Empfehlung von BRAK und DAV v. 29.9.2022 daher, aus dem Gesellschafts-beA mit qualifizierter elektronischer Signatur zu versenden, siehe auch § 2 Rdn 36 in diesem Werk.

V. Unterzeichnung bei Vertretung innerhalb des Mandats

36 Sofern ein Rechtsanwalt den anderen vertritt und die Verantwortung für einen einzureichenden Schriftsatz übernehmen möchte, kommen verschiedene Möglichkeiten der Signierung in Betracht. Entweder erfolgt die Verantwortungsübernahme des „zeichnungswilligen" Anwalts durch Anbringung einer qualifizierten elektronischen Signatur gem. § 130a Abs. 3 S. 1 Alt. 1 ZPO oder aber durch Anbringung einer einfachen elektronischen Signatur, wobei dann der Schriftsatz aus dem Postfach des einfach Signierenden heraus von diesem Postfachinhaber selbst authentifiziert (d.h. angemeldet mit eigenem Zugangsmittel) abgesendet werden muss, vgl. dazu § 130a Abs. 3 S. 1 Alt. 2 ZPO. Zur Frage der Verantwortung von Schriftsätzen im elektronischen Zeitalter und die hierfür erforderlichen Signaturen und weiteren Voraussetzungen siehe § 11 Rdn 19, 28 u. 117 ff. in diesem Werk.

Beispiel[7] **37**

Dr. Anna Gründlich möchte den von Dr. Anton Mustermann abgefassten und diktierten Schriftsatz in Vertretung elektronisch signieren. Eine Blankounterschrift verbietet sich seit jeher. Für das Gericht muss erkennbar sein, dass Dr. Anna Gründlich die volle Verantwortung für den Inhalt des Schriftsatzes übernehmen und sich diesen zu eigen machen möchte; dass es sich nicht (mehr) um einen Entwurf handelt.[8]

Möglichkeit 1 (Variante des § 130a Abs. 3 S. 1 Alt. 1 ZPO) (kein Gesellschafts-beA vorhanden):
Dr. Anna Gründlich entscheidet sich, den Schriftsatz **qualifiziert** elektronisch zu signieren. In diesem Fall benötigt der Schriftsatz keine „Fußzeile";[9] das beA, aus welchem der Schriftsatz heraus versendet wird, ist rechtlich unerheblich.[10] Der Versand kann in diesem Fall nach Anbringung der qualifizierten elektronischen Signatur und erfolgter Signaturprüfung von Frau Dr. Anna Gründlich selbst oder aber z.B. auch von einem Mitarbeiter aus jedem beliebigen beA heraus vorgenommen werden, siehe dazu auch § 4 Abs. 1 ERVV. Voraussetzung dafür ist, dass Frau Dr. Gründlich entsprechende Rechte im beA des Kollegen Dr. Mustermann zuvor eingeräumt worden sind, z.B. über die Vergabe der Rolle „Vertretung". Vorteil dieser Variante ist, dass der Schriftsatz im Postfach von Dr. Anton Mustermann hochgeladen und hieraus versendet werden kann. So bleibt als „Rückkanal" das Postfach des Dr. Anton Mustermann erhalten.

Möglichkeit 2 (Variante des § 130a Abs. 3 S. 1 Alt. 2 ZPO) (kein Gesellschafts-beA vorhanden):
Dr. Anna Gründlich entscheidet sich, den Schriftsatz durch Anbringung einer einfachen elektronischen Signatur in Kombination mit dem Eigenversand, vgl. dazu § 11 Rdn 17 u. 116 ff. in diesem Werk, zu verantworten. Hierzu ist zwingend der Schriftsatz im Postfach von Frau Dr. Gründlich hochzuladen und aus diesem Postfach heraus auch von ihr selbst – angemeldet mit ihrem eigenen Zugangsmittel – abzusenden.

Möglichkeit 3 (Variante des § 130a Abs. 3 S. 1 Alt. 1 oder Alt. 2 ZPO) (Gesellschafts-beA gem. § 31b BRAO ist vorhanden):
Ist ein Gesellschafts-beA vorhanden und Frau Dr. Gründlich, ebenso wie Dr. Mustermann, hier mit der Rolle „VHN-Berechtigte/r" hinterlegt, kann rechtlich gesehen aus dem Gesellschafts-beA heraus ohne qualifizierte elektronische Signatur gesendet werden, da es sich um einen sicheren Übermittlungsweg i.S.d. § 130a Abs. 4 Nr. 2 ZPO handelt. Es ist natürlich nicht „verboten", gleichwohl eine qualifizierte elektronische Signatur anzubringen, wenn Frau Dr. Gründlich diese Variante der Signierung bevorzugt. Sofern Frau Dr. Gründlich im Gesellschafts-beA lediglich die Rolle der „Vertretung" hat, muss der Schriftsatz von ihr qualifiziert elektronisch signiert werden, da ihr das Recht 31 in dieser Rolle nicht zur Verfügung steht und dieses Recht auch nicht isoliert an sie vergeben werden kann. **Hinweis:** Zu den technischen Problemen in Bezug auf das Gesellschafts-beA, die Probleme der Justiz, den Namen des sendenden Anwalts aus dem Transferprotokoll entnehmen zu können, und die Empfehlung von BRAK und DAV v. 29.9.2022 daher, aus dem Gesellschafts-beA mit qualifizierter elektronischer Signatur zu versenden, siehe auch § 2 Rdn 36 in diesem Werk.

---

7 Zu den in diesem Beispiel angesprochenen Rollen siehe auch Rdn 27 in diesem Kapitel.
8 Siehe hierzu die umfassenden Ausführungen in § 16 Rdn 6–34 in diesem Werk.
9 LG Hamburg, Beschl. v. 15.1.2021 – 322 T 92/20, BeckRS 2021, 6493 = NJW-RR 2021, 717.
10 BAG, Beschl. v. 24.10.2019 – 8 AZN 589/19, NZA 2019, 1661.

38 Es besteht bei Anbringung einer einfachen elektronischen Signatur nun die Möglichkeit, dass der Name von Frau Dr. Gründlich „allein" unter dem Schriftsatz angebracht wird oder aber der Schriftsatz z.B. den Zusatz trägt

- Dr. Anna Gründlich, Rechtsanwältin pro abs. Dr. Anton Mustermann, Rechtsanwalt oder
- Dr. Anton Mustermann, Rechtsanwalt i.V. Dr. Anna Gründlich, Rechtsanwältin"[11] oder
- auch nur: Dr. Anna Gründlich, Rechtsanwältin.

39 Von dem Zusatz i.A. ist dringend abzuraten.[12]

40 Das Berufsattribut muss nicht angegeben werden, wenn sich die Anwaltseigenschaft anderweitig durch das Gericht erschließt (vor allem im Anwaltsprozess!); wir empfehlen den Zusatz jedoch zur Vermeidung von Irritationen vor allem bei Berufsausübungsgesellschaften (z.B. wenn namensgleiche Personen mit unterschiedlichen Berufen Teil der Berufsausübungsgesellschaft sind, siehe § 2 Rdn 22; zum Vornamen § 11 Rdn 23 jeweils in diesem Werk. Bei qualifizierter elektronischer Signatur ist ein Zusatz unter dem Schriftsatz nicht erforderlich, jedoch sinnvoll, siehe dazu § 11 Rdn 35 f.

41 Für die Sachbearbeitung ist es nach unserer Auffassung komfortabel, wenn grundsätzlich Schriftsätze/Postausgänge immer aus dem beA des entsprechenden Sachbearbeiters heraus an das Gericht oder andere Kommunikationspartner übermittelt werden.

VI. Anlegen eines Vertreters im beA

42 Die Freigabe eines Postfachs für einen anwaltlichen Vertreter erfolgt als Benutzer mit eigenem Postfach, siehe Rdn 61 in diesem Kapitel. Die Vergabe von Berechtigungen und Rollen erfolgen analog dem Vorgehen wie bei einem Benutzer ohne eigenes Postfach. Die Freischaltung des Sicherheits-Tokens ist regelmäßig notwendig, wenn der Benutzer neu im beA-System eingepflegt wurde. Bei Benutzern, die im beA-System schon aktiv sind, **kann** die Freigabe des Sicherheits-Tokens entfallen. Dies ist immer im Einzelfall zu prüfen. Ob ein Sicherheits-Token freizuschalten ist, kann über das Register Einstellungen/Postfachverwaltung und dann über den Button „Sicherheit-Token freischalten" überprüft werden. Die Möglichkeiten der Suche nach dem Benutzer mit eigenem Postfach ist deutlich umfangreicher als die Suche nach einem Benutzer ohne eigenes Postfach.

D. Befugnis- und Rechtemanagement

I. Rechtevergabe und Rechtekatalog

43 Die Rechtevergabe ist in § 23 RAVPV umfassend geregelt (Hervorhebungen durch die Verfasser).

§ 23 RAVPV Weitere Zugangsberechtigungen zum Postfach

„(1) [1]Der Postfachinhaber kann mit einem auf einer Hardwarekomponente gespeicherten Zertifikat weitere ihm zugeordnete Zertifikate berechtigen, ihm Zugang zu seinem besonderen elektronischen Anwaltspostfach zu gewähren. [2]Diese Zertifikate müssen nicht auf einer Hardwarekomponente ge-

---

11 Zu „i.V." siehe auch: BVerfG (2. Kammer des Zweiten Senats), Beschl. v. 7.12.2015 – 2 BvR 767/15, NJW 2016, 1570 = NJW-Spezial 2016, 122 = BeckRS 2016, 40561; BGH. Urt. v. 31.3.2003 – II ZR 192/02, NJW 2003, 2028 = JurBüro 2003, 376 = MDR 2003, 896 = FamRZ 2003, 1175; BAG, Urt. v. 22.5.1990 – 3 AZR 55/90, NJW 1990, 2706 = BeckRS 9998, 21238.

12 Bei Mitarbeitern: BFH, Beschl. v. 1.9.2008 – VII B 112/08, BeckRS 2008, 25014086; bei Nicht Sozietäts-Mitgliedern, die nicht Mandatsträger sind: BGH, Beschl. v. 25.9.2012 – VIII ZB 22/12, NJW 2013, 237 = FamRZ 2013, 127 = MDR 2012, 1430; BGH, Beschl. v. 27.5.1993 – III ZB 9/93 (Hamburg), NJW 1993, 2056 = MDR 1993, 902; BGH, Beschl. v. 19.6.2007 – VI ZB 81/05, BeckRS 2007, 11723 = BRAK-Mitt 2007, 201 = FamRZ 2007, 1638; BGH, Beschl. v. 20.6.2012 – IV ZB 18/11 (OLG Köln), NJW-RR 2012, 1269 = NJW 2012, 3379 = BRAK-Mitt 2012, 212.

speichert sein. ³Zu ihnen muss jedoch ebenfalls eine Zertifikats-PIN gehören. ⁴Zudem müssen sie von einem von der Bundesrechtsanwaltskammer anerkannten Zertifizierungsdiensteanbieter authentifiziert sein.

(2) ¹Der Postfachinhaber kann auch anderen Personen Zugang zu seinem besonderen elektronischen Anwaltspostfach gewähren. ²Verfügen die anderen Personen nicht über ein eigenes besonderes elektronisches Anwaltspostfach, hat der Postfachinhaber für sie ein Zugangskonto anzulegen. ³Der Zugang der anderen Personen über ihr Zugangskonto erfolgt unter Verwendung eines ihnen zugeordneten Zertifikats und einer zugehörigen Zertifikats-PIN. ⁴Der Postfachinhaber kann hierzu mit einem auf einer Hardwarekomponente gespeicherten Zertifikat weitere Zertifikate berechtigen, anderen Personen Zugang zu seinem Postfach zu gewähren. ⁵Für diese Zertifikate gilt Absatz 1 Satz 2 bis 4 entsprechend.

(3) ¹Der Postfachinhaber kann, wenn er mit einem auf einer Hardwarekomponente gespeicherten Zertifikat angemeldet ist, anderen Personen unterschiedlich weit reichende Zugangsberechtigungen zu seinem besonderen elektronischen Anwaltspostfach erteilen. ²Er kann anderen Personen, deren Zertifikat auf einer Hardwarekomponente gespeichert ist, auch die Befugnis einräumen, weitere Zugangsberechtigungen zu erteilen. ³Für die Erteilung weiterer Zugangsberechtigungen durch entsprechend ermächtigte andere Personen gelten die Absätze 1 und 2 entsprechend. ⁴Der Postfachinhaber kann anderen Personen zudem die Befugnis einräumen, Nachrichten zu versenden. ⁵**Das Recht, nicht-qualifiziert elektronisch signierte Dokumente auf einem sicheren Übermittlungsweg zu versenden, kann er jedoch nicht auf andere Personen übertragen.** ⁶**Satz 5 gilt nicht für die Befugnis von Vertretungen und Zustellungsbevollmächtigten, elektronische Empfangsbekenntnisse abzugeben.** ⁷**Handelt es sich bei dem Postfachinhaber um eine Berufsausübungsgesellschaft, so darf diese das Recht, nicht-qualifiziert elektronisch signierte Dokumente für die Berufsausübungsgesellschaft auf einem sicheren Übermittlungsweg zu versenden, nur solchen vertretungsberechtigten Rechtsanwälten einräumen, die ihren Beruf in der Berufsausübungsgesellschaft ausüben.**[13]

(4) Der Postfachinhaber und die von ihm entsprechend ermächtigten anderen Personen können erteilte Zugangsberechtigungen jederzeit ändern und widerrufen."

44 Der in § 23 Abs. 3 RAVPV zum 1.8.2022 neu eingefügte Satz 7 regelt die Möglichkeit, eine VHN-Berechtigung (nur möglich im Gesellschafts-beA) mit dem Recht 31 zu vergeben, siehe hierzu auch Rdn 64 in diesem Kapitel. Zu den technischen Problemen in Bezug auf das Gesellschafts-beA, die Probleme der Justiz, den Namen des sendenden Anwalts aus dem Transferprotokoll entnehmen zu können, und die Empfehlung von BRAK und DAV v. 29.9.2022 daher, aus dem Gesellschafts-beA mit qualifizierter elektronischer Signatur zu versenden, siehe auch § 2 Rdn 36 in diesem Werk.

45 **Folgende Rechtevergaben sind möglich:**[14]
- **Recht 1 (Nachrichtenübersicht öffnen):**
  Der Benutzer kann die Nachrichtenübersicht anzeigen lassen, nicht aber Nachrichten lesen. Dieses Recht ist das Recht, das neu eingerichtete Mitarbeiter immer erhalten. Die Betreffzeile wird nur für die Nutzer sichtbar, die Nachrichten (Recht 06) oder Nachrichten, die als persönlich/vertraulich deklariert sind (Recht 11) öffnen dürfen.
- **Recht 2** – ist aktuell nicht besetzt (Stand: 2.10.2022)

---

13 S. 7 wurde angefügt zum 1.8.2022 d. Art. 2 G. v. 7.7.2021, BGBl. I, 2363 sowie bereits vor Inkrafttreten geändert d. Art. 9 G. v. 15.7.2022, BGBl. I, 1146.
14 Nach https://www.bea-brak.de/xwiki/bin/view/BRAK/%2300095 (Abruf: 2.10.2022).

§ 7 So legen Mitarbeiter, Vertretungen, Zustellungsbevollmächtigte u. VHN-Berechtigte los

- **Recht 3 (Nachricht erstellen):**
  Der Benutzer darf neue Nachrichtenentwürfe sowie eine Antwort auf eine Nachricht erstellen und eine Weiterleitung einer Nachricht erzeugen, nicht aber versenden. Ebenso ist das Recht für den Umgang mit eEBs, deren Kenntnisnahme oder Zurückweisung, erforderlich.
- **Recht 4** – ist aktuell nicht besetzt (Stand: 2.10.2022)
- **Recht 5 (Nachricht versenden):**
  Der Benutzer darf eine Nachricht (kein EB) versenden. Bei Vergabe dieses Rechts sind die Rechte 03 „Nachricht erstellen" und 06 „Nachricht öffnen" automatisch mit vergeben.
- **Recht 6 (Nachricht öffnen):**
  Der Benutzer kann vollständig auf alle Nachrichten in einem Postfach lesend zugreifen, die nicht als persönlich/vertraulich gekennzeichnet sind. Betreffzeilen werden in der Nachrichtenübersicht angezeigt.
- **Recht 7 (Nachricht exportieren/drucken):**
  Der Benutzer darf Nachrichten, die nicht als persönlich/vertraulich gekennzeichnet sind, drucken und exportieren.
- **Recht 8 (Nachricht organisieren):**
  Der Benutzer darf Nachrichten u.a. verschieben und Ordner sowie Etiketten verwalten.
- **Recht 9 (Nachricht in Papierkorb verschieben):**
  Der Benutzer darf Nachrichten in den Papierkorb verschieben und aus dem Papierkorb wieder herausholen.
- **Recht 10 (Nachricht löschen):**
  Der Benutzer darf Nachrichten unwiederbringlich löschen, sofern diese vom Postfachbesitzer gelesen oder die Nachricht exportiert wurde.
- **Recht 11 (Nachricht (persönlich/vertraulich) öffnen):**
  Der Benutzer kann vollständig auf alle eingegangenen Nachrichten in einem Postfach lesend zugreifen, die als persönlich/vertraulich gekennzeichnet sind. Dieses Recht umfasst auch eingehende Nachrichten, die nicht als persönlich/vertraulich gekennzeichnet sind (Recht 06).
- **Recht 12 (Nachricht (persönlich/vertraulich) exportieren/drucken):**
  Der Benutzer darf Nachrichten. die als persönlich/vertraulich gekennzeichnet sind, drucken und exportieren. Nachrichten, die nicht als persönlich/vertraulich deklariert sind, können nicht exportiert oder gedruckt werden. Hierzu wäre zusätzlich das Recht 08 „Nachrichten organisieren" notwendig.
- **Recht 13 (EBs signieren):**
  Der Benutzer darf ein nicht als persönlich/vertraulich gekennzeichnetes Empfangsbekenntnis (eEB) signieren. Hat der Benutzer die Rolle „Mitarbeiter" (er ist als anwaltlicher Vertreter für ein Postfach berechtigt), muss er im Besitz eines persönlichen Postfachs sein.
- **Recht 14 (EBs versenden):**
  Der Benutzer darf ein eEB als Antwort auf eine Nachricht, die ein eEB anfordert, aber nicht als persönlich/vertraulich gekennzeichnet ist, versenden. Es wird zusätzlich mindestens das Recht 03 „Nachricht erstellen" benötigt, da bei einer Zurückweisung eine Antwortnachricht erstellt werden muss.
- **Recht 15 (EBs zurückweisen):**
  Der Benutzer darf eine Nachricht, in der ein eEB gefordert wird, an den Absender zurückweisen. Eine Bestätigung der Kenntnisnahme eines eEB ist mit diesem Recht nicht möglich.
- **Recht 16 (EBs signieren [persönlich/vertrauliche Nachrichten]):**
  Der Benutzer darf ein als persönlich/vertraulich gekennzeichnetes eEB signieren. Hat der Benutzer die Rolle „Mitarbeiter" (er ist als anwaltlicher Vertreter für ein Postfach berechtigt), muss er im Besitz eines persönlichen Postfachs sein.
- **Recht 17 (EBs versenden (persönlich/vertrauliche Nachrichten):**
  Der Benutzer darf ein eEB als Antwort auf eine Nachricht, die ein eEB anfordert und als persönlich/vertraulich gekennzeichnet ist, versenden. Es wird zusätzlich mindestens das Recht 03 „Nachricht erstellen" benötigt, da bei einer Kenntnisnahme eine Antwortnachricht erstellt werden muss.

- **Recht 18 (Mitarbeiter verwalten):**
  Der Benutzer darf Mitarbeiter in Postfächern, in denen er dieses Recht besitzt, anlegen oder ändern, aber keine Rechte vergeben. Für die Vergabe und die Entziehung von Rechten benötigt der Mitarbeiter zusätzlich das Recht 19 „Berechtigungen verwalten". Recht 18 ist idealerweise mit Recht 19 kombiniert. Der Inhaber dieser beiden Rechte 18 und 19 (er ist Mitarbeiter in diesen Postfächern) hat die Funktion eines Postfachverwalters und wirkt unterstützend für den Postfachinhaber bei der Verwaltung der Mitarbeiter des betroffenen Postfachs mit.
- **Recht 19 (Berechtigungen verwalten):**
  Der Benutzer darf Berechtigungen in Postfächern, in denen er dieses Recht besitzt, freigeben oder entfernen sowie Postfacheigenschaften wie E-Mail-Adressen und Benachrichtigungen verwalten. Recht 19 ist idealerweise mit Recht 18 kombiniert. Der Inhaber dieser beiden Rechte 19 und 18 (er ist Mitarbeiter in diesen Postfächern) hat die Funktion eines Postfachverwalters und wirkt unterstützend für den Postfachinhaber bei der Verwaltung der Mitarbeiter des betroffenen Postfachs mit.
- **Recht 20 (Postfach- und Nachrichtenjournal verwenden):**
  Der Benutzer darf das Postfach-, das Nutzer- und die Nachrichtenjournale einsehen, exportieren und löschen.
- **Recht 21** – ist aktuell nicht besetzt **(Stand: 2.10.2022)**
- **Recht 22 (Berichte erstellen und verwalten):**
  Der Benutzer darf Berichte für das Postfach erstellen und exportieren.
- **Recht 30 (EBs mit VHN versenden):**
  Der Benutzer kann mit diesem Recht im Namen des Postfachinhabers eEBs auf einem sicheren Übermittlungsweg versenden. Dieses Recht kann nur über die Vergabe der Rollen **Vertretung** oder **Zustellungsbevollmächtigter** vergeben werden.
- **Recht 31 (Nachricht mit VHN versenden):**
  Der Benutzer kann mit diesem Recht im Namen des Postfachinhabers Nachrichten auf einem sicheren Übermittlungsweg versenden. Dieses Recht kann nur über die Vergabe der Rolle VHN-Berechtigter vergeben werden. Die Rolle **VHN-Berechtigter** kann nur für das Postfach einer Berufsausübungsgesellschaft vergeben werden.

Es empfiehlt sich, nicht jedem Mitarbeiter jedes Recht einzuräumen. Hier ist eine konkrete und wohl überlegte Auswahl zu treffen insbesondere im Hinblick auf evtl. Wiedereinsetzungsfragen. So sollte nach unserer Auffassung z.B. einem/einer Auszubildenden das Recht, Nachrichten zu löschen, nicht übertragen werden.

> *Hinweis*
>
> Die Rechtevergabe kann für einen **vorab definierten Zeitraum** erfolgen und kann jederzeit vom Postfachinhaber oder seinem Postfachverwalter geändert werden.

Der schematische Aufbau der Rechte lässt sich anhand eines Diagramms darstellen. Dabei wird ablesbar, welche Rechte aktiviert sind, auch wenn sie nicht aktiv vergeben wurden. So sind alle Rechte links dem erteilten Recht automatisch mitvergeben, wenn diese, wie in der Darstellung gezeigt, mit einer Linie bis zum Recht 01 verbunden sind.

| § 7 | So legen Mitarbeiter, Vertretungen, Zustellungsbevollmächtigte u. VHN-Berechtigte los |

49

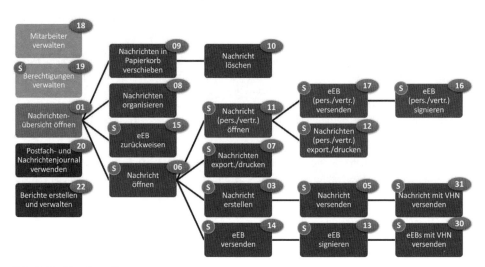

Abb. 11: Rechteschema[15]

50 *Beispiel*

Wird das Recht 05 (Nachricht versenden) vergeben, so hat der berechtigte Nutzer (z.B. in der Rolle Mitarbeiter) automatisch auch die Rechte 03 (Nachricht erstellen) und 06 (Nachricht öffnen) erhalten, auch wenn diese nicht explizit erteilt wurden. Der mögliche Wunsch, einem z.B. Mitarbeiter mit dem Recht 05 Nachrichten versenden lassen zu können, ohne dass z.B. der Mitarbeiter die Nachricht öffnen können soll, ist somit nicht möglich.

51 *Hinweise*

Für einen anwaltlichen Vertreter, der die Rolle Mitarbeiter **mit** Anwaltseigenschaft übertragen erhalten hat, ist die Vergabe der Rechte 14 + 13 sowie 17 + 16 ohne das Recht 03 zu erhalten, nicht sinnvoll, da eine Antwort auf eine eEB-Anforderung die Möglichkeit, eine Nachricht zu erstellen, voraussetzt.

Das Recht 15 ist ohne die Rechte 03 und 14 in der Rolle Mitarbeiter **mit** Anwaltseigenschaft nicht einsetzbar.

Bei der Vergabe der Rollen „Zustellungsbevollmächtigter", „Vertretung" und „VHN-Berechtigter" (die letztgenannte Rolle kann ausschließlich in einem Gesellschafts-beA vergeben werden) werden bestimmte Rechte automatisch vergeben, die um weitere Rechte ergänzt werden können, siehe Rdn 59, 61 u. 64 in diesem Kapitel.

Für Rechte, welche im obigen Schema mit einem grünen „S" gekennzeichnet sind, muss nach der Vergabe der Rechte i.d.R. der zugehörige Sicherheits-Token freigeschaltet werden, siehe Rdn 42, 80 u. 84 in diesem Kapitel.

52 Manche Rechte ermöglichen eine Vielzahl von Tätigkeiten im Postfach. Das Recht 08 (Nachrichten organisieren) wird z.B. benötigt, um die folgenden Tätigkeiten im Postfach durchführen zu können:
1. Erstellen von „Hervorhebungen von Nachrichten"
2. „Verschieben" von Nachrichten
3. „Ordner erstellen/löschen"

---

15 Anregung aus BRAK Newsletter 10.2017 und 9.2022 mit Aktualisierungen durch die Autoren (Stand 25.8.2022).

4. „Etiketten verwalten und vergeben/entfernen"
5. „Kommentare erstellen" (und löschen)

Neues Recht: 30 eEBs mit VHN versenden (seit beA-Version 3.14) 53

„Die Berechtigten können mit diesem Recht im Namen der Postfachinhaberin oder des Postfachinhabers elektronische Empfangsbekenntnisse (eEBs) auf einem sicheren Übermittlungsweg versenden. Eine qualifizierte elektronische Signatur des eEBs ist nicht erforderlich.

Dieses Recht benötigen Vertretungen und Zustellungsbevollmächtigte, um eEBs ohne qualifizierte elektronische Signatur abgeben zu können."[16]

Neues Recht: 31 Nachrichten mit VHN versenden (seit beA-Version 3.14) 54

„Die Berechtigten können mit diesem Recht im Namen von Berufsausübungsgesellschaften Nachrichten auf einem sicheren Übermittlungsweg versenden. Eine qualifizierte elektronische Signatur ist nicht erforderlich."[17]

Siehe auch § 11 Rdn 28 u. 117 ff. sowie § 2 Rdn 35 ff. jeweils in diesem Werk.

Wie sich die beiden neuen Rechte 30 und 31 in das Rechteschema einordnen, siehe das Schaubild unter Rdn 49 in diesem Kapitel. Dieses Recht kann ausschließlich im Gesellschafts-beA vergeben werden, siehe dazu auch Rdn 64 unten. Zu den technischen Problemen in Bezug auf das Gesellschafts-beA, die Probleme der Justiz, den Namen des sendenden Anwalts aus dem Transferprotokoll entnehmen zu können, und die Empfehlung von BRAK und DAV v. 29.9.2022 daher, aus dem Gesellschafts-beA mit qualifizierter elektronischer Signatur zu versenden, siehe auch § 2 Rdn 36 in diesem Werk.

II. Rollen für Benutzer im beA

Jeder Nutzer im beA erhält mindestens eine Rolle zugewiesen. Sie gibt grundsätzlich Auskunft darüber, welche Funktion einem Nutzer in einem bestimmten Postfach zugedacht wurde. Folgende Rollen sind vergeben oder können vergeben werden. 55

- Besitzer eines persönlichen Postfachs,[18] siehe nachstehende Rdn 56
- Mitarbeiter, s. Rdn 57
- Zustellungsbevollmächtigter (seit beA-Version 3.14), s. Rdn 59
- Vertretung (seit beA-Version 3.14), s. Rdn 61
- VHN-Berechtigter (seit beA-Version 3.14), s. Rdn 64

Alle zugelassenen Rechtsanwälte, die im BRAV der BRAK eingetragen sind, erhalten die Rolle „**Besitzer eines persönlichen Postfachs**". Dieses Postfach muss vor der ersten Nutzung durch die Erstregistrierung, siehe § 6 Rdn 17 in diesem Werk, freigeschaltet werden. Alle Postfachbesitzer erhalten alle verfügbaren Rechte von Recht 01 bis Recht 22 (aktuell 19 aktive Rechte[19]), die einem Postfachbesitzer alle zur Verfügung stehen. Einzelne Rechte können einem Postfachbesitzer nicht entzogen werden, getreu dem Motto alle oder keines.[20] 56

Die Rolle „**Mitarbeiter**" erhalten alle Benutzer, die im beA eines Rechtsanwalts oder einer Berufsausübungsgesellschaft bestimmte Tätigkeiten ausüben dürfen, für welche sie über die Rolle Mitarbeiter mit entsprechenden Rechten ausgestattet werden, siehe hierzu auch § 23 Abs. 2 RAVPV. Für die Rolle 57

---

16 Quelle: Sondernewsletter 9/2022 v. 26.7.2022.
17 Quelle: Sondernewsletter 9/2022 v. 26.7.2022.
18 In der RAVPV ist vom „Postfachinhaber" die Rede; im beA selbst vom „Postfachbesitzer"; gemeint ist dasselbe.
19 Stand 2.10.2022.
20 Hinweis: In der RAVPV ist anstelle des Postfachbesitzers vom Postfachinhaber die Rede, siehe z.B. § 14 RAVPV.

§ 7 So legen Mitarbeiter, Vertretungen, Zustellungsbevollmächtigte u. VHN-Berechtigte los

Mitarbeiter stehen alle dann verfügbaren Rechte von Recht 01 bis Recht 22 (aktuell 19 aktive Rechte[21]) zur Verfügung. Den Umfang der Mitarbeit bestimmt der Postfachinhaber. Werden die Rechte 18 u. 19 an einen Mitarbeiter vergeben, so kann dieser die Funktion des Postfachverwalters übernehmen und selbst – z.B. im Krankheitsfall nach Weisung durch den Postfachinhaber – auch ad hoc Rechte an andere Personen vergeben. Die Rechte 18 u. 19 sollten nur an sehr vertrauenswürdige Mitarbeiter übertragen werden. Da sich das Recht 19 nicht auf ein Software-Zertifikat übertragen lässt, benötigt ein Mitarbeiter, der **Postfachverwalter** sein soll, als Zugangsmittel eine beA Karte Mitarbeiter (Hardware), § 23 Abs. 3 S. 2 RAVPV. **Soll ein Anwalt** Tätigkeiten in einem beA eines Rechtsanwaltes durchführen können, müssen ihm ebenfalls entsprechende Rechte freigegeben werden. Der Anwalt erhält dann ebenfalls die Rolle „Mitarbeiter". In der Benutzerverwaltung wird in der Spalte „**Anwaltseigenschaft**" der Vermerk „Ja" eingetragen (1). Ein Mitarbeiter **ohne** Anwaltseigenschaft erhält den Eintrag „Nein" (2).

58

Abb. 12: Ausgewiesene Anwaltseigenschaft in der Benutzerverwaltung

59 Die Rolle „**Zustellungsbevollmächtigter**" kann einem Berufsträger übertragen werden, wenn dieser für von der Kanzleipflicht (§§ 27, 29 BRAO) befreite Kollegen oder Berufsausübungsgesellschaften gem. § 30 BRAO als Zustellungsbevollmächtigter bestellt ist gegenüber der zuständigen Rechtsanwaltskammer benannt wurde. Durch die Rolle „Zustellungsbevollmächtigter" werden dem Berufsträger folgende Rechte als im Gesamten automatisch zugewiesen:

- 01 – Nachrichtenübersicht öffnen
- 03 – Nachricht erstellen
- 06 – Nachricht öffnen
- 14 – EBs versenden
- 15 – EBs zurückweisen
- 30 – EBs mit VHN versenden

60 *Hinweis*

Die vorgesehenen Rechte der Rolle „Zustellungsbevollmächtigter" können nur als Paket vergeben werden. Einzelne Standard-Rechte der Rolle „Zustellungsbevollmächtigter" können **nicht** entfernt werden. Es können aber beliebige weitere zusätzlich verfügbare Rechte übertragen werden. Die Rolle „Zustellungsbevollmächtigter" und deren zugehörige Rechte kann nur als Ganzes entzogen werden.

61 Die Rolle „**Vertretung**" kann einer vom Postfachinhaber gem. § 53 Abs. 3 BRAO selbst bestellten Vertretung übertragen werden. Durch die Rolle „Vertretung" werden dem Berufsträger folgende Rechte im Gesamten automatisch zugewiesen:

- 01 – Nachrichtenübersicht öffnen
- 03 – Nachricht erstellen
- 06 – Nachricht öffnen
- 14 – EBs versenden

---

[21] Stand 2.10.2022

D. Befugnis- und Rechtemanagement § 7

- 15 – EBs zurückweisen
- 30 – EBs mit VHN versenden

Hinweis **62**

Die vorgesehenen Rechte der Rolle „Vertretung" können nur als Paket vergeben werden. Einzelne Standard-Rechte der Rolle „Vertretung" können **nicht** entfernt werden. Es können aber beliebige weitere zusätzlich verfügbare Rechte übertragen werden. Die Rolle „Vertretung" und deren zugehörigen Rechte kann nur als Ganzes entzogen werden.

Tipp **63**

Dem Vertreter sollte zusätzlich mindestens das Recht 05 Nachrichten versenden übertragen werden. Nur so kann der Vertreter „normale" Nachrichten mit Schriftsätzen und deren Anlagen als Anhang aus dem Postfach des Vertretenen versenden. Aber **Achtung**: Möchte der Vertreter Nachrichten, die Schriftsätze als Anhang enthalten, aus dem Postfach des Vertretenen wirksam bei Gericht einreichen, muss der Schriftsatz in der Nachricht durch den Vertreter im Postfach des Vertretenen mit einer qualifizierten elektronischen Signatur versehen werden.

Die Rolle „VHN-Berechtigter" kann gem. § 23 Abs. 3 S. 7 RAVPV ausschließlich im Gesellschafts-beA **64** und nur einem Rechtsanwalt, der seinen Beruf in dieser Berufsausübungsgesellschaft ausübt, übertragen werden. Diese Rolle enthält das Recht 31, dass es diesem Rechtsanwalt ermöglicht, Nachrichten (z.B. mit Anhang eines Schriftsatzes) für die Berufsausübungsgesellschaft **ohne qeS** (allerdings mit einfacher elektronischer Signatur des Sendenden unter dem Schriftsatz; zu technischen Problemen siehe jedoch Rdn 65 nachstehend) wirksam bei Gericht einreichen zu können (§ 130a Abs. 3 S. 1 Alt. 2 ZPO, siehe § 11 Rdn 17 u. 117 ff. in diesem Werk). Durch die Rolle „VHN-Berechtigter" werden dem Berufsträger folgende Rechte im Gesamten automatisch zugewiesen:

- 01 – Nachrichtenübersicht öffnen
- 03 – Nachricht erstellen
- 05 – Nachricht versenden
- 06 – Nachricht öffnen
- 13 – EBs signieren
- 14 – EBs versenden
- 15 – EBs zurückweisen
- 30 – EBs mit VHN versenden
- 31 – Nachricht mit VHN versenden

Hinweis **65**

Die vorgesehenen Rechte der Rolle „VHN-Berechtigter" können nur als Paket vergeben werden. Einzelne Standard-Rechte der Rolle „VHN-Berechtigter" können **nicht** entfernt werden. Es können aber beliebige weitere zusätzlich verfügbare Rechte übertragen werden. Die Rolle „VHN-Berechtigter" und deren zugehörigen Rechte können nur als Ganzes entzogen werden. Die Rolle „VHN-Berechtigter" steht nur in einem Gesellschafts-beA zur Verfügung. Zu den technischen Problemen in Bezug auf das Gesellschafts-beA, die Probleme der Justiz, den Namen des sendenden Anwalts aus dem Transferprotokoll entnehmen zu können, und die Empfehlung von BRAK und DAV v. 29.9.2022 daher, aus dem Gesellschafts-beA mit qualifizierter elektronischer Signatur zu versenden, siehe auch § 2 Rdn 36 in diesem Werk.

III. Rechte- und Rollenvergabe im beA

66 Grundsätzlich besitzt der Postfachinhaber automatisch alle zur Verfügung stehenden Rechte in seinem beA. Er ist gem. § 23 Abs. 2 S. 1 RAVPV berechtigt, weiteren Personen Zugang zu seinem beA zu gewähren. Sofern diese Personen nicht selbst über ein beA verfügen, hat der Postfachinhaber für diese Personen zunächst ein Zugangskonto anzulegen, § 23 Abs. 2 S. 2 RAVPV. Diese neuen Nutzer erhalten aber kein eigenes beA, insofern kann der Begriff „Zugangskonto" in § 23 Abs. 2 S. 2 RAVPV falsch verstanden werden. Es handelt sich dabei vielmehr um ein Benutzerprofil, das zunächst angelegt wird. Der Zugang dieser Personen erfolgt dann über dieses Profil unter Verwendung eines ihnen zugeordneten Zugangsmittels, einem Zertifikat (Sicherheits-Token) und einer zugehörigen Zertifikats-PIN.

1. Rollen- und Rechtevergabe an Kanzleimitarbeiter

67 Dem beA eines Postfachinhabers zugeordnete Mitarbeiter erhalten bei Zuordnung zu einem bestimmten beA grundsätzlich das Recht 01 „Nachrichtenübersicht öffnen" zugewiesen. Einem Anwaltskollegen, der im beA eines Kollegen berechtigt wird, können alle Rechte auch ohne das Recht 01 „Nachrichtenübersicht öffnen" zugewiesen und sie können für ihn aktiviert werden. Ein in einem Postfach zugeordneter Anwaltskollege erhält ebenfalls die Rolle „Mitarbeiter". Im Gegensatz zum „echten" Mitarbeiter einer Anwaltskanzlei hat der Anwaltskollege in der Benutzerverwaltung in der Spalte „Anwaltseigenschaft" den Eintrag „Ja". Kanzleimitarbeitern, wie z.B. ReFas, ReFaWis, Assistenten etc. (solchen ohne Anwaltseigenschaft), wird in dieser Spalte vom beA-System ein „Nein" zugewiesen.

68 Dem Mitarbeiter/Anwaltskollegen können verfügbare Rollen und aus dem Rechtekatalog beliebige Rechte – auch zeitlich beschränkt – zugeordnet werden. Vergebene Rollen oder Rechte können auch wieder entzogen werden. Wird ein vergebenes Recht zeitlich beschränkt, wird der Zeitpunkt der ersten Anwendbarkeit dieses Rechts und der Zeitpunkt, zu dem das Recht wieder automatisch erlischt, bei der Rechtevergabe bestimmt. Das angegebene Datum ist dabei jeweils ein inklusives Datum. Der genannte Tag ist im zeitlichen Fenster enthalten. Werden einem Mitarbeiter/Anwaltskollegen neue Rechte zugeordnet oder entzogen, wird die neue Konstellation der Rechte erst bei der nächsten Einwahl ins beA-System des Postfachinhabers wirksam. War der Mitarbeiter/Anwaltskollege während der Rechtevergabe im beA-System eingewählt, ändert sich bis zur Neuanmeldung bzgl. der alten Rechtekonstellation nichts.

69

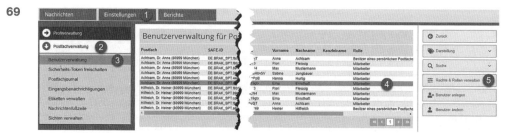

Abb. 13: Rechte- und Rollenvergabe

70 Die Rechte- und Rollenvergabe erfolgt durch Öffnen des Registers „Einstellungen" (1) und dort durch Klick auf das erscheinende Register „Postfachverwaltung" (2) im Bereich „Benutzerverwaltung" (3). Aus der Reihe der Nutzer, die in der dann erscheinenden Liste dargestellt werden, wird der zu bearbeitende Nutzer durch Klick in die Zeile des Eintrags ausgewählt. Der ausgewählte Nutzer/die ausgewählte Zeile hebt sich farblich von den anderen Einträgen ab (4). Durch Klick auf den Button „Rechte & Rollen verwalten" (5) erscheint die Darstellung der „Rechte- und Rollen-Zuordnung eines Benutzers verwalten".

D. Befugnis- und Rechtemanagement § 7

Abb. 14: Rechte- und Rollen-Zuordnung für einen Benutzer (hier: Mitarbeiterin Hanna Hurtig)

In der daraufhin sich öffnenden Seiten-Darstellung der Übersicht der Rechte- und Rollen-Zuordnung für den zuvor ausgewählten Nutzer kann durch Anhaken der zu bearbeitenden Rolle, hier Mitarbeiter (1), welcher diese Rolle im Postfach von RAin Dr. Anna Achtsam ausüben kann, entweder ein neues Recht (2), eine neue Rolle (3) zugeordnet, die Rechte/Rollen geändert (4) oder die Rechte/Rolle (5) entzogen werden.

Abb. 15: Rolle einem Benutzer zuordnen

Durch Klick auf den Button „Neue Rolle zuordnen" (Rdn 71, Abb. 14, Punkt 3) gelangt man in den Dialog „Benutzer eine Rolle zuweisen" (1). Hier kann das Postfach, dem der Mitarbeiter mit einer neuen Rolle zugeordnet werden soll, ausgewählt werden (2). Als Rollen (3) stehen einem Mitarbeiter (durch Klick auf das Dropdown-Feld) die Rolle „Mitarbeiter" (4) zur Verfügung. Die zusätzlich ausgewiesene und auswählbare Rolle Zustellungsbevollmächtigte(r)" (5) macht für die Vergabe an einen Kanzleimitarbeiter keinen Sinn; denn rechtlich orientiert sich die Zustellungsbevollmächtigung an § 30 BRAO i.V.m. § 25 RAVPV.

Abb. 16: Rechtezuordnung

§ 7 So legen Mitarbeiter, Vertretungen, Zustellungsbevollmächtigte u. VHN-Berechtigte los

76 Wenn die richtige Rolle eines Mitarbeiters in einem bestimmten Postfach zugeordnet ist oder eine Rolle neu hinzugefügt wurde, kann die Vergabe der Rechte erfolgen (Rdn 71, Abb. 14, Punkt 2). In diesem Fenster wird das zuvor gewählte Postfach, für das die Rechte des Mitarbeiters gelten sollen, an dieser Stelle unveränderbar (1) und die gewählte Rolle, ebenfalls unveränderbar an dieser Stelle (2), angezeigt. Über das Dropdown-Feld Recht (3) kann jedes zu vergebende Recht ausgewählt werden. Es kann eine Mehrfachauswahl (4) von zu vergebenden Rechten durchgeführt werden (Auswahl durch Anhaken der jeweiligen Check-Box), die dann alle gleichzeitig auf den Mitarbeiter übertragen werden können. Abgeschlossen wird die Rechtevergabe durch Klick auf den Button „Speichern und zurück" (5).

77

Abb. 17: Berechtigungshinweise

78 Nach dem Klick auf den Button „Speichern und zurück" erscheint der vorherige Bildschirm, ergänzt um das/die neu vergebene/n Recht/e (1).

79 Wenn bei der erstmaligen Vergabe von Rechten Rechte vergeben werden, die eine Ver- und Entschlüsselung der Nachricht erfordern (z.B. Nachricht erstellen, Nachricht versenden, Nachricht öffnen, siehe auch Rdn 45 in diesem Kapitel), erfolgt nach dem Speichern dieses Rechts der Hinweis, dass der Sicherheits-Token des mit diesem Recht auszustattenden Nutzers noch freigeschaltet werden muss (2).

80 Die eventuell notwendig gewordene Freischaltung des Sicherheits-Tokens erfolgt im Register „Einstellungen" (3) im Bereich „Postfachverwaltung" (4) durch Klick auf den Eintrag „Sicherheits-Token freischalten" (5). Der Sicherheits-Token wird allerdings erst sichtbar, wenn der neu angelegte Mitarbeiter/Nutzer über den Startbildschirm des beA die „Registrierung für Benutzer ohne eigenes Postfach" durchgeführt hat. Dadurch wird der ihm überlassene Sicherheits-Token (beA-Karte Mitarbeiter oder das beA-Softwarezertifikat) mit seinem erstellten Nutzer-Profil gekoppelt.

81

Abb. 18: Sicherheits-Token freischalten

Der im neuen Fenster erscheinende Sicherheits-Token des betroffenen, noch zu berechtigenden Nutzers wird ausgewählt (1) und durch Klick auf den Button „Zertifikat freischalten" (2) bestätigt. Das erscheinende Hinweisfenster wird mit „OK" bestätigt. Es folgt ein Informationsfenster, in welchem das Postfach/die Postfächer, das/die von der Freigabe des Sicherheits-Tokens betroffen ist/sind, anzeigt. Dieses wird ebenfalls mit „OK" bestätigt. Daraufhin wird zur Bestätigung und nach Aufforderung die PIN des Postfachinhabers oder des Postfachverwalters in das Kartenlesegerät eingegeben. Der Mitarbeiter muss, sobald ihm Berechtigungen, die eine Ver- und Entschlüsselung der Nachrichten nach sich ziehen (z.B. Nachricht öffnen), zugeordnet sind, bei der Anmeldung im beA-System zweimal die PIN eingeben (Authentifizierung und Verschlüsselung).

Abb. 19: Berechtigungen zeitlich einschränken

Jedes Recht kann zeitlich beschränkt werden. Es kann für jedes Recht ein bestimmtes Startdatum (1) oder Enddatum (2) oder Start- (1) und Enddatum (2) festgelegt werden.

Tipp

Werden Rechte bei der Zuteilung zeitlich begrenzt (z.B. für einen Vertretungszeitraum oder im Krankheitsfall), muss der Postfachinhaber oder sein Postfachverwalter am ersten Berechtigungstag noch einmal in den Postfachbereich gehen und den Sicherheits-Token freischalten. Wenn der Postfachinhaber oder sein Postfachverwalter diesen zusätzlichen, nachträglichen Schritt nicht durchführen möchte, kann bei der ursprünglichen Rechtevergabe **ein** Recht, dass zur Ausübung eine Ver- und Entschlüsselungsberechtigung voraussetzt, z.B. Nachricht öffnen, bereits im Vorgriff der Berechtigungszeit der übrigen Rechte am Einrichtungstag gestartet werden. Dann kann auch der Sicherheits-Token schon am Tag der Einrichtung der zukünftigen Berechtigungen freigeschaltet werden. Nach dem Freischalten des Sicherheits-Tokens kann das „vorzeitig" freigegebene Recht in den zeitlichen Rahmen der anderen Rechte in die Zukunft gesetzt werden. Zu dem Zeitpunkt, an dem die erteilten Berechtigungen (z.B. gleichzeitig) zu laufen beginnen (z.B. Eintrittszeitpunkt der Vertretung), werden alle Rechte aktiv; eine gesonderte Freischaltung des Sicherheits-Tokens ist nicht mehr notwendig.

Im Bereich der „Rechte-Zuordnung eines Benutzers verwalten" können zeitlich begrenzte oder unbegrenzte Berechtigungen über die Funktion „Rechtezuordnung ändern" jeweils einzeln in ihrer zeitlichen Begrenzung angepasst werden. Die Rechte müssen also für eine neue zeitliche Einordnung nicht zuerst entzogen und dann wieder im neuen zeitlichen Rahmen vergeben, sondern können im Bestand geändert werden. Werden abgelaufene, vergebene Rechte über die Funktion „Rechtezuordnung ändern" in die Zukunft verlegt, muss am Tag des Beginns der neuen Geltungsdauer der Rechte, die eine Ver- und Entschlüsselungsberechtigung voraussetzen, der Sicherheits-Token erneut freigeschaltet werden.

Hinweis

Soll ein zuvor angelegter Nutzer (Mitarbeiter oder Anwaltskollege) wieder aus der Benutzerverwaltung entfernt werden, geschieht dies dadurch, dass diesem Benutzer alle vorhandenen Rechte entzogen werden. Es werden alle vergebenen Rechte über die Check-Box/en ausgewählt. Nach dem Klick auf den Button „Bestehendes Recht entziehen" ist dieser Nutzer aus der Benutzerverwaltung entfernt. Der betroffene Mitarbeiter/Anwaltskollege müsste nun wieder dem eigenen Postfach hinzugefügt werden, sofern man diesem erneuten Zugriff auf das Postfach gewähren und bestimmte Rechte übertragen möchte. Der Nutzer/Anwaltskollege wird dabei nur in dem gerade bearbeiteten Postfach entfernt. Berechtigungen in anderen Postfächern bleiben von der aktuellen Aktion unberührt.

2. Rollen- und Rechtevergabe – anwaltliche Vertretung

87 Seit der beA-Version 3.14 können Anwaltskollegen vereinfacht als Vertretung, z.B. im Krankheits- oder Urlaubsfall, eingerichtet werden.

88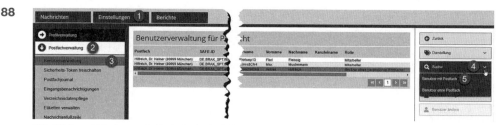

Abb. 20: Anwaltskollegen als Vertreter im beA-System suchen

89 Für die Vertretung eines Anwaltskollegen kann einem Rechtsanwalt im Vertretenen-Postfach die Rolle „Vertretung" zugewiesen werden. Dazu meldet sich der zu vertretende Rechtsanwalt in seinem Postfach an und geht über das Register „Einstellungen" (1) und sodann die „Postfachverwaltung" (2) zur „Benutzerverwaltung" (3). Im rechten vertikalen Auswahlmenü klickt er auf das Dropdown-Feld „Suche" (4) und wählt „Benutzer **mit** Postfach" (5) aus.

90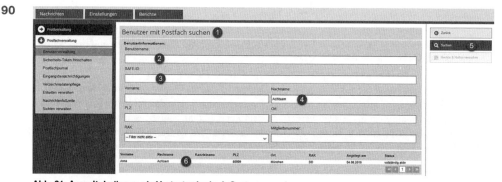

Abb. 21: Anwaltskollegen als Vertreter im beA-System anzeigen

91 Im darauf sich öffnenden Dialog „Benutzer mit Postfach suchen" (1) kann entweder der vollständige „Benutzername" (2) oder die vollständige SAFE-ID (3) eingeben werden oder eines der fünf Freitext-Suchfelder (Vorname, Nachname, PLZ, Ort oder Mitgliedsnummer, hier ist es ausreichend, einen Teilbegriff zum gesuchten Kollegen einzutragen) oder auch das Dropdown-Feld RAK zur Eingrenzung der Suche genutzt werden (4). Nach Klick auf den Button „Suchen" (5) werden die gefundenen Treffer am unteren Rand des Suchfensters aufgelistet (6).

D. Befugnis- und Rechtemanagement §7

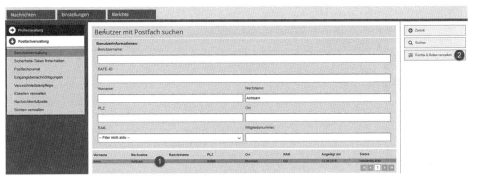

Abb. 22: Gewählten Anwaltskollegen mit Rollen und Rechten ausstatten

Nach Auswahl des gewünschten Kollegen durch Klick mit der linken Maustaste auf die Zeile des entsprechenden Eintrages wird dieser hervorgehoben (1) und der Button „Rechte & Rollen verwalten" kann angeklickt werden.

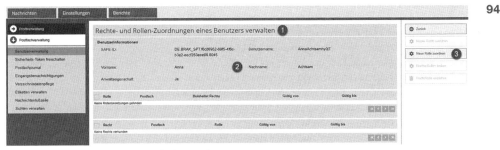

Abb. 23: Anwaltskollegen eine neue Rolle zuordnen

Im sich öffnenden Dialog „Rechte- und Rollen-Zuordnungen eines Benutzers verwalten" (1) muss zuerst eine neue Rolle für den ausgewählten Anwaltskollegen (2) als Vertretung zugewiesen werden. Dies wird mit einem Klick auf den Button „Neue Rolle zuordnen" (3) eingeleitet.

Abb. 24: Rolle „Vertretung" für den Vertreter auswählen

Im sich öffnenden Dialog „Benutzer eine Rolle zuordnen" (1) wird der neue Vertreter namentlich angezeigt (2) und die neue Rolle kann dem Postfach des Vertretenen zugeordnet werden (3). Durch Klick auf das Dropdown-Feld „Rolle" (4) wird die Rolle „Vertretung" durch Klick mit der linken Maustaste ausgewählt (5) und der Dialog mit dem Button „Speichern und zurück" (6) abgeschlossen.

§ 7 So legen Mitarbeiter, Vertretungen, Zustellungsbevollmächtigte u. VHN-Berechtigte los

98

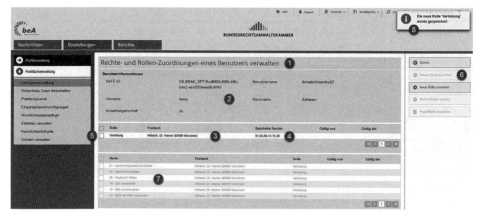

Abb. 25: Bestehende Rolle(n) und Rechte anzeigen (hier der Vertretung)

99 Es wird wieder der Dialog „Rechte- und Rollenzuordnung eines Benutzers verwalten" angezeigt (1). Im Dialogfenster ist erkennbar, dass Dr. Anna Achtsam die Rolle „Vertretung" (2) im Postfach von Dr. Heiner Hilfreich (3) mit den vordefinierten und nicht veränderbaren Rechten für diese Rolle, Rechte 01, 03, 06, 14, 15 und 30 zugeordnet wurde (4), siehe hierzu auch Rdn 61 in diesem Kapitel. Es können zwar die angezeigten Rechte in der Rolle „Vertretung" nicht entzogen werden, es können aber sehr wohl zusätzliche Rechte bei Bedarf zugeordnet werden. Wir empfehlen, mindestens noch das Recht 05 „Nachricht versenden" zuzuordnen, da damit nicht nur die eEBs zurückgewiesen oder zur Kenntnis genommen, sondern auch Nachrichten als solche versendet werden können, siehe Rdn 63 in diesem Kapitel. Dies kann durch Anhaken der Checkbox „Vertretung" (5) und anschließendem Klick mit der linken Maustaste auf „Neues Recht zuordnen" (6) erfolgen.

100 Die vergebenen Rechte für die Rolle „Vertretung" werden im unteren Bereich des Dialogfensters aufgelistet (7). Diese Rechte werden ausgegraut dargestellt, als Hinweis, dass diese Rechte im Zusammenhang mit der Rolle „Vertretung" nur gemeinsam und **nicht einzeln** entzogen werden können.

101 *Hinweis*

Je nachdem, ob für den Vertreter im Postfach des Vertretenen schon einmal ein Sicherheits-Token freigeschaltet wurde oder auch nicht, kann es sein, dass neben der Information „Die neue Rolle ‚Vertretung' wurde gespeichert" (8) auch noch die Aufforderung, den Sicherheits-Token freizuschalten, erfolgt, siehe Rdn 42, 80 u. 84 in diesem Kapitel.

102

Abb. 26: Bestehende Rolle entziehen

D. Befugnis- und Rechtemanagement §7

Zum Entziehen der Rolle, hier „Vertretung" (und der zughörigen Rechte), wird im Dialog „Rechte- und Rollen-Zuordnungen eines Benutzers verwalten" (1) durch Auswahl der Checkbox der Rolle „Vertretung" (2) und Klick mit der linken Maustaste auf „Recht/Rolle entziehen" (3) diese Rolle (inkl. der der Rolle automatisch zugewiesenen Rechte) wieder entfernt. Die anschließende Sicherheitsabfrage „Wollen Sie alle ausgewählten Rollen entziehen?" wird mit Klick auf „Ja" bestätigt. Sofern der Rolle noch zusätzliche Rechte neben den Standard-Rechten der Rolle vergeben worden sein sollten, werden diese zusätzlichen Rechte mit Löschung der betroffenen Rolle ebenfalls gelöscht. **103**

> *Hinweis* **104**
> Rollen können wie Rechte auch zeitlich beschränkt vergeben werden, siehe Rdn 79 u. 82 in diesem Kapitel.

Die Vergabe der Rollen „Zustellungsbevollmächtigter" und „VHN-Berechtigter" erfolgt analog wie die Vergabe der Rolle „Vertretung". Die Rolle „VHN-Berechtigter" kann nur über ein Gesellschafts-beA vergeben werden, siehe Rdn 64 f. in diesem Kapitel. Zu den technischen Problemen in Bezug auf das Gesellschafts-beA, die Probleme der Justiz, den Namen des sendenden Anwalts aus dem Transferprotokoll entnehmen zu können, und die Empfehlung von BRAK und DAV v. 29.9.2022 daher, aus dem Gesellschafts-beA mit qualifizierter elektronischer Signatur zu versenden, siehe auch § 2 Rdn 36 in diesem Werk. **105**

IV. Nutzer-Profil vom Zugangsmittel entkoppeln

Wenn ein Mitarbeiter aus der Kanzlei ausscheidet, verbleibt das bis dahin genutzte Zugangsmittel (beA-Karte Mitarbeiter oder beA-Softwarezertifikat) in der Kanzlei. Um diese/s Zugangsmittel für andere Mitarbeiter weiter nutzen zu können, sollte der ehemalige Nutzer sein Nutzer-Profil vom Zugangsmittel entkoppeln. **106**

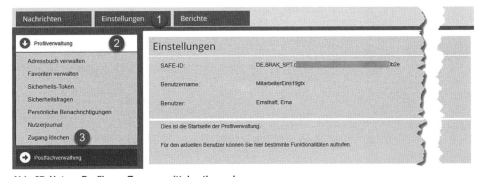

107

Abb. 27: Nutzer-Profil vom Zugangsmittel entkoppeln

Dazu meldet sich der ausscheidende Mitarbeiter ein letztes Mal am beA-System an und klickt die Funktion „Zugang löschen" (3), erreichbar über das Register „Einstellungen" (1) und „Profilverwaltung" (2), mit der linken Maustaste an. Die folgenden Sicherheitsabfragen werden jeweils bestätigt. Im Anschluss ist das Zugangsmittel vom bisherigen Nutzer-Profil entkoppelt und kann einem neuen/anderen Mitarbeiter zur Verfügung gestellt werden. Sollte dieser Vorgang nicht möglich sein (bisheriger Nutzer verweigert die Mitarbeit oder ist nicht mehr erreichbar), kann die Entkopplung auch telefonisch oder per Fax/E-Mail beim beA-Support angefordert werden. **108**

V. Gruppenbildung

109 Da sich die Vergabe der Berechtigungen für einzelne Mitarbeiter oder einen Anwaltskollegen immer wieder gleich gestalten wird, ist es evtl. hilfreich, sich Gedanken zu machen, welche Rechte welchen Mitarbeitern/Anwaltskollegen eingeräumt werden sollen.

110 So könnte man zwischen verschiedenen Nutzergruppen unterscheiden: Personenkreise, die besonders viele Berechtigungen erhalten sollen (z.B. Mitarbeiter in der Fristenabteilung), und Personengruppen, die besonders wenige Berechtigungen oder bestimmte Berechtigungen auf keinen Fall erhalten sollen (z.B. Azubis erhalten kein Recht, Nachrichten zu endgültig zu löschen, Recht 10). Denkbar wäre hier die Erstellung einer Tabelle mit Auflistung aller Berechtigungen und einer spaltenweisen Anlage von Personengruppen (z.B. Fristenabteilung, Sekretariat, Vertreter, Azubi oder auch Personengruppe A, Personengruppe B etc.), denen durch Markierung mit einem aussagekräftigen Symbol (z.B. Haken) in der jeweiligen Zeile eines Rechts dieses Recht im beA-System übertragen werden soll. Damit spart man sich, bei der Vergabe der Berechtigungen für z.B. einen neuen Mitarbeiter/Anwaltskollegen jedes Mal neu überlegen zu müssen, welche Rechte für den jeweiligen Tätigkeitsbereich zugeordnet werden sollen.

111 Die zu berechtigende Person wird einer Personengruppe zugeordnet. Ihr können dann einfach, zeitsparend und kanzleiweit einheitlich die passenden Berechtigungen entsprechend der Tabelle zugeordnet werden. Im Laufe der Zeit wird die Tabelle sicherlich Anpassungen erfahren, dient aber immer als Hilfs- und Orientierungsmittel und trägt damit zur einheitlichen Rechtevergabe und zur Zeitersparnis bei.

112 Mustertabelle zur möglichen Rechtevergabe[22]

Berechtigung an	Personengruppen				
	Vertreter	Fristenabteilung	Sekretariat	Azubi	IT
...					
03 Nachricht erstellen	✓	✓	✓	✓	✗
05 Nachricht versenden	✓	✓	✓	✗	✗
06 Nachricht öffnen	✓	✓	✓	✓	✓
09 Nachrichten in Papierkorb verschieben	✓	✓	✓	✗	✗
10 Nachricht löschen	✗	✓	✗	✗	✗
13 eEB signieren	✓	✗	✗	✗	✗
14 eEB versenden	✓	✗	✗	✗	✗
...					✗
18 Mitarbeiter verwalten	✗	✗	✗	✗	✓
19 Berechtigungen verwalten	✗	✗	✗	✗	✓

Abb. 28: Mustertabelle zur möglichen Rechtevergabe

---

22 Zu beachten ist hierbei, dass durch die Vergabe der Rollen „Zustellungsbevollmächtigter", „Vertretung" und „VHN-Berechtigter" schon bestimmte, nicht vermeidbare Berechtigungen vergeben werden. Weitere Rechte können den genannten Rollen problemlos zugefügt werden, siehe hierzu Rdn 27 mit den Verweisen auf die entsprechenden Rdn in diesem Kapitel.

VI. Sonderrechte Postfachverwaltung

Ein Postfachinhaber kann einen weiteren Nutzer (Mitarbeiter oder Anwaltskollegen) dazu berechtigen, für sein Postfach mit dem Recht 18 „Mitarbeiter verwalten" neue Mitarbeiter anzulegen, oder den Vornamen, Nachnamen, Anrede und Titel eines bestehenden Nutzers zu ändern. Dies ist eine von zwei Berechtigungen, die sinnvollerweise einem Postfachverwalter übertragen werden.

113

Gem. § 23 Abs. 2 S. 4 RAVPV ist der Postfachinhaber berechtigt, einem Mitarbeiter oder einem Anwaltskollegen unter Nutzung der jeweils eigenen (nicht die des die Rechte übertragenden Postfachinhabers) Hardwarekomponente beA-Karte (beA-Karte Mitarbeiter oder beA-Karte Basis) das Recht 19 „Berechtigungen verwalten" zu übertragen. Der mit diesem Recht Ausgestattete kann für das Postfach, für welches er diese Berechtigung erhalten hat, Berechtigungen zuweisen oder Berechtigungen entziehen. Dies trifft auch auf ihn selbst zu. Der auf diese Weise Berechtigte kann sich selbst beliebige Rechte zuweisen oder entziehen. Wenn er sich auf diesem Weg das Recht 19 „Berechtigungen verwalten" selbst entzogen hat, steht ihm dieses Recht nach Neuanmeldung am System nicht mehr zur Verfügung. Sollte dies versehentlich passiert sein, muss dem ursprünglich Berechtigten dieses Recht erst wieder vom Postfachinhaber oder einem evtl. weiteren Postfachverwalter für das betroffene Postfach erneut zugeteilt werden. Auch hier gilt: Erst nach erneutem Anmelden im beA-System werden die Änderungen für den dann wieder neu mit Rechten Ausgestatteten oder die gleichzeitig entzogenen Rechte wirksam. Anwälte sollten wegen der weitreichenden Folgen nur besonders gut ausgebildeten und vertrauenswürdigen Mitarbeitern die Rolle des Postfachverwalters übertragen.

114

§ 8 Vorstellung des beA

A. Register (Nachrichten/Einstellungen/Berichte)

Abb.: 1 Register

Grundsätzlich stehen drei Bereiche zur Verfügung. „Nachrichten", „Einstellungen" und „Berichte". Diese sind über die beim Start des beAs dargestellten gleichnamigen Registerschaltflächen erreichbar. Im Bereich „Nachrichten" werden alle Funktionen, die mit Nachrichten direkt zu tun haben, angezeigt. Im Bereich „Einstellungen" kann das eigene Profil bzw. das Postfach verwaltet werden. Dem beA-Inhaber stehen dabei immer alle Funktionen zur Verfügung. Die im beA angelegten Nutzer, ob Mitarbeiter oder anwaltliche Vertreter, sehen immer nur die Funktionen, für die sie Berechtigungen bei der Rechte- und Rollenvergabe erhalten haben. Im Bereich „Berichte" können Berichtsvorlagen erstellt und vom System erzeugte Berichte abgerufen werden. Berichte dienen dazu, statistische Informationen zu einem Postfach anzuzeigen und Auswertungen und Übersichten aus einer exportierten CVS/Excel-Datei zu erzeugen. Das Register „Berichte" wird nur angezeigt, wenn der Postfachinhaber selbst angemeldet ist oder wenn eine als Mitarbeiter oder anwaltliche Vertretung angemeldete Person das Recht 22 „Berichte erstellen und verwalten" übertragen erhalten hat.

B. Virtuelles „Kanzleipostfach"

Ist ein Mitarbeiter (1) oder ein Anwalt mit seinem jeweiligen Zugangsmittel zum beA (beA-Karte Mitarbeiter; beA-Karte Basis (beA-Karte Signatur nur bei 1. Generation); beA-Softwarezertifikat) für mehrere beA-Postfächer berechtigt, so kann dieser Mitarbeiter/Anwalt nach der eigenen Anmeldung am beA-System alle Postfächer sehen, für die er als Benutzer (mit oder ohne Anwaltseigenschaft) angelegt und mit entsprechenden Berechtigungen ausgestattet wurde. Dafür klickt er/sie mit der linken Maustaste auf den kleinen Winkel (2) des aktuell angezeigten Postfachs und sieht dann über das Drop-Down-Menü die weiteren Postfächer (3) für die er/sie berechtigt ist. Durch Klick mit der linken Maustaste auf den Namen des gewünschten Postfachs wird dieses ausgewählt. Bei dem „virtuellen Kanzleipostfach" handelt es sich somit lediglich um eine Form der Ansicht; es ist nicht zu verwechseln mit dem Gesellschaftspostfach, siehe § 2 Rdn 15 ff. in diesem Werk.[1]

---

[1] Zu den technischen Problemen in Bezug auf das Gesellschafts-beA, die Probleme der Justiz, den Namen des sendenden Anwalts aus dem Transferprotokoll entnehmen zu können, und die Empfehlung von BRAK und DAV v. 29.9.2022 daher, aus dem Gesellschafts-beA mit qualifizierter elektronischer Signatur zu versenden, siehe auch § 2 Rdn 36 in diesem Werk.

§ 8 Vorstellung des beA

3

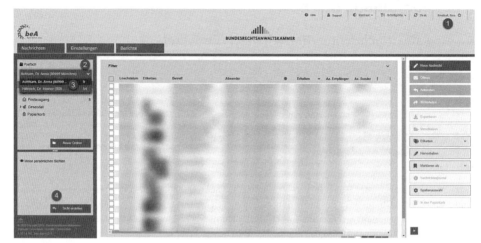

Abb. 2: Virtuelles Kanzleipostfach

C. Sichten als Nachrichtenfilter einsetzen

4 Nach der Anmeldung am beA-System findet sich das Postfach in der Spalte links neben der Nachrichtenübersicht angeordnet. Das beA eines Postfachinhabers erscheint, wenn er Zugriff auf mehr als sein eigenes Postfach hat, immer an oberster Stelle. Ist der angemeldete Nutzer für mehr als ein Postfach berechtigt, werden die weiteren Postfächer über ein Drop-Down-Menü in alphabetischer, aufsteigender Reihenfolge dargestellt. Es kann in dieser Ansicht immer nur ein Postfach ausgewählt und geöffnet werden.

5 Ebenfalls in der linken Spalte, links neben der zentralen Nachrichtenübersicht, befindet sich unterhalb der Postfächer ein definierter Bereich für die persönlichen Sichten. Solche Sichten (oder Nachrichten-Filter) können über den Button „Sicht erstellen" (4) angelegt werden. Mit den Sichten können bestimmte Nachrichten aus der Gesamtmenge der Nachrichten gefiltert und „gebündelt" angezeigt werden. Sichten sind beim ersten Zugang zum Postfach, gleich ob als Mitarbeiter/Benutzer ohne eigenes Postfach oder als Postfachinhaber, nicht vorhanden und müssen eigenständig definiert werden. Die Erstellung von Sichten mit unterschiedlichen Kriterien (z.B. „Alle ungelesenen Nachrichten im Posteingang für alle Postfächer, die für den aktuellen Benutzer freigegeben sind, mit einem Klick in einer Gesamt-Übersicht darstellen" oder „Nachrichten, die demnächst endgültig gelöscht werden, für ein bestimmtes Postfach, das für den aktuellen Benutzer freigegeben ist") ist immer benutzerorientiert. Das bedeutet, dass jeder, der sich im beA-System anmelden darf, nur die Sichten sehen wird, die er für sich selbst erstellt hat. Ein anderer berechtigter Nutzer desselben Postfachs sieht diese Sichten/Filter nicht und muss sich diese, sofern gewünscht, selbst einrichten.

6 *Beispiel alle ungelesenen Nachrichten aus allen Postfächern im Grundordner Posteingang mit einem Klick anzeigen:*

Die Erstellung einer Sicht kann auf zwei Arten erfolgen. Direkt über der Nachrichtenübersicht in der linken Spalte im Bereich „Meine persönlichen Sichten" oder über das Register „Einstellungen" (1) in der Kategorie „Postfachverwaltung" (2) und dort über die Funktion „Sichten verwalten" (3). Beides führt zum Bereich „Sichten verwalten"

C. Sichten als Nachrichtenfilter einsetzen §8

Abb. 3: Neue Sicht erstellen

Über den Funktions-Button „Neue Sicht" wird der Dialog für die Erstellung einer neuen Sicht/eines neuen Nachrichtenfilters angezeigt.

7

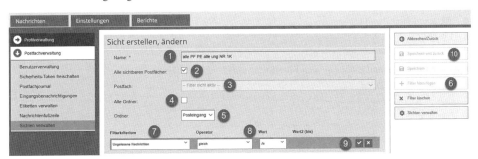

Abb. 4: Parameter für die neue Sicht festlegen

In das Pflichtfeld „Name" (1) wird ein Text eingegeben, der für den Nutzer auf Dauer erkennen lässt, welches Ergebnis die ausgeführte Sicht/der ausgeführte Filter erwarten lässt. Es muss entschieden werden, ob alle Postfächer (ist Vorgabe in diesem Beispiel, Haken in der Check-Box bleibt) (2) oder ob nur ausgewählte Postfächer einbezogen werden sollen (Haken in der Check-Box wird abgewählt und die gewünschten Postfächer werden über ein Drop-Down-Menü über die jeweilige Check-Box ausgewählt/angehakt) (3).
Die Check-Box für die Ordnerauswahl (4) wird abgewählt und einer der fünf Grundordner wird bestimmt (5). Es können entweder alle Grundordner in die Sicht/den Filter einbezogen werden (Check-Box bleibt angehakt [4]) oder es wird nur einer der fünf möglichen Grundordner gewählt (im gewählten Beispiel Posteingang [5]).
Über den Funktions-Button „Filter hinzufügen" (6) im Funktions-Menü in der rechten Spalte werden die Filterkriterien aktiviert (7), siehe auch nachstehend Rdn 8. Das Filterkriterium „Ungelesene Nachrichten" wird aus der als Drop-Down-Box gestalteten Liste der Filterkriterien (7) gewählt. Es stellen sich in diesem Fall die Standardwerte für das Feld „Operator" (gleich) und „Wert" (ja) ein (8). Durch Klick auf den Übernahme-Button (9) werden die Kriterien des Filters übernommen und die Sicht/der Filter wird über den Funktions-Button „Speichern und zurück" (10) im Bereich „Meine persönlichen Sichten" angezeigt

§ 8 Vorstellung des beA

und kann ab sofort ausschließlich vom Ersteller der Sicht/des Filters genutzt werden bis diese/r wieder aus dem Bereich „Meine persönlichen Sichten" gelöscht wird.

8 Folgende Filterkriterien stehen zur Auswahl:[2]
- Neue Nachrichten
- **Ungelesene Nachrichten**
- Nachrichten, die einen Kommentar enthalten
- Nachrichten, die ein Empfangsbekenntnis erfordern
- Nachrichten, die demnächst endgültig gelöscht werden
- Nachrichten, die demnächst in den Papierkorb verschoben werden
- Absender
- Empfänger
- Absender/Empfänger
- Benutzerdefinierte Etiketten (Labels)
- Nachricht empfangen
- Nachricht versendet
- Ordner
- Persönlich/vertraulich
- Aktenzeichen Sender
- Aktenzeichen Empfänger
- Löschdatum
- Endgültiges Löschdatum

9 Folgende **Operatoren** (abhängig vom Filterkriterium) können eingesetzt werden:
- gleich
- ungleich
- beginnt
- kleiner
- kleiner gleich
- größer
- größer gleich
- von bis
- ist leer
- ist nicht leer
- in Liste

10 Folgende **Werte** (abhängig vom Filterkriterium) können eingesetzt werden:
- Ja
- Nein
- Sinnvolle Zahlenwerte
- Sinnvolle Begriffe (z.B. Empfängername, Aktenzeichen)
- Etikettenbezeichnungen (Hinweis: Es werden aus allen für den Nutzer berechtigten Postfächer sämtliche angelegten Etiketten aufgelistet. Eine Zuordnung der Etikettenbezeichnung zu einem bestimmten Postfach ist nicht möglich.[3])
- Datumswert

Das oben dargestellte Beispiel einer Sicht/eines Filters lässt sich mit den weiteren verfügbaren Filterkriterien für vielfältige Bereiche, je nach Wunsch und Bedürfnis, einsetzen.

---

[2] Stand 17.10.2022.
[3] Stand 3.10.2022.

D. Abmelde-Button

Nach § 24 Abs. 1 S. 2 RAVPV hat sich der Postfachinhaber nach Nutzung des Postfachs abzumelden. Gleiches gilt für andere Personen mit Zugangsberechtigung, § 24 Abs. 2 RAVPV. Im oberen Funktionsmenü befindet sich der Button zum Abmelden aus dem beA-System. Der Abmelde-Button zeigt gleichzeitig den Namen des am beA-System angemeldeten Nutzers. Bei Klick auf diesen Button wird nach dem Abmelden des aktuellen Benutzers ein Bildschirm mit dem Button „Erneut anmelden" angezeigt. Nach einem Klick auf diesen Button wird der Startbildschirm des beA-Systems angezeigt. Durch erneute Auswahl des Anmelde-Buttons kann der Nutzer sich wieder am beA-System anmelden.

> *Bitte beachten Sie*
>
> Meldet sich der Anwalt/Mitarbeiter im beA-System an und verlässt das Zimmer, bleibt aber angemeldet, kann **jeder**, der während der Abwesenheit des Anwalts/Mitarbeiters in dessen Zimmer geht, im zugänglichen beA mit wenigen Klicks z.B. Nachrichten in den Papierkorb verschieben und dann löschen; ob Azubi ohne böse Absicht oder der Kollege, der gestern „gefeuert" wurde. Das beA-System wird dokumentieren, dass die immer noch angemeldete Person selbst die Nachrichten in den Papierkorb verschoben und dann gelöscht hat (Postfachjournal).

E. Zeitrechnung zurückstellen (automatisches Abschalten)

Die BRAK hat für den Fall, dass der aktivierte Zugang für eine bestimmte Zeitdauer nicht genutzt wird, eine automatische Abmeldung des Postfachinhabers durch das System vorzusehen, § 24 Abs. 1 S. 3 RAVPV. Aus Sicherheitsgründen wird daher das System bei Inaktivität nach 30 Minuten abgeschaltet. Die in der oberen Menüleiste befindliche Zeitanzeige zählt kontinuierlich nach unten. Nach Ablauf von 30 Minuten, in denen keine Aktivität im beA durchgeführt wurde, zeigt die Zeit 00:00 in rötlicher Schrift an. Beim nächsten Klick auf eine der Funktionsflächen erhält der Nutzer den Hinweis, dass die Ansicht abgelaufen ist. Durch Klick auf den angezeigten „Start"-Button wird der Nutzer zum Starbildschirm des beA-Systems weitergeleitet. Wenn eine Abmeldung durch das System vermieden werden soll, kann vor Ablauf der 30 Minuten entweder eine beliebige Aktion im beA ausgeführt oder mit der linken Maustaste in den Bereich der Zeitanzeige geklickt werden. Dadurch wird die Zeit auf 30 Minuten Restzeit zurückgesetzt und der Countdown beginnt von neuem. Drei Minuten vor dem Abschalten wird eine Warnmeldung am Bildschirm angezeigt. Die Abmeldung ist berufsrechtlich verpflichtend geregelt. Wir empfehlen allerdings – schon aus Sicherheitsgründen – die Abmeldung vom beA, sobald die Nutzung beendet ist.

> *Achtung*
>
> Die Anzeige des Zugangs zum beA-System kann aus unterschiedlichen technischen Gründen plötzlich ausfallen und das mit der beA-Anwendung geöffnete Fenster einer Browser-Anwendung schließt sich unvermittelt. Wird der in Arbeit befindliche Nachrichtenentwurf nicht, z.B. über den Button „Als Entwurf speichern", regelmäßig zwischengesichert, kann dieser ungespeicherte Nachrichtenentwurf nach einer Neuanmeldung nicht wieder vorgefunden werden. Es empfiehlt sich also, gerade bei der Erstellung umfangreicher Nachrichten, eine Zwischensicherung vorzunehmen.

F. Wichtige Funktionen im Nachrichtenbereich

I. Feldanzeige (blau/weiß – Zahl enthalten)

15 Nachrichten, die als „ungelesen" markiert sind (fette Schrift statt normalem Schriftgrad bei gelesenen Nachrichten), werden im Namensfeld der Drop-Down-Liste des jeweiligen Postfachs mit einer Zahl, welche die Anzahl der ungelesenen Nachrichten im Grundordner „Posteingang" dieses Postfachs darstellt, angezeigt. Somit kann man, sofern mehrere Postfächer zur Auswahl stehen, durch Klick auf den aktuell angezeigten Postfachnamen über die sich daraufhin öffnende Drop-Down-Box sehr schnell erkennen, in welchem Postfach sich noch ungelesene und daher vermutlich unbearbeitete Nachrichten im Grundordner „Posteingang" befinden.

16 *Achtung*
Ungelesene Nachrichten in Unterordnern werden nicht durch die Zahl der ungelesenen Nachrichten in den Haupt- oder Grundordern erkennbar. Die Summen der ungelesenen Nachrichten im Grundordner und den zugehörigen Unterordnern werden nicht kumuliert.

II. Ordnerstrukturen im beA

17 Für die Verwaltung von Ordnern im beA-System benötigt der Mitarbeiter das Recht 08 „Nachricht organisieren". Die Ansicht des beA wird den meisten, die im Umgang mit E-Mails geübt sind, keine Probleme bereiten, da man sich hier an gängigen Mail-Programmen orientiert hat. Im beA sind standardmäßig die Ordner

- **Posteingang** (empfangene Nachrichten),
- **Entwürfe** (zur Überprüfung, zum Signieren oder zur Versendung bereitgestellte Nachrichten),
- **Postausgang** (abgesendete Nachrichten, deren Übermittlung fehlgeschlagen ist),
- **Gesendet** (aus dem beA versendete Nachrichten),
- **Papierkorb** (hierhin [automatisiert oder von Hand] verschobene Nachrichten)

vorhanden.

18 Zu den Grundordnern „Posteingang", „Entwürfe" und „Gesendet" können Unterordner angelegt werden. Dafür wird in der linken Spalte der beA-Webanwendung im Bereich der verfügbaren Postfächer unten rechts der Button „Neuer Ordner" bereitgestellt. Vor dem Klick auf diesen Button wird einer der oben genannten möglichen Grundordner angeklickt, in dem ein Unterordner erzeugt werden soll. Durch anschließenden Klick auf den Button „Neuer Ordner" wird ein Eingabefeld für den Namen des neuen Unterordners angezeigt, das mit dem gewünschten Begriff ausgefüllt wird. Durch Betätigen der Entertaste wird die Erstellung des Unterordners abgeschlossen.

19 Eine Umbenennung des vergebenen Namens für einen Unterordner ist nach dem Erstellen dieses Unterordners nicht mehr möglich. Der falsch benannte Unterordner kann nur noch mit dem kleinen Papierkorb-Symbol, welches erscheint, wenn mit der Maus über den Namen des Unterordners gefahren wird, gelöscht und ggf. auf Wunsch neu erstellt werden.

20 Befinden sich in den Grundordnern „Posteingang", „Entwürfe" und „Gesendet" bereits Unterordner, wird dies mit einem kleinen Winkel vor dem jeweiligen Grundordner angezeigt. Durch Klick auf diesen kleinen Winkel wird die zum jeweiligen Grundordner gehörige erste Unterordner-Ebene angezeigt. Wird neben einer der angezeigten ersten Unterordner-Ebene ebenfalls ein kleiner Winkel angezeigt, kann durch Klicken auf diesen kleinen Winkel die nächste Unterordner-Ebene aufgeklappt werden.

21 Es können nur **maximal zwei** zusätzliche **Unterordner-Ebenen** zu den Hauptordnern „Posteingang", „Entwürfe" und „Gesendet" erstellt werden. Dies liegt u.a. daran, dass das beA-System von der BRAK ausdrücklich nicht als Dateiverwaltungssystem und Speicherort für Nachrichten konzipiert, sondern le-

diglich als sicheres Nachrichten-Transportsystem entwickelt wurde. Nachrichten und deren Anlagen sollten im beA baldmöglichst bearbeitet und, wenn nötig, in eine eigene Dateistruktur auf dem Kanzlei-Server, in ein kanzleieigenes Dokumentenmanagementsystem (DMS) oder in eine evtl. vorhandene Kanzleisoftware exportiert und im beA gelöscht werden.

Überlegenswert wäre eine zusätzliche Ordnerstruktur im beA, die als zusätzliches, temporäres Sicherheits-Archiv genutzt werden könnte. Im Posteingangs-Grundordner könnten z.B. drei bis sechs Unterordner eingefügt werden, die mit einer Monats- oder einer Kalenderwochenbezeichnung angelegt werden. Grundüberlegung könnte dabei der maximale Zeitraum bis zur sicheren Bearbeitung der Nachricht und deren Anlagen sein. Eine zu Ende bearbeitete Nachricht wird dann nicht direkt in den Papierkorb verschoben oder im Posteingangsbereich belassen, sondern in z.B. einen selbst erzeugten Wochen-Unterordner abgelegt. Jetzt kann innerhalb der Zeit, bevor die Nachricht automatisiert in den Papierkorb verschoben wird, diese noch einmal bequem geöffnet und auf Wunsch Dokumente aus der Nachricht entnommen werden.

Man könnte sich auch an dem Zeitraum der 90 Tage, in der die Nachrichten im Posteingangs- oder Gesendet-Ordner verbleiben, orientieren, da danach die Nachrichten aus den genannten Ordnern automatisiert in den Papierkorb verschoben werden. Die entsprechenden Bedürfnisse, beA-Nachrichten für einen gewissen Zeitraum vorzuhalten, sind natürlich von Kanzlei zu Kanzlei unterschiedlich.

Wenn besonders sensible Daten (Patentschriften etc.) im beA „landen", ist zu überlegen, ob aus Sicherheitsgründen nicht ein zügiges Löschen von bearbeiteten Nachrichten erfolgen sollte. Zwar preist die BRAK das beA-System als sicher an, aber letztendlich befinden sich die Nachrichten auf den Servern der BRAK. Sobald eine Nachricht wieder geschlossen wird, ist sie zwar verschlüsselt. Wir wissen jedoch aus unseren Vorträgen und der Praxis, dass zahlreiche Kanzleien häufig Cyberattacken ausgesetzt sind. Prüfen Sie daher bitte eigenverantwortlich, ob unser nachstehender Vorschlag für Ihre Kanzlei geeignet ist.

Folgendes Szenario wäre denkbar: Eingehende Nachrichten und deren Anlagen werden spätestens nach drei Wochen in den Bearbeitungsprozess so eingebunden sein, dass sie im beA nicht mehr vorgehalten werden müssten. Im Posteingangsordner können somit drei, zur Sicherheit besser sechs, Unterordner mit den Bezeichnungen der jeweiligen Kalenderwoche, z.B.

Posteingang
35 KW 2022
36 KW 2022
37 KW 2022
38 KW 2022
39 KW 2022
40 KW 2022
angelegt werden.

Alle täglich gesichteten, exportierten und erledigten Nachrichten inkl. deren Anhänge der 35. Kalenderwoche (KW) 2022 werden umgehend in den Unterordner „35. KW 2022" verschoben. Das gleiche Vorgehen erfolgt für die 36. KW 2022 usw. Alle Nachrichten und deren Anlagen sind den Akten der Mandate zugeordnet und bereits in benötigter Art und Weise in Bearbeitung. Sollte jetzt z.B. in der 39. KW 2022 auf eine Anlage aus einer Nachricht aus der 36. KW 2022 zugegriffen werden müssen, da sich die mit der Nachricht übersendete PDF-Datei nicht mehr öffnen lässt oder versehentlich vergessen wurde, die Anlagen in die Akte zu übernehmen, oder die PDF-Datei nicht mehr auffindbar ist, kann auf die Ursprungsnachricht zurückgegriffen und ein neuer Export durchgeführt werden. Mit wenig Aufwand gelangt man an das benötigte Dokument. Mit diesem Vorgehen wird der Grundordner für den Posteingang nicht so überfüllt, dass ein komfortables „Scrollen" nicht mehr möglich ist. Bei entsprechender Anzahl von Posteingängen (es werden höchstens 25 Nachrichtenzeilen angezeigt) muss vielmehr aufwendig geblättert werden.

27 Wenn die Nachricht inkl. der Anlagen bereits in der 36. KW 2022 nach dem Export endgültig gelöscht worden wäre, müsste u.U. ein mühsamer und vielleicht peinlicher Prozess der Wiederbeschaffung der Nachricht und der anhängenden Anlagen eingeleitet werden. In der 41. KW 2022 würde nach Erstellung des Unterordners „41. KW 2022" der Unterordner „35. KW 2022" mit all seinen Nachrichten in den Papierkorb verschoben und die Nachrichten anschließend im Papierkorb evtl. endgültig gelöscht werden. Das direkte endgültige Löschen ist aus den Grundordnern oder deren Unterordner nicht möglich. Ein endgültiges Löschen ist nur aus dem Papierkorb möglich.

28 Das gleiche Prinzip könnte man auch statt auf Wochenordner auf Monatsordner übertragen, je nach Geschwindigkeit des Workflows bzw. Umfang des Posteingangs. Zu beachten ist aber immer, dass maximal zwei Unterordnerebenen für die Untergliederung zur Verfügung stehen. Zum automatisierten Löschen durch die BRAK siehe Rdn 31 in diesem Kapitel.

29 Es können auch zusätzliche Unterordner im Grundordner „Entwürfe" anlegt werden. Zum Beispiel ein Unterordner, in den die Mitarbeiterin/der Mitarbeiter des Anwalts alle zu signierenden und zu versendenden Schriftsätze ablegt. So kann der erstellte Nachrichtenentwurf, welcher automatisch auf der obersten Ebene im Entwurfsordner abgelegt wird, mittels „Verschieben" in einen zuvor angelegten Unterordner zum Entwurf-Grundordner, z.B. mit dem Namen „Fristsachen", „Noch zu prüfen", „ZV-Aufträge" oder „zu Signieren", verschoben werden. Insbesondere dann, wenn ein Anwalt es eilig hat und außer Haus muss, könnte man auf diese Weise besonders wichtige (z.B. fristgebundene) Nachrichten mit Schriftsätzen von übrigen Entwürfen, die möglicherweise auch einen Tag später versendet werden können, trennen.

30 Im Grundordner (hier z.B. „Entwürfe") und seinen jeweiligen Unterordnern wird immer rechts des Ordnernamens die tatsächliche Anzahl der enthaltenen Entwürfe angezeigt. Somit lässt sich leicht erkennen, ob sich – und wenn ja, wie viele – Entwürfe z.B. im eingerichteten Unterordner (hier z.B. „Fristsachen") befinden.

III. Automatisches Löschen von Nachrichten

31 In § 27 RAVPV ist geregelt, dass automatisierte Löschungen von Nachrichten durchgeführt werden dürfen:

„*[1]Nachrichten dürfen frühestens 90 Tage nach ihrem Eingang automatisch in den Papierkorb des besonderen elektronischen Anwaltspostfachs verschoben werden. [2]Im Papierkorb befindliche Nachrichten dürfen frühestens nach 30 Tagen automatisch gelöscht werden.*"[4]

32 Seit dem 1.4.2019 ist die automatisierte Löschfunktion durch die BRAK eingerichtet worden. Nachrichten werden grundsätzlich nach 91 Tagen in den Papierkorb verschoben, nach weiteren 31 Tagen endgültig aus dem Postfach gelöscht. Betroffen sind alle Grundordner und deren angelegte Unterordner. Eine Nachricht wird niemals automatisiert aus den Grundordnern und deren Unterordnern direkt endgültig gelöscht, sondern wird immer erst in den Papierkorb verschoben.

33 *Hinweis*

Durch das Öffnen einer Nachricht, die sich in einem der Grundordner („Posteingang", „Postausgang" oder „Gesendet") oder deren jeweiligen Unterordner befindet, wird die Verweildauer auf mindestens 90 Tage zurückgesetzt.

Dies trifft nicht auf Nachrichten-Entwürfe im Grundordner „Entwürfe" und dessen Unterordner zu. Hier muss der Nachrichten-Entwurf nach dem Öffnen zusätzlich gespeichert werden, dann wird die Verweildauer dieses Nachrichten-Entwurfs auf mindestens 90 Tage zurückgesetzt.

---

[4] § 27 RAVPV Automatisches Löschen von Nachrichten, VO v. 23.9.2016, BGBl I, 2167, zuletzt geändert d. VO v. 17.12.2021, BGBl I, 5219.

F. Wichtige Funktionen im Nachrichtenbereich § 8

Der Postfachinhaber und berechtigte Nutzer können Nachrichten willentlich direkt in den Papierkorb verschieben und aus dem Papierkorb endgültig löschen. Berechtigte Benutzer, z.B. mit der Rolle Mitarbeiter, können die Nachrichten jedoch nicht aus dem Papierkorb endgültig löschen, wenn der Postfachinhaber die zu löschende Nachricht nicht als gelesen markiert oder nicht geöffnet (und dadurch automatisch auf „gelesen" gestellt) hat. Nachrichten, die in den Papierkorb verschoben wurden, werden nach 31 Tagen endgültig gelöscht, auch wenn sie direkt nach dem Eingang oder direkt nach dem Senden in den Papierkorb verschoben wurden und noch keine 90 Tage im jeweiligen Grundordner verweilten. 34

Nachrichten können, wenn sie willentlich oder automatisiert in den Papierkorb verschoben wurden, in den Grundordner und/oder dessen Unterordner zurück verschoben werden, aus denen sie in den Papierkorb (willentlich oder automatisiert) verschoben wurden. Durch die Rückverschiebung in den Ursprungsordner (oder dessen Unterordner) läuft die Frist der Verschiebung in den Papierkorb erneut mit mindestens 90 Tagen. 35

Zur Verschiebung oder endgültigen Löschung anstehende Nachrichten kann man sich im beA z.B. über die Funktionen „Sichten", siehe Rdn 4 ff. u. Rdn 72, oder „Hervorhebungen", siehe Rdn 74 ff. in diesem Kapitel, anzeigen lassen. 36

IV. Spaltenansicht der einzelnen Ordner

Die eingehenden Nachrichten werden tabellarisch dargestellt. Die Darstellung der Spalten lässt sich beliebig (im Rahmen der Bildschirmauflösung) anpassen. Es können zusätzliche Spalten eingefügt oder bestehende Spalten entfernt werden. Die Reihenfolge der Spalten sowie welche sichtbare Spalte aufsteigend oder absteigend sortiert werden soll, lässt sich ebenfalls individuell bestimmen. 37

Standardmäßig sind folgende Spalten in den bestehenden **Grundordnern** angelegt: 38

„Absender", „Az. Empfänger", „Az. Sender", „Betreff", „eEB", „Erhalten" und „Persönlich/vertraulich" (Symbol: Schloss).

Insgesamt stehen in jedem Grundordner und den evtl. zusätzlich angelegten Unterordnern folgende 22 Spalten zur Auswahl,[5] die nach persönlichen Vorlieben zusammengestellt werden können. 39

- Absender
- Anhänge
- Az. Empfänger
- Az. Sender
- Betreff
- eEB
- Empfänger
- Endgültiges Löschdatum
- Erhalten
- Etiketten
- Gelesen/Ungelesen
- Gesendet
- Löschdatum
- Nachrichten-ID
- Nachrichtentyp
- Ordner
- OSCI-Nachrichten-ID
- Persönlich/vertraulich

---

5 Stand: 17.10.2022.

§ 8 Vorstellung des beA

- Postfach
- Sendungspriorität
- Zugegangen
- Übermittlungsstatus

40 Dabei ist die Auswahl für jeden Grundordner und zudem für jeden Nutzer gesondert vorzunehmen (benutzerorientierte Darstellung, siehe Rdn 5 in diesem Kapitel).

41 Die Änderungen, die in einem Grundordner durchgeführt werden, wirken sich nicht auf die Ansicht der dargestellten Spalten und deren Reihenfolge für die anderen Grundordner im Postfach aus. Auch ändern sich dadurch nicht die dargestellten Spalten und deren Reihenfolge im Grundordner für andere berechtigte Nutzer desselben Postfachs. Wenn der/die Mitarbeiter/in die dargestellten Spalten ändert, einige aus der Ansicht entfernt und manche zur Ansicht hinzufügt und evtl. deren Reihenfolge an die eigenen Wünsche anpasst, ändert dies nicht die dargestellten Spalten und deren Reihenfolge in der Postfachansicht des Postfachinhabers oder der weiteren am Postfach Berechtigten. Werden Unterordner angelegt, sind die Spaltenauswahl und deren Reihenfolge im Unterordner mit den Einstellungen des Grund-Ordners identisch. Änderungen der dargestellten Spalten und deren Reihenfolge können sowohl im Unterordner als auch im Grundordner durchgeführt werden und wirken sich auf den Grundordner und alle dem Grundordner zugehörigen zusätzlich angelegten Unterordner identisch aus.

42 *Hinweise*

Im Grundordner „Gesendet" kann die Einfügung der Spalten „Zugegangen" und „Übermittlungsstatus" eine **zusätzliche** Hilfe sein, diese Informationen im schnellen Überblick, neben der immer notwendigen Kontrolle dieser Informationen in der gesendeten Nachricht selbst, zur Verfügung zu haben. Die Spalte „Löschdatum" kann in den einzelnen Grundordnern darüber informieren, wann die betroffenen Nachrichten automatisiert in den Papierkorb verschoben werden. Im Papierkorb selbst nennt sich diese Info-Spalte „Endgültiges Löschdatum" und weist auf das Datum hin, zu dem die Nachricht automatisiert endgültig und unwiederbringlich aus dem beA entfernt wird.

43

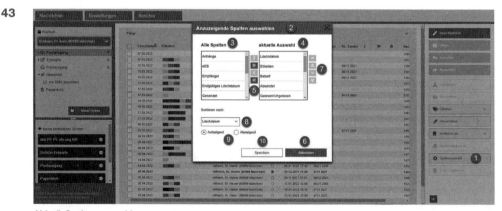

Abb. 5: Spaltenauswahl

44 Klickt man in der rechten Spalte der vertikalen Menü-Struktur mit der Maus den Button „Spaltenauswahl" (1) an, öffnet sich das Fenster zur Änderung der Spaltenzusammenstellung (2).

45 In der linken Liste (Gesamtvorrat) (3) sind „Alle Spalten", die noch nicht in der aktuellen Ansicht enthalten sind, aufgelistet. In der rechten Liste „aktuelle Auswahl" (4) sind alle Spaltenbezeichnungen dargestellt, die sich aktuell in der Nachrichtenübersicht des zuvor selektierten Grundordners befinden. Die Spaltenbezeichnungen und damit die Darstellung der Spalten in der Nachrichtenübersicht können nun von links nach rechts und umgekehrt verschoben werden. Dazu werden eine oder mehrere Spaltenbezeichnungen, die verschoben werden sollen, in der jeweiligen Liste mit der Maus angeklickt und mit den zwischen den Listen liegenden Pfeilsymbolen (5) in die jeweilig andere Liste verschoben.

Durch Drücken und Halten der Strg-Taste können auch mehrere Spaltenbezeichnungen nacheinander ausgewählt werden, die in der Liste nicht unmittelbar aufeinander folgen müssen, um sie in die jeweils andere Liste verschieben zu können. Durch Drücken und Halten der Shift-Taste kann die erste und die letzte zu verschiebende Spaltenzeizeichnung ausgewählt werden. Alle dazwischen befindlichen Spaltenbezeichnungen werden automatisch mit markiert.

Verschoben wird mit den Pfeilsymbolen, die sich zwischen den beiden Listen (5) befinden. Einfacher Pfeil bedeutet Einzelaktion, eine oder mehrere ausgewählte Spaltenbezeichnung/en wird/werden verschoben. Doppelpfeil bedeutet, alle Elemente einer Liste werden in die andere Liste verschoben. Ebenso ist ein Verschieben mit Drag & Drop möglich. Dabei wird/werden der/die markierte/n Spalten-Kopf/-Köpfe durch Drücken der linken Maustaste festgehalten und zum Fenster „aktuelle Auswahl" verschoben und die linke Maustaste an der Stelle losgelassen, an der die neu anzuzeigenden Spaltenköpfe eingefügt werden sollen.

Hat man sich versehentlich verklickt und alle Spaltenbezeichnungen nach rechts oder links verschoben, lässt sich die ursprüngliche Ansicht der Spalten durch Klick auf den Button „Abbrechen" (6) wiederherstellen. Es ist meist einfacher, die wenigen Spaltenbezeichnungen für ein erneutes Verschieben neu auszuwählen als unter allen auf eine Seite der Ansicht gerutschten Spaltenbezeichnungen die Spalten, die man nicht verschieben wollte, zu selektieren und wieder auf die ursprüngliche Seite zu verschieben.

Die in der Nachrichtenübersicht angezeigte Reihenfolge der Spalten kann ebenfalls nach Belieben geändert werden. Dazu werden die Pfeilsymbole, die sich rechts neben der rechten Liste (7) befinden, verwendet. Auch hier können mit Strg- oder Shift-Taste mehrere Spaltenbezeichnungen gleichzeitig ausgewählt und verschoben werden, auch hier ist Drag & Drop möglich.

Es kann eine Spalte ausgewählt werden, die als Standardsortierung festgelegt werden soll (8). Ist die Spalte ausgewählt, kann festgelegt werden, ob die Sortierung „Aufsteigend" (Beispiel [Nachricht] „Erhalten": Älteste Nachricht zuerst) oder „Absteigend" (Beispiel [Nachricht] „Erhalten": Jüngste Nachricht zuerst) erfolgen soll (9).

Nach den gewünschten Verschiebungen wird die Auswahl mit dem „Speichern"-Button (10) bestätigt oder mit dem „Abbrechen"-Button (6) verworfen.

V. Nachrichten markieren mit dringend – oder als gelesen/ungelesen – persönlich/vertraulich

Bei der Erstellung einer neuen Nachricht kann diese mit der Kennzeichnung persönlich/vertraulich ausgestattet werden.

Die Kennzeichnung erfolgt durch das „Anhaken" der Check-Box im Bereich des Nachrichtenentwurfs. Die Kennzeichnung „Persönlich/vertraulich" bleibt (im Posteingang) Teil des Nachrichteninhalts und wird an den Empfänger übermittelt. Eine Nachricht, die mit „persönlich/vertraulich" gekennzeichnet ist, kann im Postfach des Empfängers nur vom Postfachinhaber selbst oder von einem berechtigten Benutzer geöffnet werden, der das Recht 11 „Nachrichten (pers./vertr.) öffnen" besitzt.

In der Nachrichten-Übersicht wird die Information zur einfacheren Erkennbarkeit in einer eigenen Spalte mit einem Schloss-Symbol (Persönlich/vertraulich) markiert.

Sobald eine Nachricht im Posteingang geöffnet wird, ändert sich der Status von „ungelesen" auf „gelesen", d.h. die Nachrichtenzeile erscheint nicht mehr im Fettdruck. Dieser Status kann – ähnlich wie in Outlook – wieder rückgängig gemacht werden. Dafür kann in der rechten Spalte im Funktions-Menü die Funktion „Markieren als ..." mit der linken Maustaste angeklickt werden und im Drop-Down-Bereich "gelesen"/"ungelesen" angeklickt werden. Entsprechend der Auswahl wird die Nachrichtenzeile in der Nachrichtenübersicht fett (ungelesen) oder normal (gelesen) dargestellt.

56 Hat ein Mitarbeiter beispielsweise Nachrichten im Postfach des Anwalts gelesen, so erscheinen diese Nachrichten, wenn der Anwalt sich selbst in seinem Postfach anmeldet, für diesen nach wie vor als ungelesen, sofern der Postfachinhaber diese Nachrichten nicht schon zuvor gelesen hatte. Die Ausprägung "gelesen/ungelesen" wird benutzerorientiert dargestellt. Jeder Nutzer im jeweiligen Postfach sieht nur **seine** Einstellung bzgl. "gelesen/ungelesen", nicht die diesbezügliche Darstellung der anderen Nutzer. Um erfolgreich im Team mit mehreren Nutzern im selben Postfach arbeiten zu können und keine Tätigkeiten aus Unkenntnis der Vorarbeit der Kollegen doppelt durchzuführen, können Farbmarkierungen an den Nachrichtenzeilen, sog. Etiketten, angebracht werden (siehe hierzu auch ausführlich § 10 Rdn 20 in diesem Werk). Um sinnvoll mit Etiketten arbeiten zu können, muss die Spalte "Etiketten" in der Nachrichtenübersicht eingerichtet sein.

57 Die angezeigte Zahl in der Postfachübersicht und rechts neben der Bezeichnung des Grundordners "Posteingang" des jeweiligen Postfaches wird um einen Zähler verringert, wenn eine der Nachrichten in der Nachrichtenübersicht, z.B. durch Öffnen der Nachricht, gelesen wurde. Das reine Anzeigen der Postfachübersicht verringert den Zähler nicht. Die angezeigte Zahl weist nur die ungelesenen Nachrichten aus.

> *Beispiel*
> Bei einer Anzeige "10" rechts neben der Bezeichnung des Grundordners "Posteingang" befinden sich zehn **ungelesene** Nachrichten in diesem Grundordner. Es können sich aber noch viele weitere (gelesene) Nachrichten im Grundordner oder in einem zugehörigen Unterordner befinden, die Anzeige wird dadurch nicht beeinflusst. Die angezeigte Zahl weist nur die ungelesenen Nachrichten **im Grundordner** "Posteingang" aus. Befinden sich weitere ungelesene Nachrichten in einem oder mehreren Unterordner/n, sind diese nicht in der angezeigten Zahl des Grundordners enthalten. Jeder Unterordner weist seine eigene Zahl an ungelesenen Nachrichten aus.

58 Die Grundordner "Entwürfe" und "Postausgang" weisen keine steuerbare Anzeige der gelesenen/ungelesenen Nachrichten aus. In diesen Grundordner werden neu eingebrachte Nachrichten nie im Fettdruck dargestellt. Wird in diesen Grundordnern die Spalte "Gelesen/Ungelesen" in die Tabellenansicht übernommen, kann man anhand eines angezeigten Kreises in dieser Spalte erkennen, ob der Nachrichtenentwurf oder die Nachricht noch nicht geöffnet (Vollkreis) oder schon einmal geöffnet (leerer Kreis) wurde. Die Zahl rechts neben der Bezeichnung des Grundordners "Entwürfe" zeigt die tatsächliche Anzahl der enthaltenen Entwürfe an. Die Grundordner "Gesendet" (und seine Unterordner) und der Grundordner "Papierkorb" weisen keine Zahl für die Angabe der enthaltenen Nachrichten aus.

59 Wenn ein Benutzer/Postfachinhaber eine "Sicht" für die Darstellung von "ungelesene Nachrichten" erstellt, sieht er alle ungelesenen Nachrichten, die für den aktuell angemeldeten Nutzer/Postfachinhaber als ungelesen gelten.

60 In den Grundordnern "Posteingang", "Gesendet" und "Papierkorb" besteht über den Button "Markieren als…" im Funktions-Menü in der rechten Spalte zusätzlich die Möglichkeit, eine oder mehrere Nachrichten gleichzeitig (siehe Rdn 55 oben) vom Status ungelesen in den Status gelesen und umgekehrt zu ändern.

61 In der Nachrichtenübersicht kann für jeden Grundordner (und dessen Unterordner) eine eigene Spalte "Gelesen/Ungelesen" dargestellt werden. Dabei werden in der Nachrichtenzeile ungelesene Nachrichten mit einem ausgefüllten Kreis und gelesene Nachrichten mit einem leeren Kreis markiert. Dies ist sehr hilfreich, wenn mit Bildschirmen geringer Auflösung, wenig Kontrast oder sehr kleiner Bildschirmschrift gearbeitet wird.

VI. Filter im Bereich der Nachrichtenübersicht

Wenn sich eine große Zahl von Nachrichten im Nachrichtenbereich des geöffneten Grund- oder Unterordners befindet, kann mit der aufklappbaren Filterfunktion durch Klick auf den kleinen Winkel (1) rechts oberhalb der Nachrichtenübersicht der Filterbereich angezeigt und nach bestimmten Nachrichten durch Eingabe der gewünschten Suchkriterien gesucht werden.

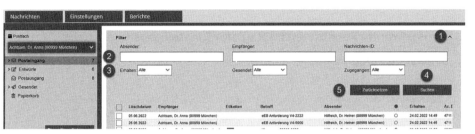

Abb. 6: Nachrichtenfilter

Es kann dabei nach „Absender", „Empfänger" und/oder „Nachrichten-ID" (2) durch Eingabe von Text (auch unvollständige Namen) gefiltert werden. Zudem kann nach allen Nachrichten oder nach festgelegten Datumsbereichen

- Alle
- Heute
- Gestern
- Diese Woche
- Letzte Woche
- Dieser Monat
- Letzter Monat
- Dieses Jahr
- Letztes Jahr

gesucht werden.

Dies gilt für die im Filterbereich dargestellten Felder „Erhalten", „Gesendet" und „Zugegangen" (3). Es werden diejenigen Nachrichten angezeigt, die alle eingetragenen oder gewählten Kriterien erfüllen.

Die Suche wird durchgeführt, indem auf den Button „Suchen" (4) geklickt wird. Alle gefundenen Einträge können mit dem Button „Zurücksetzen" (5) verworfen werden.

Mit dem kleinen Winkel rechts oberhalb der Nachrichtenübersicht kann der Filterbereich wieder geschlossen werden (1). Wurde der Filterbereich geschlossen und es befanden sich noch Auswahlkriterien in mindestens einem der Suchkriterien-Felder, so wird neben der Bezeichnung Filter (des dann zugeklappten Filterbereichs) ein kleines Trichtersymbol dargestellt, das darauf hinweist, dass noch Filterkriterien eingetragen sind und die dargestellte Liste der Nachrichten nicht abschließend sein muss.

VII. Kommentare

In der **geöffneten** Nachricht aller Grund- und Unterordner können über den Button „Kommentar erstellen", zu finden im Funktions-Menü auf der rechten Seite, Mitteilungen zur Nachricht angefügt werden. Es können auch mehrere Kommentare einer Nachricht beigefügt werden. Die Kommentare werden in der Nachricht unterhalb der erhaltenen Dokumente/Dateien bzw. des standardmäßig eingeklappten Bereichs des Nachrichtentextes angezeigt und können nach Bedarf bearbeitet oder nach Erledigung der evtl. im Kommentar befindlichen Arbeitsanweisung wieder gelöscht oder als „Erledigt" gekennzeichnet werden.

Eine in der Kommentarzeile oder im geöffneten Kommentar befindliche Check-Box kann durch Anklicken mit der linken Maustaste mit einem Haken versehen werden, welcher gleichbedeutend mit der Information „Erledigt" ist. Dieser Haken kann von jedem, der die Berechtigung hat, Nachrichten zu öffnen, wieder entfernt werden. Es wird im Nachrichtenjournal nicht protokolliert, wer den Haken gesetzt oder entfernt hat. In den Sichten und Hervorhebungen können Nachrichten, die einen Kommentar enthalten, selektiert und/oder farblich hervorgehoben werden, siehe Rdn 4 und 73 in diesem Kapitel.

G. Ausgewählte Funktionen im Register Einstellungen

I. Profilverwaltung

69   **Favoriten verwalten**: Im Register Einstellungen im Bereich Profilverwaltung kann der Menüpunkt „Favoriten verwalten" durch Klick mit der linken Maustaste ausgewählt werden. Die Liste der Adressen, die im Bereich der Favoriten hinterlegt wird, erweitert sich ständig um die Postfach-Adressen, an die das erste Mal eine Nachricht gesendet wird. Neben dem Namen des Adressaten wird auch die entsprechende SAFE-ID angezeigt. Die gezeigten Adressaten in der Liste der Favoriten können durch die Auswahl der entsprechenden Check-Box (anhaken) eines oder mehrerer Namen und anschließendem Klick auf den Button „Empfänger entfernen" nach einer Sicherheitsabfrage entfernt werden.

70   *Vorteil*
Wird im Nachrichtenentwurf in der Zeile „Empfänger" ein Buchstabe oder eine Kombination aus Buchstaben eingetippt, erscheint automatisch eine Liste mit Vorschlägen für Empfänger, die im Favoriten-Bereich mit denselben Buchstabenkombinationen hinterlegt sind. Dabei kann die Buchstabenkombination am Anfang, mitten im Empfängername oder am Ende des Empfängernamens vorhanden sein. Die angezeigten Empfänger können anschließend einzeln durch Klick auf den Empfängernamen ausgewählt und in die Empfängerzeile übernommen werden.

71   **Zugang löschen** (nur Benutzer ohne eigenes Postfach): Über die Funktion „Zugang löschen" kann der Benutzer ohne eigenes Postfach (Nutzer mit der Rolle Mitarbeiter) sein Benutzerprofil von dem ihm zugewiesenen Sicherheits-Token (z.B. der beA-Karte Mitarbeiter) entkoppeln. Nach Bestätigung der Sicherheitsfrage werden alle für den Zugang zum System notwendigen und gespeicherten Informationen gelöscht. Der „alte" Benutzer kann den Sicherheits-Token nicht mehr für den Zugang zum beA-System einsetzen. Der Sicherheits-Token ist im Anschluss wieder frei und kann auf einen neuen Mitarbeiter und dessen neu erstelltes Benutzerprofil übertragen werden. Die Einträge im Postfach- und im Nachrichtenjournal – bleiben auch nach dem Löschen des Benutzerprofils erhalten und können weiter ausgelesen werden.

II. Postfachverwaltung

72   **Sichten verwalten**: Mittels Filterkriterien können über mehrere Postfächer hinweg und für verschiedene Grundordner unter Einbeziehung der evtl. vorhandenen jeweiligen Unterordner Informationen, die sonst nur mühsam und umständlich zusammengeführt werden können, mit einem Klick sichtbar gemacht werden. Die erstellten Sichten sind benutzerorientiert. D.h. jeder Zugangsberechtigte zum jeweiligen Postfach kann/muss sich seine eigenen Sichten (Inhaltsfilter) erstellen und verwalten. Neben einem sinnvollen Namen für die „Sicht" können alle oder nur ausgewählte, für den Benutzer berechtigte Postfächer, und alle oder ein bestimmter Grundordner ausgewählt werden. Für die somit festgelegte Auswahl werden die Ergebnisse der Filterkriterien angezeigt. So kann man sich postfachübergreifend z.B. „Neue Nachrichten", „Ungelesene Nachrichten" sowie Nachrichten, die ein eEB erfordern, bestimmte Etiketten enthalten, Nachrichten, die von bestimmten Absendern kommen oder Nachrichten, die demnächst (automatisiert

III. Hervorhebungen

Hervorhebungen können für den Bereich der „Sichten" und die Grundordner eingesetzt werden. Hervorhebungen können in jedem Grundordner über den Button „Hervorheben" im rechten Funktionsmenü erstellt werden. Die Hervorhebungen sind für jede „Sicht" und jeden Grundordner separat einstellbar und gelten auch für die jeweiligen Unterordner der Grundordner. 73

Hervorhebungen von Nachrichten sind **postfachübergreifend** für alle berechtigten Benutzer eines Postfachs sichtbar. Hervorhebungen **im Zusammenhang mit Sichten** sind **benutzerspezifisch** und nur für den Benutzer sichtbar, der für sein Nutzerprofil die Sichten und evtl. zusätzlich die Hervorhebungen zu den Sichten eingerichtet hat. 74

Die Hervorhebungen im Register „Nachrichten" müssen immer aus dem Grundordner angelegt werden, in welchem sie (auch für dessen Unterordner) gelten sollen. Vor dem Anlegen einer Hervorhebung wählt man den Grundordner durch Anklicken mit der linken Maustaste aus, für den (und dessen Unterordner) die Hervorhebung eingerichtet werden soll. 75

Das Prinzip der Hervorhebungen basiert darauf, dass via Filterkriterien festgelegt wird, ob die Nachrichtenzeile, deren Nachricht die Kriterien des Filters erfüllt, farblich abgesetzt von den anderen Nachrichtenzeilen dargestellt werden soll. 76

> *Verwendungsbeispiel* 77
> Es sollen alle Nachrichten z.B. im Grundordner „Posteingang" und dessen Unterordner farblich abgesetzt angezeigt werden, die demnächst automatisiert vom System in den Papierkorb verschoben werden. Dabei könnte der Anzeigezeitraum auf z. B die nächsten zehn Tage festgelegt werden.
> Vorteil:
> Die Nachrichten, die innerhalb der nächsten zehn Tage vom System automatisch in den Papierkorb verschoben werden, können mit einem Blick aus der Liste der Nachrichten identifiziert werden.

Mit Hervorhebungen kann in der Nachrichtenübersicht die gesamte Zeile einer Nachricht oder eines Nachrichtenentwurfs in den jeweiligen Grundordnern und identisch in den jeweils zugehörigen Unterordnern farblich abgesetzt werden, um bestimmte Kriterien zur Nachricht/zum Nachrichtenentwurf leicht erkennbar darzustellen. Es können mehrere Hervorhebungen zu einem Ordner oder einer Sicht erstellt werden. Da immer nur eine Einfärbung der Nachrichten- bzw. Nachrichtenentwurfszeile dargestellt werden kann, ist die Positionierung der Hervorhebung im Fenster der Verwaltung der Hervorhebungen entscheidend für die Anzeige einer Hervorhebung. Die in der Reihenfolge oberste Hervorhebung in einer Liste von mehreren Hervorhebungen wird als Erstes darauf geprüft, ob sie auf die spezielle Nachricht/den speziellen Nachrichtenentwurf zutrifft. Ist das der Fall, wird diese Hervorhebung angezeigt, weiter unten in der Liste angeordnete Hervorhebungen, die in dem speziellen Fall auch zum Tragen kämen, werden ignoriert und nicht angezeigt. So wird die Liste von oben nach unten abgearbeitet. Die Reihenfolge der Liste der Hervorhebungen kann jederzeit angepasst werden. Die erste Übereinstimmung mit den verfügbaren Kriterien färbt die Nachrichten-/Nachrichtenentwurfszeilen mit der zugewiesenen Farbe ein. Man sollte sich daher gut überlegen, ob man in einem Grundordner mehr als eine Hervorhebung einstellen möchte. 78

Um die Funktion „Hervorheben" verwenden zu können, wird das Recht 08 „Nachricht organisieren" benötigt (an diesem Recht hängen auch die Funktionen „Verschieben" einer Nachricht, „Etiketten" sowie „Ordner" verwalten und „Kommentare" einsetzen). 79

80 Zur Erstellung einer Hervorhebung werden neben der Festlegung des betroffenen Grundordners das notwendige Filterkriterium und zur Konkretisierung des gewünschten Ergebnisses sog. Operatoren bestimmt. Diese Operatoren benötigen evtl. ein oder zwei einschränkende Werte.

81 Folgende **Filterkriterien** können für Hervorhebungen eingesetzt werden (es sind dieselben Kriterien wie für die Erstellung von Sichten):
- Neue Nachrichten
- Ungelesene Nachrichten
- Nachrichten, die einen Kommentar enthalten
- Nachrichten, die ein Empfangsbekenntnis erfordern
- Nachrichten, die eine Sendungspriorität enthalten
- Nachrichten, die demnächst endgültig gelöscht werden
- **Nachrichten, die demnächst in den Papierkorb verschoben werden**
- Absender
- Empfänger
- Absender/Empfänger
- Benutzerdefinierte Etiketten (Labels)
- Nachricht empfangen
- Nachricht versendet
- Ordner
- Persönlich/vertraulich
- Aktenzeichen Sender
- Aktenzeichen Empfänger
- Löschdatum
- Endgültiges Löschdatum

82 Folgende **Operatoren** (abhängig vom Filterkriterium) können eingesetzt werden:
- gleich
- ungleich
- beginnt
- kleiner
- kleiner gleich
- größer
- größer gleich
- von bis
- ist leer
- ist nicht leer
- in Liste

83 Folgende **Werte** (abhängig vom Filterkriterium) können eingesetzt werden:
- Ja
- Nein
- Sinnvolle Zahlenwerte
- Sinnvolle Begriffe (z.B. Empfängername, Aktenzeichen)
- Etikettenbezeichnungen (Hinweis: Es werden die für alle Postfächer angelegten Etiketten aufgelistet. Eine Zuordnung des Etiketts zu einem bestimmten Postfach ist nicht möglich.[6])
- Datumswert

---

6 Stand 3.10.2022.

G. Ausgewählte Funktionen im Register Einstellungen | § 8

Beispiel 84
Es sollen nur alle Nachrichten im Grundordner Posteingang und dessen Unterordner angezeigt werden, die innerhalb der nächsten zehn Tage in den Papierkorb verschoben werden.

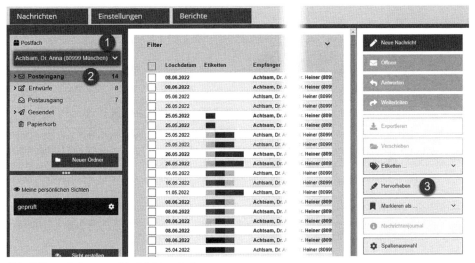

85

Abb. 7: Hervorhebung von Nachrichten starten

Der Fokus liegt auf dem Postfach von „Anna Achtsam" (1) und in diesem auf dem Posteingang (2). Die Funktion „Hervorheben" wird durch Klick mit der linken Maustaste im rechten Funktionsmenü ausgewählt (3). 86

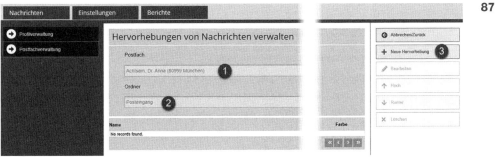

87

Abb. 8: Neue Hervorhebung erstellen

Im angezeigten Bereich „Hervorhebungen von Nachrichten verwalten" wird das Postfach (1) und der Grundordner (2) angezeigt, der zum Zeitpunkt des Klicks auf die Schaltfläche „Hervorheben" ausgewählt war. In diesem Dialog wird auch in dem mit „Name" überschriebenen Bereich die Liste der evtl. bereits für diesen Grundordner angelegten Hervorhebungen angezeigt. Durch Klick mit der linken Maustaste auf den Button „Neue Hervorhebung" (3) wird der entsprechende Dialog für das Erstellen einer Hervorhebung gestartet. 88

89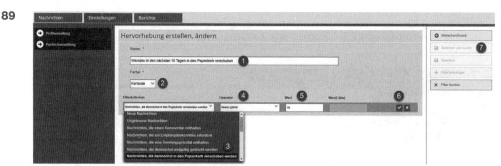

Abb. 9: Filterkriterium für die Hervorhebung auswählen und übernehmen; speichern

90 Im sich öffnenden Dialog muss ein Name (Pflichtfeld) für die Hervorhebung bestimmt werden (1). Im Anschluss wird mit dem Drop-Down-Menü (2) eine von 15 möglichen Farben ausgewählt (Pflichtfeld). Im Drop-Down-Menü der möglichen Filterkriterien (3) wird für dieses Beispiel das Kriterium „Nachrichten, die demnächst in den Papierkorb verschoben werden" ausgewählt. Als Operator kann über das Drop-Down-Menü „Operator" (4) z.B. „kleiner gleich" ausgewählt und als Wert (5) 10 (für in diesem Beispiel innerhalb der nächsten zehn Tage) eingetragen werden. Abgeschlossen wird die Erstellung der Hervorhebung durch Klick mit der linken Maustaste auf den Haken-Button (6) für die Übernahme der eingetragenen Werte und Klick auf den Funktions-Button „Speichern und zurück" (7).

91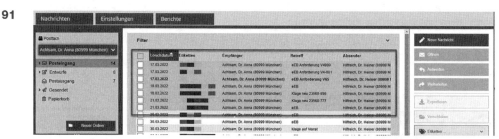

Abb. 10: Darstellung der Hervorhebungen im Posteingang

Ab sofort werden die eingegangenen Nachrichten, die innerhalb der nächsten zehn Tage in den Papierkorb verschoben werden, mit der gewählten Farbe markiert in der Nachrichtenübersicht dargestellt. Diese Darstellung kann naturgemäß täglich wechseln.

H. Register „Berichte"

92 Berichte dienen zur strukturierten Auswertung von Informationen zu Postfächern. Um mit Berichten arbeiten zu können, wird für z.B. den Nutzer der Rollen „Mitarbeiter" oder „Vertretung" das Recht 22 „Berichte erstellen und verwalten" benötigt. Der Bereich Berichte wurde noch nicht auf die neue Menüansicht (Funktions-Menü in der rechten Spalte) umgestellt.[7] Alle Menü-Optionen befinden sich nach wie vor horizontal über der tabellarischen Übersicht der Berichte.

93 Über Berichtsvorlagen können Berichte erzeugt werden. Werden erstellte Berichtsvorlagen nachträglich geändert, werden alle auf der alten Berichtsvorlage basierenden Berichte gelöscht. Berichtsvorlagen können kopiert werden, ohne dass die bestehenden Berichte mit in die neue Vorlage übernommen werden. Erstellte Berichte können gelöscht oder exportiert werden.

---

[7] Stand: 3.10.2022

H. Register „Berichte" § 8

Auf der Übersichtsseite der Berichte können Berichte zu bestehenden Berichtsvorlagen angesehen werden, wenn der kleine Winkel links neben dem Berichtsvorlagen-Namen angeklickt wird. Es klappt die Übersicht der Berichte auf. Es werden max. 12 Berichte zur geöffneten Berichtsvorlage angezeigt. Wird ein neuer Bericht im vorgegebenen Zeitintervall erstellt und es bestehen schon 12 Berichte, wird der älteste Bericht gelöscht. 94

Die Erstellung der Berichtsvorlagen ist postfachspezifisch. Jeder berechtigte Nutzer eines bestimmten Postfachs sieht die gleichen Berichtsvorlagen für dieses Postfach. Berichtsvorlagen werden einem bestimmten Besitzer zugeordnet. Als Besitzer wird grundsätzlich derjenige eingetragen, der beim Erstellen eines Berichts im System angemeldet ist. Der Besitz kann von einem Vorbesitzer übernommen werden. Besitzer eines Berichts können diesen ändern oder löschen. Wenn ein Mitarbeiter die Kanzlei verlassen wird und er noch als Besitzer von Berichten eingetragen ist und diese Berichte weiter genutzt werden sollen, kann der Besitz des Berichts/der Berichte vor dem Löschen des Zugangs des ehemaligen Mitarbeiters (Sicherheits-Token wird vom Benutzer-Profil entkoppelt) auf einen in der Kanzlei verbleibenden Mitarbeiter übertragen werden. Würde dies nicht durchgeführt, würde mit dem Löschen des Zugangs durch den ehemaligen Mitarbeiter auch die Berichtsvorlage unwiederbringlich gelöscht werden. Eine Besitzübernahme eines Berichts ist ohne Mitwirkung des aktuellen Besitzers möglich. Dabei wird die Berichtsvorlage in der Übersicht der Berichte via Check-Box ausgewählt und im Menüpunkt „Berichtsvorlage" durch Klick auf „Besitzer ändern" der Besitz der Berichtsvorlage auf den aktuell am beA angemeldeten Nutzer übertragen. Ist der am beA angemeldete Nutzer schon im Besitz der Berichtsvorlage, ist im Menüpunkt „Berichtsvorlage" die Funktion „Besitzer ändern" deaktiviert und ausgegraut dargestellt. 95

Die Erstellung eines Berichts erfolgt in mehreren Teilschritten. Erster Besitzer einer Berichtsvorlage ist immer der Ersteller der Berichtsvorlage. Zuerst wird ein Name für die Berichtsvorlage eingetragen (Pflichtfeld). Im Feld „Kommentar" können Erläuterungen bzgl. des Zwecks des Berichts hinterlegt werden. Dann muss festgelegt werden, welche vom Ersteller der Berichtsvorlage berechtigten Postfächer in die Berichtserzeugung eingebunden werden sollen. Die Einbindung eines oder mehrerer Postfächer erfolgt durch Auswahl (Anklicken des Postfachnamens mit der linken Maustaste) des Postfachnamens im linken Listenfenster im Bereich „Postfächer" und die Verschiebung in das rechte Listenfenster mit Drag & Drop oder durch Nutzung der Pfeilsymbole, die zwischen den beiden Listenfenster angeordnet sind. 96

Im Anschluss werden die Filterkriterien, die mit dem Bericht ausgewertet werden sollen, festgelegt (Kenngrößen). Hier die aktuell 29 möglichen Kenngrößen:[8] 97

- Postfachname
- Nachrichtengröße
- Größe der größten Nachricht
- Nachrichtenanzahl
- Postfachleistung (Gesamtgröße des Postfaches)
- Anzahl nicht gelesener Nachrichten von Postfachbesitzer
- Anzahl nicht gelesener Nachrichten
- Anzahl Nachrichten die automatisch gelöscht werden
- Anzahl Nachrichten mit Versandzeitpunkt I
- Anzahl Nachrichten mit Versandzeitpunkt II
- Anzahl Nachrichten mit Versandzeitpunkt III
- Anzahl Nachrichten mit Versandzeitpunkt IV
- Anzahl der versendeten Nachrichten
- Anzahl der empfangenen Nachrichten
- Nachrichtenanzahl interne Kommunikation

---
8 Stand: 3.10.2022.

- Nachrichtenanzahl externe Kommunikation
- Dauer bis zum ersten Lesen
- Dauer bis zum Löschen
- Dauer bis zum Exportieren
- Upload-Rate
- Versandabbruch intern
- Versandabbruch extern
- Adressat nicht erreichbar
- Anzahl automatisch gelöschter Nachrichten
- Anzahl manuell gelöschter Nachrichten
- Anzahl an Leseberechtigungen
- Anzahl an Versendeberechtigungen
- Anzahl an Rechteverwaltungs-Berechtigungen
- Anzahl an Signier-Berechtigungen

98 Durch Klick mit der linken Maustaste auf den Menü-Punkt „Weiter" wird man zum nächsten Dialogfeld geführt. Zu den festgelegten Filterkriterien können Operatoren ausgewählt werden, die dann evtl. zusätzliche konkretisierende oder einschränkende Werte benötigen. Als Operatoren dienen:

- gleich
- ungleich
- kleiner
- kleiner gleich
- größer
- größer gleich
- von bis
- ist nicht leer
- ist leer

99 Nach einer freien Bestimmung der Reihenfolge in der Anzeige der Berichtsthemen (Kenngrößen) und ob die Sortierung der Ergebnisse der einzelnen Filterkriterien aufsteigend oder absteigend sein soll, kann für die Darstellung der Auswertung noch eine Ausführungsfrequenz festgelegt werden. Mögliche Einträge sind:

- kein Eintrag
- täglich
- wöchentlich
- monatlich
- jährlich

100 Wenn für die Ausführungsfrequenz kein Intervall angegeben wird, muss die Erstellung des Berichts manuell durchgeführt werden.

101 Postfachbesitzer oder dessen für das Postfach berechtigte Mitarbeiter können sich über die Berichte einen schnellen Überblick über die Aktionen und Ereignisse im Zusammenhang mit dem beA regelmäßig oder spontan verschaffen.

I. Journale

102 Wesentliche Ereignisse werden im beA-System mittels sog. Journale protokolliert. Diese Journale sind:
- Postfachjournal
- Nutzerjournal
- Nachrichtenjournal

Dabei kann nach Aufruf der Journalfunktion in einem Suchfenster nach Benutzer, Benutzername oder nach dem protokollierten Ereignis gesucht werden. Als Eingabe in das Feld „Benutzer" oder „Benutzername" muss nicht der vollständige Begriff verwendet werden, sondern es genügt, auch nur einen Teil des gesuchten Namens einzutragen. Zusätzlich kann die Suche mit einer Datumsfunktion eingegrenzt werden.

Die Journale können exportiert und außerhalb des beA gespeichert werden, so z.B. in einem eigenen DMS/ECM. Die exportierte Datei ist eine ZIP-Datei, die eine csv-Datei enthält. Wird ein Nachrichtenjournal erstellt, sind **ALLE** hinterlegten Journaleinträge zur Nachricht enthalten, unabhängig davon, ob vor dem Exportieren Auswahl- oder Suchkriterien festgelegt wurden. Auch bei den Postfach- und Nutzerjournalen werden jeweils **ALLE** Einträge in der exportierten csv-Datei hinterlegt, die vorhanden sind. Eine genaue Selektion der gesuchten Daten in der Export-Datei muss anschließend mit Bordmitteln, z.B. eines verwendeten Excel-Programms, durchgeführt werden.

Das Postfachjournal hat noch ein zusätzliches Auswahlkriterium, das „Postfach". Auch hier kann über ein Drop-Down-Feld das gewünschte Postfach ausgewählt werden, wenn der aktuelle Nutzer Zugang zu mehr als einem beA besitzt.

Die möglichen Suchkriterien (Mehrfach- oder Gesamtauswahl ist möglich) des **Postfachjournals** (in der beA-Anwendung) im Auswahlfeld „Ereignisse" sind:[9]

- Nachricht wurde exportiert
- Export einer Nachricht wurde abgebrochen
- Nachricht wurde gelöscht
- Postfach wurde aktiviert
- Postfach wurde deaktiviert
- Recht für Benutzer wurde zugeordnet
- Recht für Benutzer wurde entfernt
- Rolle wurde zugeordnet
- Rolle wurde entfernt
- Rechtsanwalt wurde die Zulassung entzogen
- Rechtsanwalt wurde die Zulassung erteilt
- Bewerbung wurde zurückgezogen
- Nachricht wurde versendet
- Nachrichtenversand wurde gestartet
- Das Postfachjournal wurde gelöscht

Hinweise

Über dieses Journal kann z.B. festgestellt werden, welche Person zu welchem Zeitpunkt welche Nachricht versendet oder exportiert hat. **Achtung**: Sollten, bezogen auf ein konkretes Postfach, die protokollierten Tätigkeiten gelöscht werden, wird dieser Vorgang des Löschens protokolliert. Die durchgeführten Tätigkeiten können nicht mehr nachgewiesen werden. Dass das Protokoll gelöscht wurde, wird unumkehrbar festgehalten.

Die möglichen Suchkriterien (Mehrfach- oder Gesamtauswahl ist möglich) des **Nutzerjournals** (in der beA-Anwendung) im Auswahlfeld „Ereignisse" sind:[10]

- Benutzer wurde angelegt
- Sicherheits-Token wurde gelöscht
- Sicherheits-Token wurde zugeordnet
- Recht wurde zugeordnet

---

9 Stand 3.10.2022.
10 Stand 3.10.2022.

§ 8 Vorstellung des beA

- Benutzer wurde zurückgesetzt
- Rolle wurde zugeordnet
- Rolle wurde entzogen
- Recht wurde entzogen
- Benutzer wurde aktiviert
- Letzte Rolle wurde gelöscht. Endgültiges Löschen erfolgt gemäß Frist für Rechtsanwälte
- Letzte Rolle wurde gelöscht. Endgültiges Löschen erfolgt gemäß Frist für Nicht-RA-Bevollmächtigte
- Letzte Rolle wurde gelöscht. Endgültiges Löschen erfolgt gemäß Frist für Mitarbeiter
- Das Nutzerjournal wurde gelöscht

109 *Hinweis*
Auch hier gilt: Sollten, bezogen auf den konkreten Nutzer, die protokollierten Tätigkeiten gelöscht werden, wird dieser Vorgang des Löschens protokolliert. Die durchgeführten Tätigkeiten können nicht mehr nachgewiesen werden. Dass das Protokoll gelöscht wurde, wird aber unumkehrbar festgehalten.

110 Die möglichen Suchkriterien (Mehrfach- oder Gesamtauswahl ist möglich) des **Nachrichtenjournals** (in der beA-Anwendung) im Auswahlfeld „Ereignisse" sind:[11]

- Zeitpunkt der ersten Erstellung
- Zeitpunkt der Initiierung des Versands
- Zeitpunkt des erfolgreichen Versands (bei versandten Nachrichten)
- Zeitpunkt des Empfangs (bei empfangenen Nachrichten)
- Zeitpunkt der Abgabe des EB (bei empfangenen Nachrichten mit EB)
- Öffnen der Nachricht durch einen Benutzer
- Abholen der Nachricht über die KSW-Schnittstelle durch einen Benutzer
- Nachricht wurde signiert
- Das Empfängerzertifikat wurde erfolgreich geprüft
- Signaturprüfung war erfolgreich
- Signaturprüfung vollständig nicht möglich
- Signaturprüfung ist fehlgeschlagen
- Nachricht wurde geändert
- Signatur eines Nachrichtenentwurfs wurde entfernt
- Nicht erfolgreiche Empfänger wurden entfernt
- Absender der EGVP-Nachricht
- Das Nachrichtenjournal wurde gelöscht

111 *Hinweise*
Über das Nachrichtenjournal kann z.B. festgestellt werden, welche Person wann eine Nachricht geöffnet hat. Dies kann dazu führen, dass anhand des Nachrichtenjournals, z.B. auch bei etwaiger Anforderung durch ein Gericht, nachgewiesen werden könnte, ab wann wer Kenntnis vom Inhalt einer Nachricht erhalten hat, unabhängig davon, ob er die Dokumente der Nachricht tatsächlich geöffnet hat und die Nachricht nach dem Öffnen sofort wieder geschlossen hat. Zumindest wird auf diese Weise ein Anscheinsbeweis gesetzt. Das Öffnen eines Dokuments in einer Nachricht wird nicht protokolliert. Es wird zudem nicht protokolliert, wann eine Nachricht in den Papierkorb verschoben wurde. Das frühzeitige Verschieben einer Nachricht in den Papierkorb bewirkt aber, dass die Nachricht schneller als die standardmäßigen 120 Tage (90 + 30) aus dem Postfach automatisiert endgültig entfernt wird. Normalerweise verbleiben eingehende oder gesendete Nachrichten mindestes 90 Tage in den jeweiligen Grund- oder Unterordnern, bevor sie automatisiert in den Papierkorb verschoben werden, um da-

---

11 Stand 3.10.2022.

raus automatisiert nach frühestens 30 Tagen endgültig gelöscht zu werden. Wird eine Nachricht nach zehn Tagen in den Papierkorb verschoben, erfolgt die Löschung aus dem Papierkorb ebenfalls nach frühestens 30 Tagen automatisiert und endgültig. Die mögliche Verfügbarkeit der Nachricht im beA verkürzt sich damit z.B. von ca. 120 auf ca. 40 Tage. Sollten, bezogen auf die konkrete Nachricht, die protokollierten Tätigkeiten gelöscht werden, wird dieser Vorgang des Löschens ebenfalls protokolliert. Die durchgeführten Tätigkeiten können nicht mehr nachgewiesen werden. Dass das Protokoll gelöscht wurde, wird aber unumkehrbar festgehalten.

§ 9 E-Akte – Papierakte oder Hybridakte?

Nach dem E-Government-Gesetz[1] sollen die Behörden des Bundes ihre Akten elektronisch führen, § 6 EGovG.[2] Die Länder haben eigene E-Government-Gesetze, so z.B. Bayern.[3] Mit dem Onlinezugangsgesetz (OZG)[4] regelt der Gesetzgeber in wenigen Bestimmungen die Verpflichtung des Bundes und der Länder, bis spätestens zum 31.12.2022 ihre Verwaltungsleistungen auch elektronisch über Verwaltungsportale anzubieten, § 1 Abs. 1 OZG. Dabei sind Bund und Länder verpflichtet, ihre Verwaltungsportale miteinander zu einem Portalverbund zu verknüpfen, § 1 Abs. 2 OZG. Das OZG nutzt viele neue Begrifflichkeiten, die in § 2 OZG definiert werden. Der **Portalverbund** stellt dabei die technische Verknüpfung der Verwaltungsportale von Bund und Ländern, über den der Zugang zu Verwaltungsleistungen auf unterschiedlichen Portalen angeboten wird, dar, § 2 Abs. 1 OZG. Ein **Verwaltungsportal** wiederum bezeichnet ein bereits gebündeltes elektronisches Verwaltungsangebot eines Landes oder des Bundes mit entsprechenden Angeboten einzelner Behörden, § 2 Abs. 2 OZG. Definiert werden in § 2 Abs. 3 bis 7 OZG zudem die Begriffe „Verwaltungsleistungen"; „Nutzer" (natürliche und juristische Personen, Vereinigungen, soweit ihnen ein Recht zustehen kann, und Behörden); „Nutzerkonto"; „IT-Komponenten" sowie der Begriff „Postfach". Sowohl die Verwendung von Nutzerkonten als auch eines Postfachs ist für die Nutzer freiwillig. 575 Leistungen sollen bis Ende 2022 online umgesetzt werden.[5] All dies setzt natürlich auch die Bearbeitung über eine E-Akte voraus. Der „Druck zu Digitalisierung" ist dabei vom Gesetzgeber durch Pflichtenkataloge für die Behörden vorangetrieben worden.

Die verpflichtende Einführung der elektronischen Akte in der Justiz tritt in zahlreichen Gesetzen zum 1.1.2026 in Kraft.[6] Spätestens ab diesem Datum muss jede neu anzulegende Akte als E-Akte angelegt werden. Sicherlich wird es aufgrund der in mancher Hinsicht zwingenden materiell-rechtlichen Schriftform auch weiterhin hier und da bei Rest-Papierakten bleiben; im Großen und Ganzen ist aber die Reise hin zur zeitnahen Digitalisierung auf den Weg gebracht.

Für die Anwälte gibt es bisher keine gesetzliche Pflicht, auf E-Akten umzustellen. Allerdings ist aus Nachweisgründen dringend zu empfehlen, alle ein- und ausgegangenen beA-Nachrichten „als solche" zu archivieren. Da macht es natürlich Sinn, diese auch gleich in der dazugehörigen E-Akte zu speichern. Der reine Ausdruck enthaltener Anhänge einer Nachricht wird nicht für ausreichend erachtet. Schließlich sind auch Eingangsbestätigungen und Prüfprotokolle aus Nachweiszwecken zwingend zu archivieren. So wird man unseres Erachtens auch in der Anwaltschaft über kurz oder lang nicht um die E-Akte herumkommen.

Dass grundsätzlich eine Pflicht zur Handaktenführung besteht, ergibt sich aus dem anwaltlichen Berufsrecht. Gem. § 50 Abs. 1 S. 1 BRAO muss ein Rechtsanwalt durch das Führen von Handakten ein geordnetes und zutreffendes Bild über die Bearbeitung seiner Aufträge geben können. § 50 Abs. 4 BRAO regelt ergänzend, dass die Abs. 1 bis 3 des § 50 BRAO entsprechend gelten, sofern sich der Rechtsanwalt zum Führen von Handakten oder zur Verwahrung von Dokumenten der elektronischen Datenverarbeitung bedient. Darüber hinaus bleiben getroffene Regelungen zu Aufbewahrungs- und Herausgabepflichten in an-

---

1 G. v. 25.7.2013, BGBl I, 2749; BGBl I 2015, 678, zuletzt geändert durch Art. 15 G. v. 20.11.2019, BGBl I, 1126.
2 https://www.bmi.bund.de/DE/themen/moderne-verwaltung/verwaltungsmodernisierung/e-akte/e-akte-node.html (Abruf: 7.9.2022).
3 Bayerisches E-Government-Gesetz – BayEGovG v. 22.12.2015, GVBl., 458, BayRS 206–1-D, siehe dazu auch: https://www.gesetze-bayern.de/Content/Document/BayEGovG/true (Abruf: 7.9.2022).
4 Gesetz zur Verbesserung des Onlinezugangs zu Verwaltungsleistungen (Onlinezugangsgesetz), G. v. 14.8.2017, BGBl I, 3122, 3138 (Nr. 57); zuletzt geändert durch Art. 16 G. v. 28.6.2021, BGBl I, 2250.
5 https://www.onlinezugangsgesetz.de/Webs/OZG/DE/grundlagen/info-ozg/info-leistungen/info-leistungen-node.html (Abruf: 7.9.2022).
6 Gesetz zur Einführung der elektronischen Akte in der Justiz und zur weiteren Förderung des elektronischen Rechtsverkehrs, G. v. 5.7.2017, BGBl I, 2208, vgl. nur beispielhaft § 298a ZPO, § 32 Abs. 1 S. 1 StPO, § 110 Abs. 1 S. 1 OWiG, § 14 Abs. 1 S. 1 FamFG, § 46e Abs. 1a ArbGG, § 65b Abs. 1a SGG, § 5b Abs. 1a VwGO u. § 52b Abs. 1a FGO.

§ 9   E-Akte – Papierakte oder Hybridakte?

deren Vorschriften unberührt, § 50 Abs. 5 BRAO. Jede Art der Aktenführung hat sich dabei aber u.a. auch an § 203 StGB, dem BDSG und der DSGVO zu orientieren.

5   In vielen Kanzleien wird schon heute mit E-Akten gearbeitet. Spätestens, seit die elektronische Einreichverpflichtung, siehe § 3 dieses Werks, zum 1.1.2022 in Kraft getreten ist, stellen sich viele Kanzleien um. Es handelt sich natürlich nicht um eine wissenschaftliche Studie, aber die regelmäßige Befragung zahlreicher Seminarteilnehmer ergibt in etwa das folgende Bild: Während ein Teil (ca. ¼) bereits mit „reiner E-Akte" arbeitet, hängen manche noch an einer vollständigen Papierakte (ebenfalls ca. ¼). Der Großteil (etwa ½) arbeitet mit einer „Hybridakte", das bedeutet, neben einer E-Akte (z.B. über die Anwaltssoftware) werden wichtige Unterlagen wie z.B. Schriftsätze in der Papierakte geführt. Bei solchen Hybrid-Akten kann es dann geschehen, dass weder die Papierakte noch die E-Akte ein vollständiges Bild abgeben, die „Akte" jeweils also nur unvollständig ist und erst eine Zusammenführung zu einem vollständigen Aktenbild führt. Zudem kommt es auch nicht selten vor, dass wiederum manche Dokumente doppelt zu finden sind. Dass dieser permanente Medienbruch mit Datenverlusten und Verlusten der Versandinformationen (z.B. elektronischer Signaturen oder Eingangsbestätigungen) verbunden sein kann und ein nicht unerhebliches Haftungsrisiko darstellt, haben viele Kanzleien noch nicht entdeckt. Dabei würde doch gerade die zwingende elektronische Einreichpflicht die Gelegenheit bieten, die eigenen Organisationsstrukturen einmal gründlich zu überdenken und auf „moderne Füße" zu stellen. Die Zurückhaltung gegenüber der E-Akte wird häufig damit begründet, dass in dieser nicht „so gearbeitet werden könne" wie in einer Papierakte. Das ist jedoch eine falsche Annahme. Mit den entsprechenden Werkzeugen lassen sich in E-Akten Eintragungen (z.B. mittels Textfeldern) vornehmen, aber auch Fristenstempel anbringen und sogar handschriftliche Vermerke einfügen.

6   Von Anwälten wird dabei auch häufig übersehen, dass gerade die jüngeren Mitarbeiter sich mit einem in die Jahre gekommenen – nicht mehr modernen und damit für sie auch wenig attraktiven – Papierbüro nicht anfreunden können. Nicht selten wird die Zusage des Bewerbers auch davon abhängig gemacht, ob die Arbeitsabläufe zeitgemäß gestaltet oder verkrustet und umständlich sind.

7   Die **Vorteile einer elektronischen Akte (E-Akte)** liegen auf der Hand:
- Die Informationen sind vollständig überall verfügbar.
- Die Suche nach Akteninhalten kann gezielter erfolgen.
- Alle Verwender der E-Akte greifen auf dieselben Informationen zurück.
- E-Akten müssen nicht an verschiedenen Orten gesucht werden.
- E-Akten sparen Platz und damit Raumkosten.
- Bei E-Akten können Berechtigungen unterschiedlicher Art vergeben werden, sodass die Vertraulichkeit und Unveränderbarkeit von Dokumenten leichter als bei der Papierakte gewährleistet ist.
- Bei guter E-Akten-Führung lassen sich erhebliche Personalkosten einsparen.
- Die Akte kann parallel von mehreren Personen parallel aufgerufen werden.
- Eine „Mitnahme" der Akte (Gericht/Gegner/Homeoffice) ist leichter möglich; die Mobilität lässt sich durch Remote Desktop via VPN erreichen.
- Bei elektronischen Eingängen entfällt der Ausdruck; bei Postausgängen das Scannen.
- Unbeliebte Tätigkeiten wie Drucken und Kuvertieren entfallen.
- Sofern zusätzlich auch mit Spracherkennung gearbeitet wird, entfallen auch aufwendige Tätigkeiten wie das Tippen von Diktaten.
- Mit E-Akten lassen sich Muster und Formulare sinnvoll und schnell zusammenführen; eine eigens angelegte Wissensdatenbank führt dazu, dass Wissen nicht „verlorengeht" und regelmäßig eingesetzt werden kann.

8   Einer der größten **Nachteile der E-Akte** dürfte die Unauffindbarkeit von Dokumenten sein, die an falscher Stelle gespeichert („abgelegt") wurden. Aus diesem Grund ist bei Einführung der E-Akte in der Kanzlei absolut wichtig:

- Ordnerstrukturen (sog. Strukturbäume) einzurichten und damit auch festzulegen, wo man welche Unterlagen findet;
- Schlagwörter festzulegen, die man bei der Suche nach Dokumenten oder Inhalten verwenden kann;
- alle Anwender rechtzeitig „ins Boot zu holen" und
- neue Mitarbeiter frühzeitig in diese Art der Aktenführung einzuweisen.

Dabei sind die E-Akten (teils kostspielig) vor Datenverlust zu schützen und es muss klar sein, dass bei technischen Störungen ein Zugriff auf die Akte zumindest zeitweise nicht mehr möglich ist.

Bei der elektronischen Aktenführung wird mit einem sog. Dokumenten-Management-System (DMS) gearbeitet. Hier gibt es verschiedene Anbieter am Markt; von singulären DMS bis hin zu sog. Komplettlösungen, d.h. Anwaltsprogrammen mit zahlreichen Modulen für Buchhaltung, Zwangsvollstreckung, Aktenverwaltung, Kostenrecht und Fristenverwaltung. Die Strukturmerkmale einer Papierakte und einer elektronischen Akte gleichen sich häufig. Auch bei der elektronischen Akte kann man Aktendeckblätter, Laschen oder Register verwenden.

Nur beispielhaft für die gängige Einteilung einer Akte:

- **Gerichtsteil**
  In dem Gerichtsteil werden sämtliche Schriftsätze und Verfügungen des Gerichts chronologisch gespeichert.
- **Korrespondenzteil**
  Im Korrespondenzteil wird die Korrespondenz mit dem Auftraggeber/Mandanten und weiteren Beteiligten gespeichert. Hier kann es sich je nach Beteiligtenanzahl anbieten, zusätzlich eine gesonderte Unterteilung vorzunehmen.
- **KFS (Kostenfestsetzungsverfahren)**
  In diesem Unterverzeichnis können alle elektronischen Dokumente gespeichert werden, die mit dem Thema Kostenfestsetzungsverfahren zu tun haben, wie z.B. der Kostenfestsetzungsantrag selbst, generische Schriftsätze im KF-Verfahren und schließlich auch der Kostenfestsetzungsbeschluss.
- **Kosten**
  Im Unterverzeichnis Kosten werden Vergütungsrechnungen, Vergütungsvereinbarungen und z.B. Reisekostenbelege gespeichert.
- **Anlagen**
  In manchen Kanzleien werden die Anlagen zu den Schriftsätzen (z.B. Anlage K1 – K40) ebenfalls im Gerichtsteil gespeichert. Bei zahlenmäßig umfangreichen Anlagen bietet sich aber auch ein eigenes Unterverzeichnis an.
- **RSV (Rechtschutzversicherung)**
  Sollte der Auftraggeber rechtschutzversichert sein, kann für die Korrespondenz mit dem Rechtschutzversicherer ein gesondertes Unterverzeichnis angelegt werden.
- **Unterlagen vom Auftraggeber**
- **Vertragsentwürfe/Notizen**
- **beA-Nachrichten/ZIP-Dateien**
  Hier sollten alle eingegangenen und ausgegangenen beA-Nachrichten, die exportiert worden sind, zur Akte gespeichert werden. Auf diese Weise behält man die Nachricht in ihrer Ursprungsform (Nachweis[7]) und kann dann aus der ZIP-Datei die Dateien herauskopieren (nicht ausschneiden – keine Veränderung vornehmen!), die im Arbeitsbereich, z.B. dem Gerichtsteil, benötigt werden. So hält man den Arbeitsbereich „schlank", kann aber jederzeit bei Bedarf auf die Ursprungsnachricht zurückgreifen.

---

[7] Siehe hierzu auch BRAK-beA-Newsletter 19/2017 v. 10.5.2017 – https://www.brak.de/fileadmin/05_zur_rechtspolitik/newsletter/bea-newsletter/2017/ausgabe-19-2017-v-10052017.news.html (Abruf: 27.2.2022).

§ 9 E-Akte – Papierakte oder Hybridakte?

11 Nach Auffassung der Verfasser sollten auch Kanzleien umgehend auf E-Akte umstellen, sofern sie dies noch nicht vorgenommen haben, spätestens jedoch ebenfalls zum 1.1.2026. Dabei ist es natürlich nicht verboten, dass ein Anwalt bestimmte Schriftstücke zusätzlich für sich ausgedruckt vorhält. Es sollte ab diesem Zeitpunkt aber die E-Akte immer ein vollständiges Bild der gesamten Akte abgeben und nicht mehr nur ein „Stückwerk" sein. Eine gesetzliche Pflicht zur E-Akten-Führung, wie bei den Justizbehörden, ist für Anwälte bisher nicht vorgesehen.

12 Sämtliche Bundesländer haben im Hinblick auf die Pflicht für Justizbehörden, ab 1.1.2026 E-Akten zu führen, teilweise bereits 2018 damit begonnen, auf E-Akten umzustellen. I.d.R. sind die Länder bei den Fachgerichtsbarkeiten schon am weitesten fortgeschritten bzw. ist die Umstellung auf die E-Akte in einigen Bereichen bereits komplett erfolgt. Insbesondere in der Arbeits-, Sozial- und Verwaltungsgerichtsbarkeit ist die Einführung von E-Akten schon recht weit fortgeschritten. Entsprechende Informationen über den aktuellen Stand können sich unsere Leser auf den Justizseiten der Länder beschaffen. Die Einführung zunächst in den Fachgerichtsbarkeiten liegt zum einen häufig daran, dass hier das Aktenvolumen geringer ist als in der Zivilgerichtsbarkeit. Zudem ist in diesen Bereichen aber auch der Kostendruck höher, da hier häufig geringere oder gar keine Gerichtskosteneinnahmen erfolgen. Bund und Länder betreiben inzwischen ein Akteneinsichtsportal, welches sukzessive immer weiter ausgebaut wird.[8] Über das Akteneinsichtsportal können Gerichte und Staatsanwaltschaften in Deutschland elektronische Akten für die Einsichtnahme online zum Abruf bereitstellen, wenn die Akte bei Gericht oder der Staatsanwaltschaft elektronisch vorliegt, Akteneinsicht beantragt und positiv beschieden wurde sowie das Gericht oder die Staatsanwaltschaft entschieden hat, dass die Akteneinsicht durch Bereitstellung der Akte zum Abruf über das Akteneinsichtsportal gewährt wird. Auf der genannten Seite des Akteneinsichtsportals werden Erläuterungen bereitgestellt, wie der Abruf funktioniert.[9] Das Akteneinsichtsportal soll an das BRAV angebunden werden; dies war zum Zeitpunkt der Drucklegung jedoch noch nicht umgesetzt.

13 Die Vorschrift des § 50 BRAO, die dort geregelten Anforderungen an ein geordnetes Aktenbild und die Tatsache, dass im elektronischen Zeitalter wesentlich mehr Dokumente erzeugt werden als noch im reinen „Papier-Zeitalter", erfordern von Kanzleien ein erhöhtes Maß an sog. „Digital-Hygiene". Es bietet sich daher an, sich frühzeitig mit den Möglichkeiten, Grenzen und der Umsetzung eines eigenen E-Akten-Projekts auseinanderzusetzen. Keinesfalls ist eine solches Projekt während der laufenden Arbeitszeit durch Mitarbeiter zu stemmen, wenn hierfür nicht entsprechende zeitliche Freiräume geschaffen werden.

14 Bei der Umstellung von Papier- zur E-Akte gibt es einige Überlegungen/Vorkehrungen zu treffen:
- Die E-Akte sollte vor der Papierakte Vorrang haben. Hier ist ausnahmslos alles abzuspeichern, auch die Dokumente, die ggf. zusätzlich im Original in Papierform erhalten bleiben sollen!
- Es sollte festgelegt werden, mit welchen Verzeichnissen/Unterverzeichnissen in der Akte gearbeitet wird und welche Dokumentenbezeichnungen in der Kanzlei erwünscht sind.
- Die technische Einrichtung muss passen; ein leistungsstarker Server, eine Firewall mit VPN-Zugang und ausreichend moderne Hardware sollten zur Verfügung stehen bzw. angeschafft werden. Ein ebenfalls leistungsfähiger Scanner und mehrere Bildschirme pro Arbeitsplatz (2–3) machen die Umstellung einfacher. Hat man sich erst einmal zur Umstellung durchgerungen, ist es mehr als nervtötend, wenn die Technik nicht mitspielt, da sie zu schwach ausgestattet ist und am falschen Ende gespart wurde.
- Alle Mitarbeiter sind entsprechend zu schulen; auf die Einhaltung der vorgegebenen Richtlinien z.B. bei der Dokumentenbezeichnung sollte unbedingt geachtet werden. Kanzleimitarbeiter sollten im rechtssicheren ersetzenden Scannen geschult sein, um eine falsche Dokumentenbehandlung und ggf. fehlerhafte Dokumentenvernichtung zu vermeiden.

---

8 https://www.akteneinsichtsportal.de (Abruf: 17.10.2022).
9 https://www.akteneinsichtsportal.de/web/guest/hilfe (Abruf: 17.10.2022).

- Die Umstellung sollte konsequent erfolgen und nicht halbherzig; Hybrid-Akten („ein bisschen E-Akte; ein bisschen Papierakte; nichts davon zum selben Vorgang aber vollständig) sollte vermieden werden.
- Bei der Umstellung kann man sich auch an der Vorgehensweise der Justiz orientieren. Es macht wenig Sinn, alle vorhandenen Papierakten am Tag X einzuscannen; besser ist es, ein Datum festzulegen, ab dem jeder neue Vorgang als E-Akte angelegt wird und die Papierakten auf diese Weise langsam „auszuschleichen".
- Sinnvoll ist es, sich an bewährten Organisationskonzepten zu orientieren und zunächst einmal Ideen zu sammeln, wie die Umstellung gut gelingen kann.[10]

Wird die Handakte eines Rechtsanwalts **allein** elektronisch geführt, muss sie ihrem Inhalt nach der herkömmlich geführten Handakte entsprechen.[11]   **15**

Der BGH[12] hält bei **Führung einer elektronischen Akte** für erforderlich, dass   **16**
- die elektronische Handakte ihrem Inhalt nach der herkömmlichen entsprechen muss und
- insbesondere zu Rechtsmittelfristen und deren Notierung ebenso wie diese verlässlich Auskunft geben kann, wobei
- die elektronische Handakte grundsätzlich keine geringere Überprüfungssicherheit bieten darf als ihr analoges Pendant und
- der Anwalt das digitale Aktenstück am Bildschirm einsehen muss, wenn er die Fristvermerke in der Handakte prüfen will (was er muss).

Dabei sind die Fristvermerke in der Handakte bei Vorlage derselben zu prüfen, und zwar unabhängig davon, auf welche Weise die Akte geführt wird (herkömmlich oder elektronisch).[13]   **17**

- Zum Thema EDV-Kalender versus Papierkalender siehe auch § 22 Rdn 38 ff. in diesem Werk.   **18**

---

10 Siehe dazu nur beispielhaft: https://www.verwaltung-innovativ.de (Abruf: 17.10.2022).
11 BGH, Beschl. v. 9.7.2014 – XII ZB 709/13, NJW 2014, 3102 = MDR 2014, 1042 Rn 13.
12 Vgl. BGH, Beschl. v. 17.4.2012 – VI ZB 55/11, FamRZ 2012, 1133 Rn 8; *Jungk*, AnwBl 2014, 84.
13 BGH, Beschl. v. 23.6.2020 – VI ZB 63/19 NJW 2020, 2541.

§ 10 Nachrichteneingänge bearbeiten

A. Ansicht

Sofern ein berechtigter Nutzer die beA-Webanwendung startet, erscheinen alle Postfächer, für die diesem Nutzer mindestens das Recht „Nachrichtenübersicht öffnen" erteilt worden ist, im linken oberen Bereich des Startbildschirms. Ungelesene Nachrichten eines Postfachs werden z.B. für den Grundordner „Posteingang", rechts neben dem Ordnernamen, mit einer entsprechenden Zahl dargestellt. Erscheint an dieser Stelle keine Zahl, ist keine ungelesene Nachricht im jeweiligen Posteingangs-Grundordner. Gleichwohl können sich aber eine oder viele **gelesene** Nachrichten im Posteingangsbereich befinden. Es können sich aber auch ungelesene Nachrichten in den zum jeweiligen Grundordner angelegten Unterordnern befinden. Diese ungelesenen Nachrichten werden mit der angezeigten Zahl neben dem Ordnernamen im Grundordner nicht angezeigt. Die ungelesenen Nachrichten in jedem Unterordner werden mit einer eigenen Zahl rechts neben jedem Unterordner-Namen angezeigt. Ist der Unterordner daher geschlossen, erscheint am Grundordner lediglich die Zahl der ungelesenen Nachrichten im Grundordner. Um die Zahl der ungelesenen Nachrichten im Unterordner zu erfahren, muss der Grundordner am Winkelsymbol aufgeklappt werden, damit die Unterordner und damit die hierin enthaltene Zahl der ungelesenen Nachrichten sichtbar werden. Auf diese Weise kann man leicht für die jeweilige Ordnerebene erkennen, ob neue Posteingänge/ungelesene Nachrichten vorhanden sind oder nicht. Werden einem Mitarbeiter von verschiedenen Anwälten entsprechende Berechtigungen eingeräumt, kann auf diese Weise „ein virtuelles Kanzlei-beA" eingerichtet werden. Siehe hierzu auch: „Virtuelles Kanzleipostfach", § 8 Rdn 2 in diesem Werk. Das „virtuelle Kanzlei-beA" ist nicht zu verwechseln mit dem beA für Berufsausübungsgesellschaften, siehe hierzu § 2 Rdn 15 ff. sowie zu den dortigen technischen Problemen unter § 2 Rdn 36 in diesem Werk.

1

B. Kontrolle des Posteingangs

Es bietet sich an, **feste Zeiten** sowie konkrete Personen für die Prüfung des beA auf Posteingänge festzulegen. Wie häufig die Posteingangskontrolle erfolgt, dürfte von der Größe und Struktur der Kanzlei sowie der Frage abhängig sein, ob der Anwalt forensisch tätig ist oder nicht. Nach unserer Auffassung bietet sich 2x täglich (z.B. gegen 11:00 Uhr vormittags und 15:00 Uhr nachmittags) eine Prüfung der beA-Posteingänge an. Die Einführung eines Kontrollsystems, welcher Mitarbeiter wann die Posteingänge überprüft hat, kann sinnvoll sein.

2

Post kann auf vielfältige Weise die Kanzlei erreichen, z.B. via:

3

- Postfach bei der Post,
- Brief- und Paketpost per Briefträger und Paketdienst,
- Gerichtspostfach,
- Fax,
- übliche E-Mail-Konten wie z.B. Outlook,
- Kurier oder Kurierdienst,
- Bote (z.B. bei Zustellung von Anwalt zu Anwalt),
- Gerichtsvollzieher,
- Haus-Briefkasten,
- und zusätzlich via beA.

Für alle in der Kanzlei vorkommenden Posteingangsarten sollte eine klare Regelung mit Zuweisungen von Zuständigkeiten getroffen sein. Besonders wichtig wird die Frage der Rechtevergabe, wenn die Posteingangsbearbeitung an das Fristennotieren gekoppelt ist.

4

§ 10 Nachrichteneingänge bearbeiten

Es wird sicher einige Kanzleien geben, die sämtliche Posteingänge aus dem beA ausdrucken, zumindest wenn die Kanzlei noch nicht mit E-Akten arbeitet. Hier kann sich dann die Postbearbeitung wie bisher anschließen.

5 Soll mit DMS oder E-Akte gearbeitet werden, ist es wichtig, den E-Workflow konkret zu definieren, damit keine Posteingänge und Zustellungen untergehen.

6 Das beA-System „merkt sich" (es protokolliert im Nachrichtenjournal), welcher Nutzer auf eine Nachricht erstmalig zugegriffen (z.B. „Öffnen der Nachricht durch einen Benutzer") und darin bestimmte Änderungen (z.B. „Nachricht wurde geändert") oder Tätigkeiten (z.B. „Zeitpunkt der Initiierung des Versands") vorgenommen hat. Sobald eine Anmeldung im System mit der beA-Karte Basis des Anwalts erfolgt, wird im System auch der Anwalt als Nutzer erfasst. Daher sollte es selbstverständlich sein, dass Mitarbeiter bei der Posteingangsbearbeitung ausschließlich ihre beA-Karte Mitarbeiter bzw. das ihnen zugeordnete Softwarezertifikat nutzen. Zum Verbot der Nutzung der beA-Karten des Anwalts siehe auch § 5 Rdn 67 in diesem Werk.

C. Antworten

7 Geöffnete Nachrichten im Grundordner „Posteingang" können unterschiedlich weiterverarbeitet werden. Durch Klick auf den Button **„Antworten"** im Funktions-Menü in der rechten Spalte macht sich ein neues Nachrichtenfenster auf. In dieser neuen Nachricht ist der vormalige Absender automatisch als Empfänger eingetragen. Anhänge und evtl. in der Nachricht erstellte Kommentare werden entfernt.

D. Weiterleiten

8 Im geöffneten Grundordner „Posteingang" kann durch Klick auf den Button **„Weiterleiten"** ebenfalls ein neues Nachrichtenfenster geöffnet werden. Die Empfänger-Adresszeile bleibt dabei leer, da das System ja nicht wissen kann, an wen die Nachricht weitergeleitet werden soll. Diese Adresse kann über die Favoriten oder über den Button „Empfänger hinzufügen" und dem sich dabei öffnenden „Gesamten Verzeichnis" der am ERV Beteiligten (Gerichte, Behörden, Anwaltskollegen, Kammern, Notare, Gerichtsvollzieher, Steuerberater,[1] eBO-Nutzer usw.) entnommen werden. Diese neu erstellte Nachricht beinhaltet jedoch die Anhänge aus der Ursprungsnachricht, die ebenfalls weitergeleitet werden. Vorhandene Kommentare oder ggf. hinterlegte Etiketten werden nicht weitergeleitet. Sollen alle oder nur ein Teil der Anhänge nicht weitergeleitet werden, können diese vor der Versendung durch Klicken auf das kleine x-Symbol in der jeweiligen Dokumenten-Zeile entfernt werden. Zusätzliche Anhänge können vor dem Versenden hinzugefügt werden. Sobald ein Empfänger ausgewählt ist, kann ein individueller Eintrag eines Aktenzeichens zu diesem und jedem weiteren in die Empfängerzeile eingefügten Empfänger separat erfolgen.

9 Die Funktion **„Weiterleiten"** im beA bedeutet das Weiterleiten von beA-Posteingängen an einen anderen OSCI-kompatiblen oder mit einer EGVP-Rolle ausgestatteten Postfach, z.B. einem beA- oder beN- oder beBPo-Postfachinhaber. Es ist grundsätzlich nicht möglich, z.B. Nachrichten via beA-Post z.B. direkt an einen Outlook-Account weiterzuleiten.

10 Inzwischen sind weitere Teilnehmer neben beA u. beN-Nutzern in den Kreis der Kommunikationspartner im elektronischen Rechtsverkehr aufgenommen worden. Zum beBPo (besonderes elektronisches Behördenpostfach) siehe auch § 2 Rdn 46 und unter https://egvp.justiz.de/behoerdenpostfach/ (Abruf: 4.10.2022) sowie zum beSt (besonderes elektronisches Steuerberaterpostfach) § 2 Rdn 70 und zum Gesellschafts-beA für Berufsausübungsgesellschaften z.B. nach der BRAO § 2 Rdn 19 u. 35 in diesem Werk.

---

1 Geplant ab 1.1.2023.

Seit 1.1.2022 wurden die gesetzlichen Regelungen für das **eBO** (besonderes elektronische Bürger- und Organisationenpostfach) geschaffen. Es soll „professionellen Nutzern" wie z.B. Sachverständigen, Unternehmen, Gerichtsvollziehern, Dolmetschern, Rentenberatern, gesetzlichen Betreuern, Verbänden, Gewerkschaften, Patentanwälten, Verbraucherzentralen, Inkassodienstleistern aber auch Privatpersonen, ermöglichen, elektronische Dokumente auf einem sicheren Weg mit den Gerichten austauschen zu können. Siehe auch § 2 Rdn 49 ff. in diesem Werk.

E. Verschieben

Nachrichten können nach Eingang im Grundordner „Posteingang" von berechtigten Nutzern **verschoben** werden. Dafür wird als Mitarbeiter oder Vertreter das Recht 08 „Nachricht organisieren" benötigt. Dies bedeutet, dass die eingegangene Nachricht innerhalb des Posteingangsordners in zuvor angelegte Unterordner oder im „Papierkorb" abgelegt werden kann. In die Ordner „Entwürfe", „Postausgang" und „Gesendet" können eingegangene Nachrichten nicht manuell verschoben werden. Auch aus den Grundordnern „Entwürfe" und „Gesendet" können Nachrichten nicht in andere Grundordner verschoben werden. Ein Verschieben von Nachrichten aus dem Grundordner in einen seiner evtl. exisitierenden Unterordner ist immer möglich. Ein Verschieben in den Grundordner Papierkorb ist aus allen Grundordnern (Ausnahme Postausgang) möglich.

Die Nachricht (in den Grundordnern „Posteingang", „Entwürfe" und Gesendet) kann in der jeweiligen Nachrichtenübersicht durch Auswahl (anhaken) der entsprechenden Nachricht oder bei geöffneter Ansicht durch Klick auf den Button „**Verschieben**" in einem Unterordner der genannten Grundordner oder im Papierkorb abgelegt werden. In der jeweiligen Nachrichtenübersicht können eine oder mehrere Nachrichten gleichzeitig verschoben werden. Mindestens eine Nachricht muss in der jeweiligen Nachrichtenübersicht ausgewählt/„angehakt" sein, damit der bis dahin ausgegraut dargestellte Button „Verschieben" in normaler Farbe dargestellt wird und ausgewählt werden kann.

Nachrichten oder Nachrichtenentwürfe, die sich im Papierkorb befinden, können nur in den Grundordner oder einen in diesem Grundordner angelegten Unterordner zurück verschoben werden, und zwar aus dem Grundordner-Bereich, aus dem sie in den Papierkorb verschoben wurden. Eine Nachricht, die aus dem Posteingang in den Papierkorb verschoben wurde, kann nur in den Bereich des Posteingangs zurück verschoben werden. Sie lässt sich weder in einen anderen Grundordner noch in einen Unterordner eines „fremden" Grundordners verschieben.

F. Nachrichten exportieren

Nachrichten können einzeln oder im Stapel exportiert werden. Während des Exports entsteht eine ZIP-Datei, die immer mehrere Dateien beinhaltet. Neben den die Nachricht beinhaltenden Dokumenten und Signaturdateien werden verschiedene Systemdateien in der ZIP-Datei bereitgestellt.

Die in der ZIP-Datei enthaltenen Dateien sind:[2]

- alle der Nachricht beigefügten Anhänge im Dateiformat, mit der die jeweilige Datei erstellt wurde (PDF, JPG, DOCX, …),
- eine xml-Strukturdatei zum maschinellen Lesen des Nachrichteninhalts (Nummer.xml),
- die Visitenkarte des Absenders mit dessen persönlichen Angaben und der SAFE-ID des Absenders (Nummer_BusinessCard.html),

---

[2] Stand 4.10.2022.

§ 10   Nachrichteneingänge bearbeiten

- eine Übersicht der exportierten Nachricht mit allen Einträgen des Absenders in das Nachrichtenformular und die Auflistung der Anlagen inkl. der Einträge im Nachrichtenjournal und der Rückantwort des Intermediär (Nummer_export.html),
- Angaben im Feld „Nachrichtentext". Mit dem Strukturdatensatz wird der Nachrichtentext nicht mehr übermittelt. Der Nachrichtentext wird neben dem zur Nachricht gehörenden Betreff in einer PDF-Datei mitgeliefert (Nachrichtentext.pdf),
- ein Prüfprotokoll für die Signatur(en) und die Zertifikate des Absenders und des Empfängers (Nummer_VerificationReport.html),
- der vertrauenswürdige Herkunftsnachweis via VHN2 mit zugehöriger fortgeschrittener Signaturdatei (vhn.xml und vhn.xml.p7s),
- ein Hinweis auf das evtl. angeforderte eEB (xjustiz_nachricht.html),
- den für die Nachricht erstellen X-Justiz Strukturdatensatz (xjustiz_nachricht.xml).

17 Die in der ZIP-Datei enthaltenen Dateien können in die eigene Verzeichnisstruktur der Kanzlei übertragen oder in ein kanzleieigenes DMS (Dokumentenmanagementsystem) importiert werden. Wenn das beA über eine Kanzleisoftware der verschiedenen Anbieter bedient werden kann, wird der Export von Nachrichten direkt in der Kanzleisoftware erfolgen. Wir können hier natürlich nicht für sämtliche Software-Hersteller sprechen, da wir naturgemäß nicht alle Programme im Detail kennen. Nach unserer Kenntnis begegnet gerade der Export von Nachrichten aber noch häufig Problemen. Einige Hersteller konnten lange Zeit nur die Anhänge zu Nachrichten, nicht aber die Nachricht selbst exportieren; bei anderen Herstellern muss festgestellt werden, dass zwar alle Dateien, die sich in einer exportieren ZIP-Datei befinden, die automatisch beim Export entsteht, exportiert werden können, nicht aber die „Verpackung", d.h. die ZIP-Datei selbst. Es bleibt abzuwarten, ob sich dies noch in Zukunft ändert/bessert. Die BRAK jedenfalls empfiehlt selbst in ihrem beA-Newsletter, aus Beweisgründen die gesamte Nachricht zu exportieren, um das Format zu erhalten und so nachweisen zu können, wann eine Nachricht an einen Dritten übersandt wurde oder wann von wem eine Nachricht mit welchem Inhalt empfangen wurde.[3] Dabei verweist die BRAK darauf, dass ein Ausdruck auf Papier den Beweiswert entfallen lassen würde.[4] Anders dürfte der Export sich bei Nutzung eines DMS-Systems z.B. aus dem amerikanischen oder englischen Raum darstellen. Einige Kanzleien haben sich zusammengeschlossen, um komfortable Schnittstellen zum beA programmieren zu lassen; häufig scheitern solche Vorhaben aber an der beA-„Architektur" und den zur Verfügung gestellten Schnittstelleninformationen, die nicht alle gewünschten Funktionen zulassen. Hier wird daher der Export der relevanten Nachrichten aus dem „nackten beA-System" zunächst i.d.R. in z.B. die Explorerstruktur und von dort der Import in das eigene DMS erfolgen müssen.

18 Da die beA-Webanwendung ein Nachrichten-Transport-System und kein Nachrichtenarchiv ist, wird vonseiten der BRAK großen Wert daraufgelegt, dass eingehende Nachrichten baldmöglichst in den Verarbeitungsprozess überführt und nach dem Ausdrucken oder dem Export der Nachrichten nebst Anhängen aus dem Postfach gelöscht werden.[5]

19 Für einen rationalen Export besteht die Möglichkeit, Nachrichten aus der Nachrichtenübersicht im Stapel zu exportieren. Dafür lässt sich auch die „Filter"-Funktion, die über der Nachrichtenübersicht mit einem kleinen, rechts angeordneten Winkel geöffnet werden kann, nutzen. Siehe § 8 Rdn 62 ff. in diesem Werk. Dabei können aus einem bestimmten Postfach selektiert nach „Absender", „Empfänger" oder der „Nachrichten-ID" die gesendeten oder eingegangenen Nachrichten tage-, wochen-, monats- oder jahresweise selektiert und exportiert werden.

---

3 Newsletter zum beA Ausgabe 17/2018 v. 13.9.2018, „Was man hat, hat man: Nachrichten exportieren", https://www.brak.de/zur-rechtspolitik/newsletter/bea-newsletter/2018/ausgabe-17–2018-v-13092018.news.html (Abruf: 4.10.2022).
4 Newsletter zum beA, a.a.O.
5 Siehe Newsletter der BRAK 02/2017 v. 11.1.2017, 50/2017 v. 14.12.2017, 17/2018 v. 13.9.2018, 09/2019 v. 7.3.2019, 24/2019 v. 27.6.2019, 27/2019 v. 8.8.2019 und 08/2020 v. 7.5.2020; abrufbar unter: https://www.brak.de/fileadmin/newsletter_archiv/bea/index-bea-newsletter.pdf.

G. Etikettenvergabe versus gelesen/ungelesen

Ein sehr hilfreiches Feature zur Organisation der Bearbeitung von beA-Nachrichten im Team sind Etiketten. Es handelt sich dabei um farbliche Markierungen, die für einzelne oder auch mehrere Nachrichten gleichzeitig vergeben werden können. Bei der Aktivierung eines Postfachs sind keine Etiketten vordefiniert. Etiketten werden für jedes Postfach vom Postfachinhaber oder einem berechtigten Nutzer (Recht 08 „Nachricht organisieren" erforderlich) idealer Weise nach Absprache mit dem Kanzlei-Team erstellt. 20

Die vergebenen Etiketten kann man sich in der jeweiligen Ansicht des Posteingangs, der Entwürfe, der gesendeten Nachrichten usw. in der Spalte mit der Bezeichnung Etiketten an beliebiger Stelle in der Tabelle in der Nachrichtenübersicht anzeigen lassen (z.B. gleich am Anfang vor dem Absender oder weiter in der Mitte als 3. oder 4. Spalte, je nach persönlichem Geschmack). Siehe die nachstehende Rdn 22 ff. 21

Da gelesene Nachrichten immer nur für den jeweiligen Nutzer (benutzerorientierte Darstellung) erkennbar als „gelesen (hell)/ungelesen (fett, dunkel)" gekennzeichnet sind, würde der Postfachinhaber z.B. nicht erkennen können, ob seine Mitarbeiter eingegangene Post bereits in Bearbeitung haben oder nicht. Dies ist grundsätzlich sinnvoll, denn wenn ein Mitarbeiter mit entsprechender Zugangsberechtigung Eingangspost bereits gelesen hat, bedeutet dies ja nicht zwangsläufig, dass auch der Postfachinhaber sie schon gelesen hat. Für den Postfachinhaber ist die Nachricht dann nach wie vor als ungelesen dargestellt. Mit den Etiketten (Farbmarkierungen in der Nachrichtenzeile) kann jedoch der Bearbeitungsstand der jeweiligen Nachricht definiert und z.B. dem Postfachinhaber, aber auch anderen Nutzern angezeigt werden. Etiketten sind für jeden Nutzer an derselben Nachricht postfachübergreifend sichtbar, wenn die Spalte „Etiketten" in der Ansicht des jeweiligen Nutzers eingeblendet ist. Ob eine Kanzlei mit Etiketten arbeiten möchte, muss individuell für die Kanzlei aufgrund derer Bedürfnisse entschieden werden. 22

Sofern in der Kanzlei mit Papierakten gearbeitet wird und die Anweisung besteht, sämtliche Eingangspost auszudrucken und diese nach Ausdruck zu löschen bzw. vorübergehend in einen Unterordner zu verschieben, ist die Etiketten-Funktion nach unserer Ansicht nicht brauchbar bzw. notwendig. 23

Sofern allerdings mit DMS/E-Akte gearbeitet wird oder die Eingangspost eben nicht gleich gelöscht/verschoben werden soll, bieten sich die Etiketten geradezu an, um über den jeweiligen Bearbeitungsstand zu informieren. 24

Dies ist insbesondere dann von Interesse, wenn z.B. der Anwalt selbst ebenfalls auf das beA zugreift. Er kann so sehen, ob die in seinem Postfach eingegangenen Nachrichten bereits in Bearbeitung sind und ggf., wenn dies für die jeweilige Kanzlei organisiert und festgelegt wurde, in welchem Bearbeitungsstand sich die jeweilige Nachricht befindet. Aber auch Mitarbeiterkollegen, die Zugriff auf dasselbe Postfach haben, können sich so über den Bearbeitungsstand informieren. 25

Zunächst ist daher die Frage zu beantworten: 26

„Wollen wir in unserer Kanzlei mit Etiketten arbeiten oder benötigen wir diese nicht?"

Wenn Sie sich für den Einsatz der Etiketten-Funktion entscheiden, stellt sich die nächste Frage, **welche** Etiketten Sie vergeben bzw. im Vorfeld anlegen und für alle berechtigten Postfachnutzer bereitstellen möchten.

Hierzu stehen Ihnen zur Auswahl: 27

- 15 unterschiedliche Farben,
- jegliche von Ihnen selbst zu definierenden Texte für die Etiketten.
- Farben könnten dabei
  - bestimmten Mitarbeitern oder
  - bestimmten Texten zugeordnet werden.

Mit Etiketten kann

- ein Bearbeitungsstand für weitere Nutzer des Postfachs deklariert oder
- eine Arbeitsanweisung für weitere Nutzer des Postfachs erteilt werden.

28 Es stellen sich daher folgende Fragen:
Wie soll mit dem Posteingang im beA umgegangen werden und wer entscheidet die nachstehenden Fragen?
- Sollen Posteingänge vollständig ausgedruckt werden?
- Sollen Posteingänge teilweise ausgedruckt werden?
- Was soll nach dem Ausdrucken mit den Posteingängen geschehen?
- Sollen Posteingänge in die E-Akte exportiert werden?
- Sollen Posteingänge zunächst im Eingangsordner verbleiben?
- Sollen Posteingänge in einen Unterordner verschoben werden?
- Sollen Posteingänge nach dem Ausdrucken/Exportieren in den Papierkorb verschoben werden?
- Wie lange sollen Posteingänge im Posteingangsordner verbleiben (automatische Verschiebung der Nachricht durch das beA-System in den Papierkorb nach frühesten 90 Tagen)?
- Wann soll der Inhalt des Papierkorbs endgültig gelöscht werden (automatisches endgültiges Löschen der Nachricht durch das beA-System nach frühestens 30 Tagen)?
- Wer übernimmt die Posteingangskontrolle? Erfolgt dies zentral oder vom jeweiligen Sekretariat aus?

29 Der Anwalt kann Vermerke nach wie vor auf der ausgedruckten Post vornehmen, er kann aber auch selbst Etiketten im beA vergeben, wie z.B. „WmA" (Wiedervorlage mit Akte) oder „zA" (zur Akte).

30 Es können z.B. folgende **Etiketten** (je nach Bedarf in der Kanzlei) mit folgender Bedeutung angelegt werden:
- Ausgedruckt (Posteingang ist ausgedruckt)
- Postmappe (ausgedruckte Post liegt in Postmappe auf Anwaltsschreibtisch)
- Posteingang auf Fristen geprüft, keine enthalten
- Posteingang auf Fristen geprüft, etwaige Fristen notiert
- Posteingang von Fristenabteilung geprüft
- Posteingang vom Sekretariat geprüft
- Fristenkontrolle durchgeführt
- Frist notiert (Fristen wurden notiert, siehe handschriftliche Vermerke auf ausgedrucktem Posteingang)
- Etikett als Hinweis für Anwalt: Bitte dringend prüfen (leichter erkennbar als ein in der Nachricht eingefügter Kommentar
- Arbeitsauftrag erledigt
- …

Selbstverständlich ist die Anlage von Etiketten mit anderen Bedeutungen möglich. Die oben dargestellten sind nur beispielhaft. Eine Vorgabe zu Etikettenbedeutungen gibt es im beA nicht. Lediglich eine Begrenzung auf 15 verschiedene, vorgegebene Farben existiert, die aber völlig frei einzelnen Etiketten zugeordnet werden können.

31 Als **Arbeitsanweisungen** des Anwalts bieten sich z.B. an (es sollten geeignete Farben gewählt werden):
- Wiedervorlage mit Akte (WmA = Etikett von Anwalt angebracht, dass er den Posteingang mit Akte vorgelegt haben möchte),
- Abschrift an MA (entweder ausgedruckte Post einscannen und per Mail an den Mandanten oder Kopie per Post an Mandant oder aus beA-Posteingang Dokument exportieren und an Mandant per Mail übermitteln oder per eBO an den Mandanten direkt senden, sofern der Mandant ein eBO verfügbar hat; zum eBO siehe § 2 Rdn 49 ff. in diesem Werk,
- „AMA" („Anruf Mandant" – bitte mit MA telefonisch verbinden),
- ZV (Zwangsvollstreckung einleiten),
- Angabe eines Kürzels eines Mitarbeiters (z.B. JB – soll sich bitte um Vorgang kümmern),
- zu den Akten oder zur Akte (zdA oder zA = Posteingang ist abzuspeichern bzw. abzuheften).

32 Entschieden werden muss auch: Sollen Etiketten z.B. nach einem Arbeitsvorgang wieder entfernt werden oder nicht? Zum Beispiel Anweisung RA: Abschrift an MA (Mandant); sobald die Abschrift an MA er-

G. Etikettenvergabe versus gelesen/ungelesen § 10

folgt ist, Etikett entfernen und neues Etikett anbringen: Erledigt. Beide Etiketten könnten aber auch nebeneinander in der Nachrichtenzeile existieren, damit würde auch der Workflow abgebildet werden.

Arbeitsanweisungen via Etiketten erscheinen nicht sinnvoll, wenn die Dokumente einer Nachricht ausgedruckt und die Nachricht danach sofort gelöscht oder in einen Unterordner verschoben wird; hier sollten Arbeitsanweisungen auf dem papiernen, ausgedruckten Schriftstück vorgenommen werden. 33

Sollten in der Kanzlei Etiketten verwendet werden, empfehlen wir, die verschiedenen Farben mit den dazugehörenden Texten/Anweisungen/Informationen (oder wenn Farben Personen repräsentieren sollen, den jeweiligen Mitarbeiter) kanzleiweit in allen Sekretariaten, aber auch standortübergreifend identisch zu vergeben. Es sollte für z.B. die Information „Frist notiert" für alle Postfächer und für alle Mitarbeiter in der gleichen Farbe mit dem gleichen Text angelegt werden. So kann es nicht zu folgenschweren Verwechslungen kommen, wenn ein Mitarbeiter aushilfsweise in ein anderes Sekretariat wechselt oder von seinem Kanzleistandort aus in einem anderen Kanzleistandort aushilft (digital ja durchaus machbar), da kanzleiweit z.B. die Farbe Grün für „Frist notiert" steht. 34

Tipp 35
Etiketten sollten kanzleiweit bzw. standortübergreifend einheitlich vergeben werden! Zu prüfen ist, ob in einer Arbeitsanweisung festgehalten wird, dass eine individuelle Neuanlage bzw. Umbenennung und neue Farbgebung von Etiketten verboten ist. Denn das Recht, Etiketten einer Nachricht anzufügen, beinhaltet (zum Zeitpunkt der Drucklegung) auch das Recht, neue Etiketten anzulegen bzw. bestehende zu verwalten/löschen. Hier sollten entsprechende Vorkehrungen getroffen werden.

Erstellen von Etiketten: 36

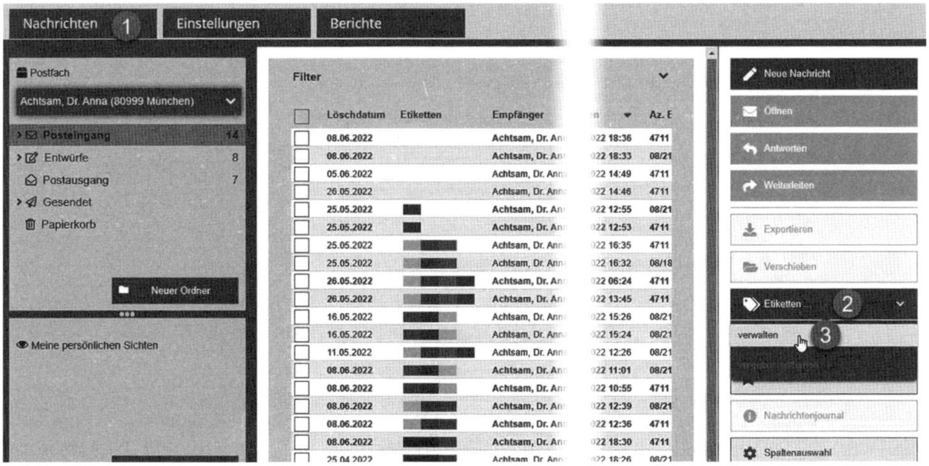

Abb. 1: Etiketten erstellen

Im Register „Nachrichten" (1) kann, durch Überfahren des Funktions-Buttons „Etiketten" (2) im vertikalen Funktions-Menü der rechten Spalte mit dem Mauszeiger, im sich aufklappenden Drop-Down-Menü die Funktion „verwalten" (3) mit der linken Maustaste angeklickt werden.

§ 10 Nachrichteneingänge bearbeiten

37

Abb. 2: Etiketten verwalten

Es öffnet sich das Register „Einstellungen" (1) und zeigt den Dialog zur Verwaltung der Etiketten (2). Derselbe Dialog kann durch Klick mit der linken Maustaste auf zuerst das Register „Einstellungen" (1), dann durch Klick auf „Postfachverwaltung" (3) und abschließendem Klick auf „Etiketten verwalten" (4) geöffnet werden. Der berechtigte Nutzer (Recht 08 „Nachricht organisieren" ist Voraussetzung) kann alle bereits erstellten Etiketten der für den Nutzer berechtigen Postfächer sehen (5), ändern (6) oder löschen (7). Durch Klick mit der linken Maustaste auf den Funktions-Button „Neues Etikett" (8) kann ein neues Etikett angelegt werden.

38

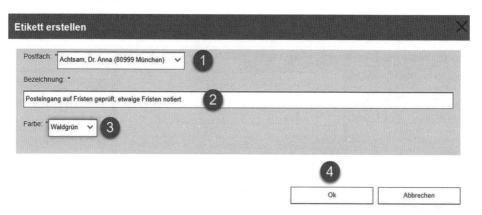

Abb. 3: Etiketten bestimmen (Postfach, Bezeichnung, Farbe)

Die drei Pflichtfelder (als Pflichtfeld kenntlich gemacht durch den Stern zum Feldnamen) müssen bedient/ausgefüllt werden. Werden Pflichtfelder nicht bedient, wird bei der nächsten Aktion oder beim Speichern eine Fehlermeldung angezeigt. Es kann immer nur für **ein** bestimmtes Postfach ein Etikett erstellt werden. Durch Klick auf das Drop-Down-Menü „Postfach" (1) wird das gewünschte Postfach festgelegt (sollte der Nutzer Berechtigungen für mehrere Postfächer haben). Eine in der Kanzlei abgestimmte „Bezeichnung" (2) wird eingetragen und eine für diese Bezeichnung festgelegte Farbe wird über das Drop-Down-Menü „Farbe" ausgewählt (3). Die Erstellung des neuen Etiketts wird mit Klick auf den Button „OK" (4) abgeschlossen.

G. Etikettenvergabe versus gelesen/ungelesen § 10

Es stehen folgende 15 Farben zur Verfügung:

Abb. 4: 15 mögliche Etiketten-Farben

Farben zu Etiketten sollten nicht doppelt vergeben werden. Dies würde in der Spalte Etiketten in der Nachrichtenübersicht zu Irritationen führen. Wenn eines von zwei gleichfarbigen Etiketten an einer Nachricht angefügt wurde, verhindert dies einen schnellen Überblick bzgl. des Bearbeitungsstands der Nachricht. Es müsste immer mit dem Mauszeiger über das Etikett gefahren werden, um via aufpoppender Quick-Info die textliche Hinterlegung zu dem Etikett angezeigt zu erhalten. Dies wäre umständlich und zeitraubend. Diese Vorgehensweise ist aus diesem Grund nicht zu empfehlen, eine doppelte Farbvergabe zu vermeiden.

Wird ein Etikett im Bereich „Etiketten verwalten" über die Funktion „Etiketten" und dort über „vergeben/ entfernen" bzw. über das Register „Einstellungen", „Postfachverwaltung" und „Etiketten verwalten" gelöscht, wird das Etikett auch an den Nachrichten, an denen es/sie angebracht war/en, entfernt. Das Löschen eines oder mehrerer Etiketten erfolgt nach einer Sicherheitsabfrage, die mit „OK" bestätigt werden muss. Die Löschung eines oder mehrerer Etiketten gleichzeitig lässt sich nicht mehr zurücknehmen. Möchte man das oder die Etikett/en wieder einsetzen, muss das oder die Etikett/en neu erstellt und an allen betroffenen Nachrichten wieder frisch vergeben werden. Dies ist im Extremfall, in dem versehentlich ein Etikett gelöscht wurde, das nicht gelöscht werden sollte, ein meist erheblicher Zusatzaufwand. Daher sollte das Recht 08 „Nachricht organisieren", das u.a. für die Erstellung, Löschung und Verwendung von Rechten zuständig ist, nur Personen mit entsprechender Einweisung übertragen werden. Das System protokolliert das Erstellen, Löschen und Vergeben oder Entfernen von Etiketten nicht, sodass es anhand des Nachrichtenjournals nicht ausgelesen und die Löschtätigkeit niemanden zugeordnet werden kann.

§ 10 Nachrichteneingänge bearbeiten

42

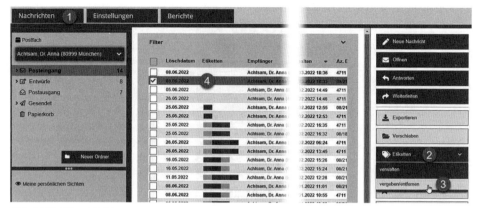

Abb. 5: Etiketten vergeben

Etiketten werden z.B. nach Auswahl einer oder mehrerer Nachrichten durch das Setzen eines Hakens in der Check-Box in der Nachrichtenzeile (4) im Register „Nachrichten" (1) durch Überfahren des Funktions-Buttons „Etiketten" (2) und anschließendem Klick mit der linken Maustaste auf „vergeben/entfernen" (3) vergeben. Nach dem Klick auf „vergeben/entfernen" (3) öffnet sich der Dialog „Etiketten vergeben/entfernen" für die Etikettenauswahl.

43

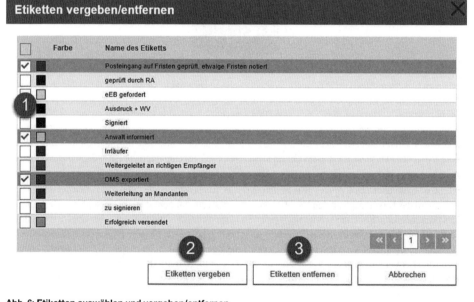

Abb. 6: Etiketten auswählen und vergeben/entfernen

Im Dialog „Etiketten vergeben/entfernen" werden die für das Postfach verfügbaren Etiketten durch Anhaken der entsprechenden Check-Box/en ausgewählt (1) und mit dem Button „Etiketten vergeben" (2) in der zuvor ausgewählten Nachrichtenzeile in der Spalte Etiketten dargestellt. Ausgewählte vergebene Etiketten können mit dem Button „Etiketten entfernen" (3) wieder aus der Nachrichtenzeile entfernt werden.

H. Repräsentationsdateien erstellen

Im Rahmen der Digitalisierung, Einführung von E-Akten und des elektronischen Rechtsverkehrs ist es wichtig, die eigenen Büroabläufe zu optimieren und anzupassen. Da es sich hierbei um eine wechselbezügliche Kommunikation mit den unterschiedlichsten Kommunikationspartnern handelt, muss damit gerechnet werden, dass die Dateibezeichnung, die z.B. ein Notar, eine Behörde, ein anwaltlicher Gegner oder sonstiger Beteiligter verwendet, nicht den eigenen Wünschen und Vorgaben entspricht und sich bei Abspeichern dieser Originaldateien in der E-Akte keine Chronologie erreichen lässt. Zudem stellt sich das „Problem", wie die zu den Posteingängen notierten Fristen und Termine auf dem elektronischen Dokument festgehalten werden können, ohne dieses im Ursprungszustand zu verändern. 44

Es bietet sich daher an, z.B. alle eingehenden und ausgehenden Nachrichten im beA zu exportieren und diese exportierten Dateien als ZIP-Dateien insgesamt zu archivieren, z.B. zur E-Akte unter einem anzulegenden Verzeichnis „ZIP-Dateien" oder „beA-Nachrichten". Dann wird eine Kopie der erforderlichen Unterlagen (z.B. Schriftsatz und Anlagen oder Verfügung des Gerichts) in den „Arbeitsbereich" der E-Akte (z.B. in den Gerichtsteil) abgespeichert. Diese abgespeicherte Datei kann dann mit einem eigenen Dateinamen (der zum eigenen System passt) versehen werden. Auch können auf diesem Dokument, z.B. mittels Textfelder, „Fristenstempel" generiert und angebracht werden. So würde dann auch die E-Akte die gleiche Überprüfungsmöglichkeit wie eine papiergeführte Akte bieten, siehe hierzu auch § 9 Rdn 16 in diesem Werk. 45

I. Irrläufer

Bei Irrläufern ist zunächst zu prüfen, ob es sich um einen echten Irrläufer handelt oder nicht. 46

Achtung: Es ist durchaus möglich, dass das Mandat nicht der gesamten Kanzlei erteilt worden ist, sondern nur wenigen Anwälten der Kanzlei (z.B. im Strafrechtsmandat oder bei Auslagerung eines Millionen-Mandats). Die Entscheidung, ob es sich um einen echten oder aber unechten Irrläufer handelt, muss dann letztendlich ggf. auch der sachbearbeitende Rechtsanwalt prüfen. 47

Als echter Irrläufer wird solche Eingangspost bezeichnet, bei der die Kanzlei/Berufsausübungsgesellschaft nicht Mandatsträger ist. Zu solchen echten Irrläufern kann es kommen, wenn beim Auswählen des Empfängers das falsche beA vom Absendenden angeklickt wird; bei Namensgleichheit nicht auf die Adresse geachtet wird oder aber auch, wenn der angeschriebene Anwalt nicht mehr Mitglied der Sozietät/Kanzlei ist. Sofern man in der Kanzlei solche Irrläufer erhält, sollte ein entsprechender Hinweis an den Absender erfolgen. Ein Zurückschicken, wie man es bei der Briefpost gemacht hätte, macht elektronisch keinen Sinn. Es sollte vielmehr darauf hingewiesen werden, dass die eingegangene Nachricht und die angefügten Dateien dauerhaft gelöscht worden ist. 48

> *Formulierungshilfe* 49
>
> „Sehr geehrter Herr Kollege …/Frau Kollegin …,
>
> sehr geehrte Damen und Herren (bei Gericht),
>
> wir haben heute eine elektronische Nachricht in obiger Sache Az. ….., Verfahren …. *(hier sollten im Anschreiben konkrete Angaben erfolgen, sofern diese nicht bereits im Betreff enthalten sind. Eintragungen vom Absender im „Betreff", „Aktenzeichen der Justiz" und Eintragungen im „Textfeld" wer-*

den beim Klick auf den Button „Antworten" in die neue Nachricht an den Absender übernommen. Das Feld „eigenes Aktenzeichen" bleibt leer. Zudem kann gewählt werden, ob nur dem Absender oder allen Empfängern der ursprünglichen Nachricht geantwortet werden soll). Hierbei handelt es sich offensichtlich um einen Irrläufer. Unsere Kanzlei ist am genannten Verfahren nicht beteiligt. Wir bitten daher darum, die Übermittlung erneut an den richtigen Sendungsempfänger vorzunehmen und darauf zu achten, dass künftig keine weitere Post in dieser Sache unsere Kanzlei erreicht. Die eingegangene Post haben wir bereits dauerhaft sowohl im Posteingang als auch im Papierkorb gelöscht. Diese Irrläufer-Mitteilung werden wir ebenfalls in einem Monat dauerhaft löschen.

Mit freundlichen (kollegialen) Grüßen"

50 Unechte Irrläufer sind im Grunde genommen keine Irrläufer, denn sie haben die richtige Kanzlei, nicht aber den richtigen Sachbearbeiter erreicht.[6] Die Ablehnung der Abgabe eines Empfangsbekenntnisses ist nach unserer Auffassung rechtlich nicht deshalb zulässig, weil zwar ein Mandatsträger, nicht aber der richtige Sachbearbeiter adressiert wurde. Zu den sich ergebenden Zustellungsproblemen siehe auch § 7 Rdn 32, 34 sowie § 15 Rdn 171 in diesem Werk.

---

6 Zur Weiterverteilung der Post innerhalb der Sozietät vgl. auch LG Berlin, Beschl. v. 23.9.2002 – 58 S 361/02, NJW 2003, 1539.

§ 11 Elektronische Signaturen- und zulässige Postfächer

A. Unterzeichnung im elektronischen Zeitalter

Mit der Einführung des elektronischen Rechtsverkehrs (ERV) war eine der wichtigsten Fragen zu klären: „Wie „unterschreibt" man eigentlich elektronisch? Bei der Suche nach einer Antwort sind die vom BGH in ständiger Rechtsprechung entwickelten Grundsätze zu Sinn und Zweck einer handschriftlichen Unterschrift i.S.v. § 130 Nr. 6 ZPO hilfreich:

> *„Die Unterschrift soll die Identifizierung des Urhebers der schriftlichen Prozesshandlung ermöglichen und dessen unbedingten Willen zum Ausdruck bringen, die volle Verantwortung für den Inhalt des Schriftsatzes zu übernehmen und diesen bei Gericht einzureichen."*[1]

Diese Verantwortungsübernahme muss auch im ERV dargestellt werden. Anstelle der Unterschrift werden hier **Signaturen** eingesetzt. Aber natürlich ist die Vertrauenswürdigkeit von elektronischen Signaturen nicht nur dem ERV vorbehalten; auch im allgemeinen Geschäftsverkehr ist durch die technische Entwicklung in den vergangenen Jahren das Bedürfnis gestiegen, Personen, Behörden und Firmen elektronisch zu identifizieren und auf elektronische Transaktionen vertrauen zu können.

Bei der Einreichung z.B. von Schriftsätzen ist daher anstelle der Unterschrift mit Signaturen zu arbeiten. Die Anforderungen regelt für Zivilsachen § 130a Abs. 3 ZPO. Korrespondierende Vorschriften finden sich in anderen Verfahrensordnungen. Es ist dabei jeweils immer gesondert zu prüfen, in welchem Rechtsgebiet eine Tätigkeit erfolgt, was getan werden soll und welche Anforderungen das hierfür geltende Verfahrensrecht aufstellt.

B. Elektronische Signaturen nach eIDAS-VO

I. Grundlegendes zur eIDAS-VO

Es gibt **drei Arten von elektronischen Signaturen**, die gesetzlich definiert sind. Erste Anfänge einer gesetzlichen europaweiten Definition gab es durch die Signaturrichtlinie 1999/93/EG,[2] mit der die qualifizierte elektronische Signatur der handschriftlichen Unterschrift gleichgesetzt und mit Rechtswirkung versehen wurde. Am 28.8.2014 hat die Europäische Kommission[3] die EU-Verordnung 910/2014[4] (kurz: **eIDAS-Verordnung**[5]) über die elektronische Identifizierung und Vertrauensdienste für elektronische Transaktionen im Binnenmarkt und zur Aufhebung der Richtlinie 1999/93/EG veröffentlicht. Die Verordnung ersetzt die zuvor genannte Signaturrichtlinie. Sie wurde am 17.9.2014 wirksam und gilt seit dem 1.7.2016 unmittelbar in den Mitgliedsstaaten,[6] ohne dass es eines besonderen Umsetzungsrechtsakts bedarf. Signaturgesetz und Signaturverordnung galten dort weiter, wo sie der eIDAS-VO nicht widersprachen. Am **29.7.2017** ist Art. 1 des Gesetzes zur Durchführung der Verordnung (EU) Nr. 910/2014 des Europäischen Parlaments und des Rates vom 23.7.2014 über die elektronische Identifizierung und Vertrauensdienste für elektronische Transaktionen im Binnenmarkt und zur Aufhebung der Richtlinie

---

1 Nur beispielhaft für viele: BGH (VI. Zivilsenat). Beschl. v. 22.10.2019 – VI ZB 51/18, BeckRS 2019, 34723 Rn 8; m w. N.
2 Art. 5 Abs. 1 i.V.m. Art. 2 Nr. 2 der Richtlinie.
3 EU-Verordnung 910/2014 im Amtsblatt der EU, https://eur-lex.europa.eu/legal-content/DE/TXT/PDF/?uri=CELEX:32014R0910 (Abruf: 5.10.2022).
4 Vgl. auch https://www.secupedia.info/wiki/Signaturgesetz,_Signaturverordnung,_EU-Richtlinien (Abruf: 5.10.2022).
5 Vgl. dazu auch: https://eur-lex.europa.eu/legal-content/DE/TXT/?uri=celex%3A32014R0910 (Abruf: 5.10.2022).
6 Ausnahme: Dänemark und Vereinigtes Königreich.

§ 11 Elektronische Signaturen- und zulässige Postfächer

1999/93/EG (**eIDAS-Durchführungsgesetz**) in Kraft getreten; Signaturgesetz[7] und Signaturverordnung[8] sind zum selben Tag außer Kraft getreten.[9] In Art. 1 dieses eIDAS-Durchführungsgesetzes ist das national geltende **Vertrauensdienstegesetz** (VDG) geregelt. Die eIDAS-VO regelt somit auch die Rahmenbedingungen für den deutschen Online-Ausweis.[10] Dabei legt die eIDAS-VO die technischen Bedingungen und Verfahren für elektronische Identifizierungsmittel fest; wobei zwischen einem „niedrigen", „substantiellen" und „hohen" Sicherheitsniveau unterschieden wird. Für die deutsche Online-Ausweisfunktion existiert das Sicherheitsniveau „hoch". Mit dem Gesetz zur Förderung des elektronischen Identitätsnachweises wurde das Verfahren vorangetrieben.[11] Zum 1.9.2021 ist das Gesetz zur Einführung eines elektronischen Identitätsnachweises mit einem mobilen Endgerät in Kraft getreten, welches u.a. einige Änderungen im Personalausweisgesetz mit sich brachte.[12] Zur Verbesserung der digitalen Verwaltungsdienstleistungen wird (Datum zum Zeitpunkt der Drucklegung noch offen) das Registermodernisierungsgesetz in Kraft treten.[13] Hierdurch wird die Steuer-Identifikationsnummer als ein übergreifendes „Ordnungsmerkmal" für Register, wie z.B. das Melderegister, Personenstandsregister und Fahrzeugregister, eingesetzt werden. Die Erbringung dieser Online-Verwaltungsdienstleistungen, zu denen sich mit dem Onlinezugangsgesetz Bund, Länder und Kommunen für (bisher) 575 Verwaltungsleistungen selbst verpflichtet haben, soll durch eine elektronische Übermittlung der vorhandenen Daten zu einer Person deutlich beschleunigt und erleichtert werden („once only").[14]

4 Wichtige Inhalte der **eIDAS-Verordnung** sind:

- Festlegung der Bedingungen zur **Anerkennung** elektronischer Identifizierungsmittel für natürliche und juristische Personen unter den Mitgliedsstaaten
- **Vorschriften für Vertrauensdienste** – insbesondere elektronische Transaktionen
- **Festlegung des Rechtsrahmens für**
  - elektronische **Signaturen**
  - elektronische **Siegel**
  - elektronische **Zeitstempel**
  - elektronische **Dokumente**[15]
  - Dienste für die Zustellung **elektronischer Einschreiben**
  - Zertifizierungsdienste für **Website-Authentifizierungen**

5 Wichtige Inhalte des **Vertrauensdienstegesetzes** sind u.a.:

- Zuständigkeiten für Durchführung
- Aufsicht über Vertrauensdiensteanbieter
- Haftung im Schadenfall
- Mitwirkungspflichten der Vertrauensdiensteanbieter
- Widerruf
- Bußgeldvorschriften bei Verstößen

---

7 G. v. 16.5.2001, BGBl I, 876; zuletzt durch Art. 4 Abs. 106 des G. v. 18.7.2016, BGBl I, 1666 geändert.
8 VO v. 16.11.2001, BGBl I, 3074; zuletzt durch Art. 4 Abs. 107 des G. v. 18.7.2016, BGBl I, 1666 geändert.
9 BGBl I, 2745.
10 https://www.bmi.bund.de/Webs/PA/DE/verwaltung/eIDAS-verordnung-der-EU/eidas-verordnung-der-eu-node.html (Abruf: 5.10.2022).
11 G. v. 7.7.2017, BGBl I, 2310 (Nr. 46); Geltung ab 15.7.2017.
12 Art. 2 Gesetz zur Einführung eines elektronischen Identitätsnachweises mit einem mobilen Endgerät v. 5.7.2021 BGBl I, 2281.
13 Art. 8 Registermodernisierungsgesetz (RegMoG) v. 28.3.2021, BGBl I, 591.
14 https://www.bundesregierung.de/breg/suche/registermodernisierungsgesetz-1790176 (Abruf: 5.10.2022).
15 Achtung: Im Verfahrensrecht gelten jedoch spezielle Rahmenbedingungen, siehe dazu z.B. § 130a Abs. 2 ZPO, die ERVV und ERVBs (zurzeit: 2. ERVB 2022).

Der Signierende wurde in der Signaturverordnung noch „**Signator**" genannt, in der eIDAS-Verordnung heißt er nach Art. 3 Nr. 9 „**Unterzeichner**". Unterzeichner i.d.S. ist eine natürliche Person, die eine elektronische Signatur erstellt.

Die eIDAS-Verordnung bietet neben der kartenbasierten Signatur auch die Möglichkeit der sog. **Fernsignatur**, die bisher in Deutschland nicht möglich war. Der Vorteil des neuen Verfahrens liegt darin, dass keine Signaturkarte und kein Lesegerät für das Erstellen einer qualifizierten elektronischen Signatur benötigt werden, sondern die unterzeichnende Person gegenüber dem Vertrauensdiensteanbieter ihre Identität sicher nachweisen muss. Eine solche Fernsignatur kann im beA zur Erzeugung der qualifizierten elektronische Signatur eingesetzt werden. Zur Erzeugung einer qualifizierten elektronischen Signatur mit einer beA-Karte der 1. Generation wird eine beA-Karte Signatur verwendet und ein Lesegerät benötigt. Die beA-Karten der 1. Generation werden jedoch mit Ablauf des Jahres 2022 nicht mehr einsetzbar sein, da die Zertifikate dieser beA-Karten dann nicht mehr gültig sind und auch nicht verlängert werden. Der seit April 2022 laufende Austausch der beA-Karten der 1. Generation zu beA-Karten der 2. Generation erlaubt es, eine qualifizierte elektronische Signatur mittels sog. Fernsignatur zu erzeugen. Zur Fernsignatur siehe auch in diesem Kapitel unter Rdn 81.

Für Rückfragen zu Vertrauensdiensteanbietern kann man sich auch unmittelbar an die **Bundesnetzagentur** wenden:

Bundesnetzagentur

Referat Qualifizierte elektronische Signatur

Canisiusstr. 21

55122 Mainz

oder per E-Mail an:

qes@bnetza.de

Die Bundesnetzagentur wurde als **Aufsichtsstelle** für die Bereiche

- elektronische Signatur,
- elektronisches Siegel,
- elektronischer Zeitstempel und
- Dienste für die Zustellung elektronischer Einschreiben

i.S.d. eIDAS-Verordnung benannt.

Sie verleiht Anbietern von Vertrauensdiensten den Status eines qualifizierten Anbieters für den von diesem erbrachten Vertrauensdienst, wenn sowohl der Anbieter als auch der von ihm angebotene Dienst den Anforderungen an die eIDAS-VO entspricht. Er darf dann das nachstehende Vertrauenssiegel führen.

Abb. 1: Vertrauenssiegel der EU für qualifizierte Vertrauensdienstleister[16]

---

[16] https://www.elektronische-vertrauensdienste.de/cln_111/EVD/DE/Verbraucher/Anbieterliste/Anbieterliste-start.html (Abruf: 5.10.2022).

§ 11 Elektronische Signaturen- und zulässige Postfächer

11 Die Bundesnetzagentur stellt auf ihrer Homepage eine FAQ-Liste zu den qualifizierten elektronischen Signaturen zur Verfügung.[17] Die Vertrauensdiensteliste für Deutschland ist ebenfalls im Internet abrufbar.[18]

12 Der Zertifizierungsdiensteanbieter hat Personen, die ein qualifiziertes Zertifikat beantragen, **zuverlässig zu identifizieren**. Alle Kammern führen inzwischen das sog. KammerIdent-Verfahren für ihre Mitglieder durch; einige jedoch nicht für alle Rechtsanwälte, sondern nur für zu vereidigende Rechtsanwälte (zum Zeitpunkt der Drucklegung waren das die RAK Nürnberg, die RAK Hamburg und die RAK Bamberg).[19] Möglich ist es zudem, ein sog. NotarIdent-Verfahren beim Notar durchzuführen.

13 Praxistipp

Wenn für viele Anwälte einer Kanzlei ein solches Ident-Verfahren durchgeführt werden muss, bietet es sich an, einen Notar in die Kanzlei zu bestellen, bevor jeder Anwalt gesondert einen Notar aufsucht. Das Ident-Verfahren kann jedoch nicht durch einen Notar aus der eigenen Kanzlei durchgeführt werden.

14 Qualifizierte Zertifikate für die qualifizierte elektronische Signatur können **nur für natürliche Personen**, nicht für Firmen, Kanzleien etc. ausgestellt werden, da auch eine eigenhändige Unterschrift nur von einer natürlichen Person erstellt werden kann. Da im elektronischen Rechtsverkehr die eigenhändige Unterschrift durch die qualifizierte elektronische Signatur abgebildet wird, kann das qualifizierte Zertifikat, mit dem ausdrücklich die Zuordnung des Signaturprüfschlüssels zu einer natürlichen Person und deren Identität bestätigt wird, auch nur auf diese betreffende natürliche Person ausgestellt werden (Signaturschlüssel-Inhaber).

II. Liste der elektronische Signaturen nach der eIDAS-VO

15 Man unterscheidet:
- „elektronische Signaturen", Art. 3 Nr. 10 eIDAS-VO,
- „fortgeschrittene elektronische Signaturen", Art. 3 Nr. 11 i.V.m. Art. 26 eIDAS-VO,
- „qualifizierte elektronische Signaturen", Art. 3 Nr. 12 eIDAS-VO i.V.m. Art. 26 eIDAS-VO.

16 Die einfache elektronische Signatur ist beispielsweise der eingetippte Name unter einem elektronischen Dokument, siehe Rdn 18 unten. Die fortgeschrittene elektronische Signatur wird unter Rdn 28 unten beschrieben. Die qualifizierte elektronische Signatur wird erzeugt, wenn ein Signier-Button im beA durch Klick und PIN-Eingabe aktiviert wird, erforderlich hierfür ist das Vorhandensein einer Signierfunktion z.B. auf der beA-Karte Basis (mit Signaturpaket), siehe dazu auch § 5 Rdn 13 in diesem Werk. Zur Verantwortungsübernahme elektronischer Dokumente an das Gericht kann in der Praxis sowohl die qualifizierte elektronische Signatur als auch die (einfache) elektronische Signatur dienen; letztere allerdings nur in Kombination mit dem Eigenversand, siehe hierzu ausführlich Rdn 19 u. 123 unten.

III. (Einfache) elektronische Signatur

1. Verordnungsgrundlage

17 Elektronische Signaturen sind gem. Art. 3 Nr. 10 eIDAS-VO

„Elektronische Signatur sind Daten in elektronischer Form, die anderen elektronischen Daten beigefügt oder logisch mit ihnen verbunden werden und die der Unterzeichner zum Unterzeichnen verwendet."

---

17 https://www.bundesnetzagentur.de/EVD/DE/Verbraucher/Fragen/_function/faq_QES-table.html#FAQ1000868 (Abruf: 5.10.2022).
18 Vertrauensdiensteliste für Deutschland: https://esignature.ec.europa.eu/efda/tl-browser/#/screen/tl/DE (Abruf: 5.10.2022).
19 Siehe hierzu: https://bea.bnotk.de/kammerident/ (Abruf: 5.10.2022).

Die eIDAS-VO spricht lediglich von einer „elektronischen Signatur". Der Begriff „einfache elektronische Signatur" ist hier nicht enthalten. Zur Unterscheidung zwischen einer fortgeschrittenen oder qualifizierten elektronischen Signatur wird in diesem Werk jedoch durchgehend der Begriff „einfache elektronische Signatur" statt „elektronische Signatur" verwendet. Dieser Begriff ist auch bereits – wie sich aus der nachfolgend abgedruckten Rechtsprechung ergibt – zu einem „stehenden Begriff" geworden. Dies ist die niedrigste Sicherheitsstufe einer elektronischen Signatur, denn es reicht z.B. der eingetippte **Name unter einer E-Mail oder einem Schriftsatz**. 18

2. § 130a Abs. 3 S. 1 Alt. 2 ZPO – Eigenversand

Zur Verantwortungsübernahme für einen Schriftsatz durch einen Anwalt reicht die Anbringung einer einfachen elektronischen Signatur am Dokument nicht aus; es muss vielmehr auch ein „Eigenversand" erfolgen, vgl. dazu Rdn 123 in diesem Kapitel. An dieser Stelle wird zunächst allein auf die einfache elektronische Signatur eingegangen. Ausführungen zur Nutzung des „richtigen" beA, Ausgestaltungen der einfachen elektronischen Signatur und hierzu ergangene Rechtsprechung sind unter Rdn 117 in diesem Kapitel dargestellt. 19

3. Beispiele für einfache elektronische Signaturen

Beispiele für die Anbringung einer einfachen elektronischen Signatur i.S.d. § 130a Abs. 3 S. 1 Alt. 2 ZPO an einem elektronischen Dokument: 20

> *Beispiele*
> **1. Eintippen des vollständigen Namens am Ende eines elektronischen Dokuments (hier: Klageschrift)**
>
> (…)
>
> Klage ist daher geboten.
>
> Dr. Anton Mustermann
>
> Rechtsanwalt
>
> *Dieser Schriftsatz ist einfach elektronisch signiert.*
>
> **Hinweis für die Leser:** Der Zusatz „Dieser Schriftsatz ist . . . ." ist nicht zwingend erforderlich, bietet sich aber an, weil so das Gericht weiß, dass es prüfen muss, ob das Transferprotokoll einen VHN (vertrauenswürdigen Herkunftsnachweis) enthält, d.h. erkennbar ist, dass die Übermittlung durch den Postfachinhaber selbst aus seinem eigenen beA erfolgt ist, und zum anderen, damit man selbst ohne weiteren Aufwand feststellen kann, welche Signatur bei diesem elektronischen Dokument gewählt wurde (§ 130a Abs. 3 S. 1 Alt. 1 oder Alt. 2 ZPO). Zudem ist der Zusatz hilfreich, für den Mandanten erkennbar werden zu lassen, dass es aufgrund elektronischer Einreichung einer klassischen Unterschrift nicht mehr bedarf.

§ 11 Elektronische Signaturen- und zulässige Postfächer

21 **2. Einfügen einer eingescannten leserlichen Unterschrift am Ende eines elektronischen Dokuments (hier: Klageschrift) als Bilddatei**

(…)

Klage ist daher geboten.

[Unterschrift: Dr. Anton Mustermann]

Dr. Anton Mustermann

Rechtsanwalt

Dieser Schriftsatz ist einfach elektronisch signiert.

Frage: Muss der Name noch eingetippt werden, wenn eine handschriftliche Unterschrift erfolgt? **Antwort:** Nein, wenn die Unterschrift leserlich ist, vgl. Rdn 24 unten. Die eingescannte Unterschrift kann jedoch auch zusätzlich als Bilddatei eingefügt werden, wenn Zweifel an der Leserlichkeit bestehen. Nötig ist dies jedoch nicht, es reicht das Eintippen des Namens wie unter Rdn 20 zuvor.

22 **3. Originalunterschrift des RA am Ende eines elektronischen Dokuments (hier: Klageschrift) auf ausgedrucktem Schriftsatz; sodann Scan**

(…)

Klage ist daher geboten.

[Unterschrift: Dr. Anton Mustermann]

Dr. Anton Mustermann

Rechtsanwalt

Dieser Schriftsatz ist einfach elektronisch signiert.

Hinweis: Die dritte Variante ist arbeits- und kostenaufwendig. Das sollte bedacht werden. Diese Variante wird häufig gewählt, wenn kein elektronischer Briefkopf vorhanden ist und noch auf Briefpapier gedruckt wird. Anwälte sollten sich und ihren Mitarbeitern diesen aufwendigen Weg sparen. Auch Mandanten werden sich mit der Zeit daran gewöhnen, dass elektronisch anders „unterschrieben" wird als früher.

23 Während das OVG Hamburg bei Anbringung einer einfachen elektronischen Signatur noch entschied, dass allein der Umstand, dass in einer Kanzlei mehrere Rechtsanwälte mit dem gleichen Nachnamen beschäftigt sind, Zweifel daran begründen mag, dass derjenige, der das elektronische Dokument – ausschließlich mit seinem Nachnamen – signiert hat, auch mit dem tatsächlichen Versender und Inhaber des besonderen elektronischen Anwaltspostfachs (gleichen Nachnamens) übereinstimmt,[20] verlangt der

---

20 OVG Hamburg, Beschl. v. 4.6.2021 – 3 Bs 130/21, BeckRS 2021, 21874.

BGH die Angabe des Vornamens dann, wenn sich der volle Name des Anwalts dem Schriftsatz nicht an anderer Stelle entnehmen lässt und Verwechslungen nicht ausgeschlossen sind:[21]

„Die Einfügung einer eingescannten Unterschrift ist nicht erforderlich, allerdings bei Lesbarkeit des bürgerlichen Namens eine andere mögliche Form der einfachen Signatur (BAG, Beschluss vom 14. September 2020 – 5 AZB 23/20, NJW 2020, 3476 Rn. 15; BSG, Beschluss vom 16. Februar 2022 – B 5 R 198/21 B, NJW 2022, 1334 Rn. 9; BVerwG, Beschluss vom 12. Oktober 2021- 8 C 4/21, NVwZ 2022, 649 Rn. 4; Leuering, NJW 2019, 2739, 2741). Sofern sich der volle Name des Verteidigers oder Rechtsanwalts dem Schriftsatz an anderer Stelle entnehmen lässt, etwa einem Briefkopf, und Verwechselungen ausgeschlossen sind, genügt für eine einfache Signierung die Wiedergabe des Familiennamens (vgl. BAG, Beschluss vom 14. September 2020 – 5 AZB 23/20, NJW 2020, 3476 Rn. 15). Des üblichen und auch hier erfolgten Zusatzes „Rechtsanwalt" bedarf es von Gesetzes wegen nicht (BAG, Beschluss vom 14. September 2020 – 5 AZB 23/20, NJW 2020, 3476 Rn. 15)."

24 Eine eingescannte Unterschrift, so der BGH, ist eine „andere mögliche Form" der einfachen Signatur, jedoch fordert der BGH deren Lesbarkeit.[22] Auch das BSG fordert bei Anbringung einer eingescannten Unterschrift als einfache elektronische Signatur, dass die Unterschrift entzifferbar ist und damit von den Empfängern des Dokuments ohne Sonderwissen oder Beweisaufnahme einer bestimmten Person zugeordnet werden kann, die auch die inhaltliche Verantwortung für das Dokument übernimmt.[23] Zur umfangreichen Rechtsprechung zur einfachen elektronischen Signatur siehe auch Rdn 117 ff. in diesem Kapitel. Zum vertrauenswürdigen Herkunftsnachweis VHN siehe § 5 Rdn 66 in diesem Werk.

IV. Fortgeschrittene elektronische Signatur

25 **Fortgeschrittene elektronische Signaturen** sind elektronische Signaturen, die gem. Art. 3 Nr. 11 i.V.m. Art. 26 eIDAS-VO zusätzlich

- eindeutig dem Unterzeichner zugeordnet sind,
- die Identifizierung des Unterzeichners ermöglichen,
- unter Verwendung elektronischer Signaturerstellungsdaten erstellt, die der Unterzeichner mit einem Maß an Vertrauen unter seiner alleinigen Kontrolle verwenden kann, und
- so mit den auf diese Weise unterzeichneten Daten verbunden ist, dass eine nachträgliche Veränderung der Daten erkannt werden kann.

26 **Elektronische Signaturerstellungsdaten** sind eindeutige Daten, die vom Unterzeichner zum Erstellen einer elektronischen Signatur verwendet werden, Art. 3 Nr. 13 eIDAS-VO.

27 Bei der fortgeschrittenen elektronischen Signatur handelt es sich um eine elektronische Signatur mit mittlerem Sicherheitsniveau. Es müssen **keine sicheren Signaturerstellungseinheiten** eingesetzt werden und die Signatur muss **nicht auf einem gültigen qualifizierten Zertifikat** beruhen. Solche Signaturen werden oft mit einem Softwarezertifikat erzeugt; die PIN-Eingabe erfolgt über die Tastatur. Die fortgeschrittene elektronische Signatur ist im beA nicht zur Verantwortungsübernahme („Unterschreiben") von Schriftsätzen geeignet. Sie wurde bis September 2021 vom beA-System automatisch zusätzlich zu einer ZIP-Datei als zweite Datei (Signaturdatei) erzeugt, wenn eine mit PIN angemeldete Person (Anwalt oder Mitarbeiter) eine Nachricht aus dem beA exportiert.

---

21 BGH, Beschl. v. 3.5.2022 – 3 StR 89/22 Rn 10, StRR 2022, 16.
22 BGH, a.a.O.
23 BSG, Beschl. v. 16.2.2022 – B 5 R 198/21 B, NJW 2022, 1334.

V. Qualifizierte elektronische Signatur

28 **Qualifizierte elektronische Signaturen** sind fortgeschrittene elektronische Signaturen, die gem. Art. 3 Nr. 12 eIDAS-VO zudem
- von einer qualifizierten elektronischen Signaturerstellungseinheit erstellt wurden und
- auf einem **qualifizierten Zertifikat** für elektronische Signaturen beruhen.

29 Ein **qualifiziertes Zertifikat für elektronische Signaturen** ist ein von einem qualifizierten Vertrauensdiensteanbieter ausgestelltes Zertifikat für elektronische Signaturen, das die Anforderungen des Anhangs I erfüllt, Art. 3 Nr. 15 eIDAS-VO.

30 Für die Anbringung einer **qualifizierten elektronischen Signatur** sind bei Nutzung einer beA-Karte der 1. Generation (max. bis Ende 2022) eine Signaturkarte sowie ein Kartenlesegerät eines **zertifizierten** Herstellers erforderlich. Bei Einsatz einer beA-Karte der 2. Generation wird eine Fernsignatur eingesetzt. Diese Signatur besitzt von den zuvor genannten dreien das **höchste Sicherheitsniveau**; nur sie hat im elektronischen Rechtsverkehr die gleiche Wirkung wie die **eigenhändige Unterschrift**. Ob sie allerdings auch im materiell-rechtlichen Rechtsverkehr die gleiche Wirkung hat, ist davon abhängig, ob eine gesetzlich vorgeschriebene Schriftform elektronisch ersetzt werden kann, siehe dazu § 12 Rdn 143 in diesem Werk. Hier ist besondere Vorsicht geboten, um nicht in eine Haftungsfalle zu geraten.

31 Anwälte erhalten nicht automatisch eine Fernsignatur. Sie müssen diese vielmehr beantragen und aufgrund der hohen Sicherheitsanforderungen einen signaturrechtlichen Vorgang durchlaufen. Die Bundesnotarkammer informiert auf ihrer Internetseite über diese Fernsignatur recht ausführlich.[24] Zu den Produktpreisen siehe auch § 5 Rdn 10 in diesem Werk.

32 Wird im beA qualifiziert elektronisch signiert, erzeugt die beA-Software automatisch eine Signaturdatei, die namensgleich mit der signierten Datei ist, den Zusatz „.p7s" trägt und automatisch an die Nachricht angehängt wird. Die „Unterschrift" ist die qualifizierte elektronische Signatur, weshalb der Schriftsatz zwingend mit der Signaturdatei zusammen in derselben Nachricht versendet wird.

33 Vor Absendung muss geprüft werden, ob diese qualifizierte elektronische Signatur technisch fehlerfrei erzeugt wurde, indem ein entsprechender Prüfbutton geklickt wird, siehe § 14 Rdn 21 sowie Rdn 86 in diesem Kapitel. Die Prüfung wird vom System nach Klicken des entsprechenden Prüfbuttons automatisch vorgenommen. Es stellt sich die Frage, ob und ggf. was bei Anbringung der qualifizierten elektronischen Signatur unter dem Schriftsatz geschrieben stehen sollte. Wurde ein Schriftsatz qualifiziert elektronisch signiert, ist kein Zusatz vorgeschrieben. Es empfiehlt sich, obwohl gesetzlich keine entsprechende Anforderung normiert ist, am Ende des Schriftsatzes den Namen des verantwortlichen Anwalts maschinenschriftlich wiederzugeben und den Vermerk aufzunehmen, dass qualifiziert elektronisch signiert wurde.

34 *Beispiel*

(…)

Klage ist daher geboten.

Dr. Anton Mustermann
Rechtsanwalt

Dieser Schriftsatz ist qualifiziert elektronisch signiert.

---

[24] Https://zertifizierungsstelle.bnotk.de/fileadmin/user_upload_zs/Dokumente/Downloads/BNotK-ZS_Unterrichtungsbroschuere_August_2021.pdf (Abruf: 13.7.2022).

Zu Recht hat das LG Hamburg entschieden, dass bei Anbringung einer qualifizierten elektronischen Signatur der Schriftsatz nicht noch zusätzlich mit einer einfachen Signatur (maschinenschriftliche Namenszeile unter dem Antrag) zu versehen ist.[25]

Damit der Richter jedoch weiß, wann der Schriftsatz zu Ende ist und (ohne weitere Prüfung) **wer** den Schriftsatz verantwortet, bietet es sich jedoch an, auch hier den verantwortlichen Anwalt namentlich zu nennen. Dies ist auch eine Frage des Stils. Zudem hat ein solcher Zusatz zwei Vorteile: Man erhält eine gewisse Routine und muss nicht bei jedem Schriftsatz neu überlegen, ob und ggf. was eingetippt wird. Und darüber hinaus man kann jederzeit in der Papier- oder E-Akte feststellen, welche der beiden Einreichvarianten gewählt wurde. Moniert also z.B. die Gegenseite die Wirksamkeit der Signatur, weiß man mit einem Blick „zu diesem Schriftsatz muss es eine Signaturdatei geben" (bei Wahl der Variante mit qeS nach § 130a Abs. 3 S. 1 Alt. 1 ZPO) oder aber auch „zu diesem Schriftsatz finde ich einen VHN im Prüfprotokoll (bei Wahl der Variante mit einfacher Signatur und Eigenversand nach § 130a Abs. 3 S. 1 Alt 2 ZPO), siehe hierzu auch Rdn 123 in diesem Kapitel.

Weitere Rechtsprechung zur qualifizierten elektronischen Signatur ist in diesem Kapitel unter Rdn 135 u. 166 dargestellt.

Die technische Anbringung von qualifizierten elektronischen Signaturen im beA wird in § 13 ab Rdn 53 in diesem Werk bildlich dargestellt und erläutert.

VI. Formen der qualifizierten elektronischen Signatur

1. Einzelsignatur

Von einer **Einzelsignatur** spricht man, wenn ein einzelnes Dokument elektronisch signiert wird. Für jedes gewünschte Dokument wird die PIN (der Autorisierungscode) gesondert eingegeben. Einzelsignaturen sind sowohl im beA direkt als auch mittels Software außerhalb des beA möglich, siehe Rdn 71 unten. Zur Fernsignatur, die ebenfalls eine qualifizierte elektronische Signatur darstellt siehe Rdn 81. Im beA wird bei Einzelsignatur- wie auch bei Stapelsignaturverfahren – eine zusätzliche Datei erzeugt. Zur bildlichen Darstellung siehe § 13 Rdn 53 in diesem Werk.

Im beA wird bisher ausschließlich eine detached (=angefügte) Signatur (mit gesonderter Signaturdatei *.p7s) erzeugt. Detached Signaturen können auch die Endung *.pkcs7 haben; dann handelt es sich um außerhalb des beAs mit eigener Signatursoftware erzeugte detached Signaturen. Angefügte Signaturen müssen dem Standard CMS Advanced Electronic Signatures (CAdES) gem. ETSI EN 319 122–1 v1.2.1 oder ETSI TS 103 173 v2.2.1 gem. § 5 ERVV i.V.m. der 2. ERVB 2022 Nr. 5a bis mindestens zum 31.12.2022 entsprechen. Die im beA-System erzeugte angefügte Signatur entspricht diesen Vorgaben. Bei der Inlinesignatur (auch PDF-Inline-Signatur oder embedded Signatur genannt) wird die Signatur Teil des übermittelten PDF-Dokuments. Sie ist im ERV zulässig, soweit sie dem Standard PDF Advanced Electronic Signatures (PAdES) als eingebettete Signatur gem. ETSI EN 319 142–1 v1.1.1 oder ETSI TS 103 172 v2.2.2 entspricht, § 5 ERVV i.V.m. der 2. ERVB 2022, Nr. 5b bis mindestens zum 31.12.2022.

Gem. § 5 ERVV i.V.m. der 2. ERVB 2022, Nr. 5c ist bis mindestens zum 31.12.2022 zudem zulässig, eine qualifizierte elektronische Signatur anzubringen nach den Spezifikationen für Formate fortgeschrittener elektronischer Signaturen des Durchführungsbeschlusses (EU) 2015/1506 der Kommission vom 8.9.2015 zur Festlegung von Spezifikationen für Formate fortgeschrittener elektronischer Signaturen und fortgeschrittener Siegel, die von öffentlichen Stellen gem. Art. 27 Abs. 5 und Art. 37 Abs. 5 der Verordnung (EU) Nr. 910/2014 des Europäischen Parlaments und des Rates über elektronische Identifizierung und Vertrauensdienste für elektronische Transaktionen im Binnenmarkt anerkannt werden (ABl Nr. L 235 vom 9.9.2015, 37).

---

25 LG Hamburg, Beschl. v. 15.1.2021 – 322 T 92/20, BeckRS 2021, 6493 = NJW-RR 2021, 717.

42 Eine angefügte Signatur kann bisher lediglich mit einer externen Signatursoftware eines Drittanbieters erzeugt und im beA zusammen mit dem signierten Dokument hochgeladen werden (z.B. SecSigner von SecCommerce Informationssysteme GmbH, Governikus DATA Boreum …).

43 Die im beA seit der Einführung der beA-Karten der 2. Generation erzeugte sog. Fernsignatur ist ebenfalls eine qualifizierte elektronische Signatur. Der Unterschied zur bisher verwendeten Signaturkarte beA liegt darin, dass das Signaturzertifikat, mit dem eine qualifizierte elektronische Signatur erzeugt werden kann, nicht mehr im Chip der Karte implementiert ist, sondern vielmehr in der sicheren Umgebung der BNotK liegt und dort via PIN-Eingabe abgerufen wird.

2. Stapelsignatur

44 Von einer **Stapelsignatur** im beA wird gesprochen, wenn mit der beA-Signaturkarte (nur beA-Karte der 1. Generation) bzw. mit der beA-Karte Basis und einer Fernsignatur durch einmalige Eingabe einer PIN mehrere Dokumente innerhalb einer Nachricht oder beim Hochladen von Dokumenten in die Nachricht nacheinander signiert werden können. Hier werden im Grunde genommen mit einer einzigen PIN-Eingabe mehrere Einzelsignaturen erzeugt.

45 Im beA gibt es zwei Bereiche für die Anwendung der Stapelsignatur. Beim Hochladen von Dokumenten in die Nachricht und durch Auswahl vieler Nachrichten im Entwurfsordner oder einem Unterordner des Entwurfsordners im beA.

46 Diese Funktion kann jeweils nur vom Anwalt selbst durchgeführt werden, da nur der Anwalt selbst berechtigt ist, die qualifizierte elektronische Signatur mit Nutzung der beA-Karte Signatur/Fernsignatur und der nur dem Anwalt bekannten PIN zu erzeugen. Der Vorgang ist in § 13 Rdn 53 ff. in diesem Werk bildlich dargestellt und beschrieben.

3. Containersignatur

47 Von einer **Containersignatur** spricht man, wenn eine einzige Nachricht, die mehrere Anhänge hat, mit einer einzigen Signatur signiert wird. Bei der Containersignatur werden somit nicht alle im Anhang befindlichen Dokumente einzeln signiert. Man spricht bei ihr auch von der sog. „enveloping Signatur" oder „Umschlagsignatur". Sie ist an der Dateiendung .p7m erkennbar.

48 *Bacher* hat die Containersignatur anschaulich beschrieben:

> *„Eine solche Containersignatur entspricht in der Papierwelt einer Unterschrift auf der Rückseite eines verschlossenen Briefumschlags, der ein oder mehrere Dokumente enthält."*[26]

49 Mit § 4 Abs. 2 ERVV hat der Gesetzgeber zum 1.1.2018 die zuvor nach der Rechtsprechung für zulässig erklärte Containersignatur[27] für die wirksame Übermittlung von elektronischen Dokumenten an das Gericht abgeschafft. Die Abschaffung wurde damit begründet, dass eine Überprüfung der Authentizität und Integrität der elektronischen Dokumente im weiteren Verfahren regelmäßig nicht mehr möglich ist, da nach Trennung der elektronischen Dokumente die Containersignatur nicht mehr überprüft werden kann.[28]

---

26 *Bacher*, Der elektronische Rechtsverkehr im Zivilprozess, NJW 2015, 2754 li. Sp. (Dr. Bacher ist Mitglied des X. Zivilsenats beim BGH).
27 BGH, Beschl. v. 14.5.2013 – VI ZB 7/13, NJW 2013, 2034 = BGHZ 197, 209 = BRAK-Mitt 2013, 198 = MDR 2013, 1064 = MMR 2013, 608 = BeckRS 2013, 09463; BFH, Urt. v. 18.1.2006 – XI ZR 22/06, BeckRS 2006, 24002769; BVerwG, Urt. v. 4.11.2010 – 2 C 16/09, BVerwGE 138, 102.
28 Verordnung über die technischen Rahmenbedingungen des elektronischen Rechtsverkehrs und über das besondere elektronische Behördenpostfach (Elektronischer-Rechtsverkehr-Verordnung – ERVV), BR-Drucks 657/17 vom 20.9.2017 zu § 4, 15.

Da in der Praxis dieses Verbot von einigen übersehen wurde, kam es auch nach dem 1.1.2018 noch zu Rechtsprechung über die sich bereits aus § 4 Abs. 2 ERVV ergebende Unzulässigkeit der Containersignatur.[29] Da im beA-System die Anbringung einer Containersignatur nicht mehr möglich ist – der entsprechende Button „Nachrichtenentwurf signieren" wurde im Laufe des Jahres 2018 entfernt –, können Leser, die ausschließlich im beA-System selbst qualifiziert elektronisch signieren, die nachfolgenden Rdn 50–70 überspringen. Allen anderen, die mit anderen zulässigen Drittprodukten als dem beA arbeiten und/oder extern signieren, sind diese Randnummern zur Lektüre zu empfehlen. Sie befassen sich u.a. mit der zum Thema Containersignatur ergangenen Rechtsprechung einschließlich der verfassungsrechtlichen Bedenken des generellen Verbots aus § 4 Abs. 2 ERVV.

Hinweis **50**

Das Verbot der Containersignatur gilt jedoch nicht in bestimmten Verfahren vor dem BGH/BPatG, da hier die ERVV und damit § 4 Abs. 2 ERVV nicht gilt. Relevant ist vielmehr die Verordnung über den elektronischen Rechtsverkehr beim Bundesgerichtshof und Bundespatentgericht (BGH/BPatGERVV),[30] die für folgende Verfahren zur Anwendung kommt:

- Verfahren vor dem BGH in:
  – Revisionsstrafsachen; jedoch nur für die Einreichung elektronischer Dokumente durch den Generalbundesanwalt beim BGH, Verfahren nach dem Patentgesetz, Gebrauchsmustergesetz, Markengesetz, Halbleiterschutzgesetz, Designgesetz sowie
- Verfahren vor dem BPatG in:
  – Verfahren nach dem Patentgesetz, Gebrauchsmustergesetz, Markengesetz, Halbleiterschutzgesetz u Designgesetz.

Zwar verweist § 125a ZPO für die Einreichung elektronischer Schriftsätze beim BPatG und BGH auf die Vorschriften der ZPO, die ERVV, die gem. § 130a Abs. 2 ZPO in ZPO-Verfahren jedoch zu Anwendung kommt, sie gilt in solchen Verfahren aber nicht, da es eine eigene Verordnung gibt, die BGH/BPatGERVV. Der BGH bestätigte daher, dass die in einem Nichtigkeitsverfahren von einem Patentanwalt eingereichte Berufung und Berufungsbegründung trotz Anbringung einer Containersignatur wirksam waren!

„a) Eine qualifizierte Signatur, die sich auf den gesamten Inhalt einer über das elektronische Gerichts- und Verwaltungspostfach eingereichten Nachricht einschließlich der darin enthaltenen Dateien bezieht, genügt den Anforderungen des § 2 Abs. 2a Nr. 1 BGH/BPatGERVV.

b) § 4 Abs. 2 ERVV ist im Anwendungsbereich der Verordnung über den elektronischen Rechtsverkehr beim Bundesgerichtshof und Bundespatentgericht (BGH/BPatGERVV) nicht anwendbar."[31]

Das OLG Brandenburg legt § 4 ERVV teleologisch so aus, dass die Containersignatur nur verboten ist, solange Gerichte nicht mit elektronischen Akten arbeiten, sondern noch mit Papierakten.[32] **51**

Vorsicht! Zum einen weiß man naturgemäß nicht, ob andere OLGs ebenso großzügig entscheiden, zum anderen wird man im Zweifel nicht wissen, wann Gerichte auf die E-Akte umstellen. Solche anwaltsfreundliche Rechtsprechung ist daher grundsätzlich zu begrüßen, dauerhaft darauf verlassen sollte man sich aber nicht. Wichtig ist vielmehr, alle gesetzlichen Vorgaben und damit auch das Verbot der Containersignatur zu beachten! So hat das OLG Frankfurt a.M. (auch unter Bezug auf die Entscheidung des OLG Brandenburg) die Auffassung vertreten, dass bei unklarer Rechtslage ein Anwalt immer den sichersten Weg zu gehen hat.

---

29 BSG, Beschl. v. 9.5.2018 – B 12 KR 26/18 B, becklink 2009856.
30 VO v. 24.08.2007, BGBl. I, 2130 (Nr. 43); zuletzt geändert durch § 12 VO v. 24.11.2017, BGBl I, 3803.
31 BGH, Zwischenurt. v. 24.5.2022 – X ZR 82/21, GRUR-RS 2022, 14137.
32 OLG Brandenburg v. 6.3.2018 – 13 WF 45/18, NJW 2018, 1482.

> *„Die Verwendung einer Container-Signatur bei Übermittlung elektronischer Dokumente an das EGVP erfüllt seit 1.1.2018 nicht die Anforderungen an §§ 130 Abs. 3 Alt. 1 ZPO, 4 Abs. 2 ERVV. Wiedereinsetzung in den vorigen Stand kann nur dann gewährt werden, wenn die formunwirksame Rechtsmittelschrift so rechtzeitig bei Gericht eingeht, dass der Formmangel in angemessener Zeit bemerkt und der Rechtsmittelführer bei Bearbeitung im ordnungsgemäßen Geschäftsgang noch vor Ablauf der Rechtsmittelfrist informiert werden kann, um ein drohendes Fristversäumnis zu vermeiden (Rn 10)."*[33]

52 Das OLG Frankfurt a.M. hat zur Frage der Sorgfaltspflichten des Anwalts bei neuer Rechtslage zudem klare Anforderungen an den Anwalt formuliert:[34]

> *„Soweit der Beklagtenvertreter die Zulässigkeit der Container-Signatur trotz Änderung des § 130a ZPO zum 1.1.2018 mit der Pflicht zur Einzelsignatur aus § 4 Abs. 2 ERVV angenommen hat, ist ihm ein Rechtsirrtum unterlaufen. Der Rechtsirrtum eines Rechtsanwalts ist regelmäßig nicht unverschuldet. Nach der Rechtsprechung des Bundesgerichtshofs (Beschl. v. 11.3.2015, Az.: XII ZB 572/13, Tz. 34 -zit. nach juris), die der Senat teilt, muss ein Rechtsanwalt die Gesetze kennen, die in einer Anwaltspraxis gewöhnlich zur Anwendung kommen. Eine irrige Auslegung des Verfahrensrechts kann als Entschuldigungsgrund nur dann in Betracht kommen, wenn der Verfahrensbevollmächtigte die volle, von einem Rechtsanwalt zu fordernde Sorgfalt aufgewendet hat, um zu einer richtigen Rechtsauffassung zu gelangen. Hierbei ist ein strenger Maßstab anzulegen, denn die Partei, die dem Anwalt die Verfahrensführung überträgt, vertraut zu Recht darauf, dass er dieser als Fachmann gewachsen ist. Wenn die Rechtslage zweifelhaft ist, muss der bevollmächtigte Anwalt den sicheren Weg wählen. Von einem Rechtsanwalt ist zu verlangen, dass er sich anhand einschlägiger Fachliteratur über den aktuellen Stand der Rechtsprechung informiert. Dazu besteht umso mehr Veranlassung, wenn es sich um eine vor kurzem geänderte Gesetzeslage handelt, die ein erhöhtes Maß an Aufmerksamkeit verlangt. Ein Rechtsirrtum ist jedoch ausnahmsweise als entschuldigt anzusehen, wenn er auch unter Anwendung der erforderlichen Sorgfaltsanforderungen nicht vermeidbar war (BGH, a.a.O.)."*

53 Auch nach Auffassung des BGH kann ein Rechtsanwalt bei bestehender unklarer Rechtslage mangels Vorliegens höchstrichterlicher Rechtsprechung einer in der Rechtsprechung der OLG und im Schrifttum stark verbreiteten Auffassung folgen.[35]

54 Wie streng die Rechtsprechung des OLG Frankfurt a.M. ist, lässt dann doch aufhorchen. So verweist das OLG Frankfurt a.M. darauf, dass bereits im Jahr 2017 zwei Aufsätze zum anstehenden Verbot der Containersignatur in der NJW veröffentlicht wurden, die der Anwalt hier hätte kennen müssen.[36]

55 Das BAG hat sich im August 2018 deutlich gegen die Zulässigkeit der Anbringung einer Containersignatur entschieden:

> *„Über das Elektronische Gerichts- und Verwaltungspostfach (EGVP) des Bundesarbeitsgerichts kann eine Nichtzulassungsbeschwerde seit dem 1.1.2018 nur dann eingereicht werden, wenn die als elektronisches Dokument übermittelte Beschwerdeschrift mit einer qualifizierten elektronischen Signatur (qeS) versehen ist. Die gesetzliche Form ist nicht mehr gewahrt, wenn die qeS nur an dem an das EGVP übermittelten Nachrichtencontainer angebracht ist."*[37]

---

33 OLG Frankfurt a.M., Beschl. v. 29.8.2018 – 14 U 52/18, BeckRS 2018, 24311.
34 A.a.O.
35 BGH, Beschl. v. 5.3.2014 – XII ZB 220/11.
36 OLG Frankfurt a.M., a.a.O., unter Verweis auf *Müller*, NJW 2017, 2713 und *Siegmund*, NJW 2017, 3134.
37 BAG, Beschl. v. 15.8.2018 – 2 AZN 269/18.

Das LSG Niedersachen-Bremen wiederum hat jedoch ein Rechtsmittel trotz angebrachter Containersignatur für formwirksam erachtet:

> *„Das in § 4 Abs. 2 ERW ausgesprochene Verbot der Übermittlung mehrerer elektronischer Dokumente mit einer gemeinsamen qualifizierten elektronischen Signatur bedarf einer verfassungskonformen Auslegung."*[38]

Es stellt sich die Frage, ob das **Gericht** zumindest auf eine **fehlerhafte Signatur hinweisen** muss.

> *„Die aus dem Gebot eines fairen Verfahrens (Art. 6 Abs. 1 EMRK, Art. 19 Abs. 4, Art. 20 Abs. 3 GG) folgende gerichtliche Fürsorgepflicht gebietet es auch, eine Prozesspartei auf einen leicht behebbaren Formmangel in ihrem Schriftsatz hinzuweisen und ihr ggf. Gelegenheit zu geben, den Fehler fristgerecht zu beheben (BGH, Beschl. v. 14.10.2008, Az.: VI ZB 37/08, Tz. 10 – zit. nach juris)."*[39]

Das klingt zunächst einmal gut. Doch wenn – wie im vorliegenden Fall – die Frist erst am letzten Tag des Fristablaufs um 14.58 Uhr eingelegt wird, kann man sich hierauf nicht mehr berufen. Denn, so das OLG Frankfurt a.M.:

> *„Im Rahmen der dem verfassungsrechtlichen Anspruch der Prozessparteien auf ein faires Verfahren korrespondierenden Fürsorgepflicht des Gerichts ist dieses grundsätzlich nicht einmal dazu verpflichtet, am letzten Tag einer Frist zu prüfen, ob ein am Vortag eingegangener Schriftsatz formelle Mängel aufweist, um erforderlichenfalls sofort durch entsprechende Hinweise auf deren Behebung hinzuwirken (BGH, Beschl. v. 21.3.2017, Az.: X ZB 7/15, Tz. 13 – zit. nach juris)."*[40]

Fazit: Weder eine am Tag des Fristablaufs selbst noch eine am Vortag des Fristablaufs eingelegte Fristsache verpflichtet das Gericht zur sofortigen Prüfung und Hinweiserteilung.

Anwaltsfreundlich und auch sachgerecht hat das LSG Niedersachsen-Bremen (2. Senat) mit Zwischenurteil vom 10.10.2018 eine verfassungskonforme Auslegung des Containersignatur-Verbots in § 4 Abs. 2 ERVV gefordert:[41]

> *„Das in § 4 Abs. 2 ERW ausgesprochene Verbot der Übermittlung mehrerer elektronischer Dokumente mit einer gemeinsamen qualifizierten elektronischen Signatur bedarf einer verfassungskonformen Auslegung."*

Die Besonderheit in diesem Fall: Der Berufungskläger hatte mehrere Dokumente mit Containersignatur versehen beim LSG eingereicht, allerdings betrafen alle Dokumente **dasselbe Verfahren**! Eine Trennung der Dokumente nach verschiedenen Aktenvorgängen war daher nicht erforderlich, siehe auch Rdn 54 ff. Nach Auffassung des LSG genügte die Berufung v. 14.3.2018

> *„dem Erfordernis einer qualifizierten Signatur im Sinne von § 65a Abs. 3 SGG i.V.m. § 4 Abs. 2 ERVV, da sämtliche Dokumente in dem mit einer qeS versehenen Container ausschließlich das vorliegende Verfahren betreffen, und somit die Container-Signatur sowohl die Überprüfung als auch die Sicherstellung von Authentizität und Integrität der zur Einlegung des Rechtsmittels übermittelten elektronischen Dokumente"*

zuließ.[42]

---

38 LSG Niedersachsen-Bremen (2. Senat), Zwischenurt. v. 10.10.2018 – L 2 R 117/18, BeckRS 2018, 24305.
39 OLG Frankfurt a.M, Beschl. v. 29.8.2018 – 14 U 52/18, BeckRS 2018, 24311.
40 OLG Frankfurt a.M., a.a.O.
41 LSG Niedersachsen-Bremen (2. Senat), Zwischenurt. v. 10.10.2018 – L 2 R 117/18.
42 So LSG, a.a.O., Rn 26.

§ 11 Elektronische Signaturen- und zulässige Postfächer

62 Das LSG weist zu Recht darauf hin, dass der Gesetzgeber, wenn er Rechtsmittel gegen gerichtliche Entscheidungen vorsieht, in der Ausgestaltung der Zugangs- und Zulässigkeitsvorschriften nicht völlig frei ist. Insbesondere, so das LSG,

„darf er den Zugang zu den in den Verfahrensordnungen eingeräumten Instanzen nicht in unzumutbarer, aus Sachgründen nicht mehr zu rechtfertigender Weise erschweren. Die Grundsätze über die Einlegung und Begründung von Rechtsmitteln müssen sich daher durch ein besonderes Maß an Gleichheit, Klarheit und innerer Logik auszeichnen (BVerfG, Beschl. v. 11.2.1987 – 1 BvR 475/85 –, BVerfGE 74, 228 m.w.N.). An die Beachtung formeller Voraussetzungen für die Geltendmachung eines Rechtsschutzbegehrens dürften keine überspannten Anforderungen gestellt werden (vgl. BVerfG NJW 2002, 3534; vgl. auch Brandenburgisches OLG, Beschl. v. 6.3.2018 – 13 WF 45/18 –)."

63 Das nach dem Wortlaut des § 4 Abs. 2 ERVV umfassende Verbot der Containersignatur lässt nach Ansicht des LSG die erforderliche Sachbegründung und innere Logik jedenfalls insoweit vermissen, als es sich auch auf Fallgestaltungen beziehen soll, in denen im Container nur elektronische Dokumente desselben Verfahrens enthalten sind; auch der Verordnungsgeber habe beim Verbot der Containersignatur den Fall vor Augen gehabt, dass mehrere Dokumente verschiedener Verfahren auf diese Weise signiert würden.[43] Da aber die für die Einführung des Verbots notwendig erscheinenden Argumente (Datenschutz[44]) nicht greifen, wenn alle Dokumente dasselbe Verfahren betreffen, sei eine verfassungskonforme Auslegung des § 4 Abs. 2 ERVV geboten.

64 Das LSG bekräftigt seine verfassungsrechtlichen Bedenken gegen das ausgedehnte Container-Signatur-Verbot in § 4 Abs. 2 ERVV neben diesen, nicht in allen Fällen greifenden Datenschutzbedenken mit Ausführungen zu den nachstehenden Punkten:

- Der Gesetzgeber habe die mit § 4 Abs. 2 ERVV normierten Einschränkungen auch damit begründet, dass diese nicht mit „erheblichen Nachteilen" für die Absender verbunden seien, weil Anwälte elektronische Dokumente via sicherem Übermittlungsweg ja auch ohne qualifizierte elektronische Signatur ab 1.1.2018 einreichen könnten. Zum einen, so das LSG, würden sich nicht nur Anwälte, sondern häufig auch Bürger selbst unmittelbar an die Sozialgerichte wenden und seien verpflichtet, neben der Klage auch die angefochtenen Bescheide mit beizufügen.[45]
- Zudem seien formale Anforderungen nicht schon deshalb zulässig, weil ihre Beachtung nicht mit „erheblichen Nachteilen" verbunden wäre. Denn, so das LSG,

„das Ausbleiben von schweren Nachteilen bringt als solches weder einen Sachgrund noch eine innere Logik der Zugangsvoraussetzungen im Sinne der erläuterten verfassungsrechtlichen Vorgaben zum Ausdruck."

65 Im Ergebnis wollte das LSG mit seiner Entscheidung sicherstellen, dass auch

„eine versehentliche Verkennung von formalen Zugangsvoraussetzungen, wie sie nicht zuletzt in Fällen einer Änderung eben dieser Voraussetzungen immer in Betracht zu ziehen ist, im Ergebnis unschädlich bleibt, solange keine hinreichend gewichtigen Sachgründe deren verlässliche Einhaltung erfordern."

---

43 LSG, a.a.O., Rn 32, unter Verweis auf BR-Drucks 645/17, 15.
44 BR-Drucks 645/17, 15.
45 § 92 Abs. 1 S. 4 SGG.

B. Elektronische Signaturen nach eIDAS-VO § 11

Da die Containersignatur im vorliegenden Fall nach Ansicht des LSG nicht zur Unwirksamkeit des Rechtsmittels führte, kam es auf die Voraussetzungen zur Wiedereinsetzung in den vorigen Stand gem. § 67 Abs. 1 SGG mangels Fristversäumnis nicht mehr an. Da die Entscheidung des LSG als Zwischenurteil nicht selbstständig, sondern nur mit dem Endurteil angefochten werden kann,[46] bleibt nun abzuwarten, wie das Verfahren insgesamt ausgeht und ob es zu dieser Frage auch noch eine Entscheidung des BSG geben wird. Dieses hatte ja, siehe Rdn 61, bereits in einer anderen Sache zur Containersignatur schon einmal anwalts- bzw. parteifreundlich entschieden.

66

Die Entscheidung des LSG ging für den hier Rechtsmittel einlegenden Anwalt erfreulicherweise positiv aus und ist zu begrüßen. Auf unsere per Mail geäußerten Bedenken vor Verabschiedung der ERVV gegenüber dem BMJV hinsichtlich dieses generellen Verbots haben wir seinerzeit leider keine Antwort erhalten. Ergänzend zu der Entscheidung des LSG möchten wir noch auf Folgendes hinweisen. Eine qualifizierte elektronische Signatur hat **zwei Funktionen**:

67

- Unterschriftsleistung im Sinne der Übernahme einer Verantwortung für den Inhalt des Unterschriebenen und Kenntlichmachung des Willens, das Geschriebene in den Rechtsverkehr einzubringen mit der Möglichkeit, den Urheber der Unterschrift,[47] somit die verantwortende Person, feststellen zu können (Authentizität),
- Möglichkeit der Feststellung, dass das Unterschriebene nicht verändert wurde (Perpetuierungs- oder Integritätsfunktion).

Aus der Historie heraus wurde die Containersignatur für Mahnanträge, die via EGVP-Client bei den zentralen Mahngerichten eingereicht wurden, genutzt. Hier ergab dies auch Sinn, da es sich um Dokumente handelte, die einer Unterschrift bedürfen. Werden aber nun z.B. ein Schriftsatz und seine Anlagen (nur beispielhaft die vom Mandanten eingescannte Rechnungskopie und Kopien der Mahnungen, auf die sich die Klageforderung bezieht) mit Container signiert, mag es sich alles um Dokumente handeln, die dasselbe Verfahren betreffen. Welchen Sinn sollte es aber haben, die Rechnungskopie und Mahnungen des Mandanten für das Verfahren zu „unterschreiben"? Derartige Anlagen hat man im Papierzeitalter lediglich in Abschrift beigefügt; selbst Originalurkunden sollen seit 1.7.2014 nur noch in Abschrift eingereicht werden, siehe dazu auch § 131 Abs. 1 ZPO. Zwar könnte man bei strenger Orientierung am Wortlaut von § 130a ZPO in der seit 1.1.2018 geltenden Fassung zur Auffassung gelangen, dass auch Anlagen mit qualifizierter elektronischer Signatur zu versehen seien. Die Verfasser lehnen diese Auffassung auch im Hinblick auf § 131 ZPO ab, soweit es sich nicht um „schriftlich" einzureichende Anlagen handelt. Gleichwohl gab es durchaus Anlagen zu Schriftsätzen, die vom Anwalt „beglaubigt" wurden, so z.B. bei Einlegung einer Berufung gegen das vorinstanzliche Urteil in beglaubigter Abschrift. Im Grunde genommen scheint bisher nicht geregelt zu sein, wie eigentlich diese „Beglaubigung" im elektronischen Zeitalter aussehen kann. Eine qualifizierte elektronische Signatur ist mehr als nur „Beglaubigung", denn mit ihr übernimmt der Anwalt ja auch die inhaltliche Verantwortung für ein elektronisches Dokument. Hier ist nach unserer Auffassung der Gesetzgeber dringend gefordert, für Klarstellungen zu sorgen. Es kann nicht sein, dass solche sprachlichen Ungereimtheiten oder auch verfassungsrechtlich bedenklichen Zugangs-Einschränkungen zulasten der Anwälte und ihrer Mandanten gehen. Insofern ist die Entscheidung des LSG sehr zu begrüßen, wenngleich wir natürlich als

68

---

46 LSG unter Verweis auf BSG, Beschl. v. 19.9.2007 – B 9/9a SB 49/06 B, SozR 4–1500 § 130 Nr. 2.
47 Dabei bezieht sich die Urheberschaft auf die Unterschrift und nicht auf den Schriftsatz selbst; zwar können anwaltliche Schriftsätze als Schriftwerke der Wissenschaft urheberrechtlichen Schutz genießen (erforderlich für einen Urheberrechtsschutz sind ein besonders hohes Maß an schöpferischer Phantasie und Gestaltungskraft, eine tiefe Durchdringung des Tatsachen- und Rechtsstoffs und souveräne Beherrschung der Sprach- und Stilmittel, wobei bei wissenschaftlichen Werken der erforderliche geistig-schöpferische Gehalt seinen Ausdruck in erster Linie in der Form und Art der Sammlung, Einteilung und Anordnung dargebotenen Stoffs findet und weniger – wie bei literarischen Werken – in der Gedankenformung und -führung; vgl. dazu auch BGH, Urt. v. 17.4.1986 – I ZR 213/83, lexetius.com/1986, 2); der Schriftsatz kann somit durchaus von jemand anderem verfasst sein, der Anwalt macht ihn sich durch seine Unterschrift jedoch „zu eigen", übernimmt also die Verantwortung für den Inhalt, siehe § 16 Rdn 1 in diesem Werk.

69 Darüber hinaus hatte *Müller* an der Entscheidung des BGH, der die Zulässigkeit der Containersignatur 2013 (vor Einführung der ERVV zum 1.1.2018) bejahte, vgl. Rdn 53, bereits 2013 Kritik dahingehend geäußert, dass der BGH seine Entscheidung nicht am Wortlaut des § 130a ZPO (Anm.: im Übrigen damals wie heute) orientiert hat, der fordert, dass das elektronische Dokument (und nicht der Nachrichtenentwurf) qualifiziert elektronisch signiert sein muss.[48] Schließlich, so *Müller*, würde ja auch niemand davon ausgehen, dass eine Unterschrift auf einem Briefumschlag bedeutet, dass der Unterzeichnende auch den Inhalt des Briefumschlags verantwortet. Die Orientierung am Wortlaut des § 130a ZPO auch in der seit 1.1.2018 geltenden Fassung könnte daher – unabhängig vom Verbot in § 4 Abs. 2 ERVV – für eine Notwendigkeit der Anbringung einer qualifizierten elektronischen Signatur am Dokument (als detached oder inline signature) sprechen.

70 Da im beA die technische Möglichkeit, eine Containersignatur anzubringen, 2018 abgeschafft wurde, kann diese Sonderform der qualifizierten elektronischen Signatur bei Anbringung innerhalb des beA nicht mehr erfolgen.

4. Externe Signatur

71 Von externen Signaturen spricht man, wenn außerhalb des beA-Systems ein Dokument qualifiziert elektronisch signiert werden soll. Solche externen Signaturen ermöglichen es dem Anwalt, ohne Zugang zum beA seine elektronische Unterschrift als Einzelsignatur zu leisten.

72 Als Beispiel für die Erstellung einer externen Signatur dient das Programm SecSigner von SecCommerce.[49] Es gibt darüber hinaus am Markt noch viele weitere Anbieter von externer Signatursoftware. Zur externen Signatur siehe auch § 13 Rdn 63 in diesem Werk.

73 Grundsätzlich funktioniert externe Software immer nach einem ähnlichen Prinzip:
Nach dem Öffnen des Programms wird die zu signierende Datei im Programm geöffnet oder per Drag & Drop in den Einfügebereich des Signierprogramms abgelegt (1).

Es wird sodann die Art der Signatur ausgewählt. So kann z.B. die auch im beA übliche detached signature (Signatur als gesonderte Signaturdatei erzeugt) gewählt werden (2), CMS Advanced Electronic Signatures (CAdES). Im Anschluss wird mit der linken Maustaste auf den Button „signieren" (3) geklickt.

---

48 *Müller*, „Die Container-Signatur zur Wahrung der Schriftform", NJW 2013, 3758.
49 SecCommerce Informationssysteme GmbH, Obenhauptstr. 5, 22335 Hamburg, https://www.seccommerce.com (Abruf: 5.10.2022).

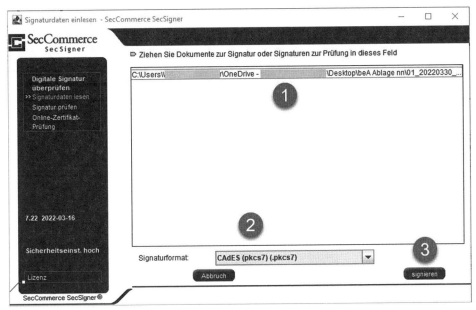

Abb. 4: Signaturart wählen[50] und Dokument hinzufügen (Drag & Drop)

Es wird die Signaturkarte in das am PC/Notebook angeschlossene Kartenlesegerät eingeführt und das auf der Signaturkarte befindliche Signaturzertifikat durch z.B. Klick mit der linken Maustaste auf „Signaturkarte suchen" in der Signatursoftware eingelesen.

74

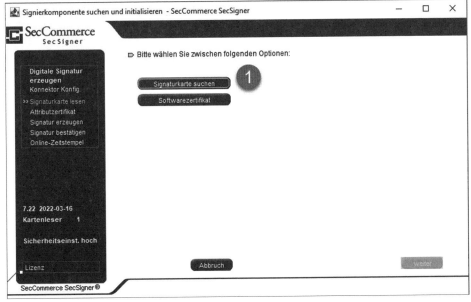

Abb. 5: Zertifikat einlesen[51]

---

50 Bildquelle: Software-Anwendung SecSigner der Fa. SecCommerce Informationssysteme GmbH, Hamburg.
51 Bildquelle: Software-Anwendung SecSigner der Fa. SecCommerce Informationssysteme GmbH, Hamburg.

§ 11 Elektronische Signaturen- und zulässige Postfächer

75 Kartenleser und Zertifikatskarte werden erkannt (1) und die Art der Signatur wird angezeigt (2). Durch Klick auf den Button „weiter" (3) gelangt man zur Übersicht.

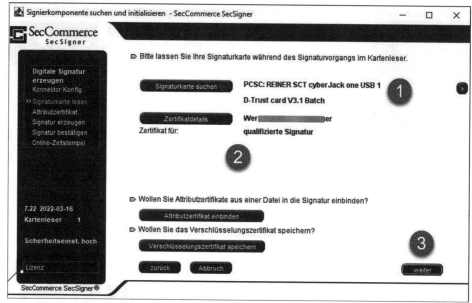

Abb. 6: Kartenleser Zertifikat qeS[52]

76 Zur Prüfung, was signiert werden soll, wird das zu signierende Dokument in einer scrollbaren Vorschau angezeigt (1). Zur besseren Überprüfung kann das Dokument durch Klick mit der linken Maustaste auf den Button „anzeigen" in einem Reader oder einem Browser (je nach Systemeinstellung) geöffnet werden. Wenn die Kontrolle positiv verlaufen ist, wird der Signiervorgang durch Klick mit der linken Maustaste auf den Button „signieren" (3) angestoßen. Nach Aufforderung wird die Signatur-PIN eingegeben.

---

52 Bildquelle: Software-Anwendung SecSigner der Fa. SecCommerce Informationssysteme GmbH, Hamburg.

B. Elektronische Signaturen nach eIDAS-VO § 11

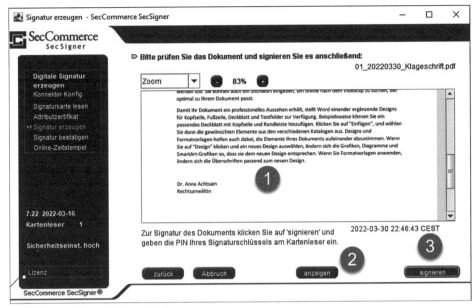

Abb. 7: Signieren[53]

Nach dem Signieren kann das signierte Dokument noch einmal überprüft werden (1). Das signierte Dokument wird durch Klick mit der linken Maustaste auf den Button „bestätigen" (2) bestätigt. Die erzeugte qualifizierte elektronische Signaturdatei befindet sich im gleichen Verzeichnis wie das zur Signatur ausgewählte Dokument (3).

77

---

53 Bildquelle: Software-Anwendung SecSigner der Fa. SecCommerce Informationssysteme GmbH, Hamburg.

§ 11 Elektronische Signaturen- und zulässige Postfächer

Abb. 8: Dokument wird bestätigt[54]

78 Das signierte Dokument und die zugehörige Signaturdatei werden nun als Anhänge einer beA-Nachricht beigefügt und können dann, nach Prüfung der Gültigkeit der Signatur an den Empfänger, versendet werden.

79 Beim Hochladen des extern signierten Dokuments (1) in einen Nachrichtenentwurf können im beA durch Auswahl der anzuwendenden Signatur „Externe Signatur verwenden" (4) das signierte Dokument (1) und die zugehörige Signaturdatei (2) in einem Rutsch in die beA-Nachricht übertragen werden. Der Typ des Anhangs wird dabei als Schriftsatz deklariert (3). Voraussetzung für das gleichzeitige Hochladen ist, dass sich beide Dateien (signiertes Dokument und Signaturdatei) im gleichen Verzeichnis befinden und die beiden Dateien (bis auf den Zusatz an der Signaturdatei *.pkcs7) namensidentisch sind. Beim Vorbereiten des Hochladens der PDF- und Signaturdatei prüft das beA-System die verwendete Signaturdatei und ob sich das signierte Dokument noch unverändert in dem Zustand wie zum Zeitpunkt des Signierens befindet. Ist dies der Fall, wird die Prüfung als „Erfolgreich" ausgewiesen (5).

---

54 Bildquelle: Software-Anwendung SecSigner der Fa. SecCommerce Informationssysteme GmbH, Hamburg.

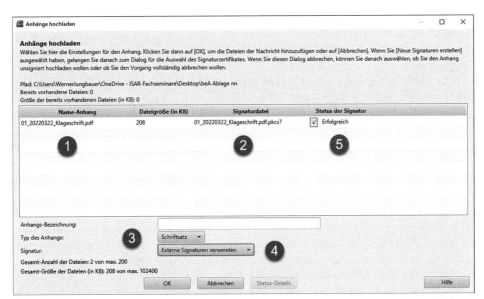

Abb. 9: Signierte Datei und zugehörige Signaturdatei gleichzeitig aus einem Verzeichnis in den Nachrichtenentwurf übertragen.

Der Vorteil dieser Vorgehensweise ist, dass vom Mitarbeiter alle notwendigen Tätigkeiten im beA selbstständig durchgeführt werden können und sich der Anwalt gar nicht ins beA begeben muss. Was auf **keinen Fall** auf den Mitarbeiter übertragen werden kann, ist das Signieren der Dokumente. Diese Tätigkeit bleibt ausschließlich dem Anwalt vorbehalten. Dies gilt sowohl im beA als auch außerhalb des beA bei der Erzeugung einer externen qualifizierten elektronischen Signatur.

5. Fernsignatur

Bei der Fernsignatur erfolgt die Erzeugung einer qualifizierten elektronischen Signatur nicht mit einer Signaturkarte, sondern über einen qualifizierten Vertrauensdiensteanbieter im Auftrag der unterzeichnenden Person.

Das BSI führt hierzu aus:[55]

> „Der Vorteil des Verfahrens liegt darin, dass keine zusätzliche technische Ausstattung (Signaturkarte, Lesegerät) für das Erstellen einer qualifizierten elektronischen Signatur benötigt wird. Die unterzeichnende Person muss dafür gegenüber dem Vertrauensdiensteanbieter ihre Identität sicher nachweisen. Bevor die Fernsignatur erzeugt werden kann, muss die unterzeichnende Person ihre Identität gegenüber dem Vertrauensdiensteanbieter sicher nachweisen. Ein schnelles und sicheres Identifizierungsmittel dafür ist der staatliche Online-Ausweis. Der Vorteil des Verfahrens liegt darin, dass keine zusätzliche technische Ausstattung (Signaturkarte, Lesegerät) für das Erstellen einer qualifizierten elektronischen Signatur benötigt wird. Die unterzeichnende Person muss dafür gegenüber dem Vertrauensdiensteanbieter ihre Identität sicher nachweisen. Bevor die Fernsignatur erzeugt werden kann, muss die unterzeichnende Person ihre Identität gegenüber dem Vertrauensdiensteanbieter sicher nachweisen. Ein schnelles und sicheres Identifizierungsmittel dafür ist der staatliche Online-Ausweis."

---

[55] https://www.bmi.bund.de/Webs/PA/DE/wirtschaft/eIDAS-konforme-fernsignatur/eidas-konforme-fernsignatur-node.html (Abruf 31.10.2022).

§ 11 Elektronische Signaturen- und zulässige Postfächer

83 Die Online-Ausweisfunktion ermöglicht, mithilfe eines NFC-fähigen Smartphones eine entsprechende Fernsignatur („On-the-Fly"-Signatur genannt) zu erstellen. Identifizierung und Authentisierung sind üblicherweise zwei getrennte Verfahren; bei der Online-Ausweisfunktion werden diese in einem Schritt zusammengefasst.[56]

84 Im beA ist diese Fernsignatur seit Mitte 2022 im Einsatz. Die BRAK hatte im Februar 2022 bereits angekündigt, die Fernsignatur in Zukunft einsetzen zu wollen:[57]

> „Mit der neuen Kartengeneration wird die Zertifizierungsstelle der Bundesnotarkammer außerdem ein *Fernsignaturverfahren*[58] *zum Anbringen qualifizierter elektronischer Signaturen (qeS) einführen. Mit der Fernsignatur werden qualifizierte elektronische Signaturen (qeS) im Auftrag des Unterzeichners aus der Ferne erzeugt. Das höchstpersönliche qualifizierte Zertifikat befindet sich dann nicht mehr auf der beA-Karte, sondern in der hochsicheren Umgebung der Zertifizierungsstelle. Das zu signierende Dokument verbleibt die ganze Zeit über beim Rechtsanwalt und verlässt dessen Anwender-PC beim Signieren nicht. Das Verfahren zur Erzeugung einer Fernsignatur ist durch die TÜV Informationstechnik GmbH zertifiziert worden. Über den Beginn des Kartentauschs sowie den genauen Ablauf wird die Zertifizierungsstelle Sie gesondert informieren. Sie müssen Ihrerseits nichts veranlassen, um die Zertifikatserneuerung oder die Nutzung des Fernsignaturverfahrens in die Wege zu leiten. Die Zertifizierungsstelle wird sich zu gegebener Zeit mit Ihnen zum Tausch Ihrer Karte in Verbindung setzen. Die Software der beA-Anwendung wird rechtzeitig vor der Ausgabe der neuen Karten aktualisiert werden und unterstützt weiterhin die bereits vorhandenen Karten. Wie Sie Ihre neue Karte in Ihrem Postfach hinterlegen, werden wir Ihnen zeitgleich mit der Übersendung der neuen Karten erläutern."*

85 Im Hinblick darauf, dass die Zertifikate der bisherigen beA Signaturkarten (ausgegeben von der BNotK) zum Jahresende 2022 auslaufen und daher eine 2. Generation der beA-Karte Basis im Rahmen eines großen Roll-Outs ausgegeben werden, können bisher vorhandene Signaturkarten längstens noch bis 31.12.2022 im beA genutzt werden. Mit dem Austausch erfolgt auch zugleich die Umstellung auf die Fernsignatur. Sowohl die Internetseite https://zertifizierungsstelle.bnotk.de/signaturkartenbestellung/wizard/beA/info (Abruf: 5.10.2022) als auch die BRAK, z.B. über den Newsletter bzw. die Supportseite https://portal.beasupport.de (Abruf: 5.10.2022), informieren ausführlich über den Austausch und Ablauf zu diesen Änderungen.

VII. Signaturprüfung

86 Eine Signaturprüfung kann sowohl im beA als auch außerhalb mit Software eines Drittanbieters erfolgen. Im beA selbst erfolgt die Signaturprüfung über eine eigene Schaltfläche „Signatur prüfen"; hier wird über eine sog. OCSP-Verzeichnisdienstauskunft ein Prüfprotokoll eingeholt. Im Verzeichnis des Zertifizierungsdiensteanbieters (für das beA also die BNotK) wird online überprüft, ob das Zertifikat gültig und nicht gesperrt ist.[59] „Dieses „OCSP/CRL-Relay" nimmt der einzelnen Anwendung dabei die offline durchführbaren Zertifikatsprüfungen ab, bildet die Zertifikatsketten und stellt für die Online-Prüfungen die Verbindungen mit den Verzeichnisdiensten der Trust-Center gemäß deren jeweiligen technischen Möglichkeiten und eingesetzten Protokollen her. Die Antworten beinhalten zudem Informationen, welche der Anwendung die Entscheidung erleichtern, ob das Zertifikat für den beabsichtigten Zweck verwen-

---

56 Weitere Informationen: https://www.bmi.bund.de/Webs/PA/DE/wirtschaft/eIDAS-konforme-fernsignatur/eidas-konforme-fernsignatur-node.html (Abruf: 30.3.2022).
57 Sondernewsletter 2/2022 v. 18.2.2022.
58 Https://zertifizierungsstelle.bnotk.de/produkte/fernsignatur-qes (Abruf 30.3.2022).
59 https://www.bundesnetzagentur.de/EVD/DE/Nutzer/Infothek/Fragen/start.html (Abruf: 5.10.2022).

det werden darf. Zusätzlich wird eine Infrastruktur aufgebaut, welche das Lokalisieren von Zertifikaten der Kommunikationspartner erleichtert."[60] Signaturprüfung bedeutet, dass kontrolliert wird, ob die elektronische „Unterschrift" gültig ist und alle Prüfroutinen erfolgreich durchgeführt wurden. Im beA wird dafür lediglich der Prüfhaken „Signatur prüfen" am entsprechenden Dokument mit der linken Maustaste geklickt und das daraufhin erscheinende Prüfprotokoll bewertet (siehe Abb. 6: Dokumente mit zugehöriger qeS-Datei Punkt 2). Lädt man ein extern qualifiziert elektronisch signiertes Dokument hoch, wird das beA-System die Signaturdatei gleichzeitig mit hochladen, wenn sie sich im selben Verzeichnis befindet wie das signierte Dokument, und anzeigen, ob die Signatur erfolgreich war. Denn hier führt das System während des Hochladens bereits eine erste Signaturprüfung durch siehe Rdn 79 oben.

87

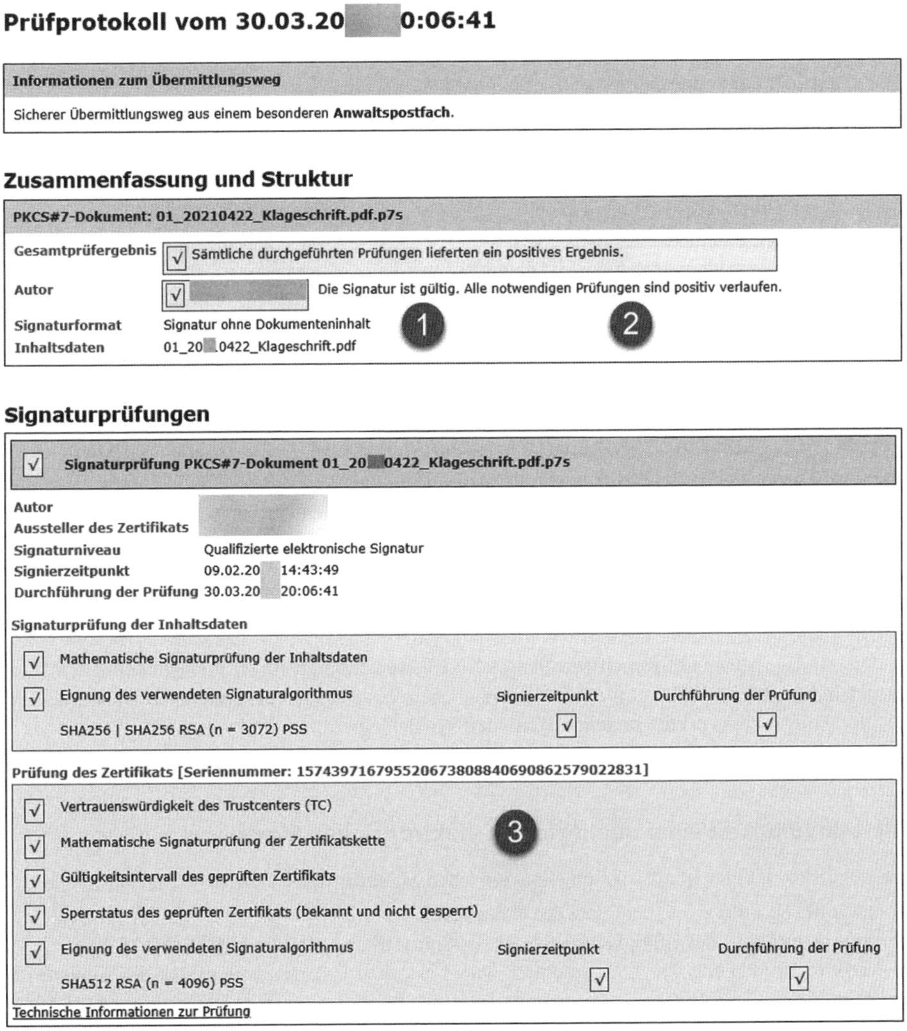

Prüfprotokoll vom 30.03.20   0:06:41

Informationen zum Übermittlungsweg
Sicherer Übermittlungsweg aus einem besonderen **Anwaltspostfach**.

Zusammenfassung und Struktur

PKCS#7-Dokument: 01_20210422_Klageschrift.pdf.p7s

Gesamtprüfergebnis	✓ Sämtliche durchgeführten Prüfungen lieferten ein positives Ergebnis.
Autor	✓ ▇▇▇▇ Die Signatur ist gültig. Alle notwendigen Prüfungen sind positiv verlaufen.
Signaturformat	Signatur ohne Dokumenteninhalt
Inhaltsdaten	01_20▇0422_Klageschrift.pdf

Signaturprüfungen

✓ Signaturprüfung PKCS#7-Dokument 01_20▇0422_Klageschrift.pdf.p7s

Autor
Aussteller des Zertifikats
Signaturniveau   Qualifizierte elektronische Signatur
Signierzeitpunkt   09.02.20▇ 14:43:49
Durchführung der Prüfung 30.03.20▇ 20:06:41

Signaturprüfung der Inhaltsdaten

✓	Mathematische Signaturprüfung der Inhaltsdaten		
✓	Eignung des verwendeten Signaturalgorithmus	Signierzeitpunkt	Durchführung der Prüfung
	SHA256 | SHA256 RSA (n = 3072) PSS	✓	✓

Prüfung des Zertifikats [Seriennummer: 157439716795520673808840690862579022831]

✓	Vertrauenswürdigkeit des Trustcenters (TC)		
✓	Mathematische Signaturprüfung der Zertifikatskette		
✓	Gültigkeitsintervall des geprüften Zertifikats		
✓	Sperrstatus des geprüften Zertifikats (bekannt und nicht gesperrt)		
✓	Eignung des verwendeten Signaturalgorithmus	Signierzeitpunkt	Durchführung der Prüfung
	SHA512 RSA (n = 4096) PSS	✓	✓

Technische Informationen zur Prüfung

Abb. 10: Beispiel Prüfprotokoll im beA

---

[60] Schnittstellenbeschreibung OCSP/CRL-Relay, Dokument-Version 2.2; https://docplayer.org/33704020-Virtuelle-poststelle-des-bundes-ocsp-crl-relay-schnittstellenbeschreibung.html (Abruf: 5.10.2022).

Das in einem eigenen Fenster erscheinende Prüfprotokoll informiert über die Gültigkeit der Signatur (1) und ob alle notwendigen Prüfungen positiv verlaufen sind (2 und 3). Nach erfolgreicher Prüfung der Signatur erscheint links neben dem zuvor geklickten Prüfhaken ein neuer Button mit der Information „Erfolgreich". Sollte eine Signaturprüfung nicht erfolgreich verlaufen, erscheint ein Button mit der Bezeichnung „Fehlgeschlagen". Wird „Fehlgeschlagen" angezeigt, darf die Nachricht nicht ohne eine zusätzliche Prüfung für die Ursache des Fehlschlagens und der entsprechenden Beseitigung des Fehlers bei Gericht eingereicht werden. Eine mögliche Ursache könnte ein abgelaufenes Signaturzertifikat sein. Lag der Fehler nicht an der Signaturkarte, sondern liegt ein technisches Versagen vor, kann der Signaturvorgang wiederholt werden. Der Signaturvorgang ist dann ggf. vorübergehend mit einer anderen Signaturkarte zu wiederholen. Ein abgelaufenes Zertifikat sollte umgehend erneuert werden.

88 Außerhalb des beA kann eine Signaturprüfung mit Software von Drittanbietern durchgeführt werden, siehe auch Rdn 71 ff. weiter oben (Einzelsignatur). Hierzu müssen z.B. zunächst die zu prüfende Signaturdatei und das zu prüfende Dokument in die Software geladen werden.

89 Sofern es sich um eine detached-Signatur handelt, also um eine solche, die in einer eigenen Datei (siehe Rdn 41 oben) gespeichert ist, sollte das signierte Dokument und die Signaturdatei idealerweise in demselben Verzeichnis gespeichert sein. Dadurch können die zusammengehörigen Dateien (Dokument und zugehörige Datei) von der jeweiligen Signatur-Software gefunden werden. Je nach eingesetzter Prüfsoftware ist dies jedoch nicht zwingend, da die zu prüfenden Dateien z.B. auch einzeln aus ihrem jeweiligen Verzeichnis ausgewählt werden können. Die Prüfsoftware gibt eine Meldung (oft grafische, z.B. mittels grünen Hakens oder rotem X) über die erfolgreiche oder die fehlgeschlagene Gültigkeitsprüfung aus und es kann im Anschluss das Prüfprotokoll eingesehen werden.

90 Zur Pflicht der Signaturprüfung **vor** dem Versand aus dem beA siehe auch § 14 Rdn 21 ff und 24 in diesem Werk. Das Justizfachverfahren Eureka-Fach der Fachgerichte zeigt bei positiver Signaturprüfung einen grünen Haken, bei ungültiger Signatur ein rotes Kreuz und bei Nichtvorhandensein einer Signatur ein gelbes Dreieck. Nach *Müller* ist ein positives Ergebnis des Transfervermerks zu einem qualifizierten Zertifikat für die Justiz verlässlich.[61] Bei einem negativen Prüfergebnis z.B. als „ungültig" muss, so *Müller*, anhand der Prüfprotokolle weiter geprüft werden.[62]

Nach *Müller* nehmen die Gerichte folgende Prüfungen anhand des Transfervermerks vor:[63]
- Eingangsdatum und Uhrzeit auf dem Server (Fristwahrung).
- Wer signiert hat („verantwortende Person" i.S.d. § 130a Abs. 3 ZPO).
- Die in Bezug genommene Datei (was wurde signiert und wurde ein zulässiges Dateiformat verwendet?).
- Die Aussage zum qualifizierten Zertifikat „ja" heißt, dass das Signaturzertifikat qualifiziert, nicht abgelaufen, gültig und nicht gesperrt ist. Wird hier „nein" angezeigt, muss das Gericht anhand des Prüfprotokollvermerks prüfen, welche Eigenschaft Probleme macht.
- Zur Integrität, ob die Inhalte des Dokuments verändert wurden oder nicht (Anzeige „ja" oder „nein").

VIII. Ungültigkeit einer qualifizierten elektronischen Signatur

91 **Die Ungültigkeit einer qualifizierten elektronischen Signatur (qeS)** kann sich ergeben
- aufgrund nachträglicher Änderung des Dokuments,
- aufgrund Ablaufs des Gültigkeitszeitraums der Signaturkarte, Art. 32 Abs. 1b eIDAS-VO,
- wegen Abkündigung der Akkreditierung; wobei hier eine Unterrichtungspflicht des Anbieters besteht,

---

61 *Müller*, Checklisten zum elektronischen Rechtsverkehr für die Justiz, BoD, 3. Aufl. 2021, epuB, S. 35.
62 *Müller*, a.a.O.
63 *Müller*, a.a.O.

- wenn das für die qeS verwendete Zertifikat noch nicht öffentlich zugänglich ist und daher nicht überprüft werden kann;[64] so auch *Bacher*, der dies damit rechtfertigt, dass die Zulässigkeit einer fristgebundenen Handlung spätestens bei Ablauf der Frist überprüfbar sein muss.[65]

IX. Anspruch auf Herausgabe der Signatur

Kann man als Prozessgegner oder anderer Verfahrensbeteiligter die Gültigkeit einer in der Gerichtsakte befindlichen Signatur unmittelbar überprüfen? Laut *Bacher* ist lediglich das Protokoll der im Gericht durchgeführten Signaturprüfung einsehbar, das zu den Akten genommen und Prozessgegnern und anderen Verfahrensbeteiligten in der Regel in Abschrift zugeleitet wird.[66]

Nach Ansicht von *Müller* sind aufgrund der geringen Prüfmöglichkeit Prozessgegnern und anderen Verfahrensbeteiligten auf Verlangen die Signaturinformationen im Original zur Verfügung zu stellen.[67] *Müller* sieht das Prüfrecht vor allen Dingen deswegen als gegeben an, da von den Gerichten eine vertiefte Prüfung nicht zu erwarten ist und zum anderen das rechtliche Gehör gem. Art. 20 Abs. 3 GG, das durch Art. 103 Abs. 1 GG, Art. 6 Abs. 1 EMRK garantiert wird, zu wahren ist.[68] *Bacher* sieht ebenfalls einen solchen Anspruch, sofern diese Informationen dem Gericht noch zur Verfügung stehen, die „*als Teil des signierten Dokuments oder als separate Datei zusammen mit diesem in einem elektronischen Dokumentenmanagement des Gerichts abgelegt werden.*"[69] Sofern die qualifizierte elektronische Signatur beweisrelevant ist, erfolgt die Prüfung gem. § 371a ZPO (Augenschein).

Bacher verneint allerdings eine dauerhafte Vorhaltepflicht der Gerichte auch im Rahmen der Gewährung rechtlichen Gehörs oder sonstiger Vorschriften; ausschlaggebend seien vielmehr die Vorschriften über die Aufbewahrung von Unterlagen nach der Übertragung in ein anderes Medium.[70] Nach seiner Auffassung ist die Dokumentation des Ergebnisses der Signaturprüfung ausreichend. Nach Auffassung der Verfasser ist *Bacher* hier Recht zu geben.

In der Vergangenheit war immer wieder zu beobachten, dass neue Verfahren auch neue Handlungsweisen hervorrufen. Im Zeitalter der Papierakte kam es nur sehr selten vor, dass Prozessgegner eine Akteneinsicht angefordert haben, um zu prüfen, ob ein Rechtsmittel vom Gegner tatsächlich fristgerecht eingereicht worden ist oder möglicherweise das Gericht einen zu späten Eingang übersehen hat. Dies wird sich vielleicht künftig ändern, wenn erst das geplante bundesweite Akteneinsichtsportal online geht und eine Akteneinsicht wesentlich leichter wird.

Bacher lehnt die Auffassung von *Müller* ab, der weitergehende Anforderungen aus Art. 103 Abs. 1 GG sowie Art. 6 Abs. 1 EMRK ableitet. Er sieht allerdings zu Recht eine Verpflichtung der Gerichte, bei ungültiger Signatur dem Einreicher Gelegenheit zur Stellungnahme zu geben, wobei er diesen in seinem Aufsatz vorsorglich auf einen rechtzeitigen Wiedereinsetzungsantrag verweist (Fristbeginn: Behebung des Hindernisses/Kenntnisnahme).[71]

X. Fremde Signaturkarten und Notarsignaturkarten

Im beA kann nicht nur die beA-Karte Signatur (nur beA-Karte der 1. Generation) oder eine Fernsignatur zum Anbringen einer qualifizierten elektronischen Signatur eingesetzt werden. Es ist auch möglich, mit

---

64 BGHZ 184, 75 = NJW 2010, 2134 Rn 23.
65 *Bacher*, NJW 2015, 2755 f. unter Verweis auf BGH NJW-RR 2013, 1278 Rn 8.
66 *Bacher*, NJW 2015, 2755 li. Sp.
67 *Müller*, NJW 2015, 822, 824 f.
68 *Müller*, eJustice-Praxishandbuch, 3. Aufl. 2018, S. 125.
69 *Bacher*, NJW 2015, 2755 li. Sp.
70 Vgl. dazu § 298 Abs. 4 ZPO; § 298a Abs. 2 ZPO – Aufbewahrungsfrist sechs Monate.
71 *Bacher*, NJW 2015, 2755.

§ 11 Elektronische Signaturen- und zulässige Postfächer

einer fremden Signaturkarte zu signieren, z.B. von D-Trust[72] (Bundesdruckerei), solange es sich um einen zertifizierten Diensteanbieter handelt, der die Signaturkarte vertreibt. Für die Erstregistrierung des Anwalts im beA-System und die zukünftige Anmeldung am selben ist jedoch zusätzlich mindestens die beA-Karte Basis notwendig.

98 Ob daher ein Anwalt mit zwei Karten arbeiten möchte (beA-Karte Basis zur Anmeldung am beA-System und vorhandene Signaturkarte zum Signieren von Schriftsätzen), bleibt jedem Anwalt selbst überlassen. Aus Gründen des Bearbeitungskomforts empfehlen wir jedoch, die Fernsignatur im Zusammenhang mit der beA-Karte Basis zu nutzen.

99 Vorhandene Signaturkarten externer Anbieter können nach bisheriger Kenntnis weiter eingesetzt werden, sofern deren Zertifikate nicht abgelaufen sind. Dies gilt allerdings **NICHT für die Notarsignaturkarte**, wenn die Einreichung als Anwalt erfolgen soll. Signaturkarten, welche die Bundesnotarkammer für die Notare zur Verfügung gestellt hat, enthalten das Berufsattribut Notar bzw. Notarin. Dieses kann nicht ausgeschaltet/deaktiviert werden. Selbst wenn der signierende Notar auch Anwalt ist, kann durch die Notar-Signaturkarte keine wirksame Schriftsatzeinreichung in Anwaltsfunktion erfolgen! Auch wenn der Einsatz via beA technisch möglich ist, scheidet eine anwaltsbezogene Nutzung im beA aus.[73]

C. Weitere elektronische Vertrauensdienste

I. Behördensiegel

100 Mit der eIDAS-VO werden **elektronische Siegel** (sog. Organisationszertifikate) eingeführt, die mit einer elektronischen Signatur vergleichbar sind, aber von juristischen Personen verwendet werden. Das elektronische Siegel dient als **Herkunftsnachweis**. Ein solches Siegel kann dort zum Einsatz kommen, wo eine persönliche Unterschrift nicht erforderlich ist, aber ein Nachweis der Authentizität erfolgen soll (z.B. bei amtlichen Bescheiden). Ebenfalls mit der eIDAS-VO eingeführt werden Bewahrungs- sowie Einschreib- und Zustell-Dienste. Eine Zertifizierung durch das BSI gem. der Technischen Richtlinie BSI TR-03145 erfüllt die technischen und organisatorischen Sicherheitsanforderungen der eIDAS-Verordnung für qualifizierte Signatur- und Siegelzertifikate.

II. Zeitstempel

101 Ein Zeitstempel (time-stamp) dient dazu, ein Ereignis (wie z.B. den Zugang eines Schriftstücks) einem eindeutigen Zeitpunkt zuzuordnen. Ein Klassiker im herkömmlichen Sinn ist der Posteingangsstempel, der jedoch nicht die Uhrzeit, sondern lediglich das Datum des Posteingangs festhält. Zeitstempel können auch zur revisionssicheren E-Mail-Archivierung eingesetzt werden. Es kann so besser nachgewiesen werden, wann etwas einem Archiv hinzugefügt wurde und dass ab diesem bestimmten Zeitpunkt keine Veränderung mehr erfolgt ist. Mit Blick auf die e-Discovery-Verfahren in den USA ist damit zu rechnen, dass auch in Deutschland im Hinblick auf die Beweiskraft-Notwendigkeit von E-Mail-Verfahren und anderer elektronischer Korrespondenz für Gerichtsverfahren Entwicklungen in diese Richtung fortschreiten. Eine Archivierung des Mail-Verkehrs sollte gesetzeskonform, revisionssicher und automatisch nach GoBD (= Grundsätze zur ordnungsgemäßen Führung und Aufbewahrung von Büchern, Aufzeichnungen und Unterlagen in elektronischer Form sowie zum Datenzugriff; ersetzt GDPdU und GoBS), HGB, AO, Basel II sowie BSI TR 03125, dem höchsten deutschen Standard, erfolgen.

---

72 Unterstützt werden Signaturkarten bis zur D-Trust 4.1 Generation, Sondernewsletter 6/2022 v. 28.3.2022.

73 Newsletter der Westfälischen Notarkammer 14/2015 v. 1.10.2015, S. 2; dieser Newsletter war zum 30.3.2022 nicht mehr öffentlich abrufbar, ob er ggf. von Mitgliedern der Notarkammer noch abgerufen werden kann, konnte nicht verifiziert werden sowie https://bea.bnotk.de/documents/FAQ_beA_180704.pdf – Stand: Juli 2018, S. 5 „7. Kann eine bereits vorhandene Signaturkarte weiter-verwendet werden?" (Abruf 30.3.2022).

C. Weitere elektronische Vertrauensdienste § 11

Im elektronischen Bereich dienen digitale Zeitstempel nichts anderem, weshalb es wichtig ist, dass diese bestimmte Standards erfüllen, um eine entsprechende Beweiskraft zu haben (Unveränderbarkeit!). Das time-stamp protocol RFC 3161 und RFC 5816 regelt die Übertragung der Informationen eines Zeitstempeldienstes im Internet. **102**

Wegen der global unterschiedlichen Zeitzonen werden Zeitstempel im Internet entweder generell in der koordinierten Weltzeit UTC[74] angegeben oder mit einer Angabe ergänzt, welche lokale Abweichung zur Weltzeitzone besteht, sodass Zeitstempel in verschiedene lokale Zeiten umgerechnet werden können. Man kennt dies auch von E-Mails, wo grundsätzlich in Deutschland die Zeit nach MEZ (Mitteleuropäische Zeit = UTC + 1 Stunde) oder MESZ (Mitteleuropäische Sommerzeit = UTC + 2 Stunden) mit angegeben wird. **103**

Gem. Art. 42 eIDAS-VO müssen „qualifizierte elektronische Zeitstempel" mindestens folgende Anforderungen erfüllen: **104**

- Sie verknüpfen Datum und Zeit so mit Daten, dass die Möglichkeit der unbemerkten Veränderung der Daten nach vernünftigem Ermessen ausgeschlossen ist.
- Sie beruhen auf einer korrekten Zeitquelle, die mit der koordinierten Weltzeit verknüpft ist.
- Sie werden mit einer fortgeschrittenen elektronischen Signatur unterzeichnet oder einem fortgeschrittenen elektronischen Siegel des qualifizierten Vertrauensdiensteanbieters versiegelt oder es wird ein gleichwertiges Verfahren verwendet.

Aufsichtsführende Behörde ist nach § 2 Abs. 1 Nr. 1 lit. a VDG die Bundesnetzagentur. Dabei hat die Bundesnetzagentur gem. § 16 Abs. 5 VDG u.a. **105**

> „eine Vertrauensinfrastruktur zur dauerhaften Prüfbarkeit qualifizierter elektronischer Zertifikate und qualifizierter elektronischer Zeitstempel einzurichten, zu unterhalten und laufend zu aktualisieren."

Nur Zertifizierungsdiensteanbieter, die bei der Bundesnetzagentur akkreditiert sind, § 17 Abs. 1 VDG, wie z.B. wie D-TRUST (Trustcenter der Bundesdruckerei), sind berechtigt, qualifizierte Zeitstempel auszustellen. Dabei bestimmt nicht ein lokaler Computer die Zeitangabe, sondern es wird das sichere DCF77-Zeitsignal zugrunde gelegt. Sommerzeit und Schaltsekunden werden automatisch korrigiert; es soll sich hier eine maximale Abweichung von 100 Millisekunden, bei Zeitsignalausfall von max. 500 Millisekunden innerhalb von 24 Stunden ergeben.

Für qualifizierte elektronische Zeitstempel gilt die Vermutung der Richtigkeit des Datums und der Zeit, die darin angegeben sind, sowie der Unversehrtheit der mit dem Datum und der Zeit verbundenen Daten, Art. 41 Abs. 2 eIDAS-VO. **106**

> *Praxistipp* **107**
> Wichtig ist, dass die Einstellung der Uhrzeit auf dem Server/Rechner nicht mehr als 30 Sekunden bis fünf Minuten von der koordinierten Weltzeit abweicht, da dann eine entsprechende Fehlermeldung herausgegeben wird, siehe hierzu auch § 24 Rdn 9 in diesem Werk.

---

74 Https://www.timeanddate.de/stadt/info/zeitzone/utc (Abruf: 5.10.2022).

| § 11 | Elektronische Signaturen- und zulässige Postfächer |

108 Wenn eine Nachricht örtlich nahe der Tagesgrenze auf den Weg gebracht werden soll, könnte folgende Warnung erscheinen:

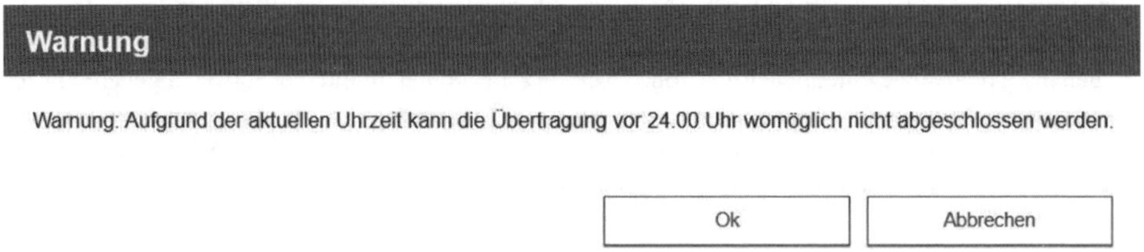

Warnung

Warnung: Aufgrund der aktuellen Uhrzeit kann die Übertragung vor 24.00 Uhr womöglich nicht abgeschlossen werden.

| Ok | Abbrechen |

Abb. 11: Warnung bei Sendung kurz vor Tageswechsel

109 Abhilfe schafft hier ein früherer Start der Versendung. Wichtig ist uns, an dieser Stelle darauf hinzuweisen, dass auch Zeitzonen-Grenzen die beschriebenen Probleme verursachen können und Fristen nach Möglichkeit hier nicht bis zur letzten Stunde ausgereizt werden sollten. Wer will schon aus solchen Gründen eine Ersatzeinreichung vornehmen bzw. einen Wiedereinsetzungsantrag stellen müssen, vor allem, wenn die fristgerechte Ersatzeinreichung aufgrund Zeitablaufs auch nicht mehr möglich ist.

110 Nachstehend haben wir die aktuellen Zeit-Zonen kurz beschrieben. Zu beachten ist, dass zur Zeit der Drucklegung dieses Werks Überlegungen in der Politik getroffen wurden, die Umstellung auf die sog. Sommer- bzw. Winterzeit einzustellen. Bitte beachten Sie daher diesbezüglich bei Bedarf die aktuellen Entwicklungen.

III. Zeitzonen

1. GMT

111 GMT (Greenwich Mean Time) ist eine **Zeitzone**. Sie bestimmt die Zeit in einem bestimmten geografischen Bereich, u.a. in Großbritannien. Sie ist als Zeitstandard veraltet und war bis zum 31.12.1971 der internationale Zeitstandard. Sie wurde 1972 von der Koordinierten Weltzeit (UTC) ersetzt. Sie basierte ausschließlich auf der Messung der Erdrotation. Herangezogen wurde dazu die mittlere Sonnenzeit am Nullmeridian des Londoner Ortsteils Greenwich.

2. UTC

112 UTC (Koordinierte Weltzeit) ist **keine** Zeitzone, sondern die Standardzeit, um verschiedene Zeitzonen zu berechnen. Sie wurde am 1.1.1972 eingeführt. UTC + 1 Stunde entspricht der Mitteleuropäischen Zeit (MEZ) zur „Normalzeit". UTC + 2 Stunden ergibt die Mitteleuropäische Sommerzeit (MESZ oder CEST).

3. CEST

113 CEST (Central European Summer Time) ist die englische Bezeichnung der Mitteleuropäischen Sommerzeit (MESZ). Sie bezieht sich auf die Zeitzone des 15. Längengrads Ost. Sie ist UTC + 2 Stunden. Sie gilt u.a. in Deutschland und seinen Anrainern, Spanien und Italien. Sie gilt nicht in Portugal, Großbritannien und Irland. Dort ist die Westeuropäische Sommerzeit gültig (UTC + 1 Stunde).

4. CET

114 CET (Central European Time) ist die englische Bezeichnung der Mitteleuropäischen (Normal-)Zeit (MEZ). Sie bezieht sich auf die Zeitzone des 15. Längengrads Ost. Sie ist UTC + 1 Stunde. Sie gilt u.a. in Deutschland und seinen Anrainern, Spanien und Italien. Sie gilt nicht in Portugal, Großbritannien und Irland. Dort ist die Westeuropäische Zeit gültig (Winter: UTC ± 0 Stunden; Sommer UTC + 1 Stunde).

5. Atomzeit

Häufig kursiert der Begriff der Atomzeit. Sie wird wie folgt definiert:

„Die Realisierung der Atomzeit erfolgt weltweit bei zahlreichen Zeitinstituten in der Regel durch Cs-Atomuhren. In Deutschland wird die Atomzeit durch die Physikalisch-Technische Bundesanstalt (PTB) ermittelt. Die Atomzeit der PTB wird mit TA(PTB) bezeichnet. Da die Erdrotation recht ungleichmäßig ist und die Erdumlaufzeit um die Sonne nicht mit der gewünschten Genauigkeit gemessen werden kann, basiert die grundlegende Zeiteinheit, die SI-Sekunde, heute auf einer atomaren Naturkonstante. Andererseits sind im Alltag Zeitskalen von Interesse, die synchron zur mittleren Sonnenzeit laufen, d.h. die auf der Erdrotation basieren. Aus der Unbestimmtheit der Erdrotation folgt, dass Sonnenzeit und Atomzeit nicht synchron laufen. Daher tritt die Atomzeit im Alltag nicht in Erscheinung (genauso wenig wie die TAI). Von praktischer Relevanz ist vielmehr die koordinierte Weltzeit (UTC), die ebenso wie die Atomzeit auf der SI-Sekunde basiert, und bei Bedarf (auf Grundlage von Beobachtungen der Erdrotation) durch Schaltsekunden mit der universellen Sonnenzeit (UT1) synchronisiert wird."[75]

Unter den nachstehenden Links erhalten Sie weitere Informationen:

- https://www.timeanddate.de/uhrzeit/ (Abruf: 5.10.2022)

liefert eine Tabelle mit den Uhrzeiten weltweit.

- https://www.worldtimeserver.com/aktuelle-Zeit-in-UTC.aspx (Abruf: 5.10.2022)

= koordinierte Weltzeit mit der Angabe der Zeit für den eigenen Standort (+ X Stunden; – X Stunden)

D. Rechtlich wirksame Einreichung elektronischer Dokumente

I. Gesetzliche Grundlage – § 130a ZPO

Wegen der Bedeutung der rechtlichen Vorschriften zur Einreichung elektronischer Dokumente sind die entsprechenden Ausführungen nachstehend vorgenommen worden. Wie die Einreichung via beA über die Web-Oberfläche der BRAK erfolgt, ist in § 13 ausführlich beschrieben und bebildert.

§ **130a ZPO** regelt die Einreichung elektronischer Dokumente und lautet wie folgt:[76]

> § **130a ZPO Elektronisches Dokument** (Hervorhebungen durch die Verfasser)
>
> (1) **Vorbereitende Schriftsätze und deren Anlagen, schriftlich** einzureichende **Anträge** und **Erklärungen** der Parteien sowie **schriftlich** einzureichende **Auskünfte, Aussagen, Gutachten, Übersetzungen und Erklärungen Dritter können** nach Maßgabe der folgenden Absätze als **elektronische Dokumente** bei Gericht eingereicht werden.
>
> (2) ¹*Das elektronische Dokument muss für die Bearbeitung durch das Gericht geeignet sein.* ²*Die Bundesregierung bestimmt durch Rechtsverordnung mit Zustimmung des Bundesrates technische Rahmenbedingungen für die Übermittlung und die Eignung zur Bearbeitung durch das Gericht.*
>
> (3) ¹*Das elektronische Dokument* **muss** *mit einer* **qualifizierten elektronischen Signatur** *der verantwortenden Person versehen sein* **oder** *von der verantwortenden Person* **signiert** *und* **auf einem**

---

[75] Quelle: https://www.atomzeit.eu (Abruf: 5.10.2022).
[76] Erste große Änderungen erfolgten zum 1.1.2018 durch Art. 1 Nr. 2 des Gesetzes zur Förderung des elektronischen Rechtsverkehrs mit den Gerichten v. 10.10.2013, BGBl I, 3786, Inkrafttreten durch Art. 26 Abs. 1; weitere Änderung zum 1.1.2020 durch G. v. 12.12.2019, BGBl I, 2633.

§ 11 Elektronische Signaturen- und zulässige Postfächer

sicheren Übermittlungsweg eingereicht werden.²Satz 1 gilt nicht für Anlagen, die vorbereitenden Schriftsätzen beigefügt sind.[77]

(4) *Sichere Übermittlungswege*[78] *sind*
1. *der* **Postfach- und Versanddienst eines De-Mail-Kontos**, *wenn der Absender bei Versand der Nachricht sicher im Sinne des § 4 Absatz 1 Satz 2 des De-Mail-Gesetzes angemeldet ist und er sich die sichere Anmeldung gemäß § 5 Absatz 5 des De-Mail-Gesetzes bestätigen lässt,*
2. *der Übermittlungsweg zwischen dem besonderen* **elektronischen Anwaltspostfach** *nach § 31a der Bundesrechtsanwaltsordnung oder einem entsprechenden, auf* **gesetzlicher Grundlage** *errichteten* **elektronischen Postfach und** *der* **elektronischen Poststelle des Gerichts,**
3. *der Übermittlungsweg zwischen einem nach Durchführung eines Identifizierungsverfahrens eingerichteten Postfach einer Behörde oder einer juristischen Person des öffentlichen Rechts und der elektronischen Poststelle des Gerichts,*
4. *der Übermittlungsweg zwischen einem nach Durchführung eines Identifizierungsverfahrens eingerichteten elektronischen Postfach einer natürlichen oder juristischen Person oder einer sonstigen Vereinigung und der elektronischen Poststelle des Gerichts,*
5. *der Übermittlungsweg zwischen einem nach Durchführung eines Identifizierungsverfahrens genutzten Postfach- und Versanddienst eines Nutzerkontos im Sinne des § 2 Absatz 5 des Onlinezugangsgesetzes und der elektronischen Poststelle des Gerichts,*
6. *sonstige bundeseinheitliche Übermittlungswege, die durch Rechtsverordnung der Bundesregierung mit Zustimmung des Bundesrates festgelegt werden, bei denen die Authentizität und Integrität der Daten sowie die Barrierefreiheit gewährleistet sind.*
7. *²Das Nähere zu den Übermittlungswegen gemäß Satz 1 Nummer 3 bis 5 regelt die Rechtsverordnung nach Absatz 2 Satz 2.*

(5) *Ein elektronisches Dokument ist* **eingegangen**, *sobald es auf der für den Empfang bestimmten Einrichtung des Gerichts gespeichert ist. Dem Absender ist eine automatisierte Bestätigung über den* **Zeitpunkt des Eingangs** *zu erteilen.*

(6) *Ist ein elektronisches Dokument für das Gericht zur Bearbeitung* **nicht geeignet**, *ist dies dem Absender unter Hinweis auf die* **Unwirksamkeit des Eingangs unverzüglich mitzuteilen.*[79] *Das Dokument gilt als zum Zeitpunkt der früheren Einreichung eingegangen, sofern der Absender es unverzüglich in einer für das Gericht zur Bearbeitung geeigneten Form nachreicht und glaubhaft macht, dass es mit dem zuerst eingereichten Dokument inhaltlich übereinstimmt.*

119 § 130a ZPO in der Übersicht:

- Abs. 1 – regelt, welche Dokumente bei Beachtung der Abs. 2–6 elektronisch eingereicht werden können.
- Abs. 2 – regelt die grundsätzliche Anforderung an elektronische Dokumente und enthält eine Ermächtigungsgrundlage für die ERVV,[80] diese enthält Regelungen zu den zulässigen elektronischen Postfächern (siehe z.B. § 4 Abs. 1 ERVV) sowie in § 5 ERVV eine Ermächtigungsgrundlage für ERVBs,[81] die die technischen Rahmenbedingungen für elektronische Dokumente und Signaturen regeln.
- Abs. 3 – regelt, auf welche Weise die Verantwortungsübernahme für elektronische Dokumente erfolgen kann und das diese Anforderungen bei Anlagen nicht gelten.

---

77 Satz 2 wurde angefügt zum 1.1.2020 durch G. v. 12.12.2019, BGBl I, 2633.
78 Die sicheren Übermittlungswege in § 130a Abs. 4 ZPO wurden zum 1.1.2022 ergänzt durch Art. 1 G. v. 5.10.2021, BGBl I, 4607.
79 In § 130a Abs. 6 wurde zum 1.1.2022 durch Art. 1 G. v. 5.10.2021, BGBl I, 4607, gestrichen, dass der Hinweis auf die Unwirksamkeit des Eingangs einen Hinweis auf die geltenden technischen Rahmenbedingungen enthält. Es wird vorausgesetzt, dass diese (zurzeit ERVV i.V.m. 2. ERVB 2022) dem professionellen Nutzer bekannt sind.
80 VO v. 24.11.2017, BGBl I, 3803; zuletzt geändert durch Art. 6 G. v. 5.10.2021, BGBl I, 4607.
81 Abrufbar unter https://justiz.de – Bekanntmachungen – Elektronischer Rechtsverkehr.

- Abs. 4 – listet die sicheren Übermittlungswege auf.
- Abs. 5 – klärt, wann das elektronische Dokument als eingegangen gilt und hierüber eine Eingangsbestätigung automatisiert erfolgt.
- Abs. 6 – erlaubt die Nachreichung eines elektronischen Dokuments auch außerhalb der Frist, wenn die Anforderungen gem. § 130a Abs. 2 ZPO i.V.m. der ERVV sowie der nach § 5 ERVV erfolgten Bekanntmachungen an elektronische Dokumente nicht erfüllt wurden.[82]

Korrespondierende Vorschriften finden sich u.a. in: §§ 14 Abs. 2 FamFG, 46c ArbGG, 52a FGO, 65a SGG, 55a VwGO, 32a StPO und 110c OWiG. § 125a PatG, § 753 Abs. 4 ZPO sowie § 4 InsO verweisen auf die Vorschriften der ZPO bzw. § 130a ZPO. **120**

Anwälten stehen somit **zwei gleichwertige Varianten** der elektronischen Einreichung der in § 130a ZPO genannten Dokumente, wie z.B. Schriftsätzen, zur Verfügung. Sie haben die Wahl. **121**

1. Variante, § 130a Abs. 3 S. 1 Alt. 1 ZPO:

Danach sind erforderlich:

+ ein für die Bearbeitung durch das Gericht **geeignetes Dateiformat**, § 130a Abs. 2 S. 1 ZPO[83]
+ eine **qualifizierte elektronische Signatur**, § 130a Abs. 3 S. 1 Alt. 1 ZPO[84]
+ Nutzung eines **OSCI-fähigen elektronischen Postfachs** (ein „fremdes" beA, zulässiges Drittprodukt wie Governikus Communicator, etc.) **oder** eines sicheren Übermittlungswegs (z.B. **beA; beBPo**), § 130a Abs. 2 ZPO i.V.m. § 4 Abs. 1 Nr. 1 ERVV.[85]

2. Variante, § 130a Abs. 3 S. 1 Alt. 2 ZPO: **122**

Danach sind erforderlich:

+ ein für die Bearbeitung durch das Gericht **geeignetes Dateiformat**, § 130a Abs. 2 S. 1 ZPO[86]
+ eine **einfache elektronische Signatur**, § 130a Abs. 3 S. 1 Alt. 2 ZPO[87]
+ Übertragung via **sicherem Übermittlungsweg** (z.B. **beA; beBPo**) durch den in seinem Postfach angemeldeten Postfachinhaber persönlich (siehe auch § 23 Abs. 3 S. 5 RAVPV) – sog. „Eigenversand", siehe nachfolgende Rdn 123.

II. VHN – vertrauenswürdiger Herkunftsnachweis

Wichtiger Hinweis **123**

Mit „Eigenversand" ist Folgendes gemeint:

Nur wenn ein Postfachinhaber im beA-System mit seinem eigenen Zugangsmittel (beA-Karte oder Software-Zertifikat) angemeldet ist und aus seinem eigenen Postfach heraus (und nicht aus einem „fremden Postfach", für das er vielleicht Berechtigungen hat) eine Nachricht versendet, wird ein vertrauenswürdiger Herkunftsnachweis (VHN) erzeugt, der im Prüfprotokoll erkennbar ist.

Sendet ein Mitarbeiter oder ein Kollege aus einem fremden beA, wird kein VHN erzeugt. **124**

---

[82] Dabei gilt § 130a Abs. 6 ZPO nicht für Fehler bei den Signaturen, sondern ausschließlich bei Dateimängeln: BVerwG, Beschl. v. 7.9.2018 – 2 WDB 3/18 NVwZ 2018, 1880; zur Postausgangskontrolle siehe § 14 dieses Werks.
[83] Siehe dazu § 12 dieses Werks.
[84] Siehe dazu Rdn 28 ff.
[85] Siehe dazu § 2 Rdn 112 ff.
[86] Siehe dazu § 12 dieses Werks.
[87] Siehe dazu Rdn 20 ff.

§ 11 Elektronische Signaturen- und zulässige Postfächer

125 **Prüfprotokoll vom 23.02.20 12:32:42**

Abb. 12: VHN im Prüfprotokoll

Bei diesem Prüfprotokoll kann man sehr gut sehen, dass die Nachricht aus dem Postfach der Rechtsanwältin Anna Achtsam versendet wurde (siehe Absender-Zeile). Da RAin Anna Achtsam mit ihrem eigenen Zugangsmittel im beA angemeldet war und den Eigenversand vorgenommen hat, taucht unter ihrem Postfachnamen in der Zeile Absender Transportsignatur auf: VHN – besonderes elektronisches Anwaltspostfach. Diese Zeile würde fehlen, wenn z.B. die Mitarbeiterin Rita Süß oder der Kollege RA Fritz Roth aus dem Postfach der RAin Anna Achtsam einen Versand vornehmen würde. Dann würde das Absenderpostfach wieder „Anna Achtsam" anzeigen, es fehlte aber die Zeile mit dem VHN (vertrauenswürdiger Herkunftsnachweis). Der Richter, der einen Posteingang erhält, sieht diesen VHN – sofern einer vorhanden ist – in seinem Transfer- bzw. Übermittlungsprotokoll auch. Er weiß dann, wenn ein VHN vorhanden ist, dass er nun noch prüfen muss, ob auch der Name der Anna Achtsam unter dem Schriftsatz eingetippt ist (einfache elektronische Signatur plus Eigenversand aus dem beA, § 130a Abs. 3 S. 1 Alt. 2 ZPO). Fehlt der VHN, prüft das Gericht, ob eine qeS (qualifizierte elektronische Signatur) angebracht ist (z.B. wenn der Mitarbeiter sendet, ist diese erforderlich). Fehlt auch die qeS, wäre nicht wirksam eingereicht.

126 Nur die Kombi von einfacher elektronischer Signatur und VHN (namensgleich!) erfüllt die Voraussetzungen des § 130a Abs. 3 S. 1 Alt. 2 ZPO, siehe Rdn 117 oben. Vereinfacht gesagt erfolgt die Verantwortungsübernahme für einen Schriftsatz entweder durch Anbringung einer qualifizierten elektronischen Signatur des verantwortenden Anwalts, § 130a Abs. 3 S. 1 **Alt. 1** ZPO, oder aber durch Anbringung einer einfachen elektronischen Signatur in Kombination mit dem einen VHN erzeugenden Eigenversand, § 130a Abs. 3 S. 1 **Alt. 2** ZPO. Das Vorhandensein einer beA-Karte Signatur (nur beA-Karte der 1. Generation) oder einer Fernsignatur ist bei Nutzung der Variante gem. § 130a Abs. 3 S. 1 Alt. 2 ZPO nicht notwendig.

D. Rechtlich wirksame Einreichung elektronischer Dokumente § 11

127

Tipp
Maßgeblich für die Erzeugung des VHN ist dabei **nicht**, dass der Anwalt den „Sendenbutton" allein klickt. Nur wenn er mit seinem Zugangsmittel im beA angemeldet ist, erfolgt über die erste PIN-Eingabe die Authentifizierung, die die Erzeugung des VHN zulässt. Würde daher z.B. ein Postfachinhaber aus dem eigenen Postfach vom Schreibtisch der angemeldeten Mitarbeiterin aus den Sendenbutton klicken, was nur funktioniert, wenn diese den falschen Anhangstyp ausgewählt hätte, siehe § 13 Rdn 49 in diesem Werk, wird der VHN nicht erzeugt.

128
Gerichte haben zudem eine Prüfpflicht, wobei die Prüfung dabei nach Ansicht des BAG keine nennenswerte Belastung eines Richters darstellt.[88] D. h. erfolgt der Eingang eines elektronischen Dokuments ohne qualifizierte elektronische Signatur, wird das Vorhandensein des VHN geprüft:

„1. Ein elektronisches Dokument, das aus einem besonderen elektronischen Anwaltspostfach versandt wird und nicht mit einer qualifizierten elektronischen Signatur versehen ist, ist nur dann auf einem sicheren Übermittlungsweg eingereicht, wenn die das Dokument signierende und damit verantwortende Person mit der des tatsächlichen Versenders übereinstimmt.

2. Die von den Gerichten von Amts wegen vorzunehmende Prüfung, ob ein Rechtsmittel oder Antrag formgerecht eingereicht wurde, kann bei einem elektronisch übermittelten Dokument, das nicht mit einer qualifizierten elektronischen Signatur versehen ist, nur anhand des vertrauenswürdigen Herkunftsnachweises vorgenommen werden" (Leitsätze der Redaktion)."[89]

129
Fraglich ist, ob das Gericht eine Pflicht zum rechtzeitigen Hinweis auf „Signaturfehler" hat, damit ein solcher ggf. noch fristgerecht behoben werden kann. Das OVG Bautzen hat diese Frage offengelassen, da der Zulassungsantrag im vorliegenden Fall ohnehin unbegründet war.[90] Es ist aber davon auszugehen, dass Gerichte eine solche Pflicht allenfalls im Rahmen des „normalen Geschäftsgangs" haben; wird am letzten Tag der Frist eingereicht, wird man sich hier kaum Hoffnung machen können, entsprechende Hinweise rechtzeitig zu erhalten. Das BAG bejaht eine Pflicht des Gerichts:[91]

„1. Die aus dem verfassungsrechtlichen Gebot eines fairen Verfahrens folgende gerichtliche Fürsorgepflicht gebietet es, eine Prozesspartei auf einen leicht erkennbaren Formmangel – wie die fehlende Unterschrift in einem bestimmten Schriftsatz – hinzuweisen und ihr Gelegenheit zu geben, den Fehler fristgerecht zu beheben. Erlangt der/die zuständige Vorsitzende noch vor Ablauf einer Notfrist Kenntnis von einem solchen Formmangel, kann und muss er/sie einen entsprechenden Hinweis – notfalls telefonisch oder per Telefax – erteilen (Rn 27 ff.).

2. Die einfache Signatur im Sinne des § 130 a III 1 Alt. 2 ZPO dient der Identifizierung des Urhebers der schriftlichen Prozesshandlung und soll dessen unbedingten Willen ausdrücken, die volle Verantwortung für den Inhalt des Schriftsatzes zu übernehmen und diesen bei Gericht einzureichen. Dies erfordert die einfache Wiedergabe des Namens am Ende des Schriftsatzes (Rn 16)."

130
Da die Entscheidung des BAG möglicherweise helfen kann, eine Wiedereinsetzung in den vorigen Stand begründen zu können, wenn aufgrund eines Signatur-Formfehlers eine wiedereinsetzungsfähige Frist versäumt wurde, sollen die Rn 26 cc) und 27 der Entscheidungsgründe hier abgedruckt werden.[92]

---

[88] BAG, Beschl. v. 5.6.2020 – 10 AZN 53/20, Rn 40, NZA 2020, 965 = NJW 2020, 2351.
[89] OLG Oldenburg, Beschl. v. 9.12.2020 – 6 W 68/20, NJW 2021, 786.
[90] OVG Bautzen, Beschl. v. 21.9.2021 – 3 A 542/20, BeckRS 2021, 29174.
[91] BAG, Beschl. v. 14.9.2020 – 5 AZB 23/20, NZA 2020, 1501 = NJW 2020, 3476.
[92] BAG, a.a.O., Rn 26–27.

„26 cc) Dennoch kann dahinstehen, ob den Prozessbevollmächtigten der Bekl. ein Schuldvorwurf trifft. Die Wiedereinsetzung in den vorigen Stand ist unabhängig vom Verschulden der Partei gem. Art. 2 I i.V.m. Art. 20 III GG zu gewähren, wenn sie geboten ist, weil das Gericht seine prozessuale Fürsorgepflicht und damit das allgemeine Prozessgrundrecht auf ein faires Verfahren verletzt hat. In solchen Fällen tritt ein in der eigenen Sphäre der Partei liegendes Verschulden hinter das staatliche Verschulden zurück. Ohne Verschulden verhindert, eine gesetzliche Frist einzuhalten, ist eine Partei dann, wenn ihr Fristversäumnis nicht ursächlich gewesen ist, weil die Frist bei pflichtgemäßem Verhalten des Gerichts hätte gewahrt werden können (vgl. BAG NJW 2020, 2351 Rn 38). In diesem Fall wirkt sich das mögliche Verschulden der Partei oder ihres Prozessbevollmächtigten nicht mehr aus, so dass ihr Wiedereinsetzung in den vorigen Stand zu gewähren ist (BGH NJW-RR 2018, 56 Rn 13).

27 (1) Aus dem „allgemeinen Prozessgrundrecht" auf ein faires Verfahren aus Art. 2 I GG in Verbindung mit dem Rechtsstaatsprinzip (Art. 20 III GG) folgt die Verpflichtung des Richters zur Rücksichtnahme gegenüber den Verfahrensbeteiligten in ihrer konkreten prozessualen Situation. Es ist ihm hiernach untersagt, aus eigenen oder ihm zuzurechnenden Fehlern oder Versäumnissen Verfahrensnachteile für die betroffenen Prozessparteien abzuleiten (BVerfG NJW 2019, 1061 Rn 11; BVerfGK 7, 198 = NJW 2006, 1579 Rn 8). Der Anspruch auf ein faires Verfahren kann eine gerichtliche Hinweispflicht auslösen, wenn ein Rechtsmittel nicht in der vorgesehenen Form übermittelt worden ist. Eine Partei kann erwarten, dass dieser Vorgang in angemessener Zeit bemerkt wird und innerhalb eines ordnungsgemäßen Geschäftsgangs die notwendigen Maßnahmen getroffen werden, um eine drohende Fristversäumnis zu vermeiden. Unterbleibt ein gebotener Hinweis, ist der Partei Wiedereinsetzung zu bewilligen, wenn er bei ordnungsgemäßem Geschäftsgang so rechtzeitig hätte erfolgen können und müssen, dass es der Partei noch möglich gewesen wäre, die Frist zu wahren.

Kann der Hinweis im Rahmen ordnungsgemäßen Geschäftsgangs nicht mehr so rechtzeitig erteilt werden, dass die Frist durch die erneute Übermittlung des fristgebundenen Schriftsatzes noch gewahrt werden kann, oder geht trotz rechtzeitig erteilten Hinweises der formwahrende Schriftsatz erst nach Fristablauf ein, scheidet eine Wiedereinsetzung in den vorigen Stand allein aus diesem Grund dagegen aus. Aus der verfassungsrechtlichen Fürsorgepflicht der staatlichen Gerichte und dem Anspruch auf ein faires Verfahren folgt keine generelle Verpflichtung der Gerichte dazu, die Formalien eines als elektronisches Dokument eingereichten Schriftsatzes sofort zu prüfen, um erforderlichenfalls sofort durch entsprechende Hinweise auf die Behebung formeller Mängel hinzuwirken (BGH NJW-RR 2017, 689 Rn 13). Dies nähme den Verfahrensbeteiligten und ihren Bevollmächtigten ihre eigene Verantwortung dafür, die Formalien einzuhalten. Eine solche Pflicht überspannte die Anforderungen an die Grundsätze des fairen Verfahrens (BVerfGK 7, 198 = NJW 2006, 1579 Rn 10; BAG NJW 2020, 2351 Rn 39; BGH NJW 2018, 165 Rn 11).

Die Abgrenzung dessen, was im Rahmen einer fairen Verfahrensgestaltung an richterlicher Fürsorge aus verfassungsrechtlichen Gründen geboten ist, kann sich nicht nur am Interesse der Rechtsuchenden an einer möglichst weitgehenden Verfahrenserleichterung orientieren, sondern hat auch zu berücksichtigen, dass die Justiz im Interesse ihrer Funktionsfähigkeit vor zusätzlicher Belastung geschützt werden muss (vgl. BAG NJW 2020, 2351 Rn 39; BGH NJW 2011, 2053 Rn 12). Hiervon ausgehend gebietet es die aus dem verfassungsrechtlichen Gebot eines fairen Verfahrens folgende gerichtliche Fürsorgepflicht, eine Prozesspartei auf einen leicht erkennbaren Formmangel – wie die fehlende Unterschrift in einem bestimmenden Schriftsatz – hinzuweisen und ihr Gelegenheit zu geben, den Fehler fristgerecht zu beheben (dazu BGH NJW-RR 2009, 564 Rn 10)."

D. Rechtlich wirksame Einreichung elektronischer Dokumente § 11

Doch so anwaltsfreundlich diese Entscheidung auch sein mag: Hier erfolgte die unwirksame Einreichung einen Tag vor Fristablauf und am Tag des Fristablaufs lag dem Richter die Sache zur Bearbeitung vor. Eine so zügige Bearbeitung kann nicht generell erwartet werden. Vielmehr ist in der Praxis zu beobachten, dass die Geschwindigkeit der Bearbeitung von beA-Posteingängen bei Gericht oft maßgeblich davon abhängt, ob dort schon die eAkte eingeführt ist oder nicht und wie die Arbeitsabläufe organisiert sind. Der Fachkräftemangel bei der Justiz führt nicht selten dazu, dass beA-Posteingänge – wie in der Praxis zu beobachten ist – teils zwei bis drei Wochen lang zur Bearbeitung benötigen. **131**

Auch der 10. Senat bejaht eine Hinweispflicht des Gerichts und gewährte Wiedereinsetzung.[93] In dem hier entschiedenen Fall lagen jedoch noch volle 12 Kalendertage (acht Arbeitstage) zwischen dem Eingang und dem Fristablauf. Das BAG bejahte hier u.a. die Wiedereinsetzung damit, dass es für das Gericht einfach und mit wenig Zeitaufwand möglich gewesen wäre, den im Transfervermerk enthaltenen VHN und die einfache elektronische Signatur bzw. statt derer das Vorhandensein einer qualifizierten elektronischen Signatur zu prüfen, da ein Hinweis auf eine etwaige Unwirksamkeit des eingereichten Dokuments aufgrund von Dateimängeln gem. § 130a Abs. 6 ZPO/§ 46g Abs. 6 ArbGG **unverzüglich** zu prüfen sei,[94] siehe hierzu auch die Ausführungen in § 12 Rdn 77. Dabei verweist das BAG auf die Rechtsprechung des BGH, der in Zivilsachen einen Zeitraum von zehn vollen Kalendertagen als ausreichend angesehen hatte, um auf eine örtliche Unzuständigkeit des angerufenen Berufungsgerichts hinzuweisen.[95] Vor dem Hintergrund dieser sehr gut begründeten Rechtsprechung, die nach Auffassung der Verfasser in vollem Umfang zu bejahen ist, kann nur gebetsmühlenartig wiederholt werden, ein Rechtsmittel, sobald die Einreichung vom Mandanten gewünscht wird, einzulegen und nicht den Tag des Fristablaufs dafür abzuwarten. Das mag bei einer Rechtsmittelbegründungsschrift noch nachvollziehbar sein, Fristen „auszureizen", weil deren Erstellung wesentlich mehr Zeit in Anspruch nimmt wie die einer Rechtsmitteleinlegungsschrift. Je später jedoch eine Fristsache eingereicht wird, desto höher werden die Anforderungen an den Anwalt und nicht zuletzt auch an das notwendige Funktionieren der Technik. **132**

Es stellt sich grundsätzlich Frage, welche Variante des § 130a Abs. 3 S. 1 ZPO die „bessere" ist. Anbringung einer qualifizierten elektronischen Signatur (qeS) oder aber Anbringung einer einfachen elektronischen Signatur und „Eigenversand"? Hierauf lässt sich keine allgemeingültige Antwort geben. Beide Varianten bieten Vor- und Nachteile. Während für die Anbringung einer qualifizierten elektronischen Signatur (noch) ein Kartenleser benötigt wird und eine Bedienung des beA z.B. via Handy- oder Tablet-APP (noch) nicht möglich ist, da es an Anschlussmöglichkeiten für einen Kartenleser fehlt, und somit die Variante „einfache elektronische Signatur + Eigenversand" vor allem im Hinblick auf die Mobilität, aber auch bei fehlenden Mitarbeitern Vorteile bietet, öffnet die zulässige Übertragung diverser Aufgaben auf nichtanwaltliche Mitarbeiter bei Anbringung einer qeS mehr Wiedereinsetzungsmöglichkeiten. Hinzu kommt, dass die Variante „einfache Signatur und Eigenversand" mehr Fehlermöglichkeiten bietet. So kommt es bei dieser Variante, wie die nachstehende Rechtsprechung zeigen wird, häufig zu folgenden Fehlern: **133**

- Der eingetippte Name fehlt gänzlich,
- der eingetippte Name ist nicht identisch mit dem sendenden Postfachinhaber,
- es wird mit eingescannter – nicht leserlicher – Unterschrift gearbeitet.

Diese Variante ist zudem komplexer und wird in der Praxis auch heute noch oft nicht in ihren gänzlichen Anforderungen verstanden und umgesetzt. Anwälte sind daher häufiger geneigt, ihre beA Karte einem Mitarbeiter zu übergeben, da sie die Zusammenhänge mit der sog. „Ausweisfunktion" des VHN nicht verstehen und die Karten lediglich als Postfach-Schlüssel ansehen, siehe auch § 5 Rdn 67 in diesem Werk. Dass bei Weitergabe der Karte an eine RA-Kollegin oder einen RA-Kollegen das beA auch „kompromit-

---

93 BAG, Beschl. v. 5.6.2020 – 10 AZN 53/20 Rn 35, NZA 2020, 965 = NJW 2020, 2351.
94 BAG, Beschl. v. 5.6.2020 – 10 AZN 53/20, Rn 39–40, a.a.O.
95 BAG, a.a.O., unter Verweis auf BGH Beschl. v. 20.4.2011 – VII ZB 78/09, NJW 2011, 2053 Rn 14.

tiert" werden kann, hielt das ArbG Lübeck in einer Verfügung zu einer nach seiner Auffassung unwirksam eingereichten Kündigungsschutzklage fest.[96]

134 Die **seit 1.1.2018 zulässigen Dateiformate** bei elektronischen Dokumenten sind grundsätzlich PDF und TIFF. Die Anforderungen an elektronische Dokumente sind wegen ihrer Bedeutung in einem eigenen Kapitel beschrieben, siehe § 12 dieses Werks. Zu den zulässigen Postfächern siehe § 2 Rdn 112 in diesem Werk.

III. Rechtsprechung zu den elektronischen Signaturen

1. Umfangreiche Rechtsprechung aufgrund vorgezogener Einreichpflichten

135 Da sowohl Schleswig-Holstein als auch Bremen die elektronische Einreichpflichten in Fachgerichtsbarkeiten teilweise vorgezogen hatten, siehe hierzu § 3 Rdn 44 in diesem Werk, und einige Anwälte in Deutschland den elektronischen Rechtsverkehr selbst frühzeitig eingesetzt haben, existiert bereits heute – obwohl die bundesweite Einreichpflicht weitgehend erst zum 1.1.2022 in Kraft trat – eine Fülle an Rechtsprechung aus dem Bereich der besonderen Gerichtsbarkeiten. Hinzu kommt, dass viele Verfahrensordnungen die Pflicht zur elektronischen Einreichung nahezu wortidentisch wie die ZPO regeln. So lässt sich diese Rechtsprechung analog auch auf die Zivilgerichtsbarkeit (zu der es zwar auch bereits Rechtsprechung, aber deutlich weniger gibt) anwenden. Im Nachstehenden wird die Rechtsprechung thematisch sortiert dargestellt.

2. Einfache elektronische Signatur

a) Maschinenschriftliche Namenswiedergabe

136 Für die Anbringung einer **einfachen** elektronischen Signatur genügt der maschinenschriftlich wiedergegebene Namenszug,[97] siehe auch Rdn 11 ff. in diesem Kapitel. Die

„einfache Signatur soll – ebenso wie die eigenhändige Unterschrift oder die qualifizierte elektronische Signatur – die Identifizierung des Urhebers der schriftlichen Prozesshandlung ermöglichen und dessen unbedingten Willen zum Ausdruck bringen, die volle Verantwortung für den Inhalt des Schriftsatzes zu übernehmen und diesen bei Gericht einzureichen",

so das BAG,[98] das damit die ständige Rechtsprechung zu § 130 Nr. 6 ZPO im Hinblick auf Sinn und Zweck einer Unterschrift bestätigt.

137 Das OLG Braunschweig fordert bei fehlender qualifizierter Signatur ebenfalls zu Recht die Anbringung einer einfachen elektronischen Signatur und Namensgleichheit mit dem sendenden Postfachinhaber, wobei das im Nachgang auf den richterlichen Hinweis zur unwirksamen elektronischen Einreichung per Fax eingereichte Rechtsmittel am Ende trotzdem nicht wirksam eingereicht war, denn hier hatte der angestellte Anwalt einer Anwalts-GmbH die Berufungsschrift im Auftrag (i.A.) unterschrieben:

„1. Die wirksame Einreichung einer Berufungsschrift über das besondere elektronische Anwaltspostfach setzt gem. § 130a III ZPO eine Übereinstimmung der unter dem Dokument befindlichen

---

96 ArbG Lübeck, Verfügung v. 10.10.2018 – 6 Ca 2050/18, becklink 2011673.
97 BAG, Beschl. v. 14.9.2020 – 5 AZB 23/20, NJW 2020, 3477; LG Hagen (7. Zivilkammer), Beschl. v. 22.8.2019 – 7 T 15/19, BeckRS 2019, 23900; OLG Braunschweig NJW 2019, 2176 Rn 38; VGH Mannheim, Beschl. v. 4.3.2019 – A 3 S 2890/18, NJW 2019, 1543; *Bacher,* NJW 2015, 2753; Musielak/Voit/*Stadler,* § 130a Rn 6; MüKo-ZPO/*Fritsche,* 6. Aufl., § 130 a Rn 14; *Siegmund,* NJW 2017, 3134, 3137; *Ulrich/Schmieder* NJW 2019, 113; *Spindler/Schuster,* Recht der elektronischen Medien, 2. Aufl. 2011, § 2 Rn 6; *Meyer,* NZS 2014, 294.
98 BAG, Beschl. v. 14.9.2020 – 5 AZB 23/20, Rn 19, NJW 2020, 3477.

D. Rechtlich wirksame Einreichung elektronischer Dokumente § 11

einfachen Signatur mit der als Absender ausgewiesenen Person voraus, wenn eine qualifizierte elektronische Signatur fehlt.
2. *Die Einreichung einer Berufungsschrift über das besondere elektronische Anwaltspostfach unter Aufbringung einer fortgeschrittenen elektronischen Signatur erfüllt nicht die Voraussetzungen an die wirksame Einreichung eines elektronischen Dokuments gem. § 130a III ZPO.*
3. *Eine wirksame Einreichung bestimmender Schriftsätze aus dem besonderen elektronischen Anwaltspostfach ist ohne qualifizierte elektronische Signatur nur möglich, wenn der Aussteller das Dokument eigenhändig aus seinem Postfach versendet.*
4. *Wird eine Rechtsanwalts-GmbH mandatiert, ist grundsätzlich davon auszugehen, dass nur ihr und nicht darüber hinaus jedem einzelnen für sie tätigen Rechtsanwalt die Prozessvollmacht erteilt worden ist."*[99]

Hinweis 138
Fehlt die einfache elektronische Signatur und sendet der RA selbst, ist nicht wirksam eingereicht; es genügt also nicht, dass im Prüfprotokoll (irgend-)ein vertrauenswürdiger Herkunftsnachweis (VHN) ausgewiesen ist, siehe hierzu § 2 Rdn 104 sowie § 5 Rdn 66 in diesem Werk. Erst die Kombination von einfacher elektronischer Signatur und dem VHN des namensgleichen Postfachinhabers erfüllt die Voraussetzung des § 130a Abs. 3 S. 1 Alt. 2 ZPO.[100]

Wichtig: Da § 130a Abs. 3 S. 1 ZPO verlangt, dass das **elektronische Dokument** von der verantwortenden Person signiert sein muss, reicht die einfache Signatur im beA-Nachrichten-Textfeld **nicht** aus. Es ist zwingend, das eigentliche elektronische Dokument, d.h. der Schriftsatz selbst, einfach elektronisch zu signieren – und zwar am Ende des Schriftsatzes. Der am Ende wiedergegebene Name schließt das Dokument ab, wodurch die verantwortende Person die inhaltliche Verantwortung für das Dokument übernimmt, wobei die einfache Signatur mit dem von einem sicheren Übermittlungsweg nutzenden Absender identisch sein muss.[101] Sofern die Identität nicht feststellbar ist, ist das elektronische Dokument nicht wirksam eingereicht.[102] 139

Es wird angenommen, dass die Rechtsprechung des BGH zur schriftlichen Einreichung,[103] dass ohne Unterschrift eine wirksame Einreichung nur vorliegen kann, wenn aufgrund anderer Begleitumstände, die sich ohne Beweisaufnahme erschließen, zweifelsfrei angenommen werden kann, dass die volle Verantwortung für den Inhalt des Schriftsatzes übernommen wird, auf das Fehlen einer einfachen elektronischen Signatur angewendet werden kann.[104] Dabei stellt sich die Frage, welche Begleitumstände dies sein könnten. Ein beschriebenes Textfeld einer beA-Nachricht wird von den Gerichten nicht ausgelesen; beglaubigte Abschriften sind bei elektronischer Einreichung nicht erforderlich (vgl. § 133 Abs. 1 S. 2 u. § 253 Abs. 5 S. 2 ZPO). 140

Rechtsanwälte können zwar Mitarbeitern (mit und ohne Anwaltseigenschaft) Rechte in ihrem beA vergeben, nicht aber das Recht, nicht qualifiziert elektronisch signierte Dokumente zu versenden, § 23 Abs. 3 S. 5 RAVPV. Lediglich für Anwalts-Vertretungen und Zustellungsbevollmächtigte wird in § 23 141

---

99 OLG Braunschweig, Beschl. v. 8.4.2019 – 11 U 146/18, NJW 2019, 2176 = BRAK-Mitt 2019, 156 = MDR 2019, 1019 = BeckRS 2019, 8430.
100 BVerwG, Beschl. v. 12.10.2021 – 8 C 4.21, DGVZ 2022, 39; OVG Hamburg, Beschl. v. 4.6.2021 – 3 Bs 130/21, juris LS 1 u. Rn 15; BAG, Beschl. v. 5.6.2020 – 10 AZN 53/20 Rn 14, NJW 2020, 2351 (vgl. auch Rn 27 f. u. 32 = NZA 2020, 965); LG Münster, Urt. v. 4.12.2020 – 108 O 4/720, BeckRS 2020, 36879; OVG Hamburg (3. Senat), Beschl. v. 4.6.2021 – 3 Bs 130/21, BeckRS 2021, 21874; vgl. auch *Toussaint*, Erfordernis der einfachen Signatur bei Versendung aus beA, ArbRAktuell 2020, 619.
101 BT-Drucks 17/12634, 25.
102 BT-Drucks 17/12634, 25.
103 BGH, Beschl. v. 9.12.2010 – IX ZB 60/10, BeckRS 2011, 117.
104 So z.B. OLG Karlsruhe, Beschl. v. 6.9.2021 – 17 W 13/21 Rn 20, NJW 2021, 3733 unter Verweis auf BAG NJW 2020, 3476 f.

§ 11 Elektronische Signaturen- und zulässige Postfächer

Abs. 3 S. 6 RAVPV für elektronische Empfangsbekenntnisse eine Ausnahme gemacht (diese seit dem 1.8.2021[105] wurde jedoch erst Anfang August 2022 umgesetzt).

142 Zum 1.8.2022 wurde zudem folgender Satz 7 angefügt:[106]

„Handelt es sich bei dem Postfachinhaber um eine Berufsausübungsgesellschaft, steht das Recht, Dokumente mit einer nicht-qualifizierten elektronischen Signatur für die Berufsausübungsgesellschaft auf einem sicheren Übermittlungsweg zu versenden, nur den gegenüber der Rechtsanwaltskammer benannten vertretungsberechtigten Rechtsanwälten zu und kann nicht auf andere Personen übertragen werden."

Zu den technischen Problemen im Gesellschafts-beA, die Probleme der Justiz, den sendenden Anwalt aus dem Transferprotokoll herauslesen zu können, und die Empfehlung von BRAK und DAV v. 29.9.2022, aus dem Gesellschafts-beA mit qualifizierter elektronischer Signatur zu versenden, siehe auch § 2 Rdn 36 in diesem Werk.

143 **Vorsicht:** Es ist im beA durchaus **technisch** möglich, dass ein Mitarbeiter (ohne Anwaltseigenschaft) einen nicht qualifiziert elektronisch signierten Schriftsatz versendet, und zwar dann, wenn er diesen beim Hochladen nicht als „Schriftsatz" deklariert.

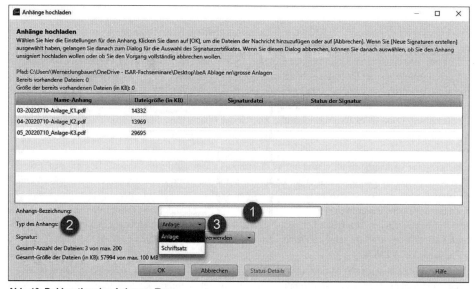

Abb. 13: Deklaration des Anhangs-Typs

144 In das Feld (1) kann eine Anhangs-Bezeichnung aufgenommen werden, die für alle gleichzeitig hochgeladenen Anhänge gilt, und die in der Zeile zum angehängten Dokument in der Nachricht erscheint. Dies kann bei der Büroorganisation hilfreich sein, wenn z.B. ein Anhang, wie die AnlageK1, hier nochmals konkreter definiert wird (z.B. Lohnabrechnung Mai 2022). Wenn jeder Anhang eine eigene Bezeichnung erhalten soll, müssen die Anhänge einzeln hochgeladen werden. Beim Hochladen ist unter dem Button „Typ des Anhangs" (2) grundsätzlich der Typ „Anlage" (3) voreingestellt. Durch Klicken des kleinen

---

[105] Eingefügt durch Art. 9 Gesetz zur Modernisierung des notariellen Berufsrechts und zur Änderung weiterer Vorschriften v. 25.6.2021, BGBl I, 2154.
[106] Art. 2 Gesetz zur Neuregelung des Berufsrechts der anwaltlichen und steuerberatenden Berufsausübungsgesellschaften sowie zur Änderung weiterer Vorschriften im Bereich der rechtsberatenden Berufe v. 7.7.2021, BGBl I, 2363.

D. Rechtlich wirksame Einreichung elektronischer Dokumente § 11

nach unten zeigenden Pfeils rechts am Rand des Fensters öffnet sich der Reiter und zeigt den Anhangstyp „Schriftsatz" an, der ausgewählt werden kann. Ist dieser Anhangstyp „Schriftsatz" ausgewählt, ist es technisch nicht mehr möglich, dass ein Mitarbeiter oder auch Kollege, der im fremden beA unterwegs ist, den „Senden"-Button zum Versenden einer Nachricht anklicken kann, da dieser ausgegraut, d.h. deaktiviert ist. Es handelt sich hier um eine Schutzfunktion im beA, die durch Auswahl des falschen Anhang-Typs umgangen werden kann. Die Umgehung führt natürlich **nicht** zu einer wirksamen Einreichung! Nur weil technisch die Übermittlung des Schriftsatzes erfolgreich war (und dies auch durch die automatisierte Eingangsbestätigung ausgewiesen wird), bedeutet dies nicht, dass auch eine rechtlich wirksame Einreichung erfolgt ist. Die Eingangsbestätigung wird auch erteilt, wenn leere Seiten ohne jeglichen Inhalt übermittelt werden.

b) Eingescannte Unterschrift

Auch eine eingescannte Unterschrift stellt eine einfache elektronische Signatur dar.[107] **145**

Dabei hält das BSG die eingescannte handschriftliche Unterschrift als einfache elektronische Signatur nur dann für zulässig, wenn diese „entzifferbar" ist: **146**

Redaktionelle Leitsätze:[108] **147**

> „1. Rechtsanwälte und Behörden sind seit dem 1.1.2022 zur Übermittlung eines elektronischen Dokuments verpflichtet, sodass die Einreichung als Schriftstück oder Telefax von da an nicht mehr wirksam ist. (Rn 5)
>
> 2. Ein elektronisches Dokument, das einem Gericht übermittelt wird, muss von der verantwortenden Person entweder mit einer qualifizierten elektronischen Signatur versehen sein oder von der verantwortenden Person (einfach) signiert und auf einem sicheren Übermittlungsweg, bei dem eine elektronische Signatur entbehrlich ist, eingereicht werden. (Rn 5)
>
> 3. Ein elektronisches Dokument, das über ein elektronisches Anwaltspostfach versandt wird und nicht mit einer qualifizierten elektronischen Signatur versehen ist, ist nur dann auf einem sicheren Übermittlungsweg eingereicht, wenn die das Dokument einfach signierende und somit verantwortende Person mit der des tatsächlichen Versenders übereinstimmt. (Rn 7)
>
> 4. Eine eingescannte Unterschrift kann nur dann als einfache Signatur anzusehen sein, wenn die Unterschrift entzifferbar ist und damit von den Empfängern des Dokuments ohne Sonderwissen oder Beweisaufnahme einer bestimmten Person zugeordnet werden kann, die auch die inhaltliche Verantwortung für das Dokument übernimmt. (Rn 9 und 10)"[109]

Ist die einfache elektronische Signatur als eingescannte Unterschrift nicht lesbar, ist ihre Funktion, eine Überprüfung zu ermöglichen, ob der Versender mit der die Verantwortung für den Schriftsatz übernehmenden Person übereinstimmt, nicht erfüllt. Wie das BSG schreibt, bleibt dann nur „zu raten, zu vermuten oder zu glauben."[110] Besonders tragisch war im vorliegenden Fall, dass der Urheber der schriftlichen Prozesshandlung, RA S, nicht identisch mit dem Postfachinhaber war. RA H hatte vielmehr aufgrund aufgetretener technischer Probleme handschriftlich den Zusatz „für den verhinderten RA S" sowie „nicht lesbare Handzeichen" und die Abkürzung RA angebracht und aus seinem (RA Hs) Postfach versendet. Da die handschriftliche Unterschrift von RA H nicht lesbar und eine qualifizierte elektronische Signatur auch nicht angebracht war, ist keine der Varianten aus § 130a Abs. 3 S. 1 ZPO erfüllt gewesen. Auf Rückfrage **148**

---

107 BAG, Beschl. v. 14.9.2020 – 5 AZB 23/20 Rn 15, NJW 2020, 3477.
108 Der Beck-Online-Redaktion.
109 BSG, Beschl. v. 26.2.2022 – B 5 R 198/21 B, BeckRS 2022, 4343.
110 BSG, a.a.O., Rn 9.

des Gerichts hatte man sich offenbar zudem im Verfahren auch noch um „Kopf und Kragen" geredet und sich letztendlich vom Inhalt des Schriftsatzes distanziert.

149 Die Nichtzulassungsbeschwerde wurde daher auch in der Folge als unzulässig verworfen, Wiedereinsetzung mangels fehlenden Verschuldens nicht gewährt. Der Kläger musste sich das Verschulden seines Prozessbevollmächtigten gem. § 73 Abs. 6 S. 6 SGG i.V.m. § 85 Abs. 2 ZPO zurechnen lassen. Dass es am Ende auch an einer nach § 160a Abs. 2 S. 3 SGG formgerechten Begründung fehlte, kam hinzu. So führt das BSG aus:[111]

> *„Soweit in der Folgezeit vorgebracht wurde, Rechtsanwalt S habe Rechtsanwalt H eine Untervollmacht erteilt, ist nicht erkennbar, dass Rechtsanwalt H mit seiner Unterschrift auch für den Inhalt des von ihm übermittelten Schriftsatzes verantwortlich zeichnen wollte. Nach dem Vortrag des Klägerbevollmächtigten hatte dieser sich lediglich bereit erklärt, „die Beschwerdeschrift in Untervollmacht für mich von seinem beA-Postausgang an das Bundessozialgericht zu versenden", nachdem das beA-Postfach des Bevollmächtigten am Abend des 14.7.2021 nicht mehr aktiviert werden konnte. Rechtsanwalt H hat unter dem 10.9.2021 anwaltlich versichert, er sei von einer Kanzleimitarbeiterin des Rechtsanwalts S gebeten worden, die „Einreichung des gefertigten Nichtzulassungsbeschwerde-Schriftsatzes (...) über meinen beA-Anschluss vorzunehmen". Er habe sich hierzu bereit erklärt, doch sei ihm die Verwendung seiner eigenen Signatur hierfür nicht opportun erschienen, zumal eine inhaltliche Befassung mit dem Verfahren durch ihn nicht erfolgt sei. Mit seiner Unterschrift habe er lediglich die Verantwortung dafür übernommen, dass der von ihm übermittelte Text mit der vom Vollmachtgeber legitimierten Textfassung übereinstimme. Daraus wird nicht ersichtlich, dass Rechtsanwalt H mit der oben dargestellten Zeichnung des Schriftsatzes auch eine inhaltliche Verantwortung übernehmen wollte (zu den Anforderungen bei Übersendung eines elektronischen Dokuments durch einen Rechtsanwaltskollegen s auch Müller in Ory/Weth, jurisPK-ERV Bd. 3, § 65a SGG RdNr. 180, Stand der Einzelkommentierung 3.2.2022)."*

150 Eine eingescannte Unterschrift, so auch der BGH, ist eine „andere mögliche Form" der einfachen Signatur, jedoch fordert der BGH deren Lesbarkeit,[112] vgl. dazu auch Rdn 24 oben.

c) Vor- und Familienname

151 Der Vorname muss nicht zwingend angegeben werden.[113] So hat auch das OVG Hamburg entschieden, das selbst bei Vorhandensein von zwei namensgleichen Anwälten in der Kanzlei keinen Anlass sieht, bei fehlendem Vornamen auf einen fehlenden Verantwortungswillen zu schließen.[114]

152 Wobei der BGH den Familiennamen aber nur dann ausreichen lässt, wenn sich an anderer Stelle, z.B. dem Briefkopf, der volle Name des Anwalts entnehmen lässt und Verwechslungen ausgeschlossen sind, siehe dazu Rdn 24 oben.

d) Angabe „Rechtsanwalt" ist nicht ausreichend

153 Auch wenn man als sog. „Einzelkämpfer" am Markt unterwegs ist und damit der Briefkopf auch allein den Namen des den Schriftsatz verantwortenden Anwalts ausweist, ist bei Eigenversand aus dem beA zwingend eine einfache elektronische Signatur am Ende des Dokuments anzugeben.

154 *„Die bei einer über das beA eingereichten Beschwerdeschrift fehlende einfache Signatur durch abschließende Namenswiedergabe des verantwortenden Rechtsanwalts kann weder durch die Angabe*

---

111 BSG, a.a.O., Rn 11.
112 BGH, a.a.O.
113 BAG, Beschl. v. 14.9.2020 – 5 AZB 23/20 Rn 15, NZA 2020, 1501 = NJW 2020, 3477; LAG Baden-Württemberg, Beschl. v. 12.3.2020 – 17 Sa 12/19, NZA-RR 2020, 377; so auch OLG Hamm, Beschl. v. 28.4.2022 – 30 U 32/22, BeckRS 2022, 11453.
114 OVG Hamburg (3. Senat) v. 4.6.2021 – 3 Bs 130/21, BeckRS 2021, 21874.

des Wortes „Rechtsanwalt" am Ende des Schriftsatzes noch durch die Nennung des Namens des für den Prozess bevollmächtigten Rechtsanwalts im Briefkopf und als Absender ersetzt werden. Dies gilt grundsätzlich auch, wenn im Briefkopf kein weiterer Rechtsanwalt genannt ist."[115]

Auch die Angabe eines einzigen Namens eines Rechtsanwalts auf dem Briefkopf lässt nach Auffassung des OLG Karlsruhe nicht den sicheren Rückschluss zu, dass dieser genannte Anwalt auch der den Schriftsatz verantwortende Anwalt ist. So sei weder ausgeschlossen, so das OLG Karlsruhe, dass ein angestellter Anwalt oder freier Mitarbeiter zur Vermeidung einer Anscheinshaftung nicht auf dem Briefkopf stünden, noch, ausgeschlossen, dass ein Vertreter i.S.d. § 53 BRAO bzw. § 5 RVG auf dem Briefkopf des Anwalts einen Schriftsatz verantwortet.[116] Im Hinblick darauf, dass es vorliegend um auferlegte Kosten i.H.v. nur 59,70 EUR ging, war ohnehin die sofortige Beschwerde nicht zulässig, vgl. dazu auch § 91a Abs. 2 S. 2 ZPO i.V.m. § 567 Abs. 2 ZPO. Eine Wiedereinsetzung war zudem nicht beantragt worden.

Auch das LAG Baden-Württemberg hält ebenfalls die Angabe allein des Worts „Rechtsanwalt" für nicht wirksam; da dies keine einfache elektronische Signatur darstellt.[117] Eine Grußformel ohne Namensangabe genügt der einfachen elektronischen Signatur ebenfalls nicht.[118] Es ist auch **nicht erforderlich**, unter dem Namen zusätzlich noch das Berufsattribut „Rechtsanwalt" anzugeben.[119] In vielen Kanzleien ist dies jedoch üblich und auch in keinem Fall schädlich.

Dass das Wort „Rechtsanwalt" ohne Namensangabe (maschinenschriftlicher Namenszug oder eingescannte Unterschrift) nicht ausreichend ist, um eine einfache elektronische Signatur i.S.d. § 130a Abs. 3 S. 1 Alt. 2 ZPO darzustellen, hat auch der BGH am 7.9.2022 entschieden.[120] In dieser Entscheidung hielt der BGH auch nochmals ausdrücklich fest, dass ein Rechtsirrtum eines Rechtsanwalts über die gesetzlichen Erfordernisse regelmäßig nicht unverschuldet ist.[121] Denn nach der Rechtsprechung des BGH

> *„muss ein Rechtsanwalt die Gesetze kennen, die in einer Anwaltspraxis gewöhnlich zur Anwendung kommen. Eine irrige Auslegung des Verfahrensrechts kann als Entschuldigungsgrund nur dann in Betracht kommen, wenn der Verfahrensbevollmächtigte die volle, von einem Rechtsanwalt zu fordernde Sorgfalt aufgewendet hat, um zu einer richtigen Rechtsauffassung zu gelangen. Hierbei ist ein strenger Maßstab anzulegen, denn der Beteiligte, der dem Anwalt die Verfahrensführung überträgt, darf darauf vertrauen, dass er dieser als Fachmann gewachsen ist. Selbst wenn die Rechtslage zweifelhaft ist, muss der bevollmächtigte Anwalt den sicheren Weg wählen. Von einem Rechtsanwalt ist zu verlangen, dass er sich anhand einschlägiger Fachliteratur über den aktuellen Stand der Rechtsprechung informiert. Dazu besteht umso mehr Veranlassung, wenn es sich um eine vor kurzem geänderte Gesetzeslage handelt, die ein erhöhtes Maß an Aufmerksamkeit verlangt. Ein Rechtsirrtum ist nur ausnahmsweise als entschuldigt anzusehen, wenn er auch unter Anwendung der erforderlichen Sorgfaltsanforderungen nicht vermeidbar war".*[122]

Dabei verweist der BGH in seiner Entscheidung[123] auch darauf, dass die BRAK in ihrem Newsletter zum beA (Ausgabe 48/2017 vom 30.11.2017) den Hinweis erteilt habe, dass die einfache elektronische Signatur darin bestünde, einen Namen unter das Dokument zu setzen, gleich ob man ihn tippt oder eine eingescannte Unterschrift einfügt. Sich hierüber hinwegzusetzen, bedeute nach Ansicht des BGH eine Verlet-

---

115 OLG Karlsruhe, Beschl. v. 6.9.2021 – 17 W 13/21, NJW 2021, 3733.
116 OLG Karlsruhe, Beschl. v. 6.9.2021 – 17 W 13/21 Rn 24–26.
117 LAG Baden-Württemberg, Beschl. v. 12.3.2020 – 17 Sa 12/19, NZA-RR 2020, 377.
118 OLG Bamberg, Beschl. vom 17.2.2022 – 2 UF 8/22, BeckRS 2022, 2858.
119 BAG, Beschl. v. 14.9.2020 – 5 AZB 23/20 Rn 15, NJW 2020, 3477.
120 BGH, Beschl. v. 7.9.2022 – XII ZB 215/22, BeckRS 2022, 26486.
121 BGH, a.a.O., Rn 16.
122 BGH, a.a.O., Rn 16.
123 BGH, a.a.O., Rn 17.

§ 11 Elektronische Signaturen- und zulässige Postfächer

zung der anwaltlichen Sorgfaltspflichten, zumal zum Zeitpunkt der Einreichung der hier gegenständlichen Beschwerdeschrift bereits Rechtsprechung des BAG veröffentlicht war, wonach das Wort „Rechtsanwalt" als Abschluss des Schriftsatzes nicht genügen würde. Zur notwendigen Lesbarkeit des eingescannten Namens dürfen wir an dieser Stelle nochmals ausdrücklich auf Rdn. 145 oben verweisen.

e) Einfache elektronische Signatur und fremdes beA

158 Ist am Schriftsatz zwar eine einfache elektronische Signatur angebracht, die Nachricht wird aber nicht aus dem Postfach des Postfachinhaber selbst, sondern aus einem „fremden" beA (z.B. aus einem Kollegenpostfach) von diesem versendet, ist nicht wirksam eingereicht.

159 *„Nach § 130a Abs. 3 Satz 1 Var. 2 ZPO muss ein elektronisches Dokument von der verantwortenden Person signiert und auf einem sicheren Übermittlungsweg eingereicht werden. Eine auf elektronischem Weg eingelegte Berufung ist daher nur in diesem Sinne formgerecht eingelegt, wenn die verantwortende Person eine zweiaktige Handlung – einfache Signatur und Einreichung auf einem sicheren Übermittlungsweg – vorgenommen hat, nicht aber wenn die von einem Rechtsanwalt einfach signierte Berufungsschrift aus dem beA eines anderen Rechtsanwalts bei Gericht eingereicht wird; § 519 Abs. 1, Abs. 4, § 130a Abs. 3 ZPO. (Rn 11 – 13)"*[124]

160 Ist der eingetippte Name mit dem Postfachinhaber nicht identisch ist und ohne qualifizierte elektronische Signatur vom Postfachinhaber gesendet worden, liegt keine wirksame Einreichung vor, siehe dazu auch Rdn 136 ff. in diesem Kapitel und die dort vorgestellte umfangreiche Rechtsprechung.

f) Versand aus beBPo

161 Für den Versand aus dem beBPo, welches ebenfalls ein sicherer Übermittlungsweg i.S.d. § 130a Abs. 4 ZPO ist, genügt ebenfalls der Name des Urhebers oder dessen eingescannte Unterschrift am Ende des Dokuments, so der Verwaltungsgerichtshof Mannheim:[125]

„Einer qualifizierten elektronischen Signatur bedarf es im Falle der Übermittlung von elektronischen Dokumenten zwischen dem besonderen elektronischen Behördenpostfach (beBPo) und dem elektronischen Gerichts- und Verwaltungspostfach (EGVP) nicht. Vielmehr genügt es, wenn das Dokument lediglich den Namen des Urhebers oder dessen eingescannte Unterschrift am Textende wiedergibt."

162 Dass auch Körperschaften öffentlichen Rechts (sowie Behörden) seit dem 1.1.2022 zwingend Schriftsätze elektronisch einzureichen haben und eine Beschwerde nach § 64 Abs. 2 S. 4 FamFG hierunter fällt, hat das OLG Bamberg im Februar 2022 entschieden:[126]

„1. Nach § 64 II 4 FamFG ist eine Beschwerdeschrift zwingend zu unterschreiben.
2. Bei Nutzung des elektronischen Rechtsverkehrs ist die Voraussetzung einer eigenhändigen Unterzeichnung gemäß § 64 II 4 FamFG durch §§ 14 II 2 FamFG, 130 a III 1 2. Alt., IV 1 Nr. 3 ZPO dahingehend modifiziert, dass die als elektronisches Dokument eingelegte Beschwerde von der verantwortlichen Person entweder mit einer qualifizierten elektronischen Signatur gemäß Art. 3 Nr. 12 der Verordnung (EU) Nr. 910/2014 (elDAS-VO) versehen oder von der verantworteten Person einfach signiert (Art. 3 Nr. 10 elDAS-VO) und auf einem sicheren Übermittlungsweg eingereicht werden muss.

---

124 OLG Karlsruhe (17. Zivilsenat), Beschl. v. 29.5.2020 – 17 U 398/20, BeckRS 2020, 18157.
125 VGH Mannheim, Beschl. v. 4.3.2019 – A 3 S 2890/18, NJW 2019, 1543 = BeckRS 2019, 3768 = BRAK-Mitt 2019, 154.
126 OLG Bamberg, Beschl. v. 17.2.2022 – 2 UF 8/22, BeckRS 2022, 2858.

3. Die einfache Signatur erfordert am Ende des Schriftstücks die Wiedergabe des Namens der Person, die damit die Verantwortung für das Dokument übernehmen will. Eine Grußformel ohne Namensangabe genügt dem nicht.

4. Die einfache Signatur ist auch bei Einreichung über das besondere elektronische Behördenpostfach (beBPo) erforderlich, wenn das Schriftstück nicht qualifiziert signiert ist.

5. Die Deutsche Rentenversicherung Bund unterliegt als Körperschaft des öffentlichen Rechts der aktiven Nutzungspflicht des elektronischen Rechtsverkehrs gem. § 14 b I FamFG."

Die Angabe des Namens einer verantwortenden natürlichen Person als Ansprechpartner im Briefkopf war nicht ausreichend.[127]

163

Auch das Jugendamt hat bei der Einreichung einer Beschwerde gem. § 14b Abs. 1 S. 1 FamFG die Pflicht zur elektronischen Einreichung; Fax, Computerfax oder Briefpost reichen nicht aus.[128]

164

g) Signaturprüfung vor Versand

Vor dem Versand ist auch bei Anbringung einer einfachen elektronischen Signatur zwingend eine Signaturprüfung durchzuführen, um auf etwaige Signaturmängel (fehlender oder falsch eingetippter Name) zu stoßen, siehe dazu § 11 Rdn 86 und § 14 Rdn 22 in diesem Werk. Nach unserer Auffassung kann diese Tätigkeit nicht delegiert werden und muss vom versendenden Postfachinhaber selbst geprüft werden.

165

3. Zur qualifizierten elektronischen Signatur

a) „Entweder oder"

Anwälte müssen sich bei Einreichung elektronischer Dokumente entscheiden. Soll die Einreichung nach § 130a Abs. 3 S. 1 **Alt. 1** ZPO (Anbringung einer qualifizierten elektronischen Signatur – qeS) oder nach § 130a Abs. 3 S. 1 **Alt. 2** ZPO (Anbringung einer einfachen elektronischen Signatur im Dokument + Eigenversand) erfolgen? Fällt die Entscheidung auf § 130a Abs. 3 S. 1 Alt. 1 ZPO, wird eine entsprechende beA-Karte Signatur (nur für beA-Karten der 1. Generation) oder eine Fernsignatur, siehe dazu § 11 Rdn 81 ff benötigt; i.d.R. wird die beA-Karte Basis um eine Fernsignatur ergänzt, siehe dazu § 5 Rdn 1 ff in diesem Werk.

166

b) Notwendiger Zusatz unter Schriftsatz?

Sofern sich der Anwalt entscheidet, mit qualifizierter elektronischer Signatur seinen Schriftsatz einzureichen, ist ein Zusatz, wie z.B. die maschinen-schriftliche Namenszeile, nicht erforderlich,[129] jedoch empfehlenswert, siehe hierzu ergänzend Rdn 35 in diesem Kapitel.

167

c) Qualifizierte elektronische Signatur nicht identisch mit Namenszug

Wie oben dargelegt, ist ein Zusatz unter einem Schriftsatz, der mit qualifizierter elektronischer Signatur eingereicht wird, nicht erforderlich. Häufig wird dies in der Praxis aber dennoch gemacht, und sei es aus Gründen der „Stilfrage". Erfreulich ist, dass das BAG einen bestimmenden Schriftsatz als wirksam eingereicht ansieht, wenn der Namenszug unter dem Schriftsatz nicht mit dem Postfachinhaber/Versender identisch ist, sobald eine qualifizierte elektronische Signatur angebracht ist:

Orientierungssätze der Richterinnen und Richter des BAG:[130]

168

---

127 OLG Bamberg, a.a.O.
128 OLG Frankfurt a. M., Beschl. v. 15.2.2022 – 4 UF 8/22, BeckRS 2022, 3073.
129 LG Hamburg, Beschl. v. 15.1.2021 – 322 T 92/20, BeckRS 2021, 6493 = NJW-RR 2021, 717.
130 BAG, Beschl. v. 24.10.2019 – 8 AZN 589/19; LAG Sachsen, Urt. v. 9.4.2019 – 7 Sa 259/18, NZA 2019, 1661.

§ 11 Elektronische Signaturen- und zulässige Postfächer

„1. Nach § 130a III ZPO muss ein elektronisches Dokument mit einer qualifizierten elektronischen Signatur (qeS) der verantwortenden Person versehen sein (Alt. 1) oder von der verantwortenden Person signiert und auf einem sicheren Übermittlungsweg eingereicht werden (Alt. 2) (Rn 5).
2. Zu den sicheren Übermittlungswegen im Sinne von § 130a III Alt. 2 ZPO gehört nach § 130a IV Nr. 2 ZPO auch der Übermittlungsweg zwischen dem besonderen elektronischen Anwaltspostfach nach § 31a der Bundesrechtsanwaltsordnung (beA) und der elektronischen Poststelle des Gerichts (Rn 5).
3. Wird ein bestimmender Schriftsatz (hier: eine Nichtzulassungsbeschwerdebegründung) als elektronisches Dokument per beA eingereicht und ist das Dokument mit der qeS des beA-Postfachinhabers versehen, werden die Anforderungen von § 130a III Alt. 1 ZPO auch dann erfüllt, wenn der beA-Postfachinhaber nicht die Person ist, deren Name am Ende des Schriftsatzes angegeben ist. Die qeS hat nämlich die gleiche Rechtswirkung wie eine handschriftliche Unterschrift. Mit ihr wird die Verantwortung übernommen für den Inhalt des Schriftsatzes (Rn 8 ff.).
4. Der Senat musste nicht entscheiden, ob in dem Fall fehlender Personenidentität zwischen der am Ende des Schriftsatzes angegebenen Person und dem beA-Postfachinhaber eine Übermittlung nach § 130a III Alt. 2 ZPO vorliegt (Rn 7)."

169 Dies entspricht auch der Auffassung des BGH, der für die analoge Einreichung entschieden hat, dass bei Abweichung des eingetippten Namens vom Namen der handschriftlich Unterschreibenden die handschriftliche Unterzeichnung zählt, wenn diese lesbar ist und dass der falsch eingetippte Name in diesem Fall unschädlich ist:

„Ein Rechtsanwalt, der einen bestimmten Schriftsatz für einen anderen Rechtsanwalt unterzeichnet, übernimmt mit seiner Unterschrift auch dann die Verantwortung für den Inhalt des Schriftsatzes, wenn seiner Unterschrift maschinenschriftlich der Name des anderen Rechtsanwalts beigefügt wird."[131]

170 Wohlgemerkt: Bei der genannten BGH-Entscheidung zur handschriftlichen Unterschrift kam es auf deren Lesbarkeit an. Da eine qualifizierte elektronische Signatur anhand des Prüfprotokolls immer den Klarnamen leserlich darstellt, kann in analoger Anwendung davon ausgegangen werden, dass ein versehentlich falsch eingetippter Name unter einem Schriftsatz unschädlich ist, wenn qualifiziert elektronisch signiert wurde. Natürlich sollte man es aber hierauf nicht ankommen lassen. Es empfiehlt sich grundsätzlich, auch bei Anbringung einer qualifizierten elektronischen Signatur zusätzlich die übereinstimmende einfache Signatur (der eingetippte Name) anzubringen; der Zusatz: „Dieser Schriftsatz wurde qualifiziert elektronisch signiert" kann dann hilfreich sein, damit zum einen das Gericht weiß, es ist nun die qeS entsprechend einer Signaturprüfung zu unterziehen, andererseits aber der VHN (vertrauenswürdige Herkunftsnachweis) im Transferprotokoll fehlen kann. Der eingetippte Name muss zwar nicht mehr angebracht sein, wenn qualifiziert elektronisch signiert wird. Aber eine gewisse Routine in den Kanzleiabläufen unterstützt die Büroorganisation und hilft Fehler zu vermeiden. Möchte man auf den eingetippten Namen verzichten, so empfiehlt es sich jedoch, das Ende des Dokuments für das Gericht anders kenntlich zu machen.[313]

171 Auch das VG Mannheim hält es für unschädlich, wenn die einfache Signatur am Ende des Schriftsatzes „nicht auf denselben Namen lautet wie derjenige, von dem die qeS stammt", da der Anwalt durch Anbringung der qeS zur verantwortenden Person i.S.d. § 55a Abs. 3 VwGO wird.[132]

---

[131] BGH, Beschl. v. 14.3.2017 – XI ZB 16/16, NJW 2017, 2127.
[132] OVG Magdeburg, Beschl. v. 7.6.2021 – 3 M 110/21, BeckRS 2021, 17636.

d) Signaturprüfung vor Versand

172 Vor dem Versand ist bei Anbringung einer qeS zwingend eine Signaturprüfung durchzuführen, siehe dazu § 14 Rdn 24 in diesem Werk, indem der entsprechende Prüfbutton im beA-System angeklickt wird. Die technische Überprüfung erfolgt durch das System, das entweder „fehlgeschlagen" oder „erfolgreich" anzeigt. Wird trotz Warnsymbol keine weitergehende Kontrolle vorgenommen, scheidet eine Wiedereinsetzung aus, da den Anwalt in diesem Fall ein Verschulden trifft, so das OLG Braunschweig:

> *„1. Wenn bei der Erstellung einer qualifizierten elektronischen Signatur ein Warnsymbol aufleuchtet, hat der Prozessbevollmächtigte sich über die Bedeutung des Symbols zu informieren oder durch Kontrolle der Signatur im besonderen elektronischen Anwaltspostfach zu vergewissern, dass eine ordnungsgemäße Signatur vorliegt. Andernfalls trifft ihn ein Verschulden am Vorliegen einer ungültigen Signatur.*
>
> *2. Soll seitens des Büropersonals eine Prüfung der elektronischen Signatur erfolgen, bedarf es einer eindeutigen Anweisung seitens des Prozessbevollmächtigten. Die Anweisung, den ordnungsgemäßen Versand zu kontrollieren, reicht nicht aus."*[133]

173 Dass das OLG Braunschweig die Frage, ob aufgrund der Komplexität einer Signaturprüfung im elektronischen Zeitalter, die mit einer einfachen Unterschriftenkontrolle nicht zu vergleichen sei, diese auf Mitarbeiter übertragen werden kann, offengelassen hat, verwundert. Nach Ansicht der Verfasserin sind Prüfaufwand und Prüfschwierigkeit beim Klicken eines „Prüfbuttons" sowie anschließender Kontrolle des Ergebnisses anhand der Anzeige und des Prüfprotokolls nicht schwerer als die Unterschriftenkontrolle unter einem per Fax eingereichten Schriftsatz. Insofern kann von ausgebildetem bzw. angelerntem Büropersonal, das ansonsten die vom BGH geforderten Anforderungen füllt, siehe § 22 Rdn 1 in diesem Werk, durchaus erwartet werden, eine entsprechende Signaturprüfung vorzunehmen.

e) Zulässige elektronische Postfächer

174 Im elektronischen Rechtsverkehr regelt § 130a Abs. 3 S. 1 Alt. 2 ZPO sowie § 4 Abs. 1 ERVV die einzig zulässigen elektronischen Postfächer. Nach § 4 Abs. 1 ERVV darf ein elektronisches Dokument, das mit einer qualifizierten elektronischen Signatur der verantwortenden Person versehen ist, entweder gem. § 4 Abs. 1 Nr. 1 ERVV auf einem sicheren Übermittlungsweg (beA, beN, beBPo, eBO, beSt) oder aber gem. § 4 Abs. 1 Nr. 2 ERVV an das für den Empfang elektronischer Dokumente eingerichtete Elektronische Gerichts- und Verwaltungspostfach des Gerichts über eine Anwendung, die auf OSCI oder einem diesen ersetzenden, dem jeweiligen Stand der Technik entsprechenden Protokollstandard beruht, übermittelt werden.

175 Dies bedeutet: Wählt ein Rechtsanwalt (z.B. RA Huber) die Einreichvariante des § 130a Abs. 3 S. 1 **Alt. 1** ZPO via von ihm erzeugter qualifizierter elektronischer Signatur, kann er hierfür entweder

- sein persönliches beA für die Einreichung via Eigenversand nutzen (qeS des Postfachinhabers RA Huber + VHN RA Huber[134]) oder durch den Mitarbeiter versenden lassen (qeS des Postfachinhabers RA Huber oder einer Vertretung, z.B. RA Schmidt ohne VHN) oder durch eine Vertretung mit Anwaltseigenschaft aus seinem Postfach versenden lassen (qeS des Postfachinhabers RA Huber oder einer Vertretung RA Schmidt ohne VHN) oder
- ein Kollegen-beA (= „fremdes beA", qeS von RA Huber)
- oder ein zulässiges Drittprodukt (= z.B. eBO, qeS von RA Huber)

nutzen.

---

133 OLG Braunschweig, Beschl. v. 18.11.2020 – 11 U 315/20, NJW 2021, 1604.
134 Der VHN wäre zur Wirksamkeit dann nicht notwendig, ist aber auch nicht schädlich!

§ 11 Elektronische Signaturen- und zulässige Postfächer

176 Wählt ein Rechtsanwalt (z.B. RA Huber) die Einreichvariante des § 130a Abs. 3 S. 1 **Alt. 2** ZPO mit am elektronischen Dokument angebrachter einfacher elektronischer Signatur, kann er hierfür

- ausschließlich einen sicheren Übermittlungsweg, wie z.B. sein beA als Postfachinhaber mit Eigenversand nutzen.

177 Die Nutzung von klassischen Mail-Postfächern, wie z.B. Outlook, web.de, gmail, hotmail, googlemail etc., sind für die Einreichung von Schriftsätzen auf elektronischem Wege **nicht** zulässig. Sie würden sich ausschließlich im Rahmen einer **schriftlichen Ersatzeinreichung** nach § 130d S. 2 ZPO i.V.m. § 130 Nr. 6 ZPO eignen; wobei hier die Rechtsprechung des BGH zu beachten ist. In diesem Fall wäre der Ausdruck bei Gericht einschl. der eingescannten Unterschrift des verantwortlichen Rechtsanwalts vor Fristablauf zwingend erforderlich, siehe hierzu § 11 Rdn 37 in diesem Werk. Die Anforderungen sind **streng** und seit 1.1.2022 nur noch im Rahmen der fristgerechten Ersatzeinreichung zulässig. Bitte beachten Sie auch, dass bis 2018 rechtlich auch die Nutzung eines E-Mail-Postfachs zur elektronischen Einreichung möglich war, wenn der Schriftsatz qualifiziert elektronisch signiert war. Diese Rechtslage ist jedoch überholt. § 4 Abs. 1 ERVV definiert die einzig zulässigen elektronischen Übermittlungswege bei elektronischer Einreichung in Zusammenhang mit der jeweiligen Verfahrensordnung, z.B. § 130a Abs. 4 ZPO. Zu dieser bis 31.12.2017 bestehenden Rechtslage ergangene Rechtsprechung ist rechtlich überholt. Hierauf ist zu achten, wenn entsprechende „alte" Entscheidungen zitiert werden sollen.

§ 12 Elektronische Dokumente

A. Anforderungen an elektronische Dokumente und Dateiformate

I. Elektronischer-Rechtsverkehr-Verordnung

Was unter „elektronische Dokumente" i.S.d. § 130a Abs. 1 u. 2 ZPO zu verstehen ist, regelt seit dem 1.1.2018 die Verordnung über die technischen Rahmenbedingungen des elektronischen Rechtsverkehrs und über das besondere elektronische Behördenpostfach (Elektronischer-Rechtsverkehr-Verordnung-ERVV).[1]

Mit dieser Verordnung macht der Verordnungsgeber Gebrauch von seiner Ermächtigungsgrundlage gem. § 130a Abs. 2 S. 2 ZPO, § 46c Abs. 2 S. 2 ArbGG, § 45a Abs. 2 S. 2 SGG, § 55 Abs. 2 S. 2 VwGO und § 52a Abs. 2 S. 2 FGO. Für bestimmte Verfahren vor dem BGH und BPatG gilt eine eigene Verordnung über den elektronischen Rechtsverkehr beim BGH und BPatG (BGH/BPatGERVV),[2] diese Verfahren sind in der Anlage 1, siehe nachstehende Rdn 3 aufgezählt. Für alle weiteren Verfahren vor dem BGH, wie z.B. Zivilsachen, gilt die ERVV.

Verfahren gem. Anlage 1 der Verordnung über den ERVV beim BGH und BPatG:

Nr.	Gericht	Verfahrensart	Datum
1. bis 4	(aufgehoben)		
5.	BGH	Revisionsstrafsachen; dies gilt nur für die Einreichung elektronischer Dokumente durch den Generalbundesanwalt beim Bundesgerichtshof	1.9.2007
6.	BGH	Verfahren nach dem **Patentgesetz**	1.9.2007
7.	BGH	Verfahren nach dem **Gebrauchsmustergesetz**	1.9.2007
8.	BGH	Verfahren nach dem **Markengesetz**	1.9.2007
8a.	BGH	Verfahren nach dem **Halbleiterschutzgesetz**	1.3.2010
8b.	BGH	Verfahren nach dem **Designgesetz**	1.3.2010
9.	BPatG	Verfahren nach dem **Patentgesetz**	1.9.2007
10.	BPatG	Verfahren nach dem **Gebrauchsmustergesetz**	1.9.2007
11.	BPatG	Verfahren nach dem **Markengesetz**	1.9.2007
12.	BPatG	Verfahren nach dem **Halbleiterschutzgesetz**	1.3.2010
13.	BPatG	Verfahren nach dem **Designgesetz**	1.3.2010

Die jeweiligen Verordnungen auf Landesebene sind gesondert aufzuheben. Geschieht dies (versehentlich) nicht, bricht Bundesrecht Landesrecht, Art. 31 GG.[3] Landesrechtliche Verordnungen kommen, soweit sie nicht aufgehoben wurden, daher nur noch für bundesrechtlich nicht geregelte Verfahren zum Tragen. Die bundeseinheitliche ERVV ist grundsätzlich zu begrüßen, da sie nunmehr **einheitlich** Vorgaben darüber macht, **was ergänzend zu den einzelnen Verfahrensvorschriften bei der Einreichung elektronischer Dokumente zu beachten ist**.

---

[1] VO über die technischen Rahmenbedingungen des elektronischen Rechtsverkehrs und über das besondere elektronische Behördenpostfach (Elektronischer-Rechtsverkehr-Verordnung – ERVV) v. 24.11.2017, BGBl I, 3803, zuletzt geändert durch Art. 6 G. v. 5.10.2021, BGBl I, 4607.
[2] VO v. 24.8.2007, BGBl I, 2130 (Nr. 43); zuletzt geändert durch § 12 VO v. 24.11.2017, BGBl I, 3803.
[3] So auch: BGH, Beschl. v. 11.6.2019 – AnwZ (Brfg) 74/18, NZM 2019, 837.

5 Die ERVV gilt für die Übermittlung elektronischer Dokumente an die Gerichte der Länder und des Bundes sowie die Bearbeitung elektronischer Dokumente durch diese Gerichte nach § 130a ZPO, § 46c ArbGG, § 65a SGG, § 55a VwGO und § 52a FGO, § 1 Abs. 1 S. 1 ERVV. Sie gilt ferner nach Maßgabe ihres Kapitels 5 für die Übermittlung elektronischer Dokumente an Strafverfolgungsbehörden und Strafgerichte der Länder und des Bundes gem. § 32a StPO sowie die Bearbeitung elektronischer Dokumente, § 1 Abs. 1 S. 2 ERVV seit dem 16.2.2018,[4] vgl. dazu auch die Ermächtigungsbefugnis der Bundesregierung gem. § 32a Abs. 2 S. 2 Abs. 4 Nr. 3 StPO. Aufgrund der Verweisung in § 110c S. 1 OWiG gilt die ERVV damit auch unmittelbar für **Bußgeldbehörden** und -gerichte, soweit für sie der elektronische Rechtsverkehr auf der Grundlage des § 32a StPO eröffnet ist. Wegen der Verweisung in § 120 Abs. 2 S. 2 des **Strafvollzugsgesetzes** (StVollzG) gilt die ERVV auch für gerichtlichen Rechtsschutz in Strafvollzugssachen. Besondere bundesrechtliche Vorschriften über die Übermittlung elektronischer Dokumente und strukturierter maschinenlesbarer Datensätze bleiben unberührt, § 1 Abs. 2 ERVV. Während der Anwendungsbereich in Kapitel 1 unter dem Stichwort „Allgemeine Vorschrift" geregelt ist, regelt Kapitel 2 die technischen Rahmenbedingungen des elektronischen Rechtsverkehrs in den §§ 2 bis 5 ERVV.

6 Die ERVV enthält in den §§ 3–9 ERVV Regelungen zum besonderen elektronischen Behördenpostfach (beBPo) und in den §§ 10–13 ERVV Regelungen zum elektronischen Bürger- und Organisationenpostfach (eBO)[5] sowie OZG-Nutzerkonten. Die §§ 14 und 15 ERVV beinhalten Regelungen zum elektronischen Rechtsverkehr mit Strafverfolgungsbehörden und Strafgerichten.

7 Zum 1.1.2022 erhielt die ERVV durch das ERV-Ausbaugesetz ganz erhebliche Änderungen nicht nur durch die Einführung des eBO, sondern auch insbesondere im Hinblick auf die Anforderungen an elektronische Dokumente.[6]

II. Anforderungen an elektronische Dokumente nach ZPO und ERVV

8 Beispielhaft für Zivilprozesse: § 130a Abs. 1 ZPO regelt, dass elektronische Dokumente u.a. durch Rechtsanwälte nach der Maßgabe der folgenden Absätze dieser Bestimmung bei Gericht eingereicht werden können. § 130d ZPO regelt darüber hinaus seit 1.1.2022 die Pflicht zur Einreichung elektronischer Dokumente; die Vorschrift des § 130a ZPO ist dabei zu beachten. Gem. § 130a Abs. 2 ZPO **muss** das elektronische Dokument für die Bearbeitung **durch das Gericht** geeignet sein; wobei die Bundesregierung durch Rechtsverordnung mit Zustimmung des Bundesrats technische Rahmenbedingungen für die Übermittlung und die Eignung zur Bearbeitung durch das Gericht bestimmt.

9 § 5 ERVV regelt zudem eine Ermächtigungsgrundlage, weitere Anforderungen an elektronische Dokumente durch gesonderte Bekanntmachungen zu stellen. Zu der derzeit gültigen 2. ERVB 2022 siehe ab Rdn 41 ff. in diesem Kapitel.

III. ERVB (Rechtslage bis 31.12.2021)

10 Bis zum 31.12.2021 gab es bereits drei ERVB (ERVB 2018, ERVB 2019 u. ERVB 2021), die gem. § 5 ERVV bekannt gemacht wurden. Diese ERVB wurden zum 1.1.2022 durch eine einheitliche ERVB 2022 abgelöst; diese wiederum durch die 2. ERVB 2022 ersetzt, siehe hierzu ab Rdn 41 ff. Am 11.10.2021 hat der Gesetzgeber das ERVV-Ausbaugesetz[7] verkündet, welches zum 1.1.2022 in Kraft getreten ist. Mit diesem Gesetz sollte nicht nur der elektronische Rechtsverkehr ausgebaut werden, sondern darüber hinaus

---

[4] Art. 1 Verordnung zur Änderung der Elektronischer-Rechtsverkehr-Verordnung v. 9.2.2018, BGBl I, 200.
[5] Siehe hierzu auch § 2 Rdn 49 in diesem Werk.
[6] Art. 6 Gesetz zum Ausbau des elektronischen Rechtsverkehrs mit den Gerichten und zur Änderung weiterer Vorschriften v. 5.10.2021, BGBl I, 4607.
[7] Gesetz zum Ausbau des elektronischen Rechtsverkehrs mit den Gerichten und zur Änderung weiterer Vorschriften v. 5.10.2021, BGBl I 2021, 4607.

A. Anforderungen an elektronische Dokumente und Dateiformate § 12

wollte der Gesetzgeber auch die Anforderungen an die technischen Eigenschaften von Dokumenten absenken.[8] Kernstück dieses Gesetzes ist die Schaffung zusätzlicher elektronischer Kommunikationswege, um weitere Kommunikationspartner im elektronischen Rechtsverkehr einzubinden. Aus diesem Grund wurden auch in den §§ 10–12 ERVV[9] Regelungen zum besonderen elektronischen Bürger- und Organisationenpostfach (eBO) sowie zu den sog. OZG-Nutzerkonten aufgenommen.

§ 2 Abs. 1 S. 4 ERVV, der zunächst die Zulässigkeit der Einreichung von PDF-Dokumenten **ohne Einschränkungen regelte**, trat mit Ablauf des 30.6.2019 außer Kraft. **Ab dem 1.7.2019 bis 31.12.2021** musste die Übermittlung der Dokumente daher in druckbarer, kopierbarer und, soweit technisch möglich, durchsuchbarer Form[10] im Dateiformat PDF erfolgen. Die Anforderungen an elektronische Dokumente wurden zum 1.1.2022 jedoch durch das ERVV-Ausbaugesetz wieder herabgesetzt. Geblieben von diesen drei Anforderungen (druckbar, kopierbar, durchsuchbar) ist lediglich die Druckbarkeit, die zum 1.1.2022 jedoch in die Bekanntmachung gem. § 5 ERVV „umgeparkt" wurde (in die 2. ERVB 2022). Auch die bis 31.12.2021 in § 2 Abs. 2 ERVV enthaltende Forderung, dass der Dateiname den Inhalt des elektronischen Dokuments schlagwortartig umschreiben und bei der Übermittlung mehrerer elektronischer Dokumente eine logische Nummerierung enthalten sein soll, wurde „abgespeckt". Die schlagwortartige Umschreibung des Inhalts des Dokuments durch Vergabe eines „sprechenden Dateinamens" wird nicht mehr konkret gefordert; die gewünschte logische Nummerierung ist ebenfalls in die ERVB 2022 aufgenommen worden, siehe dazu Rdn 54 ff. in diesem Kapitel. 11

Die Anforderungen an die einzureichenden elektronischen Dokumente wurden immer detailliertere, so forderte die ERVB 2019 schließlich auch die Einbettung von Schriftarten und Grafiken, was manche Kanzleien vor große Herausforderungen stellte und in etlichen Fällen zur angenommenen Unwirksamkeit der eingereichten Dokumente führte. Erschwerend kam hinzu, dass lediglich ein Rettungsversuch gem. § 130a Abs. 6 ZPO möglich war; scheiterte nach Neuaufbereitung und Nachreichung des Dokuments mit Glaubhaftmachung, dass inhaltlich keine Änderungen vorgenommen worden waren, die Einreichung erneut, blieb ein weiterer Heilungsversuch verwehrt. So entschied denn auch das BAG:[11] 12

(Orientierungssätze der Richterinnen und Richter des BAG)

„1. Ein elektronisches Dokument muss nach § 130 a II ZPO, § 2 I 1 ERVV in druckbarer, kopierbarer und, soweit technisch möglich, durchsuchbarer Form im Dateiformat PDF an das Gericht übermittelt werden. Die Durchsuchbarkeit bezieht sich auf eine texterkannte Form und dient der Weiterbearbeitung im Gericht. Alle für die Darstellung des Dokuments notwendigen Inhalte müssen in der PDF-Datei enthalten sein. (Rn 2)

2. Die gerichtliche Hinweispflicht nach § 130 a VI 1 ZPO gilt ebenso wie die Korrekturmöglichkeit nach § 130 a VI 2 ZPO nur für Formatfehler. (Rn 5)

3. Nur elektronische Dokumente, die die Formvorschriften des § 130 a III und IV ZPO einhalten, können die Zustellungsfiktion des § 130 a VI 2 ZPO bewirken. (Rn 5)

4. Eine mehrfache Hinweispflicht sieht § 130 a VI 1 ZPO nicht vor. Es besteht nur eine einmalige Möglichkeit der ordnungsgemäßen Nachreichung. (Rn 10)"

Im vorgenannten Fall erfolgte eine Verwerfung der Nichtzulassungsbeschwerde, nachdem das nicht durchsuchbare PDF auch im zweiten Anlauf nicht durchsuchbar war. 13

---

8 BR-Drucks 145/21, 2 (B. Lösung) v. 12.2.2021 „Entwurf eines Gesetzes zum Ausbau des elektronischen Rechtsverkehrs mit den Gerichten und zur Änderung weiterer prozessrechtlicher Vorschriften".
9 Verordnung über die technischen Rahmenbedingungen des elektronischen Rechtsverkehrs und über das besondere elektronische Behördenpostfach (Elektronischer-Rechtsverkehr-Verordnung – ERVV), VO v. 24.11.2017, BGBl I, 3803; zuletzt geändert durch Art. 6 G. v. 5.10.2021, BGBl I, 4607.
10 D.h. mit Texterkennung ausgerüstet (OCR – Optical Character Recognition).
11 BAG, Beschl. v. 12.3.2020 – 6 AZM 1/20, NJW 2020, 1694.

§ 12 Elektronische Dokumente

14 Die Herabsetzung der Anforderungen an elektronische Dokumente erfolgte schließlich zum 1.1.2022 durch den Gesetzgeber aufgrund der strittigen Rechtsprechung und zum Teil sehr strengen Auslegung durch Gerichte. So war z.B. strittig, ob eine fehlende Durchsuchbarkeit und/oder nicht eingebettete Schriften zur – zwar nach § 130a Nr. 6 ZPO heilbaren – aber zunächst Unwirksamkeit der Einreichung führen.[12]

15 Das OLG Koblenz vertrat zudem die Ansicht, dass die in den ERVB 2019 enthaltenen Anforderungen von der Ermächtigungsgrundlage des § 5 ERVV nicht gedeckt waren:[13]

„1. Soweit durch Nr. 1 der Bekanntmachung zu § 5 der Elektronischer-Rechtsverkehr-VO v. 20.12.2018 (ERVB 2019) an die Einreichung elektronischer Dokumente technische Vorgaben gemacht werden, durch die die gem. § 5 Abs. 1 ERVV i.V.m. Nr. 1 der Bekanntmachung zu § 5 der Elektronischer-Rechtsverkehr-VO v. 19.12.2017 (ERVB 2018) zugelassenen Versionen des Dateiformats PDF mit weitergehenden Einschränkungen (hier: Einbettung sämtlicher verwendeter Schriftarten) versehen werden, ist dies weder von der Ermächtigungsgrundlage gem. § 130a Abs. 2 S. 2 ZPO i.V.m. § 5 Abs. 1 ERVV gedeckt noch mit der von § 5 Abs. 2 ERVV verlangten Mindestgültigkeit technischer Bekanntmachungen vereinbar.

2. Entspricht ein bestimmter Schriftsatz mangels Einbettung sämtlicher verwendeter Schriftarten nicht den Vorgaben in Nr. 1 ERVB 2019 führt dies unabhängig von § 130a Abs. 6 ZPO jedenfalls dann nicht zur Formunwirksamkeit, wenn dieser Schriftsatz i.Ü. den formellen Vorgaben des § 130a Abs. 2 ZPO i.V.m. der ERVV entspricht und auf einem nach § 130a Abs. 3 ZPO zugelassenen Weg ordnungsgemäß übermittelt wurde (entgegen LAG Hessen B. v. 7.9.2020 – 18 Sa 485/20 und ArbG Lübeck U. v. 9.6.2020 – 3 Ca 2203/19 [= MMR 2021, 188]).“

16 Diese Auffassung wird inzwischen auch vom BAG geteilt, das noch zur bis 31.12.2021 geltenden Rechtslage entschied:

(Orientierungssätze der Richterinnen und Richter des BAG)[14]

„1. Ob die durch das Gesetz zum Ausbau des elektronischen Rechtsverkehrs mit den Gerichten und zur Änderung weiterer Vorschriften ab dem 1.1.2022 erfolgten Erleichterungen der Formalitäten bei Einreichung eines elektronischen Dokuments anwendbar sind, richtet sich danach, wann die Frist abläuft, die mit der Einreichung des Dokuments gewahrt werden soll (Rn 11).

2. Es erscheint zweifelhaft, ob nicht durchsuchbare oder nicht kopierbare PDF-Schriftsätze, für die Fristen galten, die vor dem 1.1.2022 abgelaufen sind, auch dann, wenn das elektronische Verfahren nicht i.S.d. § 298a I ZPO führt, als nicht formwirksam behandelt werden können (Rn 13 ff.).

3. Nach § 130a ZPO n.F. und § 46c ArbGG n.F. und §§ 2 II, 5 ERVV n.F. ist für die Einreichung eines elektronischen Dokuments nur noch zwingend, dass es im PDF-Format eingereicht ist. Ist dies der Fall, kommt es für die Formwirksamkeit der Einreichung darauf an, ob das elektronische Dokument konkret zur Bearbeitung durch das Gericht geeignet ist, obwohl die vorgesehenen Standards nicht

---

12 Ja, unwirksam: BAG, Urt. v. 3.6.2020 – 3 AZR 730/19, NZA 2021, 347; BAG, Beschl. v. 12.3.2020 – 6 AZM 1/20, a.a.O. (nicht durchsuchbar); OLG Zweibrücken, Beschl. v. 9.11.2020 – 6 UF 109/20 (ZIP-Datei), RDi 2021, 261; ArbG Lübeck, Urt. v. 9.6.2020 – 3 Ca 2203/19, NZA 2020, 970; nicht unwirksam, Heilung daher nicht erforderlich: LG Mannheim, Urt. v. 4.9.2020 – 1 S 29/20, BeckRS 2020, 22553 (docx-Datei); OLG Koblenz, Hinweisbeschl. v. 23.11.2020 – 3 U 1442/20 (fehlende Durchsuchbarkeit und nicht erfolgte Einbettung von Schriften), BeckRS 2020, 34629; OLG Koblenz, Beschl. v. 9.12.2020 – 3 U 844/20, MMR 2021, 250.
13 OLG Koblenz, Beschl. v. 9.12.2020 – 3 U 844/20, MMR 2021, 250.
14 BAG, Beschl. v. 25.4.2022 – 3 AZB 2/22, NZA 2022, 803.

A. Anforderungen an elektronische Dokumente und Dateiformate § 12

eingehalten sind. Es ist zurückzuweisen, wenn es ohne zwischenzeitliches Ausdrucken nach dem konkreten Stand der elektronischen Aktenbearbeitung nicht bearbeitet werden kann (Rn 23).

4. § 130a VI ZPO sieht bei Formmängeln ein Heilungsverfahren vor, dass durch einen unverzüglichen Hinweis des Gerichts eingeleitet wird. Ist ein Hinweis nicht unverzüglich erteilt, fällt jedoch weder die Notwendigkeit noch die Möglichkeit der Heilung weg (Rn 28).

5. Ein eingereichtes elektronisches Dokument ist nicht deshalb formunwirksam, weil nicht sämtliche Schriftarten eingebettet sind. Das Erfordernis der Einbettung der Schriftarten ergibt sich weder aus § 130a ZPO aF/n.F. noch aus § 46c ArbGG aF/n.F. oder aus der ERVV aF/nF. Es folgt allein aus Nr. 1 S. 1 ERVB 2019, einer Bekanntmachung der Bundesregierung. Für die Aufstellung eines derartigen Erfordernisses fehlt der Bundesregierung die gesetzliche Ermächtigung, weil nach der Verordnungsermächtigung in § 130a ZPO aF/n.F. und § 46c ArbGG aF/n.F. die Bundesregierung Rechtsverordnungen nur mit Zustimmung des Bundesrats erlassen darf (Rn 39 ff.)."

Die Leitsätze des BAG:[15]   17

„1. Das Gesetz zum Ausbau des elektronischen Rechtsverkehrs mit den Gerichten und zur Änderung weiterer Vorschriften sieht ab dem 1.1.2022 Erleichterungen der Formalitäten bei Einreichung eines elektronischen Dokuments vor. Ob sie anwendbar sind, hängt davon ab, wann eine prozessuale Frist abläuft, die gewahrt werden soll.

2. Für die Formwirksamkeit der Einreichung eines elektronischen Dokuments ist lediglich noch zwingend, dass es im PDF-Format eingereicht wird. Dann ist entscheidend, ob das elektronische Dokument konkret zur Bearbeitung durch das Gericht geeignet ist, auch wenn die vorgesehenen Standards nicht eingehalten sind. Es ist formwirksam, wenn es nach dem konkreten Stand der elektronischen Aktenbearbeitung nicht bearbeitet werden kann, ohne ausgedruckt zu werden.

3. Weist das Gericht nicht unverzüglich auf Formmängel im elektronischen Dokument hin, entfällt dadurch weder die Notwendigkeit noch die Möglichkeit des gesetzlichen Heilungsverfahrens.

4. Es fehlt nicht an der Formwirksamkeit eines elektronischen Dokuments, wenn nicht sämtliche Schriftarten eingebettet sind."

Nach diesseitiger Ansicht sollte bei der Erstellung der bei Gericht einzureichenden elektronischen Dokumente jedoch nach wie vor die Durchsuchbarkeit (Texterkennung) hergestellt werden, da dies auch dem eigenen Bearbeitungskomfort dient, wenn mit E-Akte gearbeitet wird.   18

IV. ERVV und ERVB (Rechtslage seit dem 1.1.2022)

1. ERVV – Verordnungsbestimmungen

Nachfolgend sollen zunächst die wichtigen Bestimmungen der ERVV dargestellt werden   19

Wichtige Bestimmungen zu den Anforderungen an elektronische Dokumente seit dem 1.1.2022   20

§ 2 ERVV Anforderungen an elektronische Dokumente

„(1) 1Das elektronische Dokument ist im Dateiformat PDF zu übermitteln. Wenn bildliche Darstellungen im Dateiformat PDF nicht verlustfrei wiedergegeben werden können, darf das elektronische Dokument zusätzlich im Dateiformat TIFF übermittelt werden. 2Die Dateiformate PDF und TIFF müssen den nach § 5 Absatz 1 Nummer 1 bekanntgemachten Versionen entsprechen.

---

15 A.a.O.

(2) Das elektronische Dokument soll den nach § 5 Absatz 1 Nummer 1 und 6 bekanntgemachten technischen Standards entsprechen.

(3) Dem elektronischen Dokument soll ein strukturierter maschinenlesbarer Datensatz im Dateiformat XML beigefügt werden, der den nach § 5 Absatz 1 Nummer 2 bekanntgemachten Definitions- oder Schemadateien entspricht und mindestens enthält:

1. *die Bezeichnung des Gerichts;*
2. *sofern bekannt, das Aktenzeichen des Verfahrens;*
3. *die Bezeichnung der Parteien oder Verfahrensbeteiligten;*
4. *die Angabe des Verfahrensgegenstandes;*
5. *sofern bekannt, das Aktenzeichen eines denselben Verfahrensgegenstand betreffenden Verfahrens und die Bezeichnung der die Akten führenden Stelle.*

§ 3 ERVV Überschreitung der Höchstgrenzen

Wird glaubhaft gemacht, dass die nach § 5 Absatz 1 Nummer 3 bekanntgemachten Höchstgrenzen für die Anzahl oder das Volumen elektronischer Dokumente nicht eingehalten werden können, kann die Übermittlung als Schriftsatz nach den allgemeinen Vorschriften erfolgen, möglichst unter Beifügung des Schriftsatzes und der Anlagen als elektronische Dokumente auf einem nach § 5 Absatz 1 Nummer 4 bekanntgemachten zulässigen physischen Datenträger.

§ 4 ERVV Übermittlung elektronischer Dokumente mit qualifizierter elektronischer Signatur

(1) Ein elektronisches Dokument, das mit einer qualifizierten elektronischen Signatur der verantwortenden Person versehen ist, darf wie folgt übermittelt werden:

1. *auf einem sicheren Übermittlungsweg oder*
2. *an das für den Empfang elektronischer Dokumente eingerichtete Elektronische Gerichts- und Verwaltungspostfach des Gerichts über eine Anwendung, die auf OSCI oder einem diesen ersetzenden, dem jeweiligen Stand der Technik entsprechenden Protokollstandard beruht.*

(2) Mehrere elektronische Dokumente dürfen nicht mit einer gemeinsamen qualifizierten elektronischen Signatur übermittelt werden."

2. Von der ERVV umfasste Rechtsgebiete und Dokumente

21 Die Regelungen der ERV-Verordnung bezogen auf die technischen Rahmenbedingungen des elektronischen Rechtsverkehrs gelten für die Übermittlung elektronischer Dokumente in

- Zivilprozesssachen, § 130a ZPO,
- Arbeitsgerichtssachen, § 46c ArbGG,
- Sozialgerichtssachen, § 65a SGG,
- Verwaltungsgerichtssachen, § 55a VwGO und
- Finanzgerichtssachen, § 52a FGO und
- Strafsachen, § 32a StPO, sowie
- OWi-Sachen, § 110c OWiG i.V.m. § 32a StPO.[16]

22 Darüber hinaus gilt die Verordnung aufgrund entsprechender Verweisungsvorschriften u.a. in folgenden Angelegenheiten:

- Familiensachen, § 14 Abs. 2 S. 2 FamFG,
- Grundbuchsachen, § 73 Abs. 2 S. 2 GBO,

---

16 In Straf- und Owi-Sachen trat die Geltung erst zum 9.2.2018 in Kraft, Art. 1 der Verordnung zur Änderung der Elektronischer-Rechtsverkehr-Verordnung v. 9. 2.2018, BGBl I, 200.

- Schiffsregistersachen, § 77 Abs. 2 S. 2 SchRegO,
- Landwirtschaftssachen, § 9 LwVfG,
- Verfahren gem. § 73 Nr. 2 und § 76 Abs. 5 des Gesetzes gegen Wettbewerbsbeschränkungen (GWB),
- Verfahren gem. §§ 85 Nr. 2, 88 Abs. 5 EnWG,
- Insolvenzverfahren, § 4 InsO (Ausnahme: Tabellen und Verzeichnisse gem. § 175 InsO i.V.m. § 5 IV InsO),
- Zwangsversteigerungssachen, § 869 ZPO,
- Zwangsverwaltungssachen, § 869 ZPO,
- verwaltungsrechtliche Anwaltssachen, § 112c Abs. 1 S. 1 BRAO,[17]
- verwaltungsrechtliche Patentanwaltssachen, § 94b Abs. 1 S. 1 PatO,
- gerichtliche Verfahren in Notarsachen, § 96 Abs. 1 S. 1 BnotO i.V.m. § 3 Bundesdisziplinargesetz (BDG), § 111b Abs. 1 S. 1 BnotO, siehe auch §§ 105 und 109 BnotO,
- Gerichtsvollziehervollstreckung, § 753 Abs. 5 S. 2 und 3 ZPO – soweit nicht Formularpflicht gegeben ist (siehe dazu die GVFV[18]), für gerichtliche ZV-Aufträge gilt § 130d ZPO unmittelbar,
- Verfahren nach dem Strafvollzugsgesetz gem. § 120 Abs. 1 S. 2 (StVollzG).

Hinweis

Aufgrund der Komplexität der Verordnungen und Verweisungen sollte im Zweifel anhand der einschlägigen gesetzlichen Bestimmungen eine eigenverantwortliche Prüfung für das jeweilige Verfahren erfolgen.

Nicht umfasst von der Verordnung sind: 23
- die elektronische Übermittlung und Beiziehung von Behördenakten
- Angelegenheiten, für die die vom BSI erarbeiteten Mindeststandards nach § 8 des BSI-Gesetzes gelten

§ 1 Abs. 2 ERVV stellt klar, dass besondere bundesrechtliche Vorschriften unberührt bleiben, die im Anwendungsbereich der Verordnung nach § 1 Abs. 1 ERVV für bestimmte Bereiche gegenwärtig bestehen und auch fortentwickelt und neu erlassen werden können. Unter § 1 Abs. 2 ERVV fallen nach Ansicht des Verordnungsgebers folgende Vorschriften/Verfahren:[19] 24

- Einlieferungsverfahren in das Schuldnerverzeichnis beim Zentralen Vollstreckungsgericht
- Einlieferungsverfahren im Vermögensverzeichnisregister beim Zentralen Vollstreckungsgericht
- Übermittlung elektronischer Formulare für den Zwangsvollstreckungsauftrag; § 4 Abs. 1 S. 2 GVFV
- Übermittlung von elektronischen Formularen für den Antrag auf Erlass eines Pfändungs- und Überweisungsbeschlusses sowie der Durchsuchungsanordnung, § 4 S. 2 ZVFV
- bereits eingeführte elektronische Formulare in den entsprechenden Fachgerichtsbarkeiten, wie z.B. § 130c ZPO, § 14a FamFG
- maschinell lesbare Mahnverfahrensanträge, §§ 690 Abs. 3, 699 Abs. 1, 702 Abs. 2, 703c ZPO, § 113 Abs. 2 FamFG

Darüber hinaus ist die Verordnung auch **nicht anwendbar** auf die Übermittlung von **elektronischen Beweismitteln**, die in einem anderen Dateiformat vorliegen, da es zum einen hierfür auch keine Verordnungsermächtigung gibt. Darüber hinaus sieht der Verordnungsgeber, dass es erforderlich sein kann, Audio- oder Video-Daten als Beweismittel zu den Akten zu reichen, sodass diese Beweismittel nach den 25

---

17 BGH, Beschl. v. 11.6.2019 – AnwZ (Brfg) 74/18, NZM 2019, 837.
18 Die GVFV wird im Laufe des Jahres 2023 voraussichtlich aufgehoben und gemeinsam mit der bisher geltenden ZVFV in eine gemeinsame ZVFV überführt werden.
19 Verordnung über die technischen Rahmenbedingungen des elektronischen Rechtsverkehrs und über das besondere elektronische Behördenpostfach (Elektronischer-Rechtsverkehr-Verordnung – ERVV) v. 20.9.2017, BT-Drucks 645/17, 10 zu § 1 (Anwendungsbereich), Abs. 2.

Vorschriften der jeweiligen Verfahrensordnung über die Beweismittel in das Gerichtsverfahren auch künftig eingeführt werden können sollen.[20] Audio- und Videodateien können daher in solchen Fällen auch z.B. in den Dateiformaten WAV, MP3, MPEG oder AVI durch Vorlegung oder Übermittlung der Datei im Wege des Augenscheinbeweises in das Verfahren eingeführt werden, § 371 Abs. 1 S. 2 ZPO. Allerdings werden Filmdateien häufig an der Volumengrenze scheitern, siehe Rdn 43 ff.

26 Ausdrücklich weist der Verordnungsgeber darauf hin, dass bei der elektronischen Übermittlung von Beweismitteln als **Anlage zu einem Schriftsatz** die Verordnung sehr wohl gilt.[21]

27 Sofern Urkunden als Beweismittel in das Verfahren eingebracht werden, sollen diese bereits seit dem 1.7.2014 gem. § 131 Abs. 1 ZPO nur noch als Abschriften und nicht mehr im Original zu den Akten gereicht werden. Sofern der Schriftsatz daher nicht in Papierform, sondern als elektronisches Dokument übermittelt wird, findet die ERVV auf solche Anlagen zu Schriftsätzen Anwendung.[22]

28 § 2 ERVV regelt die Anforderungen an die einzureichenden elektronischen Dokumente. Das elektronische Dokument ist gem. § 2 Abs. 1 S. 1 ERVV im Dateiformat PDF zu übermitteln. Wenn bildliche Darstellungen im Dateiformat PDF nicht verlustfrei wiedergegeben werden können, darf das elektronische Dokument zusätzlich im Dateiformat TIFF übermittelt werden, § 2 Abs. 1 S. 2 ERVV. Nach Ansicht des Verordnungsgebers sind hiervon folgende Dokumente umfasst:[23]
- vorbereitende Schriftsätze
- bestimmende Schriftsätze
- Anlagen zu vorbereitenden und/oder bestimmenden Schriftsätzen
- schriftlich einzureichende Anträge
- schriftlich einzureichende Erklärungen der Beteiligten
- schriftlich einzureichende Auskünfte
- schriftlich einzureichende Aussagen, Gutachten, Übersetzungen und Erklärungen Dritter

29 Bestimmende/vorbereitende Schriftsätze sind z.B.:
- Schriftsätze, die einen Antrag enthalten
- Klageerwiderungen
- Widerklagen/Eventualwiderklagen
- Schriftsätze, mit denen hilfsweise die Aufrechnung erklärt wird
- Schriftsätze, die Hilfsanträge enthalten
- Stellungnahme-Schriftsätze
- Rechtsmitteleinlegungen und -begründungen
- Kostenfestsetzungsanträge
- Übermittlung von Zeugengebührenverzichtserklärungen
- Mitteilungen über Zeugenanschriften
- Übermittlung von Beweismitteln und
- zusammenfassender Sachvortrag

30 Ist für ein Dokument grundsätzlich die schriftliche Einreichung bei Gericht nicht vorgeschrieben, gilt die ERVV **ebenfalls nicht**. Hierunter können fallen:
- elektronische Dokumente, die auf Anordnung des Gerichts eingereicht werden müssen, § 144 Abs. 1 ZPO

---

20 Verordnung über die technischen Rahmenbedingungen des elektronischen Rechtsverkehrs und über das besondere elektronische Behördenpostfach (Elektronischer-Rechtsverkehr-Verordnung – ERVV) v. 20.9.2017, BT-Drucks 645/17, 11 zu § 1 (Anwendungsbereich), Abs. 2.
21 A.a.O.
22 A.a.O
23 A.a.O.

A. Anforderungen an elektronische Dokumente und Dateiformate § 12

- Aktenübermittlung durch die Partei an das Gericht, § 143 ZPO
- Beiziehung von Behördenakten, § 273 Abs. 2 Nr. 2 ZPO

Werden nicht aktenrelevante „Arbeitshilfen" für das Gericht übermittelt, besteht ebenfalls keine Bindung an die ERVV. Hierbei kann es sich z.B. um Excel-Tabellen oder ITR- bzw. ASCII-Dateien handeln, die neben den Schriftsätzen eingereicht werden. 31

Wie mit bestimmten Dokumenten, die häufig Schriftsätzen beigefügt werden, zu verfahren ist, wie z.B. Vollmachten, eidesstattliche Versicherungen, PKH-Erklärungen u.a. wird ab Rdn 119 ff. in diesem Kapitel ausgeführt. 32

Grundsätzlich lassen sich mit dem beA fast alle gängigen Dateiformate versenden. Zu prüfen ist jedoch immer, ob das gewählte Dateiformat außerhalb eines PDF oder einer TIFF-Datei in diesem bestimmten Fall zulässig ist oder nicht. Es existieren einige Dateiformate, die via beA technisch gar nicht erst versendet werden können. Dies sind z.B. *.exe, *.com, *.bat, *.cmd, *.lnk-Dateien.[24] 33

§ 4 Abs. 1 ERVV regelt die zulässigen elektronischen Postfächer, siehe hierzu auch die Ausführungen in § 2 Rdn 112 sowie § 11 Rdn 177 dieses Werks. § 4 Abs. 2 ERVV regelt das Verbot der sog. Containersignatur, siehe hierzu ausführlich § 11 Rdn 47 ff. dieses Werks. 34

3. PDF und TIFF

§ 2 Abs. 1 ERVV regelt, dass das elektronische Dokument im Dateiformat PDF zu übermitteln **ist** und, wenn bildliche Darstellungen im Dateiformat PDF nicht verlustfrei wiedergegeben werden können, das elektronische Dokument zusätzlich im Dateiformat TIFF übermittelt werden darf. Dabei **müssen** die Dateiformate PDF und TIFF den nach § 5 Abs. 1 Nr. 1 ERVV (in der jeweils geltenden ERVB) bekannt gemachten Versionen entsprechen. 35

Wenn das Ausgangsdokument z.B. durch handschriftliche oder eingeschränkt lesbare Aufzeichnungen oder Abbildungen das Dokument nicht verlustfrei wiedergegeben werden können, kann somit zusätzlich zum PDF dann auch eine TIFF-Datei übermittelt werden. Dies kann insbesondere bei aufwendigen Grafiken, Planzeichnungen, Fotos und sonstigen Abbildungen, die nicht in Textform dargestellt werden, der Fall sein. 36

Dabei scheiden bei der Übermittlung z.B. Word-Dateien als zulässige Dateiformate aus. Auch ZIP-Dateiformate sind nicht zulässig, da die in § 2 Abs. 1 ERVV benannten zulässigen Dateiformate **abschließend** aufgezählt sind.[25] 37

4. Verordnungsermächtigung zu ERVB

Da die technische Entwicklung voranschreitet, werden sich auch künftig die technischen Anforderungen an einzureichende Dateiformate sowie Höchstgrenzen für Anzahl und Volumen elektronischer Dokumente, zulässige physische Datenträger etc. verändern. Die Bundesregierung wird daher mit § 5 ERVV ermächtigt, die Standards für die Übermittlung und Eignung zur Bearbeitung elektronischer Dokumente im Bundesanzeiger und auf der Internetseite www.justiz.de bekannt zu machen. 38

---

[24] Https://bea.brak.de/faq-zur-nutzung-des-bea/anwendungsbezogene-technische-fragen/ – Frage 2 (Stand: 10.6.2020).
[25] Verordnung über die technischen Rahmenbedingungen des elektronischen Rechtsverkehrs und über das besondere elektronische Behördenpostfach (Elektronischer-Rechtsverkehr-Verordnung – ERVV) vom 20.9.2017, BT-Drucks 645/17, 11 zu § 1 (Anwendungsbereich), Abs. 2.

§ 12 Elektronische Dokumente

39 § 5 ERVV Bekanntmachung technischer Anforderungen[26]

„(1) Die Bundesregierung macht folgende technische Standards für die Übermittlung und Eignung zur Bearbeitung elektronischer Dokumente im Bundesanzeiger und auf der Internetseite www.justiz.de bekannt:

1. die Versionen der Dateiformate PDF und TIFF;

2. die Definitions- oder Schemadateien, die bei der Übermittlung eines strukturierten maschinenlesbaren Datensatzes im Format XML genutzt werden sollen;

3. die Höchstgrenzen für die Anzahl und das Volumen elektronischer Dokumente;

4. die zulässigen physischen Datenträger;

5. die Einzelheiten der Anbringung der qualifizierten elektronischen Signatur am elektronischen Dokument und

6. die technischen Eigenschaften der elektronischen Dokumente.

(2) [1]Die technischen Standards müssen den aktuellen Stand der Technik und die Barrierefreiheit im Sinne der Barrierefreie-Informationstechnik-Verordnung vom 12.9.2011 (BGBl I S. 1843), die zuletzt durch Artikel 4 der Verordnung vom 25.11.2016 (BGBl I S. 2659) geändert worden ist, in der jeweils geltenden Fassung, berücksichtigen und mit einer Mindestgültigkeitsdauer bekanntgemacht werden. [2]Die technischen Standards können mit einem Ablaufdatum nach der Mindestgültigkeitsdauer versehen werden, ab dem sie voraussichtlich durch neue bekanntgegebene Standards abgelöst sein müssen."

40 Es ist somit nicht nur die ERVV selbst zu beachten, sondern auch die entsprechenden Veröffentlichungen im Bundesanzeiger oder unter www.justiz.de. **Erst die Kombi der ERVV mit den/der entsprechenden ERVB** (Zum Zeitpunkt der Drucklegung dieses Werks: 2. ERVB 2022) ergibt für die Praxis die verlangten Eigenschaften der elektronischen Dokumente, insbesondere auch die zulässigen Dateiformate.

5. 2. ERVB 2022

41 Die nachstehende 2. ERVB 2022 gilt seit dem 1.4.2022; Vorgänger-ERVBs haben keine Gültigkeit mehr. Ob und wann der Gesetzgeber eine weitere/neue ERVB veröffentlicht (www.justiz.de), ist zum Zeitpunkt der Drucklegung noch nicht bekannt.

„Zweite Bekanntmachung
zu § 5 der Elektronischer-Rechtsverkehr-Verordnung
(2. Elektronischer-Rechtsverkehr-Bekanntmachung 2022 – 2. ERVB 2022)[27]
Vom 10.2.2022

Nach § 5 der Elektronischer-Rechtsverkehr-Verordnung vom 24.11.2017 (BGBl I S. 3803), der zuletzt durch Artikel 6 des Gesetzes vom 5.10.2021 (BGBl I S. 4607) geändert worden ist, wird bekannt gemacht, dass ab dem 1.4.2022 Folgendes gilt:

1. Versionen der Dateiformate PDF und TIFF gemäß § 5 Absatz 1 Nummer 1 der Elektronischer-Rechtsverkehr-Verordnung sind bis mindestens 31.12.2022
   a) PDF einschließlich PDF 2.0, PDF/A-1, PDF/A-2, PDF/UA;

---

26 Text in der Fassung des Art. 6 Gesetz zum Ausbau des elektronischen Rechtsverkehrs mit den Gerichten und zur Änderung weiterer Vorschriften, G. v. 5.10.2021, BGBl I, 4607 m.W.v. 1.1.2022.
27 BAnz AT 18.2.2022 B2.

A. Anforderungen an elektronische Dokumente und Dateiformate § 12

Der Dokumenteninhalt soll orts- und systemunabhängig darstellbar sein. Ein Rendering für spezifische Ausgabegeräte soll vermieden werden. Die Datei soll kein eingebundenes Objekt enthalten, da für die Darstellung der Inhalte kein externes Anwendungsprogramm oder eine weitere Instanz des PDF-Darstellungsprogramms verwendet wird. Zulässig ist das Einbinden von Inline-Signaturen und Transfervermerken. Die Datei soll keine Aufrufe von ausführbaren Anweisungsfolgen, wie z.B. Scripts, beinhalten, insbesondere soll weder innerhalb von Feldern in Formularen noch an anderer Stelle JavaScript eingebunden sein, da diese Aufrufe nicht ausgeführt werden. Zulässig sind Formularfelder ohne JavaScript. Zulässig sind Hyperlinks, auch wenn sie auf externe Ziele verweisen.
   b) *TIFF Version 6.*
2. *Bei Übermittlung eines strukturierten maschinenlesbaren Datensatzes gemäß § 5 Absatz 1 Nummer 2 der Elektronischer-Rechtsverkehr-Verordnung ist die XJustiz-Nachricht „uebermittlung_schriftgutobjekte" des XJustiz-Standards in der jeweils gültigen XJustiz-Version zu verwenden.*
   Seit dem 31.10.2021 ist die Version XJustiz 3.2 gültig. Einmal jährlich wird eine neue XJustiz-Version gültig werden. Sie löst die bis dahin gültige Version ab. XJustiz-Versionen werden immer 12 Monate vor Gültigkeit auf www.xjustiz.de veröffentlicht.
3. *Gemäß § 5 Absatz 1 Nummer 3 der Elektronischer-Rechtsverkehr-Verordnung werden ab dem 1.4.2022 bis 31.12.2022 Anzahl und Volumen elektronischer Dokumente in einer Nachricht wie folgt begrenzt:*
   a) *auf höchstens 200 Dateien und*
   b) *auf höchstens 100 Megabyte.*
   Ab dem 1.1.2023 bis mindestens 31.12.2023 werden die Anzahl und das Volumen wie folgt begrenzt:
   a) *auf höchstens 1 000 Dateien und*
   b) *auf höchstens 200 Megabyte.*
4. *Zulässige physische Datenträger gemäß § 5 Absatz 1 Nummer 4 der Elektronischer-Rechtsverkehr-Verordnung sind bis mindestens 31.12.2022*
   a) *DVD und*
   b) *CD.*
5. *Qualifizierte elektronische Signaturen sind gemäß § 5 Absatz 1 Nummer 5 der Elektronischer-Rechtsverkehr-Verordnung bis mindestens 31.3.2022 nach folgenden Vorgaben anzubringen:*
   a) *nach dem Standard CMS Advanced Electronic Signatures (CAdES) als angefügte Signatur („detached signature"),*
   b) *nach dem Standard PDF Advanced Electronic Signatures (PAdES) als eingebettete Signatur („inline signature") gemäß ETSI EN 319 142–1 v1.1.1 oder ETSI TS 103 172 v2.2.2 oder*
   c) *nach den Spezifikationen für Formate fortgeschrittener elektronischer Signaturen des Durchführungsbeschlusses (EU) 2015/1506 der Kommission vom 8.9.2015 zur Festlegung von Spezifikationen für Formate fortgeschrittener elektronischer Signaturen und fortgeschrittener Siegel, die von öffentlichen Stellen gemäß Artikel 27 Absatz 5 und Artikel 37 Absatz 5 der Verordnung (EU) Nr. 910/2014 des Europäischen Parlaments und des Rates über elektronische Identifizierung und Vertrauensdienste für elektronische Transaktionen im Binnenmarkt anerkannt werden (ABl L 235 vom 9.9.2015, S. 37).*
6. *Technische Eigenschaften der Dokumente sind gemäß § 5 Absatz 1 Nummer 6 der Elektronischer-Rechtsverkehr-Verordnung bis mindestens zum 31.12.2022:*
   a) *Druckbarkeit,*
   b) *die Länge von Dateinamen beträgt maximal 90 Zeichen einschließlich der Dateiendungen und*
   c) *Dateinamen enthalten nur*
      aa) *alle Buchstaben des deutschen Alphabetes einschließlich der Umlaute ä, ö, ü und ß,*
      bb) *alle Ziffern und*
      cc) *die Zeichen Unterstrich und Minus,*

dd) Punkte, wenn sie den Dateinamen von Dateiendungen trennen, und
ee) eine logische Nummerierung, wenn mehrere Dateien übermittelt werden.
Diese Bekanntmachung tritt an die Stelle der Elektronischer-Rechtsverkehr-Bekanntmachung 2018 vom 19.12.2017 (BAnz AT 28.12.2017 B2), der Elektronischer-Rechtsverkehr-Bekanntmachung 2019 vom 20.12.2018 (BAnz AT 31.12.2018 B3) und der Elektronischer-Rechtsverkehr-Bekanntmachung 2021 vom 21.12.2020 (BAnz AT 30.12.2020 B5)."

B. Druckbarkeit

42 Das elektronische Dokument muss gem. 2. ERVB 2022 Nr. 6a) **druckbar** sein, um es den Gerichten zu ermöglichen, das elektronische Dokument auszudrucken und auch zur Papierakte zu nehmen, § 298 ZPO. Dies wird insbesondere bis zum 31.12.2025 erforderlich sein, da erst ab 1.1.2026 die E-Akte in der Justiz verpflichtend wird. Darüber hinaus wird es aber auch sicher Richter geben, die einen Schriftsatz lieber ausgedruckt als via Bildschirm lesen. Eine zeitliche Beschränkung der notwendigen Druckbarkeit ist daher auch nicht gegeben. Es ist somit nicht zulässig, das Dokument z.B. mit einem Passwort/Kennwort zu schützen, welches die Druckbarkeit verhindert.

C. Überschreiten der zulässigen Höchstgrenzen

43 Gem. § 5 Abs. 1 Nr. 3 ERVV i.V.m. der 2. ERVB 2022 Nr. 3 werden seit dem 1.4.2022 bis 31.12.2022 Anzahl und Volumen elektronischer Dokumente in einer Nachricht auf höchstens 200 Dateien und höchstens 100 Megabyte (MB) begrenzt. Für die Zeit ab dem 1.1.2023 bis mindestens 31.12.2023 (und falls keine Neuregelung erfolgt, auch darüber hinaus) werden die Anzahl und das Volumen in einer Nachricht auf höchstens 1.000 Dateien und höchstens 200 MB begrenzt.

44 § 3 ERVV regelt für den Fall, dass **glaubhaft gemacht** wird, dass die nach § 5 Abs. 1 Nr. 3 ERVV bekannt gemachten Höchstgrenzen für die Anzahl oder das Volumen elektronischer Dokumente nicht eingehalten werden können, dass die Übermittlung **als Schriftsatz** nach den allgemeinen Schriftsätzen erfolgen **kann**, möglichst unter Beifügung des **Schriftsatzes** und der **Anlagen** als elektronische Datei auf einem nach § 5 Abs. 1 Nr. 4 ERVV bekannt gemachten zulässigen physischen Datenträger. Bei einem Fax dürfte es nicht möglich sein, einen entsprechenden physischen Datenträger mit beizufügen, sodass dieser wohl unverzüglich nachzureichen ist. Sofern die **Anzahl der Anlagen** die Höchstgrenzen überschreitet, bestehen diesseits keine Bedenken, den Anlagenversand auf mehrere Nachrichten aufzuteilen, sofern für das Gericht die Zuordnung deutlich gemacht ist. Es muss daher angegeben werden

- welche Anlagen
- zu welchem Schriftsatz
- und welchem Verfahren

gehören und von wem sie eingereicht werden. Dies kann z.B. mit einem gesonderten Dokument als Art „Deckblatt" (logische Nummerierung beachten) erfolgen, das die entsprechenden Angaben enthält. Zur Zeit der Drucklegung dieses Werks kann nicht empfohlen werden, diese Angaben in den Betreff oder das Textfeld der Nachricht aufzunehmen, da nicht gesichert ist, welche Gerichte in welchem Umfang Betreff und Textfeld auslesen und zur Kenntnis nehmen können. Einer Ersatzeinreichung würde es bei Aufsplittung auf mehrere Nachrichten nicht bedürfen. Rechtsprechung zur Frage der Aufsplittung vieler Anlagen auf mehrere Nachrichten ist den Verfassern bisher nicht bekannt, wohl aber aus der Praxis, dass diese Vorgehensweise von Gerichten bisher offenbar akzeptiert wird. Wie jedoch vorzugehen ist, wenn schon der **Schriftsatz allein** die MB-Höchstgrenze überschreitet, ist gesondert zu betrachten. Ob eine Aufteilung der entsprechenden Dokumente (soweit überhaupt technisch möglich) erfolgen **muss**, bevor die herkömmliche

Einreichung ersatzweise gewählt wird, dazu gibt der Gesetzestext nichts Belastbares her. Interessant ist jedoch, dass der Verordnungsgeber mehr oder weniger in einem Halbsatz in der Verordnungsbegründung erwähnt, dass die Ersatzeinreichung dann möglich ist, wenn diese „*selbst durch eine mögliche Aufteilung des Dateiinhaltes auf mehrere Dateien nicht vermieden werden kann.*"[28] Das OVG Lüneburg hat 2022 entschieden, dass eine in mehreren Teilen über einen sicheren Übermittlungsweg (beA) übersandte Antragschrift nur formwirksam ist, wenn (auch) der Teil einfach signiert ist, der die prozessrelevanten Erklärungen enthält.[29] Offenbar erfolgte hier die Einreichung gem. § 130a Abs. 3 S. 1 Alt. **2** ZPO; bei Wahl der Einreichung gem. § 130a Abs. 3 S. 1 Alt. **1** ZPO wäre nach dieser Rechtsprechung jeder Teil, der gesplittet/gesondert übermittelt wird, mit einer qualifizierten elektronischen Signatur zu versehen.

Wird das Vorliegen der Voraussetzungen nicht glaubhaft gemacht, kann das Gericht die Ersatzeinreichung zurückweisen.[30] Zur Ersatzeinreichung siehe auch die umfangreichen Ausführungen in § 16 in diesem Werk. **45**

Bei der Übermittlung der entsprechenden Dokumente bei Überschreitung der Höchstgrenzen auf einem physischen Datenträger hat das Gericht den Vorteil, dass es sich den Scanvorgang spart. Zulässige physische Datenträger werden im Bundesanzeiger bzw. unter www.justiz.de gem. § 5 Abs. 1 Nr. 4 ERVV bekannt gemacht. Diese sind zzt. ausschließlich festgelegt auf (vgl. Rdn 41): **46**

- DVD
- CD-ROM

USB-Sticks oder andere Arten von Datenträgern sind zurzeit **nicht** zulässig. Ebenso ist das Einstellen des Schriftsatzes in ein Cloud-System, wie z.B. „www.wetransfer.com" oder www.dropbox.com, das wesentlich größere Datenmengen als z.B. das beA ermöglicht, **nicht** zulässig. **47**

Nachstehender Screenshot verdeutlicht die Anzeige im beA, wenn das zurzeit gültige Dateivolumen (MB) überschritten wird. **48**

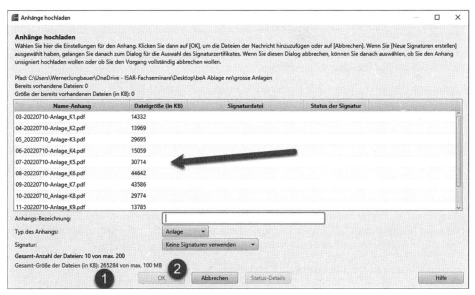

Abb. 1: Max. zulässiges Dateivolumen überschritten

---

28 Verordnung über die technischen Rahmenbedingungen des elektronischen Rechtsverkehrs und über das besondere elektronische Behördenpostfach (Elektronischer-Rechtsverkehr-Verordnung – ERVV), BR-Drucks 657/17, 13/14 v. 20.9.2017 zu Kap. 2, zu § 3.
29 OVG Lüneburg Beschl. v. 26.1.2022 – 14 MN 117/22, BeckRS 2022, 566.
30 BR-Drucks 657/17, 14 v. 20.9.2017 zu Kap. 2, § 2 Abs. 1.

§ 12 Elektronische Dokumente

49 Wenn das max. zulässige Dateivolumen (60, 100, 200 MB) überschritten wird (1), wird eine Fehlermeldung „Gesamtgröße der Dateien (in KB): **XXX** von max. 100 MB"[31] angezeigt. Der OK-Button für die Übertragung der Dokumente in die Nachricht ist nicht mehr ausführbar (2). Leider können aus dem Fenster „Anhänge hochladen" keine einzelnen Dateien entfernt werden. Es wird daher auf „Abbrechen" geklickt und ein neuer Versuch des Hochladens mit weniger Gesamtvolumen versucht.

50 Nachstehender Screenshot verdeutlicht die Anzeige im beA, wenn die zurzeit gültige Anzahl der Dateianhänge überschritten wird.

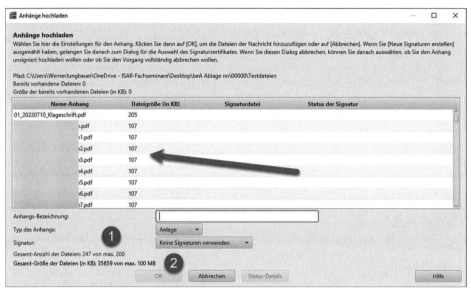

Abb. 2: Max. zulässige Dateianzahl überschritten

51 Wenn die max. zulässige Dateianzahl (zur Zeit der Drucklegung: Anzahl 200, ab 1.1.2023 Anzahl 1.000) überschritten wird (1), wird eine Fehlermeldung „Gesamt-Anzahl der Dateien: **XXX** von max. 200"[32] angezeigt. Der OK-Button für die Übertragung der Dateien in die Nachricht ist nicht mehr verfügbar (2). Es muss auch hier ein neuer Anlauf mit einer kleineren Gesamtmenge versucht werden. Leider können aus dem Fenster „Anhänge hochladen" keine einzelnen Dateien entfernt werden.

52 *Hinweis*

Zu bedenken ist, dass bei Anbringung einer qualifizierten elektronischen Signatur das beA-System eine Signaturdatei erzeugt (Anzahl 1), die ebenfalls ein, wenn auch geringes, Datenvolumen aufweist. Auch wenn die hochzuladende Dateianzahl bzw. das Dateivolumen zunächst unter den maximal zulässigen Höchstgrenzen bleibt, kann sich durch die Anbringung der qualifizierten elektronischen Signatur die Überschreitung dieser Grenzen ergeben.

53 Von einer solchen Fehlermeldung kann ein Screenshot siehe Rdn 95 ff. in diesem Kapitel erstellt und abgespeichert werden, um bei evtl. Ersatzeinreichung, siehe § 3 Rdn 96 u. 119, den Nachweis für die entsprechende Glaubhaftmachung beifügen zu können.

---

31 Seit 1.4.2022 100 MB, ab 1.1.2023 200 MB gem. 2. ERVB 2022 Nr. 3.
32 Seit 1.4.2022 200 Dateien, ab 1.1.2023 1.000 Dateien gem. 2. ERVB 2022 Nr. 3.

D. Logische Nummerierung und Dateinamen

Bis 31.12.2021 war in § 2 ERVV noch gefordert, dass das elektronische Dokument schlagwortartig mit einem „sprechenden Namen" zu versehen ist. Dem Verordnungsgeber war wichtig, dass der Aufwand für Gerichte, Gerichtsvollzieherinnen und Gerichtsvollzieher bei der Führung einer elektronischen Akte möglichst geringgehalten wird und daher der Dateiname schlagwortartig den Inhalt des elektronischen Dokuments zusammenfasst und bei mehreren elektronischen Dokumenten eine logische Nummerierung schon bei der Übermittlung enthält, sodass eine einfache Zuordnung möglich ist.[33] Nach dem Willen des Verordnungsgebers sollte der Dateiname des Schriftsatzes der üblichen Bezeichnung in der jeweiligen Prozessordnung entsprechen, beispielhaft wurden angeführt:[34]

- Klageschrift
- Klageerwiderung
- Berufungsschrift
- Revisionsschrift
- Kostenfestsetzungsantrag

54

Die Anforderung an den Dateinamen wird jedoch seit dem 1.1.2022 nicht mehr in § 2 ERVV gefordert. Jedoch gibt der Gesetzgeber in Nr. 6 der 2. ERVB 2022 vor, welche Zeichen bei Dateinamen zulässig sind und damit auch, welche nicht zulässig sind. Die bis 31.12.2021 in § 2 ERVV geforderte logische Nummerierung wurde in Nr. 6 c) ee) der 2. ERVB 2022 umgeparkt. Schriftsatz und Anlagen sollen neben der Inhaltsbezeichnung durch die Voranstellung einer fortlaufenden Nummerierung wie z.B. 01, 02, 03, etc. geordnet werden.

55

Gerichte bitten teilweise darum, bei der Bezeichnung der Dateien gewissen Vorgaben einzuhalten; eine bundeseinheitliche Bezeichnung hat sich bis heute jedoch nicht durchgesetzt und ist grundsätzlich immer nur „Wunsch" und nicht zwingend einzuhalten. Insbesondere das Land NRW bemüht sich darum, durch sinnvolle Dateinamen allen Beteiligten den elektronischen Rechtsverkehr zu erleichtern, siehe dazu auch https://www.justiz.nrw.de/Gerichte_Behoerden/anschriften/elektronischer_rechtsverkehr/ERV_Hinweise/index.php (Abruf: 2.10.2022) unter „Allgemeine Hinweise zur Benennung von elektronischer Post". Hier finden sich nicht nur Anregungen für die Benennung von Dateien im Allgemeinen sondern auch sog. „Namenskonventionen" für besondere Verfahren. Werden diese Vorgaben nicht eingehalten, führt dies aber nicht zu einer unwirksamen Einreichung von Dokumenten. So wird u. A. darum gebeten, inhaltsleere Standardnamen bei Dokumenten zu vermeiden (z.B. „Dok1.pdf"). Dieser Bitte sollte schon im eigenen Interesse entsprochen werden.

56

Die auf der Internetseite der Justiz NRW beispielsweise abgedruckte Namenskonvention für Zivilsachen[35] betrifft die Bezeichnung von Dokumenten in der elektronischen Akte im Zivilbereich und richtet sich an die gerichtsinterne Bezeichnung. Hieran kann man sich jedoch auch als Einreicher von Schriftsätzen orientieren.

57

---

33 Verordnung über die technischen Rahmenbedingungen des elektronischen Rechtsverkehrs und über das besondere elektronische Behördenpostfach (Elektronischer-Rechtsverkehr-Verordnung – ERVV) vom 20.9.2017, BT-Drucks 645/17, 12, 13.
34 Verordnung über die technischen Rahmenbedingungen des elektronischen Rechtsverkehrs und über das besondere elektronische Behördenpostfach (Elektronischer-Rechtsverkehr-Verordnung – ERVV), BR-Drucks 657/17 vom 20.9.2017, 13 zu Kap. 2, zu § 2 Abs. 1.
35 https://www.justiz.nrw.de/Gerichte_Behoerden/anschriften/elektronischer_rechtsverkehr/ERV_Hinweise/Zwischentext-2/Namenskonvention-Zivil.pdf (Abruf: 2.10.2022).

58 *Hinweis*
Eine fehlerhafte Bezeichnung des Dateinamens soll nach dem Willen des Verordnungsgebers jedoch nicht zur Zurückweisung des elektronischen Dokuments nach § 130a Abs. 6 ZPO und den entsprechenden Vorschriften für die Fachgerichte in der ab 1.1.2018 geltenden Fassung führen![36] Es wäre wünschenswert gewesen, diese Klarstellung in den Verordnungstext selbst aufzunehmen, nicht lediglich in die Begründung zur Verordnung. Wird im Hinblick auf die Eilbedürftigkeit einer Einreichung auf die zeitaufwendige Gestaltung der Dateinamen verzichtet und der Schriftsatz z.B. mit einer Scan-Nummer als Dateinamen eingereicht, darf dies keine Fristennachteile mit sich bringen. Wichtig ist in diesen Fällen dann aber umso mehr, die Versendung der richtigen Datei vor dem Streichen der Frist durch Öffnen der Datei nochmals zu prüfen. Sofern allerdings der Fehler im Dateinamen das Hochladen von Anhängen und damit Versenden bereits verhindert, greifen diese Ausführungen nicht, siehe Rdn 65 u. 76 in diesem Kapitel.

59 Zum Thema Postausgangskontrolle – auch – anhand des Dateinamens siehe § 14 Rdn 64 ff. in diesem Werk.

E. Strukturierter Datensatz

60 Nach § 2 Abs. 3 ERVV soll dem elektronischen Dokument ein strukturierter maschinenlesbarer Datensatz im Format xml (Extensible Markup Language) beigefügt werden. Hierdurch soll die automatisierte Erfassung bestimmter Grunddaten durch die Gerichte und im weiteren Verfahren die Zuordnung des elektronischen Dokuments zu einem bereits anhängigen Gerichtsverfahren ermöglicht werden (sog. e-work-flow).

61 Nach § 2 Abs. 3 ERVV sollen in diesem Datensatz **mindestens** folgende Angaben enthalten sein:
- Die Bezeichnung des Gerichts
- Sofern bekannt, das Aktenzeichen des Verfahrens
- Die Bezeichnung der Parteien oder Verfahrensbeteiligten
- Die Angabe des Verfahrensgegenstandes
- Sofern bekannt, das Aktenzeichen eines denselben Verfahrensgegenstand betreffenden Verfahrens
- Die Bezeichnung der aktenführenden Stelle, § 2 Abs. 3 Nr. 1–5 ERVV

62 *Hinweis*
Nach den Ausführungen des Verordnungsgebers soll eine Zurückweisung des elektronischen Dokuments wegen unterlassener oder fehlerhafter Übermittlung eines strukturierten Datensatzes nicht in Betracht kommen.[37]

63 Die Definitions- oder Schemadateien für strukturierte maschinenlesbare Datensätze werden von der Bundesregierung gem. § 5 Abs. 1 Nr. 2 ERVV im Bundesanzeiger **und** auf der Internetseite www.justiz.de bekannt gemacht; zurzeit finden sich die Angaben in Nr. 2 der 2. ERVB 2022.

64 Zulässig ist dabei, dass die entsprechende Bekanntmachung auch weitere Inhalte des strukturierten Datensatzes bestimmt, wie etwa das Rechtsgebiet oder die Eilbedürftigkeit.

---

36 Verordnung über die technischen Rahmenbedingungen des elektronischen Rechtsverkehrs und über das besondere elektronische Behördenpostfach (Elektronischer-Rechtsverkehr-Verordnung – ERVV), BR-Drucks 657/17, 13 v. 20.9.2017 zu Kap. 2, zu § 2 Abs. 2.
37 A.a.O.

F. Umlaute/Sonderzeichen

Bis April 2021 gab es Probleme bei der gerichtsinternen Weiterbearbeitung eingegangener Nachrichten, wenn im Dateinamen z.B. Umlaute enthalten waren. Der BFH hatte in einem Fall Wiedereinsetzung in den vorigen Stand gewährt, weil er davon ausgegangen war, dass ein Dokument nicht eingegangen ist, wenn zwar eine Eingangsbestätigung erteilt wird, das Dokument aber in ein Verzeichnis für korrupte Nachrichten verschoben wurde, auf das der BFH keinen Zugriff hat, und wenn der BFH von diesem Vorgang nicht benachrichtigt worden ist.[38] Zu kritisieren ist an dieser Entscheidung, dass der BFH zwar „anwaltsfreundlich" Wiedereinsetzung gewährte, es aber nach diesseitiger Ansicht einer solchen nicht bedarf, denn sobald eine positive Eingangsbestätigung erfolgt ist, darf vom Zugang der Nachricht ausgegangen werden. Interne Probleme mit dem Server des Gerichts dürfen hier keine Rolle spielen.

So hatte denn der BGH im Mai 2020 folgerichtig entschieden, dass Probleme mit Umlauten oder Sonderzeichen bei der Justiz nicht zulasten des Anwalts gehen.[39] Insbesondere, so der BGH, sähen weder der für den Streitfall maßgebliche § 2 der Verordnung über den elektronischen Rechtsverkehr beim BGH und BPatG[40] noch die ERVV und die (damals geltende) ERVB 2018 ein Verbot von Umlauten vor.[41] Dies ist zwar inzwischen anders, wie sich aus nachstehender Rdn 71 ergibt, jedoch bleibt die Entscheidung des BGH in ihrer Aussage

> „Die Bekl. musste nicht damit rechnen, dass ein Dokument, dessen Dateiname Umlaute enthält, von einem internen Rechner des Gerichts nicht abgeholt werden kann, obwohl der Versand über das besondere elektronische Anwaltspostfach möglich ist und die erfolgreiche Übermittlung des Dokuments bestätigt worden ist",[42]

insofern weiterhin aktuell, als dass gerichtsinterne Probleme bei erfolgter positiver Eingangsbestätigung nicht zulasten des Einreichers gehen.

Noch zur alten Rechtslage hat der BGH auch 2022 entschieden, dass dann, wenn die Möglichkeit besteht, dass eine Berufungsbegründung auf der für den Empfang elektronischer Dokumente bestimmten Einrichtung des Berufungsgerichts gespeichert worden ist und nur nicht von anderen Rechnern innerhalb des Gerichtsnetzes abgeholt werden konnte, das Berufungsgericht weiter aufzuklären hat, ob das Dokument eingegangen ist.[43]

So führt der BGH in dieser Entscheidung aus:

> „Gemäß § 130 a V 1 ZPO ist ein elektronisches Dokument eingegangen, sobald es auf der für den Empfang bestimmten Einrichtung des Gerichts gespeichert ist. Ob es von dort aus rechtzeitig an andere Rechner innerhalb des Gerichtsnetzes weitergeleitet oder von solchen Rechnern abgeholt werden konnte, ist demgegenüber unerheblich. Hierbei handelt es sich um gerichtsinterne Vorgänge, die für den Zeitpunkt des Eingangs des Dokuments nicht von Bedeutung sind."[44]

Und weiter:

> „Dementsprechend steht es der Wirksamkeit und Rechtzeitigkeit des Eingangs nicht entgegen, wenn der für die Abholung von Nachrichten eingesetzte Rechner im internen Netzwerk das Dokument nicht von dem Intermediär-Server des Gerichts herunterladen kann, sondern lediglich eine Fehlermeldung erhält (…)."[45]

---

38 BFH v. 5.6.2019 – IX B 121/18, BFHE 264, 409 = NZA 2019, 1158 = NJW 2019, 2647, 2648.
39 BGH, Urt. v. 14.5.2020 – X ZR 119/18, NZA 2020, 1199.
40 BGH/PatGERVV v. 24.8.2007, BGBl I 2007, 2130, zuletzt geändert durch Verordnung v. 24.11.2017, BGBl I 2017, 3803 – siehe hierzu auch die Ausführungen in diesem Kapitel unter Rdn 3.
41 BGH, a.a.O., Rn 16.
42 BGH, a.a.O., Rn 21.
43 BGH, Beschl. v. 8.3.2022 – VI ZB 25/20, NJW 2022, 1820.
44 BGH, a.a.O., Rn 8.
45 BGH, a.a.O., Rn 8.

70 Die Aufklärungspflicht über den Verbleib eines Dokuments, das „gerichtsintern verloren geht", sieht der BGH bei Gericht und **nicht** beim Anwalt, wie sich aus dem 2. Leitsatz des BGH ergibt:

> „2. Besteht die Möglichkeit, dass eine Berufungsbegründung auf der für den Empfang elektronischer Dokumente bestimmten Einrichtung des Berufungsgerichts gespeichert worden ist und nur nicht von anderen Rechnern innerhalb des Gerichtsnetzes abgeholt werden konnte, so hat das Berufungsgericht weiter aufzuklären, ob das Dokument eingegangen ist."[46]

71 Seit dem beA-Update im April 2021 sind Umlaute in Dateinamen technisch übermittelbar, ebenso der Buchstabe „ß", was die Problematik in der Praxis entschärft hat.

72 Unter Nr. 6. a) aa) bis dd) der 2. ERVB 2022 sind die Buchstaben und Ziffern aufgelistet, die in Dateinamen zulässig sind:

- alle Buchstaben des deutschen Alphabets einschließlich der Umlaute ä, ö, ü und ß,
- alle Ziffern,
- die Zeichen Unterstrich und Minus, und
- Punkte, wenn sie den Dateinamen von Dateiendungen trennen.

73 Dies bedeutet aber auch, dass u.a. folgende Zeichen nicht zulässig sind:

- Sonderzeichen wie &, %, $, § usw.
- Klammern
- Schrägstrich
- Zeichen wie !, :, + oder *

74 Auch Kombinationen wie z.B. „./." sind nicht zulässig.

75 Ebenfalls unzulässig sind Leerzeichen, wie z.B. Anlage K 1 statt AnlageK1.

76 *Hinweis*

Im beA können Dokumente, die im Dateinamen unzulässige Zeichen/Leerzeichen tragen, gar nicht erst hochgeladen werden. Es wird jedoch dringend empfohlen, entsprechende Hinweise an alle Mitarbeiter und Anwälte der Kanzlei zu geben, um unnötige Zeitverluste bei einer erforderlichen Umbenennung von Dateinamen zu vermeiden. Denn nach Ansicht des OLG Frankfurt a.M. ist eine Wiedereinsetzung ausgeschlossen, wenn aufgrund der Unkenntnis des einreichenden Anwalts eine Frist versäumt wird:

> „Scheitert eine rechtzeitige Übermittlung der Berufungsbegründungs-schrift per beA, weil der Prozessbevollmächtigte um 23:46 Uhr versucht, diese gemeinsam mit einer Prozessvollmacht in das System hochzuladen, das sodann um 23:50 Uhr eine Fehlermeldung wegen eines unzulässigen Dateinamens der Prozessvollmacht auswirft, ist der Prozessbevollmächtigte seinen Sorgfaltspflichten nicht hinreichend nachgekommen."[47]

G. Heilung bei Dateimängeln

77 „Über die Anforderungen der ERV-Verordnung hinaus entscheidet im Einzelfall das jeweilige Gericht, ob ein elektronisches Dokument zur Bearbeitung geeignet ist",

---

46 BGH, a.a.O., Ls. 2.
47 OLG Frankfurt a.M., Beschl. v. 3.11.2021 – 6 U 131/21, GRUR-RS 2021, 37408.

so der Verordnungsgeber in der Begründung zur Verordnung.[48] Es kommt also subjektiv[49] darauf an, ob das Gericht, bei welchem das Dokument eingeht, dieses bearbeiten kann und nicht, dass das Dokument bundesweit von allen denkbaren Gerichten bearbeitbar ist. Nach Ansicht des Verordnungsgebers können zur Bearbeitung ungeeignet sein:
- elektronische Dokumente, die mit Schadsoftware versehen sind,
- elektronische Dokumente, die durch ein Kennwort lesegeschützt sind.
- Insofern ist die Entscheidung des OLG Nürnberg,[50] ein bei Gericht eingereichter Antrag könne nicht deshalb mangels Einhaltung der Vorgaben des § 130a Abs. 2 ZPO zurückgewiesen werden, wenn trotz Verwendung eines zulässigen Formats (PDF) beim Kopieren von Textteilen in ein anderes elektronisches Dokument durch das Gericht eine unleserliche und sinnentstellte Buchstabenreihung entsteht, beachtlich. Ein im internen Gerichtsbetrieb auftretender Fehler führt eben nicht zur Unwirksamkeit der Einreichung.[51] Diese Entscheidung des BGH ist noch zur inzwischen behobenen Problematik der „Umlaute" ergangen; in ihrer Kernaussage aber auch heute noch zutreffend.

Nach richtiger Ansicht des BGH bedarf es zur formwirksamen Einreichung nicht die Einbettung von Schriftarten (wie dies noch mit der inzwischen aufgehobenen ERVB 2019 gefordert worden war).[52]

§ 130a Abs. 6 ZPO regelt die Möglichkeit der Nachreichung, wenn ein elektronisches Dokument zur Bearbeitung bei Gericht nicht geeignet ist.[53] 78

> „(6) ¹Ist ein elektronisches Dokument für das Gericht zur Bearbeitung nicht geeignet, ist dies dem Absender unter Hinweis auf die Unwirksamkeit des Eingangs unverzüglich mitzuteilen. ²Das Dokument gilt als zum Zeitpunkt der früheren Einreichung eingegangen, sofern der Absender es unverzüglich in einer für das Gericht zur Bearbeitung geeigneten Form nachreicht und glaubhaft macht, dass es mit dem zuerst eingereichten Dokument inhaltlich übereinstimmt."

Vorsicht: Zum einen teilen Gerichte nicht unbedingt mit, woran ein Dokument „krankt", sodass man dies oft mühevoll erst selbst herausfinden muss. Nach Auffassung des BAG ist aber auch die 79

> „einmalige Möglichkeit der Nachreichung auch ausreichend, um den Zugang zu den Gerichten ohne unverhältnismäßige Einschränkung zu gewährleisten."[54]

Da der Gesetzgeber zum 1.1.2022 die Anforderungen an elektronische Dokumente erheblich abgesenkt hat, siehe hierzu auch Rdn 10 ff. in diesem Kapitel, ist die Gefahr, Fehler zu machen, deutlich gesunken. Passiert jedoch ein Fehler, ist zu beachten, dass die Nachreichung nur dann funktioniert, wenn nicht nur das Dokument in einer geeigneten Bearbeitungsform nachgereicht wird, vielmehr muss auch **gleichzeitig glaubhaft gemacht** werden (z.B. durch eidesstattliche Versicherung), siehe § 294 ZPO, dass das nachgereichte Dokument mit dem zuerst eingereichten Dokument inhaltlich übereinstimmt. Fehlt es an der Glaubhaftmachung, wird die Nachreichung vom Gericht abgelehnt werden. Die Anforderung, dass die Identität der Dokumente glaubhaft zu machen ist, ist logisch nachvollziehbar. Durch die Glaubhaftmachung bleibt es dem Richter erspart, die Inhaltsgleichheit der Dokumente selbst prüfen zu müssen. Zur Art und Weise der Glaubhaftmachung bei Ersatzeinreichung (nicht zu verwechseln mit der hier behandelten Nachreichung) siehe aber auch § 3 Rdn 110 ff. in diesem Werk. Die dort genannten Glaubhaftmachungsmittel können auch bei Nachreichung zur Anwendung kommen. Das BAG vertritt zudem die Auf- 80

---

48 Wie vor zu S. 11 zu § 1 (Anwendungsbereich), Abs. 2.
49 BT-Drucks 19/28399, 33, 40; BAG, Beschl. v. 25.4. 2022 – 3 AZB 2/22 NJW 2022, 1832.
50 OLG Nürnberg, Beschl. v. 31.1.2022 – 3 W 149/22, NJOZ 2022, 286.
51 OLG Nürnberg, a.a.O., Rn 18 sowie schon: BGH, Urt. v. 14.5.2020 – X ZR 119/18, Rn 13, GRUR 2020, 980 = NZA 2020, 1199.
52 BAG, Beschl. v. 25.4.2022 – 3 AZB 2/22, NJW 2022, 1832.
53 Siehe dazu u.a. auch: §§ 46c Abs. 6 ArbGG, 55a Abs. 6 VwGO, 65a Abs. 6 SGG, 52a Abs. 6 FGO sowie § 14 Abs. 2 FamFG, 125a PatG, 4 InsO i.V.m. § 130a Abs. 6 ZPO.
54 BAG, Beschl. v. 12.3.2020 – 6 AZM 1/20, NJW 2020, 1694 = NZA 2020, 607; siehe hierzu auch Rdn 12 in diesem Kapitel.

§ 12 Elektronische Dokumente

fassung, dass dann, wenn das Gericht nicht unverzüglich auf Formmängel im elektronischen Dokument hinweist, dadurch weder die Notwendigkeit noch die Möglichkeit des gesetzlichen Heilungsverfahrens entfällt.[55] Ein nicht unverzüglicher Hinweis des Gerichts kann, so das BAG, der Gegenseite daher nicht zum Vorteil gereichen.[56]

81 Wie ist vorzugehen, wenn eine entsprechende Monierung des Gerichts erfolgt?

> *Beispiel*
> Vorhaben: Versand Berufungsbegründung per beA
> Ergebnis: Gericht moniert nach § 130a Abs. 6 ZPO einen Dateimangel
> Was ist zu tun?
> 1. Fristen notieren (**Tag des Eingangs der Monierung (heute)** für Nachreichung + Wiedereinsetzungsfrist mit Vorfrist).
> 2. Sofern der Mitarbeiter und nicht ein Anwalt selbst die Post öffnet: sachbearbeitenden Anwalt informieren.
> 3. Herausfinden, woran das Dokument krankt, sofern dies nicht vom Gericht konkret mitgeteilt wird.
> 4. Dokument neu aufbereiten und in „passende Form" bringen.
> 5. Dokument inhaltlich **nicht** ändern! Vorsicht auch bei Feldfunktionen beim Datum. Diese sollten unbedingt deaktiviert sein. Ein geändertes Datum ist eine inhaltliche Änderung.
> 6. Unverzügliche Nachreichung **und** gleichzeitige Glaubhaftmachung der Übereinstimmung mit dem zuvor eingereichten Dokument z.B. durch eidesstattliche Versicherung.
> 7. Erkundigen bei Gericht/Geschäftsstelle, ob nun alles passt.
> 8. Aktenvermerk fertigen (Datum, Uhrzeit, angerufene Telefonnummer, Name Gesprächsteilnehmer).
> 9. Bei Unsicherheiten ist der sachbearbeitende Anwalt einbeziehen.
> 10. Hinweis erfolgt nur einmal – d.h. sicherheitshalber Wiedereinsetzungsfrist notieren, siehe 1.; Fristen streichen, sobald alles korrekt erledigt ist.

H. Mehrere Fehler

82 Bedauerlicherweise kommt es immer wieder vor, dass, wenn schon einmal ein Fehler passiert, sich dem ersten gleich der zweite Fehler anschließt. Hier ist besondere Vorsicht geboten. Wird z.B. ein elektronisches Dokument, das zur Bearbeitung durch das Gericht nicht geeignet ist, eingereicht, so bleibt nach § 130a Abs. 6 ZPO die zuvor beschriebene Heilung durch unverzügliche Nachreichung (mit Glaubhaftmachung), wenn das Gericht auf die Ungeeignetheit hinweist. Wenn aber zeitgleich die Fristsache z.B. zu spät eingereicht worden ist, kann das Fristversäumnis nicht über § 130a Abs. 6 ZPO geheilt werden. Hier muss vielmehr, sofern es sich um eine wiedereinsetzungsfähige Frist handelt, Wiedereinsetzung in den vorigen Stand beantragt werden.

83 Folgende Fehler können somit **nicht** gem. § 130a Abs. 6 ZPO durch **Nachreichung** und Glaubhaftmachung geheilt werden:
- Übermittlung eines Dokuments an das falsche Gericht
- Fristversäumnis (fehlende oder zu späte Einreichung)
- Wahl eines falschen Rechtsmittels
- Fehler im Bereich der elektronischen Signatur (z.B. qualifizierte elektronische Signatur ist technisch fehlgeschlagen; qualifizierte elektronische Signatur ist nicht vorhanden und/oder einfache elektroni-

---

55 BAG, Beschl. v. 25.4.2022 – 3 AZB 2/22, NJW 2022, 1832.
56 BAG, a.a.O., Rn 28.

sche Signatur stimmt nicht mit dem Postfachinhaber überein (einfache elektronische Signatur und VHN nicht übereinstimmend)[57]

Beispiel 84

Rechtsanwalt K reicht eine Berufungsbegründung nebst umfangreichen Anlagen als ZIP-Datei erst nach Fristablauf (00:03 Uhr des Folgetags) bei Gericht ein. Das Gericht moniert die Ungeeignetheit des Dateiformats gem. § 130a Abs. 6 ZPO und verweist auf die Möglichkeit zur Heilung. Gleichzeitig weist das Gericht darauf hin, dass aufgrund der Verfristung die Verwerfung der Berufung beabsichtigt ist. Das Gericht setzt eine Frist zur Stellungnahme von drei Wochen.

Was ist hier zu tun?
- Frist für die unverzügliche Nachreichung (möglichst am selben Tag) notieren und unverzügliche Nachreichung und Glaubhaftmachung der inhaltlichen Identität gem. § 130a Abs. 6 ZPO, siehe hierzu auch Rdn 81 in diesem Kapitel.
- Frist für den Antrag auf Wiedereinsetzung in den vorigen Stand mit entsprechender Vorfrist notieren (hier: Frist 1 Monat,[58] § 234 Abs. 1 S. 1 ZPO) und ggf. Antrag auf Wiedereinsetzung in den vorigen Stand stellen; versäumte Prozesshandlung dann zwingend nachholen (siehe hierzu auch § 21 in diesem Werk)
- Stellungnahme zur Verwerfungsabsicht des Gerichts
- Ggf. Haftpflichtversicherung informieren

I. PDF – Umwandlung leicht gemacht

Schriftsätze und sonstige Schriftstücke werden hauptsächlich über ein Textbearbeitungsprogramm in der Kanzleipraxis erstellt. Diese Dokumente müssen gem. § 2 Abs. 2 ERVV, siehe hierzu auch Rdn 28 u. 35 ff. in diesem Kapitel vor dem Einsatz im Zusammenhang mit dem ERV in PDF-Dokumente umgewandelt werden. Das beispielhafte Vorgehen wird hier anhand der Textverarbeitungssoftware MS Office Word 365 vorgestellt. 85

Nach Fertigstellung des Dokuments wird diese im originären Format gesichert und in einem zugewiesenen Verzeichnis gespeichert. Die Umwandlung erfolgt i.d.R. direkt aus dem Textverarbeitungsprogramm. Über das Register „Datei/Kopie speichern" und die Festlegung des richtigen Ablageverzeichnisses wird ein geeigneter Dateiname bestimmt (1), der zu nutzende Dateityp auf PDF (*.pdf) eingestellt (2) und durch Klick auf „Optionen" (3) festgelegt, dass das zu erstellende PDF-Dokument in der Ausprägung PDF/A zu erzeugen ist. 86

---

[57] Siehe dazu auch OLG Karlsruhe, Beschl. v. 16.7.2019 – 17 U 423/19, BeckRS 2019, 15207 sowie die umfassenden Ausführungen zu den Anforderungen an elektronische Signaturen in § 11 in diesem Werk.
[58] Die Frist beträgt zwei Wochen bei Versäumung von Notfristen bzw. der Wiedereinsetzungsfrist selbst!

87

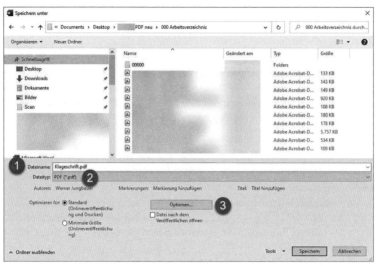

Abb. 3: Word Datei als PDF-Dokument speichern

88 Nach dem Öffnen der Optionen wird der Haken in den PDF-Optionen bei PDF/A-kompatibel gesetzt (1). Diese Einstellung bleibt bis zum Widerruf auf diesem Arbeitsplatz erhalten. Die neue Einstellung wird durch Klick auf den Button OK bestätigt (2) und das Dokument durch weiteren Klick auf „Speichern" des dann wieder erscheinenden „Speichern unter" Dialogfensters gespeichert.

89

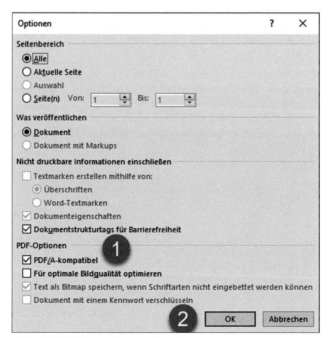

Abb. 4: Festlegung, dass PDF/A Dokumente erzeugt werden.

I. PDF – Umwandlung leicht gemacht | § 12

Bis zur MS Office Word Version 2013 wurde beim Erzeugen von PDF-Dokumenten die Ausprägung PDF/A-1A erstellt. Ab der MS Office Word Version 2016 ist das erzeugte PDF-Dokument ein PDF/A-3A Dokument.

90

Word 2010   **Word 2013**   **Word 2016**

erzeugt PDF/A-1A   erzeugt PDF/A-1A   erzeugt PDF/A-3A
                                                  Kein Hinweis mehr auf
                                                  ISO 19005-1

91

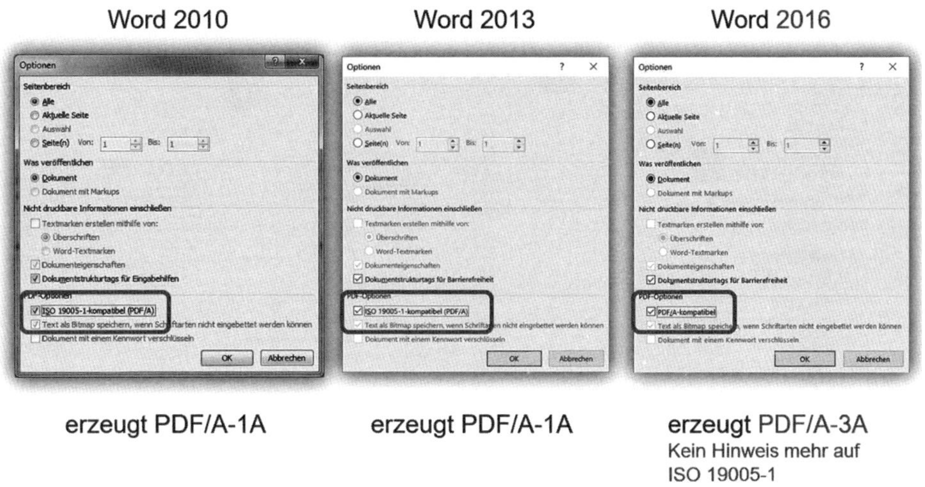

Abb. 5: PDF/A Erzeugung in den unterschiedlichen MS Office Wordversionen.

In einem PDF-Bearbeitungsprogramm wird (hier am Beispiel von Adobe Acrobat pro DC) angezeigt, dass es sich um ein PDF/A-Dokument handelt. In diesem Programm wird am oberen Rand des Darstellungsbereichs ein blauer Balken eingeblendet, der den Hinweis enthält, dass es sich bei der Datei um ein PDF/A-Dokument handelt (1), das schreibgeschützt geöffnet wird. Dieser Schutz verhindert, dass das geöffnete Dokument verändert oder z.B. mit Kommentaren versehen werden kann. Will man die Bearbeitung wiederherstellen, benötigt es nur einen Klick mit der linken Maustaste auf den Button „Bearbeitung aktivieren" (2). Im linken Arbeitsbereich kann über den Button „Standard" (3) ein Infobereich geöffnet werden, der die aktuelle Konformität, um welches PDF/A es sich handelt, anzeigt. Im gezeigten Beispiel ist es ein PDF/A-3A (4).

92

Wird das Dokument bearbeitet, muss das Dokument im PDF-Bearbeitungsprogramm erneut als PDF/A-Dokument gespeichert werden, um diese Ausprägung wieder zu erhalten.

§ 12   Elektronische Dokumente

93

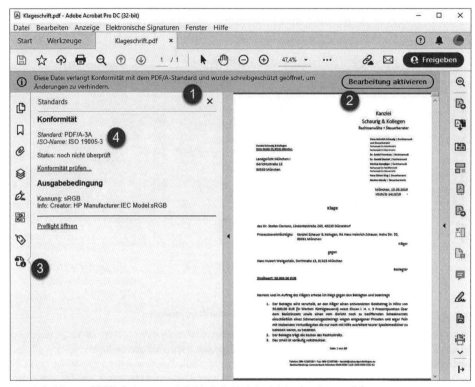

Abb. 6: Geöffnetes PDF/A-Dokument mit Prüfmöglichkeit im Adobe Acrobat pro DC

94 Es gibt unterschiedliche PDF-Typen und -Versionen, welche sich in verschiedenen Punkten unterscheiden. Hier einige Ausprägungen im Rahmen eines vereinfachten Überblicks:[59]
- PDF/A-1A – Level A (Accessible) Erscheinungsbild und Unicode sind gegeben: Struktur des Dokuments für Screenreader erfassbar = + Barrierefreiheit
- PDF/A-1B – Level B (Basic) Erscheinungsbild bleibt erhalten = Langzeitarchivierung
- PDF/A-2A: – Level A (Accessible) Anforderungen der ISO 19005–2 erfüllt = u.a. alle strukturellen und semantischen Eigenschaften
- PDF/A-2B: – Level B (Basic) Erscheinungsbild bleibt erhalten = Langzeitarchivierung
- PDF/A-2U: – Level U (Unicode-Textsemantik) wie 2b, plus: gesamter Text in Unicode Text kann indexiert werden – vereinfacht Durchsuchbarkeit (OCR)
- Für alle PDF/A-2: u.a. Ebenen erlaubt, transparente Elemente erlaubt, Dateien einbetten
- PDF/A-3: insb. Erweiterung ggü. PDF/A-2 = Container, Ursprungsdaten, mit denen das PDF erstellt wurde, können beigefügt werden
- PDF/A-4 seit 11.2020. Basiert auf PDF 2.0 in zwei Ausprägungen. PDF/A-4F auch Anhänge, die nicht PDF/A entsprechen, und PDF/A-4E für den Engineering-Bereich unter Einbindung von 3D-Inhalten

---

59 Quelle: https://de.wikipedia.org/wiki/PDF/A – abgewandelt (Abruf 2.10.2022).

J. Erstellung von Screenshots

I. Einsatz von Screenshots

Ein Screenshot ist ein Schnappschuss einer am Monitor evtl. nur vorübergehend dargestellten Information oder erkennbaren Sachzusammenhangs. Oft ist es notwendig, auf dem Bildschirm Dargestelltes zumindest vorübergehend bildlich festzuhalten. Dies kann geschehen, um sich eine weiter zu verarbeitende Information nicht merken zu müssen, sondern als Bild verfügbar zu halten und unbegrenzte Zeit wieder darauf zugreifen zu können. Insbesondere in den Fällen des vorübergehenden technischen Versagens, wenn dieses z.B. gem. § 130d S. 2 ZPO glaubhaft gemacht werden muss, können Screenshots hilfreich und notwendig sein, siehe dazu auch Rdn 53 in diesem Kapitel. Zum Beweiswert von Screenshots siehe auch § 3 Rdn 120 ff. in diesem Werk.

95

Es kann auch erforderlich sein, dass die Informationen in einen bestehenden Text integriert werden oder Anzeigen auf dem Bildschirm zur Dokumentation bildlich festgehalten werden sollen. Beispiele für einen sinnvollen Einsatz könnten sein:

96

- Eine Fehlermeldung im beA, die mit einem Klick auf den OK-Button oder auf den Button „Weiter" wieder verlorenginge, festzuhalten (z.B. Fehlermeldung bei der Stapelsignatur im beA).
- Meldungen im beA, die darauf hinweisen, dass z.B. eine Nachricht nicht gesendet werden konnte oder schlicht der Versuch, sich im beA anzumelden, wiederholt scheitert.
- Während einer Internetrecherche gefundene Informationen bildlich, z.B. in ein Dossier, einzubringen.

II. Erstellen eines Screenshots

Es gibt verschiedene Methoden, z.B. mit verfügbaren Bordmitteln oder mit zusätzlicher Software, einen Screenshot zu erstellen, die entweder kostenfrei eingesetzt oder kostenpflichtig erworben werden kann.

97

Ein Screenshot kann erzeugt werden:

98

- über die Tastatur mit Tastenkürzel,
- mit dem Betriebssystem mitgelieferte Software,
- mit Zusatzsoftware, die in der Regel gekauft oder als Abo zur erworben werden muss.

III. Screenshot via Tastenkürzel

Bei Nutzung eines Windows Betriebssystems kann mit der „Druck"-Taste (1) **oder** der Windows-Logo-Taste (2) + „Druck"-Taste (3) ein Screenshot des Bildschirms erzeugt werden. Die „Druck"-Taste befindet sich oft rechts neben der F12 Taste (1) auf der Tastatur oder im Block der Dokumentensteuerung (3). Der erzeugte Screenshot enthält den Inhalt des Bildschirms oder der Bildschirme (wenn mehrere Bildschirme zur Verfügung stehen).

99

- Über die Tastenkürzel oder Shortcuts „Druck"-Taste oder Strg + „Druck"-Taste oder Windows-Logo-Taste + „Druck"-Taste kann ein Screenshot des Inhalts des gesamten Bildschirms erzeugt werden.
- Über die Tastenkürzel/Shortcuts Alt + „Druck"-Taste oder Strg + Alt + „Druck"-Taste wird ein Screenshot nur des aktiven/ausgewählten Fensters erzeugt, nicht des gesamten Bildschirms.

§ 12 Elektronische Dokumente

100

Abb. 7: Beispieltastatur 1.

101

Abb. 8: Beispieltastatur 2.

102 Dabei kann nicht nur ein Teil des Bildschirms oder ein Teil des aktiven/ausgewählten Fensters in den Screenshot übernommen werden, sondern es wird immer der gesamte Bildschirm oder das gesamte Fenster dargestellt.

IV. Screenshot mit vom Betriebssystem zur Verfügung gestellter Software

1. App Snipping Tool (Windows)

Mit der App „Snipping Tool" können unter Windows individuelle Screenshots erzeugt werden. Die Screenshot-Ausschnitte können rechteckig, freihändig, ein selektiertes Fenster oder den ganzen Bildschirm betreffend gewählt werden. Um die App „Snipping Tool" ausführen zu können, kann der Begriff „Snipping Tool" in das Windows-Suchfeld eingegeben werden.

Abb. 9: Snipping Tool als Windows App.

Durch Klick auf „Neu" (1) kann über „Modus" (2) die Art des Ausschnitts (siehe oben) gewählt werden. Über die Funktion „Verzögerung" (3) kann eine Bildschirmaufnahme um ein bis fünf Sekunden verzögert werden. Man kann in dieser Zeit noch Änderungen für den Bereich des Screenshots vornehmen, bevor der Screenshot ausgeführt und der ausgewählte Bereich in der App angezeigt wird. Die erzeugte Auswahl kann mit einfachen Werkzeugen nachbearbeitet und als Datei abgespeichert werden. Im Startbildschirm der App Snipping Tool wird der Hinweis (4) eingeblendet, dass dieses schon seit „Urzeiten" existierende Hilfsmittel in naher Zukunft durch die App „Ausschneiden und skizzieren" ersetzt wird.

2. App Ausschneiden und skizzieren (Windows)

„Ausschneiden und skizzieren" ist die Nachfolge-App des „Snipping Tools". Der App-Name wird z.B. in das Windows-Suchfeld eingegeben und durch Anklicken der gefundenen App oder über die Tastenkombination Windows-Logo + Umschalt-Taste + S gestartet.

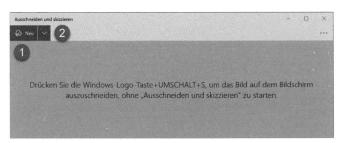

Abb. 10: Nachfolge App des Snipping Tools als Windows App.

| § 12 | Elektronische Dokumente |

108 Über das Drop-Down-Menü (2) kann bestimmt werden, ob ein sofortiger Screenshot erfolgen oder die Ausführung des Screenshots um drei bzw. zehn Sekunden verzögert werden soll. Durch Klick mit der linken Maustaste auf Neu (1) kann die Art des Screenshots gewählt werden. Es besteht die Möglichkeit, eine rechteckige sowie eine frei definierbare Form (ziehen und Auswahl mit gedrückter linker Maustaste) auszuwählen. Ebenso können ein bestimmtes Fenster oder der gesamte Bildschirm (bei mehreren aktiven Bildschirmen werden alle Bildschirme dargestellt) ausgewählt werden.

109 Auch in der App „Ausschneiden und skizzieren" können einfache Korrekturen oder Ergänzungen am erzeugten Bild vorgenommen und das fertige Produkt in die Zwischenablage (z.B. mit der Tastenkombination Strg + C) genommen, auf einem Datenträger oder in der Explorer-Struktur abgespeichert werden.

3. Screenshots mit einem Mac von Apple

110 Apple-Computer mit Mac OS X bieten verschieden Möglichkeiten, Screenshots zu erzeugen. Screenshots können, wenn der Mauszeiger über das Fenster, von dem ein Screenshot erzeugt werden soll, bewegt wird, in eine Datei gespeichert (Umschalt+cmd+4) oder auf dem Schreibtisch abgelegt (Umschalt+ctrl+cmd+4) werden. Der Mauszeiger wird im Anschluss zum Fadenkreuz und es kann ein Bildschirmausschnitt durch Ziehen mit gedrückter linker Maus ausgewählt werden. Nach dem Loslassen der Maustaste wird ein Screenshot in der Zwischenablage abgelegt. Wird nach dem Erscheinen des Fadenkreuzes die Leertaste gedrückt, wandelt sich das Fadenkreuz in einen Fotoapparat und es wird durch Klick mit der linken Maustaste der gesamte Bildschirm als Screenshot in der Zwischenablage gelegt.

111 Um einen Screenshot des gesamten Bildschirms zu erhalten, kann auch „Umschalt + ctrl + cmd + 3" gedrückt werden. Um den Screenshot auf dem Schreibtisch speichern zu können, wird die Tastenkombination „Umschalt + cmd+ 3" gedrückt.

112 Alle Screenshots, die auf dem Schreibtisch/der Festplatte des Mac-Computers gespeichert werden, werden mit der Dateibezeichnung „Bildschirmfoto Datum Uhrzeit" abgelegt. Mit dem Programm „Vorschau" kann der auf einem Mac erzeugte Screenshot gleich weiterverarbeitet und in einem beliebigen Format abgespeichert werden. Nachdem „Vorschau" gestartet wurde, hat man die Möglichkeit über „Ablage/Bildschirmfoto aufnehmen" eine Auswahl zwischen „Auswahl ..." (freie Ausschnittwahl des Screenshots), „Fenster ..." und „Gesamter Bildschirm" zu wählen. Im Programm „Vorschau" kann der Screenshot bearbeitet und anschließend in die Zwischenablage gelegt und in einem Dokument eingefügt oder abgespeichert werden.

4. Zusatzsoftware (z.B. Snagit von TechSmith)

Unter den vielen kommerziell angebotenen Software-Produkten, die Screenshots erzeugen können, möchten wir ein Werkzeug herausgreifen, das, unserer Meinung nach, ein sehr gutes Preis-Leistungs-Verhältnis aufweist: die App Snagit von TechSmith.[60] Sie kann für zurzeit ca. 60 EUR pro Lizenz erworben werden und wird über einen sog. Wartungsvertrag alle Jahre für zurzeit ca. 10 EUR aktualisiert. Neben vielen zusätzlichen Funktionen lassen sich über diese Software Screenshots erzeugen, die umfangreich nachbearbeitet werden können. Bei Interesse kann die Software zurzeit 15 Tage kostenfrei getestet werden. Kontakt: https://www.techsmith.de/snagit.html (Abruf 2.10.2022).

113

K. Vom Umgang mit Anlagen

I. Müssen Anlagen signiert werden?

Der Gesetzgeber regelt in § 130a Abs. 3 S. 2 ZPO:

114

> *Satz 1 gilt nicht für Anlagen, die vorbereitenden Schriftsätzen beigefügt sind.*

Somit müssen Anlagen weder qualifiziert elektronisch signiert noch einfach elektronisch signiert mit Eigenversand (siehe dazu § 130a Abs. 3 S. 1 Alt. 1 u. 2 ZPO) versehen werden. Der Gesetzgeber definiert allerdings nicht, was unter dem Begriff „Anlagen" zu verstehen ist. In der Praxis wird häufig grundsätzlich alles, was nicht Schriftsatz ist, dem Schriftsatz aber beigefügt wird, als „Anlage" bezeichnet. Hier ist jedoch zu unterscheiden.

Wird z.B. eine offene Rechnungsforderung eingeklagt und werden die Rechnung nebst drei Mahnungen des Mandanten als Anlage K 1 bis Anlage K 4 zum Schriftsatz mit eingereicht, ist davon auszugehen, dass hier § 130a Abs. 3 S. 2 ZPO greift und z.B. die Anbringung einer Signatur des Anwalts nicht erforderlich ist.

115

Für andere „Anlagen" ist dies anders zu sehen. Handelt es sich bei der „Anlage" um eine Erklärung des **Mandanten** (PKH-/VKH-Erklärung/eidesstattliche Versicherung/Vollmacht etc.) oder um eine **materiell-rechtliche Erklärung** (Kündigung, Widerruf, Anfechtung etc.) gegenüber Gegnern, ist zwingend eine gesonderte Betrachtung erforderlich. Auch stellt sich zudem die Frage, wann auf ein Original verzichtet werden kann (Papierform) und wann nicht. Die nachstehenden Rdn 117 ff. behandeln einige dieser in der Praxis aufgetretenen Fragen. Für Arbeitsrechtler empfehlen wir die weitergehende Lektüre eines umfangreichen Aufsatzes von *Poguntke/von Villiez*, der sehr lesenswert ist.[61] § 130a Abs. 3 S. 2 ZPO ist nicht dazu gedacht, prozessuale Nachweiserfordernisse abzumildern.[62]

116

II. Eidesstattliche Versicherungen

Bei eidesstattlichen Versicherungen ist nach diesseitiger praktischer Erfahrung die Übermittlung eines Scans wohl ausreichend, denn eine eidesstattliche Versicherung kann schriftlich, mündlich und damit auch per Fax abgegeben werden.[63] Schließlich ist auch eine mündlich abgegebene falsche eidesstattliche Versicherung strafbar.

117

---

60 Https://www.techsmith.de/.
61 *Poguntke/von Villiez*, „Digitale Dokumente und elektronischer Rechtsverkehr im Arbeitsrecht", NZA 2019, 1097.
62 Siehe dazu auch Anm. Toussaint zu AG Calw, Beschl. v. 5.7.2022 – 9 M 471/22, FD-ZVR 2022, 450710 = BeckRS 2022, 17091.
63 BayObLG, Urt. v. 23.2.1995 – 5 St RR 79/94, NJW 1996, 406.

118　So wird es denn auch für ausreichend für die zivilprozessuale Anerkennung erachtet, wenn der Prozessbevollmächtigte eine Faxkopie weiterreicht.[64] Fordert das Gericht das Original nach, sollte es natürlich vorgelegt werden.

III. Vollmachten

1. Prozessvollmacht

119　Wir unterscheiden z.B. eine Handlungsvollmacht nach BGB und eine Prozessvollmacht nach ZPO oder anderen Verfahrensordnungen (z.B. § 11 FamFG).

120　Eine Prozessvollmacht ist grundsätzlich „schriftlich" zu den Akten zu reichen, § 80 ZPO. Schriftlich bedeutet: im Original unterschrieben, d.h. Papierform, sofern der Mandant die Vollmacht nicht qualifiziert elektronisch signiert hat (was u.E. zulässig wäre, siehe dazu §§ 126 Abs. 4 i.V.m. § 126a BGB und ein fehlender Ausschluss durch elektronische Ersetzung in § 80 ZPO). Es verfügt jedoch nur ein geringer Anteil der Mandanten bisher über die Möglichkeit der Anbringung einer qualifizierten elektronischen Signatur. Das mag sich mit der fortschreitenden Digitalisierung ändern.

121　Der BGH geht in seiner Entscheidung vom 29.9.2021 davon aus, dass die Vollmachtsurkunde grundsätzlich schriftlich vorzulegen ist und verweist insoweit auch auf § 126 BGB,[65] wobei der hier angesprochene Fall die fehlende Vorlage einer Originalvollmacht eines Inkassodienstleisters betraf. Zum 1.1.2021 hat sich die Rechtslage in diesem Bereich jedoch geändert. § 753a ZPO regelt, dass bei der Durchführung der Zwangsvollstreckung wegen Geldforderungen in das bewegliche Vermögen Bevollmächtigte nach § 79 Abs. 2 S. 1 und 2 Nr. 3 u. 4 ZPO ihre ordnungsgemäße Bevollmächtigung zu versichern haben und es eines Nachweises einer Vollmacht in diesen Fällen nicht bedarf.[66] Die Entscheidung des AG Calw, das im Vollstreckungsverfahren bei Einreichung des ZV-Auftrags via beA die Vorlage einer Originalvollmacht forderte,[67] ist vor dem Hintergrund zu sehen (und zu verstehen), dass der Anwalt eine entsprechende Versicherung nicht abgegeben hatte. Übersehen hatte das Gericht hier jedoch nach Ansicht von *Toussaint*[68] § 88 Abs. 2 ZPO, der regelt, dass das Gericht den Mangel der Vollmacht von Amts wegen (nur) zu berücksichtigen hat, wenn nicht als Bevollmächtigter – wie hier – ein Rechtsanwalt auftritt. Dabei betont der BGH in einer aktuellen Entscheidung die besondere Vertrauensstellung, welche Anwälte genießen, weshalb die Regelung in § 88 Abs. 2 ZPO gerechtfertigt ist.[69] Nachdem der Gegner einen Mangel der Vollmacht nicht gerügt hatte, hätte es dem Gerichtsvollzieher u.E. jedenfalls nicht zugestanden, einen solchen zu rügen; denn es ist kein Grund ersichtlich, warum ein Gerichtsvollzieher weitergehende Befugnisse als ein Gericht haben sollte. Zu vergessen ist dabei nicht, dass grundsätzlich die Erteilung einer Prozessvollmacht formlos möglich ist,[70] lediglich zu ihrem Nachweis bedarf es der Schriftform. Zulässig ist daher auch eine Vollmachtserteilung durch Aufnahme der Erklärung in das Sitzungsprotokoll[71] oder aber die Vorlage einer beglaubigten Abschrift der Vollmacht.[72]

64　BGH, Urt. v. 16.4.2002 – KZR 5/01, S. 7, GRUR 2002, 915.
65　BGH, Beschl. v. 29.9.2021 – VII ZB 25/20, Rn 15, NJOZ 2022, 338; eine ähnlich lautende Entscheidung des BGH betraf einen Fall nach alter Rechtslage; BGH, Beschl. v. 4.5.2022 – VII ZB 18/18, becklink 2023761 (hier: keine Nichtigkeit der Vollstreckungshandlung).
66　Art. 8 des Gesetzes zur Verbesserung des Verbraucherschutzes im Inkassorecht und zur Änderung weiterer Vorschriften v. 22.12.2020, BGBl. I, 3320.
67　AG Calw, Beschl. v. 5.7.2022 – 9 M 471/22, BeckRS 2022, 17091.
68　Anm. *Toussaint* zu AG Calw, Beschl. v. 5.7.2022 – 9 M 471/22, FD-ZVR 2022, 450710.
69　BGH, Beschl. v. 4.5.2022 – VII ZB 18/18, Rn 18, becklink 2023761.
70　Zöller/*Althammer*, ZPO, 34. Aufl. 2022, § 80 Rn 5.
71　Zöller/*Althammer*, a.a.O.
72　BGH, Beschl. v. 27.3.2002 – III ZB 43/00, Rn 2a, NJW-RR 2002, 933.

122 Haftungsträchtig kann es allerdings werden, wenn der Gegner den Mangel der Vollmacht rügt. Zwar hilft § 88 Abs. 2 ZPO in der Praxis hier oft weiter, aber gerade in **einstweiligen Verfügungsverfahren** sollte man sich hierauf nicht verlassen. Denn schon 1994 hat der BGH entschieden, dass eine Prozessvollmacht per Fax den Anforderungen des Nachweises durch Schriftform nicht genügt; etwas anderes kann daher – aufgrund der aktuell weiter geltenden Rechtslage – auch nicht für eine per beA übermittelte eingescannte Vollmacht gelten.[73] Rügt ein Gegner im Verfahren des einstweiligen Rechtsschutzes den Mangel der Prozessvollmacht, muss der Nachweis durch Vorlage der Originalvollmacht auch hier erfolgen.[74] Das LG Bochum hatte eine erlassene einstweilige Verfügung aufgehoben, da lediglich eine mit Unterschrift des Mandanten versehene, eingescannte Prozessvollmacht mit dem Antrag eingereicht worden war, und die schriftliche Vollmacht bis zum Tag des Schlusses der mündlichen Verhandlung nicht vorgelegt worden war.[75] Die Entscheidung ist abzulehnen, soweit das LG Bochum seine Entscheidung (auch) darauf stützt, dass im Hinblick auf Sinn und Zweck eines Eilverfahrens eine Fristsetzung nicht in Betracht kommen würde.[76] Gerade im Hinblick auf die besondere Vertrauensstellung der Anwälte[77] und die Tatsache, dass eine vom Auftraggeber unterschriebene, eingescannte Vollmacht vorgelegt worden war, wäre hier eine entsprechende Fristsetzung – im Eilverfahren ggf. mit kurzer Frist – geboten gewesen. Durch die Nachreichung der schriftlichen Vollmacht wäre der Mangel ohne Weiteres heilbar gewesen. Diese Möglichkeit der Heilung hätte nach unserer Ansicht auch keine unzumutbare Belastung für den Antragsgegner bedeutet. Eine vollmachtslose Vertretung durch einen Prozessbevollmächtigten ist i.d.R. „eher unwahrscheinlich", wären die berufs- und ggf. strafrechtlichen Konsequenzen für einen Anwalt bei Vorlage einer von ihm gefälschten Vollmacht nun auch gravierend. Anders ist dies möglicherweise zu sehen, wenn das Gericht vor dem Erlass der einstweiligen Verfügung oder aber nach Erhebung des Widerspruchs terminiert und auch im Termin die bisher fehlende Originalvollmacht nicht vorgelegt wird.

123 Im Übrigen gelten die Ausführungen auch bei Vertretung durch Untervollmacht; auch hier ist eine schriftliche Vollmacht als Nachweis vorzulegen und nach Ansicht des BGH muss ein Unterbevollmächtigter seine Vertretungsmacht bis auf die Partei zurückführen.[78] Eine Nachreichung der Vollmacht heilt rückwirkend.[79]

124 Die Frist zur Nachreichung des Originals gem. § 88 ZPO ist nach BGH keine Ausschlussfrist; die Nachreichung ist bis zum Schluss der mündlichen Verhandlung oder dem in § 128 Abs. 2 S. 2 ZPO bestimmten Zeitpunkt möglich.[80] Möglich ist aber auch die Genehmigung der bisherigen Prozessführung durch die Partei oder ihren neuen Vertreter. In der Praxis kann zudem beobachtet werden, dass zurzeit Gerichte gehäuft in der mündlichen Verhandlung nach der schriftlichen Vollmacht fragen.

125 Unseres Erachtens ist die zwingende Vorlage einer Original-Prozessvollmacht nicht mehr zeitgemäß. Während der Gesetzgeber u.a. selbst für den Urkundenprozess die Vorlage der Urkunde, auf die der Anspruch gestützt wird, nur noch in Abschrift fordert, sollen Anwälte die vom Mandanten erteilten Prozessvollmachten im Original vorlegen müssen. Auch im einstweiligen Verfügungsverfahren reicht es zur Darlegung des Verfügungsgrundes i.d.R. aus, entsprechende Glaubhaftmachungen durch Kopien oder Scans anzubieten. Vor allem wenn der Anwalt die eingescannte Originalvollmacht via beA an das EGVP des Gerichts übermittelt, das einen amtlichen Kommunikationsweg darstellt, müsste nach unserer Auffassung ausreichend sein, die Vollmacht nachzuweisen. Selbst der BGH sieht einen Zustellungsmangel (hier ein-

---

73 BGH, Urt. v. 23.6.1994 – I ZR 106/92, NJW 1994, 2298.
74 OLG Saarbrücken, Urt. v. 30.4.2008 – 1 U 461/07, BeckRS 2008, 10967.
75 LG Bochum, Urt. v. 4.10.2017 – I-13 O 136/17, BeckRS 2017, 135526.
76 LG Bochum, a.a.O. Rn 13.
77 BGH, Beschl. v. 4.5.2022 – VII ZB 18/18 Rn 18, becklink 2023761.
78 BGH, a.a.O., Rn 24 unter Verweis auf BGH, Beschl. v. 27.3.2002 – III ZB 43/00, NJW-RR 2002, 933, juris Rn 8.
79 Zitiert nach BGH, der eine Heilung gar erst im Beschwerdeverfahren ex tunc angenommen hat, a.a.O., Rn 25: „vgl. GmS-OGB, Beschluss vom 17. April 1984 – GmS-OGB 2/83, BGHZ 91, 111, juris Rn. 13; RG, Urteil vom 24. Oktober 1906 – V. 78/06, RGZ 64, 211, 217; MünchKommZPO/Toussaint, 6. Aufl., § 89 Rn. 17."
80 BGH, Beschl. v. 14.12.2011 – XII ZB 233/11, NJW-RR 2012, 515.

fache statt beglaubigter Abschrift) als geheilt an, wenn die Zustellung in das beA eines Anwalts erfolgt.[81] Denn im Hinblick darauf, dass ab 1.1.2026 Gerichtsakten zwingend nur noch elektronisch zu führen/anzulegen sind, und eingegangene Originalvollmachten nach Scanvorgang ggf. durch Mitarbeiter des Gerichts vernichtet werden, wäre daher eine entsprechende Regelung des Gesetzgebers dringend und wünschenswert.

126
> *Praxistipp*
>
> Im Hinblick auf die bisherige strenge Rechtsprechung und Möglichkeit der Anforderung des Originals der Prozessvollmacht durch das Gericht sollte u.E. grundsätzlich der Mandant angehalten werden, eine schriftliche Prozessvollmacht zu erteilen, die rechtzeitig dem Gericht im Original zu übermitteln ist. Eine Kopie der Vollmacht sollte zu den eigenen Handakten gespeichert/abgeheftet werden. Keinesfalls sollte man sich – gerade in einstweiligen Verfügungsverfahren darauf verlassen, dass es (dauerhaft) mit einer Kopie getan ist. Denn häufig wird gerade in Terminen in einstweiligen Verfügungsverfahren die Vollmacht gerügt, was dann auf Antragstellerseite zu einem abweisenden Urteil führen kann, wenn die Vorlage der Originalvollmacht im Termin nicht möglich ist. Ob der Gesetzgeber die Schriftformanforderung für Prozessvollmachten im Hinblick auf das digitale Zeitalter anpassen wird, bleibt abzuwarten. Entsprechende Vorhaben sind den Verfassern aus laufenden Gesetzgebungsverfahren zum Zeitpunkt der Drucklegung nicht bekannt geworden.

2. Vollmacht nach § 174 BGB

127 Eine **Handlungsvollmacht**, die einen Anwalt im Namen des Mandanten zur Anfechtung, Kündigung oder z.B. einem Widerruf ermächtigt, kann nach diesseitiger Ansicht elektronisch (zurzeit) nicht dargestellt werden,[82] denn § 174 BGB spricht von einer „Urkunde" und nicht von einer „elektronischen Urkunde". Auch die Rechtsprechung des BGH, dass ein Fax-Exemplar einer Handlungsvollmacht nicht wirksam ist, bestätigt die Annahme der Unwirksamkeit bei einem Scan:

> *„Die Telefaxkopie einer Originalvollmacht ist keine Vollmachtsurkunde im Sinne des § 174 S. 1 BGB."*[83]

128 Die Zurückweisung der Vollmacht ist allerdings ausgeschlossen, wenn der Vollmachtgeber den anderen von der Bevollmächtigung in Kenntnis gesetzt hatte, § 174 S. 2 BGB.

129 Nach Auffassung des BGH[84] liegt der Vorschrift des § 174 BGB zugrunde,

> *„dass bei einem einseitigen Rechtsgeschäft eine Vertretung ohne Vertretungsmacht unzulässig ist (§ 180 I 1 BGB) und es daher im dringenden Interesse des Erklärungsempfängers liegt zu wissen, ob der als Vertreter Auftretende bevollmächtigt ist oder nicht."*

Ein Mangel der Vertretungsmacht kann nicht rückwirkend geheilt werden.[85] Etwas anderes gilt für die Prozessvollmacht, siehe dazu die Ausführungen unter Rdn. 119 ff., insbesondere Rdn. 123. Ob die Vorlage der Vollmachtsurkunde bei jedem Rechtsgeschäft erneut erforderlich ist oder ein Verweis auf die frühere Vorlage reicht, ist strittig.[86] Um den Rahmen dieses Werks nicht zu sprengen, wird insoweit auf die gängigen Kommentierungen zu § 174 BGB verwiesen.

---

81 So auch der BGH, der durch die Übermittlung von EGVP an beA eine Heilung eines Zustellungsmangels sieht: BGH, Urt. v. 11.2.2022 – V ZR 15/21, NJW 2022, 1816.
82 So auch: MüKoBGB/*Schubert*, BGB, § 174 Rn 19.
83 BGH, Urt. v. 10.10.2017 – XI ZR 457/16, NJW-RR 2018, 116.
84 BGH, Versäumnisurt. v. 30.3.2022 – VIII ZR 283/21, Rn 61, NJW-RR 2022, 1093.
85 BGH, Beschl. v. 25.10.2012 – V ZB 5/12, Rn 16, NJW 2013, 297.
86 MüKo-BGB/*Schubert*, BGB, 9. Aufl. 2021, § 174 Rn 20.

Festzuhalten bleibt jedoch, dass im elektronischen Zeitalter Vorgänge, die in Papierform ohne Weiteres möglich waren, so z.B. die Schriftsatzkündigung durch einen den Arbeitgeber vertretenden Rechtsanwalt (Vorlage der Kündigung und der entsprechenden Vollmacht im Original), im elektronischen Zeitalter nicht mehr möglich sind. Denn hier scheitert die Möglichkeit, für den Auftraggeber materiell-rechtliche Erklärungen via Schriftsatz an das Gericht bzw. mittels elektronischem Schreiben gegenüber dem Gegner via beA abzugeben, in der heutigen Zeit regelmäßig bereits daran, dass die Berechtigung zur Abgabe materiell-rechtlicher Erklärungen durch den Anwalt in der Regel durch Vollmacht nachgewiesen werden muss. Selbst wenn somit eine für die materiell-rechtliche Erklärung gesetzlich vorgeschriebene Schriftform durch die elektronische Form ersetzt werden könnte, bleibt in der Praxis das „Problem" der Original-Handlungsvollmacht. Zu materiell-rechtlichen Erklärungen siehe auch Rdn. 131 in diesem Kapitel. Zudem sind sowohl Handlungsvollmacht als auch materiell-rechtliche Erklärung dem Gegner zu übermitteln. Selbst wenn daher die schriftliche Kündigungserklärung z.B. eines Bauvertrags gem. § 650h BGB durch die elektronische Form i.S.d. § 126a BGB ersetzt werden könnte und die Vollmacht hierfür der Gegenseite bereits vorläge, bliebe noch die Unwägbarkeit, dass man sich darauf verlassen müsste, dass das Gericht/die Geschäftsstelle die entsprechende Erklärung mit der dazu gehörigen qualifizierten elektronischen Signatur-Datei (zur Erforderlichkeit siehe Rdn. 131 ff. in diesem Kapitel) auch an die Gegenseite zustellt.

Praxistipp
Wird die Vorlage einer Handlungsvollmacht gem. § 174 BGB erforderlich, sollte die Vollmacht ggf. mit der dazugehörigen Erklärung dem Gegner nachweisbar übermittelt und ggf. im Schriftsatz auf diesen Vorgang Bezug genommen werden.

IV. PKH-Erklärungen

Bei dem PKH-Antrag handelt es sich, sofern er nicht zu Protokoll der Geschäftsstelle erklärt wird, um einen schriftlich einzureichenden Antrag gem. § 130a ZPO, weshalb, sofern der Antrag durch einen Rechtsanwalt gestellt wird, auf die umfangreichen Ausführungen u.a. zu § 11 in diesem Werk verwiesen werden kann.

Zu einem PKH-Antrag in einem sozialgerichtlichen Verfahren hat der BFH bereits 2006 in diesem Sinne entschieden.[87] Dem Antrag ist gem. § 117 Abs. 2 S. 1 ZPO eine Erklärung der Partei über ihre persönlichen und wirtschaftlichen Verhältnisse beizufügen, wobei es für dieses Formular gem. § 117 Abs. 3 ZPO eine zwingend zu beachtende Formularverordnung gibt.[88] Das Formular ist unter dem dort genannten Buchstaben k auf der letzten Seite von der Partei selbst zu unterschreiben, wobei die Vorgaben im amtlichen Formular gem. der Anlage 1 zu § 1 Abs. 1 PKHFV einen sog. Rechtsnormcharakter haben und damit rechtsverbindlich sind. Der vollständig ausgefüllte und vom Antragsteller unterschriebene Prozesskostenhilfe-Erklärungsvordruck kann nach Ansicht vieler Gerichte auch in Form eines elektronischen Dokuments mit eingescannter Unterschrift vorgelegt werden.[89]

Das LAG Mecklenburg-Vorpommern hält fest, dass zwar zunächst der Scan ausreichend ist, auf Anforderung des Gerichts jedoch das Original nachgereicht werden muss.[90]

---

87 BFH, Beschl. v. 19.2.2016 – X S 38/15 (PKH), BeckRS 2016, 94574.
88 Verordnung zur Verwendung eines Formulars für die Erklärung über die persönlichen und wirtschaftlichen Verhältnisse bei Prozess- und Verfahrenskostenhilfe (Prozesskostenhilfeformularverordnung – PKHFV), VO v. 6.1.2014, BGBl I, 34.
89 LAG Sachsen, Beschl. v. 25.10.2018 – 4 Ta 52/18, NZA-RR 2019, 278 unter Verweis auf:
PKHFV v. 22.1.2014 sowie LAG Schleswig-Holstein, Beschl. v. 17.5.2017 – 6 Ta 67/17, BeckRS 2017, 121398, unter 2 c) bb).;
vgl. auch OLG Dresden, Beschl. v. 4.4.2018 – 4 W 325/18, BeckRS 2018, 7488 Rn 2.; LAG Rheinland-Pfalz, Beschl. v. 22.9.2004 – 8 Ta 97/04, BeckRS 2005, 40369 Rn 4; hier für Kopien.
90 LAG Mecklenburg-Vorpommern, Beschl. v. 18.6.2021 – 5 Ta 15/21, BeckRS 2020, 48514.

§ 12   Elektronische Dokumente

> „1. Zwar kann eine Erklärung über die persönlichen und wirtschaftlichen Verhältnisse, die nicht mit einer Originalunterschrift, sondern wegen Übermittlung per Fax oder beA mit einer fotokopierten oder eingescannten Unterschrift des Antragstellers versehen ist, den Anforderungen genügen, sofern feststeht, dass die Erklärung von der Partei stammt. Das schließt es jedoch nicht generell aus, im Rahmen des pflichtgemäßen Ermessens eine Glaubhaftmachung durch Nachreichung des Originals der Erklärung über die persönlichen und wirtschaftlichen Verhältnisse zu fordern.
>
> 2. Der Beiordnungsantrag eines auswärtigen Prozess-bevollmächtigten ist insgesamt zurückzuweisen, wenn der Rechtsanwalt nicht mit einer Beiordnung zu den Bedingungen eines Rechtsanwalts mit Niederlassung im Bezirk des Gerichts einverstanden ist, sondern ausdrücklich die uneingeschränkte Beiordnung beantragt und dadurch weitere Kosten entstehen würden."

135 In der Praxis ist zu beobachten, dass einige Gerichte mit einer eingescannten Erklärung zufrieden sind, wenn der einreichende Anwalt versichert, dass ihm das Original vorliegt.

136 *Praxistipp 1*
Sofern in der Kanzlei bereits auf E-Akte umgestellt worden ist, bietet es sich an, sich von der „Last des Papiers" zu befreien, indem man selbst die Übermittlung des Originals unmittelbar per Post vornimmt, nachdem elektronisch eingereicht wurde und nicht abgewartet wird, bis das Gericht in Wochen oder Monaten das Original abfragt. Sollte das Gericht das Original der Erklärung über die persönlichen und wirtschaftlichen Verhältnisse anfordern, verbietet sich nach diesseitiger Ansicht aufgrund von § 118 Abs. 2 S. 4 ZPO eine Verzögerung der Übermittlung. Denn hat der Antragsteller innerhalb einer vom Gericht gesetzten Frist Angaben über seine persönlichen und wirtschaftlichen Verhältnisse nicht glaubhaft gemacht oder bestimmte Fragen nicht oder ungenügend beantwortet, so lehnt das Gericht die Bewilligung der Prozesskostenhilfe insoweit ab. Eine fehlende Übermittlung der Originalerklärung könnte daher nachteilig in diesem Sinne für den Auftraggeber durch ein Gericht ausgelegt werden.

137 *Praxistipp 2*
Da der Antrag auf Bewilligung von Prozesskostenhilfe dem Antragsgegner gem. § 118 Abs. 1 S. 1 ZPO zur Stellungnahme zugeleitet wird, sollte die Erklärung über die persönlichen und wirtschaftlichen Verhältnisse bei elektronischer Einreichung zwingend als gesondertes Dokument beigefügt werden, um zu vermeiden, dass auch diese Erklärung dem Gegner versehentlich oder weil das Gericht davon ausgeht, dass diese aufgrund dieser Form der „Konvolut-Einreichung" ebenfalls zur Stellungnahme zugeleitet werden soll.

138 Bedauerlicherweise sind Bestrebungen des Gesetzgebers, hier für eine Klarstellung/Abhilfe zu sorgen, sodass in der Praxis mehr Rechtssicherheit zu dieser Frage bestünde, nicht ersichtlich, anders als im Bereich der Beratungshilfe, siehe dazu auch Rdn. 142 in diesem Kapitel.

V. Beratungshilfe

139 Fraglich ist, ob dem Gericht bei Antrag auf Festsetzung der Beratungshilfevergütung der Original-Berechtigungsschein vorgelegt werden muss (in Papier) oder nicht. Die bisherige Rechtsprechung hält die Vorlage des eingescannten Berechtigungsscheins für ausreichend:

„Der Antragsteller muss bei einem elektronisch eingereichten Antrag auf Festsetzung der Beratungshilfevergütung, dem der Berechtigungsschein als eingescanntes Dokument beigefügt ist, das Original des Berechtigungsscheins grundsätzlich nicht vorlegen." (Leitsatz der Schriftleitung)[91]

Andere Gerichte verlangen die Vorlage des Originals nur, wenn dies zur Glaubhaftmachung erforderlich ist.[92] **140**

In der Praxis begnügen sich einige Gerichte aber auch damit, dass von dem durchgestrichenen Original ein Scan übermittelt wird, sodass praktisch eine „Entwertung" sichtbar wird und die Sorge eines weiteren Einsatzes des Berechtigungsscheins ausscheidet. Hier bleibt abzuwarten, ob und ggf. wie der Gesetzgeber dieses Problem noch lösen wird. **141**

Am 16.6.2022 wurde der Referentenentwurf einer Verordnung zur Änderung der Zwangsvollstreckungsformular-Verordnung, der Beratungshilfeformularverordnung und der Verbraucherinsolvenzformularverordnung sowie zur Aufhebung der Gerichtsvollzieherformular-Verordnung in das Gesetzgebungsverfahren eingebracht.[93] Bis Ende Juli 2022 haben zahlreiche Verbände und Inkassounternehmen sowie Weitere zu den neuen Formularen und der geplanten neuen Verordnung Stellung genommen. Auf Rückfrage per Mail teilt das BMJ mit, dass angestrebt wird, dass der Bundesrat noch in diesem Jahr mit der Verordnung befasst wird. Mit Art. 2 dieser geplanten neuen Verordnung soll die Anlage 2 zur Beratungshilfeformularverordnung (BerHFV) geändert werden. Die Anlage 2 enthält das Formular, das Beratungspersonen (z.B. Rechtsanwälte) nutzen müssen, um einen Antrag auf Zahlung ihrer Vergütung gegenüber der Staatskasse zu stellen. Es soll mit dieser Änderung die elektronische Abrechnung der Beratungshilfe vereinfacht werden.[94] Es soll Anwälten ermöglicht werden, künftig bei Beantragung der Abrechnung gegenüber der Staatskasse nicht zwingend den Berechtigungsschein im Original beifügen zu müssen, sondern alternativ auch anwaltlich versichern zu können, dass ihre Beauftragung unter Vorlage des Originals des Berechtigungsscheins erfolgt ist. Der Verordnungsgeber würde damit der bisher schon von vielen Gerichten ausgeführten Praxis gerecht. Zu Recht verweist der Verordnungsgeber in seiner Begründung[95] darauf, dass der bisher im Abrechnungsformular enthaltene Passus *„Der Berechtigungsschein im Original (...) ist beigefügt."* misslich sei, da einige Gerichte bei elektronisch eingereichten Abrechnungsanträgen die Vorlage des Original-Berechtigungsscheins verlangen und die Übersendung eines elektronischen Dokuments (Scan) zur Glaubhaftmachung nicht ausreichen würde. Aus der Begründung zu dieser Neuregelung lässt sich entnehmen, dass der Hintergrund der bisher angeforderten Originalvorlage die aufgrund fehlender Beiordnung bei Beratungshilfe nicht sichere Legitimation der Beratungsperson ist. Im Kostenfestsetzungsverfahren muss jedoch sichergestellt sein, dass die antragstellende Beratungsperson tatsächlich beauftragt wurde und die rechtsuchende Person nicht unter Verwendung von Kopien statt des Originals mehrere Beratungspersonen beauftragt hat. Zuletzt stellt der Verordnungsgeber zudem fest, dass sich aus den gesetzlichen Vorgaben des Beratungshilfegesetzes keine Pflicht zur Vorlage des Originals des Berechtigungsscheins im Abrechnungsverfahren ergibt, weshalb es somit eigentlich auch keine Ermächtigungsgrundlage für eine solche Vorgabe im Formular gibt. Gem. § 155 Abs. 5 S. 1 RVG ist zwar § 104 Abs. 2 S. 1 ZPO entsprechend anzuwenden, sodass der Kostenansatz glaubhaft gemacht werden muss. Ein Mittel der Glaubhaftmachung kann aber dabei auch die anwaltliche Versicherung sein. Geplant ist daher, in der Anlage 2 zur BerHFV die von der Beratungsperson auszuwählende alternative Ankreuzmöglichkeit *„Die Beauftragung erfolgte unter Vorlage des Originals des Berechtigungsscheins. Zur Glaubhaftmachung wird auf die Anlage verwiesen."* zu ergänzen. **142**

---

[91] LG Osnabrück, Beschl. v. 24.1.2022 – 9 T 466/21, BeckRS 2022, 846; siehe dazu auch: *Gottschalk/Schneider,* Prozess- und Verfahrenskostenhilfe, Beratungshilfe, 10. Aufl. 2022, Rn 1302.
[92] OLG Saarbrücken, Beschl. v. 16.12.2019 – 9 W 30/19, NJW-RR 2020, 444.
[93] https://www.bmj.de/SharedDocs/Gesetzgebungsverfahren/Dokumente/RefE_VO_Aenderung_Zwangsvollstreckung.pdf;jsessionid=3BF531C16520F14251091A0644E65CBD.1_cid324?__blob=publicationFile&v=2 (Abruf: 2.10.2022).
[94] Referentenentwurf, a.a.O., zu Art. 2 (Änderung der Beratungshilfeformularverordnung), S. 58.
[95] A.a.O, 2. Abs.

VI. Materiell-rechtliche Erklärungen

143 § 126 i.V.m. § 126a BGB regelt die Möglichkeit der Ersetzung einer gesetzlich vorgeschriebenen Schriftform durch die elektronische Form; wobei in den besonderen Vorschriften des BGH hiervon zahlreiche Ausnahmen geregelt sind:

> *§ 126a BGB*
>
> *Soll die gesetzlich vorgeschriebene schriftliche Form durch die elektronische Form ersetzt werden, so muss der Aussteller der Erklärung dieser seinen Namen hinzufügen und das elektronische Dokument mit einer qualifizierten elektronischen Signatur versehen."*

144 Eine Ersetzung der Schriftform durch elektronische Form ist **nicht** möglich bei (keine abschließende Aufzählung!):
- Kündigung Dienstverhältnis, § 623 BGB
- Zeugniserteilung, § 630 BGB
- Leibrentenversprechen, § 761 S. 2 BGB
- Bürgschaftserklärungen, § 766 S. 2 BGB
- Abstrakte Schuldversprechen, § 780 S. 2 BGB
- Abstrakte Schuldanerkenntnisse, § 781 S. 2 BGB
- Erklärungen gem. NachweisG
- Bei vereinbartem Ersetzungsausschluss
- Bei Ausschluss durch Wortwahl im Gesetz („Vollmachtsurkunde" = Papier)

145 Achtung Haftungsfalle!

Der sichere Übermittlungsweg beA in Kombi mit der einfachen elektronischen Signatur kann nur im Verfahrensrecht die Unterschrift ersetzen, **nicht** bei materiell-rechtlichen Erklärungen, die eine Schriftform verlangen! Wenn bei gesetzlich vorgeschriebener Schriftform überhaupt (siehe Rdn 143 oben) eine Ersetzung im materiellen Recht erfolgen kann, dann ist zwingend eine qualifizierte elektronische Signatur anzubringen. Die Erklärung muss dann aber auch zusammen mit der qualifizierten elektronischen Signatur den Gegner erreichen! Auf eine Weiterleitung der Signaturdatei durch das Gericht sollte daher nicht vertraut werden.

146 Es empfiehlt sich dringend, aufgrund der gegebenen Unsicherheiten und auch im Hinblick auf die Notwendigkeit Vorlage einer Originalvollmacht, siehe Rdn 127 solche materiell-rechtlichen Erklärungen sicherheitshalber in Papierform gegenüber dem Gegner zu erklären und das Gericht ggf. im Verfahren hierüber in Kenntnis zu setzen.

147 Nicht alles, was im analogen Verfahren möglich war (siehe dazu beispielhaft die Schriftsatzkündigung im Arbeitsrecht), lässt sich auch im elektronischen Rechtsverkehr darstellen. Hier liegt ein besonderes Haftungsrisiko für Anwälte, wenn sie dies nicht erkennen.

148 *Tipp*

Erstellen Sie sich für die von ihnen bearbeiteten Rechtsgebiete Listen, in welchen Fällen Schriftform gefordert ist, ob und wie diese elektronisch ersetzt werden kann, um sich pragmatisch sichere Vorgehensweisen zu erschließen.

§ 13 Nachrichten erstellen und versenden

A. Vorbereitung eines Schriftsatzes

I. Erstellung von Schriftsätzen als Word-Datei

In diesem Kapitel wird das Erstellen und Versenden von Schriftsätzen via beA Schritt für Schritt erläutert. Zur Vermeidung von Wiederholungen wird die Kenntnis der Inhalte aus den §§ 11 u. 12 dieses Werks vorausgesetzt. Die Beschreibung erfolgt unabhängig von einer etwa vorhandenen Anwaltssoftware, da es zum einen nicht Ziel dieses Werks ist, einzelne Software-Anwendung wie RA-Micro, Annotext, Syndicus, Law Firm, Advoware, DATEV Anwalt, Kleos, WinMacs, Advolux, Renostar oder andere darzustellen, weil es den Rahmen dieses Werks bei Weitem sprengen würde, und zum anderen für Nutzer anderer Software-Lösungen weite Teile des Werks dann unbrauchbar wären. Zudem halten wir es für sinnvoll, die beA-Funktionen über die Webanwendung der BRAK gut zu kennen; auch um entscheiden zu können, ob und ggf. in welchem Umfang eine Schnittstelle der Anwaltssoftware zum Einsatz kommen soll.

Zunächst wird der Schriftsatz am PC/Laptop erstellt. Ob der Schriftsatz mittels Spracherkennung oder via Diktat erstellt oder getippt wird, spielt dabei keine Rolle. Es empfiehlt sich, einen elektronischen Briefkopf zu verwenden; so spart man das Ausdrucken auf Briefpapier und spätere Einscannen (doppelter Medienbruch). Der Schriftsatz wird in einem Verzeichnis auf dem PC/Laptop abgespeichert. Dabei wird darauf geachtet, dass bei Einreichung mehrerer Dokumente (z.B. bei einem Schriftsatz mit Anlagen) ein Schlagwort (sog. „sprechender Name") als inhaltliche Angabe und eine logische Nummerierung beim Speichern im Dateinamen aufzunehmen sind, vgl. hierzu auch § 12 Rdn 54 ff. dieses Werks.

II. Umwandlung des Schriftsatzes von einem Word-Dokument in ein PDF-Dokument

Nachdem der Schriftsatz zunächst als Word-Datei abgespeichert wurde, wird er zusätzlich als PDF-Datei gespeichert. Wird kein elektronischer Briefkopf verwendet, würde man an dieser Stelle den Schriftsatz auf Briefpapier ausdrucken und als PDF-Datei einscannen.

Das PDF-Dokument, gleich, ob Schriftsatz oder Anlage, muss bei dem Gericht, bei dem es eingereicht wird, bearbeitbar sein, siehe dazu § 130a Abs. 2 ZPO sowie die umfangreichen Ausführungen zu den Anforderungen an elektronische Dokumente in § 12 in diesem Werk.

In § 12 Rdn 9 sowie Rdn 77 dieses Werks ist u.a. auch zur Ermächtigungsgrundlage gem. § 5 ERVV für entsprechende Bekanntmachungen (ERVB) ausgeführt sowie zu § 130a Abs. 6 ZPO, der eine Heilungsmöglichkeit durch Nachreichung bei Dateimängeln enthält.

Eine einfache elektronische Signatur des den Schriftsatz verantwortenden Rechtsanwalts (z.B. Dr. Anton Mustermann, Rechtsanwalt, vgl. § 11 Rdn 20) sollte u.E. aus unterschiedlichen Gründen unter dem Schriftsatz **immer** angebracht sein, unabhängig davon, ob man diesen mit oder ohne qualifizierte elektronische Signatur einreichen möchte, siehe ausführlich § 11 Rdn 28 in diesem Werk.

III. Pflichtangabe der beA-Daten auf Schriftsätzen

§ 130 Nr. 1a ZPO verlangt die Angabe von Daten, die für eine Übermittlung elektronischer Dokumente erforderlich sind, sofern eine solche Angabe möglich ist. § 130 Nr. 1a ZPO wurde erst zum 18.5.2017 neu eingefügt.[1] Dabei wird nicht die Angabe der „technischen" beA-Adresse verlangt, somit einer beA-

---
1 Durch Art. 10 G. v. 12.5.2017, BGBl I, 1121.

§ 13 Nachrichten erstellen und versenden

SAFE-ID. Angegeben werden sollten vielmehr die Daten des zuständigen Sachbearbeiters, damit die elektronische Kommunikation mit Gerichten und anderen Verfahrensbeteiligten erleichtert wird und Irrläufer vermieden werden. Was der Gesetzgeber konkret wünscht, wird jedoch erst aus der Gesetzesbegründung ersichtlich. Erschreckend, aber auch bezeichnend ist, dass zur Begründung dieses harmlos anmutenden Halbsatzes in § 130 Nr. 1a ZPO eine ganze DIN A4-Seite erforderlich war.

7   Aus der Begründung des Gesetzgebers[2] lassen sich folgende Inhalte (zusammengefasst) entnehmen:
- Durch die Angaben soll u.a. die Zustellung durch Gerichte über das beA vereinfacht werden;
- angegeben werden sollen die Daten insbesondere zu beA, beN u. beBPo (Anm. d. Verfasser: was dann wohl bei entsprechender Nutzung auch für beSt u. eBO, siehe § 2 in diesem Kapitel gelten wird);
- angegeben werden soll nur ein solches elektronisches Postfach, an das rechtlich zulässig eine Übermittlung elektronischer Dokumente erfolgen darf (Anm. d. Verfasser: siehe dazu § 173 Abs. 1 ZPO sowie § 15 Rdn 11 f. dieses Werks);
- neben dem eigenen elektronischen Postfach sollen auch die Daten des elektronischen Postfachs des Prozessgegners/anderer Beteiligter bzw. deren Prozessbevollmächtigten angegeben werden
- die Bezeichnung soll so erfolgen, dass eine Übermittlung eines elektronischen Dokuments durch das Gericht möglich ist; ausreichend beim beA sind Vor- und Nachname sowie Anschrift; Angabe einer natürlichen Person (bzw. Namen der Gesellschaften, sofern Gesellschafts-beA oder Gesellschafts-beSt vorhanden ist);
- es besteht keine Pflicht, das Postfach eines mit der Vertretung beauftragten Rechtsanwalts zu ermitteln; zwar hat die Zustellung an den für den Rechtszug bestellten Prozessbevollmächtigten gem. § 172 Abs. 1 S. 1 ZPO zu erfolgen; für den Rechtszug bestellt ist ein Anwalt aber erst, wenn er dem Gericht seine Prozessvollmacht mitteilt oder die vertretene Partei oder der Prozessgegner die Bevollmächtigung anzeigt; andernfalls wird an die Partei selbst zugestellt
- die Bezeichnung des elektronischen Postfachs soll erfolgen in
  - vorbereitenden Schriftsätzen, § 130 ZPO,
  - der Klageschrift, § 253 Abs. 4 ZPO,
  - der Berufungsschrift, § 519 Abs. 4 ZPO,
  - der Revisionsschrift, § 549 Abs. 2 ZPO,
  - bei Nebenintervention, § 70 Abs. 2 ZPO,
  - in der Streitverkündungsschrift, § 73 ZPO
- aufgrund der Verweisungen in §§ 46 Abs. 2 S. 1 ArbGG, 173 S. 1 VwGO, 155 S. 1 FGO, 202 S. 1 SGG gilt § 130 Nr. 1a ZPO auch dort.

8   Für Ehe- und Familienstreitsachen gilt § 130 Nr. 1a ZPO gem. § 113 Abs. 1 S. 2 FamFG auch dort; für die „reinen" FamFG-Sachen hält der Gesetzgeber fest:[3]

„Für die anderen Familiensachen und für die Verfahren der freiwilligen Gerichtsbarkeit gibt es keine mit § 130 ZPO vergleichbare Regelung und auch keine Verweisung auf diese Norm. Die inhaltlichen und formellen Anforderungen sind in diesen Verfahren wegen der gerichtlichen Fürsorgepflicht geringer als in der ZPO ausgestaltet. Dies betrifft insbesondere den in § 23 Absatz 1 FamFG geregelten verfahrenseinleitenden Antrag (s.a. Sternal in: Keidel, FamFG, 18. Auflage 2014, § 23, Rn 1). In Amtsverfahren bestehen keinerlei formelle Anforderungen für die Anregung eines Verfahrens nach § 24 Absatz 1 FamFG. Über Synergieeffekte ist zu erwarten, dass die Neuregelung in § 130 Nummer 1a ZPO auch in die Bearbeitung aller FamFG-Verfahren Eingang finden wird."

9   Während man im Papierzeitalter ein Langrubrum bei Neueinreichung einer Klage oder eines Antrags verwendet hat (mit Angabe der vollständigen Adressen der Parteien und ihrer Prozessbevollmächtigten) und

---

[2] BT-Drucks 18/9521 v. 5.9.2016, 229.
[3] BT-Drucks, 18/952, a.a.O.

nach Kenntnis des Aktenzeichens auf das Kurzrubrum zurückgegriffen hat (Angabe des Aktenzeichens und der Namen der Parteien; jedoch oft nur teilweise noch der Prozessbevollmächtigten), wird es nach Kenntnis des Aktenzeichens eines Verfahrens im elektronischen Rechtsverkehr nach unserer Auffassung sinnvoll sein, mit einem „ERV-Rubrum" zu arbeiten und die Daten der Prozess-/Verfahrensbevollmächtigten nicht lediglich z.B. als Kürzel unter oder neben dem Datum des Schriftsatzes anzugeben, sondern deutlich sichtbar im Rubrum selbst, damit dies auch von den Mitarbeitern des Gerichts, die für die Weiterverarbeitung der Schriftsätze sorgen, ohne Probleme wahrgenommen werden kann. Möglich ist auch die Angabe der beA-SAFE-ID im Rubrum, da über diese inzwischen auch die Adressierung im beA erfolgen kann. Insbesondere bei namensgleichen RAen in einer Kanzlei kann diese Angabe hilfreich sein, Verwechslungen zu vermeiden.

Beispiel **10**
Az: **7 O 66773/22**
In Sachen
Anton Muster GmbH

– Klägerin –

Prozessbevollmächtigte: Huber & Schmidt Rechtsanwälte GbR, sachbearbeitender RA:
Dr. Erwin Schmidt, Klageweg 4, 80097 München

g e g e n
Modell AG

– Beklagte -

Prozessbevollmächtigte: Fröhlich Rechtsanwaltsgesellschaft mbH, sachbearbeitende RAin:
Dr. Johanna Fröhlich, Streitgasse 88, 50337 Köln

Jedoch Vorsicht: Die beA-Daten eines gegnerischen Prozessbevollmächtigten sollten nicht bereits bei **11** **Vermutung** einer Zustellungsbevollmächtigung angegeben werden; es sollte vielmehr eine deutliche Erklärung (z.B.: „Betrachten Sie mich als zustellungsbevollmächtigt für die beabsichtigte Klage.") vorausgegangen sein. Eine bereits erfolgte vorgerichtliche Tätigkeit des gegnerischen Prozessbevollmächtigten lässt nicht den Schluss zu, dass für die beabsichtigte Klage ebenfalls eine Zustellungsbevollmächtigung besteht. Vielfach wird hier – häufig aus Sorge, gegen das Umgehungsverbot des § 12 BORA zu verstoßen – ohne Gewissheit des Bestehens einer Zustellungsbevollmächtigung im „vorauseilenden Gehorsam" der vorgerichtlich tätige Anwalt als gegnerischer Prozessbevollmächtigter im Klagerubrum angegeben. Dies birgt Gefahren, wie die nachstehende Entscheidung des BGH zeigt:

„1. Gibt der Kläger im Rubrum der Klageschrift einen Rechtsanwalt als Prozessbevollmächtigten des Beklagten an, so ist dieser als für den Rechtszug bestellter Prozessbevollmächtigter gem. § 172 I 1 ZPO anzusehen und hat die Zustellung an ihn zu erfolgen (Fortführung von BGH, NJW 2000, 1957 L = NJW-RR 2000, 444; Aufgabe von BGH, LM § 176 ZPO [a.F.] Nr. 13; NJW-RR 1986, 286).
2. Das Risiko, dass der vom Kläger als Prozessbevollmächtigter des Beklagten bezeichnete Anwalt keine Prozessvollmacht besitzt und die an diesen bewirkte Zustellung deshalb unwirksam ist, trägt der Kläger (Anschluss an BVerfG, NJW 2007, 3486 [3488])."[4]

Wird im Rubrum der gegnerische Prozessbevollmächtigte in einer Klageschrift angegeben, hat die Zustellung durch das Gericht an diesen und nicht an die Partei unmittelbar zu erfolgen.[5] **12**

---

4 BGH, Urt. v. 6.4.2011 – VIII ZR 22/10, NJW-RR 2011, 997 = FamRZ 2011, 969 = MDR 2011, 620.
5 BGH, a.a.O., Rn 13.

13 In dem vom BGH entschiedenen Fall ging es um die Frage, ob eine Zustellung des Versäumnisurteils wirksam erfolgt war und die Einspruchsfrist somit zu laufen begonnen hat; dies wurde vom BGH vorliegend verneint. Aber nicht nur im Hinblick auf den fraglichen Lauf von Fristen ist die Entscheidung des BGH wichtig. Auch bei einer Klage, die verjährungshemmend am Jahresende eingereicht wird, kann die falsche Angabe eines gegnerischen Prozessbevollmächtigten im Rubrum einer Klage problematisch sein. Eine verjährungshemmende Wirkung durch Zustellung einer Klage gem. § 204 Abs. 1 Nr. 1 BGB i.V.m. §§ 261 Abs. 1, 253 Abs. 1 ZPO wird mit Einreichung einer Klage rückwirkend gem. § 167 ZPO erzielt, wenn die Zustellung demnächst erfolgt. Sofern die Zustellung erst einmal an den vermeintlich zustellungsbevollmächtigten Rechtsanwalt vorgenommen wird; dieser dann seine Zustellungsbevollmächtigung verneint und die Klage dann erneut – unmittelbar an den Beklagten – zugestellt werden muss, droht die Gefahr, dass die Zustellung eben gerade nicht mehr „demnächst" i.S.d. § 167 ZPO erfolgt und damit die verjährungshemmende Wirkung nicht erreicht wird.[6]

IV. Einfache und beglaubigte Abschriften von Schriftsätzen

14 Ein großer Vorteil des elektronischen Rechtsverkehrs ist, dass dem als elektronisches Dokument eingereichten Schriftsatz keine Abschriften (weder beglaubigte noch einfache) beigefügt werden müssen. Zum Thema Abschriften siehe auch sehr ausführlich in § 16 Rdn 110 in diesem Werk.

15 § 133 Abs. 1 S. 2 ZPO regelt:[7]

„*(1) ¹Die Parteien sollen den Schriftsätzen, die sie bei dem Gericht einreichen, die für die Zustellung erforderliche Zahl von Abschriften der Schriftsätze und deren Anlagen beifügen. ²Das gilt **nicht** für **elektronisch** übermittelte Dokumente sowie für Anlagen, die dem Gegner in Urschrift oder in Abschrift vorliegen.*"

Für die Klage ist dies in § 253 Abs. 5 ZPO inhaltsgleich geregelt:

„*(5) ¹Die Klageschrift sowie sonstige Anträge und Erklärungen einer Partei, die zugestellt werden sollen, sind bei dem Gericht schriftlich unter Beifügung der für ihre Zustellung oder Mitteilung erforderlichen Zahl von Abschriften einzureichen. ²Einer Beifügung von Abschriften bedarf es **nicht**, soweit die Klageschrift **elektronisch eingereicht** wird.*"

V. Zusammenfassung

16 Die §§-Angaben in dieser Rdn beziehen sich auf die Kapitel in diesem Werk.
- Schriftsatz in Word erstellen; einfache elektronische Signatur des verantwortlichen Rechtsanwalts anbringen.
- Datei im Dateiformat .docx speichern; Dateinennung beachten (siehe § 12 Rdn 54 ff.).
- Datei als PDF speichern; ggf. PDF/A (siehe § 12 Rdn 85 ff.); einzeln oder als Konvolut (siehe § 12 Rdn 137 u. § 17 Rdn 89).
- Etwaige Anlagen zum Schriftsatz entsprechend aufbereiten (Nummerierung im Dateinamen und mittels Textfelds [digitaler Anlagenstempel]) z.B. mit „K1" bezeichnen.
- Bitte beachten Sie die Anforderungen an Dateiformate (siehe § 12 Rdn 33 ff.) sowie an notwendige elektronische Signaturen (siehe § 11 Rdn 17, 28 u. 117 ff.) sowie die erlaubten elektronischen Postfächer, vgl. dazu auch § 2 Rdn 112 ff. Wir stellen die Einreichung via beA nachstehend ab Rdn 17

---

[6] Nur beispielhaft für viele: BGH, Urt. v. 10.2.2011 – VII ZR 185/07 (KG), NJW 2011, 1227; BGH, Urt. v. 10.7.2015 – V ZR 154/14, NJW 2015, 2666.
[7] Hervorhebung durch die Verfasser.

bildlich mit Erläuterungen dar. Die Möglichkeiten, im beA qualifiziert elektronisch zu signieren, werden wir unabhängig davon nachstehend ab Rdn 53 ff. bildlich darstellen (in § 11 Rdn 28 ff. werden die rechtlichen Anforderungen beschrieben); die entsprechenden ausschließlich erlaubten Kombinationen müssen beachten werden (siehe § 11 Rdn 117 ff.).
- Elektronische Dokumente (Schriftsatz, Anlagen) sodann, wie ab Rdn 70 in diesem Kapitel beschrieben (siehe hierzu aber auch § 14 „Postausgangskontrolle" in diesem Werk), via beA einreichen.

B. Nachricht erstellen

I. Empfänger einfügen

Neue Nachrichten können, da es sich um eine Grundfunktion handelt, aus der Ansicht jedes Grundordners oder jedes selbst erstellten Unterordners heraus durch Klicken auf den Button „Neue Nachricht" im rechten, vertikal angeordneten Funktions-Menü des Postfachs erzeugt werden. In dem sich öffnenden Fenster ist der Absender automatisch im Feld „Absender" eingetragen (1), aus dessen Postfach heraus die Funktion „Neue Nachricht" erstellen durchgeführt wurde. Besitzt der Ersteller des Nachrichtenentwurfs auch in weiteren Postfächern die Berechtigung zum Erstellen von Nachrichten, kann an dieser Stelle ein anderes Postfach über das angezeigte Drop-Down-Menü (2) gewählt werden. In dem ausgewählten Postfach wird der Nachrichtenentwurf im Grundordner „Entwürfe" gespeichert werden.

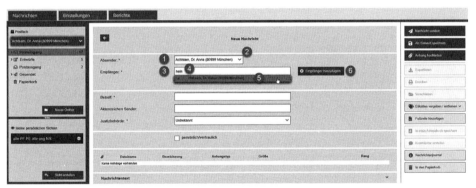

Abb. 1: Nachrichtenentwurf

> *Hinweis*
> Es ist möglich, eine vorhandene SAFE-ID direkt in der Adresszeile einzugeben. Nach Eingabe der SAFE-ID wird der zughörige Empfängername unterhalb der Empfängerzeile vorgeschlagen. Die angezeigte Empfänger-Adresse kann durch Klick mit der linken Maustaste in die Empfängerzeile übernommen werden. Die SAFE-ID muss allerdings vollständig eingegeben werden. Eine Teileingabe einer SAFE-ID führt nicht dazu, dass ein Empfänger zur Übernahme vorgeschlagen wird. Der Nachrichtenentwurf wird im Entwurfsordner des Postfachinhabers gespeichert, dessen Name in der Absenderzeile beim Speichern angezeigt wird.

Die Übernahme einer Empfängeradresse im Feld „Empfänger" (3) kann auf zweierlei Weise geschehen. Ähnlich wie aus Outlook bekannt, schlägt das beA nach Eingabe mindestens eines Zeichens (4) Empfänger vor (5), deren Namen mit dem/den eingegebenen Zeichen übereinstimmen und an die bereits Nachrichten durch den aktuell angemeldeten Nutzer aus dem beA versendet wurden. Obwohl in der Praxis diese Funktion einerseits begrüßenswert ist, halten wir diese Funktion für nicht ungefährlich. Denn aus der Erfahrung mit Outlook weiß man, wie schnell es passiert, dass der falsche vorgeschlagene Name angeklickt wird und möglicherweise eine Versendung an die falsche Adresse erfolgt, was gerade bei fristgebundenen Schriftsätzen katastrophal wäre.

21 Wurde der gewünschte Empfänger bisher noch nicht durch den aktuell angemeldeten Nutzer über das beA angeschrieben, wird die oben beschriebene Methode kein Ergebnis liefern. Mit dem (neben der Empfängerzeile stehenden) Button „Empfänger hinzufügen" (6) wird ein zusätzliches Fenster „Empfänger hinzufügen" geöffnet.

22 In diesem Fenster kann zwischen (eigenem, persönlichem, benutzerorientiertem) „Adressbuch" (1) und „Gesamtes Verzeichnis" (2) gewählt werden.

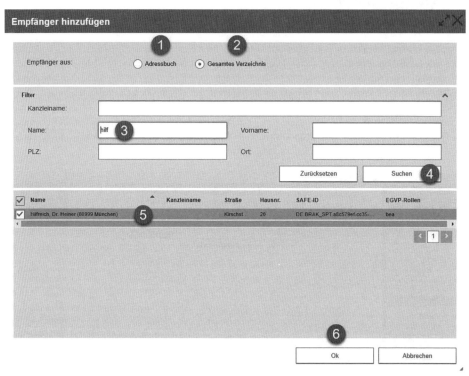

Abb. 2: Empfänger auswählen

23 Mindesten eines der fünf Suchfelder muss mit mindestens zwei Zeichen bedient werden (3). Welches Feld dabei gewählt wird, ist abhängig vom gewünschten Erfolg. Im Suchfeld Namen können die Namen von Anwaltskollegen, Gerichten, Gerichtsvollziehern, Notaren, Behörden, Steuerberatern,[8] eBO-Inhabern und sonstigen am ERV beteiligten professionellen Nutzern, die über das OSCI-Protokoll kommunizieren können, gefunden werden. Zu den möglichen Kommunikationspartnern siehe auch § 2 dieses Werks.

24 Nach Klick des Buttons „OK" (4) (linke Maustaste) werden die vom System gefundenen Treffer angezeigt und können durch Anhaken der zum Namen gehörigen Check-Box ausgewählt werden (5). Es können gleichzeitig eine oder mehrere gefundene Empfänger ausgewählt und die Übernahme der/des Empfänger/s in die Empfängerzeile des Nachrichtenentwurfs mit dem Button „Ok" (6) bestätigt werden.

---

[8] Ab 1.1.2023, siehe § 2 Rdn 49 dieses Werks.

II. Empfängeradresse – suchen und finden

Immer wieder kommt es vor, dass man sich zwar relativ sicher ist, eine Empfängeradresse im Verzeichnis finden zu können, dann aber doch keinen Erfolg hat. Das Problem liegt häufig darin, dass nicht die richtigen Werte in das Suchfeld eingegeben wurden und dadurch keine Treffer angezeigt werden können. Das „Geheimnis" der Adresssuche im beA ist, dass in das jeweilige Suchfeld der zu suchende Begriff so eingegeben werden muss, wie er auch als Eintrag in der Datenbank hinterlegt ist – Buchstabe für Buchstabe, Zeichen für Zeichen.[9] Das wird nicht immer gelingen, da dem Suchenden nicht bekannt sein kann, wie z.B. der Name der gesuchten Behörde in der Datenbank hinterlegt wurde. Zur Pflicht der rechtzeitigen Empfängersuche im beA siehe auch § 12 Rdn 12 in diesem Werk.

Als Beispiel soll die Suche im „Gesamten Verzeichnis" (1) nach einer Zentralen Bußgeldstelle dienen. In das Suchfeld für den Namen wird der Suchbegriff „zentrale Bußgeldstelle" eingegeben (2), in der Hoffnung, den/die erwünschten Treffer angezeigt zu erhalten. Nach Klick mit der linken Maustaste auf „Suchen" (3) werden die gefundenen Treffer (4) angezeigt.

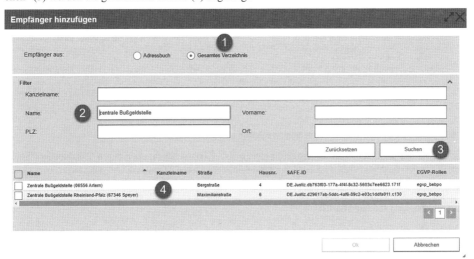

Abb. 3: Einfache Eingabe des Suchbegriffs

Die angezeigten Treffer entsprechen der Sucheingabe. Gefunden wurde „Zentrale Bußgeldstelle", jedoch nur dann, wenn der Eintrag in der Datenbank auch mit den Begriffen „Zentrale Bußgeldstelle" am Anfang des hinterlegten gesuchten Begriffs eingetragen war. Alle anderen Eintragungen, die die Begriffe „Zentrale" und „Bußgeldstelle" irgendwo innerhalb des gesuchten Empfängernamens eingetragen haben, werden nicht angezeigt.

Um alle Eintragungen, die die Begriffe „Zentrale" und „Bußgeldstelle" (in **dieser** Reihenfolge) beinhalten, angezeigt zu erhalten, kann der Suchende sich des Sonderzeichens „*" (Stern) bedienen, der als Platzhalter für beliebige nicht geschriebene Zeichen steht. Nach Einfügung des Sonderzeichens „*" im Suchfeld direkt links vor dem ersten Buchstaben/Zeichen jedes gesuchten relevanten Begriffs (1 und 2) werden alle Einträge der Datenbank in der Trefferliste angezeigt, die links des ersten Buchstabens/Zeichens des eingetragenen Suchbegriffs weitere Buchstaben/Zeichen aufweisen (3). Die Trefferliste wird so die maximalen Treffer anzeigen und das Gesuchte wird angezeigt, wenn es in der Spalte „Name" der Datenbank enthalten ist. Nun werden deutlich mehr Treffer angezeigt.[10]

---

9 Stand: 4.10.2022.
10 Tipp: Auch die Ortseingabe kann oft hilfreich sein und Treffer bieten, wie z.B. „Viechtach"; Sitz des Bayerischen Polizeiverwaltungsamts der zentralen Bußgeldstelle.

§ 13 Nachrichten erstellen und versenden

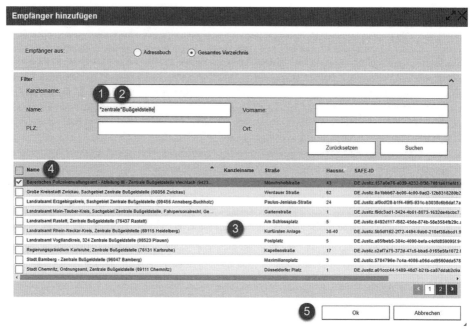

Abb. 4: Eingabe des Suchbegriffes mit Sonderzeichen „*"

29   Die Übernahme der Empfängeradresse erfolgt wie in Rdn 24 oben beschrieben durch Anhaken der Check-Box in der gewünschten Adresszeile (4) und Klick mit der linken Maustaste auf „Ok" (5).

III. (Eigenes) Adressbuch

30   Die Absender bzw. Empfänger eingehender, gesendeter oder als Entwurf gespeicherter Nachrichten können bei geöffneter Nachricht über den Button „In mein Adressbuch speichern", der sich im vertikalen Funktions-Menü auf der rechten Seite befindet, in das persönliche Adressbuch des aktuell am beA angemeldeten Benutzers übernommen werden. Jeder Zugangsberechtigte zum beA sieht immer nur sein eigenes, selbst angelegtes persönliches Adressverzeichnis, siehe Rdn 22 oben. Über das Register „Einstellungen" und „Profilverwaltung" gelangt man zum Bereich „Adressbuch verwalten". Nach einem Klick auf den Button „Empfänger hinzufügen", der sich im vertikalen Funktions-Menü dieses Bereichs auf der rechten Seite befindet, öffnet sich das Fenster „Empfänger hinzufügen" (gleiches Fenster wie Abb. 3, aber ausschließlich „Gesamtes Verzeichnis" auswählbar). Hier können im Gesamtverzeichnis alle Postfachinhaber, die über das beA-System erreichbar sind, mittels Suchfilter gefunden und in das eigene Adressbuch übernommen werden, siehe Rdn 26 ff. oben. Suchkriterien sind dabei „Name", „Vorname", Postleitzahl", „Ort" und „Kanzleiname". Über diese Suchfelder können dieselben am ERV Beteiligten, wie oben unter Rdn 23 beschrieben, gesucht und gefunden werden. Es ist für die Suche ein Suchfeld mit mindestens zwei Zeichen auszufüllen. Wird weniger ausgefüllt, erscheint nach Klicken auf den Button „Suchen" eine Fehlermeldung.

IV. Gesamtes Verzeichnis (der im beA-System erreichbaren Adressen)

31   Im Adressverzeichnis des beA-Systems werden in der End-Ausbaustufe alle Gerichte, Gerichtsvollzieher, Rechtsanwälte, Rechtsanwaltskammern, Registergerichte, Behörden, Steuerberater, eBO-Nutzer und

Notare zu finden sein. § 19 RAVPV sieht vor, das beA auch zur Kommunikation mit anderen Personen und Stellen zu nutzen. Zu diesem Zweck wurde das besondere elektronische Bürger- und Organisationenpostfach eBO mit dem ERVV-Ausbaugesetz zum 1.1.2022 eingeführt. Es dient gem. §§ 10–12 ERVV als sicherer Übermittlungsweg u.a. für Gerichtsvollzieher, Dolmetscher, Übersetzer, Sachverständige, Unternehmen, Bürger, Gewerkschaften, Patentanwälte, Verbände, Banken, und Versicherungen. Informationen zum besonderen elektronischen Notarpostfach (beN) stellt die Bundesnotarkammer im Internet zur Verfügung.[11] Infos zum elektronischen Bürger- und Organisationenpostfach (eBO) sowie zum besonderen elektronischen Behördenpostfach (beBPo) erhält man unter **www.egvp.de**. Für die Steuerberater wird ein beSt (besonderes elektronisches Steuerberaterpostfach) zum 1.1.2023 von der Bundessteuerberaterkammer einrichtet werden. Zu diesen Postfächern wird in § 2 Rdn 49 dieses Werks mit Hinweis auf weitere Informationsquellen ausgeführt.

V. Sendungspriorität auswählen

Seit der beA-Version 3.15 kann eine Sendungspriorität für eine Nachricht, die aus dem beA heraus z.B. an ein Gericht gesendet werden soll, vergeben werden. Diese Funktion steht nicht zur Verfügung bei einer Sendung von beA zu beA. Eine mit Sendungspriorität ausgezeichnete Nachricht soll die Dringlichkeit der Nachricht unterstreichen. Aus den folgenden 33 Sendungsprioritäten kann eine aus dem Drop-Down-Menü gewählt werden:[12]

32

- allgemeiner amtsanwaltschaftlicher Bereitschaftsdienst
- allgemeiner gerichtlicher Bereitschaftsdienst
- allgemeiner Rechtspflegerbereitschaftsdienst
- allgemeiner staatsanwaltschaftlicher Bereitschaftsdienst
- Eilt
- Gerichtlicher Bereitschaftsdienst Betreuungssachen
- Gerichtlicher Bereitschaftsdienst Ermittlungsrichterliche Maßnahmen (Erwachsene)
- Gerichtlicher Bereitschaftsdienst Ermittlungsrichterliche Maßnahmen (Jugendliche und Heranwachsende)
- Gerichtlicher Bereitschaftsdienst Familiensachen
- Gerichtlicher Bereitschaftsdienst Fixierungen (öffentlich-rechtlich)
- Gerichtlicher Bereitschaftsdienst Gefahrenabwehr (Polizei- und Sicherheitsrecht)
- Gerichtlicher Bereitschaftsdienst Haftrichterliche Maßnahmen (Erwachsene)
- Gerichtlicher Bereitschaftsdienst Haftrichterliche Maßnahmen (Jugendliche und Heranwachsende)
- Gerichtlicher Bereitschaftsdienst Haftsachen (Abschiebung/Auslieferung)
- Gerichtlicher Bereitschaftsdienst Insolvenzsachen
- Gerichtlicher Bereitschaftsdienst Jugendstrafsachen
- Gerichtlicher Bereitschaftsdienst Nachlasssachen
- Gerichtlicher Bereitschaftsdienst sonstige Strafsachen
- Gerichtlicher Bereitschaftsdienst sonstige Zivilsachen
- Gerichtlicher Bereitschaftsdienst Unterbringungs-/Freiheitsentziehungssachen (öffentlich-rechtlich)
- Gerichtlicher Bereitschaftsdienst Unterbringungssachen (zivilrechtlich)
- Gerichtlicher Bereitschaftsdienst Wohnungseigentumssachen
- Gerichtlicher Bereitschaftsdienst Zwangsvollstreckungssachen
- Staatsanwaltschaftlicher Bereitschaftsdienst Fußballsachen
- Staatsanwaltschaftlicher Bereitschaftsdienst Haftsachen
- Staatsanwaltschaftlicher Bereitschaftsdienst Internetkriminalität

---

11 https://onlinehilfe.bnotk.de/einrichtungen/bundesnotarkammer/besonderes-elektronisches-notarpostfach.html (Abruf: 4.10.2022).
12 Stand: 17.10.2022 (Schulungsumgebung).

§ 13 Nachrichten erstellen und versenden

- Staatsanwaltschaftlicher Bereitschaftsdienst Kapitalsachen
- Staatsanwaltschaftlicher Bereitschaftsdienst organisierte Kriminalität
- Staatsanwaltschaftlicher Bereitschaftsdienst Pressebereitschaftsdienst
- Staatsanwaltschaftlicher Bereitschaftsdienst Rotlichtkriminalität
- Staatsanwaltschaftlicher Bereitschaftsdienst Staatsschutz- und sonstige politisch motivierte Strafsachen
- Staatsanwaltschaftlicher Bereitschaftsdienst Verkehrssachen
- Staatsanwaltschaftlicher Bereitschaftsdienst Vorführbereitschaftsdienst

33 Werden Empfänger außerhalb des beA-Systems als Nachrichtenempfänger in die Empfängerzeile eingetragen (1), erscheint im Bereich des Empfängers ein Drop-Down-Menü mit der Möglichkeit, Sendungsprioritäten auswählen zu können (2). In einer Eingabezeile (3) kann durch Eingabe eines Begriffs, der einer Bezeichnung einer Sendungspriorität entspricht, gezielt nach einer Sendungspriorität gesucht werden. Alternativ kann in der dargestellten Liste der Sendungsprioritäten (4) eine Sendungspriorität direkt durch Anklicken mit der linken Maustaste ausgewählt werden.

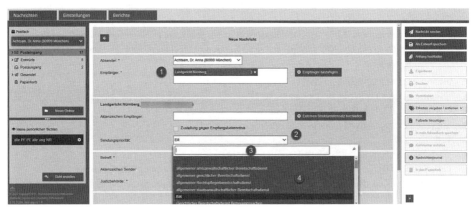

Abb. 5: Sendungspriorität festlegen

C. Betreffzeile/Aktenzeichen

34 Zwingend erforderlich ist ein Eintrag in der Betreffzeile. Wird dies vergessen, erfolgt nach dem Klick auf den „Nachricht senden"-Button eine Fehlermeldung. Der Versender kann sein eigenes Aktenzeichen, das Aktenzeichen der Gegenseite sowie das gerichtliche Aktenzeichen eingeben. Für jeden in der Empfängerzeile eingetragenen Adressaten wird eine eigene Empfängerzeile im Nachrichtenentwurf angelegt. Somit kann für jeden Empfänger dessen individuales Aktenzeichen eingegeben werden, sofern dieses bekannt ist.

35 *Wichtig*

Schriftsätze **werden** nicht in das frei editierbare Textfeld „Nachrichtentext" (max. 5.000 Zeichen, keinerlei Formatierung möglich) der Nachricht eingegeben, sondern vielmehr als gesonderte Datei an die Nachricht angehängt. Nach § 130a Abs. 2 ZPO i.V.m. der ERVV und den ERVB (aktuell: 2. ERVB 2022) dürfen Schriftsätze und weitere elektronische Dokumente i.S.d. § 130a Abs. 1 ZPO im ERV ausschließlich als PDF-Dokument übersendet werden, vgl. dazu § 12 Rdn 28, 35 ff. u. 85 ff. in diesem Werk. Das Textfeld wird nicht mit dem aktuellen Strukturdatensatz an ein Gerichtspostfach übertragen. Nach dem Versenden einer Nachricht mit Texteintragungen im Textfeld „Nachrichtentext" wird der Inhalt des Textfelds in eine PDF-Datei mit dem zusätzlichen Eintrag des Betreffs überführt. Nach dem Export der gesendeten Nachricht ist diese PDF-Datei im Export-Container (Nachricht_XXXXXXX.zip Datei) enthalten. Die Nutzung des Textfelds wäre also allenfalls brauchbar für kanzleiinterne Mitteilungen („Wie schaut's mit Mittag aus?") oder kurze Nachrichten an Anwaltskollegen. Hier sollte aber darauf geachtet werden, dass nicht versehentlich durch die Nutzung des Textfelds bei Mitarbeitern der Eindruck entsteht, auch gegenüber Gerichten sei diese Nutzung zulässig. Selbst ein Fristverlängerungsantrag, der in einem Satz gestellt wird („wird gebeten, die Frist zur Begründung der Berufung aufgrund von Arbeitsüberlastung des alleinigen Sachbearbeiters, um einen Monat zu verlängern"), darf über das Feld „Nachrichtentext" **nicht** bei Gericht eingereicht werden.

D. Persönlich/Vertraulich

Die Funktion, eine Nachricht durch einen Postfachinhaber oder dessen Mitarbeiter „persönlich/vertraulich" zu versenden, wurde mit der beA-Version 3.11 Ende März 2022 neu eingeführt. Beanstandungen gegenüber Kollegen, d.h. der Hinweis eines Anwalts an einen anderen Rechtsanwalt, dass er gegen Berufspflichten verstoße, darf gem. § 25 BORA nur vertraulich geschehen, es sei denn, dass die Interessen des Mandanten oder eigene Interessen eine Reaktion in anderer Weise erfordern. Nun können solche Beanstandungen auch über das beA erfolgen und müssen nicht mehr – mangels Versandmöglichkeit mit der Einstellung „persönlich/vertraulich" – per Post übermittelt werden. Beim Erstellen einer neuen Nachricht kann das Attribut „persönlich/vertraulich" durch Klicken der entsprechenden Check-Box im Nachrichtenentwurf (1) ausgewählt werden. Die Auswahl erfolgt für die jeweilige Nachricht, die erstellt wird; eine empfängerspezifische Auswahl (bei gleichzeitigem Versenden einer Nachricht an mehrere Empfänger) ist nicht möglich, weshalb der Versand einer solchen Beanstandungsnachricht nur an einzelne Empfänger erfolgen sollte.

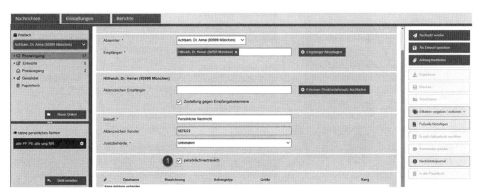

Abb. 6: Attribut persönlich/vertraulich ausgewählt

Eine Auswahl des Attributs „persönlich/vertraulich" kann nur an beA-Adressaten erfolgen, nicht an Gerichte, Behörden oder Notare. Die Auswahl kann somit nur innerhalb des beA-Systems eingesetzt werden. Ein entsprechender Hinweis wird mit einem Pop-Up-Fenster angezeigt, sobald man mit der Maus über das Feld „persönlich/vertraulich" fährt (Anzeige: „Nur beA intern") (1).

§ 13 Nachrichten erstellen und versenden

39

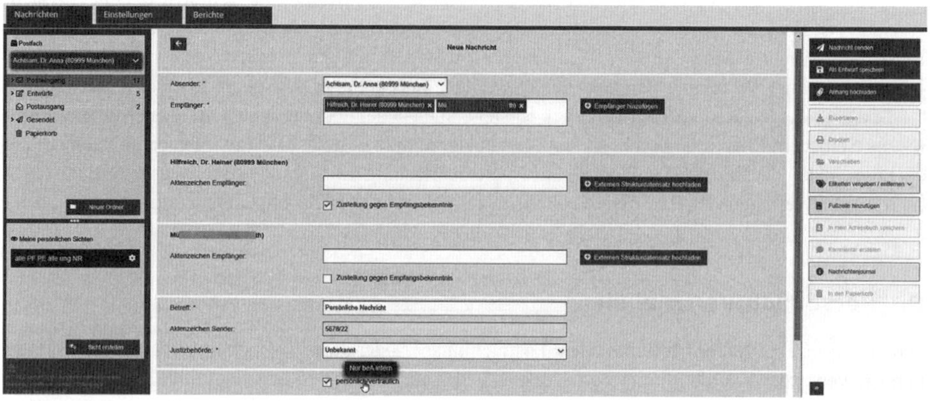

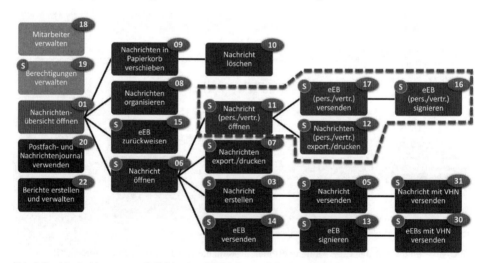

Abb. 7: Attribut persönlich/vertraulich nur beA-intern einsetzbar

40 Das Attribut „persönlich/vertraulich" macht natürlich nur Sinn, wenn nicht „jeder" derartig versehene Nachrichten öffnen kann. Aus diesem Grund können Nachrichten, die „persönlich/vertraulich" eingegangen sind, auch nur vom Postfachinhaber selbst oder von Nutzern geöffnet und verarbeitet werden, die mit dem Recht 11 (persönlich/vertraulich öffnen) und ggf. Recht 12 (persönlich/vertraulich exportieren/drucken – enthält Recht 11) ausgestattet sind. Die Rechte 16 (EBs signieren [persönlich/vertrauliche Nachrichten]) u. 17 (EBs versenden [persönlich/vertrauliche Nachrichten]) enthalten ebenfalls das Recht 11.

41

Abb. 8: Rechtestruktur zu „persönlich/vertraulich" gekennzeichnete eEB Anforderungen

42 Zum Zeitpunkt der Drucklegung wurde der Hinweis auf eine persönlich/vertrauliche Nachricht bei eingefügter Spalte „Persönlich/vertraulich" in der Nachrichtenübersicht in den Grundordnern „Postausgang" und „Gesendet" durch ein Schloss-Symbol kenntlich gemacht. Die Sichtbarkeit bei Betätigung der Schaltflächen „Drucken" und „Exportieren" soll mit einer der folgenden beA-Versionen umgesetzt werden. Nach Betätigung der Schaltfläche „Antworten" oder „Weiterleiten" und bei der Abgabe eines eEBs wird das Attribut „persönlich/vertraulich" mit übernommen, was Sinn macht, sodass auch der eine Beanstandung übermittelnde Kollege die Antwort entsprechend gekennzeichnet erhält.

E. Anhänge zu einer Nachricht anfügen und richtig deklarieren §13

Nachrichten, die „persönlich/vertraulich" übermittelt werden, können anhand des Schloss-Symbols als solche identifiziert werden. Dafür muss in der Spaltenansicht die Spalte „Persönlich/vertraulich" eingeblendet werden.

43

Nachrichten, die „persönlich/vertraulich" versendet werden sollen, können im Entwurfsordner durch Auswahl der zugehörigen Checkbox (1) und folgendem Klick mit der linken Maustaste auf den Funktionsbutton „Markieren als …" (2) sowie mit anschließendem Klick mit der linken Maustaste auf „persönlich/vertraulich" (3) gekennzeichnet werden. Es erscheint über eine Quickinfo-Anzeige der Hinweis, dass das Attribut „persönlich/vertraulich" nur innerhalb des beA „Nur beA intern" (4) einsetzbar ist. Die Kennzeichnung muss also nicht zwingend innerhalb der erstellten Nachricht erfolgt sein, sondern kann nachträglich im Entwurfsordner an der geschlossenen Nachricht angebracht werden.

44

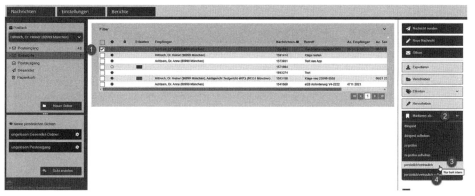

45

Abb. 9: Attribut „persönlich/vertraulich" im Entwurfsordner an geschlossener Nachricht anbringen

E. Anhänge zu einer Nachricht anfügen und richtig deklarieren

Der Nachricht können die eigentlichen Dokumente[13] in Form von Anhängen beigefügt werden. Hierzu wird im Bereich Nachrichten-Entwurf auf den Button „Anhang hochladen" (1) geklickt. Das sich daraufhin öffnende Auswahlfenster der Dateistruktur des eigenen Arbeitsplatzes (z.B. Explorer-Ansicht) lässt seit dem 1.4.2022 (Nr. 3 S. 1a und b 2. ERVB 2022) die Auswahl von einem bis zu 200 Dokumente sowie max. 100 MB Gesamtdateivolumen zum gleichzeitigen Hochladen der Anhänge in die beA-Nachricht zu. Ab 1.1.2023 werden gem. Nr. 3 S. 2a und b der 2. ERVB 2022 bis zu 1.000 Dokumente und max. 200 MB Gesamtdateivolumen als Anhang zu einer einzigen Nachricht möglich sein. Es erscheinen nach Klick auf den Button „Öffnen" die ausgewählten Dateien in einer Übersicht in einem neuen Fenster. Ob die Anzahl/ das Gesamtvolumen durch evtl. bereits hochgeladene Anhänge und die neu hinzukommenden Dateien die mögliche Anzahl/das mögliche Volumen der Nachricht überschreiten, kann in diesem Fenster abgelesen werden.

46

Bei Überschreitung der zulässigen Mengen wird eine entsprechende Warnmeldung ausgegeben. Das Fenster muss geschlossen und eine geringere Menge (Volumen und/oder Anzahl) zum Übertragen in die beA-Nachricht ausgewählt werden.

---

13 Zu Dateiformaten, Volumen und technischen Eigenschaften von elektronischen Dokumenten siehe § 12 dieses Werks.

§ 13 Nachrichten erstellen und versenden

47

Abb. 10: Start Anhang hochladen

48 Alle Dateien können beim Hochladen eine zusätzliche „Anhangs-Bezeichnung" erhalten (siehe Rdn 50 unten). Alle gleichzeitig hochgeladenen Dokumente erhalten dieselbe „Anhangs-Bezeichnung". Hiermit kann z.B. eine genauere Information zum Inhalt der hochzuladenden Dateien hinterlegt werden. Dies ist dann von Interesse, wenn die Dokumentenbezeichnungen ungenau oder allgemein gehalten sind und sich der Inhalt der Dateien aus dem Dokumentennamen nicht einfach ableiten lässt. Diese Information dient lediglich der eigenen Orientierung. Wird eine „Anhangs-Bezeichnung" im Zusammenhang mit einer eEB-Anforderung eingetragen, so wird im elektronischen Empfangsbekenntnis statt des Namens der angehängten Datei die Information aus der „Anhangs-Bezeichnung" aufgeführt. Möglicherweise ist dies wegen der Einheitlichkeit der „Anhangs-Bezeichnung" beim gleichzeitigen Hochladen mehrerer Dokumente nicht gewollt, weshalb in der Kanzlei entsprechende Vorgaben gemacht werden sollten, ob diese Möglichkeit zur Anhangs-Bezeichnung genutzt werden soll oder nicht bzw. ob bei Nutzung dieser Möglichkeit der Anhangs-Bezeichnung die Dokumente lieber einzeln hochgeladen werden sollen, sodass für jedes Dokument eine gesonderte, das Dokument eindeutig beschreibende Anhangs-Bezeichnung entsteht. Diese „Anhangs-Bezeichnung" wird möglicherweise in einer späteren Ausbaustufe des beA editierbar sein; zum Zeitpunkt der Drucklegung konnte eine gewählte Anhangs-Bezeichnung innerhalb des Nachrichtenentwurfs nachträglich nicht geändert werden. Für eine Änderung der „Anhangs-Bezeichnung" muss das gesamte Dokument aus dem Nachrichtenentwurf entfernt und erneut zum Nachrichtenentwurf hinzugefügt werden.

49 Zum Hochladen der Anhänge sollte grundsätzlich der „Typ des Anhangs" (2) bestimmt werden. Es stehen die Anhangs-Typen „Anlage" und „Schriftsatz" zur Verfügung (standardmäßig ist „Anlage" vorausgewählt [3]). Wird der Anhang (z.B. ein Schriftsatz) als „Schriftsatz" hochgeladen, so wechselt der zuvor normal und nutzbar dargestellte „Nachricht senden"-Button für diejenigen, die als Nutzer ohne eigenes Postfach (z.B. Mitarbeiter) oder Nutzer in einem „fremden" Postfach (z.B. Anwaltskollegen als Vertreter mit der Rolle Mitarbeiter mit Anwaltseigenschaft) im beA eingewählt sind, in eine nicht auswählbare, ausgegraute Darstellung. Dies dient der Sicherheit im Umgang mit den Nachrichten, die bestimmende Schriftsätze enthalten. Es soll vermieden werden, dass ein Schriftsatz durch z.B. einen Mitarbeiter ohne qualifizierte elektronische Signatur (qeS), somit ohne Verantwortungsübernahme des verantwortlichen Anwalts, versendet werden kann. Erst wenn der als „Schriftsatz" deklarierte Anhang mit einer qeS durch den verantwortlichen Anwalt signiert wurde, ist der „Nachricht senden"-Button wieder aktiv und der Mitarbeiter kann die Nachricht, nach einer Prüfung des Inhalts zur Vermeidung einer Dateiverwechslung und der Gültigkeit der angebrachten qualifizierten elektronischen Signatur, versenden, siehe § 11 Rdn 86 sowie § 14 Rdn 21 ff. in diesem Werk.

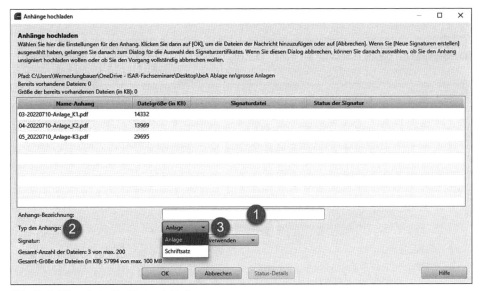

Abb. 11: Anhänge beim Hochladen deklarieren

Es sollten grundsätzlich alle elektronischen Dokumente, die qualifiziert elektronisch signiert werden sollen, als Schriftsätze deklariert werden, auch wenn es sich nicht klassischerweise um einen Schriftsatz handelt, wie z.B. Anträge auf Erlass eines Pfändungs- und Überweisungsbeschlusses. Denn die Deklaration als „Schriftsatz" verhindert nicht nur den ungewollten versehentlichen Versand nicht qualifiziert elektronisch signierter Dokumente z.B. durch Mitarbeiter, sondern ermöglicht die Anbringung einer sog. Stapelsignatur, was gerade bei einer Vielzahl von Vollstreckungsaufträgen interessant sein kann, siehe hierzu Rdn 56 ff. unten.

F. Überschreiten der Höchstgrenzen – und nun?

Informationen zu aktuell und künftig zulässigen Datenvolumen und Anzahl der Anhänge einer Nachricht enthält § 12 Rdn 43 dieses Werks. In § 12 sind entsprechende Hinweise zur „Versendung in Teilen" (Rdn 44) sowie zu zulässigen physischen Datenträgern bei Ersatzeinreichung (Rdn 46) enthalten. Zur Ersatzeinreichung siehe auch die umfangreichen Ausführungen in § 16 sowie unter § 3 Rdn 96 u. 119 in diesem Werk. Selbstverständlich kann z.B. auch die Reduzierung der MB durch Komprimierung versucht werden, wenn die zum Zeitpunkt der Einreichung zulässige Höchstgrenze überschritten wird. Gute PDF-Bearbeitungsprogramme, wie z.B. Acrobat Pro, bieten hier sekundenschnelle Hilfe an.

G. Qualifiziert elektronisch Signieren im beA sowie extern

I. Auswahl treffen

Wie in § 11 dieses Werks sehr ausführlich beschrieben hat ein Rechtsanwalt die Wahl, auf unterschiedliche Art und Weise die Verantwortung für seinen Schriftsatz zu übernehmen. Hat sich der verantwortliche Rechtsanwalt entschieden, gem. § 130a Abs. 3 S. 1 Alt. 1 ZPO durch Anbringung einer qualifizierten elektronischen Signatur (qeS) seinen Schriftsatz zu verantworten (siehe hierzu ausführlich § 11 dieses Werks),

§ 13 Nachrichten erstellen und versenden

bietet ihm das beA verschiedene Möglichkeiten/Stellen, diese qeS anzubringen. Zur Signaturprüfung vor dem Versand siehe Rdn 67 ff. in diesem Kapitel sowie § 11 Rdn 86 und § 14 Rdn 21 in diesem Werk.

II. Signieren beim Hochladen einer Datei

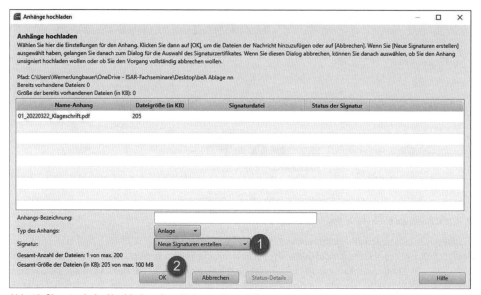

Abb. 12: Signatur beim Hochladen eines Dokuments erstellen

Beim Hochladen des Dokuments wird im Bereich „Signatur" die Funktion „Neue Signaturen erstellen" (1) ausgewählt. Nach Bestätigung mit dem OK-Button (2) wird das Signaturzertifikat angefordert und muss mit der Signatur-PIN (beA-Karte Basis 1. Generation) oder mit der Zugangs-PIN (beA-Karte Basis 2. Generation = Fernsignatur) bestätigt werden. Diese Tätigkeit darf nur von einem Anwalt ausgeführt werden; hierzu benötigt er eine Signaturkarte bzw. die Signaturfunktion auf seiner beA Karte Basis (bei beA-Karten der 1. Generation) bzw. eine Fernsignatur, siehe § 11 Rdn 81 sowie § 5 Rdn 13 in diesem Werk. Im Anschluss wird das Dokument vom System in die Nachricht hochgeladen.

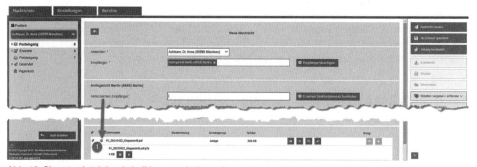

Abb. 13: Signaturdatei durch Aufklappsymbol anzeigen

G. Qualifiziert elektronisch Signieren im beA sowie extern § 13

Die zusätzlich erzeugte Signaturdatei ist in der Zeile des übertragenen Dokuments mit einem kleinen runden Aufklappsymbol versehen. Durch Klick mit der linken Maustaste auf das kleine runde Aufklappsymbol wird die qualifizierte elektronische Signaturdatei in einer eigenen Zeile in der Nachricht angezeigt.

III. Stapelsignatur beim Hochladen in die Nachricht

Beim gleichzeitigen Hochladen mehrerer Dateien können mithilfe der im System verfügbaren Stapelsignatur-Funktion mit der beA-Karte Signatur (bei beA-Karten der 1. Generation) bzw. mit der Fernsignatur bis zu 100 Dokumente mit einer einzigen Signatur-PIN-/Zugangs-PIN-Eingabe signiert werden. Zu beachten ist dabei allerdings, dass jede zum signierten Dokument erzeugte qualifizierte elektronische Signaturdatei auch als Datei im Sinne der maximal übertragbaren Dateien in eine Nachricht gilt.[14] Es muss daher immer die maximal zulässige Anzahl an Dokumenten pro Nachricht berücksichtigt werden, da bei Überschreitung der maximal zulässigen Anzahl von Dateien pro Nachricht eine Fehlermeldung angezeigt wird, siehe § 12 Rdn 49 ff. in diesem Werk. **56**

Nach Auswahl der in den Nachrichtenentwurf zu übertragenden Dokumente in der Verzeichnisstruktur des Arbeitsrechners werden die zu signierenden Dateien im Zwischenfenster „Anhänge hochladen" angezeigt (1). In der Einstellung „Signatur" wird „Neue Signatur erstellen" (2) gewählt. Nach anschließendem Klick mit der linken Maustaste auf den Button „OK" (3) wird in einem eigenen Fenster das qualifizierte elektronische Zertifikat des Signierenden abgefragt und angezeigt. Der Signierende muss einmal seine Signatur-PIN (mit Fernsignatur die Zugangs-PIN) eingeben und alle im Fenster „Anhänge hochladen" (1) dargestellten Dokumente werden jeweils mit einer eigenen qualifizierten elektronischen Signatur ausgestattet und in den Nachrichtenentwurf übertragen. Prinzip: Viele Dateien + einmalige PIN-Eingabe = Stapelsignatur. **57**

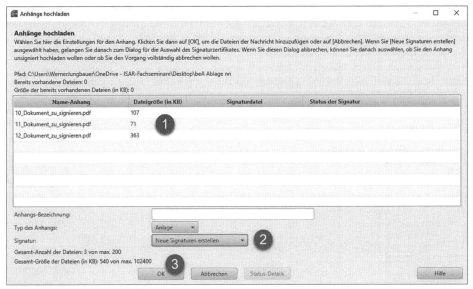

58

Abb. 14: Viele Dokumente beim Übertrag in den Nachrichtenentwurf mit einer einzigen PIN-Eingabe signieren = Stapelsignatur

---

14 Bis 31.3.2022 100 Dateien/60 MB mit einer einzigen Nachricht, seit 1.4.2022 mit einer Nachricht 200 Dateien/100 MB, ab 1.1.2023 1.000 Dateien/200 MB gem. Nr. 3 der 2. ERVB 2022.

IV. Nach dem Hochladen der Datei in der Nachricht – Einzelsignatur

59 Zum Signieren einer Datei nach dem Hochladen in eine Nachricht wird in der Zeile des zu signierenden Dokuments das Signatur-Symbol (1) angeklickt. Im Anschluss daran wird vom System das Signaturzertifikat angefordert, welches mit der Signatur-PIN (bei Nutzung einer beA-Karte Signatur, diese steckt im Lesegerät) bzw. mit der Zugangs-PIN (bei Nutzung einer beA-Karte der 2. Generation, bei der eine Fernsignatur eingesetzt wird, die beA-Karte Basis 2. Generation befindet sich im Lesegerät), bestätigt werden muss. Die Signatur-Datei kann nach erfolgter erfolgreicher Signatur mittels des kleinen runden Aufklapp-Symbols angezeigt werden, siehe Rdn 55 oben.

60

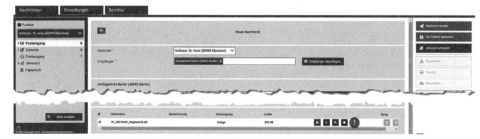

Abb. 15: Einzelsignatur

V. Stapelsignatur im Entwurfsbereich

61 Im Bereich der Nachrichtenentwürfe können mehrere Nachrichten gleichzeitig zum Signieren ausgewählt werden (1). Mit dem Button „Signieren" und der anschließenden Deklaration/Wahl „Schriftsatz" (2) können alle als Schriftsatz deklarierten Anhänge in den ausgewählten Nachrichten im Entwurfsordner mit einer einzigen Signatur-PIN-Eingabe (mit Fernsignatur mittels Zugangs-PIN) signiert werden (max. 100). Bei dieser Vorgehensweise ist jedoch zu beachten, dass versehentlich falsch deklarierte Anhänge (z.B. Schriftsatz, der als Anlage deklariert wurde) nicht signiert werden und hier eine erhöhte Prüfnotwendigkeit besteht, ob das richtige Dokument auch tatsächlich signiert wurde. Die Signaturprüfung ist vor dem Versand im Nachrichtenbereich für jede einzelne Signatur vorzunehmen, siehe dazu auch § 11 Rdn 86 u. § 14 Rdn 21 (rechtliche Notwendigkeit) sowie die Darstellung der Signaturprüfung unter Rdn 67 ff. in diesem Kapitel.

62

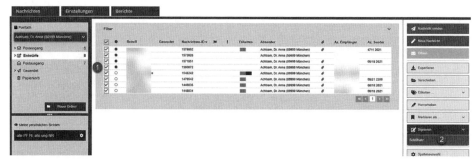

Abb. 16: Stapelsignatur im Entwurfsbereich

VI. Extern signiert – Datei und Signatur gemeinsam hochladen

Wie extern, d.h. außerhalb des beA-Systems, qualifiziert elektronisch signiert werden kann, wird in § 11 Rdn 71 in diesem Werk anhand des Produkts der Fa. SecSigner bildlich dargestellt und erläutert. Anwälte, die bisher extern signiert haben, damit ihre Mitarbeiter das signierte Dokument sowie die dazugehörige Signaturdatei zur Vorbereitung des Versands in einen Nachrichtenentwurf des beA hochladen können, benötigen mit Einführung der Fernsignatur eine ggf. gesonderte Signaturkarte, um extern signieren zu können, z.B. von der Fa. D-Trust GmbH. **63**

Die qualifiziert elektronisch zu signierende Datei kann mit einer Software eines Drittanbieters außerhalb des beA-Systems signiert werden. Mögliche Signatursoftware (neben vielen anderen) sind z.B. die Software SecSigner von SecCommerce Informationssysteme GmbH aus Hamburg oder Governikus GmbH & Co. KG mit dem Governikus DATA Boreum mit Sitz in Bremen. Es gibt unterschiedliche zulässige Arten von qualifizierten elektronischen Signaturen, siehe auch 2. ERVB 2022 Nr. 5. Dabei kann, wie im beA-System selbst, eine Datei mit einer qualifizierten elektronischen Signatur als „detached Signature" (zusätzliche Signaturdatei) erzeugt oder mit einer Inline-Signatur (es wird keine zusätzliche Signaturdatei erstellt) signiert werden. Beide Signaturarten können von dem erzeugenden Signatur-System auf Gültigkeit geprüft werden. Bei der Auswahl des Software-Herstellers sollte immer anhand der Trusted-List der Bundesnetzagentur überprüft werden, ob der Software-Anbieter die entsprechende Qualifizierung nachgewiesen hat. Bezogen auf die genannten Hersteller wird ebenfalls um eigenständige Prüfung gebeten, da Änderungen nicht ausgeschlossen sind. **64**

Extern signiertes Dokument und ggf. dazugehörige Signaturdatei (ggf. aber auch inkl. angebrachter Inline-Signatur) werden als Dateien im beA als Anhang zu einer Nachricht hochgeladen und können dann versendet werden. Auch hier sollte eine Signaturprüfung vor dem Versand erfolgen. **65**

Wichtig: Inline signierte PDF-Dokumente werden in der Dokumentenübersicht eines Nachrichtenentwurfs nicht als signierte Dateien ausgewiesen. Eine Signaturprüfung einer inline-signierten PDF-Datei kann im beA-System nicht durchgeführt werden. Eine extern erzeugte Signaturdatei, die zusätzlich zum zu signierenden Dokument erzeugt wurde, dagegen schon. Wir empfehlen daher, die einfachste und klarste Variante des Signierens zu nutzen und im Zusammenhang mit der Versendung von Dokumenten in Nachrichten des beA-Systems entweder die Signierfunktion des beA-Systems selbst zu nutzen oder, bei Nutzung einer externen Signatursoftware, eine eigenständige Signaturdatei zu erzeugen, die als beigefügte Datei zum signierten Dokument in die Nachricht übertragen wird. **66**

H. Signaturprüfung im beA

Vor dem Versenden einer Nachricht muss zwingend, egal ob vom Rechtsanwalt oder vom Mitarbeiter (nach gegebenen Voraussetzungen), immer geprüft werden,[15] ob die qualifizierte elektronische Signatur auch wirklich gültig ist. Dazu wird das sich vom „Anhang signieren"-Button in einen „Signatur prüfen"-Button gewandelte Symbol (Haken) in der Zeile des zu prüfenden Schriftsatzes angeklickt und geprüft, ob das sich öffnende Prüfprotokoll die Signatur als gültig ausweist. Würde ein Mitarbeiter ohne Signaturprüfung die Nachricht versenden und wäre die Signatur ungültig, dürfte eine Wiedereinsetzung in den nur gelingen, wenn dem Anwalt kein Organisationsverschulden nachzuweisen ist. Versendet der Anwalt selbst ohne Signaturprüfung, dürfte dies ein Verschulden darstellen. Die Signaturprüfung ist vor dem Versand im Nachrichtenbereich für jede einzelne qualifizierte elektronische Signatur vorzunehmen, siehe dazu auch § 11 Rdn 86 sowie § 14 Rdn 21. **67**

Durch Klick auf den Signatur-Prüfhaken (1) wird das Prüfprotokoll erzeugt und es wird festgestellt werden, ob die zum Dokument erzeugte Signatur gültig ist oder nicht. Jeder weitere Klick auf diesen Signatur- **68**

---

[15] *Bacher*, „Der elektronische Rechtsverkehr im Zivilprozess – Verhalten im Fehlerfall", NJW 2015, 2757.

§ 13 Nachrichten erstellen und versenden

Prüfbutton (1) prüft die betroffene Signaturdatei im Zusammenhang mit dem zughörigen signierten Dokument erneut. Durch Klick mit der linken Maustaste auf den Button (2) (bei Überfahren mit der Maus erscheint das Quick-Info Fenster „Prüfprotokoll anzeigen"), hier als sichtbares Ergebnis „Erfolgreich", wird das zuletzt über den Signatur-Prüfbutton (1) erzeugte Signatur-Prüfprotokoll angezeigt. Die Beschriftung des Buttons mit der Quick-Info-Anzeige „Prüfprotokoll anzeigen" weist das Prüfergebnis aus. Das Ergebnis kann „Erfolgreich" (alle Prüfungen sind positiv verlaufen), „Teilweise erfolgreich" (mindestens eine Prüfroutine lieferte weder ein positives noch ein negatives Ergebnis; eine Prüfung konnte z.B. technisch nicht durchgeführt werden) oder „Fehlgeschlagen" (mindestens eine Prüfung hat ein negatives Ergebnis geliefert).

69

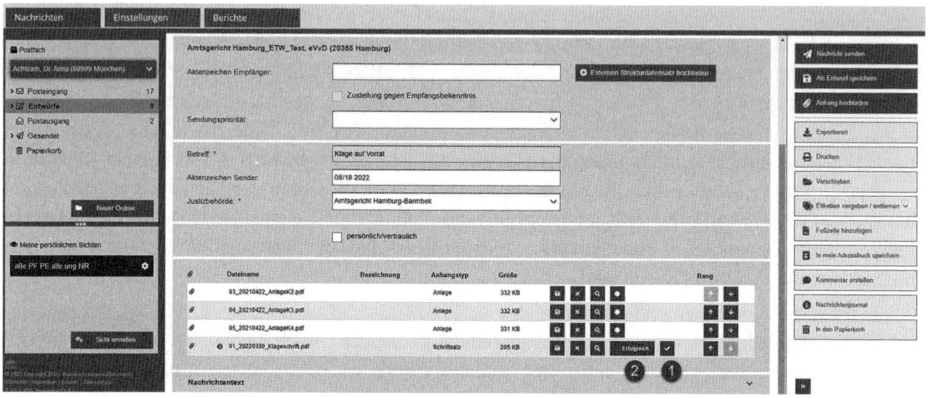

Abb. 17: Signaturprüfung im Nachrichtenentwurf

I. Mögliche Arbeitsteilung im beA

I. Einzelne Aktionen

70 Nachstehend werden nach unserer Auffassung mögliche Arbeitsteilungen zum Versand aus dem beA aufgezeigt, vgl. auch die Ausführungen in den jeweiligen Kapiteln. Insbesondere zur Frage der „Beschaffenheit" eines nicht anwaltlichen Mitarbeiters, auf den Arbeiten delegiert werden dürfen (oder auch nicht), siehe umfassend in § 22 Rdn 1 ff in diesem Werk. Beim Gesellschafts-beA können sich auch andere Arbeitsteilungen ergeben, soweit z.B. hier VHN-Berechtigte oder Vertretungen im Gesellschafts-beA tätig werden. Zum Gesellschafts-beA siehe auch § 2 Rdn 19 in diesem Werk. Zu den technischen Problemen im Gesellschafts-beA, die Probleme der Justiz, den sendenden Anwalt aus dem Transferprotokoll herauslesen zu können, und die Empfehlung von BRAK und DAV v. 29.9.2022, aus dem Gesellschafts-beA mit qualifizierter elektronischer Signatur zu versenden, siehe auch § 2 Rdn 36 in diesem Werk.

1. Hochladen von Schriftsätzen = Nachrichtenentwurf erstellen[16]
  – Kann vom berechtigten Mitarbeiter erledigt werden.
  – Kann vom Postfachinhaber[17] oder einem berechtigten Anwalt erledigt werden.

2. Qualifiziert elektronisch Signieren von Schriftsätzen im beA des Postfachinhabers[18]
  – Kann vom Postfachinhaber erledigt werden.

---

[16] Siehe Rdn 46 ff. in diesem Kapitel.
[17] Siehe § 7 Rdn 56 in diesem Werk.
[18] Siehe Rdn 53 ff.in diesem Kapitel; zu den rechtlichen Anforderungen an die qeS siehe § 11 Rdn 28 in diesem Werk.

- Kann vom Vertreter des Postfachinhabers (anderer RA) erledigt werden, mit dessen eigener beA Karte Signatur/Fernsignatur, wenn die entsprechenden Rechte vergeben wurden.
3. **Signaturprüfung vor dem Versand**[19]
   - Kann nach unserer Auffassung vom berechtigten Mitarbeiter erledigt werden, wenn dieser entsprechend geschult und angewiesen ist; siehe dazu aber auch § 22 Rdn 1 ff in diesem Werk, soweit die qualifizierte elektronische Signatur betroffen ist, siehe auch § 14 Rdn 24; die einfache elektronische Signatur ist nach u. A. vom Anwalt selbst zu prüfen, siehe dazu auch § 14 Rdn 22 in diesem Werk.
   - Kann vom Postfachinhaber oder einem berechtigten Anwalt erledigt werden.
4. **Senden von Schriftsätzen mit angebrachter qualifizierter elektronischer Signatur**
   - Kann vom berechtigten Mitarbeiter erledigt werden.
   - Kann vom Postfachinhaber oder einem berechtigten Anwalt erledigt werden.
5. **Senden von Schriftsätzen ohne qeS mit einfacher elektronischer Signatur**
   - Kann wirksam nur vom selben Postfachinhaber/Anwalt erledigt werden, der einfach elektronisch signiert hat.[20]
6. **Eingangsbestätigung prüfen nach erfolgtem Versand**[21]
   - Kann vom berechtigten Mitarbeiter erledigt werden.
   - Kann vom Anwalt erledigt werden.
7. **Exportieren von gesendeten Nachrichten**[22]
   - Kann vom Mitarbeiter erledigt werden.
   - Kann vom Anwalt erledigt werden.
8. **Empfangsbekenntnisse abgeben**
   - Kann nur vom Anwalt erledigt werden; entweder vom Postfachinhaber selbst oder einer Vertretung oder einem VHN-Berechtigten.[23]

Bitte beachten Sie 71

Die nachstehenden Vorgänge erläutern lediglich, wer welche Aktion im beA vornehmen kann. Wann mit qualifizierter elektronischer Signatur und wann mit einfacher elektronischer Signatur eingereicht werden kann, wird durch diese Arbeitsteilung **nicht** beantwortet, vgl. dazu § 130a Abs. 3 ZPO (Ausführungen hierzu erfolgen in § 11 ab Rdn 117).

II. RA übernimmt alle Arbeiten selbst und sendet aus dem eigenen Postfach

1. Nachrichtenentwurf im beA erstellen 72
   - RA öffnet einen neuen Nachrichtenentwurf durch Klick auf den Button „Neue Nachricht" im rechten Funktionsmenü.
   - Eintrag/Suche des Empfängers/der Empfänger.
   - Angaben zum Betreff (siehe Rdn 34 oben).
   - Eintragungen in die Felder „Aktenzeichen Sender" und „Aktenzeichen Empfänger" sind optional.
   - Anhänge werden an die Nachricht angefügt durch Klick auf den Button „Anhang hochladen". Begrenzungen beim Hochladen beachten, siehe Rdn 52 oben.

---

19 Siehe § 11 Rdn 86 u. § 14 Rdn 21 in diesem Werk sowie Rdn 67 ff. in diesem Kapitel.
20 VHN u. einfach signierender Anwalt müssen identisch sein, siehe § 11 Rdn 117 in diesem Werk.
21 Zu den Anforderungen siehe § 14 dieses Werks.
22 Siehe § 14 Rdn 79 sowie § 10 Rdn 15 ff. in diesem Werk.
23 Zur Vertretung siehe § 7 Rdn 61 u. 87; zum VHN-Berechtigten siehe § 7 Rdn 64, 87 i.V.m. 105 in diesem Werk. Zu den Problemen rund um den VHN im Gesellschafts-beA siehe § 2 Rdn 36 in diesem Werk.

- Entscheidung, ob der Typ des hochzuladenden Anhangs ein „Schriftsatz" oder eine „Anlage" sein soll (mehrere Dateien können gleichzeitig hochgeladen werden; aber dann nur mit derselben Deklaration) und entsprechende Deklaration.
2. RA hat die Auswahl getroffen, eine qualifizierte elektronische Signatur anzubringen
    - Qualifiziert elektronisch signieren wie unter Rdn 53 ff. oben beschrieben.
    - Nach Anbringung der qualifizierten elektronischen Signatur die Signaturprüfung vornehmen, siehe § 11 Rdn 86 sowie § 14 Rdn 21 in diesem Werk und Rdn 67 ff. oben.
    - Schriftsatz vor Signierung auf Vollständigkeit und Richtigkeit prüfen, siehe auch § 14 Rdn 1 ff. in diesem Werk
3. RA hat die Auswahl getroffen, eine einfache elektronische Signatur anzubringen und den Eigenversand vorzunehmen.
    - Prüfung, ob das richtige Dokument hochgeladen wurde und die einfache elektronische Signatur des Postfachinhabers trägt (zur einfachen elektronischen Signatur siehe § 11 Rdn 17 ff. in diesem Werk).
    - Eigenversand vornehmen (zum Eigenversand siehe § 11 Rdn 123 in diesem Werk).
4. Versand
    - Durch Klick auf den Button „Senden" kann der Nachrichtenentwurf vom Anwalt selbst versendet werden.
5. Postausgangskontrolle und Export
Sobald die Nachricht auf dem Server des Gerichts eingegangen ist, erfolgt eine Eingangsbestätigung (Vollständige Zustellantwort), siehe § 14 Rdn 29; die Frist kann nach der entsprechenden Postausgangskontrolle (siehe § 14 dieses Werks) gestrichen werden. Die gesendete Nachricht befindet sich im Grundordner „Gesendet" und kann von dort exportiert werden (zum Export siehe § 14 Rdn 79 sowie § 10 Rdn 15 ff. in diesem Werk).

III. RA übernimmt alle Arbeiten selbst und sendet aus dem Postfach eines Kollegen

73
1. Nachrichtenentwurf im beA des Kollegen erstellen
    - RA öffnet einen neuen Nachrichtenentwurf durch Klick auf den Button „Neue Nachricht" im rechten Funktionsmenü im Postfach eines Anwaltskollegen bzw. nimmt die Auswahl des Kollegen-Postfachs in der Drop-Down-Liste der Absenderzeile aus seinem eigenen Postfach vor. Um im beA des Kollegen arbeiten zu können (hochladen/senden etc.), werden die entsprechenden Rechte benötigt, die zuvor vergeben werden müssen, siehe § 7 Rdn 20 in diesem Werk.
    - Eintrag/Suche des Empfängers/der Empfänger.
    - Angaben zum Betreff (siehe Rdn 34).
    - Eintragungen in die Felder „Aktenzeichen Sender" und „Aktenzeichen Empfänger" sind optional.
    - Anhänge werden an die Nachricht angefügt durch Klick auf den Button „Anhang hochladen". Begrenzungen beim Hochladen beachten, siehe Rdn 52.
    - Entscheidung, ob der Typ des hochzuladenden Anhangs ein „Schriftsatz" oder eine „Anlage" sein soll (mehrere Dateien können gleichzeitig hochgeladen werden; aber dann nur mit derselben Deklaration).
2. Dateiprüfung
    - Vor dem qualifiziert elektronischen Signieren empfehlen wir, den Schriftsatz-Anhang nochmals zu öffnen (Bearbeitungssymbol Lupe in der jeweiligen Dokumentenzeile) und auf Richtigkeit zu prüfen (kein „Blindflug", vor allem wenn sich aus dem Dateinamen nicht ergibt, um welches Verfahren es sich handelt), zur Postausgangskontrolle siehe auch § 14 Rdn 1 ff. in diesem Werk.

3. Qualifiziert elektronisch signieren
   - **Hinweis:** Da das Recht, Nachrichten aus dem beA eines Postfachinhabers ohne qualifizierte elektronische Signatur gem. § 23 Abs. 3 S. 5 RAVPV zu versenden, nicht auf andere Personen übertragen werden kann (weder rechtlich erlaubt noch technisch bei als Schriftsatz deklarierten Dokumenten möglich) **muss** beim Versand aus dem Kollegenpostfach eine qeS angebracht werden. Eine Ausnahme bilden die elektronischen Empfangsbekenntnisse, die von einer Vertretung oder einem Zustellungsbevollmächtigten abgegeben werden, § 23 Abs. 3 S. 6 RAVPV, der zum 1.8.2021 in Kraft getreten ist. Für die Rücksendung eines elektronischen Empfangsbekenntnisses des Vertreters aus dem Postfach des Vertretenen sollte zuvor der vertretende RA die Rolle „Vertretung" oder Zustellungsbevollmächtigter" im Postfach des Vertretenen übertragen erhalten haben. Der Vorteil des Versendens von Nachrichten aus dem Postfach des ursprünglichen Sachbearbeiters (d.h. hier des Vertretenen) liegt darin, dass für das Gericht im Fall künftiger Post der „richtige" Rückkanal eröffnet bleibt. Da der Versand eines Schriftsatzes aus dem Kollegenpostfach somit zwingend die Anbringung einer qualifizierten elektronischen Signatur verlangt, muss eine solche angebracht werden. Nur aus dem Gesellschafts-beA besteht für VHN-Berechtigte die Möglichkeit, nicht nur ein elektronisches Empfangsbekenntnis, sondern auch einen Schriftsatz ohne qeS zu versenden, siehe dazu auch § 23 Abs. 3 S. 7 RAVPV. Allerdings bestanden zum Zeitpunkt der Drucklegung hier noch erhebliche technische Probleme, siehe dazu § 2 Rdn 36, weshalb zur Sicherheit auch bei Versand aus dem Gesellschafts-beA qualifiziert elektronisch signiert werden sollte.
   - Anbringung der qualifizierten elektronischen Signatur beim Hochladen eines Dokuments in die Nachricht durch Wahl des Buttons „Neue Signatur erstellen", wenn es sich bei dem hochzuladenden Anhang um den zuvor deklarierten Anhangs-Typ „Schriftsatz" handelt.
   - Alternativ kann auch jeder in die Nachricht hochgeladene Anhang in dieser durch Klick auf den Button „Anhang signieren" (ganz rechts als Bearbeitungssymbol in der Zeile des jeweiligen Anhangs) qualifiziert elektronisch signiert werden. Hier kann jeder Anhang **nur einzeln** qualifiziert elektronisch signiert werden. Die Stapel-Signier-Funktion steht in der geöffneten Nachricht nicht zur Verfügung.
4. Signaturprüfung
   Nach dem qualifiziert elektronischen Signieren und vor dem Versenden muss die Signatur (qeS) auf Gültigkeit geprüft werden, siehe Rdn 67 ff. oben sowie § 11 Rdn 86 u. § 14 Rdn 21 in diesem Werk. Dazu kann auf den nach dem Signieren neu erscheinenden Bearbeitungssymbol mit der Hakengrafik „Signatur prüfen" (wieder ganz rechts in der jeweiligen Dokumentenzeile) geklickt werden. Das sich öffnende Fenster zeigt, ob die qeS gültig ist und alle notwendigen Prüfungen positiv verlaufen sind. Sollte hier eine nicht erfolgreiche, nur teilweise erfolgreiche oder fehlgeschlagene Prüfung angezeigt werden, ist der Ursache (z.B. abgelaufenes Signaturzertifikat, eine nach dem Signieren geänderte Datei, …) auf den Grund zu gehen, und es muss der Fehler behoben werden, bevor die Nachricht versendet wird.

   Hinweis

   Nachdem über den Button „Als Entwurf speichern" die Nachricht im Bearbeitungsbereich geöffnet bleibt (wenn nach erfolgreicher Speicherung der Button „Bearbeitung fortsetzen" geklickt wurde oder der Entwurf im Grundordner „Entwürfe" durch Klicken auf „Nachrichtenentwurf schließen" abgelegt wurde), kann, bei geöffnetem Entwurf, über den Button „Drucken" die gesamte Nachricht mit allen Eintragungen, der Darstellung der Anlagen, dem Hinweis, dass die qeS (erfolgreich, teilweise erfolgreich oder fehlgeschlagen) geprüft wurde, und dem Prüfprotokoll ausgedruckt oder z.B. als PDF-Dokument gespeichert werden.

5. Versand
   Durch Klick auf den Button „Nachricht Senden" kann der Nachrichtenentwurf vom Anwalt selbst versendet werden.

§ 13 Nachrichten erstellen und versenden

6. Postausgangskontrolle und Export
Sobald die Nachricht auf dem Server des Gerichts eingegangen ist, erfolgt eine Eingangsbestätigung (Vollständige Zustellantwort), siehe § 14 Rdn Rdn 29; die Frist kann nach der entsprechenden Postausgangskontrolle gestrichen werden. Die gesendete Nachricht befindet sich im Grundordner „Gesendet" und kann von dort exportiert werden (zum Export siehe § 14 Rdn 79 sowie § 10 Rdn 15 ff. in diesem Werk).

IV. Mitarbeiter bereitet vor, RA sendet selbst aus dem eigenen Postfach

74
1. Nachrichtenentwurf erstellen
   – Mitarbeiter öffnet einen neuen Nachrichtenentwurf durch Klick auf den Button „Neue Nachricht" in der rechten Menüleiste.
   – Mitarbeiter wählt (sofern er für mehrere Postfächer die Berechtigung erhalten hat, Nachrichten zu erstellen) das Postfach, für welches die Nachricht erstellt werden soll, durch das Öffnen des entsprechenden Postfachs oder bei geöffneten Nachrichtenentwurf durch Auswahl des Postfachs aus der Drop-Down-Liste in der Absenderzeile.
   – Eintrag/Suche des Empfängers/der Empfänger.
   – Angaben zum Betreff (siehe Rdn 34 oben).
   – Eintragungen in die Felder „Aktenzeichen Sender" und „Aktenzeichen Empfänger" sind optional.
   – Anhänge werden an die Nachricht angefügt durch Klick auf den Button „Anhang hochladen". Begrenzungen beim Hochladen beachten, siehe Rdn 52.
   – Entscheidung, ob der Typ des hochzuladenden Anhangs ein Schriftsatz oder eine Anlage sein soll (mehrere Dateien können gleichzeitig hochgeladen werden; aber dann nur mit derselben Deklaration).
2. Prüfung der Datei
Der Mitarbeiter prüft vor dem Übertragen des Schriftsatzes in die Nachricht, dass das zu übertragende Dokument die einfache elektronische Signatur des Anwalts enthält, in dessen beA das Dokument in die Nachricht übertragen wird, und ob es sich um den richtigen Schriftsatz (nicht einen Entwurf oder einen Schriftsatz aus einem anderen Mandat) handelt. Ist das nicht der Fall, muss entsprechend angepasst/geändert/berichtigt werden. Auf jeden Fall ist sicherzustellen, dass der Name des Postfachinhabers, aus dessen beA versendet werden soll, am Ende des Schriftsatzes durch Namenszug wiedergegeben ist, § 11 Rdn 17 ff. in diesem Werk. Dies entbindet u.E. jedoch den Anwalt vor dem Versand nicht davon, selbst noch einmal die Anbringung der einfachen elektronischen Signatur am Dokument zu prüfen, siehe dazu auch § 14 Rdn 22 in diesem Werk.
3. Speichern
Der Mitarbeiter speichert die Nachricht durch Klick auf den Button „Als Entwurf speichern".

> *Hinweis*
> Die Nachricht wird immer im Grundorder „Entwürfe" gespeichert. Durch Auswahl der soeben gespeicherten Nachricht im Grundordner „Entwürfe" und anschließendem Klick auf den Button „Verschieben" kann die Nachricht in einen (zuvor angelegten) Unterordner des Grundordners „Entwürfe" verschoben werden, z.B. in einen Ordner namens „Fristsachen" (analog zur Unterschriftenmappe), siehe § 8 Rdn 29. Alternativ kann auch ein Etikett (siehe § 10 Rdn 20 in diesem Werk), z.B. „Fertig für Versendung durch RA", zur Nachricht gespeichert werden, um anhand der Farbmarkierung kenntlich zu machen, dass diese Nachricht fertig vorbereitet ist und auf eine abschließende Prüfung und die Versendung durch den Postfachinhaber wartet.

4. Info an RA
   Mitarbeiter teilt RA mit, dass sich eine oder mehrere Nachrichten zum Versand im vereinbarten (Unter-)Ordner, z.B. „Fristsachen", befinden.
5. Anmeldung und Prüfung durch RA
   – RA meldet sich im beA mit seinem persönlichen Zugangsmittel an und öffnet zunächst den Nachrichtenentwurf. Er öffnet den Schriftsatzanhang, prüft die einfache elektronische Signatur, siehe § 11 Rdn 17, und schließt den Anhang, soweit die korrekte einfache elektronische Signatur angebracht ist.
   – Die Anbringung einer qeS ist nicht notwendig, sofern der Anwalt sich für die Einreichung gem. § 130a Abs. 3 S. 1 Alt. 2 ZPO entscheidet, siehe § 11 Rdn 28.
6. Versand
   Durch Klick auf den Button „Nachricht senden" kann der Nachrichtenentwurf versendet werden.
7. Postausgangskontrolle und Export
   Sobald die Nachricht auf dem Server des Gerichts eingegangen ist, erfolgt eine Eingangsbestätigung (Vollständige Zustellantwort), siehe § 14 Rdn 29; die Frist kann nach der entsprechenden Postausgangskontrolle (siehe § 14 dieses Werks) gestrichen werden. Die gesendete Nachricht befindet sich im Grundordner „Gesendet" und kann von dort exportiert werden (zum Export siehe § 14 Rdn 79 sowie § 10 Rdn 15 ff. in diesem Werk).

V. Mitarbeiter bereitet vor, RA signiert qualifiziert elektronisch, Mitarbeiter versendet aus dem Postfach des Anwalts, der signiert hat, oder beliebigem beA-Postfach

1. Nachrichtenentwurf erstellen **75**
   – Mitarbeiter öffnet einen neuen Nachrichtenentwurf durch Klick auf den Button „Neue Nachricht" im rechten Funktionsmenü.
   – Mitarbeiter wählt (sofern er für mehrere Postfächer die Berechtigung erhalten hat, Nachrichten zu erstellen) das Postfach, für welches die Nachricht erstellt werden soll durch Öffnen des entsprechenden Postfachs oder bei geöffneten Nachrichtenentwurf durch Auswahl des Postfachs aus der Drop-Down-Liste in der Absenderzeile.
   – Eintrag/Suche des Empfängers/der Empfänger.
   – Angaben zum Betreff (siehe Vorgaben gem. Rdn 34).
   – Eintragungen in die Felder „Aktenzeichen Sender" und „Aktenzeichen Empfänger" sind optional.
   – Anhänge werden an die Nachricht angefügt durch Klick auf den Button „Anhang hochladen". Begrenzungen beim Hochladen beachten, siehe Rdn 52.
   – Entscheidung, ob der Typ des hochzuladenden Anhangs ein Schriftsatz oder eine Anlage sein soll (mehrere Dateien können gleichzeitig hochgeladen werden; aber dann nur mit derselben Deklaration).
2. Prüfung der Datei
Der Mitarbeiter prüft vor dem Übertragen des Schriftsatzes in die Nachricht, dass es sich um den richtigen Schriftsatz (nicht einen Entwurf oder einen Schriftsatz aus einem anderen Mandat) handelt. Ist das nicht der Fall, muss die richtige Datei ausgewählt werden.
3. Speichern
Der Mitarbeiter speichert die Nachricht durch Klick auf den Button „Als Entwurf speichern".

Hinweis
Die Nachricht wird immer im Grundorder „Entwürfe" gespeichert. Durch Auswahl der soeben gespeicherten Nachricht im Grundordner „Entwürfe" und anschließendem Klick auf den Button „Verschieben" kann die Nachricht in einen (zuvor angelegten) Unterordner des Grundordners „Entwürfe" verschoben werden, z.B. in einen Ordner namens „Fristsachen" (analog zur Unterschriftenmappe), siehe

§ 8 Rdn 29. Alternativ kann auch ein Etikett (siehe § 10 Rdn 20 dieses Werks), z.B. „Fertig zum Signieren" zum Nachrichtenentwurf gespeichert werden, um anhand der Farbmarkierung kenntlich zu machen, dass diese Nachricht fertig vorbereitet ist und auf die Erstellung einer qualifizierten elektronischen Signatur durch den Postfachinhaber oder dessen Vertreter wartet.

4. Info an RA

   Mitarbeiter teilt RA mit, dass sich eine oder mehrere Nachrichten zum Versand im vereinbarten (Unter-)Ordner, z.B. „Fristsachen", befinden.

5. Anmeldung und Prüfung durch RA
   – RA meldet sich im beA mit seinem persönlichen Zugangsmittel an und öffnet zunächst den Nachrichtenentwurf. Er öffnet den Schriftsatzanhang, prüft diesen auf Vollständigkeit und Richtigkeit und schließt den Anhang wieder.

6. Qualifiziert elektronisch signieren
   RA signiert in der Nachricht durch Klick auf den Button „Anhang signieren" (ganz rechts als Bearbeitungssymbol in der Zeile des jeweiligen Anhangs) denjenigen Anhang, welchen er signieren möchte. Hier kann nur jeder Anhang einzeln signiert werden. Die Stapelsignaturfunktion greift in der geöffneten Nachricht nicht. Vor dem qualifiziert elektronischen Signieren empfehlen wir, den Schriftsatz-Anhang nochmals zu öffnen (Bearbeitungssymbol Lupe in der jeweiligen Dokumentenzeile) und auf Richtigkeit zu prüfen (kein „Blindflug", vor allem wenn sich aus dem Dateinamen nicht ergibt, um welches Verfahren es sich handelt).

7. Erneut Speichern

RA speichert die Nachricht durch Klick auf den Button „Als Entwurf speichern".

Hinweis

Die signierte Nachricht wird immer im Grundorder „Entwürfe" oder in einem dort vorhandenen Unterordner abgespeichert, aus dem heraus der bestehende Entwurf geöffnet wurde. Durch Auswahl des soeben gespeicherten Nachrichtenentwurfs, ob im Grundordner „Entwürfe" oder einem darin bestehenden Unterordner, kann der Nachrichtenentwurf durch Klick auf den Button „Verschieben" in einen anderen Unterordner des Grundordners „Entwürfe" verschoben werden, z.B. in einen zuvor angelegten Unterordner namens „Fertig für Versendung" (analog zu Rückgabe der unterschriebenen Unterschriftenmappe, siehe § 8 Rdn 29). Alternativ kann auch ein Etikett (siehe § 10 Rdn 20), z.B. „Fertig für Versendung durch MA" (Etikett als Arbeitsanweisung), zur Nachricht gespeichert werden, um anhand der Farbmarkierung kenntlich zu machen, dass diese Nachricht fertig vorbereitet ist und auf eine abschließende Prüfung und die Versendung durch einen Mitarbeiter wartet.

8. Signaturprüfung
   – Der Mitarbeiter öffnet den Nachrichtenentwurf aus dem Grundordner „Entwürfe" oder einem vorhandenen Unterordner.
   – Vor dem Versenden muss die Signatur (qeS) auf Gültigkeit geprüft werden, siehe § 11 Rdn 86 sowie § 14 Rdn 21. Dazu kann durch den Mitarbeiter auf den nach dem Signieren neu erschienenen Bearbeitungssymbol mit der Hakengrafik „Signatur prüfen" (wieder ganz rechts in der jeweiligen Dokumentenzeile) geklickt werden. Das sich öffnende Fenster zeigt, ob die qualifizierte elektronische Signatur gültig ist und alle notwendigen Prüfungen positiv verlaufen sind. Sollte hier eine nicht erfolgreiche, nur teilweise erfolgreiche oder fehlgeschlagene Prüfung angezeigt werden, ist der Ursache (z.B. abgelaufenes Signaturzertifikat, eine nach dem Signieren geänderte Datei, …) auf den Grund zu gehen, und es muss der Fehler behoben werden, bevor die Nachricht versendet wird.
   – Zur Frage, ob die Signaturprüfung auf den Mitarbeiter übertragen werden kann, siehe § 14 Rdn 24 f.

Hinweis

Nachdem über den Button „Als Entwurf speichern" die Nachricht im Bearbeitungsbereich geöffnet bleibt (da nach erfolgreicher Speicherung der Button „Bearbeitung fortsetzen" geklickt statt dass der Entwurf z.B. im Grundordner „Entwürfe" durch Klicken auf „Nachrichtenentwurf schließen" abgelegt wurde), kann, bei geöffnetem Entwurf, über den Button „Drucken" die gesamte Nachricht mit allen Eintragungen, der Darstellung der Anlagen, dem Hinweis, dass die qeS (erfolgreich, teilweise erfolgreich oder fehlgeschlagen) geprüft wurde inkl. dem Prüfprotokoll ausgedruckt oder z.B. als PDF-Dokument gespeichert werden.

9. Versand
Durch Klick auf den Button „Nachricht senden" kann der Nachrichtenentwurf vom Mitarbeiter verschickt werden.

Hinweis

Sendet der Mitarbeiter, besteht ggf. die Möglichkeit, bei begangenen Fehlern eine Wiedereinsetzung in den vorigen Stand bei wiedereinsetzungsfähigen Fristen zu beantragen, siehe dazu auch §§ 21 u. 22 in diesem Werk.

10. Postausgangskontrolle und Export
Sobald die Nachricht auf dem Server des Gerichts eingegangen ist, erfolgt eine Eingangsbestätigung (Vollständige Zustellantwort), siehe § 14 Rdn 29; die Frist kann nach der entsprechenden Postausgangskontrolle (siehe § 14 dieses Werks) gestrichen werden. Die gesendete Nachricht befindet sich im Grundordner „Gesendet" und kann von dort exportiert werden (zum Export siehe § 14 Rdn 79 sowie § 10 Rdn 15 ff. in diesem Werk.

VI. RA signiert extern, Mitarbeiter bereitet vor und versendet aus beliebigem Postfach

1. Anbringung einer externen Signatur   76
   – Es ist ein fertiger, vom RA geprüfter Schriftsatz als PDF-Dokument in einem Verzeichnis (auf dem Server, auf einer Festplatte oder sonstigem Datenträger) gespeichert.
   – Der RA erzeugt mit einer Signatursoftware (z.B. SecSigner, Governikus DATA Boreum, o.a. ...) zur Schriftsatzdatei eine zusätzliche Signaturdatei.
   – **Hinweis**: Zulässig ist gem. Bekanntmachung zu § 5 ERVV Nr. 4 i.V.m. Nr. 5 der 2. ERVB 2022 auch eine eingebettete Signatur (inline Signatur).[24] Es wird jedoch, um die Möglichkeit der Signaturprüfung im beA-System zu erhalten, empfohlen, die Signatur mit einer zusätzlichen Datei (detached Signatur) beizufügen, siehe Rdn 63 ff.
   – **Hinweis**: Nach Erzeugung der qualifizierten elektronischen Signatur darf die signierte Datei nicht mehr verändert werden, sonst wird die Signatur bei einer Prüfung als ungültig erkannt.
2. Speicherung von Schriftsatz und Signaturdatei
   Der RA speichert den Schriftsatz und die erzeugte Signaturdatei an einer vereinbarten Stelle (auf dem Server, auf einer Festplatte oder sonstigem Datenträger) ab und informiert den Mitarbeiter, dass dieser die weiteren Schritte unternehmen soll.
3. Nachrichtenentwurf erstellen
   – Mitarbeiter öffnet einen neuen Nachrichtenentwurf durch Klick auf den Button „Neue Nachricht" in der rechten Funktionsleiste.

---

24 https://justiz.de/laender-bund-europa/elektronische_kommunikation/index.php (Abruf: 5.10.2022).

- Mitarbeiter wählt (sofern er für mehrere Postfächer die Berechtigung erhalten hat, Nachrichten zu erstellen) das Postfach, für welches die Nachricht erstellt werden soll durch das Öffnen des entsprechenden Postfachs oder bei geöffneten Nachrichtenentwurf durch Auswahl des Postfachs aus der Drop-Down-Liste in der Adresszeile.
- Eintrag/Suche des Empfängers/der Empfänger.
- Angaben zum Betreff (siehe Vorgaben gem. Rdn 34).
- Eintragungen in die Felder „Aktenzeichen Sender" und „Aktenzeichen Empfänger" sind optional.
- Der vom RA geprüfte Schriftsatz und die vom RA erzeugte Signaturdatei (qeS) (und evtl. weitere signierte oder nicht signierte Anlagen) werden in den Nachrichtenentwurf durch Klick auf den Button „Anhang hochladen" übertragen. Begrenzungen beim Hochladen beachten, siehe Rdn 52.
- Entscheidung, ob der Typ des hochzuladenden Anhangs ein Schriftsatz oder eine Anlage sein soll (mehrere Dateien können gleichzeitig hochgeladen werden; aber dann nur mit derselben Deklaration).

4. Signaturprüfung
    - Der Mitarbeiter öffnet den Nachrichtenentwurf aus dem Grundordner „Entwürfe" oder einem vorhandenen Unterordner.
    - Vor dem Versenden muss die Signatur auf Gültigkeit geprüft werden, siehe § 11 Rdn 86 u. § 14 Rdn 21 in diesem Werk. Dazu kann durch den Mitarbeiter auf den nach dem Signieren neu erschienenen Bearbeitungssymbol mit der Hakengrafik „Signatur prüfen" (wieder ganz rechts in der jeweiligen Dokumentenzeile) geklickt werden. Das sich öffnende Fenster zeigt, ob die qualifizierte elektronische Signatur gültig ist und alle notwendigen Prüfungen positiv verlaufen sind. Sollte hier eine nicht erfolgreiche, nur teilweise erfolgreiche oder fehlgeschlagene Prüfung angezeigt werden, ist der Ursache (z.B. abgelaufenes Signaturzertifikat, eine nach dem Signieren geänderte Datei, …) auf den Grund zu gehen, und es muss der Fehler behoben werden, bevor die Nachricht versendet wird.
    - Zur Frage, ob die Signaturprüfung auf den Mitarbeiter übertragen werden kann, siehe § 14 Rdn 22.

> *Hinweis*
> Nachdem über den Button „Als Entwurf speichern" die Nachricht im Bearbeitungsbereich geöffnet bleibt (da nach erfolgreicher Speicherung der Button „Bearbeitung fortsetzen" geklickt wurde, anstatt dass der Entwurf z.B. im Grundordner „Entwürfe" durch Klicken auf „Nachrichtenentwurf schließen" abgelegt worden ist), kann, bei geöffnetem Entwurf, über den Button „Drucken" die gesamte Nachricht mit allen Eintragungen, der Darstellung der Anlagen, dem Hinweis, dass die qeS (erfolgreich, teilweise erfolgreich oder fehlgeschlagen) geprüft wurde inkl. dem Prüfprotokoll ausgedruckt oder z.B. als PDF-Dokument gespeichert werden.)

5. Versand
    Durch Klick auf den Button „Nachricht senden" kann der Nachrichtenentwurf vom Mitarbeiter verschickt werden.

> *Hinweis*
> Sendet der Mitarbeiter, besteht ggf. die Möglichkeit, bei begangenen Fehlern eine Wiedereinsetzung in den vorigen Stand bei wiedereinsetzungsfähigen Fristen zu beantragen.

6. Postausgangskontrolle und Export
    Sobald die Nachricht auf dem Server des Gerichts eingegangen ist, erfolgt eine Eingangsbestätigung (vollständige Zustellantwort), siehe § 14 Rdn 29; die Frist kann nach der entsprechenden Postausgangskontrolle (siehe § 14 dieses Werks) gestrichen werden. Die gesendete Post befindet sich im Grundordner „Gesendet" und kann von dort exportiert werden (zum Export siehe § 14 Rdn 79 sowie § 10 Rdn 15 ff. in diesem Werk.).

J. Neue Eingabehilfen im beA

Seit der beA-Version 3.13, die Ende Juni 2022 veröffentlicht wurde, gibt es neue Eingabehilfen im beA im Zusammenhang mit der Erstellung von Nachrichten.[25] Es wurden diverse Tastenkürzel eingeführt, die die Bearbeitung der Nachrichten besonders für die Nutzer erleichtern soll, die ihre Bildschirmarbeit gerne mit der Tastatur durchführen. Folgende Eingabehilfen stehen zur Verfügung:

- Alt + n = erzeugt einen neuen Nachrichtenentwurf
- Alt + o = öffnet die aktuell ausgewählte Nachricht
- Alt + p = druckt die aktuelle Seite
- Alt + e = exportiert die aktuelle Nachricht
- je nach Browser auch Alt + Shift + <Kürzel>

---

25 BRAK Sondernewsletter 8/2022 v. 22.6.2022 – https://newsletter.brak.de/mailing/186/5471237/0/1215bb9ced/index.html (Abruf: 16.10.2022).

§ 14 Prüfroutinen und Postausgangskontrolle

A. Dokumentenprüfung vor Signatur

Bevor eine Postausgangskontrolle durchgeführt wird, sind weitere Prüfschritte bereits vor dem Signieren und vor dem Versand erforderlich. Wer mit den Arbeitsabläufen in Anwaltskanzleien und der bisherigen Rechtsprechung des BGH vertraut ist, hatte schon geahnt, dass der BGH möglicherweise bei der Versendung elektronischer Dokumente teilweise andere Maßstäbe anlegen würde, als dies bei einer Übermittlung per Fax oder in Briefform der Fall ist. In früheren Zeiten wurden Schriftsätze einem Anwalt in einer Unterschriftenmappe vorgelegt. Das Dokument lag damit als Schriftstück vor der Unterzeichnung geöffnet vor. Im elektronischen Zeitalter werden Schriftsätze häufig durch Mitarbeiter und nicht durch den Anwalt selbst im beA hochgeladen. So dauerte es auch nicht lange nach Einführung der Pflicht zur elektronischen Einreichung, bis der BGH entschied, dass ein „blindes Signieren" durch den Rechtsanwalt mit anschließendem Versand durch einen Mitarbeiter nicht wiedereinsetzungskonform ist. Deutlich hielt er fest, dass die **Kontrolle** der **Vollständigkeit** und **Richtigkeit des Schriftsatzes** nicht auf Mitarbeiter übertragen werden kann.

> „Bei der Signierung eines ein Rechtsmittel oder eine Rechtsmittelbegründung enthaltenden fristwahrenden elektronischen Dokumentes gehört es zu den nicht auf das Büropersonal übertragbaren Pflichten eines Rechtsanwalts, das zu signierende Dokument zuvor selbst sorgfältig auf Richtigkeit und Vollständigkeit zu prüfen."[1]

Was war vorliegend geschehen?

Ein klassischer Fehler, wie er in jeder Kanzlei tagtäglich vorkommen kann. Eine Mitarbeiterin sollte eine Berufungsbegründung im beA hochladen, die von der Anwältin qualifiziert elektronisch signiert und sodann durch die Mitarbeiterin abgesendet werden sollte. Der Anwältin fiel jedoch bei der fünfseitigen Berufungsbegründung auf, dass auf der ersten Seite ein **kleiner Tippfehler**[2] enthalten war und wies ihre Sekretärin an, diesen auszubessern und die Berufungsbegründung sodann abschließend zur Signatur wieder ins beA einzustellen. Die Mitarbeiterin hatte nach Ausbesserung die geänderte Seite für die Papierhandakte ausgedruckt und anschließend das Word-Dokument in ein PDF-Dokument umgewandelt, um es in die Anwaltssoftware zur Signierung einzustellen. Hier hatte das Programm – von der ansonsten sehr zuverlässigen, geschulten und erfahrenen Sekretärin unerkannt – bei dem „Print-to-PDF-Vorgang" die Einstellung des vorangegangenen Druckvorgangs (Ausdruck nur der ersten Seite) übernommen.

Die Anwältin öffnete vor dem (erneuten) Signaturvorgang den Schriftsatz und überprüfte die (erfolgreiche) Umsetzung der Anweisung durch die Mitarbeiterin. Die zuständige Anwältin schloss sodann das Dokument, ohne zu registrieren, dass aufgrund einer fehlerhaften Druckeinstellung lediglich eine Seite als PDF-Dokument erzeugt und hochgeladen worden war anstelle des gesamten Schriftsatzes mit fünf Seiten und signierte qualifiziert elektronisch. Die Mitarbeiterin übermittelte das Dokument via beA an das Gericht. Die Einreichung war somit nicht wirksam. Im Wiedereinsetzungsantrag wurde vorgetragen, die Anwältin habe davon ausgehen dürfen, dass der Schriftsatz wie zuvor vollständig eingestellt worden sei. Denn bei der ersten Einstellung in das beA zur Signierung hatte die Anwältin die Vollständigkeit und Richtigkeit des Schriftsatzes überprüft. Dies aber hielt der BGH nicht für ausreichend. Denn der einmal erfolgte Prüfvorgang des hochgeladenen Dokuments muss nach Ansicht des BGH zwingend wiederholt werden, wenn an dem Dokument Änderungen vorgenommen werden und es noch einmal komplett neu zum Signieren eingestellt wird.

---

1 BGH, Beschl. v. 8.3.2022 – VI ZB 78/21, FD-RVG 2022, 448033 = BeckRS 2022, 7011.
2 BGH, a.a.O., Rn 2.

4 Die begehrte Wiedereinsetzung in den vorigen Stand wurde versagt, die Berufung verworfen, auch die fristgerecht eingelegte statthafte Rechtsbeschwerde hatte keinen Erfolg. Nach Auffassung des BGH war nicht glaubhaft gemacht worden, dass das Verschulden der Prozessbevollmächtigten der Partei gem. § 85 Abs. 2 ZPO nicht zuzurechnen wäre.

5 Der BGH führte hierzu aus:

> *„a) Es gehört zu den Aufgaben eines Verfahrensbevollmächtigten, dafür zu sorgen, dass ein fristgebundener Schriftsatz rechtzeitig erstellt wird und innerhalb der Frist bei dem zuständigen Gericht eingeht. Dabei gehört die Erstellung fristwahrender Rechtsmittel oder Rechtsmittelbegründungen zu den Aufgaben, die ein Rechtsanwalt seinem angestellten Büropersonal nicht übertragen darf, ohne das Arbeitsergebnis auf seine Richtigkeit und Vollständigkeit selbst sorgfältig zu überprüfen (BGH, Beschlüsse vom 5.5.2021 – XII ZB 552/20, NJW-RR 2021, 998 Rn 14; vom 16.9.2015 – V ZB 54/15, NJW-RR 2016, 126 Rn 9; vom 22.7.2015 – XII ZB 583/14, WM 2016, 142 Rn 12). Ein Rechtsanwalt handelt daher schuldhaft, wenn er eine Rechtsmittelbegründungsschrift unterschreibt, ohne sie zuvor auf Richtigkeit und Vollständigkeit zu überprüfen (vgl. BGH, Beschl. v. 6.5.1992 – XII ZB 39/92, VersR 1993, 79, juris Rn 2)."*

6 Nach Ansicht des BGH gilt dies auch dann, wenn ein Schriftsatz zum zweiten Mal „vorgelegt" wird, denn die Einhaltung der Kontrollpflicht bei der ersten Vorlage ersetzt nicht die Einhaltung der Kontrollpflicht bei der weiteren Vorlage. Der BGH wortwörtlich:

> *„Unterzeichnet er ihn diesmal ungeprüft, ist dies einer stets schuldhaften Blankounterzeichnung gleichzustellen."*[3]

Der Leitsatz der BGH-Entscheidung aus 1992, auf die der BGH hier verwies:

> *„Ein Rechtsanwalt handelt schuldhaft, wenn er einen ihm ein zweites Mal vorgelegten und erneut fehlerhaften Berufungsschriftsatz unterschreibt, ohne dessen Vollständigkeit und Richtigkeit zu überprüfen."*[4]

7 Nach Ansicht des BGH kann nichts anderes im elektronischen Rechtsverkehr für die elektronische Signatur gelten, da eine qualifizierte elektronische Signatur die gleiche Rechtswirkung wie eine handschriftliche Unterschrift hat. So hält der BGH fest,[5] dass es zu den Pflichten eines Rechtsanwalts gehört, das zu signierende Dokument zuvor **selbst** sorgfältig auf Richtigkeit und Vollständigkeit zu prüfen, und diese Pflicht **nicht** auf das Büropersonal übertragen werden kann.

8 Der BGH führt weiter aus,[6] dass nach seiner ständigen Rechtsprechung ein der Partei zuzurechnendes Verschulden ihres Rechtsanwalts an einer Fristversäumnis grundsätzlich nicht vorliegt, wenn ein Rechtsanwalt seiner Kanzleiangestellten, die sich bisher als zuverlässig erwiesen hat, eine konkrete Einzelanweisung erteilt, die bei Befolgung die Fristwahrung gewährleistet hätte; vielmehr der Anwalt darauf vertrauen darf, dass eine solche Büroangestellte eine konkrete Einzelanweisung auch befolgt und ihn daher keine Verpflichtung trifft, sich anschließend über die Ausführung seiner Weisung zu vergewissern.[7] Nach Ansicht des BGH[8] unterscheidet sich der hier vorliegende Fall jedoch von den zuvor genannten Fällen maßgeblich, da in den vorgenannten Fällen der Schriftsatz, der von einem Anwalt bereits unterzeichnet worden ist, nach der entsprechenden Korrekturanweisung gar nicht mehr in den Einflussbereich des

---

3 BGH, a.a.O., Rn 10 (unter Verweis auf BGH, Beschl. v. 6.5.1992 – XII ZB 39/92, VersR 1993, 79, juris Rn 2).
4 BGH, Beschl. v. 6.5.1992 – XII ZB 39/92, a.a.O., FHZivR 39 Nr. 7557 = BeckRS 2009, 1180 = VersR 1993,79.
5 BGH, Beschl. v. 8.3.2022 – VI ZB 78/21 Rn 11.
6 BGH, a.a.aO., Rn 13.
7 BGH, a.a.O., Rn 13 m.v.w.N.
8 BGH, a.a.O., Rn 14.

Anwalts gelangt. Dies ist im elektronischen Rechtsverkehr anders, weshalb auch bei der Beurteilung des Verschuldens diese etwas anderen Abläufe zu einem anderen Ergebnis führen. Der Austausch nur einer einzigen Seite nach erfolgter qualifizierter elektronischer Signatur eines PDF-Dokuments ist eben gerade nicht möglich. Zum einen wird eine qualifizierte elektronische Signatur ungültig, da diese auch für die Unverändertheit des bereits signierten Dokuments steht. Aus diesem Grund wird bei Entfernung eines Dokuments aus einer vorbereiteten beA-Nachricht auch die angefügte qualifizierte elektronische Signatur automatisch mit entfernt. Es lässt sich auch im Anhang einer beA-Nachricht selbst keine Änderung vornehmen. Vielmehr muss das Dokument entfernt, das Ursprungsdokument in Word-Format geändert, neu als pdf abgespeichert und neu hochgeladen werden. D.h. der Anwalt kann hier gar nicht anders, als nochmals im System die qualifizierte elektronische Signatur anzubringen, sinngemäß also noch einmal neu zu „unterschreiben". Der Schriftsatz gelangt somit wieder in seinen Machtbereich und muss selbstverständlich nochmals erneut geprüft werden. Durch Scan-, Kopier- und Speichervorgänge entsteht hier, so der BGH richtig, letztendlich ein neues elektronisches Dokument und damit eine gänzlich neue Gefahrenquelle. Dieselbe Vorgehensweise ist im Übrigen erforderlich, wenn ein Anwalt sich entscheidet, gem. § 130a Abs. 3 S. 1 Alt 1 ZPO mit einfacher elektronischer Signatur und Eigenversand zu arbeiten.

Die Entscheidung des BGH ist nach unserer Auffassung richtig. Es stellt sich wieder einmal heraus, dass zum einen nicht alle Grundsätze der früheren Rechtsprechung zu Papierdokumenten auch auf den elektronischen Rechtsverkehr 1:1 angewendet werden können. Es ergeben sich vielmehr durch den elektronischen Rechtsverkehr neue, teilweise andere Gefahrenquellen, die einer besonderen Betrachtung bedürfen. Es war schon zu Briefpapierzeiten im Sinne der Wiedereinsetzungs-Rechtsprechung nicht zulässig, sich nicht den gesamten Schriftsatz zur Unterschrift vorlegen zu lassen, sondern nur die letzte Seite und praktisch blanko zu unterschreiben. Wäre es mangels Vorlage des gesamten Schriftsatzes zu Fehlern gekommen, wäre auch bei der Briefpost eine Wiedereinsetzung ausgeschlossen. Bei Austausch jedoch z.B. nur einer Seite nach Unterschrift musste aber nicht zwingend der Schriftsatz nochmals komplett vorgelegt werden. Das ist im elektronischen Zeitalter anders.

Es darf nochmals daran erinnert werden, dass der BGH zwar im Mai 2020 entschieden hat, dass die Postausgangskontrolle **zumindest** anhand des Dateinamens (der entsprechend aussagekräftig und somit „sprechend" sein sollte) vorzunehmen ist. Die Postausgangskontrolle ist jedoch ein Vorgang, der bereits „mehrere Schritte weiter" erfolgt als die Prüfung eines Dokuments bei dessen Unterzeichnung. Ob nun wie früher, handschriftlich, oder aber im heutigen Zeitalter durch elektronische Signatur gem. § 130a Abs. 3 S. 1 Alt. 1 oder Alt. 2 ZPO sollten Schriftsätze **VOR** der Signierung auf Vollständigkeit und Richtigkeit geprüft werden.

Zur Prüfung der Vollständigkeit und Richtigkeit eines elektronischen Dokuments durch den Anwalt gehört auch die Prüfung, ob das Dokument **an das richtige Gericht** adressiert ist.[9] Dies wird auch im elektronischen Rechtsverkehr gefordert:

> *„1. Ein Fristversäumnis ist verschuldet, wenn es für einen pflichtbewussten Rechtsanwalt abwendbar gewesen wäre. Bei der Unterzeichnung eines fristwahrenden Schriftsatzes muss sich der Rechtsanwalt davon überzeugen, dass das richtige Empfangsgericht angegeben ist.*
>
> *2. Seit dem 1.1.2022 müssen vorbereitende Schriftsätze gemäß § 130d ZPO als elektronisches Dokument eingereicht werden. Gemäß § 130a Abs. 5 Satz 2 ZPO wird dem Absender nach der Übermittlung eine „automatisierte Bestätigung" über den Zeitpunkt des Eingangs erteilt. Dieses Prüfprotokoll ist unverzüglich vom Rechtsanwalt auch im Hinblick auf die ordnungsgemäße Versendung an das zuständige Gericht zu kontrollieren.*
>
> *3. Die Ursächlichkeit einer Falschadressierung an ein unzuständiges Gericht für die Fristversäumung entfällt, wenn das an sich schuldhafte Verhalten sich wegen eines Fehlers des Gerichts nicht*

---

9 So schon: BGH, Beschl. v. 27.2.2003 – III ZB 82/02, NJW-RR 2003, 934, 935.

entscheidend auswirkt. Kausalität ist in solchen Fällen nur dann nicht gegeben, wenn die Fristversäumung bei pflichtgemäßer Weiterleitung des Schreibens an das zuständige Gericht vermieden worden wäre. Die fristgerechte Weiterleitung an das zuständige Gericht muss jedoch im „ordentlichen Geschäftsgang" erwartet werden können. Besondere Bemühungen des unzuständigen Gerichts (wie zum Beispiel eine eingehende Zuständigkeitsprüfung und sofortige Weiterleitung noch am selben Tag) sind insoweit nicht geschuldet" (Leitsätze des Gerichts).[10]

12 Die Tatsache, dass die Falschadressierung der Berufungsschrift der Anwältin wegen des drohenden Fristablaufs und eines hohen Arbeitsdrucks hinsichtlich der Bearbeitung weiterer Fristsachen nicht aufgefallen war, führt nicht zu einem fehlenden Verschulden.[11] Nach Ansicht des LAG Schleswig-Holstein,[12] das sich auf eine Entscheidung des BGH[13] bezieht, gehört es

> *„jedenfalls dann, wenn ein Schriftsatz unmittelbar vor Ablauf der Berufungsbegründungsfrist versendet werden soll, zu den gesteigerten Sorgfaltsanforderungen an den Prozessbevollmächtigten,"... „sich über das ordnungsgemäße Funktionieren des Versands per beA und insbesondere die Adressfindung rechtzeitig zu kümmern."*

13 Von Rechtsanwälten wird somit **vor** der Signierung mit qualifizierter elektronischer Signatur bzw. bei Eigenversand in Kombi mit der einfachen elektronischen Signatur verlangt, das **Dokument**
- auf die Adressierung an das richtige Gericht zu überprüfen (im Dokument),
- bei gewünschtem Eigenversand den im Schriftsatz maschinenschriftlich wiedergegebenen Namen zu überprüfen, der identisch mit dem versendenden Postfachinhaber sein muss, siehe hierzu § 11 Rdn 20 u. 117 ff. in diesem Werk,
- auf Vollständigkeit und
- auf Richtigkeit zu prüfen.

14 Fraglich ist, ob Anwälte auch verpflichtet sind, die **Adressierung der beA-Nachricht** selbst zu überprüfen. Denn die Adressierung des richtigen Gerichts auf dem Dokument bedeutet noch nicht, dass die Nachricht selbst auch im Adressfeld korrekt adressiert ist. Dass auch der Versand selbst an das richtige Gericht zu prüfen ist, daran gibt es keinen Zweifel; hier stellt sich jedoch die Frage, ob diese Prüfung auf Mitarbeiter übertragen werden kann. Dabei ist die **richtige Adressierung** vom Anwalt vor dem Versand sowohl im Dokument als auch im Empfängerfeld im beA nach unserer Auffassung **dann selbst** zu prüfen, wenn er einen Eigenversand vornimmt.[14] **Zudem** ist auch die Eingangsbestätigung nach Versand auf die korrekte Adressierung hin zu prüfen.[15] Nach unserer Auffassung kann zwar die Kontrolle der Eingangsbestätigung grundsätzlich nach Versand auf Mitarbeiter übertragen werden, siehe dazu Rdn 29 u. 34 ff.[16] Fällt aber dem Mitarbeiter ein Fehler hinsichtlich der Adressierung nicht auf, „repariert" dies unseres Erachtens nicht den Fehler des Anwalts **vor Signierung** bereits die richtige Adressierung zu prüfen, wenn er sich für die Variante gem. § 130a Abs. 3 S. 1 Alt. 2 ZPO entschieden hat. Ob etwas anderes gelten kann, wenn ein Anwalt sich für die Variante „qualifizierte elektronische Signatur" gem. § 130a Abs. 3 S. 1 Alt. 1 ZPO entschieden hat, erscheint fraglich. Denn auch bei Anbringung einer qualifizierten elektronischen Signatur ist das Dokument in jedem Fall vom Anwalt selbst auf Richtigkeit (und damit auch auf die richtige Adressierung) sowie Vollständigkeit zu prüfen. Hier wird möglicherweise zu unterscheiden sein, siehe die Beispiele unter Rdn 16 ff.

---

10 OLG Schleswig, Beschl. v. 3.3.2022 – 7 U 27/22, BeckRS 2022, 8592.
11 OLG Schleswig, a.a.O. Rn 3.
12 LAG Schleswig-Holstein, Beschl. v. 8.4.2021 – 1 Sa 358/20, BeckRS 2021, 11859.
13 BGH, Beschl. v. 2.8.2006 – XII ZB 84/06, Rn. 7, NJW-RR 2006, 1648.
14 Siehe dazu auch: OLG Schleswig, a.a.O., Rn 4.
15 OLG Schleswig, a.a.O., Rn 4.
16 Zu den Anforderungen an einzusetzende Mitarbeiter siehe § 22 Rdn 1 ff. in diesem Werk.

A. Dokumentenprüfung vor Signatur § 14

Bitte beachten Sie bei den nachstehenden Beispielen, dass die Arbeitsabläufe hier kurz und prägnant wiedergegeben sind und die Beispiele nicht geeignet sind, als Formulierungshilfe für Arbeitsanweisungen an Mitarbeiter zu dienen. Es geht bei diesen Beispielen vielmehr darum, aufzuzeigen, welche Arbeiten im Rahmen des Versands/der Postausgangskontrolle nach Ansicht der Autoren auf Mitarbeiter übertragen werden können, und welche nicht. Dabei ist in den untenstehenden Beispielen davon auszugehen, dass der Mitarbeiter geschult ist, klar und deutlich angewiesen sowie stichprobenartig regelmäßig kontrolliert wird und sich als zuverlässig erwiesen hat. Die eine stichprobenartige Kontrolle einschränkende Entscheidung des BGH, ein Anwalt sei nicht verpflichtet, 15

> „durch Stichproben eine allgemeine Anweisung zur Ausgangskontrolle der Schriftsätze zu überwachen, wenn glaubhaft gemacht ist, dass die mit dieser Aufgabe betraute Bürokraft während ihrer langjährigen Tätigkeit noch nie eine Frist versäumt hatte und es sich um einen einmaligen Fehler handelte (im Anschluss an BGH VersR 1988, 1141 = BeckRS 1988, 30398268)",[17]

ist zu begrüßen, bei einem „neuen System" wie der elektronischen Einreichung jedoch nur zurückhaltend anzuwenden. Denn im elektronischen Rechtsverkehr ist eine langjährige Tätigkeit im Jahr 2022 sicherlich noch die Ausnahme.

Beispiel 1 16
Eine Berufung soll beim OLG München eingereicht werden. Der Berufungsschriftsatz wird im beA als Anhang zu einer Entwurfsnachricht hochgeladen. Im Adressfeld der Entwurfsnachricht ist das LG München I eingetragen. Das Dokument selbst ist gerichtet an das OLG München. Der sachbearbeitende Anwalt beachtet das Adressfeld nicht, prüft den Schriftsatz inhaltlich auf Vollständigkeit und Richtigkeit, dies ist der Fall, und signiert den Schriftsatz qualifiziert elektronisch. Er nimmt die Signaturprüfung vor, die erfolgreich ist, und weist den Mitarbeiter an, die Nachricht nun abzusenden sowie am selben Tag noch die Eingangsbestätigung zu kontrollieren (Datum/Uhrzeit/Status/Adressierung) und bei Fehlern Rückmeldung zu geben. Der Mitarbeiter sendet die Nachricht an das LG München I; der Fehler fällt erst nach Fristablauf durch entsprechenden Hinweis des LG München I auf, die Frist ist versäumt.
Besteht Aussicht auf Wiedereinsetzung in den vorigen Stand?
Fraglich! Denn der Anwalt muss die Entwurfsnachricht öffnen, wenn er das Dokument, das sich im Anhang befindet, qualifiziert elektronisch signieren möchte. Zur richtigen Adressierung eines Schriftsatzes gehört im elektronischen Rechtsverkehr nicht nur die Adressierung des Schriftsatzes im Dokument selbst, sondern eben auch im Nachrichtenfeld (= richtiger Adressat). Insofern ist im elektronischen Zeitalter eine weitere Fehlerquelle möglich. Während fristwahrende Schriftsätze, die nach den allgemeinen Vorschriften (schriftlich, § 130 Nr. 6 ZPO) eingereicht werden, in der Regel zumindest vorab per Fax bzw. häufig in sog. „Fensterumschläge" gegeben werden, und Briefumschläge schon seit Jahrzehnten i.d.R. nicht mehr handschriftlich beschriftet werden, stellt sich beim Versand über das beA eine weitere Gefahrenquelle bei der Adressierung des Gerichts im Nachrichten-Adressfeld dar. So könnte möglicherweise vom Anwalt verlangt werden, die Adressierung des richtigen Gerichts nicht nur im Dokument, sondern vor Signierung auch im Adressfeld zu prüfen.

Beispiel 2 17
Eine Berufung soll beim OLG München eingereicht werden. Der Berufungsschriftsatz wird vom Mitarbeiter im beA als Anhang zu einer Entwurfsnachricht hochgeladen. Im Adressfeld der Entwurfsnachricht ist das LG München I eingetragen. Das Dokument selbst ist gerichtet an das OLG München. Der sachbearbeitende Anwalt beachtet das Adressfeld nicht, prüft den Schriftsatz auf Vollständigkeit

---
[17] BGH, Beschl. v. 2.7.2020 – VII ZB 46/19, NJW-RR 2020, 1129.

und Richtigkeit sowie die angebrachte einfache elektronische Signatur (siehe hierzu § 11 Rdn 20 in diesem Werk), stellt die Vollständigkeit und Richtigkeit des Schriftsatzes als solchen fest, übersieht jedoch die Falschadressierung im Adressfeld der beA-Nachricht und sendet den Schriftsatz ab. Die Kontrolle der Eingangsbestätigung, zu der der Mitarbeiter angewiesen worden ist, bleibt aus. Der Fehler fällt erst nach Fristablauf beim Landgericht München I auf. Die Frist ist versäumt.

Besteht Aussicht auf Wiedereinsetzung in den vorigen Stand?

Nach unserer Auffassung besteht keine Aussicht. Da sich der Rechtsanwalt für den Versand gem. § 130a Abs. 3 S. 1 Alt. 1 ZPO entschieden hat, ist er auch verantwortlich dafür, die richtige Adressierung im Adressfeld zu prüfen. Zwar hätte die Kontrolle der Eingangsbestätigung durch den Mitarbeiter auch im Hinblick auf die richtige Adressierung noch zu einer möglichen Reparatur des Fehlers und damit Verhinderung der Fristversäumnis führen können, der Fehler wurde jedoch hier auf Anwaltsseite gemacht. Die von der bisherigen Rechtsprechung geforderte Kontrolle vor Versand erfolgte eben gerade nicht.

18

Beispiel 3

Ein Anwalt ist in einem Masseverfahren tätig und möchte daher die Funktion der Stapelsignatur im beA nutzen. Zur Stapelsignatur siehe § 11 Rdn 44 in diesem Werk. Bei der Stapelsignatur werden alle Dokumente, die in beA-Nachrichtenentwürfen als „Schriftsatz" deklariert sind, durch eine einzige PIN-Eingabe mit einer qualifizierten elektronischen Signatur-Datei versehen. Eine solche Stapelsignatur wäre jedoch als unzulässiger „Blindflug"[18] zu betrachten, wenn der Signierende nicht vor Anbringung der Stapelsignatur die jeweiligen Dokumente auf Vollständigkeit und Richtigkeit überprüft hat. Im beA ist eine Multi-/Stapelsignatur mit maximal 100 Signaturen in einem Durchgang möglich. Man würde sich dabei die 100-malige PIN-Eingabe sparen und könnte mit einer einzigen PIN-Eingabe stapelsignieren. Bei dieser Vorgehensweise lauert jedoch auch eine Gefahr. Denn die Überprüfung zahlreicher Schriftsätze auf Vollständigkeit und Richtigkeit hin nimmt eine gewisse Zeit in Anspruch. Wenn während dieser Zeit weitere Nachrichtenentwürfe erstellt werden, könnten diese bei vermeintlichem Abschluss der Prüfungstätigkeit durch den Anwalt im Rahmen einer Stapelsignatur möglicherweise ungeprüft mitsigniert werden. Es wären in diesem Fall also besondere Vorkehrungen erforderlich, damit es zu einem solchen Fehler nicht kommt. Dies kann erfolgen durch wenige Klicks, indem an jede geprüfte Nachricht ein entsprechendes Etikett vom Anwalt angebracht oder aber ein gesonderter Unterordner für die signaturbereiten Nachrichtenentwürfe angelegt wird. Dies bedeutet zwar einen gewissen Aufwand, dieser umfasst aber nur wenige Klicks. Das qualifiziert elektronische Signieren einzelner Dokumente in verschiedene Nachrichten erfordert allerdings auch wenige Klicks plus zusätzlich der PIN-Eingabe. In der Praxis ist zu beobachten, dass aufgrund dieses Aufwands oder aufgrund der Unkenntnis der Stapelsignaturfunktion bei Masseverfahren häufig Anwälte mit dem Eigenversand und der einfachen elektronischen Signatur i.S.d. § 130a Abs. 3 S. 1 Alt. 2 ZPO arbeiten und nicht mit einer qualifizierten elektronischen Signatur i.S.d. § 130a Abs. 3 S. 1 Alt. 1. ZPO. Die Bearbeitung von Verfahren durch einen „Legal Tech-Anwalt" führen aber nach Ansicht des BGH nicht dazu, dass geringere Sorgfaltsanforderungen an die Büroorganisation gestellt werden dürften.[19]

19

Beispiel 4

Eine Berufung soll beim OLG München eingereicht werden. Der Berufungsschriftsatz wird im beA als Anhang zu einer Entwurfsnachricht hochgeladen. Im Adressfeld der Entwurfsnachricht ist noch nichts eingetragen. Ebenso fehlen Betreff und Aktenzeichen (eigenes wie Gerichts-Az), denn der Anwalt hat es eilig, da er zu einem Termin muss; die Fristsache muss er aber auf jeden Fall noch signieren, denn

---

18 Zur Blanko-Unterschrift siehe auch § 5 Rdn 73 in diesem Werk.
19 BGH, Beschl. v. 23.6.2020 – VI ZB 63/19, NJW 2020, 2641 (m. krit. Anm. *Siegmund*).

eine Rückkehr vor Büroschluss ist nicht sicher. Aus Zeitersparnisgründen wird daher die Entwurfsnachricht mit Anhang (Schriftsatz) ohne Adressierung abgespeichert. Das in der Nachricht angehängte Dokument selbst ist gerichtet an das OLG München. Der sachbearbeitende Anwalt prüft den Schriftsatz inhaltlich auf Vollständigkeit und Richtigkeit, dies ist der Fall, und signiert den Schriftsatz qualifiziert elektronisch. Er nimmt die Signaturprüfung vor, die ebenfalls erfolgreich ist, und weist den Mitarbeiter an, die Nachricht an das OLG München zu adressieren und abzusenden sowie am selben Tag noch die Eingangsbestätigung zu kontrollieren (Datum/Uhrzeit/Status/Adressierung) und bei Fehlern Rückmeldung zu geben. Der Mitarbeiter sendet die Nachricht versehentlich an das LG München I; der Fehler fällt erst nach Fristablauf durch entsprechenden Hinweis des LG München I auf, die Frist ist versäumt.

Besteht Aussicht auf Wiedereinsetzung in den vorigen Stand?

Nach unserer Ansicht könnte hier Aussicht auf Wiedereinsetzung in den vorigen Stand bestehen, wenn eine klare Anweisung an den Mitarbeiter bestand, die Nachricht an das OLG München zu adressieren. Ähnlich würde es sich auch bei Briefpost (seit 1.1.2022 nur noch als Ersatzeinreichung möglich) verhalten. Ist der Schriftsatz auf dem Schriftstück korrekt adressiert und der Mitarbeiter angewiesen, diesen per Post fristwahrend abzusenden, ist nach unserer Auffassung ein Anwalt nicht verpflichtet, die Adressierung des Umschlags zu prüfen, wenn bei der Auswahl des Mitarbeiters die Anforderung an die BGH-Rechtsprechung eingehalten werden, siehe hierzu § 22 Rdn 1 ff. in diesem Werk.

Im Wiedereinsetzungsantrag wäre zudem zur Kontrolle auf Vollständigkeit und Richtigkeit des Schriftsatzes durch den Anwalt selbst vorzutragen. **20**

> „Fehlt eine Kontrolle des Schriftsatzes auf Vollständigkeit und Richtigkeit vor dem Versand, scheidet eine Wiedereinsetzung aus, wenn hierzu und zu der Tatsache, dass diese Kontrolle durch den Anwalt selbst erfolgt ist, im Wiedereinsetzungsantrag nicht vorgetragen wird."[20]

B. Signaturprüfungen

Im Papierzeitalter wird ein Schriftsatz vor Versendung (z.B. per Fax) daraufhin überprüft, ob er vom Anwalt unterschrieben ist (= Unterschriftenkontrolle). Eine solche Unterschriftenkontrolle heißt im ERV „Signaturprüfung" und ist auch im elektronischen Zeitalter erforderlich. **21**

Signiert ein Anwalt mit einfacher elektronischer Signatur und nimmt den Eigenversand vor (siehe § 11 Rdn 20 u. 117 ff in diesem Werk), muss er nach unserer Auffassung die Richtigkeit seines eingetippten Namens selbst überprüfen und kann nicht „blind", d.h. ohne den Anhang zu öffnen, darauf vertrauen, dass ein Mitarbeiter schon den richtigen Namen eingetippt haben wird und der Schriftsatz vollständig und richtig ist, auf „senden" klicken. Die Signaturprüfung bei einfacher elektronischer Signatur muss er daher, weil gerade die Kombi aus einfacher elektronischer Signatur und Eigenversand gem. § 130a Abs. 3 S. 1 Alt. 2 ZPO erst die Wirksamkeit der Einreichung bestimmt, selbst vornehmen. Nach – unserer Auffassung entsprechender – Entscheidung des OLG Hamm hat ein Rechtsanwalt selbst zu überprüfen, ob ein Schriftsatz i.S.d. § 130a Abs. 1 ZPO am Ende eine erforderliche einfache elektronische Signatur enthält und darf diese Aufgabe nicht an seine Angestellten übertragen.[21] **22**

Bei Anbringung einer qualifizierten elektronischen Signatur (qeS) muss vor dem Versenden einer Nachricht zwingend, unabhängig davon, ob vom Rechtsanwalt oder vom Mitarbeiter (nach gegebenen Voraussetzungen) versendet wird, immer geprüft werden,[22] ob die qualifizierte elektronische Signatur des An- **23**

---

20 VGH München, Beschl. v. 20.4.2022 – 23 ZB 19.2287, BeckRS 2022, 9278.
21 OLG Hamm, Beschl. v. 28.4.2022 – 30 U 32/22, BeckRS 2022, 11453.
22 *Bacher*, „Der elektronische Rechtsverkehr im Zivilprozess – Verhalten im Fehlerfall", NJW 2015, 2757.

§ 14 Prüfroutinen und Postausgangskontrolle

walts auch wirklich gültig ist und technisch keine Fehler passiert sind. Dazu wird das sich vom „Anhang signieren"-Button in einen „Signatur prüfen"-Button gewandelte Symbol (Haken) in der Zeile des zu prüfenden Schriftsatzes angeklickt und geprüft, ob das sich öffnenden Prüfprotokoll die Signatur als gültig ausweist (siehe hierzu auch § 11 Rdn 86 ff. in diesem Werk).

24 Würde aufgrund nicht fehlender Signaturprüfung eine fehlgeschlagene qeS-Anbringung nicht auffallen, ist von einem Verschulden des Anwalts auszugehen, wenn er selbst gesendet hat. Hat ein Mitarbeiter ohne Signaturprüfung die Nachricht versendet und wäre die Signatur ungültig, dürfte eine Wiedereinsetzung in den vorigen Stand nur gelingen, wenn dem Anwalt kein Organisationsverschulden nachzuweisen ist. Es stellt sich die Frage, ob die technische Signaturprüfung auf Mitarbeiter delegiert werden kann oder aber diese Prüfung auch vom qualifiziert elektronisch signierenden Anwalt persönlich durchgeführt werden muss. Der BGH hat die Unterschriftenkontrolle durch Mitarbeiter im „Papierzeitalter" für zulässig erachtet:

„Der Prozessbevollmächtigte einer Partei darf die Unterschriftenkontrolle einer sorgfältig überwachten und als zuverlässig erprobten Bürokräften überlassen (vgl. BGH NJW-RR 2020, 939 = MDR 2020, 625 Rn. 12; JurBüro 2017, 334 = BeckRS 2016, 5331 Rn. 5; NJW 2014, 3452 Rn. 8 mwN)."[23]

Das OLG Braunschweig hat in seiner Entscheidung – aufgrund der komplexen Vorgänge im elektronischen Rechtsverkehr – Bedenken dazu geäußert, ob eine Übertragung der Signaturprüfung auf Mitarbeiter möglich ist; letztendlich dann aber entschieden, dass eine Wiedereinsetzung ausscheidet, wenn lediglich die Anweisung besteht, „den ordnungsgemäßen Versand zu kontrollieren", und anstelle einer klaren Anweisung zur Signaturprüfung vor dem Versand dieser erfolgt und aufgrund fehlgeschlagener Signatur die Einreichung unwirksam war.[24] Nach diesseitiger Ansicht dürften hier dieselben Grundsätze wie vom BGH zur Unterschriftenkontrolle gelten. Sorgfältig überwachten und als zuverlässig erprobten Bürokräften kann nach unserer Auffassung die Signaturprüfung bei angebrachter qualifizierter elektronischer Signatur überlassen werden, da die Anforderungen einen „Button zu klicken" nicht höher sind als ein Schriftstück auf eine angebrachte Unterschrift hin zu prüfen. Es versteht sich von selbst, dass Mitarbeiter jedoch zuvor entsprechend anzuweisen und mit der Technik des beA vertraut zu machen sind. Mitarbeiter sind zudem zwingend entsprechend anzuweisen, dass vor dem Versand **stets** eine Signaturprüfung der qualifizierten elektronischen Signatur zu erfolgen hat und bei fehlgeschlagener Signatur der sachbearbeitende Anwalt oder seine Vertretung umgehend zu informieren ist, um der Fehlerquelle auf den Grund zu gehen und eine ordnungsgemäße Signierung vorzunehmen. Konkrete Rechtsprechung des BGH ist den Verfassern zu dieser Frage der Anforderungen an die Prüfung einer qualifizierten elektronischen Signatur durch Mitarbeiter bis zum Zeitpunkt der Drucklegung nicht bekannt geworden. Es bleibt daher der eigenständigen Entscheidung und Verantwortung der Anwälte vorbehalten, die Signaturprüfung auch bei Anbringung einer qualifizierten elektronischen Signatur so lange selbst vorzunehmen, bis eine solche Rechtsprechung für Rechtssicherheit sorgt.

C. Eingangsbestätigung im beA

I. Gesetzliche Regelungen

25 Sobald eine Nachricht via beA beim EGVP eingeht, wird im Rahmen des OSCI-Standards eine Eingangsbestätigung an den Absender übermittelt. Diese Eingangsbestätigung zeigt an, dass die versendete Nachricht auf dem Server des Empfängers gespeichert wurde und vom Empfänger abgeholt werden kann. Da diese Eingangsbestätigung den Eingangszeitpunkt beim Intermediär anzeigt, gilt diese als Nachweis für die Fristwahrung, § 130a Abs. 5 ZPO.

---

23 BGH, Beschl. v. 2.7.2020 – VII ZB 46/19 Rn 13, NJW-RR 2020, 1129.
24 OLG Braunschweig, Beschl. v. 18.11.2020 – 11 U 315/20, NJW 2021, 1604.

C. Eingangsbestätigung im beA § 14

§ 130a Abs. 5 ZPO:

26

"(5) Ein elektronisches Dokument ist eingegangen, sobald es auf der für den Empfang bestimmten Einrichtung des Gerichts gespeichert ist. Dem Absender ist eine automatisierte Bestätigung über den Zeitpunkt des Eingangs zu erteilen."

Aus § 130a Abs. 5 ZPO ergibt sich, dass bei der Postausgangskontrolle sowohl der Erhalt als auch der Zeitpunkt (Datum/Uhrzeit) als auch der Status zu überprüfen ist. Die Sorgfaltsanforderungen gehen nach der Rechtsprechung sehr weit, siehe ab Rdn 34 unten.

27

Korrespondiere Vorschriften finden sich u.a. in: § 55a Abs. 5 S. 1 u. 2 VwGO, § 46c Abs. 5 ArbGG, § 65a Abs. 5 S. 1 u. 2 SGG, § 52a Abs. 5 S. 1 u. 2 FGO, §§ 14 Abs. 2 FamFG, 4 InsO, 125a PatG, 753 Abs. 4 S. 1 i.V.m. § 130a Abs. 5 ZPO.

28

II. Prüfung der Eingangsbestätigung – praktisch

Die gesendete Nachricht wird zur Kontrolle des Zeitpunkts des Eingangs der Nachricht auf dem Gerichtsserver im beA (Gesendet-Ordner) geöffnet. Unterhalb der Übersicht der gesendeten Dokumente wird der Empfänger (1), der Zugangszeitpunkt und Übermittlungsstatus (2) angezeigt. Die vollständige Zustellantwort kann durch Klicken des Lupensymbols (3) geöffnet werden, siehe nachstehend Rdn 30. Soweit sich der Zugangszeitpunkt innerhalb der Frist befindet **und** der Übermittlungsstatus mit „Erfolgreich" ausgewiesen wird, darf davon ausgegangen werden, dass die Übermittlung rechtzeitig durchgeführt wurde.

29

Abb. 1: Zeitpunkt des erfolgreichen Eingangs

30

Abb. 2: Ausschnitt – Vollständige Zustellantwort

31

32

In der exportierten Nachricht ist die Datei „xxxx_export.html"[25] beinhaltet. Hier kann diese vollständige Zustellantwort ebenfalls wieder aufgerufen werden:
Abb. 3: Vollständige Zustellantwort in der export.html-Datei

---

25 xxxx steht für die Nachrichten-ID.

33 Zwar können Anwälte diese Prüfpflicht auf ihre Mitarbeiter übertragen, siehe nachstehend ab Rdn 34, wie auch schon die Prüfung eines Fax-Sendeprotokolls. Zahlreiche Gerichte verlangen von den Anwälten jedoch klare Dienstanweisungen an ihre Mitarbeiter. Scheitert eine Übermittlung und fällt eine fehlerhafte Übermittlung wegen fehlender oder fehlerhafter Kontrolle der Eingangsbestätigung durch den Mitarbeiter nicht auf, kann Wiedereinsetzung nur gewährt werden, wenn eine entsprechende klare und unmissverständliche Anweisung des Anwalts an sein Kanzleipersonal erfolgt ist, die der Mitarbeiter, der den Anforderungen der BGH-Rechtsprechung gerecht werden sollte, siehe dazu auch § 22 Rdn 1 ff., nicht eingehalten hat. Ist eine entsprechende Anweisung an Mitarbeiter unterblieben und der Versand fehlgeschlagen, scheidet eine Wiedereinsetzung aus, da dann ein Organisationsverschulden des Anwalts vorliegt, das der Partei gem. § 85 Abs. 2 ZPO zuzurechnen ist.[26]

D. Rechtsprechung zur Postausgangskontrolle

I. Stets erforderliche Kontrolle der Eingangsbestätigung (Datum/Uhrzeit/Dokument/Status)

34 Eine der ersten und wichtigsten BGH-Entscheidungen zur Postausgangskontrolle im beA war die Entscheidung des BGH vom 11.5.2021, die aufgrund ihrer Vielschichtigkeit und Konkretheit hinsichtlich der Anforderungen nachstehend ausführlich dargestellt wird. Die amtlichen Leitsätze des BGH:

„1. Zum Eingang eines über das besondere elektronische Anwaltspostfach (beA) eingereichten elektronischen Dokuments (hier: Berufungsbegründung) bei Gericht (§ 130 a V 1 ZPO; im Anschluss an BGH GRUR 2020, 980 = WM 2021, 463 Rn 8 ff.; NJW-RR 2020, 1519 Rn 7).

2. Die anwaltlichen Sorgfaltspflichten im Zusammenhang mit der Übermittlung von fristgebundenen Schriftsätzen im Wege des elektronischen Rechtsverkehrs per beA entsprechen denen bei Übersendung von Schriftsätzen per Telefax. Auch hier ist es unerlässlich, den Versandvorgang zu überprüfen. Die Überprüfung der ordnungsgemäßen Übermittlung erfordert dabei die Kontrolle, ob die Bestätigung des Eingangs des elektronischen Dokuments bei Gericht nach § 130 a V 2 ZPO erteilt wurde. Hat der Rechtsanwalt eine solche Eingangsbestätigung erhalten, besteht Sicherheit darüber, dass der Sendevorgang erfolgreich war. Bleibt sie dagegen aus, muss dies den Rechtsanwalt zur Überprüfung und gegebenenfalls erneuten Übermittlung veranlassen (im Anschluss an BAGE 167, 221 = NJW 2019, 2793 Rn 20 m.w.N. [zu der mit § 130 a V 2 ZPO gleichlautenden Vorschrift des § 46 c V 2 ArbGG]).

3. Versendet ein Rechtsanwalt fristwahrende Schriftsätze über das beA an das Gericht, hat er in seiner Kanzlei das zuständige Personal dahingehend anzuweisen, dass stets der Erhalt der automatisierten Eingangsbestätigung nach § 130 a V 2 ZPO zu kontrollieren ist. Er hat zudem diesbezüglich zumindest stichprobenweise Überprüfungen durchzuführen (im Anschluss an BAGE 167, 221 = NJW 2019, 2793 Rn 23 m.w.N.)."[27]

---

26 BGH, Beschl. v. 11.5.2021 – VIII ZB 9/20, NJW 2021, 2201 = AnwBl. 2021, 487; BAG, Beschl. v. 7.8.2019 – 5 AZB 16/19, NJW 2019, 2793 = NZA 2019, 1237 = BeckRS 2019, 18629; VG Aachen, Urt. v. 7.3.2022 – 10 K 2469/21.A, BeckRS 2022, 4828; OVG Berlin-Brandenburg, Beschl. v. 11.11.2020 – 6 S 49/20, BeckRS 2020, 31277; OLG Saarbrücken, Urt. v. 4.10.2019 – 2 U 117/19, NJW-RR 2020, 183; OVG Magdeburg, Beschl. v. 28.8.2019 – 2 M 58/19, BeckRS 2019, 22643; LSG Bayern, Beschl. v. 3.1.2018 – L 17 U 298/17, NJW-RR 2018, 1453; LAG Hamm, Urt. v. 2.4.2019 – 16 Sa 28/19, NZA-RR 2019, 504 = BeckRS 2019, 15796.

27 BGH, Beschl. v. 11.5.2021 – VIII ZB 9/20, NJW 2021, 2201 = NW-Spezial 2021, 478 = AnwBl 2021, 487 = BRAK-Mitt 2021, 245.

D. Rechtsprechung zur Postausgangskontrolle § 14

Der Fall: 35
Gegen ein am 10.7.2019 zugestelltes Urteil eines LG hatte die Klägerin rechtzeitig Berufung eingelegt. Mit Verfügung vom 24.9.2019, zugestellt am 29.9.2019, wurde die Klägerin darauf hingewiesen, dass eine Berufungsbegründungsschrift bisher nicht eingegangen war und beabsichtigt sei, die Berufung aus diesem Grunde zu verwerfen. Am 4.11.2019 (Eingang am 5.11.2019) wurde Wiedereinsetzung in den vorigen Stand beantragt und die versäumte Prozesshandlung gleichzeitig nachgeholt. Den Wiedereinsetzungsantrag begründete die Klägerin damit, dass ausweislich der ihr vorliegenden Protokolle des beA die Berufungsbegründung am 10.9.2019 fristgerecht an das Berufungsgericht übermittelt worden sei. Die Übermittlung sei durch die seit vier Jahren beschäftigte ReFa erfolgt. Weitere, an diesem Tag über das beA versandte Nachrichten blieben ohne Beanstandung und seien ordnungsgemäß bei den Gerichten eingegangen. Zugleich wurde darauf hingewiesen, dass seit März 2019 170 Nachrichten ohne Beanstandungen via beA übermittelt werden konnten. Das Personal sei angewiesen, eine Fristenstreichung erst vorzunehmen, wenn die Erledigung der Fristsache überprüft und der entsprechende Prozessbevollmächtigte die Anweisung zum Fristenstreichen gegeben hätte. Dabei erfolge die Überprüfung „insbesondere hinsichtlich Versand und Fehlermeldungen". Die Überprüfung hätte ergeben, dass Fehler nicht erfolgt seien.

Interessant: Das Berufungsgericht holte eine dienstliche Stellungnahme der Geschäftsstelle für Berufungseingänge ein. Die E-Akte bei Gericht wurde auf einen Eingang der entsprechenden Berufungsbegründung für das Datum des 10.9.2019 hin durchsucht; gefunden wurde ein solcher Eingang jedoch nicht. Das Gericht forderte sodann die Eingangsbestätigung gem. § 130a Abs. 5 S. 2 ZPO in der Kanzlei an. Im übersandten Übermittlungsprotokoll befand sich unter dem Abschnitt „Zusammenfassung Prüfprotokoll" unter dem Unterpunkt „Meldungstext" folgende Angabe: „Die Nachricht konnte nicht an den Intermediär des Empfängers übermittelt werden" und zudem unter dem Unterpunkt „Übermittlungsstatus" die Angabe „Fehlerhaft". Das Berufungsgericht wies daraufhin den Antrag auf Wiedereinsetzung zurück und verwarf die Berufung als unzulässig; hiergegen legte die Beschwerdeführerin Rechtsbeschwerde ein. 36

Die gem. § 574 Abs. 1 S. 1 Nr. 1, § 522 Abs. 1 S. 4, § 238 Abs. 2 S. 1 ZPO statthafte und auch form- und fristgerecht eingereichte Rechtsbeschwerde war jedoch unzulässig. Wie vielfach in der Praxis verkannt wird, bedeutet die Statthaftigkeit der Rechtsbeschwerde, die in § 522 Abs. 1 S. 4 ZPO gesetzlich normiert ist, nicht zugleich auch, dass diese zulässig ist. Für die Zulässigkeit einer auch gesetzlich vorgesehen Rechtsbeschwerde müssen die Voraussetzungen des § 574 Abs. 2 ZPO wie bei einer Rechtsbeschwerde, die allein aufgrund der Zulassung des Rechtsmittelgerichts statthaft ist, eingehalten werden. Zulässig ist jede Rechtsbeschwerde danach nur, wenn die Rechtssache grundsätzliche Bedeutung hat oder aber die Fortbildung des Rechts oder zur Sicherung einer einheitlichen Rechtsprechung eine Entscheidung des höchsten Zivilgerichts erfordern. Nach Ansicht des BGH war die hier eingelegte Rechtbeschwerde unzulässig, da die zu beurteilende Rechtsfrage keine grundsätzliche Bedeutung aufwies und zudem auch höchstrichterlich bereits geklärt war.[28] 37

Ein Posteingang ist wirksam bei Gericht eingegangen, sobald dieser auf dem hierfür eingerichteten Empfänger-Intermediär im Netzwerk für das Elektronische Gerichts- und Verwaltungspostfach (EGVP) gespeichert worden ist. Dabei spielt es keine Rolle, ob der Posteingang von dort aus rechtzeitig an andere, zuständige Rechner innerhalb des Gerichtsnetzes weitergeleitet oder von der Geschäftsstelle/dem Richter abgeholt wird.[29] Gerichtsinterne Fehler gehen daher nicht zulasten des Anwalts, wenn er eine ordnungsgemäße Eingangsbestätigung vorweisen kann. 38

---

28 BGH, a.a.O.,unter Verweis u.a. auf: BGH, Urt. v. 14.5.2020 – X ZR 119/18.
29 BGH, a.a.O., Rn 18 unter Verweis u.a. auf: BGH, Beschl. v. 25.8.2020 – VI ZB 79/19, NJW-RR 2020, 1519, Rn 7; ebenso zu gerichtsinternen Fehlern: OLG Nürnberg, Beschl. v. 31.1.2022 – 3 W 149/22, NJOZ 2022, 286.

§ 14 Prüfroutinen und Postausgangskontrolle

39 Der BGH hielt in seiner Entscheidung u.a. fest:
- Die Anforderungen an die Übermittlung von elektronisch eingereichten Schriftsätzen entsprechen grundsätzlich denen einer Übersendung von Schriftsätzen per Telefax.[30]
- Der Versandvorgang ist **stets** zu überprüfen.[31] Ein Anruf bei der Geschäftsstelle reicht nicht aus.
- Im Rahmen der Überprüfung einer ordnungsgemäßen Übermittlung ist eine Kontrolle erforderlich, ob die Eingangsbestätigung des Gerichts gem. § 130a Abs. 5 S. 2 ZPO erteilt wurde.[32]
- Bleibt die Eingangsbestätigung aus, muss dies den Anwalt zur Überprüfung und ggf. erneuten Übermittlung veranlassen.[33]
- Rechtsanwälte haben, sofern sie den Eingang nicht selbst kontrollieren, ihr Personal dahingehend anzuweisen, dass **stets** der Erhalt der automatisierten Eingangsbestätigung gem. § 130a Abs. 5 S. 2 ZPO zu kontrollieren ist.[34]
- Rechtsanwälte sind verpflichtet, ihre Mitarbeiter zumindest stichprobenartig darauf hin zu überprüfen, ob diese die Vorgaben einhalten.[35]
- Der BGH verweist auf die ständige Rechtsprechung, dass zwar einer Partei *„die Wiedereinsetzung in den vorigen Stand nicht aufgrund von Anforderungen an die Sorgfaltspflichten ihres Prozessbevollmächtigten versagt werden"* darf, *„die nach höchstrichterlicher Rechtsprechung nicht verlangt werden bzw. die den Parteien den Zugang zu einer in der Verfahrensordnung eingeräumten Instanz in unzumutbarer, aus Sachgründen nicht zu rechtfertigenden Weise erschweren."*[36] Eine Verletzung dieser Grundrechte war im vom BGH hier zu entscheidenden Fall nicht gegeben.
- Ein Rechtsmittelführer hat den rechtzeitigen Zugang seiner Berufung und der Berufungsbegründung zu beweisen.[37] Der gerichtliche Eingangsstempel kann ebenfalls einen vollen Beweis gem. § 418 Abs. 1 ZPO für den Tag des Eingangs darstellen.[38] Eine Eingangsbestätigung wäre nur positiv gewesen, wenn in dem vorgelegten Übermittlungsprotokoll unter dem Abschnitt „Zusammenfassung Prüfprotokoll", unter Punkt „Meldungstext" anstelle der hier ausgewiesenen Meldung „Die Nachricht konnte nicht an den Intermediär des Empfängers übermittelt werden" die positive Meldung „Request executed" und unter dem Unterpunkt „Übermittlungsstatus" statt der Meldung „Fehlerhaft" die Meldung „Erfolgreich" angezeigt worden wäre.[39]

40 Im vorliegenden Fall korrespondierte die vermisste positive Eingangsbestätigung mit dem Ergebnis der dienstlichen Stellungnahme. Zur Ausgangskontrolle hielt der BGH zudem weiter fest:
- Die Postausgangskontrolle ist so vom Rechtsanwalt zu organisieren, dass im Fristenkalender vermerkte Fristen erst dann gestrichen oder anderweitig als erledigt gekennzeichnet werden, wenn die fristwahrende Maßnahme tatsächlich durchgeführt, der Schriftsatz somit gefertigt und abgesandt oder zumindest postfertig gemacht worden ist.[40]

---

30 BGH, a.a.O., Rn 21 u. Rn 46 m.w.N.
31 BGH, a.a.O., Rn 21.
32 BGH, a.a.O., Rn 22 u. Rn 47 m.w.N.
33 BGH, a.a.O., Rn 23 u. Rn 48 m.w.N.
34 BGH, a.a.O., Rn 24.
35 BGH, a.a.O., Rn 24 unter Verweis auf BAG, Beschl. v. 7.8.2019 – 5 AZB 16/19 Rn 20 m.w.N. zu § 46c Abs. 5 S. 2 ArbGG.
36 BGH, a.a.O., Rn 28 (unter Verweis auf die ständige Rechtsprechung (zitiert nach BGH, a.a.O., Rn 28): BVerfG, NZA 2016, 122 Rn 9 ff.; BGH, Beschlüsse v. 8.1.2013 – VI ZB 78/11, NJW-RR 2013, 506 Rn 6; v. 4.11.2016 – VIII ZB 38/14, NWJ 2015, 253 Rn 6; v. 1.3.2016 – VIII ZB 57/15, NJW 2016, 2042 Rn 12; v. 12.7.2016 – VIII ZB 55/15, WuM 2016, 632 Rn 1; v. 9.5.2017 – VIII ZB 69/16, NJW 2017, 2041 Rn 9; v. 4.9.2018 – VIII ZB 70/17, NJW-RR 2018, 1325 Rn 9; v. 16.7.2019 – VIII ZB 71/18, juris Rn 8; v. 29.10.2019 – VIII ZB 103/18 und III ZB 104/18, juris Rn 9; v. 22.9.2020 – II ZB 2/20, juris Rn 6 jeweils m.w.N.).
37 BGH, a.a.O., Rn 30 m.w.N.
38 BGH, a.a.O., Rn 31.
39 BGH, a.a.O., Rn 33 unter Verweis auf BRAK, beA-Newsletter 31/2019, „Wo findet man Eingangsbestätigung, Prüf- und Übermittlungsprotokoll?", abrufbar über das beA-Newsletter-Archiv unter https://www.brak.de/bea-newsletter/; sowie BRAK, beA-Newsletter 27/2019, „Dem Fehlerteufel ein Schnippchen schlagen", a.a.O., sowie *Günther*, NJW 2020, 1785, 1786 und 1787.
40 BGH, a.a.O., Rn 45.

- Fristen dürfen im Kalender grds. erst dann gestrichen oder als erledigt gekennzeichnet werden, wenn anhand der Akte geprüft wurde, dass ohne Zweifel nichts mehr zu veranlassen ist.[41]
- Im Wiedereinsetzungsverfahren ist vorzutragen und glaubhaft zu machen, dass eine solche Kontrolle „integraler Bestandteil der organisatorischen Abläufe" ist.[42] Allein die Anweisung bei Postausgängen „Versand und Fehlermeldungen" zu kontrollieren, reicht nicht aus. Das Übermittlungsprotokoll ist unter „Meldungstext" auf die Meldung „Request executed" und unter „Übermittlungsstatus" auf die Meldung „Erfolgreich" hin zu überprüfen.[43]
- Mangelnde Kenntnis im Umgang mit dem beA schützt nach Auffassung des BGH ebenfalls nicht davor, ein Organisationsverschulden anzunehmen.[44] Wäre die Eingangsbestätigung kontrolliert worden, hätte dort auch entdeckt werden können, dass die Übermittlung gescheitert war und es hätte fristwahrend noch ein neuer Versuch gestartet werden können.

Für die Rechtzeitigkeit kommt es nicht auf die Absendung des Dokuments (hier einer Einspruchsschrift), sondern gem. § 130a Abs. 5 S. 1 ZPO allein auf den Zeitpunkt des Eingangs bei Gericht an.[45] Erfolgt der Versand an das falsche Gericht und wird – vor Fristablauf – derselbe Mitarbeiter, der den Fehlversand vorgenommen hat, angewiesen, die Übermittlung erneut korrekt vorzunehmen, hat der Anwalt die Ausführung seiner Anweisung zu prüfen.[46] Bei einem Mitarbeiter, der sonst zuverlässig sein mag, kann somit bei Missachtung einer Einzelanweisung des Anwalts bei einer weiteren Einzelanweisung seitens des Anwalts nicht mehr darauf vertraut werden, dass diese neuerliche Einzelanweisung nun befolgt wird.

41

Auch in einer weiteren Entscheidung fordert der BGH, dass die Eingangsbestätigung „**stets**" zu überprüfen ist:[47] In diesem vom BGH entschiedenen Fall hatte der Anwalt die positive Signaturprüfung mit einer positiven Eingangsbestätigung verwechselt!

42

Aus den Gründen:

43

> „In dem klägerischen Übermittlungsprotokoll von 21:33 Uhr wurde die Signaturprüfung als „Erfolgreich" bestätigt. In der Spalte „Meldungstext" hieß es hingegen: „Die Nachricht konnte nicht an den Intermediär des Empfängers übermittelt werden." Der Übermittlungsstatus lautete „Fehlerhaft". ..... Am Folgetag erreichte den klägerischen Prozessbevollmächtigten um 0:36 Uhr ein den Übermittlungsvorgang betreffendes Prüfprotokoll, wonach der Eingang auf dem Server des Empfängers am 11.6.2021 um 0:31 Uhr bestätigt wurde. Tatsächlich war die klägerische Begründungsschrift dort jedoch zu keinem Zeitpunkt eingegangen. Die Gründe für die gescheiterte Übermittlung des Schriftsatzes ließen sich später nicht mehr aufklären."

Der BGH[48] führte aus, dass auch in der bereits vom 8. Zivilsenat[49] ergangenen Entscheidung festgehalten war, dass § 130a Abs. 5 ZPO einen Eingang beim „Empfänger-Intermediär" im Netzwerk für das EGVP verlangt und es auf die rechtzeitige Weiterleitung an andere Rechner innerhalb des Gerichtsnetzes oder die rechtzeitige Abholung beim Intermediär nicht ankommt. Da aber weder die Eingangsbestätigung noch das Prüfprotokoll einen Eingang auf Intermediär bestätigen, läge ein Verschulden des Anwalts vor, dass dem Kläger gem. § 85 Abs. 2 ZPO zuzurechnen ist. Bleibt die Eingangsbestätigung, die zu prüfen

44

---

41 BGH, a.a.O., Rn 45 m.w.N.
42 BGH, a.a.O., Rn 49.
43 BGH, a.a.O., Rn 50.
44 BGH, a.aO., Rn 53.
45 OLG Bamberg, Hinweisbeschl. v. 9.6.2022 – 3 U 50/22, LSK 2022, 22117 = BeckRS 2022, 22117.
46 BGH, Beschl. v. 14.2.2022 – VIa ZB 6/21, BeckRS 2022 = 4368, NZFam 2022, 466.
47 BGH, Beschl. v. 29.9.2021 – VII ZR 94/21, BeckRS 2021, 31795.
48 BGH, a.a.O.
49 BGH, Beschl. v. 11.5.2021 – VIII ZB 9/20, NJW 2021, 2201.

ist, aus, muss ein Rechtsanwalt erneut prüfen und ggf. erneut übermitteln.[50] Hier war die Übermittlung im Übermittlungsprotokoll ausdrücklich als „fehlerhaft" bezeichnet worden; die Angabe „erfolgreich" betraf die Signaturprüfung, nicht den Eingang. Das Verschulden des Rechtsanwalts lag daher nach Auffassung des BGH im Fehlen eines weiteren Übermittlungsversuchs nach Scheitern des ersten (innerhalb der Frist); dazu war auch nichts vorgetragen. Da das Verschulden ursächlich war für Fristversäumung, war eine Wiedereinsetzung nicht möglich! Letztendlich kann man dann auch noch von einem „Eigentor" sprechen, denn der Rechtsanwalt legte eine Mitteilung der beA-Anwenderbetreuung vor, nach der es lediglich **in Einzelfällen zu Versandfehlern** aus dem beA an das EGVP gekommen war; ein erneuter Versuch, so der BGH zu Recht, war also nicht von vornherein zum Scheitern verurteilt.

45 **Zur Prüfungspflicht** (Fettdruck durch die Verfasser):

„*1. Bei technischen Störungen der Übermittlung eines elektronischen Dokuments gelten die für die Übermittlung **per Telefax entwickelten Grundsätze**.*

*2. Bleibt bei der Übermittlung eines elektronischen Dokuments die automatisierte Bestätigung des Gerichts über den Zeitpunkt des Eingangs aus, hat ein Anwalt sich um eine **Klärung der Ursache** zu kümmern und **eine erneute Übermittlung**, gegebenenfalls auf anderem Wege, zu versuchen.*"[51]

46 So auch OVG Koblenz zu Verwaltungsgerichtssachen:

„*Die Kontrolle der ordnungsgemäßen Übermittlung eines Schriftsatzes im Wege des elektronischen Rechtsverkehrs umfasst den Erhalt der Eingangsbestätigung entsprechend § 55a Abs. 5 Satz 2 VwGO (wortgleich § 130a Abs. 5 Satz 2 ZPO).*"[52]

47 Sehr interessant und fundiert zum Thema Postausgangskontrolle auch das LAG Baden-Württemberg:

„*1. Es gehört zu den Pflichten eines Rechtsanwalts, durch organisatorische Vorkehrungen sicherzustellen, dass ein fristgebundener Schriftsatz innerhalb der Frist beim zuständigen Gericht eingeht. Bei einer Übersendung solcher Schriftsätze über das beA hat stets eine Ausgangskontrolle dergestalt stattzufinden, dass der Versandvorgang über die automatisierte Eingangsbestätigung des Gerichts gem. § 46c Abs. 5 Satz 2 ArbGG (entspricht § 130a Abs. 5 Satz 2 ZPO) überprüft wird.*

2. Eine Ausgangskontrolle durch telefonische Rücksprache bei Gericht ist einer Überprüfung anhand der elektronischen Eingangsbestätigung nicht gleichwertig. Dies gilt jedenfalls dann, wenn am selben Tag mehrere Schriftsätze in derselben Rechtssache eingereicht wurden.

3. Außerdem Einzelfallentscheidung zu den Sorgfaltsanforderungen an die Ausgangskontrolle im Zusammenhang mit der Führung des Fristenkalenders."[53]

48 **Vorsicht Falle!**

In dem vom LAG Baden-Württemberg[54] entschiedenen Fall hatte die Mitarbeiterin Vorgänge eidesstattlich versichert, an denen sie gar nicht beteiligt war. Offenbar, so das LAG, „*wurde die eidesstattliche Versicherung der Frau E. vom Klägervertreter vorformuliert.*"

49 Als weiteres Problem kam hinzu, dass die Frist unter „Wiedervorlage" im Fristenkalender notiert wurde, weil „kein Platz" mehr in der Fristenspalte gewesen sei. **Problem**: Die Mitarbeiterin hatte also kreuz und quer Fristen und Wiedervorlagen im Kalender eingetragen und behauptet, alle seien gleich wichtig, hatte aber die Frist nicht im Kalender gestrichen, ebenso wenig wie auf ihrem Notizzettel; der behauptete Anruf

---

50 BGH, Beschl. v. 29.9.2021 – VII ZR 94/21, a.a.O., Rn 12.
51 OLG Koblenz, Beschl. v. 13.11.2019 – 7 WF 957/19, NJW 2020, 1823.
52 OVG Koblenz, Beschl. v. 14.10.2021 – 8 B 11187/21, BeckRS 2021, 32386.
53 LAG Baden-Württemberg, Urt. v. 1.9.2021 – 4 Sa 63/20, BeckRS 2021, 30145.
54 LAG Baden-Württemberg, a.a.O.

bei der Geschäftsstelle wurde daher vom Richter nicht geglaubt. Ein Vortrag dazu, ob auch „Endfristen" im Kalender eingetragen werden, erfolgte erst in der Berufungsinstanz; dieser Vortrag kam zu spät, auch war der Vortrag stellenweise widersprüchlich.

Besonders tragisch ist in diesem Zusammenhang auch die Entscheidung des VG Aachen:[55]

> „Die anwaltlichen Sorgfaltspflichten bei der Übermittlung eines fristgebundenen Schriftsatzes im Wege des elektronischen Rechtsverkehrs per beA gebieten die Überprüfung, ob der Eingang des elektronischen Dokuments bei Gericht gemäß § 55a Abs. 5 Satz 2 VwGO automatisch bestätigt worden ist."[56]

Auch hier scheiterte die Übermittlung der fristgebundenen Klage in einem Asylverfahren daran, dass die einreichende Kanzlei die Eingangsbestätigung nicht korrekt gelesen hatte. Die als positiv bezeichneten Überprüfungsvorgänge bezogen sich auf die Signatur, nicht aber auf die Übermittlung. Unter „Zugegangen" und „Übermittlungsstatus" fanden sich keine Einträge (d.h. weder Uhrzeit noch Datum noch „Erfolgreich/kein Fehler"). Zudem wies das VG Aachen darauf hin, dass die Eingangsbestätigung nicht mit dem Prüfprotokoll, das durch den eigenen beA/BRAK-Server erstellt wird, verwechselt werden darf. Entscheidend ist der Eingang auf dem Server des Gerichts, nicht auf dem Server des beA.[57]

II. Eingangsbestätigungen für leere Dateien oder Nachrichten ohne Anhang?

Kurios, wenn bei Gericht zwar ein Dokument, jedoch ohne Inhalt, eingeht:

Gegen ein Urteil des Landgerichts (Zustellung: 26.4.2021) wurde am 26.5.2021 beim OLG aus dem beA des Prozessbevollmächtigten eine PDF-Datei zusammen mit der beglaubigten Abschrift des erstinstanzlichen Urteils sowie eine Datei mit dem Namen „BERUFUNG.pdf.p7s" eingereicht, die keinen Inhalt hatte. Zu diesem Eingang war hinter dem Dateinamen im Prüfvermerk des OLG angegeben: „Keine Prüfung möglich, da keine Inhaltsdaten zugeordnet werden konnten."

Das Berufungsgericht teilte den Prozessbevollmächtigten einen Tag später mit, dass eine Berufung nicht übermittelt worden sei; am Vormittag desselben Tages wurde die versäumte Prozesshandlung nachgeholt; am 10.6.2021 Wiedereinsetzung in die versäumte Rechtsmittelfrist beantragt. Zur Entschuldigung wurde im Wiedereinsetzungsverfahren vorgetragen, dass der Prozessbevollmächtigte nach Anbringung einer qualifizierten elektronischen Signatur zur Berufungsschrift seine stets zuverlässige ReFa mit der elektronischen Übermittlung an das Berufungsgericht betraut und diese angewiesen habe, den Sendevorgang auch zu überwachen. Bei der Prüfung des im beA einsehbaren Sendeberichts nach abgeschlossenem Sendevorgang übersah die Mitarbeiterin jedoch versehentlich, dass lediglich die Signatur übermittelt worden sei, nicht aber auch die Berufungsschrift. Erst durch den Hinweis der Geschäftsstelle des Berufungssenats sei das Versehen am Folgetag bemerkt und sodann unverzüglich korrigiert worden.

Aufgrund der Büroorganisation des Prozessbevollmächtigten hatte die Rechtsanwaltsfachangestellte (seit über drei Jahren für die Kanzlei tätig) den Auftrag, die „Sendeberichte elektronischer Post" stets genauestens zu kontrollieren, und ggf. bei der Gegenstelle Erkundigungen über den Sendevorgang einzuholen. Dabei war sie auch beauftragt, die Sendeberichte insbesondere auf Fehlercodes und anhand der Dateinamen die Art der Schriftsätze zu überprüfen. Dies sei jedoch unterblieben. Die Mitarbeiterin würde darüber hinaus auch regelmäßig kontrolliert. Zur Glaubhaftmachung wurden eine eidesstattliche Versicherung der ReFa sowie Screenshots aus dem beA des Prozessbevollmächtigten vorgelegt. Die Wiedereinsetzung wurde nicht gewährt, die Berufung verworfen, der BGH entschied sodann auf Grundlage der eingereichten Rechtsbeschwerde.

---

55 VG Aachen, Urt. v. 7.3.2022 – X K 2469/21.A, BeckRS 2022, 4828.
56 VG Aachen (10. Kammer), Urt. v. 7.3.2022 – 10 K 2469/21.A, BeckRS 2022, 4828.
57 VG Aachen, a.a.O., Rn 23.

55 **Die Entscheidung:**
Nach Ansicht des BGH war die zwar statthafte Rechtsbeschwerde jedoch unzulässig, da eine Entscheidung des Rechtsbeschwerdegerichts zur Sicherung einer einheitlichen Rechtsprechung nicht erforderlich sei. Nach Ansicht des BGH war im Verfahren nicht glaubhaft gemacht, dass die Frist ohne Verschulden des Prozessbevollmächtigten, das der Partei nach § 85 Abs. 2 ZPO wie eigenes Verschulden zuzurechnen ist, an der Einhaltung der Berufungsfrist gehindert gewesen sei. Zum wiederholten Male hielt der BGH fest, dass die Grundsätze für die Übersendung von Schriftsätzen per Telefax auch auf die Übermittlung von fristgebundenen Schriftsätzen im Wege des elektronischen Rechtsverkehrs per beA im Wesentlichen zur Anwendung kommen.[58] Auch in dieser Entscheidung hielt der BGH, wie auch schon in früheren Entscheidungen, fest, dass die Postausgangskontrolle anhand der Eingangsbestätigung, die gem. § 130a Abs. 5 S. 2 ZPO automatisiert erteilt wird, zu erfolgen hat, und für den Fall, dass diese ausbleibt, dies den Anwalt zur Überprüfung und ggf. erneuten Übermittlung veranlassen muss.[59]

56 So entschied der BGH:

> *„Es fällt deshalb in den Verantwortungsbereich des Rechtsanwalts, das in seiner Kanzlei für die Versendung fristwahrender Schriftsätze über das beA zuständige Personal dahingehend anzuweisen, Erhalt und Inhalt der automatisierten Eingangsbestätigung nach § 130a Abs. 5 Satz 2 ZPO nach Abschluss des Übermittlungsvorgangs stets zu kontrollieren. Wenn das Übermittlungsprotokoll nicht im Abschnitt „Zusammenfassung Prüfprotokoll" den Meldetext „request excecuted" und unter dem Unterpunkt „Übermittlungsstatus" die Meldung „erfolgreich" anzeigt, darf nicht von einer erfolgreichen Übermittlung des Schriftsatzes an das Gericht ausgegangen werden. Die Einhaltung der entsprechenden organisatorischen Abläufe in der Kanzlei hat der Rechtsanwalt zumindest stichprobenweise zu überprüfen (BGH, Beschl. v. 11.5.2021 – VIII ZB 9/20, NJW 2021, 201 Rn 24 m.w.N.)."*[60]

57 Die Kontrolle allein des Signaturvorgangs gem. § 130a Abs. 3 S. 1 ZPO reicht für eine ordnungsgemäße Postausgangskontrolle somit nicht aus. So hält der BGH denn auch fest, dass auch nach einer erfolgreichen Signaturanbringung die Möglichkeit verbleibt, dass ein **Fehler beim Upload** der signierten Datei auftritt und diese an das Gericht nicht lesbar übermittelt werden kann. In den Entscheidungsgründen hält der BGH zusätzlich fest, dass die Rechtsprechung zu Telefax oder Post, dass eine nachträgliche inhaltliche Durchsicht der übermittelten Schriftsätze im Rahmen der Postausgangskontrolle von der höchstrichterlichen Rechtsprechung nicht gefordert wird, grundsätzlich auch für die Versendung per beA gilt. Eine inhaltliche Kontrolle ist auch nach Ansicht des BGH mit der Prüfung der gerichtlichen Eingangsbestätigung nicht verbunden.[61]

58 *Hinweis der Verfasser*
Der Inhalt des Schriftsatzes (Vollständigkeit und Richtigkeit) ist jedoch bereits vor der Signierung durch den Anwalt selbst zu prüfen, vgl. dazu auch Rdn 1 ff. in diesem Kapitel.

59 Nach Ansicht des BGH ist vorliegend eine Prüfung der Eingangsbestätigung nicht erfolgt, zumindest wurde hierzu nichts vorgetragen, weshalb ein fehlendes Verschulden nicht hinreichend dargetan wurde.

60 *Anmerkung der Verfasser*
Bei der Darstellung des hier vom BGH entschiedenen Falls verbleiben Unsicherheiten hinsichtlich der tatsächlichen Abläufe. So führt der BGH unter Rn 2 aus, dass, *„eine PDF-Datei mit einer beglaubigten Abschrift des erstinstanzlichen Urteils sowie eine Datei mit dem Namen „BERUFUNG.pdf.p7s"* ein-

---

58 BGH, Beschl. v. 24.5.2022 – Az.: XI ZB 18/21, Rn 10.
59 BGH, a.a.O., Rn 11.
60 BGH, a.a.O., Rn 12.
61 BGH, a.a.O., Rn 14.

gegangen" sei, die keinen Inhalt hat. Bei der Datei „BERUFUNG.pdf.p7s" handelt es sich um eine Signaturdatei, die im beA als angefügte Datei erzeugt wird, wenn eine qualifizierte elektronische Signatur angebracht wird. Eine solche Datei hat keinen „Inhalt" und lässt sich auch nicht öffnen. Welchen Dateinamen die „PDF-Datei" hatte, ist nicht dargelegt. Es müsste sich hier aber von den technischen Abläufen her um ein Dokument mit dem Namen „BERUFUNG.pdf" gehandelt haben. Ob sich die Inhaltslosigkeit jedoch auf die Signaturdatei oder die in der BGH-Entscheidung nicht benannte „PDF-Datei" bezieht, kann der BGH-Entscheidung konkret nicht entnommen werden. Es stellt sich daher beim Lesen der Entscheidung die Frage, warum offenbar von dem Prozessbevollmächtigten nichts dazu vorgetragen worden ist, warum die Datei inhaltsleer war. Denn selbst wenn es eine Kontrolle der Eingangsbestätigung gegeben hätte, wäre die „Leere der PDF-Datei" nicht aufgefallen und hätte auch nach eigenen Ausführungen des BGH[62] nicht kontrolliert werden müssen. Damit war, unterstellt, es wäre die Eingangsbestätigung tatsächlich nicht überprüft worden, die fehlende Überprüfung auch nicht kausal für die inhaltsleere PDF-Dabei, die den Berufungsschriftsatz darstellen sollte.

61 Sofern sich die Inhaltslosigkeit auf die Signaturdatei bezieht und der entsprechende gerichtsinterne Prüfvermerk hier fehlt („Keine Prüfung möglich, da keine Inhaltsdaten zugeordnet werden konnten."), könnte auch angenommen werden, dass der Berufungsschriftsatz als solcher der Nachricht gar nicht angehängt und zusätzlich mit übermittelt worden ist. Dies wäre allerdings dann auch ein außergewöhnlicher Vorgang. Wird eine signierte PDF-Datei aus den Anhängen des beA entfernt, entfernt das System automatisch auch die Signaturdatei. Auch dieser Vorgang wäre somit einem technischen Fehler zuzuordnen. Dann allerdings wäre auch wiederum logisch, dass bei fehlender Eingangsbestätigung das Fehlen der Berufungsschrift gar nicht aufgefallen wäre und somit das Fehlen der Überprüfung der Eingangsbestätigung auch kausal für das Fristversäumnis gewesen wäre.

62 Dass die Eingangsbestätigung, auch wenn sie positiv ausgefallen ist, für eine ordnungsgemäße Postausgangskontrolle allein nicht ausreicht, hat der BGH jüngst entschieden.[63]

> *Die Überprüfung der ordnungsgemäßen Übermittlung eines fristgebundenen Schriftsatzes (hier: Berufungsbegründung) über das besondere elektronische Anwaltspostfach (beA) erfordert die Kontrolle, ob sich die erhaltene automatisierte Eingangsbestätigung gemäß § 130a Abs. 5 Satz 2 ZPO auf die Datei mit dem betreffenden Schriftsatz bezieht.*"[64]

63 Bleibt eine Eingangsbestätigung aus, muss dies den Anwalt zur Überprüfung und ggf. erneuten Übermittlung einer Nachricht veranlassen.[65] Von einer erfolgreichen Übermittlung eines Schriftsatzes an das Gericht darf nicht ausgegangen werden, wenn in der Eingangsbestätigung in der Nachrichtenansicht der beA-Webanwendung oder in der Export-Datei in dem Abschnitt „Zusammenfassung Prüfprotokoll" nicht als Meldetext „request executed" und als Übermittlungsstatus „erfolgreich" angezeigt wird.[66] Erforderlich ist nach Ansicht des BGH jedoch für das Vorliegen einer Eingangsbestätigung gem. § 130a Abs. 5 S. 2 ZPO, dass auch der Eingang des elektronischen Dokuments i.S.d. § 130a Abs. 1 ZPO, welches übermittelt werden sollte, erfolgt ist und hierin bestätigt wird.[67] Selbstverständlich reicht es also nicht aus, irgendeine Nachricht oder irgendeinen Schriftsatz oder auch eine leere Nachricht ohne Anhang zu übermitteln. So verweist der BGH in seiner Entscheidung vom 20.9.2022 darauf, dass er bereits in der

---

62 BGH, a.a.O., Rn 14.
63 BGH, Beschl. v. 20.9.2022 – XI ZB 14/22, BeckRS 2022, 27057.
64 BGH, Beschl. v. 20.9.2022 – XI ZB 14/22, BeckRS 2022, 27057.
65 BGH, a.a.O., Rn 7 unter Verweis auf: BGH, Beschl. v. 11.5.2021 – VIII ZB 9/20, NJW 2021, 2201 Rn 21 ff., 46 ff., BGH v. 29.9.2021 – VII ZR 94/21, NJW 2021, 3471 Rn 12 u. BGH v. 24.5.2022 – XI ZB 18/21, NJW-RR 2022, 1069 Rn 10 f.; BAG, Beschl. v. 7.8.2019 – 5 AZB 16/19, BAGE 167, 221 Rn 20.
66 BGH, a.a.O., Rn 8 unter Verweis auf BGH, Beschl. v. 11.5.2021 – VIII ZB 9/20, NJW 2021, 2201 Rn 33, 50 f., BGH v. 8.3.2022 – VI ZB 25/20, WM 2022, 989 Rn 13 f. u. BGH v. 24.5.2022 – XI ZB 18/21, NJW-RR 2022, 1069 Rn 11 f.
67 BGH, a.a.O., Rn 9.

Vergangenheit entschieden habe, dass anhand des zuvor sinnvoll vergebenen Dateinamens auch zu prüfen sei, welche **Art der Schriftsatz** war,[68] siehe hierzu auch die nachstehende Rdn 64. Es ist somit auch zu prüfen, ob die Übermittlung vollständig und an den richtigen Empfänger erfolgt ist.[69] Dabei ist diese Kontrolle nicht nur anhand der Angaben in dem Abschnitt „Zusammenfassung und Struktur", Unterpunkt „Inhaltsdatencontainer" des Prüfprotokolls möglich, vielmehr sind die übersandten Dateien sowohl in der Nachrichtenansicht der beA-Webanwendung als auch in der Exportdatei (dort unter der Überschrift „Anhänge" mit „Dateiname", „Bezeichnung", „Anhangstyp" und „Größe" jeweils oberhalb des Meldetextes) aufgeführt.[70] Da das Unterlassen der vom BGH geforderten Kontrolle als Ursache für die Fristversäumnis in dem hier entschiedenen Fall nicht ausgeschlossen werden konnte (die Berufungsbegründung mit dem Dateinamen „Scan_0178.pdf" war nicht erwähnt) und somit hinsichtlich genau dieses Schriftsatzes (Berufungsbegründung) keine Eingangsbestätigung gem. § 130a Abs. 5 S. 2 ZPO erteilt worden ist, konnte die begehrte Wiedereinsetzung nicht gewährt werden. Schließlich hätte bei entsprechender Kontrolle ein erneuter Versand noch am Tag des Fristablaufs ggf. unter Zuhilfenahme des bis 20:00 Uhr erreichbaren beA-Supports wirksam erfolgen können.[71]

III. Kontrolle (zumindest) anhand des Dateinamens

64 Bis 31.12.2021 wurde in § 2 Abs. 2 ERVV noch gefordert, dass der Dateiname den Inhalt des elektronischen Dokuments schlagwortartig umschreiben soll, siehe hierzu auch § 12 Rdn 54 in diesem Werk. Diese Anforderung wurde zum 1.1.2022 gestrichen.

65 Das OLG Dresden[72] fordert bei beA-Versand, einen individualisierenden Dateinamen für fristgebundene Schriftsätze und die Postausgangskontrolle auch auf die Übermittlung des richtigen Dokuments zu erstrecken (Hervorhebung durch Verfasser):

> „1. Ein Berufungskläger, der sein Verlängerungsgesuch auf Erschwernisse infolge der Corona-Pandemie stützt, darf regelmäßig ohne Nachfrage bei dem Berufungsgericht davon ausgehen, dass seinem Antrag entsprochen wird.
>
> 2. Vor der Versendung eines fristgebundenen Schriftsatzes über das besondere elektronische Anwaltspostfach ist durch Organisationsanweisung sicherzustellen, dass der Schriftsatz mit einem **die hinreichende Individualisierung ermöglichenden Dateinamen** versehen und die **Prüfung des Sendevorgangs auf den Ausschluss von Dateiverwechslungen erstreckt** wird. Die bloße Kontrolle von Prüfprotokoll und Eingangsbestätigung auf technische Übermittlungsfehler reicht insofern nicht aus."

66 Auch andere Gerichte, u.a. der BGH, fordern, die Postausgangskontrolle zumindest anhand des Dateinamens vorzunehmen.[73] Nach Ansicht des BGH reicht es bei der Prüfung nicht aus, festzustellen, *„dass die Versendung irgendeines Schriftsatzes mit dem passenden Aktenzeichen an das Gericht erfolgt ist"*, es ist vielmehr anhand eines zuvor sinnvoll vergebenen Dateinamens auch zu prüfen, welcher Art der Schriftsatz war:

---

68 BGH, a.a.O., Rn. 9 unter Veweis auf BGH, Beschl. v. 17.3.2022 – VI ZB 99/19, NJW 2020, 1809, Rn. 16.
69 BGH, a.a.O., Rn. 10 unter Verweis auf BGH, Beschl. v. 11.5.2021 – VIII ZB 9/20, NJW 2021, 2201, Rn. 46.
70 BGH, a.a.O., Rn 10 unter Verweis auf https://portal.beasupport.de/neuigkeiten/nachweis-ueber-den-zugangvon-nachrichten-bei-gerichten-stellungnahme-der-brak; BRAK beA-Newsletter 31/2019, „Wo findet man Eingangsbestätigung, Prüf- und Übermittlungsprotokoll?", abrufbar über das beA-Newsletter Archiv unter www.brak.de/bea-newsletter/; jurisPK-ERV/*H. Müller*, 2. Aufl., § 130a ZPO Rn 339 ff., 412, 423 ff. (Stand: 1.9.2022); BGH, Beschl. v. 8.3.2022 – VI ZB 25/20, WM 2022, 989 Rn 12 f. u. BGH v. 24.5.2022 – XI ZB 18/21, NJW-RR 2022, 1069 Rn 11, Abruf der angegebenen Internetseiten durch die Verfasser am 16.10.2022.
71 BGH, a.a.O., Rn 12.
72 OLG Dresden, Beschl. v. 1.6.2021 – 4 U 351/21, BeckRS 2021, 17340.
73 BGH, Beschl. v. 17.3.2020 – VI ZB 99/19, NJW 2020, 1809; FG Hamburg, Urt. v. 25.5.2020 – 4 K 102/19, BeckRS 2020, 18755; OLG Frankfurt a.M., Beschl. v. 5.10.2021 – 6 U 79/21 – GRUR-RS 2021, 32736.

„1. .....

2. Für die Ausgangskontrolle des elektronischen Postfachs beA bei fristgebundenen Schriftsätzen genügt jedenfalls nicht die Feststellung, dass die Versendung irgendeines Schriftsatzes mit dem passenden Aktenzeichen an das Gericht erfolgt ist, sondern anhand des zuvor sinnvoll vergebenen Dateinamens ist auch zu prüfen, welcher Art der Schriftsatz war."[74]

In dem hier vom BGH entschiedenen Fall kam es zu einer Dateiverwechslung, weil die Mitarbeiterin nicht angewiesen worden war (und auch nicht von selbst auf die Idee kam), dass der Streitwertfestsetzungsantrag nicht die Berufungsbegründung war, die hätte eingereicht werden sollen. Die Frage daher, ob es sich um das „richtige Dokument" handelt, ist also zweifach zu prüfen. Zum einen ist vor Signatur durch den Anwalt zu prüfen, ob es sich um das Dokument handelt, das er unterzeichnen und zur Absendung bringen bzw. bringen lassen wollte und zum anderen ist **nach** dem Versand zu prüfen, ob auch genau das Dokument eingegangen ist, zu dem die eingetragene Frist nun gestrichen werden soll.

67

Problematisch kann es daher werden, wenn Dokumente keine „sprechenden Dateinamen" haben. Es kann sich zwar ergeben, dass im Hinblick auf ein nur noch sehr kurzes verbleibendes Zeitfenster bis zum Fristablauf lediglich verkürzte Namen oder bei gescannten Dokumenten lediglich die Dokumentennummer als Dateiname aufscheint. In diesem Fall ist aber nach unserer Auffassung zwingend das Dokument noch einmal zu öffnen, um sich zu vergewissern, dass keine Dateiverwechslung vorliegt und nicht versehentlich die falsche Frist gestrichen wird. So fordert dann auch das Finanzgericht Hamburg:

68

„Werden fristwahrende Schriftsätze elektronisch über das besondere Anwaltspostfach übermittelt, so erfordert eine wirksame Kontrolle Maßnahmen, die hinreichend sicherstellen, dass die richtigen Dokumente dem richtigen (=zuständigen) Gericht übermittelt werden."[75]

Hier war versehentlich statt der fristgebundenen Klage ein Scheidungsantrag an das Finanzgericht übermittelt worden. Nicht nur im Hinblick auf Datenschutz und Verschwiegenheitspflicht ein berufsrechtlich wie ggf. auch strafrechtlich relevantes Problem, sondern wegen Versäumung der Klagefrist auch ein Haftungsfall.

Die Postausgangskontrolle (Ausschluss von Dateiverwechslungen) kann und sollte bei werthaltigen Verfahren u.E. aber auch dadurch erfolgen, dass ein Dokument nochmals geöffnet wird, um sich hier entsprechend zu vergewissern, ob die richtige Datei übermittelt wird/wurde.

69

IV. Zusammenfassung

Erforderlich ist nach dem Vorgenannten zur Postausgangskontrolle daher bei Versand durch Mitarbeiter:[76]

70

- Anweisungen an Mitarbeiter (klar/verständlich).
- Ist an das richtige Gericht adressiert?
- War ein Dokument der Nachricht angehängt worden und ist das richtige Dokument eingereicht?
- Der Erhalt der Eingangsbestätigung ist **stets** zu prüfen.
- Datum/Uhrzeit auf der Eingangsbestätigung sind zu prüfen. Sie müssen den ordnungsgemäßen Zugang **mit Datum und Uhrzeit vor** Fristablauf ausweisen. Die Nachricht muss (spätestens) am Tag

---

74 BGH, Beschl. v. 17.3.2020 – VI ZB 99/19, a.a.O.
75 FG Hamburg, Urt. v. 25.5.2020 – IV K 102/19, Beck-RS 2020, 18755.
76 Bitte beachten Sie: Die Rechtsprechung ist hier noch im Fluss. Unsere Leser werden gebeten, die Weiterentwicklung zu überwachen und erforderliche weitere Kriterien zu beachten.

des Fristablaufs um 23.59 Uhr (und 59 Sekunden) bei Gericht eingehen; 24.00 Uhr ist zu spät, denn 24.00 = 0.00 Uhr des Folgetags, eine symbolische Sekunde gibt es nicht.[77]
- Der Status der Übermittlung ist **stets** zu prüfen.
- Die gesendete Datei ist zu exportieren.
- Erforderlich ist eine entsprechende Schulung der Mitarbeiter sowie eine regelmäßige stichprobenartige Kontrolle, ob Mitarbeiter sich an die Vorgaben halten!
- Bei ausbleibender Bestätigung ist eine Recherche, woran es mangelt, gefordert, ggf. wird ein erneuter Versand gefordert. Vorsicht aber auch hier vor doppelten Gerichtskosten bei Einreichung von Rechtsmittelschriften, wenn ein Aktenzeichen noch nicht bekannt ist! Eine Doppeleinreichung ohne zugehöriges Aktenzeichen, wie z.B. bei Rechtsmittelschriften, sollte daher **immer** unter Hinweis auf die ausgebliebene Eingangsbestätigung und den dadurch veranlassten erneuten Sendeversuch erfolgen.

71 Nimmt der Rechtsanwalt den Eigenversand vor, hat er ebenfalls die entsprechenden Punkte wie unter Rdn 70 gelistet, zu prüfen.

E. Einsatz einer Anwaltssoftware

72 Die Antwort auf die Frage, ob die Anwaltssoftware ausreichend „vertrauenswürdig" ist, um sich auf deren Angaben verlassen zu können, wird sicher vom Einzelfall abhängen.

73 Das BVerfG sieht dies zumindest beim Heraussuchen einer gerichtlichen Fax-Nummer nicht so, ohne dies aber zu begründen. Das BVerfG in seiner Entscheidung wortwörtlich:[78]

„Die Verfahrensbevollmächtigte der Beschwerdeführerin durfte sich weder darauf verlassen, dass die Verfassungsbeschwerde am Verfahren mittels des besonderen elektronischen Anwaltspostfachs teilnimmt, noch darauf, dass die in ihrer Kanzleisoftware eingespeicherten Telefaxnummern zutreffend sind."

74 Der BGH jedoch zum Thema:

„Zur Ermittlung der Faxnummer eines Gerichts darf sich ein Anwalt auf ein bewährtes Softwareprogramm in der jeweils neuesten Fassung verlassen."[79]

75 **Voraussetzung war hier aber:**
- Verwendung eines seit Jahren bewährtes Softwareprogramms
- in der jeweils neuesten Fassung

76 So auch schon der BGH 2004:[80]

„Zur Ermittlung der Faxnummer eines Gerichts darf sich der Rechtsanwalt auf ein seit Jahren bewährtes EDV-Programm in der jeweils neuesten Fassung in der Regel verlassen. Eine organisatorische Anweisung des Anwalts an seine Bürokraft, eine Abgleichung der Faxnummer mit den Angaben in Anschreiben des Gerichts oder im Telefonbuch vorzunehmen, ist grundsätzlich nicht erforderlich."

77 **Kein** Vertrauensschutz besteht also, wenn die UpDates „nicht gefahren" werden. Voraussetzung dürfte m.E. aber auch sein, dass eine regelmäßige Kontrolle der automatisierten Vorgänge via Software **keine** Fehler gezeigt haben und dies auch entsprechend vorgetragen und eidesstattlich versichert werden kann.

---

77 BGH, Beschl. v. 27.9.2018 – IX ZB 67/17, Rn 14, NJW-RR 2018, 1398; so auch schon BGH, Beschl. v. 19.1.2016 – XI ZB 14/15, Rn 12, BeckRS 2016, 04976; BGH, Beschl. v. 8.5.2007 – VI ZB 74/06 Rn 12, NJW 2007, 2045.
78 BVerfG, Beschl. v. 27.5.2020 – 1 BvR 338/20, openJur 2021, 41972 Rn 5.
79 BGH, Beschl. v. 30.3.2021 – VIII ZB 37/19, BeckRS 2021, 10630 = NJW-Spezial 2021, 414.
80 BGH, Beschl. v. 24.6.2004 – VII ZB 35/03, NJW 2004, 2830.

Was die Überprüfung der automatisierten Eingangsbestätigung mittels Anwaltssoftware betrifft, so ist hier bisher Rechtsprechung nicht bekannt, die es für ausreichend hält, wenn **allein** anhand der Anwaltssoftware die Überprüfung des rechtzeitigen und wirksamen Eingangs eines fristgebundenen Schriftsatzes erfolgt. Im Gegenteil. Das VG Aachen[81] vertritt die Auffassung, dass es schuldhaft nicht der gebotenen anwaltlichen Sorgfalt entspricht, den Versand eines fristgebundenen Schriftsatzes über die beA-Schnittstelle einer Software vorzunehmen, ohne eine weitere Ausgangskontrolle durchzuführen. In dieser Frage kann daher nur empfohlen werden, die Eingangsbestätigung anhand der Weboberfläche des beA zu prüfen, bis es zu dieser Frage belastbare Rechtsprechung des BGH gibt. Leser sollten daher insbesondere auch mit dem Hersteller der von ihnen verwendeten Software klären, ob und ggf. in welchem Umfang eine Haftungsübernahme erfolgt, wenn es zu fehlerhaften „Positivbestätigungen" durch die Software kommt und man sich hierauf verlässt. Nach unserer Kenntnis wird i.d.R. eine Haftung hierfür nicht übernommen, wobei die Verfasser naturgemäß nicht sämtliche Verträge sämtlicher Hersteller kennen bzw. kennen könnten. So hat denn auch das VG Aachen 2022 entschieden, dass in den Fällen, in denen ein Softwarehersteller ausdrücklich darauf hinweist, dass eine genaue Überprüfung des Versendungsstatus per Schnittstelle mit dieser Software nicht möglich ist und der Nutzer daher stets im Postausgang des beA nachsehen solle, ob der Versand erfolgreich war, und diese Überprüfung nicht erfolgt, diese Unterlassung schuldhaft nicht der gebotenen anwaltlichen Sorgfalt entspricht.[82]

78

F. Sicherung der Nachricht durch Export

Damit jederzeit der rechtzeitige Eingang einer beA-Nachricht nachgewiesen werden kann, ist die gesendete Nachricht zu exportieren und zu archivieren. Dies sollte umgehend erfolgen und nicht erst am Folgetag, damit der entsprechende Nachweis rechtzeitig gesichert ist.

79

Zum Export einer beA-Nachricht siehe die Beschreibung in diesem Werk unter § 10 Rdn 15 ff. in diesem Werk.

80

---

81 VG Aachen, Urt. v. 7.3.2022 – 10 K 2469/21.A, BeckRS 2022, 4828.
82 VG Aachen, Urt. v. 7.3.2022 – 10 K 2469/21.A, Rn 25, BeckRS 2022, 4828.

§ 15 Zustellungen via beA

A. Allgemeine Einführung

Das Gesetz zum Ausbau des elektronischen Rechtsverkehrs mit den Gerichten und zur Änderung weiterer Vorschriften[1] hat erhebliche Änderungen/Verschiebungen im Zustellungsrecht zum 1.1.2022 mit sich gebracht. Inhalte aus dem bis zum 31.12.2021 geltenden § 174 ZPO (Zustellung gegen Empfangsbekenntnis) finden sich in den §§ 173 und 175 ZPO wieder. So greift § 173 ZPO die bis 31.12.2021 geltende Regelung des § 174 Abs. 3 u. 4 ZPO auf.[2] Die Zustellung via Gerichtsvollzieher wurde an die Anforderungen des elektronischen Rechtsverkehrs angepasst; neu aufgenommen wurde die Möglichkeit der Zustellung elektronischer Dokumente durch den Gerichtsvollzieher in § 193a ZPO. § 173 ZPO in der bis 31.12.2021 geltenden Fassung wurde zu § 174 ZPO und der bis 31.12.2021 geltende § 174 ZPO aufgehoben. Im nachfolgenden Kapitel wird nicht das gesamte Zustellungsrecht gem. §§ 166 ff. ZPO behandelt, sondern der Fokus auf die möglichen Zustellungen via beA sowie die Zustellung von Schriftstücken gegen Empfangsbekenntnis gelegt. Letzteres, weil Gerichte auch heutzutage noch vielfach – gerade in Zivilprozessen – in Papierform zustellen.

Das ursprüngliche Vorhaben des Gesetzgebers, die Zustellung durch automatisierte Eingangsbestätigung nachzuweisen und eine Zustellungsfiktion ab dem dritten Werktag nach dem auf der Eingangsbestätigung ausgewiesenen Tag anzunehmen, wurde im Laufe des Gesetzgebungsverfahrens nach der geänderten Beschlussfassung des Rechtsausschusses nicht mehr weiter verfolgt.[3] Nach Bekräftigung des Gesetzgebers hat sich die Zustellung gegen Empfangsbekenntnis in der Vergangenheit bewährt; sie sollte daher auch für elektronische Zustellungen beibehalten werden.[4] Dies gilt allerdings nicht für Zustellungen im Parteibetrieb durch den Gerichtsvollzieher; hier greift die Zustellungsfiktion des § 193a Abs. 2 ZPO, siehe dazu auch Rdn 252 in diesem Kapitel.

Die Voraussetzungen für eine wirksame Zustellung gegen Empfangsbekenntnis waren und sind:

- Übermittlung eines oder mehrerer Dokumente,
- an eine Person aus dem Personenkreis des § 173 Abs. 2 ZPO,
- die identifizierbar ist,[5]
- erkennbarer Zustellungswille des Sendenden,[6]
- Kenntnisnahme und Empfangsbereitschaft des Empfangenden,[7]
- Bekenntnis des Empfangs,[8]
- in der geforderten Form.[9]

Ein Empfangsbekenntnis erbringt als Privaturkunde i.S.d. § 416 ZPO den Beweis sowohl für die Entgegennahme des darin bezeichneten Schriftstücks als zugestellt als auch den Beweis für den Zeitpunkt

---

1 G v. 5.10.2021, BGBl I, 4607.
2 BT-Drucks 19/28339, 34.
3 BT-Drucks 17/13948, 7 Beschlussempfehlung des Rechtsausschusses vom 12.6.2013.
4 BT-Drucks 17/13948, 34.
5 BT-Drucks 19/28339, 36.
6 BGH VersR 2001, 606; BGH NJW 1956, 1878; Zöller/*Stöber*, ZPO, 34. Aufl. 2022, § 173 Rn 5; MüKo-ZPO/*Häublein*, 5. Aufl., § 174 Rn 1.
7 Nur beispielhaft für viele: BVerfG NJW 2001, 1563; BGH, Urt. v. 14.9.2011 – XII ZR 168/09, NJW 2011, 3581 Rn 16; BGH, Beschl. v. 19.4.2012 – IX ZB 303/11, NJW 2012, 2117 Rn 6; BGH, Beschl. v. 13.1.2015, NJW-RR 2015, 953 Rn 7 sowie instruktiv BFH, Beschl. v. 21.2.2007 – VII B 84/06, NJW-RR 2007, 1001; BGH, Urt. v. 18.1.2006 – VIII ZR 114/05, NJW-Spezial 2006, 286 = NJW 2006, 1206; BGH. Beschl. v. 11.7.2005 – NotZ 12/05, NJW 2005, 3216 f.; BGH NJW 2003, 2460; BGH, Urt. v. 29.9.1954 – II ZR 292/53, NJW 1954, 1722; BGH, Urt. v. 7.7.1959 – VIII ZR 111/58, NJW 1959, 1871; OLG Hamm, Urt. v. 12.1.2010 – 4 U 193/09, NJW 2010, 3380.
8 So auch *Biallaß*, „Der Umgang mit dem elektronischen Empfangsbekenntnis", NJW 2019, 3495.
9 Siehe dazu § 174 Abs. 4 ZPO bis 31.12.2021; seit dem 1.1.2022 § 173 Abs. 3 ZPO.

der Entgegennahme durch den Unterzeichner und damit das Datum der Zustellung.[10] Allerdings muss bei dieser Entscheidung erwähnt werden, dass es sich um eine Zustellung in ein anwaltliches Gerichtspostfach handelte und der Anwalt, an den zugestellt wurde, glaubhaft machen konnte, dass es in der Vergangenheit gehäuft zu fehlerhaften Zuordnungen kam und er somit schon des Öfteren Papierpost erst sehr spät erhalten hatte.

5   Ob die Angabe eines Datums auf dem Empfangsbekenntnis Voraussetzung für eine wirksame Zustellung ist, war lange Zeit umstritten,[11] bis der BGH nach dem Zustellungsrechtsreformgesetz zu § 174 ZPO (seit 1.1.2022: § 175 ZPO)[12] entschied, dass die Zustellung auch ohne Datumsangabe wirksam sein kann; das OLG München[13] geht gar so weit, dann auf das Datum der Rückleitung des Empfangsbekenntnisses und somit dem Eingangsstempel bei Gericht als Zustellungsdatum abzustellen. Für Zustellungen gem. § 175 ZPO in Papierform (Briefpost oder Fax) bleibt diese Rechtsprechung anwendbar. Ein Empfangsbekenntnis kann elektronisch aus dem beA heraus mittels Strukturdatensatz jedoch technisch **nicht** abgegeben werden, wenn ein Datum fehlt. Somit hilft das beA durch entsprechende technische Einstellungen, diesen Fehler, Empfangsbekenntnisse gänzlich ohne Datum abzugeben, zu vermeiden.

B. Zustellungen von Gerichten

I. Gesetzliche Bestimmungen

6   Die Zustellung von **elektronischen Dokumenten** und **Schriftstücken** von Gerichten **gegen Empfangsbekenntnis** ist vornehmlich in den §§ 173 (elektronische Form) und 175 ZPO (Schriftstücke) geregelt. Diese werden in ihrer Neufassung seit dem 1.1.2022 aufgrund ihrer Wichtigkeit nachstehend abgedruckt. Sie gelten u.a. auch in Verfahren der öffentlich-rechtlichen Gerichtsbarkeiten, vgl. § 56 Abs. 2 VwGO, § 53 Abs. 2 FGO und § 63 Abs. 2 SGG sowie über § 46 Abs. 2 ArbGG in Arbeitsgerichtssachen.

7   *§ 173 ZPO – Zustellung von elektronischen Dokumenten*

„(1) Ein elektronisches Dokument kann elektronisch nur auf einem sicheren Übermittlungsweg zugestellt werden.

(2) Einen sicheren Übermittlungsweg für die elektronische Zustellung eines elektronischen Dokuments haben zu eröffnen:

1. Rechtsanwälte, Notare, Gerichtsvollzieher sowie

2. Behörden, Körperschaften oder Anstalten des öffentlichen Rechts.

Steuerberater und sonstige in professioneller Eigenschaft am Prozess beteiligte Personen, Vereinigungen und Organisationen, bei denen von einer erhöhten Zuverlässigkeit ausgegangen werden kann, sollen einen sicheren Übermittlungsweg für die elektronische Zustellung eröffnen.

(3) Die elektronische Zustellung an die in Absatz 2 Genannten wird durch ein elektronisches Empfangsbekenntnis nachgewiesen, das an das Gericht zu übermitteln ist. Für die Übermittlung ist der vom Gericht mit der Zustellung zur Verfügung gestellte strukturierte Datensatz zu verwenden. Stellt das Gericht keinen strukturierten Datensatz zur Verfügung, so ist dem Gericht das elektronische Empfangsbekenntnis als elektronisches Dokument (§ 130a) zu übermitteln.

---

10 BGH, Beschl. v. 7.10.2021 – IX ZB 41/20 Rn 10, NJW-RR 2021, 1584; BGH, Beschl. v. 19.4.2012 – IX ZB 303/11 Rn 6, NJW 2012, 2117; BGH, Beschl. v. 18.1.2006 – VIII ZR 114/05, Rn 8; NJW 2006, 1206; BGH NJW 2001, 2722.
11 BGH zu § 212a ZPO a.F. in BGHZ 35, 236 = RzW 1961, 575; hieran anschließend BGH NJW-RR 1986, 1254; BGH NJW 1994, 2295 f.; BGH NJW 1994, 526.
12 BGH, Beschl. v. 11.7.2005 – NotZ 12/05, NJW 2005, 3216.
13 OLG München, Beschl. v. 24.6.2009 – 5 StRR 157/09, NStZ-RR 2010, 15.

(4) An andere als die in Absatz 2 Genannten kann ein elektronisches Dokument elektronisch nur zugestellt werden, wenn sie der Zustellung elektronischer Dokumente für das jeweilige Verfahren zugestimmt haben. Die Zustimmung gilt mit der Einreichung eines elektronischen Dokuments im jeweiligen Verfahren auf einem sicheren Übermittlungsweg als erteilt. Andere als natürliche Personen können die Zustimmung auch allgemein erteilen. Ein elektronisches Dokument gilt am dritten Tag nach dem auf der automatisierten Eingangsbestätigung ausgewiesenen Tag des Eingangs in dem vom Empfänger eröffneten elektronischen Postfach als zugestellt. Satz 4 gilt nicht, wenn der Empfänger nachweist, dass das Dokument nicht oder zu einem späteren Zeitpunkt zugegangen ist."

Die Zustellung von Schriftstücken durch das Gericht gegen Empfangsbekenntnis u.a. an Rechtsanwälte („die in § 173 Abs. 2 Genannten") ist in § 175 ZPO geregelt.

§ 175 Zustellung von Schriftstücken gegen Empfangsbekenntnis

„(1) Ein Schriftstück kann den in § 173 Absatz 2 Genannten gegen Empfangsbekenntnis zugestellt werden.

(2) Eine Zustellung gegen Empfangsbekenntnis kann auch durch Telekopie erfolgen. Die Übermittlung soll mit dem Hinweis „Zustellung gegen Empfangsbekenntnis" eingeleitet werden und die absendende Stelle, den Namen und die Anschrift des Zustellungsadressaten sowie den Namen des Justizbediensteten erkennen lassen, der das Dokument zur Übermittlung aufgegeben hat.

(3) Die Zustellung nach den Absätzen 1 und 2 wird durch das mit Datum und Unterschrift des Adressaten versehene Empfangsbekenntnis nachgewiesen.

(4) Das Empfangsbekenntnis muss schriftlich, durch Telekopie oder als elektronisches Dokument (§ 130a) an das Gericht gesandt werden."

II. Elektronische Zustellung von Gerichten – § 173 ZPO

1. Elektronische Zustellung als Regelzustellungsart – § 173 Abs. 1 ZPO

Beim Lesen der Vorschrift des § 173 Abs. 1 ZPO stockt man zunächst einmal, da hier von der elektronischen Zustellung elektronischer Dokumente die Rede ist und man sich unweigerlich fragt: Wie werden denn sonst elektronische Dokumente zugestellt, wenn nicht elektronisch? Ein elektronisches Dokument kann aber auch ausgedruckt und in Schriftform gem. § 175 ZPO oder § 176 ZPO zugestellt werden. Auch kommt eine Zustellung eines elektronischen Dokuments **als Schriftstück**, z.B. gem. § 193 ZPO bei einer Zustellung durch den Gerichtsvollzieher, in Betracht. Der Gesetzgeber wollte weitere inhaltliche Änderungen zur bisherigen Rechtslage nicht vornehmen.[14]

§ 173 Abs. 1 ZPO regelt, dass ein elektronisches Dokument elektronisch nur auf einem **sicheren Übermittlungsweg** (z.B. § 130a Abs. 4 ZPO) zugestellt werden kann. Dies bedeutet, dass eine elektronische Zustellung eines elektronischen Dokuments an ein anderes elektronisches Postfach, wie z.B. der in der Vergangenheit häufig genutzte Governikus-Communicator Justiz Edition,[15] nicht zulässig ist.

Eine derartige Zustellung scheidet aber auch z.B. an ein klassisches Mail-Postfach wie z.B. Outlook, web.de, gmail/googlemail, hotmail, t-online.de etc. ebenfalls aus, unabhängig davon, dass dies auch nicht i.S.d. Gesetzgebers ist, solche Postfächer überhaupt in den elektronischen Rechtsverkehr einzubeziehen, siehe dazu auch zu den zulässigen elektronischen Postfächern im Rahmen des elektronischen Rechtsverkehrs in § 4 Abs. 1 ERVV sowie in § 130a Abs. 3 S. 1 Alt. 2 ZPO (sowie die weiteren korrespondierenden

---

14 Vgl. dazu BT-Drucks 19/28399, 34 ff.
15 Abgekündigt zum 30.6.2022 aufgrund der eBO-Einführung.

§ 15 Zustellungen via beA

Vorschriften in anderen Verfahrensordnungen). Als sicherer Übermittlungsweg gelten das beA, aber auch beN, eBO, De-Mail und beBPo, siehe dazu § 130a Abs. 4 Nr. 1–6 ZPO.[16] Das De-Mail-System ist in der Praxis vielfach gar nicht bekannt; die Telekom – einer von wenigen Anbietern der De-Mail – stellt diesen Dienst im Übrigen zum 1.8.2022 ein.[17]

13 Der Gesetzgeber hierzu:

> *„Nur der Versand über den konkret dem Empfänger persönlich zugeordneten sicheren Übermittlungsweg erfüllt die Vorgabe des § 130a Absatz 3, Absatz 4 Nummer 2 ZPO. Absatz 3 Satz 3 regelt die Rücksendung des elektronischen Empfangsbekenntnisses als elektronisches Dokument für den Fall, dass vom Gericht aufgrund technischer Probleme ausnahmsweise kein strukturierter Datensatz übermittelt werden kann.“*[18]

2. Pflicht zur Eröffnung sicherer Übermittlungswege für bestimmte Kreise – § 173 Abs. 2 ZPO

14 Damit ordnungsgemäße Zustellungen von elektronischen Dokumenten auf elektronischem Wege möglich sind, hat der Gesetzgeber für bestimmte Personenkreise in § 173 Abs. 2 ZPO geregelt, dass für diese eine **Pflicht** zur Eröffnung eines entsprechenden sicheren Übermittlungswegs besteht („haben zu eröffnen"). Dies sind: Rechtsanwälte, Notare, Gerichtsvollzieher sowie Behörden, Körperschaften oder Anstalten des öffentlichen Rechts.

15 Diese Pflicht bestand bereits nach der vom 1.1.2018 bis 31.12.2021 geltenden Fassung des damaligen § 174 Abs. 3 ZPO. Die Pflicht ist für Rechtsanwälte dadurch erfüllt, dass die BRAK federführend allen ins Gesamtverzeichnis eingetragenen Mitgliedern ein entsprechendes beA zur Verfügung stellt, d.h. empfangsbereit freischaltet. Nach § 173 Abs. 2 S. 2 ZPO ***sollen* Steuerberater** und sonstige in **professioneller Eigenschaft** am Prozess beteiligte Personen, Vereinigungen und Organisationen, bei denen von einer erhöhten Zuverlässigkeit ausgegangen werden kann, einen sicheren Übermittlungsweg für die elektronische Zustellung eröffnen. Für die Steuerberater wird ab 1.1.2023 das beSt (besonderes elektronisches Steuerberaterpostfach) zur Verfügung stehen, siehe dazu auch Rdn 18 unten. Die sonstigen, in professioneller Eigenschaft am Prozess Beteiligten werden die Möglichkeit haben, über das eBO als sicheren Übermittlungsweg am elektronischen Rechtsverkehr teilzunehmen.

16 Der Gesetzgeber betont, dass die Verpflichtung zur Vorhaltung eines sicheren Übermittlungswegs und die damit verbundene sog. passive Nutzungspflicht des elektronischen Rechtsverkehrs ausschließlich die in professioneller Eigenschaft am Verfahren Beteiligten einbeziehen soll.[19] Der Gesetzgeber, der in § 174 Abs. 1 ZPO noch formuliert hatte, dass nur an einen bestimmten Personenkreis „gegen Empfangsbekenntnis" zugestellt werden kann, wollte nun ausdrücklich auch die in professioneller Hinsicht am Zivilprozess beteiligten Personen, Vereinigungen oder Organisationen einbeziehen. Mit dieser etwas geänderten Formulierung in § 173 Abs. 2 ZPO im Gegensatz zu der bis zum 31.12.2021 geltenden Fassung in § 174 Abs. 1 ZPO verbindet der Gesetzgeber das Ziel, dass Richterinnen oder Richter oder auch Beamtinnen und Beamte sowie Bedienstete der Polizeibehörden, die nach der alten Fassung als „zuverlässige Person" in diesem Sinne teilweise angesehen wurden, hier nicht mehr umfasst sein sollen. Denn Richterinnen und Rich-

---

16 Korrespondierende Vorschriften: siehe auch § 55a Abs. 4 VwGO, § 46c Abs. 4 ArbGG, § 65 Abs. 4 SGG, § 52a Abs. 4 FGO, § 32a Abs. 4 StPO.
17 Siehe dazu auch https://www.telekom.de/e-mail/de-mail (Abruf: 2.3.2022).
18 BR-Drucks 145/21, 36 v. 12.2.2021 „Entwurf eines Gesetzes zum Ausbau des elektronischen Rechtsverkehrs mit den Gerichten und zur Änderung weiterer prozessrechtlicher Vorschriften".
19 BR-Drucks 145/21, 34 (zu Nr. 4 – § 173 ZPO-E-Zustellung elektronischer Dokumente) v. 12.2.2021 „Entwurf eines Gesetzes zum Ausbau des elektronischen Rechtsverkehrs mit den Gerichten und zur Änderung weiterer prozessrechtlicher Vorschriften" unter Verweis auf die ausdrückliche Aussage in BT-Drucks 17/12634, 28.

ter oder auch Beamtinnen und Beamte sowie Bedienstete der Polizeibehörden, die als Privatperson oder in dienstlicher Eigenschaft als Zeugin oder Zeuge mit einem Gericht kommunizieren, sollen eben gerade nicht durch diese Regelung verpflichtet werden, einen sicheren Übermittlungsweg zu eröffnen. Ziel war es mit dieser „Umformulierung" damit also nicht, die Zustellung „gegen Empfangsbekenntnis" als solche abzuschaffen, sondern Rechtssicherheit und Klarheit hinsichtlich des Personenkreises zu schaffen, der verpflichtet ist, einen sicheren Übermittlungsweg vorzuhalten.[20]

Sowohl für die Steuerberater als auch die „Profinutzer" wird künftig aus dem *„sollen eröffnen"* ein *„haben zu eröffnen"*, denn 173 Abs. 2 ZPO wird zum 1.1.2023 zunächst für die Steuerberater sowie zum 1.1.2024 für die *„sonstigen in professioneller Eigenschaft am Prozess beteiligten Personen, Vereinigungen und Organisationen, bei denen von einer erhöhten Zuverlässigkeit ausgegangen werden kann"* geändert wie folgt:

§ 173 ZPO – Zustellung von elektronischen Dokumenten ab 1.1.2023 – **Steuerberater** werden in Abs. 2 S. 1 **Nr. 1** des § 173 Abs. 2 ZPO mit aufgenommen und in S. 2 gestrichen:[21]

> *„(1) ......*
>
> *(2) ¹Einen sicheren Übermittlungsweg für die elektronische Zustellung eines elektronischen Dokuments haben zu eröffnen:*
>
> *1. Rechtsanwälte, Notare, Gerichtsvollzieher, Steuerberater sowie*
>
> *2. Behörden, Körperschaften oder Anstalten des öffentlichen Rechts.*
>
> *²Sonstige in professioneller Eigenschaft am Prozess beteiligte Personen, Vereinigungen und Organisationen, bei denen von einer erhöhten Zuverlässigkeit ausgegangen werden kann, sollen einen sicheren Übermittlungsweg für die elektronische Zustellung eröffnen.*
>
> *(3) ... unverändert*
>
> *(4) ... unverändert."*

Zum 1.1.2024 wird § 173 Abs. 2 **Nr. 1** ZPO dann wie folgt lauten (der bis dahin geltende Satz 2 wird dann gestrichen, da inhaltsleer; die **Profinutzer** werden ebenfalls verpflichtet; Hervorhebungen durch die Verf.):[22]

§ 173 Zustellung von elektronischen Dokumenten:

> *„(1) ....*
>
> *(2) Einen sicheren Übermittlungsweg für die elektronische Zustellung eines elektronischen Dokuments haben zu eröffnen:*
>
> *1. Rechtsanwälte, Notare, Gerichtsvollzieher, Steuerberater **sowie sonstige in professioneller Eigenschaft am Prozess beteiligte Personen, Vereinigungen und Organisationen, bei denen von einer erhöhten Zuverlässigkeit ausgegangen werden kann**,*
>
> *2. Behörden, Körperschaften oder Anstalten des öffentlichen Rechts."*
>
> *Der bisherige Satz 2 wird gestrichen.*
>
> *(3) ... unverändert*
>
> *(4) ... unverändert."*

---

[20] BR-Drucks 145/21, 34 (zu Nr. 4 – § 173 ZPO-E-Zustellung elektronischer Dokumente) v. 12.2.2021 „Entwurf eines Gesetzes zum Ausbau des elektronischen Rechtsverkehrs mit den Gerichten und zur Änderung weiterer prozessrechtlicher Vorschriften".

[21] Art. 2 Gesetz zum Ausbau des elektronischen Rechtsverkehrs mit den Gerichten und zur Änderung weiterer Vorschriften v. 5.10.2021, BGBl I, 4607.

[22] Art. 3 Gesetz zum Ausbau des elektronischen Rechtsverkehrs mit den Gerichten und zur Änderung weiterer Vorschriften v. 5.10.2021, BGBl I S. 4607.

20 Der Gesetzgeber listet (**ausdrücklich nicht abschließend!**) die unter § 173 Abs. 2 S. 2 ZPO Genannten wie folgt auf (zu der vom 1.1.2022 bis 31.12.2023 geltenden Fassung; Fettdruck durch die Verf.):[23]

- ***Rentenberater** im Umfang ihrer Befugnisse nach § 10 Abs. 1 S. 1 Nr. 2 auch i.V.m. S. 2, des RDG,*
- ***Steuerberater, Steuerbevollmächtigte, Wirtschaftsprüfer und vereidigte Buchprüfer, Personen und Vereinigungen** im Sinn des § 3a des StBerG sowie **Gesellschaften** im Sinn des § 3 Nr. 2 und 3 des StBerG, die durch Personen im Sinn des § 3 Nr. 1 des StBerG handeln, in Angelegenheiten nach den § 28h und § 28p des SGB IV, **Lohnsteuerhilfevereine** im Rahmen ihrer Befugnisse nach § 4 Nr. 11 des StBerG,*[24]
- ***selbstständige Vereinigungen von Arbeitnehmern** mit sozial- oder berufspolitischer Zwecksetzung für ihre Mitglieder,*
- ***berufsständische Vereinigungen der Landwirtschaft** für ihre Mitglieder,*
- ***Gewerkschaften und Vereinigungen** von Arbeitgebern sowie Zusammenschlüsse solcher Verbände für ihre Mitglieder oder für andere Verbände oder Zusammenschlüsse mit vergleichbarer Ausrichtung und deren Mitglieder,*
- *juristische Personen, deren Anteile sämtlich im wirtschaftlichen Eigentum einer Gewerkschaft oder sonstigen selbstständigen Vereinigung von Arbeitnehmern oder Arbeitgebern stehen, wenn die juristische Person ausschließlich die Rechtsberatung und Prozessvertretung dieser Organisation und ihrer Mitglieder oder anderer Verbände oder Zusammenschlüsse mit vergleichbarer Ausrichtung und deren Mitglieder entsprechend deren Satzung durchführt, und wenn die Organisation für die Tätigkeit der Bevollmächtigten haftet,*
- *Vereinigungen, deren satzungsgemäße Aufgaben die gemeinschaftliche **Interessenvertretung**, die Beratung und Vertretung der Leistungsempfänger nach dem sozialen Entschädigungsrecht oder der behinderten Menschen wesentlich umfassen und die unter Berücksichtigung von Art und Umfang ihrer Tätigkeit sowie ihres Mitgliederkreises die Gewähr für eine sachkundige Prozessvertretung bieten, für ihre Mitglieder,*
- ***Verbraucherzentralen** und andere, mit öffentlichen Mitteln geförderte **Verbraucherverbände** bei der Einziehung von Forderungen von Verbrauchern im Rahmen ihres Aufgabenbereichs,*
- *Personen, die **Inkassodienstleistungen** erbringen (registrierte Personen nach § 10 Abs. 1 S. 1 Nr. 1 des RDG).*

21 Es ist nach unserer Auffassung bedauerlich, dass der Gesetzgeber keine vollständige Liste derjenigen veröffentlicht hat, die er unter § 173 Abs. 2 S. 2 ZPO „einordnet", nennen wir sie „Profinutzer". Denn die Frage, **wie** an diese zugestellt werden kann bzw. **muss**, hat eine zentrale Bedeutung für die Art der Zustellung. Denn sowohl in § 173 Abs. 3 ZPO ist von den in „Abs. 2 Genannten" als auch in § 175 Abs. 1 ZPO von den in „§ 173 Abs. 2 Genannten" die Rede. Die Unklarheit, welche Kreise außer den unter der vorherigen Rdn vom Gesetzgeber genannten Kreise noch dazu zählen (könnten), bringt gerade im Zustellungsrecht einen unnötigen Zustand der Rechtsunsicherheit mit sich, der sich zulasten einer Partei auswirken kann. Es kann unseres Erachtens auch nicht sein, dass man die Definition, wer zu den in „§ 173 Abs. 2 Genannten" zählt, der Rechtsprechung überlässt. Denn während an die in „Abs. 2 Genannten" elektronisch seitens des Gerichts gem. § 173 Abs. 3 ZPO gegen Empfangsbekenntnis zugestellt werden kann, gilt für die „nicht in Abs. 2 Genannten" eine Zustellung gegen Zustellungsfiktion gem. § 173 Abs. 4 ZPO.

22 Die Frage, wer zu den in § 173 Abs. 2 ZPO Genannten „Profinutzern" zu zählen ist, spielt aber nicht nur eine Rolle dabei, ob elektronisch gegen Empfangsbekenntnis oder gegen Zustellungsfiktion zugestellt

---

23 BR-Drucks 145/21 v. 12.2.2021 „Entwurf eines Gesetzes zum Ausbau des elektronischen Rechtsverkehrs mit den Gerichten und zur Änderung weiterer prozessrechtlicher Vorschriften", zu Nr. 4 (§ 173 ZPO-E-Zustellung elektronischer Dokumente), S. 34; Abkürzungen der gesetzlichen Vorschriften durch die Verfasser.
24 Zum Zeitpunkt des damaligen Gesetzgebungsverfahrens stand noch nicht fest, dass die Steuerberater ein beSt erhalten werden, daher sind diese in der Gesetzesbegründung noch vom Gesetzgeber genannt.

B. Zustellungen von Gerichten § 15

werden kann, sondern beinhaltet in der Folge auch den **Zwang**, einen sicheren Übermittlungsweg vorzuhalten. Welche Folge es hat, wenn ein solcher sicherer Übermittlungsweg nicht vorgehalten wird, ist ebenfalls nicht gesetzlich geregelt und bringt weitere Zustellungsunsicherheiten mit sich.

> *Beispiel* 23
>
> Ein vereidigter Sachverständiger wird regelmäßig vom Gericht als Gutachter beauftragt. Wird er damit zu einer *„sonstigen in professioneller Eigenschaft am Prozess beteiligte Person, bei der von einer erhöhten Zuverlässigkeit ausgegangen werden kann"*? Unseres Erachtens nach ja. Dann aber kann an ihn elektronisch nur gegen elektronisches Empfangsbekenntnis zugestellt werden, denn dann gehört dieser Sachverständige zu den in „Abs. 2 Genannten"; eine Zustellung gem. § 173 Abs. 4 ZPO gegen Zustellungsfiktion würde dann ausscheiden, denn diese trifft nur *„andere als die in Abs. 2 Genannten."* Ob im eBO (elektronisches Bürger- und Organisationenpostfach, siehe dazu § 2 Rdn 49), das als elektronisches Postfach für diesen Sachverständigen als sicherer Übermittlungsweg infrage kommt, auch Empfangsbekenntnisse als Strukturdatensätze wie z.B. im beA abgegeben, angefordert, abgelehnt und angezeigt werden können, konnten wir zum Zeitpunkt der Drucklegung leider noch nicht beantworten. Die elektronische Zustellung elektronischer Dokumente ist jedoch auch ohne Strukturdatensatz möglich, siehe dazu § 173 Abs. 3 S. 3 ZPO. Stellt das Gericht nämlich keinen strukturierten Datensatz zur Verfügung, so ist dem Gericht das elektronische Empfangsbekenntnis als elektronisches Dokument (§ 130a ZPO) zu übermitteln.
>
> Was aber, wenn das Gericht nun an den vereidigten Sachverständigen eine Zustellung in dessen eBO vornimmt, ohne die Abgabe eines Empfangsbekenntnisses zu fordern? Gilt für ihn dann doch die Zustellungsfiktion?
>
> Und was ist, wenn der Sachverständige jedoch keinen sicheren Übermittlungsweg vorhält? Bleibt dann die Zustellung gem. § 175 ZPO – Zustellung an *„die in § 173 Abs. 2 Genannten"* als **Schriftstück** gegen Empfangsbekenntnis?
>
> Offene Fragen, die der notwendigen Rechtssicherheit im Zustellungswesen nicht gerecht werden.

Nun könnte man noch damit argumentieren, dass die von uns beklagte Rechtsunsicherheit doch hier kaum 24 zum Tragen kommt, da Zustellungen von Gerichten an Sachverständige in der Praxis wohl eher selten sind. Eine Ausnahme dürften z.B. die Anordnung der Herausgabe von Unterlagen und Untersuchungsergebnisse gem. § 407a Abs. 5 S. 2 ZPO, die Fristsetzung für den Sachverständigen gem. § 411 Abs. 1 ZPO i.V.m. § 329 Abs. 2 S. 2 ZPO oder die Festsetzung eines Ordnungsgeldes gegen den Sachverständigen gem. § 409 Abs. 1 S. 2 u. 3 ZPO oder z.B. gem. § 411 Abs. 2 ZPO sein.

Es wäre wünschenswert gewesen, wenn der Gesetzgeber genauer definiert hätte, ob für ihn z.B. die in 25 Abs. 2 Genannten solche sind, die die Vertretung einer Partei – wenn auch ggf. eingeschränkt – übernehmen können, wie z.B. die Inkassounternehmen, die der Gesetzgeber ja selbst als „Profinutzer" in diesem Sinne auflistet. Als Profinutzer, also die in § 173 Abs. 2 ZPO Genannte, sind unseres Erachtens z.B. aber auch

- Patentanwälte, die z.B. im Nichtigkeitsverfahren auch allein auftreten dürfen, siehe dazu § 113 PatG,
- Übersetzer u. Dolmetscher (sog. Sprachmittler),
- Insolvenzverwalter und
- Zwangsverwalter

einzuordnen. Denn diese erfüllen nach unserer Auffassung die Kriterien:

- „sonstige" (d.h. keiner der sonst in § 173 Abs. 2 ZPO genannten Personenkreise)
- in professioneller Eigenschaft am Prozess beteiligte Personen, Vereinigungen und Organisationen (d.h. Art und Häufigkeit der Tätigkeit in Gerichtsverfahren),
- bei denen von einer erhöhten Zuverlässigkeit ausgegangen werden kann (d.h. z.B. öffentliche Vereidigte).

26 Bei anderen Personenkreisen wird man unterscheiden müssen, ob diese „professionell" am Verfahren beteiligt sind oder aber „privat". So gibt es z.B. Tätigkeiten, wie die von
- Verfahrensbeiständen,
- Betreuern,
- Schiedsrichtern,
- Testamentsvollstreckern

sowohl als „professionelle Tätigkeit" als auch „private Tätigkeit" einzuordnen sind. Zwar kann aufgrund der Bestellung eines Betreuers schon unterstellt werden, dass es sich um eine Person handelt, bei der „von einer erhöhten Zuverlässigkeit" ausgegangen werden kann; eine Betreuung kann jedoch sowohl von einem „Berufsbetreuer" als auch z.B. von einem Abkömmling des Betreuten „privat" übernommen werden.

27 Und wie sieht es z.B. mit Unternehmen, Banken und Versicherungen aus, die sich bei den Amtsgerichten selbst vertreten können und an die im Rahmen von Vollstreckungsverfahren z.B. auch Beschlüsse des Vollstreckungsgerichts zugestellt werden? Diese sind nach unserer Auffassung wie Privatpersonen nicht dem Kreis der „Profinutzer" zuzuordnen, da sie Partei sind. Für sie gilt daher unseres Erachtens § 173 Abs. 4 ZPO – Zustellung elektronischer Dokumente an andere als die in § 173 Abs. 2 ZPO Genannten gegen Zustellungsfiktion, siehe Rdn 45 unten.

28 Nachdem das eBO nun seit Anfang Juni 2022 technisch „läuft" (die rechtlichen Vorgaben wurde bereits zum 1.1.2022 geschaffen), wäre es wünschenswert, wenn der Gesetzgeber zügig für eine weitere Klarstellung sorgen würde, wer konkret zu den in § 173 Abs. 2 ZPO Genannten gehört.

3. Nachweis der Zustellung durch eEB – § 173 Abs. 3 ZPO

29 Eine Zustellung gegen Empfangsbekenntnis stellt eine erleichterte Form der Zustellung dar. Aus diesem Grund hat der Gesetzgeber in § 173 Abs. 2 ZPO auch den ausschließlichen Personenkreis genannt, an den gegen Empfangsbekenntnis zugestellt werden kann. Die Partei ist in § 173 Abs. 2 ZPO ausdrücklich nicht genannt. Hier ist auch nicht zu erwarten, dass die Partei ein Empfangsbekenntnis, das ja möglicherweise den Fristenlauf in Gang setzt, freiwillig zurücksendet. Die Zustellung gegen Empfangsbekenntnis ist damit eindeutig zu unterscheiden von einer Zustellung gegen Postzustellungsurkunde (§ 168 Abs. 1 ZPO i.V.m. § 33 Postgesetz). Erfolgt eine Zustellung gegen Postzustellungsurkunde, gilt das vom Zustellungsbeamten auf dem (gelben) Umschlag aufgebrachte Zustellungsdatum. Ob dieser gelbe Briefumschlag jemals vom Empfänger geöffnet und der Inhalt zur Kenntnis genommen wird, ist für den Lauf der Fristen völlig irrelevant. Anders bei der Zustellung gegen Empfangsbekenntnis. Hier kommt es gerade (erst einmal) **nicht** auf den Eingang an, siehe dazu auch Rdn 91 in diesem Kapitel.

30 § 173 Abs. 3 S. 1 ZPO regelt, dass die elektronische Zustellung an die in Abs. 2 Genannten, somit u.a. Rechtsanwälte, durch ein elektronisches Empfangsbekenntnis **nachgewiesen** wird, das an das Gericht zu übermitteln **ist**. In der Kommentarliteratur wird zum Teil angenommen, dass die Regelung in § 173 Abs. 3 ZPO eine **wirksame Zustellung** nicht mehr, wie noch entsprechend des bis 31.12.2021 geltenden § 174 Abs. 4 ZPO anzunehmen war, von der Rücksendung des Empfangsbekenntnisses abhängig ist, da im neuen § 173 Abs. 3 ZPO der Wortlaut „*Zustellung gegen Empfangsbekenntnis*" fehlt, und hier lediglich noch von einem Nachweis der Zustellung die Rede ist.[25] Nach *Schultzky* schließt daher eine fehlende Rücksendung des eEB die Wirksamkeit der Zustellung nach § 173 ZPO nicht aus, es fehle jedoch an einem entsprechenden Nachweis; zur Folge schweigt er jedoch. Die Auffassung, dass § 173 Abs. 3 ZPO nicht mehr eine Zustellung **gegen** Empfangsbekenntnis darstellt, ist u.E. abzulehnen. In der Gesetzesbegründung zur Neuregelung des § 173 Abs. 3 ZPO hält der Gesetzgeber ausdrücklich fest, dass Abs. 3 S. 1 dem bisherigen § 174 Abs. 1, Abs. 3 und Abs. 4 S. 3 ZPO nachgebildet ist.

---

25 Zöller/*Schultzky*, ZPO, 34. Aufl. 2022, § 173 Rn 6.

Der Gesetzgeber wortwörtlich:²⁶ **31**

> „Die Neuformulierung beinhaltet keine Rechtsänderung. Sie regelt die „Zustellung gegen elektronisches Empfangsbekenntnis" als eigene Zustellungsart, mit der die Zustellung an die genannten Zustellungsadressaten weiterhin nachgewiesen wird."

Im Weiteren heißt es dann auch:²⁷ **32**

> „Damit können elektronische Dokumente wie bisher gegen elektronisches Empfangsbekenntnis an Rechtsanwältinnen und Rechtsanwälte, an Notarinnen und Notare, Gerichtsvollzieherinnen und Gerichtsvollzieher sowie Steuerberaterinnen und Steuerberater zugestellt werden…"

In § 173 Abs. 3 S. 2 ZPO tauchen seit 1.1.2022 zusammengefasst die Regelungen des bis 31.12.2021 geltenden § 174 Abs. 4 S. 4 und 5 ZPO auf. Der Gesetzgeber verpflichtet die in § 173 Abs. 2 ZPO Genannten (u.a. Rechtsanwälte) dazu, ein elektronisch angefordertes Empfangsbekenntnis (eEB) zudem elektronisch zurückzusenden. Wird vom Gericht hierfür ein strukturierter Datensatz zur Verfügung gestellt, ist dieser nach Ausfüllen durch einfaches Klicken als zurücklaufender Datensatz zurückzusenden. Der Vorteil bei Verwendung eines solchen strukturierten Datensatzes ist, dass dieser zurücklaufende Datensatz unmittelbar dem zugestellten Dokument zugeordnet werden kann und damit eine manuelle Bedienung, wie z.B. bei einem Faxeingang (herausholen des EBs aus dem Faxgerät, lochen, Akte holen, abheften, Wiedervorlage eintragen, Akte zurücktragen), entfallen kann und im sog. e-workflow hierdurch, betrachtet man die Fülle an Empfangsbekenntnissen, die tagtäglich bei Gerichten aus- und eingehen, erhebliche Personalkosten gespart werden können. Aus diesem Grund sind Gerichte zuweilen auch in der Praxis sehr empfindlich, wenn von Anwälten diese Vorschrift nicht eingehalten wird. Aus Seminaren wurde von Seminarteilnehmern berichtet, dass im Einzelfall Richter sich bei der zuständigen Rechtsanwaltskammer darüber beschwert hätten, wenn Anwälte diese elektronische Rückreichpflicht (§ 173 Abs. 3 ZPO i.V.m. § 14 S. 1 BORA) nicht beachten würden, da sie dadurch die Abläufe bei Gericht behindern. Aus eigenen praktischen Erfahrungen ist den Verfassern solches nicht bekannt, was aber wohl auch daran liegt, dass die Verfasser derartige gesetzliche Vorschriften nicht missachten. **33**

Sofern das Gericht den Strukturdatensatz nicht zur Verfügung stellt, sondern vielmehr ein eEB z.B. als PDF-Dokument übermittelt, ist auch hier bei der Rücksendung zu beachten, dass dieses als elektronisches Dokument i.S.d. § 130a Abs. 3, Abs. 4 Nr. 2 ZPO an das Gericht zurückzusenden ist. **34**

Es bleibt somit festzuhalten: **35**

- Sofern das Gericht einen strukturierten Datensatz übermittelt, **ist** dieser strukturierte Datensatz durch den Anwalt bei der Abgabe eines eEBs zu nutzen.
- Übermittelt das Gericht keinen strukturierten Datensatz, **ist** das eEB als elektronisches Dokument i.S.d. § 130a ZPO zu übermitteln, siehe auch Rdn 44 unten.²⁸

Nach *Biallaß* bleibt ein Verstoß hiergegen für den Absender „folgenlos"; wenngleich der Verstoß zu Mehrarbeit bei Gericht führt.²⁹ **Achtung:** Diese Auffassung ist allerdings – u.E. zu Recht – umstritten, worauf *Biallaß* selbst in ihrem Beitrag hinweist. Möglicherweise wird hier eine Heilung nach § 189 ZPO angenommen, wenn eine nicht formgerechte Rücksendung des eEBs erfolgt, siehe dazu auch Rdn 208 in diesem Kapitel. § 189 ZPO gilt aufgrund entsprechender Verweisungsvorschriften auch in anderen Gerichtsbarkeiten, vgl. dazu beispielhaft § 37 Abs. 1 StPO, § 56 Abs. 2 VwGO, § 53 Abs. 2 FGO, § 50 Abs. 2 ArbGG, § 63 Abs. 2 SGG. **36**

---

26 BR-Drucks 145/21, 35 (zu Nr. 4 – § 173 ZPO-E-Zustellung elektronischer Dokumente) v. 12.2.2021 „Entwurf eines Gesetzes zum Ausbau des elektronischen Rechtsverkehrs mit den Gerichten und zur Änderung weiterer prozessrechtlicher Vorschriften".
27 BR-Drucks, a.a.O.
28 BT-Drucks 19/15167, 9.
29 So auch *Biallaß*, „Der Umfang mit dem elektronischen Empfangsbekenntnis", NJW 2019, 3495.

4. Zeichnungsberechtigung

37 Der Verweis in § 173 Abs. 3 S. 3 ZPO macht deutlich, dass das elektronische Empfangsbekenntnis vom Anwalt zu „signieren" ist, was bedeutet, dass die Verantwortungsübernahme für die Abgabe des Empfangsbekenntnisses entsprechend § 130a Abs. 3 S. 1 ZPO erfolgen muss, d.h.:
- entweder durch Anbringung einer qualifizierten elektronischen Signatur durch die verantwortende Person (das ist ein Anwalt) gem. § 130a Abs. 3 S. 1 Alt. 1 ZPO oder aber
- durch Anbringung einer einfachen elektronischen Signatur am elektronischen Dokument mit der Verpflichtung, das Empfangsbekenntnis als Postfachinhaber angemeldet mit eigenem Zugangsmittel als solcher selbst zu versenden gem. § 130a Abs. 3 S. 1 Alt. 2 ZPO. Auf diese Weise erfolgt der Versand über einen sicheren Übermittlungsweg mit Erzeugung des benötigten VHN (vertrauenswürdiger Herkunftsnachweis).

38 Der Gesetzgeber hierzu:[30]

„*Nimmt der Inhaber des besonderen elektronischen Postfachs den Versand nicht selbst vor, muss er nach § 130a Absatz 3 ZPO eine zusätzliche qualifizierte elektronische Signatur an dem Strukturdatensatz anbringen.*"

39 Grundsätzlich kann ein Empfangsbekenntnis nur vom Zustellungsadressaten selbst oder einem Bevollmächtigten, der zum **Personenkreis des § 173 Abs. 2 ZPO** gehört, im Anwaltsprozess ein Rechtsanwalt/eine Rechtsanwältin, verantwortet und damit entweder gem. der ersten oder zweiten Alternative des § 130a Abs. 3 S. 1 ZPO abgegeben werden.

40 Nicht zulässig ist die Verantwortungsübernahme/Signierung (früher: Unterschrift) durch einen Mitarbeiter, wie z.B. einem Bürovorsteher.[31] Ein vom **Büropersonal abgegebenes Empfangsbekenntnis** ist nicht wirksam.

„*Ein Empfangsbekenntnis .... kann nur von einem Rechtsanwalt, dem amtlich bestellten Vertreter eines Rechtsanwalts oder einem nach § 30 BRAO bestellten Zustellungsbevollmächtigten, nicht aber von einem sonstigen Bevollmächtigten unterzeichnet werden (Abgrenzung zu BGHZ 67, 10 = RzW 1977, 77).*"[32]

41 *Tipp*

Mitarbeiter sollten das Datum der Kenntnisnahme nicht schon für den Anwalt voreingeben, da hier zum einen Fehler vorprogrammiert sind. Zum anderen muss ein Anwalt das Datum der Kenntnisnahme persönlich eingeben, siehe auch § 14 S. 1 BORA; eine Übertragung auf den Mitarbeiter wird nicht für zulässig erachtet.

42 Seit dem beA-Software-Update im September 2021 stellt die Rücksendung des Strukturdatensatzes mit einfacher elektronischer Signatur kein Problem in der Praxis mehr dar, da seit diesem Zeitpunkt der Klarname des das Empfangsbekenntnis abgebenden Rechtsanwalts bei Eigenversand ausgewiesen wird. Das Eintippen des Namens erübrigt sich daher hier. Bis zu diesem beA-Update erschien im Empfangsbekenntnis lediglich die Angabe der sog. SAFE-ID, die nach Ansicht der Verfasser nicht ausreichend war, ohne qualifizierte elektronische Signatur die Verantwortungsübernahme darzustellen. Zudem brachte dies auch in der Praxis erhebliche Probleme mit sich, da bei der Zustellung eines z.B. gerichtlichen Vergleichs

---

30 BT-Drucks 19/28399, 36 Abs. 3.
31 BGH, Beschl. v. 21.4.1982 – IV a ZB 20/82, NJW 1982, 1650; so auch: BSG, Beschl. v. 23.4.2009 – B 9 VG 22/08 B, NJW 2010, 317 f.; verneinend für einen Assessor: OLG Stuttgart, Beschl. v. 17.5.2010 – 2 Ws 48/10, NJW 2010, 2532 (Anm.: obwohl dieser gebührenauslösend nach § 5 RVG vertreten darf).
32 BGH, Beschl. v. 21.4.1982 – IV a ZB 20/82, a.a.O.

via beA von Anwalt zu Anwalt ein derartiges Empfangsbekenntnis, das keinen Klarnamen auswies, nach Ansicht der Verfasserin kein wirksamer Nachweis für die erfolgte Zustellung darstellte und damit auch die Durchführung der Zwangsvollstreckung abgelehnt werden musste/wurde.

Abb. 1: Klarname im Empfangsbekenntnis

Bild aus der beA-Schulungsumgebung der BRAK – Ansicht des Klarnamens im Empfangsbekenntnis

Wird vom Gericht kein Strukturdatensatz zur Verfügung gestellt, sondern vielmehr z.B. ein vorbereitetes PDF, gilt dasselbe:
- Entweder das PDF wird am PC oder per Hand ausgefüllt (Datum eintragen; einfache Signatur angebracht, ggf. auch leserliche Unterschrift, siehe § 11 Rdn 17, 117 u. zur Leserlichkeit § 11 Rdn 24 in diesem Werk und Vornahme des „Eigenversands", § 130a Abs. 3 S. 1 Alt. 2 ZPO oder aber
- Anbringung einer qualifizierten elektronischen Signatur durch den verantwortenden Anwalt, § 130a Abs. 3 S. 1 Alt. 1 ZPO.

5. Nachweis der Zustellung durch Zustellungsfiktion – § 173 Abs. 4 ZPO

Der Gesetzgeber hat die Übermittlung und Zustellung elektronischer Dokumente **an andere als die in Abs. 2 Genannten** umfassend in § 173 Abs. 4 ZPO geregelt, der inhaltlich § 174 Abs. 3 S. 2 ZPO in der bis zum 31.12.2021 geltenden Fassung entspricht. Rechtsanwälte, Notare, Gerichtsvollzieher, Steuerberater und die sog. „Profinutzer", siehe Rdn 17 ff. in diesem Kapitel, sind somit von dieser Regelung **nicht** betroffen.

An diese anderen Verfahrensbeteiligten kann elektronisch auf einem sicheren Übermittlungsweg dann zugestellt werden, wenn sie der elektronischen Übermittlung in diesem Verfahren zugestimmt haben. Da § 173 Abs. 4 S. 1 ZPO von einer elektronischen Zustellung elektronischer Dokumente spricht und damit auf einen förmlichen Akt abgestellt wird, gilt dies erst recht bei der formlosen Übermittlung von elektronischen Dokumenten. Der Gesetzgeber selbst spricht dann auch in seiner Gesetzesbegründung immer wieder von „Übermittlungs- und Zustellungsvorgängen".[33]

Die Zustimmung hielt der Gesetzgeber[34] deshalb für erforderlich, da durch dieses vorherige Tätigwerden der Empfangsperson dieser die Tragweite bewusst wird. Zu Recht führt der Gesetzgeber aus, dass bei der elektronischen Zustellung die Warnfunktion, die z.B. durch Aushändigung eines Briefumschlags bei körperlicher Zustellung vorhanden ist, fehlt. Nutzt ein Beteiligter i.S.d. § 173 Abs. 4 ZPO seinen eingerichteten sicheren Übermittlungsweg selbst, gilt die Zustimmung als erteilt. Juristische Personen, Personengruppen, Organisationen und Vereinigungen, die nicht zu den in § 173 Abs. 2 ZPO Genannten gehören, sollen gem. § 173 Abs. 4 S. 3 ZPO eine Generalzustimmung zur elektronischen Übermittlung erteilen können, da diese nicht im gleichen Maße schutzbedürftig sind wie natürliche Personen. Die Generalzustim-

---
33 BR-Drucks 145/21, 36 v. 12.2.2021 „Entwurf eines Gesetzes zum Ausbau des elektronischen Rechtsverkehrs mit den Gerichten und zur Änderung weiterer prozessrechtlicher Vorschriften".
34 BT-Drucks 19/28399, 37 Abs. 3.

mung könnte nach Ansicht der Verfasserin dadurch als erteilt gelten, wenn die Daten auf dem Briefkopf angegeben werden, die zur Übermittlung elektronischer Dokumente erforderlich sind.

48 Der Gesetzgeber hat zudem für die Zustellung in ein z.B. eBO oder OZG-Nutzerkonto, d.h. die Zustellung nach § 173 Abs. 4 ZPO, eine **Zustellungsfiktion** im Gesetz aufgenommen. Diese Zustellungsfiktion wurde im Laufe des Gesetzgebungsverfahrens durchaus kontrovers diskutiert. Letztendlich stellt diese Zustellungsfiktion aber einen zeitlichen Vorteil, z.B. gegenüber einer Zustellung mittels Postzustellungsurkunde in den Hausbriefkasten, dar. Denn Zustellungsdatum ist bei Anwendung des § 173 Abs. 4 ZPO der dritte Tag nach dem auf der automatisierten Eingangsbestätigung ausgewiesenen Tag des Eingangs in dem vom Empfänger eröffneten elektronischen Postfach. Dabei regelt § 173 Abs. 4 S. 5 ZPO, dass der Nachweis eines fehlenden oder späteren Zugangs möglich bleibt. Die Abgabe eines Empfangsbekenntnisses ist bei einer Zustellung gem. § 173 Abs. 4 ZPO somit nicht erforderlich und auch nicht vorgesehen.

III. Zustellung von Schriftstücken gegen EB von Gerichten – § 175 ZPO

49 Die Zustellung von Schriftstücken, die bis zum 31.12.2021 ebenfalls in § 174 ZPO a.F. geregelt war, wurde inhaltlich in die neuen §§ 175 und 176 ZPO aufgenommen. Abs. 1 des § 175 ZPO regelt zunächst, dass ein Schriftstück an die in § 173 Abs. 2 ZPO genannten Verfahrensbeteiligten, somit also auch an Rechtsanwälte, gegen Empfangsbekenntnis zugestellt werden kann. Die Möglichkeit der Zustellung gegen Empfangsbekenntnis auch durch Telekopie (Fax) wurde in § 175 Abs. 2 ZPO übernommen. Der Nachweis der Zustellung erfolgt durch das mit Datum und Unterschrift des Adressaten versehene Empfangsbekenntnis, § 175 Abs. 3 ZPO.

50 In § 175 Abs. 4 ZPO ist sodann geregelt, dass das Empfangsbekenntnis schriftlich, durch Telekopie (Fax) oder als elektronisches Dokument i.S.d. § 130a ZPO an das Gericht zurückgesandt werden **muss**. Die Gesetzesbegründung führt hierzu nicht weiter aus, sodass sich die Frage stellt, ob bei einer Zustellung eines Schriftstücks durch das Gericht an einen Rechtsanwalt § 175 Abs. 4 ZPO so zu verstehen ist, dass der Anwalt zwar das Empfangsbekenntnis zurücksenden **muss** (dies gilt freilich nur für ordnungsgemäße Zustellungen, siehe dazu § 14 S. 1 BORA), bei der Rücksendung selbst dann aber die Wahl hat, dies entweder schriftlich, per Fax oder als elektronisches Dokument zu tun. § 130d S. 1 ZPO regelt jedoch, dass u.a. Erklärungen seit 1.1.2022 von Rechtsanwälten an ein Gericht zwingend elektronisch zu übermitteln sind. Es stellt sich damit die Frage, ob § 175 Abs. 4 ZPO als Spezialvorschrift dem § 130d S. 1 ZPO vorgeht und ggf. welche Folge es hätte, wenn das Empfangsbekenntnis nicht „formgerecht" zurückgesandt würde.

51 *Beispiel*

Rechtsanwalt K. erhält antragsgemäß die vollstreckbare Ausfertigung des Urteils des LG München I auf dem Postweg zugestellt. Mit der Zustellung fordert das Gericht mittels vorbereitetem Formular die Abgabe eines Empfangsbekenntnisses an.

Ist Rechtsanwalt K. verpflichtet, das Empfangsbekenntnis via beA i.S.d. § 130d ZPO i.V.m. § 130a Abs. 3 S. 1 ZPO zurückzusenden oder kann er, wie in „früheren Zeiten" bis 31.12.2021, das Empfangsbekenntnis per Hand ausfüllen, unterzeichnen und wahlweise das Empfangsbekenntnis per Fax oder Briefpost zurücksenden?

52 Bei dem Empfangsbekenntnis handelt es sich um eine Erklärung. Solche sind gem. § 130d ZPO, wenn sie von einem Rechtsanwalt **gegenüber einem Gericht** abgegeben werden, grundsätzlich als elektronisches Dokument zu übermitteln. Nach Ansicht der Verfasser spricht jedoch einiges **dafür**, dass der Gesetzgeber bei der Rücksendung dem Adressaten dann die **Wahl** lassen wollte, durch Briefpost, per Fax oder als elektronisches Dokument zurückzusenden, wenn die Zustellung als **Schriftstück** i.S.d. § 175 Abs. 1 ZPO erfolgt ist und somit für § 175 Abs. 4 ZPO gegenüber § 130d ZPO der Grundsatz gilt: lex specialis derogat legi generali. Dies würde auch einer „logischen Konsequenz" folgen, denn Gerichte stellen i.d.R. nur noch dann Papier-/Schriftstücke zu, wenn die E-Akte bei Gericht noch nicht eingeführt ist. Die umfassende

Pflicht zur E-Akten-Führung trifft die Gerichte jedoch erst ab dem 1.1.2026.[35] Elektronische Rücksendungen sind bei Schriftstück-Zustellungen nach unserer Praxiserfahrung von Gerichten i.d.R. gar nicht gewünscht. Würde aber bei einer Rücksendung des Empfangsbekenntnisses an ein Gericht § 130d ZPO dem § 175 Abs. 4 ZPO doch vorgehen, würde eine nicht formgerechte Abgabe anzunehmen sein, mit gewissem Unsicherheitsfaktor, was das Zustellungsdatum betrifft. Der Gesetzesbegründung lässt sich zu § 175 Abs. 4 ZPO leider ebenfalls keine Antwort auf diese Frage finden. Zur Vermeidung von Irritationen, insbesondere bei der Fristberechnung, bietet es sich daher an, mit einem per Papierpost erhaltenen Empfangsbekenntnis, das an das Gericht zurückzusenden ist, wie folgt zu verfahren:

Möglichkeit 1: 53

Ausfüllen des als Schriftstück vorliegenden EB-Formulars per Hand (Datum/Unterschrift); Anbringung einer leserlichen handschriftlichen Unterschrift (= einfache elektronische Signatur, sobald eingescannt), einscannen des EB-Formulars, hochladen in eine beA-Nachricht und Eigenversand aus dem beA des namensgleichen Postfachinhabers i.S.d. § 130a Abs. 3 S. 1 Alt. 2 ZPO.

Möglichkeit 2: 54

Ausfüllen des als Schriftstück vorliegenden EB-Formulars wie gewohnt (Datum/Unterschrift), einscannen des EB-Formulars, hochladen in eine beA-Nachricht, Anbringung einer qualifizierten elektronischen Signatur i.S.d. § 130a Abs. 3 S. 1 Alt. 1 ZPO, Versand via OSCI-fähigen Postfach, z.B. beA des Adressaten oder anderes beA durch einen Mitarbeiter oder Anwalt.

Damit würde man zumindest die Problematik „umgehen", dass eine nicht formgerechte Rücksendung zu einer Heilung und damit Zustellungsfiktion (Tag des Zugangs) nach § 189 ZPO infrage kommt, siehe hierzu auch das Beispiel unter Rdn 96 ff. in diesem Kapitel. Sofern Gerichte auf eine Rücksendung per Fax oder Briefpost „bestehen", wozu es keine Rechtsgrundlage gibt, siehe dazu auch § 130a Abs. 1 ZPO, bleibt es dem Praktiker unbenommen, dies ggf. zusätzlich zu tun. Zufriedenstellend ist diese Lösung sicherlich nicht. Es wird aber davon ausgegangen, dass es zu dieser Frage alsbald durch Rechtsprechung oder „praktische Übung" ausreichend Rechtssicherheit gibt und doppelte Rücksendungen so vermieden werden können. Insofern bitten wir unsere Leser um Verständnis dafür, dass wir im Hinblick auf die größtmögliche Fristensicherheit in diesem Fall eine „unpraktische" Vorgehensweise vorschlagen. 55

C. Zustellung im Parteibetrieb

I. Einführung

In einem anhängigen Verfahren hat die Zustellung an den für den Rechtszug bestellten Prozessbevollmächtigten zu erfolgen, § 172 Abs. 1 ZPO. Sind die Parteien durch Anwälte vertreten, so kann ein Dokument auch dadurch zugestellt werden, dass der zustellende Anwalt das Dokument dem anderen Anwalt übermittelt (Zustellung von Anwalt zu Anwalt), § 195 Abs. 1 ZPO. Die Zustellung im Parteibetrieb ist entweder von Anwalt zu Anwalt oder aber durch den Gerichtsvollzieher möglich.[36] 56

Grundsätzlich gilt, dass bei einer Zustellung im Parteibetrieb die Vorschriften über die Zustellung von Amts wegen, §§ 166–90 ZPO, entsprechende Anwendung finden, soweit sich aus den Vorschriften der §§ 192–95 ZPO nichts anderes ergibt, § 191 ZPO. Etwas anderes ergibt sich z.B. bei der Zustellung elektronischer Dokumente durch den Gerichtsvollzieher an Anwälte, hier greift nicht § 173 Abs. 3 ZPO, sondern vielmehr § 193a Abs. 2 ZPO mit Zustellungsfiktion, siehe Rdn 252 ff. in diesem Kapitel. 57

Die Zustellung von Anwalt zu Anwalt ist in § 195 ZPO geregelt. Sofern die Parteien durch Anwälte vertreten werden, kann ein Dokument auch dadurch zugestellt werden, dass der zustellende Anwalt das Do- 58

---

35 Gesetz zur Einführung der elektronischen Akte in der Justiz und zur weiteren Förderung des elektronischen Rechtsverkehrs v. 5.7.2017, BGBl I, 2208.
36 Titel 2 – Verfahren bei Zustellungen, Untertitel 2 – Zustellungen auf Betreiben der Parteien, §§ 191 ff. ZPO.

kument dem anderen Anwalt übermittelt; dasselbe gilt auch für die Zustellung von Schriftsätzen, die nach der ZPO von Amts wegen zugestellt werden, § 195 Abs. 1 S. 1 und 2 ZPO. Lediglich wenn dem Gegner mit dem Schriftsatz auch eine gerichtliche Anordnung mitzuteilen ist, scheidet die Zustellung von Anwalt zu Anwalt aus.

59 Probleme mit der Zustellung von Anwalt zu Anwalt hatten sich in der Vergangenheit durch eine Entscheidung des BGH im Oktober 2015[37] ergeben, der entschieden hatte, dass sich aus § 14 BORA keine Pflicht zur Entgegennahme einer Zustellung von Anwalt zu Anwalt ableiten lässt, und ein Anwalt, der ein entsprechendes Empfangsbekenntnis nicht zurücksendet, keine ahndbare Berufspflichtverletzung begeht. § 14 BORA, der ursprünglich ohne Ermächtigungsgrundlage ins Leben gerufen wurde, stellte man zum 1.1.2018 auf „gesunde Füße", sodass seit diesem Zeitpunkt die BGH-Entscheidung aus 2015 obsolet geworden ist, denn der Gesetzgeber hat § 59b Abs. 2 Nr. 8 BRAO dahingehend geändert, dass eine Ermächtigungsgrundlage für die Satzungsversammlung bezogen auf die Zustellung von Anwalt zu Anwalt aufgenommen wird (ebenso in § 52b Abs. 2 Nr. 7 PAO).[38] § 14 BORA konnte damit in der neuen „gesunden" Fassung zum 1.1.2018 in Kraft treten, siehe auch die Ausführungen ab Rdn 63 unten.

II. Zustellung von Anwalt zu Anwalt

60 § 195 ZPO regelt die Zustellung von Anwalt zu Anwalt und wurde zu 1.1.2022 ebenfalls angepasst:

§ 195 ZPO – Zustellung von Anwalt zu Anwalt

„(1) [1]Sind die Parteien durch Anwälte vertreten, so kann ein Dokument auch dadurch zugestellt werden, dass der zustellende Anwalt das Dokument dem anderen Anwalt übermittelt (Zustellung von Anwalt zu Anwalt). [2]Auch Schriftsätze, die nach den Vorschriften dieses Gesetzes von Amts wegen zugestellt werden, können stattdessen von Anwalt zu Anwalt zugestellt werden, wenn nicht gleichzeitig dem Gegner eine gerichtliche Anordnung mitzuteilen ist. [3]In dem Schriftsatz soll die Erklärung enthalten sein, dass von Anwalt zu Anwalt zugestellt werde. [4]Die Zustellung ist dem Gericht, sofern dies für die zu treffende Entscheidung erforderlich ist, nachzuweisen. [5]Für die Zustellung von Anwalt zu Anwalt gelten § 173 Absatz 1 und § 175 Absatz 2 Satz 1 entsprechend.

(2) [1]Zum Nachweis der Zustellung eines Schriftstücks genügt das mit Datum und Unterschrift versehene Empfangsbekenntnis desjenigen Anwalts, dem zugestellt worden ist. [2]§ 175 Absatz 4 gilt entsprechend. [3]Die Zustellung eines elektronischen Dokuments ist durch ein elektronisches Empfangsbekenntnis in Form eines strukturierten Datensatzes nachzuweisen. [4]Der Anwalt, der zustellt, hat dem anderen Anwalt auf Verlangen eine Bescheinigung über die Zustellung zu erteilen."

61 **Häufige Fälle einer Zustellung von Anwalt zu Anwalt sind z.B.:**
- die Zustellung von einstweiligen Verfügungen im Parteibetrieb
- die Zustellung von Vergleichen zur Vorbereitung der Zwangsvollstreckung
- die Zustellung von Schriftsätzen, insbesondere solchen gem. § 132 ZPO

62 Im Schriftsatz soll die Erklärung enthalten sein, dass von Anwalt zu Anwalt zugestellt wird, § 195 Abs. 1 S. 3 ZPO. Ist dies für die zu treffende Entscheidung des Gerichts erforderlich, ist die Zustellung von An-

---

37 BGH, Urt. v. 26.10.2015 – AnwSt (R) 4/15, NJW 2015, 3672; vgl. dazu auch OLG Karlsruhe, Beschl. v. 23.3.2016 – 6 U 38/16, NJW-RR 2016, 821.
38 BT-Drucks 18/9521 v. 5.9.2016 „Entwurf eines Gesetzes zur Umsetzung der Berufsanerkennungsrichtlinie und zur Änderung weiterer Vorschriften im Bereich der rechtsberatenden Berufe", Art. 1 Nr. 21d; Beschlussempfehlung BT-Drucks 18/11468 v. 23.3.2017 sowie BR-Drucks 238/17 v. 24.3.2017; die Änderung tritt am Tag nach der Verkündung in Kraft; inzwischen verkündet: Gesetz zur Umsetzung der Berufsanerkennungsrichtlinie und zur Änderung weiterer Vorschriften im Bereich der rechtsberatenden Berufe vom 12.5.2017 (BGBl I, 1121), in Kraft getreten am 18.5.2017.

walt zu Anwalt dem Gericht nachzuweisen, § 195 Abs. 1 S. 4 ZPO. Für die Zustellung von Anwalt zu Anwalt wird auf § 173 Abs. 1 und § 175 Abs. 2 S. 1 ZPO verwiesen, § 195 Abs. 1 S. 5 ZPO.

Durch den Verweis auf § 173 Abs. 1 ZPO wird geregelt, dass auch von Anwalt zu Anwalt die Zustellung elektronischer Dokumente elektronisch **ausschließlich** an einen sicheren Übermittlungsweg möglich ist. Hieraus ergibt sich aber auch die grundsätzliche Möglichkeit der Zustellung von beA zu beA. Ist der Gegner anwaltlich vertreten, so hat in einem anhängigen Verfahren die Zustellung an den für den Rechtszug bestellten Prozessbevollmächtigten zu erfolgen, § 172 Abs. 1 S. 1 ZPO. Verfahren vor den Vollstreckungsgerichten gehören zum ersten Rechtszug, § 172 Abs. 1 S. 3 ZPO. Für Rechtsmittelverfahren siehe § 172 Abs. 2 S. 1 u. 2 ZPO. Hier ist der Rechtsmittelschriftsatz grundsätzlich dem Prozessbevollmächtigten des Rechtszugs zuzustellen, dessen Entscheidung angefochten wird, es sei denn, es hat sich bereits ein Prozessbevollmächtigter für den höheren Rechtszug bestellt, dann ist diesem zuzustellen. Hat die Partei noch keinen Prozessbevollmächtigten bestellt, ist ihr selbst zuzustellen, § 172 Abs. 2 S. 3 ZPO. Der Nachweis der Zustellung **ist** bei Zustellung eines elektronischen Dokuments durch ein elektronisches Empfangsbekenntnis in Form eines strukturierten Datensatzes nachzuweisen, § 195 Abs. 2 S. 3 ZPO. Entgegen teilweise verbreiteter Ansicht in der Praxis hat daher die Erteilung des Empfangsbekenntnisse nach dieser Vorschrift i.V.m. § 14 BORA u. § 31 Abs. 6 BRAO auch aus dem beA heraus zu erfolgen, wenn von dort aus ein Empfangsbekenntnis angefordert worden ist. Ein per Schreiben oder Schriftsatz abgegebenes Empfangsbekenntnis würde eine nicht formgerechte Zustellung darstellen, ggf. mit einer Heilung nach § 189 ZPO, vgl. dazu auch Rdn 96 in diesem Kapitel.

63

III. Zustellung im Parteibetrieb durch den Gerichtsvollzieher

Da die Zustellung durch den Gerichtsvollzieher sich sehr von der Zustellung gegen Empfangsbekenntnis unterscheidet, ist hierzu gesondert unter F, ab Rdn 239 ff. in diesem Kapitel ausgeführt.

64

D. Berufsrechtliche und prozessuale Pflichten bei Zustellungen

I. Passive Nutzungspflicht, § 31a Abs. 6 BRAO

Gem. § 31a Abs. 6 BRAO sind Inhaber des besonderen elektronischen Anwaltspostfachs verpflichtet, die für dessen Nutzung erforderlichen technischen Einrichtungen vorzuhalten sowie Zustellungen und den Zugang von Mitteilungen über das besondere elektronische Anwaltspostfach zur Kenntnis zu nehmen. Der Gesetzgeber unterscheidet bereits hier zwischen dem formlosen Zugang einer Mitteilung und dem förmlichen Akt einer Zustellung. Für Berufsausübungsgesellschaften gilt diese Regelung ab 1.8.2022 ebenfalls, siehe dazu § 31b Abs. 5 BRAO. Zur passiven Nutzungspflicht siehe auch § 3 Rdn 9 ff. in diesem Werk.

65

II. Abgabepflicht – ordnungsgemäße Zustellungen

Gem. § 14 S. 1 BORA sind Rechtsanwälte verpflichtet, ordnungsgemäße Zustellungen von Gerichten, Behörden und Rechtsanwälten entgegenzunehmen und das Empfangsbekenntnis mit Datum versehen unverzüglich zu erteilen.

66

Zum Nachweis der Zustellung eines **Schriftstücks** von Anwalt zu Anwalt genügt das mit Datum und Unterschrift versehene Empfangsbekenntnis desjenigen Anwalts, dem zugestellt worden ist, wobei § 175 Abs. 4 ZPO (Form der Rücksendung) entsprechend gilt, § 195 Abs. 2 S. 1 und 2 ZPO. Da § 130d ZPO im Verhältnis zwischen zwei Anwälten nicht gilt, hat der Adressat grundsätzlich die Wahl, ob er das Empfangsbekenntnis per Briefpost, Fax oder als elektronisches Dokument zurücksendet.

67

68 Erfolgt die Zustellung eines **elektronischen Dokuments** i.S.d. § 173 Abs. 1 ZPO, **ist** die Zustellung durch ein elektronisches Empfangsbekenntnis **in Form eines strukturierten Datensatzes** nachzuweisen, § 195 Abs. 2 S. 3 ZPO. Eine Wahl bei der Rücksendungsform besteht somit bei elektronischer Zustellung nicht.

69 Auf Verlangen des zustellenden Anwalts hat der Zustellungsadressat eine Zustellungsbescheinigung zu erteilen, § 195 Abs. 2 S. 4 ZPO.

70 Der Gesetzgeber wollte die Rechtslage der Zustellung von Anwalt zu Anwalt grundsätzlich unverändert lassen, weshalb bei einer derartigen Zustellung auch weiterhin die Zustellung als Schriftstück, z.B. durch Fax, möglich bleibt.[39] Ausdrücklich weist der Gesetzgeber aber auch darauf hin, dass die Zustellung eines elektronischen Dokuments von Anwalt zu Anwalt *„insbesondere per beA, aber auch auf einem anderen sicheren Übermittlungsweg"* möglich ist.[40] Als anderer sicherer Übermittlungsweg käme hier beispielsweise De-Mail in Betracht oder aber auch die Nutzung eines eBO, falls die Kanzlei ein solches, z.B. als „Rettungsanker-Postfach", eingerichtet hat, wozu es aber keine Verpflichtung gibt!

71 Da das beA für die Anforderung von elektronischen Empfangsbekenntnissen einen entsprechenden strukturierten Datensatz zur Verfügung stellt und dieser zwingend zu nutzen ist, wenn die Zustellung von Anwalt zu Anwalt via beA erfolgt, sollte von der Übermittlung eines eingescannten „Zustellungsformulars", wie dies im Papierzeitalter Jahrzehnte genutzt wurde, dringend Abstand genommen werden. § 195 Abs. 2 ZPO regelt hier eine eigene Verpflichtung zur Verwendung des Strukturdatensatzes bei Nutzung des beA für eine **Zustellung von Anwalt zu Anwalt**, siehe Rdn 63 oben.

72 § 31a Abs. 6 BRAO enthält die Verpflichtung von Anwälten, Zustellungen und den Zugang von Mitteilungen im beA zur Kenntnis zu nehmen. § 14 BORA bestimmt Art und Umfang der unverzüglichen Mitwirkungspflicht von Anwälten bei ordnungsgemäßen und auch nicht ordnungsgemäßen Zustellungen im beA. Das Ignorieren von eEB-Anforderungen im beA ist daher eine Verletzung der berufsrechtlichen Pflichten in mehrfacher Hinsicht (§ 14 BORA, § 31a Abs. 6 BRAO).

73 Vorsicht:

Wenn ein Anwalt nicht an einer ordnungsgemäßen Zustellung von Anwalt zu Anwalt mitwirkt, hat er zunächst ein berufsrechtliches Problem; der Zustellungsversuch ist zunächst als gescheitert anzusehen, wenn ein Empfangsbekenntnis nicht abgegeben wird, denn in § 195 ZPO fehlt es an einer Zustellungsfiktion bei verweigerter Annahme bzw. ausbleibender unverzüglicher Reaktion. Auf eine Zustellungsheilung nach § 189 ZPO oder eine „erkämpfbare" Zustellungsfiktion entsprechend der Rechtsprechung des BVerfG, siehe Rdn 189 in diesem Kapitel, bei Nachweis des „bewusstem-sich-Verschließens" sollte man sich nicht verlassen. Eine Beschwerde bei der zuständigen RAK über das Fehlverhalten führt ebenfalls nicht zu einer Zustellungsfiktion. Besser ist es, in solchen Fällen die Zustellung (zusätzlich) auf anderem Weg (z.B. über den Gerichtsvollzieher) zu versuchen. Gerade bei Einhaltung einer Vollziehungsfrist oder anderen Fristen ist es pragmatischer, nicht auf seinem „Recht" zu bestehen, sondern für eine wirksame Zustellung auf anderem Wege zu sorgen, siehe hierzu auch die §§ 193, 193a ZPO, siehe dazu auch Rdn 239 ff. in diesem Kapitel.

III. Ablehnungspflicht – nicht ordnungsgemäße Zustellungen

1. Verweigerung der Mitwirkung

74 Wenn die Zustellung nicht ordnungsgemäß ist, ist selbstverständlich auch kein Empfangsbekenntnis abzugeben. Bei einer nicht ordnungsgemäßen Zustellung darf ein Rechtsanwalt die Mitwirkung verweigern,

---

[39] BR-Drucks 145/21, 38 (zu Nr. 9 [§ 195 ZPO-E], zu Buchstabe A) v. 12.2.2021 „Entwurf eines Gesetzes zum Ausbau des elektronischen Rechtsverkehrs mit den Gerichten und zur Änderung weiterer prozessrechtlicher Vorschriften".

[40] BR-Drucks 145/21 v. 12.2.2021, 38 (zu Nr. 9 [§ 195 ZPO-E], zu Buchstabe A) „Entwurf eines Gesetzes zum Ausbau des elektronischen Rechtsverkehrs mit den Gerichten und zur Änderung weiterer prozessrechtlicher Vorschriften".

dies **muss** er dem Absender allerdings unverzüglich mitteilen, siehe dazu § 14 S. 2 BORA. Nach Ansicht der Verfasser bezieht sich das „muss" sowohl auf die Mitteilung der Ablehnung als auch auf die „Unverzüglichkeit", d.h. die Ablehnung muss ohne schuldhaftes Zögern erfolgen. Die Berufspflicht gem. § 53 Abs. 1 Nr. 1 BRAO (Pflicht zur Vertretungsbestellung bei Verhinderung der Berufsausübung von mehr als einer Woche) ist auch in diesem Zusammenhang zu beachten.

Eine **nicht ordnungsgemäße Zustellung** liegt z.B. vor, wenn

- die zuzustellenden Dokumente im Empfangsbekenntnis nicht hinreichend erkennbar benannt sind,
- zuzustellende Dokumente fehlen,
- völlig andere Dokumente zugestellt werden als diejenigen, die im Empfangsbekenntnis benannt sind,
- wenn keine Zustellungsbevollmächtigung besteht oder
- die Zustellung unter Missachtung gesetzlicher Vorschriften erfolgt.

2. Ganz oder gar nicht!

Ein grundsätzliches Problem bei Empfangsbekenntnissen, die via beA abgegeben werden, besteht darin, dass eine nur teilweise Ablehnung/Abgabe nicht möglich ist. beA arbeitet nach dem Prinzip „ganz oder gar nicht".

Beispiel

RAin Anna Kusel erhält einen Zustellungsversuch in ihr beA. Das Gericht übermittelt mit eEB-Anforderung eine gerichtliche Verfügung mit der Aufforderung zur Stellungnahme zum angeblich ebenfalls anliegenden gegnerischen Schriftsatz nebst Anlagen. Sowohl der Schriftsatz als auch die Anlagen fehlen. Es handelt sich somit nicht um eine ordnungsgemäße Zustellung. RAin Kusel verweigert daher die Abgabe des eEB und teilt dies dem Gericht über den strukturierten Datensatz mit.

Frage 1:
Wie ist dies rechtlich einzuordnen? Denn da der Schriftsatz und die Anlagen fehlen, kann RAin Kusel die geforderte Stellungnahme nicht abgeben; es handelt sich um eine nicht ordnungsgemäße Zustellung i.S.d. § 14 S. 2 BORA; sie ist zur Zurückweisung des eEB berechtigt und hierzu auch unverzüglich verpflichtet. Das Gericht muss eine erneute Zustellung vornehmen (§§ 221 Abs. 1 ZPO i.V.m. § 329 Abs. 2 S. 2 ZPO); erst dann beginnt die richterliche Frist zu laufen.

Frage 2:
Wie wäre der Fall zu beurteilen, wenn neben der Verfügung des Gerichts zwar der gegnerische Schriftsatz, nicht aber die dazugehörigen Anlagen übermittelt werden? Das würde unseres Erachtens davon abhängig sein, ob RAin Kusel die geforderte Stellungnahme ohne die Anlagen fertigen kann oder nicht. Sie sollte auch hier die Abgabe des elektronischen Empfangsbekenntnisses verweigern, denn eine teilweise Bestätigung (Erhalt des gegnerischen Schriftsatzes, nicht aber der Anlagen) ist nicht möglich; insofern war auch diese Zustellung nicht ordnungsgemäß i.S.d. § 14 S. 2 BORA. Das Gericht muss eine erneute Zustellung vornehmen (§§ 221 Abs. 1 ZPO i.V.m. § 329 Abs. 2 S. 2 ZPO); erst dann beginnt die richterliche Frist zu laufen. Sicherheitshalber empfehlen wir in solchen Fällen, aber zusätzlich per Schriftsatz darauf hinzuweisen, dass eine Stellungnahme ohne die Anlagen erschöpfend nicht möglich ist und daher um Übersendung der Anlagen noch gebeten wird und zudem davon ausgegangen wird, dass die Frist zur Stellungnahme auch erst mit der Zustellung der Anlagen zu laufen beginnt.

3. Bezeichnung der Dokumente im eEB – wann vollständig?

79 Achtung! Der BGH hat erst im Februar 2022[41] entschieden, dass eine Zustellung nicht schon deshalb fehlerhaft ist, weil im Empfangsbekenntnis nur das Sitzungsprotokoll, nicht aber das darin enthaltene Versäumnisurteil erwähnt ist. In einem solchen Fall, so der BGH, reicht es aus, dass das Versäumnisurteil, mit dessen Zustellung die Einspruchsfrist zu laufen beginnt, §§ 338, 339 ZPO, im Sitzungsprotokoll enthalten ist. Es muss nicht explizit zusätzlich erwähnt werden. Diese Entscheidung wird aufgrund ihrer Vielschichtigkeit ausführlich behandelt unter Rdn 143 in diesem Kapitel.

IV. Prozessuale Pflichten

80 Rechtsanwälte sind prozessual verpflichtet, einen sicheren Übermittlungsweg für die Zustellung elektronischer Dokumente vorzuhalten, § 173 Abs. 2 ZPO. Sofern in anderen Verfahrensordnungen auf die Zustellungsvorschriften der ZPO verwiesen wird, gilt dies auch hier.

81 Sichere Übermittlungswege gem. § 130a Abs. 4 S. 1 ZPO[42] sind
1. der Postfach- und Versanddienst eines **De-Mail-Kontos**, wenn der Absender bei Versand der Nachricht sicher i.S.d. § 4 Abs. 1 S. 2 des De-Mail-Gesetzes angemeldet ist und er sich die sichere Anmeldung gem. § 5 Abs. 5 des De-Mail-Gesetzes bestätigen lässt,
2. der Übermittlungsweg zwischen dem **besonderen elektronischen Anwaltspostfach** nach § 31a der Bundesrechtsanwaltsordnung oder einem entsprechenden, auf gesetzlicher Grundlage errichteten elektronischen Postfach und der elektronischen Poststelle des Gerichts,
3. der Übermittlungsweg zwischen einem nach Durchführung eines Identifizierungsverfahrens eingerichteten **Postfach einer Behörde** oder einer juristischen Person des öffentlichen Rechts und der elektronischen Poststelle des Gerichts,
4. der Übermittlungsweg zwischen einem nach Durchführung eines Identifizierungsverfahrens eingerichteten **elektronischen Postfach einer natürlichen oder juristischen Person oder einer sonstigen Vereinigung** und der elektronischen Poststelle des Gerichts,
5. der Übermittlungsweg zwischen einem nach Durchführung eines Identifizierungsverfahrens genutzten Postfach- und Versanddienst eines **Nutzerkontos** i.S.d. § 2 Abs. 5 des **Onlinezugangsgesetzes** und der elektronischen Poststelle des Gerichts,
6. sonstige bundeseinheitliche Übermittlungswege, die durch Rechtsverordnung der Bundesregierung mit Zustimmung des Bundesrates festgelegt werden, bei denen die Authentizität und Integrität der Daten sowie die Barrierefreiheit gewährleistet sind.

82 Mit Ausnahme des § 130a Abs. 4 S. 1 Nr. 3 (= beBPo) könnten Anwälte grundsätzlich sämtliche anderen Postfächer nutzen, so z.B. auch ein beN, sofern sie Notar sind (§ 130a Abs. 4 S. 1 Nr. 6 ZPO), De-Mail-Konto (§ 130a Abs. 4 S. 1 Nr. 1 ZPO), eBO (§ 130a Abs. 4 S. 1 Nr. 4 ZPO), OZG-Nutzerkonto (§ 130a Abs. 4 S. 1 Nr. 5 ZPO) oder ein beSt, wenn sie auch Steuerberater sind (§ 130a Abs. 4 S. 1 Nr. 6 ZPO). In der ZPO wird hier nicht unterschieden und auch nicht verlangt, dass ein **bestimmter sicherer Übermittlungsweg** gewählt wird.

83 Wir vertreten jedoch die Auffassung, dass Rechtsanwälte grundsätzlich in **ihrer Funktion als Anwalt** immer mit dem beA arbeiten sollten, nicht aber mit einem weiteren sicheren Übermittlungsweg, falls dieser ihnen auch technisch zur Verfügung steht, wie z. B Anwaltsnotare, für die sowohl ein beA als auch ein beN empfangsbereit eingerichtet ist/wird.

---

41 BGH, Urt. v. 11.2.2022 – V ZR 15/21, BeckRS 2022, 9396.
42 Siehe dazu u.a. auch: § 55a Abs. 4 VwGO, § 46c Abs. 4 ArbGG, § 65a Abs. 4 SGG, § 52a Abs. 4 FGO, § 14 Abs. 2 FamFG, § 125a PatG, § 4 InsO.

Es wird diesseits auch wenig praktischer Sinn darin gesehen, als Anwalt – was für natürliche Personen möglich wäre – das für sich persönlich (nicht in Anwaltseigenschaft) eingerichtete OZG-Nutzerkonto oder ein eBO für den elektronischen Rechtsverkehr zu nutzen.

Diese zivilprozessuale Pflicht aus § 173 Abs. 2 ZPO wird durch die BRAK sowohl für Rechtsanwälte als natürliche Personen als auch Berufsausübungsgesellschaften i.S.d. BRAO aufgrund der empfangsbereiten Freischaltung von beAs erfüllt, siehe hierzu auch die Ausführungen in § 2 Rdn 19 ff. in diesem Werk.

E. Beispiele und Problemfelder

> *Hinweis*
> Da es gerade im Bereich der Zustellungen gegen Empfangsbekenntnis häufig zu Fragen kommt, sollen nachstehende Beispiele helfen, das richtige Zustellungsdatum zu ermitteln. Auch wenn zu den jeweiligen Beispielen Rechtsprechung zitiert wird, so werden unsere Leser gebeten, die Ausführungen eigenverantwortlich zu prüfen. Die gezogenen Fazits der nachstehenden Beispiele stellen die Meinung der Autoren dar. Die Autoren haben naturgemäß keinen Einfluss darauf, ob und inwieweit Gerichte ihre hier dargestellten Meinungen zu Zustelldaten teilen, aber auch, ob und inwieweit in der Vergangenheit ergangene Rechtsprechung von Gerichten übernommen oder anders auslegt wird.

I. Grundsatz: Kenntnisnahme nicht Eingang

Schon zu Zeiten des Papier-EB war es herrschende Rechtsprechung, dass das Zustellungsdatum das Kenntnisnahmedatum und nicht das Eingangsdatum oder das Datum der **Einlegung ins Anwaltspostfach bei Gericht**[43] ist.

Bei der Zustellung elektronischer Dokumente, bei denen der Nachweis der Zustellung durch elektronisches Empfangsbekenntnis erfolgt,[44] kommt es daher nicht darauf an, wann das zuzustellende Dokument in den Machtbereich des Empfängers gelangt ist (= eingegangen ist), sondern darauf, wann der Zustellungsadressat das Dokument tatsächlich und empfangsbereit entgegengenommen hat.[45]

> *Beispiel*
> Ein Urteil wird nebst eEB-Anforderung durch das Gericht in das beA eines Rechtsanwalts übermittelt; die Eingangsbestätigung des Gerichts weist den 14.2.2022 aus. Der Rechtsanwalt befindet sich an diesem Tag auf Geschäftsreise und kommt erst am Mittwoch, den 16.2.2022, wieder in die Kanzlei. Er nimmt das Urteil am 16.2.2022 zur Kenntnis und trägt den 16.2.2022 als Datum in das eEB ein und sendet das eEB formgerecht an das Gericht zurück, §§ 173 Abs. 3 ZPO, 14 S. 1 BORA.
> Zustellungsdatum: 16.2.2022

---

43 BFH, Beschl. v. 21.2.2007 – VII B 84/06 (insbesondere Leitsatz 3), NJW-RR 2007, 1001.
44 § 174 Abs. 4 ZPO in der bis 31.12.2021 geltenden Fassung sowie § 173 Abs. 3 ZPO in der seit 1.1.2022 geltenden Fassung; wie schon bisher bei Zustellung von Schriftstücken.
45 OVG Saarlouis, Beschl. v. 10.3.2022 – 1 A 267/20, NVwZ 2022, 658; so auch bereits OVG Saarlouis, Beschl. v. 27.9.2019 – 1 D 155/19, NJW 2019, 3664 = NVwZ 2020, 330; ebenso: OVG Schleswig, Beschl. v. 23.1.2020 – 4 LA 211/18, BeckRS 2020, 579.

Fristbeginn rechnerisch	17.2.2022, 00:00 Uhr §§ 222 Abs. 1 ZPO, 187 Abs. 1 BGB
Ablauf Berufungsfrist	(ein Monat, § 517 ZPO): 16.3.2022, 23:59:59 Uhr (um 24:00 Uhr ist die Frist abgelaufen)[46] §§ 222 Abs. 1 ZPO, 188 Abs. 2 BGB

90   Der BGH verlangt im Übrigen, dass dann, wenn das Datum der Kenntnisnahme vom Eingangsdatum abweicht, Anwälte sicherzustellen haben, dass dieses abweichende Datum als Zustellungsdatum und Fristbeginn geführt wird:

> „Weicht die Kenntnisnahme des Empfangs durch den Rechtsanwalt vom Datum des Posteingangs ab und trägt der Rechtsanwalt dieses Datum unter seiner Unterschrift auf dem Empfangsbekenntnis ein, so hat er selbst sicherzustellen, daß dieses abweichende Datum in der Kanzlei als Zustellungsdatum und Fristbeginn geführt wird" (Leitsatz der Redaktion).[47]

II. Grundsatz: Kenntnisnahme nicht Rücksendedatum

91   Zu unterscheiden ist nach diesseitiger Auffassung zum einen das Datum, das auf dem Empfangsbekenntnis angegeben wird (= Zustellungsdatum) und das Datum, zu dem dann das Empfangsbekenntnis zurückgesendet wird. Das Datum der empfangsbereiten Kenntnisnahme ist das Zustellungsdatum, nicht aber das Datum, an dem das eEB in Rücklauf gegeben wird. Diese Daten können zwar zusammenfallen, müssen es aber nicht.

92   *Beispiel*
An einem Montag erfolgt ein Zustellungsversuch in das beA einer Rechtsanwältin. Diese befindet sich gerade auf Geschäftsreise. Sie nimmt das Dokument am Mittwoch derselben Woche zur Kenntnis und somit innerhalb der „Wochenfrist" gem. § 14 S. 1 BRAO i.V.m. § 53 Abs. 1 Nr. 1 BRAO. Das von ihr ausgefüllte und mit qualifizierter elektronischer Signatur versehene Empfangsbekenntnis wird von der Mitarbeiterin am Folgetag, Donnerstag in derselben Woche, an das Gericht zurückgeleitet. Das Zustellungsdatum ändert sich hierdurch nicht. Maßgeblich als Zustellungsdatum ist das Datum, das auf dem Empfangsbekenntnis eingetragen ist, hier das Datum von Mittwoch.

93   Da § 53 Abs. 1 Nr. 1 BRAO jedoch davon spricht, dass Empfangsbekenntnisse unverzüglich mit Datum versehen **zu erteilen** sind, ist davon auszugehen, dass dieses Zeitfenster von einer Woche gem. § 53 Abs. 1 Nr. 1 BRAO das Rücksendedatum meint. Wird am selben Tag der Kenntnisnahme auch das Empfangsbekenntnis zurückgeleitet (wovon sicherlich in den meisten Fällen ausgegangen werden kann aber nicht muss), wäre diese Maxima-Frist von einer Woche gewahrt.

94   *Achtung! Hinweis!*
Bei der Regelung des § 53 Abs. 1 Nr. 1 BRAO handelt es sich nach diesseitiger Auffassung um die berufsrechtliche, aber auch „insgesamt" geltende Maximalfrist für die Abgabe von Empfangsbekenntnissen. Selbstverständlich kann sich aus dem Anwaltsvertrag heraus ergeben, dass ein Anwalt schon vor Ablauf dieser Frist verpflichtet ist, eine Vertretung zu bestellen. Hier ist somit zusätzlich zum Verfahrens- und Berufsrecht auch das materielle Recht zu beachten. Rechtsanwälte, die im Vergaberecht

---

46 BGH v. 8.5.2007 – VI ZB 74/06, NJW 2007, 2045 (24:00 = 00.00 Uhr; 00:00 Uhr ist zu spät; es gibt keine „logische Sekunde" – auch keine „juristische"; ebenso: BGH v. 19.1.2016 – XI ZB 14/15 Rn 72, BeckRS 2016, 4976.
47 BGH, Beschl. v. 15.7.1998 – XII ZB 37/98, NJW-RR 1998, 1442.

oder z.B. in Eilverfahren tätig sind, werden es sich in der Regel nicht „erlauben", eine Woche an der Ausübung ihrer Berufstätigkeit gehindert zu sein, ohne eine Vertretung bestellt zu haben.

Die Regelung in § 53 Abs. 1 Nr. 2 BRAO, das eine Vertretung **auch** zu bestellen ist, wenn ein Anwalt länger als zwei Wochen ortsabwesend sein möchte, ist nicht zu verwechseln mit § 53 Abs. 1 Nr. 1 BRAO, der von einer Verhinderung der Berufsausübung spricht. Rechtsanwälte sind u.a. verpflichtet, nicht nur Empfangsbekenntnis gem. § 14 BORA abzugeben, sondern auch Zustellungen und den Zugang von Mitteilungen in ihrem beA zur Kenntnis zu nehmen, § 31a Abs. 6 BRAO, aber auch ihren Mandaten unverzüglich über die eingegangenen Schriftstücke zu informieren, § 11 Abs. 1 S. 2 BORA. Dies sind nur beispielhaft einige berufsrechtliche Pflichten von Anwälten. Sofern also ein Anwalt länger als eine Woche gehindert wäre, diese und andere Pflichten auszuüben, **muss** er für eine Vertretung sorgen. Zum Thema Vertretung siehe auch § 7 Rdn 20 ff. in diesem Werk. **95**

III. Heilung bei nicht formgerechter Rücksendung – eEB

Beispiel **96**
Ein Urteil wird nebst eEB-Anforderung durch das Gericht in das beA eines Rechtsanwalts zugestellt; die Eingangsbestätigung des Gerichts weist den 14.2.2022 aus. Der Rechtsanwalt befindet sich auf Geschäftsreise und kommt erst am Mittwoch, den 16.2.2022, wieder in die Kanzlei. Er nimmt das Urteil am 16.2.2022 zur Kenntnis und druckt den Strukturdatensatz aus, schreibt mit der Hand den 16.2.2022 auf das Dokument, unterschreibt auf diesem Ausdruck und faxt diesen an das Gericht unter Verstoß gegen § 173 Abs. 3 ZPO zurück.

Eine formgerechte Zustellung lässt sich anhand dieses Vorgehens nicht nachweisen, denn der Anwalt wäre verpflichtet gewesen, dass elektronische Empfangsbekenntnis auch als Strukturdatensatz wieder an das Gericht zu übermitteln, § 173 Abs. 3 ZPO,[48] siehe hierzu auch Rdn 33 u. 204 in diesem Kapitel. Es stellt sich daher die Frage, ob hier eine Heilung gem. § 189 ZPO anzunehmen ist; letztendlich hat das Dokument den Empfänger erreicht, § 166 ZPO. § 189 ZPO spricht in solchen Fällen vom „tatsächlichen Zugang". Wie ist dies jedoch auszulegen? Ist mit „Zugang" auch hier das Datum der Kenntnisnahme oder das Datum des Eingangs gemeint? **97**

Zustellungsdatum? Unseres Erachtens der 16.2.2022. Da sich jedoch die formgerechte Zustellung mit einem solchem Empfangsbekenntnis nicht nachweisen lässt, erfolgt die Heilung nach § 189 ZPO. Auch in der Kommentarliteratur wird bei Anwendung des § 189 ZPO verlangt, dass der tatsächliche Zugang den Kenntnisnahmewillen und den Tag der Kenntnisnahme meint.[49] Danach muss der Zustellungsempfänger das Dokument „in die Hand bekommen" haben.[50] Und auch aus der Rechtsprechung des BGH lässt sich zumindest für den hier betroffenen und entschiedenen Fall annehmen, dass bei einer Heilung nach § 189 ZPO bei Abgabe eines Empfangsbekenntnisses im Falle einer fehlerhaften Zustellung auf das vom Anwalt angegebene Kenntnisnahmedatum abgestellt wird,[51] nicht aber auf den Zugang (= Eingang) im beA. Bei anderer (strenger) Auslegung des § 189 ZPO wäre jedoch in unserem Beispiel als Zustellungsdatum der 14.2.2022 anzunehmen. Denn im Papierzeitalter ließ sich der Eingang einer Nachricht nicht ohne Weiteres verifizieren; im beA ist der Eingang durch die an den Absender übermittelte Eingangsbestätigung nachvollziehbar. So wird denn auch im beA-System mit „Zugang" der „Eingang", nicht die Kenntnisnahme in der Eingangsbestätigung ausgewiesen. **98**

---

48 Gleiches gilt im Übrigen auch bei Zustellung von Anwalt zu Anwalt via beA, § 195 Abs. 2 S. 3 ZPO.
49 Musielak/*Voit*, ZPO, 19. Aufl. 2022, § 189 ZPO Rn 3, 3a; Zöller/*Schultzky*, 34. Aufl. 2022, § 189 Rn 4 u. A. unter Verweis auf BGH, Urt. v. 12.9.2019 – IX ZR 262/18, MDR 2019, 1521 Tz 31.
50 BGH, Urt. v. 12.9.2019, a.a.O.
51 BGH, Urt. v. 11.2.2022 – V ZR 15/21, BeckRS 2022, 9396 (hier: Zustellung in ein beA).

99 *Tipp*

Um genau solche Fristenlauf-Fragen zu vermeiden, sollten eEBs stets in der gesetzlichen Form abgegeben werden, siehe dazu § 195 Abs. 2 S. 3 ZPO bei der Zustellung von elektronischen Dokumenten von Anwalt zu Anwalt sowie § 173 Abs. 3 ZPO bei der Zustellung elektronischer Dokumente durch das Gericht. Im Zweifel ist bei der Fristüberschreitung immer vom frühestmöglichen Datum auszugehen.

IV. Formgerechte Abgabe bei Zustellung von Schriftstücken

100 In der Praxis stellt sich die Frage, wie bei der **Zustellung von Schriftstücken** gem. § 175 Abs. 4 ZPO das Empfangsbekenntnis **formgerecht** abgegeben wird. Denn § 175 Abs. 4 ZPO regelt, dass das Empfangsbekenntnis schriftlich, durch Telekopie oder als elektronisches Dokument (§ 130a ZPO) an das Gericht gesandt werden muss

101 *Beispiel*

Ein Urteil wird nebst EB-Anforderung durch das Gericht als Schriftstück an Rechtsanwalt K gem. § 175 ZPO per Post übermittelt. Der Eingang erfolgt per Post bei Rechtsanwalt K am 14.2.2022. Rechtsanwalt K befindet sich auf Geschäftsreise. Er kommt am Mittwoch, den 16.2.2022, in die Kanzlei zurück, nimmt das Schriftstück zur Kenntnis und trägt auf dem Papier-EB das Datum vom 16.2.2022 ein, unterschreibt und faxt das EB an das Gericht.

102 Frage:

Ist die Rücksendung wegen § 175 Abs. 4 ZPO per Fax zulässig oder greift hier § 130d S. 1 ZPO, die zwingende elektronische Einreichung bei einer Erklärung gegenüber einem Gericht?

103 Antwort:

§ 175 Abs. 4 ZPO stellt nach Auffassung der Verfasser eine Sondervorschrift zu § 130d ZPO dar, sodass der Anwalt die Wahl hat, wie er ein solches Empfangsbekenntnis zurücksendet. Allerdings ist nicht auszuschließen, dass dies Gerichte anders sehen. Denn § 175 ZPO regelt ja auch die Zustellung von Schriftstücken z.B. von Anwalt zu Anwalt und hier greift § 130d ZPO grundsätzlich nicht, sodass die Wahl möglicherweise auch nur bei der Zustellung von Anwalt zu Anwalt gem. § 195 Abs. 1 S. 5 ZPO gilt. Bei einer Zustellung von Anwalt zu Anwalt besteht u.E. kein Zweifel daran, dass das EB wahlweise per Briefpost, per Fax oder als elektronisches Dokument zurückgesendet werden kann. Die Antwort auf die Frage, ob diese Wahl aber auch bei Abgabe des Empfangsbekenntnisses gegenüber **Gerichten** gem. § 130d ZPO außen vor bleibt, lässt sich nach unserer Auffassung nicht zweifelsfrei geben. Bevor es nun – sei es auch, dass ein Gericht versucht, einen unliebsamen Posteingang „leicht vom Tisch zu bekommen" – zu einem Fristenproblem kommt, würden wir empfehlen, dass die Rücksendung solcher per Post oder Fax erhaltener „Papier-EBs" elektronisch erfolgt, um Rechtssicherheit beim Zustelldatum zu erhalten. Die Rücksendung sollte dann gem. § 130a ZPO erfolgen.

Zustellungsdatum daher hier: 16.2.2022.

104 Nach § 130a Abs. 3 i.V.m. § 175 Abs. 4 ZPO bieten sich **zwei Möglichkeiten** an:

1. Das mit Datum und Unterschrift (leserlich = einfache elektronische Signatur) versehene Empfangsbekenntnis wird eingescannt, im beA hochgeladen und es erfolgt der Eigenversand durch den namensgleichen im beA mit eigenem Zugangsmittel angemeldeten Postfachinhaber (§ 130a Abs. 3 S. 1 Alt. 2 ZPO) oder
2. das EB wird mit Datum versehen, eingescannt, im beA hochgeladen und als elektronisches Dokument qualifiziert elektronisch vom sachbearbeitenden Anwalt signiert und durch ihn oder einen Mitarbeiter versendet, § 130a Abs. 3 S. 1 Alt. 1 ZPO.

V. Rücksendung EB/eEB an gegnerischen Anwalt

Beispiel 1 105

Es wird ein Vergleich nebst EB-Anforderung durch einen Gegenanwalt als Schriftstück an einen Rechtsanwalts-Kollegen gem. §§ 195 Abs. 1 i.V.m. 175 Abs. 2 ZPO übermittelt. Der Eingang per Post erfolgt beim Zustellungsempfänger, Rechtsanwalt K, am 14.2.2022. Rechtsanwalt K befindet sich auf Geschäftsreise, er kommt erst am Mittwoch, den 16.2.2022, wieder in die Kanzlei zurück. Er trägt auf dem EB das Datum vom 16.2.2022 ein, unterschreibt und faxt das EB an den gegnerischen Kollegen.

Frage:
Ist diese Form der Rücksendung zulässig?

Antwort: 106
Ja, § 175 Abs. 4 ZPO kommt über § 195 Abs. 2 S. 2 ZPO zur Anwendung und lässt hier die Wahl bei der Form der Rücksendung; § 130d ZPO gilt in der Kommunikation zwischen Rechtsanwälten nicht.

Zustellungsdatum: 16.2.2022

Beispiel 2 107

Es wird eine vom UdG beglaubigte Abschrift des Vergleichs (§ 169 Abs. 4 ZPO) nebst eEB-Anforderung durch einen Gegenanwalt als elektronisches Dokument an einen Rechtsanwalts-Kollegen gem. § 173 Abs. 1 ZPO i.V.m. § 195 Abs. 1 u. 2 S. 3 ZPO übermittelt. Der Eingang im beA erfolgt beim Zustellungsempfänger, Rechtsanwalt K, am 14.2.2022. Rechtsanwalt K befindet sich auf Geschäftsreise, er kommt erst am Mittwoch, den 16.2.2022, wieder in die Kanzlei zurück. Er nimmt das elektronische Dokument zur Kenntnis und trägt auf dem eEB das Datum vom 16.2.2022 ein und sendet das elektronische Empfangsbekenntnis aus seinem beA als Strukturdatensatz persönlich zurück. Diese Form der Rücksendung ist sogar verpflichtend („**ist**").

Frage:
Ist diese Form der Rücksendung zulässig?

Antwort: 108
Ja, § 195 Abs. 2 S. 3 ZPO regelt, dass der Nachweis bei Zustellung elektronischer Dokumente von Anwalt zu Anwalt via elektronischem Empfangsbekenntnis erfolgt.

Zustellungsdatum: 16.2.2022

VI. Reihenfolge bei Abgabe eines EB/eEB

Zwar hat der BGH mehrfach entschieden,[52] dass das Empfangsbekenntnis erst zurückgesendet werden 109
darf, wenn die Frist im Fristenkalender (korrekt) eingetragen worden ist. Mit der Vorgabe dieser Reihenfolge hat der BGH jedoch ausschließlich die Anforderungen an eine wiedereinsetzungsfestere Büroorganisation definiert, nicht jedoch die „Erlaubnis erteilt", die Abgabe von Empfangsbekenntnissen nach eigenem Belieben hinauszuzögern.

Die Tatsache, dass das missbräuchliche Hinauszögern bei der Abgabe von EBs und eEBs von Prozess- 110
bevollmächtigten ärgerlich ist, wird auch in der Literatur thematisiert,[53] siehe hierzu aber auch unsere nachstehenden Ausführungen.

---

52 U.a. BGH mit Beschl. v. 12.9.2019 – IX ZB 13/19, NJW 2019, 3234; vgl. dazu auch BGH, Beschl. v.11.3.1980 – X ZB 4/80, NJW 1980, 1846; 1848.
53 *Wagner/Ernst*, „Falsche oder verzögert abgegebene Empfangsbekenntnisse im elektronischen Rechtsverkehr" – rechtliche Einordnung und Reaktionsmöglichkeiten in der Praxis, NJW 2021, 1564 ff.

VII. Willkürliche Vor- oder Rückdatierung des EB/eEB

111 Empfangsbekenntnisse, gleich ob in Papierform oder elektronischer Form, sind wahrheitsgemäß mit dem Zustellungsdatum zu versehen. Es verbietet sich von selbst, auch zu eigenen Ungunsten, ein falsches Datum anzugeben, da man schlicht und ergreifend Gerichte und auch die gegnerischen Prozessbevollmächtigten diesbezüglich nicht belügen darf. Auch das Sachlichkeitsgebot gem. § 43a Abs. 3 S. 2 BRAO verbietet es Anwälten, im Zusammenhang mit ihrer Berufsausübung bewusst die Unwahrheit zu verbreiten.[54] Zum Gebot der Sachlichkeit und dem hieraus resultierenden Verbot der Lüge der AGH Bayern:

> *„(24) Das festgestellte Verhalten der Betroffenen Dr. W ... und S ... stellt sich je als standesrechtliche Verletzung des § 43a Abs. 3 BRAO, und zwar innerhalb der anwaltlichen Berufsausübung gemäß § 113 Abs. 1 BRAO, dar. Danach darf sich der Rechtsanwalt nicht unsachlich verhalten. Als unsachlich erachtet das Gesetz unter anderem ein Verhalten, bei dem es sich um die bewusste Verbreitung von Unwahrheiten handelt. Davon erfasst wird gerade auch das Verbot der Lüge (Eylmann in Henssler/Prütting BRAO 2. Auflage § 43a RN 107 m.w.N.), obwohl es hierbei um den materiellen Inhalt und nicht um die Form des anwaltlichen Handelns geht. Notwendig ist direkter Vorsatz (Eylmann § 43a RN 108). Verbreiten im Sinn von § 43a Abs. 3 Satz 2 BRAO ist Mitteilen, wobei die Übermittlung an eine Person reicht (Eylmann § 43a RN 109). Die Anstiftung eines anderen, die Unwahrheit zu sagen, unterfällt ebenso dem Tatbestand (Eylmann § 43a RN 109). Somit stellt sich auch das Verhalten des Rechtsanwalts Dr. W. als standeswidrig dar, wobei es für die disziplinare Behandlung ohne Bedeutung ist, ob Anstiftung oder Mittäterschaft vorliegt (Feuerich/Weyland BRAO 6. Auflage § 113 RN 106)."*[55]

112 Ob das „bewusste sich Verschließen vor der Kenntnisnahme" bzw. das „Liegenlassen eines Empfangsbekenntnisses" als bloßes Schweigen einzuordnen ist oder aber ebenfalls unter die Anwendbarkeit des Lügen-Verbots einzuordnen ist, ist umstritten.[56]

113 Eine **willkürliche Vor- oder Rückdatierung** des Empfangsbekenntnisses ist daher auch **nicht zulässig**.[57]

114 *Beispiel*

Rechtsanwältin X erhält ein Urteil mit eEB-Anforderung durch das Gericht in ihr beA am 18.2.2022 übermittelt. Der Mitarbeiter notiert vorsichtshalber die hierfür erforderliche Berufungsfrist ab 18.2.2022 mit Fristablauf zum 18.3.2022, die Berufungsbegründungsfrist sowie Tatbestandsberichtigungsfrist und die entsprechenden Vorfristen. Rechtsanwältin X kommt erst am 21.2.2022 wieder in die Kanzlei, sie trägt korrekterweise das Datum vom 21.2.2022, dem Tag ihrer Kenntnisnahme im eEB, ein und sendet dieses selbst zurück.

Zustellungsdatum	21.2.2022
Fristablauf Berufung	21.3.2022

Zum Umgang in der Praxis mit dieser Situation siehe nachfolgende Ausführungen ab Rdn 115.

115 Vor Rücksendung des eEB sind die Fristen im Kalender ordnungsgemäß einzutragen, d.h. eine zuvor falsch eingetragene Frist ist „umzutragen". Der richtige Fristablauf für die Berufungsfrist wird für den 21.3.2022 eingetragen; die falsch eingetragene Frist am 18.3.2022 wird gestrichen.

---

54 AGH Bayern, Urt. v. 19.7.2005 – BayAGH II – 3/05, BeckRS 2005, 1519326.
55 AGH Bayern, Urt. v. 19.7.2005 – BayAGH II – 3/05, BeckRS 2005, 151926 Rn 24.
56 Siehe dazu beispielhaft *Zuck*, in: Gaier/Wolf/Göcken, Anwaltliches Berufsrecht, § 43a BRAO Rn 70 m.w.N.
57 OVG Münster, Beschl. v. 13.7.2010 – 19 B 884/10, NJW 2010, 3385.

Frage 1: 116

Darf – zur Vermeidung des Aufwands – die falsche Frist im Kalender stehenbleiben?

Antwort:

Nein!

Erläuterung: Kommt es zu einem Fristversäumnis, ist bei „nachlässiger" Fristbehandlung wohl kaum mit einer Wiedereinsetzung zu rechnen. Da im Wiedereinsetzungsantrag alle Gründe, die für eine Wiedereinsetzung sprechen, vorgetragen werden müssen und ein Nachschieben von Gründen nicht zulässig ist, somit aber auch der Ablauf des Fristennotierens und Fristenstreichens in der Kanzlei geschildert werden muss, würde diese nachlässige Fristenbehandlung im Wiedereinsetzungsverfahren aufkommen. Spätestens wenn diese nachlässige Fristenbehandlung (mit-)ursächlich für das Fristversäumnis war, scheidet eine Wiedereinsetzung definitiv aus.

Frage 2: 117

Darf – zur Vermeidung des Aufwands – im eEB das Eingangsdatum 18.2.2022 eingetragen werden, obwohl die Rechtsanwältin an diesem Tag das Urteil nicht zur Kenntnis genommen hat, sondern erst am 21.2.2022?

Antwort:

Nein!

Dies wäre schlicht und ergreifend eine Lüge. Genauso könnte man also fragen, ob man das Gericht im Hinblick auf Fristen anlügen darf. Das darf man nicht, siehe Rdn 112 oben.

Bei einem falsch angegebenen Datum wäre unseres Erachtens ggf. sogar zu prüfen, ob hier nicht sogar 118 der Verdacht einer Strafbarkeit wegen der „Fälschung beweiserheblicher Daten" i.S.d. § 269 StGB oder eine Täuschung im Rechtsverkehr bei der Datenverarbeitung i.S.d. § 270 StGB bzw. eine mittelbare Falschbeurkundung gem. § 271 StGB vorliegt. Wir sind keine Strafrechtler und bitten daher unsere Leser, im Zweifel selbst zu prüfen, ob sie eine Erfüllung dieser Straftatbestände sehen. Letztendlich spricht der BGH den Empfangsbekenntnissen in ständiger Rechtsprechung den Beweiswert einer Urkunde zu, siehe Rdn 121 unten, und von dem im EB oder eEB abgegebenen Datum hängt der Fristenlauf und damit möglicherweise das Obsiegen bzw. Unterliegen im Prozess unmittelbar ab. Anwälte sollten daher nach unserer Auffassung bei „Hinausschieben der Kenntnisnahme" und auch falschen Angaben auf Empfangsbekenntnissen immer vor Augen haben, dass dies den Ruf der gesamten Branche schädigen kann und die besondere Vertrauensstellung als unabhängiges Organ der Rechtspflege gefährdet ist, wenn man es hier „nicht so genau nimmt" bzw. gar lügt. Zur Entkräftung eines (vermeintlich) falschen Datums auf einem Empfangsbekenntnis siehe auch nachstehend ab Rdn 119 ff.

VIII. Entkräftung eines falschen Datums

1. Versehentlich vom Erklärenden falsch angegebenes Datum

Nach der Rechtsprechung des BGH erbringt ein Empfangsbekenntnis Beweis über den Zeitpunkt der tat- 119 sächlichen Entgegennahme/Kenntnisnahme des Dokuments durch einen Anwalt.[58]

---

58 Nur beispielhaft für viele: BGH, Urt. v. 7.6.1990 – III ZR 216/89, NJW 1990, 2125; BGH, Beschl. v. 15.7.1998 – XII ZB 37/98, NJW-RR 1998, 1442; BGH, Urt. v. 24.4.2001 – VI ZR 258/00, NJW 2001, 2722, so auch: BSG, Urt. v. 14.7.2022 – B 3 KR 2/21 R, BeckRS 2022, 25564.

120 Ein auf dem Empfangsbekenntnis versehentlich **falsch eingetragenes Datum** kann zwar entkräftet werden; jedoch nur, wenn kein Zweifel mehr daran besteht, dass das angegebene Datum **unrichtig** ist.[59] Sofern der Rechtsmittelführer unter entsprechender eidesstattlicher Versicherung seines Anwalts vortragen lässt, dass dieser das erstinstanzliche Urteil erst einen Tag später als nach dem im Empfangsbekenntnis durch handschriftlich eingefügtes Datum bezeichneten Tag zugestellt erhalten hat, und hält das Berufungsgericht diese eidesstattliche Versicherung nicht für ausreichend, muss es – ohne dass es eines ausdrücklichen Beweisantritts des Rechtsmittelführers bedarf – i.d.R. den Anwalt als Zeugen zu diesem Vortrag vernehmen.[60]

121 Aus der aktuellen Rechtsprechung, bezogen auf ein eEB, welches via beA gegenüber dem Gericht abgegeben wurde, und die im Wesentlichen auch der ständigen Rechtsprechung des BGH zu Papier-EBs entspricht:

> „Das elektronisch zurückgesandte Empfangsbekenntnis erbringt nach Maßgabe der § 371a Abs. 1 und § 416 ZPO als privates elektronisches Dokument ebenso wie ein auf dem Postweg zurückgesandtes Empfangsbekenntnis Beweis sowohl für die Entgegennahme der in ihm bezeichneten Schriftstücke als auch für den Zeitpunkt von deren Empfang. Der Gegenbeweis, dass der in einem elektronisch zurückgesandten Empfangsbekenntnis ausgewiesene Zustellungsinhalt unrichtig ist, ist möglich, setzt aber voraus, dass die Beweiswirkung des Empfangsbekenntnisses zur Überzeugung des Gerichts vollständig entkräftet wird (hier unter Berücksichtigung des Prüfvermerks, der Eingangsbestätigung und der xjustiz-Nachrichten verneint)."[61]

122 Die im vom OVG Bautzen entschiedenen Fall maßgeblichen Daten:
- Auf Antrag des Klägers Zulassung der Berufung mit Beschl. v. 17.8.2021 betreffend das Urteil des Verwaltungsgerichts.
- Eingang des Zulassungsbeschlusses im beA des Prozessbevollmächtigten mit eEB-Anforderung am 27.8.2021 (Beschl. v. 17.8.2021 + Kurzmitteilung Gericht vom 25.8.2021), bestätigt durch den Prozessbevollmächtigten des Klägers mit eEB, datiert auf den 27.8.
- Anhörung der Beteiligten mit Schreiben vom 1.10.2021 zur beabsichtigten Verwerfung der Berufung mangels Eingangs einer Berufungsbegründung.
- Behauptung des Prozessbevollmächtigten daraufhin, ihm sei am 27.8.2021 lediglich ein Beschluss über die vorläufige Festsetzung des Streitwerts zugestellt worden; aus dem von ihm zurückgesandten eEB sei für ihn nicht ersichtlich gewesen, welchen Beschluss er als zugestellt entgegennehme; er ging davon aus, dass dies der Streitwertbeschluss vom 26.8.2021 sei, nicht aber die Zulassung zur Berufung (die die Berufungsbegründungsfrist in Lauf gesetzt hätte).
- Am 26.10.2021 bat der Prozessbevollmächtigte um Überlassung des Zulassungsbeschlusses vom 17.8.2021 und beantragte Wiedereinsetzung in die Berufungsbegründungsfrist sowie die Berufungsbegründungsfrist um einen Monat zu verlängern.

123 Die Entscheidung des OVG Bautzen:
- Berufung wird als unzulässig verworfen; Wiedereinsetzung in den vorigen Stand nicht gewährt.
- Zulassungsbeschluss vom 17.8.2021 wurde dem Klägervertreter gem. §§ 56 Abs. 2 VwGO, 174 Abs. 3, Abs. 4 S. 2–4 ZPO (Anm.: seit 1.1.2022 § 173 Abs. 3 ZPO), § 130a Abs. 3, Abs. 4 Nr. 2 ZPO über dessen beA elektronisch zugestellt; der Prozessbevollmächtigte übermittelte ein eEB.

---

[59] BGH, Beschl. v. 24.3.2021 – LwZB 1/20, BeckRS 2021, 10258; BGH, Beschl. v. 14.9.2021 – 5 StR 164/21, BeckRS 2021, 28195; BSG, Beschl. v. 17.12.2020 – B 1 KR 68/19 B, BeckRS 2020, 43650; BGH, Beschl. v. 11.9.2018 – IX ZB 4/17, BeckRS 2018, 23598; BGH, Beschl. v. 19.4.2012 – IX ZB 303/11, WM 2012, 1210; zum eEB: OVG Saarlouis, Beschl. v. 27.9.2019 – 1 D 155/19, NJW 2019, 3664 ff.; OVG Münster, Beschl. v. 10.11.2020 – 2 B 1263/20, BeckRS 2020, 32558 = NJW 2021, 1113.
[60] BGH, Beschl. v. 22.12.2011 – VII ZB 35/11, NJW-RR 2012, 509 (im Anschluss an BGH NJW-RR 2010, 217).
[61] Sächsisches OVG Bautzen, Beschl. v. 27.10.2021 – 5 A 237/21, BeckRS 2021, 32607.

E. Beispiele und Problemfelder § 15

- Das eEB erbringt nach Maßgabe der §§ 371a Abs. 1, 416 ZPO als privates elektronisches Dokument ebenso wie ein auf dem Postweg zurückgesandtes EB Beweis sowohl für die **Entgegennahme** der in ihm bezeichneten Schriftstücke (hier: Beschl. v. 17.8.2021 und Übersendungsschreiben vom 25.8.2021) als auch für den **Zeitpunkt** von deren Empfang.
- Mit diesem eEB ist der Nachweis der Zustellung unter dem Datum 27.8.2021 geführt.[62]
- Ein ausgefülltes Empfangsbekenntnis erbringt grundsätzlich den vollen Beweis dafür, dass der Prozessbevollmächtigte an dem von ihm selbst angegebenen Tag tatsächlich Kenntnis vom Zugang der in dem Empfangsbekenntnis benannten Schriftstücke erlangt hat.
- Zwar kann dieses Datum entkräftet werden, da der Gegenbeweis der Unrichtigkeit der im Empfangsbekenntnis enthaltenen Angaben zulässig ist.[63]
- Ausreichend ist jedoch nicht die Möglichkeit eines anderen Geschehnisablaufs; vielmehr ist erforderlich, dass die Richtigkeit der Angaben im Empfangsbekenntnis nicht nur erschüttert werden, sondern die Möglichkeit, die Angaben könnten richtig sein, ausgeschlossen ist.[64]
- Die Beweiswirkung eines Empfangsbekenntnisses muss zur Überzeugung des Gerichts vollständig entkräftet werden und damit jede Möglichkeit der Richtigkeit des Empfangsbekenntnisses ausgeschlossen sein.[65]
- Diese Anforderungen an die Entkräftung gelten auch bei einer elektronischen Zustellung.[66]
- Die vorläufige Streitwertfestsetzung mit Datum vom 26.8.2021 wurde im Übrigen entsprechend der Gerichtsakte formlos am 27.8.2021 übermittelt. Anhand der Überprüfung der Gerichtsakte ließ sich damit auch ausschließen, dass die eEB-Anforderung mit der vorläufigen Streitwertfestsetzung übermittelt wurde, nicht aber mit dem Beschluss über die Zulassung der Berufung. Denn bei der Gerichtsakte wird bei den sog. XJustiz-Nachrichten bei einer eEB-Anforderung ausgewiesen „ruecksendung_EEB_erforderlich>true". Sofern eine Übersendung formlos erfolgt, taucht hier in der entsprechenden Zeile der Begriff „false" auf.

Hinweis 124

Besonders interessant an dieser obigen Entscheidung ist, dass das OVG Bautzen elektronischen Empfangsbekenntnissen den gleichen Beweiswert i.S.d. § 371a Abs. 1 i.V.m. § 416 ZPO als „privates elektronisches Dokument" zuerkennt wie einem Empfangsbekenntnis, das per Briefpost oder Fax zurückgesandt wurde. Zudem gilt nach wie vor, dass eine Entkräftung eines (versehentlich) falsch abgegebenen Zustelldatums im Empfangsbekenntnis zwar möglich, grundsätzlich aber schwierig ist, denn es darf kein Zweifel mehr verbleiben, dass das angegebene Datum tatsächlich falsch ist.

Beispiel 125

Am 18.2.2022 erhält Rechtsanwältin M durch das Gericht ein Urteil mit Anforderung zur Abgabe eines eEBs als Posteingang in ihrem beA. Die Rechtsanwältin befindet sich gerade auf einem Präsenzseminar bei Frau Jungbauer. Die Anwältin kommt erst am Montag, den 21.2.2022, wieder in die Kanzlei und möchte auf dem eEB das Datum vom 21.2.2022 eintippen. Bedauerlicherweise vertippt sie sich und trägt stattdessen den 11.2.2022 ein.

Frage:

Ist hier eine Entkräftung möglich?

---

[62] OVG Bautzen, a.a.O.; vgl. dazu aber auch: OVG Bremen, Beschl. v. 27.4.2021 – 1 LA 149/21, BeckRS 2021, 11697.
[63] OVG Bautzen, a.a.O., Rn 9; OVG Saarlouis, Beschl. v. 27.9.2019 – 1 D 155/19, NJW 2019, 3664.
[64] OVG Bautzen, a.a.O.; BVerwG, Beschl. v. 14.5.2020 – 2 B 14.19, BeckRS 2020, 13325; BVerwG, Beschl. v. 5.9.2013 – 5 B 63.13, BeckRS 2013, 56309; OVG Münster, Beschl. v. 10.11.2020 – 2 B 1263/20, BRAK-Mitt 2021, 161.
[65] BFH, Beschl. v. 22.9.2015 – V B 20/15, BeckRS 2015, 95854.
[66] OVG Bautzen, a.a.O., Rn 9; OVG Bremen, Beschl. v. 27.4.2021 – 1 LA 146/21, BeckRS 2021, 11697; OVG Saarlouis, Beschl. v. 27.9.2019 – 1 D 155/19, NJW 2019, 3664.

Antwort:

Da Rechtsanwältin M am 11.2.2022 das Dokument noch gar nicht erhalten hatte (Eingang war ausweislich der Eingangsbestätigung erst am 18.2.2022), stehen die „Karten" gut, eine Entkräftung zu erreichen, zumal der Tippfehler auch hier naheliegt, da die Ziffer 1 sich gleich neben der Ziffer 2 befindet. Kaum zu entkräften dürfte es aber sein, wenn aufgrund eines Tippfehlers das Datum 20.2. anstelle des 21.2. ausgewiesen ist. Denn am 20.2. war die Nachricht mit Anhang bereits eingegangen.

126 *Praxistipp*

Dass die Vorlage des Prüfprotokolls/der Eingangsbestätigung, welches den Eingang bei Gericht mit Datum ausweist, zur Führung des Gegenbeweises, dass das auf dem Empfangsbekenntnis angegebene Datum falsch ist, geeignet sein kann, wird auch von der Rechtsprechung anerkannt.[67] Doch wer will sich in der Praxis darauf schon verlassen? Man kann daher nur dringend empfehlen, vor Absendung elektronischer Empfangsbekenntnisse einen prüfenden Blick auf die eingetippten Zahlen zu werfen und sich noch einmal vor der Absendung zu vergewissern, ob das eingetippte Datum auch korrekt ist. Schreibfehler kommen selbstverständlich auch bei Nutzung eines Kugelschreibers oder Füllers vor. Beim Eintippen von Zahlen ist der Fehler sicherlich schneller passiert und die Fehlerquote damit höher.

2. Gegner oder Gericht haben Zweifel am angegebenen Datum

127 Es kommt vor, dass eine **Partei** versucht, ein auf dem eEB oder EB des **gegnerischen** Anwalts angegebenes Datum, weil er es für falsch hält, zu entkräften, aber auch, dass das **Gericht** Zweifel an der Richtigkeit des abgegebenen Empfangsbekenntnisses hat.

128 **Gerichte** sind von Gesetzes wegen gehalten zu prüfen, ob ein Rechtsmittel form- und fristgerecht eingelegt worden ist,[68] vgl. dazu nur beispielhaft § 522 Abs. 1 ZPO. Im Rahmen des Freibeweises würdigt das Gericht dann, ob dies der Fall ist.[69]

129 **Prozessgegner** haben ihrerseits im Rahmen des Mandatsvertrags das Recht und ggf. auch die Pflicht zu prüfen, ob das gegnerische Rechtsmittel rechtzeitig eingereicht wurde. Im Rahmen ihres Akteneinsichtsrechts können sie so auch Kenntnis darüber erhalten, wann z.B. ein Urteil mit Zustellungsabsicht (d.h. eEB-Anforderung) im beA des Rechtsmittelführers eingegangen ist, wann das eEB abgegeben wurde und welches Zustellungsdatum hier eingetragen ist. „Verworfen ist schneller als zurückgewiesen" könnte also die Devise sowohl von Gerichten als auch Prozessgegnern lauten.

130 Das **BVerfG**[70] hat zur Möglichkeit der Entkräftung des auf einem Empfangsbekenntnis angegebenen Datums schon 2001 entschieden; wobei diese Entscheidung auch auf das elektronische Empfangsbekenntnis in ihren wesentlichen Aussagepunkten angewendet werden kann:

- Der Nachweis eines falschen Datums in dem von einem Rechtsanwalt ausgefüllten Empfangsbekenntnis ist grundsätzlich zulässig.
- An diesen Nachweis sind strenge Anforderungen zu stellen.
- Der Gegenbeweis ist vollständig erst dann erbracht, wenn die Beweiswirkungen des Empfangsbekenntnisses entkräftet sind und jede Möglichkeit ausgeschlossen ist, dass die Angabe auf dem Empfangsbekenntnis richtig sein könnte.
- Zweifel an der Richtigkeit des Zustellungsdatums genügen nicht.

---

67 OVG Saarlouis, Beschl. v. 27.9.2019 – 1 D 155/19, NJW 2019, 3664 = NVwZ 2020, 330.
68 BGH, Urt. v. 24.4.2001 – VI ZR 258/00, NJW 2001, 2722.
69 BGH, Beschl. v. 22.12.2011 – VII ZB 35/11, NJW-RR 2012, 509 Rn 9 m.w.N.
70 BVerfG, Beschl. v. 27.3.2001 – 2 BvR 2211/97, NJW 2001, 1563; vgl. dazu aber auch: BGH, Beschl. v. 19.4.2012 – IX ZB 303/11, NJW 2012, 2117; BGH, Urt. v. 18.1.2006 – VIII ZR 114/05, NJW 2006, 1206 f.

131 Allerdings, so der BGH in einer weiteren Entscheidung, dürfen an die beweisführende Partei auch keine überspannten Anforderungen gestellt werden.[71]

132 Eine bloße Erschütterung der Angaben auf dem anwaltlichen Empfangsbekenntnis ist auch nach jüngerer Rechtsprechung des BGH nicht ausreichend.[72]

133 Dabei genügt nach Ansicht des BGH für die Widerlegung der Richtigkeit des in einem anwaltlichen Empfangsbekenntnis angegebenen Zustellungsdatums das Verstreichen eines ungewöhnlich langen Zeitraums zwischen der gerichtlichen Verfügung und diesem Datum nicht.[73] Wichtig ist in diesem Zusammenhang aber zu wissen, dass der Anwalt (hier: Zustellungsadressat) im vorliegenden, vom BGH entschiedenen Fall – zu Recht – moniert hat, das zuzustellende Schriftstück erst sehr spät erhalten zu haben, weil es offenbar – wie nachweislich schon häufiger in der Vergangenheit – wohl zunächst ins das falsche Anwaltspostfach bei Gericht eingelegt worden ist. Für eine Zustellung in das beA eines Anwalts ist daher diese Entscheidung nicht anzuwenden, denn hier weiß der Zustellende aufgrund der ihm automatisiert erteilten Eingangsbestätigung konkret, **wann** das Dokument **bei wem** in den Machtbereich gelangt ist.

134 Auch dem Gegner steht grundsätzlich der Beweis der Unrichtigkeit eines verspätet abgegebenen Empfangsbekenntnisses zu; der angegebene Zeitpunkt der Zustellung muss aber auch hier vollständig entkräftet werden.[74]

135 Anschaulich hat auch das OVG Münster in einer Entscheidung zum Thema festgehalten, welche Möglichkeiten dem Gericht bleiben, wenn an der Richtigkeit des elektronischen Empfangsbekenntnisses Zweifel bestehen.[75]

> *„1. Ein elektronisch zurückgesandtes Empfangsbekenntnis erbringt nach Maßgabe der §§ 371a, 416 ZPO als (privates) elektronisches Dokument ebenso wie ein auf dem Postweg zurückgesandtes Empfangsbekenntnis Beweis sowohl für die Entgegennahme des in ihm bezeichneten Schriftstücks als auch für den Zeitpunkt von dessen Empfang. (Rn 4)*
>
> *2. Ein Rechtsanwalt ist verpflichtet, das Empfangsbekenntnis mit dem Datum zu versehen, an dem er das zuzustellende Schriftstück mit dem Willen entgegengenommen hat, es zu behalten. Die Beweiswirkung des ausgewiesenen Zustellungsdatums kann unter bestimmten Voraussetzungen entkräftet werden. An den – grundsätzlich zulässigen – Nachweis eines falschen Datums sind strenge Anforderungen zu stellen. (Rn 4)*
>
> *3. …*
>
> *4. …"*[76]

136 So fragen Gerichte regelmäßig auch im Rahmen einer amtlichen Stellungnahme bei der Geschäftsstelle der Vorinstanz ab, wann die Übermittlung im beA des Rechtsmittelführers eingegangen ist. Bezieht sich eine Partei mit der Einlegung des Rechtsmittels auf das Zustellungsdatum (wie regelmäßig), kann das Gericht auch anordnen, dass eine Partei oder ein Dritter die in ihrem/seinen Besitz befindlichen Urkunden und sonstigen Unterlagen, auf die sie sich bezogen hat, vorlegt, § 142 Abs. 1 S. 1 ZPO; wobei dasselbe für Augenscheinsobjekte gilt, § 144 Abs. 1 S. 2 ZPO.

---

71 BGH, Beschl. v. 14.10.2008 – VI ZB 23/08, NJW 2009, 855 f.; BGH, Beschl. v. 8.5.2007 – VI ZB 80/06, NJW 2007, 3069.
72 BGH, Beschl. v. 19.4.2012 – IX ZB 303/11, Rn 6, NJW 2012, 2117.
73 BGH, Beschl. v. 7.10.2021 – IX ZB 41/20, NJW-RR 2021, 1584.
74 BAG, Urt. v. 20.11.2019 – 5 AZR 21/19, NJOZ 2020, 468.
75 OVG Münster, Beschl. v. 10.11.2020 – 2 B 1263/20, BeckRS 2020, 32558.
76 OVG Münster, Beschl. v. 10.11.2020 – 2 B 1263/20, LS d. Red., BeckRS 2020, 32558.

137 Eine etwaige Nichtvorlage der angeforderten Urkunden ist gem. den §§ 286, 427 S. 2 ZPO frei zu würdigen.[77] Nach Ansicht des BGH ist § 142 Abs. 1 ZPO auch anwendbar, wenn sich der beweispflichtige Prozessgegner auf eine Urkunde bezogen hat, die sich im Besitz der nicht beweisbelasteten Partei befindet und es einen Ermessensfehler darstellt, wenn das Gericht bei Vorliegen der Voraussetzungen des § 142 Abs. 1 ZPO eine Anordnung der Urkundenvorlegung überhaupt nicht in Betracht zieht.[78]

138 Nach Ansicht von *Wagner/Ernst* ist eine Herausgabeverweigerung mit der Begründung, der Prozessbevollmächtigte sei nicht Dritter, aufgrund der Nähe des Mandatsverhältnisses nicht möglich.[79] Nach *Wagner/Ernst* kann eine Verweigerung der Vorlage des Nachrichtenjournals auch nicht damit begründet werden, dass man sich bei einer etwaigen Strafbarkeit nicht selbst belasten muss.[80] Bei einer Weigerung, Urkunden entsprechend den §§ 142, 144 ZPO vorzulegen, erfolgt die entsprechende „Sanktion" dadurch, dass die Verweigerung bei der Beweiswürdigung berücksichtigungsfähig ist.

139 Auch wird von *Wagner/Ernst* angenommen, dass es lediglich eine sekundäre Darlegungslast, nicht aber eine sekundäre Beweislast gibt.[81] Somit scheidet das Herausgabeverlangen bzgl. des beA-Nachrichtenjournals unter Berufung auf die Grundsätze der sekundären Darlegungslast aus.[82] Allerdings zwingt die sekundäre Darlegungslast zu einem substantiierten Vortrag; eine pauschale Behauptung, das abgegebene Empfangsbekenntnis sei richtig, verbietet sich in diesem Zusammenhang. *Wagner/Ernst* vertreten daher zu Recht die Auffassung, dass die Grundsätze der sekundären Darlegungslast hilfreich sind und sowohl von der beweisbelasteten Partei als auch vom Gericht angewendet und verstanden werden sollten.

140 Ob man sich, um den Nachweis der Einhaltung einer Vollziehungsfrist zu bringen, jedoch solchen Wagnissen der Entkräftung eines zu spät oder vermeintlich mit falschem Datum versehenen Empfangsbekenntnisses aussetzen möchte, bleibt dem jeweiligen Anwender überlassen. Aus pragmatischen Gründen sowie aus Gründen der Rechtssicherheit, was das Zustellungsdatum betrifft, empfiehlt es sich im Zweifel, eine sichere Zustellungsform zu wählen, somit die Zustellung gegen Postzustellungsurkunde oder aber die Zustellung durch den Gerichtsvollzieher gem. §§ 193, 193a ZPO.

141 Wie wichtig im Übrigen die genaueste Kontrolle der Dokumente und deren Inhalte bei Eingang einer Zustellung (eines Zustellungsversuchs) im beA ist, zeigt der unter der nachfolgenden Rdn 142 dargestellte Fall.

IX. Zustellung einer einfachen statt einer beglaubigten Abschrift

142 Der BGH hatte in einem sehr interessanten Fall jüngst im Februar 2022 zu entscheiden, ob bzw. zu wann eine vorgenommene Zustellung wirksam erfolgt ist und ob bzw. wann damit die Frist für den Einspruch gegen ein Versäumnisurteil zu laufen begonnen hatte. Im Hinblick auf die Vielschichtigkeit dieser zu einer beA-Zustellung ergangenen Entscheidung wird auf sie im Nachfolgenden ausführlich eingegangen.

143 **Der Fall:**

In einem Verfahren auf Herausgabe eines Pkws, hilfsweise Zahlung, erging antragsgemäß ein Versäumnisurteil, mit dem der Klage stattgegeben worden war. Dem Prozessbevollmächtigten der Beklagten wurde vom Gericht ein als „Abschrift des Protokolls vom 4.5.2020" bezeichnetes Dokument mit eEB-Anforderung an sein beA übermittelt; am 11.5.2020 sandte der Prozessbevollmächtigte das entsprechende elektronische Empfangsbekenntnis zurück. Am 9.6.2020 erfolgte eine Erklärung des Prozessbevollmäch-

---

77 BGH, Urt. v. 26.6.2007 – XI ZR 277/05, BGHZ 173, 23 = NJW 2007, 2989 Rn 20.
78 BGH, Urt. v. 26.6.2007 – XI ZR 277/05, a.a.O.
79 *Wagner/Ernst*, „Falsche oder verzögert abgegebene Empfangsbekenntnisse im elektronischen Rechtsverkehr" – rechtliche Einordnung und Reaktionsmöglichkeiten in der Praxis, NJW 2021, 1566 Rn 21.
80 *Wagner/Ernst*, a.a.O., Rn 27.
81 *Wagner/Ernst*, a.a.O., Rn 29.
82 *Wagner/Ernst*, a.a.O.

tigten gegenüber dem Landgericht, dass allein durch die Übersendung des Protokolls der mündlichen Verhandlung keine wirksame Zustellung des Versäumnisurteils erfolgt sei; daraufhin wurde ihm am 10.6.2020 eine beglaubigte Abschrift des Protokolls zugestellt. Am 18.6.2020 wurde gegen dieses Versäumnisurteil Einspruch eingelegt, das vom Landgericht aufgrund Versäumung der Einspruchsfrist als unzulässig verworfen wurde. Das Oberlandesgericht wies die hiergegen eingelegte Berufung zurück. Die Revision wurde zugelassen und eingelegt, sodass der BGH schließlich über die Sache zu entscheiden hatte.

Die Entscheidung:

Der BGH hielt in seinem Leitsatz fest, dass der Zustellungsmangel (Zustellung nur einer einfachen, nicht beglaubigten Abschrift) geheilt wurde, weil die Übermittlung vom Gerichts-EGVP in ein beA erfolgte.

> *„Wird einer Partei entgegen § 317 Abs. 1 Satz 1, § 169 Abs. 2 Satz 1 ZPO statt einer beglaubigten Abschrift lediglich eine einfache Abschrift des Urteils zugestellt, wird der darin liegende Zustellungsmangel geheilt, wenn keine Zweifel an der Authentizität und Amtlichkeit der Abschrift bestehen. Das ist jedenfalls bei einer Übermittlung der Urteilsabschrift an das besondere elektronische Anwaltspostfach des Rechtsanwaltes der Partei anzunehmen."*[83]

Die Begründung:

Der Entscheidungsbegründung ist in vielfacher Hinsicht höchst interessant. Das Berufungsgericht vertrat die Ansicht, dass das Landgericht den Einspruch zu Recht als unzulässig verworfen hätte, da die Frist des § 339 Abs. 1 ZPO nicht eingehalten worden sei. Das Versäumnisurteil sei darüber hinaus wirksam, auch wenn es entgegen § 310 Abs. 1 S. 1 ZPO außerhalb der mündlichen Verhandlung verkündet worden sei. Mit der Zustellung des im Protokoll enthaltenen Urteils habe am 11.5.2020 die Einspruchsfrist zu laufen begonnen. Weiter wurde die Ansicht vertreten, dass zwar verfahrensfehlerhaft lediglich eine einfache Protokollabschrift entgegen § 317 Abs. 1, § 169 Abs. 2 S. 1 ZPO übermittelt wurde; eine Heilung jedoch nach § 189 ZPO eingetreten sei. Nach Sinn und Zweck dieser Vorschrift seien hiermit auch die Mängel einer Zustellung von Urteilen geheilt. Aufgrund der Zustellung an das beA des Prozessbevollmächtigten habe dieser an der Authentizität und Amtlichkeit des Urteils nicht zweifeln können, sodass auch diese Mängel einer Heilung nicht entgegenstünden. Aufgrund des Verschuldens des Prozessbevollmächtigten der Partei sei eine Wiedereinsetzung in den vorigen Stand zu Recht nicht zu gewähren.

Der BGH schließt sich diesen Ausführungen an. Nach seiner Auffassung ist der Einspruch gegen das Versäumnisurteil nicht innerhalb der Frist des § 339 Abs. 1 ZPO eingelegt worden und daher gem. § 341 Abs. 1 S. 2 ZPO als unzulässig zu verwerfen. Die Zustellung sei mit der Abgabe des Empfangsbekenntnisses mit Datum vom 11.5.2020 erfolgt und mit diesem Datum auch die zweiwöchige Einspruchsfrist in Lauf gesetzt worden, die am 25.5.2020 endete. Der BGH verweist zwar darauf, dass ein Urteil grundsätzlich erst durch seine *„förmliche Verlautbarung mit allen prozessualen und materiell-rechtlichen Wirkungen existent"* würde und vorher lediglich ein allenfalls den Rechtsschein eines Urteils erzeugender Entscheidungsentwurf vorliege, der eine Einspruchsfrist grundsätzlich nicht in Lauf setzen kann.[84] Vorliegend sei das Versäumnisurteil jedoch wirksam verkündet worden, wobei die Verkündung eines Urteils grundsätzlich gem. § 311 Abs. 2 S. 1 ZPO durch Verlesen der Urteilsformel erfolge. Sofern bei der Verkündung eines Urteils keine der Parteien erscheint, kann die Verlesung nach § 311 Abs. 2 S. 2 ZPO durch Bezugnahme auf die schriftliche Urteilsformel ersetzt werden. Zudem können Versäumnis-, Anerkenntnis- und Verzichtsurteile sowie Urteile, die die Folgen der Zurücknahme der Klage aussprechen, gem. § 311 Abs. 2 S. 3 ZPO verkündet werden, auch wenn die Urteilsformel noch nicht schriftlich abgefasst ist; in diesem Fall erfordert die Verkündung dann lediglich die mündliche Mitteilung der Urteilsformel; bei Stattgabe einer Klage bei Versäumnis-, Anerkenntnis- und Verzichtsurteilen gem. § 313b ZPO ist

---

[83] BGH, Urt. v. 11.2.2022 – V ZR 15/21, BeckRS 2022, 9396.
[84] BGH, a.a.O., Nr. 1a) m.w.N.

zudem die Bezugnahme auf den Klageantrag ausreichend. Nach Ansicht des BGH wurde im vorliegenden Fall durch das Protokoll der mündlichen Verhandlung vor dem LG die Beachtung der Förmlichkeit bei der Verkündung des Versäumnisurteils gem. § 311 Abs. 2 S. 3 ZPO nachgewiesen, § 165 S. 1 ZPO. Der BGH hält fest:

> *„Danach ist die Urteilsformel im Anschluss an den erneuten Aufruf der Sache zur Aufzeichnung auf den Tonträger diktiert worden. Die Verkündung des Versäumnisurteils ist damit, was das Berufungsgericht zu Recht seiner Entscheidung zugrunde legt, durch mündliche Mitteilung der Urteilsformel erfolgt und gemäß § 160 Abs. 3 Nr. 7 ZPO in dem Protokoll festgestellt."*[85]

147 Dass die mündliche Verhandlung bereits zum Zeitpunkt der Verkündung geschlossen war und es gem. § 310 Abs. 1 S. 1 Alt. 2 ZPO eines gesonderten Termins zur Verkündung eines nach § 310 Abs. 2 ZPO vollständig abgefassten Urteils bedurft hätte, steht nach Auffassung des BGH der Wirksamkeit des Versäumnisurteils nicht entgegen. Der BGH verweist dabei auf frühere BGH-Rechtsprechung, wonach *„Verkündungsmängel dem wirksamen Erlass eines Urteils nur entgegenstehen, wenn gegen elementare, zum Wesen der Verlautbarung gehörende Formerfordernisse verstoßen wurde, sodass von einer Verlautbarung im Rechtssinne nicht mehr gesprochen werden"* könne. Sofern die Mindestanforderungen an die Verlautbarung gewahrt sind, hindern nach Ansicht des BGHs Verstöße gegen zwingende Formerfordernisse das Entstehen eines wirksamen Urteils nicht.

148 Die Mindestanforderungen einer Verlautbarung sind nach der Rechtsprechung des BGH:[86]
- Die Verlautbarung ist vom Gericht beabsichtigt.
- Die Absicht der Verlautbarung durfte von den Parteien auch als solche verstanden werden.
- Die Parteien wurden vom Erlass und Inhalt der Entscheidung förmlich unterrichtet.

149 Im vorliegenden zu entscheidenden Fall hielt der BGH diese Mindestanforderungen für eingehalten. Der Verstoß gegen die ordnungsgemäße Bekanntgabe des Verkündungstermins an die Parteien als auch die Verletzung der Vorschrift des § 310 Abs. 2 ZPO seien unschädlich.

150 Die Sitzungsniederschrift stellte im vorliegenden Fall zudem das vollständige gem. § 317 Abs. 1 S. 1 ZPO zuzustellende Urteil dar, da es eines Tatbestands und der Entscheidungsgründe gem. § 313b Abs. 1 S. 1 ZPO nicht bedurfte. Hier waren die entsprechenden Voraussetzungen
- die nach § 160 Abs. 3 Nr. 6 ZPO festzustellende Entscheidung des Gerichts,
- die Angaben gem. § 313 Abs. 1 Nr. 1–4 ZPO sowie
- die Unterschriften aller mitwirkenden Richter

enthalten.

151 Im Ergebnis hielt der BGH dann fest, dass die Einspruchsfrist des § 339 Abs. 1 ZPO am 11.5.2020 zu laufen begonnen hatte, obwohl dem Prozessbevollmächtigten der Beklagten unter Verletzung zwingender Zustellungsvorschriften dieses Urteil zugegangen war.

152 Der BGH sieht im Übrigen **keinen Mangel** darin, dass in dem elektronischen Empfangsbekenntnis lediglich das Protokoll, nicht aber das darin enthaltene Versäumnisurteil **aufgeführt** worden ist. Nicht erforderlich ist, dass das Empfangsbekenntnis den **Inhalt eines Dokuments** „aufschlüsselt"; die Zustellung ist lediglich die „*Bekanntgabe eines bestimmten Dokuments*". Der BGH verweist auf seine Rechtsprechung u.a. bereits aus dem Jahre 1969, wonach das zuzustellende Schriftstück in dem Empfangsbekenntnis lediglich so ausreichend zu bezeichnen ist, dass seine Identität außer Zweifel steht.[87] Nach Ansicht des BGH

---

[85] BGH, a.a.O., II (2).
[86] BGH, a.a.O., unter Verweis auf: BGH, Urt. v. 12.3.2004 – V ZR 37/03, NJW 2004, 219, 220 m.w.N.
[87] BGH, a.a.O., u.a. unter Verweis auf: BGH, Beschl. v. 12.3.1969 – IV ZB 3/69, NJW 1969, 1297; BGH, Urt. v. 18.5.1994 – IV ZR 8/94, VersR 1994, 1495; BGH, Beschl. v. 31.5.2000 – XII ZB 211/99, VersR 2001, 606.

E. Beispiele und Problemfelder § 15

erfüllt das Empfangsbekenntnis vom 11.5.2020, das die Kenntnisnahme der Übermittlung des Protokolls vom 4.5.2020, in welchem das Versäumnisurteil enthalten ist, bestätigt, diese Anforderung.

Der BGH stellt jedoch fest, dass sich ein Zustellungsmangel daraus ergibt, dass dem Prozessbevollmächtigten der Beklagten entgegen §§ 317 Abs. 1 S. 1, 169 Abs. 2 S. 1 ZPO lediglich eine einfache Abschrift (anstelle einer beglaubigten Abschrift) des Urteils zugestellt worden ist. **153**

Der BGH verweist auch in dieser Entscheidung, wie schon in einigen vorangegangenen Entscheidungen, darauf, dass seit der Änderung des § 317 ZPO zum 1.7.2014[88] die Zustellung der Ausfertigung eines Urteils gem. § 317 Abs. 2 S. 1 ZPO nicht mehr Voraussetzung für den Beginn der Frist ist.[89] Die gem. § 317 Abs. 1 S. 1 ZPO zuzustellende Abschrift eines Urteils ist gem. § 169 Abs. 2 S. 1 ZPO von der Geschäftsstelle des Gerichts zu beglaubigen. Der BGH verweist zwar auf eine entsprechende Änderung der damaligen alten Vorschrift des § 170 Abs. 1 ZPO a.F. durch das Zustellungsrechtsreformgesetz[90] und somit darauf hin, dass der Gesetzgeber weiterhin davon ausgeht, dass Schriftstücke entweder in Urschrift, Ausfertigung oder beglaubigter Abschrift zuzustellen sind.[91] Weiter vertritt der BGH die Auffassung, dass die Beglaubigung einer zuzustellenden Abschrift gem. § 169 Abs. 2 S. 1 ZPO stets dann ausreichend, aber auch erforderlich ist, wenn das Gesetz keine andere Regelung enthält.[92] **154**

Erforderlich für die wirksame Zustellung ist bei Zustellung einer elektronischen Abschrift gem. § 169 Abs. 4 S. 1 ZPO, dass die Beglaubigung durch den Urkundsbeamten der Geschäftsstelle gem. § 169 Abs. 4 S. 2 ZPO durch Anbringung einer qualifizierten elektronischen Signatur erfolgt. Dies war hier vorliegend offenbar nicht der Fall, weshalb vorliegend ein Zustellungsmangel gegeben war. **155**

Allerdings, und hier stimmt der BGH dem Berufungsgericht zu, sei der Zustellungsmangel gem. § 189 ZPO geheilt. Danach ist ein Dokument, dessen formgerechte Zustellung sich nicht nachweisen lässt oder das unter Verletzung zwingender Zustellungsvorschriften zugegangen ist, in dem Zeitpunkt als zugestellt anzusehen, in dem das Dokument der Person, an die die Zustellung gesetzesgemäß gerichtet war oder gerichtet werden konnte, tatsächlich zugegangen ist. Diese Voraussetzungen sind im vorliegenden Fall nach Ansicht des BGH gegeben. Es war gem. § 172 Abs. 1 S. 1 ZPO zwingend an den Prozessbevollmächtigten zuzustellen. Der für eine wirksame Zustellung erforderliche Empfangswille wurde hier angenommen, da der Prozessbevollmächtigte der Beklagten ein elektronisches Empfangsbekenntnis unstreitig mit Datum vom 11.5.2020 abgegeben hatte. Die Tatsache, dass der Prozessbevollmächtigte nicht erkannte, dass das Protokoll auch ein Versäumnisurteil beinhaltete, stünde, so der BGH, dem auf das konkrete Schriftstück bezogenen Annahmewillen nicht entgegen. Der Zustellungswille des Gerichts sei hier ebenfalls anzunehmen. **156**

Schließlich befasste sich der BGH in seiner Entscheidung auch mit der bisher noch nicht höchstrichterlich geklärten Frage, ob § 189 ZPO auch eine von der Geschäftsstelle entgegen § 317 Abs. 1 S. 1, § 169 Abs. 2 S. 1 ZPO veranlassten Zustellung einer einfachen, statt einer beglaubigten Abschrift eines Urteils umfasse. **157**

Die Rechtsprechung hat dies für folgende Dokumente in der Vergangenheit angenommen: **158**
- Einfache Abschrift einer Klageschrift[93]
- Einfache Abschrift statt beglaubigter Abschrift einer Nachweisurkunde i.S.d. § 750 Abs. 2 ZPO[94]

---

88 Gesetz zur Förderung des elektronischen Rechtsverkehrs mit den Gerichten vom 10.10.2013, BGBl I, 3786.
89 BGH, a.a.O., unter Verweis auf: BGH, Beschl. v. 15.2.2018 – V ZR 76/17, NJOZ 2018, 1145 Rn 4 zu § 544 ZPO.
90 BGBl I 2001, 1206.
91 BGH, a.a.O., unter Verweis auf: BGH, Urt. v. 22.12.2015 – VI ZR 79/15, BGHZ 208, 255 Rn 12 sowie BT-Drucks 14/4554, 16.
92 BGH, a.a.O., unter Verweis auf: BGH, Urt. v. 22.12.2015 – VI ZR 79/15, BGHZ 208, 255, a.a.O., Rn 10.
93 BGH, a.a.O., u.a. unter Verweis auf: BGH, Urt. v. 22.12.2015 – VI ZR 79/15, BGHZ 208, 255 Rn 17 ff.; BGH, Urt. v. 13.9.2017 – IV ZR 26/16, NJW 2017, 3721 Rn 17; BGH, Urt. v. 21.2.2019 – III ZR 115/18, NJW 2019, 1374 Rn 13.
94 BGH, a.a.O., unter Verweis auf: BGH, Beschl. v. 13.10.2016 – V ZB 174/15, NJW 2017, 411 Rn 21 ff.

159 Vom BGH wurde in der Vergangenheit offengelassen, ob lediglich die einfache Abschrift anstelle einer beglaubigten Abschrift **eines Urteils ausreicht**.[95] In seiner weiteren Entscheidung geht der BGH dann auf den Meinungsstreit zur Zustellung einer **einfachen Abschrift** bei einem Urteil ein.[96]

160 Der BGH hielt sodann in seiner Entscheidung fest, dass wenn einer Partei

„entgegen § 317 Abs. 1 Satz 1, § 169 Abs. 2 Satz 1 ZPO statt einer beglaubigten Abschrift lediglich eine einfache Abschrift des Urteils zugestellt wird, der darin liegende Zustellungsmangel nach § 189 ZPO geheilt"

wird,

„wenn keine Zweifel an der Authentizität und Amtlichkeit der Abschrift bestehen."

Dies, so der BGH, sei anzunehmen, wenn die Zustellung in das beA eines Anwalts (als sicherer Übermittlungsweg gem. § 130a Abs. 4 Nr. 2 ZPO) erfolgt.

161 Weiter hält der BGH fest, dass die Vorschrift des § 189 ZPO grundsätzlich **weit auszulegen** ist.[97] Dies entspricht der ständigen Rechtsprechung des BGH, aber auch den Vorgaben des Zustellungsrechts, das eine Zustellung auch dann als bewirkt ansieht, wenn der Zustellungszweck anderweitig, am Ende nämlich durch tatsächlichen Zugang erreicht worden ist, siehe hierzu auch Rdn 221 in diesem Kapitel.

162 So hält der BGH denn auch sehr deutlich fest:[98]

„Zweck der Zustellung ist es, dem Adressaten angemessene Gelegenheit zu verschaffen, von einem Schriftstück Kenntnis zu nehmen und den Zeitpunkt der Bekanntgabe zu dokumentieren... Ist die Gelegenheit zur Kenntnisnahme – wie hier – gewährleistet und steht der tatsächliche Zugang fest, bedarf es besonderer Gründe, die Zustellungswirkung entgegen dem Wortlaut der Regelung in § 189 ZPO nicht eintreten zu lassen..."

163 § 189 ZPO, so der BGH, sei daher auch anzuwenden, wenn durch eine Zustellung eine Notfrist in Lauf gesetzt wird, unabhängig von der Art des Zustellungsmangels. Da beim Versäumnisurteil und dessen Einspruchsfrist, anders als bei der Berufungs- bzw. Revisionsfrist, keine Höchstfrist existiert, würde bei fehlender Heilung ein Rechtsstreit möglicherweise noch nach Jahren fortgesetzt werden müssen, wenn der Zustellungsmangel erst spät festgestellt würde.

164 Der BGH geht auch auf das Zustellungsrechtsreformgesetz aus dem Jahre 2001 sowie den Änderungen in § 317 ZPO zum 1.7.2014 und die damit verbundene Intention des Gesetzgebers ein, um sein Urteil dezidiert zu begründen. Auch auf die Frage der Authentizität und Amtlichkeit des zuzustellenden Schriftstücks (hier elektronisches Dokuments) geht der BGH im Weiteren ein. So verweist er auch auf relativ aktuelle eigene Rechtsprechung, dass die bloße Unterrichtung über den Inhalt des zuzustellenden Dokuments nicht ausreicht, um eine Heilung herbeizuführen,[99] und auch die **bloße mündliche Überlieferung** oder **handschriftliche oder maschinenschriftliche Abschrift** des Dokuments nicht zu einer Heilung des Zustellungsmangels führen.[100]

165 Nochmals betont der BGH, dass im vorliegenden Fall kein Zweifel an der Authentizität und Amtlichkeit des Versäumnisurteils bestehen konnte, weil die einfache Abschrift vom Gericht (hier beinhaltet in einem

---

95 BGH, Beschl. v. 15.2.2018 – V ZR 76/17, NJOZ 2018, 1145 Rn 10; BGH, Beschl. v. 19.6.2019 – IV ZR 224/18, Rn 20, BeckRS 2019, 13264.
96 BGH, a.a.O.
97 BGH, a.a.O., m.w.N.
98 BGH, a.a.O.
99 BGH, a.a.O., unter Verweis auf: BGH, Urt. v. 20.4.2018 – V ZR 202/16, NJW-RR 2018, 970 Rn 30; BGH, Beschl. v. 4.5.2011 – XII ZB 632/10, NJW-RR 2011, 1011 Rn 11; BGH, Urt. v. 15.3.2007 – 5 StR 536/06.
100 BGH, a.a.O., unter Verweis auf: BGH, Beschl. v. 12.3.2020 – I ZB 64/19, GRUR 2020, 776 Rn 25; BGH, Beschl. v. 7.10.2020 – XII ZB 167/20, NJW-RR 2021, 193 Rn 12.

X. Zustellungen in ein Gesellschafts-beA

Im Hinblick auf den Titel dieses Werks wird nachfolgend lediglich auf das Gesellschafts-beA eingegangen, nicht auf das Gesellschaftspostfach für Steuerberater (siehe § 2 Rdn 70). Zum Gesellschaftspostfach nach § 31b BRAO allgemein siehe auch die Ausführungen hierzu in § 2 Rdn 19 ff.; zu den technischen Problemen im Gesellschafts-beA § 2 Rdn 36 in diesem Werk. Das Zustellungsrecht passte schon lange nicht mehr in die heutige Zeit, da hier nicht ausreichend berücksichtigt ist, dass in der Regel heutzutage häufig nicht mehr nur ein Anwalt oder eine Anwältin Vertreter der Partei ist, sondern vielmehr eine „Kanzlei", d.h. eine Berufsausübungsgesellschaft. So war es dann auch bisher so, dass z.B., wenn eine GmbH Mandatsträgerin war, die Zustellung an den Geschäftsführer der GmbH in Anwendung des § 170 ZPO erfolgte.[101]

166

Mit der BRAO-Reform zum 1.8.2022[102] wurde ein obligatorisches empfangsbereites beA für Berufsausübungsgesellschaften mit passiver Nutzungspflicht für alle im BRAV eingetragenen (zugelassenen) Gesellschaften, § 31b Abs. 1 S. 1 u. Abs. 5 BRAO eingeführt; das Gesellschafts-beA wird unverzüglich nach Eintragung der Berufsausübungsgesellschaft empfangsbereit eingerichtet, § 21 Abs. 1 S. 2 RAVPV, siehe auch die Ausführungen zum Gesellschafts-beA unter § 2 Rdn 19 ff. in diesem Werk.

167

Das Gesellschafts-beA wird als „sicherer Übermittlungsweg" ausgestaltet, sodass bei Sendung ohne qeS erkennbar ist, dass ein vertretungsberechtigter Gesellschafter aus dem Gesellschafts-beA sendet, § 31b Abs. 2 BRAO, § 20 Abs. 3 RAVPV, § 21 Abs. 3 RAVPV; das Recht, ohne qeS zu senden, ist bei Berufsausübungsgesellschaft auf nicht vertretungsberechtigte Anwälte nicht übertragbar, § 23 Abs. 3 S. 5 RAVPV; eine Ausnahme hiervon stellen zum 1.8.2022 eEBs dar, § 23 Abs. 3 S. 6 RAVPV, sowie Nachrichten (und damit auch Schriftsätze), § 23 Abs. 3 S. 7 RAVPV. Für den Nachrichtenversand ohne qualifizierte elektronische Signatur, jedoch mit VHN, muss in diesem Fall die Rolle „VHN-Berechtigter" an einen Anwalt, der in der Berufsausübungsgesellschaft tätig ist, vergeben worden sein, siehe dazu auch § 7 Rdn 29 und Rdn 64 in diesem Werk. Zu den technischen Problemen im Gesellschafts-beA, die Probleme der Justiz, den sendenden Anwalt aus dem Transferprotokoll herauslesen zu können, und die Empfehlung von BRAK und DAV v. 29.9.2022, aus dem Gesellschafts-beA mit qualifizierter elektronischer Signatur zu versenden, siehe auch § 2 Rdn 36 in diesem Werk.

168

> *Beispiel*
>
> Die Anton Huber und Franz Schmitz GmbH wird beigeordnet im Wege der PKH; sie ist auch Mandatsträger („beauty-is-our-duty GmbH ./. Anna van Lipp"). Geschäftsführer u. Gesellschafter sind RA Huber u. RA Schmitz.
>
> **Frage:**
>
> Muss nun zwingend an das Gesellschafts-beA der Berufsausübungsgesellschaft zugestellt werden oder wäre der Zustellungsversuch auch wirksam, wenn er an RA Anton Huber in sein persönliches beA erfolgt? Anders gefragt: Könnte RA Huber die Abgabe des Empfangsbekenntnisses verweigern, § 14 S. 2 BORA, wenn die Zustellung nicht an das Gesellschafts-beA erfolgt?

169

---

101 BGH, Urt. v. 6.5.2019 – AnwZ (Brfg) 69/18, NZA 2019, 858.
102 **Hinweis:** Die nachfolgenden zitierten Vorschriften beziehen sich auf die ab 1.8.2022 geltende Fassung.

Antwort:

Die Frage ist **nicht**: Sollte er dies tun? Im Rahmen einer geordneten Rechtspflege und einer „ordentlichen" Bearbeitung des Mandats wird er womöglich an der Zustellung mitwirken. Aber **muss** er auch? Und ggf. im Verhältnis zum Mandanten: **Darf** er überhaupt?

Das Gesellschafts-beA ist nur ein weiterer sicherer Übermittlungsweg für die vertretungsberechtigten Gesellschafter. Da nur die vertretungsberechtigten Anwälte im Gesellschafts-beA wie „Postfachinhaber im persönlichen beA" agieren können, handelt es sich u.E. nach dann um einen wirksamen Zustellungsversuch, wenn dieser entweder ins Gesellschafts-beA oder aber an das persönliche beA des RA Huber erfolgt. Das Empfangsbekenntnis ist daher abzugeben, wenn die Zustellung ansonsten ordnungsgemäß war, § 14 S. 1 BORA.

170 *Tipp*

Wenn eine Doppelzustellung (Gesellschafts-beA und persönliches beA) erfolgt, sollte darauf geachtet werden, dass nicht versehentlich zwei eEBs mit unterschiedlichen Daten abgegeben werden. Im Zweifel ist vom frühesten Zeitpunkt der Zustellung auszugehen.[103]

171 *Beispiel*

An die mandatstragende Anton Huber und Franz Schmitz GmbH („beauty-is-our-duty GmbH ./. Anna van Lipp") erfolgt ein Zustellungsversuch gegen eEB. Anton Huber (RA, Geschäftsführer u. Gesellschafter) ist der alleinige Sachbearbeiter des Mandats.

Franz Schmitz (RA, Geschäftsführer u. Gesellschafter) geht am Wochenende in die Kanzleiräume (Samstag) und öffnet im Gesellschafts-beA die dort enthaltenen, noch nicht bearbeiteten Posteingänge, u.a. auch in Sachen „beauty-is-our-duty GmbH ./. Anna van Lipp", und nimmt diese zur Kenntnis. Im Nachrichtenjournal ist das Öffnen der Datei mit Datum und Person, die geöffnet hat, verzeichnet. Huber kommt erst vier Tage später wieder in die Kanzlei (Mittwoch).

Frage:

Wer gibt welches Datum der Kenntnisnahme auf dem eEB an?

Antwort:

Da an beide Anwälte ein wirksamer Zustellungsversuch erfolgen kann, ist vom frühesten Zeitpunkt (Kenntnisnahme durch RA Schmitz am Sa.) für den Fristenlauf auszugehen. Korrekterweise sollte RA Schmitz die Kenntnisnahme bestätigen. Denn RA Huber hat die Eingangspost erst am Mittwoch gesehen; er könnte also den Samstag nicht bestätigen, ohne zu lügen.

Ergänzende Frage:

Wie wäre denn der Fall zu beurteilen, wenn RA Schmitz jedoch die Nachricht sofort wieder schießt, sobald er entdeckt, dass sie kein von ihm bearbeitetes Mandat betrifft. Dann hat er diese doch gar nicht mit „Empfangswillen zur Kenntnis genommen"? Siehe hierzu unsere Ausführungen unter Rdn 91 ff oben.

---

[103] OLG Frankfurt a.M., Beschl. v. 29.6.2022 – 3 U 102/22, BeckRS 2022, 19106; BGH, Beschl. v. 10.4.2003 – VII ZR 383/02, NJW 2003, 2100 unter Verweis auf: BGH, Urt. v. 23.10.1990 – VI ZR 105/90, BGHZ 112, 345, 347 = NJW 1991, 1176; BVerwG, Beschl. v. 21.12.1983 – 1 B 152/83, NJW 1984, 2115.

XI. Doppelzustellung gegen EB/eEB

Doppelzustellungen[104] können auf unterschiedliche Art und Weise erfolgen. Dabei kann eine Doppelzustellung ein Versehen sein oder aber der Versuch, eine vermeintlich oder tatsächlich unwirksame Zustellung zu heilen. Wir unterscheiden:

1. Doppelzustellung an dieselbe natürliche Person (Anwalt) in sein persönliches beA
2. Doppelzustellung an dieselbe natürliche Person, sowohl in ihr beA als auch z.B. in ihr beN oder beSt, wenn ein Rechtsanwalt gleichzeitig auch Steuerberater oder Notar ist und über ein weiteres besonderes elektronisches Postfach verfügt
3. Doppelzustellung an verschiedene Anwälte (natürliche Personen) derselben Kanzlei, die beide Mandatsträger sind
4. Doppelzustellung an RA als vertretungsberechtigter Gesellschafter/Partner einer Berufsausübungsgesellschaft in sein persönliches beA sowie an die Berufsausübungsgesellschaft als solche in ein Gesellschafts-beA, siehe hierzu auch § 2 Rdn 39 in diesem Werk.
5. Doppelzustellung an verschiedene Anwälte (natürliche Personen) derselben Kanzlei, bei denen nur einer Mandatsträger ist, der andere ist angestellter Rechtsanwalt

Wird an mehrere Prozessbevollmächtigte zugestellt, so ist für den Beginn des Laufs der prozessualen Frist die **zeitlich erste** Zustellung ausschlaggebend,[105] denn gem. § 84 S. 1 ZPO sind mehrere Bevollmächtigte berechtigt, sowohl gemeinschaftlich als auch einzeln die Partei zu vertreten. Eine Beschränkung der Prozessvollmacht ist nur in den engen Grenzen des § 83 ZPO möglich. In dem vom BGH[106] entschiedenen Fall wurde die Partei von zwei Anwälten aus örtlich unterschiedlichen Kanzleien vertreten. Es besteht jedoch kein Zweifel daran, dass dieser Grundsatz auch gilt, wenn Anwälte derselben Kanzlei angehören oder aber die Zustellung einerseits in ein Gesellschaftspostfach als auch andererseits an einen Anwalt persönlich erfolgt. Entscheidend ist nach unserer Auffassung, wer Mandatsträger ist. An jeden mandatstragenden Anwalt kann wirksam ein Zustellungsversuch erfolgen.

> *Beispiel*
> RAin Dr. Groß vertritt den Mandanten als Haupt-/Prozessbevollmächtigte in einem Zivilverfahren. Als Unterbevollmächtigter hat sich RA Friedrich legitimiert. Die Mitarbeiterin des Gerichts nimmt nun die Zustellung zunächst an RA Friedrich mit Datum vom 13.6. vor; am 16.6. stellt sie zufällig fest, dass der Richter die Zustellung an RAin Dr. Groß verfügt hatte; es erfolgt somit nochmals eine Zustellung an das beA von RAin Dr. Groß. Da beide Anwälte aufgrund des Mandatsvertrags berechtigt sind, Zustellungen entgegenzunehmen, ist nun darauf zu achten, **wer wann** das Empfangsbekenntnis abgibt.

Eine ordnungsgemäße Fristenkontrolle ist nach dieser Rechtsprechung nur dann gewährleistet, wenn Vorkehrungen getroffen werden, dass für die Fristberechnung darauf geachtet wird, an wen zuerst zugestellt wurde.

So bietet es sich an, Unterbevollmächtigte und Korrespondenzanwälte darauf hinzuweisen, dass über erfolgte Zustellungen nicht nur unverzüglich zu berichten ist, sondern vielmehr auch Empfangsbekenntnisse nur in Abstimmung mit dem Prozessbevollmächtigten abgegeben werden sollten, damit bei der Berechnung der Fristen, die in der Regel vom Prozessbevollmächtigten notiert und beachtet werden, keine Diskrepanzen entstehen. Damit ist nicht gemeint, fingierte Daten in den EBs oder eEBs anzugeben (siehe

---

104 Doppelzustellung in diesem Sinne meint, dass dieselben Dokumente an denselben oder einen anderen „Kanal" zugestellt werden.
105 OLG Frankfurt a.M., Beschl. v. 29.6.2022 – 3 U 102/22, BeckRS 2022, 19106; BGH, Beschl. v. 10.4.2003 – VII ZR 383/02, NJW 2003, 2100 unter Verweis auf: BGH, Urt. v. 23.10.1990 – VI ZR 105/90, BGHZ 112, 345, 347 = NJW 1991, 1176; BVerwG, Beschl. v. 21.12.1983 – 1 B 152/83, NJW 1984, 2115.
106 BGH, Beschl. v. 10.4.2003 – VII ZR 383/02, siehe Fn. 103.

hierzu ausführlich Rdn 111 oben), vielmehr durch Gegenkontrolle/Abstimmung festzustellen, welches Zustellungsdatum für den Fristenlauf tatsächlich maßgeblich ist.

177 **Frage:**

Besteht denn eine Verpflichtung, bei Doppelzustellungen zwei Empfangsbekenntnisse abzugeben?

Antwort:

„Das kommt darauf an."

Erfolgt eine Zustellung zweimal an dieselbe natürliche Person oder aber z.B. sowohl an die natürliche Person als auch an das Gesellschaftspostfach, bei dem diese Person als die Berufsausübungsgesellschaft vertretungsberechtigt hinterlegt ist, muss nach unserer Auffassung nur ein Empfangsbekenntnis abgegeben werden. Dabei spielt es eben auch nach unserer Auffassung keine Rolle, ob die Zustellung einmal im beN und zudem im beA erfolgt ist, weil es sich z.B. um einen Anwaltsnotar handelt. Das Empfangsbekenntnis sollte nach unserer Auffassung aber aus dem Postfach heraus abgegeben werden, das die Funktion repräsentiert, in der der Zustellungsempfänger tätig wird; in einem Zivilverfahren vor dem Landgericht besteht Anwaltszwang; weshalb es sich anbietet, dann auch das Empfangsbekenntnis aus dem beA heraus abzugeben und nicht aus dem beN. Zudem empfehlen wir, in diesen Fällen (Empfangsbekenntnis aus dem beN heraus) das Gericht zu informieren, dass eine Zustellung in dieser Sache künftig bitte nur noch in das beA erfolgt, um sowohl für das Gericht als auch den Anwalt Irritationen zu vermeiden, siehe dazu auch unter Rdn 179 unten.

178 Doch was ist im Besonderen zu beachten, wenn eine Zustellung in ein Gesellschaftspostfach erfolgt und zusätzlich in das persönliche beA eines der die Gesellschaft vertretungsberechtigten Anwalts? Hierzu haben wir bereits Ausführungen unter § 2 Rdn 39 gemacht.

XII. Zustellung ins „falsches Postfach"?

179 Es stellt sich die Frage, wie es rechtlich einzuordnen ist, wenn der Zustellungsversuch in das „falsche" Postfach erfolgt.

> *Beispiel*
>
> RA K ist sowohl als Syndikusrechtsanwalt als auch als Rechtsanwalt zugelassen und verfügt daher über zwei beA. In einer Angelegenheit, die er als niedergelassener Rechtsanwalt betreut, erhält er einen Zustellungsversuch mit eEB-Anforderung in sein beA, das ihm in seiner Funktion als Syndikusrechtsanwalt zugeordnet ist.
>
> **Frage:**
>
> Handelt es sich hierbei um einen wirksamen Zustellungsversuch oder kann Rechtsanwalt K die Abgabe eines eEB in seinem beA ablehnen, weil es das „falsche" beA war?

180 Über genau einen solchen Fall hatte das LSG Hamburg zu entscheiden. Im vorliegenden Fall verfügte der Prozessbevollmächtigte des Klägers über zwei besondere elektronische Anwaltspostfächer, die nach dem Bundesweiten Amtlichen Anwaltsverzeichnis wie folgt gekennzeichnet sind:[107]

1. Rechtsanwalt (Syndikusrechtsanwalt)

V. AG Brieffach

Herr Rechtsanwalt

2. Rechtsanwalt

V. AG

---

[107] LSG Hamburg, Urt. v. 24.3.2021 – L 2 U 12/20 Rn 11, BeckRS 2021, 11272.

E. Beispiele und Problemfelder § 15

181 Die Zustellung eines Gerichtsbescheids erfolgte in das Syndikus-beA, nicht aber – was nach Ansicht des betroffenen Anwalts richtig gewesen wäre – am 23.1.2020 in sein beA als niedergelassener Anwalt. Nach Aufforderung zur Abgabe des eEB reagierte der Anwalt mit entsprechendem Vortrag, dass er die Zustellung nicht für wirksam erachte und daher die Abgabe des eEB verweigere. Der Gerichtsbescheid wurde nochmals per Post zugestellt. Die am 30.3.2020 eingelegte Berufung gegen den Gerichtsbescheid wurde als verspätet verworfen, da das LSG Hamburg die Zustellung in das Syndikus-beA für rechtens ansah und der Anwalt vom zugestellten Dokument auch Kenntnis erlangt hatte. Nach Ansicht des LSG Hamburg habe die Frist am 24.1.2020 zu laufen begonnen.

182 Das LSG stellte in seiner Entscheidung ganz pragmatisch auf den Sinn und Zweck von Zustellungen ab, was nach unserer Auffassung vertretbar ist. Die angenommene rückwirkende Heilung auf den Tag des Eingangs, siehe Rdn 208 unten, wird von den Verfassern jedoch **nicht** geteilt. So entschied das LSG Hamburg:

183 *„1. Verfügt ein Rechtsanwalt über mehrere besondere Anwaltspostfächer (beA), so kann unabhängig der Zuordnung des jeweiligen beA zu bestimmten Tätigkeitsfeldern des Rechtsanwalts an jedes aktive beA wirksam zugestellt werden (Rn 22).*

2. Hat ein Rechtsanwalt einer mit (elektronischem) Empfangsbekenntnis veranlassten gerichtlichen Zustellung nicht unverzüglich widersprochen und auch das verlangte elektronische Empfangsbekenntnis nicht an das Gericht zurückgesandt, so fehlt es an einer ordnungsgemäßen Zustellung gem. § 63 SGG, § 174 ZPO. In diesem Fall tritt wegen der direkten Übermittlung an das beA die Heilung des Zustellungsmangels und damit die Zustellungswirkung gem. § 189 ZPO rückwirkend unmittelbar nach dem Zeitpunkt ein, in dem das zuzustellende Schriftstück abgesandt worden ist, sofern keine technischen Probleme in der elektronischen Kommunikation ersichtlich sind. Dies gilt jedenfalls dann, wenn der Rechtsanwalt das zuzustellende Dokument öffnet und darauf reagiert (Rn 23 – 25). "[108]

184 Die Zustellungsregelungen der ZPO gelten gem. § 63 Abs. 2 S. 1 SGG auch in sozialgerichtlichen Verfahren. Da gem. § 166 Abs. 1 ZPO an eine „Person" und nicht an ein „Postfach" zugestellt wird, kommt es letztendlich darauf an, dass bzw. ob das zuzustellende Dokument den Postfachinhaber erreicht hat. Diese Auffassung ist grundsätzlich richtig, weshalb hier auch unseres Erachtens von einer wirksamen Zustellung ausgegangen werden kann. Gleichwohl sollten Gerichte jedoch nicht „bedenkenlos" in „irgendwelche" Postfächer zustellen, denn neben dem Zustellungsrecht gibt es auch das BDSG und die DSGVO zu beachten und Gerichte als Justizbehörden sind nach diesseitiger Auffassung auch gehalten, die Einhaltung der Verschwiegenheitspflicht von Anwälten nicht unnötig zu „torpedieren". Denn durch wahllose Übermittlung in „irgendein" Postfach kann es eben hier auch zu Problemen mit dem Datenschutz oder der Verschwiegenheit kommen und für den Anwalt weitere Probleme eröffnen. Aus diesem Grund halten wir es auch für geboten, Anwälte bei „Fehlübermittlungen" dringend darauf hinweisen, dass in dieser betroffenen Sache künftig ein bestimmtes Postfach zwingend zu nutzen ist. Wird eine solche Bitte – was aus der Seminartätigkeit den Verfassern bereits bekannt geworden ist – durch die Geschäftsstelle eines Gerichts mehrfach ignoriert, bleiben noch ein entsprechender Hinweis an den Direktor oder Präsidenten des Gerichts und der Vorbehalt der Geltendmachung sämtlicher Rechte bei weiterem künftigem Missachten. Zur Diskussion über die Frage, ob die elektronische Einreichpflicht status- oder rollenbezogen besteht, siehe auch ausführlich in § 2 Rdn 43 in diesem Werk.

185 Richtig hat das ArbG Stuttgart entschieden, dass im umgekehrten Fall die Einreichung über ein Syndikus-beA wirksam ist, auch wenn zur Prozessvertretung nur der Verband und nicht speziell der hier adressierte Syndikusrechtsanwalt bevollmächtigt worden ist.[109]

---

108 LSG Hamburg, Urt. v. 24.3.2021 – L 2 U 12/20, BeckRS 2021, 11272 (LS d. Red.).
109 ArbG Stuttgart, Beschl. v. 15.12.2021 – 4 BV 139/21, BeckRS 2021, 39251.

XIII. Fehlende oder verspätete Abgabe eines Empfangsbekenntnisses

1. Verspätete Abgabe eines Empfangsbekenntnisses

186 Praktiker kennen das Problem schon seit Jahrzehnten, dass Empfangsbekenntnisse verzögert oder mit mutmaßlich falschem Datum abgegeben werden. Der Verfasserin sind hier nicht nur zahlreiche Beispiele im Bereich der Rechtsmittel bekannt, sondern auch werden immer wieder im Bereich der Kostenfestsetzung Empfangsbekenntnisse von unterlegenen Parteien durch deren Prozessbevollmächtigte deutlich verspätet abgegeben. Hier scheint es darum zu gehen, die zweiwöchige Zahlungsfrist gem. § 798 ZPO für den eigenen Mandanten noch hinauszuzögern, da diese Zahlungsfrist erst mit der Zustellung des Kostenfestsetzungsbeschlusses zu laufen beginnt. Betroffen ist also in diesen Fällen nicht nur die Frist für die Einlegung einer etwaigen sofortigen Beschwerde, sondern vielfach eben auch die Zahlungsverpflichtung einer unterlegenen Partei. Hier sind zum Teil Verzögerungen von mehreren Wochen, sogar Monaten bekannt.

187 *Beispiel*
Der unterlegenen Partei wird der Kostenfestsetzungsbeschluss förmlich (gegen Empfangsbekenntnis) an deren Prozessbevollmächtigte zugestellt. Die obsiegende Partei erhält, da antragsgemäß festgesetzt wurde, den Kostenfestsetzungsbeschluss formlos. Die beantragte vollstreckbare Ausfertigung des Kostenfestsetzungsbeschlusses (bereits mit dem Antrag auf Kostenfestsetzung in Befürchtung einer notwendigen Zwangsvollstreckung beantragt) lässt auf sich warten, da diese erst erteilt wird, wenn das Empfangsbekenntnis an den Zahlungsverpflichteten zurückgelangt. Nach etwa drei bis vier Wochen erfolgt ein Telefonanruf bei der Geschäftsstelle, die darauf hinweist, dass sowohl die formlose Übermittlung als auch die förmliche Zustellung per Briefpost am selben Tag veranlasst wurde. Beide Kanzleien befinden sich in München. Das Empfangsbekenntnis, so die Auskunft der Geschäftsstelle, sei noch nicht zurückgelangt. Die Akte habe noch eine Wiedervorlage von zwei Wochen; man werde hier noch abwarten und dann an die Abgabe des Empfangsbekenntnisses erinnern. Der Bitte um zeitnahe Erinnerung will man folgen. Als auch nach vier Monaten immer noch keine vollstreckbare Ausfertigung des Kostenfestsetzungsbeschlusses vorliegt, erfolgt eine neuerliche telefonische Rückfrage. Nun wird mitgeteilt, dass, nachdem auf dreifache Erinnerung (!) hin das Empfangsbekenntnis nicht zurückgesandt worden ist, der Auftrag am selben Tag noch erteilt wird, die Zustellung des Kostenfestsetzungsbeschlusses gegen Postzustellungsurkunde (PZU) vorzunehmen. Das will die hier betroffene „obsiegende Kanzlei" nicht mehr abwarten und daher fordert der Prozessbevollmächtigte des obsiegenden Klägers den Prozessbevollmächtigten des unterlegenen Beklagten per Fax auf, noch am selben Tag den Nachweis über die Rücksendung des Empfangsbekenntnisses an das Gericht vorzunehmen, da ansonsten die hier bereits vorbereitete Beschwerde an die Rechtsanwaltskammer erfolgen wird. Auf § 14 S. 1 BORA wird hingewiesen. Es wird ein Zeitfenster von drei Stunden für diesen Nachweis verlangt. Der Nachweis wird dann auch erbracht.

188 Eine solche Vorgehensweise seitens des zur Abgabe des Empfangsbekenntnisses verpflichteten Prozessbevollmächtigten ist in mehrfacher Hinsicht bedenklich:
- Gem. § 14 S. 1 BORA sind Rechtsanwälte verpflichtet, bei einer ordnungsgemäßen Zustellung das Empfangsbekenntnis mit Datum versehen unverzüglich zu erteilen. Sollte es sich um eine nicht ordnungsgemäße Zustellung, vgl. hierzu Rdn 72, 74 u. 285 in diesem Kapitel, handeln, ist die Mitwirkung bei der Zustellung ebenfalls unverzüglich zu verweigern, d.h. die Abgabe des Empfangsbekenntnisses mit entsprechender Begründung abzulehnen.
- Rechtsanwälte verdienen als unabhängige Organe der Rechtspflege einen besonderen Vertrauensschutz, der bei einer derartigen missbräuchlichen Handhabung geeignet ist, nicht nur den Ruf der gesamten Anwaltschaft zu schädigen.

- Der Prozessbevollmächtigte, der hier seinen berufsrechtlichen Pflichten nicht ordnungsgemäß nachkommt und dies offenbar „im Interesse" seines Mandanten tut, muss damit rechnen, dass bei einer später eingetretenen Insolvenz seines Mandanten und der dann daraus vielleicht folgenden Nichtbeitreibbarkeit der festgesetzten Kosten er zivilrechtlich auf Schadensersatz in Anspruch genommen wird. Schadensersatzansprüche, die sich aus einer Missachtung des anwaltlichen Berufsrechts ergeben können, sind aus anderen Bereichen hinlänglich bekannt, so z.B. bei Verstoß gegen die Hinweispflicht zur Abrechnung nach Gegenstandswert[110] sowie bei Verstoß gegen die Hinweispflicht auf mögliche Inanspruchnahme von Prozesskostenhilfe.[111]
- Ein solches Fehlverhalten kann dazu führen, dass es Kollegen im Gegenzug dazu animiert, sich ebenso zu verhalten, was zu einer weiteren Absenkung des Ansehens der Anwaltschaft führen kann.
- Man darf davon ausgehen, dass Richter und auch Geschäftsstellen von einem derartigen Fehlverhalten im besten Falle „genervt" sind; im schlechtesten Fall sich den Namen des entsprechenden Anwalts merken. Es soll hier Richtern nicht unterstellt werden, in solchen Fällen die Prozess- und Sachleitung nicht objektiv zu führen; wo Richter allerdings Ermessensspielräume haben, dürfte wohl schon aus menschlichen Gründen damit zu rechnen sein, dass sie hier Verfahrensgrundsätze zwar gesetzeskonform, aber eher streng auslegen.

189 Bereits in der 1. Auflage dieses Werks haben wir darauf hingewiesen, dass nach unserer Auffassung die zögerliche Abgabe von Empfangsbekenntnissen (als Schriftstück oder als elektronisches Dokument) zu einer „erkämpfbaren" Zustellungsfiktion führen könnte. Denn eine **verspätete Rücksendung** eines Empfangsbekenntnisses bei einer Zustellung von Schriftstücken kann nach Auffassung des BVerfG eine Zustellungsfiktion zur Folge haben. Denn das **bewusste Sich-Verschließen vor der Kenntnisnahme**, führt nach dem BVerfG zu einer Zustellungsfiktion am dritten Tag nach Aufgabe zur Post.[112] Allerdings lagen hier zwischen vermutetem Eingang und Abgabe des Empfangsbekenntnisses ca. neun Wochen.

190 Im Zusammenhang mit dem elektronischen Rechtsverkehr erhält diese Entscheidung des BVerfG nach unserer Auffassung nochmals besondere Brisanz. Denn mit der elektronischen Übermittlung erhält das Gericht im elektronischen Rechtsverkehr eine Eingangsbestätigung. Auch wenn diese Eingangsbestätigung **kein** Empfangsbekenntnis darstellt, so weiß das Gericht doch, **wann genau bei wem** der Posteingang erfolgte. In diesem Zusammenhang darf nochmals darauf hingewiesen werden, dass Anwälte ab Ortsabwesenheit oder Hinderung der Berufsausübung von **einer** Woche (!) berufsrechtlich verpflichtet sind, einen Vertreter zu bestellen, § 53 Abs. 1 BRAO. Im Rahmen der vereinfachten Möglichkeit zur Akteneinsicht, die künftig mit der Einführung der elektronischen Akte in der Justiz einhergehen wird, ist verstärkt mit einer Überprüfung der Fristwahrung durch die Gegenseite zu rechnen. Es sollte daher tatsächlich spätestens am siebten Tag nach Posteingang die Kenntnisnahme der Post durch den Anwalt erfolgen, wenn kein Vertreter bestellt wurde. Schließlich regelt auch das Berufsrecht der Anwälte in § 14 BORA, dass Empfangsbekenntnisse unverzüglich mit Datum zu versehen und zurückzusenden sind, wenn die Zustellung ordnungsgemäß war. Nimmt also der – z.B. von einer Geschäftsreise zurückkehrende Anwalt – ein elektronisches Dokument im Rahmen eines Zustellungsversuchs gem. § 173 Abs. 3 ZPO am siebten Tag nach Eingang zur Kenntnis, sollte auch am selben Tag das mit diesem Datum versehene eEB abgesendet werden. Siehe ergänzend hierzu auch die Entscheidung des OVG Saarlouis, Rdn 194 unten.

191 Zur Entkräftung eines auf einem eEB angegebenen Datums bei Zweifel des Gerichts oder Gegners siehe auch ergänzend Rdn 119 ff. in diesem Kapitel.

192 Im Übrigen sollte die Formulierung im bis 31.12.2021 geltenden § 174 ZPO „*zurückzusenden ist*" keine prozessuale Pflicht zur Rücksendung ausdrücken, sondern lediglich das Fehlen einer Pflicht der Ge-

---

110 BGH, Urt. v. 11.10.2007 – IX ZR 105/06, NJW 2008, 371; BGH, Urt. v. 24.5.2007 – IX ZR 89/06, NJW 2007, 2332.
111 OLG Koblenz, Beschl. v. 17.6.1997 – 14 W 340/97, NJW-RR 1998, 864; zur Beratungshilfe: OLG Celle, Beschl. v. 17.7.2009 – 3 U 139/09, NJW-RR 2010, 133.
112 Leitsatz der NJW-RR-Redaktion, BVerfG (3. Kammer des Ersten Senats), Beschl. v. 14.4.2010 – 1 BvR 299/10, NJW-RR 2010, 1215.

schäftsstelle, einen vorfrankierten Rückumschlag beizulegen.[113] Durch die geänderte Formulierung seit 1.1.2022 besteht nach unserer Auffassung sowohl nach § 173 Abs. 3 ZPO als auch nach § 175 Abs. 4 ZPO eine prozessuale Rücksendepflicht, siehe dazu auch Rdn 33 u. 204 in diesem Kapitel.

2. Fehlende Abgabe eines Empfangsbekenntnisses

193 In der Praxis kommt es leider auch häufig vor, dass angeforderte Empfangsbekenntnisse gar nicht zurückgesendet werden. Gerade im Umgang mit dem beA konnte hier eine Häufung solcher Fälle in der Praxis festgestellt werden.

194 Auch bei der Zustellung elektronischer Dokumente, bei denen der Nachweis der Zustellung durch elektronisches Empfangsbekenntnis erfolgt,[114] kommt es jedoch nicht darauf an, wann das zuzustellende Dokument in den Machtbereich des Empfängers gelangt ist (= eingegangen ist), sondern darauf, wann der Zustellungsadressat das Dokument tatsächlich und empfangsbereit entgegengenommen hat.[115] Auf die Kenntnisnahme des Inhalts kommt es aber nicht an, vgl. dazu Rdn 208 unten. Die Eingangsbestätigung wird damit nicht automatisch Ersatz für ein nicht abgegebenes (oder ggf. zurückgewiesenes) Empfangsbekenntnis.

195 Gibt der Anwalt kein EB ab, kommt es für die Frage des Zustellungsdatums auf den weiteren Ablauf an. Aus der **fehlenden Rücksendung eines Empfangsbekenntnisses** lässt sich jedoch noch nicht auf fehlende Empfangsbereitschaft des Prozessbevollmächtigten schließen, **wenn** sein Wille zum Empfang aus anderen Umständen des Falls ausreichend zuverlässig festgestellt werden kann, z.B. indem der Anwalt seinem Mandanten das Urteil übersendet oder ihm einen Rat zu Einlegung der Berufung erteilt bzw. einen derartig erteilten Auftrag annimmt.[116] Der BGH bestätigte,[117] dass zwar bei Zustellung gegen Empfangsbekenntnis zu ihrer Wirksamkeit vorauszusetzen ist, dass der Rechtsanwalt das ihm zugestellte Schriftstück mit dem Willen entgegennimmt, es als zugestellt gegen sich gelten zu lassen und dies durch Unterzeichnung des Empfangsbekenntnisses beurkundet. Es sei, so der BGH, aber auch höchstrichterlich geklärt, dass allein der Umstand, dass der Rechtsanwalt – wie hier – eine

> *„Rücksendung des ihm zu Zwecken der Beurkundung des Zustellungsempfangs übermittelten Empfangsbekenntnisses unterlässt, eine Heilung des Zustellungsmangels gem. § 189 ZPO nicht hindert, wenn neben dem tatsächlichen Zugang des zuzustellenden Schriftstücks die weiter erforderliche Empfangsbereitschaft des Zustellungsempfängers anderweit festgestellt werden kann (BGH, NJW 1989, 1154 = WM 1989, 238 unter II 2; BVerwG, NJW 2007, 3223)."*

196 Für einen Zustellungsversuch ins beA gegen eEB hat das VG Leipzig entschieden, dass dann, wenn ein Empfangsbekenntnis nicht zurückgesandt wird, derjenige Tag als Zustellungstag anzusehen ist, an dem das Schriftstück nach dem normalen Verlauf der Dinge erstmals in die Hände des Empfängers gelangt sein könnte; dies sei, so das VG Leipzig, der dritte Tag nach Absendung.[118] Die Entscheidung wurde zu Recht vielfach kritisiert, da das VG Leipzig die Vorschriften des Verwaltungsverfahrensgesetzes ana-

---

113 MüKo-ZPO/*Häublein*, 5. Aufl., § 174 Rn 12 unter Verweis auf BT-Drucks 14/4554, 31 und OLG Hamm NJW 1998, 1223.
114 § 174 Abs. 4 ZPO in der bis 31.12.2021 geltenden Fassung sowie § 173 Abs. 3 ZPO in der seit 1.1.2022 geltenden Fassung.
115 OVG Saarlouis, Beschl. v. 10.3.2022 – 1 A 267/20, NVwZ 2022, 658; so auch bereits OVG Saarlouis, Beschl. v. 27.9.2019 – 1 D 155/19, NJW 2019, 3664 = NVwZ 2020, 330; ebenso: OVG Schleswig, Beschl. v. 23.1.2020 – 4 LA 211/18, BeckRS 2020, 579.
116 BGH, Beschl. v. 13.1.2015 – VIII ZB 55/14, BeckRS 2015, 2140 = NJW 2015, 3521 (Ls.) = AnwBl 2015, 349 = NJW-RR 2015, 953; vgl. dazu auch: BGH, Urt. v. 22.11.1988 – VI ZR 226/87, WM 1989, 238; BVerwG NJW 2007, 3223.
117 BGH, Beschl. v. 13.1.2015 – VIII ZB 55/14, a.a.O., unter Verweis auf BGH NJW 2012, 2117 = WM 2012, 1210 Rn 6; BGHZ 191, 59 = NJW 2011, 3581 Rn 16; BGH, Urt. v. 7.12.2009 – II ZR 139/08, BeckRS 2010, 01362 Rn 12, jew. w. m.w.N.; vgl. dazu aber auch: BGH, Urt. v. 22.11.1988 – VI ZR 226/87, WM 1989, 238; BVerwG NJW 2007, 3223.
118 VG Leipzig v. 13.5.2019 – 7 K 2184/16.A, BeckRS 2019, 10081.

log angewendet hatte, das jedoch nur für außergerichtliche behördliche und nicht justizbehördliche Verfahren gilt.

Dies sieht das OVG Saarlouis anders und widerspricht dem VG Leipzig: **197**

„1. Der Zeitpunkt der tatsächlichen und empfangsbereiten Entgegennahme ist auch dann maßgeblich, wenn (wie hier) ein formgerechtes elektronisches Empfangsbekenntnis nicht oder nicht zeitnah nach Eingang des Dokuments im beA übersandt wird.

2. Die bisweilen vertretene analoge Anwendung der verwaltungsverfahrens- bzw. -zustellungsrechtlichen „Drei-Tages-Fiktion" in Anknüpfung an das Datum des bestätigten Dokumenteneingangs im beA verbietet sich."[119]

Das Zustellungsdatum ist der Zeitpunkt der tatsächlichen und empfangsbereiten Entgegennahme selbst dann, wenn ein formgerechtes elektronisches Empfangsbekenntnis **nicht** oder **nicht zeitnah** nach Eingang des Dokuments im beA übermittelt wird.[120] Es kann dabei **nicht** für die Ermittlung des Zustellungsdatums auf die automatisierte Eingangsbestätigung abgestellt werden.[121] **198**

„1. Eine Zustellung ist auch ohne Rücksendung des vollständig ausgefüllten Empfangsbekenntnisses wirksam, wenn der Empfänger das zuzustellende Schriftstück in Kenntnis der Zustellungsabsicht tatsächlich entgegengenommen hat.

2. § 31a Abs. 6 BRAO verpflichtet dazu, Zustellungen und den Zugang von Mitteilungen über das besondere elektronische Anwaltspostfach zur Kenntnis zu nehmen.

3. Wird das Empfangsbekenntnis nicht zurückgesandt, ist derjenige Tag als Zustellungstag anzusehen, an dem das Schriftstück nach dem normalen Verlauf der Dinge erstmals in die Hand des Empfängers gelangt sein könnte.

4. Dieser Tag ist der dritte Tag nach Absendung des Dokuments."[122]

Der Gesetzgeber hat im Zusammenhang mit der Einführung des elektronischen Rechtsverkehrs mit den Gerichten einen „Zustellungsnachweis durch automatisierte Eingangsbestätigung" erwogen,[123] im Laufe des Gesetzgebungsverfahrens aber aufgrund der erforderlichen Dokumentation des anwaltlichen Annahmewillens verworfen. **199**

Von besonderem Interesse ist die Entscheidung des OVG Saarlouis deshalb, weil das Urteil bereits am 9.7.2020 im beA des Prozessbevollmächtigten eingegangen war, gleichwohl der von ihm (nicht formgerecht) schriftsätzlich bestätigte Empfang am 21.7.2020 nicht für problematisch angesehen worden ist. Vielmehr ließ das OVG Saarlouis dieses Datum gelten, sodass der am 21.8.2020 eingereichte Antrag auf Zulassung der Berufung in diesem verwaltungsgerichtlichen Verfahren fristgerecht gestellt war. Auf eine notwendige Unverzüglichkeit ist das OVG Saarlouis aber nicht eingegangen, sodass der Entscheidung im Hinblick auf die Vorschriften des § 14 S. 1 BORA sowie § 53 Abs. 1 Nr. 1 BRAO mit Bedenken begegnet wird, auch wenn diese zunächst anwaltsfreundlich scheint. **200**

Der Empfangswille des Zustellungsadressaten wird bei einer Zustellung gegen Empfangsbekenntnis ausdrücklich vorausgesetzt. Eine solche Zustellung ist nicht zu vergleichen oder verwechseln mit einer Zustellung z.B. gegen Postzustellungsurkunde oder auch einer Zustellung durch den Gerichtsvollzieher gem. § 193a ZPO, da der Zustellungserfolg und damit das Zustellungsdatum von der Mitwirkung des Zustellungsadressaten **nicht** abhängig ist. **201**

---

119 OVG Saarlouis, Beschl. v. 10.3.2022 – 1 A 267/20 NVwZ 2022, 658.
120 OVG Saarlouis, Beschl. v. 10.3.2022 – 1 A 267/20, a.a.O.
121 OVG Saarlouis, Beschl. v. 10.3.2022 – 1 A 267/20 a.a.O., Rn 10.
122 VG Leipzig, Urt. v. 13.5.2019 – 7 K 2184/16.A, BeckRS 2019, 10081.
123 Beschlussempfehlung und Bericht des Rechtsausschusses vom 12.6.2013, BT-Drucks 17/13948, 34.

202 Richter können in der Regel problemlos aufgrund der von ihnen eingesetzten Justizfachsoftware, wie z.B. EUREKA-Fach, mühelos an ihrem Richterarbeitsplatz einsehen, wann der Zugang einer elektronischen Nachricht im beA erfolgt ist.

203 Besonderheit in der Entscheidung des OVG Saarlouis: Der hier betroffene Anwalt hatte offenbar einen Dienstleister zum „Ausdrucken" der beA-Eingänge zwischengeschaltet, gab kein formgerechtes eEB ab, sondern bestätigte die Kenntnisnahme mit Datum vom 21.7.2020 per Schriftsatz; dieses Datum sah das OVG Saarlouis als nicht zu widerlegen an.[124]

204 Zu Recht kritisiert *Müller* – wie auch wir – an der Entscheidung des OVG Saarlouis,[125] dass das berufsrechtliche Verhalten hier nicht einwandfrei ist, da die Pflicht zur unverzüglichen Rücksendung auch in diesem Zusammenhang „ohne schuldhaftes Zögern" bedeuten würde. Das „ohne schuldhaftes Zögern" nicht unbedingt „sofort" meint, liegt nach *Müller* auf der Hand, da eine solche Auslegung Sinn und Zweck des EBs ad absurdum führen würde. So führt Müller aus:[126]

> *„Das EB-Privileg soll es dem Zustellungsadressaten gerade ermöglichen, einen gewissen zeitlichen Freiraum zu erlangen, um erforderliche Mitwirkungshandlungen der Zustellung mit der erforderlichen Sorgfalt zu tätigen, bspw. zu prüfen, ob er der richtige Adressat ist, ob die Zustellung formal ordnungsgemäß erfolgt ist und auch, um der (anwaltlichen) Sorgfalt folgend, den Lauf der Frist zu vermerken (vgl. bspw. BGH NJW 1974, 1469; BVerfG NJW 2001, 1563 = NVwZ 2001, 796 Ls.). Das Privileg des Empfängers darf dieser andererseits nicht missbräuchlich einsetzen, sicher wird man gerade einem Rechtsanwalt aber zuzubilligen haben, dass er die Fristen des § 53 I BRAO – also bis zu zwei Wochen – bis zur Abgabe eines eEB ausschöpfen darf. Die EB-Privilegierung im elektronischen Rechtsverkehr ist letztlich die Gegenleistung für die aufgebürdete aktive Nutzungspflicht gem. § 55d VwGO (= § 130d ZPO)."*

205 Während *Müller* grundsätzlich in seiner Auffassung Recht zu geben ist, wird diesseits die zum 1.8.2021 neu eingeführte „Zwei-Wochen-Frist" von den Verfassern nicht bei der Abgabe eines EB oder eEB gesehen. Die Zwei-Wochen-Frist des § 53 Abs. 1 Nr. 2 BRAO bezieht sich lediglich auf die Ortsabwesenheit, nicht aber auf die Verhinderung zur Berufsausübung. Hier ist zu unterscheiden. Durch den elektronischen Rechtsverkehr und die Nutzung des beAs ist es durchaus möglich, seine Berufsausübung auch bei Ortsabwesenheit vorzunehmen. Bei der Verhinderung der Berufsausübung (und damit u.a. der Kenntnisnahme und Abgabe von Empfangsbekenntnissen, vgl. dazu § 7 Rdn 20 in diesem Werk) ist es bei einer Ein-Wochen-Frist geblieben, siehe dazu § 53 Abs. 1 Nr. 1 BRAO in der seit dem 1.8.2021 geltenden Fassung.

206 In seiner Anmerkung zur Entscheidung des OVG Saarlouis[127] stellt *Müller* infrage, welche Rechtsfolge sich aus einem nicht zurückgesandten eEB, wie hier, ergibt,[128] und ob eine fehlende Rücksendung eines eEB gem. § 189 ZPO zu einer Heilung des Zustellungsmangels auf den „tatsächlichen Zugang", d.h. hier den 9.7.2020, führt, der das Eingangsdatum darstellt. Zu Recht wendet *Müller* ein, **dass die Eingangsbestätigung technisch vor der Kenntnisnahme durch den Anwalt erzeugt wird und damit auch seinen Empfangswillen nicht dokumentieren kann.**[129] So geht *Müller* davon aus, dass bei der fehlenden Abgabe eines eEB ein zeitliches Vordatieren „wohl nur in Betracht" kommt, *„wenn der Empfangswille nachträglich aus den Umständen erkennbar wird, bspw. weil gegen die zugestellte Entscheidung zu einem*

---

124 OVG Saarlouis, Beschl. v. 10.3.2022 – 1 A 267/20, NVwZ 2022, 658 Rn 10.
125 *Dr. Henning Müller*, Anm. zu OVG Saarlouis v. 10.3.2022 – 1 A 267/20, NVwZ 2022, 658.
126 *Müller*, a.a.O.
127 OVG Saarlouis, Beschl. v. 10.3.2022 – 1 A 267/20, NVwZ 2022, 658.
128 Zurückgesandt wurde nicht das eEB, sondern offenbar eine schriftsätzliche Mitteilung über das Kenntnisnahmedatum, was nach Ansicht der Verfasser aber durchaus einem Empfangsbekenntnis entspricht, jedoch nicht einem formgerechten.
129 *Dr. Henning Müller*, Anm. zu OVG Saarlouis v. 10.3.2022 – 1 A 267/20, NVwZ 2022, 658.

früheren Zeitpunkt Rechtsmittel eingelegt und auf sie Bezug genommen wird", siehe hierzu auch die Ausführungen der Verfasser zur Entkräftung eines falschen Datums auf einem abgegebenen Empfangsbekenntnis unter Rdn 119 in diesem Kapitel.

Müller vertritt zudem die Auffassung,[130] dass § 175 Abs. 4 ZPO eine Spezialnorm ist, die z.B. § 130d ZPO vorgeht, was der notwendigen Form der Rücksendung eines Empfangsbekenntnisses bei einer Zustellung von Schriftstücken entspricht.

207

Das OLG Brandenburg[131] geht sieht in der fehlenden Abgabe einen „nicht formgerechten Nachweis" der Zustellung und damit eine Zustellungsheilung gem. § 189 ZPO. Dieser Auffassung ist nach unserer Meinung nicht zu folgen. Zwar hat der BGH schon 2020 gefordert, um eine Heilung gem. § 189 ZPO annehmen zu können, dass das zuzustellende Dokument de facto dem Adressaten zugegangen ist.

208

Der BGH in seiner Entscheidung:[132]

209

> *„Nach § 189 ZPO gilt ein Dokument, dessen formgerechte Zustellung sich nicht nachweisen lässt oder das unter Verletzung zwingender Zustellungsvorschriften zugegangen ist, in dem Zeitpunkt als zugestellt, in dem das Dokument der Person, an die die Zustellung dem Gesetz gemäß gerichtet war oder gerichtet werden konnte, tatsächlich zugegangen ist. Eine Heilung durch den tatsächlichen Zugang des Schriftstücks i.S.d. § 189 ZPO setzt voraus, dass das Schriftstück so in den Machtbereich der Adressatin gelangt, dass sie es behalten kann und Gelegenheit zur Kenntnisnahme von dessen Inhalt hat..."*

Im Gegensatz zur Übermittlung eines Empfangsbekenntnisses als Schriftstück, bei dem sich der Posteingang tatsächlich nicht konkret nachweisen lässt, weiß der Zustellende beim Zustellungsversuch via beA (das eine Eingangsbestätigung für den Absender produziert) durch die automatisierte Eingangsbestätigung konkret, an wen (!) zu welchem Zeitpunkt (Datum + Uhrzeit!) der Eingang erfolgte. Solche Eingangsbestätigungen werden auch durch die Gerichte natürlich relativ leicht in ihren E-Akten abgespeichert bzw. nach Kenntnis der Verfasser bei Führung von Papierakten als Ausdruck aufbewahrt. Durch eine Akteneinsicht kann also somit auch der Gegner in einem Prozess zumindest das Eingangsdatum konkret nachweisen. In Kombination mit den berufsrechtlichen Pflichten zur Abgabe von Empfangsbekenntnissen lässt sich dann nach Auffassung der Verfasser über § 189 ZPO zu einer Zustellungsfiktion gelangen. Diese kann aber unseres Erachtens nach nicht der Tag des Eingangs sein; auch wenn der Eingang einer Nachricht feststeht. Denn grundsätzlich bleibt dem Anwalt die berufsrechtliche „Erlaubnis", eine Woche an der Berufsausübung gehindert zu sein, ohne eine Vertretung bestellen zu müssen, § 53 Abs. 1 Nr. 1 BRAO. Einem Anwalt diese Woche „zu nehmen", indem eine Zustellungsfiktion bei Heilung nach § 189 ZPO angenommen wird, wenn der Anwalt – innerhalb dieser Woche – ein Empfangsbekenntnis nicht abgibt, ist unseres Erachtens nicht zulässig und auch nicht notwendig. Sachgerecht erscheint es aber, in Fällen der fehlenden Abgabe eine Zustellungsfiktion dann anzunehmen, wenn auch länger als eine Woche nach Eingang ein elektronisches Empfangsbekenntnis an das Gericht noch nicht zurückgeleitet ist. Ob dies aber auch der BGH so entscheiden wird, bleibt abzuwarten. Zum Zeitpunkt der Drucklegung war entsprechende Rechtsprechung noch nicht ergangen bzw. nicht bekannt geworden. Unseren Lesern können wir nur – wie auch anders – dringend empfehlen, sich bei der Abgabe von Empfangsbekenntnissen an die in diesem Kapitel ausführlich beschriebenen gesetzlichen Pflichten zu halten, siehe dazu auch die Rdn 33 und 204 in diesem Kapitel.

210

Mit einer Heilung nach § 189 ZPO bei fehlender Abgabe eines Empfangsbekenntnisses am 8. Tag nach Eingang, wenn der elektronische Zugang einer Nachricht durch Eingangsbestätigung ohne Fehlermel-

211

---

130 *Dr. Henning Müller*, a.a.O.
131 OLG Brandenburg, Beschl. v. 22.3.2021 – 12 U 3/21, BeckRS 2021, 6906.
132 BGH, Beschl. v. 12.3.2020 – I ZB 64/19 Rn 21, GRUR 2020, 776.

dung feststeht, ließe sich dann auch der zu Recht beklagte fehlende „Disziplinierungseffekt" bei Kammerbeschwerden mangels „Beißhemmung der Kammern"[133] zivilprozessual gut lösen.

3. Nachrichtenjournal als Nachweis der Kenntnisnahme?

212 Jede Nachricht, die über das beA gesendet bzw. empfangen wird, erhält ein sog. „Nachrichtenjournal". Zum Nachrichtenjournal siehe auch § 5 Rdn 88 sowie § 8 Rdn 103 u. 107 in diesem Werk.

213 Im Nachrichtenjournal wird konkret ausgewiesen, **wer wann** eine Nachricht zum ersten Mal geöffnet hat. Hat zunächst ein Mitarbeiter die Nachricht erstmalig geöffnet, weist das Nachrichtenjournal dies auch entsprechend aus. Sofern der Postfachinhaber oder ein Mitarbeiter mit Anwaltseigenschaft die Nachricht ein weiteres Mal (für ihn zum ersten Mal) öffnet, wird auch dieses **erstmalige Öffnen** des **weiteren Nutzers** ausgewiesen! Es lässt sich also anhand des Nachrichtenjournals zweifelsfrei nachweisen, **wer** mit seinem Zugangsmittel und seiner persönlichen PIN **wann** eine Nachricht erstmalig geöffnet hat. Lediglich wenn das Nachrichtenjournal gelöscht wurde, können derartige Daten der Nachricht nicht mehr entnommen werden. Sofern allerdings ein Gericht aufgrund von Zweifeln (möglicherweise gestreut durch den gegnerischen Prozessbevollmächtigten) ein Nachrichtenjournal anfordert und der entsprechende Prozessbevollmächtigte vortragen muss, dass dieses nicht mehr existiert, da er das Nachrichtenjournal bereits gelöscht hat, kann sich dies im Rahmen der Beweiswürdigung negativ auswirken, siehe hierzu Rdn 212 oben und Rdn 216 unten.

214 Stellt aber das Öffnen einer Nachricht (was nicht gleichzusetzen ist mit dem Öffnen des darin befindlichen Anhangs!) schon eine Kenntnisnahme im Sinne des Zustellungsrechts dar?

215 *Beispiel*

An einem Samstag[134] begibt sich ein Rechtsanwalt in die Kanzlei und öffnet dort im beA enthaltene Posteingänge. Aufgrund des schnellen Durchklickens öffnet er auch eine Nachricht, die im Anhang eine Klage über 100 Seiten enthält. Der Anwalt ist hier Mandatsträger, nicht jedoch der sachbearbeitende Rechtsanwalt. Er schließt die Nachricht sofort wieder, ohne den Anhang zu öffnen.

Problem:

Im Nachrichtenjournal wird jetzt ausgewiesen, dass ein Mandatsträger (der benannte Anwalt) hier bereits den Posteingang geöffnet hatte. De facto hat er aber die Anhänge zur Nachricht nicht wirklich zur Kenntnis genommen, sondern lediglich nach dem Öffnen der Nachricht festgestellt und erkannt, dass der Posteingang eine Sache betrifft, die er nicht bearbeitet.

Fortsetzung des Beispiels:

Vier Tage später kommt der sachbearbeitende Rechtsanwalt, sein Kollege, wieder in die Kanzlei und gibt mit Datum dieses Tags der Kenntnisnahme auch das Empfangsbekenntnis ab.

216 **Mögliche Rechtsfolge:**

Wahrscheinlich keine, denn wenn unverzüglich ein Empfangsbekenntnis zu den Akten gelangt, gibt es i.d.R. keinen Grund für ein Gericht oder einen Gegner, am Wahrheitsgehalt eines Empfangsbekenntnisses zu zweifeln. Behauptungen eines Gegners ins Blaue hinein, um die nicht zu gewinnende Sache durch einen Formfehler zu „kippen", dürfen Gerichte u.E. auch keinen Vorschub leisten, da Rechtsanwälten als unabhängigen Organen der Rechtspflege grundsätzlich einmal bei abgegebenen Erklärungen zu trauen ist und nur bei berechtigten Zweifeln Gerichte von Amts wegen oder auf Anregung eines Gegners Nachrich-

---

[133] *Wagner/Ernst*, „Falsche oder verzögert abgegebene Empfangsbekenntnisse im elektronischen Rechtsverkehr" – rechtliche Einordnung und Reaktionsmöglichkeiten in der Praxis, NJW 2021, 1566 Rn 11.
[134] Auch der BGH geht davon aus, dass es allgemeiner Lebenserfahrung entspricht, dass ein Rechtsanwalt sich an einem Samstag, Sonntag oder Feiertag in seine Kanzlei begibt, um dort an den Vortagen eingegangene Post durchzusehen: BGH, Urt. v. 18.1.2006 – VIII ZR 114/05, NJW 2006, 1206 f.

tenjournale anfordern sollten. Durch die Ausweisung des Öffnens einer Nachricht im Nachrichtenjournal könnte zwar vielleicht ein Anscheinsbeweis dafür gesehen werden, dass ein Mandatsträger die Eingangspost zur Kenntnis genommen haben könnte. Das Öffnen von **Anhängen** zu einer Nachricht wird jedoch nicht im beA ausgewiesen; auch nicht durch das Nachrichtenjournal. Daher tendieren wir zu der Auffassung, dass das Nachrichtenjournal nicht ausreichend sein dürfte, die Kenntnisnahme mit Empfangswillen hinreichend genug zu dokumentieren, um als Beweis oder Anscheinsbeweis (Augenscheinsbeweis oder Augenscheinsurrogat) zu dienen.

Da jedoch zum Zeitpunkt der Drucklegung dieses Werks noch nicht seriös abgeschätzt werden kann, ob und in welche Richtung sich die Rechtsprechung des BGH zu dieser Frage entwickeln wird, empfiehlt sich in solchen Fällen jedoch eine umsichtige Fristenbehandlung: Es sollte nun wahrheitsgemäß von dem entsprechenden sachbearbeitenden Kollegen das Empfangsbekenntnis mit Datum von besagtem Mittwoch versehen und abgegeben werden. Da dies innerhalb eines Zeitfensters von einer Woche (vgl. dazu Rdn 205 in diesem Kapitel) erfolgt, ist mit Rückfragen durch Gericht oder Gegenseite eher nicht zu rechnen. Durch entsprechende eidesstattliche Versicherung des nichtsachbearbeitenden Anwalts, der den Posteingang, nicht aber den Anhang am Samstag zuvor geöffnet hat, könnte auch der Anscheinsbeweis des Nachrichtenjournals entkräftet werden, falls es überhaupt hier in diesem Fall jemals zu einer Vorlagenanordnung käme. Empfehlenswert ist es unseres Erachtens jedoch, dass Kanzleien, bis zu einer Rechtsprechung des BGH zu dieser Frage, die Frist, berechnet ab Samstag, eintragen. Es ist nicht verboten, bei Unsicherheit über das zugrunde zu legende Zustellungsdatum vom frühestmöglichen Datum auszugehen, auch wenn das Empfangsbekenntnis richtigerweise vom sachbearbeitenden Anwalt am Mittwoch mit Datum von Mittwoch abgegeben wird.

217

Denn in der Vergangenheit hat der BGH bereits erklärt, dass es auf die Kenntnisnahme des Inhalts eines Dokuments bei einer Zustellung nicht ankommt:

218

„Unterzeichnet ein Rechtsanwalt, an den eine gerichtliche Entscheidung zugestellt werden soll, das dazugehörige Empfangsbekenntnis und weist er sein Büro an, das Empfangsbekenntnis noch nicht an das Gericht zurückzusenden, weil er den Lauf der Rechtsmittelfrist berechnen und notieren will, wird aber durch ein Büroversehen das Empfangsbekenntnis zu den Gerichtsakten gereicht, ist die Rechtsmittelfrist mit dem Zeitpunkt der Unterzeichnung des Empfangsbekenntnisses in Lauf gesetzt."[135]

Im vorliegenden Fall kam es also gerade nicht darauf an, dass bzw. ob der Anwalt den Inhalt des Dokuments bereits zur Kenntnis genommen hatte. Er hat vielmehr durch die „blinde" Abgabe eines Empfangsbekenntnisses für den Start des Fristenlaufs gesorgt. Zustellungsdatum ist nach der Rechtsprechung des BGH der Tag, an dem der Zustellungsadressat vom Zugang des übermittelten Schriftstücks persönlich Kenntnis erlangt und es empfangsbereit entgegennimmt.[136] Diese Empfangsbereitschaft drückt er aber erst mit der Abgabe des Empfangsbekenntnisses aus, an dem es bei bloßer Einsichtnahme in eine Nachricht ja fehlt.

219

Auf die Frage, ob der Rechtsanwalt das Schriftstück auch inhaltlich zur Kenntnis genommen hat, kommt es also nach der Rechtsprechung des BGH nicht an.[137] Was aber hinzukommen muss, um eine wirksame Zustellung annehmen zu können, ist der Empfangswille, der durch Unterzeichnung des Empfangsbekenntnisses, bei dem es sich um eine öffentliche Urkunde handelt, beurkundet wird.[138]

220

---

135 BGH v. 20.7.2006 – I ZB 39/05 (BPatG), NJW 2007, 600.
136 BGH, Beschl. v. 20.7.2006 – I ZB 39/05 (BPatG), NJW 2007, 600 Rn 7, unter Verweis auf: BGHZ 30, 335, 336 = NJW 1959, 2062; BGH NJW 1991, 42; NJW 2003, 2460; NJW 2006, 1206, 1207.
137 BGH, Beschl. v. 20.7.2006 – I ZB 39/05 (BPatG), NJW 2007, 600, a.a.O., Rn 7, unter Verweis auf: BGH NJW-RR 1992, 251, 252.
138 BGH, Beschl. v. 20.7.2006 – I ZB 39/05, a.a.O., Rn 7.

221 Die Eintragung im Nachrichtenjournal, dass RA X am Tag Y ein Dokument geöffnet hat, stellt damit keinen Ersatz für ein abgegebenes Empfangsbekenntnis dar. Wie aber unter Rdn 161 in diesem Kapitel ausgeführt, bedarf es der Abgabe eines Empfangsbekenntnisses nicht, wenn die Kenntnisnahme anderweitig zweifelsfrei festgestellt werden kann. Nochmals: Da das Öffnen einer Nachricht durch den Rechtsanwalt (ausgewiesen im Nachrichtenjournal) nicht gleichzusetzen ist mit dem Öffnen des oder der mit der Nachricht übermittelten Dokumente, kann unseres Erachtens zumindest diese Rechtsprechung zur „anderweitigen Feststellung der Kenntnisnahme" nicht analog herangezogen werden.

222 Vor diesem Hintergrund (eben anderen Aspekten) ist die Uneinsichtigkeit mancher Anwälte, entgegen dem berufsrechtlichen Weitergabeverbot und Geheimhaltungsgebot von Karte (Zertifikaten) und PIN aus § 26 Abs. 1 RAVPV Karte und PIN an Mitarbeiter zu geben, nicht nachvollziehbar. Zum Thema Umgang mit den beA-Karten siehe auch § 5 Rdn 67 ff. in diesem Werk). Denn nutzt ein Mitarbeiter die Anwalts-Karte oder ein für den Anwalt freigeschaltetes Softwarezertifikat, werden entsprechende Aktionen, siehe hierzu auch § 5 Rdn 88 sowie § 8 Rdn 103 u. 107 in diesem Werk, im Nachrichtenjournal ihm zugeordnet ausgewiesen.

XIV. Zustellung von einstweiligen Verfügungen

223 An die Zustellung von einstweiligen Verfügungen sowie die Einhaltung der Vollziehungsfrist sind eigene Anforderungen zu stellen, § 929 Abs. 2 ZPO. Hier sind zur Einhaltung der Vollziehungsfrist weitere Wirksamkeitsanforderungen zu beachten (so z.B. bei Farbmarken/UWG, ggf. auch die Zustellung der einstweiligen Verfügung nebst Antrag und Anlagen in Farbe etc).[139] Insofern ist auch jeweils gesondert zu prüfen, ob die Zustellung einer einstweiligen Verfügung via beA von Anwalt zu Anwalt als geeignetes Zustellungsinstrument infrage kommt.

224 Nach der Rechtsprechung des BGH[140] ist die Zustellung einer einstweiligen Verfügung im Beschlussweg als beglaubigte Abschrift ausreichend, um die Vollziehungsfrist zu wahren, einer Zustellung einer Ausfertigung bedarf es nicht. Der BGH verweist in dieser Entscheidung auf § 317 Abs. 2 ZPO, der zum 1.7.2014 im Zuge des elektronischen Rechtsverkehrs geändert wurde. Danach werden Ausfertigungen nur auf Antrag und nur in Papierform erteilt. Hieraus folgt, dass bereits mit der Zustellung einer beglaubigten Abschrift der Lauf von Rechtsmittelfristen in Gang gesetzt wird und es einer Zustellung der Ausfertigung nicht mehr bedarf. Ausfertigungen in Papierform werden z.B. für die Zwangsvollstreckung jedoch weiterhin benötigt, sofern nicht die Ausnahmeregelung des § 829a oder § 754a ZPO greift. Urteile werden daher seit 1.7.2014 gem. § 317 Abs. 1 ZPO den Parteien lediglich noch in Abschrift zugestellt. Die Entscheidung des BGH aus dem Jahre 2010,[141] dass für den Lauf der Rechtsmittelfrist die Zustellung einer Ausfertigung erforderlich ist, ist bereits seit Langem überholt, denn der BGH hält in ständiger Rechtsprechung seit der Gesetzesänderung die Zustellung einer beglaubigten Abschrift eines **Urteils** für ausreichend.[142] Mit der Entscheidung des BGH vom 21.2.2019 ist klargestellt, dass die Zustellung einer beglaubigten Abschrift einer im **Beschlussweg** erwirkten einstweiligen Verfügung ebenfalls ausreichend ist.[143]

---

139 Zur Zustellung einer einstweiligen Verfügung im Ausland – Verpflichtung zur Übersetzung siehe OLG München, Beschl. v. 14.10.2019 – 14 W 1170/19, GRUR-Prax 2020, 70; zur Vollziehung einer einstweiligen Verfügung durch vollständige Zustellung aller Unterlagen siehe OLG Frankfurt a.M., Beschl. v. 1.4.2020 – 6 W 34/20, GRUR-RS 2020, 6503; zur diplomatischen Zustellung einer einstweiligen Verfügung siehe LG Hamburg, Beschl. v. 20.5.2021 – 310 O 99/21, GRUR-RS 2021, 26852; zur Heilung einer aus formellen Gründen unwirksamen Auslandsvollziehung – hier: fehlendes Formblatt – siehe OLG Düsseldorf, Beschl. v. 16.7.2019 – I-20 W 59/19, GRUR-RR 2020, 45.
140 BGH, Beschl. v. 21.2.2019 – III ZR 115/18, NJW 2019, 1374.
141 BGH, Beschl. v. 9.6.2010 – XII ZB 132/09 Rn 5, NJW 2010, 2519.
142 BGH, Beschl. v. 15.2.2018 – V ZR 76/17, NJOZ 2018, 1145 sowie BGH, Beschl. v. 27.1.2016 – XII ZB 684/14, NJW 2016, 1180.
143 BGH, Beschl. v. 21.2.2019 – III ZR 115/18, NJW 2019, 1374.

225 Ausreichend ist die Beglaubigung der Abschrift vom Urkundsbeamten der Geschäftsstelle.¹⁴⁴ Für die Zustellung im Parteibetrieb (§§ 936, 922 Abs. 2 ZPO, §§ 192, 172, 195, 193 u. 193a ZPO) ist die Beschlussverfügung zur Zustellung durch den Gerichtsvollzieher als vom Gericht beglaubigte Abschrift (§ 329 Abs. 1 S. 2, § 317 Abs. 2 S. 1, § 169 Abs. 2 S. 1 ZPO) an den Gerichtsvollzieher zu übergeben, sofern die Zustellung über den Gerichtsvollzieher erfolgt.¹⁴⁵

226 Zur Heilung eines etwaigen Zustellungsmangels kommt § 189 ZPO zur Anwendung.¹⁴⁶ Hinsichtlich des Umfangs der Beglaubigung (Erstreckungswirkung) ist zu beachten, dass deutlich werden muss, auf welche Dokumente/Seiten sich die Beglaubigung bezieht.¹⁴⁷ Dabei ist nach Ansicht des BGH die Heilungsvorschrift des § 189 ZPO im Einklang mit der Zielsetzung des Gesetzgebers grundsätzlich weit auszulegen.¹⁴⁸ Ungeklärt blieb in dieser Entscheidung des BGH aber noch die Frage, ob die Zustellung einer **einfachen Abschrift** ausreichend ist.¹⁴⁹ Erfolgt die Übermittlung der einstweiligen Verfügung durch das Gericht als beglaubigte Abschrift (dann mit qualifizierter elektronischer Signatur des Urkundsbeamten), ist es grundsätzlich möglich, diese beglaubigte Abschrift (einschließlich Signatur/Signaturdatei) von Anwalt zu Anwalt via beA zuzustellen. In der Regel wird jedoch in der heutigen Zeit wohl immer noch sehr häufig eine einstweilige Verfügung in Papierform (als vom Gericht beglaubigte Abschrift bzw. Ausfertigung) der Kanzlei vorliegen. Wie eine beglaubigte Abschrift oder eine Ausfertigung von einem Rechtsanwalt elektronisch beglaubigt werden kann, ist nach meiner Kenntnis bisher nicht gesetzlich normiert. Durch eine Beglaubigung soll die Übereinstimmung zwischen Urschrift und Abschrift hinreichend sichergestellt werden.¹⁵⁰

227 § 169 ZPO regelt die Bescheinigung des Zeitpunktes der Zustellung und Beglaubigung:

§ 169 ZPO:

„(1) Die Geschäftsstelle bescheinigt auf Antrag den Zeitpunkt der Zustellung.

(2) ¹Die Beglaubigung der zuzustellenden Schriftstücke wird von der Geschäftsstelle vorgenommen. ²Dies gilt auch, soweit von einem Anwalt eingereichte Schriftstücke nicht bereits von diesem beglaubigt wurden.

(3) ¹Eine in Papierform zuzustellende Abschrift kann auch durch maschinelle Bearbeitung beglaubigt werden. ²Anstelle der handschriftlichen Unterzeichnung ist die Abschrift mit dem Gerichtssiegel zu versehen. ³Dasselbe gilt, wenn eine Abschrift per Telekopie zugestellt wird.

(4) ¹Ein Schriftstück oder ein elektronisches Dokument kann in beglaubigter elektronischer Abschrift zugestellt werden. ²Die Beglaubigung erfolgt mit einer qualifizierten elektronischen Signatur des Urkundsbeamten der Geschäftsstelle.

(5) Ein elektronisches Dokument kann ohne Beglaubigung elektronisch zugestellt werden, wenn es

1. nach § 130a oder § 130b Satz 1 mit einer qualifizierten elektronischen Signatur der verantwortenden Personen versehen ist,

2. nach § 130a auf einem sicheren Übermittlungsweg eingereicht wurde und mit einem Authentizitäts- und Integritätsnachweis versehen ist oder

3. nach Maßgabe des § 298a errichtet wurde und mit einem Übertragungsnachweis nach § 298a Absatz 2 Satz 3 oder 4 versehen ist."

---

144 BGH, a.a.O., Rn 9 und 10.
145 BGH, a.a.O., Rn 11.
146 Vgl. u.a. auch BGH, Urt. v. 13.9.2017 – IV ZR 26/16, NJW 2017, 3721; BGH, Urt. v. 21.2.2019 – III ZR 115/18, a.a.O.; BGH, Urt. v. 20.4.2018 – V ZR 202/16, NJW-RR 2018, 970.
147 BGH, Urt. v. 13.9.2017 – IV ZR 26/16, NJW 2017, 3721.
148 BGH, Urt. v. 21.2.2019 – III ZR 115/18 Rn 13, a.a.O.
149 BGH, a.a.O., Rn 14.
150 Zu Sinn und Zweck der Beglaubigung siehe: BGH, Teilversäumnis- und Schlussurt. v. 22.12.2015 – VI ZR 79/15, NJW 2016, 1517.

228 Die Beglaubigung eines Papierdokuments erfordert einen Übereinstimmungsvermerk („für die Abschrift") sowie eine Unterschrift des Urkundsbeamten der Geschäftsstelle mit entsprechendem Zusatz. Bei einer **maschinellen Beglaubigung** gem. § 169 Abs. 3 ZPO wird die Authentizität nicht mehr durch die Unterschrift des Urkundsbeamten der Geschäftsstelle (UdG), sondern vielmehr durch ein aufgedrucktes Dienstsiegel erreicht. Die **elektronische Beglaubigung** gem. § 169 Abs. 4 ZPO erfolgt durch Anbringung einer qualifizierten elektronischen Signatur des UdG. Die unterschiedlichen Anforderungen an diese verschiedenen Möglichkeiten der Beglaubigung sind beachtlich. So wird bei einer elektronischen Beglaubigung z.B. auf den Übereinstimmungsvermerk verzichtet. § 173 Abs. 1 ZPO, der die elektronische Zustellung elektronischer Dokumente ausschließlich an sichere Übermittlungswege zulässt, sichert dem Zustellungsempfänger durch diesen bereits Authentizität und Integrität der Nachricht. Zu Recht wird daher von *Achatz* infrage gestellt, ob es in diesen Fällen noch einer Beglaubigung der Abschrift durch den UdG bedarf.[151] *Achatz* hält dabei selbst die Anbringung einer qualifizierten elektronischen Signatur durch den UdG entbehrlich, wenn bereits durch Einleitung des förmlichen Zustellungsverfahrens über einen sicheren Übermittlungsweg der Wille dokumentiert wird, ein mit einem Original übereinstimmendes Dokument zu übermitteln.[152]

229 **Die elektronische Beglaubigung elektronischer Dokumente durch Anwälte ist gesetzlich nicht geregelt.** Sofern daher Unsicherheiten bestehen, wie z.B. die vorliegende Papierausfertigung eines Vergleichs via beA einem anderen Anwalt von Anwalt zu Anwalt zugestellt werden kann, empfiehlt es sich, die Zustellung durch den Gerichtsvollzieher vornehmen zu lassen.

230 Nach unserer Auffassung müsste es möglich sein, dass eine „elektronisch beglaubigte Abschrift" – wie beim Papierdokument auch – erzeugt wird, indem ein elektronisches Dokument mit den Zusätzen „beglaubigte Abschrift" sowie „beglaubigt Rechtsanwalt", z.B. durch Anbringung von entsprechenden Textfeldern auf dem elektronischen Dokument, und sodann Anbringung einer elektronischen Signatur i.S.d. § 130a Abs. 3 S. 1 ZPO hergestellt wird.

231 Zum Teil wird jedoch in der Literatur die Beglaubigung durch einen Anwalt durch Anbringung einer qeS für unwirksam erachtet.[153]

232 Da aber nach der ZPO an vielfacher Stelle die Nutzung des „sicheren Übermittlungswegs" ohne zusätzliche Beglaubigung möglich ist, siehe dazu nur das Zustellungsrecht in §§ 169, 193a ZPO, stellt sich die berechtigte Frage, warum Gerichtsvollziehern und Gerichten dies gewährt werden sollte, Anwälten aber nicht. Möglicherweise wird es eben in solchen Fällen dann gerade darauf ankommen, dass von einem sicheren Übermittlungsweg in einen anderen sicheren Übermittlungsweg übermittelt wird (also z.B. von beA zu beA); zur Vermeidung von Rechtsproblemen aufgrund bestehender Unsicherheit siehe auch Rdn 238 weiter unten.

233 Dass Zustellungsmängel einer einstweiligen Verfügung gem. § 189 ZPO geheilt werden können, wenn das Dokument „technisch reproduziert" und nicht als „Originaldokument" zugestellt wird, und § 189 ZPO weit auszulegen ist, hat das LG Hagen in einer lesenswerten Entscheidung jüngst entschieden und sich dabei auch ausführlich in seiner Begründung sowohl mit der bisher strittigen Rechtsprechung als auch mit der Intention des Gesetzgebers auseinandergesetzt.

> *„Die Übersendung und der Zugang der Kopie einer Beschlussverfügung über das besondere elektronische Anwaltspostfach (beA) kann Mängel der Zustellung heilen. Dafür ausreichend ist laut Landgericht Hagen die technische Reproduktion des Originaldokuments. Entscheidend sei, dass es erkennbar mit Vollziehungswillen übermittelt worden sei."*[154]

---

[151] *Achatz*, „Schriftform, Zustellung und Beglaubigung im Wandel der gerichtlichen Digitalisierung", RDi 2022, 31 Rn 31.
[152] *Achatz*, a.a.O., Rn 31 unter Verweis auf MüKo-ZPO/*Häublein/Müller*, § 169 Rn 4.
[153] *Müller*, RDi 2021, 78.
[154] LG Hagen, Urt. v. 16.3.2022 – 23 O 57/21, GRUR-RS 2022, 9939 = FD-RVG 2022, 448725.

E. Beispiele und Problemfelder § 15

Der Fall: 234

Auftragsgemäß sollte eine einstweilige Verfügung als Ausfertigung nebst Antragsschrift und Anlagen durch die Gerichtsvollzieherin an die Antragsgegnerin zugestellt werden. Zugestellt wurde jedoch mittels Einlegen in den Briefkasten (Ersatzzustellung gem. § 180 ZPO) an die Partei persönlich lediglich eine einfache Abschrift; die Ausfertigung lag entgegen der Ankündigung nicht bei. Abschrift und Antragsschrift sowie Anlagen waren lediglich mit einem Schnellhefter verbunden, nicht mit einem Faden. Auf dem Vordruck war von der zuständigen Gerichtsvollzieherin auch nicht gestrichen worden, was nicht galt; sodass der Begriff Ausfertigung hier noch auftauchte. Parallel hierzu wurde via beA eine Abschrift der Verfügung dem Bevollmächtigten der Verfügungsbeklagten zur Kenntnisnahme übermittelt. Der Kollege wurde darauf hingewiesen, dass mangels Kenntnis über eine Zustellungsbevollmächtigung die Zustellung direkt an die Mandantin durch die Gerichtsvollzieherin veranlasst worden sei. Im Ergebnis stritten die Parteien vor Gericht darüber, ob eine wirksame Zustellung erfolgt und die einstweilige Verfügung aufzuheben oder aufrechtzuerhalten war.

Die Entscheidung: 235

Das LG Hagen vertrat die Auffassung, dass die Vollziehungsfrist eingehalten worden sei. Zwar sei die Ersatzzustellung durch die Gerichtsvollzieherin unwirksam, weil weder eine Ausfertigung noch eine von der Gerichtsvollzieherin gefertigte beglaubigte Abschrift ausgehändigt wurde und zudem möglicherweise der Gegner persönlich auch nicht der korrekte Zustellungsadressat gewesen sei, weil die einstweilige Verfügung dem Anwalt gem. §§ 191, 172 Abs. 1 S. 1 ZPO hätte zugestellt werden müssen. Zudem, so das LG Hagen, sei die Verwendung des Schnellhefters zustellungsschädlich, so führte es aus:

> „Besteht das Schriftstück aus mehreren Blättern, müssen diese als Einheit derart miteinander verbunden sein, dass die körperliche Verbindung als dauernd gewollt erkennbar und nur durch Gewaltanwendung zu lösen ist (BGH, NJW 2004, 506, 507 f; Häublein/Müller, in: MüKo, ZPO, 6. Aufl. 2020, § 169 Rn 6)."

Allerdings, so das LG Hagen, seien sämtliche Zustellungsmängel gem. § 189 ZPO geheilt worden. Denn die Heilung könne auch durch den Zugang eines anderen, dem zuzustellenden Dokument inhaltsgleichen Schriftstücks bewirkt werden, wofür eine technische Reproduktion des Originals ausreichend sei. Das LG Hagen führte dabei aus, dass dem Prozessbevollmächtigten des Antragsgegners der Beschluss zwar lediglich zur Kenntnisnahme übermittelt worden sei, dies jedoch mit Vollziehungswillen, was nach § 189 ZPO zu einer Heilung führte.

So hatte auch schon das OLG Frankfurt a.M. entschieden, dass § 189 ZPO dahin verstanden werden muss, 236
dass ihrer Natur nach nicht fehleranfällige technische Reproduktionen des Originals (z.B. Telefax, Fotokopie, Foto, Scan) als „das Dokument" i.S.d. § 189 ZPO anzusehen sind.[155]

Der BGH hat hierzu (Mietsache) ebenfalls positiv entschieden: 237

> „Für den tatsächlichen Zugang als Voraussetzung der Heilung eines Zustellungsmangels gemäß § 189 ZPO ist nicht der Zugang des zuzustellenden Originals erforderlich. Die erfolgreiche Übermittlung einer (elektronischen) Kopie in Form – beispielsweise – eines Telefaxes, einer Fotokopie oder eines Scans ist ausreichend. Die bloße mündliche Überlieferung oder eine handschriftliche oder maschinenschriftliche Abschrift des zuzustellenden Originals führen dagegen wegen der Fehleranfälligkeit einer solchen Übermittlung nicht zur Heilung des Zustellungsmangels."[156]

---

[155] OLG Frankfurt a.M., Beschl. v. 6.2.2017 – 19 U 190/16 Rn 15, BeckRS 2017, 102284; zu den formal erheblich gelockerten Anforderungen an eine wirksame Vollziehung durch den Wandel der Rechtsprechung vgl. auch: OLG Frankfurt a. M., Urt. v. 4.3.2021 – 6 U 123/20, GRUR-Prax 2021, 270.
[156] BGH, Beschl. v. 12.3.2020 – I ZB 64/19, GRUR 2020, 776.

238 Fazit:

Ausreichend ist die Zustellung einer einstweiligen Verfügung sowohl im Urteils- als auch Beschlussweg als **beglaubigte Abschrift**. Um Auslegungsproblemen zu entgehen und die Vollziehungsfrist gem. § 929 Abs. 2 ZPO sicher zu wahren, wird daher empfohlen, **stets** eine beglaubigte Abschrift der einstweiligen Verfügung zuzustellen. Dies kann sowohl in Papierform erfolgen, da eine elektronische Zustellpflicht von Anwalt zu Anwalt oder an die Partei nicht besteht, oder als vom Urkundsbeamten der Geschäftsstelle beglaubigte elektronische Abschrift, § 169 Abs. 4 ZPO. Es verdichtet sich zwar die Rechtsprechung, dass eine Zustellung auch eines Scans einer vorliegenden beglaubigten Abschrift in Papierform via beA zugestellt werden kann und dies ausreichend ist; bisher löst die Rechtsprechung dies aber ausnahmslos über die Heilung nach § 189 ZPO, vgl. dazu auch die BGH-Entscheidung unter Rdn 144 ff. und Rdn 226 in diesem Kapitel sowie die Ausführungen hier. Wer möchte aber schon auf eine Heilung und darauf, dass das jeweils zuständige eigene Gericht dieser Auffassung auch folgen wird, hoffen, wenn es ohne Weiteres möglich ist, die Zustellung ordnungsgemäß ohne Zustellungsmangel zu bewirken? Ziel ist immer, den sichersten Weg für den Mandanten zu beschreiten. Besteht Unsicherheit darüber, ob der gegnerische Prozessbevollmächtigte zustellungsbevollmächtigt ist, sollte die Zustellung einstweiliger Verfügungen grundsätzlich im Parteibetrieb an den gegnerischen Prozessbevollmächtigten und an die Partei selbst erfolgen. Denn das Risiko, dass der gegnerische Prozessbevollmächtigte zustellungsbevollmächtigt ist, trägt die zuzustellende Partei.[157] Der gegnerische Prozessbevollmächtigte ist nach unserer Auffassung über diese Doppelzustellung auch zu informieren.

F. Zustellungen durch den Gerichtsvollzieher

I. Allgemeine Ausführungen

239 Die Zustellung im Parteibetrieb kann auch durch den Gerichtsvollzieher erfolgen, siehe dazu § 192 S. 1 ZPO. Bei Verfahren vor dem Amtsgericht kann die Partei den Gerichtsvollzieher durch die Geschäftsstelle des Prozessgerichts den Auftrag zur Zustellung erteilen (sog. Verteilerstelle für Gerichtsvollzieheraufträge), § 192 S. 2 ZPO. Der Auftrag wird dann an den Gerichtsvollzieher weitergegeben, § 192 S. 3 ZPO. Zwar regelt § 191 ZPO, dass die Vorschriften über die Zustellung von Amts wegen entsprechende Anwendung finden, wenn eine Zustellung auf Betreiben der Parteien zugelassen oder vorgeschrieben ist. Dies gilt jedoch nur, soweit sich nicht aus den nachfolgenden Vorschriften gem. §§ 192–195 ZPO Abweichungen ergeben. Abweichungen ergeben sich dabei insbesondere bei der Zustellung durch Gerichtsvollzieher an Anwälte; die Zustellung gegen Empfangsbekenntnis scheidet hier aus.

240 Die Zustellung durch den Gerichtsvollzieher wurde im Laufe des Gesetzgebungsverfahrens zum ERVV-Ausbaugesetz[158] nochmals erheblich ergänzt, was u.a. auch auf eine Stellungnahme der Gerichtsvollzieher zurückzuführen ist.[159]

---

[157] BGH, Urt. v. 6.4.2011 – VIII ZR 22/10, NJW-RR 2011, 997 = FamRZ 2011, 969 = MDR 2011, 620 im Anschluss an BVerfG NJW 2007, 3486, 3488.
[158] Gesetz zum Ausbau des elektronischen Rechtsverkehrs mit den Gerichten und zur Änderung weiterer Vorschriften v. 5.10.2021, BGBl I 2021, 4607.
[159] Die Begründung zu den Änderungen und Einführung der §§ 193 und 193a ZPO finden sich in BT-Drucks 19/31119, 4–6 v. 23.6.2021 (Bericht des Ausschusses für Recht und Verbraucherschutz [6. Ausschuss]).

F. Zustellungen durch den Gerichtsvollzieher § 15

II. Zustellung von Schriftstücken durch den Gerichtsvollzieher

Mit dem Gesetz zum Ausbau des ERVV[160] hat der Gesetzgeber § 193 ZPO, der die Zustellung von Schriftstücken durch den Gerichtsvollzieher regelt, an die Fortentwicklung des elektronischen Rechtsverkehrs angepasst. Neu aufgenommen wurde hier die Möglichkeit, dass der Gerichtsvollzieher das **als Schriftstück** zuzustellende Dokument entweder in Papierform oder aber als elektronisches Dokument auf einem sicheren Übermittlungsweg erhält, § 193 Abs. 1 S. 1 Nr. 1 und 2 ZPO. Im Folgenden wird dann der vorzunehmende „Medienbruch" beschrieben, wenn der Gerichtsvollzieher das elektronisch erhaltene Dokument in ein Schriftstück umwandelt. § 193 Abs. 2 und 4 ZPO regelt dann die Beurkundung der Ausführung der Zustellung für beide Fälle.

241

§ 193 ZPO Zustellung von Schriftstücken

242

„(1) Soll ein Dokument als Schriftstück zugestellt werden, so übermittelt die Partei dem Gerichtsvollzieher das zuzustellende Dokument

1. in Papierform zusammen mit den erforderlichen Abschriften oder

2. als elektronisches Dokument auf einem sicheren Übermittlungsweg.

Im Falle des Satzes 1 Nummer 1 beglaubigt der Gerichtsvollzieher die Abschriften; er kann fehlende Abschriften selbst herstellen. Im Falle des Satzes 1 Nummer 2 fertigt der Gerichtsvollzieher die erforderlichen Abschriften als Ausdrucke selbst und beglaubigt diese.

(2) Der Gerichtsvollzieher beurkundet im Falle des Absatzes 1 Satz 1 Nummer 1 auf der Urschrift des zuzustellenden Schriftstücks oder auf dem mit der Urschrift zu verbindenden hierfür vorgesehenen Formular die Ausführung der Zustellung nach § 182 Abs. 2 und vermerkt die Person, in deren Auftrag er zugestellt hat. Im Falle des Absatzes 1 Satz 1 Nummer 2 gilt Satz 1 mit der Maßgabe, dass der Gerichtsvollzieher die Beurkundung auf einem Ausdruck des zuzustellenden elektronischen Dokuments oder auf dem mit dem Ausdruck zu verbindenden hierfür vorgesehenen Formular vornimmt. Bei Zustellung durch Aufgabe zur Post ist das Datum und die Anschrift, unter der die Aufgabe erfolgte, zu vermerken.

(3) Der Gerichtsvollzieher vermerkt auf dem zu übergebenden Schriftstück den Tag der Zustellung, sofern er nicht eine beglaubigte Abschrift der Zustellungsurkunde übergibt.

(4) Die Zustellungsurkunde ist der Partei zu übermitteln, für die zugestellt wurde."

Wichtig: § 193 ZPO regelt die Zustellung im Parteibetrieb durch den Gerichtsvollzieher mit dem **Ziel**, dass ein Schriftstück zugestellt werden soll. Erhält der Gerichtsvollzieher das zuzustellende Dokument bereits in Papierform, soll der Auftraggeber dieses bereits mit den erforderlichen Abschriften (unbeglaubigt) übermitteln. Die Beglaubigungen werden dann vom Gerichtsvollzieher auf den zur Verfügung gestellten Abschriften vorgenommen. Für den Fall, dass das als Schriftstück zuzustellende Dokument in Papierform ohne die erforderlichen Abschriften übermittelt wird, erlaubt § 193 Abs. 1 S. 2 ZPO die Herstellung der fehlenden Abschriften durch den Gerichtsvollzieher. Da dies jedoch als „Kann-Vorschrift" ausgestaltet ist, besteht hierzu, zumindest nach dem Wortlaut des Gesetzes, keine Pflicht, sodass der Gerichtsvollzieher die entsprechenden Abschriften auch beim Auftraggeber anfordern kann.

243

Wird dem Gerichtsvollzieher das zuzustellende Schriftstück als elektronisches Dokument auf einem sicheren Übermittlungsweg übersandt, fertigt der Gerichtsvollzieher die erforderlichen Abschriften als Ausdrucke selbst und beglaubigt diese, § 193 Abs. 1 S. 3 ZPO. Diese Vorschrift scheint nach Ansicht der Verfasser jedoch missverständlich formuliert. Als sicherer Übermittlungsweg wird zwar gem.

244

---

[160] Gesetz zum Ausbau des elektronischen Rechtsverkehrs mit den Gerichten und zur Änderung weiterer Vorschriften v. 5.10.2021, BGBl I 2021, 4607.

§ 130a Abs. 4 Nr. 2 ZPO ein beA angesehen, aus dem Zusammenspiel von § 130a Abs. 4 Nr. 2 ZPO i.V.m. § 23 Abs. 3 S. 5 RAVPV ist jedoch davon auszugehen, dass der sichere Übermittlungsweg in diesem Sinne auch immer die Erzeugung eines VHN (vertrauenswürdiger Herkunftsnachweis) erfordert. Dies wiederum würde erforderlich machen, dass der Postfachinhaber den Auftrag zur Zustellung selbst erteilt, wobei der Zustellungsauftrag mit einer einfachen elektronischen Signatur des namensgleichen Postfachinhabers versehen sein müsste. Besser wäre es nach Ansicht der Verfasser gewesen, hier in § 193 Abs. 1 S. 1 Nr. 2 ZPO nicht auf den sicheren Übermittlungsweg abzustellen, sondern auf die Übermittlung eines elektronischen Dokuments i.S.d. § 130a Abs. 3 S. 1 ZPO.

245 Es bleibt abzuwarten, wie die Praxis diese Vorschrift einordnen wird. Ausgeschlossen dürfte aber in jedem Fall sein, dass z.B. ein Anwalt dem Gerichtsvollzieher ein zuzustellendes Schriftstück als elektronisches Dokument via Outlook o.ä. anderen Mail-Systemen übermittelt.

246 Erfolgt die Übersendung eines zuzustellenden Schriftstücks in Papierform, so kann es sich dabei um eine beglaubigte Abschrift (§ 317 Abs. 1 ZPO), eine Ausfertigung (§ 317 Abs. 2 ZPO) oder vollstreckbare Ausfertigung (§§ 317 Abs. 2, 724 ff. ZPO) handeln.

247 Dokumente, die regelmäßig dem Gerichtsvollzieher zur Zustellung übermittelt werden, sind:
- Urteile oder Beschlüsse (§ 329 ZPO)
- Vollstreckungsbescheide (§ 699 Abs. 4 S. 2 ZPO)
- Prozessvergleiche (§ 794 Abs. 1 Nr. 1 ZPO)
- notarielle Urkunden (§ 794 Abs. 1 Nr. 5 ZPO)
- eine im Beschlussweg erlassene einstweilige Verfügung (beglaubigte Abschrift) (§ 916 i.V.m. § 936 ZPO);[161] eine beglaubigte Abschrift ist auch ausreichend auch bei einer Urteilsverfügung
- Abschrift einer öffentlichen oder öffentlich beglaubigten Urkunde (§ 750 Abs. 2 ZPO)
- der Verzicht des Pfändungsgläubigers auf die Geltendmachung der Rechte aus dem Pfändungs- und/oder Überweisungsbeschluss (§ 843 ZPO)
- vorläufige Zahlungsverbote/Vorpfändungen (§ 845 ZPO)

248 Achtung Haftungsfalle:

Bei Zustellung einer Willenserklärung i.S.d. § 132 Abs. 1 BGB bestimmen sich Form und Inhalt nach **materiellem Recht**; die Anforderungen können andere sein als die des Verfahrensrechts.

249 § 16 Abs. 2 GVGA[162] gibt vor, wie der Gerichtsvollzieher bei fehlenden Abschriften vorzugehen hat:

„(2) [1]Der Rechtsanwalt, der eine Partei vertritt, hat dem Gerichtsvollzieher die zur Ausführung des Zustellungsauftrags erforderlichen Abschriften mit zu übergeben. [2]Dies gilt auch für den Rechtsanwalt, der einer Partei im Wege der Prozess- oder Verfahrenskostenhilfe beigeordnet ist. [3]Ist der Partei, der Prozess- oder Verfahrenskostenhilfe bewilligt ist, kein Rechtsanwalt beigeordnet, so hat die mit der Vermittlung der Zustellung beauftragte Geschäftsstelle die fehlenden Abschriften herstellen zu lassen. [4]Wenn der Rechtsanwalt oder die Geschäftsstelle die erforderlichen Abschriften nicht übergeben hat, fordert der Gerichtsvollzieher sie nach. [5]Er stellt sie selbst her,

1 wenn durch die Nachforderung die rechtzeitige Erledigung gefährdet würde oder

2. wenn eine Partei, die nicht durch einen Rechtsanwalt vertreten ist und der auch Prozess- oder Verfahrenskostenhilfe nicht bewilligt ist, dem Gerichtsvollzieher die erforderlichen Abschriften nicht mit übergeben hat.

---

161 BGH, Beschl. v. 21.2.2019 – III ZR 115/18, NJW 2019, 1374 (Beschlussverfügung, § 329 Abs. 1 ZPO); für Urteilsverfügungen (§ 317 Abs. 1 ZPO): BGH, Beschl. v. 15.2.2018 – V ZR 76/17, NJOZ 2018, 1145 sowie BGH, Beschl. v. 27.1.2016 – XII ZB 684/14, NJW 2016, 1180.

162 https://www.gesetze-bayern.de/Content/Document/GVGA-16 (Abruf 6.10.2022).

⁶*Auch im Übrigen kann der Gerichtsvollzieher die Abschriften selbst herstellen, wenn der Partei dadurch nicht wesentlich höhere Kosten entstehen. ⁷Satz 1 bis 6 gilt entsprechend, wenn der Auftrag von einem Notar oder Rechtsbeistand erteilt wird."*

Bitte beachten Sie, dass die Ausführungen zur Zustellung auch von Dokumenten, um z.B. die Voraussetzung zur Zwangsvollstreckung zu erfüllen (§ 750 Abs. 1 ZPO), nicht gleichzusetzen sind mit den Voraussetzungen, die Zwangsvollstreckung selbst vorzunehmen. Bei der Vornahme der Zwangsvollstreckung ist auch im Zeitalter des elektronischen Rechtsverkehrs seit 1.1.2022 trotz elektronischer Einreichpflicht bei Einreichung durch Rechtsanwälte in den meisten Fällen der Titel in Papierform erforderlich, siehe dazu § 317 Abs. 2 ZPO sowie die einzigen beiden Ausnahmen (Scan des Titels ausreichend) in §§ 754a und 829a ZPO.

Sofern ein elektronisch beglaubigtes Dokument als Schriftstück durch den Gerichtsvollzieher zugestellt werden soll, stellt sich die Frage, wie die für die erforderliche Beglaubigung angebrachte elektronische Signatur dem Zustellungsempfänger „als Schriftstück" zur Kenntnis gebracht werden kann. Schultzky vertritt hier die Auffassung, dass der Hinweis auf die Signatur und der Name des signierenden Urkundsbeamten genügen müssen.[163] Da aber nicht ausgeschlossen ist, dass dem Gerichtsvollzieher bei einer Zustellung gem. § 193 ZPO nach Abs. 1 Nr. 2 ein elektronisches Dokument mit entsprechender qualifizierter Signatur des Richters (und nicht des Urkundsbeamten der Geschäftsstelle) als sog. „bit-gleiches Original" übermittelt wird, müsste nach Ansicht der Verfasserin dasselbe auch hier gelten.

III. Zustellung elektronischer Dokumente durch den Gerichtsvollzieher

§ 193a ZPO wurde völlig neu zum 1.1.2022 durch das ERVV-Ausbaugesetz[164] eingeführt. Im Hinblick auf die Wichtigkeit dieser neuen Zustellungsmöglichkeit auch in ein beA soll zunächst der Gesetzestext abgedruckt werden:

§ 193a Zustellung von elektronischen Dokumenten

„(1) Soll ein Dokument als elektronisches Dokument zugestellt werden, so übermittelt die Partei dem Gerichtsvollzieher das zuzustellende Dokument

1. elektronisch auf einem sicheren Übermittlungsweg oder

2. als Schriftstück.

Im Falle des Satzes 1 Nummer 2 überträgt der Gerichtsvollzieher das Schriftstück in ein elektronisches Dokument.

(2) Als Nachweis der Zustellung dient die automatisierte Eingangsbestätigung. Der Zeitpunkt der Zustellung ist der in der automatisierten Eingangsbestätigung ausgewiesene Zeitpunkt des Eingangs in dem vom Empfänger eröffneten elektronischen Postfach. Im Falle des Absatzes 1 Satz 1 Nummer 1 ist die automatisierte Eingangsbestätigung mit dem zuzustellenden elektronischen Dokument zu verbinden und der Partei zu übermitteln, für die zugestellt wurde. Im Falle des Absatzes 1 Satz 1 Nummer 2 fertigt der Gerichtsvollzieher einen Ausdruck der automatisierten Eingangsbestätigung, verbindet den Ausdruck mit dem zuzustellenden Schriftstück und übermittelt dieses der Partei, für die zugestellt wurde."

---

163 Zöller/*Schultzky*, ZPO, 34. Aufl. 2022, § 193 Rn 7.
164 Gesetz zum Ausbau des elektronischen Rechtsverkehrs mit den Gerichten und zur Änderung weiterer Vorschriften v. 5.10.2021, BGBl I 2021, 4607.

253 Der Deutsche Gerichtsvollzieher Bund hatte mit seiner Stellungnahme zum ERVV-Ausbaugesetz[165] eindringlich darauf hingewiesen, dass die Zustellung eines vorläufigen Zahlungsverbots oder Pfändungs- und Überweisungsbeschlusses dringend geregelt werden muss, da ansonsten nicht klar wäre, ab wann das Pfändungspfandrecht begründet ist, die Monatsfrist des § 845 ZPO, oder aber die Frist für die Drittschuldnererklärung zu laufen beginnen. Im Hinblick darauf, dass diese Änderungen in der ZPO erst in den Sommermonaten 2021 in dieses Gesetzgebungsverfahren eingeflossen sind und bis zur Verabschiedung nur wenig Zeit verging, bleibt abzuwarten, ob die in § 193a ZPO nach Ansicht der Verfasser enthaltenen Fragezeichen künftig noch einer Anpassung im Gesetzeswortlaut bedürfen. Unseren Lesern können wir daher nur empfehlen, die Entwicklung zu dieser Vorschrift weiter im Auge zu behalten.

254 Ziel der Zustellung gem. § 193a ZPO ist die Zustellung elektronischer Dokumente. Dabei beschreibt § 193a Abs. 1 ZPO die Vorgehensweise, wenn der Gerichtsvollzieher die zuzustellenden Dokumente entweder bereits als elektronische Dokumente erhalten hat oder aber in Papierform erhalten hat. Bedauerlicherweise fehlt es an Ausführungen in § 193a Abs. 1 ZPO darüber, auf welche Weise der Gerichtsvollzieher in Papierform erhaltene Schriftstücke, die als elektronisches Dokument zugestellt werden sollen, in ein elektronisches Dokument überträgt. Nach *Schultzky* wurde auf eine Übernahme der Anforderungen des § 298a Abs. 2 ZPO für den Transfer in elektronischer Form verzichtet, wobei abweichend vom Fall der Zustellung als Schriftstück auch keine elektronische Beglaubigung vorgesehen ist.[166] *Schultzky* führt hierzu aus:

> *„Die Authentizität des übermittelten Dokuments wird dem Empfänger allein dadurch garantiert, dass der Transfer in elektronischer Form und die Verwendung des sicheren Übermittlungswegs in einer Hand, der des GV, liegen. Dies schließt es aus, dass die Übertragung und der Versand von unterschiedlichen Personen, insb. verschiedenen GV, vorgenommen werden."*[167]

255 Höchst interessant ist § 193a Abs. 2 S. 2 ZPO, denn **Zeitpunkt** der Zustellung ist der in der automatisierten **Eingangsbestätigung ausgewiesene Zeitpunkt des Eingangs** in dem vom Empfänger eröffneten elektronischen Postfach. Bewusst nimmt der Gesetzgeber in Kauf, dass dies eine Abweichung von § 173 Abs. 3 ZPO darstellt, der die Zustellung elektronischer Dokumente an Rechtsanwälte gegen Empfangsbekenntnis vorsieht.[168]

256 Es gilt somit bei elektronischer Zustellung durch den Gerichtsvollzieher an Anwälte als Zustellungsdatum weder ein solches, welches auf einem Empfangsbekenntnis angegeben ist (§ 173 Abs. 3 ZPO), noch gilt die Drei-Tages-Fiktion des § 173 Abs. 4 S. 4 und 5 ZPO. Der Gesetzgeber begründet diese Abweichung zum einen damit, dass eine effektive Zwangsvollstreckung sichergestellt werden soll. So gilt grundsätzlich das Pfändungspfandrecht mit der Zustellung eines Pfändungs- und Überweisungsbeschlusses an den Drittschuldner als bewirkt (gleiches auch für Vorpfändungen, sofern innerhalb der Monatsfrist die Pfändung bewirkt wird). Dies führt zu einem notwendigen Schutz des Gläubigers davor, dass der Schuldner Vermögenswerte beiseiteschafft, bevor der Gläubiger ein Pfändungspfandrecht begründen kann. Dabei ist davon auszugehen, dass in naher Zukunft viele Drittschuldner, wie große Unternehmen als Arbeitgeber, Banken und auch Versicherungen, für die Lohnpfändungs- und Vollstreckungsabteilungen ein entsprechendes eBO anschaffen werden.

257 Zugunsten des Schuldners weist der Gesetzgeber darauf hin, dass bei einem Verzicht des Gläubigers auf die Rechte aus der Pfändung und Überweisung zur Einziehung gem. § 843 ZPO die sofortige Wirkung mit der Zustellung an den Drittschuldner bedeutet, dass der Schuldner auch sofort wieder über sein Vermögen verfügen kann.[169] Dadurch, dass auf der automatisierten Eingangsbestätigung nicht nur das Datum der Zu-

---

[165] Stellungnahme v. 8.1.2022; AZ beim BMJV: R A 2 – 3700/19–3-1-R1 185/2020.
[166] Zöller/*Schultzky*, ZPO, 34. Aufl. 2022, § 193 Rn 4.
[167] Zöller/*Schultzky*, ZPO, 34. Aufl. 2022, § 193a Rn 4.
[168] BT-Drucks 19/31119, 5 v. 23.6.2021 zu Nr. 13 (Änderung des § 193a ZPO), zu Abs. 2.
[169] BT-Drucks 19/31119, 5 v. 23.6.2021 zu Nr. 13 (Änderung des § 193a ZPO), zu Abs. 2.

stellung, sondern die Uhrzeit der Zustellung ausgewiesen wird, kann der Rang einer Zwangsvollstreckungsmaßnahme exakt bestimmt werden. Dies wiederum ist im Bereich der Zwangsvollstreckung äußerst interessant. Bisher war es in der Praxis so, dass ein Gerichtsvollzieher einem Drittschuldner, z.B. einer Bank oder einem Arbeitgeber, mehrere Pfändungs- und Überweisungsbeschlüsse unterschiedlicher Gläubiger zur gleichen Zeit zustellen konnte, sodass pfändbare Beträge dann zwischen den Gläubigern aufzuteilen waren. Bei der elektronischen Zustellung ist eine gleichzeitige Zustellung mehrerer unterschiedlicher Pfändungs- und Überweisungsbeschlüsse an denselben Drittschuldner nach Ansicht der Verfasser jedoch schon aus Datenschutzgründen nicht zulässig, sodass sich hier in Zukunft Unterschiede im Rang ergeben können. Es bleibt hier allerdings auch abzuwarten, wie das eBO in der Praxis der Gerichtsvollzieher ausgestaltet ist.

Der Empfänger, somit z.B. ein Drittschuldner, kann den Zustellungszeitpunkt mit Datum und Uhrzeit der automatisierten Eingangsbestätigung der in seinem elektronischen Postfach enthaltenen Nachricht entnehmen.

Schultzky führt aus,[170] dass das Fehlen einer automatisierten Eingangsbestätigung nicht zur Unwirksamkeit der Zustellung führen würde und verweist auf seine eigene Kommentierung zu § 173 ZPO.[171] Es stellt sich aber die Frage, wie dann der Gerichtsvollzieher eine Zustellbescheinigung ausstellen kann. Wenn z.B. beim Drittschuldner die Zustellung in dessen sicheren Übermittlungsweg erfolgt, kann der Drittschuldner natürlich auf diese Weise von der Zustellung Kenntnis nehmen. Die fehlende Eingangsbestätigung würde jedoch beim Gerichtsvollzieher fehlen. Dieser wiederum soll aber doch diese automatisierte Eingangsbestätigung mit dem zuzustellenden elektronischen Dokument verbinden und der Partei übermitteln, § 193a Abs. 2 S. 3 ZPO. Wie kann also ein Gerichtsvollzieher die Zustellung bescheinigen, wenn ihm gar keine Eingangsbestätigung vorliegt? § 193a Abs. 2 S. 4 ZPO regelt ja, dass im Fall der Übermittlung eines Schriftstücks, das elektronisch zugestellt werden soll, die **ausgedruckte** automatisierte Eingangsbestätigung mit dem zuzustellenden Schriftstück verbunden und dieses der Partei, für die zugestellt wurde, übermitteln werden soll. Die Antwort auf diese Frage gibt *Schultzky* nicht. Es bleibt abzuwarten, ob Gerichtsvollzieher in solchen Fällen bei Ausbleiben der automatisierten Eingangsbestätigung nicht einfach einen erneuten Zustellungsversuch unternehmen. Es ist wohl damit zu rechnen, dass in Zukunft das Fehlen einer automatisierten Eingangsbestätigung hin und wieder vorkommen wird, sodass hier die Rechtsprechung abzuwarten bleiben wird, wie mit diesem Problem umzugehen ist. Auch bei der Zustellung von Schriftstücken als Schriftstücke gab es bereits in der Vergangenheit die Rechtsprechung des BGH, dass dann, wenn sich ein formgerechter Nachweis der Zustellung nicht erbringen lässt, die Zustellung aber definitiv erfolgt ist (weil z.B. jemand auf eine missglückte Zustellung reagiert), der Zustellungsmangel im diesem Moment als geheilt angesehen werden kann. Dies würde letztendlich auch dem Ziel des § 166 ZPO entsprechen, der am Ende darauf abstellt, ob das, was zugestellt werden soll, den Zustellungsadressaten tatsächlich erreicht hat oder nicht.

Zur Zustellung eines PfÜBs und Abgabe der Drittschuldnererklärung hat der Gesetzgeber seit 1.1.2022 entsprechende Anpassungen in den §§ 829 Abs. 2 S. 2, 840 Abs. 2 S. 1 sowie 840 Abs. 3 ZPO vorgenommen. § 829 Abs. 2 S. 2 ZPO wurde wie folgt gefasst:

„Der Gerichtsvollzieher hat dem Schuldner den Beschluss mit dem Zustellungsnachweis sofort zuzustellen, sofern nicht eine öffentliche Zustellung erforderlich ist."

§ 840 Abs. 2 S. 1 ZPO wurde wie folgt gefasst:

„Die Aufforderung zur Abgabe dieser Erklärungen muss in die Zustellungsurkunde aufgenommen werden; bei Zustellungen nach § 193a muss die Aufforderung als elektronisches Dokument zusammen mit dem Pfändungsbeschluss übermittelt werden."

---

170 Zöller/*Schultzky*, ZPO, 34. Aufl. 2022, § 193 Rn 8.
171 Zöller/*Schultzky*, ZPO, 34. Aufl. 2022, § 173 Rn 22.

§ 840 Abs. 3 ZPO wurde wie folgt gefasst:

> *"(3) Die Erklärungen des Drittschuldners können innerhalb der in Absatz 1 bestimmten Frist auch gegenüber dem Gerichtsvollzieher abgegeben werden. Werden die Erklärungen bei einer Zustellung des Pfändungsbeschlusses nach § 193 abgegeben, so sind sie in die Zustellungsurkunde aufzunehmen und von dem Drittschuldner zu unterschreiben."*

G. Fazit

261 **Aus all dem Vorgetragenen ergibt sich nach unserer Auffassung Folgendes:**

- Via beA können zurzeit (Stichtag 7.10.2022) zwei Arten von Zustellungen erfolgen: elektronische Zustellungen mit eEB-Anforderung durch Gerichte oder Anwälte sowie Zustellungen elektronischer Dokumente durch den Gerichtsvollzieher.
- Bei Zustellungen durch den Gerichtsvollzieher gilt eine Zustellungsfiktion; Zustellungsdatum ist das auf der Eingangsbestätigung des Gerichtsvollziehers ausgewiesene Datum des Eingangs beim Adressaten (siehe Rdn 255 oben). Es kommt hier nicht darauf an, ob oder wann die Eingangspost geöffnet wurde. Diese Zustellungsart unterscheidet sich deutlich von einer Zustellung mit eEB-Anforderung! Fristen laufen daher ab diesem Datum, siehe z.B. hierzu §§ 845, 840 ZPO.
- Zustellungen mit Anforderung zur Abgabe eines elektronischen Empfangsbekenntnisses sollten gem. §§ 31a Abs. 6, 31b Abs. 7 BRAO sowie § 14 BORA zeitnah vom sachbearbeitenden Anwalt/Mandatsträger zur Kenntnis genommen werden.
- Ist die Zustellung ordnungsgemäß, erfolgt die Abgabe eines Empfangsbekenntnisses gem. § 14 S. 2 BORA unverzüglich; ist die Zustellung nicht ordnungsgemäß, wird die Abgabe eines Empfangsbekenntnisses ebenso unverzüglich abgelehnt.

Als Zustellungsdatum ist das Datum der Kenntnisnahme vom Kenntnisnehmenden selbst einzutragen. Keine Voreintragung durch Mitarbeiter! Dabei ist insbesondere darauf zu achten, dass es nicht versehentlich zu einem Tipp- oder Schreibfehler kommt, da die Entkräftung eines falschen Datums nur sehr schwer möglich ist (siehe Rdn 119 oben) und das Empfangsbekenntnis einen hohen Beweiswert (siehe Rdn 4 ff. in diesem Kapitel) hat.

- Fristen, die ab Zustellung berechnet werden, werden ordnungsgemäß und korrekt in den Fristenkalender eingetragen; die Fristberechnung orientiert sich am Kenntnisnahmedatum und somit am Zustellungsdatum.
- Empfangsbekenntnisse sollten nach Eintragung der entsprechenden Fristen zeitnah (siehe Rdn 109 ff. in diesem Kapitel) an den Anfordernden (Gerichte, Behörde, Anwälte) zurückgesandt werden (siehe Rdn 33 u. 204 ff. in diesem Kapitel).
- Werden versehentlich zwei eEBs mit unterschiedlichen Daten abgegeben, siehe dazu Rdn 170 in diesem Kapitel, ist für die Fristberechnung auf das erste Datum abzustellen; ggf. ist bei Entdeckung dieses Fehlers die Frist auf das frühere Datum umzutragen und durch entsprechenden Aktenvermerk nachvollziehbar zu dokumentieren, warum die Frist umgetragen wurde. Umtragungen, Streichungen und Löschungen von Fristen erfolgen ausschließlich nach Rücksprache mit dem sachbearbeitenden Anwalt, nie eigenmächtig durch Mitarbeiter, siehe auch § 22 Rdn 26 f. und 44 in diesem Werk.
- Elektronische Nachrichten (empfangen und gesendet) sind ausnahmslos zu exportieren und zu speichern, um – sofern erforderlich – die entsprechenden Ursprungsdateien als Nachweismittel vorzuhalten (zum Export siehe § 14 Rdn 79 sowie § 10 Rdn 15 ff. in diesem Werk).

H. eEB im beA anfordern – abgeben – anzeigen – ablehnen

I. eEB anfordern

Die Erleichterung beim Senden von Nachrichten ab der beA-Version 3.10 besteht darin, dass ab dieser **Version mit nur einer Nachricht** alle gewünschten Empfänger erreicht werden können, und nicht mehr verschiedene Nachrichten an die unterschiedlichen Beteiligten versendet werden müssen. So kann dieselbe Nachricht gleichzeitig, z.B. an ein Gericht und an einen beteiligten Kollegen, versendet werden. An das Gericht wird die Nachricht „normal" gesendet, an den beteiligten Kollegen gegen Anforderung eines elektronischen Empfangsbekenntnisses (eEB).

Eine eEB-Anforderung wird nach dem Eingeben des Empfängernamens im Nachrichtenentwurf (1) durch die Auswahl einer entsprechenden Check-Box (2) ermöglicht. Die eEB-Anforderung ist nur innerhalb des beA-Systems, also von Anwalt zu Anwalt, möglich. Eine eEB-Anforderung an z.B. ein Gericht ist nicht möglich. Die Check-Box für die Auswahl einer eEB-Anforderung in der Empfängerzeile, z.B. eines Gerichts (3), ist deaktiviert.[172]

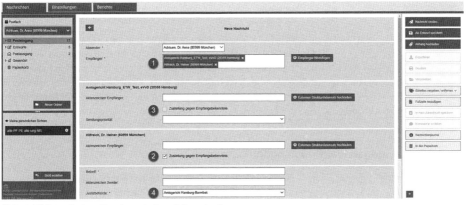

Abb. 2: Elektronisches Empfangsbekenntnis anfordern

Das Pflichtfeld Justizbehörde (1) wird automatisch ausgefüllt (in der Empfängerzeile wurde z.B. ein Gericht eingetragen), wenn durch die Eingabe in der Empfängerzeile (2) eine Verknüpfung zum eingetragenen Empfänger in der Datenbank existiert. Bei Bedarf kann im Pflichtfeld Justizbehörde auch nach dem richtigen Eintrag durchsucht werden. Um sich die Suche zu erleichtern (oft wird nicht bekannt sein, wie der genaue Name der Justizbehörde in der Datenbank hinterlegt ist), kann an den Anfang der Suche das Sonderzeichen * (Stern) gesetzt werden (3). Er ist Platzhalter für ein oder beliebig viele Zeichen vor dem bekannten Namensteil, z.B. *hamburg (3) mit einem möglichen Treffer „Amtsgericht Hamburg". Ein weiterer Stern am Ende des bekannten Namensteils muss dabei nicht eingetragen werden. Dies wird vom System automatisch, unsichtbar eingetragen und das System findet alle weiteren Begriffe, die nach dem bekannten Namensteil im Verzeichnis enthalten sein könnten. Das Sonderzeichen * (Stern) kann auch an einer beliebigen Stelle im Suchwort hinzugefügt werden und erweitert dadurch die Anzahl der Treffer, die auf Grundlage des eingetragenen Suchworts in der Datenbank gefunden werden können.

---

[172] Ab Version 3.10. Siehe auch Sondernewsletter 7/2021 v. 29.11.2021.

§ 15 Zustellungen via beA

266

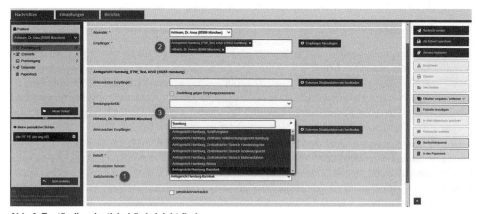

Abb. 3: Zuständige Justizbehörde leicht finden

267 *Tipp*

Will man einen Schriftsatz nicht nur bei Gericht einreichen, sondern auch von Anwalt zu Anwalt selbst zustellen (z.B. gem. § 132 ZPO), reicht seit der beA-Version 3.10 eine einzige Nachricht aus, siehe Rdn 262 oben. Aus einer Nachricht werden dann gem. der Anzahl der eingetragenen Empfänger die entsprechende Anzahl an gesendeten Nachrichten im Grundordner „Gesendet" zu finden sein. Jeder Empfänger erhält eine eigene Nachricht mit den für ihn bestimmten Eintragungen (Aktenzeichen) und evtl. einer Aufforderung zur Abgabe eines Empfangsbekenntnisses.

II. eEB anzeigen – Reaktionsmöglichkeiten

268 Seit der beA-Version 3.7 wird in der Nachrichtenübersicht der eingegangenen Nachrichten eine eigene Spalte „eEB" (1) zur Verfügung gestellt.[173] Diese Spalte kann unterschiedliche Symbole anzeigen. Ist eine Nachricht mit eEB-Anforderung eingegangen, wird ein gelbes Dreieck (2) in der Nachrichtenzeile angezeigt. In dieser Spalte ist nach der Beantwortung der eEB-Anforderung erkennbar, ob das eEB abgelehnt (3) (roter Punkt mit weißem Querstrich) oder zur Kenntnis genommen wurde (4) (grüner Punkt mit weißem Haken). Eine einmal vorgenommene und durchgeführte Entscheidung, ob eine eEB-Anforderung zur Kenntnis genommen oder abgelehnt wurde, lässt sich nach der Ausführung nicht mehr korrigieren.

269

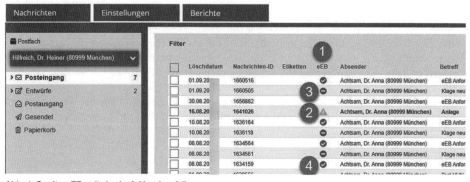

Abb. 4: Spalte eEB seit der beA-Version 3.7

---

173 beA Sondernewsletter Ausgabe 3/2021 vom 12.7.2021.

Hinweis

Das Symbol des gelben Dreiecks für den Hinweis, dass es sich um einen eingegangene eEB-Anforderung handelt, wird nur dann sofort angezeigt, wenn die eEB-Anforderung unmittelbar von einem beA in ein anderes beA gesendet wurde. Kommt die eEB-Anforderung dagegen z.B. aus einem EGVP (elektronisches Gerichts- und Verwaltungspostfach), muss die Nachricht zuerst von einem berechtigten Nutzer geöffnet werden, bevor das gelbe Symbol in der Spalte „eEB" angezeigt werden kann, da die Nachricht erst durch das Öffnen entschlüsselt wird.

Eine empfangene Nachricht mit der Aufforderung, ein eEB abzugeben, stellt drei Optionen für den Empfänger im Umgang mit dem eEB zur Verfügung: Anzeigen (1), Abgabe erstellen (2) oder Ablehnung erstellen (3).

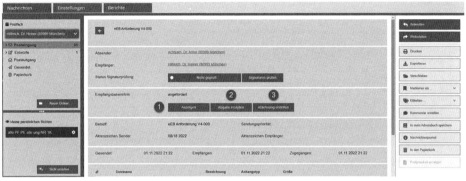

Abb. 5: Nachricht mit eEB-Anforderung erhalten und geöffnet

Der Empfänger oder ein berechtigter Mitarbeiter kann sich die Anforderung des Empfangsbekenntnisses durch Klick auf den Button „Anzeigen" anzeigen lassen. Da diese eEB-Anforderung noch nicht abgegeben oder abgelehnt wurde, erscheint noch der Hinweis: *„Nachfolgend wird nur die **Aufforderung** zur Abgabe eines Empfangsbekenntnisses dargestellt, da kein rücklaufendes eEB gefunden worden ist"* (1). Nach Ablehnung oder Abgabe der eEB-Anforderung kann über den Button „Anzeigen" die jeweilige Reaktion auf die eEB-Anforderung (abgegeben oder abgelehnt) angezeigt werden. Es werden sowohl der Absender (2) als auch der Zustellungsempfänger/in (3) und das erstellte Aktenzeichen des Absenders (4) angezeigt. Dabei wird u.a. ersichtlich, für welche Dokumente das Empfangsbekenntnis abgegeben werden soll. Alle Dokumente, die sich im Anhang der eEB-Anforderung befinden, werden aufgelistet.

§ 15 Zustellungen via beA

274

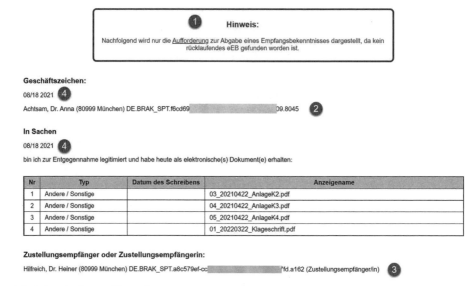

Abb. 6: Angefordertes eEB anzeigen

III. eEB abgeben

275 Nachdem die gesendeten Dokumente auf Richtigkeit und Vollständigkeit geprüft wurden und hier keine Unstimmigkeiten aufgetreten sind, kann der Postfachinhaber das Empfangsbekenntnis abgeben, indem er auf den Button „Abgabe erstellen" klickt und im Anschluss das Datum einfügt (1), zu dem er die in der eEB-Anforderung enthaltenen Dokumente zur Kenntnis genommen hat und klickt im Anschluss auf „Nachricht senden" (2).

276

Abb. 7: eEB abgegeben und senden als Postfachinhaber

277 Wird das Empfangsbekenntnis aus dem Postfach eines Vertretenen zurückgesendet und hat der Vertreter **nicht** die Rolle „Vertretung" übertragen erhalten, muss der berechtigte Vertreter im fremden Postfach

nach dem Eintrag des Kenntnisnahmezeitpunkts (1) den zugehörigen Strukturdatensatz qualifiziert elektronisch signieren. Dazu klickt der Vertreter auf den Button „Strukturdatensatz signieren" (3) und gibt nach Aufforderung am Kartenleser seine Signatur-PIN ein. Erst nachdem der Strukturdatensatz signiert wurde, kann der Vertreter im Vertretenen-Postfach das mit Kenntnisnahmedatum versehene Empfangsbekenntnis an den Anforderer zurücksenden. Der bis dahin ausgegraute Funktionsbutton „Nachricht senden" (2) ist dann wieder funktionstüchtig.

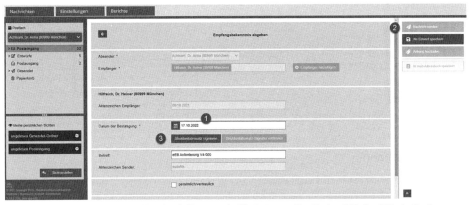

Abb. 8: eEB abgegeben und senden durch Vertreter im Vertretenen-Postfach mit Rolle „Mitarbeiter"

Seit dem 1.8.2022 ist es aufgrund der Einfügung des § 23 Abs. 3 S. 6 RAVPV rechtlich nicht mehr notwendig, dass der Vertreter oder der Zustellungsbevollmächtigte den Strukturdatensatz der zur Kenntnis genommenen eEB-Anforderung mit einer qualifizierten elektronischen Signatur versieht, bevor er die eEB-Anforderung an den Anfordernden zurücksenden kann. Praktisch wurde dies allerdings erst mit Einführung der beA-Version 3.14 und die Möglichkeit, die Rollen „Vertretung", Zustellungsbevollmächtigter" und „VHN-Berechtigter" vergeben zu können, umgesetzt. Zu den technischen Problemen im Gesellschafts-beA, die Probleme der Justiz, den sendenden Anwalt aus dem Transferprotokoll herauslesen zu können, und die Empfehlung von BRAK und DAV v. 29.9.2022, aus dem Gesellschafts-beA mit qualifizierter elektronischer Signatur zu versenden, siehe auch § 2 Rdn 36 in diesem Werk.

Erhält ein Anwaltskollege die Erlaubnis, einen Kollegen im Krankheitsfall oder zur Urlaubsvertretung vertreten zu dürfen, kann ihm die Rolle „Vertretung" übertragen werden, siehe auch § 7 Rdn 55 ff. in diesem Werk. Dadurch entfällt das qualifizierte elektronische Signieren des Strukturdatensatzes, da der Vertreter mit der übertragenen Rolle „Vertretung" aus dem Postfach des Vertretenen mit einem VHN (vertrauenswürdigen Herkunftsnachweis) elektronische Empfangsbekenntnisse senden kann. Dies ist möglich, da mit der Übertragung der Rolle „Vertretung" das Recht 30 „EBs mit VHN versenden" fester Bestandteil der Rolle „Vertretung" ist. Wie im obigen Beispiel wird vom Vertreter (jetzt mit der Rolle „Vertretung" ausgestattet) das Datum der Kenntnisnahme eingetragen (1). Die Möglichkeit, den Strukturdatensatz qualifiziert elektronisch signieren zu können, wird in diesem Fall nicht angeboten (2). Auch hier ist eine Änderung des Textfeldes „Betreff" möglich (3). Der Button „Nachricht senden" (4) ist immer aktiv.

281

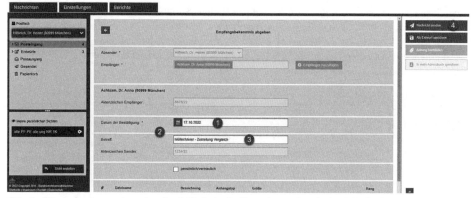

Abb. 9: eEB abgegeben und senden durch Vertreter im Vertretenen-Postfach mit Rolle „Vertretung"

IV. eEB ablehnen

282 Möchte der Rechtsanwalt das eEB nicht abgeben, so kann er die Anforderung ablehnen, indem er auf der eingegangenen, geöffneten Anforderung auf den Button „Ablehnung erstellen" klickt. Er wählt jetzt den Ablehnungsgrund unter den Vorgaben: „Inhalt der Sendung unklar oder unvollständig", „Zertifikatsprüfung fehlgeschlagen" oder „Zustellungsempfänger nicht am Verfahren beteiligt" (1). Es erfolgt eine kurze Beschreibung der Ablehnung im Textfeld „Erläuterung" (2) (Pflichtfeld, muss mit mindestens einem beliebigen Zeichen gefüllt werden). Weder das Aktenzeichen des Empfängers (3) noch das Aktenzeichen des Senders (4) können abgeändert werden. Ebenso ist im Bereich der Absender- und Empfängerfelder (6) keine Manipulation der Einträge möglich. Die Betreffzeile (5) kann dagegen bei Bedarf inhaltlich angepasst werden. Die Sendefunktion (7) steht sowohl dem Vertreter im Vertretenen-Postfach als auch dem Postfachinhaber zur Verfügung, auch wenn der Strukturdatensatz der abgelehnten, zurückzusendenden eEB-Anforderung nicht signiert wird.

283

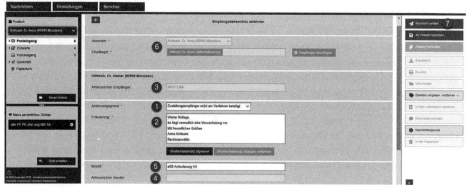

Abb. 10: eEB ablehnen und senden

284 Die Möglichkeit, einen Strukturdatensatz qualifiziert elektronisch signieren zu können, wird dem Vertreter mit der Rolle „Vertretung" auch beim Ablehnen der Abgabe eines eEB nicht angeboten bzw. angezeigt. Lehnt dagegen der Postfachinhaber im eigenen Postfach oder als Vertreter mit der Rolle „Mitarbeiter" (mit Anwaltseigenschaft) im vertretenen Postfach die eEB-Anforderung ab, könnte der Strukturdatensatz mit qualifizierter elektronischer Signatur (qeS) signiert werden.[174] Der Button „Strukturdatensatz signieren" steht zur Verfügung, siehe Abb. 8 Rdn 278 und Abb. 10 Rdn 283. Wird die qeS nicht am Strukturdatensatz angebracht, ist für beide (Postfachinhaber und Vertreter mit der Rolle „Mitarbeiter" [mit Anwaltseigenschaft]) in der Situation der Ablehnung einer eEB-Anforderung der Button „Nachricht senden" trotz nicht qualifiziert signiertem Strukturdatensatz verfügbar und die Ablehnung des eEBs kann auch ohne die Anbringung einer qeS (am Strukturdatensatz) gesendet werden.

285 Die rechtliche Grundlage für die Zurückweisung einer nicht ordnungsgemäßen Zustellung gegen EB bei Zustellungen von Gerichten, Anwälten und Behörden findet sich in § 14 S. 2 BORA. Handelt es sich um eine ordnungsgemäße Zustellung, besteht seit 1.1.2018 die berufsrechtliche Pflicht, über den zu diesem Zeitpunkt neu in Kraft getretenen § 14 S. 1 BORA ein EB unverzüglich zurückzusenden, siehe hierzu auch Rdn 33 u. 204 in diesem Kapitel.

V. Abgelehnte oder abgegebene eEB anzeigen

Hinweis

286 Das an den ursprünglichen Anforderer zurückgesendete eEB weist in der Spalte „eEB" in der Nachrichtenübersicht des Posteingangs **keinen** Eintrag oder Symbol aus, der/das darauf schließen lässt, dass es sich um ein zurückgesendetes eEB handelt.

287 Der ursprüngliche Anforderer des eEB erhält nun eine Ablehnung oder eine Abgabe des elektronischen Empfangsbekenntnisses mit dem Hinweis in der Zeile Empfangsbekenntnis (1) „Ein elektronisches Empfangsbekenntnis (eEB) wurde abgegeben" (2) oder „Ein elektronisches Empfangsbekenntnis (eEB) wurde abgelehnt" (3). Der Empfänger kann sich die jeweilige Variante des eEB anzeigen lassen, in dem er auf den Button „Anzeigen" (4) in der gleichen Zeile klickt.

288

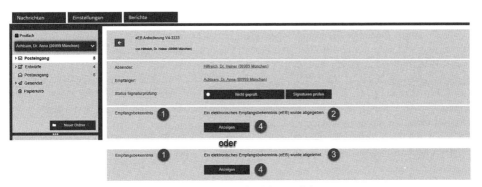

Abb. 11: eEB-Anforderung kommt angenommen oder abgelehnt zurück

289 Das eEB wurde abgegeben. Der Empfänger erhält beispielsweise die folgende zusammenfassende Darstellung, wenn er auf den Button „Anzeigen" klickt. Es wird der Name und die SAFE-ID des das eEB anfordernden Postfachinhabers (1), das Aktenzeichen des Anforderers (2), die der eEB-Anforderung angehängten Dokumente (3) und das Datum der Kenntnisnahme (4) ausgewiesen. Zudem wird der Name und die SAFE-ID des die eEB-Anforderung Zurücksendenden als Unterzeichner/in (5) oder Zustellungsempfänger/in (7) sowie ein evtl. vom Anforderer eingetragenes Aktenzeichen (6) abgebildet, wobei mit Geschäftszeichen das Feld „Aktenzeichen des Senders/Empfängers" im Nachrichtenentwurf gemeint ist.

---

[174] Stand: 5.10.2022.

290

Empfangsbekenntnis

Geschäftszeichen:

08/21 2356

Achtsam, Dr. Anna (80999 München) DE.BRAK_SPT.f6cd6952-69f5-4f6c-b3e2-eecf253eee09.8045

In Sachen

08/21 2356

bin ich zur Entgegennahme legitimiert und habe heute als elektronische(s) Dokument(e) erhalten:

Nr	Typ	Datum des Schreibens	Anzeigename
1	Andere / Sonstige		20220301_Anschreiben_eEB.pdf
2	Andere / Sonstige		20220301_BeglAbVergl_LGMuenchenI.pdf

Datum:

10.06.2022

Zustellungsempfänger oder Zustellungsempfängerin:

Hilfreich, Dr. Heiner (80999 München) DE.BRAK_SPT.a8c579ef-cc35-4ede-a8be-32c33854a7fd.a162 (Unterzeichner/in)

Geschäftszeichen:

Hilfreich, Dr. Heiner (80999 München) DE.BRAK_SPT.a8c579ef-cc35-4ede-a8be-32c33854a7fd.a162
(Zustellungsempfänger/in)

Abb. 12: Das angenommene eEB beim Zurücksender und beim Anforderer anzeigen

291 Das eEB wurde abgelehnt. Der Empfänger erhält beispielsweise die folgende zusammenfassende Darstellung, wenn er auf den Button „Anzeigen" klickt. Es wird der Name und die SAFE-ID des das eEB anfordernden Postfachinhabers (1), das Aktenzeichen des Anforderers (2) und die der eEB-Anforderung angehängten Dokumente (3) ausgewiesen. Farblich in Rot abgehoben wird der Grund der Ablehnung (4), siehe Rdn 282 f. oben, sowie ein evtl. erzeugter Freitext zur näheren Erläuterung des Ablehnungsgrunds (5) abgebildet. Zudem wird der Name und die SAFE-ID des die eEB-Anforderung Zurücksendenden als Unterzeichner/in (6) oder Zustellungsempfänger/in (8) sowie ein evtl. vom Anforderer eingetragenes Aktenzeichen (7) abgebildet, wobei mit Geschäftszeichen das Feld „Aktenzeichen des Senders/Empfängers" im Nachrichtenentwurf gemeint ist.

Empfangsbekenntnis

Geschäftszeichen:

08/21 2356

Hilfreich, Dr. Heiner (80999 München) DE.BRAK_SPT.a8c579ef-cc35-4ede-a8be-32c33854a7fd.a162

In Sachen

08/21 2356

ist mir eine Aufforderung zur Abgabe des Empfangsbekenntnisses für die Entgegennahme des/der elektronischen Dokumente(s)

Nr	Typ	Datum des Schreibens	Anzeigename
1	Andere / Sonstige		20220301_Anschreiben_eEB.pdf
2	Andere / Sonstige		20220301_BeglAbVergl_LGMuenchenI.pdf

übermittelt worden.

Das Empfangsbekenntnis wird nicht abgegeben, da:

Zustellungsempfänger nicht am Verfahren beteiligt

Erläuterung:
Werter Kollege, da liegt vermutlich eine Verwechslung vor. Mit freundlichen Grüßen Anna Achtsam Rechtsanwältin

Zustellungsempfänger oder Zustellungsempfängerin:

Achtsam, Dr. Anna (80999 München) DE.BRAK_SPT.f6cd6952-69f5-4f6c-b3e2-eecf253eee09.8045 (Unterzeichner/in)

Geschäftszeichen:

Achtsam, Dr. Anna (80999 München) DE.BRAK_SPT.f6cd6952-69f5-4f6c-b3e2-eecf253eee09.8045
(Zustellungsempfänger/in)

Abb. 13: Das abgelehnte eEB beim Zurücksender und beim Anforderer anzeigen

Wird eine eEB-Rücksendung durch einen Vertreter, dem die Rolle „Vertretung" übertragen wurde, aus dem Postfach des Vertretenen vorgenommen, erhält der ursprüngliche Anforderer des eEB im elektronischen Empfangsbekenntnis (egal, ob die eEB-Anforderung abgegeben oder abgelehnt wird) die Information, dass die eEB-Anforderung von einem Vertreter mit der Rolle „Vertretung" und nicht vom eigentlichen Postfachinhaber zurückgesendet wurde (1). Diese Information wird nicht angezeigt, wenn der Vertreter „nur" mit der Rolle „Mitarbeiter" vertritt. Zu den Rollen siehe § 7 Rdn 55 ff. in diesem Werk.

§ 15 Zustellungen via beA

294

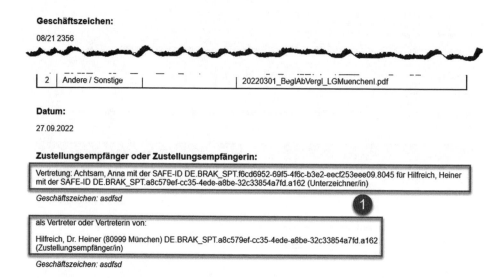

Abb. 14: Rücksendung durch Vertreter mit Rolle „Vertretung"

VI. Erforderliche Rechtezuweisung für eEB-Versand

295 Sofern das abgegebene elektronische Empfangsbekenntnis (eEB) von einem Vertreter abgegeben oder abgelehnt werden soll, müssen diesem entsprechende Rechte oder die Rolle „Vertretung" übertragen werden. Der Vertreter des Postfachinhabers, der die Rolle „Mitarbeiter" (mit Anwaltseigenschaft) übertragen bekommen hat und für den Vertretenen das eEB zurücksenden soll, benötigt im beA das Recht Nr. 14 – EBs versenden.

296 Soll ein Vertreter für den Anwalt ein eEB **zurückweisen** können, benötigt er zusätzlich das Recht Nr. 15 – EBs zurückweisen.

297 Haben Vertreter das Recht 15 (EBs zurückweisen) nicht, können sie technisch den Vorgang vorbereiten, indem sie die Zurückweisungs-Reaktion für die eEB-Anforderung vorbereiten und im Entwurfsordner abspeichern.

298 Die **Abgabe** eines elektronischen Empfangsbekenntnisses durch Büropersonal ist auch beim elektronischen Empfangsbekenntnis nicht wirksam, da es sich nicht um eine delegierbare Aufgabe handelt, siehe Rdn 40 in diesem Kapitel, zudem scheitert es aber schon an den technischen Möglichkeiten. Denn das beA erlaubt die Abgabe eines elektronischen Empfangsbekenntnisses ohne Anbringung einer qualifizierten elektronischen Signatur nur dem Postfachinhaber selbst bzw. seinem Vertreter mit der übertragenen Rolle „Vertretung" (§ 7 Rdn 61 u. Rdn 105 i.V.m. 87), einem „Zustellungsbevollmächtigten" (§ 7 Rdn 59 u. Rdn 105 i.V.m. 87) oder einem „VHN-Berechtigten"[175] (§ 7 Rdn 64 u. Rdn 105 i.V.m. 87), § 23 Abs. 3

---

175 Zu den technischen Problemen im Gesellschafts-beA, die Probleme der Justiz, den sendenden Anwalt aus dem Transferprotokoll herauslesen zu können, und die Empfehlung von BRAK und DAV v. 29.9.2022, aus dem Gesellschafts-beA mit qualifizierter elektronischer Signatur zu versenden, siehe auch § 2 Rdn 36 in diesem Werk.

S. 5, 6 u. 7 RAVPV. Mitarbeiter können eEBs rechtlich nicht wirksam qualifiziert elektronisch signieren, selbst wenn sie z.B. von der Bundesdruckerei für private Zwecke über eine Signaturkarte verfügen sollten, was ohnehin wohl nur die Ausnahme sein dürfte. Dass bei Nutzung der Anwaltskarten durch Mitarbeiter der Postfachinhaber, der Zugangsmittel wie z.B. die beA Karte Basis sowie die PIN herausgegeben hat, die vom Mitarbeiter abgegebene Erklärung – auch zu seinem Nachteil – gegen sich gelten lassen muss, hat eindrucksvoll das BSG im Sommer 2022 entschieden,[176] siehe dazu auch § 5 Rdn 77 in diesem Werk.

299 Technisch ist es möglich, dass ein Mitarbeiter die **Zurückweisung** senden kann, ohne dass eine qualifizierte elektronische Signatur angebracht worden ist. Ob sich die Zurückweisung eines Empfangsbekenntnisses, die im Berufsrecht der Anwälte unter § 14 S. 2 BORA geregelt ist, auf Mitarbeiter delegieren lässt, erscheint fraglich. Allerdings ist auch fraglich, welche Rechtsfolge daran geknüpft sein kann, wenn die Zurückweisung durch den Mitarbeiter und nicht durch den Anwalt erfolgt. Stellt der Mitarbeiter beispielsweise beim Posteingang fest, dass die behaupteten Anlagen fehlen und daher die Zustellung unvollständig ist, kann er technisch gesehen, die Zurückweisung selbstständig vornehmen. Ob in dieser technischen Möglichkeit ein Zugeständnis der BRAK zu sehen ist, dass es sich um eine delegierbare Aufgabe handelt, ist zweifelhaft. Angenommen, die Zurückweisung wegen fehlender Dokumente war ein Versehen, die Dokumente waren gleichwohl alle angefügt: Hier könnte ggf. von einem Organisationsverschulden des Anwalts mit der entsprechenden Haftungsfolge auszugehen sein, wenn dem Mandanten durch die Verzögerung der Angelegenheit durch versehentliche Ablehnung ein Schaden entsteht, da der Anwalt seinem – offenbar doch nicht qualifizierten Mitarbeiter – die Ablehnung eines Empfangsbekenntnisses gestattet hätte.

300 Sofern ein Anwaltskollege (mit der Rolle Mitarbeiter [mit Anwaltseigenschaft]) das eEB im Kollegen-Postfach qualifiziert elektronisch signieren soll, benötigt er folgendes Recht Nr. 13 – EBs signieren.

301 Sofern der Kollege (ausgestattet mit der Rolle Mitarbeiter [mit Anwaltseigenschaft]) eEB-Anforderungen im Postfach des Kollegen als Vertreter auch versenden und zurückweisen können soll, benötigt er ebenfalls die Rechte Nr. 14 – EBs versenden und 15 – EBs zurückweisen.

302 **Wichtig:** Im beA kann zurzeit[177] ein angefordertes eEB nur aus dem Postfach heraus abgegeben werden, in dem es angefordert wurde. Eine Weiterleitung einer Nachricht, die eine eEB-Anforderung enthält, in ein anderes Postfach, ist im beA-System nicht möglich. Dies hängt mit dem Strukturdatensatz zusammen, der technisch eine Weiterleitung nicht ermöglicht. Die weitergeleitete eEB-Anforderung würde zur normalen Nachricht „herabgestuft" oder der Weiterleitende müsste die eEB-Anforderung (Check-Box Haken setzen) vor dem Versenden erneut auswählen, was zur Folge hätte, dass der Weiterleitende als aktueller Anforderer des eEBs auftreten würde und nicht mehr der ursprünglich Anforderer.

303 Aus dem beA eines eEB-empfangenden Anwalts kann daher eine Abgabe einer eEB-Anforderung durch folgende Personenkreise versandt werden:
- durch den Postfachinhaber selbst (ohne qualifizierte elektronische Signatur – qeS)
- durch Anwaltskollegen, wenn das eEB qualifiziert elektronisch signiert ist (Rolle Mitarbeiter [mit Anwaltseigenschaft])
- durch Anwaltskollegen (ohne qualifizierte elektronische Signatur – qeS) wenn sie die Rolle „Vertretung", „Zustellungsbevollmächtigter" oder „VHN-Berechtigter" übertragen erhalten haben. Zu den technischen Problemen im Gesellschafts-beA, die Probleme der Justiz, den sendenden Anwalt aus dem Transferprotokoll herauslesen zu können, und die Empfehlung von BRAK und DAV v. 29.9.2022, aus dem Gesellschafts-beA mit qualifizierter elektronischer Signatur zu versenden, siehe auch § 2 Rdn 36 in diesem Werk.

---

[176] BSG, Urt. v. 14.7.2022 – B 3 KR 2/21 R, BeckRS 2022, 25564 = MMR-Aktuell 2022, 450422.
[177] Stand: 7.10.2022.

304 Eine Ablehnung einer eEB-Anforderung kann durch folgende Personenkreise versendet werden:
- durch den Postfachinhaber selbst (auch ohne qeS)
- durch Mitarbeiter (technisch ja, rechtlich jedoch fraglich, siehe Rdn 299 oben)
- durch Anwaltskollegen (auch ohne qeS), wenn die Rolle Mitarbeiter (mit Anwaltseigenschaft) vergeben wurde
- durch Anwaltskollegen mit der Rolle „Vertretung". Hier wird die Möglichkeit, eine qeS anbringen zu können, weder angeboten noch angezeigt

§ 16 Art u. Weise der Ersatzeinreichung

A. Ersatzeinreichung

Wie in § 3 dieses Werks ausgeführt, besteht in Deutschland in weiten Teilen eine umfassende Pflicht zur elektronischen Einreichung. Zur Vermeidung von Wiederholungen wird daher auf dieses Kapitel verwiesen.

Von dieser umfassenden Pflicht gibt es – hier am Beispiel der ZPO – zwei Ausnahmen:
- vorübergehende technische Unmöglichkeit, § 130d S. 2 ZPO, siehe § 3 Rdn 76 ff. sowie
- bei Überschreibung der Höchstgrenzen bei Anzahl und MB einer elektronischen Nachricht, siehe dazu beispielhaft § 130a Abs. 2 i.V.m. § 5 ERVV sowie der (zurzeit geltenden) 2. ERVB 2022, § 12 Rdn 43 ff.

In diesen beiden Fällen bleibt die Übermittlung nach den allgemeinen Vorschriften zulässig. Mit den allgemeinen Vorschriften ist – wieder am Beispiel der ZPO – die Einreichung gem. § 130 Nr. 6 ZPO gemeint,[1] auch genannt:
- herkömmliche Einreichung (wobei die Beibehaltung dieses Begriffs ausdrücklich nicht empfohlen wird, denn die herkömmliche Einreichung ist seit dem 1.1.2022 die elektronische Einreichung) sowie
- „schriftliche Einreichung" (häufig verwendeter Begriff auch der Rechtsprechung in Wiedereinsetzungsverfahren und sehr gebräuchlich; gutes Pendant zur „elektronischen Einreichung" gem. § 130a ZPO).

Diese schriftliche Einreichung gem. § 130a Abs. 6 ZPO – die bei bestehender elektronischer Einreichpflicht seit dem 1.1.2022 **ausschließlich** als Ersatzeinreichung zulässig ist – kann z.B. auf nachstehende Weise erfolgen:
- rechtzeitige Einreichung des Dokuments in Schriftform (d.h. im Original unterschrieben) per Briefpost
- rechtzeitige Einreichung des Dokuments in Schriftform per Fax
- rechtzeitiger Einwurf des Dokuments in Schriftform (d.h. im Original unterschrieben) in den Nachtbriefkasten des Gerichts
- rechtzeitige Abgabe des Dokuments in Schriftform (d.h. im Original unterschrieben) bei Gericht (Poststelle/Geschäftsstelle)

In diesem Kapitel wird die bisherige – und neuere Rechtsprechung zu dieser schriftlichen Einreichung gem. § 130 Nr. 6a ZPO in einigen Punkten aufgegriffen. Dabei wird der Fokus auf einige Schwerpunkte, wie z.B. die Anforderungen an eine Unterschrift, die Einreichung per Fax oder per Mail und die Anforderungen bei Einsatz von Mitarbeitern einer Kanzlei, gelegt.

B. Herkömmliche Unterschrift bei Ersatzeinreichung

I. Gesetzliche Anforderung bei schriftlicher Einreichung

Die Unterschrift soll „die Identifizierung des Urhebers der schriftlichen Prozesshandlung ermöglichen und dessen unbedingten Willen zum Ausdruck bringen, die Verantwortung für den Inhalt des Schriftsatzes zu übernehmen" und gleichzeitig „sicherstellen, dass es sich bei dem Schriftstück nicht nur um einen Entwurf handelt, sondern dass es mit Wissen und Willen des Berechtigten dem Gericht zugeleitet worden ist",[2] es sich somit nicht nur um einen Entwurf handelt.

---

1 BT-Drucks 17/12634 v. 6.3.2013, 27, rechte Spalte, 6. Abs.
2 Ständige Rechtsprechung: BGH, Beschl. v. 22.3.2022 – VI ZB 27/20, Rn. 9 m.v.w.N., NJW-RR 2022, 716; so aber auch schon 1979: GmS-OGB, Beschl. v. 30.4.1979 – GmS-OGB 1/78, BGHZ 75, 340, 348 f.

7 Da in den Fällen der vorübergehenden technischen Unmöglichkeiten nach den Verfahrensordnungen, vgl. dazu nur beispielhaft § 130d S. 2 ZPO, die „herkömmliche" Einreichung als Ersatzeinreichung zulässig bleibt, ist dieser herkömmlichen Einreichung ein eigenes Kapitel gewidmet. Denn es hat in den vergangenen Jahren recht umfangreiche Rechtsprechung z.B. zur Frage der Wirksamkeit von Unterschriften gegeben, die man für die Fälle der Ersatzeinreichung kennen sollte.

8 Das Schriftformerfordernis (Originalunterschrift) des Prozessbevollmächtigten ergibt sich aus verschiedenen Bestimmungen. Nur **beispielhaft**:

§ 130 ZPO – Inhalt der Schriftsätze

„Die vorbereitenden Schriftsätze sollen enthalten:

[...]

6. die Unterschrift der Person, die den Schriftsatz verantwortet, bei Übermittlung durch einen Telefaxdienst (Telekopie) die Wiedergabe der Unterschrift in der Kopie."

§ 46 ArbGG – Grundsatz

[...]

„(2) ¹Für das Urteilsverfahren des ersten Rechtszugs gelten die Vorschriften der Zivilprozeßordnung über das Verfahren vor den Amtsgerichten entsprechend, soweit dieses Gesetz nichts anderes bestimmt."

9 Bei der schriftlichen Einreichung eines Schriftsatzes nach § 130 ZPO kommt es entscheidend auf die Unterschrift des Anwalts an, die eigenhändig vorzunehmen ist, § 130 Nr. 6 ZPO. Nicht immer sind die geleisteten Unterschriften der Anwälte hinreichend lesbar. Schon mehrfach musste der BGH über die Frage der Leserlichkeit einer anwaltlichen Unterschrift entscheiden. Die Fax-Übermittlung zählt nach dem Verfahrensrecht zur schriftlichen Einreichung, nicht zur elektronischen, weshalb diese beiden Arten der Einreichung auch nicht miteinander verwechselt werden dürfen. Denn natürlich ist das Fax-Gerät ein elektronisches Mittel; bei der Einreichung von Schriftsätzen ist es aber der schriftlichen Einreichung zugeordnet. Soweit die Einreichung per Fax im Rahmen einer Ersatzeinreichung infrage kommt, wird auf die umfangreichen Ausführungen unter Rdn 127 ff in diesem Kapitel verwiesen.

II. BGH-Rechtsprechung zur eigenhändigen Unterschrift

10 „a) Der Schriftzug eines Rechtsanwalts am Ende einer Berufungsschrift erfüllt die Anforderungen an die nach § 130 Nr. 6 ZPO zu leistende Unterschrift nur, wenn er erkennen lässt, dass der Unterzeichner seinen vollen Namen und nicht nur eine Abkürzung hat niederschreiben wollen (st. Rspr.; bspw. BGH, Beschl. v. 28.9.1998 – II ZB 19/98, NJW 1999, 60).

b) Ist der diesen Anforderungen nicht entsprechende Schriftzug so oder geringfügig abweichend von den Gerichten längere Zeit ohne Beanstandung als formgültige Unterschrift hingenommen worden, kann der Rechtsanwalt darauf vertrauen, dass er den Anforderungen des § 130 Nr. 6 ZPO entspricht. Wird der Schriftzug vom Berufungsgericht in einem solchen Fall nicht als Unterschrift anerkannt, ist dem Berufungskläger in der Regel wegen Versäumung der Berufungsfrist auf Antrag Wiedereinsetzung in den vorigen Stand zu gewähren."[3]

11 „1. Ein vereinfachter und nicht lesbarer Namenszug ist als Unterschrift anzuerkennen, wenn der Schriftzug individuelle und charakteristische Merkmale aufweist, die die Nachahmung erschweren, sich als Wiedergabe eines Namens darstellt und die Absicht einer vollen Unterschrift erkennen lässt.

---

[3] BGH, Beschl. v. 11.4.2013 – VII ZB 43/12, NJW 2013, 1966 = MDR 2013, 738.

2. Ist ein Schriftzug so oder geringfügig abweichend allgemein von den Gerichten über längere Zeit als in sehr verkürzter Weise geleistete Unterschrift unbeanstandet geblieben, darf der Rechtsanwalt darauf vertrauen, dass die Unterschrift den in der Rechtsprechung anerkannten Anforderungen entspricht.

3. Will das Gericht die über längere Zeit nicht beanstandete Form der Unterschrift nicht mehr hinnehmen, gebietet der verfassungsrechtliche Vertrauensschutz über den Anspruch auf faire Verfahrensgestaltung hinaus gegenüber dem Rechtsanwalt eine Vorwarnung."[4]

Praxistipp   **12**
Schriftsätze sollten grundsätzlich so unterschrieben werden, dass der Name des Unterzeichners gelesen werden kann.

Die **Unterschrift** des Anwalts muss nach ständiger Rechtsprechung des BGH erkennen lassen,   **13**
- wer der Unterzeichner ist, um den Unterzeichner unzweifelhaft identifizieren zu können[5] und
- dass der Unterzeichner mit seiner Unterschrift den unbedingten Willen zum Ausdruck bringt, die Verantwortung für den Inhalt des Schriftsatzes zu übernehmen, er ihn sich sozusagen durch seine Unterschrift „zu eigen" macht.[6]

Der bestimmende Schriftsatz muss durch die Unterschrift vom versehentlich abgesandten Entwurf unterschieden werden können.[7] Dies ist gewährleistet, wenn feststeht, dass die Unterschrift vom Anwalt stammt.[8]   **14**

Eine „**formelle** Unterschrift", die erkennen lässt, dass eine eigenverantwortliche Prüfung vom Unterzeichner nicht vorgenommen wurde und dieser sich vom Inhalt der schriftlichen Erklärung distanziert, ist **nicht** ausreichend.[9]   **15**

Etwaige Zweifel an der Echtheit oder Vollständigkeit der Unterschrift sind im Wege des Freibeweises zu klären.[10]   **16**

Kommt es für die Beurteilung der Urheberschaft entscheidend auf das Schriftbild an, ist nach Ansicht des BGH ein Sachverständigengutachten erforderlich, da es dem Gericht in aller Regel an der entsprechenden eigenen Sachkunde fehlen wird.[11]   **17**

Ins Schwitzen dürfte ein Anwalt sicherlich dann geraten, wenn ein solches Sachverständigengutachten tatsächlich eingeholt wird und anhand von geleisteten Vergleichsunterschriften der Gutachter prüfen muss, mit welchem Wahrscheinlichkeitsgrad die Unterschrift vom Unterzeichnenden selbst geleistet worden ist. In einem vom BGH entschiedenen Fall hatte der Gutachter jedenfalls diesen mit „wahrscheinlich" bestätigt; das OLG Köln hielt dies nicht für ausreichend und die Unterschrift für formunwirksam. Dieser Auffassung erteilte der BGH eine Absage,[12] da er eine entsprechende Sachkunde des Gerichts in Zweifel   **18**

---

4 BGH, Beschl. v. 3.3.2015 – VI ZB 71/14, NJW-RR 2015, 699 = FamRZ 2015, 854 = AnwBl 2015, 527.
5 BGH, Urt. v. 24.7.2001 – VIII ZR 58/01 (Köln), NJW 2001, 2888 = AnwBl 2002, 66 = MDR 2001, 1255; BGH, Urt. v. 31.3.2003 – II ZR 192/02, NJW 2003, 2028 = JurBüro 2003, 376 = MDR 2003, 896; BGH, Urt. v. 10.7.1997 – IX ZR 24/97, NJW 1997, 3380 = MDR 1997, 1052.
6 BGH, Urt. v. 31.3.2003 – II ZR 192/02, NJW 2003, 2028 = JurBüro 2003, 376 = MDR 2003, 896; BGH, Beschl. v. 9.12.2010 – IX ZB 60/10, BeckRS 2011, 00117; BGH, Beschl. v. 26.10.2011 – IV ZB 9/11, BeckRS 2011, 26453 = NJW-RR 2012, 1139.
7 RGZ 151, 84.
8 Nur beispielhaft: BGH, Beschl. v. 29.11.2016 – VI ZB 16/16, BeckRS 2016, 112136; BGH, Beschl. v. 16.7.2013 – VIII ZB 62/12, NJW-RR 2013, 1395 Rn 12; BGH, Beschl. v. 27.9.2005 – VIII ZB 105/04, VersR 2006, 1661 Rn 8; vgl. auch BGH, Beschl. v. 22.11.2005 – VI ZB 75/04, VersR 2006, 387 Rn 5 m.w.N.
9 BGH, Urt. v. 31.3.2003 – II ZR 192/02, NJW 2003, 2028 = JurBüro 2003, 376 = MDR 2003, 896.
10 BGH, Urt. v. 24.7.2001 – VIII ZR 58/01, NJW 2001, 2888 = AnwBl 2002, 66 = MDR 2001, 1255.
11 BGH, a.a.O.
12 BGH, Urt. v. 24.7.2001 – VIII ZR 58/01, a.a.O.

zog. Nach Ansicht des BGH ist bei der Bewertung voneinander abweichender Unterschriften ein verhältnismäßig großzügiger Maßstab anzulegen und zu berücksichtigen, dass die Unterschrift einer Person erfahrungsgemäß verschieden ausfallen kann, je nachdem, ob sie unter Zeitdruck oder sonst ungünstigen Verhältnissen oder aber in Ruhe und Sorgfalt geleistet worden ist.[13]

19 Besonders erfreulich ist, dass der BGH in dieser Entscheidung bei Rechtsanwälten als unabhängigen Organen der Rechtspflege aufgrund ihrer gesetzlichen Verpflichtung zur gewissenhaften Ausübung ihres Berufs (§§ 1, 43 S. 1 BRAO) und der sich daraus ergebenden Tatsache, dass sie in gesteigertem Maß zu sorgfältigem und rechtlich einwandfreiem Verhalten bei der Unterzeichnung von Schriftsätzen gehalten sind, einen Verdacht der Fälschung oder Beteiligung an einer solchen Tat für fernliegend hält.

20 **Fazit:** Bei der Betrachtung der Rechtsprechung zum Thema „Unterschrift" fällt immer wieder auf, dass einigen Gerichten nahezu jedes Mittel recht zu sein scheint, die Echtheit einer Unterschrift in Zweifel zu ziehen. Rechtsanwälte sollten daher bei der Leistung ihrer Unterschrift grundsätzlich immer dieselbe Sorgfalt walten lassen, auch wenn sie in Eile sind. Ein Wiedereinsetzungs- oder Rechtsbeschwerdeverfahren wegen „ungleicher Unterschriften" ist mühsam, zeitaufwendig und nervenaufreibend. Interessant ist daher auch die nachstehende BGH-Rechtsprechung zur Unterschrifts-Qualität; Anwälte sollten hieraus ihre eigenen Schlüsse ziehen.

21 Die Qualität der Unterschrift ist ebenfalls immer wieder Gegenstand der Wiedereinsetzungsrechtsprechung. Die Anforderungen des BGH an die Unterschrift des Anwalts sind umfangreich:
- Die Vorschrift in § 130 ZPO „soll" wird bezogen auf die Unterschrift als „muss" gesehen.[14]
- Erforderlich ist die Anbringung des vollen Namens, nicht nur einer Abkürzung.[15]
- Ein vereinfachter und nicht lesbarer Namenszug[16] ist als Unterschrift anzuerkennen, wenn der Schriftzug individuelle und charakteristische Merkmale aufweist, die die Nachahmung erschweren, sich als Wiedergabe eines Namens darstellt und die Absicht einer vollen Unterschrift erkennen lässt.[17]
- Dies gilt selbst, wenn die Unterschrift nur flüchtig niedergelegt und von einem starken Abschleifungsprozess gekennzeichnet ist.[18]
- Ist die Unterschrift vereinfacht und nicht lesbar, ist relevant, ob der Anwalt auch sonst so unterschreibt.[19]
- Die eigenhändige Unterschrift ist auch bei Berufungsschriftsätzen erforderlich, §§ 130 Nr. 6, 519 Abs. 4 ZPO.[20]
- Einzelne Buchstaben müssen nicht erkennbar sein.[21]
- Die Unterzeichnung mit einem Teil eines Doppelnamens ist ausreichend.[22]
- Erforderlich ist die Unterscheidungsmöglichkeit von anderen Unterschriften, sodass eine Nachahmung zumindest erschwert wird.[23]

---

13 BGH, Urt. v. 24.7.2001 – VIII ZR 58/01, a.a.O.
14 BGH, Urt. v. 10.5.2005 – XI ZR 128/04, NJW 2005, 2086 f.
15 BGH, Beschl. v. 11.4.2013 – VII ZB 43/12, NJW 2013, 1966 = MDR 2013, 738.
16 BGH, Beschl. v. 9.2.2010 – VIII ZB 67/09.
17 BGH, Beschl. v. 3.3.2015 – VI ZB 71/14, NJW-RR 2015, 699 = FamRZ 2015, 854 = AnwBl 2015, 527 = VersR 2015, 1045; BGH, Urt. v. 10.7.1997 – IX ZR 24/97, NJW 1997, 3380 = MDR 1997, 1052.
18 BGH, Beschl. v. 29.11.2016 – VI ZB 16/16, BeckRS 2016, 112136 = NJW-RR 2017, 445.
19 BGH, Beschl. v. 29.11.2016 – VI ZB 16/16, a.a.O.
20 BGH, Beschl. v. 29.11.2016 – VI ZB 16/16, a.a.O.
21 BGH, Beschl. v. 8.10.1991, NJW 1992, 243 = AnwBl 1992, 448 = MDR 1992, 182 = RPfleger 1992, 118.
22 BGH, Urt. v. 18.1.1996 – III ZR 73/95, NJW 1996, 997 = MDR 1996, 520 = FamRZ 1996, 543.
23 BGH, Urt. v. 9.11.1988 – I ZR 149/87, NJW 1989, 588 = MDR 1989, 232.

B. Herkömmliche Unterschrift bei Ersatzeinreichung § 16

- Sind auch die Beglaubigungsvermerke auf den beigefügten Abschriften nicht unterschrieben, kommt eine Ersetzung der fehlenden Unterschrift auf der Urschrift nicht in Betracht; die Unterschriftenkontrolle darf auf zuverlässiges Büropersonal übertragen werden.[24]
- **Distanzierende Zusätze** auf Schriftsätzen, die erkennen lassen, dass der Anwalt sich den Inhalt des Schriftsatzes nicht zu eigen gemacht hat, verbieten sich.[25]
- Unschädlich ist jedoch, wenn ein **Anwalt (leserlich) unterschreibt**, der Name eines **anderen Anwalts** aber unter dem Schriftsatz eingetippt ist.[26]

Der Schriftsatz muss **22**

- zwar **nicht selbst verfasst**, aber nach eigenverantwortlicher Prüfung genehmigt und unterschrieben sein.[27]

BGH berücksichtigt dabei auch **23**

- einen Variantenreichtum der Unterschriften ein und derselben Person.[28]

Nicht ausreichend für eine Unterschrift i.S.d. § 130 Nr. 6 ZPO sind: **24**

- Striche, Kreise, Haken und dergleichen,[29]
- lediglich gekrümmte Linie ohne individuellen Charakter.[30]

Besteht hinsichtlich des Urhebers Sicherheit, sind nach BGH **25**

- keine überspannten Anforderungen zu stellen.[31]

Es besteht ein Vertrauensschutz, wenn die Unterschrift lange Zeit nicht beanstandet und als formgültig hingenommen wurde.[32] **26**

Will das Gericht die Unterschrift **nicht mehr** anerkennen, muss es darauf hinweisen;[33] dem Anwalt ist auf Antrag Wiedereinsetzung in den vorigen Stand zu gewähren.[34] **27**

> *Praxistipp* **28**
> Schriftsätze sollten grundsätzlich so unterschrieben werden, dass der Name des Unterzeichners erkennbar ist. Zudem ist empfehlenswert (aber nicht gesetzlich vorgeschrieben) unterhalb der eigenhändigen Unterschrift den Namen des Unterzeichners maschinenschriftlich wiederzugeben. D.h. z.B. „Felix Muster – Rechtsanwalt" und nicht lediglich „Rechtsanwalt". Der BGH hat in diversen Entscheidungen in der Vergangenheit positiv im Sinne der erkennbaren Urheberschaft die „maschinenschriftliche Wiedergabe nebst Berufsbezeichnung" erwähnt;[35] sie allein reicht freilich nicht aus!

---

24 BGH, Beschl. v. 15.7.2014 – VI ZB 15/14 Rn 11, NJW 2014, 2961, unter Verweis auf BGH, Beschl. v. 5.3.1954 – VI ZB 21/53; BGH, Beschl. v. 12.12.1984 – IV B CB 103/84, VersR 1985, 285 f.
25 BGH, Beschl. v. 14.3.2017 – VI ZB 34/16, NJW-RR 2017, 686.
26 Sehr anwaltsfreundlich – aber zur Nachahmung **nicht** empfohlen: BGH, Beschl. v. 14.3.2017 – XI ZB 16/16, NJW-RR 2017, 760.
27 BGH, Urt. v. 31.3.2003 – II ZR 192/02, NJW 2003, 2028 = JurBüro 2003, 376 = MDR 2003, 896; BGH, Urt. v. 10.5.2005 – XI ZR 128/04 (OLG Braunschweig), NJW 2005, 2086 = FamRZ 2005, 1241 = MDR 2005, 1182; BGH, Beschl. v. 26.11.2011 – IV ZB 9/11, BeckRS 2011, 26453.
28 BGH, Beschl. v. 29.11.2016 – VI ZB 16/16, BeckRS 2016, 112136 = NJW-RR 2017, 445.
29 BGH, Urt. v. 11.2.1982 – III ZR 39/81 (München), NJW 1982, 1467 = JurBüro 82, 851 = MDR 82, 735 = RPfleger 82, 230.
30 BGH, Urt. v. 11.2.1976 – VIII ZR 220/75 (Düsseldorf), NJW 1976, 2263 = VersR 76, 28 = RPfleger 76, 296.
31 BGH, Beschl. v. 29.11.2016 – VI ZB 16/16, BeckRS 2016, 112136; BGH, Beschl. v. 3.3.2015 – VI ZB 71/14, NJW-RR 2015, 699 = FamRZ 2015, 854 = AnwBl 2015, 527 = VersR 2015, 1045; BGH, Beschl. v. 9.7.2015 – V ZB 203/14, NJW 2015, 3104; BGH, Beschl. v. 16.7.2013 – VIII ZB 62/12, NJW-RR 2013, 1395.
32 BGH v. 11.4.2013 – VII ZB 43/12, NJW 2013, 1966 = MDR 2013, 738.
33 BGH, v. 3.3.2015 – VI ZB 71/14, NJW-RR 2015, 699 = FamRZ 2015, 854 = AnwBl 2015, 527 = VersR 2015, 1045.
34 BGH, Beschl. v. 11.4.2013 – VII ZB 43/12, NJW 2013, 1966 = MDR 2013, 738; BGH, Beschl. v. 3.3.2015 – VI ZB 71/14, NJW-RR 2015, 699 = FamRZ 2015, 854 = AnwBl 2015, 527 = VersR 2015, 1045.
35 BGH, Beschl. v. 29.11.2016 – VI ZB 16/16, BeckRS 2016, 112136; BGH, Beschl. v. 3.3.2015 – VI ZB 71/14, NJW-RR 2015, 699 = FamRZ 2015, 854 = AnwBl 2015, 527 = VersR 2015, 1045; BGH , Beschl. v. 9.7.2015 – V ZB 203/14, NJW 2015, 3104; BGH, Beschl. v. 27.9.2005 – VIII ZB 105/04 , VersR 2006, 1661 Rn 9; BGH, Beschl. v. 8.10.1991 – XI ZB 6/91 (Düsseldorf), NJW 1992, 243 = MDR 1992, 182 = AnwBl 1992, 448.

29 Zu bedenken ist darüber hinaus, dass Gerichte die Unterschrift unter die Berufungsschrift durchaus auch anhand der Akten mit früheren Unterschriften in diesem Verfahren vergleichen. Sind dann die Unterschriften unter Klagen oder weiteren Schriftsätzen völlig anders, drängt sich eine Ablehnung der „auf die Schnelle" geleisteten Unterschrift des Anwalts möglicherweise geradezu auf. Hieran sollte bei Unterschriftsleistung gedacht werden.

30 *Hinweis*
Bei der Darstellung der obigen Rechtsprechung haben wir uns insbesondere auf die Rechtsprechung konzentriert, die **strenge Anforderungen** an die Unterschrift stellt. Anwaltsfreundliche Rechtsprechung, die zum Teil sogar das Unterschriftserfordernis entfallen lässt, wenn die Begleitumstände entsprechend günstig sind, haben wir an dieser Stelle nicht behandelt, um zu vermeiden, dass ein zu lockerer Umgang im Zusammenhang mit der Unterschrift auf Grundlage einer Einzelentscheidung erfolgt. Wer sich hier jedoch auch für diese Rechtsprechung interessiert (z.B. um einen eigenen Wiedereinsetzungsantrag besser begründen zu können), dem empfehlen wir den sehr lesenswerten Aufsatz von *Dr. Egon Schneider*, „Über gekrümmte Linien, Bogen, Striche, Haken und Unterschriften" in NJW 1998, 1844.

31 Wird die Unterschrift eines Anwalts beanstandet, sollte ein Anwalt, auch wenn er anderer Ansicht als das Gericht ist, eine leserliche Unterschrift nachholen bzw. künftig vornehmen. Das BVerfG hält dies jedenfalls auch für zumutbar.[36] Diese strenge Anforderung des BVerfG wird jedoch von *Dr. Egon Schneider* kritisiert.[37] Zu Recht bemängelt *Schneider*, dass vom Anwalt letztendlich „Schönschrift" verlangt wird, die mit einer individuellen Unterschrift am Ende nichts mehr gemeinsam hat. So verweist *Schneider* auch auf die grafologische Literatur, die die Unterschrift als Ausdruck der Persönlichkeit ansieht und zwischen Handschrift und Charakter einen unmittelbaren Zusammenhang sieht.

32 Zum Abschleifungsprozess und den erforderlichen charakteristischen Merkmalen muss der BGH immer wieder entscheiden, weshalb es durchaus verwundert, dass der so wichtigen Unterschrift unter einem Schriftsatz häufig nicht die notwendige Achtung geschenkt wird:[38]

„Erforderlich ist danach ein die Identität des Unterzeichnenden ausreichend kennzeichnender Schriftzug, der individuelle, charakteristische Merkmale, die die Nachahmung erschweren, aufweist, sich – ohne lesbar sein zu müssen – als Wiedergabe eines Namens darstellt und die Absicht einer vollen Unterschrift erkennen lässt, selbst wenn er nur flüchtig niedergelegt und von einem starken Abschleifungsprozess gekennzeichnet ist. Unter diesen Voraussetzungen kann auch ein vereinfachter und nicht lesbarer Namenszug als Unterschrift anzuerkennen sein, wobei insbesondere von Bedeutung ist, ob der Unterzeichner auch sonst in gleicher oder ähnlicher Weise unterschreibt[39] (stRspr; vgl. nur BGH NJW 2005, 3775; Beschl. v. 9.2.2010 – VIII ZB 67/09, BeckRS 2010, 4929 Rn 10; NJW-RR 2012, 1140 Rn 8; NJW-RR 2013, 1395 Rn 11; NJW-RR 2015, 699 Rn 8; NJW 2015, 3104 Rn 7; NJW-RR 2017, 445 Rn 7; MDR 2020, 305 = BeckRS 2019, 34723 Rn 11)."

33 Der BGH hat jedoch auch weiter entschieden, dass in Anbetracht der Variationsbreite, die Unterschriften von ein und derselben Person aufweisen können, grundsätzlich ein großzügiger Maßstab anzuwenden ist, wenn die Autorenschaft gesichert ist.[40] Dabei hielt der BGH fest,[41] dass die hier unleserliche Unterschrift,

---

36 BVerfG, Beschl. v. 26.4.1988, BVerfGE 78, 123 = NJW 1988, 2787 = MDR 1988, 749 = AnwBl 1988, 587; vgl. dazu auch BGH, Beschl. v. 21.6.1990 – I ZB 6/90 (KG), NJW-RR 1991, 511 = MDR 1991, 223, sowie BAG, Urt. v. 18.6.1997 – 4 AZR 710/95, NZA 1997, 1234.
37 *Dr. Egon Schneider*, NJW 1998, 1845.
38 BGH, Beschl. v. 17.12.2020 – III ZB 14/20, NJW-RR 2021, 314 = MDR 2021, 440.
39 BGH, a.a.O., Rn 9.
40 BGH, a.a.O., Rn 10.
41 BGH, a.a.O., Rn 13.

die aus einem steil nach oben ragenden spitzwinkligen Schwung und einer daran anschließenden (kurzen) wellenförmigen Schreibbewegung bestand, zwar grundsätzlich auch als Unterschrift anzuerkennen sein könnte; dies jedoch im vorliegenden Fall daran scheiterte, dass die Urheberschaft des Anwalts nicht feststand. Ausweislich der in den Akten befindlichen Schriftsätze war nicht zu erkennen, dass dieser Anwalt von ihm gefertigte Schriftsätze üblicherweise auf diese Weise unterschrieben hat. Auf keinem der Schriftsätze befand sich ein Schriftzug, der demjenigen auf der Berufungsschrift zumindest im Wesentlichen glich oder ähnlich war. Dem BGH fiel auch auf, dass die von Rechtsanwalt B. geleistete Unterschrift mit den vom Kläger persönlich unterschriebenen Prozessvollmachten der 1. und 2. Instanz eine sehr große Übereinstimmung zeigten, ebenso wie das Schriftbild auf dem Personalausweis des Klägers. Es war daher nach Ansicht des BGH nicht zu beanstanden, dass das Berufungsgericht letztendlich die Autorenschaft von Rechtsanwalt B. in Zweifel gezogen hatte. Dabei ist bei der Beurteilung der Frage, ob die Berufungs- oder Berufungsbegründungsschrift eine formgerechte Unterschrift i.S.d. § 130 Nr. 6 ZPO aufweist, grundsätzlich auf den Zeitpunkt des jeweiligen Fristablaufs und auf die bis dahin bekannten Umstände abzustellen. Dabei sei, so der BGH,[42] eine Klärung der Identität und Postulationsfähigkeit des Anwalts zu einem späteren Zeitpunkt nur zulässig, wenn bis zum Fristablauf klar ist, dass eine Unterschrift vorliegt, die von einem Rechtsanwalt stammt. Der BGH forderte darüber hinaus, dass Anwälte sich über den Stand der Rechtsprechung unterrichten müssen und verwies insoweit auf eine Entscheidung aus dem Jahr 2013.[43]

Der Erfindungsreichtum in manchen Kanzleien kennt offenbar kaum Grenzen. So musste der BGH dann auch am 27.8.2015 über diesen Fall entscheiden: **34**

„Die aus einem Blankoexemplar ausgeschnittene und auf die Telefax-Vorlage eines bestimmten Schriftsatzes (hier: Berufungsschrift und Berufungsbegründung) geklebte Unterschrift des Prozessbevollmächtigten einer Partei erfüllt nicht die an eine eigenhändige Unterschrift nach § 130 Nr. 6 i.V.m. § 519 Abs. 4, § 520 Abs. 5 ZPO zu stellenden Anforderungen."[44]

... ohne Worte!

III. Fehlende Unterschrift – Unterschriftenkontrolle

Trägt die Berufungsschrift keine Unterschrift, fehlt es an einem von Amts wegen zu prüfenden, für die Zulässigkeit des Rechtsmittels zwingenden und unverzichtbaren Formerfordernis (§ 295 Abs. 2 ZPO), das nicht durch rügelose Einlassung geheilt werden kann (§ 295 Abs. 1 ZPO).[45] Ein Wiedereinsetzungsantrag ist notfalls auch vorsorglich zu stellen und die versäumte Prozesshandlung nachzuholen, für den Fall, dass das Gericht die Unterschrift auf dem ursprünglich eingereichten Schriftsatz (endgültig) nicht akzeptieren und eine Berufung verwerfen wird.[46] **35**

In der Rechtsprechung ist allgemein anerkannt, dass bei fehlender Unterzeichnung der bei Gericht fristgerecht eingereichten Rechtsmittel- bzw. Rechtsmittelbegründungsschrift eine Wiedereinsetzung in den vorigen Stand gewährt werden kann, wenn der Prozessbevollmächtigte sein Büropersonal allgemein angewiesen hatte, sämtliche ausgehenden Schriftsätze vor der Absendung auf das Vorhandensein der Unter- **36**

---

42 BGH, a.a.O., Rn 17.
43 BGH, a.a.O., Rn 20 unter Verweis auf BGH, Beschl. v. 11.4.2013 – VII ZB 43/12, NJW 2013, 1966 Rn 11.
44 BGH, Beschl. v. 27.8.2015 – III ZB 60/14, BeckRS 2015, 15856.
45 BAG, Urt. v. 25.2.2015 – 5 AZR 849/13, NZA 2015, 701.
46 BAG, a.a.O.

schrift zu überprüfen.⁴⁷ Für den Fall, dass das Büropersonal des Anwalts trotz entsprechender Anweisung die Unterschriftenkontrolle nicht durchführt, kann deswegen Wiedereinsetzung gewährt werden, da es sich nicht um ein Organisationsverschulden des Anwalts handelt, das der Partei gem. § 85 Abs. 2 ZPO zuzurechnen wäre.

*„Da die Unterschriftenkontrolle, die der Rechtsanwalt zuverlässigen Bürokräften überlassen darf, gerade der Vermeidung eines erfahrungsgemäß nicht gänzlich ausschließbaren Anwaltsversehens bei der Unterschriftsleistung dient, kann auf ein zeitlich vor der unterbliebenen Unterschriftskontrolle liegendes Anwaltsversehen im Zusammenhang mit der Unterzeichnung der Berufungsschrift regelmäßig nicht zurückgegriffen werden."*⁴⁸

IV. Einreichung per Mail als PDF-Dokument mit eingescannter Unterschrift?

37 Eine Entscheidung des BGH, die u.E. zu Unrecht als „ERV light" bezeichnet wird, stellt im Grunde genommen eine Fortbildung des Rechts **zur schriftlichen Einreichung** dar, so wie man dies Anfang der 80iger Jahre mit dem Fax erlebte.

38 Der BGH hält einen Schriftsatz, der unterschrieben und eingescannt per Mail an das Gericht übermittelt wird, dann als rechtzeitig **schriftlich** eingereicht, wenn er **vor** Fristablauf in körperlicher Form, d.h. **ausgedruckt** vorliegt.

*„1. Eine im Original unterzeichnete Beschwerdebegründungsschrift, die eingescannt und im Anhang einer elektronischen Nachricht als PDF-Datei übermittelt wird, ist **erst dann** in **schriftlicher Form** bei Gericht eingereicht, sobald bei dem Gericht, dessen Beschluss angefochten wird, ein Ausdruck der den vollständigen Schriftsatz enthaltenden PDF-Datei vorliegt (im Anschluss an Senat, NJW 2015, 1527 = FamRZ 2015, 919).*

*2. Die zur Übersendung einer Telekopie ergangene Rechtsprechung des BGH, dass eine einzuhaltende Frist bereits durch den vollständigen Empfang der gesendeten Signale vom Telefax des Gerichts gewahrt ist, kann nicht auf die Übermittlung einer E-Mail mit einem eingescannten Schriftsatz, die die Voraussetzungen für ein elektronisches Dokument nach § 130 a ZPO nicht erfüllt, übertragen werden."*⁴⁹

(Hervorhebungen durch Verf.)

39 Schon 2015 hatte der BGH in diese Richtung entschieden (Hervorhebungen durch Verf.):

*„Eine Beschwerdeschrift ist in **schriftlicher Form** eingereicht, sobald bei dem Gericht, dessen Beschluss angefochten wird, ein Ausdruck der als Anhang einer elektronischen Nachricht übermittelten, die vollständige Beschwerdeschrift enthaltenden PDF-Datei vorliegt. Ist die Datei durch Einscannen eines von dem Beschwerdeführer oder seinem Bevollmächtigten handschriftlich unterzeichneten*

---

47 BGH, Beschl. v. 14.10.2008 – VI ZB 37/08, VersR 2009, 699; BGH, Urt. v. 6.12.1995 – VIII ZR 12/95, VersR 1996, 910 f.; BGH, Urt. v. 30.10.1974 – VIII ZR 30/74, VersR 1975, 135; BGH, Beschl. v. 12.12.1984 – IV b ZB 103/84, VersR 1985, 285 f.; BGH, Beschl. v. 23.10.1986 – VII ZB 8/86, VersR 1987, 383 f.; BGH, Beschl. v. 27.9.1994 – XI ZB 9/94, VersR 1995, 479; BGH, Beschl. v. 15.2.2006 – XII ZB 215/05, VersR 2007, 375; BGH, Beschl. v. 1.6.2006 – III ZB 134/05, VersR 2007, 1101; BAG NJW 1966, 799; vgl. dazu auch Zöller/*Greger*, ZPO, 34. Aufl. 2022, § 233 Rn 23.13.
48 BGH, Beschl. v. 15.7.2014 – VI ZB 15/14, BeckRS 2014, 16026.
49 BGH; Beschl. v. 8.5.2019 – XII ZB 8/19, NJW 2019, 2096 = NZFam 2019, 571 (m. Anm. *Windau*) = WM 2019, 1182 = IBR 2019, 469 (RiOLG *Wolfgang Dötsch*, Köln) = IBRRS 2019, 1712 = BeckRS 2019, 9924 = FD-ZVR 2019, 418030 (Ls.) = MMR 2019, 481 (Ls.) = LSK 2019, 9924 (Ls.).

Schriftsatzes hergestellt, ist auch dem Unterschriftserfordernis des § 64 II 4 FamFG genügt (im Anschluss an BGH, NJW 2008, 2649)."[50]

Bitte beachten Sie: Auch wenn die Übertragung in diesem Fall per Mail erfolgt ist, entschied der BGH über die **„schriftliche"** Einreichung. Einer elektronischen Einreichung wäre schon nicht genügt, weil hier die Einreichung über ein zulässiges elektronisches Postfach erfolgen muss, das EGVP-kompatibel ist, siehe dazu auch § 4 ERVV. **40**

Für die **Abendstunden** ist dieser „Rettungsanker", z.B. bei Ausfall des gerichtlichen Faxgeräts, **nicht geeignet**, da niemand mehr bei der Geschäftsstelle vorhanden ist, der den Schriftsatz ggf. ausdrucken kann. Interessant in diesem Zusammenhang der Beschluss des **OLG Oldenburg**, das eine Einreichung per E-Mail zu Recht als nicht wirksam angesehen hat; elektronische (§ 130a ZPO) und schriftliche Einreichung (§ 130 Nr. 6 ZPO) dürfen daher nicht verwechselt werden! **41**

„1. Selbst wenn ein Oberlandesgericht eine E-Mail-Adresse allgemeiner Art unterhält, darf ein Prozessbevollmächtigte nicht davon ausgehen, dass er diese Anschrift auch für die Korrespondenz in Rechtssachen nutzen darf (Rn 2).

2. Nach §§ 130a ZPO, 14 FamFG können Schriftstücke in Rechtssachen (nur) dann elektronisch eingereicht werden, wenn die Voraussetzungen von § 130a II bis IV ZPO vorliegen. Schriftstücke in Rechtssachen können daher wirksam und insbesondere fristwahrend nicht an eine andere als die auf der Web Seite des Oberlandesgerichts hierfür bestimmte Anschrift elektronisch eingereicht werden (Rn 2)."[51]

Dass ein per Mail eingereichter, im Original vom postulationsfähigen Anwalt unterschriebener Schriftsatz dann den Anforderungen an § 130 Nr. 6 ZPO – und somit der schriftlichen Einreichung – genügen kann, wenn der Ausdruck noch vor Fristablauf bei Gericht vorliegt, hat der BGH auch in einer weiteren Entscheidung bestätigt.[52] Für eine Rettung der Frist in den Abendstunden bei vorübergehender technischer Störung eignet sich diese Vorgehensweise jedoch definitiv nicht. Allerdings wäre es zu überlegen, ob eine solche Einreichung dann infrage kommt, wenn die Höchstgrenzen gem. § 5 ERVV i.V.m. der 2. ERVB 2022 überschritten werden und in den frühen Morgenstunden in telefonischer Absprache mit dem Gericht anstelle einer Einreichung des umfangreichen Dokuments per Fax die Übermittlung per Mail mit Abklärung des vollständigen Ausdrucks vor Fristablauf durch das Gericht erfolgt. **42**

Diese Art der Einreichung kommt nur als Ersatzeinreichung nach § 130d S. 2 ZPO infrage und ist der sog. „schriftlichen Einreichung" zuzuordnen. Es ist eben keine elektronische Einreichung, auch kein „ERV light". Letztendlich kann man davon ausgehen, dass der BGH mit dieser Rechtsprechung, ähnlich wie dies Mitte der 80iger Jahre bei Einführung des Faxgeräts erfolgt ist, nunmehr die Einreichung per E-Mail als schriftliche Einreichung in diesen besonderen Ausnahmefällen für wirksam hält. Es handelt sich somit um eine Fortentwicklung der Rechtsprechung zu § 130 Nr. 6 ZPO. Dabei ist ausdrücklich zu betonen, dass es **nicht** ausreicht, den im Original unterschriebenen Schriftsatz einzuscannen und als Anhang zu einer klassischen E-Mail (z.B. via Outlook) an das Gericht zu übermitteln. Denn anders als bei der Rechtsprechung zum Faxgerät reicht eben gerade die Speicherung der Daten nach Sendevorgang nicht aus. So hatte der BGH in der Vergangenheit zum Fax entschieden, dass ausreichend ist, wenn die Daten vom Gerichtsfax empfangen wurden, jedoch erst am Folgetag (und damit möglicherweise nach Fristablauf) z.B. aufgrund Papiermangels ausgedruckt vorliegen. Bei der Einreichung per Mail fordert der BGH, damit eine wirksame Einreichung gem. § 130 Nr. 6 ZPO angenommen werden kann, dass der Schriftsatz voll- **43**

---

50 BGH, Beschl. v. 18.3.2015 – XII ZB 424/14, NJW 2015, 1527.
51 OLG Oldenburg, Beschl. v. 3.12.2018 – 4 UF 100/18, BeckRS 2018, 43553.
52 BGH, Beschl. v. 17.12.2020 – III ZB 31/20, NJW 2021, 390.

ständig mit der gescannten Originalunterschrift des Rechtsanwalts noch vor Fristablauf vom Gericht ausgedruckt vorliegt; eine Speicherung im Mail-Account ist in keinem Fall ausreichend.

44 Da nicht gesagt werden kann, ob andere Gerichte, vor allen Dingen in anderen Rechtsgebieten, dieser Auffassung künftig folgen, sollte diese Vorgehensweise nur gewählt werden, wenn **keine andere Form** der Übermittlung mehr möglich ist, d.h. also, wenn ansonsten mit einem Fristablauf und notwendigen Wiedereinsetzungsantrag gerechnet werden müsste, weil z.B. das Gericht so weit entfernt ist, dass es am Tag des Fristablaufs auch nicht mehr möglich ist, diesen Schriftsatz in den Nachtbriefkasten einzuwerfen und das Gericht über ein Faxgerät gar nicht verfügt oder dieses defekt ist.

45 Bitte beachten Sie auch, dass bis 2018 rechtlich auch die Nutzung eines E-Mail-Postfachs zur elektronischen Einreichung möglich war, wenn der Schriftsatz qualifiziert elektronisch signiert war. Diese Rechtslage ist jedoch überholt. § 4 Abs. 1 ERVV definiert die einzig zulässigen elektronischen Übermittlungswege bei elektronischer Einreichung in Zusammenhang mit der jeweiligen Verfahrensordnung, z.B. § 130a Abs. 4 ZPO. Zu dieser bis 31.12.2017 bestehenden Rechtslage ergangene Rechtsprechung ist rechtlich überholt. Hierauf ist zu achten, wenn entsprechende „alte" Entscheidungen zitiert werden sollen.

V. Faksimile-Stempel als Unterschrift ausreichend?

46 Faksimile-Stempel werden häufig eingesetzt als Unterschriftsstempel, d.h., es handelt sich hierbei um einen speziell angefertigten Stempel, der eine exakte Kopie der Unterschrift wiedergibt (aus dem lateinischen fac simile „mache es ähnlich!"). Faksimile kann aber auch die originalgetreue Nachbildung eines Werks bedeuten, so z.B. häufig dann verwendet, wenn historische wertvolle Dokumente der Öffentlichkeit zugänglich gemacht werden sollen.

47 Um sich die Arbeit zu erleichtern, schaffen sich manche Personen solche Unterschriften-Stempel an. Diese ermöglichen es, zahlreiche Unterschriften in verhältnismäßig kurzer Zeit zu leisten bzw. durch eine Hilfsperson ausführen zu lassen.

48 Bei gesetzlicher Schriftform (§ 126 Abs. 1 BGB) genügt die Unterzeichnung durch Faksimile-Stempel zur Wahrung der Form nicht.[53]

49 Ausnahmen finden sich z.B. bei Inhaberschuldverschreibungen gem. § 793 Abs. 2 S. 2 BGB oder in § 13 AktG.

50 *„1. Ein Faksimile-Stempel der Unterschrift eines Prozessbevollmächtigten unter einen Berufungsbegründungsschriftsatz genügt nicht den Anforderungen des § 130 Nr. 6 ZPO.*

2. Die Vorschrift enthält trotz der Verwendung der Worte „sollen enthalten" ein zwingendes Erfordernis der eigenhändigen Unterschriftsleistung.

3. Die gesetzlichen Ausnahmen hiervon in § 130 Nr. 6 2. Alt., in §§ 130a und 130b ZPO sowie die Einschränkungen, die durch die Rechtsprechung gemacht wurden, zwingen nicht dazu, die eigenhändige Unterschrift durch einen Faksimile-Stempel ersetzbar zu halten."[54] *(Orientierungssätze des Gerichts)*

51 Im vorliegenden Fall wurde eine Forderung i.H.v. 450.000,00 EUR plus Zinsen i.H.v. 8 Prozentpunkten über dem Basiszinssatz geltend gemacht. Im Termin wurde über die Zulässigkeit des Rechtsmittels gesprochen; vorgetragen wurde, dass die Berufungsbegründung „eigenhändig" mit dem Faksimile-Stempel versehen worden sei; der Beklagtenvertreter bestritt mit Nichtwissen. Der entsprechende Stellungnahme-

---

[53] Vgl. RGZ 119, 62, 63; BGHZ 57, 160, 164; BGH, Urt. v. 29.5.1962 – I ZR 137/61, NJW 1962, 1505, 1507 und BGH, Urt. v.18.12.1975 – VII ZR 123/75, NJW 1976, 966, 967; BGH, Beschl. v. 4.5.1994 – XII ZB 21/94, NJW 1994, 2097.

[54] BAG, Beschl. v. 5.8.2009 – 10 AZR 692/08, BeckRS 2009, 72489 = BRAK-Mitt 2010, 24 = NJW 2009, 3596 = NJW-Spezial 2009, 707 = NZA 2009, 1165.

Schriftsatz des Rechtsmittelführers erfolgte mit eigenhändiger Unterschrift vorab per Fax und per Briefpost. Hier gab er an, den Schriftsatz nicht selbst mit dem Faksimile-Stempel versehen zu haben, sondern vielmehr bereits unterwegs gewesen zu sein und seine Sekretärin angewiesen zu haben, nach dem zuvor per Mail übermittelten und von ihm kontrollierten Schriftsatz diesen auszudrucken, mit dem Faksimile-Stempel zu versehen und per Fax an das Gericht zu senden. Weiter gab er an, dass nur er und die Sekretärin allein Zugriff auf den Faksimile-Stempel hätten und dass die Sekretärin diesen nur nach konkreter Einzelanweisung nutzen dürfe.

> *Achtung!*
> Um einem Missbrauch vorzubeugen, darf ein Faksimile-Stempel nicht achtlos herumliegen. Er muss, vor allem nach der Bürozeit, verschlossen werden. Bei Verletzung der Sorgfaltspflichten kann die „Rechtsscheinhaftung" eingreifen.

52

VI. Computerfax

Nicht alle Neuerungen der Technik sind für den BGH für wirksame Prozesshandlungen einsetzbar. So hat der BGH entschieden, dass eine in Computerschrift erfolgte Wiedergabe des Vor- und Zunamens eines Rechtsanwalts unter einer als Computerfax übermittelten Berufungsbegründungsschrift den Anforderungen des § 130 Nr. 6 Hs. 2 ZPO nicht genügt.[55] Hierzu die Leitsätze des BGH:

53

> *„1. Die in Computerschrift erfolgte Wiedergabe des Vor- und Nachnamens des Prozessbevollmächtigten unter einer als Computerfax übermittelten Berufungsbegründungsschrift stellt keine den Anforderungen des § 130 Nr. 6 Halbs. 2 ZPO genügende Wiedergabe der Unterschrift dar.*
>
> *2. Das Fehlen der Unterschrift des Prozessbevollmächtigten unter der Berufungsbegründungsschrift kann ausnahmsweise unschädlich sein, wenn sich aus anderen, eine Beweisaufnahme nicht erfordernden Umständen eine der Unterschrift vergleichbare Gewähr dafür ergibt, dass der Rechtsmittelanwalt die Verantwortung für den Inhalt der Rechtsmittelbegründungsschrift übernommen und diese willentlich in den Rechtsverkehr gebracht hat. Dabei sind nur spätestens bis zum Ablauf der Berufungsbegründungsfrist dem Berufungsgericht bekannt gewordene Umstände berücksichtigungsfähig."*[56]

Nach Ansicht des BGH ist der am Ende des Computerfax mit dem Zusatz „Rechtsanwalt" wiedergegebene Vor- und Nachname des Anwalts keine ausreichende Gewähr dafür, dass dieser die Verantwortung für die Berufungsbegründung übernommen und diese willentlich dem Gericht übermittelt hat. Es sei zudem nicht zuverlässig auszuschließen, dass es sich bei dem Schriftsatz um einen möglicherweise von einem am Rechtsmittelgericht nicht zugelassenen Dritten gefertigten Entwurf handele.[57]

54

Nach dem Bundesverfassungsgericht verstoßen die unterschiedlichen Anforderungen an die Unterschrift bei Übermittlung eines bestimmenden Schriftsatzes per Computerfax einerseits und durch herkömmliches Telefax andererseits auch nicht gegen Art. 3 Abs. 1, Art. 2 Abs. 1 GG.[58] Die Einreichung eines mit einem Faksimile-Stempels versehenen Schriftsatzes wird ebenfalls nicht als ausreichend angesehen, siehe dazu auch Rdn 46.[59]

55

---

55 BGH, Urt. v. 10.5.2005 – XI ZR 128/04, NJW 2005, 2086 = MDR 2005, 1182 = FamRZ 2005, 1241.
56 BGH, Urt. v. 10.5.2005 – XI ZR 128/04, NJW 2005, 2086 = MDR 2005, 1182 = FamRZ 2005, 1241.
57 BGH, Urt. v. 10.5.2005 – XI ZR 128/04, NJW 2005, 2086 = MDR 2005, 1182 = FamRZ 2005, 1241.
58 BVerfG, Beschl. v. 18.4.2007 – 1 BvR 110/07, NJW 2007, 3117 f.
59 BAG, Urt. v. 5.8.2009 – 10 AZR 692/08, NJW 2009, 3596 Rn 18.

56 Ein Computerfax, das der Gruppe der schriftlichen Versendung per Telekopie zuzuordnen ist (nicht der elektronischen Form![60]), erfüllt das Unterschriftserfordernis nach § 130 Nr. 6 ZPO nur dann, wenn die Unterschrift des Erklärenden eingescannt wird oder auf dem Schriftsatz ein Hinweis angebracht wird, dass der benannte Urheber wegen der gewährten Übertragungsform nicht unterzeichnen kann.[61]

57 Im Oktober 2014 hat der BGH zum Computerfax wie folgt entschieden:[62]

> *„In einem Wiedereinsetzungsantrag ist darzulegen, ob es sich bei dem verspätet übermittelten Schriftsatz um ein Computerfax oder ein elektronisches Dokument handelt und welche Ausbildung und Erfahrung eine „zuverlässige" Mitarbeiterin mitbringt, um mit dem Einscannen einer Unterschrift oder einer elektronischen Signatur arbeiten zu können."* (Leitsatz der Beck-Online-Redaktion)

58 Im vorliegenden Fall wurde eine Berufungsbegründung mittels Computerfax zunächst ohne Unterschrift des Anwalts eingereicht. Einen Tag später erfolgte die erneute Übermittlung via Computerfax, wobei jedoch die letzten beiden Seiten fehlten. Das Original der Berufungsbegründung ging bei Gericht erst sechs Tage später ein; das Gericht erteilte einen entsprechenden Hinweis auf die nach seiner Auffassung vorliegende Verfristung; es wurde Wiedereinsetzungsantrag gestellt. Nachdem das OLG München als Berufungsgericht die Berufung als unzulässig verworfen und den Wiedereinsetzungsantrag zurückgewiesen hatte, blieb auch die beim BGH eingelegte Rechtsbeschwerde ohne Erfolg.

59 Beim Wiedereinsetzungsantrag wurde bereits der Fehler gemacht, dass die beiden Einreichungsformen (schriftlich und elektronisch) miteinander vermischt wurden und keine klare Abgrenzung erfolgte.[63] Zudem wurde zur Kanzleiorganisation und den Ereignissen am Fristablauftag nicht bzw. zu wenig vorgetragen; eines richterlichen Hinweises nach § 139 ZPO bedurfte es hier nach Ansicht des BGH nicht, da die Schilderungen der Klägerseite es vermieden, diese Punkte anzusprechen.[64] Der BGH monierte zudem, dass offen blieb, welche Ausbildung die Sekretärin hatte, wieviel Berufserfahrung sie hatte und wie lange sie bereits mit welchen Aufgaben beschäftigt war bzw. ob sie bereits zuvor mit dem Einscannen von Unterschriften in elektronische Dokumente und deren anschließender Übermittlung per Computerfax betraut war und hierbei fehlerfrei gearbeitet hatte.[65] Wegen des insgesamt fehlenden zusammenhängenden und auf den zu beurteilenden Fall zugeschnittenen Vortrags wurde schließlich die Wiedereinsetzung versagt.

60 Dass die heutzutage so beliebte Nutzung des Computer-Fax bei einer Ersatzeinreichung äußerst kritisch sein kann, zeigt die Entscheidung des BGH vom 26.1.2021:[66]

> *„1. Zu den Anforderungen an die Schilderung der die Wiedereinsetzung in eine versäumte Berufungsfrist begründenden Tatsachen (hier: Einlegung der Berufung mittels Computerfax).*
>
> *2. Beschränkt sich das Wiedereinsetzungsvorbringen im Wesentlichen auf eine detaillierte Schilderung des technischen Versendungsgeschehens und enthält es zu dem diesem vorgelagerten Einbringen der eingescannten Unterschrift keine Angaben, so genügt dies nicht den Substantiierungsanforderungen."* (Leitsatz 2 Beck-Online Redaktion)

61 Im vorliegenden Fall wurde durch die Klagepartei eine Berufungsschrift über den e-Fax-Service „Interfax" an das Gericht übermittelt. In der Entscheidung des BGH wird der Vorgang wie folgt beschrieben:

> *„Dieser Service sei mit der elektronischen Akte der Kl. verbunden. Zum Versenden eines Dokuments müsse deshalb nur in der elektronischen Akte bei dem entsprechenden Dokument auf „Versenden/Dru-*

---

60 BVerwG, Beschl. v. 30.3.2006 – 8 B 8/06, NJW 2006, 1989 f.
61 GmS-OGB, BGHZ 144, 160 164 f. = NJW 2000, 2340; BGH NJW 2006, 3784.
62 BGH, Beschl. v. 14.10.2014 – XI ZB 13/13, NJW-RR 2015, 624 = FamRZ 2015, 235 = BRAK-Mitt 2015, 32.
63 BGH, Beschl. v. 14.10.2014 – XI ZB 13/13 Rn 14b.
64 BGH, Beschl. v. 14.10.2014 – XI ZB 13/13 Rn 20b.
65 BGH, Beschl. v. 14.10.2014 – XI ZB 13/13 Rn 19a.
66 BGH, Beschl. v. 26.1.2021 – VI ZB 46/20, NJW-RR 2021, 373.

cken" geklickt werden. Dann erscheine ein kleines Fenster, in dem der Versand „Per Fax" ausgewählt werden könne. Werde dann auf „Versenden" geklickt, erscheine ein kleines Fenster „Ausgehendes Fax konfigurieren". Hier könne neben dem Absender der Empfänger „BerGer." ausgewählt werden. Bestätigt werde der Vorgang mit einem Klick auf „OK"; das Fax werde versendet. Daraufhin erscheine ein neuer Vorgang in der Akte, wodurch dem Versender der Sendevorgang mit einem kleinen Rädchen angezeigt werde. Sobald dieses Rädchen grün sei, sei das Fax ordnungsgemäß versendet worden. Diesen Vorgang habe der Prozessbevollmächtigte der Kl. am 9.3.2020 ordnungsgemäß durchgeführt. Der erfolgreiche Abschluss des Sendevorgangs sei dem Prozessbevollmächtigten durch das grüne Rädchen bestätigt worden."

Der BGH bemängelte in dieser Entscheidung, dass nicht hinreichend vorgetragen war, **wie und durch wen** denn die hier im vorliegenden Fall vorliegende eingescannte Unterschrift tatsächlich angebracht worden sein soll.[67] Es war im Verfahren zwar ausführlich zu dem technischen Versendungsgeschehen vorgetragen, nicht jedoch zu dem dieser Versendung vorgelagerten Einbringen der eingescannten Unterschrift. **62**

Auch diese Entscheidung des BGH zeigt einmal wieder, dass die Grundlagenkenntnis über Sinn und Zweck einer handschriftlichen Unterschrift (Verantwortungsübernahme des verantwortlichen Rechtsanwalts, Darstellung des unbedingten Willens, dieses Dokument bei Gericht einzureichen [kein Entwurf mehr] sowie Urheberschaft der schriftlichen Prozesshandlung, vgl. dazu auch Rdn 1 in diesem Kapitel) wichtig sind, um auch solche Vorgänge ordnungsgemäß und richtig durchzuführen wie z.B. die Übermittlung eines Schriftsatzes per Computer-Fax. Nach Überzeugung der Verfasser ist es eben gerade nicht ausreichend, wenn z.B. eine Mitarbeiterin eine z.B. als TIFF-Datei (Bild-Datei) vorhandene, irgendwann einmal eingescannte Unterschrift eines Anwalts unter einen solchen Schriftsatz setzt, wenn der Anwalt den Schriftsatz selbst vor seiner Unterzeichnung nicht mehr gesehen hat. **63**

Problematisch ist eine solche Vorgehensweise auch dann, wenn z.B., was § 130 Nr. 6 ZPO nicht fordert, **vorab** per Telefax übermittelt wird und sodann im Nachgang ein im Original unterschriebener Schriftsatz nachgereicht wird, die beiden Unterschriften hier aber erkennbar nicht übereinstimmen. Auf diese Weise werden dann Vorgänge im Büroablauf sichtbar, an die bei Einfügung einer Bilddatei möglicherweise nicht gedacht worden ist. **64**

VII. E-Mail-to-Fax-Verfahren mit eingescannter Unterschrift – Ersatzeinreichung

Vorsicht ist auch bei der Übermittlung eines Schriftsatzes bei E-Mail-to-Fax-Verfahren im Rahmen einer Ersatzeinreichung i.S.d. § 130d S. 2 ZPO bzw. § 5 ERVV geboten. **65**

„1. Eine im E-Mail-to-Fax-Verfahren übermittelte Berufungsbegründungsschrift genügt den gesetzlichen Formanforderungen an eine Berufungsbegründungsschrift grundsätzlich nicht, wenn sie lediglich eine eingescannte Unterschrift enthält. **66**

2. Die Rechtsprechung des Gemeinsamen Senats der Obersten Gerichtshöfe des Bundes vom 5.4.2000 (GmS-OGB 1/98, BGHZ 144, 160 = BVerwGE 111, 377 = NZA 2000, 959) zum Computerfax, wonach dann, wenn ein bestimmender Schriftsatz inhaltlich den prozessualen Anforderungen genügt, die Person des Erklärenden in der Regel dadurch eindeutig bestimmt sei, dass seine Unterschrift eingescannt oder der Hinweis angebracht sei, dass der benannte Urheber wegen der gewählten Übertragungsform nicht unterzeichnen könne (so auch BGH 26.1.2021 – VI ZB 46/20, NJW-RR 2021, 373 Rn 8; BFH 22.6.2010 – VIII R 38/08, BFHE 230, 115 = NJW 2011, 478 Rn 17; BAG 5.8.2009 – 10 AZR 692/08, NZA 2009, 1165 = NJW 2009, 3596 Rn 22 ff.), sind auf das Mail-to-Fax-Verfahren nicht übertragbar."[68]

---

67 BGH, a.a.O., Rn 10.
68 LAG Hessen, Urt. v. 23.3.2022 – 6 Sa 1248/20, NZA-RR 2022, 325 = BeckRS 2022, 9902 = ArbRAktuell 2022, 297; so auch schon zuvor: LSG Nordrhein-Westfalen, Beschl. v. 8.4.2021 – L 12 AS 311/21 B ER, BeckRS 2021, 8227 und OLG Dresden, Beschl. v. 4.12.2020 – 22 WF 872/20, BeckRS 2020, 37455.

67 Die Entscheidung des LAG Hessen ist m.E. richtig. Vielfach wurde die hier vom LAG Hessen zitierte Entscheidung des BGH zum Computerfax falsch interpretiert. Bei schriftlicher Einreichung gem. § 130 Nr. 6 ZPO ist es erforderlich, dass ein eigenhändig unterschriebener Originalschriftsatz als Faxvorlage oder Kopiervorlage vorliegt. Wird lediglich eine Unterschriften-Datei mit einer eingescannten Unterschrift angebracht, ist das Schriftformerfordernis nicht eingehalten, da vor Anbringung dieser Unterschriftendatei eine Kontrolle des Schriftsatzes durch den Rechtsanwalt nicht mehr möglich ist.

68 Die zugelassene Revision war zum Zeitpunkt der Drucklegung beim BAG unter dem Az.: 2 AZR 159/22 anhängig.

VIII. Die „blasse" Unterschrift

69 Wird zur Unterschrift ein Schreibwerkzeug verwendet, das keine kontrast-reiche Unterschrift erlaubt, kann auch dies problematisch sein. Das mag auf dem vorliegenden Dokument erst einmal gar nicht auffallen; bei der Versendung per Fax kann es dann aber dazu führen, dass von der ursprünglichen Unterschrift kaum noch etwas zu lesen ist.

70 *„Der Prozessbevollmächtigte einer Partei, der aufgrund der bereits auf dem Originalschriftsatz kaum sichtbaren (blassen) Unterschrift damit rechnen muss, dass diese entgegen § 130 Nr. 6 ZPO möglicherweise nicht auf die Telekopie übertragen werden wird, handelt schuldhaft, wenn das bei Gericht eingehende und dort ausgedruckte Fax eine im Original tatsächlich vorhandene Unterschrift nicht erkennen lässt und er dadurch eine Frist i.S.v. § 233 S. 1 ZPO versäumt."*[69]

71 **Der Fall:**
Am letzten Tag des Fristablaufs der verlängerten Berufungsbegründungsfrist erfolgte die Übermittlung einer Berufungsbegründung per Fax. Der Schriftsatz ging nach zwei fehlgeschlagenen Versuchen um 18:11 Uhr vollständig bei Gericht ein. Die Berufungsbegründung bestand aus acht Seiten. Die Unterschrift der Beklagtenvertreterin war nicht zu erkennen. Das etwa fünf Tage später eingegangene Original der Rechtsmittelbegründung enthielt eine auch nur schwach lesbare (blass hellblaue) Unterschrift der Beklagtenvertreterin. Das Gericht wies am 12.10.2017 darauf hin, dass nach seiner Auffassung kein unterzeichneter Berufungsbegründungsschriftsatz bei Gericht eingegangen ist und deshalb die Frist des § 520 Abs. 2 ZPO versäumt worden sei. Mit Schriftsatz vom 26.10.2017 wurde Wiedereinsetzung in den vorigen Stand beantragt. Die Wiedereinsetzung wurde zurückgewiesen, die Berufung verworfen. Hiergegen wurde Rechtsbeschwerde eingelegt.

72 Der BGH führte aus, dass höchstrichterlich bereits geklärt ist, dass eine Berufungsbegründung gem. § 130 Nr. 6 ZPO i.V.m. § 520 Abs. 5 ZPO grundsätzlich von einem Rechtsanwalt eigenhändig unterschrieben sein muss und die Unterschrift die Identifizierung des Urhebers der schriftlichen Prozesshandlung ermöglichen und dessen unbedingten Willen zum Ausdruck bringen soll, die Verantwortung für den Inhalt des Schriftsatzes zu übernehmen und diesen bei Gericht einzureichen. Es soll zudem durch die Unterschriftsleistung sichergestellt werden, dass es sich bei dem Schriftstück nicht nur um einen Entwurf handelt, sondern dass das Schriftstück mit Wissen und Wollen des Berechtigten dem Gericht zugeleitet wird. Zwar muss der Anwalt, auch dies hat der BGH schon mehrfach und zahlreich entschieden, von beim Prozessgericht zugelassenen Rechtsanwalt zwar nicht selbst verfasst, aber nach eigenverantwortlicher Prüfung genehmigt und unterschrieben sein.[70]

---

69 BGH v. 31.1.2019 – III ZB 88/18, NJW-RR 2019, 441 = BeckRS 2019, 2056 = NJW-Spezial 2019, 222 = RENOpraxis 2019, 89.
70 BGH, Beschl. v. 31.1.2019 – III ZB 88/18 unter Verweis auf BGH, Beschl. v. 7.8.2015 – III ZB 60/14, WM 2015, 2023 Rn m.z.w.N.

Die Anforderung, dass eine eigenhändige Unterschrift vorhanden sein muss, entfällt nicht dadurch, dass die Berufung zulässig per Telefax eingelegt und begründet wird. In diesem Fall würde zwar die Wiedergabe der Unterschrift in Kopie genügen, bei der Kopiervorlage muss es sich jedoch um den eigenhändig unterschriebenen Originalschriftsatz handeln.[71] Damit setzt die Wirksamkeit der Prozesshandlung grundsätzlich voraus, dass die Kopiervorlage von einem postulationsfähigen Rechtsanwalt unterschrieben worden ist und dessen Unterschrift auf der Telekopie wiedergegeben wird. Sofern die Unterschrift fehlt oder auf der Telekopie nicht sichtbar ist, ist die Prozesshandlung nicht wirksam vorgenommen. Dies hat der BGH bereits 1994 entschieden.[72] Der BGH verwies weiter darauf, dass nur in – hier nicht vorliegenden – Ausnahmefällen auf eine Unterschrift verzichtet werden kann, wenn sich aus den sonstigen Umständen zweifelsfrei ergibt, dass der Prozessbevollmächtigte die Verantwortung für den Inhalt der Rechtsmittelschrift übernommen hat.[73] Die Wiedereinsetzung war daher nach Ansicht des BGH zu Recht zu versagen, da die Fristversäumung nicht unverschuldet erfolgt war. Zwar hat das Berufungsgericht (und auch der BGH) dem Vortrag des Beklagten entsprechend zu seinen Gunsten unterstellt, dass das Original der Berufungsbegründung im Zeitpunkt der Erstellung der Telefaxkopie von seiner Anwältin unterzeichnet war. Dieser hätte sich aber nach Ansicht des BGH aufdrängen müssen, dass die von ihr geleistete Unterschrift mit hoher Wahrscheinlichkeit auf der Telekopie nicht sichtbar sein werde.

73

Der BGH fordert, dass die Unterschrift des Anwalts *„so kontrastreich sichtbar ist, dass sie nach den üblichen technischen Gegebenheiten auf der beim Empfänger eingehenden Kopie erkennbar ist."*[74] Aus dem „OK-Vermerk" des Sendeberichts könne zudem, so der BGH, leidglich geschlossen werden, dass die vom Sendegerät eingelesenen Daten übertragen sind, nicht aber, dass eine äußerst kontrastarme Abbildung, wie die hier infrage stehende Unterschrift, auch erfasst wurde.

74

IX. Eingetippter Name nicht identisch mit Unterschrift

Das ein „falsch" eingetippter Name, der mit dem Namen des Unterzeichnenden nicht übereinstimmt, „unschädlich" ist, da es bei § 130 Nr. 6 ZPO letztendlich auf die Unterschrift ankommt, hat der BGH 2017 entschieden. Die Entscheidung ist zu begrüßen. Sie bringt Rechtssicherheit in den Fällen, in denen z.B. ein Mitarbeiter einen Schriftsatz unterschriftsreif vorbereitet; dann jedoch der entsprechende Anwalt möglicherweise eilig die Kanzlei verlassen muss und den Schriftsatz daher in Vertretung von einem Kollegen unterschreiben lässt; eine Diskrepanz zwischen eingetipptem Namen (z.B. RA Anton Mustermann) zu Unterschrift (z.B. RA Dr. Otto Karl) ist unschädlich. Natürlich empfiehlt es sich aber, solche Diskrepanzen schon aus Gründen des Stils und der Höflichkeit tunlichst zu vermeiden.

75

> *„Ein Rechtsanwalt, der einen bestimmten Schriftsatz für einen anderen Rechtsanwalt unterzeichnet, übernimmt mit seiner Unterschrift auch dann die Verantwortung für den Inhalt des Schriftsatzes, wenn seiner Unterschrift maschinenschriftlich der Name des anderen Rechtsanwalts beigefügt wird."*[75]

76

---

71 BGH, a.a.O., sowie BGH, Beschl. v. 27.8.2015, a.a.O.; BGH, Beschl. v. 26.7.2012 – III ZB 70/11, NJW-RR 2012, 1142 Rn 6, jeweils m.w.N.
72 BGH, Beschl. v. 4.5.1994 – XII ZB 21/94, NJW 1994, 2097 m.w.N.
73 Vgl. BGH, Beschl. v. 26.10.2011 – IV ZB 9/11, juris Rn 6 m.w.N.
74 BGH, Beschl. v. 31.1.2019 – III ZB 88/18, NJW-RR 2019, 441.
75 BGH, Beschl. v. 14.3.2017 – XI ZB 16/16, NJW-RR 2017, 760 = NJW 2017, 2127.

X. Distanzierende Zusätze oder: „Nach Diktat verreist"

1. Unterschrift „für Rechtsanwalt (...), nach Diktat verreist"

77 *„Mit dem Zusatz „für Rechtsanwalt (...), nach Diktat verreist" zu seiner Unterschrift unter die Revisionsbegründungsschrift übernimmt der unterzeichnende Rechtsanwalt **nicht** – wie für eine wirksame Revisionsbegründung erforderlich – die volle Verantwortung für deren Inhalt."* (amtlicher Leitsatz)[76]

78 Nach Ansicht des OLG Hamm könne die Formulierung „für RA (...)" nach allgemeinem Sprachgebrauch nur so verstanden werden, dass der Unterzeichnende als Vertreter unterschrieben habe und die Verantwortung für den Inhalt gerade nicht übernehmen wolle.[77] Diese Auffassung des OLG Hamm ist nicht richtig. Gerade die Unterzeichnung als Vertreter (anstelle von z.B. „i.A.") zeigt das Gegenteil.

79 Der BGH hält dagegen:

„Ein Rechtsanwalt, der einen bestimmenden Schriftsatz für einen anderer Rechtsanwalt mit Zusatz „für Rechtsanwalt XY" unterzeichnet, übernimmt mit seiner Unterschrift die Verantwortung für den Inhalt des Schriftsatzes. Das gilt auch dann, wenn der Zusatz lautet, „für Rechtsanwalt XY, nach Diktat verreist"."[78]

80 Nach Ansicht des BGH hätte der Zusatz „**für** Rechtsanwalt E" deutlich gemacht, dass Rechtsanwalt H (Unterzeichnender) als Unterbevollmächtigter für Rechtsanwalt E in Wahrnehmung des Mandats und damit eigenverantwortlich handelte. Ein Rechtsanwalt, der „für" einen anderen Rechtsanwalt eine Berufung begründet, gäbe zu erkennen, dass er als Unterbevollmächtigter tätig werden würde.[79] Der Zusatz „nach Diktat verreist" würde diese Aussage des ersten Teils des Zusatzes nicht relativieren, sondern sei lediglich Erklärung dafür, dass der Verfasser der Begründungsschrift wegen seines Urlaubs diese nicht mehr selbst unterzeichnen konnte,

„eine Einschränkung oder Zurücknahme der mit der ausdrücklich „für Rechtsanwalt E" geleisteten Unterschrift verbundenen Übernahme der Verantwortung für den Inhalt des Schriftsatzes"

liege darin nicht.[80] In dieser Entscheidung verwies der BGH im Übrigen auch darauf, dass der Zusatz „i.V." mit dem Zusatz „i.A." nicht vergleichbar ist.[81]

81 In der Gesamtschau kann aber ein solcher Zusatz „nach Diktat ortsabwesend" dennoch von einem Gericht für schädlich erachtet werden, wie auch die nachstehende Entscheidung zeigt!

2. Unterschrift „für RA'in XY, nach Diktat ortsabwesend"

82 *„1. Unterzeichnet ein Rechtsanwalt aus der Kanzlei des mandatierten Wahlverteidigers am letzten Tag der Frist den von einer lediglich unterbevollmächtigten und nur „kooperierenden" Rechtsanwältin mit eigener Kanzlei in Untervollmacht diktierten und mit Verfahrensrügen versehenen Rechtsbeschwerdebegründung mit dem Zusatz „für RA'in XY, nach Diktat ortsabwesend" bestehen durchgreifende Zweifel daran, dass der unterzeichnende Rechtsanwalt an der Gestaltung dieser Rechtsmittelbegründung mitgewirkt und dafür die volle Verantwortung übernommen hat. Damit genügt die Begründung nicht den Anforderungen des § 79 Abs. 3 OWiG, § 345 Abs. 2 StPO."* (amtlicher Leitsatz)[82]

---

76 OLG Hamm, Beschl. v. 26.9.2014 – 3 RVs 72/14, NStZ 2014, 728 = LSK 2014, 500450 (Ls.) = BeckRS 2014, 19282.
77 OLG Hamm, a.a.O.
78 BGH, Urt. v. 31.3.2003 – II ZR 192/02, NJW 2003, 2028 = JurBüro 2003, 376 = MDR 2003, 896 = FamRZ 2003, 1175.
79 BGH, a.a.O.; so auch BAG, Urt. v. 22.5.1990 – 3 AZR 55/90, NJW 1990, 2706 = BeckRS 9998, 21238.
80 BGH, a.a.O.
81 BGH, a.a.O.
82 OLG Rostock, Beschl. v. 25.9.2015 – 21 Ss OWi 148/15, BeckRS 2015, 16687.

Dass Gerichte manchmal sehr genau hinsehen, hat das OLG Rostock mit seiner obigen Entscheidung gezeigt. So berief sich das OLG Rostock in seinen Entscheidungsgründen, warum es die Unterschrift im obigen Fall für formunwirksam gehalten hatte, auch darauf, dass mehrere Schriftsätze der Vergangenheit bereits nicht vom Verteidiger selbst unterschrieben worden waren: 83

- Anzeige gegenüber Verwaltungsbehörde „pro abs"
- von Rechtsanwältin G.-C.
- Stellungnahme gegenüber der Verwaltungsbehörde sowie auf eine Anfrage des Gerichts jeweils „für den nach den Diktat ortsabwesenden" Rechtsanwalt R durch Rechtsanwalt W
- Aktenanforderung „für den krankheitsbedingt ortsabwesenden" Rechtsanwalt R (gleichwohl wurde dessen Diktatzeichen verwandt!)

Das OLG Rostock ging daher davon aus, dass allenfalls Rechtsanwalt R mit wesentlichen Details des Verfahrens vertraut war und im Übrigen „*offenbar jeder in der Kanzlei gerade greifbare Rechtsanwalt bei Bedarf für den oftmals ortsabwesenden Wahlverteidiger die von diesem diktierten Schreiben unterzeichnet*", hat, „*ohne sich selbst näher mit dem Verfahren zu befassen.*"[83] Interessant war hier zudem, dass das OLG Rostock zwar einräumte, dass die Rechtsbeschwerdebegründung keinerlei Distanzierungen oder Passagen enthielt, die erkennen ließen, dass die Unterzeichnerin nicht die volle Verantwortung für den Inhalt des Schriftsatzes übernommen haben wollte, hierdurch aber umgekehrt nicht belegt sei, dass die fremdverfasste Rechtsbeschwerdebegründung tatsächlich vor Unterzeichnung eigenverantwortlich überprüft, für richtig befunden und sich zu eigen gemacht wurde. 84

Auch aus dem für das Gericht erkennbaren Ablauf des Verfahrens innerhalb der Kanzlei des Verteidigers sowie aus der Komplexität der Rechtsbeschwerdebegründung waren für das OLG Rostock erhebliche Zweifel an der formwirksamen Unterschrift gegeben. Nach Ansicht des OLG Rostock schien es vielmehr 85

> „*allgemeiner Usus in dieser Kanzlei zu sein, dass für jeden abwesenden Rechtsanwalt unterschreibt, wer gerade da ist und das selbst für Rechtsanwälte mit eigener Praxis, mit denen lediglich eine Kooperation gepflegt wird.*"[84]

Eine Divergenzvorlage an den BGH gem. § 121 Abs. 2 GVG erfolgte durch das OLG Rostock nicht, da es hier im Gegensatz zu den vom Beschwerdeführer vorgetragenen, anders lautenden Entscheidungen eine erhebliche Abweichung im Einzelfall sah. 86

Fazit: Die Häufigkeit der Unterzeichnung von Schriftsätzen innerhalb eines Verfahrens durch andere Anwälte als den Verfasser sowie auch angeführte Diktatzeichen können im Einzelfall, wie die Entscheidung des OLG Rostock zeigt, zu einer anwaltsunfreundlichen Rechtsprechung führen! 87

3. Unterschrift „i.A."

Der Unterschriftenzusatz „i.A." führt immer wieder zu Rechtsprechung. Er kann unter bestimmten Umständen unwirksam sein. Nach ständiger Rechtsprechung des BGH reicht der Zusatz „i.A." i.d.R. jedoch nicht aus, da der Unterzeichnende damit zu erkennen gibt, dass er dem Gericht gegenüber nur als Erklärungsbote auftritt.[85] Maßgeblich ist hierbei jedoch auf die **Person** abzustellen, die mit dem Zusatz „i.A." unterschreibt. 88

> „*Bei einer Beschwerde gegen eine Entscheidung des FG, die schriftlich beim FG eingelegt wird, muss der Beschwerdeschriftsatz von einem postulationsfähigen Vertreter unterzeichnet sein. Ist die Be-*

---

83 OLG Rostock, a.a.O.
84 OLG Rostock, a.a.O.
85 BGH v. 25.9.2012, a.a.O; BGH, Beschl. v. 5.11.1987 – V ZR 139/87, NJW 1988, 210 = BeckRS 9998, 98712; BGH, Beschl. v. 27.5.1993 – III ZB 9/93, NJW 1993, 2056 = MDR 1993, 902; BGH, Urt. v. 31.3.2003 – II ZR 192/02 (KG), NJW 2003, 2028 = JurBüro 2003, 376 = MDR 2003, 896 = FamRZ 2003, 1175; BGH, Beschl. v. 19.6.2007 – VI ZB 81/05, BeckRS 2007, 11723 = BRAK-Mitt 2007, 201 = FamRZ 2007, 1638; BGH, Beschl. v. 20.6.2012 – IV ZB 18/11, NJW-RR 2012, 1269 = NJW 2012, 3379 = BRAK-Mitt 2012, 212; vgl. auch BAG, Urt. v. 26.7.1976 – 4 AZR 172/66, DB 1967, 1904.

§ 16 Art u. Weise der Ersatzeinreichung

*schwerdeschrift nicht von einer postulationsfähigen Person, sondern von der **Rechtsanwaltsfachangestellten** des Prozessbevollmächtigten mit dem Zusatz i.A. unterzeichnet worden, ist die Beschwerde nicht wirksam eingelegt."*[86]

89 *„Der Unterschriftszusatz „i.A." auf einer Berufungsbegründungsschrift reicht für die Übernahme der Verantwortung nur aus, wenn der unterzeichnende Rechtsanwalt als **Sozietätsmitglied** in Ausführung des auch ihm selbst erteilten Mandats tätig wird."*[87] *(Leitsatz der Redaktion)*

90 *„1. Unterzeichnet ein Rechtsanwalt eine Berufungsschrift mit dem Vermerk „i.A." („im Auftrag"), ist dies **unschädlich**, wenn der Unterzeichnende als **Sozietätsmitglied** zum Kreis der beim Berufungsgericht zugelassenen Prozessbevollmächtigten des Berufungsklägers zählt (im Anschluss an BGH, NJW 1993, 2056; NJW 2003, 2028; FamRZ 2007, 1638 = BeckRS 2007, 11723; NJW-RR 2012, 1269 = NJW 2012, 3379 L).*

*2. Die Identität eines Rechtsanwalts, der eine Berufungsschrift mit dem Vermerk „i.A." unterzeichnet hat, muss im **Zeitpunkt des Ablaufs** der Rechtsmittelfrist nicht bereits in solcher Weise eindeutig geklärt sein, dass schon **endgültige Feststellungen zur Identität und zur Postulationsfähigkeit des Unterzeichners** getroffen werden können; maßgeblich ist insoweit der Erkenntnisstand zum Zeitpunkt der Entscheidung über die Zulässigkeit der Berufung (im Anschluss an BGH, NJW-RR 2012, 1139; NJW-RR 2012, 1142 = DB 2012, 2042)."*[88]

91 Eine mit dem Zusatz „i.A." versehene eigenhändige Unterschrift genügt somit den Anforderungen an eine ordnungsgemäße Unterzeichnung eines Rechtsmittelschriftsatzes, wenn die auf diese Weise erfolgte Unterschrift von einem Rechtsanwalt stammt, der als **Mitglied der mandatierten Anwaltssozietät** ebenfalls zum Kreis der Prozessbevollmächtigten zählt.[89] In einem solchen Fall, so der BGH,[90] sei anzunehmen, dass der mit „i.A." unterzeichnende Rechtsanwalt nicht lediglich in Wahrnehmung des sozietätsinternen Innenverhältnisses zum eigentlichen Sachbearbeiter, sondern darüber hinaus auch in Ausführung des ihm selbst erteilten Mandats tätig geworden ist.

92 Interessant an der Entscheidung des BGH vom 25.9.2012 ist darüber hinaus, dass der BGH bei der Prüfung der formwirksamen Unterschrift auch davon ausgegangen war, dass nach seiner Ansicht aufgrund der aus dem Briefkopf ersichtlichen insgesamt 17 aktiven Rechtsanwälte und Rechtsanwältinnen nicht ernsthaft in Erwägung gezogen werden könnte, dass eine Kanzleikraft den Schriftsatz unterschrieben hätte. Auch führte der BGH an, dass es zum **Grundwissen einer Kanzleikraft** gehöre, zu wissen, dass ein bestimmender Schriftsatz von einem zugelassenen Rechtsanwalt zu unterschreiben ist.

93 Der BGH hat in seiner Entscheidung weiter versucht, die Unterschrift zu entziffern und hier die zwei Anfangs-Großbuchstaben „S" oder „G" erkannt, sodass auch schon deshalb nach seiner Ansicht nicht davon auszugehen war, dass die Kanzleikraft Frau V den Schriftsatz unterzeichnet hätte.

---

86 BFH, Beschl. v. 1.9.2008 – VII B 112/08, BeckRS 2008, 25014086.
87 BGH, Beschl. v. 20.6.2012 – IV ZB 18/11, NJW-RR 2012, 1269 = NJW 2012, 3379 = BRAK-Mitt 2012, 212.
88 BGH. Beschl. v. 25.9. 2012 – VIII ZB 22/12, NJW 2013, 237 = FamRZ 2013, 127 = MDR 2012, 1430.
89 BGH, Beschl. v. 25.9.2012 – VIII ZB 22/12, NJW 2013, 237 = FamRZ 2013, 127 = MDR 2012, 1430; BGH, Beschl. v. 27.5.1993 – III ZB 9/93 (Hamburg), NJW 1993, 2056 = MDR 1993, 902; BGH, Beschl. v. 19.6.2007 – VI ZB 81/05, BeckRS 2007, 11723 = BRAK-Mitt 2007, 201 = FamRZ 2007, 1638; BGH, Beschl. v. 20.6.2012 – IV ZB 18/11 (OLG Köln), NJW-RR 2012, 1269 = NJW 2012, 3379 = BRAK-Mitt 2012, 212.
90 BGH, a.a.O.

4. „Nach Diktat verreist" – BVerfG gibt vor!

Das BVerfG hat mit Beschl. v. 7.12.2015 überspannten Anforderungen an formwirksame Revisionsbegründungen im Strafverfahren eine Absage erteilt:

> *„Es ist mit dem Anspruch auf wirkungsvollen Rechtsschutz nicht vereinbar, allein daraus, dass der Revisionsbegründungsschriftsatz (§ 345 II StPO) nicht von dem mit „i.V." unterzeichnenden Rechtsanwalt selbst verfasst wurde und beim Namen des eigentlichen Sachbearbeiters der Zusatz „nach Diktat verreist" angebracht ist, herzuleiten, der Unterzeichner habe sich den Inhalt des Schreibens nicht zu eigen gemacht und wolle dafür nicht aufgrund eigener Prüfung die Verantwortung übernehmen." (Leitsatz der Redaktion)*[91]

Der Fall:

In einem Strafverfahren wurde beim Landgericht fristgerecht eine Revisionsbegründung eingereicht, die den handschriftlichen Vermerk trug: „i.V. R" mit dem Zusatz „S K Rechtsanwalt (nach Diktat verreist)". Die Besonderheit hier war, dass Rechtsanwalt R mit Rechtsanwalt K in **Bürogemeinschaft** tätig war. Die Berufungskammer verwarf die Revision als unzulässig, § 346 Abs. 1 StPO, da es an einer formwirksamen Revisionsbegründung mangele. Die Formulierung „i.V. R" könne nur dahin verstanden werden, dass Rechtsanwalt R als Vertreter unterzeichnet habe und **gerade nicht** die volle Verantwortung für den Inhalt der Revisionsbegründung übernehmen wolle.

Die Entscheidung:

Das BVerfG hat sich zunächst ausführlich mit der Frage beschäftigt, ob die Verfassungsbeschwerde zulässig war, da der Rechtsweg nicht ausgeschöpft wurde. In diesem besonderen Fall wurde die Zulässigkeit bejaht.[92]

Das BVerfG hielt Zweifel an der Verantwortungsübernahme nicht allein dadurch für berechtigt, dass

- der unterzeichnende Rechtsanwalt zuvor nicht für den Beschuldigten tätig geworden ist

oder

- ein anderer Rechtsanwalt als der unterzeichnende Rechtsanwalt die Rechtsmittelbegründung diktiert hätte.

Anderes, so das BVerfG, könnte nur gelten, wenn

> *„der Unterzeichner sich im Schriftsatz oder auch an anderer Stelle **vom Inhalt distanziert** oder sich sonst aus dem Inhalt der Schrift ergibt, dass der Rechtsanwalt die Verantwortung dafür nicht übernehmen kann oder will."*[93]

Im vorliegenden Fall reklamierte das BVerfG zudem, dass das vorbefasste OLG sich nicht näher damit auseinandergesetzt habe, *„welchen Erklärungswert und Aussagegehalt es dem Vertretungszusatz beimisst."* Allein ein Verweis auf *„überwiegende obergerichtliche Rechtsprechung"* reiche nicht aus. Vielmehr spreche grundsätzlich eine Vermutung dafür,

> *„dass der Unterzeichner sich den Inhalt des Schreibens zu Eigen gemacht hat und dafür aufgrund eigener Prüfung die Verantwortung übernimmt. In diesem Zusammenhang kann sich die „gestaltende Mitwirkung" darin erschöpfen, das von anderer Seite Entworfene gründlich zu prüfen und ggf. Änderungen vorzunehmen [...]."*

---

91 BVerfG (2. Kammer des Zweiten Senats), Beschl. v. 7.12.2015 – 2 BvR 767/15, NJW 2016, 1570 = NJW-Spezial 2016, 122 = BeckRS 2016, 40561.
92 Bei Interesse an diesem Thema siehe auch die Rn 17–20 der Entscheidung des BVerfG, a.a.O.
93 BVerfG, a.a.O.; mit Verweis auf BVerfG (2. Kammer des Zweiten Senats) NJW 1996, 713.

100 Nach Ansicht des BVerfG[94] steht der Zusatz „**i.V.**" bei einer handschriftlichen Unterzeichnung einer solchen Verantwortungsübernahme jedenfalls nicht entgegen und rechtfertigt **für sich allein** nicht die Annahme, dass der **in Vertretung** für einen anderen Rechtsanwalt Unterzeichnende eine Revisionsbegründungsschrift ungeprüft unterschrieben hat.

101 Der **bloße** Zusatz „i.V." ebenso wie auch „für" würde weder belegen, dass der unterzeichnende Rechtsanwalt den Schriftsatz nicht gelesen, noch dessen gebilligt habe, noch dass er sich vom Inhalt des Schriftsatzes distanzieren und dem Gericht gegenüber nur als Erklärungsbote auftreten wolle. Vorsicht ist jedoch bei der Unterzeichnung „i.A." geboten.

102 Wie schon der BGH im Jahre 1987[95] geht das BVerfG davon aus, dass eine Unterzeichnung „i.A." nahelegt, dass der Unterzeichnende zu erkennen gibt, dass er für den Inhalt des Schriftsatzes eine Verantwortung nicht übernehmen will und nicht übernimmt und er mit einer derartigen Unterzeichnung dem Gericht gegenüber nur als Erklärungsbote auftritt.

103 Bei Verwendung „i.V." könne jedoch ohne Weiteres davon ausgegangen werden, dass der Unterzeichnende lediglich zum Ausdruck bringt,

> „*vertretungsweise – hier nach § 53 BRAO – zu handeln und dieses Vertretungsverhältnis kenntlich machen zu wollen.*"[96]

104 Was den Zusatz „**nach Diktat verreist**" betrifft, so lässt sich auch dieser Zusatz nach Ansicht des BVerfG[97] nicht als Distanzierung vom Inhalt des Revisionsbegründungsschriftsatzes auffassen.

105 **Jedoch Vorsicht**: Das BVerfG verweist in seinen Entscheidungsgründen auch auf die obergerichtliche Rechtsprechung, die bei einem Zusatz „*für den nach Diktat verreisten Rechtsanwalt*" den Rückschluss zulässt, dass der unterzeichnende Rechtsanwalt nicht der eigenverantwortliche Verfasser eines entsprechenden Schriftsatzes gewesen ist,[98] allerdings dürften sich die Zweifel an der Verantwortungsübernahme nach Ansicht des BVerfG eben nicht allein daraus ergeben, dass der unterzeichnende Anwalt die Rechtsmittelbegründung nicht zuvor selbst verfasst hat. Nach dieser Entscheidung des BVerfG steht der Zusatz „nach Diktat verreist" selbst dann, wenn er nicht nur der Abwesenheit des Verfahrensbevollmächtigten, sondern auch der Tatsache Ausdruck verleihen sollte, dass die Rechtsmittelbegründung allein vom abwesenden Anwalt diktiert und nicht vom unterzeichnenden Anwalt ausgearbeitet wurde, einer Verantwortungsübernahme durch den Unterzeichnenden **nicht** entgegen.[99]

106 In dem vom BVerfG hier zu entscheidenden Fall kam jedoch noch ein weiterer Umstand hinzu, der das BVerfG anwaltsfreundlich entscheiden ließ: An keiner Stelle der Revisionsbegründungsschrift wurde deutlich, dass der unterzeichnende Rechtsanwalt sich den Inhalt der Begründungsschrift vom Mandanten hatte vorschreiben lassen und dessen Vorbringen ungeprüft beurkundet hätte.

107 **Fazit:**

Nach diesseitiger Ansicht besteht keinerlei Veranlassung, den Zusatz „nach Diktat verreist" unter einem Schriftsatz anzubringen. In der Praxis wird durch diesen Zusatz häufig dem Mandanten, der eine Abschrift des Schriftsatzes erhält, verdeutlicht, dass der Schriftsatz von dem seine Sache bearbeitenden Rechtsanwalt verfasst wurde und die Unterschrift lediglich in Vertretung aufgrund der Ortsabwesenheit des Verfassers erfolgt ist. Zwar führt das BVerfG aus, dass ein solcher Zusatz (**allein!**) nicht ausreichend sei, anzunehmen, der Unterzeichnende habe sich den Inhalt des Schriftsatzes nicht zu eigen machen wollen. Es

---

[94] BVerfG v. 7.12.2015, a.a.O.
[95] BGH, Beschl. v. 5.11.1987 – V ZR 139/87, NJW 1988, 210 = BeckRS 9998, 98712.
[96] BVerfG, a.a.O. unter Verweis auf BGHSt 59, 284 = NJW 2014, 3320, 3322 = NStZ-RR 2016, 22.
[97] BVerfG. a.a.O.
[98] Vgl. dazu auch OLG Frankfurt a.M., Beschl. v. 1.8.2013 – 2 Ss-OWi 565/13, NStZ-RR 2013, 355; OLG Hamm, Beschl. v. 10.7.2000 – 2 Ss OWi 646/00, NStZ-RR 2001, 250 = MDR 2000, 1245; OLG Hamm. Beschl. v. 15.7.2008 – 4 Ss 257/08, NStZ-RR 2009, 381; NStZ 2014, 728.
[99] BVerfG, a.a.O.

gibt jedoch keinen Grund, es wegen dieses Zusatzes auf Wiedereinsetzungsanträge und/oder weitere Rechtsmittel ankommen lassen zu müssen. Aus diesem Grund würden wir davon abraten, solche Zusätze im Schriftsatz selbst anzubringen. Die Tatsache, dass der Schriftsatz vom Sachbearbeiter verfasst wurde, kann dem Mandanten auch in einem Begleitschreiben nochmals dargelegt werden.

Der Zusatz „i.V." ist nach Ansicht des BVerfG unschädlich. Hier ist dem BVerfG auch Recht zu geben. Es kann nicht sein, dass im Gesetz die Möglichkeit einer Vertretung geregelt wird, diese dann aber durch einige Gerichte dadurch ausgehebelt wird, dass diese Gerichte entscheiden, in Vertretung unterschriebene Schriftsätze seien nicht formwirksam. Hier gewinnt man dann doch schon eher den Eindruck, dass Gerichte unliebsame Rechtsmittelverfahren auf schnelle Weise wieder vom Tisch haben wollen. **108**

Zur Vertretung im beA siehe auch § 7 Rdn 20 ff. u. 87 ff. dieses Werks. **109**

C. Abschriften bei Ersatzeinreichung erforderlich

Reicht man überwiegend Dokumente elektronisch bei Gericht ein, wird man sich schnell daran gewöhnt haben, dass Abschriften (weder einfach noch beglaubigt) von Schriftsätzen (§ 133 Abs. 1 S. 1 ZPO) und Klagen (§ 253 Abs. 5 ZPO) nicht mehr beigefügt werden müssen. Die Ersatzeinreichung, die „schriftlich" erfolgt (Original oder Fax, siehe § 130 Nr. 6 ZPO), erfordert jedoch auch die Einreichung von Abschriften. **110**

§ 133 ZPO – Abschriften **111**

„(1) ¹Die Parteien sollen den Schriftsätzen, die sie bei dem Gericht einreichen, die für die Zustellung erforderliche Zahl von Abschriften der Schriftsätze und deren Anlagen beifügen. ²Das gilt nicht für elektronisch übermittelte Dokumente sowie für Anlagen, die dem Gegner in Urschrift oder in Abschrift vorliegen.

(2) Im Falle der Zustellung von Anwalt zu Anwalt (§ 195) haben die Parteien sofort nach der Zustellung eine für das Prozessgericht bestimmte Abschrift ihrer vorbereitenden Schriftsätze und der Anlagen bei dem Gericht einzureichen."

In Kanzleien scheint das Thema Abschriften von Schriftsätzen und Anlagen ein Dauerbrenner zu sein. Eigentlich – so dachte man – ist doch alles klar: Ein Gegner? Es wird der Originalschriftsatz, eine beglaubigte Abschrift für den Gegenanwalt und eine einfache Abschrift für den Gegner selbst eingereicht. Doch was muss, was sollte und was kann tatsächlich eingereicht werden? Ein Blick in die Historie hilft, besser zu verstehen, was bei einer Ersatzeinreichung auch heute noch gefordert ist bzw. sein könnte. **112**

▪ Abschrift? **113**

Der Begriff ist althergebracht. Er stammt noch aus Zeiten, in denen es weder Kopierer noch Kohlepapier gab und die Schriftstücke tatsächlich noch abgeschrieben werden mussten. Statt echter Abschriften werden heute Kopien gefertigt oder ein Schriftstück wird mehrfach ausgedruckt. Die Gefahr, dass früher beim Abschreiben versehentlich oder absichtlich Auslassungen erfolgten, war groß, weshalb der Beglaubigung schon damals eine große Bedeutung zukam. Die Bedeutung der Beglaubigung ist auch heute noch gegeben, denn auch beim Ausdrucken oder Kopieren können Fehler und Manipulationen erfolgen.

114

▪ Beglaubigte Abschriften des Schriftsatzes

Dem Original des Schriftsatzes werden i.d.R. eine beglaubigte Abschrift für den Gegenanwalt sowie eine einfache Abschrift für den Gegner beigefügt (sofern nur ein Gegner); zur zusätzlichen Abschrift siehe Rdn 118 in diesem Kapitel. Frage: Warum ist die **Beglaubigung** erforderlich? Sog. bestimmende Schriftsätze sind zu beglaubigen, da sie förmlich zuzustellen sind. Mit der Beglaubigung wird bestätigt, dass der

§ 16 Art u. Weise der Ersatzeinreichung

Inhalt der Abschrift mit dem Inhalt des Originals übereinstimmt. Nach § 169 Abs. 2 S. 2 ZPO wird die Beglaubigung der vom Anwalt eingereichten und der Gegenseite zuzustellenden Schriftstücke von der Geschäftsstelle vorgenommen, sofern die Schriftsätze nicht bereits durch den Anwalt beglaubigt wurden. Sofern der Schriftsatz aus mehreren Blättern besteht, muss der Beglaubigungsvermerk des Anwalts erkennen lassen, dass er sich auf alle Seiten bezieht.[100] Dies ist z.B. dann der Fall, wenn der Anwalt den Schriftsatz auf der letzten Seite beglaubigt und die Seiten durch Heftklammer fest verbunden sind.[101] Kopiert eine Mitarbeiterin die im Original unterschriebene Klageschrift und setzt in den Bereich der kopierten Unterschrift einen Beglaubigungsstempel, ist dies nicht ausreichend; eine Hemmung der Verjährung scheidet aus, eine Heilung des Zustellungsmangels gem. § 189 ZPO ist nicht möglich. So entschied das OLG Karlsruhe 2014.[102] Eine Heilung ex nunc (von nun an) wäre nach Ansicht des OLG Karlsruhe nur durch rügelose Einlassung der Gegenseite gem. § 295 Abs. 1 ZPO möglich gewesen; eine rückwirkende Hemmung komme aber nicht in Betracht, wenn die Verjährung zum Zeitpunkt der Heilung schon eingetreten gewesen sei. Inzwischen hat der BGH am 19.4.2016 im Rahmen des Revisionsverfahrens in dieser Sache zwar bestätigt, dass die Zustellung einer beglaubigten Abschrift zwingend erforderlich ist, allerdings sah der BGH – anders als das OLG Karlsruhe – eine Heilung des Zustellungsmangels dadurch gegeben, dass die Zustellung nachweislich erfolgt war; zumal die Gegenseite auch nicht gerügt hatte, dass die zugestellte einfache Abschrift einen anderen Inhalt gehabt hätte, als die Urschrift der Klage.

115 *„1. Nach § 166 ZPO von Amts wegen zuzustellende Dokumente können grundsätzlich in Urschrift, Ausfertigung oder (beglaubigter) Abschrift zugestellt werden. Die Zustellung einer beglaubigten Abschrift genügt stets dann, wenn das Gesetz keine andere Regelung vorschreibt, da der Gesetzgeber eine besondere Form der Zustellung ausdrücklich speziellen materiell- oder prozessrechtlichen Vorschriften vorbehalten hat (Parallelentscheidung zu BGH BeckRS 2016, 15931, BeckRS 2016, 15933, BeckRS 2016, 15936, BeckRS 2016, 15934, BeckRS 2016, 15932 und BeckRS 2016, 15937).*

2. Bei der durch die Geschäftsstelle veranlassten Zustellung einer einfachen statt einer beglaubigten Abschrift der Klageschrift handelt es sich um eine Verletzung zwingender Zustellungsvorschriften, die nach § 189 ZPO geheilt werden kann (Parallelentscheidung zu BGH BeckRS 2016, 15931, BeckRS 2016, 15933, BeckRS 2016, 15936, BeckRS 2016, 15934, BeckRS 2016, 15932 und BeckRS 2016, 15937).“ (Leitsätze der beck-online-Redaktion)[103]

116 Der BGH führt in seinen Entscheidungsgründen aus:[104]

„Allgemein hat § 189 ZPO den Sinn, die förmlichen Zustellungsvorschriften nicht zum Selbstzweck erstarren zu lassen, sondern die Zustellung auch dann als bewirkt anzusehen, wenn der Zustellungszweck anderweitig erreicht wird. Der Zweck der Zustellung ist es, dem Adressaten angemessene Gelegenheit zu verschaffen, von einem Schriftstück Kenntnis zu nehmen, und den Zeitpunkt der Bekanntgabe zu dokumentieren (BGH, Urteile vom 27.1.2011 – VII ZR 186/09, BGHZ 188, 128 Rn 47; vom 19.5.2010 – IV ZR 14/08, VersR 2010, 1520 Rn 16; BT-Drucks 14/4554, S. 24; vgl. auch BVerwGE 104, 301, 313 f.; BFHE 192, 200, 206; jeweils zu § 9 Abs. 1 VwZG aF).“

---

100 BGH, Urt. v. 13.9.2017 – IV ZR 26/16, NJW 2017, 3721; BGH NJW 2004, 507.
101 Siehe dazu auch zur Zustellung einer einstweiligen Verfügung BGH v. 23.10.2003 – I ZB 45/02, NJW 2004, 507 unter Bezugnahme auf BGH NJW 1974, 1383, 1384; OLG Celle OLG-Report 1999, 328, 329; OLG Bamberg OLG-Report 2002, 239, 240; Zöller/*Stöber*, ZPO, 34. Aufl. 2022, § 169 Rn 9; *Graf Lambsdorff*, Hdb. des WettbewerbsverfahrensR, 2000, Rn 269; *Bernecke*, Rn 318: „die Verbindung mit Heftklammern war als körperliche Verbindung der einzelnen Blätter der Abschrift ausreichend."
102 OLG Karlsruhe v. 11.12.2014 – 9 U 87/13, NJOZ 2015, 1024, JurBüro 2015, 423.
103 BGH, Urt. v. 19.4.2016 – VI ZR 118/15, BeckRS 2016, 15930.
104 BGH, a.a.O.

Das Urteil des Berufungsgerichts wurde aufgehoben und die Sache zur erneuten Verhandlung zurückverwiesen.

Ob man es in der Praxis allerdings hierauf ankommen lassen möchte, mag bezweifelt werden. Es wird daher dringend empfohlen, ordnungsgemäße beglaubigte Abschriften beizufügen, wenn im Rahmen der Ersatzeinreichung gem. § 130d S. 2 ZPO eingereicht wird.

117

■ **Anzahl der Abschriften des Schriftsatzes**

118

Das Original des Schriftsatzes bleibt bei Gericht. Beizufügen ist eine entsprechende Anzahl von Abschriften für den Gegner. Ob auch das Mitsenden eines sog. „Mandantendoppels", d.h. neben der Abschrift für den Gegenanwalt auch noch eine Abschrift für den Gegner, erforderlich ist, ist umstritten.[105] Das Mandantendoppel (= einfache Abschrift für die Partei selbst) entstammt u.E. der Zeit, als viele Kanzleien noch keine Kopiergeräte hatten bzw. diese sowie der benötigte Toner sehr teuer in der Anschaffung waren und Schriftsätze noch auf Schreibmaschinen als sog. „Durchschrift" mit Kohlepapier gefertigt wurden. Auf diese Weise ersparte man dem gegnerischen Anwalt die Anfertigung einer Kopie oder gar das Abschreiben (Abschrift) der beglaubigten Abschrift. Da „alle" Prozessbevollmächtigten Mandantendoppel für die Gegenseite fertigten, war dies eine „win-win"-Situation für die Beteiligten. Seit Einführung des E-Mail-Verkehrs mit Mandanten hat das Mandantendoppel zunehmend an Bedeutung in der Praxis verloren, da dem Mandanten i.d.R. die eingescannte beglaubigte Abschrift per Mail übersandt wird und das unbeglaubigte Mandantendoppel häufig vernichtet wird, anstatt es per Briefpost an den Mandanten weiterzuleiten. Mandantendoppel kann man daher zu Recht heutzutage i.d.R. als reine Ressourcen-Verschwendung ansehen. Dass Gerichte trotzdem bis Ende 2021 (und auch heute noch teilweise bei Ersatzeinreichung) solche zusätzlichen einfachen Abschriften einfordern, liegt u.E. daran, dass dort die Arbeitsweise von Kanzleien nicht bekannt ist und vielfach daran, dass man „es schon immer so gemacht hat".

■ **Schriftsatzeinreichung per Fax**

119

Wird ein Schriftsatz per Fax eingereicht, werden i.d.R. der Orginalschriftsatz sowie die erforderlichen Abschriften per Post nachgereicht. Aufgrund strittiger Rechtsprechung hat der Gemeinsame Senat der obersten Gerichtshöfe des Bundes im Jahr 2000 entschieden, dass in Prozessen mit Vertretungszwang bestimmende Schriftsätze formwirksam durch elektronische Übertragung einer Textdatei mit eingescannter Unterschrift auf ein Faxgerät des Gerichts übermittelt werden können,[106] wobei der GmS-OGB die Übermittlung per Fax in allen Gerichtszweigen uneingeschränkt für zulässig hält.[107] Weitere Anforderungen, etwa eine Bestätigung der Telefaxübermittlung auf traditionellem Weg z.B. durch Briefpost, werden nicht gestellt, vgl. dazu auch den Wortlaut des § 130 Nr. 6 ZPO. Gleichwohl ist es seit Jahrzehnten gängige Praxis, einen Schriftsatz „vorab per Telefax" und zeitgleich per Briefpost einzureichen, insbesondere auch deshalb, weil Fax-Übermittlungen häufig den Inhalt etwas unleserlicher werden lassen. Problematisch ist es jedoch, wenn bei Einreichung des Schriftsatzes per Fax und per Briefpost nicht deutlich herausgestellt wird, dass die Übermittlung per Fax „vorab" erfolgt. So hat der BGH 1993 entschieden, dass bei zulässigerweise per Telefax eingelegter Berufung und Übermittlung innerhalb der Berufungsfrist auch des Originals des Schriftsatzes bei Gericht bei fehlenden Anhaltspunkten eine mehrfache Berufungseinlegung vorliegt.[108] Der BGH hält danach die Wirksamkeit der per Telefax eingelegten Berufung nicht

---

[105] Verneinend (Abschrift nicht erforderlich): OLG Düsseldorf NJOZ 2004, 35, 37; Zöller/*Greger*, ZPO, 34. Aufl. 2022, § 133 Rn 2; *Baumbach/Lauterbach*, ZPO, § 133, Rn 1; a.A. weitere Abschrift erforderlich: LG Hannover v. 10.3.2014 – 8 O 35/12, BeckRS 2015, 01954, JurBüro 2015, 01954.
[106] GmS-OGB, Beschl. v. 5.4.2000 – GmS-OGB 1/98, BeckRS 2000, 30105453 (Anm.: Zu dieser wichtigen Entscheidung gibt es 42 veröffentliche Fundstellen.) = NJW 2000, 2340 = BGHZ 144, 160, 165.
[107] GmS-OGB, a.a.O., Rn 14.
[108] BGH, Beschl. v. 20.9.1993 – II ZB 10/93, NJW 1993, 3141.

davon abhängig, dass anschließend noch das Original des Schriftsatzes bei Gericht eingereicht wird.[109] Da die erforderlichen Abschriften des Schriftsatzes gem. § 133 Abs. 1 S. 1 ZPO jedoch ebenfalls bei Gericht einzureichen sind, stellt sich die Frage, ob im elektronischen Zeitalter bei Ersatzeinreichung auch noch der Schriftsatz im Original – wie in den vergangenen Jahrzehnten üblich – zusätzlich mit eingereicht werden sollte. Vermutlich werden Gerichte dann die Übermittlung auch des Originalschriftsatzes begrüßen, wenn sie noch über eine Papierakte verfügen; spätestens zum 1.1.2026 dürfte es jedoch eher so sein, dass Gerichte den – aufgrund vorübergehender technischer Störung ersatzweise per Fax eingereichten Schriftsatz – eher als elektronisches Dokument anfordern werden, siehe dazu § 130d S. 3 ZPO. Sollten auch die Abschriften per Fax übermittelt werden, muss man mit Verärgerung der Geschäftsstelle rechnen (nachvollziehbar); denn das Sortieren eingegangener Fax-Nachrichten und die Vornahme notwendiger Beglaubigungen dürften bei den häufig heutzutage unterbesetzten Geschäftsstellen für wenig Freude sorgen.

120 ▪ **Verstoß gegen § 133 ZPO**
Werden die erforderlichen Abschriften nicht eingereicht, hat dies Kostenfolgen, denn das Gericht kann die Kopien auf Kosten der Partei fertigen, § 28 Abs. 1 S. 2 GKG, Nr. 9000 KV GKG. Das nicht rechtzeitige Einreichen **von Abschriften** führt nicht zur Verspätung gem. § 296 ZPO.[110] **Anderes** kann für die **Anlagen** zum Originalschriftsatz gelten, siehe Rdn 121. Auch auf die rückwirkende Verjährungshemmung des § 167 ZPO soll dies keine Auswirkungen haben.[111]

121 ▪ **Schriftsatz-Anlagen faxen?**
Häufig besteht große Unsicherheit darüber, ob Anlagen zu Schriftsätzen – gerade bei fristwahrend eingereichten Schriftsätzen – gleichzeitig mit dem Schriftsatz gefaxt werden müssen oder nicht. Hier ist zu unterscheiden: Wird im Schriftsatz nur auf die Anlage Bezug genommen, der **Inhalt** der Anlage aber nicht im Schriftsatz dargelegt, sind Anlagen zur Sicherheit ebenfalls fristgerecht zu faxen, damit das Vorbringen nicht als verspätet zurückgewiesen wird. Sofern der Inhalt der Anlage im Schriftsatz selbst aufgenommen ist und die Anlage „nur" dem Nachweis dient, können Anlagen nachgereicht werden. Dieses Thema ist im Übrigen in den Kanzleien zum Teil zu einer regelrechten Glaubensfrage ausgeartet. Geschäftsstellen sind nicht sehr erfreut, wenn neben umfangreichen Schriftsätzen auch noch die Anlagen gefaxt werden. Papierstau, zu wenig Papier im Schacht und die Blockade des Faxgeräts bringen keine Sympathiepunkte. Andererseits möchten vorsichtige Anwälte – zu Recht – das Risiko einer Präklusion nicht eingehen. Dabei sei aber auch auf die Entscheidung des BGH aus 2008 hingewiesen, der es für unzulässig hält, eine pauschale Bezugnahme auf Anlagen vorzunehmen, und es dem Gericht überlässt, die entscheidungserheblichen Tatsachen hieraus zu ermitteln, auf die eine Partei ihre Rechtsverfolgung oder Rechtsverteidigung stützt.[112]

122 ▪ **Anlagen für Gericht und/oder Gegner?**
Anlagen, die der Gegenseite bereits in Ur- oder Abschrift vorliegen, müssen nicht nochmals den Abschriften beigefügt werden, § 133 Abs. 1 S. 2 ZPO. Insofern wäre auch eine Zustellung wirksam, bei der die Anlagen fehlen, soweit der Gegner diese bereits hat.[113] Im Übrigen sind nicht alle denkbaren Belege zu kopieren, wenn die Aufforderung des Gerichts lautet: *„alle Unterlagen, auf die die Kläger ihre hier geltend gemachten Ansprüche stützen wollen, dem Gericht und jedem Anspruchsgegner körperlich zur Ver-*

---

109 BGH, a.a.O.
110 BeckOK ZPO; Vorwerk/Wolf/*von Selle*, 45. Ed. Stand: 1.7.2022, § 133 Rn 11.
111 BeckOK ZPO; Vorwerk/Wolf/*von Selle*, 45. Ed. Stand: 1.7.2022, § 133 Rn 11.
112 BGH, Urt. v. 6.5.2008 – X ZR 28/07, NJOZ 2008, 3057.
113 AG Köln v. 14.2.2014 – 224 C 313/13, BeckRS 2014, 22091.

fügung zu stellen." Nach Ansicht des OLG Düsseldorf sind damit bei verständiger Würdigung nur die Belege gemeint, die zur Geltendmachung der Ansprüche erforderlich sind.[114]

Bitte beachten Sie: Kleinliche Streitereien wie z.B. über „den Anfall und die Erstattungsfähigkeit der Dokumentenpauschale für die sechsseitige Anlage K 18 á 0,15 EUR" sind häufig wegen der Zinsen auf die beantragten Kosten wirtschaftlich unsinnig. 123

Gerade aber bei streitanfälligen Themen, wie z.B. Umfang der Bindungswirkung bei einer nicht ordnungsgemäßen Streitverkündung, sollte auf eine korrekte Einreichung besonders geachtet werden, um prozessuale Nachteile zu vermeiden. 124

> *Hinweis* 125
> § 133 Abs. 1 S. 2 ZPO regelt schon bisher, dass die Bestimmung, erforderliche Abschriften dem Schriftsatz samt Anlagen beizufügen, nicht gilt, wenn die **Dokumente elektronisch** übermittelt werden. Wie man anhand der obigen Rechtsprechung sieht, wird künftig auch dies ein **sehr großer Vorteil** des elektronischen Rechtsverkehrs sein. Für die Klage findet sich eine eigene Regelung in § 253 Abs. 5 S. 2 ZPO.

Die Zukunft wird unseres Erachtens zeigen, ob Gerichte – sofern die E-Akten-Einführung bei der Justiz abgeschlossen ist – dann nicht auch gerichtsbezogene Vorgaben machen, ob bei einer Ersatzeinreichung gem. § 130d S. 2 ZPO auch Abschriften noch gewünscht werden. Es macht ja auch aus Klimaschutz- und Kostengründen keinen Sinn, unnötige Abschriften zu produzieren, nur um diese gleich in den Schredder zu geben, sobald sie bei Gericht eingegangen sind. 126

D. Ersatzeinreichung per Fax

Die Übermittlung fristwahrender Schriftsätze per **Telefax** ist grundsätzlich in allen Gerichtszweigen zulässig.[115] Zur Frage, ob bei Ersatzeinreichung gem. § 130d S. 2 ZPO der Schriftsatz nach der Faxeinreichung parallel auch per Briefpost eingereicht werden muss, siehe Rdn 119 oben. Allerdings ist auch hier die Einhaltung bestimmter Voraussetzungen erforderlich: 127

- Es ist so **rechtzeitig** mit dem Versenden zu beginnen, dass unter normalen Umständen mit einem Abschluss der Übermittlung vor Fristablauf zu rechnen ist.[116]
- Dabei müssen die gesendeten Signale noch vor Fristablauf vom Empfangsgerät des Gerichts vollständig empfangen worden sein; eine Übermittlung in Teilen reicht nicht, wenn der zweite Teil mit der Unterschrift des Prozessbevollmächtigten erst nach Fristablauf eingeht.[117]
- Auf den Zeitpunkt des Ausdrucks durch die Geschäftsstelle kommt es nicht an.[118]
- Der Rechtsanwalt hat den Mitarbeiter anzuweisen, sich ein **Sendeprotokoll** (Einzelnachweis) ausdrucken zu lassen, auf dessen Grundlage die Vollständigkeit der Übermittlung zu **prüfen** und die Frist erst **nach** Kontrolle des Sendeberichts zu löschen ist.[119] Kommt es bei der Übertragung zu technischen Fehlern, die sich nicht aus dem Sendeprotokoll ergeben, trifft den Anwalt kein Verschulden.[120]

---

114 OLG Düsseldorf v. 17.12.2014 – 19 T 120/14, BeckRS 2015, 12743.
115 BVerfG (3. Kammer des 2. Senats), Beschl. v. 11.5.2005 – 2 BvR 526/05, NJW 2006, 829; BVerfG (2. Kammer des 1. Senats) NJW 1996, 2857; BVerfG NJW 2001, 3473; BGH, Beschl. v. 17.12.2020 – III ZB 31/20, NJW 2021, 390; GmS-OGB, Beschl. v. 5.4.2000 – GmS-OGB 1/98, BeckRS 2000, 30105453 = NJW 2000, 2340 = BGHZ 144, 160, 165.
116 BVerfG (2. Kammer des 1. Senats) NJW 1996, 2857; BVerfG NJW 2001, 3473.
117 BGH, Beschl. v. 12.1.2021 – XI ZB 25/19, BeckRS 2021, 1011.
118 BGH, Beschl. v. 24.9.2019 – XI ZB 9/19, Rn 16, NJOZ 2020, 724.
119 BGH, Beschl. v. 8.9.1993 – VII ZB 40/93; BGH, Beschl. v. 29.4.1994 – V ZR 62/93; BGH, Beschl. v. 18.10.1995 – XII ZB 123/95, BeckRs 1995, 06836; vgl. dazu auch: BGH, Beschl. v. 10.1.2000 – II ZB 14/99, NJW 2000, 1043.
120 BGH, Beschl. v. 17.1.2006 – XI ZB 4/05 (KG), NJW 2006, 1518.

- Die postalische **Adressierung** und die Auswahl der Empfängernummer können auf das Büropersonal übertragen werden.[121]
- Nach dem **dritten erfolglosen** Übermittlungsversuch muss sich der Rechtsanwalt davon überzeugen, dass die richtige Fax-Nummer gewählt worden ist.[122]
- Sofern ein Rechtsanwalt einen fristgebundenen Schriftsatz **am letzten Tag** der Frist per Telefax einreichen will, muss er sicherstellen, dass die Faxnummer des Empfängers zuverlässig festgestellt ist und ohne Schwierigkeiten darauf zurückgegriffen werden kann.[123]
- Die Büroorganisation ist so zu gestalten, dass die Verwendung der **zutreffenden Empfängernummer** gewährleistet ist.[124]
- Hat der Anwalt die Nummer **falsch diktiert**, trifft ihn ein Organisationsverschulden; Wiedereinsetzung scheidet dann aus.[125]
- Die Fax-Nummer darf **nicht aus dem Gedächtnis** abgerufen werden.[126]
- Fristwahrende Schriftsätze können **nur unter bestimmten Voraussetzungen** wirksam mittels **Computerfax** eingereicht werden.[127]
- Ist eine Sendung per Fax fehlerhaft, so reicht die Vorlage **eines** (Zahlwort, nicht unbestimmter Artikel) negativen Sendeberichts mit dem Übermittlungsversuch um 20.30 Uhr nicht aus, ein Organisationsverschulden des Rechtsanwalts auszuschließen.[128]
- Der Anwalt hat sein Büropersonal anzuweisen, sich einen Sendebericht ausdrucken zu lassen, auf dieser Grundlage die Vollständigkeit der Übermittlung zu **prüfen** und die Notfrist erst **nach Kontrolle** des Sendeberichts zu löschen.[129]
- Der Anwalt hat sein Büropersonal anzuweisen, die in einem Sendebericht ausgewiesene Faxnummer nach Ausdruck noch einmal anhand eines aktuellen Verzeichnisses oder einer anderen geeigneten Quelle auf ihre Zuordnung zu dem vom Rechtsanwalt bezeichneten Empfangsgericht zu **überprüfen**.[130]
- Nur die Kontrolle der Kurzwahl auf dem Sendebericht ist nicht ausreichend; es muss die tatsächlich angewählte Faxnummer zu erkennen sein.[131]
- Eine gesonderte telefonische Rücksprache ist nicht erforderlich, wenn die vorgenannten Prüfungsschritte eingehalten sind.[132]
- Liegt eine technische Empfangsstörung beim Fax-Gerät auf Gerichtsseite vor, ist ein Anwalt nicht gehalten, eine dem Pressesprecher des Gerichts zugewiesene Fax-Nummer ausfindig zu machen und den Schriftsatz zur Fristwahrung an diese Fax-Nummer zu versenden.[133]

---

121 BGH, Beschl. v. 23.3.1995 – VII ZB 19/94, NJW 1995, 2105.
122 BGH, Beschl. v. 2.8.2006 – XII ZB 84/06, NJW-RR 2006, 1648.
123 Vgl. BGH NJW 2004, 516; BGH NJW 1994, 2300; ein Fehler in der Fax-Nummer rechtfertigt den Vorwurf der Fahrlässigkeit: BGH FamRZ 2003, 667.
124 BGH VersR 1996, 778 f.; BGH FamRZ 2006, 1104; BGH FamRZ 2004, 1275 f.; BGH NJW 1997, 948; BAG NJW 2001, 1594 f.
125 BGH, Beschl. v. 3.2.2005 – IX ZB 49/04, Beck RS 2005, 02432.
126 BGH, Beschl. v. 6.6.2005 – II ZB 9/04, NJW-RR 2005, 1373.
127 So hat der BGH entschieden, dass eine in Computerschrift erfolgte Wiedergabe des Vor- und Zunamens eines Rechtsanwalts eingetippt, unter einer als Computerfax übermittelten Berufungsbegründungsschrift den Anforderungen des § 130 Nr. 6 Hs. 2 ZPO nicht genügt: BGH, Urt. v. 10.5.2005 – XI ZR 128/04, NJW 2005, 2086.
128 BVerfG (3. Kammer des 2. Senats), Beschl. v. 11.5.2005 – 2 BvR 526/05; NJW 2006, 829.
129 BGH, Beschl. v. 17.7.2013 – XII ZB 115/13, BeckRS 2013, 14245 im Anschluss an BGH, Senatsbeschl. v. 7.7.2010 – XII ZB 59/10, NJW-RR 2010, 1648; BGH, Beschl. v. 18.1.2018 – IX ZB 4/17, NJOZ 2018, 829.
130 BGH, Beschl. v. 10.9.2013 – VI ZB 61/12, BeckRS 2013, 17072.
131 BGH, Beschl. v. 11.12.2013 – XII ZB 229/13, NJW-RR 2014, 316; FamRZ 2014, 464.
132 BGH, Beschl. v. 23.5.2017 – II ZB 19/16, NJW-RR 2017, 1140 = AnwBl 2017, 1234 = MDR 2017, 966.
133 BGH, Beschl. v. 26.1.2017 – I ZB 43/16, BeckRS 2017, 103248.

128 Liegt der fehlerhafte Eingang einer Fristsache in der Sphäre des Gerichts (z.B. defektes Faxgerät), darf dies nicht zulasten des Anwalts gewertet werden.[134]

129 Besondere Sorgfalt hat der Rechtsanwalt nicht nur bei der Anweisung zur Eingabe der korrekten Faxnummer aufzuwenden, sondern schon bei der Ermittlung der Faxnummer durch seine Mitarbeiter.

> „1. Ein Rechtsanwalt muss durch **organisatorische Anordnungen** sicherstellen, dass bei dem Versand von Schriftsätzen per Fax nicht nur **Fehler bei der Eingabe**, sondern **auch** bei der **Ermittlung der Faxnummer** erfasst werden.
>
> 2. Die Kontrolle darf sich nicht darauf beschränken, die in dem Sendebericht enthaltene Faxnummer mit der zuvor aufgeschriebenen zu vergleichen; vielmehr muss der Abgleich stets anhand einer **zuverlässigen Quelle** vorgenommen werden."[135]

130
> „1. Ein Rechtsanwalt genügt seiner Pflicht zur wirksamen Ausgangskontrolle fristwahrender Schriftsätze nur dann, wenn er seine Angestellten anweist, nach einer Übermittlung per Telefax anhand des Sendeprotokolls zu überprüfen, ob der Schriftsatz vollständig und an das richtige Gericht übermittelt worden ist. Dabei darf sich die Kontrolle des Sendeberichts grundsätzlich nicht darauf beschränken, die auf diesem ausgedruckte Faxnummer mit der zuvor aufgeschriebenen, etwa in den Schriftsatz eingefügten Faxnummer zu vergleichen. Vielmehr muss der Abgleich anhand einer zuverlässigen Quelle, etwa anhand eines geeigneten Verzeichnisses, vorgenommen werden, aus der die Faxnummer des Gerichts hervorgeht, für das die Sendung bestimmt ist.
>
> 2. Dem Erfordernis, durch organisatorische Anweisungen sicherzustellen, dass Fehler bei der Ermittlung der Faxnummer erfasst werden, kann allerdings auch durch die Anweisung genügt werden, die im Sendebericht ausgedruckte Faxnummer mit der schriftlich niedergelegten zu vergleichen, wenn sichergestellt ist, dass diese ihrerseits zuvor aus einer zuverlässigen Quelle ermittelt worden ist. Dies setzt aber voraus, dass zusätzlich die generelle Anweisung besteht, die ermittelte Faxnummer vor der Versendung auf eine Zuordnung zu dem vom Rechtsanwalt bezeichneten Empfangsgericht zu überprüfen."[136]

131 Im Hinblick darauf, dass auch künftig das Faxgerät im Rahmen einer Ersatzeinreichung gem. § 130d S. 2 ZPO (oder vergleichbarer Vorschriften) infrage kommt, ist auch die aktuelle Rechtsprechung des BGH zum Thema Postausgangskontrolle bei Versendung per Fax weiterhin gültig. Letztendlich lässt sich aber feststellen, dass sich an den Vorgaben, was bei einer Postausgangskontrolle bei einer Einreichung per Fax kontrolliert werden muss, in den vergangenen Jahren nichts geändert hat. Ein Vorgang, der in Kanzleien häufig erfolgt: Die im vorhandenen Sendeprotokoll bei Übermittlung per Telefax enthaltene Faxnummer wird häufig lediglich mit der auf dem Schriftsatz eingetippten Faxnummer abgeglichen. Dies hält der BGH nicht für ausreichend! Vielmehr, so der BGH,

> „darf sich die Kontrolle des Sendeberichts grundsätzlich nicht darauf beschränken, die auf diesem aufgedruckte Faxnummer mit der zuvor aufgeschriebenen, etwa in den Schriftsatz eingefügten Faxnummer zu vergleichen."[137]

---

134 Vgl. BGH, Beschl. v. 11.1.2011 – VIII ZB 44/10, NJOZ 2012, 935 Rn 8 = NJW 2011, 1972 = VersR 2011, 1417 Rn 9.
135 BGH, Beschl. v. 24.10.2013 – V ZB 154/12, NJW 2014, 1390 = BeckRS 2013, 22865 = FD-ZVR 2014, 354392 = FamRZ 2014, 383 L = IBR 2014, 243 = IBRRS 95593 = IMR 2014, 84 = MDR 2014, 176 = MittdtPatA 2014, 248 L.
136 BGH, Beschl. v. 21.12.2021 – VI ZB 2/21, BeckRS 2021, 44357.
137 BGH, a.a.O., Rn 5.

Der Abgleich muss vielmehr anhand einer **zuverlässigen Quelle**,

> *„etwa anhand eines geeigneten Verzeichnisses, vorgenommen werden, aus der die Faxnummer des Gerichts hervorgeht, für das die Sendung bestimmt ist."*[138]

Allerdings: Wurde die auf dem Schriftsatz eingetippte Faxnummer zuvor bereits aus einer zuverlässigen Quelle ermittelt, kann der Abgleich vom Sendeprotokoll auch mit der Faxnummer auf dem Schriftsatz erfolgen.[139]

132 Problematisch war hier im vorliegenden Fall, weshalb auch Wiedereinsetzung versagt worden ist, dass lediglich vorgetragen wurde, dass die Faxnummer *„der jüngsten Gerichtskorrespondenz"* entnommen wurde. Nach Ansicht des BGH muss die jüngste Korrespondenz mit dem *„richtigen Gericht herangezogen werden."*[140]

133 Ist allein ein Hinweis darauf, dass in der Kanzlei ein Qualitätsmanagementsystem mit Zertifizierung eingeführt ist und für das Fristenmanagement ein Zertifikat mit aktueller Gültigkeit erstellt ist, ausreichend?

134 Nein, so der BGH, in seiner Entscheidung,[141] der sicherlich recht zu geben ist. Allein das Vorhandensein von Handbüchern, Verfahrensanweisungen oder einer entsprechenden Zertifizierung kann nicht ausreichend sein, wenn nicht vorgetragen wird, welche Anweisungen im konkreten Fall erteilt und ggf. von Kanzleimitarbeitern nicht beachtet wurden. Auch in dieser Entscheidung wiederholt der BGH seine ständige Rechtsprechung, dass eine Hinweispflicht im Wiedereinsetzungsverfahren gem. § 139 ZPO nur bezogen auf erkennbar unklare oder ergänzungsbedürftige Angaben besteht. Fehlen Angaben überhaupt, können Gründe nicht nachgeschoben werden und besteht eine Hinweispflicht für das Gericht nicht.[142]

135 Wurde die Faxnummer im Schriftsatz einer zuverlässigen Quelle entnommen, dann – aber nur dann – reicht ein Abgleich des Sendeprotokolls mit der auf dem Schriftsatz angegebenen FaxNummer aus, so der BGH:

> *„1. Es genügt ein Rechtsanwalt seiner Pflicht zur wirksamen Ausgangskontrolle fristwahrender Schriftsätze nur dann, wenn er seine Angestellten anweist, nach einer Übermittlung per Telefax anhand des Sendeprotokolls zu überprüfen, ob der Schriftsatz vollständig und an das richtige Gericht übermittelt worden ist. Erst danach darf die Frist im Fristenkalender gestrichen werden. Dabei darf sich die Kontrolle des Sendeberichts grundsätzlich nicht darauf beschränken, die auf diesem ausgedruckte Faxnummer mit der zuvor aufgeschriebenen, etwa in den Schriftsatz eingefügten Faxnummer zu vergleichen. Vielmehr muss der Abgleich anhand einer zuverlässigen Quelle, etwa anhand eines geeigneten Verzeichnisses, vorgenommen werden, aus der die Faxnummer des Gerichts hervorgeht, für das die Sendung bestimmt ist. (Rn 10)*
>
> *2. Dem Erfordernis, durch organisatorische Anweisungen sicherzustellen, dass Fehler bei der Ermittlung der Faxnummer erfasst werden, kann allerdings auch durch die Anweisung genügt werden, die im Sendebericht ausgedruckte Faxnummer mit der schriftlich niedergelegten zu vergleichen, wenn sichergestellt ist, dass diese ihrerseits zuvor aus einer zuverlässigen Quelle ermittelt worden ist. Dies setzt aber voraus, dass zusätzlich die generelle Anweisung besteht, die ermittelte Faxnummer vor der Versendung auf eine Zuordnung zu dem vom Rechtsanwalt bezeichneten Empfangsgericht zu überprüfen Der Sendebericht muss dann nicht mehr zusätzlich mit der zuverlässigen Ausgangsquelle verglichen werden. (Rn 11)*

---

138 BGH, a.a.O., m.w.N.
139 BGH, a.a.O., Rn 6.
140 BGH, a.a.O., Rn 7.
141 BGH, a.a.O., Rn 8.
142 BGH, a.a.O., Rn 8/9.

D. Ersatzeinreichung per Fax § 16

3. Es genügt nicht, dass die Rechtsanwaltsfachangestellte bei Erstellung des Schriftsatzes die Faxnummer des Berufungsgerichts entsprechend den ihr erteilten Anweisungen anhand des letzten Schreibens des Berufungsgerichts ermittelt, auf die Berufungsbegründung übertragen und sodann im unmittelbaren zeitlichen Zusammenhang erneut auf ihre Richtigkeit kontrolliert hat. Dies wahrt die anwaltliche Pflicht zur wirksamen Ausgangskontrolle fristwahrender
Schriftsätze nicht, weil diese bei einer Faxübersendung nur durch eine nochmalige Überprüfung der Faxnummer entweder vor der Versendung oder mit dem Sendebericht anhand einer zuverlässigen Quelle erfüllt werden kann. (Rn 14)" (Leitsätze der Beck-Online-Redaktion)[143]

In einem anderen Fall hatte ein Anwalt im Wiedereinsetzungsverfahren vorgetragen, er habe am Tag des Fristablaufs um 23.45 Uhr begonnen, im Wahlwiederholungsmodus zunächst alle 15 Sekunden, später jede Minute, eine Fristsache zu faxen. Erst um 00.00 Uhr sei die Übersendung geglückt; die Übertragung sei erst um 00.02 Uhr abgeschlossen gewesen. Allerdings verfügte das hier zuständige OLG über ein Faxjournal, das um 22.27 Uhr für 45 Sekunden den Versuch einer Faxübertragung registriert habe, danach sei das Fax nicht mehr aktiv gewesen. Der BGH vertrat in dieser Entscheidung die Auffassung, es seien „*keine Gründe in der Sphäre des Gerichts erkennbar, dass um 23:45 Uhr keine Verbindung hätte zu Stande kommen können.*" Deshalb dürfte eine Glaubhaftmachung durch anwaltliche (und nicht eidesstattliche) Versicherung nicht genügen. Zudem dürfte es erforderlich sein, die Anwählversuche am 30.10.2012 und die Gründe für das Scheitern durch geeignete technische Aufzeichnungen zu belegen.[144] Die Wiedereinsetzung wurde versagt. **136**

Problematisch ist es auch, wenn ein Anwalt seine Organisation ausschließlich auf die Versendung per Fax einrichtet: **137**

„Hat ein Anwalt seine Organisation darauf abgestellt, dass er nur noch über Telefax dem Gericht zustellen kann, so muss er damit rechnen, dass das Empfangsfax des Gerichts nachmittags stark besetzt ist und darf seine Zustellversuche nicht vorschnell aufgeben. Die Beendigung der Zustellversuche um 19.02 Uhr ist jedenfalls vorschnell, so dass er im Laufe des Abends weitere Zustellversuche hätte unternehmen müssen."[145] *(Leitsatz der Redaktion)*

Doch wie macht man ein fehlendes Organisationsverschulden glaubhaft, wenn das Fax nicht pünktlich bei Gericht eingeht, weil das Faxgerät des Gerichts fehlerhaft ist oder fehlerhaft aufzeichnet (nachstehende Hervorhebungen d.d. Verf.)? **138**

*„**Zur Glaubhaftmachung** des Vortrags, so rechtzeitig mit der Faxübertragung einer Rechtsmittelbegründung begonnen zu haben, dass mit ihrem Abschluss vor Fristablauf unter normalen Umständen zu rechnen gewesen sei, genügt eine anwaltliche Versicherung nicht, wenn keine Störung des Empfangsgeräts beim Gericht nachgewiesen ist; erforderlich sind vielmehr weitere Mittel der Glaubhaftmachung, insbesondere eine **eidesstattliche Versicherung des Prozessbevollmächtigten** bzw. ein Sendeprotokoll des Faxgeräts, die den Beginn der Sendeversuche erkennen lassen."*[146] *(Leitsatz 2 der Beck-Online-Redaktion)*

Immer wieder muss der BGH über Fälle entscheiden, bei denen es um wenige Minuten oder gar Sekunden ging, die zur Fristwahrung gereicht hätten. Während bei manchen Fällen die „Coolness" einiger Anwälte überrascht, sind andere wiederum sehr tragisch. **139**

---

143 BGH, Beschl. v. 21.9.2021 – XI ZB 4/21, BeckRS 2021, 30075.
144 BGH, Beschl. v. 8.4.2014 – VI ZB 1/13, GRUR 2014, 707 = NJW 2014, 2047 = MDR 2014, 674 = BeckRS 2014, 09623.
145 BGH, Beschl. v. 4.11.2014 – II ZB 25/13, NJW 2015, 1027 – lesenswert!
146 BGH Beschl. v. 8.4.2014 – VI ZB 1/13, AnwBl 2014, 655 = NJW 2014, 2047 = BRAK-Mitt 2014, 194 = BeckRS 2014, 09623 = GRUR 2014, 707 = IBR 2014, 447 = MDR 2014, 674.

§ 16 Art u. Weise der Ersatzeinreichung

140 Es ist dabei grundsätzlich, so **rechtzeitig** mit dem Versenden zu beginnen, dass unter normalen Umständen mit einem **Abschluss der Übermittlung bis 23.59 Uhr und 59 Sekunden** zu rechnen ist.[147]

141 Muss man eine Zeitreserve einplanen, wenn man einen Schriftsatz fristwahrend bei Gericht einreichen möchte? Der BGH meint ja und bestätigt mit seiner Entscheidung vom 6.12.2017 wieder einmal, dass es gefährlich ist, auf den „letzten Drücker" zu arbeiten (nachstehende Hervorhebungen d. d. Verf.).

> *„Nutzt ein Rechtsanwalt zur Übermittlung eines fristgebundenen Schriftsatzes ein Telefaxgerät, hat er eine **ausreichende Zeitreserve** einzuplanen, um einen vollständigen Zugang des zu übermittelnden Schriftsatzes bis zum Fristablauf zu gewährleisten."*[148]

142 Fristen sind dazu da, dass man sie ausreizen kann, hört man oft von Anwälten. Mitarbeiter verdrehen eher die Augen. Sind genervt vom „unnötigen Zeitdruck". Meist ist es dann ja auch der Mitarbeiter, der für das Versenden des Schriftsatzes zuständig ist. Muss das sein? Wir wollen uns nicht in philosophische Diskussionen darüber einlassen, was man darf, soll, muss oder könnte. Jeder muss für sich selbst entscheiden, ob er diese Art von Nervenkitzel braucht. Tragisch wird das Ganze allerdings dann, wenn das Unvorhergesehene zu menschlich absolut verständlichen Reaktionen führt, die das Einhalten einer Frist dann nicht mehr möglich machen.

143 So geschehen in einem Fall beim OLG München. Unter der Fax-Nummer +49–89–5597–2747 versuchte sich eine Anwältin um 23.52 Uhr (!) mit dem Versand einer siebenseitigen Berufungsbegründung. Aufgezeichnet wurde der Start des Versands um 23.59 Uhr sowie um 0.00 Uhr; Eingang jeweils nach 00.00 Uhr. Der Wiedereinsetzungsantrag wurde zurückgewiesen, die Berufung verworfen. Die hiergegen beim BGH eingelegte Rechtsbeschwerde (§ 522 Abs. 1 ZPO) blieb ohne Erfolg.

144 Interessant dann auch der ein oder andere Satz in den Gründen des BGH:

> *„Entschließt sich ein Rechtsanwalt, einen fristgebundenen Schriftsatz selbst bei Gericht einzureichen, übernimmt er damit die alleinige Verantwortung für die Einhaltung der Frist."*

145 Deutliche Worte des BGH. Dieser Satz wird sicherlich auch bei der Frage interessant werden, wer bei Versendung von Schriftsätzen via beA denn die Verantwortung trägt. § 130a ZPO in der seit 1.1.2018 geltenden Fassung sieht zwei Alternativen vor. Vielleicht doch ein Grund, mit qualifizierter elektronischer Signatur zu „unterschreiben", damit der Mitarbeiter versenden kann? **Denn**: Fehler (Verschulden) des Anwalts = Verschulden der Partei, siehe § 85 Abs. 2 ZPO = **KEINE** Wiedereinsetzung!

146 Bei einem siebenseitigen Schriftsatz reichen acht Minuten vor Ende der Frist nicht aus, um die Anforderungen des BGH zu erfüllen, so der BGH selbst in dieser Entscheidung.

> *„Auch bei einer bloß siebenseitigen Berufungsbegründungschrift durfte sie (Anm. die Prozessbevollmächtigte) angesichts der Möglichkeit unerwarteter Verzögerungen beim Übertragungsvorgang oder der Möglichkeit, dass das Empfangsgerät belegt sein könnte, bei einer Zeitreserve von höchstens acht Minuten nicht darauf vertrauen, dass der Schriftsatz rechtzeitig bei Gericht eingehen werde."*

147 Zur Versagung der Wiedereinsetzung mag auch beigetragen haben, dass zwar vorgetragen wurde, dass der Schriftsatz zwischen 23.35 – 23.40 Uhr fertiggestellt war, aber keine Erklärung für den Zeitraum bis zum Faxbeginn geliefert wurde. Vermutlich hat die Anwältin hier den Schriftsatz erst einmal ausgedruckt, dann unterschrieben, sich in das Fax-Zimmer begeben etc. Da aber hier keine Erklärung geliefert wurde (und nach ständiger Rechtsprechung des BGH alle Gründe für die Wiedereinsetzung im Antrag selbst be-

---

147 BVerfG, Beschl. v. 1.8.1996 – 1 BvR 121/95, NJW 1996, 2857; BVerfG, Beschl. v. 21.6.2001 – 1 BvR 436/01, NJW 2001, 3473; vgl. BGH, Beschl. v. 1.2.2001 – V ZB 33/00, NJW-RR 2001, 916; BGH, Beschl. v. 20.12.2007 – III ZB 73/07, BeckRS 2008 Rn 4 = NJOZ 2012, 935 Rn 8 = NJW 2011, 1972 = VersR 2011, 1417 Rn 9.
148 BGH, Beschl. v. 6.12.2017 – XII ZB 335/17, BeckRS 2017, 138745 = IBRRS 2018, 0250.

reits dargelegt werden müssen), hat der BGH den Start um 23.52 Uhr als zu spät angesehen. Die Sache war besonders tragisch, denn die hier betroffene Anwältin hat ausweislich des BGH-Beschlusses die Kanzlei gegen 20.00 Uhr deshalb verlassen müssen, weil ihre Tochter daheim einen epileptischen Anfall gehabt hatte. Sie kehrte erst gegen 22.15 Uhr in die Kanzlei zurück, um den Schriftsatz fertigzustellen. Hierzu benötigte sie bis zum angegebenen Zeitpunkt.

Fazit: Ein Ausreizen von Fristen bis zum Tag des Fristablaufs ist natürlich grundsätzlich zulässig. Allerdings muss ein ausreichender Zeitpuffer bei der Versendung mit eingeplant werden. Erfolgt die Versendung per Fax, § 130 Nr. 6 ZPO, ist bei Berechnung des Zeitpuffers nicht nur die Seitenzahl, sondern auch die Tatsache, dass zu bestimmten Zeiten eine hohe Frequenz zu erwarten ist, aber auch Möglichkeiten der Störung (technischer Art oder auch ein Papierstau) zu berücksichtigen. Ein Zeitpuffer von acht Minuten bei einer siebenseitigen Berufungsbegründung hat der BGH, wie oben ausführlich dargelegt, für **nicht** ausreichend angesehen.[149] In einer anderen Sache hatte der BGH bei einem **siebenseitigen** Schriftsatz einen Zeitpuffer von **20 Minuten** für ausreichend erachtet.[150] Allerdings sind die Gerichte auch gehalten, einen Vortrag, dass ein Anwalt noch um 23.57 Uhr mit der rechtzeitigen Übermittlung von 11 Fax-Seiten rechnen durfte, weil er schon zuvor 11 Seiten in zwei Minuten und 34 Sekunden geschafft habe, zu berücksichtigen.[151]

148

Grundsätzlich gilt: BVerfG u. BGH fordern bei Übermittlung per Fax:[152]

149

1. Rechtzeitigen Beginn, sodass mit Abschluss bis 23.59 Uhr gerechnet werden kann
2. Nutzung eines funktionsfähigen Sendegeräts und
3. korrekte Eingabe der Sendenummer nach Abgleich aus einer zuverlässigen Quelle
4. Einkalkulieren eines die voraussichtliche Dauer des eigentlichen Übermittlungsvorgangs hinausgehendes Sicherheitszuschlags
5. Einkalkulieren, dass das Faxgerät des Gerichts möglicherweise belegt ist
   – was gerade in den Abend- und Nachtstunden der Fall sein könnte[153]
   – **Sicherheitszuschlag** sollte daher **ca. 20 Min.** betragen (betraf sieben Seiten!)[154]

Zum Vorschnellen Aufgeben bei einer Faxversendung siehe auch § 3 Rdn 82.

150

E. Ersatzeinreichung per Post

Eine Ersatzeinreichung gem. § 130d S. 2 ZPO per Post dürfte nur in den wenigsten Fällen möglich sein, denn die Ersatzeinreichung ist grundsätzlich eine fristgerechte Einreichung. Damit dieser Übermittlungsweg also in Betracht kommt, müsste es sich hier schon um eine mehrtägige technische Störung handeln. Eine solche ist natürlich nicht ausgeschlossen. Insofern wird die aktuelle Rechtsprechung des BGH zur Rechtzeitigkeit einer Fristsache per Aufgabe zur Post nachstehend wiedergegeben:

151

„1. Begehrt ein Verfahrensbeteiligter Wiedereinsetzung in den vorigen Stand mit der Behauptung, ein fristgebundener Schriftsatz sei auf dem Postweg verloren gegangen, ist Wiedereinsetzung zu gewähren, wenn der Antragsteller aufgrund einer aus sich heraus verständlichen, geschlossenen Schilderung der tatsächlichen Abläufe bis zur rechtzeitigen Aufgabe des in Verlust geratenen Schriftsatzes zur Post glaubhaft macht, dass der Verlust mit überwiegender Wahrscheinlichkeit nicht im Verant-

---

149 BGH, Beschl. v. 6.12.2017 – XII ZB 335/17, BeckRS 2017, 138745 = IBRRS 2018, 0250.
150 BGH, Beschl. v. 26.1.2017 – I ZB 43/16, BeckRS 2017, 103248.
151 BGH, Beschl. v. 1.2.2001 – V ZB 33/00, NJW-RR 2001, 916.
152 BGH, a.a.O., unter Verweis auf: BGH, Beschl. v. 8.4.2014 – VI ZB 1/13, VersR 2015, 384 Rn 8; BGH, Beschl. v. 27.11.2014 – III ZB 24/14, FamRZ 2015, 323 Rn 7; BGH, Beschl. v. 12.4.2016 – VI ZB 7/15, FamRZ 2016, 1076 Rn 9.
153 BVerfG NJW 2000, 574.
154 BGH, a.a.O., unter Verweis auf: BVerfG DStR 2014, 420, 421 (BVerfG, Beschl. v. 15.1.2014 – 1 BvR 1656/09) = NVwZ 2014, 1084.

wortungsbereich seines Verfahrensbevollmächtigten eingetreten ist (im Anschluss an Senat Beschl. v. 2.12.2020 – XII ZB 324/20, BeckRS 2020, 39907 Rn 7 m.w.N. und NJW-RR 2018, 445 = FamRZ 2018, 447 sowie an BGH Beschl. v. 22.9.2020 – II ZB 2/20, BeckRS 2020, 27297).

2. Die bloße – anwaltlich versicherte – Behauptung, der Schriftsatz sei an einem bestimmten Tag „bei der Post aufgegeben worden", ist zur Glaubhaftmachung eines Wiedereinsetzungsgrunds bereits im Ansatz nicht geeignet; das muss einem Rechtsanwalt auch ohne gerichtlichen Hinweis bekannt sein (im Anschluss an BGH Beschl. v. 22.9.2020 und v. 16.11.2020 – II ZB 2/20, BeckRS 2020, 27297 und BeckRS 2020, 33163)."[155]

152 Die Aufgabe eines fristwahrenden Dokuments zur Post birgt gleich mehrere Risiken:
- das Poststück kann verloren gehen,
- die Post geht zwar bei Gericht ein, jedoch nicht innerhalb der Frist.

153 Geht ein fristgebundener Schriftsatz auf dem Postweg verloren, muss im Wiedereinsetzungsantrag dezidiert zu den Einzelheiten der Abläufe bis zur Aufgabe bei der Post vorgetragen werden.[156]

154 Zu der dann glaubhaft zu machenden Schilderung gehört nach Ansicht des BGH eine lückenlose, nicht nur auf Vermutungen oder Erfahrungswerten begründete, Darstellung des Wegs des konkreten Schriftstücks in den dafür vorgesehenen Postausgang als der letzten Station auf dem Weg zum Adressaten.[157]

155 Bei der Postausgangskontrolle ist z.B. anhand der in der Ausgangspost befindlichen Schriftstücke, der Akten oder eines zu dieser Kontrolle geführten Postausgangsbuchs auch zu prüfen, ob die im Fristenkalender als erledigt gekennzeichneten Schriftsätze tatsächlich abgesandt worden sind oder zuverlässig zur Absendung kommen werden.[158]

156 Zu Recht stellt der BGH dabei fest, dass

„eine Partei den Verlust des Schriftstücks auf dem Postweg regelmäßig nicht anders glaubhaft machen kann als durch die Glaubhaftmachung der rechtzeitigen Aufgabe des Schriftstücks zur Post, die als letztes Stück des Übermittlungsgeschehens noch ihrer Wahrnehmung zugänglich ist."[159]

157 Was die Rechtzeitigkeit durch Einwurf in einen Post-Briefkasten betrifft, so hat der BGH entschieden, dass der Absender eines fristgebundenen Schriftsatzes auf die angegebenen Leerungszeiten des von ihm benutzten Briefkastens vertrauen darf.[160] Dabei handeln sowohl die Partei als auch ihr Prozessbevollmächtigter nach Ansicht des BGH nicht schuldhaft i.S.d. Wiedereinsetzungs-Rechtsprechung, wenn sie sich auch vor und an Feiertagen auf die Einhaltung der von der Post angegebenen Brieflaufzeiten verlassen und deshalb keine besonderen Vorkehrungen treffen, um den Eingang eines fristwahrenden Schriftsatzes bei Gericht zu überwachen.[161]

158 So hat der BGH denn auch bei Nutzung eines Kurierdienstes festgehalten, dass sich ein Rechtsanwalt nach dem gewöhnlichen Verlauf der Dinge darauf verlassen darf, dass Schriftsätze vom Kurierdienst des **Anwaltvereins** spätestens am darauffolgenden Werktag bei dem Empfängergericht eingehen und ihm Verzögerungen durch Feiertage nicht als Verschulden angelastet werden können.[162]

---

155 BGH, Beschl. v. 13.1.2021 – XII ZB 329/20, NJW-RR 2021, 859.
156 BGH, Beschl. v. 23.1.2019 – VII ZB 43/18, NJW-RR 2019, 500.
157 BGH, Beschl. v. 22.9.2020 – II ZB 2/20, BeckRS 2020, 27297.
158 BGH, Beschl. v. 11.7.2017 – VIII ZB 20/17, NJOZ 2017, 1643.
159 BGH, a.a.O., Rn 11 unter Verweis auf: BGH, Beschl. v. 10.9.2015 – III ZB 56/14, NJW 2015, 3517.
160 BGH, Beschl. v. 20.5.2009 – IV ZB 2/08, NJW 2009, 2379.
161 BGH, Beschl. v. 19.7.2007 – I ZB 100/06, NJW 2008, 587.
162 BGH, Beschl. v. 22.5.2007 – VI ZB 59/05, NJW-RR 2008, 141.

F. Ersatzeinreichung per Nachtbriefkasten

Wird eine Fristsache (hier: Berufungsbegründungsschrift) in einem Sammelumschlag mit weiteren Schriftstücken in den gemeinsamen Nachtbriefkasten des Amts- oder Landgerichts eingeworfen, so wird hierdurch die Rechtsmittelfrist gewahrt.[163] **159**

Im Hinblick darauf, dass grundsätzlich elektronisch einzureichen ist, wird jedoch davon ausgegangen, dass in der Praxis Sammelumschläge eher nur im seltenen Ausnahmefall genutzt werden. Dabei ist auch darauf hinzuweisen, dass die Dokumente, die hier in den Nachtbriefkasten gegeben werden, von der Dicke des Umschlags her bereits durch die Größe des Briefschlitzes limitiert sind. Es bietet sich daher in jedem Fall an, Fristsachen einzeln zu kuvertieren und sogar ggf. Anlagen und Schriftsatz zu trennen, falls die Befürchtung besteht, mitten in der Nacht vor einem Nachtbriefkasten zu stehen, dessen Briefschlitz so schmal ist, dass der Umschlag mit Schriftsatz und Anlagen nicht reinpasst. **160**

Sofern ein Berufungsführer vorträgt, sein Prozessbevollmächtigter habe den Rechtsmittelschriftsatz zu einem konkret bezeichneten, nicht verfristeten Zeitpunkt persönlich in den Nachtbriefkasten des Berufungsgerichts eingeworfen und die fristgerechte Einreichung sei am folgenden Tag in der Handakte unter Angabe der Uhrzeit des Einwurfs vermerkt worden, ist, sofern das Gericht Zweifel an den Ausführungen hat, der Prozessbevollmächtigte (soweit als Beweis angeboten) als Zeuge zu vernehmen.[164] **161**

Zwar bringt bei Einwurf eines Schriftsatzes in den Nachtbriefkasten der gerichtliche Eingangsstempel den Beweis für den Zeitpunkt des Eingangs bei Gericht; an den Gegenbeweis dürfen nach Ansicht des BGH jedoch keine überspannten Anforderungen gestellt werden.[165] **162**

Eine eidesstattliche Versicherung, die nicht Beweismittel, jedoch Glaubhaftmachungsmittel ist, wird nach Ansicht des BGH i.d.R. nicht ausreichend sein, sodass der Anwalt oder sein Personal als Zeuge zu vernehmen sind, um die Richtigkeit des Eingangsstempels des Gerichts zu entkräften.[166] Zur Glaubhaftmachung durch anwaltliche Versicherung siehe auch § 3 Rdn 112 ff. in diesem Werk. **163**

Da ein Prozessbevollmächtigter und auch die Partei in der Regel jedoch keinen Einblick in die Funktionsweise des gerichtlichen Nachtbriefkastens sowie in das Verfahren bei dessen Leerung und damit keinen Anhaltspunkt für etwaige Fehlerquellen haben, ist es, nach Auffassung des BGH, Sache des Gerichts, die zur Aufklärung nötigen Maßnahmen zu ergreifen.[167] **164**

Der BGH hält zum Thema „Gegenbeweis für den rechtzeitigen Einwurf eines Schriftsatzes in den gerichtlichen Nachtbriefkasten" 2017 fest: **165**

> *„a) Der auf einem Schriftsatz aufgebrachte Eingangsstempel des Gerichts erbringt als öffentliche Urkunde im Sinne des § 418 Abs. 1 ZPO Beweis dafür, dass ein in den Nachtbriefkasten des Gerichts eingeworfener Schriftsatz erst an dem im Stempel angegebenen Tag beim BerGer eingegangen ist. Hiergegen ist jedoch gemäß § 418 Abs. 2 ZPO der im Wege des Freibeweises zu führende Gegenbeweis zulässig, der die volle Überzeugung des Gerichts von dem rechtzeitigen Eingang des Schriftsatzes erfordert (im Anschluss an BGH, Urt. v. 30.3.2000 – IX ZR 251/99, NJW 2000, 1872 unter II 1 a; Beschlüsse vom 5.7.2000 – XII ZB 110/00, NJW-RR 2001, 280; vom 21.2.2007 – XII ZB 37/06, juris Rn 8; vom 8.10.2013 – VIII ZB 13/13, NJW-RR 2014, 179 Rn 10).*
>
> *b) Dabei dürfen wegen der Beweisnot der betroffenen Partei die Anforderungen an die Erbringung dieses Gegenbeweises nicht überspannt werden. Da der Außenstehende in der Regel keinen Einblick in die Funktionsweise des gerichtlichen Nachtbriefkastens sowie in das Verfahren bei dessen Leerung*

---

163 BGH, Beschl. v. 21.6.2004 – II ZB 18/03, NJW-RR 2005, 75.
164 BGH, Urt. v. 14.10.2004 – VII ZR 33/04, NJW-RR 2005, 75.
165 BGH, Beschl. v. 8.5.2007 – VI ZB 80/06, r+s 2008, 130 = NJW 2007, 3069.
166 BGH, Beschl. v. 10.1.2006 – VI ZB 61/05, BeckRS 2006, 1499.
167 BGH, Beschl. v. 19.11.2013 – II ZB 16/12, NJOZ 2015, 124.

und damit keinen Anhaltspunkt für etwaige Fehlerquellen hat, ist es zunächst Sache des Gerichts, die insoweit zur Aufklärung nötigen Maßnahmen zu ergreifen (im Anschluss an BGH, Urteile vom 30.3.2000 – IX ZR 251/99, a.a.O. unter II 1 b; vom 14.10.2004 – VII ZR 33/04, NJW-RR 2005, 75 unter II 2; Beschlüsse vom 3.7.2008 – IX ZB 169/07, NJW 2008, 3501 Rn 11; vom 8.10.2013 – VIII ZB 13/13, a.a.O. Rn 14; jeweils m.w.N.).

c) Bei einer detaillierten Schilderung der Partei über die genauen Umstände des Einwurfs des Schriftstücks darf sich das Gericht nicht mit einer pauschal gehaltenen dienstlichen Stellungnahme des/der zuständigen Mitarbeiters/in der Poststelle begnügen, die sich in der Aussage erschöpft, es seien weder Störungen festgestellt noch Fehler gemacht worden."[168]

166 Sofern ein Gericht im Übrigen den Einwurf in den Nachtbriefkasten bzw. die persönliche Übergabe bei Gericht verlangt, hat es die Partei vor seiner Entscheidung über das Wiedereinsetzungsgesuch hierauf hinzuweisen, so der BGH 2022:[169]

„War die von dem Prozessbevollmächtigten der Partei zulässigerweise gewählte Übermittlung eines fristwahrenden Schriftsatzes am Tag des Fristablaufs aus von ihm nicht zu vertretenden Gründen gescheitert und hält das mit dem Wiedereinsetzungsgesuch befasste Gericht einen anderen Übermittlungsweg für zumutbar, womit der Prozessbevollmächtigte nicht zu rechnen brauchte, hat das Gericht vor der Entscheidung hierauf hinzuweisen und der Partei Gelegenheit zur Stellungnahme zur Frage der Zumutbarkeit dieses anderen Übermittlungswegs im konkreten Fall zu geben."

---

168 BGH, Urt. v. 31.5.2017 – VIII ZR 224/16, NJW 2017, 2285.
169 BGH, Beschl. v. 8.3.2022 – VIII ZB 45/21, NJW-RR 2022, 853.

§ 17 Mahnverfahren und Zwangsvollstreckung nach ZPO im ERV

A. Mahnverfahren

I. Grundsätzliches zum automatisierten Mahnverfahren

Wird eine Zahlung von einer bestimmten Geldsumme in EUR begehrt, bietet sich zur Geltendmachung dieses Anspruchs die Durchführung des automatisierten Mahnverfahrens an, welches in den §§ 688–703d ZPO geregelt ist. Wird ein Mahnbescheid durch einen Rechtsanwalt beantragt, so kann der Antrag seit dem 1.12.2008[1] nur noch in „maschinell lesbarer Form" gestellt werden. Die Verwendung von im Handel erhältlichen Mahnbescheidformularen ist daher bereits seit 1.12.2008 für Anwälte nicht mehr zulässig.[2] Da zum damaligen Zeitpunkt bundesweit jährlich über 8 Mio. Mahnanträge gestellt wurden, kam die Notwendigkeit auf, diese maschinell bearbeiten zu können. Änderungen im Bereich des Mahnverfahrens erfolgten darüber hinaus zum 1.1.2018.[3] Der Gesetzgeber regelte zum 1.1.2018, dass Naturparteien das Online-Mahnverfahren nutzen können, indem § 702 Abs. 2 ZPO zu diesem Zeitpunkt neu eingefügt und § 690 Abs. 3 ZPO aufgehoben wurde. **Anwälte** und registrierte Personen nach § 10 Abs. 1 S. 1 Nr. 1 RDG sind seit 1.1.2018 **verpflichtet**, neben dem Antrag auf Erlass eines Mahnbescheids auch andere Anträge (z.B. auf Neuzustellung eines Mahnbescheids) sowie Erklärungen, soweit entsprechende Formulare eingeführt sind, in maschinenlesbarer Form einzureichen (Ausnahme bis **1.1.2020**: Widerspruch; ab 1.1.2020 wurde die maschinenlesbare Form Pflicht für „Profieinreicher").

§ 702 Abs. 2 S. 2 ZPO[4] regelt somit, dass für Anträge und Erklärungen, für die maschinell bearbeitbare Formulare gem. § 703c Abs. 1 S. 2 Nr. 1 ZPO eingeführt sind, die von einem Rechtsanwalt oder einer registrierten Person nach § 10 Abs. 1 S. 1 Nr. 1 RDG, einer Behörde oder einer juristischen Person des öffentlichen Rechts einschließlich der von ihr zur Erfüllung ihrer öffentlichen Aufgaben gebildeten Zusammenschlüsse übermittelt wird, nur die maschinell lesbare und maschinell bearbeitbare Form der Übermittlung zulässig ist. Ergänzend ist zu beachten, dass § 130d ZPO seit 1.1.2022 bestimmt, dass u.a. Anwälte gem. § 130d ZPO Anträge und Erklärungen zwingend elektronisch einzureichen haben. Somit scheidet für Rechtsanwälte seit dem 1.1.2022 die Möglichkeit, einen Mahnantrag via sog. Barcodeverfahren zu übermitteln, aus. Die Übermittlung via Barcodeantrag ist gem. § 130d S. 2 ZPO lediglich dann zulässig, wenn die elektronische Einreichung vorübergehend technisch nicht möglich ist. Auf die umfangreichen Ausführungen zu § 130d ZPO in § 3 Rn 76 ff. wird zur Vermeidung von Wiederholungen ausdrücklich verwiesen; siehe hierzu aber auch ergänzend Rdn 14. Antragsteller oder Antragsgegner, die sich ohne anwaltlichen Beistand im Mahnverfahren selbst vertreten, können weiterhin mit den eingeführten amtlichen Vordrucken in Papierform arbeiten.

II. Das arbeitsgerichtliche Mahnverfahren

Gem. § 46a Abs. 1 S. 1 ArbGG gelten für das Mahnverfahren vor den Gerichten für Arbeitssachen die Vorschriften der ZPO über das Mahnverfahren einschließlich der maschinellen Bearbeitung entsprechend, soweit das ArbGG nichts anderes bestimmt; § 702 Abs. 2 S. 2 ZPO ist dabei jedoch nicht anzuwenden. Arbeitsgerichte können zurzeit Mahnanträge in maschinell lesbarer Form nicht bearbeiten, weshalb hier auf die „herkömmliche Einreichung" ausgewichen werden muss. Seit 1.5.2015 existieren eigene arbeitsgerichtliche Mahnverfahrens-Vordrucke (2. AGMahnVordrVÄndV). Es ist davon auszugehen, dass

---

1 2. Justizmodernisierungsgesetz – G. v. 22.12.2006, BGBl I/2006, 3416.
2 Eingeführt durch Art. 8a G. v. 12.12.2007, BGBl I, 2840.
3 Art. 11 G. v. 5.7.2017, BGBl I, 2208.
4 In der seit 1.1.2022 geltenden Fassung – Art. 1 G. v. 5.10.2021, BGBl I, 4607.

der Gesetzgeber hier übersehen hat, diese Vorschriften an den seit 1.1.2022 in Kraft getretenen § 46g ArbGG anzupassen, der Anwälte verpflichtet, schriftlich einzureichende Anträge als elektronisches Dokument zu übermitteln. Das Land Schleswig-Holstein hatte die Pflicht zur elektronischen Einreichung und damit das Inkrafttreten des § 46g ArbGG bereits auf den 1.1.2020 vorgezogen und für diese Problematik den Nutzern ein entsprechendes PDF-Formular zur Verfügung gestellt.

4   Das arbeitsrechtliche Mahnverfahren spielt in der arbeitsgerichtlichen Praxis kaum eine Rolle. Zwar könnte z.B. anstelle einer Lohnklage eben auch der Anspruch über ein arbeitsgerichtliches Mahnverfahren geltend gemacht werden, es wird aber teilweise von den Gerichten selbst als kompliziertes Verfahren beschrieben, das selten schneller als eine Lohnklage ist.[5] Hier wird zum Teil auch darauf hingewiesen, dass bei einem verzögerten arbeitsgerichtlichen Mahnverfahren mit nicht kurzfristiger Zustellung des Mahnbescheids Ausschlussfristen, wie z.B. in allgemein verbindlichen Tarifverträgen geregelt, nicht eingehalten werden können und der Lohnzahlungsanspruch dann verfällt (Ausnahme: Mindestlohn, der durch Ausschlussfristen nicht verfallen kann). So wird denn auch zudem darauf hingewiesen, dass in Ausnahmefällen, wenn z.B. keine Ausschlussfristen gegeben sind, das Mahnverfahren vor dem Arbeitsgericht Sinn machen kann, allerdings nur mit Hilfe eines Anwalts, da die Formulare für einen Arbeitnehmer zu kompliziert sind. Ein Hauptargument, warum für zivilrechtliche Ansprüche oft das Mahnverfahren einer Klage vorgezogen wird, die kurze Dauer des Verfahrens, lässt sich im arbeitsrechtlichen Mahnverfahren oft nicht erzielen. Angesichts der Tatsache, dass aber für arbeitsrechtliche Mahnverfahren häufig keine Beiordnung eines Anwalts zu erreichen ist, stellt sich die Frage, warum das arbeitsrechtliche Mahnverfahren nicht einfach abgeschafft wird.

III. Zentrale Mahngerichte

5   Örtlich ausschließlich zuständig ist jeweils das Amtsgericht, bei dem der Antragsteller seinen allgemeinen Gerichtsstand hat, § 689 Abs. 2 S. 1 ZPO. Sofern der Antragsteller im Inland keinen allgemeinen Gerichtsstand hat, ist das Amtsgericht Wedding in Berlin ausschließlich zuständig, § 689 Abs. 2 S. 2 ZPO. § 689 Abs. 3 ZPO beinhaltet die Ermächtigungsgrundlage für die Länder, durch Rechtsverordnung Mahnverfahren einem Amtsgericht für die Bezirke mehrerer Amtsgerichte zuzuweisen, dies sogar über die Landesgrenzen hinaus. Inzwischen haben alle Bundesländer die Mahnverfahren Zentralen Mahngerichten zugewiesen, teilweise tatsächlich auch länderübergreifend. Es gibt für die 16 Bundesländer insgesamt 12 Zentrale Mahngerichte. Lebt der Antragsteller eines Mahnbescheids z.B. in München, ist für ihn örtlich das Zentrale Mahngericht in Coburg zuständig, § 689 Abs. 2 S. 1, Abs. 3 S. 1 ZPO. Folgende Zentrale Mahngerichte gibt es:

- Amtsgericht Aschersleben (Sachsen; Sachsen-Anhalt; Thüringen)
- Amtsgericht Bremen (Bremen)
- Amtsgericht Coburg (Bayern)
- Amtsgericht Euskirchen (NRW)
- Amtsgericht Hagen (OLG-Bezirke Düsseldorf und Hamm aus NRW)
- Amtsgericht Hamburg-Altona (Hamburg; Mecklenburg-Vorpommern)
- Amtsgericht Hünfeld (Hessen)
- Amtsgericht Mayen (Rheinland-Pfalz; Saarland)
- Amtsgericht Schleswig (Schleswig-Holstein)
- Amtsgericht Stuttgart (Baden-Württemberg)
- Amtsgericht Uelzen (Niedersachsen)
- Amtsgericht Wedding (Berlin; Brandenburg)

6   Unter der Internetseite https://www.mahngerichte.de/verfahrenshilfen/ werden ausführliche Ausfüllbeispiele und Verfahrenshilfen zur Verfügung gestellt, um sich mit dem automatisierten gerichtlichen Mahn-

---

5 https://rechtsanwalt-arbeitsrecht-in-berlin.de/arbeitsgerichtliches-mahnverfahren/ (Abruf: 9.3.2022).

verfahren vertraut zu machen. Die unter www.mahngerichte.de den Anwendern zur Verfügung gestellten Dokumente/Publikationen und Ausführungen sind sehr umfangreich. Es würde den Rahmen dieses Werks sprengen, wenn hier eine vollständige Darstellung des gerichtlichen Mahnverfahrens erfolgt. Wir beschränken uns daher hier auf eine Einführung in das Thema und empfehlen bei Bedarf den Download dieser Unterlagen, die darüber hinaus ständig aktualisiert werden.

Unter https://www.online-mahnantrag.de kann nicht nur der Mahnantrag selbst als EDA-Datei generiert werden, es existieren auch entsprechende Masken für die Folgeanträge, die aufgerufen, ausgefüllt und downgeloadet werden können:

- Antrag auf Neuzustellung eines Mahnbescheids
- Antrag auf Erlass eines Vollstreckungsbescheids
- Antrag auf Neuzustellung eines Vollstreckungsbescheids
- Widerspruch

Der Antrag auf Erlass eines Mahnbescheids kann über eine Branchensoftware generiert werden. Wird eine solche nicht eingesetzt, kann der Mahnantrag unter https://www.online-mahnantrag.de ausgefüllt und sodann zum Individualversand vom lokalen PC aus downgeloadet werden. Sodann kann der Mahnantrag über das beA eingereicht werden. Dabei erzeugt das System eine sog. „EDA-Datei", die im beA hochgeladen werden kann. Wird der Mahnantrag vom Anwalt selbst versendet, ist die Anbringung einer qualifizierten elektronischen Signatur nicht erforderlich, siehe dazu § 130a Abs. 3 S. 1 Alt. 2 ZPO. Soll der Mahnantrag durch den Mitarbeiter versendet werden, ist die Anbringung einer qualifizierten elektronischen Signatur erforderlich, § 130a Abs. 3 S. 1 Alt. 1 ZPO.

Wenn der Anwender länger als 30 Minuten nicht mit dem Online-Mahnantrag arbeitet, wird die Session auf dem Server automatisch beendet und die erfassten Daten gehen verloren.

Der Online-Mahnantrag steht am ersten Mittwoch eines jeden Monats in der Zeit zwischen 08.00 und 10.00 Uhr aufgrund von Wartungsarbeiten nicht zur Verfügung. Mahnanträge, die gerade in dieser Zeit erstellt werden, werden unter Umständen systemseitig zur Sicherstellung der Wartung abgebrochen. Die Justiz übernimmt keine Gewährleistung für eine dauerhafte Verfügbarkeit der Anwendung und des Übertragungswegs. Hieran sollte bei verjährungshemmenden Mahnanträgen insbesondere zum Jahreswechsel gedacht werden. Notfalls ist eine Klage einzureichen. Möchte man Eingaben zum Mahnantrag korrigieren, sollte man nicht den Zurück-Button des Browsers wählen, um fehlerhafte Anzeigen zu vermeiden.

> *By-the-way*
> Eine Änderung in § 697 Abs. 2 S. 2 ZPO kann in der Praxis zu einem Haftungsfall werden.[6] Wird Widerspruch gegen den Mahnbescheid erhoben bzw. Einspruch eingelegt und erfolgt ein Übergang in das streitige Verfahren, ist zu beachten, dass dann, wenn der Antrag in der Anspruchsbegründung hinter dem Mahnantrag zurückbleibt, die Klage als zurückgenommen gilt, sofern der Antragsteller zuvor durch das Mahngericht über diese Folge belehrt oder durch das Streitgericht auf diese Folge hingewiesen worden ist. Der Hinweis findet sich regelmäßig im sog. „Kleingedruckten" im automatisierten Informationsschreiben über z.B. die Erhebung eines Widerspruchs und Aufforderung, die fehlenden Gerichtskosten einzuzahlen, sofern die Durchführung des streitigen Verfahrens gewünscht wird. Gerade bei Vordrucken wird häufig nicht auf das sog. „Kleingedruckte" geachtet. Ein Tippfehler in der Anspruchsbegründung kann sich z.B. dann gravierend auswirken, wenn der Mahnantrag verjährungshemmend eingereicht wurde.

---

6 Eingeführt durch das Gesetz zur Regelung der Wertgrenze für die Nichtzulassungsbeschwerde in Zivilsachen, zum Ausbau der Spezialisierung bei den Gerichten sowie zur Änderung weiterer prozessrechtlicher Vorschriften, G. v. 12.12.2019, BGBl I, 2633 m.W.v. 1.1.2020.

IV. Vieleinreicher

12 Für Antragsteller, die eine hohe Anzahl an Mahnanträgen einreichen, besteht die Möglichkeit der Optimierung des automatisierten Mahnverfahrens durch einen sog. Kennziffern-Antrag. Die Vergabe der Kennziffer ist kostenlos. Das Mahnverfahren wird durch die Verwendung einer Kennziffer erheblich beschleunigt, die Gerichtskosten werden durch Lastschrift eingezogen. Neben der Kennziffer wird dann eine Teilnehmer-Kennung, bestehend aus drei Buchstaben, vergeben, die die weitere Identifizierung der Antragsdatensätze ermöglicht und der laufenden Nummer des Antrags vorangestellt wird.

13 Bei einer Vielzahl von Mahnanträgen bietet es sich an, im Entwurfsordner einen Unterordner „Mahnanträge" anzulegen. Die hochgeladenen EDA-Dateien werden als Schriftsatz deklariert. Der Anwalt kann durch Anbringung einer Stapelsignatur, siehe dazu § 11 Rdn 44, komfortabel mit einer einmaligen PIN-Eingabe sämtliche Mahnanträge in diesem Entwurfsordner qualifiziert elektronisch signieren, wenn die Anzahl 100 nicht übersteigt.

V. Ersatzeinreichung

1. Vorübergehende technische Unmöglichkeit

14 Sofern eine elektronische Einreichung gem. § 130d ZPO aufgrund vorübergehender technischer Unmöglichkeit ausscheidet, bleibt, wie unter Rdn 2 dargestellt, der Barcode-Antrag zulässig. Dieser kann jedoch **nicht** via Fax eingereicht werden, da die Vorgabe, dass der Antrag maschinell lesbar sein muss, bei einer Übermittlung per Fax nicht gewährleistet ist. Dies ist insbesondere dann zu beachten, wenn zum Jahresende zur Verjährungshemmung Mahnanträge eingereicht werden sollen, z.B. dann, wenn für die Erstellung einer Klage nicht ausreichend Zeit bleibt. So wäre z.B. für eine antragstellende Kanzlei aus München dieser Barcode-Antrag dann zum Zentralen Mahngericht für Bayern nach Coburg zu verbringen, was gerade an Silvester in der Kanzlei kaum für Heiterkeit sorgen dürfte. Hier bietet es sich ggf. an, eine befreundete Kanzlei aus Coburg zu bitten, den Mahnantrag vor Ort oder – sofern von dort aus möglich – elektronisch einzureichen.

15 Von besonderem Interesse wird die Ersatzeinreichung und die damit verbundene zwingende Glaubhaftmachung der vorübergehenden technischen Unmöglichkeit vor allen Dingen dann sein, wenn ein Mahnantrag zur Hemmung der Verjährung eingereicht werden soll, vgl. dazu §§ 204 Abs. 1 Nr. 1 u. Nr. 3 BGB, 167 ZPO. Natürlich steht dem Anwalt in einem solchen Fall aber auch offen, anstelle eines Mahnantrags eine Klage einzureichen, was z.B. infrage kommen könnte, wenn die Übermittlung des elektronischen Mahnantrags nicht aus technischen Gründen scheitert, sondern vielmehr die Erzeugung der EDA-Datei für den Mahnantrag (z.B. bei Hackerangriff, Systemausfall etc.) nicht möglich ist. Denkbar wäre in einem solchen Fall dann auch, da im Mahnverfahren kein Anwaltszwang herrscht, auf ein im Handel erhältliches Mahnbescheid-Formular zurückzugreifen, welches der Mandant (den die elektronische Einreichpflicht nicht trifft) selbst einreicht. Dabei ist aber auch zu beachten, dass natürlich nicht viele Geschäfte solche Formularanträge vorhalten und häufig an Silvester (sofern werktags) gegen Mittag geschlossen werden. Kanzleien sollten sich daher frühzeitig überlegen, wie sie mit auftauchenden Problemen umgehen wollen. Ist der Kanzlei schon bekannt, dass bestimmte Auftraggeber gehäuft offene Forderungen zum Jahresende durch die Kanzlei geltend machen wollen, sollte ein frühzeitiger Hinweis auf mögliche Probleme den Auftraggeber veranlassen, die Mandate spätestens Anfang Dezember zu erteilen. Ein Schuldner, der nahezu drei Jahre lang nicht gezahlt hat, wird nach der Lebenserfahrung i.d.R. erst recht nicht kurz vor Weihnachten plötzlich zahlungswillig.

2. Art und Weise der Ersatzeinreichung

16 Die nachstehenden Ausführungen gelten – sofern der Mahnantrag durch einen Rechtsanwalt eingereicht wird – ausschließlich für den Fall der sog. Ersatzeinreichung, falls die elektronische Einreichung aus technischen Gründen vorübergehend nicht möglich ist. Der **Barcode-Antrag** erfüllt die Voraussetzung „maschinenlesbare Form", vgl. Rdn 1. Sofern das Barcode-Verfahren gewählt wird, wird am PC der Mahnantrag z.B. unter www.online-mahnantrag.de ausgefüllt und sodann auf Blanko-Papier ausgedruckt. Erforderlich ist dabei, dass ein PDF-Reader installiert ist. Durch die Erstellung und den Ausdruck des Barcode-Antrags ist der Antrag natürlich noch nicht gestellt. Hierzu ist das ausgedruckte Formular bei Gericht einzureichen. Der Barcode-Antrag kann ebenfalls über www.online-mahnantrag.de oder auch über eine der Portalseiten des Gerichts oder Landesregierung aufgerufen werden. Zunächst ist das entsprechende Bundesland auszuwählen, sodann wird bei Versandart „Druck auf Papier (Barcode)" ausgewählt und der Button „Weiter" angeklickt. Sodann können alle Daten wie gewohnt über die dialoggeführten Eingabemasken eingegeben werden. Bevor der Mahnantrag ausgedruckt wird, werden die Daten noch einmal angezeigt, vorgenommene Eintragungen kann man über den Button „Bearbeiten" nochmals korrigieren. Da es unterschiedliche Browser und Browser-Versionen gibt, sollte man bei Problemen mit einem Browser ggf. einen anderen (evtl. auch nur vorübergehend) nutzen. Da keine Antragsdaten gespeichert werden, ist das Barcode-Verfahren gerade für die ersten Schritte sehr gut geeignet. Hier kann man praktisch nichts falsch machen. Solange man den ausgedruckten Barcode-Antrag nicht einreicht, wird weder eine Akte angelegt noch erfolgt irgendeine Bearbeitung der Daten durch das Mahngericht. Beachten Sie beim Ausdrucken bitte, dass der Barcode-Antrag in einer guten Qualität ausgedruckt werden sollte, damit der Barcode auch vom Mahngericht automatisch gelesen werden kann. So sind Knicke in den Barcodes ebenso zu vermeiden wie die Wahl eines Eco-Drucks.

Auf der Seite „Drucken/Signieren" wird dann der Punkt „Drucken" unter „Barcode" ausgewählt; der PDF-Reader erzeugt nun das entsprechende PDF-Formular. Der Barcode-Antrag enthält mindestens drei Seiten; das Deckblatt ist zu unterzeichnen. Alle Seiten werden geheftet und sodann an das im Antrag bezeichnete Mahngericht gesendet. **Mahnanträge mittels Barcode können definitiv NICHT per Fax eingereicht werden**, da per Fax übermittelte Barcodes in der Regel elektronisch nicht mehr gelesen werden können und die Vorgaben des § 690 Abs. 2 ZPO nach herrschender Meinung nicht erfüllt werden. Wie lange der Barcode-Antrag für Kanzleien noch möglich bleibt, bleibt ebenfalls abzuwarten. Denn spätestens, wenn ab 1.1.2018 Mahnanträge auch ohne qualifizierte elektronische Signatur via beA beim EGVP des jeweiligen zentralen Mahngerichts eingereicht werden können, wird wohl die überwiegende Zahl der „Barcode-Einreicher" umsteigen.

17

B. Zwangsvollstreckung

I. Voraussetzungen zur Zwangsvollstreckung nach heutigem Recht

1. Vollstreckbare Ausfertigungen in Papierform

„Titel,[7] Klausel,[8] Zustellung[9]" sind die Voraussetzungen zur Zwangsvollstreckung. Die Fragen, die sich stellen, wenn die Zwangsvollstreckung nicht mehr in Papierform, sondern in elektronischer Form erfolgen soll, beginnen bereits mit dem Titel selbst. § 317 Abs. 2 ZPO wurde zum 1.7.2014 geändert,[10] und bestimmt, dass Ausfertigungen **nur auf Antrag** und **nur in Papierform** erteilt werden. Die Zustellung des Titels erfolgt lediglich noch in Abschrift; meist in beglaubigter Abschrift, § 317 Abs. 1 ZPO. Für den Lauf von Rechtsmittelfristen ist die Zustellung einer beglaubigten Abschrift ausreichend; für die Zwangsvollstreckung wird jedoch eine vollstreckbare Ausfertigung benötigt. Nur in zwei Fällen ist die Vorlage eines Scans des Titels bisher ausreichend, siehe dazu Rdn 64 ff.

18

---

7 §§ 704, 794 ZPO.
8 §§ 724 ff. ZPO.
9 § 750 ZPO.
10 Gesetz zur Förderung des elektronischen Rechtsverkehrs mit den Gerichten vom 10.10.2013, BGBl I, 3786.

2. Farbdruck- oder Prägesiegel

19 Vollstreckbare Ausfertigungen benötigen die Anbringung eines Farbdruck- oder Prägesiegels des Gerichts bzw. Notars.[11] Die Frage der Siegelung im digitalen Zeitalter ist in der Praxis relevant, weshalb an dieser Stelle hierauf kurz eingegangen wird.

20 Am 14.12.2016 hat sich der BGH mit der Frage befasst, ob es sich bei einem „drucktechnisch" erzeugten Dienstsiegel um ein i.S.v. § 29 Abs. 3 GBO gültiges Siegel handelt und dies verneint.[12] Die BGH-Entscheidung ist – jedoch lediglich bezogen auf § 29 Abs. 3 GBO – zwischenzeitlich überholt, nachdem § 29 Abs. 3 GBO zum 5.5.2017 ein Satz 2 angefügt wurde:[13]

Anstelle der Siegelung kann maschinell ein Abdruck des Dienstsiegels eingedruckt oder aufgedruckt werden.

21 In seinem Beschluss befasste sich der BGH auch mit der Frage, wie das Gerichtssiegel für eine vollstreckbare Ausfertigung auszusehen hat. Gem. § 725 ZPO ist die Vollstreckungsklausel der Ausfertigung des Urteils am Schluss beizufügen, von dem Urkundsbeamten der Geschäftsstelle zu unterschreiben und mit dem Gerichtssiegel zu versehen. Insoweit entsprach es bereits vor der BGH-Entscheidung allgemeiner Auffassung,[14] dass die Verwendung eines Formulars mit einem bereits vorgedruckten bzw. eingedruckten Dienstsiegel diesen Formanforderungen nicht genügt. In seinem Beschluss führt der BGH weiter aus, dass auch ein **programmgesteuertes Dienstsiegel nicht** den Anforderungen des § 725 ZPO genügt. In der Rechtsprechung[15] werde zu Recht darauf verwiesen, dass die „Beidrückung" des Dienststempels eine besondere **Sicherungsmaßnahme** darstellt. Einem bloß drucktechnisch erzeugten Behördensiegel komme demgegenüber kein vergleichbarer Beweiswert zu.[16] Ohne eine gem. §§ 724, 725 ZPO **erteilte vollstreckbare Ausfertigung** darf ein Vollstreckungsorgan grundsätzlich keine Vollstreckungsmaßnahme durchführen. Wird diese dennoch durchgeführt, kann dies zu einer Anfechtung der Vollstreckungshandlung durch den Schuldner führen.

22 Der Vorstoß im Gesetzgebungsverfahren, auch in der ZPO für die Zwangsvollstreckung eine ähnliche Anpassung wie in § 29 Abs. 3 GBO vorzunehmen, ist jedoch gescheitert,[17] da die Bundesregierung den Vorschlag zur Änderung der §§ 317, 725 ZPO u. § 275 Abs. 4 StPO mit der Begründung ablehnte, dass Bedenken bestehen würden, auf ein Farbdruck- oder Prägesiegel zu verzichten, da zum einen die Vollstreckungsorgane Sicherheit benötigen, dass der Titel „echt" ist, und zum anderen eine Reproduktion mit moderner Bildbearbeitungstechnik erleichtert würde. Schließlich sei *„der Gerichtsvollzieher gegenüber dem Schuldner und anderen Beteiligten allein durch den Besitz der vollstreckbaren Ausfertigung legitimiert ... (§ 754 Absatz 2 Satz 1 ZPO)."*

---

11 § 49 BeurkG, §§ 317 Abs. 4, 725 ff. ZPO; für notarielle Urkunden siehe auch zu § 14 DONot (nur beispielhaft): MdJ v. 14.12.2021; Dienstordnung für Notarinnen und Notare; Verkündungsblatt NRW; Gültigkeit seit 1.1.2022; Verwaltungsanweisung für Hessen, Verwaltungsanweisung vom 13.12.2021 – 3830 – II/C 1 – 2020/24620 – II/A zum 1.1.2022; DONotLSA für Sachsen-Anhalt; Verkündungsblatt für Rheinland-Pfalz (abgerufen über beck-online).

12 BGH, Beschl. v. 14.12.2016 – Az. V ZB 88/16; ZNotP 2017, 56–59; MDR 2017, 450–451; MittBayNot 2017, 242–245; FGPrax 2017, 56–58; WM 2017, 1078–1081; Rpfleger 2017, 323–326; DNotZ 2017, 463–467; NJW 2017, 1951–1954.

13 Eingeführt durch Art. 8 G v. 28.4.2017, BGBl I, 969 m.W.v. 5.5.2017.

14 Vgl. LG Aurich Rpfleger 1988, 198, 199; LG Hildesheim, Beschl. v. 26.10.2004 – 1 T 109/04, juris Rn 3; AG Pankow-Weißensee Rpfleger 2008, 586; Zöller/*Stöber*, ZPO, 34. Aufl., § 725 Rn 2; MüKoZPO/*Wolfsteiner*, 5. Aufl., § 725 Rn 3; Stein/Jonas/*Münzberg*, ZPO, 22. Aufl., § 725 Rn 8; Wieczorek/Schütze/*Paulus*, ZPO, 4. Aufl., § 725 Rn 31; BeckOK-ZPO/*Ulrici*, 21. Edition, § 725 Rn 15; Prütting/Gehrlein/*Kroppenberg*, ZPO, 8. Aufl., § 725 Rn 1; *Baumbach/Hartmann*, ZPO, 74. Aufl., § 725 Rn 4

15 Vgl. LG Aurich, Beschl. v. 10.11.1987 – 3 T 296/87, Rpfleger 1988, 198, 199.

16 Vgl. LG Hildesheim, Beschl. v. 26.10.2004 – 1 T 109/04, juris Rn 3 = BeckRS 2004, 17953.

17 BT-Drucks 18/11937 v. 12.4.2017 – Entwurf eines Gesetzes zur Erleichterung unternehmerischer Initiativen aus bürgerschaftlichem Engagement und zum Bürokratieabbau bei Genossenschaften.

Etliche Gerichtsentscheidungen haben sich mit der Frage der ordnungsgemäßen Siegelung bisher befassen müssen. So hat das OLG München[18] entschieden, dass ein drucktechnisch erzeugtes Siegel nach landesrechtlichen Bestimmungen (für Bayern: § 8 Abs. 4 BayAVVWpG) zulässig sei und ein Widerspruch zu Bundesgesetzen dann nicht anzunehmen ist, wenn Echtheit und Ordnungsmäßigkeit des Dokuments dem Empfänger bekannt und über jeden Zweifel erhaben sind. Das LG München I wiederum forderte bei Erteilung einer vollstreckbaren Ausfertigung zumindest ein Farbdrucksiegel, wenn auch das Siegel auf dem Titel selbst ein aufgedrucktes sein kann.[19] Im Hinblick auf die zuvor genannte Auffassung des Gesetzgebers und der Entscheidung des BGH ist die Entscheidung des OLG München im Bereich der Zwangsvollstreckung jedoch u.E. nicht anwendbar.

Das OLG Nürnberg ließ für einen **Erbschein** ein maschinell erzeugtes Siegel zum Nachweis der Erbfolge beim Handelsregister genügen.[20] Es hielt dabei in seiner Entscheidung fest, dass die Produktion der Urkunde durch maschinell erzeugte Dienstsiegel formal den Anforderungen für Handelsregistereintragungen genügt, äußerte jedoch Zweifel an der Wirksamkeit des Aufdrucks *„Bayern Amtsgericht"*, weil grundsätzlich die siegelführende Behörde mit Sitz zu benennen sei. Ein „Amtsgericht Bayern" als Justizbehörde gibt es schlichtweg nicht. Diese Entscheidung des OLG Nürnberg betrifft jedoch nicht einen zur Zwangsvollstreckung geeigneten Titel und dürfte somit hier ebenfalls bezogen auf die Bejahung des maschinell erzeugten Siegels nicht zur Anwendung kommen.

> *Hinweis*
>
> Anders im Mahnverfahren! Hier reicht die maschinelle Siegelung nach Ansicht des BGH aus:
>
>> *„1. Zum Anwendungsbereich des § 703 b I ZPO bei der Erteilung einer Rechtsnachfolgeklausel.*
>> *2. Der Anwendungsbereich dieser Norm kann eröffnet sein, wenn die Klausel mit einem maschinell erzeugten Gerichtssiegel versehen ist, das einen teilweise automatisierten Verfahrensablauf bei dem Mahngericht belegt (Leitsatz 2 von der Redaktion)."*[21]

Vollstreckt eine **Bußgeldbehörde**, wird es wohl auch nicht immer so „eng" gesehen, wie die Entscheidung des LG Kassel zeigt, dass ein aufgedrucktes Dienstsiegel für ausreichend erachtet und ein *„händisch eingedrücktes Dienstsiegel"* nicht für erforderlich hält.[22] Die Begründung: Das LG Kassel führt in seiner Entscheidung auch die oben besprochene Entscheidung des BGH aus 2016 sowie die Besonderheiten des HessVwVG i.V.m. dem JBeitrG an und führt aus, dass sich diese Massenverfahren ansonsten auch nicht bewerkstelligen ließen. Ob die wegen grundsätzlicher Bedeutung zugelassene Rechtsbeschwerde eingelegt wurde, war nicht zu ermitteln.

Dass es aber auch **anders** geht, und **staatlicherseits der gesetzgeberische ausdrückliche Wille berücksichtigt** wird, zeigen die Ausführungen auf der Internetseite des Bundesamts für soziale Sicherung:[23]

> *„1. Im Rahmen der Zwangsvollstreckung ist es gemäß § 66 Abs. 4 Satz 1 SGB X i.V.m. § 704 ff. ZPO zur Erfüllung der Formvorschriften nicht ausreichend, ein Formular mit einem bereits vorgedruckten bzw. nur eingedruckten Dienstsiegel zu verwenden.*
>
> *Auch ein programmgesteuertes und zeitgleich mit der Erklärung auf dem Dokument angebrachtes Dienstsiegel genügt den Anforderungen des § 725 ZPO nicht.*

---

18 OLG München, Beschl. v. 20.1.2017 – 34 Wx 413/16, BeckRS 2017, 100427 = NJW-RR 2017, 265.
19 LG München I, Beschl. v. 15.5.2017 – 16 T 5626/17.
20 OLG Nürnberg, Beschl. v. 26.7.2018 – 12 W 1178/18, BeckRS 2018, 18193, NJW-Spezial 2018, 647.
21 BGH, Beschl. v. 21.7.2021 – VII ZB 34/20, NJW-RR 2021, 1504.
22 LG Kassel, Beschl. v. 8.3.2019 – 3 T 147/19, BeckRS 2019, 11842.
23 https://www.bundesamtsozialesicherung.de/de/themen/krankenversicherung/rundschreiben/detail/formanforderungen-an-ein-dienstsiegel/ (Abruf: 25.9.2022).

Vielmehr setzt das „Versehen mit einem Dienstsiegel" i.S.d. § 725 ZPO eine individuelle Siegelung mit einem Prägesiegel oder einem Farbdruckstempel voraus.

2. Die vollstreckbare Ausfertigung muss überdies die eigenhändige Unterschrift der in § 66 Abs. 4 Satz 3 SGB X genannten Person tragen. Dies ist in aller Regel der von der Aufsichtsbehörde bestellte Vollstreckungsbeamte, der die auf der vollstreckbaren Ausfertigung des Leistungsbescheids vermerkte Vollstreckungsklausel zu unterschreiben hat. Diese hoheitliche Aufgabe kann insbesondere nicht i.S.d. § 197b Satz 1 SGB V von Dritten wahrgenommen werden.

Auf die letztgenannte Problematik hat das Bundesversicherungsamt unter Bezug auf einen Beschluss des BGH vom 25.10.2007 (Az.: I ZB 19/07) bereits mit Rundschreiben vom 10.4.2012 (Az.: 111 – 4060.10 – 149/2012) hingewiesen.

Insbesondere ist zu beachten, dass der Gesetzgeber im Nachgang zu dem o.g. Beschluss des BGH – und im Gegensatz zu § 29 Abs. 3 GBO, der in der ab dem 5.7.2017 geltenden Fassung nunmehr um die Möglichkeit der Verwendung eines maschinell angebrachten Dienstsiegels ergänzt worden ist – für § 725 ZPO von einer solchen gesetzgeberischen Erweiterung weiterhin keinen Gebrauch gemacht hat.

Für den Bereich der Zwangsvollstreckung gemäß §§ 704ff ZPO erachtet der Gesetzgeber ein elektronisch oder drucktechnisch erzeugtes Siegel somit auch derzeit nicht als ausreichend, um die mit der Anbringung eines Siegels bezweckte Authentizitätsfunktion zu gewährleisten.

Vielmehr misst der Gesetzgeber den von § 725 ZPO geschützten Rechtsgütern eine derart besondere Bedeutung bei, dass im Rahmen des § 725 ZPO auch weiterhin allein die individuelle Siegelung – zusammen mit der eigenhändigen Unterschrift – eine gesteigerte Gewähr für die Echtheit des Dokuments bieten.

Wir bitten daher, die zu § 725 ZPO getroffenen o.g. Ausführungen der höchstrichterlichen Rechtsprechung vollumfänglich zu berücksichtigen."

28

Praxistipp
Nicht immer wird aus aktuellen Titeln vollstreckt, die – soweit man das in der Praxis beobachten kann – zumeist die Anforderungen an die „richtige" Siegelung erfüllen. **VOR Beauftragung/Beantragung** einer Zwangsvollstreckungsmaßnahme, insbesonders bei älteren Titeln, aber auch sonst, sollte unbedingt darauf geachtet werden, dass auf dem Papiertitel ein entsprechendes Farbdruck- oder Präge-Siegel angebracht wurde. Ist dies nicht der Fall, sollte die titelerteilende Stelle kurzfristig um Nachsiegelung gebeten werden. Auf die obige Auffassung der Bundesregierung und BGH-Entscheidung unter Rdn 20 u. 22 kann dabei hingewiesen werden, um zähe Rückfragen zu vermeiden.

II. Zustellungen durch den Gerichtsvollzieher

29 Im Formular für den Gerichtsvollzieherauftrag kann der Gläubiger die Zustellung z.B. des Titels oder eines Schriftstücks in Auftrag geben. Die Nutzung des Formulars ist allerdings nicht vorgeschrieben, wenn der Gläubiger ausschließlich einen Zustellungsauftrag erteilen will, § 1 Abs. 2 GVFV.

30 Bisher ist der Zustellungsauftrag in Modul D des Formulars für einen Gerichtsvollzieherauftrag aufgenommen. Zum Zeitpunkt der Drucklegung befinden sich neu strukturierte Formulare im Verordnungsverfahren, die lt. Auskunft des BMJ im September 2022 noch in diesem Jahr den Bundesrat passieren sollen. Die bisherige GVFV und ZVFV sollen aufgehoben werden; es wird nur noch eine einheitliche ZVFV geben. Die nicht verpflichtende Nutzungsmöglichkeit des Formulars bei reinen Zustellungsaufträgen soll beibehalten werden. Die Formulare werden nicht nur – wie bisher – als ausfüllbare PDF-Formulare zur

Verfügung gestellt. Beabsichtigt ist zudem, diese Formulare zu einem etwas späteren Zeitpunkt als xml-Datei (Strukturdatensätze) zur Verfügung zu stellen (geplant bisher neun Monate nach dem ersten Tag, der auf die Verkündung folgt, somit voraussichtlich frühestens ab dem 3. Quartal 2023).

In der Vergangenheit kam es immer wieder zu unterschiedlicher Rechtsprechung über die Frage, ob dem Gerichtsvollzieher zur Zustellung Dokumente auch in elektronischer Form übergeben werden dürfen.[24] Der Gesetzgeber hat zum 1.1.2022[25] erhebliche Änderungen im Bereich des Zustellungsrechts in § 193 ZPO vorgenommen und einen neuen § 193a ZPO eingeführt, siehe dazu auch § 15 Rdn 252 in diesem Werk sowie Rdn 15 in diesem Kapitel.

31

Bei § 193 ZPO ist das Ziel die Zustellung eines Schriftstücks durch den Gerichtsvollzieher, welches durch die Partei entweder in Papierform oder aber als elektronisches Dokument an den Gerichtsvollzieher übermittelt wird. Bei dieser Zustellungsform erhält der Zustellungsadressat somit „Papier". Übermittelt die Partei dem Gerichtsvollzieher das zuzustellende Dokument in Papierform, so erfolgt dies zusammen mit den erforderlichen Abschriften, die von der Partei bzw. ihrem anwaltlichen Vertreter jedoch nicht zu beglaubigen sind. Vielmehr fertigt der Gerichtsvollzieher gem. § 193 Abs. 1 S. 2 ZPO die Beglaubigungen für die von der Partei vorgelegten Abschriften. Fehlende Abschriften **kann** der Gerichtsvollzieher selbst herstellen. „Kann" bedeutet jedoch nicht „Muss". Der Gerichtsvollzieher könnte somit hier auch von der Partei die Übermittlung der fehlenden Abschriften verlangen. Dabei ist davon auszugehen, dass bei Anfertigung der erforderlichen Abschriften eine entsprechende Dokumentenpauschale gem. Nr. 700 KV GVKostG i.H.v. 0,50 EUR für die ersten 50 Seiten je Seite berechnet wird (jede weitere Seite 0,15 EUR).

32

Übermittelt die Partei ein elektronisches Dokument, das durch den Gerichtsvollzieher als Schriftstück zugestellt werden soll, muss dies auf einem sicheren Übermittlungsweg geschehen. Rechtsanwälte können hierfür ihr besonderes elektronisches Anwaltspostfach (beA) gem. § 130a Abs. 4 Nr. 2 ZPO nutzen und den Zustellungsauftrag an das elektronische Bürger- und Organisationenpostfach (eBO) des Gerichtsvollziehers übermitteln. In diesem Fall fertigt der Gerichtsvollzieher die erforderlichen Abschriften als Ausdrucke selbst und beglaubigt diese.

33

> *Praxistipp*
> Die Beglaubigung eines Schriftstücks durch den Gerichtsvollzieher zum Zweck der Zustellung löst die Gebühr in Höhe der Dokumentenpauschale nach Nr. 700 KV GVKostG pro Seite aus, siehe dazu Nr. 102 KV GVKostG! Sofern also der Gerichtsvollzieher erforderliche Abschriften sowohl herstellt als auch diese beglaubigt, fallen pro Seite Kosten i.H.v. 1,00 EUR an.

34

§ 193a ZPO regelt die Zustellung von elektronischen Dokumenten. Auch hier übermittelt die Partei dem Gerichtsvollzieher das zuzustellende Dokument. Hat die Partei das zuzustellende Dokument bereits, z.B. vom Gericht, als elektronisches Dokument auf einem sicheren Übermittlungsweg erhalten, so kann sie dies „1:1" als „bitgleiche Kopie" an den Gerichtsvollzieher via beA an dessen eBO weiterleiten, damit der Gerichtsvollzieher dies an den Zustellungsadressaten zustellen kann. Sofern die Partei jedoch das zuzustellende Dokument lediglich als Schriftstück erhalten hat, muss, damit die Zustellung als elektronisches Dokument an den Zustellungsadressaten erfolgen kann, der Gerichtsvollzieher das Schriftstück in ein elektronisches Dokument übertragen, siehe dazu § 193a Abs. 1 S. 2 ZPO.

35

---

24 Nein: LG Frankfurt (Oder), Beschl. v. 11.4.2019 – Az.: 19 T 90/19, DGVZ 2019, 238; JA: OLG Köln, Beschl. v. 7.5.2019 – Az.: 7 VA 3/19, DGVZ 2019, 235.
25 G. v. 5.10.2021, BGBl I, 4607.

36 *Praxishinweis*

Bei der Zustellung von elektronischen Dokumenten gem. § 193a ZPO dient die automatisierte Eingangsbestätigung als Nachweis der Zustellung. **Zustellungsdatum** ist dann der in der automatisierten Eingangsbestätigung ausgewiesene Zeitpunkt des Eingangs in dem vom Empfänger eröffneten elektronischen Postfach.

37 Große Relevanz dürfte § 193a ZPO künftig in der Praxis in folgenden Fällen haben:
- **Zustellung von Titeln im Parteibetrieb**, z.B. Vergleiche zur Vorbereitung der Zwangsvollstreckung.
- **Zustellung von Titeln**, die zwar grundsätzlich von Amts wegen auch durch das Gericht zugestellt werden. Hier reicht jedoch zur Einleitung der Zwangsvollstreckung auch die Zustellung im Parteibetrieb. In besonders eiligen Fällen kann sich eine Partei so z.B. die Erteilung einer abgekürzten Fassung des Urteils erbitten, um die Zwangsvollstreckung zügig einleiten zu können. Dabei sollte jedoch unbedingt darauf geachtet werden, dass mit der Beantragung einer abgekürzten Fassung des Urteils ausdrücklich erwähnt wird, dass dies kein Verzicht auf die Erteilung des vollständigen Urteils ist.
- **Zustellung von Vergleichen im Parteibetrieb.**
- **Zustellung von vorläufigen Zahlungsverboten** an Banken/Versicherungen/Arbeitgeber, sofern diese z.B. über ein eBO (elektronisches Bürger- und Organisationenpostfach) verfügen.
- **Zustellung von Pfändungs- und Überweisungsbeschlüssen** an Banken/Versicherungen/Arbeitgeber z.B. ebenfalls an deren eBO.
- **Zustellung von einstweiligen Verfügungen** an Rechtsanwälte.

Hinweis

Einstweilige Verfügungen, die im Beschlusswege erlassen worden sind, werden nicht von Amts wegen zugestellt, sondern sind durch die Partei zuzustellen. Dies gilt selbst dann, wenn das Gericht, auch wenn es gesetzlich nicht vorgesehen ist, versehentlich eine Zustellung von Amts wegen vorgenommen hat. Die Partei bekundet durch die Parteizustellung ihren Vollziehungswillen. Die Zustellung im Parteibetrieb kann entweder von Anwalt zu Anwalt gem. § 195 Abs. 2 ZPO, z.B. von beA zu beA durch elektronisches Empfangsbekenntnis, nachgewiesen werden. Die Zustellung im Parteibetrieb kann aber auch durch den Gerichtsvollzieher gem. §§ 193, 193a ZPO vorgenommen werden. Der Gerichtsvollzieher kann dabei auch an Anwälte zustellen. Insofern gilt durch die Neueinführung des § 193a ZPO nichts anderes als bisher, wenn einstweilige Verfügungen in Papierform durch den Gerichtsvollzieher an den gegnerischen Anwalt zugestellt werden, weil man als Zustellender bei einer Zustellung gegen Empfangsbekenntnis nicht auf die Mitwirkung durch Rücksendung angewiesen sein wollte. Die Vollziehungsfrist beträgt gem. § 929 Abs. 2 ZPO (Inland) lediglich einen Monat und muss eingehalten werden, damit es eben nicht zu einer Aufhebung der einstweiligen Verfügung mit der entsprechenden Kostenfolge kommt. Das Thema Zustellungen ist ausführlich in § 15 in diesem Werk behandelt.

III. Pflicht zur elektronischen Antragstellung

1. Gesetzliche Vorgaben – Gerichtsvollziehervollstreckung

38 § 753 Abs. 4 und 5 ZPO regeln die **Möglichkeit** sowie die **Pflicht** zur Einreichung elektronischer Dokumente bei der **Gerichtsvollziehervollstreckung**:

(4) [1]**Schriftlich einzureichende Anträge** und Erklärungen der Parteien sowie schriftlich einzureichende Auskünfte, Aussagen, Gutachten, Übersetzungen und Erklärungen Dritter **können** als elektronisches Dokument beim Gerichtsvollzieher eingereicht werden. [2]Für das elektronische Dokument gelten **§ 130a**, auf dieser Grundlage erlassene Rechtsverordnungen sowie § 298 entsprechend. [3]Die

Bundesregierung kann in der Rechtsverordnung nach § 130a Absatz 2 Satz 2 besondere technische Rahmenbedingungen für die Übermittlung und Bearbeitung elektronischer Dokumente in Zwangsvollstreckungsverfahren durch Gerichtsvollzieher bestimmen.

(5) § 130d gilt entsprechend.

Die ERVV,[26] deren Ermächtigungsgrundlage § 130a Abs. 2 ZPO darstellt, gilt nach § 753 Abs. 4 S. 2 ZPO unmittelbar auch für Vollstreckungsaufträge; ebenso die 2. ERVB 2022,[27] soweit nicht vom Gesetzgeber Formulare vorgegeben sind. Denn gem. § 1 Abs. 2 ERVV gehen besondere bundesrechtliche Vorschriften über die Übermittlung elektronischer Dokumente und strukturierter maschinenlesbarer Datensätze der ERVV vor, soweit sie Vorschriften enthalten, die von der ERVV abweichen; dies betrifft insbesondere die in der ZV verwendeten Formulare nach § 4 Abs. 1 S. 2 GVFV sowie § 4 Abs. 2 ZVFV,[28] aber auch das Einlieferungsverfahren in das Schuldnerverzeichnis und Vermögensverzeichnisregister beim Zentralen Vollstreckungsgericht. 39

Zu unterscheiden sind bei der Frage der Anwendbarkeit der ERVV/ERVB natürlich auch 40
- Vollstreckungsaufträge, für die die GVFV gilt, von solchen,
- für die die GVFV nicht gilt.

Die GVFV **gilt** z.B. **nicht**: 41
- bei reinen Zustellungsaufträgen (Modul D kann, nicht muss verwendet werden), § 1 Abs. 2 S. 1 GVFV,
- bei öffentlich-rechtlicher ZV, § 1 Abs. 2 S. 2 GVFV,
- bei Herausgabevollstreckung (das bisherige Modul O kann, muss aber nicht verwendet werden), siehe Überschrift auf dem ZVA (.... „wegen Geldforderungen").

§ 130d ZPO lautet wie folgt: 42

§ 130d Nutzungspflicht für Rechtsanwälte und Behörden

*„Vorbereitende Schriftsätze und deren Anlagen sowie schriftlich einzureichende **Anträge** und Erklärungen, die durch einen **Rechtsanwalt**, durch eine Behörde oder durch eine juristische Person des öffentlichen Rechts einschließlich der von ihr zur Erfüllung ihrer öffentlichen Aufgaben gebildeten Zusammenschlüsse eingereicht werden, **sind als elektronisches Dokument zu übermitteln. Ist dies aus technischen Gründen vorübergehend nicht möglich**, bleibt die Übermittlung nach den allgemeinen Vorschriften zulässig. Die vorübergehende Unmöglichkeit ist **bei der Ersatzeinreichung oder unverzüglich danach glaubhaft zu machen**; auf Anforderung ist ein elektronisches Dokument nachzureichen."*

§ 130d ZPO regelt damit die Pflicht zur elektronischen Einreichung seit dem 1.1.2022 und ist über § 753 Abs. 5 ZPO, der ebenfalls zum 1.1.2022 in Kraft getreten ist, auch für die ZV anwendbar. Der Gesetzgeber wollte ausdrücklich, dass bei Einführung der elektronischen Einreichpflicht bei Gericht diese Pflicht auch bei Aufträgen an Gerichtsvollzieher besteht.[29] 43

---

26 Elektronischer-Rechtsverkehr-Verordnung vom 24.11.2017 (BGBl I, 3803); zuletzt geändert durch Art. 6 G. v. 5.10.2021 (BGBl I, 4607).
27 https://justiz.de (dort: Bekanntmachungen und sodann elektronische Kommunikation anklicken – Abruf: 25.9.2022).
28 Zur GVFV sowie ZVFV und die beabsichtigten Änderungen durch den Gesetzgeber siehe dazu auch Rdn 30 in diesem Kapitel.
29 BT-Drucks 18/7560, 47 v. 17.2.2016.

2. Gesetzliche Vorgaben – Vollstreckungsgericht u.a.

44 M. E. ergibt sich aus dem oben dargestellten § 130d ZPO, der zum 1.1.2022 in Kraft getreten ist, eine **unmittelbare Verpflichtung zur elektronischen Antragstellung** aller Anträge, die an Gerichte, und damit sowohl an Vollstreckungsgerichte oder auch das Prozessgericht 1. Instanz gerichtet sind. Im Übrigen gilt dies auch für Insolvenzgerichte, siehe dazu auch § 4 InsO mit Verweis auf die ZPO.

3. Was sind „schriftlich einzureichende Anträge"?

a) Einführung

45 Nach diesseitiger Auffassung bedeutet die Formulierung in § 130d ZPO *„schriftlich einzureichende Anträge"*, dass die elektronische Einreichpflicht nur für solche Anträge/Aufträge gelten kann, die unterschrieben (Schriftform) bei Gericht eingereicht werden müssen. Es ist also bei dieser Formulierung *„schriftlich einzureichende Anträge"* nicht einfach auf Anträge, die in Papierform, z.B. über Formular, einzureichen waren, abzustellen. Vielmehr: Papierform plus Unterschrift! Auch an anderen Stellen in der ZPO bedeutet „schriftlich" im Original unterschrieben, d.h. Schriftform, so z.B. die „schriftliche Vollmacht" nach § 80 ZPO, ebenso wie die „schriftliche Bürgschaft" nach § 108 ZPO. Wieso sollte also „schriftlich" ausgerechnet in § 130d ZPO nicht „Schriftform" bedeuten?

46 Bedauerlicherweise hat der Gesetzgeber hier jedoch u.E. keine ausreichend klare Regelung getroffen, zumal ihm bekannt sein musste, dass bereits seit Jahren zu der Frage, ob ZVA-Aufträge an GV und PfÜB-Anträge an das Vollstreckungsgericht unterschrieben sein müssen, Uneinigkeit herrscht.

b) Strittige Rechtsprechung zum Unterschriftserfordernis

47 In der Vergangenheit haben sich in der Praxis die Stimmen gehäuft, die eine Originalunterschrift unter einem Zwangsvollstreckungsauftrag für erforderlich halten. Es werden auch in der Literatur unterschiedliche Auffassungen vertreten.[30] Für die Erforderlichkeit einer Unterschrift des Rechtsanwalts haben sich zahlreiche Gerichte und Autoren ausgesprochen.[31]

48 Gegen die Erforderlichkeit einer Unterschrift haben sich ebenfalls einige Stimmen in Literatur und Rechtsprechung ausgesprochen. *Goebel* wirft z.B. die Frage auf, ob ein Vollstreckungsauftrag überhaupt einer Unterschrift bedarf.[32] Eine entsprechende Anforderung enthielten die Vorschriften in den §§ 802a ff. ZPO und 828 ff. ZPO jedenfalls nicht, so *Goebel*. Auch würde im allgemeinen Vollstreckungsrecht § 754 ZPO kein Unterschriftserfordernis begründet sein. Ob allerdings die von *Goebel* zitierte BGH-Entscheidung[33] heutzutage noch einschlägig ist, ist fraglich. Denn die damalige Entscheidung des BGH, dass eine bestimmte Form für den Vollstreckungsauftrag nicht vorgeschrieben ist, ist durch die Gerichtsvollzieherformularverordnung so nicht mehr richtig und damit möglicherweise auch nicht einschlägig. Zu Recht weist *Goebel* aber auch darauf hin, dass allerdings der BGH es dem Vollstreckungsorgan gestattet, Zweifel an der Ernsthaftigkeit und Authentizität zu äußern, die dann beseitigt werden müssen.[34] Sowohl das AG Bochum[35] als

---

30 Vgl. z.B. OGV *May*, Verbesserungsbedürftigkeit der Gerichtsvollzieherformular-Verordnung-GVFV", DGVZ 2017, 45, der die Originalunterschrift fordert, sowie *Brückner*, „Original oder Fälschung? Rechtmäßigkeit und Sinnhaftigkeit von Originalunterschriften auf Vollstreckungsaufträgen aus der Perspektive eines Gläubigervertreters", DGVZ 2017, 49.

31 OGV *May*, „Verbesserungsbedürftigkeit der Gerichtsvollzieherformular-Verordnung-GVFV", DGVZ 2017, 45, der die Originalunterschrift fordert, sowie *Brückner*, Original oder Fälschung? Rechtmäßigkeit und Sinnhaftigkeit von Originalunterschriften auf Vollstreckungsaufträgen aus der Perspektive eines Gläubigervertreters", DGVZ 2017, 49; LG Heilbronn, Beschl. v. 4.1.2017 – SM 1 T 542/16, DGVZ 2017, 54; AG Heilbronn, Beschl. v. 23.1.2017 – 6 M 494/17, DGVZ 2017, 54; ebenso AG Heilbronn DGVZ 2016, 212 u. AG Heilbronn, Beschl. v. 30.8.2019 – 13 M 11096/17 – DGVZ 2019, 241; *May*, a.a.O., unter Verweis auf AG Ingolstadt, Beschl. v. 22.3.2001 – 1 M 101/79/01.

32 *Goebel*, „Formerfordernisse beim Vollstreckungsauftrag", FoVo 2016, 38.

33 BGH DGVZ 2005, 94 = FoVo 2008, 140.

34 *Goebel*, a.a.O., unter Verweis auf BGH WM 2015, 1117; BGH DGVZ 2012, 46.

35 AG Bochum, Beschl. v. 23.2.2017 – 51 M 3291/16, DGVZ 2017, 112.

B. Zwangsvollstreckung § 17

auch das LG Frankfurt (Oder)[36] sind der Auffassung, dass eine handschriftliche Unterschrift beim ZVA nicht erforderlich ist. In der DGVZ (Deutsche Gerichtsvollzieherzeitung) sprechen sich zwei weitere Entscheidungen[37] gegen die Erforderlichkeit einer Unterschrift bei einem Zwangsvollstreckungsauftrag aus.

Die Frage, ob bis 31.12.2021 eine **Unterschrift** bei Beauftragung mittels ZV-Formular in Papierform benötigt wurde, es sich somit um **„schriftlich einzureichende Anträge"** handelt, ist daher u.E. von zentraler Bedeutung. Handelt es sich bei den ZV-Formularen um **unterschriftsbedürftige Formulare** (= „schriftlich einzureichende Anträge"), die vom anwaltlichen Vertreter zu unterzeichnen sind, käme § 130d ZPO (auch) bei Formularaufträgen zur Anwendung mit der Folge, dass sämtliche Anträge auf Erlass eines Pfändungs- und Überweisungsbeschlusses sowie sämtliche Zwangsvollstreckungsaufträge an Gerichtsvollzieher zwingend seit dem 1.1.2022 elektronisch einzureichen sind. 49

Davon, dass offenbar Zustellungs- und Vollstreckungsaufträge an Gerichtsvollzieher seit 1.1.2022 zwingend elektronisch zu erfolgen haben, geht auch der DGVB e.V. (Deutscher Gerichtsvollzieherbund e.V.) aus, der in seiner Stellungnahme vom 8.1.2021 an das BMJV (zum ERVV-Ausbaugesetz) auf S. 2 Abs. 2 und 3 wie folgt ausführt: 50

Stellungnahme DGVB:[38]

„Bisher erfolgt die Einreichung von Vollstreckungs- und Zustellungsaufträgen noch überwiegend auf analogem Weg, weil die Barrieren für die Einreichung als zu hoch empfunden werden und auch für professionelle Antragssteller noch keine Verpflichtung zur elektronischen Einreichung besteht.

Ab dem 1.1.2022 sind diese Anträge verpflichtend als elektronisches Dokument zu übermitteln, wenn sie durch einen Rechtsanwalt, durch eine Behörde oder durch eine juristische Person des öffentlichen Rechts einschließlich der von ihr zur Erfüllung ihrer öffentlichen Aufgaben gebildeten Zusammenschlüsse eingereicht werden, sodass auch für die Gerichtsvollzieher der elektronische Rechtsverkehr stark zunehmen wird."

Eine Anfrage per E-Mail an das BMJV wurde freundlicherweise dergestalt beantwortet, dass es sich nach „hiesiger Ansicht" (die aber natürlich keine Bindungswirkung für Gerichte hat) bei ZVAs an den GV und PfÜB-Anträgen (hiernach war gefragt) um schriftlich einzureichende Anträge handelt, für die § 130d ZPO und damit die elektronische Einreichpflicht gilt. Dabei wurde aber auf die strittige Rechtsprechung zum Unterschrifterfordernis nicht eingegangen; ein Hinweis darauf, dass mit „schriftlich" einfach nur „Papier" gemeint gewesen sei in § 130d ZPO, erfolgte ebenfalls nicht. 51

Nach unserer Auffassung sind aber grundsätzlich sowohl ZV-Aufträge an den Gerichtsvollzieher als auch Anträge auf Erlass eines Pfändungs- und Überweisungsbeschlusses „schon immer" zu unterschreiben gewesen, da mit derartigen Anträgen regelmäßig auch ein gravierender Eingriff teilweise sogar in Grundrechte eines Schuldners erfolgen, wie z.B. der Haftungsauftrag an den Gerichtsvollzieher (Modul H bzw. Modul I im bisherigen ZVA-Formular). Und damit gilt nach unserer Auffassung seit 1.1.2022 auch eine umfassende elektronische Einreichpflicht! Eine Klarstellung in § 753 Abs. 1 ZPO, dass der Auftrag „schriftlich" zu erteilen ist, wäre hilfreich, dann würden auch § 753 Abs. 4 ZPO mit Verweis auf § 130a ZPO sowie § 753 Abs. 5 ZPO mit Verweis auf § 130d ZPO in sich stimmig sein. Dafür, dass der Gesetzgeber die Anforderungen an eine elektronische Einreichung (Verweis auf § 130a ZPO und damit auch auf Abs. 3) höher ausrichten wollte als bei einer Papiereinreichung, z.B. durch die Partei selbst, kann jedenfalls den Gesetzgebungsmaterialien nicht entnommen werden und würde auch u.E. keinen Sinn ergeben. Denn wenn unterschiedliche Anforderungen hätten normiert werden sollen, dann würde es doch 52

---

36 LG Frankfurt (Oder), Beschl. v. 20.12.2018 – 15 T 183/18, DGVZ 2019, 103.
37 LG Freiburg v. 5.7.2021 – 9 T 26/21; LG Heilbronn v. 11.8.2021 – Wo 1 T 34/21, beide: DGVZ 2021, 238.
38 AZ beim BMJV: R A 2 – 3700/19–3-1-R1 185/2020.

§ 17 Mahnverfahren und Zwangsvollstreckung nach ZPO im ERV

gerade „umgekehrt" mehr Sinn ergeben. Bei professionellen Einreichern, wie Anwälten, die unabhängige Organe der Rechtspflege sind, könnten eher niedrigere als höhere Anforderungen vermutet werden.

53 Etwas anderes anzunehmen und Zwangsvollstreckungsaufträge/-Anträge **nicht elektronisch** einzureichen, kann zu einem **Haftungsfall** führen. Denn der Gesetzgeber selbst weist darauf hin,[39] dass es sich bei § 130d ZPO um eine zwingende Prozessvoraussetzung handelt, auf die weder verzichtet kann noch eine rügelose Einlassung möglich ist.

54 Bis zur Drucklegung dieses Werks hat unseres Wissens der BGH über die Frage der Schriftformerfordernis seit Einführung des Formularzwangs bzw. der elektronischen Einreichpflicht noch nicht entschieden. Würde der BGH im Laufe des Jahres 2022 z.B. erstmalig entscheiden, dass eine Schriftform erforderlich ist, wären sämtliche Vollstreckungsmaßnahmen, die unter Missachtung dieser Formvorschrift erfolgt sind, durch Schuldner anfechtbar sein, mit der weiteren Folge, dass für Gläubiger das entsprechende Pfandrecht rückwirkend wieder entfällt.

55 **Zudem:** Da nahezu alle Zwangsvollstreckungsaufträge an Gerichtsvollzieher mittels Formular möglich sind, würde dieser Umstand zu einer erheblichen Belastung der Gerichte und auch zu Haftungsfragen führen können. Zwar sind Herausgabevollstreckungs- und auch reine Zustellungs-Aufträge nicht zwingend über das Formular vorzunehmen, in der Regel akzeptieren Gerichtsvollzieher in der Praxis aber für Herausgabevollstreckungen, wie z.B. auch Räumungsaufträge, die Verwendung des Formulars unter dem bisherigen Modul O „Weitere Aufträge" eine entsprechende Eingabe erfolgt. Denn die Tatsache, dass das Formular in bestimmten Fällen verwendet werden **muss**, bedeutet nicht, dass es in anderen Fällen, wo es geeignet scheint, nicht verwendet werden **darf**. Wird ein Räumungsauftrag für eine Wohnung oder ein Hausgrundstück aufgrund eines Räumungsurteils an den Gerichtsvollzieher erteilt, vertreten wir die Auffassung, dass ein solcher Räumungsauftrag auch von einem Rechtsanwalt als Gläubigervertreter zwingend signiert werden muss, und zwar unabhängig davon, ob das Formular verwendet wird oder der Auftrag mittels Schriftsatz erfolgt. Die Frage, welche Aufträge an Gerichtsvollzieher zu unterschreiben/signieren sind und welche nicht, kann u.E. nicht an die Nutzung des Formulars angeknüpft werden. Ähnliche Fragen stellen sich natürlich auch im Zusammenhang mit einem Antrag auf Erlass eines Pfändungs- und Überweisungsbeschlusses. **Anders gefragt:** Kann es möglich sein, dass für Zwangsvollstreckungsaufträge an den Gerichtsvollzieher eine Unterschrift nicht erforderlich ist, bei einem Antrag auf Erlass eines Pfändungs- und Überweisungsbeschlusses aber gleichwohl? Hier kann u.E. rechtlich nicht unterschieden werden, wobei auffallend ist, dass Anträge auf Erlass eines Pfändungs- und Überweisungsbeschlusses üblicherweise in der Praxis immer von Anwälten unterschrieben werden, bei Zwangsvollstreckungsaufträgen sich teilweise jedoch eine andere Meinung und Praxis herausgebildet hat.

56 **Fazit:** Nach unserer Auffassung besteht **nicht nur** eine Pflicht zur elektronischen Einreichung, siehe Rdn 38 ff u. 44. Anträge **müssen** bei elektronischer Einreichung auch authentisiert werden, um **authentifiziert** werden zu können. Dies kann gem. § 130a Abs. 3 S. 1 ZPO (der ebenfalls für schriftlich einzureichende Anträge gilt) geschehen durch:

- Anbringung einer qualifizierten elektronischen Signatur (qeS) der verantwortenden Person oder
- Versand aus dem beA mit einfacher elektronischer Signatur des Postfachinhabers am elektronischen Dokument nach Anmeldevorgang durch RA selbst, vgl. auch § 20 Abs. 3 S. 5 RAVPV. Einfach signierender und versendender RA müssen dabei aber identisch sein, damit das System einen VHN [vertrauenswürdigen Herkunftsnachweis] erzeugt.

57 Zu beachten ist dabei auch, dass die Übermittlung entweder via sicherem Übermittlungsweg (§§ 130a Abs. 3 S. 1 Alt. 2 i.V.m. § 130a Abs. 4 ZPO) oder aber via OSCI-fähigem Postfach an das EGVP/eBO des Gerichts/Gerichtsvollziehers zu richten ist, siehe dazu auch § 4 ERVV. Eine elektronische Einreichung z.B. via Outlook scheidet damit aus, siehe Nr. 4. unten.

---

[39] BT-Drucks 17/12634 v. 6.3.2013 (zu Nr. 4 § 130d – neu), 27 re. Spalte.

4. Übermittlungskanal

Während sich für Anwälte die Möglichkeit bietet, via beA Vollstreckungsanträge elektronisch einzureichen, stellt sich die Frage, wie **Unternehmen und Inkassobüros** künftig arbeiten werden. Für diese besteht eine elektronische Einreichpflicht bisher nicht. Für Inkassounternehmen wird die verpflichtende Vorhaltung eines sicheren Übermittlungswegs jedoch zum 1.1.2024 eingeführt, siehe § 2 Rdn 60 in diesem Werk. Sie können hierfür das neue eBO (elektronische Bürger- und Organisationenpostfach) nutzen. Informationen zum eBO finden Sie hier: www.egvp.de sowie in § 2 Rdn 49. 58

Die Übermittlung eines elektronischen ZVA kann entweder 59

- direkt an den zuständigen GV in sein eBO oder
- über die Verteilerstelle des zuständigen Amtsgerichts erfolgen, § 753 Abs. 2 ZPO.

Die Verteilerstelle wird sodann entweder den Auftrag elektronisch an das EGVP/eBO des Gerichtsvollziehers (GV) oder per Ausdruck weiterleiten. Dabei hat das Gericht/die Verteilerstelle bei Fertigung eines Ausdrucks für die revisionssichere Speicherung zu sorgen. 60

5. Einreichpflicht ist zu bejahen!

Nach derzeitiger Rechtslage ist u.E. davon auszugehen, dass sämtliche Vollstreckungsaufträge, gleichwohl ob an den Gerichtsvollzieher, das Vollstreckungsgericht[40] oder weitere Vollstreckungsorgane gerichtet sind, in elektronischer Form gem. §§ 130a ZPO i.V.m. 130d ZPO einzureichen sind, wobei die Verwendung der ZV-Formulare nach GVFV und ZVFV wie bisher in den dort genannten Fällen zwingend bleibt. 61

Beispielhaft sind somit von der Pflicht zur elektronischen Antragstellung folgende Aufträge umfasst (nicht abschließende Aufzählung): 62

- alle Gerichtsvollzieheraufträge, wie z.B.
  - Anträge gem. Formular nach GVFV (gütliche Erledigung, Vermögensauskunft, Sachpfändung, Aufenthaltsermittlung, Drittauskünfte, etc.), §§ 802a ZPO i.V.m. 802c, 807, 802d, 802g ZPO
  - Herausgabevollstreckungsaufträge an den Gerichtsvollzieher, §§ 836 Abs. 3, 885 ff. ZPO
  - Zustellungsaufträge an Gerichtsvollzieher (auch für das vorläufige Zahlungsverbot, einstweilige Verfügungen etc.)
- alle Anträge an das **Vollstreckungsgericht**, wie z.B.
  - Anträge auf Erlass eines Pfändungs- und Überweisungsbeschlusses (getrennt oder einzeln), §§ 829, 835, 857 ZPO
  - Antrag auf Erteilung einer Durchsuchungsanordnung, § 758a Abs. 4 ZPO
  - Antrag auf Erlass eines Haftbefehls, § 802g ZPO
  - Antrag auf Zwangsversteigerung von Immobilien, § 866 ZPO i.V.m. dem ZVG
- Anträge an das **Prozessgericht 1. Instanz**, wie z.B.
  - Zwangsgeldantrag gem. § 888 ZPO (nicht vertretbare Handlungen)
  - Ordnungsgeldantrag gem. § 890 ZPO (Duldungs- u. Unterlassungstitel)
  - Antrag auf Ersatzvornahme gem. § 887 ZPO (vertretbare Handlungen)
- Kritisch jedoch: Anträge an das **Grundbuchamt**, wie z.B.
  - Antrag auf Eintragung einer Zwangssicherungshypothek, § 867 ZPO, siehe hierzu jedoch auch nachfolgende Rdn sowie Rdn 93 ff.

---

40 Pflicht bejahend: LG Hamburg, Beschl. v. 30.5.2022 – 304 T 12/22, BeckRS 2022, 15830.

63 *Hinweis*

Die Einreichpflicht wird bei einigen Bundesländern für Grundbuchsachen **NICHT** gesehen, siehe dazu beispielhaft für **Bremen**: https://www.justiz.bremen.de/publikationen/allgemeine-informationen-1873 (Abruf: 29.9.2022).

Aber auch hier muss die Empfehlung aus Sicherheitsgründen lauten: Reichen Sie elektronisch ein; der Papierantrag kann mit dem zusätzlich erforderlichen Papiertitel (die Eintragung wird aufgrund der Akzessorietät fest mit dem Titel verbunden) per Briefpost nachgereicht werden.

IV. Ausnahmen vom Papiertitel – Titel-Scan ausreichend

1. Beantragung eines Pfändungs- und Überweisungsbeschlusses

64 Bereits zum 1.1.2013[41] hat der Gesetzgeber einen ersten „Versuchsballon" in Richtung „elektronischer ZV" durch Einführung eines neuen § 829a ZPO gestartet, der zwischenzeitlich mehrfach überarbeitet wurde:

65 *§ 829a Vereinfachter Vollstreckungsantrag bei Vollstreckungsbescheiden*

„(1) Im Fall eines elektronischen Antrags zur Zwangsvollstreckung aus einem Vollstreckungsbescheid, der einer Vollstreckungsklausel nicht bedarf, ist bei Pfändung und Überweisung einer Geldforderung (§§ 829, 835) die Übermittlung der Ausfertigung des Vollstreckungsbescheides entbehrlich, wenn

1. die sich aus dem Vollstreckungsbescheid ergebende fällige Geldforderung einschließlich titulierter Nebenforderungen und Kosten nicht mehr als 5.000 EUR beträgt; Kosten der Zwangsvollstreckung sind bei der Berechnung der Forderungshöhe nur zu berücksichtigen, wenn sie allein Gegenstand des Vollstreckungsantrags sind;

2. die Vorlage anderer Urkunden als der Ausfertigung des Vollstreckungsbescheides nicht vorgeschrieben ist;

3. der Gläubiger eine Abschrift des Vollstreckungsbescheides nebst Zustellungsbescheinigung als elektronisches Dokument dem Antrag beifügt und

4. der Gläubiger versichert, dass ihm eine Ausfertigung des Vollstreckungsbescheides und eine Zustellungsbescheinigung vorliegen und die Forderung in Höhe des Vollstreckungsantrags noch besteht.

Sollen Kosten der Zwangsvollstreckung vollstreckt werden, sind zusätzlich zu den in Satz 1 Nr. 3 genannten Dokumenten eine nachprüfbare Aufstellung der Kosten und entsprechende Belege als elektronisches Dokument dem Antrag beizufügen.

(2) Hat das Gericht an dem Vorliegen einer Ausfertigung des Vollstreckungsbescheides oder der übrigen Vollstreckungsvoraussetzungen Zweifel, teilt es dies dem Gläubiger mit und führt die Zwangsvollstreckung erst durch, nachdem der Gläubiger die Ausfertigung des Vollstreckungsbescheides übermittelt oder die übrigen Vollstreckungsvoraussetzungen nachgewiesen hat."

66 Zum 26.11.2016 wurde in § 829a Abs. 1 S. 1 Nr. 1 ZPO konkretisiert, dass bei der Berechnung der Obergrenze von 5.000,00 EUR titulierte Nebenforderungen (wie z.B. Zinsen) und Kosten einzubeziehen sind.[42] Der Gesetzgeber wollte bei der Berechnung der Wertgrenze ausdrücklich nicht, dass die Berechnung entsprechend § 4 ZPO analog erfolgt und sah sich gehalten, aufgrund der strittigen Rechtsprechung für eine

---

41 Art. 1 Gesetz zur Reform der Sachaufklärung in der Zwangsvollstreckung v. 29.7.2009, BGBl I, 2258.
42 G. v. 21.11.2016, BGBl I, 2591 (Nr. 55), Art. 1 Nr. 12 in Kraft getreten zum 26.11.2016 gem. Art. 21 Abs. 3 S. 1.

Klarstellung zu sorgen.⁴³ Somit müssen die titulierten fortlaufenden Zinsen ausgerechnet und bei der Ermittlung der Wertobergrenze berücksichtigt werden. Als nachteilig kann sich in diesem Zusammenhang erweisen, die bisherigen Vollstreckungskosten gem. § 788 ZPO festsetzen zu lassen. Sind die Vollstreckungskosten nicht tituliert, finden sie bei der Berechnung der Obergrenze keine Berücksichtigung; sind sie tituliert, müssen sie berücksichtigt werden. Das kann im Einzelfall dazu führen, dass eine elektronische Antragstellung nicht (mehr) möglich ist bzw. nur ein entsprechender Teilauftrag erfolgen kann. Hierauf ist ggf. zu achten.

Fazit: 67

Bei einem Antrag auf Erlass eines Pfändungs- und Überweisungsbeschlusses an das Vollstreckungsgericht reicht die Vorlage des Titels als Scan aus, wenn folgende Voraussetzungen erfolgt sind:
- Forderung einschließlich Nebenforderung und Kosten max. EUR 5.000,00
- Keine weiteren Urkunden außer Vollstreckungsbescheid erforderlich
- Vollstreckungsbescheid wird als Scan beigefügt
- Versicherung des Gläubigers, dass die Ausfertigung und Zustellbescheinigung des VB vorliegen und die Forderung in Höhe des Vollstreckungsantrags noch besteht

Praxishinweis 68

Da § 829a ZPO nur von **zu pfändenden Geldforderungen** spricht, verweigern Vollstreckungsgerichte zunehmend den Erlass eines PfÜB, wenn weitere Ansprüche gepfändet werden, wie z.B. die Erteilung von Lohnabrechnungen gegenüber dem Drittschuldner oder die Pfändung anderer Vermögensrechte i.S.d. § 857 ZPO, wie z.B. der unter Nr. 5 Anspruch D aufgeführte Anspruch auf Zutritt zu einem Bankschließfach oder z.B. das Kündigungs- und Widerrufsrecht bei Anspruch E (Versicherungsgesellschaft). Es bleibt abzuwarten, wie sich dies weiterentwickelt.

Lösung: Der Antrag wird zwar elektronisch gestellt, aber auch in solchen Fällen der Titel dann gleichwohl im Original nachgereicht.

2. Beauftragung eines Gerichtsvollziehers

a) Gesetzliche Bestimmung – § 754a ZPO

Mit Wirkung **zum 26.11.2016** ist § 754a ZPO eingefügt worden, der zum **1.1.2018** nochmals angepasst 69 wurde:⁴⁴

§ 754a ZPO – Vereinfachter Vollstreckungsauftrag bei Vollstreckungsbescheiden

„(1) ¹Im Fall eines elektronisch eingereichten Auftrags zur Zwangsvollstreckung aus einem Vollstreckungsbescheid, der einer Vollstreckungsklausel nicht bedarf, ist bei der Zwangsvollstreckung wegen Geldforderungen die Übermittlung der Ausfertigung des Vollstreckungsbescheides entbehrlich, wenn

1. die sich aus dem Vollstreckungsbescheid ergebende fällige Geldforderung einschließlich titulierter Nebenforderungen und Kosten nicht mehr als 5.000 EUR beträgt; Kosten der Zwangsvollstreckung sind bei der Berechnung der Forderungshöhe nur zu berücksichtigen, wenn sie allein Gegenstand des Vollstreckungsauftrags sind;

---

43 BT-Drucks 18/7560, 39 v. 17.2.2016 i.V.m. den Ausführungen auf S. 36 zu § 755 ZPO (zu Buchst. b); wobei die geplanten Änderungen in § 755 ZPO und § 802l ZPO (ebenfalls Klarstellung der Wertgrenze dort von 500 EUR) nicht verabschiedet wurden, da die in diesen beiden letztgenannten Bestimmungen enthaltene Wertgrenze im Laufe des Gesetzgebungsverfahrens gänzlich gefallen ist.
44 G. v. 21.11.2016, BGBl I, 2591, Nr. 55 Art. 1 Nr. 1 b. und Nr. 5, in Kraft getreten gem. Art. 21 Abs. 3 S. 1 zum 26.11.2016; geändert durch Art. 2 desselben Gesetzes zum 1.1.2018.

2. die Vorlage anderer Urkunden als der Ausfertigung des Vollstreckungsbescheides nicht vorgeschrieben ist;

3. der Gläubiger dem Auftrag eine Abschrift des Vollstreckungsbescheides nebst Zustellungsbescheinigung als elektronisches Dokument beifügt und

4. der Gläubiger versichert, dass ihm eine Ausfertigung des Vollstreckungsbescheides und eine Zustellungsbescheinigung vorliegen und die Forderung in Höhe des Vollstreckungsauftrags noch besteht.

²Sollen Kosten der Zwangsvollstreckung vollstreckt werden, sind dem Auftrag zusätzlich zu den in Satz 1 Nummer 3 genannten Dokumenten eine nachprüfbare Aufstellung der Kosten und entsprechende Belege als elektronisches Dokument beizufügen."

(2) Hat der Gerichtsvollzieher Zweifel an dem Vorliegen einer Ausfertigung des Vollstreckungsbescheides oder der übrigen Vollstreckungsvoraussetzungen, teilt er dies dem Gläubiger mit und führt die Zwangsvollstreckung erst durch, nachdem der Gläubiger die Ausfertigung des Vollstreckungsbescheides übermittelt oder die übrigen Vollstreckungsvoraussetzungen nachgewiesen hat."

70 Gerichtsvollzieher dürfen im Übrigen **nicht ohne subjektive Zweifel** pauschal die Vorlage des Original-Vollstreckungsbescheides anfordern.[45]

b) Keine Anwendung des § 754a ZPO bei Rechtsnachfolgeklausel

71 Da § 754a ZPO nur für Vollstreckungsbescheide gilt, die einer Vollstreckungsklausel nicht bedürfen, **scheidet die Anwendung aus**, sobald z.B. eine Rechtsnachfolgeklausel (§§ 727 ff. ZPO) für den Vollstreckungsbescheid auf Gläubiger- oder Schuldnerseite erforderlich wird.

c) Keine Anwendung des § 754a ZPO bei Haftbefehlsantrag

72 Zu § 754a ZPO ist bereits einige Rechtsprechung ergangen. Von besonderer Wichtigkeit ist hier die Rechtsprechung des BGH,[46] wonach die Regelung des § 754a Abs. 1 ZPO ausschließlich für an den Gerichtsvollzieher gerichtete Vollstreckungsaufträge und **nicht auch** einen (im bisherigen Formular gem. **Modul H)**[47] an das Vollstreckungsgericht gerichteten Antrag auf Erlass eines Erzwingungshaftbefehls umfasst.

73 *Der Fall*

Der Gläubiger betrieb im vorliegenden Fall die Zwangsvollstreckung aus einem Vollstreckungsbescheid (HF + Zinsen und Kosten = 1.404,85 EUR). Er hatte die Gerichtsvollzieherin unter **Modul H** *beauftragt, für den Fall, dass die Schuldnerin zum Termin zur Abgabe der Vermögensauskunft (Modul G) unentschuldigt fernbleibt, einen Antrag auf Erlass eines Haftbefehls zu stellen, d.h. dass die Gerichtsvollzieherin diesen Antrag an das Vollstreckungsgericht übermitteln soll. Dem Vollstreckungsauftrag wurde eine Kopie des Vollstreckungsbescheids als elektronisches Dokument beigefügt. Die erforderliche Versicherung, dass dem Gläubiger eine Ausfertigung des Schuldtitels nebst Zustellbescheinigung vorliegt, und die Forderung in der Höhe der geltend gemachten Forderung noch besteht, war ebenfalls beigefügt. Die Schuldnerin erschien zum anberaumten Termin zur Abnahme der Vermögensauskunft unentschuldigt nicht; auftragsgemäß hat die zuständige Gerichtsvollzieherin gem.* **dem Antrag des Gläubigers mit Modul H** *die Akte nebst Ausdruck des VBs und Antrag auf Erlass des Haftbefehls an das zuständige Amtsgericht (Vollstreckungsgericht) weitergeleitet. Der Gläubiger kam der vom Amtsgericht erfolgten Aufforderung, den Originaltitel vorzulegen, nicht nach, weshalb*

---

45 AG Kassel, Beschl. v. 28.7.2017 – 630 M 546/17, BeckRS 2017, 141357.
46 BGH, Beschl. v. 23.9.2021 – Az.: I ZB 9/21, NJW-RR 2021, 1651.
47 Der Gesetzgeber plant eine umfassende Neustrukturierung der ZV-Formulare; nach den bisherigen Entwürfen (Stand: 29.9.2022) sollen die Bezeichnungen der Aufträge als „Module" mit entsprechendem Buchstaben künftig entfallen. Zum Zeitpunkt der Drucklegung des Werks waren die neuen Formulare noch nicht verabschiedet.

der **Antrag auf Erlass eines Haftbefehls zurückgewiesen** wurde. Hiergegen legte der Gläubiger sofortige Beschwerde ein, die ebenfalls vom Beschwerdegericht zurückgewiesen wurde.[48] Die vom Beschwerdegericht zugelassene Rechtsbeschwerde richtete sich sodann an den BGH. Da die Schuldnerin im Laufe des Rechtsbeschwerdeverfahrens die offene Forderung ausgeglichen hatte, erklärte der Gläubiger den Antrag auf Erlass eines Haftbefehls in der Hauptsache für erledigt. Der Erledigungsschriftsatz wurde der Schuldnerin zugestellt, die sich hierzu nicht äußerte, weshalb die Zustimmungsfiktion des § 91a ZPO griff. Dem Gläubiger wurden die Kosten des Verfahrens auferlegt. Die Kostenauferlegung hielt der BGH für gerechtfertigt. Nebenbei wies er darauf hin, dass die Erledigung der Hauptsache auch dann eintritt, wenn eine Schuldnerin nicht anwaltlich vertreten ist und sich nicht innerhalb der Zwei-Wochen-Frist (Notfrist) gegenüber dem Gericht erklärt, obwohl sie auf die Folge (Zustimmungsfiktion) hingewiesen worden ist. Weil die Erledigung der Hauptsache gem. § 91a Abs. 1 S. 1 ZPO auch zu Protokoll der Geschäftsstelle abgegeben werden kann, besteht für diese Erklärung kein Anwaltszwang, somit auch nicht notwendigerweise einer Vertretung durch einen beim BGH zugelassenen Anwalt, vgl. dazu § 78 Abs. 3 ZPO.[49]

In seiner Entscheidung bezieht der BGH sich darauf, dass bei Eingang eines Haftantrags das Vollstreckungsgericht zu prüfen hat, ob die allgemeinen Verfahrens- und Vollstreckungsvoraussetzungen sowie die besonderen Haftvoraussetzungen für die Anordnung der Freiheitsentziehung gegeben sind. Zum Nachweis der Vollstreckungsvoraussetzung kann das Vollstreckungsgericht grundsätzlich die Vorlage der **vollstreckbaren Ausfertigung** des Schuldtitels verlangen.[50] Zu Recht wendet der BGH ein, dass die Vorlage einer Kopie des Titels nicht ausreichend sei, da § 754a ZPO für das Verfahren auf Erlass eines Haftbefehls nicht anwendbar ist. Allein die Tatsache, dass der Antrag über Modul H via Gerichtsvollzieher an das Vollstreckungsgericht weitergeleitet werden kann, bedeutet nicht, dass auch für eine derartige Maßnahme, über die das Vollstreckungsgericht entscheiden muss, § 754a ZPO zur Anwendung kommt. Dabei verweist der BGH auch auf die systematische Stellung des § 754a ZPO. Da sich die Bestimmung im Anschluss an die Zuständigkeit des Gerichtsvollziehers regelnden Vorschriften der §§ 753, 754 ZPO findet, ist § 754a ZPO auch nur auf solche Aufträge anzuwenden, die sich direkt und unmittelbar an den Gerichtsvollzieher richten. Eine inhaltsgleiche Bestimmung wie in § 754a ZPO findet sich für den PfÜB in § 829a ZPO, nicht jedoch für andere an das Vollstreckungsgericht zu richtende Anträge. Nach Ansicht des BGH ist die Vorschrift des § 754a ZPO eng auszulegen und betrifft nur solche Maßnahmen, die vom Gerichtsvollzieher ergriffen werden, um eine Vereinfachung und Beschleunigung des Zwangsvollstreckungsverfahrens zu erreichen und auch nur, soweit es sich um eine Vollstreckung aus einem Vollstreckungsbescheid handelt.[51] Daher, so der BGH, ist bei einem Erlass eines Haftbefehls wegen der Grundrechtsrelevanz der Freiheitsentziehungsmaßnahme (Art. 2 Abs. 2 S. 2 und 3, Art. 104 Abs. 2 S. 1 GG) der Missbrauchsgefahr in besonderem Maße entgegenzuwirken, weshalb das Vollstreckungsgericht in solchen Fällen auf die Vorlage der **vollstreckbaren Ausfertigung** des Vollstreckungsbescheids bestehen kann.

d) Keine Anwendung des § 754a ZPO auf den Haftbefehl selbst

Für den **Haftbefehl selbst** bedarf es zu seiner Vollstreckung ebenfalls des Originals des Haftbefehls; ein Scan reicht auch hier nicht aus. Sofern das Gericht den Haftbefehl versehentlich (trotz Ankreuzen in Modul H, dass die Übermittlung zur Vollstreckung an den Gerichtsvollzieher erfolgen soll) an den Gläubiger übermittelt, muss dieser die **Ausfertigung** an den Gerichtsvollzieher senden, damit die Verhaftung erfol-

---

[48] LG Berlin, Beschl. v. 22.12.2020 – Az.: 21 T 435/20.
[49] Vgl. dazu ebenfalls BGH NJW-RR 2012, 688.
[50] Siehe dazu auch BGH, Beschl. v. 14.8.2008 – I ZB 10/07, NJW 2008, 3504.
[51] BGH, a.a.O., Rn 19.

gen kann.⁵² Auch hier gilt somit: Der Antrag an den Gerichtsvollzieher auf Verhaftung (bisher Modul I) ist zwingend elektronisch zu erteilen; die Ausfertigung des Haftbefehls jedoch in Papierform vorzulegen.

e) BGH zur Vollmachtsvorlage – Inkassodienstleister

76 Der BGH hat in einem Fall zur alten Rechtslage am 29.9.2021 entschieden, dass Inkassodienstleister vereinfachte Vollstreckungsaufträge i.S.d. § 754a ZPO nicht stellen können, da sie verpflichtet sind, Original-Vollmachten vorzulegen.

> *„Die Möglichkeit des vereinfachten Vollstreckungsantrags bei Vollstreckungsbescheiden gemäß § 829a ZPO ist für einen Gläubiger, der sich durch einen Inkassodienstleister als Bevollmächtigten vertreten lässt, nicht eröffnet, weil gemäß §§ 80, 88 Abs. 2 ZPO die Vollmacht durch Einreichung der schriftlichen Vollmachtsurkunde zu den Gerichtsakten nachgewiesen werden muss und es sich bei der Vollmachtsurkunde um eine die Anwendung des § 829a ZPO ausschließende, vorlegungspflichtige „andere Urkunde" im Sinne des § 829a Abs. 1 Satz 1 Nr. 2 ZPO handelt."*⁵³

77 Seit dem 1.1.2021 hat der Gesetzgeber jedoch in § 753a ZPO geregelt, dass auch Inkassodienstleister ihre Bevollmächtigung lediglich zu versichern haben; eines Nachweises bedarf es nicht. Auf Anfrage beim BMJ wurde per Mail mitgeteilt, dass nach dortiger Ansicht § 753a ZPO auch für PfÜB-Anträge gem. § 829a ZPO zur Anwendung kommt.⁵⁴ § 753a ZPO ist im 8. Buch, 1. Abschnitt unter „Allgemeine Vorschriften" geregelt und bezieht sich auf die Zwangsvollstreckung wegen Geldforderungen in das bewegliche Vermögen. Auch Anwälte müssen lediglich ihre ordnungsgemäße Bevollmächtigung versichern. Die Vorschrift soll der Verfahrensvereinfachung dienen.⁵⁵ Da die Versicherung der ordnungsgemäßen Bevollmächtigung als Nachweis ausreicht, kann, soweit der Personenkreis des § 79 Abs. 2 S. 1 u. 2 Nr. 3 u. 4 ZPO betroffen ist, die Vorlage einer Vollmacht auch nicht verlangt werden.

78 § 753a ZPO:

> *„¹Bei der Durchführung der Zwangsvollstreckung wegen Geldforderungen in das bewegliche Vermögen haben Bevollmächtigte nach § 79 Absatz 2 Satz 1 und 2 Nummer 3 und 4 ihre ordnungsgemäße Bevollmächtigung zu versichern; des Nachweises einer Vollmacht bedarf es in diesen Fällen nicht. ²Satz 1 gilt nicht für Anträge nach § 802g."*

f) § 754a ZPO und Teilvollstreckungsaufträge

79 Eine Teilvollstreckung aus einem Vollstreckungsbescheid ist nach § 754a ZPO nach überwiegender Ansicht nur möglich, soweit die titulierte Forderung im Vollstreckungsbescheid selbst die Gesamthöhe von 5.000,00 EUR nicht überschreitet.⁵⁶ Liegt daher z.B. ein Vollstreckungsbescheid mit einer Forderung von z.B. 12.000,00 EUR vor, kann ein Gläubiger nicht durch einen Teil-Vollstreckungsauftrag von § 754a ZPO profitieren.

---

52 LG Düsseldorf, Beschl. v. 22.4.2021 – 25 T 115/21, BeckRS 2021, 22038; AG Düsseldorf, Beschl v. 22.1.2021 – 666 M 108/21, BeckRS 2021, 14823; AG Frankenthal, Beschl. v. 9.5.2022 – 5 M 433/22, BeckRS 2022, 18426.
53 BGH, Beschl. v. 29.9.2021 – VII ZB 25/20, BeckRS 2021, 32669 = JurBüro 2022, 48 = MDR 2022, 121 = RPfleger 2022, 89; ebenso: BGH, Beschl. v. 29.9.2021 – VII ZB 29/20.
54 So auch: Zöller/*Seibel*, 34. Aufl. 2022, § 753a Rn 2.
55 BT-Drucks 19/20348, 32, 35 u. 73.
56 AG Dresden, Beschl. v. 7.1.2022 – 503 M 10249/21, BeckRS 2022, 183; ebenso: AG Berlin-Schöneberg, Beschl. v. 2.9.2020 – 30 M 1160/20, DGVZ 2020, 238, Musielak/Voit/*Lackmann*, ZPO, 17. Aufl., § 754a Rn 4.

g) Keine Anwendung des § 754a ZPO bei Vollstreckung aus behördlichen Titeln

§ 754a ZPO ist nicht für behördliche Vollstreckungen aus behördlichen Titeln analog anwendbar.[57] Denn bei Erteilung eines Vollstreckungsauftrags zur Beitreibung von Gerichtskosten **ersetzt der Auftrag den Titel**, sodass zwar der Auftrag einerseits gem. § 753 Abs. 5 ZPO i.V.m. § 130d ZPO zwingend elektronisch einzureichen ist, der **Titel** jedoch und damit in diesen Fällen der Auftrag als solcher zwingend in Papierform vorzulegen sind. Ein solcher Auftrag hat somit eine „Doppelfunktion", weshalb hier doppelgleisig vorgegangen werden muss.[58]

80

V. Papiertitel noch zeitgemäß?

Ein praktisches Problem bleibt die Notwendigkeit, trotz verpflichtender elektronischer Antragstellung Titel außerhalb der Anwendungsbereiche der §§ 754a u. 829a ZPO in Papierform (vgl. dazu § 317 Abs. 2 ZPO i.V.m § 802a Abs. 2 ZPO) übermitteln zu müssen. § 757 Abs. 1 ZPO regelt beispielsweise, dass der Gerichtsvollzieher erfolgte Zahlungen „auf dem Titel" zu vermerken hat. Eine ähnliche Regelung gibt es z.B. für erlassene Pfändungs- und Überweisungsbeschlüsse nicht. Schon heute ist daher die „Quittungsfunktion" des Titels nicht umfassend geregelt. Ein Schuldner hat somit möglicherweise auch Nachweisprobleme, wenn er Zahlungsbelege nicht ausreichend lange aufhebt. Der Ruf nach einem **elektronischen Titelregister** wird immer lauter.[59] Ein solches Titelregister begegnet jedoch auch datenschutzrechtlichen Bedenken. Interessant sind daher die momentanen Bestrebungen, den Anwendungsbereich der §§ 754a u. 829a ZPO unter Beibehaltung der Wertgrenze auf Kostenfestsetzungsbeschlüsse (§ 104 ZPO), behördliche Titel/Bescheide sowie Versäumnisurteile (§ 331 ZPO) zu erstrecken.[60] Eine Erweiterung des Anwendungsbereichs wurde vom Gesetzgeber bei Einführung dieser Vorschriften bereits in Aussicht gestellt.[61] Es bleiben in diesem Bereich die weiteren Entwicklungen jedoch noch abzuwarten. Seit dem 1.1.2022 werden notarielle Urkunden zudem in einem elektronischen Urkundenarchiv verwahrt werden, vgl. auch § 78h Bundesnotarordnung.[62] Die Arbeitsgruppe „Modernisierung des Zivilprozesses" hat im Auftrag der Präsidentinnen und Präsidenten der Oberlandesgerichte, des Kammergerichts, des Bayerischen Obersten Landesgerichts und des Bundesgerichtshofs ein Diskussionspapier zur Modernisierung des Zivilprozesses erstellt, welches im Internet veröffentlicht ist.[63] Hier wird u.a. angeregt, ein elektronisches Titelregister an das elektronische Urkundenarchiv der Notare anzudocken. Zurzeit wird zudem geprüft, ob der Anwendungsbereich der §§ 754a u. 829a ZPO bei bleibender Forderungsbegrenzung auch auf andere Titel wie z.B. KFBs, Versäumnisurteile ausgedehnt werden soll.[64]

81

---

57 AG Berlin-Kreuzberg, Beschl. v. 25.5.2022 – 34 M 757/22, BeckRS 2022, 18229 sowie Beschl. v. 10.5.2022 – 31 M 606/22, BeckRS 2022, 19750.
58 AG Limburg, Beschl. v. 17.8.2022 – 8 M 1717/22, BeckRS 2022, 20989; AG Essen, Beschl. v. 2.8.2022 – 30 M 1054/22, BeckRS 2022, 22730
59 Vgl. nur beispielhaft: *Werner/Wollweber*, „Der digitale Zivilprozess: 15 Forderungen der Anwaltschaft", AnwBl. 2018, 387.
60 VE Vollstreckung effektiv v. 20.9.2022 – online-Abruf: *„Erweiterung des Anwendungsbereichs der §§ 754a, 829a ZPO beabsichtigt."*
61 BT-Drucks 18/7560, 35, 1. Abs.: *„Dabei ist die zunächst beschränkte Regelung etwa zukünftigen gesetzlichen Entwicklungen zur weiteren Stärkung der elektronischen Titelverwaltung gegenüber offen."*
62 Gesetz zur Neuordnung der Aufbewahrung von Notariatsunterlagen und zur Einrichtung des Elektronischen Urkundenarchivs bei der Bundesnotarkammer sowie zur Änderung weiterer Gesetze
vom 1.6.2017 (BGBl I, 1396).
63 https://www.justiz.bayern.de/media/images/behoerden-und-gerichte/oberlandesgerichte/nuernberg/diskussionspapier_ag_modernisierung.pdf (Abruf: 1.10.2022).
64 VE, 20.9.2022 – Fachbeitrag – Elektronischer Rechtsverkehr „Erweiterung des Anwendungsbereichs der §§ 754a, 829a ZPO beabsichtigt".

VI. Zusammenfassung – Fazit – elektronische Zwangsvollstreckung

82 **Wir halten fest:**
1. Rechtlich betrachtet können sämtliche Vollstreckungsmaßnahmen auch elektronisch beauftragt werden. Voraussetzung ist, dass das entsprechende Gericht bzw. der entsprechende Gerichtsvollzieher über einen EGVP-Anschluss bzw. ein eBO (elektronisches Bürger- und Organisationenpostfach verfügbar und adressierbar ist. Dies betrifft gleichermaßen alle Vollstreckungsorgane, sei es Gerichtsvollzieher, Vollstreckungsgerichte, ein Grundbuchamt aber auch Insolvenzgerichte (vgl. hierzu § 4 InsO). Nicht alle Gerichtsvollzieher lassen sich zum Zeitpunkt der Drucklegung dieses Werks (Stand: 29.9.2022) bisher über ihren Namen/Ort im Gesamtverzeichnis via beA finden. In diesen Fällen empfiehlt es sich, den Auftrag an die Verteilerstelle zu richten.
2. Nur in zwei Fällen ist bisher der **Scan** einer **vollstreckbaren Ausfertigung** des Titels ausreichend:
   a) Vollstreckungsbescheide (Forderungen bis max. 5.000,00 EUR) im Rahmen von Gerichtsvollzieheraufträgen, siehe § 754a ZPO
   b) Vollstreckungsbescheide (Forderungen bis max. 5.000,00 EUR) im Rahmen von Anträgen auf Erlass eines Pfändungs- und Überweisungsbeschlusses, siehe § 829a ZPO
3. Für alle **anderen Titel** gilt, dass diese in **Papierform** vorzulegen sind. Beispielhaft sind hier zu nennen:
   a) Vollstreckungsbescheide über EUR 5.000,00
   b) sämtliche Urteile
   c) Kostenfestsetzungsbeschlüsse
   d) Vergleiche
   e) notarielle Urkunden
   f) etc.
   Auf die Ausführungen in Rdn 80 wird verwiesen.
4. Für Gerichtsvollzieheraufträge, die „schriftlich einzureichen sind", besteht nach der derzeitigen Rechtslage seit **1.1.2022** eine **elektronische Antragspflicht**, § 753 Abs. 5 ZPO (der zum 1.1.2022 in Kraft trat und auf § 130d ZPO verweist). Dies gilt für **sämtliche** Aufträge an den Gerichtsvollzieher, soweit sie „schriftlich" einzureichen sind. Für alle **anderen Vollstreckungsanträge**, die sich an das Gericht richten (Vollstreckungsgericht, Prozessgericht der I. Instanz), ist § 130d ZPO **unmittelbar anwendbar**.

VII. Praxisprobleme – praktisch gelöst

1. Wie finden Titel und elektronischer Auftrag zueinander?

83 **Das Problem liegt auf der Hand:**
Gläubiger müssen dafür Sorge tragen, dass nachzureichende Papiertitel mit ihrem elektronischen Antrag beim Gerichtsvollzieher/Gericht wieder „zusammenfinden".

84 Es bieten sich hier mehrere Vorgehensweisen an:
1. Gleichzeitiger Versand des elektronischen Antrags mit Versand des Papiertitels (in der Hoffnung, dass die richtigen beiden Teile wieder zueinander finden).
2. Zunächst elektronischer Antrag; sobald das Aktenzeichen des Gerichtsvollziehers/Gerichts bekannt ist, Zusendung des Original-Titels, der zuvor ggf. lediglich als Scan dem Antrag beigefügt war. Diese Vorgehensweise ist nach einigen Monaten Einreichpflicht im Jahr 2022 als die in der Praxis von allen Beteiligten bevorzugtere Variante wahrzunehmen. Auch die Einreichung des Dokuments „vollständige Zustellantwort", welches die OSCI-ID enthält, hilft dem Gerichtsvollzieher bei der Zuordnung von Auftrag und nachgereichtem Titel.

Die RAK Hamburg veröffentlicht auf Ihrer Internetseite folgenden Hinweis:[65] **85**

"ELEKTRONISCHE EINREICHUNG VON VOLLSTRECKUNGSAUFTRÄGEN AB DEM 1.1.2022 / HINWEIS DES AMTSGERICHTS HAMBURG

Ab dem 1.1.2022 müssen Rechtsanwältinnen und Rechtsanwälte auch die Vollstreckungsaufträge als elektronisches Dokument an die Gerichte übermitteln (§§ 753 Abs. 5, 130d ZPO jeweils in der ab dem 1.1.2022 gültigen Fassung). Bei Vollstreckungsbescheiden, deren fällige Geldforderung einschließlich titulierter Nebenforderungen und Kosten nicht mehr als 5.000 EUR beträgt, verbleibt es bei der rein elektronischen Einreichung des Titels (§ 754a Abs. 1 Nr. 1 ZPO). Bei allen anderen Vollstreckungstiteln ist neben dem elektronisch einzureichenden Vollstreckungsauftrag gleichzeitig der Vollstreckungstitel in der vollstreckbaren Ausfertigung, also in Papierform, einzureichen (§§ 754, 754a ZPO).

Das Amtsgericht Hamburg weist uns in diesem Zusammenhang auf die Problematik hin, dass der Posteingang des Originaltitels bei Gericht mangels Aktenzeichen nicht oder nur sehr aufwändig dem bereits elektronisch eingegangenen Antrag zugeordnet werden kann. Aus Sicht aller Hamburger Amtsgerichte wäre es deshalb wünschenswert, wenn generell der Vollstreckungstitel dem elektronisch eingereichten Vollstreckungsauftrag als (elektronische) Kopie beigefügt wäre und die Rechtsanwältinnen und Rechtsanwälte auf Gläubigerseite den Originaltitel in Papierform erst nach Anforderung des Gerichts unter Angabe des Aktenzeichens übersenden. Das würde die Zuordnung des Titels sehr erleichtern.

Das Amtsgericht Hamburg bittet uns im Interesse einer möglichst reibungslosen Umstellung, diesen Wunsch unseren Mitgliedern mitzuteilen."

2. Ersatzeinreichung bei vorübergehender technischer Störung?

Was die Regelung in § 130d ZPO, der ja über § 753 Abs. 5 ZPO für anwendbar erklärt wird, hinsichtlich einer **vorübergehenden technischen Störung** betrifft, ist zu bezweifeln, dass S. 2 und 3 des § 130d ZPO in der Praxis häufig zur Anwendung kommen werden. Denn ist aus technischen Gründen vorübergehend die Übermittlung als elektronisches Dokument nicht möglich, bleibt zwar die Übermittlung nach den allgemeinen Vorschriften zulässig, wobei die vorübergehende Unmöglichkeit bei der Ersatzeinreichung oder unverzüglich danach glaubhaft zu machen und auf Anforderung ein elektronisches Dokument nachzureichen ist. **86**

Nur selten jedoch wird ein ZV-Antrag so dringlich sein (hier scheitert es ja bereits i.d.R. an der notwendigen Briefpost-Übermittlung der Ausfertigung), dass bei vorübergehenden technischen Störungen ein Auftrag nicht auch noch am nächsten Tag möglich wäre; zumal bei herkömmlicher Einreichung per Briefpost auch die Postlaufzeiten mit zwei bis drei Tagen einzurechnen sind. Insofern bleibt abzuwarten, ob der Gesetzgeber hier noch nachbessern wird. **87**

88

> *Hinweis*
> Vermeiden Sie „Doppeleinreichungen", damit Gerichte und Gerichtsvollzieher nicht unnötigerweise von zwei Aufträgen ausgehen und damit zwei Akten anlegen und doppelte Kosten verlangen! Bei gleichzeitiger Einreichung des Titels per Post und elektronischer Einreichung des Auftrags ohne Zuordnung zu einem Aktenzeichen sollte daher der Auftrag selbst dem Originaltitel nicht zusätzlich nochmals mit beigefügt, sondern vielmehr auf den elektronischen Auftrag verwiesen werden!

---

65 https://www.rak-hamburg.de/mitglieder/mitgliederservice/meldungen/id/159 – Abruf 29.9.2022.

3. ZV-Belege einzeln oder als Konvolut scannen?

89 Gerade im Bereich der Zwangsvollstreckung müssen häufig zahlreiche Dokumente übermittelt werden, da bereits einige Vollstreckungsmaßnahmen vorausgegangen sind. Es stellt sich in diesen Fällen die Frage, ob grundsätzlich jeder Beleg der Zwangsvollstreckung als eigenes Dokument einzuscannen und zu übermitteln, oder aber ein sog. „Konvolut", bestehend aus sämtlichen Vollstreckungsunterlagen (inklusive Vollstreckungsauftrag), als ein einheitliches Dokument ausreichend ist.

Denkbar sind folgende Vorgehensweisen:

- ZVA + ggf. Titel-Scan + ZV-Unterlagen = ein einziges elektronisches Dokument (Konvolut)
- ZVA = ein Dokument + ZV-Unterlagen + ggf. Titel-Scan als zwei weitere Dokumente (= 2 Dokumente)
- ZVA = ein Dokument + jeder ZV-Beleg + ggf. Titel-Scan als jeweils eigenes Dokument (= Vielzahl von Dokumenten)

90 Das LG Lübeck hat zumindest hinsichtlich der Zulässigkeit des Gesamt-Einzeldokuments anwaltsfreundlich entschieden:

> „Werden der Zwangsvollstreckungsauftrag und Anlagen (§ 754a ZPO) in einem einzigen elektronischen Dokument zusammengefasst, welches qualifiziert signiert und sodann elektronisch übermittelt wird, so verstößt dies weder unmittelbar noch entsprechend gegen das Verbot der Containersignatur aus § 4 Abs. 2 ERVV (§ 11 Rdn 47 ff)."[66]

Im vorliegenden Fall hatte die Gläubigerin im Juli 2020 bei der zuständigen Gerichtsvollzieherin einen Zwangsvollstreckungsauftrag elektronisch eingereicht und sämtliche Vollstreckungsunterlagen in einer einzigen PDF-Datei übermittelt. Zusammengefasst in dieser PDF-Datei waren sowohl der Zwangsvollstreckungsauftrag als auch der Titel nebst Zustellbescheinigung in Abschrift sowie die entsprechenden Kostenbelege. Der zuständige Anwalt hatte den Vollstreckungsantrag qualifiziert elektronisch signiert. Die zuständige Gerichtsvollzieherin verwechselte hier offenbar die Begrifflichkeiten und lehnte unter Verweis auf § 4 Abs. 2 ERVV die Form der Zusammenfassung in einer einzigen PDF-Datei, die mit qualifizierter elektronischer Signatur versehen war, ab, da sie diese für eine Containersignatur hielt. Eine Containersignatur liegt jedoch dann vor, wenn die gesamte elektronische Nachricht als solche (und nicht wie hier ein einzelnes PDF-Dokument [gleich, wie viele Seiten es auch haben mag]) signiert wird. Sie wird deshalb auch „Umschlag"-Signatur bzw. „envelope signature" genannt. Hier handelt es sich aber vielmehr um eine sog. „Einzelsignatur" eines einzigen elektronischen Dokuments. Die Ablehnung der Gerichtsvollzieherin griff die Gläubigerin mit einer Erinnerung an, die vom Amtsgericht zunächst mit Beschluss zurückgewiesen wurde. Offenbar setzte das Amtsgericht schließlich dann noch „eins drauf", indem es auf einmal davon sprach, dass die Zusammenfassung einzelner Dokumente in einer PDF nicht anders zu werten sei als die Übersendung der Dateien in einem ZIP-Container. Gegen den zurückweisenden Beschluss des Amtsgerichts legte die Gläubigerin sofortige Beschwerde ein. Zu Recht führte das Beschwerdegericht aus, dass es sich ja hier eben gerade nicht um mehrere, elektronische Dokumente handelte, sondern vielmehr um ein einheitliches. Somit kommt § 4 Abs. 2 ERVV hier auch nicht zur Anwendung. Das LG Lübeck verwies dabei auf eine Entscheidung des AG Heilbronn[67] in einem ähnlich gelagerten Fall und auf den Willen des Gesetzgebers, der mit dem Verbot der sog. „Containersignatur" vermeiden wollte, dass bei einer vielleicht notwendigen Trennung mehrerer elektronischer Dokumente eine Prüfung der qualifizierten elektronischen Signatur nicht mehr möglich sei. Sofern aber lediglich ein einziges elektronisches Dokument (in sich bestehend aus mehreren Dokumenten) qualifiziert elektronisch signiert wird, ist eine Signaturprüfung technisch nach wie

---

66 LG Lübeck, Beschl. v. 14.7.2021 – 7 T 293/21, BeckRS 2021, 18414.
67 AG Heilbronn, Beschl. v. 7.5.2021 – 6 M 2125/21.

vor möglich. Nach Ansicht des LG Lübeck hält auch der Gesetzgeber die Anbringung einer qualifizierten elektronischen Signatur an ein Anlagenkonvolut wohl nicht für unzulässig.[68]

Der Gesetzgeber hat, da eine etwaige Trennung der Anlagen bei Gericht aufwendig sei, um diese einzeln elektronisch erfassen zu können, allerdings Erleichterung in der Form geschaffen, *„dass Anlagen, die Schriftsätzen beigefügt sind, überhaupt keiner qualifizierten elektronischen Signatur mehr bedürfen (vgl. den seit dem 1.1.2020 geltenden § 130a Abs. 2 S. 2 ZPO)."*[69]

91

> *Praxishinweis*
>
> Ebenfalls zum 1.1.2020 hat der Gesetzgeber aus der bisherigen Einzahl, dass Schriftsätze und deren Anlagen etc. als „elektronisches Dokument", bisher in § 130a Abs. 1 S. 1 ZPO geregelt, eine Mehrzahl formuliert: „elektronische Dokument**e**". Aus zahlreichen Gesprächen mit Richtern und auch Vorträgen aus der Justiz ist der Verfasserin dieses Skripts bekannt, dass grundsätzlich die Einreichung von Anlagen als einzelne elektronische Dokumente mit entsprechender Dateibenennung (Klarnamen/sprechende Namen) gewünscht wird, damit ein möglichst einfacher Zugriff auf die entsprechende gesuchte Anlage (z.B. Anlage K44 von K1 bis K139) gelingt. Ob dies für Gerichtsvollzieher gleichermaßen zutrifft, bleibt in der Praxis abzuwarten. Nach meiner persönlichen Auffassung sollten hier die Beteiligten am elektronischen Rechtsverkehr gegenseitig bemüht sein, sich das Leben nicht schwer zu machen. Es ist natürlich eine Sache, ob etwas als unzulässig bezeichnet wird (hier fälschliche Behauptung der Gerichtsvollzieherin der Anbringung einer Containersignatur durch den Anwalt) oder aber vielmehr die Frage des Bedienungs- bzw. Bearbeitungskomforts im Raum steht. Alle Beteiligten des elektronischen Rechtsverkehrs tun hier sicher gut daran, sich untereinander abzustimmen und, soweit dies möglich ist und nicht ausufernd wird, auch gegenseitig entsprechend zu unterstützen. Auch im Hinblick darauf, dass viele Kanzleien auf E-Akte umstellen bzw. umstellen werden, ist vorstellbar, dass zur besseren Ordnung innerhalb der Akte man selbst auch mit dem Scan von Einzeldokumenten je Vollstreckungskostenbeleg arbeitet, anstelle mit einem „Gesamtkonvolut". Zumal ja auch die Vollstreckungskosten sukzessive anfallen und es dann am Ende auch Mehrarbeit erfordert, sämtliche Belege zusammenzufassen, als einfach nur die entsprechenden Vollstreckungsbelege hochzuladen.

92

4. Sonderfall Grundbuchamt

Der elektronische Rechtsverkehr sowie die elektronische Grundakte sind in den §§ 135–141 GBO geregelt. Eine elektronische Einreichpflicht wird bei einigen Bundesländern für Grundbuchverfahren **nicht** gesehen, da dort der elektronische Rechtsverkehr noch nicht eröffnet ist, siehe dazu nur beispielhaft für **Bremen**

93

https://www.justiz.bremen.de/publikationen/allgemeine-informationen-1873 (Abruf: 1.10.2022)

Der elektronische Rechtsverkehr sowie die elektronische Grundakte sind in § 135 GBO geregelt, der stellenweise andere Regelungen vorsieht als die ZPO und aus diesem Grund hier abgedruckt werden soll:

94

§ 135 GBO:

> *„(1) Anträge, sonstige Erklärungen sowie Nachweise über andere Eintragungsvoraussetzungen können dem Grundbuchamt nach Maßgabe der folgenden Bestimmungen als elektronische Dokumente übermittelt werden. Die Landesregierungen werden ermächtigt, durch Rechtsverordnung*
>
> *1. den Zeitpunkt zu bestimmen, von dem an elektronische Dokumente übermittelt werden können; die Zulassung kann auf einzelne Grundbuchämter beschränkt werden;*

---

68 LG Lübeck, a.a.O., Rn 10 unter Verweis auf BT-Drucks 19/15167, 29.
69 LG Lübeck, a.a.O., Rn 10.

§ 17 Mahnverfahren und Zwangsvollstreckung nach ZPO im ERV

2. Einzelheiten der Datenübermittlung und -speicherung zu regeln sowie Dateiformate für die zu übermittelnden elektronischen Dokumente festzulegen, um die Eignung für die Bearbeitung durch das Grundbuchamt sicherzustellen;

3. die ausschließlich für den Empfang von in elektronischer Form gestellten Eintragungsanträgen und sonstigen elektronischen Dokumenten in Grundbuchsachen vorgesehene direkt adressierbare Einrichtung des Grundbuchamts zu bestimmen;

4. zu bestimmen, dass Notare

a) Dokumente elektronisch zu übermitteln haben und

b) neben den elektronischen Dokumenten bestimmte darin enthaltene Angaben in strukturierter maschinenlesbarer Form zu übermitteln haben;

die Verpflichtung kann auf die Einreichung bei einzelnen Grundbuchämtern, auf einzelne Arten von Eintragungsvorgängen oder auf Dokumente bestimmten Inhalts beschränkt werden;

5. Maßnahmen für den Fall des Auftretens technischer Störungen anzuordnen.

Ein Verstoß gegen eine nach Satz 2 Nummer 4 begründete Verpflichtung steht dem rechtswirksamen Eingang von Dokumenten beim Grundbuchamt nicht entgegen.

(2) Die Grundakten können elektronisch geführt werden. Die Landesregierungen werden ermächtigt, durch Rechtsverordnung den Zeitpunkt zu bestimmen, von dem an die Grundakten elektronisch geführt werden; die Anordnung kann auf einzelne Grundbuchämter oder auf Teile des bei einem Grundbuchamt geführten Grundaktenbestands beschränkt werden.

(3) Die Landesregierungen können die Ermächtigungen nach Absatz 1 Satz 2 und Absatz 2 Satz 2 durch Rechtsverordnung auf die Landesjustizverwaltungen übertragen.

(4) Für den elektronischen Rechtsverkehr und die elektronischen Grundakten gilt § 126 Absatz 1 Satz 2 und Absatz 3 entsprechend. Die Vorschriften des Vierten Abschnitts über den elektronischen Rechtsverkehr und die elektronische Akte in Beschwerdeverfahren bleiben unberührt."

Es ist bedauerlich, dass der elektronische Rechtsverkehr an manchen Stellen nicht klar genug geregelt ist, was die fehlende Akzeptanz vieler Anwender befeuert. Für die Praxis sind daher in den Zweifelsfragen pragmatische Ansätze zu suchen, siehe dazu auch Rdn 100 in diesem Kapitel.

95 Anträge, sonstige Erklärungen sowie Nachweise über andere Eintragungsvoraussetzungen **können** somit dem Grundbuchamt nach Maßgabe der Abs. 2–4 als elektronische Dokumente übermittelt werden, § 135 Abs. 1 S. 1 GBO. Eine Einschränkung hinsichtlich bestimmter Personenkreise ist dabei in Absatz 1 nicht vorgesehen, sodass aus **rechtlichen** Gründen die Einreichung eines Antrags auf Eintragung einer Zwangssicherungshypothek an das Grundbuchamt möglich ist.

96 Einige Bundesländer haben jedoch den elektronischen Rechtsverkehr bei den Grundbuchämtern noch nicht eröffnet, sodass die Einreichung **technisch** scheitern kann. § 135 Abs. 1 S. 2 Nr. 1 GBO bestimmt, dass die Landesregierungen ermächtigt werden, durch Rechtsverordnung zu bestimmen, von welchem Zeitpunkt an Dokumente elektronisch übermittelt werden können. Dass die Eröffnung des elektronischen Rechtsverkehrs hiernach Ländersache ist, erschwert für Anwälte, die teils bundesweit tätig sind, den elektronischen Rechtsverkehr erheblich und führt zu Rechtsunsicherheiten, wie sich auch aus der nachstehend dargestellten bisher bekannt gewordenen Rechtsprechung ergibt. § 135 Abs. 1 S. 2 Nr. 4 GBO regelt die Ermächtigungsgrundlage, durch Rechtsverordnung festzulegen, ab welchem Zeitpunkt **Notare** Dokumente elektronisch übermitteln **müssen**. Eine solche Regelung ist unseres Erachtens nach erforderlich, da Notare in § 130d ZPO nicht erwähnt sind. Zudem regelt § 135 Abs. 1 S. 3 GBO, dass ein Verstoß gegen die landesrechtlich angeordnete Einreichungspflicht einem rechtswirksamen Eingang von Dokumenten beim Grundbuchamt nicht entgegenstehen darf. Für Anwälte ist nach der GBO eine elektronische Ein-

reichpflicht – zumindest soweit bisher ersichtlich– nicht vorgesehen. Dem gegenüber regelt jedoch § 130d ZPO, dass Rechtsanwälte „schriftlich einzureichende Anträge" elektronisch bei Gerichten einzureichen haben. § 14b FamFG kommt hier unseres Erachtens für einen Antrag auf Eintragung einer Zwangssicherungshypothek nicht infrage, da dieser Antrag in § 867 ZPO geregelt ist und somit § 130d ZPO gilt.

Das OLG Dresden[70] hat jedoch für ein Ersuchen einer Behörde an das Grundbuchamt (hier: Eintragung einer Zwangssicherungshypothek) entschieden, dass diese nicht verpflichtet ist, den Antrag elektronisch einzureichen, obwohl Behörden in § 130d ZPO genannt sind. Es begründet seine Auffassung, dass § 130d ZPO für die Eintragung einer Zwangssicherungshypothek nicht zur Anwendung kommt, damit, dass zwar das Grundbuchamt nicht nur als Organ der Grundbuchführung tätig würde, sondern zugleich auch als Vollstreckungsorgan, die Form des Antrags sich jedoch nach der Grundbuchordnung richten würde.[71]

Auch das OLG Schleswig[72] (hier: Beschwerde gem. § 73 GBO) u. das OLG Zweibrücken[73] (hier: Ersuchen auf Eintragung einer Zwangssicherungshypothek gem. § 322 AO) halten § 130d ZPO unter Verweis auf die zuvor besprochene Entscheidung des OLG Dresden für **Behörden** nicht für anwendbar, da nach ihrer Auffassung § 135 GBO eine abschließende Regelung zur elektronischen Einreichung trifft. Folgt man diesen Entscheidungen, wäre auch für **Rechtsanwälte**, die neben den Behörden in § 130d ZPO genannt sind, **keine** elektronische Einreichpflicht für Anträge auf Eintragung einer Zwangssicherungshypothek gegeben, und zwar auch dann nicht, wenn der elektronische Rechtsverkehr durch landesrechtliche Verordnung eröffnet worden ist. Diese Auffassung begegnet allerdings diesseits erheblichen Bedenken, denn in § 867 ZPO findet sich kein Hinweis darauf, dass zwar die Grundsätze der Zwangsvollstreckung gelten sollen (§§ 724 ff., 750, 751 ZPO), nicht aber § 130d ZPO.

Dass die Grundbuchämter bei einem Antrag auf Eintragung einer Zwangssicherungshypothek die allgemeinen Voraussetzungen der Zwangsvollstreckung zu prüfen haben, hat auch das OLG Schleswig in einer weiteren Entscheidung festgehalten.[74]

> „1. Wird das Grundbuchamt bei der Eintragung als Vollstreckungsorgan tätig, hat es sowohl die vollstreckungsrechtlichen als auch die grundbuchrechtlichen Voraussetzungen selbständig zu prüfen.
>
> 2. Das Vorliegen der allgemeinen Zwangsvollstreckungsvoraussetzungen (Titel, Klausel, Zustellung) bestimmt sich nach der ZPO und ist durch Vorlage der Vollstreckungsunterlagen nachzuweisen. Gemäß § 724 ZPO wird die Zwangsvollstreckung aufgrund einer mit Vollstreckungsklausel versehenen Ausfertigung des Urteils (vollstreckbare Ausfertigung) durchgeführt. Die vollstreckbare Ausfertigung eines Urteils ist stets Papierurkunde.
>
> 3. Auf Grundlage einer elektronisch durch den Notar beglaubigten Abschrift einer vollstreckbaren Ausfertigung ist eine Zwangsvollstreckung nicht möglich. Daran ändert auch die Bestimmung des § 135 GBO zum elektronischen Rechtsverkehr nichts. Sie gilt nur für die grundbuchrechtlichen Voraussetzungen."

Umso mehr verwundert es, wenn Grundbuchämter zwar einerseits – richtigerweise – als Vollstreckungsorgane angesehen werden, die Vollstreckung somit – durch Anwälte – nach §§ 704 ff. ZPO erfolgt und der Antrag auf Eintragung einer Zwangssicherungshypothek in § 867 ZPO geregelt ist, die elektronische Einreichpflicht gem. § 130d ZPO für Behörden (und damit für die in § 130d ebenfalls genannten Anwälte) dann jedoch nicht gelten soll. Das OLG München jedenfalls wendet – nach unserer Auffassung grundsätzlich zu Recht – § 130d ZPO sehr wohl an, jedoch erst dann, wenn der elektronische Rechtsverkehr beim jeweiligen Grundbuchamt durch Landesverordnung eröffnet worden ist, siehe hierzu die nachfolgende Rdn 102.

---

70 OLG Dresden, Beschl. v. 7.3.2022 – 17 W 96/22, FGPrax 2022, 150.
71 OLG Dresden, a.a.O.
72 OLG Schleswig, Beschl. v. 26.4.2022 – 2 Wx 22/22, NVwZ-RR 2022, 701.
73 OLG Zweibrücken, Beschl. v. 25.3.2022 – 3 W 19/22, NJW-RR 2022, 1180.
74 OLG Schleswig, Beschl. v. 7.6.2022 – 2 Wx 31/22, BeckRS 2022, 13275.

101 Bei der Eintragung einer Zwangssicherungshypothek handelt es sich um eine Maßnahme der Zwangsvollstreckung nach der ZPO. Der Antrag auf Eintragung einer Zwangssicherungshypothek ist gem. § 867 ZPO beim Grundbuchamt (angesiedelt als eigene Abteilung bei den Amtsgerichten) einzureichen, sodass § 130d ZPO auch für den Bereich der gesamten Zwangsvollstreckung nach unserer Auffassung grundsätzlich unmittelbar zur Anwendung kommen dürfte, wobei § 130d ZPO nur für schriftlich einzureichende Anträge gilt. § 135 Abs. 1 S. 2 Nr. 4 GBO steht dem nicht entgegen, da Notare in § 130d ZPO nicht genannt sind und daher für diese eine eigene Regelung erforderlich war. Insofern ist zunächst die Frage berechtigt, ob es sich bei dem Antrag auf Eintragung einer Zwangssicherungshypothek um einen „schriftlich einzureichenden Antrag" handelt oder aber nicht. *Seibel* führt in *Zöller*[75] aus, dass für den Antrag Anwaltszwang nicht besteht, siehe dazu auch § 78 ZPO und zur ggf. erforderlichen Bevollmächtigung §§ 79 ff. ZPO. Der Antrag kann somit zwar grundsätzlich auch von der Partei gestellt werden; wegen des Eingangsvermerks (vgl. dazu die §§ 13 Abs. 2 S. 1, 17 GBO) bedürfe der Antrag jedoch entweder der Schriftform oder aber der Erklärung zur Niederschrift des Grundbuchbeamten, § 13 Abs. 2 S. 3 GBO, wobei das OLG München die Schriftform bei einem Antrag auf Eintragung einer Zwangssicherungshypothek gewahrt sieht, wenn ein verkörpertes Schriftstück vorliegt, auch wenn dieses nicht unterschrieben ist.[76]

102 Da der elektronische Rechtsverkehr bei den Grundbuchämtern in Bayern zum Zeitpunkt der Entscheidung des OLG München noch nicht eröffnet war, stellte sich die Frage, ob der per beA eingereichte sowie ausgedruckte (jedoch nicht unterschriebene) und per Post übermittelte Antrag auf Eintragung einer Zwangssicherungshypothek wirksam eingereicht war oder nicht.[77] Das OLG München hielt den Antrag für wirksam eingereicht, da der per beA eingereichte und signierte Antrag vom Gericht ausgedruckt worden war und somit ein „verkörpertes Schriftstück" und ein wirksamer Antrag vorliegen würden.

Leitsatz des OLG München:[78]

„Wird ein über das besondere elektronische Anwaltspostfach (beA) eingereichter Schriftsatz ausgedruckt, liegt – unabhängig davon, ob der elektronische Rechtsverkehr im Grundbuchverfahren eröffnet ist – ein schriftlicher Antrag i.S.v. § 13 GBO vor. Ergibt sich aus den Umständen eindeutig, wer Antragsteller ist, muss das Schriftstück nicht von diesem unterschrieben sein."

103 So hält das OLG München schließlich zudem fest, dass die Eintragung einer Zwangssicherungshypothek zwar *„verfahrensrechtlich ein Grundbuchgeschäft, aber als Zwangsvollstreckungsmaßnahme zugleich ein Vollstreckungsakt"* ist und als vollstreckungsrechtliche Erklärung der Antrag in der Form des § 130d ZPO genügt.[79]

104 Leider führt der Begriff „schriftlich" sowohl in § 130d ZPO als auch in anderen Vorschriften der ZPO wie auch der GBO letztendlich zu einer Rechtsunsicherheit. Dies ist umso bedauerlicher, weil ein solcher Antrag, sofern eine elektronische Einreichpflicht anzunehmen ist, bei einem entsprechenden Formfehler zurückzuweisen wäre bzw. bei vorgenommener Eintragung trotz dieses dann erheblichen Formfehlers eine Nichtigkeit der Sicherungsmaßnahme zu befürchten ist. Die Frage, ob für Anwälte bei Einreichung eines Antrags auf Eintragung einer Zwangssicherungshypothek § 130d ZPO oder aber § 135 GBO zur Anwendung kommt, ist von zentraler Bedeutung. Sofern § 135 GBO zur Anwendung käme, gäbe es dann auch bei eröffnetem ERV bei einem Grundbuchamt keine elektronische Einreichpflicht, da in § 135 GBO lediglich die Notare erwähnt sind. Wie bereits weiter oben ausgeführt, halten die Verfasser jedoch § 130d ZPO für

---

75 *Zöller/Seibel*, 34. Aufl. 2022, § 867 Rn 2.
76 OLG München, Beschl. v. 7.9.2022 – 34 Wx 323/22, Rn 20, BeckRS 2022, 22682; unter Verweis in Rn 18 auf: OLG Karlsruhe, Beschl. v. 17.11.2011 – 18 UF 312/11, NJW 2012, 1822 u. BGH, Beschl. v. 15.7.2008 – X ZB 8/08 sowie zur Problematik: *Schroetter*, Rpfleger 2022, 425, 427.
77 OLG München, Beschl. v. 7.9.2022 – 34 Wx 323/22, a.a.O.
78 OLG München, a.a.O.
79 OLG München a.a.O., Rn 27.

Anwälte für anwendbar (und damit letztendlich auch für Behörden, somit entgegen den Auffassungen der OLG Dresden, Schleswig und Zweibrücken, vgl. Rdn 97 u 98).

> *Praxistipp* **105**
> Die Vorlage des Titels ist bei einem Antrag auf Eintragung einer Zwangssicherungshypothek erforderlich, da eine Zwangssicherungshypothek streng akzessorisch ist, d.h. ihr Bestand vom Bestehen der Forderung, für die sie eingetragen wurde, abhängig ist. Aus diesem Grund ist auch der Eintragungsvermerk fest mit dem Titel zu verbinden und bei ganz oder teilweiser Zahlung der Titelforderung auch eine entsprechende Löschung der Zwangssicherungshypothek notwendig.

Empfohlene Vorgehensweise:[80] **106**

1. Übermittlung eines schriftlichen Antrags auf Eintragung einer Zwangssicherungshypothek zusammen mit der vollstreckbaren Ausfertigung des Titels an das jeweils zuständige Grundbuchamt.
2. Hinweis darauf, dass hinsichtlich der Pflicht zur elektronischen Einreichung Rechtsunsicherheit besteht und aus diesem Grund höchst vorsorglich parallel derselbe Antrag auch elektronisch eingereicht wird.
3. Hinweis auf dem Deckblatt des Antrags (sowohl bei elektronischer Antragstellung als auch bei der parallel erfolgenden schriftlichen Antragstellung) darauf, dass lediglich einmal (!) die Eintragung der Zwangssicherungshypothek begehrt wird und lediglich aus Gründen der Rechtsunsicherheit der identische Antrag sowohl elektronisch als auch in Papierform eingereicht wird, somit also keine zwei Anträge gestellt werden, sondern lediglich ein einziger.

Es gilt in jedem Fall, die Verursachung doppelter Gerichtskosten für den Eintragungsantrag zu vermeiden. **107** Erfolgt ein entsprechender Hinweis nicht, muss damit gerechnet werden, dass das Grundbuchamt zwei Akten/Aktenzeichen anlegt und auch doppelt Gerichtskosten berechnet. Erfolgt der Hinweis deutlich (am besten umrahmt in einem Kasten auf der jeweils ersten Seite), so wäre bei unrichtiger Sachbehandlung die Möglichkeit einer Niederschlagung der Gerichtskosten gem. § 21 GNotKG möglich.

Aus der Praxis ist zu vernehmen, dass zum Teil bei Grundbuchämtern elektronisch eingehende Anträge **108** nicht ausgedruckt, sondern sogleich gelöscht werden. Ob diese mehrfache Angabe von Seminarteilnehmern korrekt ist, konnte nicht verifiziert werden. Nach diesseitiger Auffassung sind sämtliche eingehenden elektronischen Anträge auch aus Nachweisgründen durch die Gerichte zu speichern. Sollte es jedoch zu einem Löschen eines derartigen elektronischen Antrags kommen, so wäre dies m.E. für den Gläubiger zumindest unschädlich, da er über den elektronischen Eingang eine Eingangsbestätigung gem. § 130a Abs. 5 ZPO erhält, die selbstverständlich zu prüfen ist (Erhalt, Vollständigkeit, Datum, Uhrzeit, Status erfolgreich). Derartige Eingangsbestätigungen sind zu archivieren, siehe dazu auch umfassend § 14 in diesem Werk.

5. Rechtsprechung zur Einreichpflicht in ZV-Angelegenheiten – eine Auswahl

Inzwischen ist bereits einige Rechtsprechung zur elektronischen Einreichpflicht in Zwangsvollstreckungsverfahren ergangen. Die nachstehende Auswahl zeigt, dass insbesondere auch Behörden offenbar häufig übersehen, dass sie von der elektronischen Einreichpflicht gem. § 130d ZPO betroffen sind. **109**

> *„1. Nach § 130d ZPO müssen unter anderem einzureichende Anträge, die durch eine Behörde eingereicht werden, als elektronisches Dokument übermittelt werden (Rn 3).*
>
> *2. Vollstreckungsbehörde ist bei Zwangsgeldern nach § 2 Nr. 2 EBAO diejenige Behörde oder Dienststelle der Behörde, die auf die Verpflichtung zur Zahlung des Geldbetrages erkannt hat. Der Behördenbegriff ist dabei funktional zu verstehen, sodass auch – bzw. insbesondere – Gerichte als Vollstreckungsbehörde handeln können (Rn 4).“*[81]

---

80 Bitte prüfen Sie eigenständig, ob Sie diesen Ausführungen folgen wollen. Eine Haftung wird nicht übernommen.
81 LG Münster, Beschl. v. 2.3.2022 – 05 T 105/22, BeckRS 2022, 3570; pro Pflicht für Behörden auch: AG Bad Iburg, Beschl. v. 4.3.2022 – 3 M 80/22, BeckRS 2022, 3640.

110 Sind von der Behörde Dienstsiegel und einfache elektronische Signatur angebracht, reicht dies bei einer „Behördenvollstreckung" nach Ansicht des LG Frankenthal aus.[82] Das AG Bonn vertritt dementgegen jedoch die Auffassung, dass die Entscheidung des BGH aus dem Jahre 2014[83] keine analoge Anwendung auf die zwingend durchzuführende elektronische Übermittlung von Vollstreckungsaufträgen an den Gerichtsvollzieher gem. §§ 6 Abs. 1 Nr. 1 JBeitrG, 753 Abs. 4, 5, 130a, 130d ZPO finden würde. Da § 130a Abs. 3 S. 1 Alt. 2 ZPO lediglich die einfache elektronische Signatur fordert, bedürfe es folglich einer Anbringung eines die Unterschrift ersetzenden Dienstsiegels gem. § 6 Abs. 3 S. 2 JBeitrG auf dem elektronischen Dokument nicht.[84] Hier ist nach unserer Auffassung zu unterscheiden, ob dadurch der Vollstreckungsauftrag als solcher eine titelersetzende Funktion hat oder nicht. Nach Auffassung des AG Düsseldorf sind Haftbefehlsanträge nach § 5a Abs. 4 S. 6 VwVG-NRW durch Behörden seit dem 1.1.2022 nur noch elektronisch einzureichen und zwingend mit qualifizierter elektronischer Signatur zu versehen, da eine Übermittlung über das beBPo mit lediglich einfacher Signatur nicht das materiell-rechtliche Schriftformerfordernis des § 5a Abs. 4 S. 6 VwVG-NRW erfüllt, weil die einfache elektronische Signatur mit Versand aus dem beBPo nicht geeignet ist, dem Vollstreckungsauftrag die titelersetzende Qualität zu verleihen.[85] Aufgrund strittiger Rechtsprechung zu der Frage, ob bei elektronischer Einreichung via beBPo als sicherem Übermittlungsweg ein elektronisches Dienstsiegel erforderlich ist oder aber die einfache elektronische Signatur ausreicht, wurde inzwischen vom LG Hagen, das die Anbringung eines Dienstsiegels für erforderlich hält, die Rechtsbeschwerde zugelassen.[86]

111 Die Weigerung eines Gerichtsvollziehers zur Durchführung einer Zwangsvollstreckungsmaßnahme, die durch eine Behörde nicht elektronisch beantragt wurde, ist nach Ansicht des AG Köln berechtigt.[87] Das AG Köln zur Auslegung des § 130d ZPO (Rn 11–12 des Urteils):

„Die Auslegung des Wortlauts des § 130d ZPO ergibt zunächst, dass alle Behörden unterschiedslos zur Einreichung auf elektronischen Wegen verpflichtet sind. Auch der Gesetzesbegründung ist nichts Anderweitiges zu entnehmen. Zwar ist der Gläubigerin zuzustimmen, dass in der Gesetzesbegründung auch auf § 2 Abs. 1 EGovG Bezug genommen wird. Trotzdem heißt es auch in der Begründung ausdrücklich, dass alle Behörden zur elektronischen Einreichung verpflichtet seien:

„[...] Daher erscheint es gerechtfertigt, Behörden und juristische Personen des öffentlichen Rechts einschließlich der von ihnen zur Erfüllung ihrer öffentlichen Aufgaben gebildeten Zusammenschlüsse ab 1.1.2022 zur Nutzung sicherer elektronischer Übermittlungswege für die Kommunikation mit der Justiz zu verpflichten. Um den elektronischen Rechtsverkehr zu etablieren, sieht Satz 1 eine Pflicht für alle Rechtsanwälte und Behörden vor, Schriftsätze, Anträge und Erklärungen den Gerichten nur noch in elektronischer Form zu übermitteln. [...]"

(vgl. BT-Drucks 17/12634, S. 27)

12 Weder in der Gesetzesbegründung noch im Wortlaut der Norm wird ausdrücklich Bezug auf Behörden im Sinne der EGovG genommen. Im Gegenteil heißt es ausdrücklich, dass eine Pflicht für alle Behörden gelte."

---

[82] LG Frankenthal, Haftbefehl v. 10.6.2022 – 1 T 106/22, BeckRS 2022, 18429; ebenso AG Steinfurt, Beschl. v. 21.6.2022 – 36 M 322/22, BeckRS 2022, 19187.
[83] BGH, Beschl. v. 18.12.2014 – I ZB 27/14, insb. Rn 16, NJW 2015, 2268 (Unterschrift erforderlich bei titelersetzenden Vollstreckungsaufträgen bei Vollstreckung von Gerichtskosten durch die Gerichtskasse).
[84] AG Bonn, Beschl. v. 25.7.2022 – 22 M 1338/22, BeckRS 2022, 18173.
[85] AG Düsseldorf, Beschl. v. 22.8.2022 – 665 M 867/22, BeckRS 2022, 23189; ebenso: AG Dorsten, Beschl. v. 6.9.2022 – 16 M 361/22, BeckRS 2022, 22382.
[86] LG Hagen, Beschl. v. 1.9.2022 – 3 T 113/22, BeckRS 2022, 23353; ebenso: LG Hagen, Beschl. v. 1.9.2022 – 1 T 113/22, BeckRS 2022, 23356.
[87] AG Köln, Beschl. v. 31.3.2022 – 288 M 166/22 BeckRS 2022, 7195.

Nach dem AG Meißen ist die GEZ ebenso wie der „M." (mutmaßlich MDR) Behörde und muss daher ebenfalls die Pflicht zur elektronischen Einreichung beachten; die Angabe als Auftraggeber „Die Intendantin" ist nach Ansicht des AG Meißen ausreichend, da aus allgemein zugänglichen Quellen sofort und unzweifelhaft zu entnehmen sei, wer Intendantin ist.[88]

112

Auch staatsanwaltschaftliche Vollstreckungsaufträge einer Geldstrafe § 459 StPO i.V.m. § 6 Abs. 1 Nr. 1 JBeitrG i.V.m. § 753 Abs. 5 ZPO sind zwingend elektronisch zu beauftragen.[89]

113

So auch das AG Neuss:

> „Bei der Beitreibung von Geldstrafen handelt es sich nicht um eine strafprozessuale Aufgabe, sondern es erfolgt die Beitreibung vielmehr nach § 1 Nr. 1 des Justizbeitreibungsgesetzes. Die Staatsanwaltschaft geht insoweit als Vollstreckungsbehörde im Sinne von § 2 Abs. 1 Justizbeitreibungsgesetz vor (Rn 5)."[90]

Richtig führt denn auch das AG Düsseldorf aus,[91] dass sich aus der Wendung „sinngemäß" in § 6 Abs. 1 JBeitrG ergibt, dass die Regelungen nicht etwa auf „*Behörden im engeren Sinne des § 130d ZPO (z.B. nach der Definition des § 1 Abs. 4 VwVfG, sog. funktionaler Behördenbegriff) beschränkt sein*" sollen, sondern „*vielmehr .... die in Bezug genommenen Regelungen sinngemäß für alle vollstreckenden Stellen, die in § 6 Abs. 2 JBeitrG (abweichend von § 2 Abs. 1 JBeitrG) unterschiedslos als Vollstreckungsbehörde bezeichnet sind, gelten.*" Für die Vollstreckung einer Geldstrafe ist § 459 StPO mit dem dortigen Verweis in das JBeitrG lex specialis gegenüber § 32d StPO. Das AG Düsseldorf weist im Weiteren seiner Entscheidung auch darauf hin, dass das Argument der Beschwerdeführerin, wegen § 1 Abs. 5 Nr. 1 EGovG nicht der Pflicht nach § 130d ZPO unterworfen zu sein, aufgrund von § 1 Abs. 4 EGovG nicht greift, da hiernach abweichende Rechtsvorschriften des Bundes vorgehen, d.h. wie hier damit auch § 6 Abs. 1 Nr. 1 JBeitrG i.V.m. §§ 753 Abs. 5, 130d ZPO.

114

Im Insolvenzverfahren entschied das AG Hamburg,[92] dass auch ohne Hilfestellung durch das Gericht bei vorübergehender technischer Störung eine Glaubhaftmachung zu erfolgen hat, und zwar auch dann, wenn die technische Störung gerichtsbekannt ist.

115

> „1. Die Vorschrift des § 130d ZPO ist auch im Insolvenzantragsverfahren anzuwenden. Ein „Dispens" oder ein „Moratorium" hinsichtlich der Nichtanwendung ist seitens der Insolvenzgerichte weder möglich noch statthaft. (Rn 6)
>
> 2. Vorübergehende technische Störungen i.S.v. § 130d S. 2 und S. 3 ZPO sind auch von öffentlich-rechtlichen Gläubigern ohne gerichtliche „Hilfestellung" spätestens unverzüglich nach postschriftlicher Antragseinreichung ohne weitere Aufforderung glaubhaft zu machen mit den Mitteln des § 294 ZPO. Dies gilt auch dann, wenn solche mögliche Störungen bei Gericht generell amtswegig bekannt sind.
>
> 3. Gläubigerinsolvenzanträge haben die Zahlungsunfähigkeit der Antragsgegner mit zeitnahen Glaubhaftmachungsbelegen glaubhaft zu machen. Dies gilt auch für öffentlich-rechtliche Gläubiger."

---

88 AG Meißen, Beschl. v. 14.7.2022 – 6382/22, BeckRS 2022, 18398.
89 AG Coesfeld, Beschl. v. 7.3.2022 – 7 M 203/22, BeckRS 2022, 4170; AG Ahaus, Beschl. v. 2.3.2022 – 6 M 296/22, BeckRS 2022, 4173; AG Erfurt, Beschl. v. 11.4.2022 – M 1093/22, BeckRS 2022, 7625.
90 AG Neuss, Beschl. v. 25.2.2022 – 63 M 162/22, BeckRS 2022, 3391.
91 AG Düsseldorf, Beschl. v. 6.3.2022 – 660 M 303/22, BeckRS 2022, 8097.
92 AG Hamburg, Beschl. v. 21.2.2022 – 67h IN 29/22, NZI 2022, 382.

116 Auch Aufträge zur Vollstreckung von Zwangsgeldbeschlüsse nach § 389 FamFG, die gem. § 1 Abs. 1 Nr. 3 JBeitrO durch die Gerichte als Auftraggeber vollstreckt werden, sind zwingend elektronisch einzureichen.[93]

117 Ein Antrag auf Aussetzung der Vollziehung ist ebenfalls verpflichtend elektronisch einzureichen; eine Einreichung per Fax ist nicht mehr zulässig.[94]

118 Nach Ansicht des AG Karlsruhe sind auch Zustellungsaufträge zwingend elektronisch einzureichen:

„§ 130d ZPO gilt für alle vorbereitenden Schriftsätze und deren Anlagen sowie schriftlich einzureichende Anträge und Erklärungen und damit im Zivilprozess umfassend für die gesamte schriftliche Kommunikation mit dem Gericht. Dabei soll § 130d ZPO nach der Begründung des Gesetzgebers nicht nur für das Erkenntnisverfahren im ersten Rechtszug, sondern umfassend für alle anwaltlichen schriftlichen Anträge und Erklärungen nach der ZPO gelten." (Leitsatz der Schriftleitung)[95]

119 Anders sieht dies das AG Hamburg,[96] das § 130d ZPO aufgrund der Intention des Gesetzgebers und der Möglichkeit der Zustellung gem. § 193 ZPO (Zustellung von Schriftstücken) **nicht** für anwendbar hält. Nach diesseitiger Ansicht fallen jedoch auch Zustellungsaufträge unter den Begriff „schriftliche Anträge" in § 130d ZPO, sodass der Antrag elektronisch zu stellen ist, auch wenn das ggf. zuzustellende Schriftstück per Post nachträglich übermittelt werden muss. Anders ist dies zurzeit auch bei Vollstreckungsaufträgen nicht. Der Antrag ist elektronisch zu stellen; der Papiertitel – sofern benötigt – per Briefpost nachzusenden.

---

93 AG Steinfurt, Beschl. v. 15.2.2022 – 36 M 69/22, BeckRS 2022, 2632 unter Hinweis darauf, dass dies auch für die Vollstreckung aus Bescheiden durch die Finanzämter gelten würde (Rn 7).
94 FG Münster, Beschl. v. 22.2.2022 – 8 V 2/22, becklink 2022543.
95 AG Karlsruhe, Beschl. v. 22.6.2022 – 1 M 604/22, BeckRS 2022, 14420.
96 AG Hamburg-St.Georg, Beschl. v. 1.4.2022 – 904 M 403/22, BeckRS 2022, 17022.

§ 18 Nutzungspflicht für das Schutzschriftenregister (ZSSR)

A. Allgemeines zu Schutzschriften

Schutzschriften, so definiert es § 945a Abs. 1 S. 2 ZPO, sind vorbeugende Verteidigungsschriftsätze gegen erwartete Anträge auf Arrest oder einstweilige Verfügung. Solche Schutzschriften werden daher häufig nach Abmahnungen für einen potenziellen Antragsgegner über deren Prozessbevollmächtigte eingereicht. Mit einer solchen Schutzschrift möchte man vermeiden, dass ein Arrest bzw. eine einstweilige Verfügung überhaupt oder ohne Termin erlassen wird.

Das bis 2017 unter www.schutzschriftenregister.de aufrufbare, von der Europäischen EDV-Akademie des Rechts gGmbH (EEAR) betriebene Zentrale Schutzschriftenregister (ZSR) hatte den Nachteil, dass es keine rechtliche Verpflichtung der Gerichte gab, vor Erlass einer einstweiligen Verfügung zu prüfen, ob eine Schutzschrift in dieser Sache bereits hier hinterlegt war. Vielmehr erfolgte die Recherche seitens der Gerichte freiwillig und nicht alle Gerichte schlossen sich dem an. Aus diesem Grund reichten viele Anwälte ihre Schutzschriften trotz dieser schon seit Jahren bestehenden Hinterlegungsmöglichkeit zumeist nach wie vor in Papierform ein. Dies war insbesondere dann besonders aufwendig, wenn wegen eines bestehenden fliegenden Gerichtsstands (§ 32 ZPO, unerlaubte Handlung, Rechteverletzung überall in Deutschland, z.B. bei Rechteverletzung im Internet oder in der Presse) keine Kenntnis darüber bestand, bei welchem örtlichen Gericht die Einreichung eines Antrags auf Erlass einer einstweiligen Verfügung der Gegenseite zu erwarten war. So konnte es in der Praxis vorkommen, dass eine inhaltlich identische Schutzschrift nebst Anlagen bei zahlreichen Gerichten eingereicht wurde. Aus der eigenen Praxiserfahrung heraus lässt sich von einem Fall mit 29 Gerichten berichten; von Kollegen ist die Einreichung auch bei deutlich mehr Gerichten bekannt. Da es sich gebührenrechtlich jedoch um dieselbe Angelegenheit handelte, stand der Arbeitsaufwand oft in keinem Verhältnis zu den einzunehmenden Gebühren. Als besonderer Segen des elektronischen Rechtsverkehrs darf daher die Einführung des neuen zentralen, länderübergreifenden und elektronischen Schutzschriftenregisters bezeichnet werden.[1] Schutzschriften haben auch in den Geschäftsstellen eine nicht unerhebliche Arbeitsbelastung hervorgerufen. Mit der Einreichung beim zentralen elektronischen Schutzschriftenregister (ZSSR) entfällt die Mehrfacheinreichung.

B. Das Zentrale Schutzschriftenregister der Justiz – ZSSR

§ 945a Abs. 1 S. 1 ZPO regelt, dass die Landesjustizverwaltung Hessen für die Länder ein zentrales, länderübergreifendes elektronisches Register für Schutzschriften (Schutzschriftenregister) führt.[2]

Eine Schutzschrift gilt als bei allen ordentlichen Gerichten der Länder eingereicht, sobald sie in das Schutzschriftenregister eingestellt ist; Schutzschriften sind sechs Monate nach ihrer Einstellung zu löschen, § 945a Abs. 2 S. 1 u. 2 ZPO. Das Zentrale elektronische Schutzschriftenregister der Justiz (ZSSR) kann man unter

https://www.zssr.justiz.de (Abruf: 10.9.2022)

aufrufen. Support erhält man bei möglichen Störungen des Verfahrens „Zentrales Schutzschriftenregister" oder bei sonstigen Fragen vom IT-Service-Desk der Hessischen Zentrale für Datenverarbeitung (HZD): +49 611/340–3333.[3]

---

1 Vgl. dazu § 945a Abs. 1 S. 1 ZPO, der zum 1.1.2016 mit dem Gesetz zur Förderung des elektronischen Rechtsverkehrs mit den Gerichten eingeführt wurde; G. v. 10.10.2013, BGBl I, 3786 (Nr. 62); Geltung ab 1.1.2018.
2 § 945a ZPO eingef. m.W.v. 1.1.2016 durch G v. 10.10.2013 (BGBl I, 3786); Abs. 1 S. 1 geänd. m.W.v. 1.1.2016 durch G v. 20.11.2015 (BGBl I, 2018).
3 Stand 22.9.2022; bitte prüfen Sie im Bedarfsfall die Hotline-Nummer unter der zuvor angegebenen Web-Adresse.

§ 18   Nutzungspflicht für das Schutzschriftenregister (ZSSR)

5   Nähere Informationen über die Bedingungen zur Einreichung erhält man auch unter https://schutzschriftenregister.hessen.de (Abruf: 10.9.2022)
Die SAFE-ID des Schutzschriftenregisters lautet: SAFE-ID safe-sp1–1447425830126–015958481 und wurde der beA-Support-Seite entnommen.[4] Sie ist daher bitte bei Verwendung auf Aktualität prüfen.

6   Eine Recherche nach hinterlegten Schutzschriften im ZSSR ist ausschließlich berechtigten Angehörigen der Gerichte innerhalb eines abgeschlossenen Justiznetzwerks möglich. Aus Datenschutzgründen wäre etwas anderes auch undenkbar. Es kann also niemand von außen via Internet auf hinterlegte Schutzschriften zugreifen. Der Betreiber des Registers hat darüber hinaus durch organisatorische und technische Vorkehrungen sicherzustellen, dass die eingereichten Daten während ihrer Übermittlung und Abrufbarkeit unversehrt und vollständig bleiben sowie gegen unbefugte Kenntnisnahme Dritter geschützt sind, § 7 SRV.[5] Letzteres ist insbesondere im Hinblick auf die Sensibilität von Informationen gerade im Bereich des gewerblichen Rechtsschutzes von zentraler Bedeutung.

7   Gem. § 945a Abs. 2 S. 1 ZPO gilt eine Schutzschrift als bei allen ordentlichen Gerichten der Länder eingereicht, sobald sie in das Schutzschriftenregister eingestellt ist. Schutzschriften sind sechs Monate nach ihrer Einstellung zu löschen, § 945a Abs. 2 S. 2 ZPO. § 945a Abs. 3 ZPO regelt die Zugriffsberechtigung der Gerichte mittels automatisiertem Abrufverfahren, wobei die Verwendung der Daten auf das für die Erfüllung der gesetzlichen Aufgaben Erforderliche zu beschränken ist und Abrufvorgänge protokolliert werden müssen. Korrespondierende Vorschriften zu § 945a Abs. 2 S. 1 ZPO finden sich für die Arbeitsgerichte der Länder seit 1.1.2016 auch in § 62 Abs. 2 S. 3 ArbGG und § 85 Abs. 2 S. 3 ArbGG.

8   Das Schutzschriftenregister ist darüber hinaus gem. § 9 SRV für blinde und sehbehinderte Menschen barrierefrei zu gestalten. Für die Gestaltung des Registers ist die Barrierefreie-Informationstechnik-Verordnung vom 12.9.2011[6] in der jeweils geltenden Fassung entsprechend anzuwenden.

C. Nutzungspflicht des ZSSR für Anwälte und fragliche Abrufpflicht für Gerichte

9   § 49c BRAO regelt die **Nutzungspflicht** des **Schutzschriftenregisters** für Anwälte seit dem 1.1.2017, wobei dies „lediglich" eine berufsrechtliche Vorschrift darstellt. Zum Teil wurde daher angenommen, dass ein Verstoß gegen diese berufsrechtliche Pflicht folgenlos blieb; Voraussetzung war jedoch, dass ein Gericht eine durch einen Anwalt eingereichte Schutzschrift in Papierform diese überhaupt zur Kenntnis genommen hat, wozu es unseres Erachtens keine Pflicht gab. So konnte sich also auch seit dem 1.1.2017 bei nicht elektronischer Einreichung auch ein Haftungsfall ergeben. Spätestens seit dem 1.1.2022 ist durch § 130d ZPO aber auch klargestellt, dass eine Einreichung in Papierform auch verfahrensrechtlich nicht mehr zulässig ist (Ausnahme: vorübergehende technische Störung).

> **§ 49c BRAO Einreichung von Schutzschriften**
> Der Rechtsanwalt ist **verpflichtet**, Schutzschriften **ausschließlich** zum Schutzschriftenregister nach § 945a der Zivilprozessordnung einzureichen.

10   *Praxistipp*
Eine Einreichung von Schutzschriften in Papierform ist z.B. dann möglich, wenn der **Mandant** die Schutzschrift **selbst** einreicht. Ist die Einreichung elektronisch – aus welchen Gründen auch immer

---

4   https://portal.beasupport.de/fragen-antworten/kategorie/erstellen-und-versand-von-nachrichten/einreichung-schutzschrift (Abruf: 22.9.2022).
5   Schutzschriftenregisterverordnung (SRV) v. 24.11.2015, BGBl I, 2135 (Nr. 48); zuletzt geändert durch Art. 14 G. v. 7.7.2021, BGBl I, 2363.
6   VO v. 12.9.2011, BGBl I, 1843; zuletzt geändert durch Art. 1 VO v. 21.5.2019, BGBl I, 738.

C. Nutzungspflicht des ZSSR für Anwälte und fragliche Abrufpflicht für Gerichte § 18

– gescheitert oder nicht möglich, kann darüber nachgedacht werden, die Schutzschrift vom Mandanten unterschrieben auch selbst einreichen zu lassen. Da es für einstweilige Verfügungsverfahren keinen Anwaltszwang gibt, vgl. dazu § 920 Abs. 3 ZPO (Arrest), § 936 ZPO i.V.m. § 920 ZPO (einstweilige Verfügung) – beide i.V.m. § 78 Abs. 3 ZPO – muss dies erst recht für die eine einstweilige Verfügung zu verhindern suchende Schutzschrift gelten; und zwar selbst dann, wenn diese wegen des Werts bei Landgerichten eingereicht werden müsste.[7] Natürlich ist diese Vorgehensweise allenfalls „Nothilfe"; schon aus Gründen des Wettbewerbs kann man Anwälten nicht empfehlen, dies zur neuen Regel werden zu lassen! Zu beachten wäre dabei aber auch, dass in Papierform eingereichte Schutzschriften durch das Gericht nicht beim ZSSR hinterlegt werden; es bleibt in diesem Fall also die Notwendigkeit, ggf. bei mehreren Gerichten einzureichen und „hinterher zu telefonieren", damit die Schutzschrift von der Registratur/Posteingangsstelle auch tatsächlich in die Geschäftsstelle bzw. auf den Richtertisch gelangt. Denn solche in Papierform eingereichten Schutzschriften genießen nicht die Vorteile nach § 945a Abs. 2 S. 1 ZPO bzw. §§ 62 Abs. 2 S. 3, 85 Abs. 2 S. 3 ArbGG. Schutzschriften in Papierform können, entgegen der Einreichung beim ZSSR, allerdings bisher gerichtskostenfrei eingereicht werden.

Die Verortung der Einreichungspflicht in § 49c BRAO ist vielfach kritisiert worden; genutzt hat es bis jetzt leider nichts. Wie teilweise in der Literatur richtig angemerkt wird, kann die Einreichung einer Schutzschrift durch den Anwalt mit der Folge, dass Zustellungen im Prozess gem. § 172 ZPO zwingend an diesen zu erfolgen haben, durchaus auch für den Mandanten kontraproduktiv sein.[8] **11**

Einen Zeitpunkt für den Abruf aus dem Register für Gerichte sehen weder die ZPO noch die SRV vor. Es ist davon auszugehen, dass ein Abruf durch das Gericht in dem Moment erfolgt, in dem einem Richter der Antrag auf Erlass eines Arrests oder einer einstweiligen Verfügung vorliegt und er hierüber entscheiden soll/möchte. Da eV-Anträge und Schutzschriften häufig einem sehr engen Zeitfenster unterliegen, sollten Schutzschriften so schnell wie möglich hochgeladen werden, um sicherzustellen, dass das Gericht diese auch beim ersten Abruf als Suchergebnis angezeigt erhält. Eine Pflicht des Gerichts zum mehrfachen Abruf, z.B. nach Lesen des eV-Antrags und vor Entscheidung, ist ebenfalls nicht vorgesehen. **12**

Gem. § 945a Abs. 3 S. 1 ZPO erhalten die Gerichte über ein automatisiertes Abrufverfahren einen Zugriff auf das Register. Die Verwendung der Daten ist auf das für die Erfüllung der gesetzlichen Aufgaben Erforderliche zu beschränken, wobei Abrufvorgänge zu protokollieren sind, vgl. dazu § 945a Abs. 3 S. 2 ZPO sowie Rdn 40. Ob sich aus der Abrufbefugnis auch eine Pflicht der Gerichte zum Abruf ergibt, wird von *Hartmann* zumindest in Bezug auf den Wortlaut von § 945a Abs. 3 ZPO sowie § 4 Abs. 2 SRV bezweifelt.[9] *Wehlau/Kalbfus* verweisen insoweit darauf, dass eine Pflicht zur Beachtung eingereichter Schutzschriften sich schon aus dem Anspruch auf Gewährung rechtlichen Gehörs nach Art. 103 GG ergibt.[10] Der Gesetzgeber selbst sieht die Gerichte hier durchaus in der Pflicht, indem er in seiner Gesetzesbegründung wie folgt ausführt: **13**

> *„Gerichte sind daher verpflichtet, die Ausführungen in der Schutzschrift zur Kenntnis zu nehmen und bei ihrer Entscheidungsfindung zu berücksichtigen."*[11]

Auch führt er an, dass bei dem früher existierenden Schutzschriftenregister, das von der Europäischen EDV-Akademie des Rechts gGmbH (EEAR), einer gemeinnützigen Gesellschaft des Deutschen EDV-Gerichtstags und des Saarlandes, betrieben wurde, wegen der Privatwirtschaftlichkeit keine Abrufpflicht anzunehmen war, was zu Haftungsfragen der Anwälte führen konnte, die sicherheitshalber häufig weiter-

---

7 Ebenso auch: *Hartmann*, „Neue Schutzschriftregeln: Auch nach VO dazu Fragen", GRUR-Prax 2015, 163.
8 *Wehlau/Kalbfus*, „Die Schutzschrift im elektronischen Rechtsverkehr", ZRP 2013, 103.
9 *Hartmann*, „Neue Schutzschriftregeln: Auch nach VO dazu Fragen", GRUR-Prax 2015, 163.
10 *Wehlau/Kalbfus*, „Die Schutzschrift im elektronischen Rechtsverkehr", ZRP 2013, 101 m.w.N.
11 BR-Drucks 503/12, 53.

§ 18 Nutzungspflicht für das Schutzschriftenregister (ZSSR)

hin in Papierform einreichten.[12] Auch hieraus lässt sich entnehmen, dass der Gesetzgeber eine Verpflichtung der Gerichte zum Abruf sieht.

D. Die Schutzschriftenregisterverordnung – SRV

14 Zum 1.7.2014 erhielt das BMJV mit der Einführung des § 945b ZPO eine Verordnungsermächtigung. Die Verordnung über das elektronische Schutzschriftenregister (**Schutzschriftenregisterverordnung – SRV**)[13] vom 24.11.2015 ist verabschiedet und inzwischen vollständig in Kraft getreten.

15 Die Schutzschriftenregister-Verordnung (SRV) regelt z.B.:
- in § 1 SRV, welche Angaben im Register zu einer einzustellenden Schutzschrift enthalten sein müssen (Bezeichnung der Parteien, bestimmte Angabe des Gegenstands, Datum und Uhrzeit der Erstellung der Schutzschrift),
- in § 1 Abs. 3 u. 4 SRV die Möglichkeit, über eine Suchfunktion eine entsprechende Schutzschrift zu finden, wobei auch Eingabefehler und ungenaue Parteibezeichnungen toleriert werden sollen,
- in § 2 SRV die Modalitäten der Einreichung (Einreichung mit und ohne qualifizierte elektronische Signatur, Einreichung via sicherem Übermittlungsweg, Übermittlung eines strukturierten Datensatzes) sowie die Möglichkeit der Übermittlung zwischen dem Register und einem beA sowie Gesellschaftspostfach[14] und
- in § 3 SRV die Modalitäten der Einstellung (keine Berichtigungsmöglichkeit; Einstellung nach Einreichung etc.),
- in § 4 SRV die Möglichkeiten zum Abruf,
- in § 5 SRV die Protokollierungs- und Mitteilungspflichten bei Abruf und
- in §§ 6–8 SRV die Löschung, Datensicherheit und das Verhalten des Betreibers bei Störungen.

16 *Bitte beachten Sie*
§ 130a ZPO gilt für die Einreichung von Schutzschriften nicht, da die Anforderungen an die „Unterschrift" in § 2 Abs. 4 u. 5 SRV geregelt sind, inhaltlich aber letztendlich § 130a Abs. 3 ZPO entsprechen.

E. Einreichung von Schutzschriften beim ZSSR

17 Schutzschriften können wie nachstehend beim ZSSR eingereicht bzw. zurückgenommen werden:[15]
1. Möglichkeit: unmittelbare Adressierung des EGVP des ZSSR über einen elektronischen Transportweg i.S.d. SRV (wie z.B. beA).
Dieser Weg wird ausdrücklich für professionelle Nutzer empfohlen.
2. Möglichkeit: unmittelbare Adressierung des DE-Mail-Postfachs des ZSSR unter: safe-sp1-144742-5830126–015958481@egvp.de-mail.de.
3. Möglichkeit: Einreichung über ein Webformular unter https://www.zssr.justiz.de.
Dieser Einreichweg ist vornehmlich für Privatpersonen oder sonstige Personen gedacht, die nur selten Schutzschriften einreichen und z.B. nicht über ein beA verfügen.

---

12 BR-Drucks 503/12, 54.
13 VO v. 24.11.2015, BGBl I, 2135 (Nr. 48); zuletzt geändert durch Art. 14 G. v. 7.7.2021, BGBl I, 2363.
14 Siehe dazu auch Art. 14 G. zur Neuregelung des Berufsrechts der anwaltlichen und steuerberatenden Berufsausübungsgesellschaften sowie zur Änderung weiterer Vorschriften im Bereich der rechtsberatenden Berufe v. 7.7.2021 BGBl. I 2021, 2363 mWz 1.8.2022.
15 Https://schutzschriftenregister.hessen.de/aktuelles/hinweise-zu-de-mail-sichere-einreichungswege (Abruf: 6.3.2022).

E. Einreichung von Schutzschriften beim ZSSR § 18

Zum 1.8.2022 trat die geänderte Fassung des § 2 Abs. 5 Nr. 2 SVR in Kraft, nach der die Einreichung der Schutzschrift auch über das beA-GePo (beA-Gesellschaftspostfach) eingereicht werden kann.[16] Zu den technischen Problemen im Gesellschafts-beA und die Empfehlung von BRAK und DAV v. 29.9.2022, aus dem Gesellschafts-beA mit qualifizierter elektronischer Signatur zu versenden, siehe auch § 2 Rdn 36 in diesem Werk.

18

Sollten Sie die Einreichung via beA vornehmen wollen, beachten Sie bitte, dass auf der Startseite des Schutzschriftenregisters[17] zum Zeitpunkt der Drucklegung noch ein fehlerhafter Rot-Hinweis erteilt wurde:

19

„Hinweis zum Vorgehen bei der Nachrichtenerstellung: Deaktivieren Sie unbedingt den Haken „Strukturdatensatz generieren und anhängen" in Ihrer beA-Maske, da ansonsten beim Speichern bzw. Versenden der Nachricht der von Ihnen zwingend erforderliche XJustiz-Datensatz, welchen Sie unter https://www.zssr.justiz.de generiert haben, gelöscht und mit einer gleichnamigen Datei aus der beA Webanwendung überschrieben wird."

Seit der beA-Version 3.10 ist dieser automatisch eingestellte Haken nicht mehr existent. Vielmehr klickt der Nutzer bewusst den Button „externen Strukturdatensatz hochladen" an und lädt den über das Portal erzeugten Strukturdatensatz (XJustiz-XML-Datei) in seine Nachricht an das Schutzschriftenregister hoch.

Bitte beachten Sie, dass eine vom Register als gültig akzeptierte Einreichung einer Schutzschrift nicht nur das Primärdokument enthalten muss (d.h. die Schutzschrift in einem geeigneten Dateiformat, siehe Rdn 29), sondern darüber hinaus auch den für die automatische Datenverarbeitung erforderlichen XJustiz-Datensatz.

20

„Der XJustiz-Datensatz enthält alle Strukturdaten zur Einreichung (d.h. Angaben zu Antragsteller und Antragsgegnern, dem Streitgegenstand etc.) und ist somit maßgeblich für das spätere Auffinden innerhalb des Registers. Die Qualität (insbesondere Vollständigkeit und Richtigkeit) der eingereichten Daten liegt in der alleinigen Verantwortung des Einreichers. Innerhalb der OSCI-Nachricht muss der XJustiz-Datensatz zwingend den Dateinamen „xjustiz_nachricht.xml" tragen. Möglich ist eine Einreichung nur mit dem jeweils gültigen XJustiz-Datensatz des Fachmoduls ZSSR. Bei dem über das beA erzeugbaren XJustiz-Datensatz handelt es sich ausdrücklich nicht um den Fachdatensatz des ZSSR, sondern um den Datensatz „Übermittlung_Schriftgutobjekte". Dieser ist für die Einreichung und Rücknahme von Schutzschriften nicht gültig."[18]

Die Schutzschrift selbst ist vom Anwalt zu verantworten und muss daher entweder gem. § 3 Abs. 4 SRV qualifiziert elektronisch signiert sein oder aber einfach elektronisch signiert und vom namensgleichen Postfachinhaber – angemeldet mit eigenem Zugangsmittel – via beA versendet werden. Bei Versand via beA wählt man „X-Justiz-Download" aus. Die Auswahl „elektronischer Versand" bedeutet hier im Schutzschriftenregister der Versand über das Portal selbst.

21

Dies regelt § 3 Abs. 4 SRV wie folgt:

22

(4) ¹Das elektronische Dokument, das die Schutzschrift enthält, muss mit einer qualifizierten elektronischen Signatur der verantwortenden Person versehen sein. ²Wird das elektronische Dokument auf einem sicheren Übermittlungsweg eingereicht, genügt es, wenn die Schutzschrift durch die verantwortende Person signiert wird.

---

16 Art. 14 Gesetz zur Neuregelung des Berufsrechts der anwaltlichen und steuerberatenden Berufsausübungsgesellschaften sowie zur Änderung weiterer Vorschriften im Bereich der rechtsberatenden Berufe – G. v. 7.7.2021, BGBl I, 2363 (Nr. 41); Geltung seit 1.8.2022.
17 https://www.zssr.justiz.de (Stand: 22.92022).
18 So unter: https://schutzschriftenregister.hessen.de/einreichung/einreichungsbedingungen (Abruf 10.9.2022).

§ 18 Nutzungspflicht für das Schutzschriftenregister (ZSSR)

(5) Sichere Übermittlungswege sind
1. der Postfach- und Versanddienst eines De-Mail-Kontos, wenn der Absender bei Versand der Nachricht sicher im Sinne des § 4 Absatz 1 Satz 2 des De-Mail-Gesetzes angemeldet ist und er sich die sichere Anmeldung gemäß § 5 Absatz 5 des De-Mail-Gesetzes bestätigen lässt,
2. der Übermittlungsweg zwischen dem besonderen elektronischen Anwaltspostfach nach § 31a der Bundesrechtsanwaltsordnung und dem Register,
3. der Übermittlungsweg zwischen einem auf gesetzlicher Grundlage errichteten elektronischen Postfach, das dem Anwaltspostfach nach Nummer 2 entspricht, und dem Register.

(6) Ist ein elektronisches Dokument für das Register zur Bearbeitung nicht geeignet, hat der Betreiber des Registers dies dem Absender unter Hinweis auf die Unwirksamkeit des Eingangs und auf die geltenden technischen Rahmenbedingungen unverzüglich mitzuteilen.

23 Zur einfachen elektronischen Signatur siehe auch § 11 Rdn 17 und Rdn 136 sowie zur qualifizierten elektronischen Signatur § 11 Rdn 28 ff. Sofern der Anwalt die Schutzschrift durch den Mitarbeiter einreichen lassen möchte, kann er dies nur, wenn die Schutzschrift von ihm qualifiziert elektronisch signiert wurde, § 23 Abs. 3 S. 5 RAVPV. Hierbei ist wichtig zu wissen, dass der strukturierte Datensatz zu sämtlichen Dateien, die beim Schutzschriftenregister via beA eingereicht werden, zu generieren ist. Das bedeutet, dass im Schutzschriftenregister zur Erzeugung dieses Strukturdatensatzes folgende Dateien hochzuladen sind:

- die Schutzschrift selbst,
- die qualifizierte elektronische Signatur (Signaturdatei),
- die Anlagen.

Hierzu wird dann über das Portal der Strukturdatensatz erzeugt. Dieser wird dann an die Nachricht, die an das Schutzschriftenregister gerichtet wird, angefügt, und zwar **mit** den zuvor genannten Dokumenten (Schutzschrift selbst, Signaturdatei, Anlagen). Es ist also erforderlich, dass entweder eine Software zur Erzeugung einer externen Signatur, siehe § 11 Rdn 71, vorhanden ist, oder aber z.B. zunächst im beA die Schutzschrift in eine Nachricht (Entwurf) hochgeladen und qualifiziert elektronisch signiert wird; dann exportiert wird, damit aus der Exportdatei die Signaturdatei kopiert und ins Schutzschriftenregister zur Erzeugung des Strukturdatensatzes hochgeladen werden kann. Diesen „Umweg" kann man sich sparen, wenn der Anwalt den Versand der Schutzschrift selbst vornimmt, da es dann einer qualifizierten elektronischen Signatur nicht bedarf. Es reicht dann der eingetippte Name unter dem Schriftsatz, siehe § 11 Rdn 17 ff. In diesem Fall würde man dann die Schutzschrift selbst nebst Anlagen im Schutzschriftenregister hochladen zur Erzeugung des Strukturdatensatzes.

24 Man findet über das beA im Gesamtverzeichnis das ZSSR unter „Zentrales Schutzschriftenregister". Da bei dieser Form der Einreichung ein sog. „unmittelbarer elektronischer Rückkanal" gegeben ist, wird dieser Weg für professionelle Einreicher empfohlen. So können Einstellbestätigungen, die Kostenrechnung u.a., zeitnah an dieses Versandpostfach gerichtet werden.

25 Die Verwendung des Online-Formulars auf https://www.zssr.justiz.de/ wird wegen des fehlenden elektronischen Rückkanals nur Privatpersonen, Nutzern ohne eigenes OSCI-fähiges Postfach (z.B. beA), oder „Selten-Einreichern" empfohlen.[19] Einstellbestätigungen und andere Mitteilungen erfolgen postalisch. Hier wird die Ausprägung „elektronischer Versand" gewählt.

26 Die Auswahl, ob man die Möglichkeit der Einreichung via Webformular (Ausprägung „elektronischer Versand") nutzt oder der für die Einreichung via beA notwendige XJustiz-Datensatz erstellt werden und die Einreichung im Anschluss daran selbst über die in der ersten Möglichkeit genannten Transportwege wie z.B. beA vorgenommen werden soll (Ausprägung „XJustiz-Download"), trifft man zu Beginn der Bearbeitung des Online-Formulars.

---

19 Siehe dazu wie vor.

Konkrete Hinweise zur Einreichung können Anwender dem Handbuch entnehmen, welches das ZSSR als Download in der jeweils aktualisierten Fassung zur Verfügung stellt. Zum Zeitpunkt der Drucklegung war es unter https://schutzschriftenregister.hessen.de/sites/schutzschriftenregister.hessen.de/files/Handbuch%20ZSSR-Onlineformular%20V.2.0.pdf abrufbar (36 Seiten zum Abruftag 10.9.2022). Sollte der Link zu späterer Zeit veraltet sein, empfehlen wir, das Handbuch auf den unter den Rdn 4 und 5 angegebenen Seiten zu suchen. Es ist aufgrund seiner enthaltenen Screenshots äußerst hilfreich.

Es kann vorkommen, dass eine Nachricht nicht sofort den Postausgang aus dem beA verlässt. Hier sollte, bevor eine neue weitere Nachricht erstellt und versendet wird, die alte – noch nicht versendete – Nachricht gelöscht werden, da es ansonsten zu zwei Eingängen und damit doppelten Kosten kommen kann.

F. Geeignete Dokumentenformate

Die ERVV und ERVB gelten für das Schutzschriftenregister nicht, da hier eigene Vorgaben zur Einreichung in § 2 SRV gemacht wurden. **In beiden Fällen der Einreichung gilt**: Zur wirksamen Einreichung einer Schutzschrift als elektronisches Dokument i.S.v. § 2 Abs. 2 SRV ist Folgendes erforderlich.

Das **elektronische Dokument** muss für die **Bearbeitung** durch das Register **geeignet** sein, § 2 Abs. 3 S. 1 SRV. Die technischen Rahmenbedingungen bestimmt der Betreiber des Registers. Diese werden auf seiner Internetseite veröffentlich (hier: Land Hessen), § 2 Abs. 3 S. 2 u. 4 SRV.

Gültige Dateiformate für die Einreichung im Schutzschriftenregister sind (siehe dazu https://schutzschriftenregister.hessen.de/einreichung/einreichungsbedingungen unter „zulässige Dateiformate" – Stand: 22.9.2022):

- pdf (Dateiendung: .pdf)
- pdf/A (Dateiendung: .pdf – pdf/A-Dokumente sind im Gegensatz zu pdf-Dokumenten für die Langzeitarchivierung geeignet)
- rtf (rich text format; Dateiendung: .rtf)
- Worddokumente, die keine Makros enthalten dürfen (Dateiendung: .doc oder .docx, wobei doc-Dateien noch mit MS-Office-Versionen bis 2003 erstellt wurden und heute kaum noch gängig sind; wenn man jedoch „alte Muster-Schreiben" übernimmt und diese nie unter neuem Format abgespeichert wurden, haben diese häufig noch eine .doc-Endung)
- XML (Dateiendung: .xml)

> *Hinweis*
> Die Dokumente dürfen keinen Dokumentenschutz haben wie z.B. einen Kennwortschutz. Bitte prüfen Sie regelmäßig vor Einreichung einer Schutzschrift, ob sich die technischen Rahmenbedingungen geändert haben.

Als mögliches Datenvolumen gibt das ZSSR selbst 60 MB an.[20] Innerhalb dieser 60 MB sollen maximal bis zu 500 Datei-Anhänge hochgeladen werden können. Bei der Einreichung sind weitere Einzelheiten zu beachten, so muss z.B. zwingend ein möglicher Antragsgegner angegeben werden, während der Antragsteller evtl. unbekannt ist/sein kann. In der Bezeichnung der Dokumente und bei der Angabe des Streitgegenstands darf kein kaufmännisches „&"-Zeichen enthalten sein. Sofern die Einreichung via beA mit qeS erfolgt, ist zwingend auch die Signaturdatei bei den Anlagen mit anzugeben. Hat man alle Angaben überprüft und den strukturierten Datensatz (xjustiz-xml-Datensatz) einmal erzeugt, wird er im selben Verzeichnis wie die Schutzschrift und deren Anlagen gespeichert, um z.B. von dort aus ins beA hochgeladen zu werden. Es darf keine Umbenennung der Datei mehr erfolgen, da das Register sonst die Schutzschrift

---

20 Https://schutzschriftenregister.hessen.de/einreichung/einreichungsbedingungen, dort unter Versandkanal/Übersendungsweg – Allgemeines (Stand: 6.3.2022).

nicht erkennt. Auch im Betreff im beA sollte kein kaufmännisches „&"-Zeichen angegeben werden. Nach Angaben des Schutzschriftenregisters noch im Frühjahr 2022 sollten auch Umlaute (ä, ö, ü etc.) nicht zulässig sein, obwohl im beA selbst Umlaute und auch das Zeichen „ß" seit April 2021 kein Problem mehr darstellen. Dieser Hinweis findet sich aktuell nicht mehr auf der Website des Schutzschritenregisters (Stand: 22.9.2022).

G. Zurückweisung einer Schutzschrift

33 Folgende **Fehler** können dazu führen, dass eine beim ZSSR eingereichte Schutzschrift automatisiert zurückgewiesen wird bzw. die Rücknahme einer Schutzschrift nicht beachtet wird:
- fehlender XML-Datensatz,
- fehlende Pflichtangaben im XJustiz-Datensatz,
- Abweichungen vom Datenschema des XJustiz-Datensatzes,
- Verwendung nicht zulässiger Dateiformate,
- Fehlen einer qualifizierten elektronischen Signatur (sofern eine solche erforderlich ist, siehe auch Rdn 19).

H. Kosten

34 Für die Einreichung einer Schutzschrift beim ZSSR entstehen Gerichtskosten i.H.v. 83,00 EUR, § 1 Nr. 5a i.V.m. Nr. 1160 KV JVKostG (Gesetz über Kosten in Angelegenheiten der Justizverwaltung [Justizverwaltungskostengesetz]). Diese Gebühr schuldet der Einreicher, § 15a JVKostG. Bei Einreichung über EGVP, beA oder OSCI-Drittanbieter erfolgt die Berechnung auch auf diesem Rückkanal, ansonsten per Post. Weitere Fälle der Kostenhaftung (Entscheidung, Vergleich) können sich aus § 18 JVKostG ergeben.

35 Da Einstellungen in das ZSSR gem. § 3 Abs. 3 S. 1 SVR ohne Überprüfung ihres Inhalts erfolgen, kann eine Mehrfacheinreichung, die häufig aus Unsicherheit heraus erfolgt, zum mehrfachen Anfall von Gebühren führen (hier: 5 x).[21]

Vorsicht auch vor einer Mehrfacheinreichung durch „Stückelung" (hier eine Schutzschrift mit diversen Anlagen; insgesamt 12 Einreichungen); dies kann gerade bei Erreichen der übermittelbaren Höchstvolumen zu höheren Kosten führen:[22]

> *„Die Gebühr nach Nr. 1160 KV JVKostG für die Einstellung einer Schutzschrift in das Zentrale Schutzschriftenregister (ZSSR) fällt mehrfach an, wenn der Kostenschuldner eine an sich einheitliche Schutzschrift in mehrere Einzeldokumente aufgeteilt und diese jeweils gesondert in einem abgeschlossenen Datenverarbeitungsvorgang zur Einstellung in das ZSSR übermittelt hat. Der Gebührentatbestand setzt nicht voraus, dass es sich bei dem jeweils eingestellten Dokument um einen Schriftsatz handelt, der inhaltlich den Anforderungen einer Schutzschrift im Sinne des § 945a Abs. 1 Satz 2 ZPO genügt."*

36 Soll die Schutzschrift länger als sechs Monate hinterlegt sein, muss sie unter Entstehung neuer Kosten nochmals neu eingereicht werden.

---

21 AG Frankfurt a.M., Beschl. v. 1.8.2016 – 75 AR 5/16, BeckRS 2016, 16464.
22 OLG Frankfurt a.M., Beschl. v. 25.11.2021 – 18 W 197/21, BeckRS 2021, 39328.

I. Einstellung eingereichter Schutzschriften in das ZSSR

Nach § 3 Abs. 1 SRV ist eine dem ZSSR elektronisch übermittelte Schutzschrift unverzüglich nach ihrer ordnungsgemäßen Einreichung zum elektronischen Abruf und Ausdruck in das Register einzustellen. Eingestellt sind Schutzschriften nach § 3 Abs. 2 SRV erst, wenn sie auf der für den Abruf bestimmten Einrichtung des Registers elektronisch gespeichert und für die Gerichte der Länder abrufbar sind.

37

Die Einstellung erfolgt im Übrigen ohne inhaltliche Überprüfung von Angaben. Wurde eine Schutzschrift mit fehlerhaftem Inhalt eingereicht, ist dies für den Einreicher sehr nachteilig, denn eine Berichtigung von Schutzschriften findet nicht statt, § 3 Abs. 3 S. 2 SRV. Die Schutzschrift kann dann nur durch Erklärung gegenüber dem Register gelöscht werden lassen und eine neue Schutzschrift eingereicht werden. Daher ist besondere Sorgfalt beim Hochladen der Dateien erforderlich, damit nicht versehentlich ein ggf. falscher Entwurf hochgeladen wird.

38

Über den Zeitpunkt der Einstellung ist eine automatisiert erstellte Bestätigung zu erteilen, § 3 Abs. 4 SRV. Aus der Praxis ist bekannt, dass die automatisierte Bestätigung nicht immer reibungslos funktioniert. Häufig waren Telefonanrufe zur Abklärung zusätzlich erforderlich. Die Mitarbeiter an der Hotline sind jedoch bisher sehr freundlich und hilfsbereit.

39

J. Protokollierungs- und Mitteilungspflichten – Information des Absenders

Protokollierungs- und Mitteilungspflichten ergeben sich aus § 5 SRV. Interessant dürfte hier vor allem die Verpflichtung aus § 5 Abs. 3 SRV sein, über eine bei einem Abruf aufgefundene Schutzschrift, die vom abrufenden Gericht als sachlich einschlägig gekennzeichnet wurde, drei Monate nach dieser Kennzeichnung dem Absender eine automatisiert erstellte Mitteilung zukommen zu lassen, die das abrufende Gericht sowie das gerichtliche Aktenzeichen enthält. Entsprechende Trefferlisten führen ebenfalls zu einer automatisierten Kennzeichnung, selbst wenn das Gericht die Datei selbst nicht geöffnet und zur Kenntnis genommen hat. Der Gesetzgeber führt zu dieser Protokollierungspflicht aus:[23]

40

> „Dieser Protokollierungsumfang entspricht den gesetzlichen Vorgaben in § 945a Absatz 3 Satz 3 ZPO und ist datenschutzrechtlich geboten. Der Hinweis wird im Register bei der Schutzschrift gespeichert und bei einem (weiteren) Abruf dem abrufenden Gericht angezeigt. Er ermöglicht es, einen Abrufvorgang später einem Gericht zuzuordnen und gegebenenfalls anhand der dortigen Gerichtsakte im Einzelnen nachvollziehen zu können. Zudem dient er anderen Gerichten zur Überprüfung, ob gleichartige Anträge auf einstweiligen Rechtsschutz bereits bei weiteren Gerichten eingereicht worden sind. Nach der Rechtsprechung kann bei einem mehrfachen Antrag auf Erlass einer einstweiligen Verfügung die Dringlichkeitsvermutung widerlegt sein (vgl. Hanseatisches OLG, GRUR 2007, 614)."

Die automatisierte Mitteilung kann auch interessant werden in Fällen, in denen der Einreicher einen Kostenerstattungsanspruch gegen den Antragsteller eines Arrests bzw. einer einstweiligen Verfügung hat, da er nicht mehr von einer Information des Gerichts des einstweiligen Rechtsschutzes abhängig ist.

41

So führt der Gesetzgeber hierzu aus:[24]

42

> „Denn ob eine Information des Antragsgegners durch das Gericht über das Schicksal seiner Schutzschrift gemäß § 299 ZPO zu erfolgen oder gemäß den §§ 936, 922 Absatz 3 ZPO zu unterbleiben hat, ist sehr umstritten (für eine Mitteilungspflicht Zöller/Vollkommer, ZPO, § 922 Rn 12; ebenso unter Hinweis auf die gegenteilige Gerichtspraxis Schmitt-Gierke/Arz, WRP 2012, 60, 63; Schulz, WRP

---

23 BR-Drucks 328/15 (neu) v. 24.7.2015, 11.
24 BR-Drucks 328/15 (neu) v. 24.7.2015, 12.

2009, 1472, 1475 f., Teplitzky, GRUR 2008, 34, 36 ff.; einschränkend Guhn, WRP 2014, 27, 28 f.). Der Meinungsstreit kann durch die Verordnung nicht abschließend entschieden werden. Es bleibt den Gerichten auch künftig unbenommen, entsprechend ihrer Auslegung der §§ 299, 922 Absatz 3 ZPO über die Erteilung von weiteren Auskünften oder die Gewährung von Akteneinsicht für den Antragsgegner zu entscheiden. Durch die dreimonatige Wartefrist für die Mitteilung wird einerseits sichergestellt, dass der Zweck der gerichtlichen Eilentscheidung nicht vereitelt wird. Würde etwa ein Antragsgegner, der zur Herausgabe von Gegenständen verpflichtet ist, durch eine Mitteilung des Registers über den Abruf durch ein Gericht informiert, könnte er vor Zustellung der einstweiligen Verfügung und Einleitung der Vollstreckung die Gegenstände unbemerkt beiseiteschaffen. Andererseits soll die Dreimonatsfrist nicht überschritten werden, um zu gewährleisten, dass der Antragsgegner zeitnah die ihm durch Einreichung der Schutzschrift entstandenen Rechtsverfolgungskosten geltend machen kann."

43 Die Suchfunktion des Registers ermöglicht es dem Gericht, nach der Bezeichnung der Parteien zu suchen; wobei auf der Grundlage des so ermittelten Suchergebnisses die Suche durch Angabe des Gegenstands und des Zeitraums der Einreichung eingeschränkt werden kann, § 1 Abs. 3 SRV. Es ist als sehr vorteilhaft zu benennen, dass die Suchfunktion sicherstellt, dass auch ähnliche Ergebnisse angezeigt und Eingabefehler sowie ungenaue Parteibezeichnungen toleriert werden, § 1 Abs. 4 SVR. Zu Recht moniert *Schmitt-Gaedke* aber, dass dies möglicherweise dazu führt, dass die falsche Partei über ein Abrufergebnis informiert wird.[25]

K. Löschung einer beim ZSSR eingereichten Schutzschrift

44 Die Löschung einer eingereichten Schutzschrift nach Zeitablauf (sechs Monate) oder aufgrund einer Rücknahme hat gem. § 6 Abs. 1 u. 2 SRV durch den Betreiber zu erfolgen. Auf Antrag des Einreichers/Absenders hat der Betreiber des ZSSR die Schutzschrift und die zu ihr gem. § 2 Abs. 1 S. 2 u. § 5 Abs. 2 SRV gespeicherten Daten unverzüglich zu löschen, § 6 Abs. 2 S. 1 SVR. Der Antrag ist als elektronisches Dokument entsprechend § 2 SRV zu stellen, vgl. dazu § 6 Abs. 2 S. 2 SRV. Über die Löschung erhält der Absender eine automatisierte Bestätigung, wobei eine Abruf-Mitteilung gem. § 5 Abs. 3 SRV in solchen Fällen jedoch nicht mehr erfolgt, § 6 Abs. 2 S. 4 SRV.

---

25 So auch: *Schmitt-Gaedke*, „Der Referentenentwurf zur Schutzschriftenregisterverordnung (SRV)", GRUR-Prax 2015, 161.

§ 19 Fachgerichtsbarkeiten und andere

A. Korrespondierende Vorschriften

In unserem Werk legen wir den Fokus auf die Darstellung des elektronischen Rechtsverkehrs auf die Vorschriften der ZPO. Einige Bereiche, wie die Straf- und Owi-Sachen (siehe § 20) sowie Mahnverfahren und die Zwangsvollstreckung (siehe § 17) sind aufgrund der erheblichen Abweichungen oder ihrer Bedeutung in den gesonderten Kapiteln dargestellt. In den Fachgerichtsbarkeiten, die im ArbGG, der VwGO, dem SGG und der FGO geregelt sind, finden sich zum Teil nahezu wortidentische Regelungen zur ZPO;[1] andere Bereiche, wie die InsO, das PatG oder das FamFG, verweisen ganz oder teilweise auf die ZPO, sodass die Ausführungen zur ZPO auch in diesen Bereichen, soweit eine Übereinstimmung vorliegt, angewendet werden können. Um die Ausführungen zur ZPO nicht zu „verwässern" und zur Vermeidung notwendiger Hinweise auf Abweichungen in den anderen Verfahrensordnungen, haben wir uns daher entschieden, die gesetzlichen Regelungen zu diesen Fachgerichtsbarkeiten und anderen Bereichen in diesem Kapitel zu behandeln. Mit verschiedenen Gesetzen wurden im Laufe der letzten Jahre zahlreiche – auch Detailfragen betreffende – Änderungen vorgenommen. Mit einer Fortentwicklung dieser Vorschriften ist auch künftig zu rechnen. Wir bitten daher unsere Leser, im Bedarfsfall unter www.buzer.de das betreffende Gesetz aufzurufen. Unter dem Button „frühere Fassungen" unterhalb der Gesetzesbezeichnung kann man zum jeweiligen aufgerufenen Gesetz eine Liste erhalten, aus der sich ergibt, mit welchem Gesetz zu welchem Zeitpunkt welche Änderungen vorgenommen wurden bzw. werden. Hier finden sich auch künftige Änderungen, sobald sie verabschiedet sind. Auch kann über diese Seite ab Inkrafttreten von Änderungen eine synoptische Darstellung von altem und neuem Recht aufgerufen werden. Bisher ist aus der täglichen jahrelangen Recherche auf dieser Internetseite kein Fall bekannt, der Fehler der Seite zutage gebracht hätte. Selbstverständlich kann aber für Inhalte dieser Seite keine Haftung übernommen werden. Der Leser wird daher gebeten, Informationen auch anderweitig zu prüfen, wie z.B. über das Bundesgesetzblatt, die vom BMJV betriebene Seite www.gesetze-im-internet.de und andere. Ebenso kann keine Haftung übernommen werden für Schäden, die dem Nutzer möglicherweise durch den Besuch der Seite entstehen. Die Nutzung erfolgt daher eigenverantwortlich.

Schleswig-Holstein und Bremen haben als einzige der 16 Bundesländer von der sog. Opt-In-Klausel[2] Gebrauch gemacht und das Inkrafttreten der Pflicht zur elektronischen Einreichung für Teilbereiche schon auf den 1.1.2020 bzw. 1.1.2021 vorgezogen. So hat Schleswig-Holstein die Pflicht zur Einreichung elektronischer Dokumente in ArbG-Sachen (§ 46g ArbGG) auf den 1.1.2020 vorgezogen.[3] § 46g ArbGG galt jedoch bis zum 1.1.2022 nach seinem Wortlaut nur für die I. Instanz. Gleichwohl hatte das LAG Schleswig-Holstein entschieden,[4] dass dieser redaktionelle Fehler als bekannt vorauszusetzen war und eine Berufung verworfen, die per Fax und nicht elektronisch eingereicht worden war. Der Gesetzgeber hat mit dem ERVV-Ausbaugesetz[5] inzwischen zum 1.1.2022 diesen redaktionellen Fehler durch entsprechende Verweise in § 64 Abs. 7 sowie § 72 Abs. 6 ArbGG behoben.

Das Land Bremen hat die elektronische Einreichpflicht zum 1.1.2021 für die folgenden Gerichtsbarkeiten vorgezogen:[6] Arbeitsgerichtsbarkeit, Finanzgerichtsbarkeit und die Sozialgerichtsbarkeit. Letztere, die

---

1 Gesetz zur Förderung des elektronischen Rechtsverkehrs mit den Gerichten – G. v. 10.10.2013, BGBl I, 3786 (Nr. 62).
2 Art. 24 Abs. 2 des Gesetzes zur Förderung des elektronischen Rechtsverkehrs mit den Gerichten – G. v. 10.10.2013, BGBl I, 3786.
3 Verkündet am 23.12.2019 (GVOBl. 2019, 782).
4 LAG Schleswig-Holstein, Beschl. v. 25.3.2020 – Az: 6 Sa 102/20, BeckRS 2020, 10446.
5 Art. 9 G. v. 5.10.2021, BGBl I, 4607.
6 Verordnung v. 8.12.2020 zum 1.1.2021 – https://anwaltsblatt.anwaltverein.de/de/anwaeltinnen-anwaelte/anwaltspraxis/bremen-bea-pflicht-vor-gericht sowie https://www.senatspressestelle.bremen.de/pressemitteilungen/digitalisierung-der-justiz-naechste-meilensteine-in-2021-348892?asl=bremen02.c.732.de (Abruf beide: 10.9.2022).

§ 19 Fachgerichtsbarkeiten und andere

Sozialgerichtsbarkeit, jedoch mit Ausnahme des LSG Niedersachsen-Bremen, das organisatorisch zur Justiz von Niedersachsen gehört.

Da zum 1.1.2022 bundesweit die elektronische Einreichpflicht in Kraft getreten ist, erübrigt sich ein näheres Eingehen auf diese vorgezogenen Pflichten. Sie hatten jedoch den Vorteil, dass sie eine Fülle an Rechtsprechung hervorgebracht haben, von deren Kenntnis heute auch in anderen Gerichtsbarkeiten profitiert werden kann. Soweit Rechtsprechung aus diesen Rechtsgebieten hohe Relevanz hat, wird sie in den jeweiligen Kapiteln, z.B. zu den Anforderungen an elektronische Signaturen in § 11 oder der Postausgangskontrolle in § 14, dieses Werks behandelt. Es wurde daher an dieser Stelle darauf verzichtet, eine „Sammlung" von Rechtsprechung zum jeweiligen Rechtsgebiet in diesem Kapitel 19 vorzunehmen.

B. Regelungen im Einzelnen

I. ArbGG – Arbeitsgerichtsbarkeit

4 Die Möglichkeit und die Anforderungen zur elektronischen Einreichung finden sich in § 46c ArbGG; die elektronische Einreichpflicht in § 46g ArbGG.

5 § 46c ArbGG – Elektronisches Dokument; Verordnungsermächtigung

(1) Vorbereitende Schriftsätze und deren Anlagen, schriftlich einzureichende Anträge und Erklärungen der Parteien sowie schriftlich einzureichende Auskünfte, Aussagen, Gutachten, Übersetzungen und Erklärungen Dritter können nach Maßgabe der folgenden Absätze als elektronische Dokumente bei Gericht eingereicht werden.

(2) ¹Das elektronische Dokument muss für die Bearbeitung durch das Gericht geeignet sein. ²Die Bundesregierung bestimmt durch Rechtsverordnung mit Zustimmung des Bundesrates technische Rahmenbedingungen für die Übermittlung und die Eignung zur Bearbeitung durch das Gericht.

(3) ¹Das elektronische Dokument muss mit einer qualifizierten elektronischen Signatur der verantwortenden Person versehen sein oder von der verantwortenden Person signiert und auf einem sicheren Übermittlungsweg eingereicht werden. ²Satz 1 gilt nicht für Anlagen, die vorbereitenden Schriftsätzen beigefügt sind.

(4) ¹Sichere Übermittlungswege sind

1. der Postfach- und Versanddienst eines De-Mail-Kontos, wenn der Absender bei Versand der Nachricht sicher im Sinne des § 4 Absatz 1 Satz 2 des De-Mail-Gesetzes angemeldet ist und er sich die sichere Anmeldung gemäß § 5 Absatz 5 des De-Mail-Gesetzes bestätigen lässt,

2. der Übermittlungsweg zwischen dem besonderen elektronischen Anwaltspostfach nach § 31a der Bundesrechtsanwaltsordnung oder einem entsprechenden, auf gesetzlicher Grundlage errichteten elektronischen Postfach und der elektronischen Poststelle des Gerichts,

3. der Übermittlungsweg zwischen einem nach Durchführung eines Identifizierungsverfahrens eingerichteten Postfach einer Behörde oder einer juristischen Person des öffentlichen Rechts und der elektronischen Poststelle des Gerichts,

4. der Übermittlungsweg zwischen einem nach Durchführung eines Identifizierungsverfahrens eingerichteten elektronischen Postfach einer natürlichen oder juristischen Person oder einer sonstigen Vereinigung und der elektronischen Poststelle des Gerichts,

5. der Übermittlungsweg zwischen einem nach Durchführung eines Identifizierungsverfahrens genutzten Postfach- und Versanddienst eines Nutzerkontos im Sinne des § 2 Absatz 5 des Onlinezugangsgesetzes und der elektronischen Poststelle des Gerichts,

B. Regelungen im Einzelnen § 19

6. sonstige bundeseinheitliche Übermittlungswege, die durch Rechtsverordnung der Bundesregierung mit Zustimmung des Bundesrates festgelegt werden, bei denen die Authentizität und Integrität der Daten sowie die Barrierefreiheit gewährleistet sind.

²Das Nähere zu den Übermittlungswegen gemäß Satz 1 Nummer 3 bis 5 regelt die Rechtsverordnung nach Absatz 2 Satz 2.

(5) ¹Ein elektronisches Dokument ist eingegangen, sobald es auf der für den Empfang bestimmten Einrichtung des Gerichts gespeichert ist. ²Dem Absender ist eine automatisierte Bestätigung über den Zeitpunkt des Eingangs zu erteilen.

(6) ¹Ist ein elektronisches Dokument für das Gericht zur Bearbeitung nicht geeignet, ist dies dem Absender unter Hinweis auf die Unwirksamkeit des Eingangs unverzüglich mitzuteilen. ²Das Dokument gilt als zum Zeitpunkt der früheren Einreichung eingegangen, sofern der Absender es unverzüglich in einer für das Gericht zur Bearbeitung geeigneten Form nachreicht und glaubhaft macht, dass es mit dem zuerst eingereichten Dokument inhaltlich übereinstimmt.

§ 46g Nutzungspflicht für Rechtsanwälte, Behörden und vertretungsberechtigte Personen   **6**

¹Vorbereitende Schriftsätze und deren Anlagen sowie schriftlich einzureichende Anträge und Erklärungen, die durch einen Rechtsanwalt, durch eine Behörde oder durch eine juristische Person des öffentlichen Rechts einschließlich der von ihr zur Erfüllung ihrer öffentlichen Aufgaben gebildeten Zusammenschlüsse eingereicht werden, sind als elektronisches Dokument zu übermitteln. ²Gleiches gilt für die nach diesem Gesetz vertretungsberechtigten Personen, für die ein sicherer Übermittlungsweg nach § 46c Absatz 4 Satz 1 Nummer 2 zur Verfügung steht. ³Ist eine Übermittlung aus technischen Gründen vorübergehend nicht möglich, bleibt die Übermittlung nach den allgemeinen Vorschriften zulässig. ⁴Die vorübergehende Unmöglichkeit ist bei der Ersatzeinreichung oder unverzüglich danach glaubhaft zu machen; auf Anforderung ist ein elektronisches Dokument nachzureichen.

§ 46g S. 1, 3 u. 4 ArbGG entspricht im Wortlaut § 130d S. 1–3 ZPO; beinhaltet aber in Satz 2 für die Verpflichtung der nach dem ArbGG vertretungsberechtigte Personen, für die ein sicherer Übermittlungsweg nach § 46c Abs. 4 S. 1 Nr. 2 ArbGG zur Verfügung steht, ebenfalls die elektronische Einreichpflicht. Da § 46c Abs. 4 S. 1 Nr. 2 ArbGG das beA auflistet, wird vermutet, dass es sich bei diesem Verweis um ein redaktionelles Versehen handelt und vielmehr Nr. 4 anstelle Nr. 2 gemeint ist. Der Kreis der neben einem Anwalt vertretungsberechtigten Personen ergibt sich aus § 11 Abs. 2 S. 2 ArbGG und listet sowohl natürliche wie juristische Personen sowie u.a. Berufsverbände sowie Gewerkschaften auf. Dieser Nutzerkreis wird zum 1.1.2024 verpflichtet, einen sicheren Übermittlungsweg vorzuhalten; denkbar ist hier die Anschaffung eines eBO, siehe dazu auch § 2 Rdn 49 u. 64 in diesem Werk.   **7**

II. VwGO – Verwaltungsgerichtsbarkeit

§ 55a VwGO regelt die Möglichkeit zur elektronischen Einreichung und entspricht in weiten Teilen § 130a ZPO. Einige Regelungen sind hier aber anders. So findet sich u.a. in § 55a VwGO ein Abs. 7, der in § 130a ZPO nicht existiert.   **8**

(1) Vorbereitende Schriftsätze und deren Anlagen, schriftlich einzureichende Anträge und Erklärungen der Beteiligten sowie schriftlich einzureichende Auskünfte, Aussagen, Gutachten, Übersetzungen und Erklärungen Dritter können nach Maßgabe der Absätze 2 bis 6 als elektronische Dokumente bei Gericht eingereicht werden.

(2) ¹Das elektronische Dokument muss für die Bearbeitung durch das Gericht geeignet sein. ²Die Bundesregierung bestimmt durch Rechtsverordnung mit Zustimmung des Bundesrates technische Rahmenbedingungen für die Übermittlung und die Eignung zur Bearbeitung durch das Gericht.

(3) ¹Das elektronische Dokument muss mit einer qualifizierten elektronischen Signatur der verantwortenden Person versehen sein oder von der verantwortenden Person signiert und auf einem sicheren Übermittlungsweg eingereicht werden. ²Satz 1 gilt nicht für Anlagen, die vorbereitenden Schriftsätzen beigefügt sind.

(4) ¹Sichere Übermittlungswege sind
1. der Postfach- und Versanddienst eines De-Mail-Kontos, wenn der Absender bei Versand der Nachricht sicher im Sinne des § 4 Absatz 1 Satz 2 des De-Mail-Gesetzes angemeldet ist und er sich die sichere Anmeldung gemäß § 5 Absatz 5 des De-Mail-Gesetzes bestätigen lässt,
2. der Übermittlungsweg zwischen dem besonderen elektronischen Anwaltspostfach nach § 31a der Bundesrechtsanwaltsordnung oder einem entsprechenden, auf gesetzlicher Grundlage errichteten elektronischen Postfach und der elektronischen Poststelle des Gerichts,
3. der Übermittlungsweg zwischen einem nach Durchführung eines Identifizierungsverfahrens eingerichteten Postfach einer Behörde oder einer juristischen Person des öffentlichen Rechts und der elektronischen Poststelle des Gerichts,
4. der Übermittlungsweg zwischen einem nach Durchführung eines Identifizierungsverfahrens eingerichteten elektronischen Postfach einer natürlichen oder juristischen Person oder einer sonstigen Vereinigung und der elektronischen Poststelle des Gerichts,
5. der Übermittlungsweg zwischen einem nach Durchführung eines Identifizierungsverfahrens genutzten Postfach- und Versanddienst eines Nutzerkontos im Sinne des § 2 Absatz 5 des Onlinezugangsgesetzes und der elektronischen Poststelle des Gerichts,
6. sonstige bundeseinheitliche Übermittlungswege, die durch Rechtsverordnung der Bundesregierung mit Zustimmung des Bundesrates festgelegt werden, bei denen die Authentizität und Integrität der Daten sowie die Barrierefreiheit gewährleistet sind.

²Das Nähere zu den Übermittlungswegen gemäß Satz 1 Nummer 3 bis 5 regelt die Rechtsverordnung nach Absatz 2 Satz 2.

(5) ¹Ein elektronisches Dokument ist eingegangen, sobald es auf der für den Empfang bestimmten Einrichtung des Gerichts gespeichert ist. ²Dem Absender ist eine automatisierte Bestätigung über den Zeitpunkt des Eingangs zu erteilen. ³Die Vorschriften dieses Gesetzes über die Beifügung von Abschriften für die übrigen Beteiligten finden keine Anwendung.

(6) ¹Ist ein elektronisches Dokument für das Gericht zur Bearbeitung nicht geeignet, ist dies dem Absender unter Hinweis auf die Unwirksamkeit des Eingangs unverzüglich mitzuteilen. ²Das Dokument gilt als zum Zeitpunkt der früheren Einreichung eingegangen, sofern der Absender es unverzüglich in einer für das Gericht zur Bearbeitung geeigneten Form nachreicht und glaubhaft macht, dass es mit dem zuerst eingereichten Dokument inhaltlich übereinstimmt.

(7) ¹Soweit eine handschriftliche Unterzeichnung durch den Richter oder den Urkundsbeamten der Geschäftsstelle vorgeschrieben ist, genügt dieser Form die Aufzeichnung als elektronisches Dokument, wenn die verantwortenden Personen am Ende des Dokuments ihren Namen hinzufügen und das Dokument mit einer qualifizierten elektronischen Signatur versehen. ²Der in Satz 1 genannten Form genügt auch ein elektronisches Dokument, in welches das handschriftlich unterzeichnete Schriftstück gemäß § 55b Absatz 6 Satz 4 übertragen worden ist.

Die elektronische Einreichpflicht in Verwaltungsgerichtssachen ist in § 55d VwGO geregelt: 9

§ 55d VwGO

¹Vorbereitende Schriftsätze und deren Anlagen sowie schriftlich einzureichende Anträge und Erklärungen, die durch einen Rechtsanwalt, durch eine Behörde oder durch eine juristische Person des öffentlichen Rechts einschließlich der von ihr zur Erfüllung ihrer öffentlichen Aufgaben gebildeten Zusammenschlüsse eingereicht werden, sind als elektronisches Dokument zu übermitteln. ²Gleiches gilt für die nach diesem Gesetz vertretungsberechtigten Personen, für die ein sicherer Übermittlungsweg nach § 55a Absatz 4 Satz 1 Nummer 2 zur Verfügung steht. ³Ist eine Übermittlung aus technischen Gründen vorübergehend nicht möglich, bleibt die Übermittlung nach den allgemeinen Vorschriften zulässig. ⁴Die vorübergehende Unmöglichkeit ist bei der Ersatzeinreichung oder unverzüglich danach glaubhaft zu machen; auf Anforderung ist ein elektronisches Dokument nachzureichen.

Die VwGO regelt Verfahren vor den Verwaltungsgerichten, Oberverwaltungsgerichten, Verwaltungsgerichtshöfen und dem Bundesverwaltungsgericht. Für behördliche Verwaltungsverfahren gilt das Verwaltungsverfahrensgesetz (VwVfG). 10

§ 3a VwVfG regelt die elektronische Kommunikation mit Verwaltungsbehörden. Diese kann z.B. via beA zum beBPo einer Behörde erfolgen. Die Anforderungen hier sind anders als in gerichtlichen Verfahren. 11

§ 3a VwVfG:[7] 12

(1) Die Übermittlung elektronischer Dokumente ist zulässig, soweit der Empfänger hierfür einen Zugang eröffnet.

(2) ¹Eine durch Rechtsvorschrift angeordnete Schriftform kann, soweit nicht durch Rechtsvorschrift etwas anderes bestimmt ist, durch die elektronische Form ersetzt werden. ²Der elektronischen Form genügt ein elektronisches Dokument, das mit einer qualifizierten elektronischen Signatur versehen ist. ³Die Signierung mit einem Pseudonym, das die Identifizierung der Person des Signaturschlüsselinhabers nicht unmittelbar durch die Behörde ermöglicht, ist nicht zulässig. ⁴Die Schriftform kann auch ersetzt werden

1. *durch unmittelbare Abgabe der Erklärung in einem elektronischen Formular, das von der Behörde in einem Eingabegerät oder über öffentlich zugängliche Netze zur Verfügung gestellt wird;*
2. *bei Anträgen und Anzeigen durch Versendung eines elektronischen Dokuments an die Behörde mit der Versandart nach § 5 Absatz 5 des De-Mail-Gesetzes;*
3. *bei elektronischen Verwaltungsakten oder sonstigen elektronischen Dokumenten der Behörden durch Versendung einer De-Mail-Nachricht nach § 5 Absatz 5 des De-Mail-Gesetzes, bei der die Bestätigung des akkreditierten Diensteanbieters die erlassende Behörde als Nutzer des De-Mail-Kontos erkennen lässt;*
4. *durch sonstige sichere Verfahren, die durch Rechtsverordnung der Bundesregierung mit Zustimmung des Bundesrates festgelegt werden, welche den Datenübermittler (Absender der Daten) authentifizieren und die Integrität des elektronisch übermittelten Datensatzes sowie die Barrierefreiheit gewährleisten; der IT-Planungsrat gibt Empfehlungen zu geeigneten Verfahren ab.*

⁵In den Fällen des Satzes 4 Nummer 1 muss bei einer Eingabe über öffentlich zugängliche Netze ein elektronischer Identitätsnachweis nach § 18 des Personalausweisgesetzes, nach § 12 des eID-Karte-Gesetzes oder nach § 78 Absatz 5 des Aufenthaltsgesetzes erfolgen.

---

7 In der zuletzt geänderten Fassung durch: Gesetz zur Einführung einer Karte für Unionsbürger und Angehörige des Europäischen Wirtschaftsraums mit Funktion zum elektronischen Identitätsnachweis sowie zur Änderung des Personalausweisgesetzes und weiterer Vorschriften v. 21.6.2019 (BGBl I, 846).

> § 19 Fachgerichtsbarkeiten und andere

(3) ¹Ist ein der Behörde übermitteltes elektronisches Dokument für sie zur Bearbeitung nicht geeignet, teilt sie dies dem Absender unter Angabe der für sie geltenden technischen Rahmenbedingungen unverzüglich mit. ²Macht ein Empfänger geltend, er könne das von der Behörde übermittelte elektronische Dokument nicht bearbeiten, hat sie es ihm erneut in einem geeigneten elektronischen Format oder als Schriftstück zu übermitteln.

III. SGG – Sozialgerichtsbarkeit

13 § 65a SGG regelt die Möglichkeit der elektronischen Einreichung in Sozialgerichtssachen.

§ 65a SGG

(1) Vorbereitende Schriftsätze und deren Anlagen, schriftlich einzureichende Anträge und Erklärungen der Beteiligten sowie schriftlich einzureichende Auskünfte, Aussagen, Gutachten, Übersetzungen und Erklärungen Dritter können nach Maßgabe der Absätze 2 bis 6 als elektronische Dokumente bei Gericht eingereicht werden.

(2) ¹Das elektronische Dokument muss für die Bearbeitung durch das Gericht geeignet sein. ²Die Bundesregierung bestimmt durch Rechtsverordnung mit Zustimmung des Bundesrates technische Rahmenbedingungen für die Übermittlung und die Eignung zur Bearbeitung durch das Gericht.

(3) ¹Das elektronische Dokument muss mit einer qualifizierten elektronischen Signatur der verantwortenden Person versehen sein oder von der verantwortenden Person signiert und auf einem sicheren Übermittlungsweg eingereicht werden. ²Satz 1 gilt nicht für Anlagen, die vorbereitenden Schriftsätzen beigefügt sind.

(4) ¹Sichere Übermittlungswege sind

1. *der Postfach- und Versanddienst eines De-Mail-Kontos, wenn der Absender bei Versand der Nachricht sicher im Sinne des § 4 Absatz 1 Satz 2 des De-Mail-Gesetzes angemeldet ist und er sich die sichere Anmeldung gemäß § 5 Absatz 5 des De-Mail-Gesetzes bestätigen lässt,*
2. *der Übermittlungsweg zwischen dem besonderen elektronischen Anwaltspostfach nach § 31a der Bundesrechtsanwaltsordnung oder einem entsprechenden, auf gesetzlicher Grundlage errichteten elektronischen Postfach und der elektronischen Poststelle des Gerichts,*
3. *der Übermittlungsweg zwischen einem nach Durchführung eines Identifizierungsverfahrens eingerichteten Postfach einer Behörde oder einer juristischen Person des öffentlichen Rechts und der elektronischen Poststelle des Gerichts,*
4. *der Übermittlungsweg zwischen einem nach Durchführung eines Identifizierungsverfahrens eingerichteten elektronischen Postfach einer natürlichen oder juristischen Person oder einer sonstigen Vereinigung und der elektronischen Poststelle des Gerichts,*
5. *der Übermittlungsweg zwischen einem nach Durchführung eines Identifizierungsverfahrens genutzten Postfach- und Versanddienst eines Nutzerkontos im Sinne des § 2 Absatz 5 des Onlinezugangsgesetzes und der elektronischen Poststelle des Gerichts,*
6. *sonstige bundeseinheitliche Übermittlungswege, die durch Rechtsverordnung der Bundesregierung mit Zustimmung des Bundesrates festgelegt werden, bei denen die Authentizität und Integrität der Daten sowie die Barrierefreiheit gewährleistet sind.*

²Das Nähere zu den Übermittlungswegen gemäß Satz 1 Nummer 3 bis 5 regelt die Rechtsverordnung nach Absatz 2 Satz 2.

(5) ¹Ein elektronisches Dokument ist eingegangen, sobald es auf der für den Empfang bestimmten Einrichtung des Gerichts gespeichert ist. ²Dem Absender ist eine automatisierte Bestätigung über

den Zeitpunkt des Eingangs zu erteilen. ³Die Vorschriften dieses Gesetzes über die Beifügung von Abschriften für die übrigen Beteiligten finden keine Anwendung.

(6) ¹Ist ein elektronisches Dokument für das Gericht zur Bearbeitung nicht geeignet, ist dies dem Absender unter Hinweis auf die Unwirksamkeit des Eingangs unverzüglich mitzuteilen. ²Das Dokument gilt als zum Zeitpunkt der früheren Einreichung eingegangen, sofern der Absender es unverzüglich in einer für das Gericht zur Bearbeitung geeigneten Form nachreicht und glaubhaft macht, dass es mit dem zuerst eingereichten Dokument inhaltlich übereinstimmt.

(7) ¹Soweit eine handschriftliche Unterzeichnung durch den Richter oder den Urkundsbeamten der Geschäftsstelle vorgeschrieben ist, genügt dieser Form die Aufzeichnung als elektronisches Dokument, wenn die verantwortenden Personen am Ende des Dokuments ihren Namen hinzufügen und das Dokument mit einer qualifizierten elektronischen Signatur versehen. ²Der in Satz 1 genannten Form genügt auch ein elektronisches Dokument, in welches das handschriftlich unterzeichnete Schriftstück gemäß § 65b Absatz 6 Satz 4 übertragen worden ist.

Die elektronische Einreichpflicht in Sozialgerichtssachen regelt § 65d SGG. **14**

§ 65d SGG

¹Vorbereitende Schriftsätze und deren Anlagen sowie schriftlich einzureichende Anträge und Erklärungen, die durch einen Rechtsanwalt, durch eine Behörde oder durch eine juristische Person des öffentlichen Rechts einschließlich der von ihr zur Erfüllung ihrer öffentlichen Aufgaben gebildeten Zusammenschlüsse eingereicht werden, sind als elektronisches Dokument zu übermitteln. ²Gleiches gilt für die nach diesem Gesetz vertretungsberechtigten Personen, für die ein sicherer Übermittlungsweg nach § 65a Absatz 4 Satz 1 Nummer 2 zur Verfügung steht. ³Ist eine Übermittlung aus technischen Gründen vorübergehend nicht möglich, bleibt die Übermittlung nach den allgemeinen Vorschriften zulässig. ⁴Die vorübergehende Unmöglichkeit ist bei der Ersatzeinreichung oder unverzüglich danach glaubhaft zu machen; auf Anforderung ist ein elektronisches Dokument nachzureichen.

IV. FGO – Finanzgerichtsbarkeit

§ 55a FGO regelt die Möglichkeit der elektronischen Einreichung in Finanzgerichtssachen. **15**

§ 52a FGO

(1) Vorbereitende Schriftsätze und deren Anlagen, schriftlich einzureichende Anträge und Erklärungen der Beteiligten sowie schriftlich einzureichende Auskünfte, Aussagen, Gutachten, Übersetzungen und Erklärungen Dritter können nach Maßgabe der Absätze 2 bis 6 als elektronische Dokumente bei Gericht eingereicht werden.

(2) ¹Das elektronische Dokument muss für die Bearbeitung durch das Gericht geeignet sein. ²Die Bundesregierung bestimmt durch Rechtsverordnung mit Zustimmung des Bundesrates technische Rahmenbedingungen für die Übermittlung und die Eignung zur Bearbeitung durch das Gericht.

(3) ¹Das elektronische Dokument muss mit einer qualifizierten elektronischen Signatur der verantwortenden Person versehen sein oder von der verantwortenden Person signiert und auf einem sicheren Übermittlungsweg eingereicht werden. ²Satz 1 gilt nicht für Anlagen, die vorbereitenden Schriftsätzen beigefügt sind.

§ 19 Fachgerichtsbarkeiten und andere

(4) ¹Sichere Übermittlungswege sind
1. der Postfach- und Versanddienst eines De-Mail-Kontos, wenn der Absender bei Versand der Nachricht sicher im Sinne des § 4 Absatz 1 Satz 2 des De-Mail-Gesetzes angemeldet ist und er sich die sichere Anmeldung gemäß § 5 Absatz 5 des De-Mail-Gesetzes bestätigen lässt,
2. der Übermittlungsweg zwischen dem besonderen elektronischen Anwaltspostfach nach § 31a der Bundesrechtsanwaltsordnung oder einem entsprechenden, auf gesetzlicher Grundlage errichteten elektronischen Postfach und der elektronischen Poststelle des Gerichts,
3. der Übermittlungsweg zwischen einem nach Durchführung eines Identifizierungsverfahrens eingerichteten Postfach einer Behörde oder einer juristischen Person des öffentlichen Rechts und der elektronischen Poststelle des Gerichts,
4. der Übermittlungsweg zwischen einem nach Durchführung eines Identifizierungsverfahrens eingerichteten elektronischen Postfach einer natürlichen oder juristischen Person oder einer sonstigen Vereinigung und der elektronischen Poststelle des Gerichts,
5. der Übermittlungsweg zwischen einem nach Durchführung eines Identifizierungsverfahrens genutzten Postfach- und Versanddienst eines Nutzerkontos im Sinne des § 2 Absatz 5 des Onlinezugangsgesetzes und der elektronischen Poststelle des Gerichts,
6. sonstige bundeseinheitliche Übermittlungswege, die durch Rechtsverordnung der Bundesregierung mit Zustimmung des Bundesrates festgelegt werden, bei denen die Authentizität und Integrität der Daten sowie die Barrierefreiheit gewährleistet sind.

²Das Nähere zu den Übermittlungswegen gemäß Satz 1 Nummer 3 bis 5 regelt die Rechtsverordnung nach Absatz 2 Satz 2.

(5) ¹Ein elektronisches Dokument ist eingegangen, sobald es auf der für den Empfang bestimmten Einrichtung des Gerichts gespeichert ist. ²Dem Absender ist eine automatisierte Bestätigung über den Zeitpunkt des Eingangs zu erteilen. ³Die Vorschriften dieses Gesetzes über die Beifügung von Abschriften für die übrigen Beteiligten finden keine Anwendung.

(6) ¹Ist ein elektronisches Dokument für das Gericht zur Bearbeitung nicht geeignet, ist dies dem Absender unter Hinweis auf die Unwirksamkeit des Eingangs unverzüglich mitzuteilen. ²Das Dokument gilt als zum Zeitpunkt der früheren Einreichung eingegangen, sofern der Absender es unverzüglich in einer für das Gericht zur Bearbeitung geeigneten Form nachreicht und glaubhaft macht, dass es mit dem zuerst eingereichten Dokument inhaltlich übereinstimmt.

(7) ¹Soweit eine handschriftliche Unterzeichnung durch den Richter oder den Urkundsbeamten der Geschäftsstelle vorgeschrieben ist, genügt dieser Form die Aufzeichnung als elektronisches Dokument, wenn die verantwortenden Personen am Ende des Dokuments ihren Namen hinzufügen und das Dokument mit einer qualifizierten elektronischen Signatur versehen. ²Der in Satz 1 genannten Form genügt auch ein elektronisches Dokument, in welches das handschriftlich unterzeichnete Schriftstück gemäß § 52b Absatz 6 Satz 4 übertragen worden ist.

16 Die elektronische Einreichpflicht in Finanzgerichtssachen für Rechtsanwälte, Behörden und vertretungsberechtigte Personen regelt § 55d FGO.

§ 52d FGO:

¹Vorbereitende Schriftsätze und deren Anlagen sowie schriftlich einzureichende Anträge und Erklärungen, die durch einen Rechtsanwalt, durch eine Behörde oder durch eine juristische Person des öffentlichen Rechts einschließlich der von ihr zur Erfüllung ihrer öffentlichen Aufgaben gebildeten Zusammenschlüsse eingereicht werden, sind als elektronisches Dokument zu übermitteln. ²Gleiches gilt für die nach diesem Gesetz vertretungsberechtigten Personen, für die ein sicherer Übermittlungsweg nach § 52a Absatz 4 Satz 1 Nummer 2 zur Verfügung steht. ³Ist eine Übermittlung aus technischen

Gründen vorübergehend nicht möglich, bleibt die Übermittlung nach den allgemeinen Vorschriften zulässig. ⁴Die vorübergehende Unmöglichkeit ist bei der Ersatzeinreichung oder unverzüglich danach glaubhaft zu machen; auf Anforderung ist ein elektronisches Dokument nachzureichen.

In diesem Zusammenhang ist die Einführung des beSt (besonders elektronisches Steuerberaterpostfach) zum 1.1.2023 interessant, siehe hierzu auch § 2 Rdn 70. **17**

V. FamFG – Familiensachen und andere Angelegenheiten der freiwilligen Gerichtsbarkeit

§ 14 Abs. 2 FamFG regelt die Möglichkeit der elektronischen Einreichung und enthält einen Verweis auf die Anwendung des § 130a ZPO. **18**

§ 14 FamFG **19**

(1) ¹Die Gerichtsakten können elektronisch geführt werden. ²§ 298a Absatz 2 der Zivilprozessordnung gilt entsprechend.

(2) ¹Anträge und Erklärungen der Beteiligten sowie schriftlich einzureichende Auskünfte, Aussagen, Gutachten, Übersetzungen und Erklärungen Dritter können als elektronisches Dokument übermittelt werden. ²Für das elektronische Dokument gelten § 130a der Zivilprozessordnung, auf dieser Grundlage erlassene Rechtsverordnungen sowie § 298 der Zivilprozessordnung entsprechend.

(3) Für das gerichtliche elektronische Dokument gelten die §§ 130b und 298 der Zivilprozessordnung entsprechend.

(4) ¹Die Bundesregierung und die Landesregierungen bestimmen für ihren Bereich durch Rechtsverordnung den Zeitpunkt, von dem an elektronische Akten geführt werden können. ²Die Bundesregierung und die Landesregierungen bestimmen für ihren Bereich durch Rechtsverordnung die geltenden organisatorisch-technischen Rahmenbedingungen für die Bildung, Führung und Aufbewahrung der elektronischen Akten. ³Die Landesregierungen können die Ermächtigung durch Rechtsverordnung auf die jeweils zuständige oberste Landesbehörde übertragen. ⁴Die Zulassung der elektronischen Akte kann auf einzelne Gerichte oder Verfahren beschränkt werden; wird von dieser Möglichkeit Gebrauch gemacht, kann in der Rechtsverordnung bestimmt werden, dass durch Verwaltungsvorschrift, die öffentlich bekanntzumachen ist, geregelt wird, in welchen Verfahren die Akten elektronisch zu führen sind. ⁵Akten in Verfahren gemäß § 151 Nummer 4 und § 271, die in Papierform angelegt wurden, können ab einem in der Rechtsverordnung bestimmten Zeitpunkt in elektronischer Form weitergeführt werden.

(4a) ¹Die Gerichtsakten werden ab dem 1.1.2026 elektronisch geführt. ²Die Bundesregierung und die Landesregierungen bestimmen jeweils für ihren Bereich durch Rechtsverordnung die organisatorischen und dem Stand der Technik entsprechenden technischen Rahmenbedingungen für die Bildung, Führung und Aufbewahrung der elektronischen Akten einschließlich der einzuhaltenden Anforderungen der Barrierefreiheit. ³Die Bundesregierung und die Landesregierungen können jeweils für ihren Bereich durch Rechtsverordnung bestimmen, dass Akten, die in Papierform angelegt wurden, in Papierform oder in Verfahren gemäß § 151 Nummer 4 und § 271 ab einem bestimmten Stichtag in elektronischer Form weitergeführt werden. ⁴Die Landesregierungen können die Ermächtigungen nach den Sätzen 2 und 3 durch Rechtsverordnung auf die für die Zivilgerichtsbarkeit zuständigen obersten Landesbehörden übertragen. ⁵Die Rechtsverordnungen der Bundesregierung bedürfen nicht der Zustimmung des Bundesrates.

(5) *¹Sind die Gerichtsakten nach ordnungsgemäßen Grundsätzen zur Ersetzung der Urschrift auf einen Bild- oder anderen Datenträger übertragen worden und liegt der schriftliche Nachweis darüber vor, dass die Wiedergabe mit der Urschrift übereinstimmt, so können Ausfertigungen, Auszüge und Abschriften von dem Bild- oder dem Datenträger erteilt werden. ²Auf der Urschrift anzubringende Vermerke werden in diesem Fall bei dem Nachweis angebracht.*

20 Die elektronische Einreichpflicht ist im FamFG in § 14b FamFG geregelt. Dabei ergeben sich erhebliche Unterschiede zwischen Abs. 1 und Abs. 2 FamFG.

21 *§ 14b FamFG*

(1) ¹Bei Gericht schriftlich einzureichende Anträge und Erklärungen sind durch einen Rechtsanwalt, durch einen Notar, durch eine Behörde oder durch eine juristische Person des öffentlichen Rechts einschließlich der von ihr zur Erfüllung ihrer öffentlichen Aufgaben gebildeten Zusammenschlüsse als elektronisches Dokument zu übermitteln. ²Ist dies aus technischen Gründen vorübergehend nicht möglich, so bleibt die Übermittlung nach den allgemeinen Vorschriften zulässig. ³Die vorübergehende Unmöglichkeit ist mit der Ersatzeinreichung oder unverzüglich danach glaubhaft zu machen; auf Anforderung ist ein elektronisches Dokument nachzureichen.

(2) ¹Andere Anträge und Erklärungen, die durch einen Rechtsanwalt, durch einen Notar, durch eine Behörde oder durch eine juristische Person des öffentlichen Rechts einschließlich der von ihr zur Erfüllung ihrer öffentlichen Aufgaben gebildeten Zusammenschlüsse eingereicht werden, sollen als elektronisches Dokument übermittelt werden. ²Werden sie nach den allgemeinen Vorschriften übermittelt, so ist auf Anforderung ein elektronisches Dokument nachzureichen."

22 Der Gesetzgeber begründet die Unterscheidung wie folgt:[8]

„*§ 14b Absatz 2 sieht darüber hinaus für die Anträge und Erklärungen, die keinem Schriftformerfordernis unterliegen, vor, dass sie durch den genannten Personenkreis elektronisch eingereicht werden sollen. Anträge und Erklärungen, die ausnahmsweise nicht elektronisch eingereicht werden, sind auf Anforderung des Gerichts elektronisch nachzureichen. Hierdurch soll verhindert werden, dass die Nutzungspflicht für die Anträge und Erklärungen, für die keine zwingende Schriftform besteht, und damit für den Großteil der Anträge und Erklärungen in FamFG-Verfahren völlig leerläuft.*

Die Soll-Vorschrift stellt sicher, dass auch in FamFG-Verfahren künftig die Vorteile der elektronischen Aktenführung und des elektronischen Rechtsverkehrs zum Tragen kommen. Gleichzeitig ist damit klargestellt, dass Anträge zwar elektronisch eingereicht werden sollen, aber bei Vorliegen besonderer Umstände auch auf andere Formen der Antragstellung ausgewichen werden darf. Die Gerichte werden dadurch – gerade im Bereitschaftsdienst – von der im Einzelfall möglicherweise umfangreichen und zeitaufwändigen Prüfung befreit, ob der Antragsteller zu den von der Nutzungspflicht des § 14b FamFG umfassten Personen gehört und der Antrag in der gestellten Form zulässig ist. Durch die Möglichkeit der Gerichte, die Anträge und Erklärungen elektronisch nachzufordern, können die Gerichte im Übrigen darauf hinwirken, dass die Arbeitsabläufe und die technischen Gegebenheiten so umgestaltet werden, dass eine elektronische Einreichung auch generell möglich ist. Ebenso kann das Gericht in Fällen, in denen ohne besonderen Grund von der Soll-Regelung abgewichen wird, die elektronische Einreichung fordern, um einem etwaigen Missbrauch der Sollregelung zu begegnen."

---

[8] BT-Drucks 19/28399 v. 13.4.2021, 40 zu § 14b FamFG.

Das OLG Bamberg hat im Februar 2022 in einer lesenswerten Entscheidung festgehalten, dass eine Beschwerdeschrift gem. § 64 Abs. 2 S. 4 FamFG zwingend zu unterschreiben ist, d.h. bei elektronischer Einreichung daher gem. § 64 Abs. 2 S. 4 FamFG gem. § 14 Abs. 2 S. 2 FamFG i.V.m. § 130a Abs. 3 S. 1 ZPO entweder mit einer qualifizierten elektronischen Signatur gem. Art. 3 Nr. 12 eIDAS-VO versehen oder von der verantwortenden Person einfach elektronisch signiert gem. Art. 3 Nr. 10 eIDAS-VO und auf einem sicheren Übermittlungsweg eingereicht werden muss[9] (vgl. dazu auch die Ausführungen in § 11 Rdn. 17 dieses Werks).

VI. Insolvenzverfahren

Für Insolvenzverfahren wird auf die Anwendung der ZPO verwiesen, sodass hier sowohl § 130a ZPO als auch § 130d ZPO zum Tragen kommen.

> *§ 4 InsO*
> *[1]Für das Insolvenzverfahren gelten, soweit dieses Gesetz nichts anderes bestimmt, die Vorschriften der Zivilprozeßordnung entsprechend. [2]§ 128a der Zivilprozessordnung gilt mit der Maßgabe, dass bei Gläubigerversammlungen sowie sonstigen Versammlungen und Terminen die Beteiligten in der Ladung auf die Verpflichtung hinzuweisen sind, wissentliche Ton- und Bildaufzeichnungen zu unterlassen und durch geeignete Maßnahmen sicherzustellen, dass Dritte die Ton- und Bildübertragung nicht wahrnehmen können.*

Das Insolvenzanträge elektronisch zu stellen sind, haben inzwischen mehrere Gerichte entschieden,[10] so u.a. das AG Hamburg:

> „1. Die Vorschrift des § 130d ZPO ist auch im Insolvenzantragsverfahren anzuwenden. Ein „Dispens" oder ein „Moratorium" hinsichtlich der Nichtanwendung ist seitens der Insolvenzgerichte weder möglich noch statthaft. (Rn. 6)
> 2. Vorübergehende technische Störungen iSv § 130d S. 2 und S. 3 ZPO sind auch von öffentlich-rechtlichen Gläubigern ohne gerichtliche „Hilfestellung" spätestens unverzüglich nach postschriftlicher Antragseinreichung ohne weitere Aufforderung glaubhaft zu machen mit den Mitteln des § 294 ZPO. Dies gilt auch dann, wenn solche mögliche Störungen bei Gericht generell amtswegig bekannt sind.
> 3. Gläubigerinsolvenzanträge haben die Zahlungsunfähigkeit der Antragsgegner mit zeitnahen Glaubhaftmachungsbelegen glaubhaft zu machen. Dies gilt auch für öffentlich-rechtliche Gläubiger."[11]

In diesem Zusammenhang ist auch auf die Pflicht für Inkassobüros hinzuweisen, die ab dem 1.1.2024 verpflichtet sind, einen sicheren Übermittlungsweg für elektronische Zustellungen bereit zu halten, siehe auch die Ausführungen zum eBO unter § 2 Rdn. 49 u. 64 in diesem Werk.

---

9 OLG Bamberg, Beschl. v. 17.2.2022 – 2 UF 8/22, BeckRS 2022, 2858 = NZFam 2022, 278.
10 AG Ludwigshafen, Beschl. v. 26.4.2022 – 3 c IK 115/22, NZI 2022, 756; vgl. dazu auch *Büttner*, „Die Problematik des § 130d ZPO insbesondere für den anwaltlichen Insolvenzverwalter", ZInsO 2022, 277.
11 AG Hamburg, Beschl. v. 21.2.2022 – 67h IN 29/22, NZI 2022, 382 mit lesenswerter Anm. *Laroche*; sowie *Dahl* NJW-Spezial 2022, 311.

VII. Patentgerichtsverfahren

27 Für Verfahren vor dem Bundespatentgericht (z.B. Nichtigkeitsverfahren, Erteilung von Zwangslizenzen etc.) und dem Bundesgerichtshof (z.B. Berufungsverfahren im Nichtigkeitsverfahren) wird in § 125a Abs. 2 PatG auf die Vorschriften der ZPO verwiesen.

> *§ 125a PatG:*
>
> *(1) Soweit in Verfahren vor dem Deutschen Patent- und Markenamt für Anmeldungen, Anträge oder sonstige Handlungen die Schriftform vorgesehen ist, gelten die Regelungen des § 130a Absatz 1, 2 Satz 1, Absatz 5 und 6 der Zivilprozessordnung entsprechend.*
>
> *(2) ¹Die Prozessakten des Patentgerichts und des Bundesgerichtshofs können elektronisch geführt werden. ²Die Vorschriften der Zivilprozessordnung über elektronische Dokumente, die elektronische Akte und die elektronische Verfahrensführung im Übrigen gelten entsprechend, soweit sich aus diesem Gesetz nichts anderes ergibt.*
>
> *(3) Das Bundesministerium der Justiz und für Verbraucherschutz bestimmt durch Rechtsverordnung ohne Zustimmung des Bundesrates*
>
> *1. den Zeitpunkt, von dem an elektronische Dokumente bei dem Deutschen Patent- und Markenamt und den Gerichten eingereicht werden können, die für die Bearbeitung der Dokumente geeignete Form, ob eine elektronische Signatur zu verwenden ist und wie diese Signatur beschaffen ist;*
>
> *2. den Zeitpunkt, von dem an die Prozessakten nach Absatz 2 elektronisch geführt werden können, sowie die hierfür geltenden organisatorisch-technischen Rahmenbedingungen für die Bildung, Führung und Aufbewahrung der elektronischen Prozessakten.*

28 Weiterführende Hinweise zur Einreichung elektronischer Dokumente beim BPatG können auf der Internetseite des BPatG nachgelesen werden.[12] Zu den Besonderheiten der BGH/BPatGERVV siehe auch § 12 in diesem Werk.

---

12 https://www.bundespatentgericht.de/DE/Rechtsprechung/ElektronischerRechtsverkehr/EinreichungelektronischerDokumente/einreichungelektronischerDokumente_node.html;jsessionid=25D8BA50B1F1DFCB52B41C5B436E20E2.intranet661 (Abruf: 10.9.2022).

§ 20 Strafsachen und OWi-Sachen

A. Rechtsgrundlagen

Mit Art. 1 Gesetz zur Einführung der elektronischen Akte in der Justiz und zur weiteren Förderung des elektronischen Rechtsverkehrs vom 5.7.2017[1] (e-Justice-Gesetz II) wurden u.a. zahlreiche Änderungen in rund 60 Vorschriften der StPO vorgenommen. Seit Verabschiedung des e-Justice-Gesetzes II sind zudem erhebliche und zahlreiche Änderungen in den einzelnen Vorschriften zum elektronischen Rechtsverkehr vorgenommen worden. Auch künftig ist mit weiteren Änderungen zu rechnen. Einige wichtige Vorschriften bezogen auf die elektronische Kommunikation und elektronische Aktenführung sind nachstehend dargestellt.

Regelungen zur **elektronischen Aktenführung** und **elektronischen Kommunikation** im Verfahren sind in den §§ 32–32f StPO enthalten. Sie gelten für das gesamte Strafverfahren vom Ermittlungsverfahren bis hin zur Vollstreckung und sind daher unter den Allgemeinen Vorschriften der StPO aufgeführt. Spezialregelungen zur elektronischen Aktenführung und auch elektronischen Kommunikation sind zudem im jeweiligen systematischen Kontext geregelt, wie z.B. die Regelungen zur Behandlung elektronischer Dokumente bei der Beweisaufnahme in §§ 244, 249 Abs. 1, 256 u. 325 StPO oder auch die Vorschriften für den Schutz personenbezogener Daten in einer Akte in §§ 496 ff. StPO.

B. Elektronische Aktenführung

Die elektronische Aktenführung in Strafsachen ist bisher eine „Kann-Regelung", vgl. dazu § 32 StPO.

> *§ 32 StPO*
>
> *Elektronische Aktenführung; Verordnungsermächtigungen*
>
> *„(1) ¹Die Akten können elektronisch geführt werden. ²Die Bundesregierung und die Landesregierungen bestimmen jeweils für ihren Bereich durch Rechtsverordnung den Zeitpunkt, von dem an die Akten elektronisch geführt werden. ³Sie können die Einführung der elektronischen Aktenführung dabei auf einzelne Gerichte oder Strafverfolgungsbehörden oder auf allgemein bestimmte Verfahren beschränken und bestimmen, dass Akten, die in Papierform angelegt wurden, auch nach Einführung der elektronischen Aktenführung in Papierform weitergeführt werden; wird von der Beschränkungsmöglichkeit Gebrauch gemacht, kann in der Rechtsverordnung bestimmt werden, dass durch Verwaltungsvorschrift, die öffentlich bekanntzumachen ist, geregelt wird, in welchen Verfahren die Akten elektronisch zu führen sind. ⁴Die Ermächtigung kann durch Rechtsverordnung auf die zuständigen Bundes- oder Landesministerien übertragen werden.*
>
> *(2) ¹Die Bundesregierung und die Landesregierungen bestimmen jeweils für ihren Bereich durch Rechtsverordnung die für die elektronische Aktenführung geltenden organisatorischen und dem Stand der Technik entsprechenden technischen Rahmenbedingungen einschließlich der einzuhaltenden Anforderungen des Datenschutzes, der Datensicherheit und der Barrierefreiheit. ²Sie können die Ermächtigung durch Rechtsverordnung auf die zuständigen Bundes- oder Landesministerien übertragen.*
>
> *(3) ¹Die Bundesregierung bestimmt durch Rechtsverordnung mit Zustimmung des Bundesrates die für die Übermittlung elektronischer Akten zwischen Strafverfolgungsbehörden und Gerichten geltenden Standards. ²Sie kann die Ermächtigung durch Rechtsverordnung ohne Zustimmung des Bundesrates auf die zuständigen Bundesministerien übertragen."*

---

1 BGBl I, 2208.

4 § 32 StPO wird jedoch zum **1.1.2026** geändert. Ab diesem Zeitpunkt wird die **Pflicht** zur elektronischen Aktenführung geregelt, denn Satz 1 wird dann wie folgt lauten:

„Die Akten werden elektronisch geführt."[2]

5 Ab 1.7.2025 können die Bundesregierung und die Landesregierungen jeweils für ihren Bereich durch Rechtsverordnung bestimmen, dass Akten, die in Papierform angelegt wurden, in Papierform weitergeführt werden.[3]

C. Einreichung elektronischer Dokumente

6 Die Einreichung elektronischer Dokumente ist seit dem 1.1.2018 in § 32a StPO geregelt, der § 41a StPO ersetzt und weitgehend § 130a ZPO[4] entspricht. § 32a StPO regelt dabei weder die justizinterne Kommunikation noch die ausgehende Kommunikation mit Verfahrensbeteiligten. Angesprochen ist hier lediglich die **Einreichung** von elektronischen Dokumenten.

7 *§ 32a StPO*[5]

Elektronischer Rechtsverkehr mit Strafverfolgungsbehörden und Gerichten; Verordnungsermächtigungen

„(1) Elektronische Dokumente können bei Strafverfolgungsbehörden und Gerichten nach Maßgabe der folgenden Absätze eingereicht werden.

(2) ¹Das elektronische Dokument muss für die Bearbeitung durch die Strafverfolgungsbehörde oder das Gericht geeignet sein. ²Die Bundesregierung bestimmt durch Rechtsverordnung mit Zustimmung des Bundesrates technische Rahmenbedingungen für die Übermittlung und die Eignung zur Bearbeitung durch die Strafverfolgungsbehörde oder das Gericht.

(3) Ein Dokument, das schriftlich abzufassen, zu unterschreiben oder zu unterzeichnen ist, muss als elektronisches Dokument mit einer qualifizierten elektronischen Signatur der verantwortenden Person versehen sein oder von der verantwortenden Person signiert und auf einem sicheren Übermittlungsweg eingereicht werden.

(4) Sichere Übermittlungswege sind

1. der Postfach- und Versanddienst eines De-Mail-Kontos, wenn der Absender bei Versand der Nachricht sicher im Sinne des § 4 Absatz 1 Satz 2 des De-Mail-Gesetzes angemeldet ist und er sich die sichere Anmeldung gemäß § 5 Absatz 5 des De-Mail-Gesetzes bestätigen lässt,

2. der Übermittlungsweg zwischen dem besonderen elektronischen Anwaltspostfach nach § 31a der Bundesrechtsanwaltsordnung oder einem entsprechenden, auf gesetzlicher Grundlage errichteten elektronischen Postfach und der elektronischen Poststelle der Behörde oder des Gerichts,

3. der Übermittlungsweg zwischen einem nach Durchführung eines Identifizierungsverfahrens eingerichteten Postfach einer Behörde oder einer juristischen Person des öffentlichen Rechts und der elektronischen Poststelle der Behörde oder des Gerichts,

---

2 Art. 2 Gesetz zur Einführung der elektronischen Akte in der Justiz und zur weiteren Förderung des elektronischen Rechtsverkehrs, G. v. 5.7.2017, BGBl I 2017, 2208 (Nr. 45).
3 Die bisherigen Sätze 2 u. 3. werden durch einen entsprechenden neuen Satz ersetzt.
4 I.d.F. des Gesetzes zur Förderung des elektronischen Rechtsverkehrs mit den Gerichten vom 10.10.2013, BGBl I 2013, 3786.
5 Text in der Fassung des Art. 4 Gesetz zum Ausbau des elektronischen Rechtsverkehrs mit den Gerichten und zur Änderung weiterer Vorschriften, G. v. 5.10.2021 BGBl I 2021, 4607 m.W.v. 1.1.2022.

4. der Übermittlungsweg zwischen einem nach Durchführung eines Identifizierungsverfahrens eingerichteten elektronischen Postfach einer natürlichen oder juristischen Person oder einer sonstigen Vereinigung und der elektronischen Poststelle der Behörde oder des Gerichts,
5. der Übermittlungsweg zwischen einem nach Durchführung eines Identifizierungsverfahrens genutzten Postfach- und Versanddienst eines Nutzerkontos im Sinne des § 2 Absatz 5 des Onlinezugangsgesetzes und der elektronischen Poststelle der Behörde oder des Gerichts,
6. sonstige bundeseinheitliche Übermittlungswege, die durch Rechtsverordnung der Bundesregierung mit Zustimmung des Bundesrates festgelegt werden, bei denen die Authentizität und Integrität der Daten sowie die Barrierefreiheit gewährleistet sind.
²Das Nähere zu den Übermittlungswegen gemäß Satz 1 Nummer 3 bis 5 regelt die Rechtsverordnung nach Absatz 2 Satz 2.

(5) ¹Ein elektronisches Dokument ist eingegangen, sobald es auf der für den Empfang bestimmten Einrichtung der Behörde oder des Gerichts gespeichert ist. ²Dem Absender ist eine automatisierte Bestätigung über den Zeitpunkt des Eingangs zu erteilen.

(6) ¹Ist ein elektronisches Dokument für die Bearbeitung durch die Behörde oder das Gericht nicht geeignet, ist dies dem Absender unter Hinweis auf die Unwirksamkeit des Eingangs unverzüglich mitzuteilen. ²Das elektronische Dokument gilt als zum Zeitpunkt seiner früheren Einreichung eingegangen, sofern der Absender es unverzüglich in einer für die Behörde oder für das Gericht zur Bearbeitung geeigneten Form nachreicht und glaubhaft macht, dass es mit dem zuerst eingereichten Dokument inhaltlich übereinstimmt."

Nach der Begründung des Entwurfs des e-Justice-Gesetzes II war unter dem Begriff des „elektronischen Dokuments" noch jegliche Form von elektronischen Informationen (z.B. Text-, Tabellen-, Bilddateien) zu verstehen, die ein Schriftstück bzw. eine körperliche Urkunde ersetzen sollte und grundsätzlich zur Wiedergabe in verkörperter Form, z.B. durch einen Ausdruck, geeignet war. Allerdings wurde diese noch großzügige Auslegung des Begriffs des „elektronischen Dokuments" durch die Vorgaben der ERVV, die seit dem 16.2.2018 auch für Straf- und OWi-Sachen gilt, eingeschränkt. Zulässige einzureichende elektronische Dokumente sind hier nur noch PDF und TIFF, vgl. dazu nachstehend sowie ergänzend die Ausführungen in § 12 Rdn 35 und 42 ff.

8

§ 14 ERVV[6]

9

„Schriftlich abzufassende, zu unterschreibende oder zu unterzeichnende Dokumente

*Die Kapitel 2 bis 4 gelten im Bereich des elektronischen Rechtsverkehrs mit Strafverfolgungs**behörden** und **Strafgerichten** für schriftlich abzufassende, zu unterschreibende oder zu unterzeichnende Dokumente, die gemäß § 32a Abs. 3 StPO elektronisch eingereicht werden, mit der Maßgabe, dass der Datensatz nach § 2 Abs. 3 mindestens folgende Angaben enthält:*

1. die Bezeichnung der Strafverfolgungsbehörde oder des Gerichts;
2. sofern bekannt, das Aktenzeichen des Verfahrens oder die Vorgangsnummer;
3. die Bezeichnung der beschuldigten Personen oder der Verfahrensbeteiligten; bei Verfahren gegen Unbekannt enthält der Datensatz anstelle der Bezeichnung der beschuldigten Personen die Bezeichnung „Unbekannt" sowie, sofern bekannt, die Bezeichnung der geschädigten Personen;
4. die Angabe der den beschuldigten Personen zur Last gelegten Straftat oder des Verfahrensgegenstandes;

---

6 Text in der Fassung des Art. 6 Gesetz zum Ausbau des elektronischen Rechtsverkehrs mit den Gerichten und zur Änderung weiterer Vorschriften, G. v. 5.10.2021, BGBl I 2021, 4607 m.W.v. 1.1.2022; zur besseren Lesbarkeit mit von den Verfassern vorgenommenen Abkürzungen sowie vorgenommenem Fettdruck.

5. *sofern bekannt, das Aktenzeichen eines denselben Verfahrensgegenstand betreffenden Verfahrens und die Bezeichnung der die Akten führenden Stelle."*

10 § *15 ERVV*[7]

Sonstige verfahrensbezogene elektronische Dokumente

„(1) [1]Sonstige verfahrensbezogene elektronische Dokumente, die an Strafverfolgungsbehörden oder Strafgerichte übermittelt werden, sollen den Anforderungen des § 2 entsprechen. [2]Entsprechen sie diesen Anforderungen nicht und sind sie zur Bearbeitung durch die Behörde oder das Gericht aufgrund der dortigen technischen Ausstattung oder der dort einzuhaltenden Sicherheitsstandards nicht geeignet, **so liegt ein wirksamer Eingang nicht vor.** *[3]In der Mitteilung nach § 32a Abs. 6 S. 1 StPO ist auf die in § 2 geregelten technischen Rahmenbedingungen hinzuweisen.*

(2) Die Übermittlung kann auch auf **anderen** *als den in § 32a Abs. 4 StPO genannten Übermittlungswegen erfolgen, wenn ein solcher Übermittlungsweg für die Entgegennahme verfahrensbezogener elektronischer Dokumente* **generell und ausdrücklich eröffnet ist.**"

11 § 32a StPO regelt somit die Einreichung elektronischer Dokumente nach Maßgabe der Abs. 2 bis 6 an Gerichte oder Staatsanwaltschaften durch die übrigen Verfahrensbeteiligten und entspricht weitgehend § 130a ZPO. Aufgrund der Verweisungsvorschrift des § 110c OWiG gilt er auch in OWi-Verfahren. Die elektronischen Dokumente müssen für die Bearbeitung durch die Strafverfolgungsbehörde oder das Gericht geeignet sein. Zu beachten ist darüber hinaus die ERVV,[8] welche zum 16.2.2018 auch für Straf- und OWi-Sachen (etwas verspätet) für anwendbar erklärt wurde.[9] Sie gilt gem. § 1 S. 2 ERVV nach Maßgabe des Kapitels 5 (§§ 14 u. 15 ERVV) für die Übermittlung elektronischer Dokumente an Strafverfolgungsbehörden und Strafgerichte der Länder und des Bundes gem. § 32a StPO sowie die Bearbeitung elektronischer Dokumente.

12 Durch strukturierte Datensätze ist eine automatisierte Weiterverarbeitung beim Empfänger möglich. Da § 15 Abs. 1 S. 1 ERVV verlangt, dass sonstige verfahrensbezogene elektronische Dokumente, die an Strafverfolgungsbehörden oder Strafgerichte übermittelt werden, den Anforderungen des § 2 ERVV entsprechen sollen, ist ein wirksamer Eingang gem. § 15 Abs. 1 S. 2 ERVV nicht gegeben, wenn diese sonstigen verfahrensbezogenen elektronischen Dokumente diesen Anforderungen nicht entsprechen oder zur Bearbeitung durch die Behörde oder das Gericht aufgrund der dortigen technischen Ausstattung oder der dort einzuhaltenden Sicherheitsstandards nicht geeignet sind. § 15 Abs. 1 S. 3 ERVV verweist jedoch auf § 32a Abs. 6 StPO, sodass eine entsprechende Heilung möglich ist, wenn nach Hinweis auf die Nichtbearbeitbarkeit durch die Behörde oder das Gericht und die damit verbundene Unwirksamkeit des Eingangs der Absender das Dokument unverzüglich in einer für die Behörde oder für das Gericht zur Bearbeitung geeigneten Form nachreicht und glaubhaft macht, dass es mit dem zuerst eingereichten Dokument inhaltlich übereinstimmt. In der Praxis wird bedauerlicherweise häufig lediglich nachgereicht, nicht aber glaubhaft gemacht, sodass eine Heilung dann ausscheidet.

13 Mit der Öffnungsklausel für weitere Übermittlungswege stellt der Verordnungsgeber in § 15 Abs. 2 ERVV klar, dass die Übermittlung an einen generell eröffneten Übermittlungsweg zulässig sein soll, wobei die Eröffnung zulässiger anderer Übermittlungswege den Landesjustizverwaltungen obliegt und nicht der Entscheidung eines einzelnen Mitarbeiters bei einer Strafverfolgungsbehörde oder eines Gerichts.[10]

14 Die wirksame elektronische Einreichung in Straf- und Bußgeldsachen fordert zudem die Verantwortungsübernahme für den Inhalt des elektronischen Dokuments durch entweder Anbringung einer qualifizierten

---

7 Wie vor.
8 Elektronischer-Rechtsverkehr-Verordnung, VO v. 24.11.2017, BGBl I, 3803.
9 Verordnung zur Änderung der Elektronischer-Rechtsverkehr-Verordnung, VO v. 9.2.2018, BGBl I, 200.
10 BR-Drucks 4/18 v. 10.1.2018, 7.

elektronischen Signatur oder aber Anbringung einer einfachen elektronischen Signatur in Kombination mit dem sog. Eigenversand des Postfachinhabers (= Postfachinhaber ist mit eigenem Zugangsmittel an seinem Postfach angemeldet und versendet aus seinem Postfach heraus selbst). Eine maschinenschriftliche Wiedergabe des Namenszugs unter einem Schriftsatz oder eine (lesbare) eingescannte Unterschrift reicht zur Erfüllung der Anforderung „einfache elektronische Signatur am elektronischen Dokument" zwar aus, stimmt aber der VHN (vertrauenswürdiger Herkunftsnachweis) nicht namensgleich überein, ist eine gem. §§ 79 Abs. 3 S. 1 OWiG, 341 Abs. 1, 345 Abs. 2 StPO eingelegte und begründete Rechtsbeschwerde nicht wirksam eingereicht.[11] Ein solcher VHN wird aber nur dann erzeugt, wenn ein Postfachinhaber aus seinem Postfach, angemeldet mit seinem eigenen Zugangsmittel, selbst den Versand vornimmt. Wird die Form der Einreichung gem. § 32a Abs. 3 S. 1, Alt. 2 StPO (ggf. i.V.m. § 110c OWiG) gewählt, ist neben der Anbringung der einfachen elektronischen Signatur zusätzlich erforderlich, dass der namensgleiche Postfachinhaber aus seinem eigenen Postfach, angemeldet mit seinem persönlichen Zugangsmittel, diese Nachricht auch versendet, siehe hierzu auch die umfassenden Ausführungen in § 11 dieses Werks.

§ 32b StPO[12] 15

Erstellung und Übermittlung strafverfolgungsbehördlicher und gerichtlicher elektronischer Dokumente; Verordnungsermächtigung

„(1) ¹Wird ein strafverfolgungsbehördliches oder gerichtliches Dokument als elektronisches Dokument erstellt, müssen ihm alle verantwortenden Personen ihre Namen hinzufügen. ²Ein Dokument, das zu unterschreiben oder zu unterzeichnen ist, muss darüber hinaus mit einer qualifizierten elektronischen Signatur aller verantwortenden Personen versehen sein.

(2) Ein elektronisches Dokument ist zu den Akten gebracht, sobald es von einer verantwortenden Person oder auf deren Veranlassung in der elektronischen Akte gespeichert ist.

(3) ¹Werden die Akten elektronisch geführt, sollen Strafverfolgungsbehörden und Gerichte einander Dokumente als elektronisches Dokument übermitteln. ²Die Anklageschrift, der Antrag auf Erlass eines Strafbefehls außerhalb einer Hauptverhandlung, die Berufung und ihre Begründung, die Revision, ihre Begründung und die Gegenerklärung sowie als elektronisches Dokument erstellte gerichtliche Entscheidungen sind als elektronisches Dokument zu übermitteln. ³Ist dies aus technischen Gründen vorübergehend nicht möglich, ist die Übermittlung in Papierform zulässig; auf Anforderung ist ein elektronisches Dokument nachzureichen.

(4) ¹Abschriften und beglaubigte Abschriften können in Papierform oder als elektronisches Dokument erteilt werden. ²Elektronische beglaubigte Abschriften müssen mit einer qualifizierten elektronischen Signatur der beglaubigenden Person versehen sein. ³Wird eine beglaubigte Abschrift in Papierform durch Übertragung eines elektronischen Dokuments erstellt, das mit einer qualifizierten elektronischen Signatur versehen ist oder auf einem sicheren Übermittlungsweg eingereicht wurde, muss der Beglaubigungsvermerk das Ergebnis der Prüfung der Authentizität und Integrität des elektronischen Dokuments enthalten.

(5) ¹Die Bundesregierung bestimmt durch Rechtsverordnung mit Zustimmung des Bundesrates die für die Erstellung elektronischer Dokumente und deren Übermittlung zwischen Strafverfolgungsbehörden und Gerichten geltenden Standards. ²Sie kann die Ermächtigung durch Rechtsverordnung ohne Zustimmung des Bundesrates auf die zuständigen Bundesministerien übertragen."

---

11 OLG Jena, Beschl. v. 23.9.2020 – 1 OLG 171 SsRs 195/19, BeckRS 2020, 24234 = NJ 2020, 512.
12 Text in der seit 1.7.2021 geltenden Fassung; zuletzt geändert durch Art. 1 G. v. 25.6.2021, BGBl I 2021, 2099.

16 § 32b StPO regelt die **gerichtsinterne** elektronische Kommunikation. Die hier in Abs. 3 normierte Sollpflicht zur Übermittlung bestimmter Dokumente in elektronischer Form betrifft aber leider nur das gerichtsinterne Verhältnis und nicht die Kommunikation mit der Anwaltschaft. Während Anwälte, siehe dazu unter Rdn 14, teilweise eine Pflicht zur elektronischen Einreichung trifft, können Gerichte die Übermittlungsform gerichtlicher oder behördlicher Dokumente (bisher) auch künftig frei entscheiden. Eine Pflicht zur elektronischen Nutzung für Gerichte, Staatsanwaltschaften und andere Strafverfolgungsbehörden hätte in der Anwaltschaft sicherlich zu einer höheren Akzeptanz des ERV geführt.

17 § 32c S. 1 StPO regelt die Möglichkeit für die Bundesregierung, durch Rechtsverordnung (RVO) elektronische Formulare einzuführen; wobei diese RVO regeln kann, dass die in den Formularen enthaltenen Angaben ganz oder teilweise in strukturierter maschinenlesbarer Form zu übermitteln sind. Die Formulare sind auf einer in der Rechtsverordnung zu bestimmenden Kommunikationsplattform im Internet zur Nutzung bereitzustellen; hier kann die RVO bestimmen, dass der Formularverwender sich ausweisen muss, z.B. durch Nutzung des elektronischen Identitätsnachweises nach § 18 des Personalausweisgesetzes, § 12 des eID-Karte-Gesetzes oder § 78 Abs. 5 des Aufenthaltsgesetzes. Die Bundesregierung wird über § 32c S. 2 StPO ermächtigt, die RVO ohne Zustimmung des Bundesrats auf die zuständigen Bundesministerien zu übertragen.

D. Pflicht zur elektronischen Einreichung

18 Die **Pflicht zur elektronischen Übermittlung** in Strafsachen (und aufgrund der Verweisung gem. § 110c OWiG in OWi-Sachen) ist in § 32d StPO geregelt, der **zum 1.1.2022 in Kraft getreten ist**. Dabei wird hier – anders als z.B. in ZPO-Verfahren – unterschieden zwischen verschiedenen elektronischen Dokumenten.

19 *§ 32d StPO*[13]

Pflicht zur elektronischen Übermittlung

„[1]*Verteidiger* und *Rechtsanwälte sollen* den Strafverfolgungsbehörden und Gerichten Schriftsätze und deren Anlagen sowie schriftlich einzureichende Anträge und Erklärungen **als elektronisches Dokument** übermitteln. [2]Die Berufung und ihre Begründung, die Revision, ihre Begründung und die Gegenerklärung sowie die Privatklage und die Anschlusserklärung bei der Nebenklage **müssen sie** als elektronisches Dokument übermitteln. [3]Ist dies aus technischen Gründen vorübergehend nicht möglich, ist die Übermittlung in Papierform zulässig. [4]Die vorübergehende Unmöglichkeit ist bei der Ersatzeinreichung oder unverzüglich danach glaubhaft zu machen; auf Anforderung ist ein elektronisches Dokument nachzureichen."

20 *Hinweis*

§ 32d StPO trat am **1.1.2022** in Kraft.[14] Gem. § 32d S. 1 StPO **sollen** Verteidiger und Rechtsanwälte seit dem 1.1.2022 den Strafverfolgungsbehörden und Gerichten Schriftsätze und deren Anlagen sowie schriftlich einzureichende Anträge und Erklärungen als elektronisches Dokument übermitteln.

21 Die **Soll**-Vorschrift des § 32d StPO gilt damit für:
- Schriftsätze und deren Anlagen
- schriftlich einzureichende Anträge und Erklärungen

Die **Muss**-Vorschrift des § 32d StPO gilt für:
- Berufung
- Berufungsbegründung

---

13 Hervorhebungen durch die Verfasser.
14 Art. 33 Abs. 4 Nr. 1 G. v. 5.7.2017, BGBl I 2017, 2208.

- Revision
- Revisionsbegründung
- Gegenerklärung zur Berufungsbegründung oder Revisionsbegründung
- Privatklage
- Anschlusserklärung als Nebenkläger

§ 32d S. 1 StPO regelt, dass Verteidiger und Rechtsanwälte grundsätzlich verpflichtet sein sollen, alle innerhalb des Strafverfahrens zu übermittelnden Dokumente dem Adressaten als elektronisches Dokument zu übermitteln; wobei von dieser Regelpflicht zur elektronischen Kommunikation nach Ansicht des Gesetzgebers nur im Ausnahmefall abgewichen werden darf.[15]

§ 32d S. 2 StPO regelt demgegenüber eine **Rechtspflicht** zur Einreichung der dort genannten Verfahrenserklärungen. Diese Aufzählung ist nach Ansicht des Gesetzgebers abschließend.[16] Verstoß gegen die in Satz 2 genannte Rechtspflicht dürfte als Verstoß gegen eine zwingende Prozesshandlungsvoraussetzung anzusehen sein, Fristversäumnis droht, wenn Anwälte und Verteidiger sich hieran nicht halten.[17]

Die Sollvorschrift des Satzes 1 dagegen lässt im Ausnahmefall auch eine Einreichung in Schriftform zu. Der Gesetzgeber begründet dies wie folgt:

> *„Eine strenge Nutzungspflicht soll danach nur für solche schriftlichen Erklärungen bestehen, bei denen ausgeschlossen ist, dass sie in einer besonders eilbedürftigen Situation, in der zudem die für eine elektronische Kommunikation erforderliche Infrastruktur fehlen kann – etwa in einem Verhandlungs- oder Haftprüfungstermin – abzugeben sind. Die Möglichkeit, die entsprechende Erklärung nicht in Schriftform abzugeben, sondern zu Protokoll der Geschäftsstelle zu erklären, wird durch § 32d StPO-E nicht eingeschränkt, weil die Vorschrift von vornherein nur die schriftliche Einreichung von Verfahrenserklärungen erfasst. Sonstige Verfahrenserklärungen, insbesondere Einlassungen zur Sache, Anträge zum Verfahren oder auch Beschwerden sollen vom Formzwang ausgenommen bleiben, weil diese Erklärungen im Strafverfahren auch weiterhin durch eine handschriftliche Erklärung möglich bleiben sollen, die der Verteidiger jederzeit auch ohne technische Hilfsmittel vornehmen können muss. Entsprechende nicht elektronische Erklärungen sind dann vom Gericht gemäß § 32e StPO-E in die elektronische Form umzuwandeln."*[18]

Die Nichteinhaltung dieser zwingenden Formanforderungen an die in § 32d S. 2 StPO genannten Rechtsmittel, deren Begründungen bzw. Erklärungen bewirkt deren Unwirksamkeit.[19]

Sofern der Beschuldigte oder ein nicht vertretener Nebenkläger oder sonstiger Verfahrensbeteiligter Dokumente selbst (also nicht über einen Rechtsanwalt oder Verteidiger) einreicht, gilt die Nutzungspflicht für diesen nicht. Die Pflicht zur Nutzung der elektronischen Form für Staatsanwaltschaften, Gerichte und sonstige am Verfahren beteiligte Strafverfolgungsbehörden regelt § 32b Abs. 3 StPO.

Ob die vorübergehende technische Unmöglichkeit in der Sphäre des Empfängers oder Absenders liegt, spielt für eine Anwendung von § 32d S. 3 StPO keine Rolle. In diesen Fällen kann auf die Einreichung in Papierform zurückgegriffen werden. Eine vorübergehende technische Unmöglichkeit kann z.B. ein Serverausfall sein. Beachten Sie bitte, dass die Einschränkungen *„aus technischen Gründen"* und *„vorübergehend"* nach Ansicht des Gesetzgebers klarstellen, dass *„die Einreichenden hierdurch nicht von der Notwendigkeit entbunden sind, die notwendigen technischen Einrichtungen für die Einreichung elektro-*

---

15 BT-Drucks 18/9416, 50 zu § 32d.
16 BT-Drucks 18/9416, a.a.O.
17 So auch Begründung S. 51 – Entwurf eines Gesetzes zur Einführung der elektronischen Akte in Strafsachen und zur weiteren Förderung des elektronischen Rechtsverkehrs, BT-Drucks 18/9416 v. 17.8.2016: *„Ihre Nichteinhaltung bewirkt die Unwirksamkeit der Erklärung."*
18 a.a.O.
19 BT-Drucks 18/9416, 51 vierter Abs.

nischer Dokumente vorzuhalten und bei technischen Ausfällen unverzüglich für Abhilfe zu sorgen."[20] Auf die Vorschriften der §§ 2 Abs. 2 BORA sowie 31a Abs. 6 BRAO wird ergänzend hingewiesen. Nach unserer Auffassung bleibt hier abzuwarten, wie streng die Rechtsprechung künftig diese Vorschrift auslegen wird. Im Zweifel sollte eine Frist für die Wiedereinsetzung bei wiedereinsetzungsfähigen Fristen notiert werden, um rechtzeitig – falls das Gericht die Ersatzeinreichung nicht akzeptiert, weil es § 32d S. 3 StPO streng auslegt – einen entsprechenden Wiedereinsetzungsantrag zu stellen. Man sollte nicht darauf vertrauen, dass auch ohne Wiedereinsetzungsantrag die Ersatzeinreichung akzeptiert wird. Was einen möglichen Wiedereinsetzungsantrag (siehe hierzu § 44 StPO) betrifft, so findet sich in der StPO jedoch ein deutlicher Unterschied zur Regelung nach der ZPO. Während das Verschulden eines Prozessbevollmächtigten gem. § 85 Abs. 2 ZPO dem Verschulden der Partei gleichgesetzt wird und bei einer schuldhaften Fristversäumnis des Prozessbevollmächtigten in Zivilsachen somit eine Wiedereinsetzung ausscheidet, gibt es eine solche gesetzliche Verschuldenszurechnung in der StPO nicht. Dem Beschuldigten ist das Verschulden seines Verteidigers und dessen Angestellten nach der herrschenden Rechtsprechung nicht zuzurechnen.[21]

28 Mit der Ersatzeinreichung ist die **technische Unmöglichkeit** *einschließlich (!)* ihrer **vorübergehenden** Natur glaubhaft zu machen. Nur wenn dies nicht möglich ist, z.B. weil die technische vorübergehende Unmöglichkeit sich erst kurz vor Fristablauf ergibt, darf die Glaubhaftmachung nachgeholt werden, was **unverzüglich** zu geschehen hat! Unverzüglich heißt ohne schuldhaftes Zögern. Der Gesetzgeber verlangt, dass mit der Ersatzeinreichung oder unverzüglich danach auch die vorübergehende technische Unmöglichkeit glaubhaft gemacht wird. Er führt hierzu aus:

> *„Jedoch sind Situationen denkbar, bei denen der Verteidiger erst kurz vor Fristablauf feststellt, dass eine elektronische Einreichung nicht möglich ist und bis zum Fristablauf keine Zeit mehr verbleibt, die Unmöglichkeit darzutun und glaubhaft zu machen. In diesem Fall ist die Glaubhaftmachung unverzüglich (ohne schuldhaftes Zögern) nachzuholen."*[22]

Es empfiehlt sich somit, die Glaubhaftmachung möglichst spätestens am Folgetag vorzunehmen. Es ist leider davon auszugehen, dass Gerichte eng auslegen werden, wann eine „gleichzeitige" und wann eine „unverzüglich nachgeholte" Glaubhaftmachung erforderlich bzw. ausreichend sind, siehe hierzu auch § 3 Rdn 121 u. 124 ff.

29 Sofern das Gericht unabhängig von § 32d StPO z.B. durch Verfügung eine weitergehende Verpflichtung zur elektronischen Einreichung begründet, würde deren Verletzung nach Ansicht des Gesetzgebers keine Auswirkungen auf die Wirksamkeit einer Erklärung haben.[23]

30 Die Regelung in § 32d S. 2 StPO bedeutet jedoch nicht, dass Berufung und Revision in einer Strafsache nur noch in elektronischer Form eingereicht werden dürfen; es bleibt dabei, dass diese auch zu Protokoll der Geschäftsstelle erklärt werden können. Die Einschränkung des § 32d StPO gilt von vornherein nur, wenn die Entscheidung zur schriftlichen Einreichung einer entsprechenden Verfahrenserklärung getroffen wurde.[24] Aus diesem Grund bleibt daher beispielhaft in § 314 Abs. 1 StPO die Möglichkeit erhalten, eine Berufung beim Gericht des ersten Rechtszugs binnen einer Woche nach Verkündung des Urteils zu Protokoll der Geschäftsstelle **oder** schriftlich einzulegen (für die Revision siehe § 341 Abs. 1 StPO). Für die gewählte schriftliche Einlegung gilt dann § 32d StPO, der seit 1.1.2022 die **verpflichtende elektronische Einlegung** verlangt. Dies bedeutet: Wird z.B. eine Berufung nicht zu Protokoll bei der Geschäftsstelle erklärt, sondern soll sie vielmehr schriftlich eingelegt werden, ist für letzteres (schriftliche Einlegung) seit

---

20 a.a.O.
21 Vgl. dazu nur beispielhaft BVerfG, Beschl. v. 13.4.1994 – XI ZR 65/93, NJW 1994, 1856; vgl. dazu aber auch BeckOK StPO/Cirener, 41. Ed. 1.10.2021, § 44 Rn 29 ff. m.v.w.N.
22 BT-Drucks 18/9416, 51, sechster Abs.
23 a.a.O.
24 BT-Drucks 18/9416, 51, a.a.O.

1.1.2022 **ausschließlich die elektronische Einreichung** zulässig. Eine ab dem 1.1.2022 per Fax eingelegte Revision ist nicht formwirksam eingelegt.[25] Wird ein Strafantrag elektronisch gestellt, reicht eine unsignierte E-Mail nicht aus; vielmehr muss der Schriftsatz gem. § 32a Abs. 3 StPO entweder qualifiziert elektronisch signiert sein oder auf einem sicheren Übermittlungsweg mit einfacher elektronischer Signatur versehen eingereicht werden; was im Übrigen auch für Behörden gilt.[26] Unabhängig von der hier fehlenden wirksamen Signatur scheidet aber auch schon die Verwendung des E-Mail-Postfachs gem. § 4 ERVV u. § 32a Abs. 3 StPO aus, da es sich nicht um ein zulässiges elektronisches Postfach im elektronischen Rechtsverkehr handelt.

Dass der Gesetzgeber in § 32d StPO den Begriff „Papierform" verwendet, verwundert. In der korrespondierenden Vorschrift der ZPO, hier ist die elektronische Einreichpflicht in § 130d ZPO geregelt, wird auf die Einreichung nach den allgemeinen Vorschriften abgestellt. „Papierform" meint damit nach Auffassung der Verfasserin die Einreichung in der bis zum 31.12.2021 geltenden Form, somit beispielhaft für die Berufung „schriftlich", was nach der ständigen Rechtsprechung aber auch die Einreichung via Fax umfasst.[27] Zu beachten ist, dass im Strafprozessrecht teilweise andere Anforderungen an die „schriftliche Einreichung" gelten als nach der ZPO.[28]   **31**

Unabhängig vom Regelungsgehalt des § 32d StPO können durch allgemeine Verwaltungsvorschriften, wie etwa Verfügungen/Dienstanweisungen bzw. die RiStBV (Richtlinien für das Strafverfahren und das Bußgeldverfahren) nach Ansicht des Gesetzgebers für den behördlichen Bereich weitergehende Verpflichtungen zur elektronischen Einreichung begründet werden, wobei deren Verletzung keine Auswirkungen auf die Wirksamkeit einer Erklärung haben soll.[29]   **32**

E. Akteneinsicht

Ausgehend davon, dass künftig vermehrt eine elektronische Aktenführung erfolgen wird, stellen sich viele Probleme, die sich bei einer Akteneinsicht in Papierakten ergeben, nicht bzw. nicht mehr wie im früheren Ausmaß. So ist bei elektronischen Akten die Manipulationsgefahr durch einen Beschuldigten oder Betroffenen nicht mehr gegeben, weshalb in den einzelnen Vorschriften das Akteneinsichtsrecht des sich selbst vertretenden Betroffenen bzw. Beschuldigten erweitert werden konnte. Auch können mehrere Verteidiger gleichzeitig in Akten Einsicht nehmen, wenn diese elektronisch geführt werden. Eine Volltextsuche ermöglicht den Gerichten das gezielte Suchen nach Akteninhalten besonders in sehr umfangreichen Verfahren, um nur einige Vorteile zu nennen. Im Bereich der Akteneinsicht hat es daher nicht nur Änderungen in den Bestimmungen zum Akteneinsichtsrecht, sondern auch durch Neuschaffung des § 32f StPO zur **Form** der Akteneinsicht gegeben. Auch hier soll nur exemplarisch auf einige Neuregelungen eingegangen werden, um das Ausmaß der Änderungen erkennbar zu machen. Da die elektronische Akte bei der Justiz nach wie vor im Ausbau begriffen ist, bitten wir unsere Leser, Gesetzesänderungen und den Erlass von Rechtsverordnungen auch künftig im Auge zu behalten. Interessante Details, warum der Gesetzgeber was wie geregelt hat, lassen sich der Begründung des Entwurfs eines Gesetzes zur Einführung der elektronischen Akte in   **33**

---

25 BGH, Beschl. v. 19.7.2022 – 4 StR 68/22, BeckRS 2022, 21052; unter Verweis auf BGH, Beschl. v. 24.5.2022 2 StR 110/22, Rn 3; BT-Drucks. 18/9416, 51; Meyer-Goßner/*Köhler*, 65. Aufl., § 32d Rn 2; KK-StPO/*Graf*, 8. Aufl., § 32d Rn 5; SSWStPO/ *Claus*, 4. Aufl., § 32d Rn 4; *Radke*, in: Ory/Weth, jurisPK, 2. Aufl., § 32d Rn 10; BeckOK-StPO/*Valerius*, 44. Ed., § 32d Rn 4; HK-GS/*Bosbach*, 5. Aufl., § 32d Rn 2.
26 BGH Beschl. v. 12.5.2022 – 5 StR 398/21 NJW 2022, 2768.
27 BeckOK StPO/*Eschelbach*, 41. Ed. 1.10.2021, § 314 Rn 8 m.v.w.N.; ebenso MüKo StPO/*Quentin*, 2016, § 314 Rn 2; KK-StPO/ *Paul*, 8. Aufl. 2019, § 314 Rn 13.
28 Vgl. nur beispielhaft BGH, Beschl. v. 17.10.2013 – 3 StR 167/13 (Rn 5), NStZ 2014, 400.
29 BT-Drucks 18/9416, 51 siebter Abs.

§ 20 Strafsachen und OWi-Sachen

Strafsachen und zur weiteren Förderung des elektronischen Rechtsverkehrs entnehmen.[30] Frühere und künftige Gesetzesänderung (soweit verabschiedet) kann man komfortabel der Internetseite www.buzer.de entnehmen. Die E-Aktenführung ist gem. § 32 Abs. 1 StPO ab dem 1.1.2026 verpflichtend.[31]

34 *§ 32f StPO*[32]

Form der Gewährung von Akteneinsicht; Verordnungsermächtigung[33]

„(1) ¹Einsicht in **elektronische** Akten wird durch **Bereitstellen des Inhalts der Akte** zum **Abruf** oder durch **Übermittlung des Inhalts der Akte auf einem sicheren Übermittlungsweg** gewährt. ²Auf besonderen Antrag wird Akteneinsicht durch Einsichtnahme in die elektronischen Akten **in Diensträumen** gewährt. ³Ein Aktenausdruck oder ein Datenträger mit dem Inhalt der elektronischen Akten wird auf besonders zu begründenden Antrag nur übermittelt, wenn der Antragsteller hieran ein berechtigtes Interesse hat. ⁴Stehen der Akteneinsicht in der nach Satz 1 vorgesehenen Form wichtige Gründe entgegen, kann die Akteneinsicht in der nach den Sätzen 2 und 3 vorgesehenen Form auch ohne Antrag gewährt werden.

(2) ¹Einsicht in Akten, die in **Papierform** vorliegen, wird durch **Einsichtnahme in die Akten in Diensträumen** gewährt. ²Die Akteneinsicht kann, soweit nicht wichtige Gründe entgegenstehen, auch durch Bereitstellen des Inhalts der Akten zum Abruf, durch Übermittlung des Inhalts der Akte auf einem sicheren Übermittlungsweg gewährt. oder durch Bereitstellen einer Aktenkopie zur Mitnahme gewährt werden. ³Auf **besonderen Antrag** werden einem Verteidiger oder Rechtsanwalt, soweit nicht wichtige Gründe entgegenstehen, die Akten zur Einsichtnahme in seine Geschäftsräume oder in seine Wohnung mitgegeben.

(3) Entscheidungen über die Form der Gewährung von Akteneinsicht nach den Absätzen 1 und 2 sind **nicht anfechtbar**.

(4) ¹Durch technische und organisatorische Maßnahmen ist zu gewährleisten, dass Dritte im Rahmen der Akteneinsicht keine Kenntnis vom Akteninhalt nehmen können. ²Der Name der Person, der Akteneinsicht gewährt wird, soll durch technische Maßnahmen in abgerufenen Akten und auf übermittelten elektronischen Dokumenten nach dem Stand der Technik dauerhaft erkennbar gemacht werden.

(5) ¹Personen, denen Akteneinsicht gewährt wird, dürfen Akten, Dokumente, Ausdrucke oder Abschriften, die ihnen nach Absatz 1 oder 2 überlassen worden sind, weder ganz noch teilweise öffentlich verbreiten oder sie Dritten zu verfahrensfremden Zwecken übermitteln oder zugänglich machen. ²Nach Absatz 1 oder 2 erlangte personenbezogene Daten dürfen sie nur zu dem Zweck verwenden, für den die Akteneinsicht gewährt wurde. ³Für andere Zwecke dürfen sie diese Daten nur verwenden, wenn dafür Auskunft oder Akteneinsicht gewährt werden dürfte. ⁴Personen, denen Akteneinsicht gewährt wird, sind auf die Zweckbindung hinzuweisen.

(6) ¹Die Bundesregierung bestimmt durch Rechtsverordnung mit Zustimmung des Bundesrates die für die Einsicht in elektronische Akten geltenden Standards. ²Sie kann die Ermächtigung durch Rechtsverordnung ohne Zustimmung des Bundesrates auf die zuständigen Bundesministerien übertragen."

---

30 BT-Drucks 18/9416 v. 17.8.2016.
31 Art. 9 des Gesetzes zur Einführung der elektronischen Akte in Strafsachen und zur weiteren Förderung des elektronischen Rechtsverkehrs, BGBl I 2017, 2208.
32 Text in der Fassung des Art. 1 Gesetz zur Einführung der elektronischen Akte in der Justiz und zur weiteren Förderung des elektronischen Rechtsverkehrs, G. v. 5.7.2017, BGBl I 2017, 2208 m.W.v. 1.1.2018; Aufnahme des sicheren Übermittlungswegs durch: Art. 1 G. v. 25.6.2021, BGBl I 2021, 2099 zum 1.7.2021.
33 Fettdruck und Unterstreichungen durch die Verfasser.

E. Akteneinsicht § 20

35 Anspruch auf Akteneinsicht haben grundsätzlich:
- Verteidiger, § 147 Abs. 1–3 StPO
- Beschuldigte ohne anwaltliche Verteidigung, § 147 Abs. 4 StPO[34]
- Betroffene, § 49 Abs. 1 OWiG
- Privatkläger, § 385 Abs. 3 StPO
- Nebenkläger und Verletzte, § 406e StPO
- Einziehung- oder Verfallsbeteiligte, §§ 434 Abs. 1 S. 2, 442 Abs. 1 StPO
- Privatpersonen und sonstige Stellen, § 475 Abs. 2 StPO
- im Straf- oder Maßregelvollzug befindliche Personen, § 120 Abs. 1 StVollzG i.V.m. § 147 Abs. 4 StPO
- Justizbehörden oder andere öffentliche Stellen, § 474 Abs. 1 StPO

36 § 32f StPO regelt daher nicht, **ob** ein Akteneinsichtsrecht besteht, sondern lediglich, **wie** das Verfahren über die Akteneinsicht eines Verteidigers,[35] eines Beschuldigten[36] oder z.B. eines Betroffenen,[37] oder aber z.B. des Nebenklägers und Verletzten[38] abläuft.

37 S. 1 des § 32f Abs. 1 StPO regelt die Gewährung der Akteneinsicht in eine elektronische Akte durch Bereitstellen des Inhalts der Akte zum Abruf oder durch Übermittlung des Inhalts der Akte auf einem sicheren Übermittlungsweg, wenn nicht gewichtige Gründe dieser Form der Akteneinsichtsgewährung entgegenstehen. Auf Antrag kann einem Verteidiger auch durch Einsichtnahme in den Diensträumen Akteneinsicht in die elektronischen Akten gewährt werden, § 32f Abs. 1 S. 2 StPO. Bei begründetem und berechtigtem Interesse des Antragstellers kann der Verteidiger einen Ausdruck der Akte oder einen physischen Datenträger mit dem Inhalt der elektronischen Akte erhalten.

38 Sofern die Akte bei Gericht oder der OWi-Behörde (§ 110c OWiG) nur in Papierform vorliegt, erfolgt die Akteneinsicht entweder durch
- Akteneinsicht in den Diensträumen oder
- durch Abruf bzw.
- Übermittlung auf einem sicheren Übermittlungsweg oder
- durch Bereitstellen einer Aktenkopie zur Mitnahme.

39 Für eine Akteneinsichtnahme in den Kanzleiräumen/der Wohnung des Anwalts können diesem die Akten auch mitgegeben werden; Ausnahme: es stünden gewichtige Gründe entgegen, § 32f Abs. 2 S. 3 StPO. Somit kann auf unterschiedliche Weise Akteneinsicht erfolgen, je nach Führung als E- oder Papierakte. Stellt der Verteidiger einen Antrag, die Akteneinsicht auf eine bestimmte Art und Weise zu gewähren, hat er seinen Antrag zu begründen; die Entscheidung des Gerichts bzw. der Bußgeldbehörde ist nicht anfechtbar, § 32f Abs. 3 StPO. Zur Dokumentationspflicht, wer Akteneinsicht genommen hat, siehe auch § 32f Abs. 4 StPO, zum Datenschutz, Verbot der Verbreitung und den Hinweispflichten des Gerichts bzw. der Behörde siehe § 32f Abs. 4 u. 5 StPO.[39] Zum Zeitpunkt der Drucklegung hat die BRAK bekannt gegeben, dass in Kürze die Anbindung des beA an das bundesweite Akteneinsichtsportal erfolgen soll, sodass die Anmeldung vereinfacht wird.[40] Ist Akteneinsicht beantragt und grundsätzlich zu gewähren, kann die elektronische Akte über dieses Portal zur Einsicht bereitgestellt werden.[41] § 32f StPO stellt keine Anspruchs-

---

34 Die Gewährleistung eines fairen Verfahrens erfordert ein Akteneinsichtsrecht eines sich selbst verteidigenden Beschuldigten nach Art. 6 Abs. 1 und 6 der Europäischen Menschenrechtskonvention; vgl. hierzu das Urt. des EGMR vom 17.2.1997 – 10/1996/629/812, NStZ 1998, 429.
35 § 147 Abs. 1 bis 3 StPO.
36 § 147 Abs. 4 StPO.
37 § 49 Abs. 1 OWiG.
38 § 406e StPO.
39 Weitere Informationen siehe auch unter https://www.akteneinsichtsportal.de (Abruf: 10.9.2022).
40 Weitere Informationen siehe auch unter https://www.akteneinsichtsportal.de (Abruf: 19.10.2022).
41 https://www.akteneinsichtsportal.de/hilfe (Abruf: 19.10.2022).

grundlage für ein Recht auf Akteneinsicht dar, sondern regelt lediglich die Form der Einsichtnahme. Das Recht auf Zweifel gegen ein durchgeführtes standardisiertes Messverfahren eines Betroffenen begründet nach gefestigter Rechtsprechung auch ein Recht auf Akteneinsicht.[42] Zum erweiterten Akteneinsichtsrecht sowohl von Beschuldigten im Strafverfahren als auch Betroffenen im OWi-Verfahren, das rechtzeitig beantragt werden muss, hat das BVerfG 2020 grundlegend entschieden.[43] In Bußgeldverfahren ist gerade aber die Frage, ob und in welchem Umfang ein Anspruch auf Bereitstellung der Messreihe zum Abruf über eine Internetverbindung von der Verwaltung aus Art. 20 Abs. 3 GG, Art. 2 Abs. 1 GG, Art. 6 Abs. 1 S. 1 EMRK i.V.m. §§ 46 Abs. 1 OWiG, 147, 32f Abs. 1 S. 1 StPO besteht, gleichwohl nach wie vor umstritten.[44]

40 Die Akteneinsicht soll gem. Art. 7 der Richtlinie 2012/13/EU über das Recht auf Belehrung und Unterrichtung in Strafverfahren unentgeltlich erfolgen. Hier wurde in Nr. 9000 KV GKG Abs. 4 der Anmerkung zum 1.1.2018 entsprechend aufgenommen:[45]

„(4) Bei der Gewährung der Einsicht in Akten wird eine Dokumentenpauschale nur erhoben, wenn auf besonderen Antrag ein Ausdruck einer elektronischen Akte oder ein Datenträger mit dem Inhalt einer elektronischen Akte übermittelt wird."

41 Davon unabhängig bleibt die Aktenversendungspauschale für Transport- und Verpackungskosten für Hin- und Rücksendung nach Nr. 9003 KV GKG i.H.v. 12,00 EUR bestehen. Hierbei handelt es sich um einen Nettobetrag, der mit Umsatzsteuer an den Mandanten weiterberechnet werden kann. Wenn der Anwalt die Aktenübersendung beantragt, handelt es sich nach Ansicht des BGH bei der Auslage der **Aktenversendungspauschale** um eine steuerbare anwaltliche Dienstleistung.

42 Der BGH hierzu:[46]

„Schuldner der nach den §§ 28 Abs. 2 GKG, 107 Abs. 5 OWiG erhobenen Aktenversendungspauschale ist allein derjenige, der mit seiner Antragserklärung gegenüber der aktenführenden Stelle die Aktenversendung unmittelbar veranlasst.

Die Inrechnungstellung der vom Rechtsanwalt verauslagten Aktenversendungspauschale unterliegt nach § 10 Abs. 1 UStG der Umsatzsteuer. Es liegt insoweit kein durchlaufender Posten i.S.v. § 10 Abs. 1 Satz 6 UStG vor.

Die auf die Aktenversendungspauschale entfallende Umsatzsteuer zählt deshalb zur gesetzlichen Vergütung des Rechtsanwalts, die der Rechtsschutzversicherer seinem Versicherungsnehmer nach §§ 1, 5 (1) Buchst. a der Allgemeinen Bedingungen für die Rechtsschutzversicherung (hier ARB 2002) zu erstatten hat."

43 Eine Übermittlung des Aktenausdrucks nach § 32f Abs. 1 S. 3 StPO bedarf eines berechtigten Interesses, das nach Ansicht des Gesetzgebers nicht bereits dann gegeben ist, wenn der Antragsteller das Lesen von Aktenausdrucken subjektiv als angenehmer empfindet als das Lesen an einem Bildschirm.[47] Sind jedoch z.B. sehr weite Wege zurückzulegen, um die Diensträume für eine Akteneinsicht aufzusuchen, kann ein

---

42 *Krenberger*, „Aus der Rechtsprechung zum Ordnungswidrigkeitenrecht" – 1. Teil. 1. Akteneinsicht, NStZ-RR 2021, 233 ausführlich und m.v.w.N.
43 BVerfG (3. Kammer des Zweiten Senats), Beschl. v. 12.11.2020 – 2 BvR 1616/18, NJW 2021, 455; DAR 2021, 75.
44 Anspruch besteht: AG Bad Saulgau, Beschl. v. 14.12.2021 – OWi 25 Js 27436/21; a.A. BayObLG (2. Senat für Bußgeldsachen), Beschl. v. 4.1.2021 – 202 ObOWi 1532/20, DAR 2021, 104, SVR 2021, 279 m. lesenswerter u. ablehn. Anm. *Krumm*; siehe hierzu auch *Jungbauer*, DAR 2022, 168.
45 Art. 24 Abs. 4 des Gesetzes vom 23.6.2017 (BGBl I, 1693), NJW 2011, 3041.
46 BGH, Urt. v. 6.4.2011 – IV ZR 232/08, NJW 2011, 3041.
47 So Begründung S. 57 – Entwurf eines Gesetzes zur Einführung der elektronischen Akte in Strafsachen und zur weiteren Förderung des elektronischen Rechtsverkehrs, BT-Drucks 18/9416 v. 17.8.2016.

solches berechtigtes Interesse zu bejahen sein. Hier wird man im Einzelfall aber den Aufwand des Akteneinsichtnehmenden mit dem des Gerichts vergleichen müssen.

Sofern mehrere Verteidiger beispielsweise zeitgleich Akteneinsicht in eine Papierakte nehmen wollen bzw. müssen, hilft § 32f Abs. 2 StPO, der die Akteneinsicht in Papierakten dadurch erleichtert, dass die Papierakten auch (eingescannt) elektronisch zum Abruf bereitgestellt werden können, wenn keine wichtigen Gründe entgegenstehen. Diese Regelung dient sicherlich der Verfahrensbeschleunigung. Auf Antrag kann – wie bisher – die Übermittlung der Papierakte in die Geschäftsräume des Verteidigers erfolgen. 44

Die Entscheidung über die Form der Akteneinsicht ist unanfechtbar. Zu beachten sein wird hier jedoch, dass durch die Form der Akteneinsicht diese als solche nicht unmöglich gemacht wird, um die verfassungsmäßigen Rechte eines Beschuldigten zu wahren. So kann insbesondere die Festlegung einer besonders kurzen Dauer der Papier-Akteneinsicht (z.B. drei Tage für eine Vielzahl an Leitzordnern) verfassungsrechtlich bedenklich sein.[48] 45

Datenschutzregelungen zur elektronischen Aktenführung ergeben sich aus § 496 StPO; zur Auftragsdatenverarbeitung, die über die Vorschriften der DSGVO und des BDSG hinausgehen, siehe § 497 StPO. § 498 StPO regelt die Verwendung personenbezogener Daten aus elektronischen Akten. 46

Sofern elektronische Aktenkopien nicht mehr erforderlich sind, sind diese unverzüglich zu löschen, § 499 StPO. 47

F. Ordnungswidrigkeiten-Verfahren

Ein Großteil dieser obigen Vorschriften wird auf OWi-Sachen für anwendbar erklärt.[49] § 110c OWiG verweist u.a. auf die Geltung des § 32d StPO sowie die auf der Grundlage des § 32a Abs. 2 S. 1 und Abs. 4 Nr. 4, des § 32b Abs. 5 und des § 32f Abs. 5 StPO erlassenen Rechtsverordnungen entsprechend. 48

§ 110c OWiG[50] 49

Entsprechende Geltung der Strafprozessordnung für Aktenführung und Kommunikation im Verfahren

„*¹Im Übrigen gelten die §§ 32a, 32b und 32d bis 32f der Strafprozessordnung sowie die auf der Grundlage des § 32a Absatz 2 Satz 2 und Absatz 4 Satz 1 Nummer 6, des § 32b Absatz 5 und des § 32f Absatz 6 der Strafprozessordnung erlassenen Rechtsverordnungen entsprechend. ²Abweichend von § 32b Absatz 1 Satz 2 der Strafprozessordnung ist bei der automatisierten Herstellung eines zu signierenden elektronischen Dokuments statt seiner die begleitende Verfügung zu signieren. ³Abweichend von § 32e Absatz 4 Satz 1 der Strafprozessordnung müssen Ausgangsdokumente nicht gespeichert oder aufbewahrt werden, wenn die übertragenen Dokumente zusätzlich einen mit einer qualifizierten elektronischen Signatur versehenen Vermerk darüber enthalten, dass das Ausgangsdokument mit dem zur Akte zu nehmenden Dokument inhaltlich und bildlich übereinstimmt.*"

Mit dem Verweis in § 110c OWiG auf § 32d StPO wird deutlich, dass grundsätzlich von Verteidigern und Rechtsanwälten eingereichte Schriftsätze und deren Anlagen sowie schriftlich einzureichende Anträge und Erklärungen als elektronische Dokumente übermittelt werden sollen. Da der Gesetzgeber eine Konkretisierung der zwingend einzureichenden elektronischen Dokumente wie in § 32d S. 2 StPO für Bußgeldverfahren/Angelegenheiten nach dem OWiG nicht benennt, ist davon auszugehen, dass eine Pflicht 50

---

[48] BVerfG, Beschl. v. 11.7.1994 – 2 BvR 777/94, NJW 1994, 3219.
[49] Art. 8 G. v. 5.7.2017, BGBl I, 2208.
[50] Text in der Fassung des Art. 31 Gesetz zum Ausbau des elektronischen Rechtsverkehrs mit den Gerichten und zur Änderung weiterer Vorschriften, G. v. 5.10.2021, BGBl I, 4607 m.W.v. 1.1.2022.

zur elektronischen Einreichung für entsprechende Dokumente in gerichtlichen OWi-Verfahren, wie z.B. die Rechtsbeschwerde gem. § 79 OWiG gegen Urteile und Beschlüsse, gem. § 72 OWiG einschließlich ihrer Begründung gilt. Eine verpflichtende elektronische Einreichung ist zudem für den Antrag auf Zulassung der Rechtsbeschwerde gem. § 80 OWiG sowie die Gegenerklärung zur Rechtsbeschwerde anzunehmen, die gem. § 80 Abs. 1 OWiG an das Beschwerdegericht zu richten ist.

51 Teilweise wird in der Kommentarliteratur die Auffassung vertreten, dass aufgrund der entsprechenden Verweisung von § 110c OWiG unter Berücksichtigung des § 110a Abs. 4 OWiG auf § 32d StPO im Bußgeldverfahren die verpflichtende Einreichung um den Einspruch, die Einspruchsbegründung, die Rechtsbeschwerde und die Rechtsbeschwerdebegründung ergänzt werden muss.[51]

52 Dass die elektronische Einreichpflicht jedoch auch für einen Einspruch gegen einen Bußgeldbescheid gilt, der bei einer Verwaltungsbehörde einzulegen ist, ist unseres Erachtens trotz der uneingeschränkten Verweisung in § 110c auf § 32d StPO nicht zwingend anzunehmen. Denn der Einspruch gegen einen Bußgeldbescheid richtet sich an die Bußgeldbehörde; § 32d S. 2 StPO gilt jedoch nur für die dort abschließend aufgezählten Schriftsätze an ein Gericht.

53 Zum Zeitpunkt der Drucklegung dieses Werks waren sich auch die Gerichte nicht einig in der Frage, ob ein Einspruch zwingend elektronisch einzulegen ist oder nicht. Während das AG Hameln[52] eine elektronische Einreichpflicht für Einsprüche gegen Bußgeldbescheide ablehnt, geht das AG Berlin-Tiergarten von einer elektronischen Einreichpflicht aus.[53] So hält das AG Berlin-Tiergarten fest:

„Nach §§ 67, 100c OWiG in Verbindung mit § 32d StPO ist ein Einspruch gegen einen Bußgeldbescheid ausschließlich als signiertes elektronisches Dokument über das BeA – das besondere Anwaltspostfach – und das BeBPo – das besondere elektronische Behördenpostfach – zu übermitteln. Eine Übermittlung in Papierform oder als Telefax ist unzulässig."

54 Das KG sieht ebenfalls eine elektronische Einreichpflicht – hier jedoch für die Rechtsbeschwerde gem. § 79 Abs. 3 S. 1 OWiG i.V.m. § 341 Abs. 1 StPO – in OWi-Sachen:

„1. Folge der Nichteinhaltung der Übermittlungsverpflichtung gem. § 32d S. 2 StPO ist die Unwirksamkeit der Erklärung.
2. Bei Verstoß gegen die Formvorschrift des § 32d StPO, § 110c OWiG kann dem Betroffenen jedoch Wiedereinsetzung in den vorigen Stand gewährt werden."[54]

Es gewährte jedoch gem. § 44 StPO Wiedereinsetzung in die Frist zur Einlegung der Rechtsbeschwerde; denn anders als in Zivilsachen steht das Verschulden des Verteidigers dem Verschulden der Partei nicht gleich. Dies bedeutet, dass auch bei einem Verschulden des Verteidigers, welches dieser vorliegend auch eingeräumt hatte, dem Betroffenen Wiedereinsetzung zu gewähren ist. Der Antrag auf Wiedereinsetzung ist binnen Wochenfrist beim zuständigen Gericht gestellt worden (vgl. dazu §§ 45 Abs. 1, 46 Abs. 1 StPO). An der Entscheidung des KG wurde zu Recht kritisiert,[55] dass in der Entscheidungsbegründung allgemein festgehalten ist, für Rechtsmittel sei eine elektronische Einreichpflicht vorgesehen in § 32d StPO. Dies ist jedoch nicht der Fall, so ist die (sofortige) Beschwerde hier nicht erwähnt.

55 Es empfiehlt sich zur Vermeidung von Nachteilen für den Auftraggeber, Einsprüche sicherheitshalber ebenfalls elektronisch einzureichen. Die Verfasser haben beim Versuch via beA, entsprechende beBPo

---

51 *Krenberger/Krumm*, OWiG, 6. Aufl. 2020, § 110c Rn 13; vgl. dazu auch: BeckOK StVR/*Krenberger*, 13. Ed. 15.10.2021, OWiG, § 110c Rn 5.; *Gassner/Seith*, Ordnungswidrigkeitengesetz, 2. Aufl. 2020, § 110c Rn 24, 25.
52 AG Hameln, Beschl. v. 14.2.2022 – 49 OWi 23/22, NZV 2022, 333 m. Anm. *van Endern* = DAR 2022, 284 = StRR 2022, 43 m. Anm. *Burhoff*.
53 AG Tiergarten, Beschl. v. 5.4.2022 – 310 OWi 161/22, BeckRS 2022, 8990 = DAR 2022, 353 = StRR 2022, 35 m. Anm. *Burhoff*.
54 KG Beschl. v. 11.5.2022 – 3 Ws (B) 88/22 – 162 Ss 47/22, NJW 2022, 2286.
55 *Graeber*, Anmerkung zu KG, a.a.O.

(besondere elektronische Behördenpostfächer) zu adressieren, rund 80 solcher beBPo von Bußgeldbehörden im Gesamtverzeichnis gefunden.

§ 110a OWiG regelt die **elektronische Aktenführung** sowie die Ermächtigung, entsprechende Rechtsverordnungen zu erlassen.

§ 110a OWiG[56]
Elektronische Aktenführung; Verordnungsermächtigungen

„(1) ¹Die Akten können elektronisch geführt werden. ²Die Bundesregierung und die Landesregierungen bestimmen jeweils für ihren Bereich durch Rechtsverordnung den Zeitpunkt, von dem an die Akten elektronisch geführt werden. ³Sie können die Einführung der elektronischen Aktenführung dabei auf einzelne Gerichte oder Behörden oder auf allgemein bestimmte Verfahren beschränken und bestimmen, dass Akten, die in Papierform angelegt wurden, auch nach Einführung der elektronischen Aktenführung in Papierform weitergeführt werden; wird von der Beschränkungsmöglichkeit Gebrauch gemacht, kann in der Rechtsverordnung bestimmt werden, dass durch Verwaltungsvorschrift, die öffentlich bekanntzumachen ist, geregelt wird, in welchen Verfahren die Akten elektronisch zu führen sind. ⁴Die Ermächtigung kann durch Rechtsverordnung auf die zuständigen Bundes- oder Landesministerien übertragen werden.

(2) ¹Die Bundesregierung und die Landesregierungen bestimmen jeweils für ihren Bereich durch Rechtsverordnung die für die elektronische Aktenführung geltenden organisatorischen und dem Stand der Technik entsprechenden technischen Rahmenbedingungen einschließlich der einzuhaltenden Anforderungen des Datenschutzes, der Datensicherheit und der Barrierefreiheit. ²Sie können die Ermächtigung durch Rechtsverordnung auf die zuständigen Bundes- oder Landesministerien übertragen.

(3) ¹Die Bundesregierung bestimmt durch Rechtsverordnung mit Zustimmung des Bundesrates die für die Übermittlung elektronischer Akten zwischen Behörden und Gerichten geltenden Standards. ²Sie kann die Ermächtigung durch Rechtsverordnung ohne Zustimmung des Bundesrates auf die zuständigen Bundesministerien übertragen.

(4) Behörden im Sinne dieses Abschnitts sind die Staatsanwaltschaften und Verwaltungsbehörden einschließlich der Vollstreckungsbehörden sowie die Behörden des Polizeidienstes, soweit diese Aufgaben im Bußgeldverfahren wahrnehmen."

Die E-Aktenführung bei den Behörden ist gem. § 110a Abs. 1 OWiG ab dem 1.1.2026 verpflichtend.[57]

---

56 Text in der Fassung des Art. 3 Gesetz zur Stärkung des Rechts des Angeklagten auf Anwesenheit in der Verhandlung, G. v. 17.12.2018, BGBl I, 2571 m.W.v. 21.12.2018.
57 Art. 9 des Gesetzes zur Einführung der elektronischen Akte in Strafsachen und zur weiteren Förderung des elektronischen Rechtsverkehrs, BGBl I 2017, 2208.

§ 21 Der Wiedereinsetzungsantrag

A. Einführung

Die Wiedereinsetzung in den vorigen Stand gem. §§ 233 ff. ZPO dient der Beseitigung eines Rechtsnachteils, den eine Partei im Verfahren nach der ZPO wegen einer Versäumung erlitten hat.[1] Ihre Aufgabe ist es, die verfassungsrechtliche Garantie auf Rechtsschutz und rechtliches Gehör zu gewährleisten.[2]

B. Folgen versäumter Prozesshandlungen

Die Versäumung einer Prozesshandlung hat zur allgemeinen Folge, dass die **Partei mit der vorzunehmenden Prozesshandlung ausgeschlossen wird**, § 230 ZPO. Andere Folgen der Säumnis können z.B. **Kostennachteile** oder die **Fiktion ungünstiger Prozesshandlungen** sein.

Einer Androhung der gesetzlichen Folgen der Versäumnis bedarf es nach § 231 Abs. 1 ZPO nicht; sie treten von selbst ein, sofern nicht in der ZPO ein auf Verwirklichung des Rechtsnachteils gerichteter Antrag erforderlich ist. Ist ein entsprechender Antrag erforderlich, kann, solange der Antrag nicht gestellt und die mündliche Verhandlung über ihn geschlossen ist, die versäumte Prozesshandlung nachgeholt werden, § 231 Abs. 2 ZPO. Ist eine Versäumung **unverschuldet** erfolgt, kann bei bestimmten Prozesshandlungen Wiedereinsetzung in den vorigen Stand gewährt werden.

C. Wiedereinsetzungsfähige Fristen

Eine Wiedereinsetzung ist nur möglich bei Versäumung

- einer Notfrist,
- der Wiedereinsetzungsfrist selbst,
- der Frist zur Begründung der Berufung,
- der Frist zur Begründung der Revision,
- der Frist zur Begründung der Nichtzulassungsbeschwerde,
- der Frist zur Begründung der Rechtsbeschwerde.

Die versäumte Frist muss eine **gesetzliche Notfrist** oder eine der in § 233 ZPO genannten **Rechtsmittelbegründungsfristen** bzw. die **Wiedereinsetzungsfrist selbst** sein. Notfristen sind Fristen, die im Gesetz als Notfristen bezeichnet sind, § 224 Abs. 1 S. 2 ZPO. Notfristen sind z.B.:

- Berufungsfrist, § 517 ZPO,
- Revisionsfrist, § 548 ZPO,
- Nichtzulassungsbeschwerdefrist, § 544 Abs. 3 S. 1 ZPO,
- sofortige Beschwerde, §§ 567 Abs. 1, 569 Abs. 1 S. 1 ZPO,
- Gehörsrüge, § 321a Abs. 2 S. 1 ZPO,
- Einspruchsfrist gegen ein Versäumnisurteil, § 339 Abs. 1 ZPO,
- Einspruchsfrist gegen den Vollstreckungsbescheid, §§ 700 Abs. 1 i.V.m. 339 Abs. 1 ZPO,
- sofortige Beschwerde gegen die Ablehnung der PKH, § 127 Abs. 2 S. 2 ZPO,
- sofortige Beschwerde gegen einen Kostenfestsetzungsbeschluss, §§ 104 Abs. 3, 567 Abs. 1 Nr. 1, 569 Abs. 1 ZPO,
- Erinnerung, § 573 Abs. 1 S. 1 ZPO,
- Rechtsbeschwerde, §§ 574, 575 Abs. 1 ZPO usw.

---

1 BGH NJW 1995, 1901.
2 BVerfG NJW 1995, 249.

§ 21 Der Wiedereinsetzungsantrag

6 Die in § 233 ZPO genannten **Rechtsmittelbegründungsfristen**, für die Wiedereinsetzung nach § 233 ZPO unter den gegebenen Voraussetzungen beantragt werden kann, sind:
- Frist zur Begründung der Berufung, § 520 Abs. 2 ZPO,
- Frist zur Begründung der Revision, § 551 Abs. 2 S. 2 ZPO,
- Frist zur Begründung der Nichtzulassungsbeschwerde, § 544 Abs. 4 ZPO,
- Frist zur Begründung der Rechtsbeschwerde, § 575 Abs. 1 ZPO.

7 Darüber hinaus ist Wiedereinsetzung in den vorigen Stand auch möglich, wenn die Wiedereinsetzungsfrist nach § 234 Abs. 1 ZPO selbst versäumt wurde, § 233 S. 1 ZPO. Dies bedeutet, dass in derartigen Fällen zunächst Wiedereinsetzung in die Wiedereinsetzungsfrist beantragt werden muss und sogleich Wiedereinsetzung in den vorigen Stand wegen der versäumten Prozesshandlung. Gleichzeitig sind beide versäumten Prozesshandlungen nachzuholen, § 236 Abs. 2 S. 2 ZPO.

8 Wiedereinsetzung ist nicht möglich z.B. bei
- Versäumung der Einlegung fristgebundener Rügen,
- Versäumung eines Termins,
- Versäumung der Widerrufsfrist eines Vergleichs,[3]
- Versäumung der Frist für die nachträgliche Zulassung einer Kündigungsschutzklage nach § 5 Abs. 3 S. 2 KSchG. Zwar sind die Grundsätze, die für die Wiedereinsetzung in den vorigen Stand nach § 233 ZPO entwickelt worden sind, auf das Verfahren über die nachträgliche Zulassung der Kündigungsschutzklage nach § 5 KSchG zu übertragen. Dies bedeutet aber nicht, dass § 233 ZPO unmittelbar auf § 5 KSchG anwendbar wäre; lediglich bei der Frage, ob die Kündigungsschutzklage nachträglich zugelassen wird, können nach Ansicht des Bundesverfassungsgerichts die von der Rechtsprechung entwickelten Grundsätze zur Wiedereinsetzung herangezogen werden. Das Verschulden des Prozessbevollmächtigten ist der Partei entsprechend § 4 S. 1 KSchG gem. § 46 Abs. 2 S. 1 ArbGG i.V.m. 85 Abs. 2 ZPO zuzurechnen.[4]
- Verjährungsfristen.

D. Frage des Verschuldens

9 Wiedereinsetzung ist grundsätzlich nur dann möglich, wenn eine **Partei ohne ihr Verschulden** verhindert war, die o.g. Fristen einzuhalten. Hat die Partei schuldhaft eine Frist versäumt, scheidet die Wiedereinsetzung aus.

10 **Nur** ein **fehlendes Verschulden** an der Fristversäumung kann zu einer Wiedereinsetzung führen. Verschuldet die Partei selbst die Fristversäumung, kann ihr daher Wiedereinsetzung nicht gewährt werden. Das Verschulden des Bevollmächtigten steht dem Verschulden der Partei gleich, § 85 Abs. 2 ZPO. An der Fristversäumung muss die Partei bzw. ihr anwaltlicher Vertreter daher schuldlos sein, um Wiedereinsetzung erlangen zu können. Der Sorgfaltsmaßstab richtet sich nach den individuellen Fähigkeiten der Partei. Vorsatz und Fahrlässigkeit jeden Grades sind schädlich. Die bloße Möglichkeit einer Schuldlosigkeit reicht nicht aus.

11 *Hinweis*

Ein Verschulden des Prozessbevollmächtigten der Partei muss sich die Partei wie eigenes Verschulden zurechnen lassen, § 85 Abs. 2 ZPO.

---

3 BGHZ 61, 394; BAG, Urt. v. 18.11.2004 – 6 AZR 651/03, NZA 2005, 516; die Parteien haben es aber in der Hand, die Anwendbarkeit der §§ 233 ff. ZPO auf die Widerrufsfrist des Vergleichs zu vereinbaren; NJW 1978, 1876; Bestätigung durch BVerfG v. 6.3.1979, AP Nr. 27 zu § 794 ZPO.
4 BAG, Urt. v. 22.3.2012 – 2 AZR 224/11, NJOZ 2012, 2088; BAG, Urt. v. 24.11.2011 – 2 AZR 614/10, NZA 2012, 413.

D. Frage des Verschuldens §21

Andererseits dürfen die Anforderungen an die Partei nicht überspannt werden. Allein aufgrund von Förmlichkeiten soll die Partei keinen Schaden erleiden. Der verfassungsrechtlich gewährleistete Anspruch auf Gewährung wirkungsvollen Rechtsschutzes (Art. 2 Abs. 1 GG i.V.m. dem Rechtsstaatsprinzip aus Art. 20 Abs. 3 GG) verbietet es, einer Partei die Wiedereinsetzung in den vorigen Stand aufgrund von Anforderungen an die Sorgfaltspflicht ihres Prozessbevollmächtigten zu versagen, die nach höchstrichterlicher Rechtsprechung nicht verlangt werden und mit denen sie auch unter Berücksichtigung der Entscheidungspraxis des angerufenen Gerichts nicht rechnen musste.[5]

12

Der Partei ist das Verschulden des Prozessbevollmächtigten, nicht aber dasjenige des Büropersonals zuzurechnen.[6] Jedoch wird insbesondere ein Organisationsverschulden des Anwalts zur Versagung der Wiedereinsetzung führen. Der Anspruch auf Gewährung wirkungsvollen Rechtsschutzes (Art. 2 Abs. 1 GG i.V.m. dem Rechtsstaatsprinzip) gebietet es den Gerichten jedoch nach ständiger Rechtsprechung des BGH,

13

> *„einer Partei die Wiedereinsetzung in den vorigen Stand nicht aufgrund von Anforderungen an die Sorgfaltspflichten ihres Prozessbevollmächtigten zu versagen, die nach höchstrichterlicher Rechtsprechung nicht verlangt werden und den Parteien den Zugang zu einer in der Verfahrensordnung eingeräumten Instanz in unzumutbarer, aus Sachgründen nicht mehr zu rechtfertigenden Weise erschweren".*[7]

Hinweis

14

Anwälte dürfen bestimmte Tätigkeiten auf bestimmtes Personal übertragen (siehe § 22 Rdn 2). Ein Verschulden des Personals hindert die Wiedereinsetzung nicht, solange dem Anwalt kein Organisations- oder sonstiges Verschulden zur Last gelegt werden kann![8]

Wiedereinsetzung kann nicht gewährt werden, wenn die Möglichkeit offen geblieben ist, dass die Einhaltung der Frist schuldhaft versäumt worden ist.[9] Der Rechtsanwalt hat seine Partei so rechtzeitig (zweckmäßigerweise sofort nach Eingang des Urteils) vom Zeitpunkt der Zustellung und über die daraus folgenden Umstände der Rechtsmitteleinlegung zu unterrichten, dass die Partei den Auftrag zur Einlegung des Rechtsmittels auch unter Berücksichtigung einer ausreichenden Überlegungsfrist noch innerhalb der Rechtsmittelfrist erteilen kann; wobei eine Information eine Woche vor Fristablauf auch in einfachen Fällen dann nicht rechtzeitig ist, wenn der Prozessbevollmächtigte Anhaltspunkte dafür hat, dass der Mandant nicht erreichbar sein könnte.[10]

15

Zwar wird in § 234 Abs. 1 S. 2 ZPO bezogen auf die Fristversäumung lediglich von „verhindert" gesprochen, erforderlich ist jedoch, dass die Verhinderung unverschuldet ist.[11] Anderenfalls würde § 234 Abs. 1 S. 2 ZPO auch schon dann greifen, wenn der Rechtsanwalt mit der Bearbeitung nicht nachkommt.

16

Ein Wiedereinsetzungsantrag muss nicht ausdrücklich gestellt werden; es ist ausreichend, wenn er konkludent in einem Schriftsatz enthalten ist.[12] Empfehlenswert ist eine solche Vorgehensweise für die Praxis jedoch nicht, schließlich heißt es in § 234 Abs. 1 ZPO, dass für die Wiedereinsetzung ein Antrag erforderlich ist. Zudem lässt sich trefflich darüber streiten, wann von einem „konkludenten" Antrag auszugehen

17

---

5 BGH, Beschl. v. 9.12.2003 – VI ZB 26/03, NJW-RR 2004, 711 = VersR 2005, 138; BVerfGE 79, 372 = NJW 1989, 1147; BVerfG NJW-RR 2002, 1004.
6 BGH VersR 2003, 1462 m.w.N.
7 Vgl. dazu für viele: BGH, Beschl. v. 15.9.2020 – VI ZB 60/19, NJW-RR 2021, 54; BGH, Beschl. v. 21.7.2020 – VI ZB 25/19, BeckRS 2020, 24458.
8 BGH, Beschl. v. 25.3.2009 – XII ZB 150/88, FamRZ 2009, 1132 Rn 23.
9 BGH VersR 1993, 772 f.
10 BGH, Beschl. v. 23.5.2007 – IV ZB 48/05, NJW 2007, 2331 = BeckRS 2007, 10222.
11 *Knauer/Wolf*, NJW 2004, 2863.
12 BGHZ 63, 389 = NJW 1975, 928; BGH NJW 2006, 1518.

ist und wann nicht. Diese Rechtsprechung sollte daher nur im Notfall herangezogen werden. Die Stellung eines konkreten Antrags wird daher angeraten, um jeden Zweifel auszuräumen.

18 Wiedereinsetzung ist von Amts wegen zu gewähren, wenn zwar weder ein Antrag gestellt noch ein solcher durch Auslegung zu ermitteln ist, die versäumte Prozesshandlung jedoch fristgerecht nachgeholt und die Wiedereinsetzungsgründe entweder offensichtlich oder aktenkundig sind.[13]

19 Zu einzelnen Fällen, die eine Wiedereinsetzung begründen, siehe auch § 22 Rdn 1 ff. und bei herkömmlicher Einreichung als Ersatzeinreichung siehe § 16 Rdn 1 ff. dieses Werks.

E. Antragsfrist

20 Gem. § 234 Abs. 1 S. 1 ZPO muss die Wiedereinsetzung innerhalb einer zweiwöchigen Frist beantragt werden. Diese Zwei-Wochen-Frist gilt jedoch nur bei Notfristen und der Wiedereinsetzungsfrist selbst (Wiedereinsetzung in die Wiedereinsetzung). Die Frist beträgt dann einen Monat, wenn die Partei verhindert ist, die Frist zur Begründung der Berufung, der Revision, der Nichtzulassungsbeschwerde oder der Rechtsbeschwerde einzuhalten, § 234 Abs. 1 S. 2 ZPO. Die längere Wiedereinsetzungsfrist bei den genannten Rechtsmittelbegründungsfristen hängt zum einen mit dem erheblichen Mehraufwand zusammen, den die Begründungsschrift gegenüber einer Einlegungsschrift hat.

21 Fristbeginn ist der Ablauf desjenigen Tages, an dem das Hindernis behoben wurde, §§ 234 Abs. 2, 222 Abs. 1 ZPO, § 187 Abs. 1 BGB. Für den Fristablauf gilt § 188 Abs. 1 ZPO; die Frist endet daher mit dem Ablauf desjenigen Tages der letzten Woche oder des letzten Monats, welcher durch seine Benennung oder seine Zahl dem Tag entspricht, in den das Ereignis oder der Zeitpunkt fällt. Fehlt bei einer nach Monaten bestimmten Frist in dem letzten Monat der für ihren Ablauf maßgebende Tag, so endet die Frist mit dem Ablauf des letzten Tages dieses Monats, § 188 Abs. 3 ZPO. Darüber hinaus gilt § 222 Abs. 2 ZPO; fällt das Ende einer Frist auf einen Sonntag, einen allgemeinen Feiertag oder einen Sonnabend, so endet die Frist mit Ablauf des nächsten Werktags.[14] Häufig wird in der Praxis der Fristbeginn für einen Wiedereinsetzungsantrag nicht erkannt und unterschätzt. So beginnt nach Ansicht des BGH die Wiedereinsetzungsfrist auch zu laufen, wenn durch den Hinweis eines gegnerischen Anwalts ein Fristversäumnis offenbar wird.[15] Auch wenn sich aus einer Mitteilung des Gerichts unzweifelhaft ergibt, dass etwas schiefgelaufen ist, kann eine solche Nachricht Nachforschungspflichten des Rechtsanwalts auslösen.[16] Fehlt es z.B. an der Unterschrift, läuft die Wiedereinsetzungsfrist mit dem Hinweis des Gerichts, dass die letzte Seite mit der Unterschrift nicht fristgerecht bei Gericht eingegangen ist.[17] Die Wiedereinsetzungsfrist beginnt somit spätestens mit dem Zeitpunkt, in dem der verantwortliche Anwalt bei Anwendung der unter den gegebenen Umständen von ihm zu erwartenden Sorgfalt die eingetretene Säumnis hätte erkennen können und müssen.[18] Ein Wiedereinsetzungsantrag ist notfalls auch vorsorglich zu stellen und die versäumte Prozesshandlung nachzuholen für den Fall, dass das Gericht die Unterschrift auf dem ursprünglich eingereichten Schriftsatz (endgültig) nicht akzeptieren und eine Berufung verwerfen wird.[19] Im Zweifel sollte man also durchaus von einem sehr frühzeitigen Beginn der Wiedereinsetzungsfrist ausgehen und nicht erst die Verwerfung eines Rechtsmittels abwarten. Hier ist in der Praxis zu beobachten, dass Anwälte häufig warten, bis das Gericht eine Entscheidung trifft, indem es z.B. dem Vortrag des An-

---

13 BeckOK ZPO/*Wendtland*, 44. Ed. 1.3.2022, § 236 Rn 14.
14 § 222 Abs. 2 ZPO geht § 193 BGB bei der Berechnung von ZPO-Fristen vor (inhaltsgleich).
15 BGH, Urt. v. 24.9.2015 – IX ZR 206/14, NJW 2015, 3519.
16 Vgl. BVerfG NJW 1992, 38, 39; BGH, Beschl. v. 3.12.2009 – IX ZB 238/08, BeckRS 2010, 00713 Rn 11; NJW 2012, 2522 Rn 10; BGH, Urt. v. 24.9.2015 – IX ZR 206/14, NJW 2015, 3519.
17 BGH, Beschl. v. 28.10.2009 – IV ZB 10/09, NJW-RR 2010, 1000 = r + s 2011, 272 = BeckRS 2009, 89260 (interessant hier, dass der BGH vom Gericht einen vollständigen Hinweis forderte).
18 BGH, Beschl. v. 7.2.1996 – XII ZB 107/94, FamRZ 1996, 934; BGH, Beschl. v. 6.7.2011 – XII ZB 88/11, BeckRS 2011, 21195.
19 BAG, Urt. v. 25.2.2015 – 5 AZR 849/13, NZA 2015, 701.

walts nicht folgt und die Berufung wie beabsichtigt verwirft. Dann kann es aber für einen Wiedereinsetzungsantrag zu spät sein. Besondere Vorsicht ist daher auch dann geboten, wenn z.B. das Gericht auf den Hinweis, dass es eine Berufung zu verwerfen beabsichtigt, eine Stellungnahmefrist von drei Wochen setzt. Geht es um die Notfrist der Berufung selbst, läuft die Wiedereinsetzungsfrist möglicherweise vor der Stellungnahmefrist ab. Hierauf ist beim Notieren von Fristen zu achten.

> *Beispiel* **22**
> RA Huber erhält vom Gericht nach Einlegung der Berufung den Hinweis, dass seine einfache elektronische Signatur als nicht ausreichend i.S.d. § 130a Abs. 3 S. 1 Alt. 2 ZPO angesehen wird. Er wird aufgefordert, binnen einer Drei-Wochen-Frist zum Hinweis des Gerichts Stellung zu nehmen. Ab Zugang dieses Hinweises hat RA Huber nun Kenntnis davon, dass etwas „schiefgelaufen" sein könnte. Er ist jedoch der Ansicht, dass einfache elektronische Signatur sehr wohl ausreichend ist und trägt entsprechend vor. Das Gericht bleibt jedoch bei seiner Auffassung und verwirft die Berufung durch Beschluss. Gegen diesen Beschluss legt RA Huber gem. § 522 Abs. 1 ZPO Rechtsbeschwerde ein. Der BGH äußert sich im Verfahren jedoch ähnlich wie das Berufungsgericht und weist auf die nach seiner Ansicht nicht ausreichende einfache elektronische Signatur hin. RA Huber, dem nun alle Felle davon zu schwimmen drohen, stellt erst jetzt Antrag auf Wiedereinsetzung in den vorigen Stand mit der Begründung, dass das Fristversäumnis unverschuldet sei, schließlich habe die Vorinstanz diese einfache elektronische Signatur bisher anerkannt. Obwohl er die versäumte Prozesshandlung mit korrekter einfacher elektronischer Signatur nun nachholt, den Antrag begründet und seine Angaben glaubhaft macht, verliert er. Denn die Frist für den Wiedereinsetzungsantrag ist bereits abgelaufen. Er hatte nur zwei Wochen Zeit, nach dem Hinweis des Gerichts höchst vorsorglich einen Wiedereinsetzungsantrag zu stellen. Da er darauf „vertraute", dass das Gericht die geleistete einfache elektronische Signatur als ausreichend ansehen wird (dann läge kein Fristversäumnis vor und ein Wiedereinsetzungsantrag wäre unnötig), hat er mit seinem Wiedereinsetzungsantrag zu lange gewartet. Nach unserer Auffassung hat der Anwalt in diesem Beispiel nach dem Hinweis des Gerichts damit rechnen müssen, dass das Berufungsgericht die einfache elektronische Signatur weiterhin für nicht ausreichend ansieht. Wie der BGH entscheiden würde, konnte man in diesem Fall nicht mit 100 %iger Sicherheit vorhersagen. Es wäre daher gut gewesen, wenn er zwar weiterhin darauf bestanden hätte, dass die einfache elektronische Signatur ausreicht, aber höchst vorsorglich für den Fall, dass das Gericht dies nicht so sieht, den Wiedereinsetzungsantrag fristgerecht gestellt hätte, da ihn, sofern man von einer nicht ausreichenden einfachen elektronischen Signatur ausgeht, kein Verschulden am Fristversäumnis getroffen hätte, wenn die Art der einfachen elektronischen Signatur in der Vergangenheit immer akzeptiert worden ist.[20]

Aus Gründen der Rechtssicherheit ist ein Wiedereinsetzungsantrag nach Ablauf eines Jahres, vom Ende der versäumten Frist an gerechnet, nicht mehr möglich, § 234 Abs. 3 ZPO. Nur wenn das Verstreichen der Jahresfrist allein der Sphäre des Gerichts zuzurechnen ist, kann im Einzelfall eine Ausnahme von § 234 Abs. 3 ZPO gemacht werden.[21] **23**

F. Inhalt des Wiedereinsetzungsantrags

Zusammenfassend lässt sich der notwendige Inhalt eines Wiedereinsetzungsantrags wie folgt darstellen: **24**
- notwendige Inhalte bestimmender Schriftsätze,
- Antrag auf Wiedereinsetzung,
- Begründung des Wiedereinsetzungsantrags,

---

20 Zur Unterschrift im herkömmlichen Sinne siehe nur beispielhaft: BGH, Beschl. v. 11.4.2013 – VII ZB 43/12, NJW 2013, 1966.
21 BGH, Beschl. v. 7.7.2004 – XII ZB 12/03, NJW-RR 2004, 1651, 1652.

§ 21 Der Wiedereinsetzungsantrag

- Glaubhaftmachung der Wiedereinsetzungsgründe,
- Nachholung der versäumten Prozesshandlung,
- elektronische Signatur des postulationsfähigen Rechtsanwalts gem. § 130a Abs. 3 S. 1 Alt. 1 oder 2 ZPO.[22]

25 Im Einzelnen:

Zum notwendigen Inhalt eines Wiedereinsetzungsgesuchs gehört grundsätzlich Sachvortrag, aus dem sich ergibt, dass der Antrag rechtzeitig nach Behebung des Hindernisses gestellt worden ist, es sei denn, die Frist ist nach Lage der Akten offensichtlich eingehalten.[23]

26 Gem. § 236 Abs. 1 ZPO richtet sich die **Form des Wiedereinsetzungsantrags** nach den Vorschriften für die versäumte Prozesshandlung. Ist z.B. die Einlegung des Einspruchs gegen ein Versäumnisurteil versäumt worden, muss der Antrag in Form des § 340 ZPO erfolgen.

27 Die Partei muss alle **Tatsachen angeben**, die den Wiedereinsetzungsantrag begründen, § 236 Abs. 1 ZPO. Das sind diejenigen Tatsachen, die zwar eine Fristversäumung darlegen, aber ein Verschulden der Partei oder des Bevollmächtigten ausschließen.

28 Die Gründe sind in der Antragschrift darzulegen, es sei denn, sie sind offenkundig oder amtsbekannt. Eine Verpflichtung des Gerichts, von sich aus Wiedereinsetzungsgründe zu ermitteln, besteht nicht. Ein Nachschieben von Gründen ist unzulässig.[24] Erkennbar unklare oder ergänzungsbedürftige Angaben, deren Aufklärung nach § 139 ZPO (richterliche Hinweispflicht) geboten gewesen wäre, können jedoch auch noch nach Fristablauf erläutert und vervollständigt werden.[25]

29 Zusätzlich ist durch entsprechenden Sachvortrag darzulegen, dass der Wiedereinsetzungsantrag rechtzeitig nach Behebung des Hindernisses gestellt ist,[26] sodass diejenigen Tatsachen angegeben werden müssen, aus denen sich ergibt, dass die Partei die Wiedereinsetzungsfrist gem. § 234 ZPO gewahrt hat.

30 Alle Tatsachen, aus denen sich die Begründung für die Wiedereinsetzung ergibt, müssen gem. § 294 ZPO **glaubhaft gemacht werden**. Wer eine tatsächliche Behauptung glaubhaft zu machen hat, kann sich aller Beweismittel bedienen und auch zur Versicherung an Eides statt zugelassen werden, § 294 Abs. 1 ZPO.

31 Nach Auffassung des BGH sind im Wiedereinsetzungsantrag die den Antrag rechtfertigenden Tatsachen auch dann glaubhaft zu machen, wenn die Antragsbegründung eine eigene Schilderung von Vorgängen durch den Prozessbevollmächtigten enthält; zumindest aber hat eine anwaltliche Versicherung zu erfolgen.[27]

32 Auch ärztliche Atteste, Polizeiberichte, Bestätigungen des Krankenhauses, Flugscheine etc. können zur Glaubhaftmachung vorgelegt werden. Sofern die **eidesstattliche Versicherung** als Glaubhaftmachungsmittel Verwendung findet, diese aber keine eigene Sachdarstellung enthält, sondern lediglich pauschal auf die Angaben im Wiedereinsetzungsgesuch Bezug nimmt, ist sie zur Glaubhaftmachung i.d.R. nicht ausreichend.[28]

33 Für die **Glaubhaftmachung** ist erforderlich, dass eine überwiegende Wahrscheinlichkeit für den behaupteten Geschehensablauf besteht. Der Antragsteller hat durch entsprechende verständliche Schilderung die tatsächlichen Abläufe darzulegen.[29] „An Sicherheit grenzende Wahrscheinlichkeit" kann nicht verlangt werden.

---

22 Gesonderte Zulassung des RA beim BGH in Zivilsachen erforderlich.
23 BGH, Beschl. v. 19.4.2011 – XI ZB 4/10, NJW-RR 2011, 1284 = BeckRS 2011, 13146.
24 BGH NJW-RR 2004, 282 f.
25 BGH NJW 2004, 367 in Fortführung von BGH, Beschl. v. 19.11.1997 – VIII ZB 33/97, NJW 1998, 907 = BeckRS 1997, 30003122.
26 BGH NJW-RR 2004, 282 f.
27 BGH v. 18.5.2011 – IV ZB 6/10, BeckRS 2011, 15421, zur anwaltlichen Versicherung als Glaubhaftmachungsmittel siehe aber auch § 3 Rdn 112 ff. in diesem Werk.
28 BGH JurBüro 2004, 457.
29 BGH NJW-RR 2005, 793.

34 Innerhalb der Frist des § 234 ZPO muss die Partei die **versäumte Handlung in der vorgeschriebenen Form nachholen**, § 236 Abs. 2 S. 2 ZPO. Ein isolierter Wiedereinsetzungsantrag ist unzulässig. Selbst wenn z.B. ein Rechtsmittel verfristet eingelegt wurde, wird die Verfristung durch den Wiedereinsetzungsantrag nicht geheilt; vielmehr muss das Rechtsmittel in diesem Fall noch einmal eingelegt werden (nachgeholt werden). Nicht selten wird genau diese gesetzliche Anforderung in Wiedereinsetzungsanträgen vergessen, und man wartet auf eine Entscheidung über den Antrag, während der Haftungsfall sich manifestiert.

35 Bei einem Wiedereinsetzungsantrag sind konkrete Angaben zur Organisation der Fristenkontrolle in der Kanzlei zu machen.[30]

36 Ein Nachschieben von Gründen ist nur ganz ausnahmsweise dann zulässig, wenn erkennbar unklare oder ergänzungsbedürftige Angaben, deren Aufklärung nach § 139 ZPO geboten ist, nach Fristablauf erläutert oder vervollständigt werden.[31] Sofern das Berufungsgericht einen erforderlichen Hinweis unterlassen hat, ist das ergänzende Vorbringen bei der Entscheidung des Revisionsgerichts zu beachten.[32] Dies hat der BGH auch 2021 nochmals bestätigt:

> *„Weist das Berufungsgericht die Partei darauf hin, dass zwar nicht der in dem Wiedereinsetzungsantrag innerhalb der Frist des § 234 I ZPO geltend gemachte Wiedereinsetzungsgrund vorliegt, sich aus dem Antrag aber ein anderer Wiedereinsetzungsgrund ergibt, und stützt die Partei sich nach Ablauf der Antragsfrist, jedoch innerhalb der gewährten Stellungnahmefrist auf diesen anderen Wiedereinsetzungsgrund, kann die Wiedereinsetzung nicht mit der Begründung versagt werden, es handele sich um ein unzulässiges Nachschieben eines neuen Wiedereinsetzungsgrundes."*[33]

37 In der Praxis ist zu beobachten, dass Wiedereinsetzungsanträgen oft nicht die gebotene Sorgfalt entgegengebracht wird. Und nicht selten stellt sich bei der Formulierung von Wiedereinsetzungsanträgen heraus, wie fehlerbelastet die eigene Büroorganisation ist.

G. Verfahrensablauf

38 Über den Wiedereinsetzungsantrag entscheidet **das Gericht**, das über die **nachgeholte Prozesshandlung zur Entscheidung** berufen ist, § 237 ZPO. Das Verfahren über den Antrag auf Wiedereinsetzung ist mit dem Verfahren über die nachgeholte Prozesshandlung zu verbinden, § 238 Abs. 1 S. 1 ZPO, wobei das Verfahren zunächst zulässigerweise auf die Verhandlung und Entscheidung über den Antrag auf Wiedereinsetzung beschränkt sein kann, § 238 Abs. 1 S. 2 ZPO. Ein Sonderfall stellt dabei die sofortige Beschwerde dar. Während die sofortige Beschwerde selbst sowohl beim Ausgangs- als auch Beschwerdegericht eingereicht werden kann, ist Wiedereinsetzung in den vorigen Stand bei Versäumung der Frist für die sofortige Beschwerde grundsätzlich beim Beschwerdegericht zu beantragen.[34]

39 Die erfolgte Wiedereinsetzung ist unanfechtbar, § 238 Abs. 3 ZPO, was zuweilen die Gegenseite ärgert. Ihr ist aber in jedem Fall vor der Entscheidung gem. Art. 103 Abs. 1 GG rechtliches Gehör zu gewähren.[35]

40 Da die Prüfung der vorgetragenen Wiedereinsetzungsgründe von Amts wegen erfolgt und sie nicht der Parteidisposition unterliegen, können sie auch nicht unstreitig gestellt werden.[36]

---

30 BVerfG, Beschl. v. 30.7.2001 – 2 BVR 128/00, NJW 2001, 3534.
31 St. Rspr. des BGH, vgl. nur beispielhaft: BGH NJOZ 2013, 935 Rn 7 f.; BGH, Beschl. v. 20.3.2013 – IV ZB 21/12, BeckRS 2013, 06128 Rn 12; BGH, Beschl. v. 27.3.2013 – III ZB 84/12, BeckRS 2013, 05687 Rn 5.
32 BGH NJW-RR 2013, 699 Rn 16.
33 BGH, Beschl. v. 16.12.2021 – V ZB 34/21, NJW 2022, 1180.
34 BeckOK ZPO/*Wendtland*, 44. Ed. 1.3.2022, § 237 Rn 3, 4.
35 BVerfG, Beschl. v. 22.6.1982 – 1 BvR 56/82, NJW 1982, 2234.
36 BGH, Beschl. v. 27.9.2016 – XI ZB 12/14, BeckRS 2016, 18820.

§ 22 Mitarbeitereinsatz/EDV-Kalender

A. Übertragbare Aufgaben und Anforderungen an Mitarbeiter

I. Sorgfältig ausgewählt, geschult und überwacht

Da Fehler des Anwalts, die zu einem Fristversäumnis führen, einem Fehler der Partei gleichstehen, § 85 Abs. 2 ZPO, und bei schuldhafter Fristversäumung eine Wiedereinsetzung gem. §§ 233 ff. ZPO ausgeschlossen ist, kommt der Frage, ob und in welchem Umfang welche Mitarbeiter im Bereich des Fristenmanagements eingesetzt werden können und dürfen, eine besondere Rolle zu. Dabei haben Anwälte darauf zu achten, dass Fehler der Mitarbeiter, die zu einem Fristversäumnis führen, ihnen als Anwälte dann angelastet werden, wenn sie ein Organisationsverschulden trifft. Dann greift wiederum § 85 Abs. 2 ZPO. Die Rechtsprechung zur Wiedereinsetzung in den vorigen Stand im Zusammenhang mit Fehlern, die durch Mitarbeiter in der Kanzlei verursacht worden sind, ist äußerst umfangreich und letztendlich kommt es in vielen Fällen auf den sog. Einzelfall an. Gleichwohl hat der BGH natürlich in den vergangenen Jahrzehnten wichtige Punkte in seiner Rechtsprechung herausgearbeitet, die es unbedingt einzuhalten gilt, damit dem Prozessbevollmächtigten eben gerade ein Organisationsverschulden nicht vorgeworfen werden kann. Es kann – und soll, um den Rahmen dieses Werks nicht zu sprengen – daher nur eine Auswahl wichtiger BGH-Rechtsprechung nachstehend dargestellt werden. Selbstverständlich finden unsere Leser auch bei konkreten Themen in den jeweiligen Kapiteln dieses Werks weitergehende Ausführungen zu den Anforderungen an die Büroorganisation.

Ein Rechtsanwalt kann die Fristenkontrolle grundsätzlich auf sein **geschultes**, als **zuverlässig erprobtes** und **sorgfältig überwachtes**[1] Personal zur selbstständigen Erledigung übertragen.[2] Diese Grundsätze gelten erst recht im Fall der Übertragung der Fristenkontrolle auf juristische Hilfskräfte wie z.B. Referendare.[3] Nach Ansicht des BGH kann sich der Rechtsanwalt i.d.R. bei juristisch ausgebildeten Hilfskräften noch mehr als beim Laienpersonal darauf verlassen, dass diese um die Bedeutung von Rechtsmitteln wissen und alle damit zusammenhängenden Tätigkeiten umsichtig und gewissenhaft ausführen, was bedeutet, dass die Anforderungen an die Überwachungspflichten für den Rechtsanwalt geringer sind.[4] Auch wenn der Rechtsanwalt erkrankt ist und diese Krankheit nicht „schwersten" ist, kann er daher die Fristüberwachung auf einen Referendar übertragen.[5] Wird der Anwalt diesen Anforderungen an die Auswahl und Überwachung seines Personals gerecht, ist es ihm nicht als eigenes Verschulden gem. § 85 Abs. 2 ZPO anzulasten, wenn ein Mitarbeiter die Fristen- oder Ausgangskontrolle im Einzelfall nicht oder nicht sorgfältig durchführt.[6]

Rechtsanwälte haben durch geeignete organisatorische Maßnahmen sicherzustellen, dass die Fristen zuverlässig festgehalten und kontrolliert werden; unverzichtbar sind eindeutige Anweisungen an das Büropersonal, die Festlegung klarer Zuständigkeiten und mindestens stichprobenartige regelmäßige Kontrollen des Personals.[7] Wobei der BGH 2020 entschied, dass ein Anwalt nicht verpflichtet ist, durch

---

1 BGH, Beschl. v. 24.5.2022 – XI ZB 18/21, BeckRS 2022, 14419; BGH, Beschl. v. 11.5.2021 – VIII ZB 9/20, NJW 2021, 2201 Rn 24 m.w.N.
2 Nur beispielhaft für viele: BGH, Beschl. v. 18.6.2020 – IX ZB 17/18 Rn 9, NJW-RR 2020, 1002; BGH NJW-RR 2014, 634 Rn 9; Senat FamRZ 2015, 1878 = BeckRS 2015, 14067 Rn 18 und NJW-RR 2013, 1393 Rn 10; BGH, Beschl. v. 15.4.2014 – II ZB 11/13, LSK 2014, 320280 = NJOZ 2014, 1339 = BeckRS 2014, 11348; BGH NJW-RR 2001, 1072 = VersR 2001, 1133 f.; BGH NJW 2003, 1815 f.; BGH NJW 1995, 1682; BGH NJW-RR 1995, 58 f.; BGH VersR 1983, 753; BGH NJW 1971, 2269.
3 BGH NJW 2006, 1070; BGH VersR 1997, 83 f.; BGH NJW-RR 1992, 1019 f.; BGH VersR 1965, 587.
4 BGH, Beschl. v. 19.6.1996 – XII ZB 73/96, VersR 1997, 83.
5 BGH, Beschl. v. 20.12.2005 – VI ZB 13/05, NJW 2006, 1070.
6 BGH, Beschl. v. 18.6.2020 – IX ZB 17/18 Rn 9, NJW-RR 2020, 1002.
7 BGH, Beschl. v. 27.3.2001 – VI ZB 7/01, NJW-RR 2001, 1072 = MDR 2001, 779 = VersR 2001, 1133; BGH, Beschl. v. 28.6.2001 – III ZB 24/01, NJW 2001, 2975 = VersR 2002, 334 = MDR 2001, 1183 m.w.N.

Stichproben eine allgemeine Anweisung zur Ausgangskontrolle der Schriftsätze zu überwachen, wenn – wie hier – glaubhaft gemacht wird, dass die eingesetzte Bürokraft während ihrer langjährigen Tätigkeit noch nie eine Frist versäumt und es sich um einen einmaligen Fehler gehandelt hatte.[8] Bei dieser Entscheidung ging es jedoch um die Postausgangskontrolle, nicht um die Tätigkeit des Fristennotierens.

4 Die Anfertigung einer Rechtsmittelbegründungsschrift darf der Rechtsanwalt einer zuverlässigen Büroangestellten übertragen, wobei er die Ausführung grundsätzlich nicht mehr persönlich überprüfen muss; erforderlich ist jedoch, dass in der Kanzlei ausreichende organisatorische Vorkehrungen dagegen getroffen werden, dass die Anweisung z.B. im Trubel des Geschäfts in Vergessenheit gerät und die Übersendung eines zulässigen Rechtsmittels unterbleibt.[9] Nach Ansicht des BGH sind solche Vorkehrungen nur dann entbehrlich, wenn das Büropersonal zugleich unmissverständlich angewiesen wird, die zu erledigende Aufgabe **sofort** auszuführen.[10]

5 Sofern ein Rechtsanwalt den **Posteingang** nicht selbst überwacht, muss er dafür Sorge tragen, dass der Posteingang in Rechtsmittelsachen durch zuverlässiges und erprobtes Büropersonal bearbeitet wird, wobei er durch organisatorische Anordnungen sicherzustellen hat, dass das Büropersonal die Eingangspost auf Fristsachen hin überprüft, die eine unverzügliche Veranlassung erfordern."[11]

II. Wiedereinstellung

6 Vorsicht ist auch bei neuem Personal oder Wiedereinstellung nach Babypause geboten:

„Wird eine Anwaltsgehilfin nach mehrjähriger Berufsunterbrechung neu eingestellt und sofort mit der Führung des Fristenkalenders beauftragt, sind gelegentliche Stichproben und monatlich erfolgte zweimalige Anweisungen nicht ausreichend."[12]

III. Erkennbare Überlastung

7 Viele halten die Überlastung einer Mitarbeiterin infolge Krankheit, Urlaubsvertretung etc. für einen Entschuldigungsgrund. Das sieht der BGH anders:[13]

„Der Senat geht mit der Beklagten davon aus, dass die teilweise drastische Reduzierung des Personals infolge Urlaubs und Erkrankung die Gefahr der Überlastung des verbliebenen Personals barg. Die eigenen Sorgfaltspflichten des RA sind erhöht, wenn Störungen in der Organisation des Büros auftreten, die dazu führen können, dass die zulässig delegierten Pflichten des RA nicht erfüllt werden können. Der RA kann zwar einzelne Aufgaben, wie das Führen des Fristenkalenders, auf geeignetes Büropersonal übertragen. Er muss jedoch sicherstellen, dass seine Angestellten ihre Aufgaben dann zuverlässig erfüllen, wenn die Belegschaft durch Krankheit und Urlaub reduziert ist. Im Einzelfall kann es notwendig werden, dass der RA die delegierten Aufgaben, wie zum Beispiel die Fristenkontrolle, wieder an sich zieht."

---

8 BGH, Beschl. v. 2.7.2020 – VII ZB 46/19, NJW-RR 2020, 1129.
9 BGH, Beschl. v. 5.5.2021 – XII ZB 552/20, NJW-RR 2021, 998; so auch schon BGH NJW-RR 2013, 1393.
10 BGH, a.a.O.; ebenso: BGH, Beschl. v. 15.3.2022 – VI ZB 20/20, NJW-RR 2022, 784.
11 BGH, Beschl. v. 27.7.2021 – XI ZR 333/21, NJW-RR 2022, 135.
12 Vorliegend dreijährige Berufsunterbrechung; Beschäftigung seit anderthalb Monaten (BGH NJW 2000, 3649; BGH BB 2000, 2332; BGH MDR 2001, 106; BGH VersR 2001, 1398).
13 BGH, Beschl. v. 26.8.1999 – VII ZB 12/99, MDR 1999, 1411; BGH VersR 2000, 120; BGH JurBüro 2000, 333; BGH NJW 1999, 3783.

IV. „Allgemeine" Kenntnis über Zuverlässigkeit reicht nicht aus

Wird in einem Wiedereinsetzungsgesuch glaubhaft gemacht, dass eine in einer aus mehreren Anwälten bestehenden Sozietät tätige Büroangestellte zuverlässig und erprobt ist, so reicht die auf den eigenen Wahrnehmungsbereich beschränkte Darlegung eines Sozius nicht aus; es muss vielmehr dargelegt werden, dass sich die Büroangestellte in der Zusammenarbeit mit **sämtlichen Sozien** als zuverlässig erwiesen hat.[14] Es reicht also nicht aus, sich in einer Sozietät auf die Wahrnehmung von Kollegen zu verlassen, ohne selbst stichprobenartige Kontrollen durchzuführen. Ebenso ist nicht ausreichend, sich auf den Personalchef zu verlassen, der zwar explizit ausgebildetes Personal einstellt. Denn die Berufsbezeichnung „Rechtsanwaltsfachangestellte/r" oder „Rechtsfachwirt/in" allein ist noch kein Qualitätsgarant.

V. Persönliche Zuständigkeiten

Für das Ausräumen eines Organisationsverschuldens des Rechtsanwalts muss eindeutig feststehen, **welche Bürokraft** zu einem **bestimmten Zeitpunkt** jeweils **ausschließlich für die Fristenkontrolle** zuständig ist.[15]

> „Die gebotene Fristenkontrolle findet nicht statt, wenn die Fristenlöschung durch eine Bürokraft erfolgt, der weder die Akte noch eine direkte Einzelanweisung des sachbearbeitenden Rechtsanwalts vorliegt. Die bloße Mitteilung einer anderen Bürokraft, die betreffende Frist solle gelöscht werden, genügt als Grundlage für eine Fristenstreichung nicht."[16]

Macht eine Büroangestellte bei der Fertigung oder Versendung fristgebundener Schriftsätze wiederholt Fehler, scheidet eine Wiedereinsetzung aus, wenn der Anwalt nicht durch eine Anpassung der Büroorganisation Sorge dafür trägt, dass sich Fehler nicht wiederholen.[17]

VI. Auszubildende

Immer wieder muss der BGH darüber entscheiden, ob und inwieweit Auszubildende in die Bearbeitung von Fristen eingebunden werden können. So hat er schon 2004 festgestellt, dass dann, wenn Auszubildende mit Botengängen (Nachtbriefkasten) betraut werden, sicherzustellen ist, dass sie eine umfassende Einweisung in die **besondere Lage** der Nachtbriefkästen erhalten haben.[18]

Die Telefaxübermittlung einschließlich der Kontrolle des Sendeprotokolls kann der Rechtsanwalt grundsätzlich seinem Personal überlassen, ohne dass er die Erfüllung konkret zu überwachen oder zu kontrollieren hat.[19] Einer/Einem Auszubildenden kann aber diese Tätigkeit nur übertragen werden, wenn sie/er damit vertraut ist und eine regelmäßige Kontrolle ihrer bzw. seiner Tätigkeit keine Beanstandungen ergeben hat.[20]

So entschied der BGH 2013 (beispielhaft für viele) zur Frage „Fax-Versendung durch Auszubildende" wie folgt:

> „a) Die Faxübermittlung fristwahrender Schriftsätze darf einem Auszubildenden **nur dann** übertragen werden, wenn dieser mit einer solchen Tätigkeit **vertraut** ist und eine **regelmäßige Kontrolle** sei-

---

14 BGH, Beschl. v. 6.5.2015 – VII ZB 60/14, NJW 2015, 2344.
15 BGH, Beschl. v. 26.2.2015 – III ZB 55/14, AnwBl 2015, 528 = BeckRS 2015, 05113 = FamRZ 2015, 855 = MDR 2015, 481.
16 BGH, Beschl. v. 26.2.2015 – III ZB 55/14, a.a.O.
17 BGH, Beschl. v. 13.1.2016 – XII ZB 653/14, NJW-RR 2016, 312.
18 BGH, Beschl. v. 18.10.2004 – II ZB 30/03, Beck RS 2004, 10799.
19 BGH, Beschl. v. 23.10.2013 – V ZB 28/03, NJW 2004, 367 f.
20 BGH, Beschl. v. 11.2.2003 – VI ZB 38/02, NJW-RR 2003, 935 f.

ner Tätigkeit keine Beanstandungen ergeben hat (im Anschluss an BGH, Beschlüsse v. 11.2.2003 – VI ZB 38/02, NJW-RR 2003, 935, 936 m.w.N. und v. 26.1.2006 – I ZB 64/05, NJW 2006, 1519, 1520 Rn 11).

b) Bei Fehlen einer konkreten Einzelanweisung müssen allgemeine organisatorische Regelungen in der Anwaltskanzlei bestehen, die die Beachtung dieser Voraussetzungen und eine wirksame Kontrolle der Faxübermittlung durch den Auszubildenden gewährleisten."[21]

15 Das **Notieren** und **Überwachen** von Fristen darf der Rechtsanwalt grundsätzlich nur voll ausgebildetem und sorgfältig überwachtem Personal übertragen, keinesfalls aber einer Auszubildenden.[22] Wenn im Einzelfall z.B. durch Personalmangel eine Ausnahme zuzulassen ist, so muss nach den Anforderungen der BGH-Rechtsprechung eine umso wirksamere Kontrolle durch den Rechtsanwalt selbst oder andere geeignete Kräfte gewährleistet sein.[23] In solchen Fällen reichen Stichproben oder bloße Kontrolleinsichten in den Fristenkalender nicht als notwendige Überprüfung der vom Auszubildenden vorgenommenen Eintragungen aus; erforderlich ist ein Vergleich der Eintragungen mit den jeweiligen Akten.[24]

16 Der BGH dann auch deutlich im November 2015 zum Thema „Fristen und Azubis":[25]

„Ein Rechtsanwalt darf die Eintragung von Fristen und Terminen grundsätzlich nicht auf noch auszubildende Kräfte übertragen (im Anschluss an BGH Beschl. v. 22.4.2009 – IV ZB 22/08 – RuS 2009, 393)." (amtlicher Leitsatz)

17 **Aus den Gründen** (Fettdruck durch die Verfasser):

*„Die Fristeintragung und -überwachung darf allerdings **grundsätzlich nicht** auf noch auszubildende Kräfte übertragen werden, denen die notwendige Erfahrung fehlt (BGH Beschl. v. 22.4.2009 – IV ZB 22/08 – RuS 2009, 393 Rn 8; Senatsbeschlüsse vom 11.9.2007 – XII ZB 109/04 – FamRZ 2007, 2059 Rn 16 und vom 15.11.2000 – XII ZB 53/00 – FuR 2001, 273, 274 m.w.N.). Ob im Einzelfall **bei Personalmangel eine Ausnahme** von diesem Grundsatz zugelassen werden kann, bedarf im vorliegenden Fall keiner Entscheidung. In einem solchen Fall muss **jedenfalls eine umso wirksamere Kontrolle durch den Rechtsanwalt selbst oder durch ausgebildete und erfahrene Angestellte** gewährleistet sein, durch die sichergestellt wird, dass **alle von dem Auszubildenden eingetragenen Fristen anhand der Akten auf ihre Richtigkeit überprüft werden**. Sowohl Stichproben als auch bloße Kontrolleinsichtnahmen in den Fristenkalender reichen nicht aus, um die notwendige Überprüfung der von einem Auszubildenden vorgenommenen Eintragungen zu gewährleisten. Vielmehr ist ein **Vergleich der Eintragungen** im Fristenkalender mit der jeweiligen Akte **erforderlich** (BGH Beschl. v. 22.4.2009 – IV ZB 22/08 – RuS 2009, 393 Rn 8; Senatsbeschlüsse vom 11.9.2007 – XII ZB 109/04 -FamRZ 2007, 2059 Rn 16 und vom 15.11.2000 – XII ZB 53/00 – FuR 2001, 273, 274 m.w.N.)."*

18 Nach Ansicht des BGH gelten für die **Eintragung von Terminen** (hier: Ladung zum Termin!) keine geringeren Anforderungen.[26]

---

21 BGH, Beschl. v. 12.9.2013 – III ZB 7/13, BeckRS 2013, 17346.
22 BGH, Beschl. v. 8.7.1992 – XII ZB 55/92, NJW 1992, 3176; BGH – IX ZB 67/00, NJW 2000, 3649.
23 BGH VersR 1972, 557; BGH VersR 1978, 139.
24 BGH, Beschl. v. 15.11.2000 – XII ZB 53/00, FuR 2001, 273.
25 BGH, Beschl. v. 11.11.2015 – XII ZB 407/12, BeckRS 2015, 20797 = FamRZ 2016, 209 = MDR 2016, 111 = BeckRS 2015, 20797.
26 BGH, Beschl. v. 11.11.2015 – XII ZB 407/12, BeckRS 2015, 20797 = FamRZ 2016, 209 = MDR 2016, 111 = BeckRS 2015, 20797.

Nach Ansicht des BGH darf eine in Ausbildung befindliche Person auch nicht damit betraut werden, bereits vom Anwalt vorgegebene Fristen in den Kalender einzutragen, ohne dass die ordnungsgemäße Erledigung jeweils anhand der Akten überprüft wird.[27]

19

VII. Adressierung und Wahl der Empfängernummer (Adresse)

Der Rechtsanwalt konnte in der Vergangenheit die **richtige postalische Adressierung** und die **Auswahl der richtigen Empfängernummer** bei der Übermittlung eines fristgebundenen Schriftsatzes durch Telefax auf sein Büropersonal übertragen.[28] Den Rechtsanwalt trifft jedoch die Pflicht, für eine Büroorganisation zu sorgen, die eine Überprüfung der per Telefax übermittelten Schriftsätze auch auf die Verwendung einer zutreffenden Empfängernummer gewährleistet.[29] Auch die **Ausgangskontrolle via Fax** kann der Anwalt seinem zuverlässigen Büropersonal übertragen.[30]

20

> *Hinweis*
>
> Beachten Sie bitte, dass die Einreichung per Fax weitgehend in Deutschland nur noch als sog. Ersatzeinreichung zulässig ist, siehe dazu auch § 16 Rdn 127 ff. sowie § 3 Rdn 76 ff.

21

Dass der Sendebericht bei Übermittlung eines fristwahrenden Schriftsatzes per Fax auszudrucken und zu prüfen ist, dürfte eigentlich allgemein bekannt sein. Aber auch hierzu gab es in der Vergangenheit immer wieder Rechtsprechung des BGH:

22

> *„Bei der Übermittlung fristwahrender Schriftsätze per Telefax kommt der Rechtsanwalt seiner Verpflichtung zu einer wirksamen Ausgangskontrolle nur dann nach, wenn er seinen Büroangestellten die Weisung erteilt, sich einen Sendebericht ausdrucken zu lassen, auf dieser Grundlage die Vollständigkeit der Übermittlung zu prüfen und die Notfrist erst nach Kontrolle des Sendeberichts zu löschen (im Anschluss an Senatsbeschl. v. 7.7.2010 – XII ZB 59/10, NJW-RR 2010, 1648)."*[31]

Zur Postausgangskontrolle und den hier delegierbaren Aufgaben bei Versand via beA siehe die umfangreichen Ausführungen mit Rechtsprechung in § 14 Rdn 25 dieses Werks. Zur Ersatzeinreichung per Telefax und der Frage, wie und wo die Fax-Nummer des adressierten Gerichts abzugleichen ist, siehe auch § 16 Rdn 127 ff. in diesem Werk.

23

VIII. Einzelanweisung

Erteilt ein Rechtsanwalt seiner zuverlässigen Kanzleiangestellten eine konkrete Einzelanweisung, die bei Befolgung die Fristwahrung gewährleistet hätte, darf ein Rechtsanwalt darauf vertrauen, dass die zuverlässige Büroangestellte eine konkrete Einzelanweisung auch befolgt.[32] Eine Notwendigkeit, unter diesen Umständen zu prüfen, ob vom Mitarbeiter die Ausführung der Anweisung erfolgt ist, ist nicht erforderlich.[33] Wird die Anweisung nur mündlich erteilt, genügt als ausreichende Vorkehrung gegen das Verges-

24

---

27 BGH v. 11.11.2015 – XII ZB 407/12, BeckRS 2015, 20797 = FamRZ 2016, 209 = MDR 2016, 111 = BeckRS 2015, 20797 unter Verweis auf BGH, Beschl. v. 22.4.2009 – IV ZB 22/08, RuS 2009, 393 Rn 2, 8 f.
28 BGH, Beschl. v. 23.3.1995 – VII ZB 19/94, NJW 1995, 2105.
29 BGH, Beschl. v. 3.12.1996 – XI ZB 20/96, NJW 1997, 948; BGH, Beschl. v. 20.12.1999 – II ZB 7/99, NJW 2000, 1043; BayObLG NJW 1995, 668.
30 BGH Beschl. v. 23.3.1995 – VII ZB 19/94, NJW 1995, 2105 f.
31 BGH, Beschl. v. 17.7.2013 – XII ZB 115/13, BeckRS 2013, 14245; BGH, Beschl. v. 10.9.2013 – VI ZB 61/12, BeckRS 2013, 17072.
32 BGH, Beschl. v. 14.2.2022 – VIa ZB 6/21, BeckRS 2022, 11122.
33 BGH, a.a.O.; vgl. dazu aber auch: BGH, Beschl. v. 18.12.2019 – X ZB 379/19, NJW-RR 2020, 501 Rn 9; BGH, Beschl. v. 17.3.2020 – VI ZB 99/19, VersR 2021, 131 Rn 11.

sen der Erledigung eine klare und präzise Anweisung, die Erledigung sofort vorzunehmen, wenn ansonsten eine weitere allgemeine Büroanweisung besteht, einen solchen Auftrag stets vor allen anderen auszuführen.[34] Zwar bleibt eine Gefahr, dass die Anweisung doch nicht sofort ausgeführt und vergessen oder aus sonstigen Gründen nicht befolgt wird; gleichwohl ist eine nachträgliche Kontrolle der Ausführung nicht erforderlich.[35]

25 In dem vom BGH entschiedenen Fall[36] warf der BGH dem Prozessbevollmächtigten vor, dass er, nachdem er bemerkt hatte, dass die Berufungsbegründung versehentlich an das Landgericht anstatt an das Oberlandesgericht gesendet worden war, nicht mehr davon hätte ausgehen dürfen, dass er die Anweisung, den Schriftsatz erneut, nunmehr an das Oberlandesgericht, zu versenden, einer sonst zu verlässigen Angestellten überträgt, weshalb weitere Sicherheitsvorkehrungen erforderlich gewesen wären. Nach Ansicht des BGH[37] hätte sich der Anwalt die Eingangsbestätigung gem. § 130a Abs. 5 S. 2 ZPO nach der erneuten Versendung vorlegen lassen müssen. Es fehlte hier im vorliegenden Fall also an der zusätzlichen Anweisung, dies umgehend auszuführen. Hier hatte zwar der Prozessbevollmächtigte nochmals bei der Mitarbeiterin nachgefragt, ob der Schriftsatz nun an das Oberlandesgericht versendet worden war; sie hatte hierauf jedoch geantwortet, dass sie den korrekten Versand „nun" erledigen würde, er war also immer noch nicht passiert. Mit dieser Antwort hätte sich, so der BGH, der Prozessbevollmächtigte nicht begnügen dürfen. Erschwerend kam hinzu, dass auch die erneute Rückfrage des Prozessbevollmächtigten bei seiner Angestellten und deren Antwort nicht glaubhaft gemacht wurde.

26 Der BGH geht in seiner Entscheidung nicht darauf ein, auf welche Weise der Anwalt den dann neu zu erstellenden Schriftsatz an das Oberlandesgericht signiert hat. Da der Versand auf die Mitarbeiterin übertragen worden ist, kommt hier nur die Anbringung einer qualifizierten elektronischen Signatur in Betracht (siehe dazu auch § 130a Abs. 3 S. 1 Alt. 2 ZPO).

IX. Nicht übertragbare Aufgaben

27 Der BGH definiert immer wieder deutlich, welche Aufgaben auf Büropersonal **NICHT** übertragen werden können. Dazu gehören (keine vollständige Aufzählung):
- Prüfung des Dokuments vor Signierung auf Richtigkeit und Vollständigkeit[38]
- Signierung eines Schriftsatzes, der von einem postulationsfähigen Anwalt verantwortet werden muss[39]
- Anbringung einer qualifizierten elektronischen Signatur mit dem Signaturzertifikat des Anwalts[40]
- Prüfung, ob das vom Anwalt ausgewählte Gerichte auch sachlich und örtlich zuständig ist[41]
- Bestimmung von Art und Umfang des gegen eine gerichtliche Entscheidung einzulegenden Rechtsmittels[42]
- Eigenmächtige Entscheidung über das Löschen und Ändern von eingetragenen Fristen[43]

---

34 BGH, Beschl. v. 14.2.2022 – VIa ZB 6/21 Rn 6, NZFam 2022, 466.
35 BGH, a.a.O. Rn 6 unter Verweis auf: BGH, Beschl. v. 5.6.2013 – Az.: XII ZB 47/10, NJW-RR 2013, 1393 Rn 12; BGH, Beschl. v. 17.3.2020 – VI ZB 99/19, VersR 2021, 131 Rn 11.
36 BGH, Beschl. v. 14.2.2022 – VIa ZB 6/21, a.a.O.
37 BGH, a.a.O., Rn 8.
38 BGH, Beschl. v. 8.3.2022 – VI ZB 78/21, FD-RVG 2022, 448033 = BeckRS 2022, 7011.
39 Siehe dazu nur beispielhaft: BGH, Urt. v. 7.7.2021 – IV ZR 234/20, BeckRS 2021, 22302; BGH, Beschl. v. 29.7.2021 – IX ZB 30/21, BeckRS 2021, 23628 Rn 2; BGH, Urt. v. 26.10.2021 – VIII ZR 215/21, BeckRS 2021, 35952 Rn 4.
40 BGH, Beschl. v. 30.3.2022 – XII ZB 311/21 Rn 15, NJW 2022, 2415.
41 BGH, Beschl. v. 18.12.2019 – XII ZB 379/19 Rn 17, NJW-RR 2020, 501.
42 BGH, Beschl. v. 11.1.2022 – VIII ZB 37/21, NJW-RR 2022, 346 Rn 9; BGH, Beschl. v. 15.6.2004 – VI ZB 9/04, NJW-RR 2004, 1364 unter II 2a; BGH, Beschl. v. 6.5.2009 – KZR 7/08, NJOZ 2009, 3379; so auch schon: BVerfG, Beschl. v. 3.1.2001 – 1 BvR 2147/00, NJW 2001, 1343.
43 BGH, Beschl. v. 12.11.2013 – II ZB 11/12, BeckRS 2013, 22402 = FamRZ 2014, 295.

Zu letztem Punkt entschied der BGH: **28**

„Ein Rechtsanwalt bleibt auch bei solchen Fristen, die er nicht selbst zu berechnen hat, verpflichtet, durch allgemeine Anweisungen sicherzustellen, dass sein Büropersonal nicht eigenmächtig im Fristenkalender eingetragene Fristen ändert oder löscht. Dies gilt insbesondere dann, wenn eine außergewöhnliche Verfahrensgestaltung Anlass zur Prüfung gibt, ob die bereits eingetragenen Fristen maßgeblich bleiben oder nicht (Anschluss BGH, FamRZ 2014, 295 = BeckRS 2013, 22402 Rn 16)."[44]

X. Büropersonal ohne ReFa-Ausbildung

Wie sich aus der oben dargestellten Rechtsprechung des BGH zu den Anforderungen an das einzusetzende Personal ergibt, stellt sich die Frage, ob nur ausgebildete Rechtsanwaltsfachangestellte/Rechtsfachwirte/wirtinnen mit den im Rahmen des Fristenwesens delegierbaren Aufgaben betraut werden dürfen oder ob es auch möglich ist, „fachfremdes Personal" und ggf. unter welchen Voraussetzungen damit zu betrauen. **29**

In sehr vielen Entscheidungen des BGH wird die berufliche Qualifikation eines Mitarbeiters, dem ein Fehler unterlaufen ist, sehr häufig mit Rechtsanwaltsfachangestellte/er bzw. Rechtsfachwirt/wirtin angegeben. Vielfach findet sich aber auch nur der Hinweis „Büropersonal", ohne dass auf eine fachliche Qualifikation eingegangen wird. Bedauerlicherweise ist den BGH Entscheidungen häufig dann nicht zu entnehmen, welche Vorbildung dieses Büropersonal hat. Ein „bottleneck" in dieser Thematik stellen zudem die Haftpflichtversicherer dar, die im Fall der Realisierung eines Haftungsfalls ihre Eintrittspflicht verweigern bzw. verweigern könnten, wenn kein/e Rechtsanwaltsfachangestellte/er bzw. Rechtsfachwirt/wirtin eingesetzt wird. Für Kanzleien stellt sich jedoch in der heutigen Zeit vielfach das Problem, dass Rechtsanwaltsfachangestellte bzw. Rechtsfachwirte/wirtinnen am Markt nicht mehr in ausreichender Anzahl verfügbar sind, weshalb vielfach auf sog. „Quereinsteiger" zurückgegriffen wird. Nach unserer Auffassung müsste auch der Einsatz von solchen Quereinsteigern im Rahmen des Fristenwesens bei Einhaltung gewisser Voraussetzungen möglich sein. Wir bitten jedoch ausdrücklich unsere Leser, eigenständig zu prüfen, ob und in welchem Umfang sie Quereinsteiger in diesem Bereich einsetzen wollen und inwieweit sich dies mit dem eigenen geschlossenen Haftpflichtversicherungsvertrag deckt. **30**

Unsere Auffassung begründen wir wie folgt: **31**

1. Kein grundsätzlicher Anspruch auf Wiedereinsetzung

Selbst eine Ausbildung zum/zur Rechtsanwaltsfachangestellten bzw. Rechtsfachwirt/wirtin begründet für sich allein genommen noch keinen Anspruch auf Wiedereinsetzung, wenn ein Fehler einer auf diese Weise ausgebildeten Person zu einem Fristversäumnis führt. Auch bei derartig ausgebildeten Personen sind die Anforderungen des BGH an Zuverlässigkeit, Überwachung und stichprobenartige regelmäßige Kontrollen einzuhalten. So kann die Wiedereinsetzung versagt werden, wenn z.B. eine entsprechende Überwachung und stichprobenartige Kontrolle fehlt, eine Erkrankung oder tagesabhängige Unzuverlässigkeit für den Anwalt erkennbar war oder aber auch eine Neueinstellung/Weiterbeschäftigung nach längerer Berufspause (z.B. Elternzeit) erfolgt, ohne dass die Überwachung beim Start engmaschig erfolgt ist.

2. Fachkräftemangel **32**

So wie Richter mit Justizfachangestellten/Urkundsbeamten der Geschäftsstelle und Rechtspflegern sowie weiteren Mitarbeitern bei den Justizbehörden zusammenarbeiten und nicht sämtliche Tätigkeiten allein verrichten können, bedürfen auch Anwälte einer Unterstützung in ihrer täglichen Praxis. Die Ausbildungszahlen bei den Rechtsanwaltsfachangestellten (ReFas) sind in den letzten Jahren stark zurückgegangen; dabei ist nicht nur die Zahl der abgeschlossenen Berufsausbildungsverhältnisse[45] relevant;

---

44 BGH, Beschl. v. 20.4.2020 – VI ZB 49/19, NJW-RR 2020, 1128.
45 https://www.brak.de/fileadmin/newsletter_archiv/berlin/2021/2021_426anlage.pdf (Abruf: 10.9.2022).

die Zahl der „Abbrecher" spielt ebenfalls eine sehr große Rolle. Denn viele begonnene Ausbildungsverhältnisse werden gar nicht erst mit einer bestandenen Abschlussprüfung beendet. Gemessen an den zurzeit zwar stagnierenden, viele Jahre lang aber steigenden Anwaltszahlen ist das Zahlenverhältnis in den letzten 20 Jahren weit auseinandergegangen. Die BRAK veröffentlicht auf ihrer Internetseite eine Statistik mit den Zahlen von 1998–2021, die den Rückgang deutlich machen.[46] Während 1998 bundesweit noch 9.962 Ausbildungsverträge zur/zum Rechtsanwalts- und Notarfachangestellte/n abgeschlossen wurden, betrug die Zahl 2021 lediglich noch 3.554. Dem gegenüber stehen 165.587 zugelassene Rechtsanwälte zum 1.1.2022 (davon 60.057 weiblich); 1998 lag die Zahl noch bei 91.517 zugelassenen Anwälten.

33 Vielfach bleibt Anwälten aufgrund der sinkenden Anzahl an ausgebildeten ReFas keine andere Wahl, als Quereinsteiger einzustellen, die bereits eine anderweitige Ausbildung genossen haben, wie z.B.:

- Fremdsprachenkorrespondent/in
- Europasekretär/in
- Industriekaufmann/Industriekauffrau
- Kaufmann/Kauffrau für Büromanagement
- u.a.

Unter Berücksichtigung der unter nachstehend 3. aufgeführten Kriterien muss daher u.E. auch der Einsatz von sog. „Quereinsteigern" möglich sein.

34 **3. Qualifikationen von Quereinsteigern**

Personen, die bereits über eine abgeschlossene Berufsausbildung, wie z.B. Fremdsprachenkorrespondent/in, verfügen, haben bereits durch den Abschluss dieser Ausbildung ein hohes Maß an Intelligenz erkennen lassen. Sofern diese an den fachlichen Tätigkeiten in einer Kanzlei Interesse und Motivation zeigen, sind diese recht einfach auf die Anforderungen an das Fristenwesen in einer Kanzlei individuell zu schulen durch Inhouse-Schulungen, externe Seminare, betriebliche Unterrichtungen und im Rahmen des autodidaktischen Lernens unter Anleitung. Dass die Aneignung solchen Fachwissens im erheblichen Maße auch möglich ist, ohne eine Ausbildung zum/zur Rechtsanwaltsfachangestellten abgeschlossen zu haben, hat bereits der Gesetzgeber selbst gesehen, wenn er in § 2 der Verordnung über die Prüfung zum anerkannten Abschluss Geprüfter Rechtsfachwirt/Geprüfte Rechtsfachwirtin[47] (RechtsfachwPrV) in § 2 Abs. 1 S. 1 Nr. 2 dieser Verordnung festhält, dass zur schriftlichen Prüfung gem. § 3 Abs. 2 RechtsfachwPrV zuzulassen ist, wer eine mindestens sechsjährige Berufspraxis nachweist. Die hier geforderte Berufspraxis muss inhaltlich wesentliche Bezüge zu den in § 1 Abs. 2 RechtsfachwPrV genannten Aufgaben im Rechtsanwaltsbüro haben (Fettdruck durch die Verfasser):

> *„(2) Durch die Prüfung ist festzustellen, ob die zu prüfende Person die notwendigen Qualifikationen besitzt, die sie zur Verwaltung, **Organisation** und Leitung der Kanzlei eines Rechtsanwaltsbüros befähigen. Dabei soll sie das nichtanwaltliche Aufgabenfeld eines Rechtsanwaltsbüros beherrschen und qualifizierte Sachbearbeitung im anwaltlichen Aufgabenfeld leisten können. Insbesondere kann sie folgende Aufgaben wahrnehmen:*
>
> *1. **Organisation des Büroablaufs, Überwachung der Kommunikationssysteme**;*
> *2. betriebswirtschaftliche Problemanalysen, Leitung des Rechnungswesens;*
> *3. eigenverantwortlicher Personaleinsatz sowie Personalführung, **Berufsausbildung**, dienstleistungsorientierter Umgang mit Mandanten und Dritten;*
> *4. Betreuung des gesamten Kostenwesens der Kanzlei, **Vorbereitung von Rechtsmitteln und Rechtsbehelfen**;*
> *5. eigenverantwortliche Bearbeitung sämtlicher Vollstreckungsangelegenheiten unter Berücksichtigung des jeweiligen materiellen Rechts."*

---

46 https://www.brak.de/fileadmin/02_fuer_anwaelte/reno/Neu_abgeschl_Ausbildungsverhältnisse_1998–2021.pdf Abruf: 10.9.2022.
47 VO v. 23.8.2001, BGBl I, 2250.

Zudem ist gem. § 2 Abs. 3 RechtsfachwPrV zur schriftlichen Prüfung gem. § 3 Abs. 2 RechtsfachwPrV auch zuzulassen, wer durch Vorlage von Zeugnissen und in anderer Weise glaubhaft macht, dass er Kenntnisse, Fertigkeiten und Erfahrungen erworben hat, die die Zulassung zur Prüfung rechtfertigen.

§ 3 Abs. 2 RechtsfachwPrV:
„(2) Die schriftliche Prüfung wird in den Handlungsbereichen gemäß § 4 Abs. 1 bis 4 aus unter Aufsicht zu bearbeitenden praxisorientierten Aufgaben durchgeführt und soll je Handlungsbereich mindestens zwei, höchstens vier Zeitstunden, jedoch insgesamt nicht länger als zwölf Stunden dauern. …"

35

Es wird also gerade nicht angeknüpft an eine „Grundausbildung" zum/zur Rechtsanwaltsfachangestellten.

Selbstverständlich gelten alle weiteren Anforderungen, wie erwiesene Zuverlässigkeit, Überwachung und regelmäßige stichprobenartige Kontrollen, ob die entsprechenden Anweisungen des Anwalts befolgt werden und fehlerfrei gearbeitet wird, auch bei solchen Quereinsteigern.

Fazit:
Es ist durchaus möglich, dass eine am Kanzleibetrieb in hohem Maße interessierte Fremdsprachenkorrespondentin, die im Fristenwesen geschult ist, bessere und fehlerfreiere Leistungen erbringt als eine „gelernte ReFa", die ihrer Arbeit lustlos nachgeht und trotz ihrer Ausbildung erhebliche Lücken in den Kenntnissen rund um das Fristenwesen aufweist.

36

Es wäre nach unserer Auffassung ein Anwaltsverschulden darin zu sehen, bei Vorhandensein von zwei Mitarbeitern, von denen eine ReFa und die andere Quereinsteigerin ist, das Fristenwesen auf eine ReFa zu übertragen, nur „damit es eine ReFa" ist. Und zum großen Bedauern der Kanzleien in Deutschland gibt es gute ReFas am Markt nicht in der benötigten Anzahl. So kann es nach unserer Auffassung einem Anwalt dann auch nicht zum Nachteil gereichen, wenn er mit einem/einer Fremdsprachenkorrespondent/in arbeitet, die eben gerade alle weiteren Voraussetzungen erfüllt, nur nicht die Ausbildung zur ReFa absolviert hat. Kanzleien kann hier empfohlen werden, bei einer entsprechenden langjährigen Kanzleizugehörigkeit eines Quereinsteigers und bei Interesse, die Fortbildungsmöglichkeit zum Abschluss Gepr. Rechtsfachwirt/Gepr. Rechtsfachwirtin anzunehmen. Da das Berufsbild des/der Rechtsfachwirt/in zurzeit einem Wandel unterliegt und künftig als Bachelor Professional eingeführt wird, ist dies sicher eine interessante Alternative, mehr Rechtssicherheit auch im Fristenwesen zu erlangen.[48]

37

B. EDV-Kalender versus Papierkalender

I. EDV-Kalender allein ist zulässig

Schon frühzeitig hat der BGH in seiner Rechtsprechung auf den Fortschritt der Technik reagiert und die alleinige Führung des Kalenders mittels EDV zugelassen. Dennoch wollen auch heute noch viele nicht glauben, dass der Abschied vom Papierkalender erlaubt ist.

38

„Die Führung eines EDV-Kalenders ist ausreichend; der Rechtsanwalt muss auch nicht als Vorsorge für etwaige Störungen des EDV-Fristenkalenders zusätzlich einen schriftlichen Kalender führen."[49]

---

48 Siehe dazu: Gesetz zur Modernisierung und Stärkung der beruflichen Bildung v. 12.12.2019, BGBl I, 2522; die Umsetzung hat bei der BRAK und den Kammern bereits begonnen; wann eine entsprechende neue Fortbildungsverordnung und die dann notwendigen Prüfungsordnungen der Kammern vorliegen, konnte zum Zeitpunkt der Drucklegung noch nicht abgesehen werden.
49 BGH, Beschl. v. 10.10.1996 – VII ZB 31/95, NJW 1997, 327; kein Organisationsverschulden, wenn nur ein EDV-Kalender geführt wird: BGH, Beschl. v. 26.9.1994 – II ZB 9/94, NJW 1994, 3171.

39 Nicht notwendig ist die doppelte Kalenderführung bei Anwalt und Sekretärin.[50] Werden im Büro eines Anwalts jedoch zwei Fristenkalender geführt, die für die Fristenkontrolle maßgeblich sind, so darf ein Erledigungsvermerk in die Handakte erst dann aufgenommen werden, wenn die Fristen in beiden Kalendern eingetragen sind.[51]

II. Anforderung bei EDV-Kalender-Führung

40 Allerdings treffen den Rechtsanwalt bei der Führung eines allein EDV-gestützten Fristenkalenders besondere Sorgfaltspflichten. So ist er verpflichtet, dass in Störfällen eine Service-Firma die Reparatur unverzüglich durchführt und den Versuch unternimmt, **vor** einer Reparatur dafür zu sorgen, dass die gespeicherten Fristen ausgegeben werden.[52]

41 Wichtig ist, dass auch bei Nutzung eines EDV-Kalenders am „Ende des Tages" eine Endkontrolle durchgeführt wird.

> „Ein Rechtsanwalt, der die Fristennotierung und -kontrolle mittels eines elektronischen Fristenkalenders abwickelt, ist auf Grund seiner anwaltlichen Sorgfaltspflicht unter anderem gehalten, durch entsprechende organisatorische Maßnahmen sicherzustellen, dass sowohl einem versehentlichen Löschen von Fristen durch sein Büropersonal als auch einem hierdurch bedingten Versäumen der fristwahrenden Handlung effektiv entgegengewirkt wird."[53]

42 Erforderlich ist bei der Führung eines EDV-Kalenders:
- der Einzelausdruck (Fristenzettel)[54]
- bei Fehlen der Ausdruck eines Fehlerprotokolls mittels Programms[55]
- die gestrichene Frist muss als gelöscht/erledigt erkennbar bleiben[56]

43 Dass in Bezug auf die Vermeidung von Fehlern bei der Eingabe von Datensätzen **besondere organisatorische Vorgaben** notwendig sind, ist in der Rechtsprechung und der einschlägigen Kommentarliteratur seit Langem geklärt.[57] Das OVG Lüneburg forderte daher schon 2009 vom Rechtsanwalt, der einen elektronischen Fristenkalender führt, durch geeignete organisatorische Maßnahmen dafür zu sorgen, dass den spezifischen Fehlermöglichkeiten bei der Eingabe der Datensätze (Programm- oder Tippfehler) Rechnung getragen wird und spezielle Kontrollen eingerichtet werden, die sicherstellen, dass jede fehlerhafte Eingabe rechtzeitig erkannt wird.[58] Dieser Auffassung schloss sich auch das OVG Saarlouis nun an.[59]

44 Grundsätzlich gilt zunächst, dass ein Anwalt durch allgemeine Anweisungen sicherstellen muss, dass sein Büropersonal **nicht eigenmächtig** im Fristenkalender eingetragene Fristen ändert oder löscht.[60]

---

50 BGH, Beschl. v. 29.6.2000 – VII ZB 5/00, NJW 2000, 3006 = MDR 2000, 1217 = VersR 2001, 656.
51 BGH, Beschl. v. 10.3.2011 – VII ZB 37/10, NJW 2011 1597.
52 BGH, a.a.O.
53 OVG Saarlouis, Beschl. v. 20.5.2014 – 1 A 458/13, NJW 2014, 2602.
54 BGH, Beschl. v. 12.12.2005 – II ZB 33/04, NJW-RR 2006, 500; BGH, Beschl. v. 12.10.1998 – II ZB 11/98, BB 1998, 2603 m.w.N.
55 BGH, Beschl. v. 20.2.1997 – IX ZB 111/96, NJW-RR 1997, 698.
56 BGH, Beschl. v. 4.11.2014 – VIII ZB 38/14, BGH, Beschl. v. 2.3.2000 – V ZB 1/00, NJW 2000, 1957; BB 2000, 1266; MDR 2000, 855.
57 BGH, Beschl. v. 23.3.1995 – VII ZB 3/95, NJW 1995, 1756 = NJW-RR 1997, 698 = NJW 1999, 582 = NJW-RR 2006, 500, Rn 4 f. = NJW 2010, 1363 Rn 12 = NJW-RR 2012, 1085, Rn 8; OVG Berlin-Brandenburg, Urt. v. 12.08.1999 – 4 A 8/99, BeckRS 2014, 54025; OVG Lüneburg, Beschl. v. 4.11.2008 – 4 LC 234/07, NJW 2009, 615, Rn 6.
58 OVG Lüneburg, Beschl. v. 4.11.2008 – 4 LC 234/07, NJW 2009, 615.
59 OVG Saarlouis, Beschl. v. 20.05.2014 – 1 A 458/13, NJW 2014, 2602.
60 BGH, Beschl. v. 12.11.2013 – II ZB 11/12, BeckRS 2013, 22402, Rn 16, BGH, v. 20.9.2007 – I ZB 108/05, BeckRS 2007, 16190, Rn 5.

Die zivilgerichtliche Rechtsprechung hat diese Gefahren zum Anlass zur Feststellung genommen, dass insofern dieselben Bedenken bestehen, die bei herkömmlich geführten Kalendern gegen lose Blätter oder eine Fristenkontrolle anhand von turnusmäßig erstellten Kalenderauszügen gelten, die dazu geführt haben, dass diese Arten der Fristenkontrolle nicht als ausreichend angesehen werden. Demgemäß werden besondere Vorkehrungen gefordert, durch die **Datenverluste infolge von Bedienungs- oder Systemfehlern ausgeschlossen werden**, wobei das Fehlen solcher besonderen Vorkehrungen als Organisationsverschulden qualifiziert wird.[61]

45

Den Anforderungen an eine ordnungsgemäße Büroorganisation ist nicht genügt, wenn ein elektronischer Fristenkalender so geführt wird, dass am Tag des Fristablaufs zuvor als erledigt gekennzeichnete Sachen überhaupt nicht mehr in der Fristenliste erscheinen und ein vorheriges versehentliches Löschen der Frist daher bei der Endkontrolle am Tag des Fristablaufs nicht mehr erkannt werden kann. Denn – so der BGH[62] – die zur Erfüllung der anwaltlichen Sorgfaltspflicht gebotene Anordnung, dass eine dazu beauftragte Bürokraft am Ende eines jeden Arbeitstags zu prüfen hat, welche fristwahrenden Schriftsätze hergestellt, abgesandt oder zumindest versandfertig gemacht worden sind und ob diese mit den im Fristenkalender vermerkten Sachen übereinstimmen, würde in Fällen einer versehentlich aus dem Fristenkalender nicht mehr ersichtlichen Fristenlöschung ins Leere gehen. Die Mitarbeiterin habe gar nicht mehr die Möglichkeit zu erkennen, dass die versehentlich gelöschte Frist doch noch nicht gelöscht ist. Um diesen Fehler zu vermeiden, muss somit sichergestellt sein, dass auch eine versehentlich gelöschte bzw. versehentlich als erledigt vermerkte/abgehakte Frist am Tag des Fristablaufs noch in der Fristenliste dieses Tages – wenn auch mit dem Zusatz „gelöscht" – erscheint.

46

Nach Ansicht des OVG Saarlouis reicht es **nicht** aus, dem Vorwurf des Organisationsverschuldens zu entgehen, wenn sich in der verwendeten Anwaltssoftware gelöschte oder erledigte Fristen als solche kennzeichnen lassen. Vielmehr ist eine **Endkontrolle** durchzuführen, zu der ggf. im Wiedereinsetzungsantrag auch auszuführen ist.

47

III. Maßnahmen bei Störung des Zugriffs auf den EDV-Kalender

Sofern der Zugriff auf den EDV-Kalender gestört ist, muss ggf. eine manuelle Fristenkontrolle erfolgen, so der BGH in mehreren Entscheidungen:

48

> „Ist der Zugriff auf einen ausschließlich elektronisch geführten Fristenkalender wegen eines technischen Defekts vorübergehend nicht störungsfrei gewährleistet, kann die Sorgfaltspflicht des Rechtsanwalts in Fristensachen die Umstellung auf eine manuelle Fristenkontrolle gebieten. (amtlicher Leitsatz)"[63]

> „1. Ist der Zugriff auf einen ausschließlich elektronisch geführten Fristenkalender wegen eines technischen Defekts einen ganzen Arbeitstag lang nicht möglich, kann es die Sorgfaltspflicht des Rechtsanwalts in Fristensachen verlangen, dass die dem Rechtsanwalt vorliegenden Handakten auf etwaige Fristabläufe hin kontrolliert werden. (amtlicher Leitsatz)"[64]

---

61 OLG München, Beschl. v. 2.5.1998 – 21 U 2463/89, NJW 1990, 191.
62 NJW 2000, 1957 = NJW 2001, 76; ebenso Zöller/*Greger*, ZPO, 28. Aufl. 2010, § 233 Rn 23 (S. 775); *Baumbach/Lauterbach/ Albers/Hartmann*, ZPO, 71. Aufl. 2013, § 233 Rn 126 (EDV; Elektronischer Kalender).
63 BGH, Beschl. v. 27.01.2015 – II ZB 21/13, BeckRS 2015, 05111 = NJW 2015, 2038.
64 BGH, Beschl. v. 27.01.2015 – II ZB 23/13, AnwBl 2015, 528 = FamRZ 2015, 855 = MDR 2015, 538 = NJW 2015, 2040.

IV. Pflicht zum Einzelausdruck der eingegebenen Fristen

49 Der BGH hat im Februar 2019 trotz der Ausweitung der Digitalisierung und Einführung des elektronischen Rechtsverkehrs eine klare Vorgabe gemacht, dass bei Fristeingabe in den elektronischen Fristenkalender die Kontrolle nur durch einen Ausdruck der eingegebenen Einzelvorgänge (oder eines Fehlerprotokolls) erfolgen kann.

Die Leitsätze des BGH:

> *„a) Bei der Fristeingabe in den elektronischen Fristenkalender muss eine Kontrolle durch einen Ausdruck der eingegebenen Einzelvorgänge oder eines Fehlerprotokolls erfolgen. Unterbleibt eine derartige Kontrolle, so liegt ein anwaltliches Organisationsverschulden vor (Bestätigung BGH, Beschlüsse vom 12. April 2018 – V ZB 138/17, NJW-RR 2018, 1267 und vom 17. April 2012 – VI ZB 55/11, NJW-RR 2012, 1085).*
>
> *b) Werden die Fristeingabe in den elektronischen Fristenkalender und die anschließende Eingabekontrolle in zwar mehrstufigen, aber ausschließlich EDV-gestützten und jeweils nur kurze Zeit benötigenden Arbeitsschritten am Bildschirm durchgeführt, besteht eine erhöhte Fehleranfälligkeit. Den Anforderungen, die an die Überprüfungssicherheit der elektronischen Kalenderführung zu stellen sind, wird durch eine solche Verfahrensweise nicht genügt. "*[65]

50 Der Wert für des Rechtsbeschwerdeverfahrens betrug in diesem vom BGH entschiedenen Fall immerhin stolze 579.901,14 EUR. Die Wiedereinsetzung wurde jedoch wegen Versäumung der Berufungsbegründungsfrist versagt. Zur Glaubhaftmachung für fehlendes Verschulden wurde eine eidesstattliche Versicherung des Rechtsanwalts und seiner Notarfachangestellten vorgelegt. Das Problem vorliegend war, dass die Berufungsbegründungsfrist zwar zutreffend mit Vorfrist in der Handakte des Prozessbevollmächtigten eingetragen und die ansonsten zuverlässige vorgenannte Angestellte die Eintragung im elektronischen Fristenkalender durch Abzeichnung mit Kürzel bestätigt hatte, jedoch waren die Berufungsbegründungsfrist und die Vorfrist nicht im Fristenkalender der verwendeten Anwaltssoftware gespeichert gewesen.

51 Die Arbeitsanweisung der Kanzlei verlangte, Berufungsfristen mit rotem Stift und Angabe des Fristgrundes, einer Vorfrist für Berufung und Berufungsbegründung von jeweils zwei Wochen mit Fristablauf in die Innenseite der Handakte einzutragen; anschließend die Eintragung im elektronischen Fristenkalender vorzunehmen; danach sei Eintragung durch Abzeichnung mit Kürzel auf der Handakte zu bestätigen; wobei die Abzeichnung erst vorgenommen werden durfte, nachdem der/die Mitarbeiter/in sich vergewissert hatte, dass Frist und Vorfrist ordnungsgemäß im Kalender gespeichert seien; durch Dialogfeld „Eingabekontrolle" der Software erfolgte programmseitig durch das automatisierte Auslesen aller zur Akte gespeicherten Fristen die erforderliche Fehlerkontrolle.

52 Hinweis und Vortrag der Kanzlei: In der Eingabemaske „Eingabekontrolle" seien sämtliche zu der betreffenden Akte im elektronischen Fristenkalender gespeicherten Fristen aufgelistet. Dies ermögliche die Kontrolle der Eingabe und Abspeicherung der Fristen, da nach dem Bestätigen durch Anklicken des grünen Hakens die Software die abgespeicherten und eingetragenen Fristdaten aktuell auslese und sich damit programmseitig nachvollziehen lasse, dass die Eingabe im elektronischen Fristenkalender entsprechend verarbeitet und gespeichert worden sei. Sei also eine abgespeicherte Frist in der Programmmaske „Eingabekontrolle" aufgeführt, so sei sichergestellt, dass diese auch im elektronischen Fristenkalender eingetragen und abgespeichert sei. Die Mitarbeiterinnen seines Prozessbevollmächtigten seien angewiesen, die korrekte Speicherung des Fristbeginns, des Fristablaufs und des Fristgrundes in der entsprechenden Akte und in der Programmmaske „Eingabekontrolle" zu kontrollieren und die Eintragung durch Abzeichnung mit Kürzel auf der Handakte erst nach Kontrolle des Dialogfeldes „Eingabekontrolle" zu bestätigen.

---

[65] BGH, Beschl. v. 28.2.2019 – III ZB 96/18, BeckRS 2019, 4095 = IBRRS 2019, 0933.

Im Ergebnis erfolgte eine Zurückweisung des Wiedereinsetzungsantrags und Verwerfung der Berufung als unzulässig; hiergegen wurde Rechtsbeschwerde eingelegt, die statthaft und zulässig war, jedoch als unbegründet zurückgewiesen wurde, da die Partei nicht ohne ihr Verschulden an der Wahrung der Berufungsbegründungsfrist verhindert war, § 233 ZPO i.V.m. § 221 Abs. 1 BGB. **53**

Nach Ansicht des BGH darf die elektronische Kalenderführung eines Prozessbevollmächtigten grundsätzlich keine geringere Überprüfungssicherheit bieten als die eines herkömmlichen Fristenkalenders.[66] Sofern die Eingaben in den EDV-Kalender nicht durch Ausgabe der eingegebenen Einzelvorgänge über den Drucker oder durch Ausgabe eines Fehlerprotokolls durch das Programm kontrolliert werden, ist darin ein anwaltliches Organisationsverschulden zu sehen. Ansonsten liegt ein anwaltliches Organisationsverschulden des Prozessbevollmächtigten des Antragstellers vor, dass sich der Antragsteller gem. § 85 Abs. 2 ZPO zurechnen lassen muss. Der BGH monierte die fehlende Anfertigung eines Kontrollausdrucks. Genau dieses Fehlen war jedoch Grund für die Versagung der Wiedereinsetzung. Denn nach Ansicht des BGH ist die Fertigung eines Kontrollausdrucks erforderlich, um nicht nur Datenverarbeitungsfehler des EDV-Programms, sondern auch Eingabefehler oder -versäumnisse mit geringem Aufwand rechtzeitig zu erkennen und zu beseitigen.[67] **54**

Der BGH hierzu: **55**

„Vor diesem Hintergrund ist es auch unter Berücksichtigung der weiter fortschreitenden Digitalisierung als Organisationsverschulden zu bewerten, dass der Mitarbeiterin G. die sensible und fehlerträchtige Aufgabe ohne Anweisung zur Fertigung eines Kontrollausdrucks übertragen worden sei. Die gewählte Handhabung, sich ohne Kontrollausdruck ausschließlich auf die Software R. und eine reine Bildschirmkontrolle zu verlassen, stelle keine ausreichende Fehlerkontrolle dar."

Denn eine reine Bildschirm-Kontrolle ist nach Ansicht des BGH deutlich anfälliger, insbesondere für ein sog. Augenblicksversagen der mit dieser Tätigkeit beauftragten Mitarbeiter, als eine Kontrolle mittels eines Ausdrucks. Der BGH gab zu bedenken, dass der Büroalltag von Mitarbeitern der Kanzlei geprägt ist durch zahlreiche Arbeitsvorgänge, die in kurzer Abfolge zu erledigen sind. Und nicht selten diese Arbeitsvorgänge wegen anderer vordringlicher Aufgaben oder Aufträge unterbrochen werden (z.B. eingehende Telefonate, Anfragen von anwesenden Mandanten, eilige Aufträge der Rechtsanwälte). Hierin, so der BGH, ist die Gefahr verborgen, dass eine Aufgabe und der Stand ihrer Erledigung, etwa wenn sie begonnen, aber unterbrochen wurde, in Vergessenheit geraten bzw. irrig als vollständig erledigt erinnert werden. **56**

Der BGH: **57**

„Eine solche Gefahr besteht in erhöhtem Maße, wenn die Aufgabe in zwar mehrstufigen, aber ausschließlich EDV-gestützten und jeweils nur kurze Zeit benötigenden Arbeitsschritten am Bildschirm durchzuführen ist."

Der BGH beschreibt eine mögliche Fehlerquelle wie folgt: **58**

„Wird beispielsweise nach Eingabe einer Frist in dem entsprechenden Dialogfeld versehentlich nicht das Bestätigungsfeld (grüner Haken), sondern das unmittelbar daneben liegende Feld mit der Kenn-

---

66 BGH, a.a.O. unter Verweis auf: BGH, Beschl. v. 12.4.2018 – V ZB 138/17, NJW-RR 2018, 1267 Rn 7; BGH v. 17.4.2012 – VI ZB 55/11, NJW-RR 2012, 1085 Rn 8; BGH v. 2.2.2010 – XI ZB 23/08 u. XI ZB 24/08, NJW 2010, 1363 Rn 12 u. BGH v. 12.10.1998 – II ZB 11/98, NJW 1999, 582, 583; BSG NJW 2018, 2511 Rn 9; OLG Stuttgart, Beschl. v. 21.2.2020 – 17 UF 195/19, BeckRS 2020, 8388.
67 BGH, a.a.O. unter Verweis auf: BGH, Beschl. v. 12.4.2018, a.a.O, Rn 9; BGH v. 17.4.2012, a.a.O.; BGH v. 2.2.2010, a.a.O; BGH v. 12.12.2005 – II ZB 33/04, NJW-RR 2006, 500 Rn 4 f.; BGH v. 12.10.1998, a.a.O.; BGH v. 20.2.1997 – IX ZB 111/96, NJW-RR 1997, 687; BGH v. 23.3.1995 – VII ZB 3/95, NJW 1995, 1756, 1757; BSG, a.a.O.; BFH, Beschl. v. 22.5.2018 – XI R 22/17, juris Rn 17.

zeichnung „X" betätigt, sind die ordnungsgemäße Speicherung der Frist und ihre Kontrolle nicht sichergestellt. Ein solches „Augenblicksversagen" ist nicht nur theoretischer Natur, sondern liegt im Rahmen des – vorstehend beschriebenen – Büroalltages im Bereich des durchaus Naheliegenden, etwa wenn nach einer Unterbrechung der Fristeintragung ihr Bearbeitungsstand in Vergessenheit geraten ist und der Eingabedialog mit dem Eingabekontrolldialog verwechselt wird."

59 Der Vorteil des Kontrollausdrucks nach Auffassung des BGH:

„Sieht die Arbeitsanweisung des Rechtsanwalts dagegen vor, bei Eintragung von Fristen in einen elektronischen Fristenkalender stets einen Kontrollausdruck zu fertigen, besteht eine erheblich geringere Gefahr einer unvollständigen und nicht kontrollierten Fristeingabe. Das Fehlen eines erforderlichen Kontrollausdrucks springt unmittelbar ins Auge, insbesondere wenn der Vorgang im Rahmen einer Arbeitsroutine von erfahrenem Büropersonal durchgeführt wird. Es ist ein Warnzeichen, das der mit der Fristeintragung befassten Person deutlich signalisiert, dass die Fristeingabe noch nicht kontrolliert und möglicherweise sogar noch nicht abgeschlossen wurde. Nur der durch den Ausdruck herbeigeführte – in vorliegendem Zusammenhang sinnvolle – „Medienbruch" zwischen Eingabe am Bildschirm und Kontrolle mittels eines Ausdrucks gewährleistet mithin ein hohes Maß an Sicherheit in Bezug auf eine zutreffende Fristeingabe und -speicherung."

60 Das erforderliche Kontrollniveau wird bei einer rein elektronischen Fristeingabe und Eingabekontrolle nach Ansicht des BGH ohne „Medienbruch" nicht erreicht, vielmehr berge die in kürzester Zeit nacheinander in demselben Medium (Bildschirm) durchführbare Fristeingabe und Eingabekontrolle eine erhöhte Fehleranfälligkeit.

61 Fazit: Auch nach aktueller Rechtsprechung des BGH kann auf einen Kontrollausdruck (Ausgabe der eingegebenen Einzelvorgänge über den Drucker) bzw. die Ausgabe eines Fehlerprotokolls durch das Programm **nicht verzichtet** werden! Erfolgt eine entsprechende Arbeitsanweisung, deren Ausführung stichprobenartig kontrolliert werden muss, nicht, ist dies als anwaltliches Organisationsverschulden zu werten. Zur reinen E-Akte siehe unten unter Rdn. 67 in diesem Kapitel.

62 Ähnlich hat das BAG entschieden:

„Anwaltliche Prozessbevollmächtigte müssen einen elektronischen Fristenkalender so führen, dass er dieselbe Überprüfungssicherheit bietet wie ein herkömmlicher Kalender. Es muss sichergestellt sein, dass keine versehentlichen oder unzutreffenden Eintragungen oder Löschungen erfolgen, die später nicht mehr erkennbar sind. Dies gilt auch für gewerkschaftliche Prozessbevollmächtigte."[68]

63 So verweist das BAG in seiner Entscheidung unter Rn 9 ausdrücklich auf die BGH-Entscheidung vom 28.2.2019:

„Die Kontrolle der Fristeingabe in den elektronischen Fristenkalender kann durch einen Ausdruck der eingegebenen Einzelvorgänge oder eines Fehlerprotokolls erfolgen. Werden die Eingaben in den EDV-Kalender nicht durch Ausgabe der eingegebenen Einzelvorgänge über den Drucker oder durch Ausgabe eines Fehlerprotokolls durch das Programm kontrolliert, ist darin nach ständiger Rechtsprechung des Bundesgerichtshofs ein anwaltliches Organisationsverschulden zu sehen. Die Fertigung eines Kontrollausdrucks ist erforderlich, um nicht nur Datenverarbeitungsfehler des EDV-Programms, sondern auch Eingabefehler oder -versäumnisse mit geringem Aufwand rechtzeitig zu erkennen und zu beseitigen (BGH 28. Februar 2019 – III ZB 96/18 – Rn. 13; 12. April 2018 – V ZB 138/17 – Rn. 9)."

---

[68] BAG, Beschl. v. 3.7.2019 – 8 AZN 233/19, NZA 2019, 1159.

Auch das BSG hält einen Ausdruck für zwingend erforderlich:

„1. Ein Rechtsanwalt muss für die ordnungsgemäße Organisation seines Büros die Überwachung des elektronischen Fristenkalenders durch Ausdruck der eingegebenen Einzelvorgänge oder durch Ausgabe eines Fehlerprotokolls veranlassen.

2. Ein Rechtsanwalt verletzt seine Sorgfaltspflicht, wenn er bei Einlegung des Rechtsmittels die gebotene Notierung der Rechtsmittelbegründungsfrist in der elektronisch geführten Handakte nicht durch deren Einsichtnahme überprüft."[69]

Auch das BSG führt in Rn 9 seiner Entscheidung hierzu wie folgt aus:

„Werden die Eingaben in den EDV-Kalender nicht durch Ausgabe der eingegebenen Einzelvorgänge über den Drucker oder durch Ausgabe eines Fehlerprotokolls durch das Programm kontrolliert, ist darin ein anwaltliches Organisationsverschulden zu sehen. Denn bei der Eingabe der Datensätze bestehen spezifische Fehlermöglichkeiten. Die Fertigung eines Kontrollausdrucks ist erforderlich, um nicht nur Datenverarbeitungsfehler des EDV-Programms, sondern auch Eingabefehler oder -versäumnisse mit geringem Aufwand rechtzeitig zu erkennen und zu beseitigen (vgl. BGH, NJW-RR 2012, 1085 mwN und zur Literatur; BGH, Beschl. v. 12.4.2018 – V ZB 138/17, BeckRS 2018, 9640 Rn. 7 u. 9 mwN; BFH, BFH/NV 2014, 567 = BeckRS 2014, 94399 Rn. 13 mwN)."

Praxistipp

Es empfiehlt sich, dass der zuständige Mitarbeiter auf dem Kontrollausdruck durch „Haken u. Kürzel" kenntlich macht, dass die Eintragung in den EDV-Kalender kontrolliert und für richtig befunden wurde. Wird mit Papierakte gearbeitet, sollte der Kontrollausdruck auch zur Akte abgeheftet werden. Für die Praxis stellt sich die Frage, was jedoch mit dem Kontrollausdruck geschehen soll, wenn mit reiner E-Akte gearbeitet wird. Nach unserer Auffassung empfiehlt es sich, bis zu einer belastbaren BGH-Entscheidung wie folgt vorzugehen:

- Ausdruck der Eintragung/des Fristenzettels nach Eintragung der Frist in den EDV-Kalender je Einzelvorgang (nicht als Fristenliste zahlreicher Eintragungen für mehrere, unterschiedliche Akten betreffenden Vorgänge am selben Tag)
- Abgleich des Kontrollausdrucks
- Abzeichnen des Kontrollausdrucks
- Scan des Kontrollausdrucks und Speicherung zur E-Akte
- Aufbewahrung des Kontrollausdrucks für eine festzulegende Dauer (z.B. sechs Monate) z.B. in sog. Monatsordnern, die das Auffinden aller auf diese Weise archivierten Kontrollausdrucke ermöglichen; bei Anlage des 7. Ordners Vernichtung des 1. usw.

V. Sorgfaltspflichten bei Umstellung auf reine E-Akte

Nach Ansicht des BGH ergibt sich das Erfordernis eines Kontrollausdrucks der eingetragenen Fristen nicht nur, damit Datenverarbeitungsfehler des eingesetzten Programms, sondern darüber hinaus auch Eingabefehler oder Eintragungsversäumnisse mit einem geringen Aufwand rechtzeitig erkennen und beheben zu können.[70] Dieser Kontrollausdruck ist zur Handakte zu nehmen, damit der Anwalt eigenverantwortlich die Fristenkontrolle vornehmen kann. Auch in einer Zeit der Umstellungsphase von einem

---

69 BSG, Beschl. v. 28.6.2018 – B 1 KR 59/17 B, NJW 2018, 2511.
70 BGH, Beschl. v. 28.2.2019 – III ZB 96/18 Rn 13, NJW 2019, 1456, ebenso: BGH, Beschl. v. 2.2.2021 – X ZB 2/10, NJW-RR 2021, 444.

herkömmlichen auf einen elektronisch geführten Fristenkalender gelten keine geringeren Sorgfaltsanforderungen.[71] Offengelassen hat der BGH in seiner Entscheidung v. 2.2.2021, ob es eines solchen Kontrollausdrucks auch bedarf, wenn ein Anwalt keine Handakte in Papierform mehr führt, sondern lediglich mit einer elektronischen Akte arbeitet, da hierzu von der betroffenen Kanzlei offenbar nichts vorgetragen worden war.[72]

68 Der BGH hielt jedoch fest:

„Von der Anfertigung von Kontrollausdrucken dürfte deshalb allenfalls dann abgesehen werden, wenn andere Vorkehrungen getroffen werden, die ein vergleichbares Maß an Sicherheit ermöglichen. Auch hierzu ist nichts vorgetragen."[73]

69 Welche anderen Vorkehrungen dem BGH geeignet erscheinen, dazu hat er nichts ausgeführt. Wir verweisen insofern auf die Ausführungen und Empfehlung unter Rdn 66 in diesem Kapitel.

---

[71] BGH, Beschl. v. 2.2.2021 – X ZB 2/10 Rn 8, NJW-RR 2021, 444.
[72] BGH, a.a.O., Rn 11.
[73] BGH, a.a.O., Rn 13.

§ 23 Rechtssicheres ersetzendes Scannen

A. Grundlagen

I. Allgemeines

Das ersetzende Scannen zielt darauf ab, nach dem erfolgreichen Erstellen und Archivieren eines Scanprodukts aus einem Originaldokument das Originaldokument zu vernichten. Das ersetzende Scannen hat rechtlichen Grundsätzen zu genügen und kann nur angewendet werden, wenn rechtliche Aufbewahrungspflichten durch das Scanprodukt erfüllt werden und eine Vernichtung des Originaldokuments unschädlich ist, da es nicht – wie z.B. als Beweismittel i.S.d. § 416 ZPO ohnehin zwingend – in Papierform aufzuheben ist. Geeignete Hard- oder Software sowie die tatsächliche Langzeitspeicherung oder Archivierung ist nicht Inhalt der BSI TR 03138 zum ersetzenden Scannen. Vom Gesetzgeber werden für das ersetzende Scannen konkrete technische und organisatorische Voraussetzungen gefordert. Zudem muss ein Scanprodukt, dessen papierenes Original vernichtet wurde, geeignet sein, im Gerichtsverfahren als Beweis anerkannt zu werden. Der Scanprozess wird kaum automatisiert ablaufen können und bedarf grundsätzlich einer menschlichen Mitwirkung, was immer auch als mögliche Fehlerquelle gesehen werden muss und nicht unterschätzt werden darf.

Der Scanprozess soll ein Scanprodukt hervorbringen, welches ein Papierdokument wirklichkeitsgetreu wiedergeben und dauerhaft konservieren kann. Es soll sich also um ein detailgenaues Abbild des originalen Papierdokuments handeln. Es soll genau wie das originale Papierdokument nicht mehr veränderbar sein oder, sollten Änderungen am Scanprodukt durchgeführt worden sein, diese Änderungen (genau wie in einem Papierdokument) erkennbar und nachvollziehbar sein.

Das ersetzende Scannen wird u.a. in der Technischen Richtlinie (TR) des BSI TR-RESISCAN 03138 (Technische Richtlinie rechtssicheres Scannen) für fachlich zuständige Stellen erläutert. Diese Richtlinie soll vor allem dann als Grundlage dienen, wenn die eingescannten Dokumente nach dem Scanvorgang vernichtet werden sollen und für diese Dokumente eine Aufbewahrungs- oder Dokumentationspflicht besteht. Der Beweiswert des ersetzenden Scanprodukts soll durch die Anwendung der Empfehlungen der TR möglichst weit dem Original angenähert werden. Die Richtlinie hat dabei grundsätzlich nur empfehlenden Charakter. Das ersetzende Scannen wird als *„der Vorgang des elektronischen Erfassens von Papierdokumenten mit dem Ziel der elektronischen Weiterverarbeitung und Aufbewahrung des hierbei entstehenden elektronischen Abbildes (Scanprodukt) und der späteren Vernichtung des papiergebundenen Originals verstanden."*[1] Mit der TR wird der Prozess des ersetzenden Scannens hinsichtlich seines technischen und organisatorischen Ablaufs unabhängig von den notwendigen Hard- und Softwarekomponenten beschrieben. Die Prozesse können somit auf alle gegebenen Bedingungen beim jeweiligen Anwender übertragen werden. Die technischen Voraussetzungen sind bei Bedarf zu ändern oder zu ergänzen.

II. Übersicht

Der Ablauf des ersetzenden Scannens setzt sich aus mehreren aufeinander abgestimmten Bedürfnissen und Bearbeitungsschritten zusammen und lässt sich in die Bereiche Grundvoraussetzungen, Verarbeitung des Dokuments und besondere Sicherheitsaspekte unterteilen.

Die Schritte im Einzelnen können sein:

- Erhalt oder Erzeugung des Dokuments,
- Vorbereitung des Dokuments für den Scan-Prozess,
- Scannen des Dokuments,

---

1 BSI TR 03138 RESISCAN, Version 1.4.1, v. 23.4.2020, S. 5, https://www.bsi.bund.de/resiscan.

- Weiterbehandlung des Scan-Produkts,
- Integritätssicherung (Gewährleistung der Unveränderbarkeit des Dokuments),
- langfristige Verfügbarkeit des Dokuments,
- Langzeitarchivierung.

5 Grundsätzlich sind Überlegungen anzustellen, was mit dem Dokument am Ende des Scan-Prozesses geschehen soll. Soll es tatsächlich vernichtet werden (originäres Ziel des ersetzenden Scannens) oder verbleibt es trotz ordnungsgemäßem Scan-Prozess physisch verfügbar? Hier sind rechtliche Vorgaben[2] (z.B. Urkunden, Testamente, Gerichtsakten, …) und persönliche Erfahrungswerte im Umgang mit Scan-Produkten ausschlaggebend. Da ein gescanntes Dokument regelmäßig einen geringeren Beweiswert als ein Original-Dokument hat, ist besonders auf die Einhaltung der notwendigen Vorkehrungen eines nachweisbar ordnungsgemäßen Scanprozesses zu achten. Die nachfolgenden Ausführungen können dabei helfen, Scanprozesse in der Kanzlei zu optimieren. Ein Scan kann jedoch, wie zuvor dargestellt, nicht immer das Originaldokument ersetzen. Darauf ist bei internen Anweisungen in der Kanzlei zu achten. Es sind entsprechende Listen mit den Dokumenten zu erstellen, die trotz Scanvorgang weiterhin als Original vorgehalten werden müssen.

6

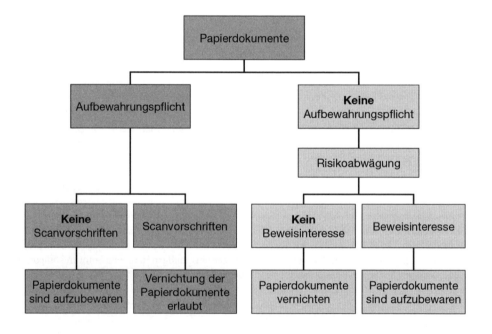

B. Organisation

7 Um Scanprozesse beim ersetzenden Scannen nachvollziehbar und wiederholbar durchführen zu können, muss eine Verfahrensdokumentation[3] existieren oder erstellt werden. Hierin werden neben den Abläufen

---

2 Hinweise zur Vernichtung von Originalen sind in BSI TR03138-R, Version 1.3, v. 5.10.2021, S. 60, https://www.bsi.bund.de/resiscan, Stand Sep. 2022, enthalten.
3 Exemplarische Gliederung einer Verfahrensanweisung BSI TR 03138 Ersetzendes Scannen – Anlage V, Version 1.2.1 v. 24.6.2020, https://www.bsi.bund.de/resiscan, Stand Sep. 2022.

des eigentlichen Scanprozesses z.B. auch die räumliche Situation, die zu nutzenden Hardware- und Softwarekomponenten, die verantwortlichen Personen und die geforderten Kompetenzen wie auch die Qualifizierung und Sensibilisierung der betroffenen Mitarbeiter festgelegt.

Je nach Schutzbedürftigkeit der Dokumente müssen die jeweilige Integrität, Authentizität, Vollständigkeit, Nachvollziehbarkeit, Verfügbarkeit, Lesbarkeit, Verkehrsfähigkeit, Vertraulichkeit und Löschbarkeit gewährleistet sein. 8

Verantwortlichkeiten interner wie externer Mitarbeiter sollten so geregelt sein, dass sich Aufgabenbereiche verschiedener Mitarbeiter nicht überschneiden und es ausgeschlossen ist, dass Teilbereiche gar nicht zugwiesen werden. Für die einzelnen Aufgaben sollten immer ein konkreter Mitarbeiter und dessen Vertretung benannt sein. Entsprechende Vertraulichkeitsvereinbarungen sind zu treffen und Verhaltensregeln und Informationspflichten bei außergewöhnlichen Vorfällen zu regeln. Geklärt werden sollten zudem insbesondere Verhaltensweisen zu den Themen Datensicherung, Datenarchivierung und evtl. notwendiger Transport der Datenträger, Datenträgervernichtung, Schutz gegen Schadsoftware (z.B. Softwareinstallation nur durch IT-Beauftragte) sowie Verhaltensregeln im Notfall (Stromausfall, vermutete Schadsoftware, Serverausfall usw.). 9

Einige Kanzleien arbeiten hier mit zugeschnittenen IT-Richtlinien. In vielen Kanzleien sind jedoch nahezu keine Vorkehrungen getroffen. Das erklärt dann auch, warum sich so viele IT-Probleme zur Katastrophe entwickeln. Fristversäumnisse, die aufgrund technischer Probleme entstehen, sind immer öfter Gegenstand der Rechtsprechung des BGH, siehe auch § 22 Rdn 38 ff. nur beispielhaft zum EDV-Kalender. 10

Die Überprüfung der durchzuführenden Maßnahmen, z.B. bei der Datensicherung, der Vollständigkeit oder der Verfügbarkeit der Daten, sollte regemäßig zumindest stichprobenartig mit eingeplant werden. Dabei ist es anzuraten, die Kontrollen von Personen durchführen zu lassen, die üblicherweise nichts mit den durchzuführenden Maßnahmen zu tun haben, um einer „Betriebsblindheit" vorzubeugen. Diese Kontrollen sollten für eine spätere Nachvollziehbarkeit schriftlich mit Datum (evtl. mit qualifiziertem elektronischem Zeitstempel), der Art der Kontrolle und der Person (Name) des Kontrollierenden festgehalten werden. Entdeckte Unregelmäßigkeiten müssen gemeinschaftlich besprochen und entsprechende Maßnahmen zu einer zukünftigen Vermeidung ergriffen werden. 11

Besonders wichtig ist die Festlegung, wie mit den eingescannten Dokumenten zu verfahren ist, d.h., welche Dokumente aus rechtlicher Sicht wie lange und auf welche Weise archiviert werden müssen und welche Originaldokumente nach dem Scanvorgang vernichtet werden können und welche nicht.[4] Für Zweifelsfragen ist ein Entscheider und evtl. dessen Vertreter zu benennen. 12

Im Rahmen der üblichen IT-Administration sind Wartungen der einzelnen Hardware- und Softwarekomponenten festzulegen und Veränderungen, Anpassungen oder Erneuerungen entsprechend zu dokumentieren. 13

Für durch den Scanvorgang entstandene sensible Daten, die auch nach Abschluss des Scanvorgangs weiter im Hardwarespeicher verbleiben, sind Regelungen zu deren Löschung wie auch hinsichtlich des zeitlichen Ablaufs und der ausführenden Person zu treffen. Dies gilt insbesondere, wenn Speichermedien ersetzt werden und die Altkomponenten den Sicherheitsbereich der Kanzlei verlassen. 14

Ein Outsourcing der Scanprozesse an einen unabhängigen Dienstleister zieht zusätzliche Regelungen, Verfahrensdokumentationen, Kontrollen und Vereinbarungen mit dem Drittanbieter nach sich und muss aufgrund der oft höchst sensiblen Daten in Rechtsanwaltskanzleien wohl überlegt werden (Verschwiegenheitspflicht!). 15

---

4 Hinweise zur Vernichtung von Originalen sind in BSI TR03138-R, Version 1.3, v. 5.10.2021, S. 60 ff., https://www.bsi.bund.de/Resiscan, Stand Sep. 2022, enthalten.

C. Beweiswert eines elektronischen Dokuments

16 Sofern Beweismittel in ein Verfahren eingebracht werden, werden an diese Beweismittel keine Vorgaben geknüpft. Denn andernfalls ließen sich diese Dokumente nicht mehr als Beweismittel verwerten. So kann es z.B. sein, dass Verträge in elektronischer Form geschlossen wurden, in einem Format, das nur sehr selten oder bereits veraltet ist. Auch Digitalfotos, Videoaufzeichnungen von Überwachungskameras oder andere Beweismittel können daher nicht aufgrund fehlender Einhaltung von Dateivorgaben abgelehnt werden. Hier wird im Einzelnen der Richter entscheiden, ob die Daten den Verfahrensbeteiligten unmittelbar zugänglich gemacht werden können bzw. ob ein Sachverständiger zur Konvertierung oder gutachterlichen Äußerung herbeigezogen werden muss.

17 Von der Bund-Länder-Kommission (BLK) wird jedoch empfohlen, dass elektronische Daten, die regelmäßig in Prozesse eingebracht werden, wie z.B. digitale Aufzeichnungen von polizeilichen Vernehmungen, in einem Dateiformat gespeichert werden sollen, über das zuvor eine Verständigung erfolgt ist. Die BLK empfiehlt hier die Verwendung von Standards entsprechend SAGA.[5]

18 § 371b ZPO regelt zur Beweiskraft gescannter öffentlicher Urkunden:[6]

§ 371b Beweiskraft gescannter öffentlicher Urkunden

„Wird eine öffentliche Urkunde nach dem Stand der Technik von einer öffentlichen Behörde oder von einer mit öffentlichem Glauben versehenen Person in ein elektronisches Dokument übertragen und liegt die Bestätigung vor, dass das elektronische Dokument mit der Urschrift bildlich und inhaltlich übereinstimmt, finden auf das elektronische Dokument die Vorschriften über die Beweiskraft öffentlicher Urkunden entsprechende Anwendung. Sind das Dokument und die Bestätigung mit einer qualifizierten elektronischen Signatur versehen, gilt § 437 entsprechend."

19 § 371b ZPO ergänzt damit § 415 ZPO:

„(1) Urkunden, die von einer öffentlichen Behörde innerhalb der Grenzen ihrer Amtsbefugnisse oder von einer mit öffentlichem Glauben versehenen Person innerhalb des ihr zugewiesenen Geschäftskreises in der vorgeschriebenen Form aufgenommen sind (öffentliche Urkunden), begründen, wenn sie über eine vor der Behörde oder der Urkundsperson abgegebene Erklärung errichtet sind, vollen Beweis des durch die Behörde oder die Urkundsperson beurkundeten Vorganges.

(2) Der Beweis, dass der Vorgang unrichtig beurkundet sei, ist zulässig."

20 *Hinweis*

Privaturkunden sind weiterhin stets im Original vorzulegen. Die neue Beweiserleichterung (ersetzendes Scannen) bezieht sich allein auf **öffentliche** Urkunden. Über die Echtheit einer in Abschrift vorgelegten Privaturkunde entscheidet das Gericht in freier Beweiswürdigung. Entsprechendes gilt für die Beweisführung durch Scanprodukte.[7]

21 Im Übrigen enthält die Technische Richtlinie Rechtssicheres Scannen (**BSI TR RESISCAN**) des Bundesamts für Sicherheit in der Informationstechnik ausführliche Hinweise für einen Scanvorgang nach dem Stand der Technik,[8] auf die im Nachfolgenden immer wieder eingegangen wird.

22 Sofern Originaldokumente nach dem Scanprozess vernichtet werden sollen, muss deren beweisrechtliche Bedeutung vor der Vernichtung geklärt sein. Da ein elektronisches Dokument nicht den Ansprüchen einer

---

5 OT-Leit-ERV-Anlage 1 (Fortschreibung zur 93. Sitzung der BLK am 15./16.5.2013), BLK-AG IT-Standards in der Justiz, S. 16.
6 Durch Art. 26 Abs. 1 des Gesetzes zur Förderung des elektronischen Rechtsverkehrs mit den Gerichten, G v. 10.10.2013, BGBl I, 3768; zuletzt geändert durch Art. 31 G. v. 5.7.2017, BGBl I, 2208 m.W.v. 17.10.2013.
7 BR-Drucks 818/12, 46 v. 12.12.2012, zur damaligen Nr. 14 (§ 371b).
8 Technische Richtlinie (TR) des BSI TR RESISCAN 03138 (Technische Richtlinie rechtssicheres Scannen) v. 23.4.2020.

Urkunde entspricht (keine Körperlichkeit, nicht ohne Hilfsmittel lesbar), muss für jede Dokumentart festgelegt werden, ob das nach dem Scanprozess entstandene elektronische Dokument im Fall eines Prozesses noch als Beweis eingebracht werden kann. Dies gilt auch, wenn alle System-, Dokumenten- und Speichergrundsätze berücksichtigt wurden. Selbst die Befugnis nach § 158 AO und § 110d SGB IV, ein elektronisches Dokument anfertigen zu dürfen, beinhaltet nur die Beweiskraft für außerprozessuale Verfahren. Ob die Beweiskraft in einem Prozess gegeben ist, kann daraus nicht eindeutig abgeleitet werden.

Wird ein Originaldokument in ein elektronisches Dokument umgewandelt, verschlechtert sich naturgemäß die Beweiskraft des Dokuments, selbst dann, wenn das erzeugte elektronische Dokument mit einer qualifizierten elektronischen Signatur (qeS) ausgestattet wurde. Die qeS zeugt lediglich von der Integrität und Authentizität eines elektronischen Dokuments.[9] Im prozessualen Verfahren entscheidet immer der Richter im Rahmen seiner freien Beweiswürdigung[10] über den Beweiswert eines elektronischen Dokuments. Der Beweiswert eines qualifiziert signierten elektronischen Dokuments ist höher anzusehen als lediglich ein einfacher Scan.

Der Beweiswert eines elektronischen Dokuments wird von der Art und Weise der Durchführung des Scanprozesses beeinflusst. Der Beweiswert steigt, wenn das Scanprodukt unmittelbar nach dem Scanvorgang mit einer qualifizierten elektronischen Signatur versehen worden ist. Die Beweiskraft steigt weiter, wenn der Scanprozess selbst ordnungsgemäß durchgeführt worden ist. Die Problematik der Echtheit oder der Verfälschung des eingescannten Originaldokuments vor dem Scanprozess kann allerdings nicht ausgeräumt werden. Hier bleibt ein Unsicherheitsfaktor bestehen.

Fazit: Dokumente von erheblichem Beweiswertpotenzial des Originals sollten nach dem Scannen **nicht** vernichtet werden. In der Kanzlei sollten die Dokumentarten, die von einer Vernichtung nach dem Scanprozess ausgeschlossen sind, eindeutig festgelegt werden. Diese Liste sollte umfänglich dokumentiert und regelmäßig mit allen verantwortlichen und am Scanprozess beteiligten Personen kommuniziert werden.

D. Umsetzung des Scanprozesses in der Kanzlei

I. Einführung

Es sollte im Vorfeld entschieden werden, wann und wo in der Kanzlei eintreffende Papierdokumente eingescannt werden. Die dafür nötigen Arbeitsschritte sollten dokumentiert und regelmäßig mit allen Verantwortlichen und am Scanprozess Beteiligten durchgesprochen werden. Eindeutige Verfahrensanweisungen inkl. des Umgangs mit den gescannten Originaldokumenten und einer erstellten lückenlosen Dokumentation tragen zur Glaubwürdigkeit der Übereinstimmung von Originaldokument und Scanprodukt bei (Musterverfahrensanweisung z.B. beim BSI als Download einsehbar[11]).

II. Wann wird gescannt?

Entschieden werden muss, ob nach Posteingang oder nach Bearbeitung des Originaldokuments (dann ist eine parallele temporäre Papierakte nötig) gescannt wird. Problematisch sind dabei Schreiben, die mit dem Vermerk „persönlich/vertraulich" gekennzeichnet sind. Diese können grundsätzlich nicht von der Posteingangsstelle geöffnet werden. Interne Verfahrensweisen müssen hier individuell festgelegt werden.

---

9 Dokumentation 564, Bundesministerium für Wirtschaft und Technologie, Handlungsleitfaden zur Aufbewahrung elektronischer und elektronisch signierter Dokumente, S. 19, Stand August 2007.
10 § 286 ZPO.
11 https://www.bsi.bund.de/SharedDocs/Downloads/DE/BSI/Publikationen/TechnischeRichtlinien/TR03138/TR-03138-Anwendungshinweis-R.pdf?__blob=publicationFile&v=7

III. Wo wird gescannt?

28 Rechtsanwaltskanzleien werden i.d.R. in den eigenen Räumen einen oder mehrere Orte für das Scannen bestimmen. Das Einscannen von Dokumenten könnte aber auch von einem Dienstleistungsanbieter übernommen werden; dann ist auch hier zu bestimmen, ob diese Dienstleistung zentral oder dezentral geschehen soll. Hilfe beim Scannen werden sich Kanzleien hauptsächlich dann einkaufen, wenn alte, umfangreiche Papierarchive aufgearbeitet werden sollen. Alternativ könnten auch geschulte Arbeits- oder Aushilfskräfte (Verschwiegenheitspflicht beachten!) befristet für die Aufarbeitung eines bestehenden umfangreichen Papierarchivs herangezogen werden.

E. Personal

29 Die verpflichtende Beachtung von einschlägigen Gesetzen, Regeln und Vorschriften bei Mitarbeitern in Rechtsanwaltskanzleien sollte eine Selbstverständlichkeit sein. Quereinsteiger sowie anderes fachfremdes Personal sind vor der Betrauung mit Tätigkeiten zum rechtssicheren ersetzenden Scannen entsprechend zu unterweisen und ggf. zu schulen.

30 Zur Vermeidung von Unachtsamkeiten, die durch routinemäßige Arbeitsabläufe auftreten können, sollten die betroffenen Mitarbeiter immer wieder für die Brisanz ihrer Tätigkeit sensibilisiert werden. Dabei können kreative Ideen der Routine vorbeugen. Den betroffenen Mitarbeitern könnten immer wieder auf verschiedenen Wegen und mit unterschiedlichen Mitteln die Gefährdungen des Tätigkeitsbereichs ins Bewusstsein gerufen werden. Das BSI (Bundesamt für Sicherheit in der Informationstechnik) empfiehlt Hinweise mittels Aufdrucke auf Kaffeetassen oder auf Arbeitsutensilien, als Bildschirmschoner oder durch Anbringung von Hinweistafeln an auffälligen Stellen. Die Hinweise sollten, um einer Gewöhnung vorzubeugen, regelmäßig ausgetauscht oder ersetzt werden.

F. Technik

I. Grundlagen

31 Grundsätzlich ist festzuhalten, dass sich die technischen Möglichkeiten der für einen Scanvorgang geeigneten Geräte ständig weiterentwickeln. Einige technische Details, die ausschlaggebend für die Anschaffung von Hardwarekomponenten zur Digitalisierung von Papierdokumenten sein können, werden hier beispielhaft aufgeführt. Manche Scangeräte bieten die Möglichkeit, DIN A4-Dokumente quer einzuscannen. Dadurch können Originaldokumente bis zu einer Größe von DIN A3 eingescannt werden (die Länge eines DIN A4 Dokuments entspricht der Breite eines DIN A3 Dokuments).

II. Anschaffungspreis

32 Je nach Modell und Leistungsumfang können Scanner, die in einer Rechtsanwaltskanzlei mittlerer Größe ihren Einsatz finden, Anschaffungskosten i.H.v. ca. 300 bis 4.000 EUR nach sich ziehen.

III. Schnittstellen

33 Schnittstellen sind die Verbindungsmöglichkeiten zwischen z.B. Scanner und EDV-System oder allgemein Hardwarekomponenten bzw. Peripheriegeräten und Computern. Standard-Schnittstellen für Scangeräte sind USB 2.0 (Universal Serial Bus) mit einer Übertragungsrate von 60 Mbyte/s[12] als noch

---

12 https://de.wikipedia.org/wiki/Universal_Serial_Bus.

immer am häufigsten eingesetzte USB Variante (Nachfolger ist USB 3.0 mit einer Übertragungsrage von fast 500 Mbyte/s[13]), SCSI-3 (Small Computer System Interface) mit einer Übertragungsrate von bis zu 20–40 MByte/s oder auch Ethernet. Letzteres verbindet Peripheriegeräte und Computer mittels LAN-Kabel (Local Area Network). Die Übertragungsgeschwindigkeit liegt dabei deutlich über der einer USB- oder SCSI-Schnittstelle.

IV. Stromverbrauch

Scangeräte verbrauchen im Betrieb wie auch im Ruhezustand Energie. Selbst im ausgeschalteten Zustand verbrauchen manche Geräte Strom, wenn auch nur in sehr geringen Mengen. Typische Verbrauchswerte für den Betrieb sind 15–50 W/h, für den Stand-by-Betrieb 1–4 W/h und bei einigen Geräten selbst im ausgeschalteten Zustand bis zu 0,5 W/h.   34

V. Geschwindigkeit

Die Verarbeitungsgeschwindigkeit der eingezogenen Original-Papierdokumente ändert sich mit der Preisklasse des Scangeräts. Dabei unterscheidet sich die Scangeschwindigkeit von Schwarz-Weiß-Scans und Farb-Scans oft nur geringfügig. Die Verarbeitungsgeschwindigkeit schwankt zwischen 25 und 90 Seiten pro Minute (bei gleichzeitigem beidseitigem Scannen doppelte Leistung), je nach Gerätetyp. Der Zeitfaktor und die damit verbundenen Personalkosten sollten bei der Kaufentscheidung berücksichtigt werden. Ein Aktenordner mit einer Rückenbreite von ca. 8 cm fasst etwa 500–700 Seiten mit 80 g/m^2. Limitierender Faktor ist dabei auch der Einzugsschacht für die Papiervorlagen, welcher je nach Preisklasse 50 bis 500 Blatt aufnehmen kann.   35

VI. Auflösung

Unter der Auflösung eines Scanners versteht man die Fähigkeit des Geräts, eine Anzahl von Bildpunkten pro Fläche bzw. eine Punktdichte zu erkennen und zu speichern. Allgemein gilt: Je höher die Punktdichte, desto größer wird die Datei des Scanprodukts. Die Auflösung wird in dpi (Dots Per Inch) ausgedrückt. Grundsätzlich reicht für einen guten Bilddruck eine Auflösung von 300 dpi. Darstellungen, die auf einem Computer-Bildschirm gut erkennbar sein müssen, begnügen sich mit einer Auflösung von 96–150 dpi. Scanner der o.g. Preiskategorien können i.d.R. eine Auflösung von 100–600 dpi, manchmal bis 1.200 dpi (softwareunterstützt) erreichen.   36

VII. Dokumentenausgabe

Scanner sollten standardmäßig verschiedene Dokumentenformate als Scanprodukt ausgeben können. Diese sind beispielsweise TIFF-, JPEG-, PDF-, durchsuchbare PDF-, PDF/A-, Microsoft-Word-, Microsoft-Excel- oder RTF-Dateien. Der am häufigsten verwendete Dateityp wird dabei die PDF-Datei (Portable Document Format) sein.   37

Am besten geeignet für die Langzeitarchivierung sind dabei PDF/A-Dateien, wobei hier drei Normen unterschieden werden: PDF/A-1 (wurde von der ISO [Internationalen Organisation für Normung] zum 28.9.2005 eingeführt), PDF/A-2 und das seit dem 17.10.2012 gültige PDF/A-3-Format. Die Standards werden regelmäßig weiterentwickelt. PDF/A-Formate lassen sich lange archivieren und sind langfristig reproduzierbar. Darüber hinaus sind sie gut durchsuchbar und lassen sich effizient komprimieren. Ihr Datenvolumen ist nicht so groß wie andere Dateiformate, was sie für die Versendung ebenfalls besser geeig-   38

---

13 1 Byte sind 8 Bit. Beispiel: 500 Mbyte entsprechen 4.000 Mbit oder 4 Gbit.

net sein lässt. Mit dem PDF/A-Standard lassen sich Dokumente originalgetreu darstellen. Derartige Dokumente dürfen weder direkt noch indirekt auf eine externe Quelle verweisen. PDF/A-Formate lassen sich z.B. seit der Microsoft Office Version 2007 unmittelbar generieren.

39 Bei den PDF/A-1 unterscheidet man PDF/A-1-a) und b). Während b) nur die Mindestanforderungen an die Norm erfüllt (basic), erfüllt das Level a) (accessible) darüber hinaus nicht nur eine eindeutige visuelle Reproduzierbarkeit samt Abbildbarkeit von Text nach Unicode, sondern auch die inhaltliche Strukturierung des Dokuments im Sinne der Barrierefreiheit (Vorlesefunktion). PDF/A-2 Dokumente haben neben der Reproduzierbarkeit und Barrierefreiheit noch den Vorteil, dass sie auch JPEG 2000 und sehr große Dateiformate verarbeiten können. PDF/A-3-Dokumente haben darüber hinaus Erweiterungen, die auch erlauben, einen XML-Datensatz oder Excel-Dateien einzubetten, und eignen sich z.B. auch für elektronische Rechnungen.

VIII. Empfohlenes Tagesvolumen

40 Die Hersteller der Scangeräte geben für ihre Geräte eine empfohlene maximale Scanleistung pro Tag als Orientierungswert an. Je nach Preisklasse des Geräts erstreckt sich diese von 3.000 bis 20.000 Seiten pro Tag. Der Käufer erhält damit eine Entscheidungshilfe für die Anschaffung eines Scangeräts, je nach geplantem oder zu erwartendem Scanumfang.

IX. Papierstärke

41 Alle Einzugs-Scangeräte haben eine bauartbedingte maximale Papierdicke, die problemlos verarbeitet werden kann. Diese reicht von 200 bis ca. 550 g/m^2.

X. Zufuhrkapazität Einzugsschacht

42 Wenn Originaldokumente im Stapel verarbeitet werden sollen, ist die Zufuhrkapazität des Einzugsschachts zu bedenken. Für die Scanner im o.g. Preissegment werden Einzugsschächte mit einer Kapazität von 50 bis 250 Blatt à 80 g/m^2 angeboten.

G. Verarbeitung

43 Wenn Organisation, Technik und Personal vorhanden und optimal vorbreitet sind, können die Originaldokumente dem Schritt der Verarbeitung zugeführt werden.

H. Vorbereitung

I. Einführung

44 Vor dem Scanvorgang findet eine Prüfung des Papierdokuments statt. Die Echtheit des Dokuments muss gewährleistet sein. Papierdokumente sind grundsätzlich auf ihre Echtheit prüfbar. Aus Papier und Schriftzeichen lassen sich z.B. Rückschlüsse auf den Zeitpunkt der Ausstellung ziehen. Durch die biometrischen Merkmale einer Unterschrift lässt sich das Dokument einer bestimmten Person eindeutig zuordnen. Trotzdem hat der Gesetzgeber keine Regelung getroffen, dass der Scannende vor dem ersetzenden Scannen eine Echtheitsprüfung des originalen Papierdokuments durchführen muss. Dies würde i.d.R. über die Möglichkeiten des eingesetzten Personals weit hinausgehen, vor allem, wenn Betriebsfremde eingesetzt werden. Derartige Echtheitsprüfungen werden bei Bedarf von Sachverständigen durchgeführt. Gleich-

wohl trägt der Scannende bzw. der den Scanvorgang in Auftrag Gebende das Risiko, wenn nach dem ersetzenden Scannen, d.h. Scannen mit anschließender Vernichtung des Originaldokuments, eine Verfälschung des Originaldokuments nicht mehr nachgewiesen werden kann.

Möglicherweise muss die Scanvorlage vor dem Scanprozess präpariert werden oder es müssen Heftungen bzw. Verklebungen gelöst werden. Dabei ist zu prüfen, ob eine Heftung oder Verklebung rechtlich überhaupt gelöst werden darf. Die ursprüngliche Reihenfolge bei mehrseitigen Dokumenten muss auch im Scanprodukt erhalten bleiben. Klebezettel auf dem Originaldokument müssen evtl. mit eingescannt werden, wenn sie von Belang sind, dürfen aber Inhalte des Dokuments nicht verdecken. Könnte der Klebezettel nur so auf dem Dokument platziert werden, dass ein Teil des Dokuments verdeckt werden würde (dann wäre kein vollständiges Abbild des Originals möglich), könnte man den Klebezettel auf eine evtl. leere Rückseite kleben und das Dokument doppelseitig einscannen. **45**

Hinweis

Manche Scanner haben bei dem Einscannen von Klebezetteln Probleme und interpretieren diese Klebezettel als Mehrfachblatteinzug, was einen Abbruch der Scantätigkeit durch das Scangerät zur Folge hat. Diese Seiten mit Klebezetteln müssen dann evtl. aufwändig, z.B. mit Flachbettscannern, gescannt und in die zugehörige Scandatei integriert werden. Dies sollte man bei der Anschaffung berücksichtigen und den Hersteller oder Händler diesbezüglich um Auskunft über die Funktionsmöglichkeiten und -weisen des zur Anschaffung ausgesuchten Geräts bitten. Alternativ könnte man den Klebezettel auch auf ein leeres Blatt kleben und mit den übrigen Seiten des Dokuments in der richtigen Reihenfolge einscannen. So ist gewährleistet, dass das Dokument vollständig abgebildet werden kann und der Klebezettel nicht aus dem Zusammenhang des Dokuments gerissen wird.

Nicht erkennbare Sicherheitsmerkmale, z.B. Oberflächenbeschaffenheit, Siegel oder Wasserzeichen, können ein ersetzendes Scannen erschweren oder unmöglich machen. Dokumente, die beim Scanvorgang evtl. beschädigt oder zerstört werden könnten (vorhandene Risse im Dokument, besonders dünnes Papier etc.), müssen evtl. durch Trägerbögen geschützt werden. **46**

Vor dem Scannen kann mithilfe einer kanzleiinternen Verfahrensanweisung zum ersetzenden Scannen eine Aufteilung der zu scannenden Dokumente in zu ersetzende und nicht zu ersetzende Dokumente vorgenommen werden. Sollen Dokumente mit Siegelschnur oder Nieten eingescannt werden, werden diese Elemente **nicht** entfernt, sondern müssen z.B. via Buch- oder Flachbettscanner digitalisiert werden. **47**

Zusätzlich kann nach farbigen Originaldokumenten und Schwarz-Weiß-Originaldokumenten sortiert werden, da meist am Scanner oder dessen Softwaresteuerung eine entsprechende Einstellung zum Farb-, Schwarz-Weiß- oder Graustufenscan getroffen werden kann. Bei allen Sortiervorgängen besteht die Gefahr, dass Dokumente vermischt oder nicht in der richtigen Reihenfolge eingescannt werden. Hier sind eine besondere Sorgfaltspflicht und eine erhöhte Aufmerksamkeit bei der Verarbeitung nötig. Unter Umständen müssen einzelne Scans mithilfe von Spezialsoftware (z.B. Adobe Acrobat) vor dem Signieren wieder zu einer einzigen Datei zusammengefügt werden. **48**

Alle den automatischen Einzug störenden oder hindernden Elemente (Heftklammern, Büroklammern, Gummiringe, Halbhefter usw.) müssen vor dem Scannen von Originaldokumenten entfernt werden. Zur Abgrenzung einzelner mehrseitiger Dokumente untereinander können zwischen den Dokumenten Leerblätter eingelegt oder mithilfe eines eingelegten Zwischenblatts mit vom System verarbeitbaren Barcodes eine Trennung der Dokumente vorgenommen werden. **49**

Überformatige und unterformatige Dokumente (größer als DIN A4 bzw. DIN A3 oder kleiner als DIN A5) müssen entweder einzeln oder wegen ungeeigneter Hardware von Dienstleistern eingescannt werden, da sie in der Stapelverarbeitung oft nicht fehlerfrei eingezogen werden.

II. Prüfschritte zur Durchführung eines ersetzenden Scans

50 Die Prüfung, ob ein ersetzendes Scannen rechtlich zulässig ist und inwieweit das Scanprodukt beweiserheblich nach seiner Archivierung verwendet werden kann, kann in zwei Schritten durchgeführt werden.

III. Wann ist ein ersetzendes Scannen zulässig?

51 Originaldokument und erstelltes Scanprodukt haben nach dem Scanprozess die gleiche Rechtswirkung. Nicht zulässig ist ein ersetzendes Scannen, wenn eine Dokumentations- und Aufbewahrungspflicht i.d.R. zugunsten Dritter gesetzlich vorgeschrieben und der Zeitraum der Aufbewahrungspflicht noch nicht abgelaufen ist. Dies ergibt sich aus der Tatsache, dass nach einer Vernichtung des eingescannten Originaldokuments nicht mehr festgestellt werden kann, ob das Scanprodukt mit dem Original übereinstimmte oder ob an dem Originaldokument vor dem Scanprozess evtl. Manipulationen vorgenommen wurden.

52 Unterliegt das zu scannende Dokument „... *keiner gesetzlichen Dokumentations- und Aufbewahrungspflicht, ist das ersetzende Scannen rechtmäßig.*"[14] Zulässig ist das ersetzende Scannen auch, wenn besondere Vorschriften in den einzelnen Zuständigkeitsbereichen zu den Dokumentations-, Aktenführungs- und Aufbewahrungspflichten bestehen. Gesetzliche Aufbewahrungspflichten bestehen z.B. gem. § 2 Abs. 2 Schriftgutaufbewahrungsgesetz (für Gerichtsakten, §§ 299a, 298a ZPO), §§ 238 ff. HGB (GoBS – Grundsätze ordnungsgemäßer DV-gestützter Buchführungssysteme, vgl. § 239 Abs. 4 HGB für Handelsbücher u. § 257 Abs. 3 HGB für sonstige Unterlagen) sowie gem. § 147 Abs. AO für Steuerunterlagen (vgl. hier § 147 Abs. 4 AO).[15]

53 Es empfiehlt sich, für das ersetzende Scannen in einer Rechtsanwaltskanzlei einen Katalog der ausgeschlossenen Dokumentarten zu erarbeiten, diesen Katalog mit den am Scanprozess beteiligten Personen gründlich zu besprechen und die Einhaltung der Vorgaben zu überwachen.

54 Eine **Übersicht** zur Einordnung der zu scannenden Dokumente enthält das Organigramm der vom Bundesministerium für Wirtschaft und Technologie herausgegebenen Dokumentation.[16]

55

Grundlagen	Verarbeitung	
Organisation	Vorbereitung	Sicherheit
Personal	Scannen	Integrität
	Nachbereitung	Vertraulichkeit
Technik	Integrität	Verfügbarkeit

---

14 BMWI, Dokumentation 571, Stand April 2008, Handlungsleitfaden zum Scannen von Papierdokumenten, S. 14, r. Sp.
15 Die Auflistung erfolgt nur beispielhaft und erhebt keinen Anspruch auf Vollständigkeit.
16 Dokumentation 571, Bundesministerium für Wirtschaft und Technologie, Handlungsleitfaden zum Scannen von Papierdokumenten, S. 17, Stand April 2008, https://ecm.online/wp-content/uploads/2016/02/R_Handlungsleitfaden.pdf

IV. Wie hat der Scanprozess beim ersetzenden Scannen zu erfolgen?

Auch wenn das ersetzende Scannen grundsätzlich zulässig ist, sind für den Scanprozess selbst die einschlägigen gesetzlichen Anforderungen zu erfüllen. Die Anforderungen können hier unterschiedlich sein. So verlangt beispielsweise § 298a ZPO für die Vernichtung der zu den Prozessakten gereichten Papieroriginale einen schriftlichen Nachweis über die Übereinstimmung mit der Urschrift, einen Vermerk im Scanprodukt, wann und durch wen die Übertragung erfolgt ist, sowie die Vernichtung der Originale erst zu einem Zeitpunkt, wenn sie nicht mehr benötigt werden, während § 110a Abs. 2 SGB IV neben der Berücksichtigung der Grundsätze ordnungsgemäßer Aufbewahrung auch gem. § 110d SGB IV die Signierung der Scanprodukte mit einer qualifizierten elektronischen Signatur voraussetzt. 56

Folgende Punkte werden in der Regel als **Mindestanforderungen** an den Scanprozess gestellt: 57

- Es muss eine bildliche und inhaltliche Übereinstimmung gewährleistet sein. 58
Problematisch ist diese Forderung, wenn zum Zweck der besseren Lesbarkeit eines Dokuments im Scanprozess mittels Software eine Verbesserung des Schriftbilds erfolgt. Somit fehlt die bildliche Übereinstimmung, die inhaltliche Übereinstimmung ist jedoch trotzdem gewährleistet. Hier muss im Einzelfall entschieden werden, ob sich ein derartiges Vorgehen noch mit den rechtlichen Anforderungen des ersetzenden Scannens deckt. Farbige Dokumente können u.U. auch schwarz-weiß eingescannt werden, müssen somit nicht unbedingt ihre Farbigkeit behalten. Dies gilt nicht, wenn die Farbe im Dokument zum Verständnis des Inhalts zwingend erforderlich ist, wie z.B. bei technischen Zeichnungen.

- Die Übereinstimmung des Scanprodukts mit dem Originaldokument muss beim ersetzenden Scannen nachgewiesen werden. 59
Der Name des scannenden Mitarbeiters sowie der Zeitpunkt des Scanvorgangs müssen hierin enthalten sein. Die Überprüfung der Übereinstimmung erfolgt mangels anderer technischer Möglichkeiten durch eine Ergebniskontrolle nach Abschluss des Scanvorgangs und mittels Sichtvergleich durch die scannende Person. Bei Scanvorgängen, bei denen eine große Menge an Originaldokumenten verarbeitet wird, ist zumindest stichprobenartig die Übereinstimmung mit den Originaldokumenten festzustellen. Eindeutige gesetzliche Vorschriften für die genaue Vorgehensweise der stichprobenartigen Prüfung existieren nicht. Sofern ein Übereinstimmungsnachweis gesetzlich in schriftlicher Form gefordert ist, kann die Schriftform gem. § 126a BGB durch die elektronische Form ersetzt werden, wobei bei der die Schriftform ersetzenden elektronischen Form eine qualifizierte elektronische Signatur erforderlich ist.

- Das Scanprodukt ist vor Informationsverlust und/oder -veränderung zu schützen und auf einem dauerhaften Datenträger zu sichern, siehe auch Rdn 63. 60

- Am Scangerät müssen gemäß Art und Zustand des Papierdokuments entsprechende Einstellungen für den Scanprozess durchgeführt werden. 61
Wenn möglich, sollen Kontrast- und Auflösungseinstellungen vorgenommen werden, die dem gewünschten Scanprodukt entsprechen. Die Dateigröße des digitalen Scanprodukts wird durch die Wahl, ob im Farb-, Graustufen- oder Schwarz-Weiß-Modus gescannt wird, beeinflusst. Dabei gilt, je weniger detailgenaue Informationen vom Originaldokument in das Scanprodukt übernommen werden, desto geringer wird die entstehende Dateigröße ausfallen. Allerdings könnten bei einem reinen Schwarz-Weiß-Scan und/oder einer sehr geringen Auflösung erhebliche Informationen aus dem Originaldokument verlorengehen, sodass das Scanprodukt nicht mehr als Nachweismittel geeignet oder die bildliche Übereinstimmung nicht mehr gegeben ist.
Je nach Geräteausstattung und Dokumentvorlage können die Dokumente einzeln auf die Glasplatte eines Flachbettscanners aufgelegt oder mittels eines Einzugsschachts (Automatic Document Feeder oder AFD) dem Scanprozess zugeführt werden. Dabei wird ein gleichzeitiger Mehrblatteinzug mit dem Push-and-Pull-System, z.B. mit Ultraschalltechnik, vermieden. Je nach eingesetztem Scangerät

werden weitere technische Hilfen angeboten, die zu einer Verbesserung des Scanprodukts beitragen können. Darunter fallen u.a. automatische Bilddrehung, automatische Entzerrung, Duplexscannen (beidseitiges Scannen in einem Scanvorgang), automatisches Geraderücken.

Zu beachten ist dabei, dass die Beweiskraft des Scanprodukts im Vergleich zum Originaldokument nicht verlorengehen darf. Manche Dokumente werden erst durch eine Bildverbesserung des Scanprodukts lesbar, wenn es sich beim Originaldokument z.B. um eine Durchschlagsschrift oder eine Schrift mit geringem Kontrast im Verhältnis zum Schriftträger handelt. Durch diese Anpassungen ist zwar der besseren Lesbarkeit Genüge getan, eine bildliche Übereinstimmung ist u.U. jedoch nicht mehr gewährleistet. In diesem Fall könnte man mit der verbesserten Version des Scanprodukts ein das Originalbild genau wiedergebendes Scanprodukt gemeinsam abspeichern.

Je nach verwendetem Gerät sind die erzeugbaren Dateiformate der Scanprodukte z.B. JPEG-, TIFF- oder PDF-Dateien. PDF-Dateien werden normalerweise als Standard, Archiv (PDF/A) bzw. durchsuchbar und passwortgeschützt erstellt. Eine inhaltliche Durchsuchbarkeit der erstellten Scanprodukte ist dringend anzuraten, da das Auffinden von Dateien nur nach dem Dateinamen oft nicht zum gewünschten Ergebnis führt.

I. Nachbearbeitung

62 Das Scanprodukt soll nach dem Scanvorgang mit einem nachvollziehbaren und zuvor festgelegten Ordnungsprozess in einem elektronischen Archiv abgelegt werden. Dabei wird das indizierte Scanprodukt auf einem im Vorfeld festzulegenden Speichermedium an einem Speicherort in einer vorgegebenen Ordnerstruktur abgespeichert. Voraussetzung für die Aufbewahrung elektronischer Dokumente ist, dass Integrität (Unversehrtheit der Daten), Authentizität (Datenquelle ist eindeutig bestimmbar) und Lesbarkeit (Hard- und Software erzeugen ein für den menschlichen Betrachter lesbares Bild) gewährleistet werden.

J. Integritätssicherung

I. Einführung

63 Die Integrität des Scanprodukts, also die Unveränderbarkeit der erstellten Dateien, soll mit der Wahl geeigneter Sicherungsmittel, z.B. mit Dateiformaten wie TIFF, PDF oder PDF/A und/oder qualifizierter elektronischer Signatur, auf dauerhaften Datenträgern gewährleistet werden.

> *„Dauerhafte Datenträger sind Speichermedien, deren Inhalt wegen der besonderen Art der Speicherung nicht oder nur mit unverhältnismäßig hohem Aufwand geändert oder gelöscht werden können, z.B. CD, DVD und Festplatten mit WORM-Eigenschaft."*[17]

64 Damit ist zwar die Manipulation der Datei nicht ausgeschlossen, eine durchgeführte Manipulation ist durch eine Verwendung einer mathematischen Beweisführung (dargestellt in Protokollen) jedoch erkennbar. Zur Integritätssicherung können Maßnahmen bzgl. der Dokumente, der Datenträger bzw. des eingesetzten Systems vorgenommen werden.

65 Systemspezifische Sicherungsmittel können z.B. die individuelle Konfiguration von Archivsystemen oder die Vergabe von Zugriffsberechtigungen sein. Hierzu zählt auch die regelmäßige Durchführung

---

17 BMWI, Dokumentation 571, Stand April 2008, Handlungsleitfaden zum Scannen von Papierdokumenten – Abruf 7.9.2022: https://ecm.online/wp-content/uploads/2016/02/R_Handlungsleitfaden.pdf.

von Sicherungen der archivierten Dokumente.[18] Um eine Manipulation der elektronischen Dokumente unmittelbar vor dem Speichern zu verhindern, kann ein System eingesetzt werden, das jedes Ereignis (z.B. Speicherung) automatisch mittels eines internen Controllers in ein digitales Journal mit Zeitstempel (aus einer internen Uhr) protokolliert und auf ein Speichermedium, das lediglich beschrieben werden kann, aber weder ein Löschen noch Verändern der elektronischen Dokumente zulässt.

Datenträgerbezogene Sicherungssysteme sind i.d.R. Medien, die nach dem Beschreiben nicht mehr verändert werden können oder deren Inhalt nicht mehr gelöscht werden kann. Dies sind z.B. die älteren, nur lesbaren CD-ROM-, DVD-R- oder auch WORM- (Write Once Read Many) Systeme. WORM-Systeme[19] können hardware-, systemisch- oder softwaregestützt sein. 66

Der Vermutung, dass ein Scanprodukt mit seinem Original übereinstimmt, kann durch eine nachträgliche Kontrolle des Scanprodukts und eine entsprechende Erklärung, die zum Scanprodukt gespeichert wird, erhöht werden. Bei Massenscans sollte dies stichprobenartig immer wieder durchgeführt werden. Dabei ist es wichtig, dass ein geschulter Mensch und keine technische Einrichtung diese Kontrolle durchführt. 67

Die dokumentenbezogene Sicherung wird i.d.R. dadurch erreicht, dass die einzelnen digitalen Dokumente verschlüsselt und/oder mit qualifizierter elektronischer Signatur versehen werden. Durch die hohen rechtlichen Voraussetzungen der qualifizierten elektronischen Signatur (qeS) ist eine Integrität, Authentizität und Vollständigkeit eines elektronischen Dokuments sichergestellt. Durch die Anwendung einer qeS bleibt das Dokument zudem verkehrsfähig, das ist *„die Möglichkeit, Dokumente und Akten von einem System zu einem anderen übertragen zu können, bei der die ‚Qualität' des Dokuments sowie seine Integrität und Authentizität nachweisbar bleiben."*[20] 68

Es ist bei der Speicherung digitaler Dateien darauf zu achten, dass die elektronischen Dokumente auch in Zukunft und bei Systemwechseln lesbar bleiben. Somit sollte bei der Gesamtkonzeption der Archivierung (inkl. notwendiges Back-Up-Verfahren) auch ein möglicher Systemwechsel bei Planung und Anschaffung von Sicherungssystemen bedacht werden. 69

Die Abspeicherung der elektronischen Dokumente muss so erfolgen, dass eine Wiederauffindbarkeit möglich ist. Das Scanprodukt wird z.B. als TIFF-Datei (Target Image File Format) oder als JPEG-Datei (Joint Photographic Expert Group) erstellt. Grundsätzlich wird ein elektronisches Abbild als NCI (Non Coded Information) erstellt. Die Wiederauffindung des elektronischen Dokuments kann zum einen durch die Vergabe von einer zuvor festgelegten numerischen und/oder alphanumerischen Bezeichnung erfolgen, die dann an einem systematisch aufgebauten Speicherort abgelegt wird. 70

Alternativ bzw. zusätzlich sollten mit dem Dokument Metadaten abgespeichert werden, was einer Verschlagwortung gleichkommt. Idealerweise werden Scanprodukte elektronisch durchsuchbar angelegt. Dies kann mit der Erzeugung einer durchsuchbaren PDF-Datei bzw. mit einer Umwandlung des elektronischen Abbilds in eine CI (Coded Information) mittels Texterkennung durch eine OCR-Software (Optical Character Recognition) erfolgen. 71

II. Vernichtung oder Archivierung

Der logische Schritt nach der Durchführung des ersetzenden Scannens ist die Vernichtung der Originaldokumente. Dies ist **nicht für alle Dokumente zulässig**. Neben dem digitalen Dokument, das z.B. in die elektronische Akte fließen kann, wird parallel ein Papierarchiv, in dem das Originaldokument für die 72

---

18 Siehe auch: BMWI Dokumentation Nr. 564, Stand August 2007, Handlungsleitfaden zur Aufbewahrung elektronischer und elektronisch signierter Dokumente; Abruf: 7.9.2022: https://www.securepoint.de/fileadmin/securepoint/downloads/uma/bmwi-leitfaden.pdf.
19 Siehe auch: https://de.wikipedia.org/wiki/WORM.
20 BMWI, Dokumentation 571, Stand April 2008, Handlungsleitfaden zum Scannen von Papierdokumenten, S. 28, Abruf: 7.9.20222: https://ecm.online/wp-content/uploads/2016/02/R_Handlungsleitfaden.pdf.

Dauer der Aufbewahrungsfrist verfügbar gehalten wird, angelegt. Dokumente, die an den Eigentümer zurückgegeben werden können oder müssen, werden davon ausgenommen. Die Rückgabe erfolgt unmittelbar nach dem Scanvorgang. Das Papierarchiv wird mit diesen Originalen somit nicht belastet.

73 Originaldokumente, die den Verdacht nahelegen, verfälscht zu sein, sollten ebenfalls nicht vernichtet werden. Ob ein Dokument unverfälscht ist oder nicht, kann naturgemäß nur am Original überprüft werden. Die Aufbewahrungsdauer dieser Dokumente richtet sich nach der individuellen Erfahrung des Verantwortungsträgers in der Kanzlei, der einschätzen muss, wie lange derartige Dokumente gerichtsrelevant sein könnten.

74 Grundsätzlich sollten keine Originaldokumente vernichtet werden, die noch benötigt werden könnten, um Ansprüche oder Rechte nachzuweisen oder um ungerechtfertigte Ansprüche abwehren zu können. In der Verfahrensanweisung sollten der Entscheidungsträger und dessen Stellvertreter benannt sein, die die endgültige Vernichtung anordnen können. Die Beachtung der gesetzlichen Aufbewahrungsfristen sowie der Verjährungsfristen versteht sich von selbst.

75 Alle zur Vernichtung bestimmten Dokumente werden idealerweise gesammelt und nach einer bestimmten Frist gemeinsam vernichtet. Dabei sollte der Fristzeitraum bis zur Vernichtung so gewählt werden, dass ein trotz Kontrolle fehlerhafter Scanprozess noch einmal wiederholt werden könnte. Fehlerhaft eingescannte Dokumente werden, wenn sie zu einem aktuellen Mandat gehören, relativ bald bei der Bearbeitung des Mandats als fehlerhaft auffallen und können dann nochmals eingescannt werden. Als Richtzeit können hier sechs Monate angenommen werden. Dies muss aber für jede Kanzlei individuell bestimmt und in der Verfahrensanweisung hinterlegt werden. Originaldokumente sind aus datenschutzrechtlichen Gründen immer so zu vernichten, dass sie auf Dauer unlesbar bleiben.

76 Eine Übersicht über die sich in den verschiedenen Scanphasen ergebenden Probleme, Risiken und Lösungsansätze finden Sie in der vom Bundesministerium für Wirtschaft und Technologie herausgegebenen Dokumentation 571.[21]

77 Zum 1.1.2018 sind durch das ERV-Gesetz weitere wichtige Änderungen diesbezüglich in Kraft getreten.

78 § 298 ZPO wurde wie folgt gefasst [Hervorhebungen durch die Verfasser]:

§ 298 ZPO Aktenausdruck

„*(1)* **Werden die Akten in Papierform** *geführt, ist von einem elektronischen Dokument ein* **Ausdruck für die Akten** *zu fertigen. Kann dies bei Anlagen zu vorbereitenden Schriftsätzen nicht oder nur mit unverhältnismäßigem Aufwand erfolgen, so kann ein Ausdruck* **unterbleiben.** *Die Daten sind in diesem Fall dauerhaft zu speichern; der Speicherort ist aktenkundig zu machen.*

(2) Wird das **elektronische Dokument** *auf einem* **sicheren Übermittlungsweg** *eingereicht, so ist dies* **aktenkundig** *zu machen.*

(3) **Ist das elektronische Dokument mit einer qualifizierten elektronischen Signatur versehen und nicht auf einem sicheren Übermittlungsweg eingereicht, muss der Ausdruck einen Vermerk darüber enthalten,**

1. welches Ergebnis die Integritätsprüfung des Dokumentes ausweist,
2. wen die Signaturprüfung als Inhaber der Signatur ausweist,
3. welchen Zeitpunkt die Signaturprüfung für die Anbringung der Signatur ausweist.

(4) **Ein eingereichtes elektronisches Dokument kann nach Ablauf von sechs Monaten gelöscht werden.** "

---

21 Dokumentation 571, Bundesministerium für Wirtschaft und Technologie, Handlungsleitfaden zum Scannen von Papierdokumenten, S. 31, Stand April 2008, Abruf 7.9.2022: https://ecm.online/wp-content/uploads/2016/02/R_Handlungsleitfaden.pdf.

J. Integritätssicherung § 23

§ 298a ZPO regelt die Führung einer elektronischen Akte in Zivilsachen: **79**

„(1) ¹Die Prozessakten können elektronisch geführt werden. ²Die Bundesregierung und die Landesregierungen bestimmen für ihren Bereich durch Rechtsverordnung den Zeitpunkt, von dem an elektronische Akten geführt werden sowie die hierfür geltenden organisatorisch-technischen Rahmenbedingungen für die Bildung, Führung und Aufbewahrung der elektronischen Akten. ³Die Landesregierungen können die Ermächtigung durch Rechtsverordnung auf die Landesjustizverwaltungen übertragen. ⁴Die Zulassung der elektronischen Akte kann auf einzelne Gerichte oder Verfahren beschränkt werden; wird von dieser Möglichkeit Gebrauch gemacht, kann in der Rechtsverordnung bestimmt werden, dass durch Verwaltungsvorschrift, die öffentlich bekanntzumachen ist, geregelt wird, in welchen Verfahren die Akten elektronisch zu führen sind.

(1a) ¹Die Prozessakten werden ab dem 1.1.2026 elektronisch geführt. ²Die Bundesregierung und die Landesregierungen bestimmen jeweils für ihren Bereich durch Rechtsverordnung die organisatorischen und dem Stand der Technik entsprechenden technischen Rahmenbedingungen für die Bildung, Führung und Aufbewahrung der elektronischen Akten einschließlich der einzuhaltenden Anforderungen der Barrierefreiheit. ³Die Bundesregierung und die Landesregierungen können jeweils für ihren Bereich durch Rechtsverordnung bestimmen, dass Akten, die in Papierform angelegt wurden, in Papierform weitergeführt werden. ⁴Die Landesregierungen können die Ermächtigungen nach den Sätzen 2 und 3 durch Rechtsverordnung auf die für die Zivilgerichtsbarkeit zuständigen obersten Landesbehörden übertragen. ⁵Die Rechtsverordnungen der Bundesregierung bedürfen nicht der Zustimmung des Bundesrates.

(2) ¹Werden die Prozessakten elektronisch geführt, sind in Papierform vorliegende Schriftstücke und sonstige Unterlagen nach dem Stand der Technik zur Ersetzung der Urschrift in ein elektronisches Dokument zu übertragen. ²Es ist sicherzustellen, dass das elektronische Dokument mit den vorliegenden Schriftstücken und sonstigen Unterlagen bildlich und inhaltlich übereinstimmt. ³Das elektronische Dokument ist mit einem Übertragungsnachweis zu versehen, der das bei der Übertragung angewandte Verfahren und die bildliche und inhaltliche Übereinstimmung dokumentiert. ⁴Wird ein von den verantwortenden Personen handschriftlich unterzeichnetes gerichtliches Schriftstück übertragen, ist der Übertragungsnachweis mit einer qualifizierten elektronischen Signatur des Urkundsbeamten der Geschäftsstelle zu versehen. ⁵Die in Papierform vorliegenden Schriftstücke und sonstigen Unterlagen können sechs Monate nach der Übertragung vernichtet werden, sofern sie nicht rückgabepflichtig sind."

Korrespondierende Vorschriften existieren in anderen Verfahrensordnungen. Die E-Akte wird in der gesamten Justiz zum 1.1.2026 verpflichtend eingeführt, vgl. dazu § 1 Rdn 10 ff. sowie § 9 Rdn 1 ff. Einige Bundesländer haben in den Fachgerichtsbarkeiten jedoch bereits vollständig auf E-Akte umgestellt; voraussichtlich ist die Umstellung auch in den Zivilverfahren schon vor dem 1.1.2026 erfolgt. Aufgrund der da seit 1.1.2022 geltenden elektronischen Einreichpflicht in Zivil- und den Fachgerichtsbarkeiten (nur beispielhaft § 130d ZPO) besteht seit diesem Zeitpunkt ein erheblicher Druck, möglichst zügig zur Vermeidung von Medienbrüchen die E-Akte einzuführen. **80**

§ 371a ZPO regelt die Beweiskraft privater elektronischer Dokumente: **81**

(1) Auf private elektronische Dokumente, die mit einer qualifizierten elektronischen Signatur versehen sind, finden die Vorschriften über die Beweiskraft privater Urkunden entsprechende Anwendung. Der Anschein der Echtheit einer in elektronischer Form vorliegenden Erklärung, der sich aufgrund der Prüfung der qualifizierten elektronischen Signatur nach Artikel 32 der Verordnung (EU) Nr. 910/2014 des Europäischen Parlaments und des Rates vom 23.7.2014 über elektronische Identi-

fizierung und Vertrauensdienste für elektronische Transaktionen im Binnenmarkt und zur Aufhebung der Richtlinie 1999/93/EG (ABl L 257 vom 28.8.2014, S. 73) ergibt, kann nur durch Tatsachen erschüttert werden, die ernstliche Zweifel daran begründen, dass die Erklärung von der verantwortenden Person abgegeben worden ist.[22]

III. Langzeitrisiken

82 Probleme können bei elektronisch signierten Dokumenten auftreten, wenn im Laufe der Aufbewahrungszeit ein Formatwechsel bzgl. der Lesbarkeit der Scanprodukte notwendig wird. Die elektronische Signatur ist nach einem Formatwechsel nicht mehr gültig, da die mathematische Prüfung des Dokuments nicht mehr mit dem Protokoll übereinstimmt, insofern es sich um ein Dokument mit anderen, in der elektronischen Signatur nicht mehr nachprüfbaren Werten handelt. Um dies zu vermeiden, muss vor einer Umwandlung die Integrität des Dokuments zweifelsfrei nachgewiesen und sichergestellt werden, dass bei der Umwandlung keinerlei Veränderung an dem elektronischen Dokument vorgenommen werden kann. Das neue elektronische Dokument ist dann wieder mit einer qualifizierten elektronischen Signatur zu signieren.

83 Diese Umwandlungsprozesse sollten von Beginn an in die Überlegungen zur Durchführung der Dokumentenarchivierung mit einfließen. Der Umwandlungsprozess sollte entsprechend dokumentiert werden, um die Rechtssicherheit evtl. beweisfähiger Dokumente nicht zu gefährden. Der zeitliche Abstand der Umwandlungsbedürfnisse zur Erhaltung der Lesbarkeit der elektronischen Dokumente kann durch die Wahl standardisierter Formate (Formate, die häufig und verbreitet in Gebrauch sind, wie z.B. das PDF/A-Format) maximiert werden.

84 Eine Neusignierung eines elektronischen Dokuments kann auch notwendig werden, wenn das BSI dem verwendeten Zertifizierungsverfahren keine Sicherheitseignung mehr bescheinigt. Ein Ablauf der Gültigkeit eines Zertifikats, das zum Signieren verwendet wurde, erfordert dagegen keine Neusignierung, solange das Signaturverfahren seine Sicherheitseignung vom BSI nicht abgesprochen bekommt.

85 Um die Integrität des elektronischen Dokuments zu prüfen, reicht es beim Vorhandensein einer qualifizierten elektronischen Signatur aus, wenn das Nutzer-Zertifikat, ein akkreditierter (von einer allgemein anerkannten Einrichtung wird eine Eigenschaft bescheinigt) Zeitstempel und die Gültigkeitsabfragen der Nutzerzertifikate mit einer Zertifizierungskette bis zur Wurzelinstanz nachgewiesen werden können.

K. Zusammenfassung der Grundsätze der elektronischen Archivierung

86 Der VOI e.V. (Verband Organisations- und Informationssysteme e.V.) hat ein Merkblatt zur revisionssicheren elektronischen Archivierung zusammengestellt und als allgemeine Grundlage für eine ordnungsmäßige Archivierung veröffentlicht. Die aufgeführten Punkte gehen auch mit anderen Grundsätzen wie den „Grundsätzen ordnungsmäßiger Buchführung" konform und müssen unter Berücksichtigung spezifischer rechtlicher Gegebenheiten der archivierenden Kanzlei an die eigenen Bedürfnisse angepasst werden. Das Merkblatt kann unter https://www.voi.de/downloads/top-10-downloads/ bezogen werden (Abruf: 7.9.2022).

---

22 § 371a ZPO in der seit 29.7.2017 geltenden Fassung durch Art. 11 Abs. 15, G. v. 18.7.2017 BGBl I, 2745.

L. Checkliste: Ersetzendes Scannen

- **Anschaffung entsprechender Hard- und ggf. Software**   87
- **Erstellung einer Verfahrensanleitung**
- **Qualifizierung des Personals**
- **Prüfung, ob ersetzendes Scannen möglich ist**
  - ☐ Posteingang (neue Dokumente)
  - ☐ Papierarchiv (abzulegende Dokumente)
  - ☐ Prüfung, ob ersetzendes Scannen gesetzlich ausgeschlossen ist
  - ☐ Prüfung, ob der Beweiswert des Originaldokuments nach dem Scanvorgang erhalten bleibt
  - ☐ Sortierung nach Dokumenten, die ersetzend gescannt werden können, und nach Dokumenten, die nicht ersetzend gescannt werden können
  - ☐ Festlegung der Aufbewahrungspflichten und -fristen für Originaldokumente
- **Durchführung des ersetzenden Scannens**
  - ☐ Dokumentieren aller Arbeitsschritte
  - ☐ Prüfung, ob Originaldokument und Scanprodukt bildlich und inhaltlich übereinstimmen, bei großen Scanmengen mindestens stichprobenartige Kontrolle
  - ☐ Bei Differenzen zwischen bildlicher Wiedergabe und Originaldokument aufgrund technischer Verbesserungen der bildlichen Darstellung das Originalaussehen des Originaldokuments als zusätzliches Bild mit abspeichern
  - ☐ Prüfprotokoll zum Scanprodukt speichern
  - ☐ Evtl. Auslagerung großer Scanmengen an Dienstleistungsanbieter
  - ☐ Heftungen und Klebungen, wenn möglich, lösen und Zusammenführen des Scanprodukts in ursprünglicher Reihenfolge
  - ☐ Beschädigte oder empfindliche Originaldokumente mit Trägerbögen schützen
  - ☐ Sortierung nach Farb- oder Graustufenscans
  - ☐ Auflösung, Farbscan oder Graustufen nach den Bedürfnissen der Lesbarkeit und der Beweisfähigkeit des Dokuments auswählen
  - ☐ Abgrenzung mehrerer gleichzeitig einzuscannender Dokumente mit Zwischenseiten oder Barcode
  - ☐ Überformatige und unterformatige Originaldokumente separat scannen
  - ☐ Scanprodukte als durchsuchbare Dateien abspeichern
- **Nachbereitung und Integritätssicherung**
  - ☐ Festgelegte und nachvollziehbare Ordnerstruktur des Archivsystems nutzen
  - ☐ Vergabe und Dokumentation von Zugriffsrechten auf das Ordnungssystem
  - ☐ Festgelegte und nachvollziehbare Namensvergabe für die Scanprodukte
  - ☐ Speicherung der Scanprodukte auf dauerhafte Datenträger
  - ☐ Regelmäßiges Back-up-System festlegen und dokumentieren
  - ☐ System- und Formatwechsel in regelmäßigen Abständen prüfen, um die Lesbarkeit der Scanprodukte zu erhalten
  - ☐ Evtl. Neusignierung und Protokollierung nach System- und Formatwechsel veranlassen
  - ☐ Festlegung der maximalen Aufbewahrungsfrist und Anordnung zum Vernichten der Originaldokumente nach Ablauf der Aufbewahrungsfrist/Verjährungsfristen

§ 24 Probleme und Lösungsansätze

■ **Allgemeine Hinweise** 1

Auf den vorangegangenen Seiten sind immer wieder auch Hinweise zu Problemlösungen enthalten. Eine Fehleranzeige kann den Nutzer verzweifeln lassen, da leider nicht angezeigt wird, wo genau der Fehler liegt und wie man ihn beheben kann. Zudem gibt es unterschiedliche Fehleranzeigen. So z.B. „Fehler" oder auch „Unerwarteter Fehler". Wir rätseln zwar noch, wie denn ein „erwarteter Fehler" wohl aussehen mag, versuchen aber einige klassische Probleme mit möglicher Lösung hier anzusprechen. Nicht alle auftauchenden Probleme können hier angesprochen werden. Ursachen sind darüber hinaus vielfältig und die hier aufgezeigten Tipps sind nur beispielhaft und nicht erschöpfend. Wir haben uns auf wenige Standardprobleme und eventuell mögliche Lösungen beschränkt. In einigen Internetforen findet man häufig recht hilfreiche Hinweise von Kollegen. Darüber hinaus kann bei technischen Problemen oft auch Hilfe erteilt werden von:

Wesroc GbR

Kontakt:

https://portal.beasupport.de

servicedesk@beasupport.de

030–21787017

(Mo.-Fr.: 08:00 bis 20:00 Uhr, nicht an bundeseinheitlichen Feiertagen)

Sobald Probleme im beA-System – gleich welcher Art – auftreten, sollten diese dokumentiert werden. Solche Probleme lassen sich entweder über das Fehlerprotokoll der Client Security ggf. an den beA-Support übermitteln oder aber es werden zu Nachweiszwecken Screenshots von den am Bildschirm angezeigten Fehlermeldungen gespeichert.

Fehlerprotokoll an beA-Support übermitteln

Das Fehlerprotokoll des beA-Systems zeichnet alle Aktivitäten auf, die für die Fehleranalyse und Auswertung für den beA-Support relevant sind. Dafür muss eine der vier Protokollierungsmöglichkeiten vorausgewählt sein, s. Rdn 3. Sofern ein Windows-System verwendet wird, können über die Taskleiste, durch Klick mit der **linken** Maustaste auf den kleinen Winkel, die Symbole für die im Hintergrund laufenden Programme eingeblendet werden (1). Durch Klick mit der **rechten** Maustaste auf das Symbol der aktiven Client Security (2) wird ein Dialog zum Öffnen des Prüfprotokolls aufgerufen. 2

Abb. 1: Protokoll der Client Security abfragen

Durch Überfahren der sich anzeigenden Funktion „Protokollierung" mit dem Mauszeiger (1) öffnet sich ein Dialog, in dem das Level der Protokollierung gewählt werden kann. Hier wird grundsätzlich das 3

§ 24 Probleme und Lösungsansätze

Level 4 (höchste Stufe) durch Klick mit der **linken** Maustaste gewählt (2). Sofern dieses Level zum Zeitpunkt des Fehlers aktiv war, werden durch Klick mit der **linken** Maustaste auf „Protokoll-Ordner öffnen" (3) im Explorer-Verzeichnis die aktuellen Logdateien kopiert und dem beA-Support per Mail-Nachricht übermittelt. Dadurch kann vom beA-Support eine Fehleranalyse durchgeführt und idealerweise eine Hilfestellung für die Fehlerbehebung an den Hilfesuchenden übermittelt werden.

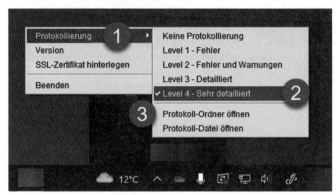

Abb. 2: Einstellung des Protokolllevels und Öffnen des Protokoll-Ordners

Screenshots anfertigen

4 Über die Anfertigung eines Screenshots der sich auf dem Bildschirm zeigenden Fehlermeldungen kann bildlich festgehalten werden, bei welcher Tätigkeit welche Fehlermeldung vom beA-System angezeigt wird. Die entstandenen Aufnahmen helfen bei der Argumentation, warum z.B. die rechtzeitige Versendung einer Nachricht nicht durchführbar war. Näheres zur Anfertigung von Screenshots in § 12 Rdn 95 ff. sowie der Screenshots als Glaubhaftmachungsmittel in § 3 Rdn 120 in diesem Werk.

5 ■ **Beispiele**
beA startet nicht.
Mögliches Problem 1: beA Client-Security ist nicht installiert.
Mögliche Lösung 1: beA Client-Security downloaden und installieren. Achtung: Für die erste Installierung und bei Austausch des Installationspakets müssen für die Installation Administrationsrechte vorhanden sein. Für Updates der Client-Security reichen Anwenderberechtigungen.
Mögliches Problem 2: beA Client-Security hat sich „aufgehängt".
Mögliche Lösung 2: beA Client-Security beenden und neu starten. Zugang über anderen Browser versuchen.
Mögliches Problem 3: Browser funktioniert aktuell nicht.
Mögliche Lösung 3: Anderen (aktuellen) Browser nutzen (Chrome, Firefox, Microsoft Edge, Safari [MacOS]).

6 ■ **Kartenleser wird nicht erkannt.**
Mögliches Problem 1: Kartenleser nicht korrekt angesteckt. Karte nicht richtig eingeführt.
Mögliche Lösung 1: Steckverbindung und Karteneinführung prüfen.
Mögliches Problem 2: Firmware und/oder Treibersoftware für Kartenleser ist überholt.

Mögliche Lösung 2a: Firmware und/oder Treibersoftware aktualisieren, z.B. bei Reiner SCT-Geräten über das Startmenü oder in den Apps nach dem Ordner Reiner SCT cyberJack suchen und das Programm cyberJack Gerätemanager öffnen. Auf die Registerkarte „Aktualisierung" (1) klicken und „Prüfe auf neue Versionen" wählen (2).

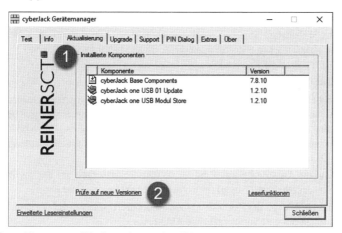

Abb. 3: Kartenleser-Firmware und Treibersoftware aktualisieren

Infos zu aktueller Firmware/Treibersoftware z.B. beim Gerätehersteller oder unter www.bundesnetzagentur.de.

Mögliche Lösung 2b: Kartenleser an einen anderen Steckplatz am PC/Notebook einstecken

Mögliche Lösung 2c: Gelber Button/ICON auf dem Kartenleser drücken (falls vorhanden); Selbsttest mit und ohne Karte. Ggf. nochmals die Kartenlesersoftware (ggf. als Administrator) installieren.

Mögliches Problem 3: Kartenleser erkennt die Karte nicht.

Mögliche Lösung 3: Karte wiederholt und mit „Schwung" in den Kartenleser stecken. Karten-Chip mit dem Finger überstreichen (leichte Feuchtigkeit erhöht die Kontaktfähigkeit). Mit weichem, nicht schmierendem Radiergummi den Karten-Chip leicht „abradieren" (säubert Kontaktflächen, erhöhte Kontaktfähigkeit).

■ **Sicherheitstoken wird nicht angezeigt.** 7

Mögliche Lösung 1: beA Client-Security beenden und nochmals neu starten.

Mögliche Lösung 2: Signatursoftware läuft evtl. im Hintergrund; diese schließen und neuen Versuch der Anmeldung vornehmen.

Mögliche Lösung 3: Computer neu starten.

Mögliche Lösung 4: Karten-Chip leicht befeuchten (z.B. mit Daumen drüber wischen).

Mögliche Lösung 5: Freischaltung des Sicherheitstokens im Einstellungsbereich vornehmen.

■ **Prüfung der qualifizierten elektronischen Signatur ist fehlgeschlagen.** 8

Möglicher Grund 1: Das Dokument wurde nach dem Signieren nochmals verändert.

Mögliche Lösung 1: Signatur entfernen (über X-Symbol „Anhang löschen") bzw. Dokument löschen (über X-Symbol „Anhang löschen" wird die dazugehörige Signaturdatei im Anhang des Nachrichtenentwurfs bei

Entfernung des signierten Dokuments automatisch mit gelöscht). Dokument im Ursprungsverzeichnis ändern und erneut in PDF-Datei umwandeln; neu in das beA hochladen und neu qualifiziert elektronisch signieren.

Möglicher Grund 2: Das Zertifikat für die Signaturkarte ist abgelaufen.

Mögliche Lösung 2: Zertifikat erneuern, Umstellung auf die Fernsignatur.

Möglicher Grund 3: Zertifikatsserver nicht erreichbar.

Mögliche Lösung 3: Signaturprüfung nochmals vornehmen; ggf. Signatur entfernen; Neuanbringung einer qualifizierten elektronischen Signatur und erneute Signaturprüfung vornehmen.

9 ▪ **Nachricht lässt sich nicht versenden.**

Möglicher Grund 1: Die Uhrzeit (Systemzeit) des Rechners des Nutzers darf nicht mehr als fünf Minuten von der koordinierten Weltzeit (UTC) abweichen. Maßgeblich ist die Serversystemzeit des beA-Systems. Ein elektronischer Zeitstempel bestätigt verlässlich, dass bestimmte digitale Daten bzw. Dokumente zu einer konkret bestimmten Zeit so und nicht anders vorgelegen haben. **Qualifizierte Zeitstempel** sind in Art. 3 Nr. 34 i.V.m. Art. 42 eIDAS-VO geregelt.

Mögliche Lösung 1a: Als Administrator die lokale und die Serverzeit auf die koordinierte Weltzeit (UTC) anpassen (= dauerhaftere Lösung) (https://www.uhrzeit.org/atomuhr.php).

Mögliche Lösung 1b: Uhrzeit des Rechners manuell (über die Taskleiste) auf die koordinierte Weltzeit (UTC) anpassen (stellt nur eine vorübergehende Abhilfe dar).

Möglicher Grund 2: Image, Virenprogramm etc. blockieren das beA-System.

Mögliche Lösung 2: Entsprechende Einstellungen im Browser vornehmen bzw. durch die IT/EDVler vornehmen lassen, um die Blockierung zu beseitigen.

Möglicher Grund 3: Einer von mehreren ausgewählten Empfängern einer Nachricht ist nicht (mehr) erreichbar; die Nachricht bleibt im Postausgang „hängen".

Mögliche Lösung 3: Im Grundordner „Postausgang" die betroffene Nachricht öffnen. Durch Klick mit der linken Maustaste im Funktionsmenü auf „Weiterleiten" die Nachricht erneut öffnen, Empfängeradresse nicht über die „Favoriten" oder die Adressen aus dem persönlichen Adressbuch übernehmen. Stattdessen über „Empfänger hinzufügen" im Bereich „Gesamtes Verzeichnis" die aktuell gültige Empfängeradresse suchen und in die Empfängerzeile der Nachricht einfügen. Anschließend auf „Nachricht senden" klicken.

Möglicher Grund 4: „Unerwarteter Fehler".

Mögliche Lösung 4: Adressaten zunächst in das eigene Adressbuch einfügen, dann nochmals in die Nachricht einfügen und meist funktioniert es dann.

10 ▪ **Es lassen sich nach Anmeldung keine Aktionen im beA durchführen.**

Möglicher Grund: Sicherheitstoken für Mitarbeiter nicht freigeschaltet.

Mögliche Lösung: Freischaltung des Sicherheitstokens im Einstellungsbereich innerhalb des beA vornehmen, § 7 Rdn 80 f. in diesem Werk.

11 ▪ **Empfänger nicht auffindbar im Gesamtverzeichnis.**

Möglicher Grund: Es wurden nicht die mindestens geforderten zwei Zeichen in einem Suchfeld eingegeben.

Mögliche Lösung 1: Im Suchfeld vor das erste eingegebene Zeichen das Sonderzeichen Sternchen (*) eingeben (Sternchen ist Platzhalter für beliebige Zeichen). Es wird dann eine umfangreichere Trefferliste angezeigt.

Mögliche Lösung 2: Anruf beim Empfänger und nach den Eintragungsdaten fragen.

■ **Proxyserver- oder Java-Probleme.** 12

Mögliche Lösung 1: Lösungsmöglichkeiten finden Sie ausführlich beschrieben im Dokument „Anleitung zur Zertifikatsverwaltung Ihrer beA-Karte", https://bea.bnotk.de/documents/Schluesselverwaltung_beA.pdf, Seite 16 (Stand Juni 2020).[1]

Mögliche Lösung 2: Auf der Seite des beA-Supports (https://portal.beasupport.de) im Suchfenster mit dem Stichwort Proxy nach aktuellen Informationen suchen. Aktuell wird ein Beitrag „Verwendung von Proxies" bereitgehalten: https://portal.beasupport.de/neuigkeiten/verwendung-von-proxies[2]

---

[1] Abruf: 7.10.2022.
[2] Abruf: 7.10.2022.

§ 25 Übersicht: Internetseiten

Nachstehend haben wir Ihnen eine Auflistung von nach unserer Auffassung interessanten Internetseiten zusammengestellt.[1] Wir weisen darauf hin, dass kein Anspruch auf Vollständigkeit erhoben, keine Haftung für Inhalte oder enthaltene Schadsoftware und keine Garantie für eine dauerhafte Aktualität der Seiten übernommen wird. Wir machen uns den Inhalt der Seiten nicht zu eigen. Wir haften auch nicht für einen Schaden, der aus der Nutzung oder Nichtnutzung dieser Internetseiten entsteht. Der Besuch dieser Seiten erfolgt daher auf eigene Verantwortung des Lesers. Die nachstehende Auflistung ist nach Stichworten alphabetisch sortiert.

Ausbaugrad leistungsfähiger Internetzugänge

www.zukunft-breitband.de/

https://netzda-mig.de/breitbandatlas

Automatisiertes gerichtliches Mahnverfahren

https://www.mahngerichte.de/

https://www.online-mahnantrag.de/

Barrierefreiheit (Statusbericht 2020 der BLK IT)

https://justiz.de/laender-bund-europa/BLK/beschluesse/barrierefreiheit_entwurf.pdf

beA-Gutachten (aus 2018 von secunet Security Networks AG)

https://www.brak.de/w/files/04_fuer_journalisten/presseerklaerungen/pe-18-anlage1.pdf

beA-Hilfe

https://www.bea-brak.de/xwiki/bin/view/BRAK/

beA-Informationen zu Produkten, Schlüsselverwaltung und FAQs

https://www.brak.de/anwaltschaft/bea-erv

https://bea.bnotk.de

https://portal.beasupport.de

https://bea.bnotk.de/bestellung/#/products

https://zertifizierungsstelle.bnotk.de/produkte/bea-produkte

https://bea.bnotk.de/sak/

https://bea.bnotk.de/documents/Schluesselverwaltung_beA.pdf

https://bea.bnotk.de/documents/FAQ_beA_180704.pdf (allgm. Fragen und Antworten zu beA-Karten)

https://bea.bnotk.de/documents/FAQ_beA_Nachladeverfahren.pdf (qes-Aufladeverfahren)

https://bea.bnotk.de/documents/Anleitung_Erstellung-Softwarezertifikate.pdf

https://bea.bnotk.de/documents/Softwarezertifikate_PIN_aendern_190730.pdf

https://portal.beasupport.de/fragen-antworten

https://www.bea-brak.de/xwiki/bin/view/BRAK/%2300001 (Erstregistrierung)

https://portal.beasupport.de/neuigkeiten/der-bea-kartentausch

https://bea.bnotk.de/shop_agb.html

https://bea.bnotk.de/faq.html (für beA-Karten der 1. Generation)

https://zertifizierungsstelle.bnotk.de/hilfe (für beA-Karten der 2. Generation)

https://www.bea-brak.de/xwiki/bin/view/BRAK/%2300014 (unterstützte Chipkartenlesegeräte)

https://bea.bnotk.de/documents/Sperrformular_beA.pdf (Sperrung beA-Karten)

---

1 Funktionstest alle Links Stand 2.10.2022; Ausnahmen werden am Link kenntlich gemacht.

https://bea.bnotk.de/documents/Kündigungsformular.pdf (beA-Produkte kündigen)

https://www.anwaltverlag.de/elektronischer-rechtsverkehr/

https://zertifizierungsstelle.bnotk.de/signaturkartenbestellung/wizard/beA/info (Bestellung von beA-Produkten und beA-Karten der 2. Generation)

https://zertifizierungsstelle.bnotk.de/hilfe/faq

https://zertifizierungsstelle.bnotk.de/hilfe/downloads (Formulare, Anleitungen, allgemeine Informationen)

https://zertifizierungsstelle.bnotk.de/hilfe/sperrung (Sperrung einer Signaturkarte)

https://zertifizierungsstelle.bnotk.de/hilfe/signaturanwendungskomponente (Signaturanwendungskomponente zur PIN-Verwaltung der beA-Karten der 2. Generation – BNotK SAK light)

8 Kartentausch und Fernsignatur

https://zertifizierungsstelle.bnotk.de/bea-kartentausch#c5933

https://onlinehilfe.bnotk.de/einrichtungen/zertifizierungsstelle/bea/fernsignatur.html

https://onlinehilfe.bnotk.de/einrichtungen/zertifizierungsstelle/bea/erzeugung-signaturdatei-mit-bea.html

https://zertifizierungsstelle.bnotk.de/hilfe/signaturanwendungskomponente

https://onlinehilfe.bnotk.de/einrichtungen/zertifizierungsstelle/bea/fernsignatur-antrag-aktualisierung-des-identitaetsnachweises-mittels-eid.html

https://www.ausweisapp.bund.de/download

https://zertifizierungsstelle.bnotk.de/bea-kartentausch

https://portal.beasupport.de/neuigkeiten/der-bea-kartentausch

https://portal.beasupport.de/fragen-antworten/kategorie/bea-kartentausch/erhalt-neue-bea-karte-und-pin-brief

https://onlinehilfe.bnotk.de/einrichtungen/zertifizierungsstelle/fehlbedienungszaehler-zuruecksetzen.html

https://onlinehilfe.bnotk.de/einrichtungen/zertifizierungsstelle.html

9 beA-Newsletter

https://www.brak.de/newsroom/newsletter/bea-newsletter/

https://www.brak.de/newsroom/newsletter/#c6472 (beA-Newsletter abonnieren)

10 beA-Seminare

https://isar-fachseminare.de/

11 beA-Startseite

https://bea-brak.de

12 beBPO

https://egvp.justiz.de/behoerdenpostfach/index.php

https://egvp.justiz.de/behoerdenpostfach/Information_VHN_fuer_beBPos.pdf

13 Bundesgerichte

https://www.bundesarbeitsgericht.de

https://www.bundesverfassungsgericht.de

https://www.bundesfinanzhof.de/de/

https://www.bundesgerichtshof.de/DE/

https://www.bundespatentgericht.de/DE/

https://www.bsg.bund.de/DE/

https://www.bverwg.de

Übersicht: Internetseiten § 25

Bundesweites elektronisches Anwaltsverzeichnis 14
www.rechtsanwaltsregister.org
www.rechtsanwaltsregister.eu
www.rechtsanwaltsregister.info
www.rechtsanwaltsregister.net
https://www.bea-brak.de/bravsearch/index.brak

Clouddienste 15
https://wetransfer.com
https://www.dropbox.com

Datenschutz 16
https://www.anwaltverlag.de/search?sSearch=datenschutz
https://dsgvo-gesetz.de

ERV-Seiten der Bundesländer 17
https://www.elrv.info/elektronischer-rechtsverkehr/uebersicht-verordnungen
https://ejustice-bw.justiz-bw.de/pb/,Lde/Startseite/Berufstraeger
https://www.justiz.bayern.de/ejustice/eRV/
https://mdj.brandenburg.de/mdj/de/justiz/e-justiz/
https://www.justiz.bremen.de/publikationen/allgemeine-informationen-1873
https://www.berlin.de/sen/justiz/service/elektronischer-rechtsverkehr/artikel.261847.php
https://justiz.hamburg.de/erv-hamburg/
https://justizministerium.hessen.de/service/elektronischer-rechtsverkehr
https://www.regierung-mv.de/Landesregierung/jm/Zustaendigkeiten/justiz/Gerichte-und-Staatsanwaltschaften/Elektronischer-Rechtsverkehr/
https://justizportal.niedersachsen.de/startseite/burgerservice/elektronischer_rechtsverkehr/elektronischer-rechtsverkehr-202993.html
https://www.justiz.nrw.de/Gerichte_Behoerden/anschriften/elektronischer_rechtsverkehr/index.php
https://jm.rlp.de/de/service/digitale-welt/elektronischer-rechtsverkehr/
https://www.saarland.de/mdj/DE/themen-karriere/digitaljustiz/elektronischerrechtsverkehr/elektronischerrechtsverkehr_node.html
https://www.justiz.sachsen.de/content/6100.htm
https://justiz.sachsen-anhalt.de/themen/elektronischer-rechtsverkehr/
https://www.schleswig-holstein.de/DE/landesregierung/themen/digitalisierung/elektronischer-rechtsverkehr/elektronischer-rechtsverkehr_node.html
https://justiz.thueringen.de/themen/elektronischerrechtsverkehr

Gesetze im Internet 18
https://www.gesetze-im-internet.de/
https://www.buzer.de/

Höchstpersönliche Verwendung von Signaturkarte und PIN 19
https://zertifizierungsstelle.bnotk.de/produkte/bea-produkte
https://zertifizierungsstelle.bnotk.de/fileadmin/user_upload_zs/Dokumente/Downloads/BNotK-ZS_Unterrichtungsbroschuere_August_2021.pdf
https://www.elrv.info/elektronischer-rechtsverkehr

§ 25 Übersicht: Internetseiten

20 **IT-Sicherheit und -Fortentwicklung**
https://www.bundesnetzagentur.de/cln_122/DE/Home/home_node.html
https://egvp.justiz.de/
https://www.bmi.bund.de/DE/
https://justiz.de/laender-bund-europa/e_justice_rat/index.php
https://www.it-planungsrat.de/
https://www.it-sicherheit.de
https://www.bundesdruckerei.de/
https://www.xoev.de (Koordinierungsstelle für IT-Standards)
https://www.xoev.de/osci-xta-3355 (OSCI)

21 **KammerIdent-Verfahren**
https://bea.bnotk.de/kammerident/

22 **Löschung von Accounts nach dem Tod**
www.machts-gut.de (auf richtige Schreibweise achten)

23 **Neuer Personalausweis mit eID**
https://www.d-trust.net/de/support/sign-me
https://www.reiner-sct.com/personalausweis
https://www.personalausweisportal.de/Webs/PA/DE/
https://www.die-eID-funktion.de/

24 **Notarsuche**
https://www.notar.de/

25 https://www.onlinezugangsgesetz.de

26 https://egvp.justiz.de/buerger_organisationen/index.php (Infos zum eBO)
https://egvp.justiz.de/behoerdenpostfach/index.php (Infos zum beBPo)
https://www.bstbk.de/de/themen/steuerberaterplattform (Infos zum beSt)

27 **Rechtssicheres ersetzendes Scannen**
https://www.bsi.bund.de/resiscan

28 **Regionale Kammern**
https://www.brak.de/die-brak/rechtsanwaltskammern/

29 **Register, diverse**
https://www.vorsorgeregister.de/
https://www.handelsregister.de/rp_web/welcome.xhtml
https://www.testamentsregister.de/
https://www.zemaonline.de/
www.rechtsanwaltsregister.org = https://www.bea-brak.de/bravsearch/index.brak
https://www.zssr.justiz.de/
https://www.unternehmensregister.de/ureg/
https://www.bundesanzeiger.de/pub/de/start?0
https://www.vollstreckungsportal.de
https://www.transparenzregister.de

Schutzschriftenregister 30
www.schutzschriftenregister.de
https://schutzschriftenregister.hessen.de
https://schutzschriftenregister.hessen.de/sites/schutzschriftenregister.hessen.de/files/Handbuch%20ZSSR-Onlineformular%20V.2.0.pdf
https://schutzschriftenregister.hessen.de/einreichung/einreichungsbedingungen

Störungsmeldungen der Bundesländer bzgl. der Erreichbarkeit der Gerichte 31
https://egvp.justiz.de/meldungen/ (aktuell)
https://www.brak.de/fileadmin/02_fuer_anwaelte/bea/beA-Störungsdokumentation.pdf (Historie)

Verbraucherportal der Justiz des Bundesministeriums für Umwelt, Naturschutz, nukleare Sicherheit und Verbraucherschutz 32
https://www.bmuv.de/themen/verbraucherschutz-im-bmuv

Verschwiegenheitspflicht der Rechtsanwälte 33
https://www.rak-muenchen.de/rechtsanwaelte/berufsrecht/verschwiegenheitspflicht

XJustiz 34
https://webegvp.justiz.de (nur mit Autorisierung)
https://xjustiz.justiz.de/browseranwendungen/index.php

Zeitzonen/Atomzeit 35
https://www.timeanddate.de/uhrzeit/
https://www.timeanddate.de/stadt/info/zeitzone/utc
https://www.worldtimeserver.com/aktuelle-Zeit-in-UTC.aspx
https://www.atomzeit.eu/
https://www.uhrzeit.org/atomuhr.php

§ 26 Wörterbuch

In dieses Wörterbuch haben wir vor allem Abkürzungen und Fremdwörter eingepflegt, die uns bei der Recherche und Erstellung dieses Werks „über den Weg gelaufen" sind. Es erhebt keinen Anspruch auf Vollständigkeit.

Begriff		Erklärung
Access-Provider	=	Anbieter eines Internet-Zugangsdienstes
Admin	=	Abkürzung für Administrator, d.h. Verwalter/Leiter; im Computerbereich eine Person mit erweiterten Rechten
AKDB	=	**A**nstalt für **K**ommunale **D**atenverarbeitung in **B**ayern – für Einwohnermeldeamtsanfragen
API	=	Anwendungsprogrammierschnittstelle
ASCII	=	**A**merican **S**tandard **C**ode for **I**nformation **I**nterchange Dateiformat aus Amerika, reiner Text ohne Formatierungscodes und ohne Sonderzeichen; geeignet für ERV
asymmetrische Verschlüsselung	=	Diese Verschlüsselungsmethode verwendet ein einzigartiges Schlüsselpaar. Einen öffentlichen Schlüssel und einen privaten Schlüssel. (s.a. hybride Verschlüsselung)
authentifizieren	=	Eine Berechtigung prüfen, z.B. mit einer PIN. Der Server authentifiziert den Benutzer.
authentisieren	=	lt. Duden: glaubwürdig, rechtsgültig machen; der Benutzer authentisiert sich am Server.
beA	=	**b**esonderes **e**lektronisches **A**nwaltspostfach Wurde von der BRAK gem. § 31a BRAO allen Rechtsanwältinnen und Rechtsanwälten in Deutschland als elektronisches Postfach zur Verfügung gestellt. Gilt seit **1.1.2018** als sicherer Übermittlungsweg i.S.d. § 130a Abs. 4 Nr. 2 ZPO. = elektronisches Postfach, das Korrespondenz mit EGVP, beN, beSt und beBPo sowie weiteren OSCI-fähigen Drittprodukten zulässt.
beBPo	=	**b**esonderes **e**lektronisches **B**ehörden-**P**ostfach = elektronisches Postfach, das Korrespondenz mit EGVP, beA und beN zulässt. Gilt seit **1.1.2018** als sicherer Übermittlungsweg i.S.d. § 130a Abs. 4 Nr. 3 ZPO.
beN	=	**b**esonderes **e**lektronisches **N**otarpostfach = elektronisches Postfach, das Korrespondenz mit EGVP, beA und beBPo sowie weiteren OSCI-fähigen Drittprodukten zulässt. Gilt seit **1.1.2018** als sicherer Übermittlungsweg i.S.d. § 130a Abs. 4 Nr. 5 ZPO und wird den Notaren von der BNotK zum 1.1.2018 zur Verfügung gestellt.
beSt	=	**b**esonderes **e**lektronisches **St**euerberaterpostfach, verpflichtend zum 1.1.2023
BLK IT	=	Bund-Länder-Kommission für Informationstechnik in der Justiz
BNotK	=	**B**undes**not**ar**k**ammer

§ 26 Wörterbuch

Begriff		Erklärung
BORA	=	Berufsordnung der Rechtsanwälte und Rechtsanwältinnen der Bundesrepublik Deutschland
Bot-Viren	=	integrieren einen infizierten Rechner in ein sog. Bot-Netz, in dem dutzende, hunderte oder tausende infizierte Rechner zusammengeschaltet, ferngesteuert und üblicherweise zu kriminellen Aktivitäten verwendet werden.
BRAK	=	**Bundesrechtsanwaltskammer**
BRAO	=	**Bundesrechtsanwaltsordnung**
BRAV	=	**B**undesweites **A**mtliches **R**echtsanwaltsverzeichnis
Cache-Provider	=	„Puffer-Speicher", beschleunigen Zugriff auf Internetinhalte.
CCBE	=	Berufsregeln der Rechtsanwälte der Europäischen Union
CMIS	=	**C**ontent **M**anagement **I**nteroperability **S**ervices Standard für zum Einsatz kommende Dokumenten-Management-Systeme
CMS	=	Content-Mangement-System Ein CMS ist ein Inhaltsverwaltungssystem; hiermit wird eine Software zur gemeinschaftlichen Erstellung, Bearbeitung und Organisation von Inhalten, z.B. einer Webseite, bezeichnet. Aber auch Abkürzung für **C**ryptographic **M**essage **S**yntax
Consumer	=	**Nutzer**
Content	=	**Informationsinhalte**
Crypto-Viren	=	Schädlinge werden zumeist per E-Mail versendet. Wird ein als harmlose Datei getarnter Anhang geöffnet, was durch einen teilweise recht geschickt formulierten E-Mail-Text erreicht werden soll, so werden Daten des Nutzers verschlüsselt; Entschlüsselungsmöglichkeiten werden erst nach Zahlung eines Erpressungsgeldes geliefert.
CSS	=	**C**ascading **S**tyle **S**heet. Damit werden Gestaltungsanweisungen für z.B. HTML definiert, die für ein gewünschtes Aussehen bzw. die Anzeige von Daten in Webbrowsern sorgen können.
CTI-Lösung	=	**C**omputer **T**elephony **I**ntegrationslösung
DAU	=	**d**ümmster **a**nzunehmender **u**ser = freche Unterstellung von ITlern gegenüber „Normalos"
DDos-Attacken	=	**D**istributed-**D**enial-**o**f-**S**ervice Attacken, bei denen eine Vielzahl von in krimineller Absicht ausgelösten Anfragen, die an Webseiten gerichtet werden, dazu führen, dass diese vorübergehend unerreichbar sind.
De-Mail-Dienste	=	De-Mail-Dienste sind Dienste auf einer elektronischen Kommunikationsplattform, die einen sicheren, vertraulichen und nachweisbaren Geschäftsverkehr für jedermann im Internet sicherstellen sollen, § 1 Abs. 1 De-Mail-Gesetz i.V.m. § 130a Abs. 4 Nr. 1 ZPO.
De-Mail-Konto	=	De-Mail-Bereich in einem De-Mail-Dienst, der einem Nutzer so zugeordnet ist, dass er nur von ihm genutzt werden kann, § 3 Abs. 1 S. 2 De-Mail-Gesetz.
DFÜ	=	**D**aten**f**ern**ü**bertragung
DHCP	=	**D**ynamic **H**ost **C**onfiguration **P**rotocol

Wörterbuch § 26

Begriff		Erklärung
DMS	=	Dokumenten-Management-System
DNS	=	Domain Name System Wird benutzt, um einen Hostnamen, z.B. www.beispielname.de, in eine IP-Adresse (z.B. 84.124.131.243) umzuwandeln.
dpi	=	Dots per Inch Dichte von Bildpunkten – Maßeinheit
DSL-Verbindung	=	Digital Subscriber Line Mit DSL wird eine Reihe von Übertragungsstandards für Telefon unter Internet bezeichnet, bei der mit hoher Übertragungsgeschwindigkeit (= bis zu 1.000 Mbit/s) gesendet und empfangen werden kann. DSL-Leitungen sind leistungsfähiger als die früher verwendeten ISDN-Leitungen. Die Deutsche Telekom plant bis 2018 komplett auf sog. IP-basierte Anschlüsse umzustellen. Hier wird der Internetzugang über authentifizierte Verbindungen ermöglicht.
eAT	=	Elektronischer Aufenthalts-Titel
eBO	=	elektronisches Bürger- und Organisationenpostfach Das elektronische Bürger- und Organisationenpostfach ermöglicht Bürgern und Organisationen sowie den professionellen Nutzern (Sachverständige, Dolmetscher, Übersetzer, Unternehmen, Banken, Versicherungen, natürlichen Personen, Gewerkschaften, Anwaltsvereinen/Vereinen allgemein) des elektronischen Rechtsverkehrs, über einen sicheren Übermittlungsweg am elektronischen Rechtsverkehr teilzunehmen.
EGVP	=	Elektronisches Gerichts- und Verwaltungs-Postfach Bietet die Möglichkeit, Schriftsätze und andere Dokumente bei Gericht einzureichen.
EGVP-Client	=	Software zum Download für Nutzer des EGVP, die nicht den Justizbehörden angehören, wie z.B. Bürger oder RAen – wird zum 31.12.2017 eingestellt; Support nur bis zum 31.12.2016.
eIDAS	=	EU-Verordnung über elektronische Identifizierung und Vertrauensdienste für elektronische Transaktionen im Binnenmarkt vom 23.7.2014, das das in den EU-Staaten geltende Signaturrecht, u.a. das Signaturgesetz,[1] ersetzt hat.
elektronische Signatur	=	Man unterscheidet: „elektronische Signaturen", „fortgeschrittene elektronische Signaturen" und „qualifizierte elektronische Signaturen". **Elektronische Signaturen** sind gem. Art. 3 Nr. 10 eIDAS-VO Daten in elektronischer Form, die anderen elektronischen Daten beigefügt oder logisch mit ihnen verknüpft sind und die zur Authentifizierung dienen. **Fortgeschrittene elektronische Signaturen** sind elektronische Signaturen, die gem. Art. 26 eIDAS-VO ■ ausschließlich dem Unterzeichner zugeordnet sind, ■ die Identifizierung des Unterzeichners ermöglichen,

---

[1] Vgl. dazu Gesetz über Rahmenbedingungen für elektronische Signaturen vom 16.5.2001, BGBl I, 876; aufgehoben durch Art. 12 G. v. 18.7.2017, BGBl I, 2745.

§ 26 Wörterbuch

Begriff		Erklärung
		■ mit Mitteln erzeugt werden, die der Unterzeichner mit einem hohen Maß an Vertrauen unter seiner alleinigen Kontrolle verwenden kann, ■ und ■ mit den Daten, auf die sie sich beziehen, so verknüpft sind, dass eine nachträgliche Veränderung der Daten erkannt werden kann. **Qualifizierte elektronische Signaturen** sind zusätzlich zu den „fortgeschrittenen elektronischen Signaturen" Signaturen, die ■ auf einem zum Zeitpunkt ihrer Erzeugung gültigen qualifizierten Zertifikat beruhen und ■ mit einer sicheren Signaturerstellungseinheit erzeugt werden, Art. 28 eIDAS-VO i.V.m. Anhang I u. Anhang II eIDAS-VO.
ERV	=	Elektronischer Rechts-Verkehr Kommunikationsform Der rechtlich wirksame Austausch elektronischer Dokumente zwischen Behörden und Gerichten sowie den Verfahrensbeteiligten.
ERVB	=	Elektronischer-Rechtsverkehr-Bekanntmachung Ermächtigungsgrundlage gem. § 5 ERVV zur Bekanntmachung der technischen Standards für die Übermittlung und Eignung zur Bearbeitung elektronischer Dokumente; regelt insbesondere die technischen Eigenschaften der einzureichenden elektronischen Dokumente.
ERVV	=	Elektronischer-Rechtsverkehr-Verordnung Verordnung über die technischen Rahmenbedingungen des elektronischen Rechtsverkehrs und über das besondere elektronische Behördenpostfach (beBPo). Enthält darüber hinaus Regelungen zum eBO sowie OZG-Nutzerkonten.
Faksimile-Stempel Plural: Faksimiles	=	Häufig eingesetzt als Unterschriftsstempel, d.h. ein speziell angefertigter Stempel, der eine exakte Kopie der Unterschrift wiedergibt (aus dem lateinischen fac simile „mache es ähnlich!"); Faksimile kann aber auch die originalgetreue Nachbildung eines Werks bedeuten, so z.B. häufig dann verwendet, wenn historische wertvolle Dokumente der Öffentlichkeit zugänglich gemacht werden sollen.
filename extension	=	Dateiendung oder Dateinamenerweiterung – wird mit Punkt kenntlich gemacht und bezeichnet oft das Dateiformat, damit derjenige, der die Datei erhält, sofort im richtigen Programm öffnen kann.
FördElRV	=	Gesetz zur Förderung des elektronischen Rechtsverkehrs mit den Gerichten Regelt die stufenweise Einführung des elektronischen Rechtsverkehrs sowie der elektronischen Aktenführung.
Freiwillige Akkreditierung	=	Verfahren zur Erteilung einer Erlaubnis für den Betrieb eines Zertifizierungsdienstes, mit der besondere Rechte und Pflichten verbunden sind.
Frequenzen	=	lat. frequentia (Häufigkeit) Maßeinheit für Schnelligkeit von Wiederholungen/fortdauernden Schwingungen
GB	=	Gigabyte ist eine Maßeinheit für Datenmengen.
Geolocation (auch geotargeting)	=	Zuordnung von IP-Adressen zu ihrer geografischen Herkunft, sodass eine Zuordnung zum Besitzer des PC möglich ist; dies beinhaltet aber nicht die Zuordnung des tatsächlichen Nutzers.

Wörterbuch § 26

Begriff		Erklärung
GnuPG	=	**GNU P**rivacy **G**uard ist ein freies Verschlüsselungssystem, das ein eindeutiges Schlüsselpaar aus öffentlichem und privatem Schlüssel nutzt, und ist als Ersatz für das teilweise kostenpflichtige und zeitweise ohne Quellcode-Zugang verbreitete PGP entwickelt worden.
GoBD	=	Grundsätze zur ordnungsgemäßen Führung und Aufbewahrung von Büchern, Aufzeichnungen und Unterlagen in elektronischer Form sowie zum Datenzugriff; ersetzt GDPdU und GoBS.
Governikus	=	Software, zentraler Baustein der VPS bzw. des EGVP der Firma Governikus services GmbH & Co. KG. Governikus beinhaltet OSCI-Transport und stellt damit einen sicheren Übermittlungsweg dar.
GPG	=	siehe GnuPG
Hardware	=	Geräte/Bauelemente wie PC, Tastatur, Maus etc.
Hardwaretoken	=	im beA-System, z.B. die Bezeichnung für eine Karte (beA Karte Basis, beA-Karte Signatur (nur noch bis Ende 2022), beA-Karte Mitarbeiter), dient der Identifizierung und Authentifizierung von Nutzern; Begriff wird auch außerhalb des beA-Systems verwendet.
Hostname	=	Bezeichnet einen Rechner in einem Netzwerk eindeutig.
Host-Provider	=	Anbieter verschiedener zur Nutzung des Internets notwendiger Dienstleistungen, z.B. Zurverfügungstellung von Speicherplatz für E-Mail-Dienste.
HSM	=	**H**ardware-**S**icherheits-**M**odul (HSM – hardware security module), ein Gerät, das kryptografische Funktionen mittels Hardware-Implementierung durchführt. Dies ermöglicht z.B. die Vertrauenswürdigkeit und die Integrität von Daten und den damit verbundenen Informationen in geschäftskritischen IT-Systemen sicherzustellen. HSM werden z.B. auch eingesetzt bei der Erstellung von Personalisierungsdaten im Bereich der Kreditkarten; zur Transaktionssicherung in Maut-Systemen oder im Rahmen des elektronischen Zahlungsverkehrs. Zur Erstellung von digitalen Signaturen wurde das HSM – CC Schutzprofil CWA 14167–2 entwickelt.
http	=	**h**ypertext **t**ransfer **p**rotocol – Übertragungsprotokoll im Internet
https	=	**h**ypertext **t**ransfer **p**rotocol **s**ecure – sicheres Übertragungsprotokoll im Internet enthält eine Transportverschlüsselung (SSL/TLS).
hybride Verschlüsselung	=	Bei der hybriden Verschlüsselung wird die symmetrische mit der asymmetrischen Verschlüsselung kombiniert.
IKT	=	**I**nformations- und **K**ommunikations**t**echnologien auch IuK-Technologie abgekürzt
Intermediär	=	„der Dazwischenliegende", zentrale Vermittlungsstelle in der OSCI Infrastruktur. *„Der Intermediär hat in der OSCI Infrastruktur die Aufgabe des sicheren Mailservers. Er führt pro berechtigtem Empfänger Postkörbe. Ein Zugriff auf einen Postkorb zwecks Abholung von Nachrichten bedarf der vorherigen Authentifizierung im Rahmen eines Abholauftrags, diese löst im*

§ 26 Wörterbuch

Begriff		Erklärung
		Falle der positiven Authentifizierung einen Zustellungsauftrag im Rahmen einer synchronen Kommunikation zwischen Intermediär und berechtigten Empfänger aus."[2]
Internet-Governance	=	Lt. Bericht der Arbeitsgruppe zur Internet Governance v. Juli 2005 www.itu.int/wsis „... *ist die Entwicklung und Anwendung durch Regierungen, den Privatsektor und die Zivilgesellschaft, in ihren jeweiligen Rollen, von gemeinsamen Prinzipien, Normen, Regeln, Vorgehensweisen zur Entscheidungsfindung und Programmen, die die Weiterentwicklung und die Nutzung des Internets beeinflussen.*"
IP	=	**I**nternet **P**rotocol binärcodierte Adresse des Computer-Besitzers, die bei jeder Datenübertragung automatisch zugeteilt wird.
Java	=	Objektorientierte Programmiersprache, die auf gleichnamiger Softwaretechnik beruht.
JavaScript	=	Eine Skriptsprache, die zur Erweiterung von HTML und CSS entwickelt wurde.
JPEG	=	**J**oint **P**hotographic **E**xpert **G**roup ein Gremium, das diese Norm zur Bildkompression festgelegt hat; Dateiendung.
JRE	=	Java-Laufzeitumgebung (**J**ava **R**untime **E**nvironment). Diese muss installiert sein, um die in Java geschriebenen Anwendungen, möglichst unabhängig vom verwendeten Betriebssystem, ausführen zu können.
LAN	=	**L**ocal **A**rea **N**etwork lokales Kabelnetz zur Datenübertragung vor allem im Internet
Medium	=	Sammelbezeichnung für Kommunikationsmittel und Kommunikationskonzepte
Message	=	Nachricht (engl.)
Meta-Daten	=	Metadaten sind zusätzliche beschreibende Hinweise zu einem Dokument bzw. zu einer Akte, einem Vorgang, um eine bessere Auffindbarkeit zu gewährleisten.
Metatags	=	Schlagwörter, die nicht angezeigt werden und die Durchsuchbarkeit und Auffindbarkeit von Webseiten verbessern sollen.
Netiquette	=	Zusammengesetztes Wort aus „net" (Netz) und „Etiquette"; hierunter versteht man Verhaltensregeln („Knigge" zu Tonfall, Technik, Sicherheit) beim Umgang mit der elektronischen Kommunikation und auch in Internetforen.
newsgroup	=	Abonnenten-Verteiler, z.B. für Mitteilungen an bestimmte Personen aus einem Forum
NotVPV	=	Notarverzeichnis- und -postfachverordnung
nPA	=	**n**euer **P**ersonal**a**usweis

---

[2] OSCI, Die informelle Beschreibung, Eine Ergänzung zur OSCI Spezifikation, Die OSCI-Leitstelle, November 2001, S. 7.

Begriff		Erklärung
OSCI	=	Online Services Computer Interface Protokoll für die Zugangs- und Übertragungssoftware „OSCI" spezialisiert eine Sicherheitsinfrastruktur, nach der sowohl Formulare, transaktionsorientierte Internetanbindungen von Fachverfahren als auch Fremdformate sicher und ggf. signiert (mit unterschiedlichen Niveaus) über das Internet übermittelt werden können. Mit OSCI kann die Nachricht sicher über ungesicherte Verbindungen (TCP/IP) gesendet werden. Dies wird durch die Übermittlung eines Datencontainers über einen Intermediär ermöglicht, *„wobei der Datencontainer nach dem Prinzip des „doppelten Umschlags" konzipiert ist und eine strikte Trennung der eigentlichen Inhalte von Transportdaten vorsieht. Damit wird sichergestellt, dass von Dritten im Internet keine Kommunikationsprofile erstellt werden können und die Vertraulichkeit der Inhalte auch gegenüber dem Intermediär gewährleistet ist."*[3] Bei OSCI handelt es sich sowohl auf der Ebene der Transport- als auch der Inhaltsdaten um eine XML-Anwendung. Der Aufbau der OSCI-Anwendung beinhaltet als zentralen Mittler einen sog. „Intermediär", der aufwendige kryptografische Funktionen zentralisiert zur Verfügung stellt (so z.B. Zertifikatsprüfungen) und zusätzliche Dienste erbringen kann, wie z.B. die Zwischenspeicherung von Nachrichten, die Erstellung von Kommunikationsprotokollen bzw. Kommunikationsbestätigungen.
OZG		= **O**nline**z**ugangs**g**esetz Mit diesem Gesetz werden Bund, Länder und Kommunen verpflichtet, bis Ende 2022 ihre Verwaltungsleistungen über Verwaltungsportale auch online/digital anzubieten. Enthält Regelungen zum OZG-Nutzerkonto, das für die Abwicklung der digitalen Verwaltungsdienstleistungen vom Bürger genutzt werden kann.
P2P	=	**P**eer-to-**P**eer Verbindung Netzwerkbasierte Kommunikationsform, bei der alle Teilnehmer gleichberechtigt Dienste in Anspruch nehmen und zur Verfügung stellen.
PC/SC	=	standardisierte Programmschnittstelle zwischen Personal Computer und Smart Card
PDF	=	**P**ortable **D**ocument **F**ormat plattformunabhängiges Dateiformat der Fa. Adobe; häufig genutzt bei Umwandlung von Office-Dateien; Dateiendung
PDF/A	=	archivierbare Version des PDF-Formats
PDF/A-1a	=	Level A (Accessible) Erscheinungsbild und Unicode sind gegeben: Struktur des Dokuments für Screenreader erfassbar + Barrierefreiheit
PDF/A-1b	=	Level B (Basic) Erscheinungsbild bleibt erhalten = Langzeitarchivierung
PDF/UA	=	**U**niversal **A**ccessibility (Universeller Zugang) ist eine Unterform des PDF-Standards für barrierefreie PDF-Dokumente.
PGP	=	**p**retty **g**ood **p**rivacy Verschlüsselungstechnik
PIN	=	**P**ersönliche **I**dentifikations**n**ummer **p**ersonal **i**dentification **n**umber

---

[3] OT-Leit-ERV, S. 19.

§ 26 Wörterbuch

Begriff		Erklärung
PIN-Pad	=	Tastaturblock am Kartenlesegerät
PKCS	=	Public Key Cryptography Standards = Standards für asymmetrische Kryptografie = bildet die Basis für S/MIME und wird zum Signieren und/oder Verschlüsseln von Nachrichten einer PKI (Public Key Infrastruktur) genutzt (PKCS7). Beschrieben in RFC 5652.
PKG	=	Parlamentarisches Kontroll-Gremium Kontrolliert laufend die Aktivität des BND bezogen auf die „Auslandskopfüberwachung" bei Providern, sofern E-Mails die Landesgrenze überqueren.
PKI	=	Public Key Infrastruktur
Port	=	Teil einer Netzwerk-Adresse, der die Zuordnung von TCP- und UDP-Verbindungen und -Datenpaketen zu Server- und Client-Programmen durch Betriebssysteme ermöglicht; Ports können auch Netzwerkprotokolle und Netzwerkdienste identifizieren; bei einer lokalen Firewall werden häufig nur bestimmte Ports freigegeben, um Angriffspunkte zu minimieren; im Bereich des beA sind ebenfalls bestimmte Ports erforderlich.
Produkte für qualifizierte elektronische Signaturen	=	Sichere Signaturerstellungseinheiten, Signaturanwendungskomponenten und technische Komponenten für Zertifizierungsdienste, Art. 27 eIDAS-VO
qeS	=	qualifizierte elektronische Signatur *siehe* Signatur
qualifizierte (elektronische) Zeitstempel	=	Elektronische Bescheinigungen eines Zertifizierungsdiensteanbieters, der mind. die Anforderungen nach den Art. 42 eIDAS-VO erfüllt, darüber, dass ihm bestimmte elektronische Daten zu einem bestimmten Zeitpunkt vorgelegen haben, Art. 42 Abs. 1 a eIDAS-VO.
RAM	=	Random Access Memory Bezeichnet einen Datenspeicher mit wahlfreiem/direktem Zugriff; häufige Bezeichnung für Arbeitsspeicher bei Computern.
RAVPV	=	= **R**echts**a**nwalts**v**erzeichnis- und **P**ostfach**v**erordnung Die §§ 1–18 RAVPV enthalten Regelungen zu den elektronischen Verzeichnissen der Rechtsanwaltskammern, dem Gesamtverzeichnis und dem europäische Rechtsanwaltsverzeichnis und in den §§ 19 bis 32 RAVPV zu dem besonderen elektronischen Anwaltspostfach
RFCs	=	Request For Comments series In der IETF (Internet Engineering Task Force) herausgegebene nummerierte Sammlung von Dokumenten zur technischen Entwicklung des Internets einschl. Empfehlungen.
Roll-Out	=	gleichzeitige Inbetriebnahme der beAs zum 1.1.2016 durch die BRAK
RTF	=	Rich Text Format Datenaustauschformat für formatierte Texte; Dateiendung
S.A.F.E.	=	„**S**ecure **A**ccess to **F**ederated **E**-Government/E-Justice", Identitätsmanagement-Konzept
SAFE-ID	=	Identifikationsnummer aus einem sicheren Verzeichnisdienst – im beA die beA-SAFE ID = „technische beA-Adresse" im BRAV

600

Wörterbuch §26

Begriff		Erklärung
SAFE-Rollen	=	Im SAFE-System werden verschiedene Rollentypen vergeben, wie z.B. „EGVP", „beA" oder auch „beBPo". Dieser Rollentyp ist auch den technischen beA-Adressen (SAFE-ID) zu entnehmen und ermöglicht auch zu erkennen, ob eine Nachricht z.B. von einem Anwalt, einem Notar oder einer Behörde kommt.
SAGA	=	Standards und Architekturen für E-Governement-Anwendungen (SAGA), Empfehlungen des Bundes für den IT-Einsatz in öffentlichen Verwaltungen. Standards werden in drei Klassen eingeordnet: Obligatorisch = Standards haben sich bewährt, sind bevorzugte Lösung und verbindlich. Empfohlen = bewährte Standards, nicht zwingend erforderlich bzw. nicht bevorzugte Lösung. Unter Beobachtung = noch nicht ausgereift, noch nicht bewährt, folgen jedoch der gewünschten Entwicklungsrichtung.
SAK	=	Signatur-Anwendungs-Komponenten
Schriftform	=	Formvorschrift, die in § 126 BGB geregelt ist.
SCSI	=	Small Computer System Interface Schnittstelle zwischen zwei Hardware-Komponenten
Security-Policy	=	Sicherheitsrichtlinien
S-HTTP	=	Secure Hypertext Transfer Protocol Protokollstandard zur gesicherten Übertragung via Internet/Intranet
Siegel, elektronisches	=	Daten in elektronischer Form, die anderen Daten in elektronischer Form beigefügt oder logisch mit ihnen verbunden werden, um deren Ursprung und Unversehrtheit sicherzustellen, Art. 3 Nr. 25 eIDAS-VO
Siegel, fortgeschrittenes elektronisches	=	ein elektronisches Siegel, das die Anforderungen nach Art. 36 eIDAS-VO erfüllt
Siegel, qualifiziert elektronisches	=	ein fortgeschrittenes elektronisches Siegel, das von einer qualifizierten elektronischen Siegelerstellungseinheit erstellt wird und auf einem qualifizierten Zertifikat für elektronische Siegel beruht, Art. 3 Nr. 27 eIDAS-VO
Siegelersteller	=	juristische Person, die ein elektronisches Siegel erstellt, Art. 3 Nr. 24 eIDAS-VO
Signaturerstellungseinheit, elektronische	=	Konfigurierte Software- und Hardwareprodukte, die zum Erstellen einer elektronischen Signatur verwendet wird, siehe Art. 3 Nr. 22 eIDAS-VO.
Signaturerstellungseinheit, qualifizierte elektronische	=	Software- oder Hardwareeinheiten zur Speicherung und Anwendung des jeweiligen Signaturschlüssels, die mind. die Anforderungen nach Art. 29 u. 30 eIDAS-VO erfüllen und die für qualifizierte elektronische Signaturen bestimmt sind.
S/MIME	=	Secure/Multipurpose Internet Mail Extensions
SMTP	=	Simple-Mail-Transport-Protocol E-Mail Standard im Internet
SNMP	=	Simple Network Management Protocol
SOA-Gateway	=	Prüft die formalen Anforderungen der Rahmenbedingungen wie bei Vorab-Authentifizierung und Kommunikationsparameter der WSDL
Software	=	„Weichware"

Begriff		Erklärung
Softwaretoken	=	Computerprogramme und die dazugehörigen Daten im beA-System, z.B. ein genutztes Softwarezertifikat als Zugangsmittel zum beA zur Identifizierung und Authentifizierung
SRV	=	**S**chutzschriften-**R**egister-**V**erordnung
SSL	=	**S**ecure **S**ockets **L**ayer v 3.0 Schnittstelle für Internetbrowser, um Plug-ins entsprechende Sicherheitsprodukte einzusetzen.
symmetrische Verschlüsselung	=	Absender und Empfänger einer Nachricht benutzen den gleichen Schlüssel (s.a. hybride Verschlüsselung).
Systemadministrator	=	Person, die für die Betreuung von Computersystemen und Computernetzwerken zuständig ist und i.d.R. die weitgehendsten Rechte zum Eingriff in diese Systeme besitzt.
Textform	=	Formvorschrift, die in § 126b BGB geregelt ist.
TIFF	=	**T**agged **I**mage **F**ile **F**ormat Bildformat für Computer; Dateiendung
time-stamp protocol	=	**Z**eit-**S**tempel-**P**rotokoll regelt die Übertragung der Informationen eines Zeitstempeldienstes im Internet
TKÜV	=	**T**elekommunikations-**Ü**berwachungs-**V**erordnung Sie gestattet Polizei und Staatsanwaltschaft, bei Verdacht auf schwere Straftaten gem. § 100a StGB eine Live-Mail-Überwachung zu starten.
TR-RESISCAN	=	**T**echnische **R**ichtlinie **R**echts**s**icheres **Scan**nen des Bundesamts für Sicherheit in der Informationstechnik v. 23.4.2020 Version 1.4.1, BSI TR RESISCAN – 03138
UdG	=	**U**rkundsbeamter **d**er **G**eschäftsstelle
Unterzeichner (i.S.d. ERV)	=	natürliche Person, die eine elektronische Signatur erstellt, Art. 3 Nr. 9 eIDAS-VO
USB	=	**U**niversal **S**erial **B**us Schnittstelle zwischen zwei Hardware-Komponenten
Usenet	=	Aus einem dezentralen System von Servern bestehender Internetdienst, z.B. Forum zum Austausch von Informationen unter Forenmitgliedern
VDA	=	Vertrauensdienste-Anbieter nach der eIDAS-Verordnung bzw. dem Vertrauensdienstegesetz
VDG	=	**V**ertrauens**d**ienste**g**esetz
VHN	=	vertrauenswürdiger Herkunftsnachweis; wird im Prüfprotokoll/Transferprotokoll ausgewiesen, wenn der angemeldete Postfachinhaber eine Nachricht selbst versendet
VPS	=	**V**irtuelle **P**oststelle Grundlage des Elektronischen Gerichts- und Verwaltungspostfachs
Web 2.0	=	Sammelbezeichnung für von Nutzern inhaltlich selbst bearbeitete Webinhalte (interaktiv) wie z.B. Blogs, Fotoportale, Tauschbörsen etc.
Web-Services	=	Dienste, die sowohl über das Internet als auch über geschlossene Netze bereitgestellt werden; mit Web-Services werden zugehörige Funktionen und Anwendungen zur Verfügung gestellt.

Begriff		Erklärung
WISIS	=	World Summit on the Information Society Welt-Gipfel der Informationsgesellschaft www.itu.int/wsis
WLAN	=	Wireless Local Area Network kabelloses lokales Funknetz zur Datenübertragung vor allem im Internet
WORM	=	write once read many
WS-I	=	Web Service Interoperability Organization Ermöglicht ein hohes Maß an Interoperabilität; auch OSCI II ist konform zum Profil der WS-I.
XJustiz	=	Datenaustauschformat Legt die Schnittstelle zum Austausch strukturierter Daten für alle Kommunikationspartner der Justiz verlässlich und verbindlich fest.
Zeitstempel	=	Daten in elektronischer Form, die andere Daten in elektronischer Form mit einem bestimmten Zeitpunkt verknüpfen und dadurch den Nachweis erbringen, dass diese anderen Daten zu diesem Zeitpunkt vorhanden waren
Zeitstempel, qualifiziert	=	elektronischer Zeitstempel, der die Anforderungen des Art. 24 eIDASVO erfüllt, Art. 3 Nr. 33 eIDAS-VO
ZEMA	=	Zentrale einfache Melderegisterauskunft
Zertifikate	=	Elektronische Bescheinigungen, die Validierungsdaten verknüpfen
ZSSR	=	Zentrales Schutzschriften-Register
Zwei-Faktor-Authentifizierung	=	Verfahren zur Identifizierung eines Nutzers, z.B. beim beA durch Wissen und Besitz (Wissen = Kenntnis der PIN und Besitz = Vorhandensein der Sicherheitskarte)

Stichwortverzeichnis

fette Zahlen = Paragrafen, magere Zahlen = Randnummern

Abgabe
– eEB durch Vertretung **15** 293
Abgabepflicht
– Zustellung **15** 66
Abgegebenes eEB
– Anzeige **15** 286 ff.
Abgelehntes eEB
– Anzeige **15** 286
Ablehnungspflicht
– Zustellung **15** 74
Abmelde-Button **8** 11
Abschrift
– Ersatzeinreichung **16** 110
Abschrift **13** 14 ff.
Adressänderung **1** 90
Adressbuch **13** 22
– eigenes **13** 30
– Gesamtverzeichnis **13** 31
Aktenzeichen **13** 34
Aktive Nutzungspflicht
– gesetzliche Grundlage **3** 41
– Opt-In-Klausel **3** 44
– Schutzschriftenregister **3** 35
Alter **1** 47
Änderung persönlicher Daten **1** 90
Änderung Spaltenansicht **8** 41
Anforderungen
– an Technik **3** 102
Anhang
– Deklaration **13** 46
– hochladen **13** 46
– Nachrichtenentwurf **13** 46
Anhangs-Bezeichnung **13** 48
Anlage
– Beratungshilfe **12** 139
– eidesstattliche Versicherung **12** 117
– materiell-rechtliche Erklärung **12** 143
– PKH-Erklärung **12** 132
– signieren **12** 114
– Vollmacht **12** 119
Anlegen eines Vertreters im beA **7** 42
Antrag auf Aussetzung der Vollziehung **17** 117
Antrag auf Eintragung einer Zwangshypothek **17** 101
Anwaltssoftware **14** 72 ff.
Anwenderdokumentation
– Adresse **1** 83
App
– für Nutzung des beA **5** 62 ff.
– Installation **5** 63
– Möglichkeiten der Nutzung **5** 64
– Nutzungsvoraussetzungen **5** 63
– Softwarezertifikat **5** 63
Arbeitsgerichtliches Mahnverfahren **17** 3
Arbeitshilfe
– Gericht **12** 31
Archivierung
– Eingangsbestätigung **9** 3
– Prüfprotokoll **9** 3

Aufgaben
– nicht übertragbar **22** 27
Aufgeben, vorschnelles **3** 82
Auftrag zur Vollstreckung eines
  Zwangsgeldbeschlusses **17** 116
Auftragsdatenvereinbarungsvereinbarung
– mit BRAK **1** 61
Ausnahmslose Freischaltung **1** 47
Ausscheidender Anwalt
– Maßnahmen der Kanzlei **4** 25
Auszubildender
– beA-Karte **5** 77
Auszubildender
– Fristenkontrolle **22** 12
Authentifizierungszertifikat **5** 76
Automatisches Abschalten **8** 13
Automatisches Löschen von Nachrichten **8** 31 ff.
Automatisiertes gerichtliches Mahnverfahren **17** 6

Bachelor Professional (Rechtsfachwirt) **22** 37
Bank **15** 27
beA
– Ändern von Angaben des Mitarbeiters **7** 9
– Anlegen eines Vertreters **7** 42
– Anlegen von Benutzern **7** 1 ff.
– Aufgaben und Pflichten **3** 3
– ausscheidender Mitarbeiter **4** 22
– Befreiung Kanzleipflicht **1** 49
– Eingangsbestätigung **14** 25
– erstmalige Registrierung durch Mitarbeiter **7** 10
– für Kanzleien **1** 57
– kein Start **24** 5
– Kosten **1** 99 ff.
– Löschung sensibler Daten **8** 24 ff.
– Neuzugang **4** 22
– Nutzungsverweigerung **1** 74
– Ordnerstrukturen **8** 17
– Problem nach Anmeldung **24** 10
– Rechtvergabe **7** 66 ff.
– Syndikusanwalt **1** 52
– Verschwiegenheitspflicht **4** 19
– Vertretung **1** 49
– Vorbereitungsarbeit **3** 15
– weitere Kanzlei **1** 52
– Zugang **6** 1
– Zurücksetzen **1** 92
– Zustellungsbevollmächtigter **1** 49
beA für Berufsausübungsgesellschaften **2** 19
beA, eigenständiges
– Rechtsanwaltsgesellschaft **2** 17
beA-Anwendersupport
– Adresse **1** 84
beA-App Produkt **5** 65
beA-Client Security
– Installation **6** 3 ff.
beA-Karte
– ausscheidender Mitarbeiter **5** 59
– Austausch **5** 53 f.

605

Stichwortverzeichnis

- Haftpflichtversicherung **5** 85
- Links/Internetseite **25** 14
- Namensänderung **5** 23
- persönliche Nutzung **5** 82
- Sicherheitsbestätigung abgelaufen **5** 49
- Sperrformular **5** 61
- Sperrung **1** 92
- unbrauchbar **1** 92
- verlorengegangen **1** 92

beA-Karte Basis **5** 10
- Aufwertung **5** 11
- Kosten **5** 12

beA-Karte Mitarbeiter **5** 24
- ausscheidender Mitarbeiter **5** 30 f.
- Bezeichnung Kartenname **5** 34
- Funktionen **5** 26
- Geheimhaltung PIN **5** 33
- Kosten **5** 27
- Sicherheitsniveau **5** 28
- verloren **5** 32

beA-Karte und Fernsignatur **5** 11
beA-Nachricht
- Textfeld **13** 35

beA-Newsletter
- Adresse **1** 83

Beantragung Pfändungs- und Überweisungsbeschuss
- Vorlage des Titels als Scan **17** 64 ff.

beA-Produkte
- Bestellung **5** 1 ff.

Bearbeitungskomfort
- Durchsuchbarkeit **12** 18

beA-Signaturpaket **5** 1, 13 ff.
- Kosten **5** 16

beA-Softwarezertifikat **5** 35 f.
- ausscheidender Nutzer **5** 60
- Kosten **5** 39
- PIN **5** 40

beA-Sofwarezertifikat
- Verwahrung **5** 41

beA-System
- Fehler **24** 1 ff.

Beauftragung Gerichtsvollzieher **17** 69
- § 754a ZPO **17** 69 ff.

beBPo
- ERVV **12** 6

Bedienungsfehler **22** 45
Beendigung
- Deaktivierung **1** 96 ff.
- Kündigung beA-Karte **5** 55 ff.
- Links/Internetseite **25** 22
- Löschung **1** 68 ff., 96 ff.
- Sperrung **1** 96 ff.
- Sperrung beA-Karte **5** 58 ff.
- Widerruf **1** 96 ff.

Befugnis- und Rechtemanagement
- Entkoppeln des Nutzer-Profils vom Zugangsmittel **7** 106 ff.
- Gruppenbildung **7** 109 ff.
- Postfachverwalter **7** 113
- Rechtevergabe **7** 43 ff.
- Sonderrechte Postfachverwaltung **7** 113

Behörde
- Dienstsiegel **17** 110

- ERV **11** 162
- Haftbefehlsantrag **17** 110
- Titelersetzung **17** 110

Behördensiegel **11** 100
Benachrichtigungsfunktion **6** 28
Benachrichtigungsmail **6** 25
- einrichten **6** 25
- Einstellungen **6** 27

Benutzerorientierte Darstellung **8** 5
Benutzerverwaltung **7** 70
Beratungshilfe
- Berechtigungsschein **12** 139

Berechtigungsschein
- Beratungshilfe **12** 139

Bericht **8** 92
- Auswertung **8** 96
- Berichtsvorlage **8** 93 ff.
- erstellen **8** 96

Berufsausübungsgesellschaft **3** 15
- Ausschluss **5** 83
- Ausübungsverbot **5** 83
- bereits zugelassen **2** 31
- Kontrolle **5** 83
- noch nicht zugelassen **2** 31
- Postulationsfähigkeit **2** 26
- Postulationsfähigkeit, Sonderregelung **2** 27
- Rechtsdienstleistungsbefugnis **2** 25
- Vertrag **5** 83
- Vertretung **7** 30
- Zulassungspflicht, Ausnahmen **2** 24
- Zulassungspflicht, Beispiele **2** 30

Berufsständische Vereinigung **15** 20
Berufung
- Strafsache **20** 30

besonderes elektronisches Behördenpostfach (beBPo) **2** 46 ff.
besonderes elektronisches Notarpostfach (beN) **2** 44 f.
besonderes elektronisches Steuerberaterpostfach (beSt) **2** 70 f.
- Vorschriften **2** 75
- Vorteile **2** 71
- zeitliche Übersicht **2** 78

Bestellung
- beA-Produkte **5** 1 ff.

Bestellung Zugangsmittel **6** 2
Betreff **13** 34
Betreuer **3** 43, **15** 26
Beweismittel
- Urkunde **12** 27

Beweiswirkung
- Empfangsbekenntnis **5** 81

Bezeichnung der Dokumente im eEB
- vollständig **15** 79

Blankounterschrift **5** 73
BPatG
- Anforderungen **12** 3 ff.

BRAO-Reform **3** 4
BSI TR RESISCAN **23** 21
Bürger- und Organisationenpostfach, eBO **2** 49
Büroorganisation
- Anforderungen **22** 3

Büropersonal
- Anforderungen **22** 2
- Empfangsbekenntnis **15** 40

Stichwortverzeichnis

- Krankheit **22** 7
- Neueinstellung, Wiedereinstellung **22** 6
- Überlastung **22** 7
- Zuverlässigkeit **22** 8

Bußgeldsache
- Einspruch **20** 53

Bußgeldstelle **13** 27

CD/DVD **12** 46
Containersignatur **11** 47 ff.
- Rechtsprechung **11** 50 ff.

Darstellung, benutzerorientiert **8** 5
Datei
- mehrere Fehler **12** 82

Dateiformat
- Anforderungen **12** 1 ff.

Dateiformatmangel
- einmaliger Hinweis **12** 13

Dateimangel
- Heilung **12** 77
- Hinweis Gericht **12** 79
- Wiedereinsetzung **12** 82

Dateiname
- Nummerierung **12** 54
- Postausgangskontrolle **12** 59
- unzulässig **12** 73

Dateiname, Umlaut **12** 72
Dateiname
- fehlerhaft **12** 58

Datensatz
- strukturiert **12** 60
- Umlaut **12** 65

Datenschutz
- Änderung persönlicher Daten **25** 16
- Serverauslastung **1** 87 f.
- Serverstandorte **1** 85 f.

Datenträger
- CD/DVD **12** 46
- USB-Stick **12** 47
- zulässige, physische **12** 46

De-Mail
- Adresse der Gerichte **2** 87
- Authifizierung **2** 83
- Nachteil **2** 88
- Preis **2** 82

De-Mail-Dienst **2** 81
Direktionsrecht **5** 6
Dokument, elektronisches
- Verlust **12** 67

Dokumentenprüfung
- Adressierung an richtiges Gericht **14** 11 ff.
- Adressierung an richtiges Gericht, Beispiele **14** 16 ff.
- vor Signatur **14** 1 ff.

Dolmetscher **15** 25
Doppeleinreichung **3** 45, 145, **17** 88
Doppelfunktion Rechtsanwalt **3** 43
Doppelzustellung **15** 172 ff.
- gg. Empfangsbekenntnis **15** 172 ff.

Druckbarkeit **12** 42
Durchsuchbarkeit **12** 11

E-Akte
- Allgemeines **9** 1 ff.
- Einteilung **9** 10
- Handakte **9** 4
- Nachteile **9** 8
- Onlinezugangsgesetz **9** 1
- Pflicht zur Führung **9** 1
- Straf- und Bußgeldsachen **20** 3
- Umstellung **9** 5, 11 ff., 14
- Unterordner **9** 10
- Vorteile **9** 7

eBO
- ERVV **12** 6

EDV-Kalender
- Bedienungsfehler **22** 45
- Papierkalender **22** 38
- Systemfehler **22** 45

eEB mit VHN
- Rechtevergabe **7** 53

eEB-Versand
- Rechtezuweisung **15** 295

eIDAS-VO **11** 3
- Inhalt **11** 4
- Liste elektronischer Signaturen **11** 15

Eidesstattliche Versicherung **12** 117 ff.
Einfache elektronische Signatur **11** 17
- Angabe „Rechtsanwalt" **11** 153
- Ansprechpartner **11** 163
- Beispiele **11** 20 ff.
- Briefkopf **11** 155
- eingescannte Unterschrift **11** 145
- eingetippter Name **11** 20
- fehlende Identität **11** 160
- fremdes beA **11** 158
- Grußformel **11** 156
- maschinenschriftliche Namenswiedergabe **11** 136 ff.
- Rechtsanwalt **11** 156
- Scan der Unterschrift **11** 21, 22
- Signaturprüfung vor Versand **11** 165
- Versand aus beBPO **11** 161
- Vor- und Familienname **11** 151
- Vorname **11** 23

Eingangsbestätigung
- Kontrolle **14** 34 ff.
- leere Datei **14** 52

Eingescannte Unterschrift **11** 145
Einreichpflicht, elektronisch
- Straf- und Bußgeldsache **20** 18

Einreichung
- schriftliche **5** 72

Einreichung elektronischer Dokumente
- Möglichkeiten **11** 121
- rechtlich wirksam **11** 117
- vertrauenswürdiger Herkunftsnachweis, VHN **11** 123

Einreichung Schutzschrift
- Gerichtsgebühr **3** 36

Einreichung, doppelt **3** 45
Einsatzeinreichung
- E-Mail-to-Fax-Verfahren **16** 65
- Mahnverfahren **17** 14
- vorübergehende technische Störung **17** 86
- vorübergehende technische Unmöglichkeit **17** 14

607

Stichwortverzeichnis

Einspruch
– Bußgeldsache **20** 53
Einstweilige Verfügung
– Vollmacht **12** 122
– Zustellung **15** 223
Eintragungspflicht
– Bundesrechtsanwaltskammer **1** 64 ff.
– Rechtsanwaltskammer **1** 62
– Zweigstelle **1** 55 f.
Einzelsignatur **11** 39 ff., **13** 59
Elektronische Antragstellung
– Beispiele ZV **17** 62
Elektronische Archivierung
– Grundsätze **23** 86
Elektronische Dokument
– rechtlich wirksame Einreichung **11** 117
Elektronische Dokumente
– Anforderungen **12** 1 ff.
– Zustellung **17** 35
Elektronische Einreichpflicht
– Anwaltszwang **3** 47
– Auftrag zur Vollstreckung eines Zwangsgeldbeschlusses **17** 116
– Behörden **17** 109
– Eilantrag **3** 46
– Familiensache **3** 49
– laufendes Verfahren **3** 50
– mögliche schriftliche Einreichung? **3** 45
– Rechtsprechung **3** 46 ff.
– Selbstvertretung **3** 47
– staatsanwaltlicher Vollstreckungsauftrag **17** 113
– Vergleichswiderruf **3** 52
– Versäumnisurteil **3** 51
– Verwaltungssache **3** 46
– Zwangsvollstreckung **3** 48
– Zwangsvollstreckungsverfahren **17** 109
– zwingende Prozessvoraussetzung **3** 44
Elektronische Einreichpflicht im Zivilprozess
– Ausnahme bei mündlichem Vortrag **3** 62 ff.
– Ausnahme bei Terminverlegungs- und Aufhebungsantrag? **3** 74
– Ausnahme bei Überschreitung des Höchstvolumens **3** 57
– Ausnahme bei Vorgaben aus dem materiellen Recht **3** 60
– Ausnahme bei vorübergehender technischer Störung **3** 56
– Ausnahmen **3** 56 ff.
– Übergabe von Schriftsatz im Gerichtstermin **3** 65 ff.
Elektronische Einreichpflicht in Zwangsvollstreckungsverfahren
– Rechtsprechung **17** 109
Elektronische Einreichung
– Grundbuchamt **17** 93
Elektronische Kommunikation
– Verfassungsgerichtsbarkeit **3** 38 ff.
Elektronische Signatur
– Rechtsprechung **11** 135 ff.
Elektronische Zustellung
– Regelzustellungsart **15** 10
– von Gericht **15** 10
Elektronische Zwangsvollstreckung
– Zusammenfassung **17** 82
Elektronischer Rechtsverkehr
– Archivierung **1** 6
– e-Justice-Gesetz I **1** 7

– e-Justice-Gesetz II **1** 8
– Errichtung/Planung **1** 3
– Gerichtsbarkeit **1** 11 ff.
– IT-Sicherheit **1** 26
– Kommunikation **1** 1
– Möglichkeiten **1** 20
– Personalkosten **1** 22 ff.
– Teilnehmer **1** 19
– Verschwiegenheit **1** 15
– Verwaltung **1** 10
– Vorteile **1** 21
– Ziel **1** 4
– Zwangsvollstreckung **1** 14
Elektronischer Vertrauensdienst
– Behördensiegel **11** 100
– Zeitstempel **11** 101
– Zeitzonen **11** 111
Elektronischer-Rechtsverkehr-Verordnung **12** 1
elektronisches Bürger- und Organisationenpostfach (eBo)
– kostenpflichtig **2** 54
– Profinutzer **2** 60
– Unterscheidung Nutzer **2** 59 f.
Elektronisches Bürger- und Organisationenpostfach (eBo)
– Gerichtsvollzieher **2** 61
Elektronisches Dokument
– Anforderungen nach ZPO und ERVV **12** 8
– Druckbarkeit **12** 42
– Zustellung **15** 18
Elektronisches Empfangsbekenntnis
– abgeben **15** 275
– abgelehnt **15** 286 ff.
– ablehnen **15** 282
– als Nachweis **15** 29 ff.
– anfordern **15** 262
– Anzeige eines abgegebenen eEB **15** 286 ff.
– Anzeige eines abgelehnten eEB **15** 286 ff.
– anzeigen **15** 268
– Heilung bei nicht formgerechter Rücksendung **15** 96 ff.
– Reaktionsmöglichkeiten **15** 268
– Rücksendedatum **15** 91 ff.
– Rücksendung **15** 33 ff.
– Rücksendung an gegnerischen Anwalt **15** 105
– Vor- oder Rückdatierung **15** 111
– Zeichnungsberechtigung **15** 37 ff.
Elektronisches Gerichts- und Verwaltungspostfach (EGVP) **2** 6
Elektronisches Postfächer
– zulässige **11** 174
Elternzeit **1** 47
E-Mail-Benachrichtigung
– Links und Anhänge **6** 30
E-Mail-to-Fax-Verfahren
– Einsatzeinreichung **16** 65
Empfänger
– einfügen **13** 17
– SAFE-ID **13** 19
– suchen **13** 25
Empfangsbekenntnis
– abgeben **15** 279
– ablehnen **15** 284
– Beweiswirkung **5** 81
– Büropersonal **15** 40
– durch Auszubildende **5** 77

608

Stichwortverzeichnis

- Entkräftung eines falschen Datums **15** 119 ff.
- falsch angegebenes Datum **15** 119 ff.
- fehlende Abgabe **15** 193 ff.
- nicht zurückgesandt **15** 196
- Reihenfolge bei Abgabe **15** 109
- Rücksendung an gegnerischen Anwalt **15** 105
- verspätet **15** 186 ff.
- Vor- oder Rückdatierung **15** 111
- Zustellung Schriftstück **15** 49
- Zweifel an angegebenem Datum **15** 127 ff.

Empfangsbereite Freischaltung **1** 66
Ende-zu-Ende-Verschlüsselung **4** 14
Endkontrolle **22** 47
Entkoppeln des Nutzer-Profils vom Zugangsmittel **7** 106 ff.
Entziehung
- Rollenzuordnung **7** 103

Erkrankung
- Vertretung **3** 15
- Vorkehrungen **3** 15

Ermächtigungsgrundlage
- ERVB **12** 9

Ersatzeinreichung **16** 1
- Abschrift **16** 110
- Anwaltssoftware **3** 103
- bei vorübergehender, nicht dauerhafter technischer Störung **3** 76 ff.
- frühzeitige Information über technische Störungen **3** 98
- gescheitert **3** 148
- Nachreichung auf Anforderung **3** 143 f.
- per Nachbriefkasten **16** 159
- per Post **16** 151 ff.
- Pflicht~ **3** 146
- Rückwirkung Verjährungshemmung **3** 88
- Sphäre der technischen Störung **3** 85 ff.
- subjektive Störung **3** 91 ff.
- subjektive Störung, Beispiel **3** 92
- technische Vorkehrungen beim RA **3** 99 ff.
- Übermittlungsversuch **3** 83
- Verjährungsfrist **3** 88
- Zeitpunkt **3** 80 ff.
- Zeitpunkt der Glaubhaftmachung **3** 128 ff.
- Zeitpunkt, Beispiel **3** 81

Ersatzkarte **1** 92
Ersetzendes Scannen
- Ablauf **23** 4 f.
- Allgemeines **23** 1 ff.
- Anschaffungspreis **23** 32
- Archivierung **23** 12, 39, 72 ff.
- Auflösung **23** 36
- Beweismittel **23** 16 ff.
- Checkliste **23** 87
- Dokumentation **23** 7 ff.
- Dokumentenausgabe **23** 37 ff.
- Geschwindigkeit **23** 35
- Integritätssicherung **23** 63 ff.
- Links/Internetseite **25** 27
- Mindestanforderungen an Scanprozess **23** 57 ff.
- Nachbearbeitung **23** 62
- Ort **23** 28
- Papierstärke **23** 41
- Personal **23** 29 f.
- Prüfschritte zur Durchführung **23** 50
- Rechtswirkung **23** 51 ff.
- Risiken **23** 82 ff.
- Schnittstellen **23** 33
- Stromverbrauch **23** 34
- Tagesvolumen **23** 40
- Technik **23** 31
- Umsetzung **23** 26 ff.
- Verarbeitung **23** 43
- Vernichtung **23** 72 ff.
- Vorbereitung **23** 44 ff.
- Zeitpunkt **23** 27, 56 ff.
- Zufuhrkapazität **23** 42
- Zulässigkeit **23** 51

Erstanmeldepflicht **3** 5 ff.
Erstmalige Registrierung **7** 10
- Import Sicherheits-Token **7** 11

Erstregistrierung **5** 10
- Ablauf **6** 17 ff.

Erstregistrierung Postfachinhaber **6** 17 ff.
ERVB
- Ermächtigungsgrundlage **12** 9
- Rechtslage bis 31.12.2021 **12** 10
- Verordnungsermächtigung **12** 38

ERVB 2022 **12** 41
ERVV
- beBPo **12** 6
- eBO **12** 6
- PDF und TIFF **12** 35
- umfasste Dokumente **12** 21 ff.
- umfasste Rechtsgebiete **12** 21 ff.

ERVV und ERVB
- Rechtslage seit 31.12.2021 **12** 19
- Verordnungsbestimmungen **12** 19

Etiketten
- doppelte Vergabe **10** 40
- erstellen **10** 36 ff.
- löschen **10** 41 ff.
- verwalten **10** 37

Etikettenvergabe **10** 20 ff.
- Bedeutung Etiketten **10** 30
- Fragen **10** 26 ff.

Externe Signatur **11** 71

Fachgerichtsbarkeit
- Arbeitsgerichtsbarkeit **19** 4 ff.
- Sozialgerichtsbarkeit **19** 13 ff.
- Verwaltungsgerichtsbarkeit **19** 8 ff.

Fachgerichtsbarkeiten
- Finanzgerichtsbarkeit **19** 15 ff.

FamFG-Sachen **19** 18
Familiensachen **3** 49
Fehlermeldung
- Screenshot **12** 53, 96

Fehlerprotokoll
- Protokollierungsmöglichkeiten **24** 2 ff.

Fernsignatur **5** 13, 19, 22, **11** 7, 81
- Missbrauch **5** 71

Filterkriterien **8** 97
Fortgeschrittene elektronische Signatur **11** 25 ff.
Fortgeschrittenes Softwarezertifikat
- Funktion **5** 37

Freischaltung
- § 31a BRAO **1** 32 ff.
- Entwicklung **1** 32 ff.

609

Stichwortverzeichnis

– Sicherheits-Token **7** 42, 80
Fremde Signaturkarte **11** 97
Fristen
– Löschung **22** 46
Fristenrechtsprechung
– Auszubildener **22** 12 ff.
– Büroorganisation **22** 3
– Büroorganisationspflicht **22** 20 ff.
– Fristenkontrolle durch Mitarbeiter **22** 1 ff.
– Mitternachtsfax **16** 135 ff.
– nicht übertragbare Aufgaben **22** 27
– Pufferzeiten **16** 135 ff.
– Quereinsteiger **22** 29
– Sendeprotokoll **22** 20
– Übermittlung per Briefpost **16** 151 ff.
– Übermittlung per Fax **16** 127 ff.
– Übermittlung per Nachtbriefkasten **16** 159 ff.
Fristüberwachung **22** 2
Führung, EDV-Kalender **22** 40

GePo **1** 57
Gerichtskosten
– Schutzschrift **3** 36
Gerichtsvollzieher **17** 36
– Zustellung **15** 239
– Zustellung elektronisches Dokument **15** 252
– Zustellung Schriftstück **15** 241
Gesamtverzeichnis **13** 22
– Empfänger nicht auffindbar **24** 11
Gescheiterte Ersatzeinreichung **3** 148
Gesellschafts-beA **2** 19
– technische Probleme **2** 35
– VHN-Berechtigung **7** 34
– Vorteile **2** 41
Gesellschaftspostfach **1** 57
Gesellschaftspostfach, Gesellschafts-beA **2** 15
Gewerkschaft **15** 20
Glaubhaftmachung
– anwaltliche Versicherung **3** 112 ff.
– bei gerichtsbekannter Störung **3** 127
– Beweismittel **3** 110
– modellhaft **3** 142
– Prüfprotokoll **3** 126
– Screenshot **3** 120 ff.
– Überschreitung Höchstgrenze **12** 44
– Zeitpunkt bei Ersatzeinreichung **3** 128 ff.
Governikus Communicator **2** 8 ff.
Grundbuchamt
– elektronische Einreichung **17** 93 ff.
Gruppenbildung bei Rechtevergabe **7** 109 ff.

Haftbefehl
– § 754a ZPO **17** 75
Haftbefehlsantrag
– § 754a ZPO **17** 72
– Behörde **17** 110
Haftpflichtversicherung
– beA-Karte **5** 85
Handakte
– elektronische Datenverarbeitung **9** 4
Handlungsvollmacht
– § 174 BGB **12** 127

Heilung
– von Dateimängeln **12** 77
Herkömmliche Einreichung
– Abschrift **16** 110
– beglaubigte Abschrift **16** 114 ff.
– BGH-Rechtsprechung **16** 10 ff.
– Computerfax **16** 53 ff.
– eingescannte Unterschrift **16** 37
– Faksimile-Stempel **16** 46 ff.
– fehlende Unterschrift **16** 35 ff.
– Schriftformerfordernis **16** 8
– Unterschrift **16** 6 ff.
– Zulässigkeit **16** 7
– Zusätze **16** 77 ff.
Hervorhebung
– Filterkriterien **8** 81
Hinweis
– Dateiformatmangel **12** 13
Hinweis, Gericht
– Dateimangel **12** 79
Höchstgrenze
– Anzahl elektronischer Dokumente **12** 43
– Überschreitung **13** 52
Höchstgrenze Anzahl an Dokumenten
– Überschreiten **12** 43
Hybrid-Akte **9** 14

Identität
– fehlende **11** 160
Informationen
– Adressen **1** 76
Initial-PIN **5** 9
Inkassodienstleister **15** 20
Insolvenzverfahren **19** 24
– Glaubhaftmachung **17** 115
Insolvenzverwalter **3** 43, **15** 25
Installation
– beA-Client Security **6** 3

Java
– Problem **24** 12
Journal
– Export **8** 104
– Protokoll **8** 102
Jugendamt **11** 164

Kanzleipostfach **1** 57, **8** 2
– Berufsausübungsgesellschaft **2** 15 ff.
– BRAO-Reform **2** 16
– virtuelle Einrichtung **2** 43 f.
Kartenlesegerät
– Arten **5** 43 ff.
– Tipps **5** 48
Kartenlesegerät cyberJack® one **5** 46
– Kosten **5** 47
Kartenlesegerät cyberJack® RFID comfort **5** 44
– Kosten **5** 45
Kartenleser
– Problem **24** 6
Kenntnisnahme
– Öffnen einer Nachricht **15** 214
Kenntnisnahme durch Öffnen einer Nachricht
– Beispiel **15** 215

Stichwortverzeichnis

Kenntnisnahmepflicht
– passive Nutzungspflicht **3** 9 ff.
Klagezustellung
– Gegenanwalt **13** 11
Kommunikation via DE-Mail **2** 69
Komprimierung **13** 52
Kontrolle Posteingang **10** 2
Konvolut **17** 89 ff.
Koordinierungsstelle für IT-Standards **2** 5
Kosten
– beA-Karte Basis **5** 12
– beA-Karte Mitarbeiter **5** 27
– beA-Produkte **1** 100
– beA-Signaturpaket **5** 16
– beA-Softwarezertifikat **5** 39
– ersetzendes Scannen **23** 32
– IT-Dienstleister **1** 106
– Kammerbeiträge **1** 101 ff.
– Kartenlesegerät cyberJack® one **5** 47
– Kartenlesegerät cyberJack® RFID comfort **5** 45
– Personal **1** 22 ff., 107
– Schulungskosten **1** 108
– Schutzvorschriften **18** 34 f.
Krankheit **1** 47
Kündigungsrecht
– Signierfunktion **5** 57
Kurzrubrum **13** 9

Langrubrum **13** 9
Laufendes Verfahren
– Einreichpflicht **3** 50
Links und Internetseiten
– Ausbaugrad leistungsfähiger Internetzugänge **25** 2
– automatisiertes gerichtliches Mahnverfahren **25** 3
– Barrierefreiheit **25** 4
– beA-Gutachten **25** 5
– beA-Hilfe **25** 6
– beA-Informationen zu Produkten, Schlüsselverwaltung, FAQs **25** 7
– beA-Newsletter **25** 9
– beA-Seminar **25** 10
– beA-Startseite **25** 11
– beBPO **25** 12
– Bundesgerichte **25** 13
– bundesweites elektronisches Anwaltsverzeichnis **25** 14
– Clouddienste **25** 15
– Datenschutz **25** 16
– ERV-Seiten der Bundesländer **25** 17
– Gesetze im Internet **25** 18
– höchstpersönliche Verwendung von Signaturkarte und PIN **25** 19
– IT-Sicherheit und Fortentwicklung **25** 20
– KammerIdent-Verfahren **25** 21
– Kartentausch, Fernsignatur **25** 8
– Löschung von Accounts nach dem Tod **25** 22
– neuer Personalausweis mit eID **25** 23
– Notarsuche **25** 24
– rechtssicheres ersetzendes Scannen **25** 27
– regionale Kammern **25** 28
– Register, diverse **25** 29
– Schutzschriftenregister **25** 30
– Störungsmeldungen der Bundesländer bzgl. der Erreichbarkeit der Gerichte **25** 31

– Verbraucherportal **25** 32
– Verschwiegenheitspflicht der Rechtsanwälte **25** 33
– XJustiz **25** 34
– Zeitzonen/Atomzeit **25** 35
Löschung, Fristen **22** 46

Mahnantrag
– Kennziffern-Antrag **17** 12
– Vieleinreicher **17** 12
Mahngericht **17** 5
Mahnverfahren
– Allgemeines **17** 1 ff.
– Barcode-Antrag **17** 16 f.
– Ersatzeinreichung **17** 15
– Link/Internetseite **25** 3
– Mahnantrag **17** 1 ff.
– Online-Mahnantrag **17** 7 ff.
Missachtung der passiven Nutzungspflicht **3** 23
– berufsrechtliche Konsequenzen **3** 24 ff.
– prozessuale Folge, Schadenersatz **3** 31 ff.
– versicherungsrechtliche Konsequenzen **3** 27 ff.
Missbrauch Signaturkarte **5** 70 ff.
Mitarbeiter **7** 57
– mit Anwaltseigenschaft **7** 68
– ohne Anwaltseigenschaft **7** 67
– Rollenzuordnung **7** 72
Modellhafte Glaubhaftmachung **3** 142
Modernisierung Zivilprozess **17** 81
Monierung
– Dateimangel **12** 81
Mutterschutz **1** 47

Nachreichung
– Vollmacht **12** 124
Nachricht
– antworten **10** 7
– automatisches Löschen **8** 31 ff.
– Ende-zu-Ende-Verschlüsselung **4** 14
– endgültiges Löschen **8** 36
– erstellen **13** 17
– Etikettenvergabe **10** 20 ff.
– exportieren **10** 15
– Hervorhebung **8** 73 ff.
– kein Versenden **24** 9
– kennzeichnen **8** 52
– markieren **8** 52
– Status gelesen/ungelesen **8** 53 ff.
– verschieben **10** 12
– verschieben aus Papierkorb **8** 35
– weiterleiten **10** 8
– Zwischensicherung **8** 14
Nachricht mit VHN **2** 100 f.
– Rechtevergabe **7** 54
Nachricht, neu **13** 17
Nachrichten erstellen/versenden
– Abschrift **13** 14 ff.
– Sollangaben Schriftsatz **13** 6
Nachrichtenbereich
– Feldanzeige (blau/weiß – Zahl enthalten) **8** 15
– Funktionen **8** 15 ff.
Nachrichteneingang
– Irrläufer **10** 46 ff.
– Kommentar **8** 68

611

Stichwortverzeichnis

Nachrichtenentwurf
- Anhang **13** 46
- nach Neuanmeldung **8** 14
- ungespeichert **8** 14
Nachrichtenfilter **8** 4 ff.
- Filterkriterien **8** 8
- Operatoren **8** 9
- Werte **8** 10
Nachrichtenjournal **8** 110
- Suchkriterien **8** 110
Nachrichtenübersicht **10** 1
- Filter **8** 62
Nachweis der Kenntnisnahme
- Nachrichtenjournal **15** 212
Namensänderung **1** 90, **5** 52
- beA-Karte **5** 23
Netz, internes Gericht **12** 67
Neuzugang
- Maßnahmen der Kanzlei **4** 27
Nicht zurückgesendetes elektronisches Empfangsbekenntnis
- Rechtsfolge **15** 206
Notarsignaturkarte **11** 97
Nummerierung
- logische **12** 54
Nutzerjournal **8** 108 ff.
- Suchkriterien **8** 108
Nutzungspflicht
- Betreuer **3** 43
- Insolvenzverwalter **3** 43
- passive **3** 1
- Schutzschriftenregister **18** 9 ff.
- Steuerberater **3** 43
- Syndikusrechtsanwalt **3** 43
- Verband **3** 43
- verfassungsgemäß **1** 42 ff.
- Wirtschaftsprüfer **3** 43

Öffnen einer Nachricht
- Kenntnisnahme i.S.d Zustellungsrechts **15** 214
Online-Mahnantrag **17** 7 ff.
Onlinezugangsgesetz **25** 25
Ordner
- Spaltenansicht **8** 37
Ordnerstruktur
- Monatsordner **8** 28
- Sicherheits-Archiv **8** 22
- Unterordner **8** 18
- Unterordner-Ebenen **8** 21
- Wochenordner **8** 28
Organisationsverschulden **22** 1
OSCI-Transport-Protokoll **2** 3 f.
OWi-Sache
- Rechtsbeschwerde **20** 54
OZG-Nutzerkonto **2** 49

Papiertitel
- Ausnahmen **17** 64 f., 69 f.
- zeitgemäß? **17** 81
Parteibetrieb
- Zustellung **15** 56
Passive Nutzungspflicht **3** 1
- Aufgaben BRAK **3** 1
- Fristversäumnis **3** 31
- Missachtung **3** 23
- Zustellung **15** 65
Passive Nutzungspflicht beA
- Weigerung der Nutzung **3** 22
Passive Nutzungspflicht des elektronischen Rechtsverkehrs **2** 65
- Personenkreis **2** 65 f.
Patentanwalt **15** 25
Patentgerichtsverfahren **19** 27
PDF
- Umwandlung **12** 85
PDF-Format **12** 35
PDF-Typen **12** 94
PDF-Versionen **12** 94
Personengesellschaft
- Zulassung nicht erforderlich **2** 29
Persönlich/Vertraulich **13** 36
Persönliche Nutzung
- beA-Karte **5** 82
Pfändungs- und Überweisungsbeschluss
- Beantragung **17** 64 ff.
Pflegezeit **1** 47
Pflicht zur Eröffnung eines sicheren Übermittlungswegs
- Personenkreis **15** 14 ff.
PIN
- Geheimhaltungspflicht **5** 78
PIN-Änderung **6** 10
PKH-Erklärung **12** 132
Postausgangskontrolle **12** 59
- anhand Dateinamens **14** 64
- Rechtsprechung **14** 34 ff.
Posteingang
- Kontrolle **10** 2
- Überwachung **22** 5
- Zustellung **3** 14
- Zustellungsarten **3** 14
Postfachbesitzer **7** 29, 56
Postfächer **25** 26
- Postfächer, elekronische **25** 26
- zulässige **11** 174
Postfachinhaber **7** 56
Postfachjournal **8** 106
- Suchkriterien **8** 106
Postfachverwalter **7** 57, 113
Postfachverwaltung **8** 72
Postzustellung **15** 29
Problem
- Umlaut **12** 66
Profilverwaltung **8** 69 ff.
Proxyserver
- Problem **24** 12
Prozessvollmacht
- im Original **12** 121
- Nachreichung **12** 124
Prüfprotokoll
- Glaubhaftmachung **3** 126
- Informationen **2** 107
- ohne VHN **2** 109
- VHN **2** 104

Qualifiziert elektronische Signatur **5** 13, **11** 28 ff., 166
- elektronisches Postfach **11** 174
- Namenszug **11** 168

Stichwortverzeichnis

- Prüfung fehlgeschlagen **24** 8
- Signaturprüfung vor Versand **11** 172
- ungültig **11** 91
- Zusatz unter Schriftsatz **11** 167

Qualifiziert elektronischer Zeitstempel
- Anforderungen **11** 104

Quelle
- Fax-Nummer **16** 135

Quereinsteiger **22** 37
- Fristenmanagement **22** 29

Recht der Berufsausübungsgesellschaften
- Zusammenfassung **2** 28

Rechte
- zeitlich beschränken **7** 83

Rechtevergabe für Vertretungen **7** 20

Rechtsbeschwerde
- OWi-Sache **20** 54

Rechtsfachwirt **22** 37

Rechtsmittelschrift
- Anfertigung **22** 4

Rechtsnachfolgeklausel
- § 754a ZPO **17** 71

Rechtvergabe
- Auszubildender **7** 46
- eEB mit VHN **7** 53
- Kombination **7** 51
- Nachricht mit VHN **7** 54
- Rollen im beA **7** 55
- Tätigkeitsumfang **7** 52
- Übersicht **7** 49
- Zeitraum **7** 47

Register **8** 1
- Bericht **8** 92

Registrierung im beA-System
- Zuordnung Benutzer in einem weiteren beA **7** 14

Rentenberater **15** 20

Repräsentationsdatei **10** 44

Revision
- Strafsache **20** 30

Rolle/Status **3** 43

Rollen im beA **7** 55

Rollenvergabe
- beA **7** 29

Rollenzuordnung
- entziehen **7** 103
- VHN-Berechtigter **7** 105
- Zustellungsbevollmächtigter **7** 105

Rücksendung
- eEB durch Vertretung **15** 293

SAFE-ID
- Empfänger **13** 19

Scan der Unterschrift **11** 22

Schiedsrichter **15** 26

Schriften, Einbettung **12** 11

Schriftformersetzung **12** 143

Schriftlich einzureichender Antrag
- § 130d ZPO **17** 45 ff.

Schriftliche Einreichung
- Abschrift **16** 110

Schriftsatz
- als Anhang **13** 46

Schriftstück
- Zustellung **17** 32

Schutzschriftenregister
- Allgemeines **18** 1 f.
- automatisierte Mitteilung **18** 41
- Dateiformate **18** 31 f.
- Datenvolumen **18** 32
- Dokumentenformat **18** 29 ff.
- Einreichung beim ZSSR **18** 17 ff.
- Einstellung **18** 37 ff.
- Kosten **18** 34 f.
- Links/Internetseite **25** 30
- Löschung **18** 44
- Mitteilungspflichten **18** 40 ff.
- Nutzungspflicht **18** 9 ff.
- Parteibezeichnung **18** 32
- Protokollierungspflichten **18** 40 ff.
- Schutzschriftenregisterverordnung (SRV) **18** 14 ff.
- Suchfunktion **18** 43
- unzulässige Zeichen **18** 32
- Xjustiz-Datensatz **18** 20 f.
- Zentrales Schutzschriftenregister der Justiz (ZSSR) **18** 3 ff.
- Zurückweisung **18** 33

Screenshot
- App Ausschneiden und skizzieren (Windows) **12** 106 ff.
- App Snipping Tool (Windows) **12** 103 ff.
- Einsatz **12** 95
- Erstellung **12** 95 ff.
- Herstellung **12** 97
- mit Betriebssystem-Software **12** 103
- mit Mac **12** 110
- via Tastenkürzel **12** 99
- zur Glaubhaftmachung **3** 120
- Zusatzsoftware **12** 113

Selbstvertretung
- Anwaltszwang **3** 47

Sendungspriorität **13** 32

Server Gericht **12** 67

Sicherer Übermittlungsweg
- in anderen Verfahrensordnungen **2** 111
- vertrauenswürdiger Herkunftsnachweis (VHN) **2** 97 f.

Sicherheit
- De-Mail **2** 84 ff.

Sicherheitstoken
- keine Anzeige **24** 7

Sicherheits-Token
- Freischaltung **7** 42, 80

Sicherung der Nachricht
- durch Export **14** 79

Sicht **8** 4 ff.

Signatur **11** 1 ff.
- Anspruch auf Herausgabe **11** 92
- Auswahl **13** 53
- Containersignatur **11** 47 ff.
- einfache elektronische Signatur **11** 17
- Einzelsignatur **11** 39 ff.
- elektronische ~ **18** 21
- extern **13** 63
- externe **11** 71 ff.
- Fernsignatur **11** 81
- fortgeschrittene elektronische Signatur **11** 25 ff.
- qualifiziert elektronische Signatur **11** 28 ff.
- Signaturprüfung **11** 86

Stichwortverzeichnis

- Stapelsignatur **11** 44 ff.
- Vertrauensdiensteanbieter **11** 8 ff.
- Vertrauensdienstegesetz **11** 5 ff.

Signaturanbringing
- im beA **13** 54

Signaturkarte
- Notar **5** 86

Signaturprüfung **11** 86, **14** 21
- vor Versand **13** 67

Signieren
- Anlagen **12** 114
- beim Hochladen **13** 54

Signierfunktion
- Aktivierung **5** 15
- Kündigungsrecht **5** 57

Softwaretoken
- Kündigung **1** 92

Softwarezertifikate **5** 76
Sollangaben Schriftsatz **13** 6
Sonderrechte Postfachverwaltung **7** 113
Spaltenansicht
- Änderung Grundordner **8** 41
- Ordner **8** 37

Sperrformular
- beA-Karte **5** 61

Sperrung **1** 68
Staatsanwaltlicher Vollstreckungsauftrag **17** 113
Stapelsignatur **11** 44 ff., **13** 51, 56
- im Entwurfsbereich **13** 61

Status/Rolle **3** 43
Steuerberater **3** 43
Störung
- menschliches Versagen **3** 96
- provoziert **3** 90

Straf- und Owi-Sachen
- Akteneinsicht **20** 33
- Anwendung Strafvorschriften **20** 48 ff.
- Einreichung elektronischer Dokumente **20** 6 ff.
- elektronische Aktenführung (§ 32 StPO) **20** 3 ff.
- Pflicht zur elektronischen Übermittlung **20** 18 ff.
- Rechtsgrundlagen **20** 1 f.

Strukturierter Datensatz **12** 60
Suche nach Benutzern mit eigenem Postfach **7** 17
Suche nach Benutzern ohne eigenes Postfach **7** 19
Syndikusanwalt
- beA **1** 52

Syndikusrechtsanwalt **3** 43, **7** 27
Systemfehler **22** 45

Tastenkürzel
- Screenshot **12** 99

Technikausstattung **3** 102
Technisches Problem
- Ende-zu-Ende-Verschlüsselung **4** 15
- Sicherheitsmängel **4** 16

Teilvollstreckungsauftrag
- § 754a ZPO **17** 79

Testamentsvollstrecker **15** 26
Texterkennung **12** 11
Textfeld
- beA-Nachricht **13** 35

TIFF-Datei **12** 35
Titel und elektronischer Auftrag **17** 83 ff.

Titelregister **17** 81

Übergangsvorschrift **3** 50
Überlastung
- Büropersonal **22** 7

Übermittlungweg
- elektronisches Bürger- und Organisationenpostfach (eBO) **2** 67

Übersetzer **15** 25
Übertragungsweg
- besonderes elektronisches Anwaltspostfach (beA) **2** 9 f.
- besonderes elektronisches Behördenpostfach (beBPo) **2** 46 ff.
- besonderes elektronisches Notarpostfach (beN) **2** 44 f.
- besonderes elektronisches Steuerberaterpostfach (beSt) **2** 70 f.
- Bürger- und Organisationenpostfach, eBO **2** 49
- EGVP-Classic-Client **2** 8 ff.
- elektronisches Gerichts- und Verwaltungspostfach (EGVP) **2** 6
- Governikus Communicator **2** 8 ff.
- Kommunikationspartner **2** 113 f.
- nach § 130a Abs. 4 ZPO **2** 94
- nicht geeignete Übermittlungswege **2** 112 f.
- OSCI **2** 1 ff.

Übertragungswege
- De-Mail **2** 80 ff.
- Drittanwendung **2** 89

Überwachung
- Posteingang **22** 5

Umgehungsverbot **13** 11
Umlaut
- Dateiname **12** 65
- Problem **12** 66

Unternehmen **15** 27
Unterordner **8** 18
- Umbenennung **8** 19

Unterschrift **16** 10 ff.
- blass **16** 69
- nicht identisch mit eingetippten Namen **16** 75
- Qualität **16** 21

Untervollmacht **12** 123
Unterzeichner **11** 6
Urkunde
- Beweismittel **12** 27

Urkundenarchiv **17** 81
USB-Stick **12** 47

Verantwortlichkeit
- Rechtsanwalt **3** 97

Verbot
- der Überlassung von beA-Karten **5** 78

Verbraucherverband **15** 20
Verfahrensbeistand **15** 26
Vergleichswiderruf **3** 52
Verhinderung **3** 15
Verjährungshemmung **3** 88
Verlust
- Dokument, elektronisches **12** 67
- Vermeidung von Haftungsfällen
- Tipps **5** 89

Verschlüsselung
- Allgemeines **4** 1 ff.

614

Stichwortverzeichnis

- asymmetrische **4** 4 f.
- Ende-zu-Ende **4** 13 ff.
- Nachrichten **4** 6
- öffentlicher Schlüssel **4** 2 ff.
- Passwort/PIN **4** 7 ff.
- PIN-Änderung **2** 46 ff.
- privater Schlüssel **4** 2 ff.
- symmetrische **4** 3

Verschlüsselungstechnik beA
- Ende-zu-Ende-Verschlüsselung **4** 17

Verschlüsselungszertifikat **5** 76

Verschulden
- der Partei **22** 1

Verschwiegenheitspflicht **4** 19
- ausscheidender Mitarbeiter **4** 22 ff.
- Links/Internetseite **25** 33
- Neuzugang **4** 22 ff.

Versicherung **15** 27

Vertragsanwalt **1** 47

Vertrauenswürdiger Herkunftsnachweis **5** 68 f.

Vertrauenswürdiger Herkunftsnachweis, VHN **11** 123
- Prüfpflicht des Gerichts **11** 128

Vertreterbestellung **7** 20
- Befugnisse **7** 26
- Ortsabwesenheit **7** 21
- RAK-Bestellung **7** 24
- Unterzeichnung bei Vertretung innerhalb des Mandats **7** 36 ff.
- Widerruf **7** 25
- Zeitpunkt **7** 22

Vertretung **1** 49, **5** 79, **7** 29, 61
- durch Berufsausübungsgesellschaft **7** 30
- elektronisches Empfangsbekenntnis **15** 277
- innerhalb der Berufsausübungsgesellschaft **7** 32 ff.
- Vergütungsrecht **7** 31

Vertretung im beA **7** 20

VHN-Berechtiger
- Rollenzuordnung **7** 105

VHN-Berechtigter **5** 79, **7** 29, 64
- Zustellung **15** 279

VHN-Berechtigung **1** 71, 73

Vollmacht **12** 119
- § 174 BGB **12** 127
- einstweilige Verfügung **12** 122

Vollmachtsvorlage
- im Termin **12** 126

Vollstreckungsantrag
- Einreichpflicht **17** 61

Vollstreckungsauftrag
- Einreichpflicht **17** 61

Vorkehrungen **3** 15

Vorname
- leserlich **11** 23
- Signatur **11** 23

Vorschnelles Aufgeben **3** 82

Warnmeldung **13** 46

Weitergabe beA-Karte **5** 70 ff.
- Konsequenzen **5** 76

Weitergabe PIN **5** 70 ff.
- Konsequenzen **5** 76

Wiedereinsetzung
- Allgemeines **21** 1
- Antragsfrist **21** 20 ff.
- Folge versäumter Prozesshandlungen **21** 2 f.
- Fristen **21** 4 ff.
- Verfahrensablauf **21** 38
- Versagung bei Kartenweitergabe **5** 77
- Verschulden **21** 9 ff.
- Wiedereinsetzungsantrag **21** 24 ff.

Wirtschaftsprüfer **3** 43

Word zu PDF **13** 2

Wörterbuch
- Abkürzungen **26**
- Fremdwörter **26**

Zeichen, zulässige **12** 72

Zeitbeschränkung
- Rechte **7** 83

Zeitrechnung
- zurückstellen **8** 13

Zeitstempel **11** 101

Zeitzone
- Atomzeit **11** 115
- CEST **11** 113
- CET **11** 114
- GMT **11** 111
- UTC **11** 112

Zentrale Mahngerichte **17** 5

Zulassung
- Folgen **2** 32

Zurückweisung
- elektronisches Dokument **12** 62

Zuständigkeiten, persönliche
- Büropersonal **22** 9

Zustellanwort
- vollständige Zustellantwort **14** 29

Zustellung
- Abgabepflicht **15** 66
- Ablehnungspflicht **15** 74
- Bank **15** 27
- beglaubigte Abschrift **15** 142 ff.
- Beglaubigung **15** 227 ff.
- Behörde **15** 14
- berufsständische Vereinigung **15** 20
- Betreuer **15** 26
- Bevollmächtigter **15** 39
- Dolmetscher **15** 25
- durch den Gerichtsvollzieher **15** 239
- eBO **17** 33
- einfache Abschrift **15** 142 ff.
- einstweilige Verfügung **15** 223 ff., **17** 37
- elektronisches Dokument **15** 18
- formgerechte Abgabe des Empfangsbekenntnisses **15** 100
- Gerichtsvollzieher **15** 14, 64
- Gesellschafts-beA **7** 33
- Gewerkschaft **15** 20
- im Parteibetrieb **15** 56, 64
- im Parteibetrieb durch Gerichtsvollzieher **15** 64
- in falsches Postfach **15** 179
- in Gesellschaftspostfach **15** 166 ff.
- Inkassodienstleister **15** 20
- Insolvenzverwalter **15** 25
- Kenntnisnahme **15** 87
- Kenntnisnahmepflicht **15** 72
- Kosten Gerichtsvollzieher **17** 32

615

Stichwortverzeichnis

- Nachweis durch eEB **15** 29 ff.
- Nachweis durch Zustellungsfiktion **15** 45
- nicht ordnungsgemäß **15** 74
- Notar **15** 14
- ordnungsgemäß **15** 66
- passive Nutzungspflicht **15** 65
- Patentanwalt **15** 25
- Pfändungs- und Überweisungsbeschluss **17** 37
- Pflichten **15** 65 ff.
- Profinutzer **15** 19
- prozessuale Pflichten **15** 80
- Rechtsanwalt **15** 14
- Rentenberater **15** 20
- Sachverständiger **15** 23
- Schiedsrichter **15** 26
- Steuerberater **15** 18
- teilweise Ablehnung/Abgabe **15** 76
- Testamentsvollstrecker **15** 26
- Übersetzer **15** 25
- Unternehmen **15** 27
- Verbraucherverband **15** 20
- Verfahrensbeistand **15** 26
- Vergleich **17** 37
- Versäumnisurteil **13** 13
- Versicherung **15** 27
- VHN-Berechtigter **15** 279
- von Anwalt zu Anwalt **15** 58, 60 ff., 67
- von Schriftstücken gegen Empfangsbekenntnis **15** 49
- Wirksamkeitsvoraussetzungen **15** 3 ff.
- Zahlungsverbot, vorläufiges **17** 37
- Zwangsverwalter **15** 25

Zustellung durch den Gerichtsvollzieher
- von elektronischen Dokumenten **17** 35
- von Schriftstücken **17** 32

Zustellung elektronisches Dokument
- durch Gerichtsvollzieher **15** 252

Zustellung Schriftstück
- durch den Gerichtsvollzieher **15** 241 ff.

Zustellung via beA
- allgemein **15** 1

Zustellung von Anwalt zu Anwalt
- formgerecht **15** 63
- Übermittlungsweg **15** 63

Zustellung von Gericht **15** 6

Zustellung, elektronische
- von Gericht **15** 10

Zustellung
- Profinutzer **15** 17
- Steuerberater **15** 15

Zustellungsauftrag **17** 118

Zustellungsbevollmächtigter **1** 49, **5** 79, **7** 29, 59
- Rollenzuordnung **7** 105

Zustellungsbevollmächtigung
- Klage **13** 11

Zustellungsdatum
- Beispiele **15** 86 ff.

Zustellungsfiktion **17** 36
- Gerichtsvollzieher **17** 36

Zustellungsmangel
- Heilung **15** 226

Zwangsgeldantrag **3** 48

Zwangshypothek
- Antrag auf Eintragung **17** 101 ff.

Zwangsverwalter **15** 25

Zwangsvollstreckung
- elektronisch **17** 82
- Gerichtsvollziehervollstreckung, gesetzliche Vorgaben **17** 38
- Pflicht zur elektronischen Antragstellung **17** 38 ff.
- vollstreckbare Ausfertigung; Farbdruck- oder Prägesiegel **17** 19 ff.
- Vollstreckungsgericht u.a. **17** 44
- Voraussetzungen **17** 18
- Zustellung durch den Gerichtsvollzieher **17** 29 ff.

Zwangsvollstreckungsauftrag
- Unterschrifterfordernis **17** 47 ff.

Zwingende elektronische Einreichung
- Dokumente **3** 54